Ludwig van Beethovens
sämtliche Briefe

Ludwig van Beethovens sämtliche Briefe

Herausgegeben von
Emerich Kastner

Nachdruck der
völlig umgearbeiteten und wesentlich
vermehrten Neuausgabe von

Dr. Julius Kapp

Verlegt bei Hans Schneider Tutzing
1975

Unveränderter Nachdruck
der Ausgabe Leipzig 1923

ISBN 3-7952-0164-0

© 1975 by Hans Schneider D 8132 Tutzing

Herstellung: Anton Hain KG, Meisenheim/Glan

Aus dem Vorwort zur ersten Ausgabe

„Der Name Beethoven ist heilig in der Kunst!" — So schrieb Franz Liszt im Vorwort zu den Klavierpartituren des Meisters. Dieses Ausspruches muß man eingedenk bleiben, will man die nachstehend veröffentlichten Schriftstücke nach ihrem richtigen Werte einschätzen. Ebenso groß Beethoven in seinen musikalischen Schöpfungen ist, ebenso kleinlich erscheinen uns häufig seine von den täglichen Miseren diktierten Briefe. Beethoven war Augenblicks-Stimmungen unterworfen und hat seine schriftlichen Mitteilungen gewiß nie einer Veröffentlichung wert gehalten. Nur das Verlangen, alles, was er geschrieben, kennen zu lernen, hat bewirkt, daß man neben seinen Jugendarbeiten und Skizzen schließlich auch seine Briefe zu veröffentlichen begann. Der Herausgeber legt hiermit eine möglichst vollständige Sammlung dieser Dokumente, zum ersten Male in einem Bande vereinigt, vor, in der Absicht, jedermann den Besitz dieses Schatzes zu ermöglichen. Die Anschaffung der großen Sammelwerke von Kalischer (in 2. Auflage von Th. v. Frimmel bearbeitet) und Prelinger dürfte ja ihrer hohen Preise wegen nur wenigen vergönnt sein; diese Textausgabe wird, wie Herausgeber und Verleger hoffen, recht vielen schon ihrer Handlichkeit wegen willkommen sein, zumal ein Register ihre Benutzung wesentlich erleichtert. Ebenso wie die Gesamtausgaben der Symphonien, Sonaten und Quartette in keinem Notenschranke fehlen dürfen, sollten nunmehr auch die Briefe Beethovens zum Allgemeingut werden. Der Wortlaut wurde sorgfältig verglichen, die amtliche Rechtschreibung wurde durchgeführt, die Hervorhebung zahlreicher Stellen durch gesperrten Druck fallen gelassen und die bei Beethoven massenhaft vorkommenden Gedankenstriche wurden auf ein bescheidenes Maß herabgesetzt. Schließlich muß ich noch um Nachsicht für etwa unterlaufene Verstöße bitten: Die Entfernung vom Druckorte, die Schwierigkeit der Datierung der meisten Briefe, die bis zur Unleserlichkeit schlechte Handschrift Beethovens und die hiermit zusammenhängende Verschiedenheit der Lesarten lassen mich befürchten, daß auch ich nicht immer das Richtige getroffen habe.

Einen „Volks-Beethoven" möchten Verleger und Herausgeber dieses anspruchslose Buch nennen — ein Sammelwerk von mensch-
lich rührenden Schriftstücken und von hohem musikalischem Interesse — wenn dies Werk auch nichts beizutragen vermag „zur Er-
höhung der Heiligkeit des Namens Ludwig van Beethoven in
der Kunst!"

Wien, im April 1910.

Emerich Kastner.

Vorwort zur Neuausgabe

Nachdem die Erstauflage, die sich ob ihrer Handlichkeit und
ihres niedrigen Preises bei den Musikfreunden wachsender Be-
liebtheit erfreute, viele Jahre vergriffen war, übertrug mir der
Verlag, da der verdienstvolle Sammler dieser Beethoven-Briefe,
Emerich Kastner, inzwischen hochbetagt in Wien verstorben
war, die Neuherausgabe dieses Werkes. Diese erwies sich all-
mählich als weit schwieriger und einschneidender, als zunächst
angenommen werden konnte. Da es Kastner seinerzeit nicht möglich war, die Beethovenschen Originalhandschriften einzusehen,
so hatte er sich oft mit (wie jetzt Stichproben ergaben) leider recht
ungenauen und lückenhaften Druckvorlagen begnügen müssen.
Es blieb mir daher nichts übrig, als, soweit irgend möglich, die
Briefe mit den Originalen zu vergleichen, wobei die wohl einzig dastehenden Beethoven-Schätze der Berliner Staatsbibliothek
wertvolle Hilfe boten. Ich hoffe somit nach sorgfältiger, mühe-
voller Revision einen g e r e i n i g t e n, leidlich z u v e r l ä s s i -
g e n B r i e f t e x t vorlegen zu können.

Die seit dem Erscheinen von Kastners Briefsammlung (1910)
neu gewonnenen Ergebnisse der Beethovenforschung (so vor allem die von Riemann vorgenommene Neubearbeitung des 2. und
3. Bandes der Thayer-Deitersschen Biographie) machten zahl-
reiche U m d a t i e r u n g e n von Briefen und entsprechende
Umstellungen notwendig. Etwa 100 B r i e f e, von denen Kastner seinerzeit nur Besitzer oder Druckort anzugeben vermochte,
konnten der Neuausgabe n e u e i n g e f ü g t werden, so die
sämtlichen Briefe an den Verlag Simrock (inzwischen von Leo-
pold Schmidt in einer Sonderpublikation erschienen) und an die
Verleger Steiner, Haslinger und Schlesinger (die zum 150. Ge-
burtstage des Meisters der verdienstvolle Beethovenforscher

6

Dr. Max Unger als Erinnerungsgabe veröffentlichte). Auch die zahlreichen im letzten Jahrzehnt in Zeitschriften und Auktions= katalogen aus Licht gekommenen Schriftstücke wurden natürlich mit verwertet.

Wenn die Gesamtzahl der Briefe (etwa 1470) sich trotzdem nur unwesentlich erhöht hat, so liegt das daran, daß ich die zahl= losen von Beethoven lediglich unterzeichneten Quittungszettel, die Kastner mit aufgenommen hatte, wie die reinen Kombina= tionsbriefe, für deren wirkliches Vorhandensein keinerlei Unter= lagen beizubringen sind, ausmerzte. Ebenso wurden die verein= zelt eingefügten Briefe a n Beethoven, da sie meist belanglos sind, gestrichen, um Raum für Wertvolleres zu gewinnen.

Den Briefen erläuternde Anmerkungen beizugeben, verbot der an sich bedeutend vermehrte Umfang des Stoffes, wenn — was unbedingt wünschenswert erschien — gerade das Charakteristische d i e s e r Briefausgabe: Einbändigkeit und relative Billigkeit, gewahrt bleiben sollte. Es war daher nur eine logische Folgerich= tigkeit, auch die Raum verschlingenden Angaben über Besitzer der Briefe (die übrigens längst überholt sein dürften) und Ort des Erstdruckes zu beseitigen. Für wissenschaftliche Zwecke stehen ja die fünfbändigen Gesamtausgaben von Frimmel und Preliu= ger, denen sich bald noch eine erweiterte von Unger zugesellen soll, mit allen gewünschten Kommentaren zur Verfügung. Diese — weitaus vollständigste — V o l k s a u s g a b e richtet sich an die große Menge der Musikfreunde, die, unbeschwert von wissen= schaftlichem Ballast, Leiden und Freuden des Menschen und Künstlers Beethoven in Dokumenten von seiner eigenen Hand miterleben wollen. Ihnen hofft dieses Buch in seiner neuen Ge= stalt ein zuverlässiger Führer zu sein.

B e r l i n, im Januar 1923.

Dr. **Julius Kapp**.

Wien am 8ten
März
8/1809

Mein [...] [...] [...]

[...] dem [...] [...], [...] [...]
[...] [...] [...] [...] [...]
[...] Bleibe [...] [...] [...]
[...] [...] [...] [...] [...]
[...] [...] [...] [...] [...]
[...] [...] [...] [...]
[...] [...] [...]. —
[...] [...] [...] [...]
[...] [...] — [...] [...]
[...] [...] — [...]
[...] [...] [...] [...]
[...] [...] [...]
op: 59 [...] [...]
[...] Sinfonien

den bezahlten grossen Zins … nemlich
S. … … einen … … …
Rasoumowsky und Prinzen … auch
dem Fürsten Lobkowitz … die
Sinfonie in C Moll No. 68 Sinfonie
in B No. 61 ——— …
… … … … …
… … … … …
… … … … …
… … … … …
… … … … …

à Madame la Comtesse
Marie d'Erdödÿ née Comtesse
Niczkÿ Dame de la
N: 62 Croix

Erhabenster! Seit meinem vierten Jahre begann die Musik die erste meiner jugendlichen Beschäftigungen zu werden. So frühe mit der holden Muse bekannt, die meine Seele zu reinen Harmonien stimmte, gewann ich sie, und wie mir's oft wohl deuchte, sie mich wieder lieb. Ich habe nun schon mein elftes Jahr erreicht; und seitdem flüsterte mir oft meine Muse in den Stunden der Weihe zu: „Versuch's und schreib einmal deiner Seele Harmonien nieder!" Elf Jahre — dachte ich — und wie würde mir da die Autormiene lassen? und was würden dazu die Männer der Kunst wohl sagen? Fast ward ich schüchtern. Doch meine Muse wollt's — ich gehorchte und schrieb. Und darf ich's nun, Erlauchtester! wohl wagen, die Erstlinge meiner jugendlichen Arbeiten zu Deines Thrones Stufe zu legen? und darf ich hoffen, daß Du ihnen Deines ermunternden Beifalles milden Vaterblick wohl schenken werdest? — O, ja! fanden doch von jeher Wissenschaft und Künste in Dir ihren weisen Schützer, großmütigen Beförderer und aufsprießendes Talent unter Deiner holden Vaterpflege Gedeihn. — Voll dieser ermunternden Zuversicht wag' ich es, mit diesen jugendlichen Versuchen mich Dir zu nahen. Nimm sie als ein reines Opfer kindlicher Ehrfurcht auf und sieh mit Huld, Erhabenster! auf sie herab und ihren jungen Verfasser   Ludwig van Beethoven.

2] An Dr. **von Schaden,** Augsburg.

Bonn, 15. Herbstmonat 1787.

Hochedelgeborner, insonders werter Freund! Was Sie von mir denken, kann ich leicht schließen; daß Sie gegründete Ursachen haben, nicht vorteilhaft von mir zu denken, kann ich Ihnen nicht widersprechen; doch ich will mich nicht eher entschuldigen, bis ich die Ursachen angezeigt habe, wodurch ich hoffen darf, daß meine Entschuldigungen angenommen werden. Ich muß Ihnen bekennen: daß, seitdem ich von Augsburg hinweg bin, meine Freude und mit ihr meine Gesundheit begann aufzuhören; je näher ich meiner Vaterstadt kam, je mehr Briefe erhielt ich von meinem Vater, geschwinder zu reisen als gewöhnlich, da meine Mutter nicht in günstigen Gesundheitsumständen wäre; ich eilte also so sehr ich vermochte, da ich doch selbst unpäßlich wurde; das Verlangen, meine kranke Mutter noch einmal sehen zu können, setzte alle Hindernisse bei mir hinweg und half mir die größten Beschwernisse überwinden. Ich traf meine Mutter noch an, aber in den elendsten Gesundheitsumständen; sie hatte die Schwindsucht, und starb endlich, ungefähr vor sieben Wochen, nach vielen überstandenen Schmerzen und Leiden. Sie war mir eine so gute, liebenswürdige Mutter, meine beste Freundin; o! wer war glücklicher als ich, da ich noch den süßen Namen Mutter aussprechen konnte, und er wurde gehört, und wem kann ich ihn jetzt sagen! Den stummen ihr ähnlichen Bildern, die mir meine Einbildungskraft zusammensetzt? Solange ich hier bin, habe ich noch wenige vergnügte Stunden genossen; die ganze Zeit hindurch bin ich mit der Engbrüstigkeit behaftet gewesen, und ich muß fürchten, daß gar eine Schwindsucht daraus entsteht; dazu kommt noch Melancholie, welche für mich ein fast ebenso großes Übel als meine Krankheit selbst ist. — Denken Sie sich jetzt in meine Lage, und ich hoffe Vergebung für mein langes Stillschweigen von Ihnen zu erhalten. Die außerordentliche Güte und Freundschaft, die Sie hatten, mir in Augsburg drei Karolin zu leihen, muß ich Sie bitten noch einige Nachsicht mit mir zu haben; meine Reise hat mich viel gekostet, und ich habe hier keinen Ersatz, auch den geringsten zu hoffen; das Schicksal hier in Bonn ist mir nicht günstig. Sie werden verzeihen, daß ich Sie so lange mit meinem Geplauder aufgehalten; alles war nötig zu meiner Entschuldigung. Ich bitte Sie, mir Ihre verehrungswürdige Freundschaft weiter nicht zu versagen, der ich nichts so sehr wünsche, als mich Ihrer Freundschaft nur in etwas würdig zu machen.

14

Ich bin mit aller Hochachtung Ihr gehorsamster Diener und Freund

L. v. Beethoven, Kurf. Kölnischer Hoforganist.

3] An Eleonore v. Breuning. [Bonn 1792.]

Äußerst überraschend war mir die schöne Halsbinde, von Ihrer Hand gearbeitet. Sie erweckte in mir Gefühle der Wehmut, so angenehm mir auch die Sache selbst war. Erinnerung an vorige Zeiten war ihre Wirkung, auch Beschämung auf meiner Seite durch Ihr großmütiges Betragen gegen mich. Wahrlich, ich dachte nicht, daß Sie mich noch Ihres Andenkens würdig hielten. O hätten Sie Zeuge meiner gestrigen Empfindungen bei diesem Vorfall sein können, so würden Sie es gewiß nicht übertrieben finden was ich Ihnen vielleicht hier sage, daß mich Ihr Andenken weinend und sehr traurig machte. — Ich bitte Sie, so wenig ich auch in Ihren Augen Glauben verdienen mag, glauben Sie mir, meine Freundin (lassen Sie mich Sie noch immer so nennen), daß ich sehr gelitten habe und noch leide durch den Verlust Ihrer Freundschaft. Sie und Ihre teure Mutter werde ich nie vergessen. Sie waren so gütig gegen mich, daß mir Ihr Verlust so bald nicht ersetzt werden kann und wird, ich weiß, was ich verlor und was Sie mir waren, aber — ich müßte in Szenen zurückkehren, sollte ich diese Lücke ausfüllen, die Ihnen unangenehm zu hören und mir, sie darzustellen, sind.

Zu einer kleinen Wiedervergeltung für Ihr gütiges Andenken an mich, bin ich so frei, Ihnen hier diese Variationen und das Rondo mit einer Violine zu schicken. Ich habe sehr viel zu tun, sonst würde ich Ihnen die schon längst versprochene Sonate abgeschrieben haben. In meinem Manuskript ist sie fast nur Skizze, und es würde dem sonst so geschickten Paraquin selbst schwer geworden sein, sie abzuschreiben. Sie können das Rondo abschreiben lassen und mir dann die Partitur zurückschicken. Es ist das einzige, das ich Ihnen hier schicke, was von meinen Sachen ungefähr für Sie brauchbar war, und da Sie jetzt ohnedies nach Kerpen reisen, dachte ich, es könnten diese Kleinigkeiten Ihnen vielleicht einiges Vergnügen machen.

15

Leben Sie wohl, meine Freundin. Es ist mir unmöglich, Sie anders zu nennen, so gleichgültig ich Ihnen auch sein mag, so glauben Sie doch, daß ich Sie und Ihre Mutter noch ebenso verehre wie sonst. Bin ich imstande, sonst etwas zu Ihrem Vergnügen beizutragen, so bitte ich Sie, mich doch nicht vorbeizugehen; es ist noch das einzig übrigbleibende Mittel, Ihnen meine Dankbarkeit für die genossene Freundschaft zu bezeigen.

Reisen Sie glücklich und bringen Sie Ihre teure Mutter wieder völlig gesund zurück. Denken Sie zuweilen

an Ihren Sie noch immer verehrenden Freund
Beethoven.

4] **An Stefan von Breuning.** (1792.)

Du sagtest mir gestern, wegen dem Wiederschicken meiner Musik; das ist nur zum Teil nötig; wenn ich nur die Variationen über ein Lied aus dem roten Käppchen und ein kleines Rondo, was ich Frl. Lorchen schickte, wieder habe. Wenn es möglich ist, gib diese Sachen meinem Bruder gleich mit, ehe ich abreise werde ich noch zu Euch kommen.

Beethoven.

5] **An Kurfürst Max Franz zu Köln.** Wien, 3. Mai 1793.

Hochwürdigst Durchlauchtester Kurfürst! Gnädigster Herr! Vor einigen Jahren geruhten Ew. Kurfürstliche Durchlaucht, meinen Vater den Hoftenoristen van Beethoven in Ruhe zu setzen und mir von seinem Gehalte 100 Rtlr. durch ein gnädigstes Dekret in der Absicht zuzulegen, daß ich dafür meine beiden jüngern Brüder kleiden, nähren und unterrichten lassen, auch unsere vom Vater rührende Schulden tilgen sollte.

Ich wollte dieses Dekret eben bei Höchstdero Landrentmeisterei präsentieren, als mich mein Vater innigst bat, es doch zu unterlassen, um nicht öffentlich dafür angesehen zu werden, als sei er unfähig, seiner Familie selbst vorzustehen, er wollte mir (fügte er hinzu) quartaliter die 25 Rtlr. selbst zustellen, welches auch bisher immer richtig erfolgte.

Da ich aber nach seinem Ableben (so im Dezember v. J.

16

erfolgte) Gebrauch von Höchstdero Gnade durch Präsentierung obbenannten gnädigsten Dekrets machen wollte, wurde ich mit Schrecken gewahr, daß mein Vater selbes unterschlagen habe.

In schuldigster Ehrfurcht bitte ich deshalb Euere Kurfürstl. Durchlaucht um gnädigste Erneuerung dieses Dekrets, und Höchstdero Landrentmeisterei anzuzeigen, mir letzthin verflossenes Quartal von dieser gnädigsten Zulage (so anfangs Februar fällig war) zukommen zu lassen.

Euer Kurfürstlichen Durchlaucht Untertänigster, Treugehorsamster   Lud. v. Beethoven, Hoforganist.

6] **Stammbuchblatt** für A. Vocke aus Nürnberg.

22. Mai 1793.

Ich bin nicht schlimm — heißes Blut ist meine Bosheit — mein Verbrechen Jugend — schlimm bin ich nicht — schlimm wahrlich nicht — wenn auch oft wilde Wallungen — mein Herz verklagen — mein Herz ist gut. — Wohltun, wo man kann — Freiheit über alles lieben, Wahrheit nie — auch sogar am Throne nicht verleugnen! Denken Sie auch ferner Ihres Sie verehrenden Freudes

Ludwig Beethoven
aus Bonn im Kölnischen.

7] **An Eleonore v. Breuning.**   Wien, 2. November 1793.

Verehrungswürdige Eleonore! Meine teuerste Freundin! Erst nachdem ich nun hier in der Hauptstadt bald ein ganzes Jahr verlebt habe, erhalten Sie von mir einen Brief, und doch waren Sie gewiß in einem immerwährenden lebhaften Andenken bei mir. Sehr oft unterhielt ich mich mit Ihnen und Ihrer lieben Familie, nur öfters nicht mit der Ruhe, die ich dabei gewünscht hätte. Da war's, wo mir der fatale Zwist noch vorschwebte, wobei mir mein damaliges Betragen so verabscheuungswert vorkam. Aber es war geschehen, o wieviel gäbe ich dafür, wäre ich imstande, meine damalige, mich so sehr entehrende, sonst meinem Charakter zuwiderlaufende Art zu handeln ganz aus meinem Leben tilgen zu können. Freilich waren mancherlei Umstände, die uns immer voneinander entfernten, und wie ich vermute, war das Zuflüstern von den wechselweise gegeneinander gehaltenen Reden hauptsächlich dasjenige, was alle Übereinstimmung verhinderte. Jeder von uns glaubte hier, er spreche mit wahrer Überzeugung, und doch war es nur angefachter Zorn, und wir waren beide getäuscht. Ihr guter und edler Charakter, meine liebe Freundin, bürgt mir zwar dafür, daß Sie mir längst vergeben haben. Aber man sagt, die aufrichtigste Reue sei diese, wo man sein Vergehen selbst gesteht, dieses habe ich gewollt. — Und lassen Sie uns nun den Vorhang vor diese ganze Geschichte ziehen und nur noch die Lehre davon nehmen, daß, wenn Freunde in Streit geraten, es immer besser sei, keinen Vermittler dazu zu brauchen, sondern daß der Freund sich an den Freund unmittelbar wende.

Sie erhalten hier eine Dedikation von mir an Sie, wobei ich nur wünschte, das Werk sei größer und Ihrer würdiger. Man plagte mich hier um die Herausgabe dieses Werkchens, und ich benützte diese Gelegenheit, um Ihnen, meine verehrungswürdige Eleonore, einen Beweis meiner Hochachtung und Freundschaft gegen Sie und eines immerwährenden Andenkens an Ihr Haus zu geben. Nehmen Sie diese Kleinigkeit hin und denken Sie dabei, sie kommt von einem Sie sehr verehrenden Freunde. O, wenn sie Ihnen nur Vergnügen macht, so sind meine Wünsche ganz befriedigt. Es sei eine kleine Wiedererweckung jener Zeit, wo ich so viele und so selige Stunden in Ihrem Hause zubrachte; vielleicht erhält es mich im Andenken bei Ihnen, bis ich einst wiederkomme, was nun freilich sobald nicht sein wird. O wie wollen wir uns dann, meine liebe Freundin, freuen; Sie werden dann einen fröhlichern Menschen an Ihrem Freunde finden, dem die Zeit und sein besseres Schicksal die Furchen seines vorhergegangenen, widerwärtigen ausgeglichen hat.

Sollten Sie die B. Koch sehen, so bitte ich Sie, ihr zu sagen, daß es nicht schön sei von ihr, mir gar nicht einmal zu schreiben. Ich habe doch zweimal geschrieben; an Malchus schrieb ich dreimal und — keine Antwort. Sagen Sie ihr, daß, wenn sie nicht schreiben wolle, sie wenigstens Mal-

18

chus dazu antreiben sollte. Zum Schluße meines Briefs wage ich noch eine Bitte; sie ist, daß ich wieder gerne so glücklich sein möchte, eine von Hasenhaaren gestrickte Weste von Ihrer Hand, meine liebe Freundin, zu besitzen. Verzeihen Sie die unbescheidene Bitte Ihrem Freunde. Sie entsteht aus großer Vorliebe für alles, was von Ihren Händen ist, und heimlich kann ich Ihnen wohl sagen, eine kleine Eitelkeit liegt mit dabei zugrunde, nämlich: um sagen zu können, daß ich etwas von einem der besten, verehrungswürdigsten Mädchen in Bonn besitze. Ich habe zwar noch die erste, womit Sie so gütig waren, mich in Bonn zu beschenken, aber sie ist durch die Mode so unmodisch geworden, daß ich sie nur als etwas von Ihnen mir sehr Teures im Kleiderschrank aufbewahren kann. Vieles Vergnügen würden Sie mir machen, wenn Sie mich bald mit einem lieben Briefe von Ihnen erfreuten. Sollten Ihnen meine Briefe Vergnügen verursachen, so verspreche ich Ihnen gewiß, soviel mir möglich ist, hierin willig zu sein, sowie mir alles willkommen ist, wobei ich Ihnen zeigen kann, wie sehr ich bin

Ihr Sie verehrender wahrer Freund L. v. Beethoven.
P. S. Die Variationen werden etwas schwer zum Spielen sein, besonders die Triller in der Coda. Das darf Sie aber nicht abschrecken. Es ist so veranstaltet, daß Sie nichts als den Triller zu machen brauchen, die übrigen Noten lassen Sie aus, weil sie in der Violinstimme auch vorkommen. Nie würde ich so etwas gesetzt haben; aber ich hatte schon öfter bemerkt, daß hier und da einer in Wien war, welcher meistens, wenn ich des Abends phantasiert hatte, des andern Tages viele von meinen Eigenheiten aufschrieb und sich damit brüstete. Weil ich nun voraussah, daß bald solche Sachen erscheinen würden, so nahm ich mir vor, ihnen zuvorzukommen. Eine andere Ursache war noch dabei, nämlich: die hiesigen Klaviermeister in Verlegenheit zu setzen. Manche davon sind meine Todfeinde, und so wollte ich mich auf diese Art an ihnen rächen, weil ich voraus wußte, daß man ihnen die Variationen hier und da vorlegen würde, wo die Herren sich dann übel dabei produzieren würden.

Beethoven.

2*

— — — Ich danke Ihnen für Ihren Rat, den Sie mir
sehr oft bei dem Weiterkommen in meiner göttlichen Kunst
erteilten. Werde ich einst ein großer Mann, so haben auch
Sie teil daran; das wird Sie um so mehr freuen, da Sie
überzeugt sein können …

9] **An Nikolaus Simrock** in Bonn. Wien, 18. Juni (1794).

Lieber Simrock! Mein Bruder sagte mir hier, daß Sie
meine Variationen zu 4 Händen schon gestochen hätten, oder
doch stechen würden. Das Anfragen deswegen bei mir
dünkt mich wäre doch wohl der Mühe wert gewesen; wenn
ich nun ebenso handelte und jetzt dieselben B. dem Artaria
verkaufte, da Sie sie jetzt stechen. Doch bleiben Sie unbesorgt deswegen. Das einzige, was ich mir ausbitte, ist,
daß Sie jetzt den Stich damit aufgeben und mir nur schreiben, ob Sie sie schon wirklich angefangen haben. Ist das,
so schicke ich Ihnen von hier durch eine Gelegenheit an meinen Freund den Grafen Waldstein das Manuskript davon,
wonach Sie sie dann stechen können, weil darin verschiedenes verbessert ist, und ich doch wenigstens wünsche, meine
Sachen in ihrer möglichen Vollkommenheit erscheinen zu
sehen. Sonst war ich nicht willens, jetzt Variationen herauszugeben, da ich erst warten wollte, bis einige wichtigere
Werke von mir in der Welt wären, die nun bald herauskommen werden. — Ich bitte Sie mir also deswegen sobald
als möglich zu schreiben. Wollten Sie vielleicht hier einen
Verleger haben, so wollte ich das gern über mich nehmen,
Ihnen einen zu zeigen, den ich als einen wackeren Mann
kenne. — Übrigens hoffe ich wenigstens zwei Dutzend
Exemplare zu bekommen und wünsche, daß sie richtiger gestochen mögen werden, da in den anderen Variationen ein
wichtiger Fehler ist gemacht worden, indem man in der
6. B., anstatt A-Moll anzuzeigen durch drei Auflösungs-
zeichen, A-Dur hat stehen lassen mit drei Kreuzen. Und e i n
Exemplar schicken Sie mir! Das war doch verflucht wenig
— da mir Artaria für die anderen ein gutes Honorarium
und 12 Exemplare gab. — Schreiben Sie mir, ob Sie etwas anderes von mir wollen, und was?

Leben Sie wohl und grüßen Sie mir den **R i e s**. Ihr
dienstwilliger Freund   L. v. Beethoven.

10] An Johann Schenk.   (Juli 1794.)

Lieber Schenk! Ich wußte nicht, daß ich schon heute fort
würde reisen, nach Eisenstadt. Gern hätte ich noch mit
Ihnen gesprochen. Unterdessen rechnen Sie auf meine Dankbarkeit für die mir erzeigten Gefälligkeiten. Ich werde mich
bestreben, Ihnen alles nach meinen Kräften gutzumachen.
Ich hoffe Sie bald wiederzusehen und das Vergnügen
Ihres Umgangs genießen zu können. Leben Sie wohl und
vergessen Sie nicht ganz   Ihren Beethoven.

11] An Nikolaus Simrock.   Wien, 2. August 1794.

Lieber Simrock! Ich verdiente ein bißchen von Ihnen
ausgeputzt zu werden, weil ich Ihnen so lange Ihre Variationen zurückgehalten habe, aber ich lüge wahrlich nicht,
wenn ich Ihnen sage, daß ich verhindert war durch über-
häufte Geschäfte, selbe sobald zu korrigieren. Was daran
fehlt, werden Sie selbst finden; übrigens muß ich Ihnen
Glück wünschen in Ansehung Ihres Stichs, der schön, deutlich und lesbar ist. Wahrhaftig, wenn Sie so fortfahren, so
werden Sie noch das Oberhaupt im Stechen werden, versteht sich im Notenstechen. —
Ich versprach Ihnen im vorigen Briefe, etwas von mir
zu schicken, und Sie legten das als Kavaliersprache aus, woher hab ich dann dieses Prädikat verdient? — Pfui, wer
würde in unsern demokratischen Zeiten noch so eine Sprache
annehmen; um mich Ihres gegebenen Prädikats verlustig
zu machen, sollen Sie, sobald ich die große Revue an meinen Kompositionen vorgenommen habe, was jetzt bald geschieht, etwas haben, was Sie gewiß stechen werden. —
Wegen einem Commissionaire habe ich mich auch umgesehen, und einen recht braven tüchtigen Mann dazu gefunden. Seine Name ist T r a e g. Sie haben jetzt nichts zu tun,
als an ihn oder mich zu schreiben, was für Bedingungen
Sie eingehen wollen. Er verlangt von Ihnen das Drittel
rabate. Der Teufel verstehe sich auf Eure Handelei. — Hier
ist es sehr heiß; die Wiener sind bange, sie werden bald

21

kein Gefrorenes mehr haben können; da der Winter so wenig kalt war, so ist das Eis rar. Hier hat man verschiedene Leute von Bedeutung eingezogen; man sagt, es hätte eine Revolution ausbrechen sollen. Aber ich glaube, solange der Österreicher noch braun's Bier und Würstel hat, revoltiert er nicht. Es heißt, die Töre zu den Vorstädten sollen nachts um 10 Uhr gesperrt werden. Die Soldaten haben scharf geladen. Man darf nicht zu laut sprechen hier, sonst gibt die Polizei einem Quartier.

Sind Ihre Töchter schon groß, erziehen Sie mir eine zur Braut; denn wenn ich ungeheiratet in Bonn bin, bleibe ich gewiß nicht lange da; — Sie müssen doch auch jetzt in Angst leben! —

Was macht der gute R i e s ? Ich will ihm nächstens schreiben; er kann nicht anders als unvorteilhaft denken von mir. Aber das verfluchte Schreiben, daß ich mich darin nicht ändern kann. — Haben Sie schon meine Partie aufgeführt? Schreiben Sie mir zuweilen.   Ihr Beethoven.

Wenn Sie mir doch auch von den ersten Variationen einige Exemplare schickten!

12| Verlagskontrakt mit **Artaria & Co.**

Wien, 19. Mai 1795.

Unter heut angesetztem Datum ist zwischen Herren Artaria & Kompanie und Herrn Ludwig van Beethoven folgende Verabredung geschlossen worden.

1. Es übergibt Herr van Beethoven dem Herrn Artaria seine drei Trio auf das Klavier, Violin und Baß, und verbindet sich Herr Artaria solche gegen Vorausbezahlung von zweihundertundzwölf Gulden, rein und schön, auch mit einem zierlichen Titelblatte versehen, binnen sechs Wochen von untengesetztem Datum an gerechnet, spätestens, stechen zu lassen.

2. Verbindet sich Herr Artaria demselben vierhundert Exemplare, das Exemplar um einen Gulden auf die Art abzuliefern, daß, von dem Tage der verflossenen sechs Wochen an gerechnet, alle Wochen wenigstens 50 Exemplare bis auf die bestimmte Zahl von 400, unfehlbar abgedruckt

und abgegeben werden sollen; jedoch steht es Herrn van Beethoven frei, auch eine geringere Zahl abzunehmen.

3. Übernimmt Herr Artaria nach der abgelieferten bestimmten Anzahl Exemplare die Platten gedachter drei Trio um den Preis von neunzig Gulden, welche er sich auch von obenbemeldeter Summe von 212 Gulden sogleich abziehen läßt.

4. Vom Tage der abgelieferten ersten Exemplare verspricht Herr Artaria auf hiesigem Platze durch zwei ganze Monate kein Exemplar davon zu verkaufen; dagegen ihm aber dessen Absatz ins Ausland von diesem nämlichen Tage an frei steht, nach Verlauf der zwei Monate aber, auch hier in Wien er selbige als seine rechtmäßige eigentümliche Ware verkaufen darf.

5. Nach Verlauf dieser zwei Monate bleibt es zwar Herrn van Beethoven frei, die ihm übrigbleibenden Exemplare nach Gutdünken absetzen zu können, jedoch hat derselbe alsdann keinen Anspruch mehr auf den weiteren Verkauf seines Werkes, und sollte er es für gut finden bis dahin die Anzahl von 400 Exemplaren nicht abnehmen zu wollen, so soll ihm auch weiter das Recht nicht mehr zustehen, auf Rechnung dieser Anzahl Exemplarien abfordern zu können.

6. Das Pränumeranten-Verzeichnis wird dem Herrn Artaria gedruckt abgeliefert werden, um solches denen für die Herren Pränumeranten bestimmten Exemplare beiheften zu lassen.

In Urkund dessen beidseitiger Kontrahenten eigenhändige Unterschrift und Petschafte.

L. S. Ludwig van Beethoven.
L. S. Artaria & Comp.

13] **An Nikolaus v. Zmeskall.** (1795.)

Bester Z.! Ich muß Sie um eine Gefälligkeit bitten, so ungern ich es auch tue, nämlich: ich wünschte, daß Sie statt meiner versuchten, ob Ihnen Artaria sechs oder zwölf Exemplare lassen wollte für jetzt nur, die anderen wollte ich noch nachkaufen. Ich muß durchaus Salieri ein Exemplar geben, warum werde ich Ihnen sagen, auch noch einigen anderen. Jetzt wünschte ich aber, daß Sie so gut wären das Geld für die sechs oder zwölf Exemplare für mich beim A. auszugeben. Die Spekulation mit unserer Aufnehmung von 500 Gldn. wird doch noch und vielleicht vorteilhaft für mich zustande kommen, und dann sollen Sie gleich Ihr ausgelegtes Geld haben. Suchen Sie A. zu bereden, daß er Ihnen doch diese sechs oder zwölf Exemplare läßt, noch ehe er die 30 Gldn. von L. hat. Ich bitte mir doch gleich zu sagen, wann ich eine Antwort von Ihnen hierüber erwarten darf. Sehr lieb wär mir's, wenn ich noch heute Exemplare haben könnte, weil ich dem Salieri muß noch heute eins geben. Ihr wahrer Freund Beethoven.

14] An Franz Gerhard Wegeler. (1795.)

Liebster, bester! In was für einem abscheulichen Bilde hast Du mich mir selbst dargestellt; o ich erkenne es, ich verdiene Deine Freundschaft nicht. Du bist so edel, so gutdenkend, und das ist das erstemal, daß ich mich nicht neben Dir stellen darf, weit unter Dir bin ich gefallen. Ach! ich habe meinem besten edelsten Freund acht Wochen lang Verdruß gemacht. Du glaubst, ich habe an der Güte meines Herzens verloren, dem Himmel sei Dank: nein! Es war keine absichtliche, ausgedachte Bosheit von mir, die mich so gegen Dich handeln ließ, es war mein unverzeihlicher Leichtsinn, der mich die Sache nicht in dem Lichte sehen ließ, wie sie wirklich war. — O wie schäm' ich mich für Dir, wie für mir selbst. — Fast traue ich mich nicht mehr, Dich um Deine Freundschaft wieder zu bitten. — Ach Wegeler! nur mein einziger Trost ist, daß Du mich fast seit meiner Kindheit kanntest. Und doch, o laß mich's selbst sagen, ich war doch immer gut und bestrebte mich immer der Rechtschaffenheit und Biederkeit in meinen Handlungen. Wie hättest Du mich sonst lieben können! Sollte ich denn jetzt seit der kurzen Zeit auf einmal mich so schrecklich, so sehr zu meinem Nachteil geändert haben? — Unmöglich! Diese Gefühle des Großen, des Guten sollten alle auf einmal in mir erloschen sein? Mein Wegeler, lieber, bester, o wag' es noch einmal, Dich wieder ganz in die Arme Deines B. zu werfen, baue auf die guten Eigenschaften, die Du sonst in ihm

24

gefunden haft. Ich stehe Dir dafür, den neuen Tempel der heiligen Freundschaft, den Du darauf aufrichten wirst, er wird fest, ewig stehen, kein Zufall, kein Sturm wird ihn in seinen Grundfesten erschüttern können. — Fest — ewig — unsere Freundschaft; — Verzeihung — Vergessenheit! — Wiederaufleben der sterbenden sinkenden Freundschaft! — O Wegeler, verstoße sie nicht diese Hand zur Aussöhnung, gib die Deinige in die meine. — Ach Gott! — Doch nichts mehr. — Ich selbst komme zu Dir, und werfe mich in Deine Arme und bitte um den verlorenen Freund, und Du gibst Dich mir, dem reuevollen, Dich liebenden, Dich nie verges= senden   Beethoven wieder.

Jetzt eben habe ich Deinen Brief erhalten, weil ich erst nach Hause gekommen bin.

15] An?   (1795.)

Ich habe die Ehre, schicke Ihnen das Quintett und Sie werden mich sehr verbinden, wenn Sie es als ein unbedeu= tendes Geschenk von mir betrachten; die einzige Bedingung, die ich Ihnen machen muß, ist, es ja sonst niemanden zu geben.

16] Tagebuchnotiz.   (Dez. 1795.)

Mut. Auch bei allen Schwächen des Körpers soll doch mein Geist herrschen. Fünfundzwanzig Jahre, sie sind da, dieses Jahr muß den völligen Mann entscheiden. Nichts muß übrigbleiben.

17] An Johann van Beethoven.   Prag, 19. Febr. (1796).

Lieber Bruder! Um daß Du doch wenigstens nur weißt, wo ich bin und was ich mache, muß ich Dir doch schreiben. Fürs erste geht mir's gut, recht gut. Meine Kunst erwirbt mir Freunde und Achtung, was will ich mehr. Auch Geld werde ich diesmal ziemlich bekommen. Ich werde noch einige Wochen verweilen hier, und dann nach Dresden, Leipzig und Berlin reisen. Da werden wohl wenigstens sechs Wochen dran gehen, bis ich zurückkomme. Ich hoffe, daß Dir Dein Aufenthalt in Wien immer besser gefallen

25

wird. Nimm Dich nur in acht vor der ganzen Zunft der schlechten Weiber. Bist Du schon bei Vetter Els gewesen? Du kannst mir einmal hieher schreiben, wenn Du Lust und Zeit hast.

Fürst Lichnowsky wird wohl bald wieder nach Wien, er ist schon von hier weggereiset, wenn Du allenfalls Geld brauchst, kannst Du keck zu ihm gehn, da er mir noch schuldig ist. Übrigens wünsche ich, daß Du immer glücklicher leben mögest, und ich wünsche, etwas dazu beitragen zu können. Leb' wohl, lieber Bruder und denke zuweilen an Deinen

wahren treuen Bruder L. Beethoven.

Grüß Bruder Caspar.

Meine Adresse ist: im goldenen Einhorn auf der Klein=seite.

[Außen:] Prag, den 19ten Februar. An meinen Bruder Nikolaus Beethoven. — Abzugeben in der Apotheke beim Kärntner Tor. Herr von Z. hat nur die Güte diesen Brief dem Perückenmacher zu übergeben, der ihn bestellen wird.

18] **An Nikolaus v. Zmeskall.** (1796.)

Mein wohlfeilster Baron! sagen Sie, daß der Gitarrist noch heute zu mir komme, der Amenda soll statt einer Amende, [die er zuw]eilen für sein schlechtes Pausieren verdient, mir diesen [wohlge]littenen Gitarrist besorgen; wenn's sein kann, so soll der sogenannte [heute abend] um 5 Uhr zu mir kommen, wo nicht, morgen [früh] 5 oder 6 Uhr, doch darf er mich nicht wecken, falls ich [noch schlafen] — sollte. — Adieu mon ami à bon marché, vielleicht sehen wir uns im Schwanen.

26

19] **An Nikolaus v. Zmeskall.** (1796.)

Der Musikgraf ist mit heute infam kassiert. Der erste Geiger wird ins Elend nach Sibirien transportiert.

Der Baron hat einen ganzen Monat das Verbot nicht mehr zu fragen, nicht mehr voreilig zu sein, sich mit nichts als mit seinem ipse miserum sich abzugeben. B.

20] **An Franz Gerhard Wegeler.** 29. Mai 1797.

Grüß Dich Gott, Lieber! Ich bin Dir einen Brief schuldig, den sollst Du nächstens haben, wie auch meine neuesten Musikalien. Mir geht's gut, und ich kann sagen: immer besser. Glaubst Du, daß es jemanden freuen wird, so grüße von meiner Seite. Lebe wohl und vergiß nicht

Deinen L. v. Beethoven.

21] **Albumblatt für Stefan von Breuning.**

Wien, 1. Okt. 1797.

Die Wahrheit ist vorhanden für den Weisen
Die Schönheit für ein fühlend Herz:
Sie beide gehören für einander. (Schiller.)

Lieber guter Breuning! Nie werde ich die Zeit, die ich sowohl schon in Bonn als wie auch hier mit Dir zubrachte, vergessen. Erhalte mir Deine Freundschaft, so wie Du mich immer gleich finden wirst.

Dein wahrer Freund L. v. Beethoven.

22] **An Grafen Browne.** 1798.

Monsieur! L'auteur vivement pénétré de votre munificence aussi délicate que libérale, se réjouit de pouvoir le dire au monde en vous dédiant cette oeuvre. Si les productions de l'art, que vous honorez de votre protection connaisseur dependaient moins de l'inspiration du génie que de la bonne volonté de faire de son mieux, l'auteur aurait la satisfaction tant désirée de présenter au premier Mécène de sa Muse la meilleure des ses œuvres.

(Dedikationsblatt zu Opus 9.)

23] **An Johann Traeg.** Wien, 16. März 1798.

Ich Endesgefertigter bekenne hiermit, daß ich Herrn Joh. Traeg, privilegierten Kunst- u. Musikalienhändler, die von

mir verfertigten und Herrn Grafen Browne, Brigadier im
Dienste seiner Kaiserl. Maj. aller Reußen dedizierten 3
Trios für Violin, Alto, Violoncello, wovon das erste aus
G-Dur, das zweite aus D-Dur und das dritte aus C-Moll
ist, zu dem Ende verhandelt und gänzlich als sein Eigentum überlassen habe, daß er sie für seine Rechnung und Vorteil stechen lassen und auf was sonst immer für eine ihm
beliebige Weise benutzen möge, mir aber über das ihm von
mir gemachte Versprechen diese Trios sonst niemandem zu
verhandeln und gemachte Zusicherung, daß ich sie auch bisher noch an niemanden verhandelt habe, ein unter uns be-
dungenes Honorarium von fünfzig Dukaten zu bezahlen
habe.

(Vertragsstempel.)   L. v. Beethoven.

Obiges Manuskript cedire ich sammt Verlagsrecht an die
Herren S. A. Steiner & Co. in Einverständnis mit dem
Verfasser.

Wien, 5. Juni 1823.

                                   Johann Traeg.
                             Mit großem Vergnügen
                             Ludwig van Beethoven.

24]   An Nikolaus v. Zmeskall.   (1798.)

Liebster Baron Dreckfahrer! Je vous suis bien obligé
pour votre faiblesse de vos yeux. Übrigens verbitte ich
mir ins künftige, mir meinen frohen Mut, den ich zuweilen
habe, nicht zu nehmen; denn gestern durch Ihr Zmeskall-
Domanovezisches Geschwätz bin ich ganz traurig geworden.
Hol' Sie der Teufel, ich mag nichts von Ihrer ganzen Moral wissen. K r a f t ist die Moral der Menschen, die sich
vor anderen auszeichnen, und sie ist auch die meinige; und
wenn Sie mir heute wieder anfangen, so plage ich Sie so
sehr, bis Sie alles gut und löblich finden, was ich tue.
(Denn ich komme zum Schwane, im Ochsen wär's mir
zwar lieber, doch beruht das auf Ihrem Zmeskalischen Do-
manovezischen Entschluß.) (Reponse.)

Adieu Baron Ba... ron ron / nor / orn / rno / onr /
(Voila quelque chose aus dem alten Versatzamt.)

28

25] **An N. v. Zmeskall.** (1798.)

Bester Musikgraf! Ich bitte Sie, mir doch eine oder etliche Federn zu schicken, da ich wirklich daran großen Mangel leide. Sobald ich erfahren werde, wo man recht gute, vortreffliche Federn findet, will ich ihrer kaufen. Ich hoffe Sie heute im Schwanen zu sehen.

Adieu, teuerster Musikgraf Dero usw.

26] **An N. v. Zmeskall.** (1798.)

Seine des Herrn von Zmeskall haben sich etwas zu beeilen mit dem Ausrupfen Ihrer (darunter auch wahrscheinlich einige fremde) Federn. Man hofft, Sie werden Ihnen nicht zu fest angewachsen sein. Sobald Sie alles tun, was wir wünschen wollen, sind wir mit vorzüglicher Achtung

Ihr   Freund Beethoven.

27] **An N. v. Zmeskall.** (1798.)

Ich werde gleich zu Ihnen kommen. Höchstens in einer Viertelstunde.   Ihr Beethoven.

28] **An N. v. Zmeskall.** (1798.)

Mein lieber scharmanter Graf! Sagen Sie mir doch, ob ich Sie diesen Abend um 5 Uhr sprechen kann, da das sehr nötig ist für   Ihren Freund Beethoven.

29] **An N. v. Zmeskall.** (1798.)

An seine Hochwohl-Wohl-Wohlstgeboren des Herrn von Zmeskall, kais. und könig. wie auch königl. kaissl. Hossekretär!

Seine Hochwohlgeboren, seine des Herrn von Zmeskall Zmeskallität haben die Gewogenheit zu bestimmen, wo man Sie morgen sprechen kann.

Wir sind Ihnen ganz verflucht ergeben.   Beethoven.

30] **An Christine v. Gerardi.** (1798.)

Meine liebe Fräulein G., ich müßte lügen, wenn ich Ihnen nicht sagte, daß die mir eben von Ihnen überschickten Verse mich nicht in Verlegenheit gebracht hätten. Es ist ein eigenes Gefühl sich loben zu sehen, zu hören und dann dabei seine eigene Schwäche fühlen wie ich. Solche Gelegen-

heiten betrachte ich immer als Ermahnungen, dem unreich=
baren Ziele, das uns Kunst und Natur darbeut, näher zu
kommen, so schwer es auch ist. — Diese Verse sind wahrhaft
schön bis auf den einzigen Fehler, den man zwar schon ge=
wohnt ist bei Dichtern anzutreffen, indem sie durch die Hilfe
ihrer Phantasie verleitet werden, das was sie wünschen zu
sehen und zu hören, wirklich hören und sehen, mag es auch
weit unter ihrem Ideal zuweilen sein. Daß ich wünsche
den Dichter oder die Dichterin kennen zu lernen, können Sie
wohl denken; und nun auch Ihnen meinen Dank für Ihre
Güte, die Sie haben

für Ihren Sie verehrenden L. v. Beethoven.

31] **An Christine v. Gerardi.** (1798.)

Liebe Ch. Sie haben gestern etwas hören lassen wegen
des Konterfei von mir. — Ich wünschte, daß Sie dabei doch
etwas behutsam verführen; ich fürchte, wenn wir das Zu=
rückschicken von Seite der F. wählen, so möchte vielleicht der
fatale B. oder der erzdumme Josef sich hineinmischen, und
dann möchte das Ding noch auf eine Schikane für mich ge=
münzt werden und das wär wirklich fatal; ich müßte mich
wieder wehren und das verdient denn doch die ganze popu=
lasse nicht. — Suchen Sie das Ding zu erwischen so gut
als sich's tuen läßt; ich versichere Sie, daß ich hernach alle
Maler in der Zeitung bitten werde, mich nicht mehr ohne
mein Bewußtsein zu malen, dacht ich doch nicht, daß ich
durch mein eigenes Gesicht noch in Verlegenheit kommen
könnte. Wegen der Sache wegen des Hutabziehens, das ist
gar zu dumm und zugleich unhöflich, als daß ich so etwas
wagen könnte, erklären Sie ihm doch die Rechte des Spa=
zierengehens. — Adieu, hol' Sie der Teufel. —

32] **An Nikolaus v. Zmeskall.** (24. März 1799.)

Ich sagte Ihnen schon gestern, daß ich Ihr Billett nicht
annehmen werde; Sie sollten mich besser kennen, als daß
Sie glaubten, ich sei imstande, einem meiner Freunde ein
Vergnügen zu rauben, um einem anderen dadurch Vergnü=
gen zu machen; was ich sagte, das halte ich, ich schicke es
Ihnen hier zurück, und bin froh, daß ich nicht so wankel=

mütig bin, alle Augenblicke eine andere Meinung zu haben,
sondern fest bei dem beharre, was ich sage.

Sie schienen mir empfindlich gestern über mich zu sein,
vieleicht weil ich etwas heftig behauptete, daß Sie unrecht
getan hatten, das Billett wegzugeben; aber wenn Sie den=
ken, daß ich vorgestern deswegen zwei Briefe, sage zwei: an
Lichnowsky und die Fürstin, schrieb, um eines zu erhalten,
so kann Sie das nicht wundern, und dann noch dazu, daß ich
nicht so kalter Natur bin, und daß ich meine Freude ver=
eitelt sah, die ich jemand hatte mit diesem Billett machen
wollen; doch war das auch gleich vorbei bei mir, denn was
nicht zu ändern ist, darüber kann man sich nicht zanken.

Ich lasse Ihrer Bonhommie ihren Wert, aber das sei dem
Himmel geklagt, die Freundschaft hat schweres Gedeihen
dabei.

Ich bin deswegen nicht minder wie sonst

Ihr Freund L. v. Beethoven.

Ich schicke es Ihnen so spät, weil ich diesen Morgen das
Ihrige früh wegschicken mußte, ohne daß es unbrauchbar
geworden wäre, und das meinige hab' ich erst jetzt bekom=
men, und schicke es Ihnen gleich; hätte ich auch keines er=
halten, so hätten Sie es doch auf jeden Fall erhalten.

33] **An Carl Amenda.** Wien, 25. Juni 1799.

Lieber Amenda! Nimm dieses Quartett als ein kleines
Denkmal unserer Freundschaft, so oft Du Dir es vorspielst,
erinnere Dich unserer durchlebten Tage und zugleich, wie
innig gut Dir war und immer sein wird

Dein wahrer und warmer Freund
Ludwig van Beethoven.

34] **An Carl Amenda.** (1799.)

Heute bekam ich eine Einladung nach Mödling aufs
Land, ich habe sie angenommen und gehe noch diesen Abend
auf einige Tage dahin. Sie war mir um so willkommener,
da mein ohnedem zerrissenes Herz noch mehr würde gelitten
haben; obschon der Hauptsturm wieder abgeschlagen ist, so
bin ich doch noch nicht ganz sicher, wie mein Plan dawider
ausschlagen wird. Gestern hat man mir eine Reise nach

Polen im Monat September angetragen, wobei mir die Reise sowohl wie der Aufenthalt nichts kostet, und ich mich in Polen gut unterhalten kann und auch Geld da zu machen ist; ich habe es angenommen. — Lebe wohl, lieber A., und gib mir bald Nachricht von Deinem Aufenthalte unterwegs, wie auch wenn Du in Deinem Vaterlande angelangt bist. — Reise glücklich und vergesse nicht   Deinen Beethoven.

35]   An Carl Amenda.   (1799.)

Ich glaube Dir nicht zeitig genug geben zu können, was mir Fürst Lichnowsky für Dich geschickt hat; es ist zwar wenig, aber er ist jetzt im Fortreisen begriffen, und da weißt Du wohl, was so einer braucht. —

Ja, lieber guter Amenda, ich muß es noch einmal wiederholen, daß es mir sehr leid tut, daß Du mich nicht von Deiner Lage früher unterrichtet hast, das hätte sich so ganz anders einrichten lassen, und ich wäre nun nicht in Sorgen, daß es Dir unterwegs an etwas mangeln könnte. — Ich bin augenblicklich in einer Lage, wo ich nichts entbehren kann; da dieser Zustand nicht sehr lange dauern kann, so bitte ich Dich innigst, sobald es Dir, es mag sein wo es wolle, an etwas gebrechen sollte, mir es gleich zu wissen zu tuen, indem Du versichert sein kannst, daß ich Dir schleunigst beistehen werde. —

Da ich nicht weiß, ob Du schon morgen reisest, so glaubte ich nötig, Dir dieses noch alles zu sagen.

In Eile Dein Beethoven.

36]   An J. N. Hummel.   (1799.)

Komme Er nicht mehr zu mir! Er ist ein falscher Hund und falsche Hunde hole der Schinder.   Beethoven.

37]   An J. N. Hummel.   (Einen Tag später.)

Herzens=Nazerl! Du bist ein ehrlicher Kerl und hattest recht, das sehe ich ein. Komm also diesen Nachmittag zu mir. Du findest auch den Schuppanzigh und wir beide wollen Dich rüffeln, knüffeln und schütteln, daß Du Deine Freude dran haben sollst.

Dich küßt Dein Beethoven, auch Mehlschöberl genannt.

32

38] **An N. v. Zmeskall.** (1799.)

Geliebtester Conte di Musica! Wohl bekomme Euch der
Schlaf, und auch heute wünschen wir Euch einen guten Ap=
petit und eine gute Verdauung. Das ist alles, was dem
Menschen zum Leben nötig ist; und doch müssen wir das
alles so teuer bezahlen. Ja, liebster Conte, vertrauter
amico, die Zeiten sind schlecht, unsere Schatzkammer ausge=
leert, die Einkünfte gehn schlecht ein und wir, Euer gnädig=
ster Herr, sind gezwungen uns herabzulassen und Euch zu
bitten um ein Darlehen von 5 Gulden, welches wir Euch
binnen einigen Tagen wieder zufließen werden lassen. In
Ansehung der Instrumente tragen wir Euch die strengste
Untersuchung auf, indem wir bei allenfalligem Betrug ge=
sonnen sind, den Verbrecher zu züchtigen.

Lebt wohl, geliebtester amico und conte di Musica.

Euer wohl affektionierter L. v. Beethoven.

Gegeben in unserem Komposition Kabinett.

39] **An N. v. Zmeskall.** (1799.)

Lieber Zmeskall! Da ich wohl schwerlich zu der Gräfin
Deym heute kommen werde, indem ich einen tüchtigen Ka=
tarrh seit gestern abend habe, so empfehle ich Ihnen dieselbe
bei der Probe heute an. Was den Vortrag anbelangt, so
war ich gestern da, und da werden Sie ihr nichts zu sagen
brauchen, aber vielleicht des Tempos wegen. Sagen Sie
mir doch, ob der Hauptmann, der mehrmals bei Tost ge=
pfiffen hat, nicht Gilg heißt? Ich brauche solches notwen=
dig zu wissen.

40] **An N. v. Zmeskall.** (1799.)

Mein lieber wohlgeborner Herr von Zmeskall Hofsekre=
tär noch ledigen — Standes — wenn Sie mich heute bei
sich sehen, so schreiben Sie es nichts anderem zu, als daß
mich jemand bei Ihnen sprechen will, und ich dieses nicht
versagen konnte — uneingeladen lade ich mich — und Sie
werden mich hoffentlich nicht losschießen —

Ihr ganz Ganzer L. v. Beethoven.

41] **An Friedrich von Matthiſſon.**   Wien, 4. Aug. 1800.

Verehrungswürdigſter! Sie erhalten hier eine Kompo=
ſition von mir, welche bereits ſchon einige Jahre im Stich
heraus iſt und von welcher Sie vielleicht zu meiner Schande
noch gar nichts wiſſen. Mich entſchuldigen und ſagen, war=
um ich Ihnen etwas widmete, was ſo warm von meinem
Herzen kam und Ihnen gar nichts davon bekanntmachte, das
kann ich mich vielleicht dadurch, daß ich anfänglich Ihren
Aufenthalt nicht wußte, einen Teil auch wieder meine
Schüchternheit, daß ich glaubte, mich übereilt zu haben,
Ihnen etwas gewidmet zu haben, wovon ich nicht wußte,
ob es Ihren Beifall hat.

Zwar auch jetzt ſchicke ich Ihnen die Adelaide mit Ängſt=
lichkeit. Sie wiſſen ſelbſt, was einige Jahre bei einem
Künſtler, der immer weiter geht, für eine Veränderung her=
vorbringen; je größere Fortſchritte in der Kunſt man
macht, deſto weniger befriedigen einen ſeine älteren Werke.
Mein größeſter Wunſch iſt befriedigt, wenn Ihnen die muſi=
kaliſche Kompoſition Ihrer himmliſchen Adelaide nicht ganz
mißfällt und wenn Sie dadurch bewogen werden, bald wie=
der ein ähnliches Gedicht zu ſchaffen, und fänden Sie meine
Bitte nicht unbeſcheiden, es mir ſogleich zu ſchicken, und ich
will dann alle meine Kräfte aufbieten, Ihrer ſchönen Poeſie
nahezukommen. — Die Dedikation betrachten Sie teils als
ein Zeichen des Vergnügens, welches mir die Kompoſition
Ihrer A. gewährte, teils als ein Zeichen meiner Dankbarkeit
und Hochachtung für das ſelige Vergnügen, was mir Ihre
Poeſie überhaupt immer machte und noch machen wird.

Erinnern Sie ſich bei Durchſpielung der A. zuweilen
              Ihres Sie wahrhaft verehrenden Beethoven.

42] **An Franz Hofmeiſter, Leipzig.**   Wien, 15. Dez. 1800.

Geliebteſter Herr Bruder! Ich habe dero Anfragen ſchon
mehrmalen beantworten wollen, bin aber in der Briefſtel=
lerei erſchrecklich faul und da ſteht's lange an, bis ich ein=
mal ſtatt Noten trockene Buchſtaben ſchreibe. Nun habe ich
mich endlich einmal bezwungen, dero Begehren Genüge zu
leiſten. — Pro primo iſt zu wiſſen, daß es mir ſehr leid iſt,

daß Sie, mein geliebter Herr Bruder in der Tonkunst, mir nicht eher etwas zu wissen gemacht haben, damit ich Ihnen meine Quartetten hätte zu Markt bringen können, sowie auch viele andere Sachen, die ich nun schon verhandelt. Doch wenn der Hr. Bruder ebenso gewissenhaft sind als manche andere ehrliche Stecher, die uns arme Komponisten zu Tod stechen, so werden Sie schon auch wissen, wenn sie heraus= kommen, Nutzen davon zu ziehen. — Ich will in der Kürze also hersetzen, was der Herr Bruder von mir haben könnte: 1. ein Septett per il violino, viola, violoncello, contra- Bass, clarinett, corno, fagotto; — tutti obligati. (Ich kann gar nichts unobligates schreiben, weil ich schon mit einem obligaten Akkompagnement auf die Welt gekommen bin.) Dieses Septett hat sehr gefallen. Zum häufigeren Gebrauch könnte man die drei Blasinstrumente: Fagotto, clarinetto und corno, in noch eine Violine, noch eine Viola und noch ein Violoncello übersetzen. — 2. eine große Symphonie mit vollständigen Orchester. — 3. ein Konzert fürs Klavier, welches ich zwar für keins von meinen besten ausgebe, sowie ein anderes, was hier bei Mollo heraus= kommen wird (zur Nachricht an die Leipziger Rezensen= ten), weil ich die besseren noch für mich behalte, bis ich selbst eine Reise mache, doch dürfte es Ihnen keine Schande machen, es zu stechen. — 4. eine große Solosonate. — Das ist alles, was ich in diesem Augenblicke hergeben kann; ein wenig später können Sie ein Quintett für Geigeninstru= mente haben, wie auch vielleicht Quartetten, und auch an= dere Sachen, die ich jetzt nicht bei mir habe. — Bei Ihrer Antwort können Sie mir selbst auch Preise festsetzen und da Sie weder Jud' noch Italiener, und ich auch keins von bei= den bin, so werden wir schon zusammen kommen. — Ge= liebtester Hr. Bruder, gehaben Sie sich wohl und sein Sie versichert von der Achtung

Ihres Bruders L. v. Beethoven.

43] An Franz Hofmeister, Leipzig.

Wien, am 15. (oder so etwas dergleichen) Jenner 1801.

Mit vielem Vergnügen, mein geliebtester Herr Bruder und Freund, habe ich Ihren Brief gelesen. Ich danke Ihnen

3*

recht herzlich für die gute Meinung, die Sie für mich und meine Werke gefaßt haben, und wünsche es mir oft verdienen zu können; auch dem Herrn Kühnel bitte ich meinen pflichtschuldigen Dank für seine gegen mich geäußerte Höflichkeit und Freundschaft abzustatten. — Ihre Unternehmungen freuen mich ebenfalls und ich wünsche, daß wenn die Werke der Kunst Gewinn schaffen können, dieser doch viel lieber echten wahren Künstlern als bloßen Krämern zuteil werde.

Daß Sie Sebastian Bachs Werke herausgeben wollen, ist etwas, was meinem Herzen, das ganz für die hohe große Kunst dieses Urvaters der Harmonie schlägt, recht wohl tut und ich bald in vollem Laufe zu sehen wünsche; ich hoffe von hier aus, sobald wir den goldenen Frieden verkündigt werden hören, selbst manches dazu beizutragen, sobald Sie darauf Pränumeration nehmen.

Was nun unsere eigentlichen Geschäfte anbelangt, weil Sie es nun so wollen, so sei Ihnen hiemit gedient. Für jetzt trage ich Ihnen folgende Sachen an: Septett (wovon ich Ihnen schon geschrieben) 20 Duk., Symphonie 20 Duk., Konzert 10 Duk., große Solosonate Allegro, Adagio, Minuetto, Rondo 20 Duk. Diese Sonate hat sich gewaschen, geliebtester Herr Bruder!

Nun zur Erläuterung: Sie werden sich vielleicht wundern, daß ich hier keinen Unterschied zwischen Sonate, Septett, Symphonie mache; weil ich finde, daß ein Septett oder Symphonie nicht soviel Abgang findet als eine Sonate, deswegen tue ich das, obschon eine Symphonie unstreitig mehr gelten soll. (NB. das Septett besteht aus einem kurzen Eingangsadagio, dann Allegro, Adagio, Minuetto, Andante mit Variationen, Minuetto, wieder kurzes Eingangsadagio und dann Presto.) — Das Konzert schlage nur zu 10 Duk. an, weil, wie schon geschrieben, ich's nicht für eins von meinen besten ausgebe. Ich glaube nicht, daß Ihnen dieses übertrieben scheint alles zusammengenommen; wenigstens habe ich mich bemüht, Ihnen so mäßig als möglich die Preise zu machen. — Was die Anweisung betrifft, so können, da Sie mir es freistellen, Sie selbe an Geymüller oder Schüller ergehen lassen. Die ganze Summe

36

wäre also 70 Dukaten für alle vier Werke, ich verstehe mich
auf kein anderes Geld als Wiener Dukaten. Wieviel das
bei Ihnen Taler in Golde macht, das geht mich alles nichts
an, weil ich wirklich ein schlechter Negoziant und Rechner
bin.

Nun wäre das saure Geschäft vollendet; ich nenne das so,
weil ich wünschte, daß es anders in der Welt sein könnte.
Es sollte nur ein Magazin der Kunst in der Welt sein, wo
der Künstler seine Kunstwerke nur hinzugeben hätte um zu
nehmen, was er brauchte; so muß man noch ein halber
Handelsmann dabei sein, und wie findet man sich darein!
— Du lieber Gott! — das nenne ich noch einmal sauer. —
Was die Leipziger Ochsen betrifft, so lasse man sie doch nur
reden, sie werden gewiß niemand durch ihr Geschwätz un=
sterblich machen, sowie sie auch niemand die Unsterblichkeit
nehmen werden, dem sie von Apoll bestimmt ist.

Jetzt behüte Sie und Ihren Mitverbundenen der Him=
mel; ich bin schon einige Zeit nicht wohl und da wird es
mir jetzt sogar ein wenig schwer Noten zu schreiben, viel
weniger Buchstaben. Ich hoffe, daß wir oft Gelegenheit
haben werden uns zuzusichern, wie sehr Sie meine Freunde
und wie sehr ich bin

    Ihr Bruder und Freund L. v. Beethoven.
Auf eine baldige Antwort. — Adieu.

44] An Frau **Frank-Gerardi.**   (Januar 1801.)

Ich glaube Sie, meine Beste, erinnern zu müssen, daß
bei der zweiten Ankündigung unserer Akademie Sie wieder
nicht Ihren Mann vergessen lassen sollten, daß diejenigen,
die diese Akademie durch ihre Talente unterstützen, dem
Publico ebenfalls bekannt gemacht werden — so ist es
Sitte. Ich sehe auch nicht ein, wenn dieses nicht geschieht,
was denn das Auditorium zahlreicher machen soll, welches
doch der Hauptzweck dieser A. sein soll; — Punto ist nicht
wenig aufgebracht darüber, und er hat auch recht, und es
war mein Vorsatz, noch ehe ich ihn gesehen, Sie daran zu
erinnern, indem ich mir es nicht anders als durch eine große
Eile oder große Vergeßlichkeit erklären kann, daß es nicht ge=
schehen ist. Sorgen Sie also jetzt meine Beste dafür, indem,

wenn es nicht geschehen wird, Sie sich sicheren Verdrieß=
lichkeiten aussetzen werden. — Nachdem ich mich einmal
durch andere und durch mich bestimmt überzeugt habe, daß
ich in dieser A. nicht unnütz bin, so weiß ich, daß nicht so=
wohl ich, als auch Punto, Simoni, Galvani eben das näm=
liche fordern werden, daß das Publikum auch mit unserem
Eifer für das wohltätige Gute dieser A. bekannt gemacht
werde. Sonst müssen wir alle schließen, daß wir unnütz
sind.   Ganz Ihr L. v. Beethoven.

45] **An Ferdinand Ries.**   (März 1801.)

Lieber Ries! Wählen Sie die vier bestgeschriebenen
Stimmen, und sehen Sie diese erst durch, bezeichnen dann
diese mit Nr. I; — haben Sie dieselben nach der Partitur
recht durchgesehen und korrigiert, dann nehmen Sie die an=
deren Stimmen, und sehen Sie nach nach den korrigierten
Stimmen; ich empfehle Ihnen soviel Achtsamkeit als mög=
lich.

46] **An Franz Hofmeister,** Leipzig.   Wien, 22. Apr. 1801.

Sie haben Ursache über mich zu klagen, und das nicht
wenig. Meine Entschuldigung besteht darin, daß ich krank
war und dabei noch obendrein sehr viel zu tun hatte, so
daß es mir kaum möglich war auch nur darauf zu denken,
was ich Ihnen zu schicken hatte; dabei ist es vielleicht das
einzige Geniemäßige, was an mir ist, daß meine Sachen
sich nicht immer in der besten Ordnung befinden und doch
niemand imstande ist als ich selbst, da zu helfen. So z. B.
war zu dem Konzerte in der Partitur die Klavierstimme
meiner Gewohnheit nach nicht geschrieben, und ich schrieb sie
erst jetzt, daher Sie dieselbe wegen Beschleunigung von
meiner eigenen, nicht gar zu lesbaren Handschrift erhalten.

Um soviel als möglich die Werke in der gehörigen Ord=
nung folgen zu lassen, merke ich Ihnen an, daß Sie

auf die Solosonate	Op. 22
auf die Symphonie	Op. 21
auf das Septett	Op. 20
auf das Konzert	Op. 19

38

setzen mögen lassen. Die Titeln werde ich Ihnen nächstens nachschicken.

Auf die Johann Sebastian Bachschen Werke setzen Sie mich als Pränumerant an, sowie auch den Fürsten Lichnowsky. Die Übersetzung der Mozartischen Sonaten in Quartetten wird Ihnen Ehre machen und auch gewiß einträglich sein; ich wünschte selbst hier bei solchen Gelegenheiten mehr beitragen zu können, aber ich bin ein unordentlicher Mensch und vergesse bei meinem besten Willen auch alles; doch habe ich schon hier und da davon gesprochen und finde überall die beste Neigung dazu. Es wäre recht hübsch, wenn der Herr Bruder auch nebst dem, daß Sie das Septett so herausgeben, dasselbe auch für Flöte, z. B. als Quintett arrangierten, dadurch würde den Flötenliebhabern, die mich schon darum angegangen, geholfen und sie würden darin wie die Insekten herumschwärmen und davon speisen. — Von mir noch etwas zu sagen, so habe ich ein Ballett gemacht, wobei aber der Ballettmeister seine Sache nicht ganz zum Besten gemacht. — Der Freiherr von Lichtenstein hat uns auch mit einem Produkte beschenkt, das den Ideen, die uns die Zeitungen von seinem Genie gaben, nicht entspricht; wieder ein neuer Beweis für die Zeitungen. Der Freiherr scheint sich Herrn Müller beim Kasperle zum Ideale gemacht zu haben, doch — ohne sogar ihn — zu erreichen. — Das sind die schönen Aussichten, unter denen wir arme Hiesigen gleich emporkeimen sollen.

Mein lieber Bruder eilen Sie nun recht, die Werke zum Angesicht der Welt zu bringen und schreiben Sie mir bald etwas, damit ich wisse, ob ich durch mein Versäumnis nicht Ihr ferneres Zutrauen verloren habe.

Ihrem Associé Kühnel alles Schöne und Gute. In Zukunft soll alles prompt und fertig gleich folgen, die Quartetten können in einigen Wochen schon herauskommen. Und hiermit gehaben Sie sich wohl und behalten Sie lieb

Ihren Freund und Bruder Beethoven.

47] An **Breitkopf & Härtel**, Leipzig.   Wien, 22. April 1801.

P. P. Sie verzeihen die späte Beantwortung Ihres Briefes an mich, ich war eine Zeitlang immerfort unpäßlich und dabei überhäuft mit Beschäftigungen, und da ich überhaupt eben nicht der fleißigste Briefschreiber bin, so mag auch das zu meiner Entschuldigung mit dienen. Was Ihre Aufforderung wegen Werken von mir betrifft, so ist es mir sehr leid, Ihnen jetzt in diesem Augenblicke nicht Genüge leisten zu können. Doch haben Sie nur die Gefälligkeit mir zu berichten von was für einer Art Sie von mir Werke zu haben wünschen, nämlich: Sinfonie, Quartetten, Sonate usw., damit ich mich danach richten kann und im Falle ich das habe, was Sie brauchen oder wünschen, Ihnen damit dienen könne. Bei Mollo hier kommen, wenn mir recht ist, bis acht Werke heraus; bei Hofmeister in Leipzig ebenfalls vier Werke. Ich merke dabei bloß an, daß bei Hofmeister eines von meinen ersten Konzerten herauskommt, und folglich nicht zu den besten von meinen Arbeiten gehört, bei Mollo ebenfalls ein zwar später verfertigtes Konzert, aber ebenfalls noch nicht unter meinen besten von der Art gehört. Dies sei bloß ein Wink für Ihre Musikalische Zeitung in Rücksicht der Beurteilung dieser Werke, obschon, wenn man sie hören kann, nämlich: gut, man sie am besten beurteilen wird. Es erfordert die musikalische Politik die besten Konzerte eine Zeitlang bei sich zu behalten. Ihren Hrn. Rezensenten empfehlen Sie mehr Vorsicht und Klugheit besonders in Rücksicht der Produkte jüngerer Autoren, mancher kann dadurch abgeschreckt werden, der es vielleicht sonst weiter bringen würde; was mich angeht, so bin ich zwar weit entfernt mich einer solchen Vollkommenheit nahe zu halten, die keinen Tadel vertrüge, doch war das Geschrei Ihres Rezensenten anfänglich gegen mich so erniedrigend, daß ich mich, indem ich mich mit anderen anfing zu vergleichen, auch kaum darüber aufhalten konnte, sondern ganz ruhig blieb und dachte, sie verstehen's nicht; um so mehr konnte ich ruhig dabei sein, wenn ich betrachtete, wie Menschen in die Höhe gehoben wurden, die hier unter den besseren in loco wenig bedeuten — und hier fast verschwanden, so brav sie auch übrigens sein mochten. Doch nun pax vobiscum; Friede mit Ihnen und mir; ich würde nie eine Silbe davon erwähnt haben, wäre's nicht von Ihnen selbst geschehen.

40

Wie ich neulich zu einem guten Freunde von mir kam und er mir den Betrag von dem, was für die Tochter des unsterblichen Gottes der Harmonie gesammelt worden, zeigt, so erstaune ich über die geringe Summe, die Deutschland und besonders Ihr Deutschland dieser mir verehrungswürdigen Person durch ihren Vater anerkannt hat, das bringt mich auf den Gedanken, wie wär's, wenn ich etwas zum Besten dieser Person herausgäbe auf Pränumeration, diese Summe und den Betrag, der alle Jahre einkäme, dem Publikum vorlegte, um sich gegen jeden Angriff festzusetzen? Sie könnten das meiste dabei tun. Schreiben Sie mir geschwind, wie das am besten möglich sei, damit es geschähe, ehe uns diese Bach stirbt, ehe dieser Bach austrocknet und wir ihn nicht mehr tränken können. Daß Sie dieses Werk verlegen müssen, versteht sich von selbst.

Ich bin mit vieler Achtung

Ihr ergebener Ludwig van Beethoven.

48] **An Nikolaus v. Zmeskall.** (1801.)

Lassen Sie mich wissen, wann Sie können einige Stunden mit mir zubringen, erstens zum Hamberger mit mir zu gehen, zweitens verschiedene andere mir bedürftige Sachen mit mir zu kaufen. Was die Nachtlichter angeht, so habe ich d. g. zufällig gefunden, die Sie vollkommen befriedigen können. Je eher je lieber. Ihr Beethoven.

49] **An Carl Amenda.** (1801.)

Wie kann Amenda zweifeln, daß ich seiner je vergessen könnte — weil ich ihm nicht schreibe oder geschrieben, — als wenn das Andenken der Menschen sich nur so gegeneinander erhalten könnte!

Tausendmal kommt mir der Beste der Menschen, den ich kennen lernte, in Sinn; ja gewiß unter den zwei Menschen, die meine ganze Liebe besaßen und wovon der eine noch lebt, bist Du der dritte — nie kann das Andenken an Dich mir verlöschen. — Nächstens erhältst Du einen langen Brief von mir über meine jetzigen Verhältnisse und alles, was Dich von mir interessieren kann.

Leb' wohl, lieber, guter, edler Freund, erhalte mir immer
Deine Liebe, Deine Freundschaft, sowie ich ewig bleibe

Dein Freund Beethoven.

50] **An Carl Amenda.** Wien, 1. Juni 1801.

Mein lieber, mein guter Amenda, mein herzlicher
Freund. Mit inniger Rührung, mit gemischtem Schmerz
und Vergnügen habe ich Deinen letzten Brief erhalten und
gelesen. Womit soll ich Deine Treue, Deine Anhänglichkeit
an mich vergleichen! O, das ist recht schön, daß Du mir
immer so gut geblieben, ja ich weiß Dich auch mir vor allen
bewährt und herauszuheben, Du bist kein W i e n e r
Freund, nein, Du bist einer von denen, wie sie mein vater=
ländischer Boden hervorzubringen pflegt; wie oft wünsche
ich Dich bei mir, denn Dein Beethoven lebt sehr unglücklich,
im Streit mit Natur und Schöpfer; schon mehrmals fluchte
ich letzterem, daß er seine Geschöpfe dem kleinsten Zufalle
ausgesetzt, so daß oft die schönste Blüte dadurch vernichtet
und zerknickt wird; wisse daß mir der edelste Teil, mein
Gehör, sehr abgenommen hat, schon damals, als Du noch
bei mir warst, fühlte ich davon Spuren, und ich ver=
schwieg's, nun ist es immer ärger geworden; ob es wird
wieder können geheilt werden, das steht noch zu erwarten,
es soll von den Umständen meines Unterleibs herrühren;
was nun den betrifft, so bin ich auch fast ganz hergestellt,
ob nun auch das Gehör besser werden wird, das hoffe ich
zwar, aber schwerlich, solche Krankheiten sind die unheilbar=
sten. Wie traurig ich nun leben muß, alles, was mir lieb
und teuer ist, meiden; und dann unter so elenden, egoisti=
schen Menschen wie ... usw. — Ich kann sagen, unter
allen ist mir Lichnowsky der erprobteste; er hat mir seit
vorigem Jahre 600 fl. ausgeworfen; das und der gute Ab=
gang meiner Werke setzt mich in den Stand, ohne Nah=
rungssorgen zu leben; alles, was ich jetzt schreibe, kann ich
gleich fünfmal verkaufen und auch gut bezahlt haben. —
Ich habe ziemlich viel die Zeit geschrieben; da ich höre, daß
Du bei ... Klaviere bestellt hast, so will ich Dir dann man=
ches schicken in dem Verschlag so eines Instrumentes, wo es
Dich nicht so viel kostet.

42

Jetzt ist zu meinem Trost wieder ein Mensch hergekommen, mit dem ich das Vergnügen des Umgangs und der uneigennützigen Freundschaft teilen kann, er ist einer meiner Jugendfreunde. Ich habe ihm oft schon von Dir gesprochen und ihm gesagt, daß, seit ich mein Vaterland verlassen, Du einer derjenigen bist, die mein Herz ausgewählt hat; — auch ihm kann der ... nicht gefallen, er ist und bleibt zu schwach zur Freundschaft, und ich betrachte ihn und ... als bloße Instrumente, worauf ich, wenn's mir gefällt, spiele; aber nie können sie volle Zeugen meiner inneren und äußeren Tätigkeit, ebensowenig als wahre Teilnehmer von mir werden; ich taxiere sie nur nach dem, was sie mir leisten. O, wie glücklich wäre ich jetzt, wenn ich mein vollkommenes Gehör hätte, dann eilte ich zu Dir; aber so, von Allem muß ich zurückbleiben, meine schönsten Jahre werden dahinfliegen, ohne alles das zu wirken, was mich mein Talent und meine Kraft geheißen hätten! — Traurige Resignation, zu der ich meine Zuflucht nehmen muß; ich habe mir freilich vorgenommen, mich über alles das hinauszusetzen; aber wie wird es möglich sein? Ja, Amenda, wenn nach einem halben Jahre mein Übel unheilbar wird, dann mache ich Anspruch auf Dich, dann mußt Du alles verlassen und zu mir kommen; ich reise dann (bei meinem Spiel und Komposition macht mir mein Übel noch am wenigsten, nur am meisten im Umgang) und Du mußt mein Begleiter sein, ich bin überzeugt, mein Glück wird nicht fehlen; womit könnte ich mich jetzt nicht messen! Ich habe seit der Zeit Du fort bist, alles geschrieben, bis auf Opern und Kirchensachen. Ja, Du schlägst mir's nicht ab, Du hilfst Deinem Freund seine Sorgen, sein Übel tragen. Auch mein Klavierspielen habe ich sehr vervollkommnet, und ich hoffe, diese Reise soll auch Dein Glück vielleicht noch machen, Du bleibst hernach ewig bei mir. — Ich habe alle Deine Briefe richtig erhalten; so wenig ich Dir auch antworte, so warst Du doch immer mir gegenwärtig und mein Herz schlägt so zärtlich wie immer für Dich. — Die Sache meines Gehörs bitte ich Dich als ein großes Geheimnis aufzubewahren und niemand, wer es auch sei, anzuvertrauen. — Schreibe mir recht oft, Deine Briefe, wenn sie auch noch so kurz sind,

trösten mich, tun mir wohl und ich erwarte bald wieder von
Dir, mein Lieber, einen Brief. — Dein Quartett gib ja
nicht weiter, weil ich es sehr umgeändert habe, indem ich erst
jetzt recht Quartetten zu schreiben weiß, was Du schon sehen
wirst, wenn Du sie erhalten wirst. — Jetzt leb' wohl! lieber Guter; glaubst Du vielleicht, daß ich Dir hier etwas
Angenehmes erzeigen kann, so versteht sich's von selbst, daß
Du zuerst Nachricht davon gibst

Deinem treuen, Dich wahrhaft liebenden L. v. Beethoven.

51]   An Franz Hofmeister, Leipzig.   Wien, Juni 1801.

Ein wenig verwundert bin ich wirklich über das, was
Sie mir durch den hiesigen Besorger Ihrer Geschäfte haben
sagen lassen; fast möchte es mich verdrießen, daß Sie mich
eines so schlechten Streichs fähig halten. Ein anderes wäre
es, ich hätte meine Sache nur gewinnsüchtigen Krämern
verhandelt und machte dann noch versteckterweise eine andere gute Spekulation. Aber Künstler gegen Künstler, das
ist etwas stark, mir so etwas zuzumuten. Mir scheint das
Ganze entweder völlig ausgedacht, um mich zu prüfen, oder
bloße Vermutung zu sein. Auf jeden Fall diene Ihnen hiermit, daß ich, ehe Sie das Septett von mir erhielten, es dem
Herrn Salomon (um es in seinem Konzert aufzuführen,
dieses geschah bloß aus Freundschaft) nach London schickte,
aber mit dem Beisatze, ja zu sorgen, daß es nicht in fremde
Hände komme, weil ich gesonnen sei, es in Deutschland
stechen zu lassen, worüber, wenn Sie es nötig finden, Sie
sich selbst bei ihm erkundigen können.

Um Ihnen aber noch einen Beweis von meiner Rechtschaffenheit zu geben, gebe ich Ihnen hiermit meine Versicherung, daß ich das Septett, das Konzert, die Symphonie
und die Sonate niemand in der Welt verkauft habe als
Ihnen, Herr Hofmeister und Kühnel, und daß Sie es förmlich als Ihr ausschließliches Eigentum ansehen können, wofür ich mit meiner Ehre hafte. Sie können diese Versicherung auf jeden Fall brauchen, wie Sie wollen.

Übrigens glaube ich ebensowenig, daß Salomon eines
so schlechten Streichs, das Septett stechen zu lassen, fähig
ist, als ich, es ihm verkauft zu haben. Ich bin so gewissen-

haft, daß ich verschiedenen Verlegern den Klavierauszug vom Septett, um den sie mich angesucht haben, abgeschlagen und doch weiß ich nicht einmal, ob Sie auf diese Art davon Gebrauch machen werden.

Hier folgen die längst versprochenen Titel von meinen Werken — — —

An den Titeln wird noch manches zu ändern oder zu verbessern sein, das überlasse ich Ihnen. Nächstens erwarte ich von Ihnen ein Schreiben und auch bald nun die Werke, welche ich wünsche gestochen zu sehen, indem andere schon herausgekommen und kommen, welche sich auf diese Nummern beziehen. An Salomon habe ich schon geschrieben; da ich aber Ihre Aussagen bloß für Gerücht halte, das Sie ein wenig zu leichtgläubig aufnahmen, oder gar für Vermutung, die sich Ihnen vielleicht, da Sie von ungefähr davon gehört haben, daß ich es Salomon geschickt, aufgedrungen hat, so kann ich nicht anders als mit einiger Kälte so leichtgläubigen Freunden mich nennen

Ihren Freund L. v. Beethoven.

52] An Dr. **Franz Wegeler.**   Wien, 29. Juni (1801).

Mein lieber, guter Wegeler! Wie sehr danke ich Dir für Dein Andenken an mich; ich habe es so wenig verdient und um Dich zu verdienen gesucht, und doch bist Du so sehr gut, und läßt Dich durch nichts, selbst durch meine unverzeihliche Nachlässigkeit nicht abhalten, bleibst immer der treue, gute, biedere Freund. — Daß ich Dich und überhaupt euch, die ihr mir einst alle so lieb und teuer waret, vergessen könnte, nein, das glaub nicht; es gibt Augenblicke, wo ich mich selbst nach euch sehne, ja bei euch einige Zeit zu verweilen. — Mein Vaterland, die schöne Gegend, in der ich das Licht der Welt erblickte, ist mir noch immer so schön und deutlich vor meinen Augen, als da ich euch verließ; kurz ich werde diese Zeit als eine der glücklichsten Begebenheiten meines Lebens betrachten, wo ich euch wiedersehen, und unseren Vater Rhein begrüßen kann. Wann dies sein wird, kann ich Dir noch nicht bestimmen. — Soviel will ich euch sagen, daß ihr mich nur recht groß wiedersehen werdet; nicht als Künstler sollt ihr mich größer, sondern auch als

45

Mensch sollt ihr mich besser, vollkommener finden, und ist
dann der Wohlstand etwas besser in unserem Vaterlande,
dann soll meine Kunst sich nur zum Besten der Armen zeigen. O glückseliger Augenblick, wie glücklich halte ich mich,
daß ich dich herbeischaffen, dich selbst schaffen kann! — Von
meiner Lage willst Du was wissen; nun, sie wäre eben so
schlecht nicht. Seit vorigem Jahr hat mir Lichnowsky, der,
so unglaublich es Dir auch ist, wenn ich Dir es sage, immer
mein wärmster Freund war, und geblieben ist (kleine Miß-
helligkeiten gab es ja auch unter uns, und haben nicht
eben diese unsere Freundschaft mehr befestigt?) eine sichere
Summe von 600 Fl. ausgeworfen, die ich, solange ich keine
für mich passende Anstellung finde, ziehen kann; meine
Kompositionen tragen mir viel ein, und ich kann sagen, daß
ich mehr Bestellungen habe, als fast möglich ist, daß ich befriedigen kann. Auch habe ich auf jede Sache sechs, sieben
Verleger, und noch mehr, wenn ich mir's angelegen sein
lassen will: man akkordiert nicht mehr mit mir, ich fordere
und man zahlt. Du siehst, daß es eine hübsche Lage ist, z. B.
ich sehe einen Freund in Not, und mein Beutel leidet eben
nicht, ihm gleich zu helfen, so darf ich mich nur hinsetzen
und in kurzer Zeit ist ihm geholfen. — Auch bin ich ökono-
mischer, als sonst; sollte ich immer hier bleiben, so bringe
ich's auch sicher dahin, daß ich jährlich immer einen Tag zur
Akademie erhalte, deren ich einige gegeben. Nur hat der
neidische Dämon, meine schlimme Gesundheit, mir einen
schlechten Stein ins Brett geworfen, nämlich: mein Gehör
ist seit drei Jahren immer schwächer geworden und zu diesem Gebrechen soll mein Unterleib, der schon damals, wie
Du weißt, elend war, hier aber sich verschlimmert hat, indem ich beständig mit einem Durchfall behaftet war, und
mit einer dadurch außerordentlichen Schwäche, die erste Veranlassung gegeben haben. Frank wollte meinem Leibe den
Ton wiedergeben durch stärkende Medizinen, und meinem
Gehör durch Mandelöl, aber profit! daraus ward nichts,
mein Gehör ward immer schlechter und mein Unterleib blieb
immer in seiner vorigen Verfassung; das dauerte bis voriges Jahr im Herbst, wo ich manchmal in Verzweiflung
war. Da riet mir ein medizinischer Asinus das kalte Bad

46

für meinen Zustand, ein Gescheiterer das gewöhnliche lau=
warme Donaubad; das tat Wunder; mein Bauch ward
besser, mein Gehör blieb, oder ward noch schlechter. Diesen
Winter ging's mir wirklich elend; da hatte ich wirklich
schreckliche Koliken und ich sank wieder ganz in meinen vori=
gen Zustand zurück, und so blieb's bis vor ungefähr vier
Wochen, wo ich zu Vering ging, indem ich dachte, daß dieser
Zustand zugleich auch einen Wundarzt erfordere, und ohne=
dem hatte ich immer Vertrauen zu ihm. Ihm gelang es nun
fast gänzlich, diesen heftigen Durchfall zu hemmen; er ver=
ordnete mir das laue Donaubad, wo ich jedesmal noch ein
Fläschchen stärkender Sachen hineingießen mußte, gab mir
gar keine Medizin, bis vor ungefähr vier Tagen Pillen für
den Magen und einen Tee fürs Ohr, und darauf kann ich
sagen, befinde ich mich stärker und besser; nur meine Ohren,
die sausen und brausen Tag und Nacht fort. Ich kann sagen,
ich bringe mein Leben elend zu, seit zwei Jahren fast meide
ich alle Gesellschaften, weil's mir nicht möglich ist den Leu=
ten zu sagen: Ich bin taub. Hätte ich irgendein anderes
Fach, so ging's noch eher, aber in meinem Fache ist das ein
schrecklicher Zustand; dabei meine Feinde, deren Zahl nicht
gering ist, was würden diese hierzu sagen! — Um Dir
einen Begriff von dieser wunderbaren Taubheit zu geben,
so sage ich Dir, daß ich mich im Theater ganz dicht am Or=
chester anlehnen muß, um den Schauspieler zu verstehen.
Die hohen Töne von Instrumenten, Singstimmen, wenn
ich etwas weit weg bin, höre ich nicht; im Sprechen ist es
zu verwundern, daß es Leute gibt, die es niemals merkten;
da ich meistens Zerstreuungen hatte, so hält man es dafür.
Manchmal auch hör' ich den Redenden, der leise spricht,
kaum, ja die Töne wohl, aber die Worte nicht; und doch
sobald jemand schreit, ist es mir unausstehlich. Was es
nun werden wird, das weiß der liebe Himmel. Vering sagt,
daß es gewiß besser werden wird, wenn auch nicht ganz. Ich
habe schon oft den Schöpfer und mein Dasein verflucht;
Plutarch hat mich zu der Resignation geführt. Ich will,
wenn's anders möglich ist, meinem Schicksale trotzen, ob=
schon es Augenblicke meines Lebens geben wird, wo ich das
unglücklichste Geschöpf Gottes sein werde. Ich bitte Dich,

von diesem meinem Zustande niemanden, auch nicht einmal der Lorchen etwas zu sagen, nur als Geheimnis vertrau' ich Dir's an; lieb wäre mir's, wenn Du einmal mit Vering darüber briefwechseltest. Sollte mein Zustand fortdauern, so komme ich künftiges Frühjahr zu Dir; Du mietest mir irgendwo in einer schönen Gegend ein Haus auf dem Lande, und dann will ich ein halbes Jahr ein Bauer werden. Vielleicht wird's dadurch geändert. Resignation! welches elende Zufluchtsmittel, und mir bleibt es doch das einzig übrige. Du verzeihst mir doch, daß ich Dir in Deiner ohnedem trüben Lage noch auch diese freundschaftliche Sorge aufbinde. Steffen Breuning ist nun hier und wir sind fast täglich zusammen; es tut mir so wohl, die alten Gefühle wieder hervorzurufen. Er ist wirklich ein guter, herrlicher Junge geworden, der was weiß, und das Herz, wie wir alle mehr oder weniger, auf dem rechten Fleck hat. Ich habe eine sehr schöne Wohnung jetzt, welche auf die Bastei geht und für meine Gesundheit doppelten Wert hat. Ich glaube wohl, daß ich es werde möglich machen können, daß Breuning zu mir komme. Deinen Antiochum sollst Du haben, und auch noch recht viele Musikalien von mir, wenn Du anders nicht glaubst, daß es Dich zuviel kostet. Aufrichtig, Deine Kunstliebe freut mich doch noch sehr. Schreibe mir nur, wie es zu machen ist, so will ich Dir alle meine Werke schicken, das nun freilich eine hübsche Anzahl ist und die sich täglich vermehrt. — Statt des Porträts meines Großvaters, welches ich Dich bitte, mir sobald als möglich mit dem Postwagen zu schiken, schicke ich Dir das seines Enkels, Deines Dir immer guten und herzlichen Beethoven, welches hier bei Artaria, die mich hier darum oft ersuchten, sowie viele andere, auch auswärtige Kunsthandlungen, herauskommt. — Stoffel will ich nächstens schreiben und ihm ein wenig den Text lesen über seine störrige Laune. — Ich will ihm die alte Freundschaft recht ins Ohr schreien, er soll mir heilig versprechen, euch in euren ohnedem trüben Umständen nicht noch mehr zu kränken. Auch der guten Lorchen will ich schreiben. Nie habe ich auch einen unter euch lieben Guten vergessen, wenn ich auch gar nichts von mir hören ließ: aber Schreiben, das weißt Du, war nie meine Sache: auch die

48

besten Freunde haben jahrelang keine Briefe von mir erhalten. Ich lebe nur in meinen Noten, und ist das eine kaum da, so ist das andere schon angefangen. Sowie ich jetzt schreibe, mache ich oft drei, vier Sachen zugleich. — Schreibe mir jetzt öfter; ich will schon Sorge tragen, daß ich Zeit finde, Dir zuweilen zu schreiben. Grüße mir alle, auch die gute Frau Hofrätin und sag' ihr, daß ich noch zuweilen einen „raptus han". Was Kochs angeht, so wundere ich mich gar nicht über deren Veränderung. Das Glück ist kugelrund und fällt daher natürlich nicht immer auf das Edelste, das Beste. — Wegen Ries, den mir herzlichst grüße, was seinen Sohn anbelangt, will ich Dir näher schreiben, obschon ich glaube, daß, um sein Glück zu machen, Paris besser als Wien sei; Wien ist überschüttet mit Leuten, und selbst dem besseren Verdienst fällt es dadurch hart, sich zu halten. Bis den Herbst oder bis zum Winter werde ich sehen, was ich für ihn tun kann, weil dann alles wieder in die Stadt eilt. — Leb wohl, guter, treuer Wegeler! Sei versichert von der Liebe und Freundschaft

Deines Beethoven.

53] **An Ferdinand Ries.** (1801.)

Hier, lieber Ries, nehmen Sie gleich die vier von mir korrigierten Stimmen, und sehen Sie die anderen abgeschriebenen danach durch; und wenn Sie versichert sind, daß vier von den abgeschriebenen Stimmen recht richtig und genau korrigiert sind, so will ich übermorgen um die vier mit Nr. I bezeichneten Stimmen schicken; dann können Sie die anderen nach den von Ihnen durchgesehenen korrigieren. — Hier der Brief an Gr. Browne, es steht drin, daß er Ihnen die 50 # vorausgeben muß, weil Sie sich equipieren müssen; dies ist eine Notwendigkeit, die ihn nicht beleidigen kann, denn nachdem dies geschehen, sollen Sie künftige Woche schon am Montag mit ihm nach Baden gehen. — Vorwürfe muß ich Ihnen denn doch machen, daß Sie sich nicht schon lange an mich gewendet; bin ich nicht Ihr wahrer Freund, warum verbargen Sie mir Ihre Not? Keiner meiner Freunde darf darben, solange ich etwas hab'; ich hätte Ihnen heute schon eine kleine Summe geschickt, wenn

ich nicht auf Browne hoffte; geschieht das nicht, so wenden
Sie sich gleich an Ihren Freund   Beethoven.

54] An Ferdinand Ries.   (1801.)

Lieber Ries! Ich bitte Sie inständigst, machen daß ich
die Vz. noch heute bekomme; Sie müssen, ich mag wollen
oder nicht, auch die Violinstimmen durchsehen, und das muß
morgen geschehen, weil Sie wohl wissen, daß übermorgen
Probe ist.

55] An die „Unsterbliche Geliebte".   Am 6. Juli, morgens.
                  [6.—7. Juli 1801 (?) wahrscheinlich 1812.]

Mein Engel, mein Alles, mein Ich. — Nur einige Worte
heute, und zwar mit Bleistift (mit Deinem) —; erst bis
morgen ist meine Wohnung sicher bestimmt; welcher nichts=
würdige Zeitverderb in d. g.! — Warum dieser tiefe Gram,
wo die Notwendigkeit spricht? kann unsere Liebe anders
bestehen als durch Aufopferungen, durch Nicht=alles=ver=
langen? kannst Du es ändern, daß Du nicht ganz mein, ich
nicht ganz Dein bin? — Ach Gott, blick' in die schöne Natur
und beruhige Dein Gemüt über das Müssende; — die
Liebe fordert alles und ganz mit Recht, so ist es mir mit
Dir, Dir mit mir. — Nur vergißt Du so leicht, daß ich für
mich und für Dich leben muß; — wären wir ganz vereinigt,
Du würdest dieses Schmerzliche ebensowenig als ich empfin=
den. — Meine Reise war schrecklich. — Ich kam erst mor=
gens 4 Uhr gestern hier an; da es an Pferde mangelte,
wählte die Post eine andere Reiseroute; aber welch schreck=
licher Weg; auf der vorletzten Station warnte man mich,
bei Nacht zu fahren, — machte mich einen Wald fürchten,
aber das reizte mich nur, und ich hatte unrecht, der Wagen
mußte bei dem schrecklichen Wege brechen, grundlos, bloßer
Landweg; ohne solche Postillione, wie ich hatte, wäre ich
liegen geblieben unterwegs. — Esterhazy hatte auf dem an=
deren gewöhnlichen Wege hierhin dasselbe Schicksal mit acht
Pferden, was ich mit vier. — Jedoch hatte ich zum Teil
wieder Vergnügen, wie immer, wenn ich was glücklich
überstehe. — Nun geschwind zum Inneren vom Äußeren.
Wir werden uns wohl bald sehen, auch heute kann ich Dir

meine Bemerkungen nicht mitteilen, welche ich während dieser einigen Tage über mein Leben machte. — Wären unsere Herzen immer dicht aneinander, ich machte wohl keine d. g. Die Brust ist voll, Dir viel zu sagen; — ach — es gibt Momente, wo ich finde, daß die Sprache noch gar nichts ist. — Erheitere Dich — bleibe mein treuer, einziger Schatz, mein alles, wie ich Dir; das übrige müssen die Götter schicken, was für uns sein muß und sein soll. —

Dein treuer Ludwig.

Abends Montags am 6. Juli.

Du leidest, Du mein teuerstes Wesen. — Eben jetzt nehme ich wahr, daß die Briefe in aller Frühe aufgegeben werden müssen. Montags — Donnerstags — die einzigen Tage, wo die Post von hier nach K. geht. — Du leidest. — Ach, wo ich bin, bist Du mit mir; mit mir und Dir rede ich, mache, daß ich mit Dir leben kann; welches Leben!!!! so!!!! ohne Dich — verfolgt von der Güte der Menschen hier und da, die ich meine — ebensowenig verdienen zu wollen als sie zu verdienen. — Demut des Menschen gegen den Menschen — sie schmerzt mich. Und wenn ich mich im Zusammenhang des Universums betrachte, was bin ich und was ist der — den man den Größten nennt? — Und doch — ist wieder hierin das Göttliche des Menschen. — Ich weine, wenn ich denke, daß Du erst wahrscheinlich Sonnabends die erste Nachricht von mir erhältst. — Wie Du mich auch liebst — stärker liebe ich Dich doch. — Doch nie verberge Dich vor mir — gute Nacht. — Als Badender muß ich schlafen gehen. Ach Gott — so nah! so weit! ist es nicht ein wahres Himmelsgebäude, unsere Liebe — aber auch so fest, wie die Veste des Himmels! —

Guten Morgen am 7. Juli —

Schon im Bette drängen sich die Ideen zu Dir, meine unsterbliche Geliebte, hier und da freudig, dann wieder traurig, vom Schicksal abwartend, ob es uns erhört. — Leben kann ich entweder nur ganz mit Dir oder gar nicht; ja ich habe beschlossen, in der Ferne so lange herumzuirren, bis ich in Deine Arme fliegen kann und mich ganz heimatlich

4*

bei Dir nennen kann, meine Seele von Dir umgeben ins Reich der Geister schicken kann. — Ja leider muß es sein. — Du wirst Dich fassen, um so mehr, da Du meine Treue gegen Dich kennst, nie eine andere kann mein Herz besitzen, nie — nie! — O Gott, warum sich entfernen müssen, was man so liebt; und doch ist mein Leben in B. so wie jetzt ein kümmerliches Leben. — Deine Liebe machte mich zum Glücklichsten und zum Unglücklichsten zugleich. — In meinen Jahren jetzt bedürfte ich einiger Einförmigkeit, Gleichheit des Lebens; — kann diese bei unserem Verhältnisse bestehen? — Engel, eben erfahre ich, daß die Post alle Tage abgeht, — und ich muß daher schließen, damit Du den B. gleich erhältst. — Sei ruhig, — nur durch ruhiges Beschauen unseres Daseins können wir unseren Zweck, zusammenzuleben, erreichen. — Sei ruhig, — liebe mich. — Heute — gestern — Welche Sehnsucht mit Tränen nach Dir — Dir — Dir — mein Leben — mein Alles, — leb' wohl — o liebe mich fort — verkenne nie das treueste Herz Deines Geliebten   L.

    ewig Dein
    ewig mein
    ewig uns.

56]   An Dr. **Franz Wegeler.**   **Wien**, 16. Nov. (1801).

Mein guter Wegeler! Ich danke Dir für den neuen Beweis Deiner Sorgfalt um mich, um so mehr, da ich es so wenig um Dich verdiene. — Du willst wissen, wie es mir geht, was ich brauche; so ungern ich mich von dem Gegenstande überhaupt unterhalte, so tue ich es doch noch am liebsten mit Dir.

Bering läßt mich nun schon seit einigen Monaten immer Vesikatorien auf beide Arme legen, welche aus einer gewissen Rinde, wie Du wissen wirst, bestehen. — Das ist nun eine höchst unangenehme Kur, indem ich immer ein paar Tage des freien Gebrauchs (ehe die Rinde genug gezogen hat) meiner Arme beraubt bin, ohne der Schmerzen zu gedenken; es ist nun wahr, ich kann es nicht leugnen, das Sausen und Brausen ist etwas schwächer, als sonst, besonders am linken Ohre, mit welchem eigentlich meine Gehörkrankheit angefangen hat, aber mein Gehör ist gewiß um nichts noch gebessert; ich wage es nicht zu bestimmen, ob es nicht eher schwächer geworden. — Mit meinem Unterleibe geht's besser; besonders wenn ich einige Tage das lau= warme Bad brauche, befinde ich mich acht, auch zehn Tage ziemlich wohl; sehr selten einmal etwas Stärkendes für den Magen; mit den Kräutern auf den Bauch fange ich jetzt auch nach Deinem Rate an. — Von Sturzbädern will Bering nichts wissen; überhaupt aber bin ich mit ihm sehr unzufrieden; er hat gar zu wenig Sorge und Nachsicht für so eine Krankheit; komme ich nicht einmal zu ihm, und das geschieht auch mit viel Mühe, so würde ich ihn nie sehen. — Was hältst Du von Schmidt? Ich wechsle zwar nicht gern, doch scheint mir, Bering ist zu sehr Praktiker, als daß er sich viel neue Ideen durchs Lesen verschaffte. — Schmidt scheint mir hierin ein ganz anderer Mensch zu sein und würde vielleicht auch nicht gar so nachlässig sein. — Man spricht Wunder vom Galvanism; was sagst Du dazu? Ein Mediziner sagte mir, er habe ein taubstummes Kind sehen sein Gehör wiedererlangen (in Berlin) und einen Mann, der ebenfalls sieben Jahre taub gewesen und sein Gehör wiedererlangt habe. — Ich höre eben, Dein Schmidt macht hiermit Versuche. —

Etwas angenehmer lebe ich jetzt wieder, indem ich mich mehr unter Menschen gemacht. Du kannst es kaum glauben, wie öde, wie traurig ich mein Leben seit zwei Jahren zu= gebracht; wie ein Gespenst ist mir mein schwaches Gehör überall erschienen, und ich floh die Menschen, mußte Mi= santhrop scheinen und bin's doch so wenig. — Diese Ver= änderung hat ein liebes, zauberisches Mädchen hervorge= bracht, die mich liebt, und die ich liebe; es sind seit zwei Jahren wieder einige selige Augenblicke, und es ist das erstemal, daß ich fühle, daß Heiraten glücklich machen könnte; leider ist sie nicht von meinem Stande — und jetzt — könnte ich nun freilich nicht heiraten; — ich muß mich nun noch wacker herumtummeln. Wäre mein Gehör nicht, ich wäre nun schon längst die halbe Welt durchgereiset und das muß ich. — Für mich gibt es kein größeres Vergnügen, als meine Kunst zu treiben und zu zeigen. — Glaub' nicht, daß ich bei euch glücklich sein würde. Was sollte mich auch glücklicher machen? Selbst eure Sorgfalt würde mir wehe tun, ich würde jeden Augenblick das Mitleiden auf euern Gesichtern lesen und würde mich nur noch unglücklicher finden. — Jene schönen vaterländischen Gegenden, was war mir in ihnen beschieden? Nichts, als die Hoffnung auf einen besseren Zustand; er wäre mir nun geworden — ohne dieses Übel! O die Welt wollte ich umspannen von diesem frei! Meine Jugend, ja ich fühle es, sie fängt erst jetzt an; war ich nicht immer ein siecher Mensch? Meine körperliche Kraft nimmt seit einiger Zeit mehr als jemals zu und so meine Geisteskräfte. Jeden Tag gelange ich mehr zu dem Ziel, was ich fühle, aber nicht beschreiben kann. Nur hierin kann Dein Beethoven leben. Nichts von Ruhe! — Ich weiß von keiner anderen, als dem Schlaf, und wehe genug tut mir's, daß ich ihm jetzt mehr schenken muß, als sonst. Nur halbe Befreiung von meinem Übel, und dann — als vollendeter, reifer Mann, komme ich zu Euch, erneuere die alten Freundschaftsgefühle. So glücklich, als es mir hienieden beschieden ist, sollt Ihr mich sehen, nicht unglücklich. — Nein, das könnte ich nicht ertragen, ich will dem Schicksal in den Rachen greifen; ganz niederbeugen soll es mich gewiß nicht. — O es ist so schön, das Leben, tausendmal leben! — Für ein stilles Leben, nein, ich fühl's, ich bin nicht mehr dafür gemacht. — Du schreibst mir doch sobald als möglich. — Sorget, daß der Steffen sich bestimmt, sich irgendwo im deutschen Orden anstellen zu lassen. Das Leben hier ist für seine Gesundheit mit zuviel Strapazen verbunden. Noch obendrein führt er ein so isoliertes Leben, daß ich gar nicht sehe, wie er so weiter kommen will. Du weißt, wie das hier ist; ich will nicht einmal sagen, daß Gesellschaft seine Abspannung vermindern würde; man kann ihn auch nirgends hinzugehen überreden. — Ich habe einmal bei mir vor einiger Zeit Musik gehabt wo ausgesuchte Gesellschaft war; unser Freund Steffen blieb doch aus. — Empfehle ihm doch mehr Ruhe und Gelassenheit, ich habe auch schon alles angewendet; ohne das kann er nie weder glücklich noch gesund sein. — Schreib' mir nun im nächsten Briefe, ob's nichts macht, wenn's recht viel ist, was ich Dir

54

von meiner Musik schicke; Du kannst zwar das, was Du nicht brauchst, wieder verkaufen, und so hast Du Dein Postgeld — mein Porträt auch. — Alles mögliche Schöne und Verbindliche an die Lorchen — auch die Mama — auch Christoph. — Du liebst mich doch ein wenig? Sei sowohl von dieser als auch von der Freundschaft überzeugt Deines

Beethoven.

57] **An Nikolaus Zmeskall.**   (1801.)

Vortrefflicher Herr von Zmeskall. Sehr vortrefflicher. Rupfen Sie sich gefälligst einige Federn aus und setzen Sie sie uns gefälligst ein. Wir haben versucht ihrer nicht zu bedürfen; allein wir müssen schon nächstens Ihre Meisterschaft, die wir hierin aufs höchste erkennen, ersuchen, uns die Geheimnisse Ihrer Geschicklichkeit mitzuteilen. Federn, die wir jedoch brauchen, haben wir in diesem Augenblick keine. Wir bitten daher, nehmen Sie es nicht zu übel auf, daß wir auch hierin Ihnen lästig werden müssen. Doch nächstens bringe ich welche mit, wovon Sie dann die Ihrigen ergänzen können. Der Himmel nehme Sie in seine Obhut.

Beethoven.

58] **An N. v. Zmeskall.**   (1801.)

Auf dem besten Papier, was ich habe, schreibe ich Ihnen, teuerster Musikgraf, daß Sie morgen die Güte haben, das Septett bei Odescalchi zu spielen. Schindlöcker ist nicht hier; die ganze Musik müßte unterbleiben, wenn Sie nun nicht spielten, und ganz gewiß fiel der Verdacht alsdann auf mich, als habe ich etwas vernachlässigt.

Deswegen bitte ich Sie, lieber Musikgraf, mir diese Gefälligkeit nicht abzuschlagen; Sie sollen gewiß mit der größten Unterscheidung behandelt werden. Fürst Odescalchi wird selbst an Sie morgen frühe schreiben deswegen.

Die Probe ist morgen früh um elf Uhr. Ich schicke Ihnen die Partitur, damit Sie das Solo des letzten Menuetts nachsehen können, der, wie Sie wissen, am schwersten ist.

Ich erwarte Sie.   Ihr Beethoven.

Eppinger spielt die Violine.

Reit Euch denn der Teufel insgesamt meine Herren
mir vorzuschlagen eine solche Sonate zu machen? — Zur
Zeit des Revolutionsfiebers — nun da wäre das so etwas
gewesen, aber jetzt da sich alles wieder ins alte Geleis zu
schieben sucht, Bonaparte mit dem Papste das Konkordat
geschlossen — so eine Sonate? — Wär's noch eine Missa
pro sancta Maria à tre voci oder eine Vesper usw. — nun
da wollt ich gleich den Pinsel in die Hand nehmen und mit
großen Pfundnoten ein Credo in unum hinschreiben, —
aber du lieber Gott eine solche Sonate zu diesen neu an-
gehenden christlichen Zeiten — hoho! — da laßt mich aus,
da wird nichts daraus.

Nun im geschwindesten Tempo meine Antwort. Die
Dame kann eine Sonate von mir haben, auch will ich in
ä st h e t i s ch e r Hinsicht im allgemeinen ihren Plan befolgen — und ohne die Tonarten zu befolgen. — Den Preis
um 5 Duk. — dafür kann sie dieselbe ein Jahr für sich zu
ihrem Genuß behalten, ohne daß weder ich noch sie dieselbe
herausgeben darf. Nach dem Verlauf dieses Jahres ist die
Sonate nur mein zu — d. h. ich kann und werde sie herausgeben, und sie kann sich allenfalls, wenn sie glaubt darin
eine Ehre zu finden, sich ausbitten, daß ich ihr dieselbe
widme.

Jetzt behüt Euch Gott, Ihr Herren.

Meine Sonate ist schön gestochen, doch hat's hübsch lange
gedauert. Mein Septett schickt ein wenig geschwinder in die
Welt, weil der Pöbel darauf harrt — und Ihr wißt's, die
Kaiserin hat's und Lumpe gibt's in der Kaiserlichen Stadt
wie am Kaiserlichen Hof, ich stehe Euch darin für nichts gut,
— darum sputet Euch.

Herr Mollo hat wieder neuerdings meine Quartetten,
sage voller Fehler und Errata in großer und kleiner Manier herausgegeben, sie wimmeln darin wie die Fische im
Wasser, d. h. ins Unendliche. — Questo è un piacere per
un autore — das heiß' ich stechen, in Wahrheit, meine
Haut ist ganz voller Stiche und Risse über diese schönen
Auflagen meiner Quartetten.

Jetzt lebt wohl und gedenkt meiner wie ich Eurer. Bis in den Tod Euer treuer   L. v. Beethoven.

60] An Breitkopf & Härtel.   Wien, 22. Apr. 1802.

Ich behalte mir vor, Euer Hochwohlgeboren selbst zu schreiben. Viele Geschäfte und zugleich manche Verdrießlich= keiten machen mich eine Zeitlang zu manchen Dingen ganz unbrauchbar. Unterdessen können Sie ganz auf meinen Bruder vertrauen, der überhaupt alle meine Sachen führt.

Mit wahrer Achtung   ganz Ihr Beethoven.

61] An Breitkopf & Härtel.   Wien, 13. Juli 1802.

In Ansehung der arrangierten Sachen bin ich herzlich froh, daß Sie dieselben von sich gewiesen; die unnatürliche Wut, die man hat, sogar Klaviersachen auf Geigeninstru= mente überpflanzen zu wollen, Instrumente, die so einander in allen entgegengesetzt sind, möchte wohl aufhören können. Ich behaupte fest, nur Mozart könne sich selbst vom Klavier auf andere Instrumente übersetzen, sowie Haydn auch — und ohne mich an beide großen Männer anschließen zu wol= len, behaupte ich es von meinen Klaviersonaten auch, da nicht allein ganze Stellen gänzlich wegbleiben und umge= ändert werden müssen, so muß man — noch hinzutun; und hier steht der mißliche Stein des Anstoßes, den um zu über= winden man entweder selbst der Meister sein muß oder wenigstens dieselbe Gewandtheit und Erfindung haben muß. Ich habe eine einzige Sonate von mir in ein Quar= tett von Geigeninstrumenten verwandelt, warum man mich so sehr bat und ich weiß gewiß, das macht mir nicht so leicht ein anderer nach.

62] An Franz Hofmeister.   14. Juli 1802.

Der Kaufmann, für den Sie Ihr Blut so großmütig ver= spritzt haben, hat sich nicht sehen lassen; es tut mir leid, sonst hätte ich eben auch etwas von meinem eigenen Blute daran gegeben, um das Ihrige zu verschonen. Das Septett in zwei Teilen, das gefällt mir nicht; warum? — und wie? Für die Kaiserin ein Exemplar auf feinerm Papier, es schickte sich, doch geht's auch so. Neues habe ich manches, sagt nur, was Ihr wollt. Was gibt's sonst Neues in Eurem gelehrten Leipzig? Ich bin auf'm Land und lebe ein wenig faul, um aber hernach wieder desto tätiger zu leben.

Wie immer Euer wahrer Freund Beethoven.

63] **Testament.** Heiligenstadt, 6. Okt. 1802.

Für meine Brüder Carl und Beethoven.

O ihr Menschen, die ihr mich für feindselig, störrisch oder misanthropisch haltet oder erkläret, wie unrecht tut ihr mir, ihr wißt nicht die geheime Ursache von dem, was euch so scheinet. Mein Herz und mein Sinn waren von Kindheit an für das zarte Gefühl des Wohlwollens, selbst große Handlungen zu verrichten, dazu war ich immer aufgelegt. Aber bedenket nur, daß seit sechs Jahren ein heilloser Zustand mich befallen, durch unvernünftige Ärzte verschlimmert, von Jahr zu Jahr in der Hoffnung gebessert zu werden, betrogen, endlich zu dem Überblick eines d a u e r n d e n Ü b e l s (dessen Heilung vielleicht Jahre dauern oder gar unmöglich ist) gezwungen, mit einem feurigen lebhaften Temperamente geboren, selbst empfänglich für die Zerstreuungen der Gesellschaft, mußte ich früh mich absondern, einsam mein Leben zubringen; wollte ich auch zuweilen mich einmal über alles das hinaussetzen, o wie hart wurde ich durch die verdoppelte traurige Erfahrung meines schlechten Gehörs dann zurückgestoßen, und doch war's mir noch nicht möglich den Menschen zu sagen: Sprecht lauter, schreit, denn ich bin taub; ach wie wär es möglich, daß ich dann die Schwäche eines Sinnes angeben sollte, der bei mir in einem vollkommenern Grade als bei andern sein sollte, einen Sinn, den ich einst in der größten Vollkommenheit besaß, in einer Vollkommenheit, wie ihn wenige von meinem Fache gewiß haben noch gehabt haben. — O ich kann es nicht, drum verzeiht, wenn ihr mich da zurückweichen sehen werdet, wo ich mich gerne unter euch mischte, doppelt wehe tut mir mein Unglück, indem ich dabei verkannt werden muß; für mich darf Erholung in menschlicher Gesellschaft, feinere Unterredungen, wechselseitige Ergießungen nicht statthaben, ganz allein fast nur soviel als es die höchste Notwendigkeit fordert, darf ich mich in Gesellschaft einlassen, wie ein Verbannter muß ich leben; nahe ich mich

58

einer Gesellschaft, so überfällt mich eine heiße Ängstlichkeit, indem ich befürchte in Gefahr gesetzt zu werden, meinen Zustand merken zu lassen. — So war es denn auch dieses halbe Jahr, was ich auf dem Lande zubrachte; von meinem vernünftigen Arzte aufgefordert, soviel als möglich mein Gehör zu schonen, kam er fast meiner jetzigen natürlichen Disposition entgegen, obschon, vom Triebe zur Gesellschaft manchmal hingerissen, ich mich dazu verleiten ließ. Aber welche Demütigung, wenn jemand neben mir stund und von weitem eine Flöte hörte und ich nichts hörte oder jemand den Hirten singen hörte, und ich auch nichts hörte; solche Ereignisse brachten mich nahe an Verzweiflung, es fehlte wenig, und ich endigte selbst mein Leben. — Nur sie, die K u n s t , sie hielt mich zurück, ach es dünkte mir unmöglich, die Welt eher zu verlassen, bis ich das alles hervorgebracht, wozu ich mich aufgelegt fühlte, und so fristete ich dieses elende Leben — wahrhaft elend, einen so reizbaren Körper, daß eine etwas schnelle Veränderung mich aus dem besten Zustande in den schlechtesten versetzen kann. — G e d u l d — so heißt es, sie muß ich nun zur Führerin wählen; ich habe es. — Dauernd, hoffe ich, soll mein Entschluß sein, auszuharren, bis es den unerbittlichen Parzen gefällt, den Faden zu brechen; vielleicht geht's besser, vielleicht nicht; ich bin gefaßt. — Schon in meinem 28. Jahre gezwungen Philosoph zu werden, es ist nicht leicht; für den Künstler schwerer als für irgend jemand. Gottheit! du siehst herab auf mein Inneres, du kennst es, du weißt, daß Menschenliebe und Neigung zum Wohltun drin hausen. O Menschen, wenn ihr einst dieses leset, so denkt, daß ihr mir unrecht getan, und der Unglückliche, er tröste sich, einen seinesgleichen zu finden, der trotz allen Hindernissen der Natur, doch noch alles getan, was in seinem Vermögen stand, um in die Reihe würdiger Künstler und Menschen aufgenommen zu werden. — Ihr meine Brüder Carl und ......, sobald ich tot bin und Professor Schmidt lebt noch, so bittet ihn in meinem Namen, daß er meine Krankheit beschreibe, und dieses hier geschriebene Blatt füget Ihr dieser meiner Krankengeschichte bei, damit wenigstens soviel als möglich die Welt nach meinem Tode mit mir versöhnt werde. —

Zugleich erkläre ich Euch beide hier für die Erben des kleinen Vermögens (wenn man es so nennen kann), von mir, teilt es redlich, und vertragt und helft Euch einander; was Ihr mir zuwider getan, das wißt Ihr, war Euch schon längst verziehen; Dir Bruder Carl danke ich noch insbesondere für Deine in dieser letzteren späteren Zeit mir bewiesene Anhänglichkeit; mein Wunsch ist, daß Euch ein besseres sorgenloseres Leben, als mir, werde, empfehlt Euren Kindern Tugend, sie nur allein kann glücklich machen, nicht Geld, ich spreche aus Erfahrung; sie war es, die mich selbst im Elende gehoben, ihr danke ich nebst meiner Kunst, daß ich durch keinen Selbstmord mein Leben endigte. — Lebt wohl und liebt Euch, — allen Freunden danke ich, besonders Fürst Lichnowsky und Professor Schmidt. — Die Instrumente von Fürst L. wünsche ich, daß sie doch mögen aufbewahrt werden bei einem von Euch, doch entstehe deswegen kein Streit unter Euch; sobald sie Euch aber zu was Nützlicherem dienen können, so verkauft sie nur, wie froh bin ich, wenn ich auch noch unter meinem Grabe Euch nützen kann. — So wär's geschehen — mit Freuden eil' ich dem Tode entgegen; — kömmt er früher als ich Gelegenheit gehabt habe, noch alle meine Kunstfähigkeiten zu entfalten, so wird er mir trotz meinem harten Schicksal doch noch zu frühe kommen, und ich würde ihn wohl später wünschen. — Doch auch dann bin ich zufrieden, befreit er mich nicht von einem endlosen leidenden Zustande? — Komm, wann du willst, ich gehe dir mutig entgegen. — Lebt wohl und vergeßt mich nicht ganz im Tode, ich habe es um Euch verdient, indem ich in meinem Leben oft an Euch gedacht, Euch glücklich zu machen; seid es. —   Ludwig van Beethoven.

Heiligenstadt am 6ten Oktober 1802.   [Siegel]
Für meine Brüder Carl und ..... nach meinem Tode zu lesen und zu vollziehen.

Heiligenstadt, am 10ten Oktober 1802. — So nehme ich den Abschied von Dir — und zwar traurig. — Ja die geliebte Hoffnung, — die ich mit hierher nahm, wenigstens bis zu einem gewissen Punkt geheilet zu sein, — sie muß mich nun gänzlich verlassen; wie die Blätter des Herbstes herabfallen, gewelkt sind, so ist — auch sie für mich dürr

60

geworden; fast wie ich hierher kam — gehe ich fort. — Selbst der hohe Mut, — der mich oft in den schönen Sommertägen beseelte, — er ist verschwunden. — O Vorsehung — laß einmal einen reinen Tag der Freude mir erscheinen! — Solange schon ist der wahren Freude inniger Widerhall mir fremd. — O wann — o wann, o Gottheit — kann ich im Tempel der Natur und der Menschen ihn wieder fühlen? — Nie? nein! — o es wäre zu hart.

64] An Ferdinand Ries. (1802.)

Haben Sie die Güte mir zu berichten, ob's wahr ist, daß Gr. Browne die zwei Märsche schon zum Stich gegeben. — Mir liegt dran es zu wissen; — ich erwart' unausgesetzt die Wahrheit von Ihnen. — Nach Heiligenstadt brauchen Sie nicht zu kommen, indem ich keine Zeit zu verlieren habe.

L. v. Beethoven.

65] An Breitkopf & Härtel. Wien, 18. Okt. 1802.

Indem Ihnen mein Bruder schreibt, füge ich noch folgendes bei. Ich habe zwei Werke Variationen gemacht, wovon man das eine auf acht Variationen berechnen, und das andere auf 30. Beide sind auf eine wirklich ganz neue Manier bearbeitet, jedes auf eine andere, verschiedene Art. Ich wünschte sie vorzüglich bei Ihnen gestochen zu sehn, doch unter keiner anderen Bedingung als für ein Honorar für beide zusammen etwa 50 #. Lassen Sie mich Ihnen nicht umsonst den Antrag gemacht haben, indem ich Sie versichere, daß diese beiden Werke Sie nicht gereuen werden. Jedes Thema ist darin für sich auf eine selbst vom anderen verschiedene Art behandelt. Ich hör es sonst nur von anderen sagen, wenn ich neue Ideen habe, indem ich es selbst niemals weiß. Aber diesmal muß ich Sie selbst versichern, daß die Manier in beiden Werken ganz neu von mir ist.

Was Sie mir einmal von dem Versuch des Abgangs meiner Werke schreiben, das kann ich nicht eingehen. Es muß wohl ein großer Beweis für den Abgang meiner Werke sein, wenn fast alle auswärtigen Verleger beständig mir um Werke schreiben, — und selbst die Nachstecher, worüber Sie sich mit Recht beklagen, gehören auch unter diese

Zahl, — indem Simrock mir schon einigemal um eigene für sich allein besitzende Werke geschrieben und mir bezahlen will, was nur immer jeder andere Verleger auch. Sie können es als eine Art von Vorzug ansehen, daß ich Ihnen von allen selbst diesen Antrag gemacht, indem Ihre Handlung immer Auszeichnung verdient.

Ihr L. van Beethoven.

66] **Anzeige.**   20. Okt. 1802.

Ich glaube es dem Publikum und mir selber schuldig zu sein öffentlich anzuzeigen, daß die beiden Quintetten aus C= und Es=Dur, wovon das eine (ausgezogen aus einer Sinfonie von mir) bei Herrn Mollo in Wien, das andere (ausgezogen aus dem Septett von mir Op. 20) bei Herrn Hofmeister in Leipzig erschienen ist, nicht Originalquintetten, sondern nur Übersetzungen sind, welche die Herren Verleger veranstaltet haben. — Das Übersetzen überhaupt ist eine Sache, wogegen sich heutzutage (in unserem fruchtbaren Zeitalter — der Übersetzungen) ein Autor nur umsonst sträuben würde; aber man kann wenigstens mit Recht fordern, daß die Verleger es auf dem Titelblatte anzeigen, damit die Ehre des Autors nicht geschmälert und das Publikum nicht hintergangen werde. — Dies um dergleichen Fällen in Zukunft vorzubeugen. — Ich mache zugleich bekannt, daß ehestens ein neues Originalquintett von meiner Komposition aus C=Dur Op. 29 bei Breitkopf und Härtel in Leipzig erscheinen wird.   Ludwig van Beethoven.

67] **An Breitkopf & Härtel.**   Wien, 13. Nov. (1802).

Ich eile, Ihnen nur das Wichtigste zu schreiben. Wissen Sie also, daß die Erzschurken Artaria unter der Zeit, als ich auf dem Lande wegen meiner Gesundheit wegen war, das Quintett sich vom Grafen Fries unter dem Vorwand, daß es schon gestochen und hier existiere, sich zum Nachstich, weil das Ihrige fehlerhaft, ausgebeten hatten, und — wirklich vor einigen Tagen das Publikum damit erfreuen wollten. Der gute Graf Fries betört und nicht nachdenkend, ob das nicht eine Schelmerei sein könne, hatte es ihnen also gegeben. Mich selbst konnte er nicht fragen, ich war nicht da.

Doch glücklicherweise wurde ich die Sache noch zur rechten Zeit gewahr; es war den Dienstag dieser Woche. In meinem Eifer meine Ehre zu retten, Ihren Schaden in der größtmöglichsten Geschwindigkeit zu verhindern: zwei neue Werke bot ich diesem niederträchtigen Menschen an, um die ganze Auflage zu unterdrücken. Aber ein kälterer Freund, den ich bei mir hatte, fragte mich, wollen Sie diese Schurken noch belohnen? Die Sache wird also unter Bedingungen geschlossen, indem sie versicherten, es möge bei Ihnen herauskommen, was nur immer wollte, sie würden es Ihnen nachstechen. Diese edelmütigen Schurken entschlossen sich also für den Termin von drei Wochen, wann Ihre Exemplare hier erschienen wären, nachdem also erst ihre Exemplare herauszugeben, (indem sie behaupteten, Graf Fries habe ihnen das Exemplar geschenkt). Für diesen Termin sollte der Kontrakt geschlossen werden, und ich müßte dafür ihnen ein Werk geben, welches ich wenigstens 40 # rechne. Noch ehe dieser Kontrakt geschlossen, kommt mein guter Bruder, wie vom Himmel gesendet. Er eilt zum Grafen Fries, die ganze Sache ist die größte Betrügerei von der Welt; das Detail davon, wie fein sie mich vom Grafen Fries abzuhalten wußten und alles übrige mit nächstem.

Auch ich gehe nun zu F. und beiliegender Revers mag zum Beweise dienen, daß ich alles getan, um Ihren Schaden zu verhüten, und meine Darstellung mag Ihnen ebenfalls beweisen, daß mir kein Opfer zu teuer gewesen, um meine Ehre zu retten und Sie vor Schaden zu bewahren.

Aus dem Revers ersehen Sie zugleich Ihre Maßregeln. Ich glaube, daß Sie nun soviel als möglich eilen, hierher Exemplare zu senden, und wenn's möglich ist, um denselben Preis wie der der Schurken. Sonnleithner und ich wollen noch alle übrige Maßregeln nehmen, die uns gut dünken, damit ihre ganze Auflage vernichtet werde. Merken Sie sich, Mollo und Artaria machen schon wirklich nur ein Handelshaus, das heißt eine ganze Familie von Schurken zusammen. Die Dedikation an Fries haben Sie doch nicht vergessen, indem sie mein Bruder auf erstem Blatt angezeigt.

Den Revers habe ich Ihnen selbst abgeschrieben, indem mein armer Bruder so viele Geschäfte hat, und doch alles mögliche getan, um Sie und mich zu retten. Er hat dabei in der Verwirrung einen treuen Hund, den er seinen Liebling nannte, eingebüßt. Er verdient, daß sie ihm selbst deswegen danken, sowie ich es selbst schon für mich getan. Stellen Sie sich vor, daß ich von Dienstag an bis gestern abends spät bei diesem Handel fast einzig beschäftigt; und nur die Idee dieses Schurkenstreichs mag hinreichen, Sie fühlen zu lassen, wie unangenehm es war, mit solchen elenden Menschen zu tun zu haben.   L. v. Beethoven.

Revers.

Unterzeichneter verpflichtet sich hiermit, das von Herrn Grafen Fries erhaltene Quintett komponiert von Ludwig v. Beethoven, unter gar keinem Vorwand zu verschicken, noch hier oder anderswo zu verlaufen, bis die Originalauflage vierzehn Tage hier in Wien im Umlauf ist.

Wien am 12. November 1802.   Artaria Komp.

Dieser Revers ist mit eigener Hand von der Komp. unterschrieben.

Benutzen Sie folgendes: ist zu haben à Vienne chez Artaria Comp.; à München chez Firma Hahn; à Frankfort chez Gayl et Nädler, vielleicht auch in Leipzig chez Meysel. Der Preis ist 2 fl., zwei Gulden Wiener Währung. Zwölf Exemplare, die einzigen, wie sie mir gleich anfangs versicherten, habe ich erwischt, und das alles davon abgeschrieben. Der Stich ist abscheulich. Alles dies benutzen Sie; Sie sehen, daß wir sie auf jeden Fall in Händen haben und gerichtlich belangen können.

NB. Jede, selbst persönliche Maßregel wider Artaria ist mir recht.

68] **An N. v. Zmeskall.**   (13. Nov. 1802.)

Lieber Z. Sagen Sie Ihre Musik beim Fürsten ganz ab. Es ist nicht anders zu machen.

Die Probe haben wir morgen früh bei Ihnen um halb neun Uhr und die Produktion ist um elf Uhr bei mir.

Ad dio vortrefflicher Plenipotentiarius regni Beethovensis.

Die Spitzbuben sind wie gehörig schriftlich durch ihre eigene Hand eingekerkert worden.

64

Liebster, siegreicher und doch zuweilen mankierender Graf! Ich hoffe Sie werden wohl geruhet haben, liebster, scharmantester Graf! — O teuerster, einzigster Graf! — Allerliebster, außerordentlichster Graf!

(Wird wiederholt nach Belieben.)

Wann können wir heute zum Walter gehen? Ich hänge ganz von Ihrem Können und nicht Können ab.

Dero Beethoven.

70] **An N. v. Zmeskall.** (Nov. 1802.)

Sie können, mein lieber Z., dem Walter meine Sache immerhin in einer starken Dosis geben, indem er's erstens ohnedem verdient, dann aber drängt sich seit den Tagen, wo man glaubt, ich bin mit Walter gespannt, der ganze Klaviermacher Schwarm und will mich bedienen — und das umsonst; jeder von ihnen will mir ein Klavier machen, wie ich es will. So ist Reicha von demjenigen, von dem er sein Klavier hat, innigst gebeten worden, mich zu bereden, daß er mir dürfe ein Pianoforte machen; und das ist doch einer von den Bravern, wobei ich schon gute Instrumente gesehen. Sie geben ihm also zu verstehen, daß ich ihm 30 ♯ bezahle, wo ich es von allen anderen umsonst haben kann. Doch gebe ich nur 30 ♯ mit der Bedingung, daß es von Mahagoni sei und den Zug mit einer Saite will ich auch dabei haben. Geht er dieses nicht ein, so geben Sie ihm unter den Fuß, daß ich einen unter den anderen aussuche, dem ich dieses angebe und den ich derweil auch zum Haydn führe, um ihn dieses sehen zu machen. Heute kommt ein fremder Franzose zu mir gegen zwölf Uhr; da hat Herr R. und ich das Vergnügen, daß ich auf dem Piano von Jakesch meine Kunst zeigen muß. Ad notam: wenn Sie auch kommen wollen, so würden wir uns gut unterhalten, weil wir hernach, Reicha, unser miserabiler Reichsbaron auch, und der Franzose zusammen speisen. Sie brauchen keinen schwarzen Rock anzuziehen, da wir nur unter Männer sind.

Ihr Beethoven.

66

Statt allem Geschrei von einer neuen Methode von Variationen, wie es unsere Hrn. Nachbarn die Gallo-Franken machen würden, wie z. B. ein gewisser fr. Komponist Fugen präsentiert après une nouvelle methode, welche darin besteht, daß die Fuge keine Fuge mehr ist usw. — so habe ich doch gewollt den Nichtkenner darauf aufmerksam machen, daß sich wenigstens diese V. von anderen unterscheiden; und das glaubte ich am ungesuchtesten und immerklarsten mit dem kleinen Vorbericht, den ich Sie bitte, sowohl für die kleinen als die größeren V. zu setzen, in welcher Sprache oder in wie vielen, das überlasse ich Ihnen, da wir arme Deutsche nun einmal in allen Sprachen reden müssen.

Hier der Bericht selbst:

Da diese Variationen sich merklich von meinen früheren unterscheiden, so habe ich sie, anstatt wie die vorhergehenden nur mit einer Nummer (nämlich z. B. Nr. 1. 2. 3. usw.) anzuzeigen, unter die wirkliche Zahl meiner größeren musikalischen Werke aufgenommen, um so mehr, da auch die Themas von mir selbst sind. Der Verfasser.

NB. Finden Sie nötig, etwas zu ändern oder zu verbessern, so haben Sie völlige Erlaubnis.

72] **An N. v. Zmeskall.** (1802.)

Mein liebster Baron, Barone, Baron! — Domanovitz. Ich bitte Sie, heute eine Freundschaft der anderen aufzuopfern und in den Schwanen zu kommen. Sie werden dadurch sehr verbinden Ihren etc. Grafen Bthvn.

Baron? — Baron — ron — aron — ron — etc. Heil und Glück, Glück und Heil und Heil und Glück, Glück, Heil, Heil, Glück usw. Baron, Baron, Baron, Baron.

73] **An das Ehepaar Arlet.** (1802.)

Außerordentlich Beste! Sendet gefälligst zwei Maß und eine halbe 3 fl.: Österreicher Weißen, ein Pfund feinen und ein Pfund ordinari Zucker, nebst einen Pfund feinen Kaffee. Alles mit einem Staatssiegel wohl versehen — bald hoffe ich Euch zu sehen, ed a pagare i Conti. — Alles Schöne an Herrn Arlet. Eiligst und schleunigst der

Eurige Beethoven.

5*

Indem ich das Publikum benachrichtige, daß das von mir
längst angezeigte Originalquintett in C=Dur bei Breitkopf
und Härtel in Leipzig erschienen ist, erkläre ich zugleich, daß
ich an der von den Herrn Artaria und Mollo in Wien zu
gleicher Zeit veranstalteten Auflage dieses Quintetts gar
keinen Anteil habe. Ich bin zu dieser Erklärung vorzüglich
auch darum gezwungen, weil diese Auflage höchst fehler=
haft, unrichtig und für den Spieler ganz unbrauchbar ist,
wogegen die Herren Breitkopf und Härtel, die rechtmäßi=
gen Eigentümer dieses Quintetts, alles angewendet haben,
das Werk so schön als möglich zu liefern.

Ludwig van Beethoven.

75] An **Breitkopf & Härtel.** Wien, 8. Apr. 1803.

Schon lange wollte ich Ihnen schreiben, aber meine zu
vielen Geschäfte erlauben mir überhaupt zu wenig, auch nur
eine kleine Korrespondenz zu führen. In Ansehung der Va=
riationen, daß Sie glauben, daß nicht soviel seien, ist wohl
ein Irrtum; nur konnten sie nicht so angezeigt werden, wie
z. B. in den großen, wo drei Variationen zusammenge=
schmolzen sind im Adagio, und die Fuge freilich keine Va=
riation genannt werden kann, sowie auch der Eingang von
diesen großen Variationen, welcher, wie Sie selbst schon
gesehen, mit dem Baß des Themas anfängt, dann zu zwei,
zu drei und zu vier Stimmen endlich wird und dann erst
das Thema kommt, welches man wieder keine Variation
nennen kann etc. Sollten Sie jedoch nicht klug daraus
werden, so schicken Sie mir nur, sobald ein Exemplar ge=
druckt ist, eine Probekorrektur nebst dem Manuskripte, da=
mit ich sicher vor Konfusionen bin. Überhaupt würden Sie
mir eine große Gefälligkeit erweisen, wenn Sie die Dedika=
tion an Abbé Stabler auf den großen Variationen ganz
weglassen wollten, und statt dessen diese, die ich hier bei=
füge, machen wollten, nämlich: dediées etc. A Monsieur
le comte Maurice Lichnowski. Er ist der Bruder des
Fürsten Lichnowsky und hat mir erst kürzlich eine unerwar=
tete Gefälligkeit erzeigt, und anders habe ich keine Gelegen=
heit, jetzt ihm etwas Angenehmes zu erzeigen. Sollten Sie

schon die Dedikation an Abbé Stabler gemacht haben, so
will ich gern die Unkosten von dem, was das Titelblatt zu
verändern kostet, tragen. Sie brauchen sich darin gar nicht
zu scheuen; schreiben Sie mir nur, was es kostet, ich bezahle
es mit Vergnügen. Ich bitte Sie recht sehr darum, wenn
sonst keine verschickt sind.

Bei den kleinen Variationen bleibt es, daß sie der Für=
stin Odescalchi dediziert werden.

Für die schönen Sachen von Sebastian Bach danke ich
Ihnen recht sehr; ich werde sie aufbewahren und studieren.
Sollte die Fortsetzung folgen, so schicken Sie mir doch auch
diese. Wenn Sie einen schönen Text zu einer Kantate oder
sonst eines Singstücks besitzen, so teilen Sie mir ihn mit.

Ihr Sie wahrhaft schätzender Beethoven.

76] **An Ferdinand Ries.** 1803.

Es sind sowohl die Zeichen schlecht angezeigt, als auch
an manchen Orten selbst Noten versetzt. — Also mit Acht=
samkeit! — sonst ist die Arbeit wieder umsonst. — Ch'a
detto l'amato bene?

77] **An Ferdinand Ries.** 1803.

Daß ich da bin, werden Sie wohl wissen. Gehen Sie zu
Stein und hören Sie, ob er mir nicht ein Instrument hier=
her geben kann — für Geld. Ich fürchte meines hierher
tragen zu lassen. Kommen Sie diesen Abend gegen 7 Uhr
heraus. Meine Wohnung ist in Oberdöbling Nr. 4 die
Straße links, wo man den Berg hinunter nach Heiligen=
stadt geht.

78] **An Ferdinand Ries.** 1803.

Seien Sie so gut und ziehen Sie die Fehler aus und
schicken das Verzeichnis davon gleich an Simrock mit dem
Zusatze, daß er nur machen soll, daß sie bald erscheine, —
ich werde übermorgen ihm die Sonate und das Konzert
schicken. Beethoven.

79] **An Ferdinand Ries.** 1803.

Ich muß Sie noch einmal bitten um das widerwärtige
Geschäft, die Fehler der Zürichschen Sonate ins Reine zu

schreiben und dem Simrock zu schicken; das Verzeichnis der
Fehler, welches Sie gemacht, finden Sie bei mir auf der
Wieden.

80] An Baron **Alexander v. Wetzlar.**

Von Haus am 18. Mai (1803).

Obschon wir uns niemals sprachen, so nehme ich doch gar
keinen Anstand, Ihnen den Überbringer dieses, Hr. Bridge=
tower, einen sehr geschickten und seines Instrumentes ganz
mächtigen Virtuosen zu empfehlen. Er spielt neben seinen
Konzerten auch vortrefflich Quartetten; ich wünsche sehr,
daß Sie ihm noch mehrere Bekanntschaften verschaffen. Lob=
kowitz und Fries und allen übrigen vornehmen Liebhabern
hat er sich vorteilhaft bekannt gemacht.

Ich glaube, daß es gar nicht übel wäre, wenn Sie ihn
einen Abend zu Therese Schönfeld führten, wo, so ich weiß,
manche Freunde auch hinkommen, oder bei Ihnen. Ich
weiß, daß Sie mir's selbst danken werden, Ihnen diese Be=
kanntschaft gemacht zu haben.

Leben Sie wohl mein Herr Baron

Ihr ergebenster Beethoven.

81] An **G. A. P. Bridgetower.**   (18. Mai 1803.)

Haben Sie die Gefälligkeit mich um halb 2 Uhr auf dem
Graben am Tarronischen Kaffeehaus zu erwarten; wir
gehen alsdann zur Gräfin Guicciardi, wo Sie zum Speisen
eingeladen sind.   Beethoven.

82] An **G. A. P. Bridgetower.**   (Mai 1803.)

Kommen Sie, mein lieber B., heut um 12 Uhr zu Graf
Deym, d. i. dahin, wo wir vorgestern zusammen waren.
Sie wünschen vielleicht etwas so von Ihnen zu hören, das
werden Sie schon sehen; ich kann nicht eher als gegen halb
2 Uhr hinkommen, und bis dahin freue ich mich im bloßen
Angedenken auf Sie, Sie heute zu sehen.

Ihr Freund Beethoven.

83] An **Breitkopf & Härtel, Leipzig.**   (Juni 1803.)

Ich werde wohl immer ein sehr unordentlicher Korre=
spondent von Ihnen bleiben, indem ich ohnedem schon nicht

70

gar fleißig im schreiben bin. Sie müssen schon hier ein Auge zudrücken. Ich hoffe, Sie werden den Brief meines Bruders, worin er Sie gebeten, die Anzeige von der wirklichen außerordentlichen vielen als wichtigen Menge Fehler zu machen. In einigen Tagen werde ich Ihnen das Verzeichnis davon schicken; so schön die Auflage ist, so schade ist es, daß Sie mit der äußersten Liederlichkeit und Nachlässigkeit in die Welt schickten. Da Sie meine Variationen nach meinem Manuskript gestochen haben, so fürchte ich mich auch immer, daß da sich viele Fehler möchten eingeschlichen haben, und wünschte sehr, daß Sie mir vorher ein Probeexemplar schickten. Es ist eine so äußerst unangenehme Sache, ein sonst schön gestochenes Werk voll Fehler zu sehen, besonders für den Autor. Bei den großen Variationen ist noch vergessen worden, daß das Thema davon aus einem von mir komponierten allegorischen Ballett, nämlich: Prometheus oder italienisch Prometeo, welches hätte auf das Titelblatt kommen sollen. Und wenn es möglich ist, bitte ich Sie noch darum, d. h. im Fall sie noch nicht herausgekommen. Müßte das Titelblatt geändert werden, so geschehe es nur auf meine Kosten. Solche Dinge vergißt man hier in Wien und man kommt kaum dazu, dran zu denken. Die unaufhörliche Zerstreuung und doch wieder die große Geschäftigkeit machen in solchen Sachen eine große Unordnung und so verzeihen Sie mir, daß ich damit so spät komme. Wegen einem Gedicht kann ich mich noch nicht einlassen; ich wünsche aber sehr, daß wenn das von Ihnen angezeigte herauskommt, Sie die Gefälligkeit haben mögen, mir es anzuzeigen, damit ich mich danach umsehe. Vergessen Sie nicht wegen den Variationen sowohl wegen der Korrektur als auch wegen dem Titelblatt, wenn's anders noch möglich ist.

Bin ich Ihnen hier imstande in etwas nützlich zu sein, so wenden Sie sich gleich an

Ihren ergebensten Diener Ludwig van Beethoven.

84] An Franz Hofmeister, Leipzig.   Wien, 22. Sept. 1803.

Hiermit erkläre ich also alle Werke, um die Sie geschrieben, als Ihr Eigentum; das Verzeichnis davon wird Ihnen noch einmal abgeschrieben und mit meiner Unterschrift als Ihr erklärtes Eigentum geschickt werden. Auch den Preis von 50 Dukaten gehe ich ein. Sind Sie damit zufrieden?

Vielleicht kann ich Ihnen statt der Variationen mit Violoncell und Violin vierhändige Variationen über ein Lied von mir, — wo die Poesie von Goethe wird ebenfalls dabei müssen gestochen werden, da ich diese Variationen in ein Stammbuch geschrieben und sie für besser wie die anderen halte. Sind Sie zufrieden?

Die Übersetzungen sind nicht von mir, doch sind sie von mir durchgesehen und stellenweise ganz verbessert worden; also kommt mir ja nicht, daß Ihr da schreibt, daß ich's übersetzt habe, weil Ihr sonst lügt und ich auch gar nicht die Zeit und Geduld dazu zu finden wüßte. — Seid Ihr zufrieden?

Jetzt lebt wohl, ich kann Euch nichts anderes wünschen, als daß es Euch herzlich wohl gehe, und ich wollte Euch alles schenken, wenn ich damit durch die Welt kommen könnte; aber — bedenkt nur, alles um mich her ist angestellt und weiß sicher, wovon es lebt, aber du lieber Gott, wo stellt man so ein parvum talentum com ego an den kaiserlichen Hof? — — — — Euer Freund L. v. Beethoven.

85] An **Breitkopf & Härtel**, Leipzig.   (Sept. 1803.)

Ich trage Ihnen folgende Werke um 300 Gulden an: 1. Zwei Werke Variationen, wovon in einem die Variationen über God save the King, die anderen über Rule Britannia; 2. ein Wachtellied, wovon Ihnen die Poesie vielleicht bekannt, welche aus drei Strophen besteht, und hier aber ganz durchkomponiert ist. 3. Drei Märsche zu vier Händen, die leicht aber doch nicht ganz klein sind, wovon aber der letztere so groß ist, daß er der Marsch dreier Märsche heißen kann. Antworten Sie mir mit der nächsten Post, da die Sache Eile hat.

Die Variationen, wovon Sie so gütig waren mir einige Exemplare zu schicken, waren doch nicht so ganz korrekt. Ich wünschte bei alledem von den anderen ein Exemplar vorher sehen zu können, da ich immer fürchte, daß in den anderen vielleicht bedeutendere Fehler sein möchten. Für die Bach wird gleich anfangs Winter gesorgt werden, da jetzt zu wenig Leute von Bedeutung hier sind und ohne das kommt nichts Rechts zusammen.

Dem Herrn Redakteur der Musikzeitung danken Sie ergebenst für die Güte, die er gehabt, eine so schmeichelhafte Nachricht von meinem Oratorio einrücken zu lassen, wo so derb über die Preise, die ich gemacht, gelogen wird, und ich so infamiter behandelt bin. Das zeigt vermutlich die Unparteilichkeit. Meinetwegen, — wenn das das Glück der Musikzeitung macht.

Was fordert man nicht für Edelmut von einem wahren Künstler, und gewiß nicht ganz ohne sich zu irren; aber hingegen wie abscheulich, wie niedrig erlaubt man sich so leicht über uns herzufallen.

Antworten Sie gleich. Das nächstemal von was anderem. Wie immer   Ihr ergebenster L. v. Beethoven.

NB. Alles, was ich Ihnen hier antrage, ist ganz neu, da leider so viele fatale alte Sachen von mir verkauft und gestohlen worden.

86] **An George Thomson, Edinburgh.**   Wien, 5. Oft. 1803.

Monsieur! J'ai reçu avec bien du plaisir votre lettre du 20 Juillet: Entrant volontiers dans vos propositions je dois vous declarer que je suis prêt de composer pour vous six sonates telles que vous les désirez y introduisant même les airs ecossais d'une manière laquelle la nation Ecossaise trouvera la plus favorable et le plus d'accord avec le genie de ses chansons. Quant au honoraire je crois que trois cent ducats pour six sonates ne sera pas trop, vu qu'en Allemagne on me donne autant pour pareil nombre de sonates même sans accompagnement.

Je vous previens en même temps que vous devez accelerer votre declaration, par ce qu'on me propose tant d'engagements qu'après quelque temps je ne saurais peutêtre aussitôt satisfaire à vos demandes. Je vous prie de me pardonner, que cette reponse est si retardée ce qui n'a été causée que par mon séjour à la campagne et plusieurs occupations très pressantes. — Aimant de préférence les airs ecossais je me plairai particulièrement dans la composition de vos sonates, et j'ose avancer que si vos intérêts s'accorderont sur le honoraire, vous serez parfaitement contenté.

Agréez les assurances de mon estime distingué.

Louis van Beethoven.

87] **Warnung.** Wien, 22. Okt. 1803.

Herr Karl Zulehner, ein Nachstecher in Mainz, hat eine Ausgabe meiner sämtlichen Werke für das Pianoforte und Geigeninstrumente angekündigt. Ich halte es für meine Pflicht, allen Musikfreunden hiermit öffentlich bekannt zu machen, daß ich an dieser Ausgabe nicht den geringsten Anteil habe. Ich hätte zu einer Sammlung meiner Werke, welche Unternehmung ich schon an sich voreilig finde, nicht die Hand geboten, ohne zuvor mit den Verlegern der einzelnen Werke Rücksprache genommen und für die Korrektheit, welche den Ausgaben verschiedener einzelner Werke mangelt, gesorgt zu haben. Überdies muß ich bemerken, daß jene widerrechtlich unternommene Ausgabe meiner Werke nie vollständig werden kann, da in kurzem verschiedene neue Werke in Paris erscheinen werden, welche Herr Zulehner, als französischer Untertan, nicht nachstechen darf. Über eine unter meiner eigenen Aufsicht und nach vorhergegangener strenger Revision meiner Werke zu unternehmende Sammlung derselben werde ich mich bei einer anderen Gelegenheit umständlich erklären. Ludwig van Beethoven.

88] **An...?** Vienne, 24. Okt. 1803.

— — — Je vous envoie ci-joint des Variations sur 2 thêmes anglais qui sont bien faciles et qui à ce que j'espère auront un bons succès — — —

(Bruchstück aus Katalog von Sotheby, Wilkinson & Hodge, London, vom 22. Juli 1909)

89] **An Alexander Macco.** Wien, 2. Nov. 1803.

Lieber Macco! Wenn ich Ihnen sage, daß mir Ihr Schreiben lieber ist als das eines Königs oder Ministers, so ist's Wahrheit, und dabei muß ich noch hintendrein gestehn, daß Sie mich durch Ihre Großmut wirklich etwas demütigen, indem ich Ihr Zuvorkommen bei meiner Zurückhaltung gegen Sie gar nicht verdiene. Überhaupt hat mir's wehe getan, daß ich in Wien nicht mehr mit Ihnen sein konnte, allein es gibt Perioden im menschlichen Leben, die wollen überstanden sein und oft von der unrechten Seite betrachtet werden; es scheint, daß Sie selbst als großer Künstler nicht ganz unbekannt mit dergleichen sind, und so — habe ich denn, wie ich sehe, Ihre Zuneigung nicht verloren, und das ist mir sehr lieb, weil ich Sie sehr schätze, und wünschte nur, einen solchen Künstler in meinem Fach um mich haben zu können.

Der Antrag von Meißner ist mir sehr willkommen, mir könnte nichts erwünschter sein, als von ihm, der als Schriftsteller so sehr geehrt, und dabei die musikalische Poesie besser als einer unserer Schriftsteller Deutschlands versteht, ein solches Gedicht zu erhalten; nur ist es mir in diesem Augenblick unmöglich, dieses Oratorium zu schreiben, weil ich jetzt erst an meiner Oper anfange, und die wohl immer mit der Aufführung bis Ostern dauern kann. — Wenn also Meißner mit der Herausgabe des Gedichts übrigens nicht so sehr eilte, so würde mir's sehr lieb sein, wenn er mir die Komposition davon überlassen wollte, und wenn das Gedicht noch nicht ganz fertig, so wünschte ich selbst, daß M. damit nicht zu sehr eilte, indem ich gleich vor oder nach Ostern nach Prag kommen würde, wo ich sodann einige neuere Kompositionen von mir ihm würde hören machen, die ihn mit meiner Schreibart bekannter machen würden, und entweder — weiter begeistern — oder gar machen würden, daß er aufhöre usw. — Malen Sie das dem Meißner aus, lieber Macco — hier schweigen wir. — Eine Antwort von Ihnen hierüber wird mir immer sehr lieb sein. An Meißner bitte ich Sie meine Ergebenheit und Hochachtung zu melden. — Noch einmal herzlichen Dank, lieber Macco, für Ihr Andenken an mich. Malen Sie, und ich mache Noten, und so werden wir — — ewig? — ja vielleicht ewig fortleben!

Ihr innigster Beethoven.

90] An **Breitkopf & Härtel,** Leipzig.　Wien, 23. Nov. 1803.

Da Sie wünschen noch von anderen Instrumenten=
machern Instrumente zu haben, so schlage ich Ihnen hier
noch den 3. Pohak, dessen Arbeiten brav und dessen Preise
und Arten Instrumente hier beigefügt sind, vor. Nebst die=
sem noch den Jos. Moser, dessen Verzeichnis seiner Preise
und Instrumente Ihnen nächstens soll geschickt werden und
dessen Arbeit auch brav ist und hoffen läßt, daß er sie mit
der Zeit den ersten Instrumentenmachern gleich oder ihnen
noch zuvor machen wird.　　　　　　　　L. v. Beethoven.

91] An **Dorothea v. Ertmann.** (Mit einem Kunstblatt.)
　　　　　　　　　　　　　　　　　　　(1. Jan. 1804.)

An die Baronin Ertmann zum neuen Jahr 1804 von
ihrem Freunde und Verehrer　　　　　　　Beethoven.

92] An **Nikolaus Simrock.**　　　　Wien, 3. Febr. 1804.

Daß Herr Simrock in Bonn eine von mir komponierte
Sonate mit einer Violin in A=Moll Op. 47, bestehend aus
drei Stücken, wovon die Themas unten beigefügt, gänzlich
als sein ausschließendes Eigentum betrachten kann und
mir dafür das Honorar von 50 # richtig zugestellt worden,
bezeuge ich mit meiner eigenen Unterschrift. Ludwig van
Beethoven.

93] **Nachricht** an das Publikum.　　　Wien, 31. März 1804.

Nachdem ich Endesunterzeichneter den 22. Januar 1803
in die Wiener Zeitung eine Nachricht einrücken ließ, in wel=
cher ich öffentlich erklärte, daß die bei Hrn. Mollo veran=
staltete Auflage meines Originalquintettes in C=Dur nicht
unter meiner Aufsicht erschien, höchst fehlerhaft und für den
Spieler unbrauchbar sei, so widerrufe ich hiermit öffentlich
diese Nachricht dahin, daß Herr Mollo und Co. an dieser
Auflage gar keinen Anteil haben, welches dem verehrungs=
würdigen Publiko zur Ehrenerklärung des Hrn. Mollo und
Comp. anzuzeigen mich verbunden finde.

　　　　　　　　　　　　　　Ludwig van Beethoven.

94] **An Ferdinand Ries.** (1804.)

Lieber Ries. Ich bitte Sie, erzeigen Sie mir die Gefäl=
ligkeit, dieses Andante wenn auch nur schlecht, abzuschrei=
ben. Ich muß es morgen fortschicken und — da der Him=
mel weiß, was allenfalls damit vorgehen kann, so wünschte
ich's abgeschrieben. Doch muß ich's morgen gegen ein Uhr
zurückhaben. Die Ursache, warum ich Sie damit beschwere,
ist, weil ein Kopist schon mit anderen wichtigen Sachen zu
schreiben hat und der andere krank ist.

95] **An Ferdinand Ries.** (1804.)

Lieber Ries! Da Breuning keinen Anstand genommen
hat, Ihnen und dem Hausmeister durch sein Benehmen
meinen Charakter von einer Seite vorzustellen, wo ich als
ein elender, armseliger, kleinlicher Mensch erscheine, so suche
ich Sie dazu aus, erstens meine Antwort Breuning münd=
lich zu überbringen, nur auf einen und den ersten Punkt
seines Briefes, welchen ich nur deswegen beantworte, weil
dieses meinen Charakter nur bei Ihnen rechtfertigen soll.
—Sagen Sie ihm also, daß ich gar nicht daran gedacht,
ihm Vorwürfe zu machen wegen der Verspätung des Auf=
sagens, und daß, wenn wirklich Breuning schuld daran ge=
wesen sei, mir jedes harmonische Verhältnis in der Welt
viel zu teuer und lieb sei, als daß um einige Hundert und
noch mehr, ich einem meiner Freunde Kränkungen zufügen
würde. Sie selbst wissen, daß ich Ihnen ganz scherzhaft vor=
geworfen hatte, daß Sie schuld daran wären, daß die Auf=
sagung durch Sie zu spät gekommen sei. Ich weiß gewiß,
daß Sie sich dessen erinnern werden; bei mir war die ganze
Sache vergessen. Nun fing mein Bruder bei Tische an und
sagte, daß er Breuning schuld glaube an der Sache; ich
verneinte es auf der Stelle und sagte, daß Sie schuld daran
wären. Ich meine, das war doch deutlich genug, daß ich
Breuning nicht die Schuld beimesse. Breuning sprang dar=
auf auf wie ein Wütender und sagte, daß er den Hausmei=
ster heraufrufen wollte. Dieses für mich ungewohnte Betra=
gen vor allen Menschen, womit ich nur immer umgehe,
brachte mich aus meiner Fassung; ich sprang ebenfalls auf,
warf meinen Stuhl nieder, ging fort und kam nicht mehr

77

wieder. Dieses Betragen nun bewog Breuning, mich bei Ihnen und dem Hausmeister in ein so schönes Licht zu setzen und mir ebenfalls einen Brief zu schicken, den ich übrigens nur mit Stillschweigen beantwortete. — Breuning habe ich gar nichts mehr zu sagen. Seine Denkungs= und Handlungsart in Rücksicht meiner beweist, daß zwischen uns nie ein freundschaftliches Verständnis statt hätte finden sollen und auch gewiß nicht stattfinden wird. Hiermit habe ich Sie bekanntmachen wollen, da Ihr Zeugnis meine ganze Denkungs= und Handlungsart erniedrigt hat. Ich weiß, wenn Sie die Sache so gekannt hätten, Sie es gewiß nicht getan hätten, und damit bin ich zufrieden.

Jetzt bitte ich Sie, lieber Ries! gleich nach Empfang dieses Briefes zu meinem Bruder, dem Apotheker, zu gehen und ihm zu sagen, daß ich in einigen Tagen schon Baden verlasse und daß er das Quartier in Döbling, gleich nachdem Sie es ihm angekündigt, mieten soll. Fast wäre ich schon heute gekommen; es ekelt mich hier; ich bin's müde. Treiben Sie um's Himmels willen, daß er es gleich mietet, weil ich gleich allda in Döbling hausen will. Sagen Sie und zeigen Sie von dem auf der anderen Seite geschriebenen B. nichts; ich will ihm von jeder Seite zeigen, daß ich nicht so kleinlich denke wie er, und habe ihm erst nach diesem b. bew. Brief geschrieben, obschon mein Entschluß zur Auflösung unserer Freundschaft fest ist und bleibt.

Ihr Freund Beethoven.

96] An Ferdinand Ries. (1804.)

Meine vielen Geschäfte machen, daß Sie, lieber Ries, Ihr Konzertspielen aufschieben müssen. Ich habe deshalb schon mit Schuppanzigh gesprochen und werde auch schon, sobald nur einige Tage vorüber sind, Sorge tragen, daß es sobald als möglich geschehen kann. Ganz Ihr Beethoven.

97] Skizzenblatt. 2. Juni 1804.

Finale [Leonore] immer simpler. Alle Klaviermusik ebenfalls. — Gott weiß es, warum auf mich noch meine Klaviermusik immer den schlechtesten Eindruck macht, besonders wenn sie schlecht gespielt wird.

Es freut mich, daß Sie, mein Herr, ein Zutrauen zu mir gefaßt, obschon ich bedaure, Ihnen nicht ganz mit Hilfe entgegen kommen zu können. So leicht Sie sich vorstellen, sich hier durchbringen zu können, so würde es doch immer schwer halten, indem Wien angefüllt ist mit Meistern, die sich vom Lektiongeben nähren. Wäre es jedoch gewiß, daß ich meinen Aufenthalt hier behielte, so wollte ich Sie auf Glück hierher kommen lassen. Da ich aber wahrscheinlich den künftigen Winter schon von hier reise, so würde ich selbst alsdann nichts mehr für Sie tun können. Auf das Ohngefähr eine Stelle auszuschlagen, kann ich Ihnen unmöglich raten, indem ich Ihnen dafür keinen Ersatz versprechen kann. Daß man sich aber nicht auch einigermaßen in Braunschweig sollte bilden können, scheint mir eine etwas überspannte Meinung zu sein; ohne mich im mindesten Ihnen als ein Muster vorstellen zu wollen, kann ich Ihnen versichern, daß ich in einem kleinen unbedeutenden Ort gelebt und — fast alles, was ich sowohl dort als hier geworden bin, nur durch mich selbst geworden bin. Dieses Ihnen nur zum Trost, falls Sie das Bedürfnis fühlen, in der Kunst weiter zu kommen. Ihre Variationen zeugen von Anlage, doch setze ich dran aus, daß Sie das Thema verändert haben, warum das? Was der Mensch lieb hat, muß man ihm nicht nehmen; auch heißt das verändern, ehe man noch Variationen gemacht hat. — Sollte ich sonst imstande sein, etwas für Sie zu tun, so werden Sie, wie in allen solchen Fällen, mich auch für Sie bereitwillig finden.

Ihr ergebenster Ludwig van Beethoven.

Wenn Sie, lieber Ries, ein besseres Quartier zu finden wissen, so ist es mir sehr lieb. Meinen Brüdern müssen Sie also sagen, daß Sie dieses nicht gleich mieten; — ich wünschte sehr eins auf einem großen stillen Platz oder auf der Bastei zu haben. Daß mein Hr. Bruder nicht eher den Wein besorgt, ist unverzeihlich, da er mir so nötig und zuträglich ist; ich werde Sorge tragen bis Mittwoch bei der Probe zu sein. Daß sie bei Schuppanzigh ist, ist mir nicht recht. Er könnte mir Dank wissen, wenn ihm meine Kränkungen magerer machten. — Leben Sie wohl, lieber Ries; wir haben schlechtes Wetter hier und ich bin vor den Menschen hier nicht sicher; ich muß mich flüchten, um einsam sein zu können.　　　Ihr wahrer Freund L. v. Beethoven.

100]　An Ferdinand Ries.　　　Baden, 24. Juli 1804.

— — — Mit der Sache von Breuning werden Sie sich wohl gewundert haben; glauben Sie mir, Lieber! daß mein Aufbrausen nur ein Ausbruch von manchen unangenehmen vorhergegangenen Zufällen mit ihm gewesen ist. Ich habe die Gabe, daß ich über eine Menge Sachen meine Empfindlichkeit verbergen und zurückhalten kann; werde ich aber auch einmal gereizt zu einer Zeit, wo ich empfänglicher für den Zorn bin, so platze ich auch stärker aus als jeder andere. Breuning hat gewiß vortreffliche Eigenschaften, aber er glaubt sich von allen Fehlern frei, und hat meistens die am stärksten, welche er an anderen Menschen zu finden glaubt. Er hat einen Geist der Kleinlichkeit, den ich von Kindheit an verachtet habe. Meine Beurteilungskraft hat mir fast vorher den Gang mit Breuning prophezeit, indem unsere Denkungs-, Handlungs- und Empfindungsweise zu verschieden ist; doch habe ich geglaubt, daß sich auch diese Schwierigkeiten überwinden ließen; — die Erfahrung hat mich widerlegt. Und nun auch keine Freundschaft mehr! Ich habe nur zwei Freunde in der Welt gefunden, mit denen ich auch nie in ein Mißverhältnis gekommen, aber welche Menschen! Der eine ist tot, der andere lebt noch. Obschon wir fast sechs Jahre hindurch keiner von dem anderen etwas wissen, so weiß ich doch, daß in seinem Herzen ich die erste Stelle, sowie er in dem meinigen einnimmt. Der Grund der Freundschaft heischt die größte Ähnlichkeit der Seelen und Herzen der Menschen. Ich wünsche nichts, als daß Sie meinen Brief lesen, den ich an Breuning geschrieben habe und den seinigen an mich. Nein, nie mehr wird er in meinem Herzen den Platz behaupten, den er hatte. Wer seinem Freunde eine so niedrige Denkungsart beimessen kann und sich ebenfalls eine solche niedrige Handlungsart wider denselben erlauben, der ist nicht wert der

80

Freundschaft von mir. — Vergessen Sie nicht die Angelegenheit meines Quartiers. Leben Sie wohl; schneidern
Sie nicht zuviel, empfehlen Sie mich der Schönsten der
Schönen; schicken Sie mir ein halbes Dutzend Näh-
nadeln. —

Ich hätte mein Leben nicht geglaubt, daß ich so faul sein
könnte, wie ich hier bin. Wenn darauf ein Ausbruch des
Fleißes folgt, so kann wirklich was Rechtes zustande kommen.   Vale! Beethoven.

101] **An Breitkopf & Härtel.**   Wien, 26. August 1804.

Mehrere Ursachen veranlassen mich, Ihnen mein hochgeehrter Herr Härtel zu schreiben. Vermutlich wird es auch vielleicht
Ihnen zu Ohren gekommen sein, als wenn ich einen Kontrakt auf alle meine Werke (mit Ausschluß aller anderen
Verleger) mit einer in Wien befindlichen Handlung geschlossen hätte. Durch die Anfrage mehrerer auswärtiger
Verleger hierüber sage ich Ihnen auch unaufgefordert, daß
dem nicht so ist, da Sie wissen werden, daß ich eine Aufforderung deshalb von Ihnen ebenfalls nicht annehmen
konnte, wenigstens jetzt noch nicht. Eine andere Sache, die
mir am Herzen liegt, ist, daß mehrere Verleger mit Kompositionen von mir so erschrecklich lang zögern, bis dieselben
ans Tageslicht kommen. Die Ursache davon gibt jeder bald
dieser bald jener Veranlassung schuld. Ich erinnere mich
recht wohl, daß Sie mir einmal schrieben, daß Sie imstande
wären eine ungeheure Menge Exemplare in wenigen Wochen zu liefern. Ich habe jetzt mehrere Werke, und eben deswegen, weil ich gesonnen bin, alle Ihnen dieselben zu überlassen, würde mein Wunsch, dieselben bald ans Tageslicht
kommen zu sehen, vielleicht um desto eher erfüllt können
werden. Ich sage Ihnen daher nur kurz, was ich Ihnen
geben kann: mein Oratorium; eine neue große Symphonie; ein Konzertant für Violon, Violoncello und Pianoforte mit dem ganzen Orchester; drei neue Solosonaten.
Sollten Sie darunter eine mit Begleitung wünschen, so
würde ich mich auch darauf einlassen. Wollten Sie nun
diese Sachen nehmen, so müßten Sie mir gütigst genau die
Zeit angeben, die Sie brauchen, solche zu liefern. Da es

mein größter Wunsch ist, daß wenigstens die drei erstern
Werke sobald als möglich erschienen, so würden wir die
Zeit schriftlich oder kontraktmäßig (nach Ihrer Angabe) be=
stimmen, worauf ich dann freilich, ich sage es Ihnen offen,
streng halten würde. Das Oratorium ist bisher noch nicht
herausgekommen, weil ich einen ganz neuen Chor dazu noch
beigefügt und einige Sachen noch verändert habe, indem
ich das ganze Oratorium in nur einigen Wochen schrieb,
und mir wohl hernach einiges nicht ganz entsprach. Des=
wegen hatte ich es bisher zurückbehalten. Diese Änderungen
datieren sich erst nach der Zeit, als Ihnen mein Bruder da=
von geschrieben. Die Symphonie ist eigentlich betitelt Bo=
naparte, außer allen sonstigen gebräuchlichen Instrumenten
sind noch besonders drei obligate Hörner dabei. Ich glaube,
sie wird das musikalische Publikum interessieren. Ich
wünschte, daß Sie dieselbe statt der gestochenen Stimmen
in Partitur herausgäben. Über die anderen Sachen habe
ich nichts beizufügen, obschon ein Konzertant mit solchen
drei konzertierenden Stimmen doch auch etwas Neues ist.
Wollten Sie nun wohl diese bei diesen Werken vorgeschla=
genen Bedingungen in Ansehung des Herausgebens ein=
gehen, so würde ich Ihnen dieselben um ein Honorar von
2000 (Zwei Tausend) Gulden überlassen. Ich versichere Sie
auf meine Ehre, daß ich in Ansehung einzelner Werke, wie
z. B. Sonaten, verliere, indem man mir nahe an 60 ☼ für
eine einzige Solosonate gibt. Glauben Sie ja nicht, daß ich
Wind mache. Weit von mir sei so etwas. Nur um eine ge=
schwindere Ausgabe meiner Werke zu veranstalten, will ich
gern etwas verlieren.

Ich bitte Sie mir nun aber hierüber gleich Antwort zu
geben. Ich hoffe, Herr Wiems wird wohl meinen Brief
empfangen haben. Ich hatte mir die Freiheit genommen,
ihn an Sie zu adressieren. In Erwartung einer baldigen
Antwort bin ich   Ihr ergebenster Ludwig van Beethoven.

102] An Ferdinand Ries.   (1804.)

Sie müssen die Sache, lieber Ries, sehr klug anstellen,
und absolut darauf dringen, daß Sie etwas Schriftliches
von ihm erhalten. — Ich habe geschrieben, daß auch Sie die

Sache schon im Wirtshaus hätten hören sagen, aber nicht wüßten von wem? — Tun Sie dergleichen und sagen Sie, daß sogar die Geschichte auf mich schon gedeutet worden, — daß mir unendlich daran liege, nur die Wahrheit zu wissen, damit ich meinem Bruder eine Lektion geben könne. — Übrigens soll mein Bruder nicht gewahr werden, daß Hr. Prosch nur die Wahrheit geschrieben habe.

Nach Ihrer Ambassade kommen Sie zu mir.

Alles Schöne an die gnädige Frau, ist der Mann zäh, so halten Sie sich an die Frau.

103] **An Nikolaus Simrock.** Wien, 4. Okt. 1804.

Lieber bester Herr Simrock, immer habe ich schon die Ihnen von mir gegebene Sonate, mit Sehnsucht erwartet — aber vergeblich — schreiben Sie mir doch gefälligst, was es dann für einen Anstand mit derselben hat — ob Sie solche bloß um den Motten zur Speise zu geben — von mir gewonnen? — oder wollen Sie sich ein besonderes kaiserliches Privilegium darüber erteilen lassen? — nun das dächte ich, hätte wohl lange geschehen können. — Wo steckt dieser langsame Teufel — der die Sonate heraustreiben soll — Sie sind sonst der geschwinde Teufel, sind dafür bekannt, daß Sie, wie Faust ehemals, mit dem Schwarzen im Bunde stehen und sind dafür ebenso geliebt von Ihren Kameraden; noch einmal — wo steckt Ihr Teufel — oder was ist es für ein Teufel — der mir auf der Sonate sitzt, und mit dem Sie sich nicht verstehen? — eilen Sie also und geben Sie mir Nachricht, wann ich die S. ans Tageslicht gebracht sehen werde — indem Sie mir dann die Zeit bestimmen werden, werde ich Ihnen sogleich alsdann ein Blättchen an K r e u z e r schicken, welches Sie ihm bei Übersendung eines Exemplars (da Sie ja ohnehin Ihre Exemplare nach Paris schicken, oder selbe gar da gestochen werden) so gütig sein werden, beizulegen — dieser Kreutzer ist ein guter lieber Mensch, der mir bei seinem hiesigen Aufenthalte sehr viel Vergnügen gemacht, seine Anspruchslosigkeit und Natürlichkeit ist mir lieber als alles Exterieur ohne Interieur der meisten Virtuosen — da die Sonate für einen tüchtigen Geiger geschrieben ist, um so passender ist die Dedikation an

6*

ihn. — Ohnerachtet wir zusammen korrespondieren (d. h.
alle Jahr einen Brief von mir) so, hoffe ich, wird er noch
nichts davon wissen. — Ich höre immer, daß Sie Ihr Glück
machen und mehr befestigen, das freut mich von Herzen,
grüßen Sie alle von Ihrer Familie, und alle anderen, denen
Sie glauben daß ein Gruß von mir angenehm ist. — Bitte
um baldige Antwort   Ihr Beethoven.

104]   An **Stephan Breuning.**   (1804.)

Hinter diesem Gemälde, mein guter lieber Steffen, sei
auf ewig verborgen, was eine Zeitlang zwischen uns vorgegangen. Ich weiß es, ich habe Dein Herz zerrissen. Die
Bewegung in mir, die Du gewiß bemerken mußtest, hatte
mich genug dafür gestraft. Bosheit war's nicht, was in mir
gegen Dich vorging. Nein, ich wäre Deiner Freundschaft
nie mehr würdig, — Leidenschaft bei Dir und mir; aber
Mißtrauen gegen Dich ward in mir rege, es stellten sich
Menschen zwischen uns, die Deiner und meiner nie würdig
sind.

Mein Porträt war Dir schon lange bestimmt; Du weißt
es ja, daß ich es jemandem bestimmt hatte, — wem könnte
ich es wohl so mit dem wärmsten Herzen geben, als Dir,
treuer, guter, edler Steffen! — Verzeih mir, wenn ich Dir
wehe tat, ich litt selbst nicht weniger. Als ich Dich solange
nicht mehr um mich sah, empfand ich es erst recht lebhaft,
wie teuer Du meinem Herzen bist und ewig sein wirst. Du
wirst wohl auch wieder in meine Arme fliehen wie sonst.

105]   An **Willibrord Joseph Mähler.**   (1804.)

Lieber Mähler! Ich bitte Sie recht sehr, sobald als Sie
mein Porträt genug gebraucht haben, mir es alsdann wieder zuzustellen. Ist es, daß Sie dessen noch bedürfen, so
bitte ich Sie wenigstens um Beschleunigung hierin. Ich
habe das Porträt einer fremden Dame, die dasselbe bei
mir sah, versprochen, während ihres Aufenthalts von einigen Wochen hier in ihr Zimmer zu geben; wer kann solchen
reizenden Anforderungen widerstehen, versteht sich, daß ein
Teil von allen den schönen Gnaden, die dadurch auf mich
herabfallen, auch Ihrer nicht vergessen wird.

Ganz Ihr Bthvn.

106] **An M. J. Leidesdorf.** (1804.)

Dorf des Leides! Gebt dem Überbringer dieses Hrn. Ries einiges leichtes Vierhändiges oder noch besser umsonst. — Betragt Euch nach der gereinigten Lehre — Lebt wohl.
Beethoven minimus.

107] **An Breitkopf & Härtel.** Wien, 16. Januar 1805.

Soviel ich sehe, ist mein von mir an Sie abgeschicktes Paket noch nicht angekommen. Sie erhalten darin die Symphonie und zwei Sonaten, das andere wird sobald als nur immer möglich nachfolgen. Nur durch Mangel an guten Kopisten ist alles und muß anderes verzögert werden. Da ich nur zwei habe, wovon der eine noch obendrein sehr mittelmäßig schreibt, und dieser ist nun jetzt eben krank geworden, so hat's freilich für mich Schwierigkeiten. Dazu kommt noch, daß im Winter meistens meine Gesundheit schwächlicher, ich daher mich weniger Nebenarbeiten widmen kann, als im Sommer. Und das Übersehen ist oft eine wirkliche Anstrengung, die dem wirklichen Schreiben gar nicht beikommt. Ein kleines Lied habe Ihnen mit beigefügt; wie und warum, werden Sie aus meinem Brief den Musikalien beigefügt, ersehen. — Fürst Lichnowsky wird Ihnen nächstens wegen meinem Oratorium schreiben. Er ist wirklich, was in diesem Stande wohl ein seltenes Beispiel ist, einer meiner treuesten Freunde und Beförderer meiner Kunst. Leben Sie wohl! Mit wahrer Achtung bin ich

Ihr ergebenster Diener L. v. Beethoven.

108] **An Dr. Jean Adam Schmidt.** (Januar 1805.)

Monsieur! Je sens parfaitement bien, que la Célébrité de Votre nom ainsi que l'amitié dont Vous m'honorez, exigeraient de moi la dédicace d'un bien plus important ouvrage. La seule chose qui a pu me déterminer à Vous offrir celui-ci de préférence, c'est qu'il me paroît d'une exécution plus facile et par là même plus propre à contribuer à la Satisfaction dont Vous jouissez dans l'aimable Cercle de Votre Famille. — C'est surtout, lorsque les heureux talents d'une fille chérie se seront développés

85

davantage, que je me flatte de voir ce but atteint. Heureux si j'y ai réussi et si dans cette faible marque de ma haute estime et de ma gratitude Vous reconnaissez toute la vivacité et la cordialité de mes sentiments.

Louis van Beethoven.

109] **An Breitfopf & Härtel.** (März 1805.)

Erst gestern erhielt ich Ihren Brief vom 30. Januar datiert. Die hiesige Postexpedition kann auf Verlangen mir's bezeugen, indem ich mich über eine so lange Zurückhaltung natürlich anfragen mußte und man mir dann die Ankunft des Briefes und alles deutlich angab, woraus erhellt, daß der Brief auch nicht im mindesten aufgehalten wurde, was ich jeden Augenblick auf Verlangen schriftlich erhalten kann. Obschon der Zusammenhang Ihres Pariser Briefes und das lange Ausbleiben des Ihrigen mir ganz unbegreiflich ist, so ist das ganze Verfahren zusammengenommen viel zu erniedrigend für mich, als daß ich nur ein Wort drum verlieren sollte. Ohnehin hat man Ihnen die Ursache der Verzögerung bekannt gemacht. Ist ein Fehler vorgefallen, so lag es darin, daß mein Bruder sich in der Zeit des Abschreibens irrte. Das Honorar ist weit geringer als ich es gewöhnlich nehme. Beethoven macht keinen Wind und verachtet alles, was er nicht gerade durch seine Kunst und sein Verdienst erhalten kann. Daher schicken Sie mir alle von mir erhaltene Manuskripte das Lied auch mit eingeschlossen zurück. Ich kann und werde kein geringeres Honorar annehmen, nur um dieses schon mit mir eingegangene können Sie die Manuskripte erhalten. Da das Oratorium schon abgeschickt ist, so mag es nun bei Ihnen bleiben, bis Sie es aufgeführt haben, welches letztere Ihnen frei steht, selbst dann, wenn Sie es nicht für sich behalten wollen. Nach der Aufführung desselben können Sie mir's zurückschicken und ist Ihnen alsdann das Honorar von 500 Gulden Wiener Währung recht, mit der Bedingung dasselbe nur in Partitur herauszugeben und daß mir das Recht des Klavierauszuges hier in Wien herauszugeben bleibt, so belieben Sie mir darüber eine Antwort zu geben. Es gibt keine Zwischenperson und hat nie deren gegeben, die das Zusammentreffen von Ihnen und mir gehindert hätten, nein; die Hindernisse liegen in der Natur der Sache, welche ich weder verändern kann noch mag. Leben Sie wohl.

Ludwig van Beethoven.

110] An Breitkopf & Härtel.   Wien, 18. April 1805.

Ich bedaure selbst recht sehr, daß ich Ihnen die beiden noch für Sie bestimmten Stücke bis jetzt nicht schicken konnte. Allein nicht zu ändernde Umstände, nämlich der Mangel eines vertrauten Kopisten und sehr starke Beschäftigung des einzigen, dem ich jetzt solche Sachen übergeben kann, verhinderten mich und machen es mir auch noch in dem jetzigen Augenblicke unmöglich. Ich werde die beste Sorge tragen und hoffe es zu bewirken, daß Sie dieselben nun in vier bis sechs Wochen ganz sicher erhalten. Indessen muß ich, da ohnedem Sie durch nichts gehindert sind, den Stich der bereits empfangenen Werke sogleich anzufangen, mit Nachdruck darauf bestehen, daß die Symphonie und die zwei Sonaten ganz sicher nach Verlauf von zwei Monaten erscheinen. Die verzögerten Erscheinungen meiner Werke haben für meine Verhältnisse als Autor schon oft nicht unbedeutende Nachteile gehabt, und es ist daher mein fester Entschluß, künftig solche Zeitpunkte zu bestimmen und davon keineswegs mehr abzugehen.

In Beziehung auf die Bezahlung wird für beide gewiß das billigste sein, wenn Sie, da bereits drei Werke in Ihren Händen sind, hierfür einstweilen die Summe von 700 Gulden und nach Empfang der beiden anderen Stücke erst den Rest mit 400 Gulden übermachen. Die Berichtigung der Sache wird am leichtesten vor sich gehen, wenn Sie, wie ich Ihnen hierdurch vorschlage, das Geld jedesmal an Ihren hiesigen Kommissionär schicken, dem ich alsdann bei der Zahlung sogleich den von Ihnen verlangten Eigentumsschein in gehöriger Form einhändigen werde. Sollten Ihnen wider Vermuten diese Bedingungen sowohl in Rücksicht der baldigen Herausgabe als der Modalität der Zahlung nicht ganz passend sein und können Sie mir ihre Erfüllung nicht ganz bestimmt zusichern, so bleibt mir, obschon es mir unangenehm sein würde, nichts übrig, als das Geschäft abzubrechen und die unverzügliche Zurücksendung der Werke, die Sie bereits erhalten haben, zu verlangen.

Die Partitur des Oratoriums wird Ihnen der Fürst Lichnowsky selbst bis Ende dieses Monats geben; wenn die Stimmen schon vorher ausgeteilt sind, wird es desto eher zur Aufführung gebracht werden können. Für den Fall, daß Sie die Symphonie behalten, wäre es vielleicht gut, dieselbe mit dem Oratorium aufzuführen; beide Stücke füllen einen ganzen Abend sehr wohl aus. Wenn keine andere Einrichtung entgegensteht, so ist es alsdann meine Gesinnung und mein Wunsch, daß der Madame Bach die Einnahme zugewendet werden möge, der ich schon lange etwas bestimmt habe.   Ludwig van Beethoven.

111]   An **Artaria & Komp.**   Wien, 1. Juni 1805.

Ich melde Ihnen hiermit, daß die Sache wegen des neuen Quintetts schon zwischen mir und Gr. Fries ausgemacht ist. Der Hr. Graf hat mir heute die Versicherung gegeben, daß er Ihnen hiermit ein Geschenk machen will; für heute ist es schon zu spät, die Sache schriftlich zu machen, doch soll dies in den ersten Tagen der jetzt kommenden Woche geschehen. Für heute sei es Ihnen nur genug mit dieser Nachricht, — ich glaube hierdurch wenigstens Ihren Dank verdient zu haben.

Ihr ergebenster Diener Ludwig van Beethoven.

112]   An **N. v. Zmeskall.**   Juni 1805.

Ich danke Ihnen lieber Zmeskall. Auch ich habe gewünscht Pleyel bei mir musikalisch zu sehen — ich befinde mich aber wieder seit acht Tagen nicht wohl, und das ist die Ursache, warum es noch nicht geschehen — zum Teil werde ich in Wien von Tag zu Tag verdrießlicher. — Leben Sie wohl!

Ihr Freund Beethoven.

Lassen Sie mir doch sagen wo Pleyel wohnt, ich habe es schon vergessen.

113]   An **Sebastian Mayer.**   (Nov. 1805.)

Lieber Mayer! Das Quartett vom 3. Akt ist nun ganz richtig; was mit rotem Bleistift gemacht ist, muß der Kopist gleich mit Tinte ausmalen, sonst verlöscht es!

88

Heute nachmittag schicke ich wieder um den 1. und 2. Akt, weil ich den auch selbst durchsehen will.

Ich kann nicht kommen, indem ich seit gestern Kolikschmerzen — meine gewöhnliche Krankheit habe. Wegen der Ouvertüre und den anderen sorg' Dich nicht; müßte es sein, so könnte morgen schon alles fertig sein. Durch die jetzige fatale Krisis habe ich so viele andere Sachen noch zu tun, daß ich alles, was nicht höchst nötig ist, aufschieben muß.

Dein Freund Beethoven.

114] An Sebastian Mayer. Nov. 1805.

Sei so gut! lieber Mayer und schicke mir die blasenden Instrumente von allen drei Akten und die Violin primo und secundo samt Violoncell vom ersten und zweiten Akt; auch kannst Du mir die Partitur schicken, worin ich selbst einiges korrigiert, weil die am wichtigsten. Der Gebauer soll mir diesen Abend gegen 6 Uhr seinen geheimen Sekretär schicken wegen dem Duett u. a. m.

Ganz Dein Beethoven.

115] An Fürstin Josephine Liechtenstein. (Nov. 1805.)

Verzeihen Sie, durchlauchtigste Fürstin!, wenn Sie durch den Überbringer dieses vielleicht in ein unangenehmes Erstaunen geraten. Der arme Ries, mein Schüler, muß in diesem unglückseligen Kriege die Muskete auf die Schultern nehmen, und — muß zugleich schon als Fremder in einigen Tagen von hier fort. — Er hat nichts, gar nichts, muß eine weite Reise machen. Die Gelegenheit zu einer Akademie ist ihm in diesen Umständen gänzlich abgeschnitten. Er muß seine Zuflucht zur Wohltätigkeit nehmen. Ich empfehle Ihnen denselben. Ich weiß es, Sie verzeihen mir diesen Schritt. Nur in der äußersten Not kann ein edler Mensch zu solchen Mitteln seine Zuflucht nehmen.

In dieser Zuversicht schicke ich Ihnen den Armen, um nur seine Umstände in etwas zu erleichtern; er muß zu allen, die ihn kennen, seine Zuflucht nehmen.

Mit der tiefsten Ehrfurcht L. van Beethoven.

116] **Zeugnis für C. Czerny.** Wien, 7. Dez. 1805.

Wir Endesunterzeichneter können dem Jünglinge Karl Czerny das Zeugnis nicht versagen, daß derselbe auf dem Pianoforte solche sein 14jähriges Alter übersteigende außerordentliche Fortschritte gemacht habe, daß er sowohl in diesem Anbetrachte, als auch in Rücksicht seines zu bewundernden Gedächtnisses aller möglichen Unterstützung würdig geachtet werde, und zwar um so mehr, als die Eltern auf die Ausbildung dieses ihren hoffnungsvollen Sohnes ihr Vermögen verwendet haben.

Ludwig van Beethoven.

117] **An?**

Die Theaterdirektion muß Sie schlechterdings bezahlen, nicht ich. — Es tut mir leid, Ihnen nicht helfen zu können, Sie müssen aber nun Ihr Recht suchen, anders weiß ich Ihnen nichts zu raten.

Ihr ergebenster Diener Beethoven.

118] **An Sebastian Mayer.** (März 1806.)

Lieber Mayer! Baron Braun läßt mir sagen, daß meine Oper Donnerstags soll gegeben werden; die Ursache warum werde ich Dir mündlich sagen. — Ich bitte Dich nun recht sehr, Sorge zu tragen, daß die Chöre noch besser probiert werden, denn es ist das letztemal tüchtig gefehlt worden. Auch müssen wir Donnerstags noch eine Probe mit dem ganzen Orchester auf dem Theater haben; es war zwar vom Orchester nicht gefehlt worden, aber auf dem Theater mehrmal; doch das war nicht zu fordern, da die Zeit zu kurz war. Ich mußte es aber darauf ankommen lassen, denn Baron Braun hatte mir gedroht, wenn die Oper Sonnabends nicht gegeben würde, sie gar nicht mehr zu geben. Ich erwarte von Deiner Anhänglichkeit und Freundschaft, die Du mir sonst bewiesen, daß Du auch jetzt für diese Oper sorgen wirst; nach dem braucht die Oper dann auch keine solche Proben mehr und ihr könnt sie aufführen, wann ihr wollt. Hier zwei Bücher, ich bitte Dich eines davon... zu geben. Leb' wohl, lieber Mayer, und laß Dir meine Sache angelegen sein.

Dein Freund Beethoven.

90

119] **An Sebaſtian Mayer.** 10. April 1806.

Lieber Mayer. Ich bitte Dich Hrn. von Seyfried zu er-
ſuchen, daß er heute meine Oper dirigiert, ich will ſie heute
ſelbſt in der Ferne anſehen und anhören; wenigſtens wird
dadurch meine Geduld nicht ſo auf die Probe geſetzt, als ſo
nahebei meine Muſik verhunzen zu hören. — Ich kann nicht
anders glauben, als daß es mir zu Fleiß geſchieht. Von
den blaſenden Inſtrumenten will ich nichts ſagen aber —
daß alle pp. cresc., alle decresc. und alle f. ff. aus meiner
Oper ausgeſtrichen! ſie werden doch alle nicht gemacht. Mir
vergeht alle Luſt, weiter etwas zu ſchreiben, wenn ich's ſ o
hören ſoll. — Morgen oder übermorgen hole ich Dich ab
zum Eſſen, ich bin heute wieder übel auf.

Dein Freund Beethoven.

Wenn die Oper übermorgen ſollte gemacht werden, ſo
muß morgen wieder Probe im Zimmer davon ſein, — ſonſt
geht es alle Tage ſchlechter. —

120] **Skizzenblatt.** (1806.)

Ebenſo wie du dich hier in den Strudel der Geſellſchaft
ſtürzeſt, ebenſo möglich iſt's, Opern trotz allen geſellſchaft-
lichen Hinderniſſen zu ſchreiben. Kein Geheimnis ſei dein
Nichthören mehr — auch bei der Kunſt.

121] **An Baron Peter Braun.** (4. Mai 1806.)

Hochwohlgeborner Herr Baron! Ich bitte Sie, mir die
Gefälligkeit zu erweiſen und mir nur ein paar Worte von
Ihrer Schrift zukommen zu laſſen, worin Sie mir die Erlaubnis erteilen, daß ich folgende Stimmen, nämlich:
Flauto primo, die drei Poſaunen und die vier Hornſtim-
men, von meiner Oper, aus der Theaterkanzlei von der
Wieden, kann holen laſſen. Ich brauche dieſe Stimmen
nur auf einen einzigen Tag, um diejenigen Kleinigkeiten
für mich abſchreiben zu laſſen, welche ſich des Raumes wegen nicht in die Partitur eintragen ließen, zum Teil auch,
weil Fürſt Lobkowitz einmal gedenkt die Oper bei ſich zu
geben, und mich darum erſucht hat. Ich bin eben nicht ganz

91

wohl auf, sonst wäre ich selbst gekommen, Ihnen meine Aufwartung zu machen.

Mit der größten Hochachtung Ludwig van Beethoven.

Flauto primo / die drei Trombonen, die vier Hornstimmen.

122] **An Breitkopf & Härtel.** Wien, 5. Juli 1806.

Ich benachrichtige Sie, daß mein Bruder in Geschäften seiner Kanzlei nach Leipzig reist und ich habe ihm die Ouvertüre von meiner Oper im Klavierauszug, mein Oratorium und ein neues Klavierkonzert mitgegeben. Auch können Sie sich mit demselben auf neue Violinquartetten einlassen, wovon ich eins schon vollendet und jetzt fast meistens mich gedenke mit dieser Arbeit zu beschäftigen. Sobald Sie einig mit meinem Bruder werden, schicke ich Ihnen den ganzen Klavierauszug der Oper. Auch können Sie die Partitur davon haben. Ich höre, daß man in der Musikalischen Zeitung so über die Symphonie, die ich Ihnen voriges Jahr geschickt und die Sie mir wieder zurückgeschickt, so losgezogen hat; gelesen habe ich's nicht. Wenn Sie glauben, daß Sie m i r damit schaden, so irren Sie sich; vielmehr bringen Sie Ihre Zeitung durch so etwas in Mißkredit, um so mehr, da ich auch gar kein Geheimnis draus gemacht habe, daß Sie mir diese Symphonie mit anderen Kompositionen zurückgeschickt hätten.

Empfehlen Sie mich gütigst Herrn von Rochlitz; ich hoffe sein böses Blut gegen mich wird sich etwas verdünnt haben. Sagen Sie ihm, daß ich gar nicht so unwissend in der ausländischen Literatur wäre, daß ich nicht wüßte, Herr von Rochlitz habe recht sehr schöne Sachen geschrieben, und sollte ich einmal nach Leipzig kommen, so bin ich überzeugt, daß wir recht gute Freunde, seiner Kritik unbeschadet und ohne Eintrag zu tun, werden. Auch Herrn Kantor Müller, für den ich viel Achtung habe, bitte ich mich zu empfehlen. Leben Sie wohl.

Mit Achtung Ihr ergebenster Ludwig van Beethoven.

NB. Obendrein, wenn aus dem Handel mit meinem Bruder etwas richtig wird, so möchte ich die gedruckten Haydnschen und Mozartischen Partituren von Ihnen.

92

Etwas viel zu tun und die kleine Reise hierher konnte ich Ihren Brief nicht gleich beantworten. Obschon ich auf der Stelle entschlossen war, Ihre Anerbietungen einzugehen, indem selbst meine Gemächlichkeit bei einem solchen Vorschlage gewinnt und manche unvermeidliche Unordnung hinwegfällt. Ich verpflichte mich gern in Deutschland niemand anderem mehr meine Werke als Ihnen zu geben, auch selbst auswärts nicht anders als in diesen hier jetzt Ihnen angezeigten Fällen: nämlich indem mir vorteilhafte Anerbietungen von auswärts von Verlegern gemacht werden, werde ich es Ihnen zu wissen machen, und sind Sie anders gesinnt dafür, so werde ich gleich ausmachen, daß Sie dasselbe Werk in Deutschland für ein geringeres Honorar von mir ebenfalls erhalten können. Der zweite Fall ist: falls ich von Deutschland auswandere, welches wohl geschehen kann, daß ich meine Werke alsdann, sei es in Paris oder London verkaufen kann, doch Sie ebenfalls wie oben auch wieder, wenn Sie Lust dazu haben, daran teilnehmen können.

Sind Ihnen diese Bedingungen recht, so schreiben Sie mir. Ich glaube, daß es so ganz zweckmäßig für Sie und mich wäre. Sobald ich Ihre Meinung hierüber weiß, können Sie sogleich von mir drei Violinquartette, ein neues Klavierkonzert, eine neue Symphonie, die Partitur meiner Oper und mein Oratorium haben.

In Ansehung Herrn von Rochlitz haben Sie mich mißverstanden. Ich habe ihn wirklich von Herzen ohne alle Nebenabsichten oder Mißdeutungen grüßen lassen, ebenso Herrn Müller, für den ich viel Künstlerachtung hege.

Sollten Sie mir sonst etwas Interessantes mitteilen können, so werden Sie mir ein großes Vergnügen gewähren. Mit wahrer Hochachtung Ihr Ludwig van Beethoven.

NB. Mein jetziger Aufenthalt ist hier in Schlesien, so lange der Herbst dauert, bei Fürst Lichnowsky, der Sie grüßen läßt. Meine Adresse ist an L. v. Beethoven in Troppau.

1. November 1806.

Mein Herr! Ein kleiner Ausflug, den ich nach Schlesien gemacht habe, ist die Ursache, daß ich es bis jetzt verschoben habe, auf Ihren Brief vom 1. Juli zu antworten. Endlich nach Wien zurückgekehrt, beeile ich mich, Ihnen meine Bemerkungen und Entschlüsse über das, was Sie so gütig waren mir vorzuschlagen, zukommen zu lassen. Ich werde dabei alle die Offenheit und Genauigkeit anwenden, die ich in Geschäftsangelegenheiten liebe, und die allein jeder Klage von der einen oder der anderen Seite vorbeugen kann. Sie erhalten also, geehrter Herr, nachstehend meine Erklärungen:

1. Ich bin nicht abgeneigt, im allgemeinen auf Ihre Vorschläge einzugehen.

2. Ich werde mich bemühen, die Kompositionen leicht und angenehm zu machen, soweit ich es vermag und soweit es sich mit jener Erhabenheit und Originalität des Stiles, welche nach Ihrer eigenen Angabe meine Werke vorteilhaft charakterisiert und von welcher ich niemals herabsteigen werde, vereinigen läßt.

3. Ich kann mich nicht entschließen für die Flöte zu arbeiten, da dieses Instrument zu beschränkt und unvollkommen ist.

4. Um den Kompositionen, welche Sie veröffentlichen werden, mehr Mannigfaltigkeit zu geben und für mich selbst ein freieres Feld in diesen Kompositionen zu haben, wo die Aufgabe, sie leicht zu machen, mich immer genieren würde, werde ich Ihnen nur drei Trios für eine Violine, Viola und Violoncell, sowie drei Quintette für zwei Violinen, zwei Violen und ein Violoncell versprechen. Statt der übrigen drei Trios und drei Quintette werde ich Ihnen drei Quartette und endlich zwei Sonaten für Klavier mit Begleitung und ein Quintett für zwei Violinen und Flöte liefern. Mit einem Worte, ich würde Sie bitten mit Rücksicht auf die zweite Lieferung der von Ihnen verlangten Kompositionen, sich völlig auf meinen Geschmack und meine Loyalität zu verlassen, und ich versichere Ihnen, daß Sie völlig zufrieden sein werden.

Wenn Ihnen schließlich diese Änderung in keiner Weise konveniert, so will ich nicht mit Eigensinn auf derselben beharren.

5. Ich würde es gern sehen, wenn die zweite Lieferung der Kompositionen sechs Monate nach der ersten veröffentlicht würde.

6. Ich bedarf einer deutlicheren Erklärung über den Ausdruck, den ich in Ihrem Briefe finde, daß kein unter meinem Namen gedrucktes Exemplar nach Großbritannien eingeführt werden solle; denn wenn Sie damit einverstanden sind, daß diese Kompositionen auch in Deutschland und sogar in Frankreich veröffentlicht werden sollen, so sehe ich nicht ein, wie ich es werde verhindern können, daß Exemplare in Ihr Land eingeführt werden.

7. Was endlich das Honorar anbetrifft, so erwarte ich, daß Sie mir 100 Pfund Sterling oder 200 Wiener Dukaten in Gold anbieten werden und nicht in Wiener Bankbilletts, welche unter den gegenwärtigen Umständen zuviel verlieren; denn die Summe würde, wenn sie in diesen Billetts bezahlt würde, ebensowenig dem Werke angemessen sein, welches ich Ihnen liefern würde, wie dem Honorare, welches ich für alle meine anderen Kompositionen erhalte. Selbst das Honorar von 200 Dukaten in Gold ist keineswegs eine übermäßige Bezahlung für alles, was erforderlich ist, um Ihren Wünschen Genüge zu leisten.

Am besten wird sich schließlich die Bezahlung einrichten lassen, wenn Sie zu der Zeit, wo ich Ihnen die erste und zweite Lieferung der Kompositionen schicke, mir jedesmal mit der Post einen Wechsel im Werte von 100 Dukaten in Gold schicken, gezogen auf ein Handlungshaus zu Hamburg, oder wenn Sie eine Person in Wien beauftragen, mir jedesmal einen solchen Wechsel zurücksenden, während dieselbe von mir die erste und zweite Lieferung erhielte.

Sie werden mir zu gleicher Zeit den Tag angeben, an welchem jede Lieferung von Ihnen der Öffentlichkeit übergeben wird, damit ich die Herausgeber, welche dieselben Kompositionen in Deutschland und Frankreich veröffentlichen, verpflichten kann sich nach denselben zu richten.

Ich hoffe, daß Sie meine Erklärungen gerecht und der

Art finden werden, daß wir uns wohl definitiv werden
verständigen können. In diesem Falle wird es gut sein,
einen förmlichen Kontrakt abzuschließen, welchen Sie die
Güte hätten in duplo anzufertigen und von dem ich Ihnen
ein Exemplar mit meiner Unterschrift zurücksenden würde.

Ich erwarte nun Ihre Antwort, um mich an die Arbeit
zu begeben und ich bin mit ausgezeichneter Hochachtung,
mein Herr,

Ihr untertänigster Diener Louis van Beethoven.

P. S. Ich werde Ihnen auch gern Ihren Wunsch erfüllen, kleine schottische Lieder mit harmonischer Begleitung
zu versehen, und ich erwarte in dieser Hinsicht einen ge-
naueren Vorschlag, da mir wohl bekannt ist, daß man
Herrn Haydn ein Pfund Sterling für jedes Lied bezahlt
hat.

125] An **Breitkopf & Härtel**.   Wien, 18. Nov. 1806.

Teils meine Zerstreuungen in Schlesien, teils die Begebenheiten Ihres Landes waren schuld, daß ich Ihnen noch
nicht auf Ihren letzten Brief antwortete. Ist es, daß die
Umstände Sie verhindern, etwas mit mir einzugehen, so
sind Sie zu nichts gezwungen, nur bitte ich Sie mir gleich
mit der nächsten Post zu antworten, damit, falls Sie sich
nicht mit mir einlassen wollen, ich meine Werke nicht brauche
liegen zu lassen. In Rücksicht eines Kontraktes auf drei
Jahre wollte ich diesen wohl gleich mit Ihnen eingehen,
wenn Sie sich gefallen lassen wollten, daß ich mehrere Werke
nach England oder Schottland oder Frankreich verkaufe. Es
versteht sich, daß die Werke, die Sie von mir erhalten, oder
die ich Ihnen verkaufte, auch bloß Ihnen allein gehörten,
nämlich durchaus ganz Ihr Eigentum und nichts mit
denen von Frankreich oder England oder Schottland gemein hätten. Nur müßte mir die Freiheit bleiben, auch andere Werke in die obengenannten Länder zu veräußern.
Doch in Deutschland wären Sie der Eigentümer meiner
Werke und kein einziger anderer Verleger.

Gerne würde ich den Verkauf meiner Werke in jene Länder versagen, allein ich habe z. B. von Schottland aus so
wichtige Anträge und ein solches Honorar, wie ich von

96

Ihnen doch nie fordern könnte; dabei ist eine Verbindung mit dem Auslande für den Ruhm eines Künstlers und im Falle er eine Reise macht immer wichtig. Da ich z. B. bei den Anträgen von Schottland noch die Freiheit habe, dieselben Werke in Deutschland und Frankreich zu verkaufen, so könnten Sie z. B. diese für Deutschland und Frankreich gern von mir erhalten, so daß Ihnen für Ihren Absatz alsdann nur London und vielleicht Edinburg (in Schottland) abgingen. Auf diese Art wollte ich recht gern den Kontrakt auf drei Jahre mit Ihnen eingehen; Sie würden noch immer genug von mir bekommen, da die Bestellungen jener Länder doch manchmal mehr in einem individuellern Geschmack gefordert werden, welches wir in Deutschland nicht nötig haben. Übrigens aber glaube ich, daß das Kontraktschließen gar nicht nötig wäre und daß Sie sich ganz auf mein Ehrenwort, was ich Ihnen hiermit gebe, verlassen sollten, daß ich Ihnen in Deutschland vor allen den Vorzug gebe; versteht sich, daß an diesen Werken weder Frankreich noch Holland teilnehmen können, — und Sie der alleinige Eigentümer sind. Halten Sie es nun wie Sie wollen hierin, nur macht das Kontraktschließen eine Menge Umstände, das Honorar würde ich Ihnen für jedes Werk anzeigen, und so billig als möglich. Für jetzt trage ich Ihnen drei Quartetten und ein Klavierkonzert an. Die versprochene Symphonie kann ich Ihnen noch nicht geben, weil ein vornehmer Herr sie von mir genommen, wo ich aber die Freiheit habe, sie in einem halben Jahre herauszugeben. Ich verlange von Ihnen 600 Gulden für drei Quartetten und 300 Gulden für das Konzert, beide Summen in Konventiongulden nach dem Zwanzigguldenfuß. Das liebste wäre, wenn Sie Aviso gäben, daß das Geld bei Ihnen oder bei einem sonst bekannten Wechsler erliege, worauf ich alsdann einen Wechsel von hier nach Leipzig ausstellen würde. Sollte Ihnen dieser Weg nicht recht sein, so kann ich auch geschehen lassen, daß Sie mir für die Summe im 20 fl. Gulden einen nach dem Kurse richtig berechneten Wechsel zuschicken.

Vielleicht ist es möglich, daß ich die Symphonie vielleicht darf bälder stechen lassen, als ich hoffen durfte bisher, und dann können Sie solche bald haben. Antworten Sie mir nur bald, damit ich nicht aufgehalten werde. Übrigens seien Sie überzeugt, daß ich immer Ihre Handlung allen anderen gern vorziehe und ferner vorziehen werde.

Mit Achtung Ihr ergebenster Diener L. v. Beethoven.

126] **An Nikolaus Zmeskall.** (1806.)

Mein lieber Z.

Die Gebrüder Jahn haben für mich ebensowenig Anziehendes als für Sie. Sie haben mich aber so sehr überloffen und zuletzt sich auf Sie berufen, daß Sie hinkommen, und so habe ich zugesagt. Kommen Sie also in Gottes Namen; vielleicht komme ich Sie bei Zizius abholen, außerdem kommen Sie gerade hin, damit ich nicht ohne Menschen da bin. Mit unseren Kommissionen wollen wir's denn unterlassen bis Sie besser können, wenn Sie nicht können zum Schwan kommen heute, wo ich ganz sicher hinkomme.

Ganz Ihr Beethoven.

127] An die **K. K. Theaterdirektion in Wien.** (Dez. 1806.)

Löbliche k. k. Hof-Theatraldirektion! Unterzeichneter darf sich zwar schmeicheln, während der Zeit seines bisherigen Aufenthaltes in Wien sich sowohl bei dem hohen Adel als auch bei dem übrigen Publikum einige Gunst und Beifall erworben, wie auch eine ehrenvolle Aufnahme seiner Werke im In- und Auslande gefunden zu haben.

Bei all dem hatte er mit Schwierigkeiten aller Art zu kämpfen und war bisher nicht so glücklich, sich hier eine Lage zu begründen, die seinem Wunsche, ganz der Kunst zu leben, seine Talente zu noch höherem Grade der Vollkommenheit, die das Ziel eines jeden wahren Künstlers sein muß, zu entwickeln und die bisher bloß zufälligen Vorteile für eine unabhängige Zukunft zu sichern, entsprochen hätte.

Da überhaupt dem Unterzeichneten von jeher nicht so sehr Broterwerb, als vielmehr das Interesse der Kunst, die Veredelung des Geschmacks und der Schwung seines Genius nach höheren Idealen und nach Vollendung zum Leitfaden auf seiner Bahn diente, so konnte es nicht fehlen, daß

98

er oft den Gewinn und seine Vorteile der Muse zum Opfer brachte. Nichtsdestoweniger erwarben ihm Werke dieser Art einen Ruf im fernen Auslande, der ihm an mehreren ansehnlichen Orten die günstigste Aufnahme und ein seinen Talenten und Kenntnissen angemessenes Los verbürgt.

Demungeachtet kann Unterzeichneter nicht verhehlen, daß die vielen hier vollbrachten Jahre, die unter Hohen und Niederen genossene Gunst und Beifall, der Wunsch, jene Erwartungen, die er bisher zu erregen das Glück hatte, ganz in Erfüllung zu bringen, und er darf es sagen, auch der Patriotismus eines Deutschen ihm den hiesigen Ort gegen jeden anderen schätzungs- und wünschenswerter machen.

Er kann daher nicht umhin, ehe er seinen Entschluß, diesen ihm werten Aufenthalt zu verlassen, in Erfüllung setzt, dem Winke zu folgen, den ihm Se. Durchlaucht, der regierende Herr Fürst von Lobkowitz, zu geben die Güte hatte, indem er äußerte, eine löbliche Theatraldirektion wäre nicht abgeneigt, den Unterzeichneten unter angemessenen Bedingungen für den Dienst der ihr unterstehenden Theater zu engagieren und dessen ferneren Aufenthalt mit einer anständigen, der Ausübung seiner Talente günstigeren Existenz zu fixieren. Da diese Äußerung mit des Unterzeichneten Wünschen vollkommen übereinstimmt, so nimmt sich derselbe die Freiheit, sowohl seine Bereitwilligkeit zu diesem Engagement, als auch folgende Bedingungen zur beliebigen Annahme der löblichen Direktion geziemendst vorzulegen:

1. Macht sich derselbe anheischig und verbindlich, jährlich wenigstens eine große Oper, die gemeinschaftlich durch die löbliche Direktion und durch den Unterzeichneten gewählt würde, zu komponieren; dagegen verlangt er eine fixe Besoldung von jährlich 2400 fl. nebst der freien Einnahme zu seinem Vorteile bei der dritten Vorstellung jeder solcher Oper.

2. Macht sich derselbe anheischig, jährlich eine kleine Operette oder ein Divertissement, Chöre oder Gelegenheitsstücke nach Verlangen und Bedarf der löblichen Direktion unentgeltlich zu liefern; doch hegt er das Zutrauen, daß die löbl. Direktion keinen Anstand nehmen werde, ihm für der-

lei besondere Arbeiten ebenfalls einen Tag im Jahre zu einer Benefiz=Akademie in einem der Theatergebäude zu gewähren.

Wenn man bedenkt, welchen Kraft= und Zeitaufwand die Verfertigung einer Oper fordert, da sie jede andere Gei= stesanstrengung schlechterdings ausschließt; wenn man fer= ner bedenkt, wie in anderen Orten, wo dem Autor und sei= ner Familie ein Anteil an der jedesmaligen Einnahme je= der Vorstellung zugestanden wird, ein einziges gelungenes Werk das ganze Glück des Autors auf einmal begründet; wenn man ferner bedenkt, wie wenig Vorteil der nachteilige Geldkurs und die hohen Preise aller Bedürfnisse dem hiesi= gen Künstler, dem übrigens auch das Ausland offensteht, gewähret, so kann man obige Bedingungen gewiß nicht übertrieben oder unmäßig finden.

Für jeden Fall aber, die löbliche Direktion mag den gegenwärtigen Antrag bestätigen und annehmen oder nicht: so füget Unterzeichneter noch die Bitte bei, ihm einen Tag zur musikalischen Akademie in einem der Theatergebäude zu gestatten; denn im Falle der Annahme seines Antrages hätte Unterzeichneter seine Zeit und Kräfte sogleich zur Ver= fertigung der Oper nötig und könnte also nicht für ander= weitigen Gewinn arbeiten. Im Falle der Nichtannahme des gegenwärtigen Antrages aber würde derselbe, da ohne= hin die im vorigen Jahre ihm bewilligte Akademie wegen verschiedener eingetretener Hindernisse nicht zustande kam, die nunmehrige Erfüllung des vorjährigen Versprechens als das letzte Merkmal der bisherigen hohen Gunst ansehen, und bittet im ersten Fall den Tag an Mariä Verkündigung, in dem zweiten Falle aber einen Tag in den bevorstehenden Weihnachtsferien zu bestimmen.

Ludwig van Beethoven, m. p.

128] **Quittung.** 3. Februar 1807.

Quittung über 500 fl., welche ich vom Grafen O p p e r s= d o r f empfangen habe für eine Sinfonie, welche ich für denselben geschrieben habe.

Laut meiner eigenhändigen Handschrift

Ludwig van Beethoven.

100

La convention suivante a été faite entre Monsieur M. Clementi et Monsieur Louis v. Beethoven.

1. Monsieur Louis v. Beethoven cède à Monsieur M. Clementi les manuscrits de ses oeuvres ci-après en-suivis, avec le droit de les publier dans les royaumes unis britanniques, en se réservant la liberté de faire publier ou de vendre pour faire publier ces mêmes ouvrages hors des dits royaumes:

a. trois quatuors,
b. une symphonie
    N. B. la quatrième qu'il a composée,
c. une ouverture de Coriolan, tragédie de Mr. Collin,
d. un concert pour le piano
    N. B. le quatrième qu'il a composé,
e. un concert pour le violon
    N. B. le premier qu'il a composé,
f. ce dernier concert arrangé pour le piano avec des notes additionnelles.

2. Monsieur M. Clementi fera payer pour ces six ouvrages à Mr. L. v. Beethoven la valeur de deux cents Liv. Sterl. au cours de Vienne par MM. Schuller et Comp. aussitôt qu'on aura à Vienne la nouvelle de l'arrivée de ces ouvrages à Londres.

3. Si Monsieur L. v. Beethoven ne pouvait livrer en-semble ces six ouvrages, il ne serait payé par MM. Schul-ler et Comp. qu'à proportion des pièces livrées, p. ex. en livrant la moitié, il recevra la moitié, en livrant le tiers, il recevra le tiers de la somme convenue.

4. Monsieur L. v. Beethoven promet de ne vendre ces ouvrages soit en Allemagne, soit en France, soit ailleurs, qu'avec la condition de ne les publier que quatre mois après leur départ respectif pour l'Angleterre: pour le con-cert pour le violon et pour la symphonie et l'ouverture, qui viennent de partir pour l'Angleterre, Mons. L. v. Beethoven promet de ne les vendre qu'à condition de ne publier avant le 1. Sept. 1807.

5. On est convenu de plus que Mons. L. van Beethoven

101

compose aux mêmes conditions dans un temps non determiné et à son aise, trois Sonates ou deux Sonates et une Fantaisie pour le piano avec ou sans accompagnement comme il voudra, et que Mons. M. Clementi lui fera payer de la même manière soixante Livres Sterl.

6. Mons. M. Clementi donnera à Mons. L. van Beethoven deux exemplaires de chacun des ces ouvrages.

Fait en double et signé à Vienne le 20. Avril 1807.

Muzio Clementi.   Louis van Beethoven.

Comme témoin J. Gleichenstein.

130] **An N. Simrock.** **Wien, 26. April 1807.**

Ich bin gesonnen nachstehende sechs neue Werke an eine Verlagshandlung in Frankreich, an eine in England und an eine in Wien zugleich, jedoch unter der Bedingung zu verkaufen, daß sie erst nach einem bestimmten Tage erscheinen dürfen. Auf diese Art glaube ich meinen Vorteil in Rücksicht der schnellen Bekanntmachung meiner Werke, und dann in Rücksicht des Preises sowohl meinen als den Vorteil der verschiedenen Verlagshandlungen zu vereinigen. Die Werke sind: 1. eine Symphonie, 2. eine Ouvertüre, komponiert zum Trauerspiel Coriolan von Herrn Collin, 3. ein Violinkonzert, 4. 3 Quatuors, 5. ein Konzert fürs Klavier, 6. das Violinkonzert arrangé fürs Klavier avec des notes additionnelles.

Ich trage Ihnen an, diese Werke in Paris herauszugeben, und mache Ihnen, um durch schriftliches Handeln die Sache nicht in die Länge zu ziehen, gleich den sehr billigen Preis von 1200 Gulden Augsburger Current; welche Summe Sie mir bei Ihrem hiesigen Korrespondenten oder Wechsler in guten Augsburger Wechseln gegen Empfang der sechs Werke auszahlen lassen würden.

Ihr Korrespondent hätte alsdann auch für die Versendung zu sorgen. Da ich nicht zweifle, daß Ihnen dieser Antrag ansteht, so ersuche ich Sie, mir bald zu antworten, damit diese Werke, welche alle bereit liegen, dann unverzüglich Ihrem hiesigen Korrespondenten können übergeben werden. — Was den Tag der Herausgabe betrifft, so

102

glaube ich für die drei Werke der ersten Kolonne den 1. Juli
und für die der zweiten Kolonne den 1. August d. J. be=
stimmen zu können.   Ludwig van Beethoven.

131] **An Ignaz Pleyel, Paris.**   Wien, 26. April 1807.

A. M. Ignace Pleyel, compositeur et éditeur de musique, à Paris.

J'ai l'intention de confier à la fois le dépôt de six
oeuvres ci-dessous à une maison de Paris, à une maison
de Londres et à une maison de Vienne, à la condition que
dans chacune de ces villes elles paraîtront ensemble à un
jour déterminé. De cette façon je crois satisfaire mon
intérêt en faisant connaître rapidement mes ouvrages, et
sous le rapport de l'argent je crois concilier mon propre
intérêt et celui des différentes maisons de dépôt.

Les œuvres sont:

1. Une symphonie
2. Une ouverture écrite pour la tragédie de Coriolan de
   Collin
3. Un concerto de violon
4. Trois quatuors
5. Un concerto pour piano
6. Le concerto pour Violon, arrangé pour le piano avec
   des notes additionnelles.

Je vous propose le dépôt des ces oeuvres à Paris; et
pour éviter de traîner la chose en longueur par des cor-
respondances, je vous l'offre tout de suite au prix modéré
de 1200 florins d'Augsbourg contre la réception des six
oeuvres, et votre correspondant aurait à s'occuper de
l'expédition. Je vous prie donc de me donner une prompte
réponse, afin que, ces œuvres étant toutes prêtes, ou
puisse les remettre sans retard à votre correspondant.

Quant au jour où vous devrez les faire paraître, je crois
pouvoir vous fixer, pour les trois ouvrages de la première
colonne, le Ier septembre, et pour ceux de la seconde colonne, le Ier octobre de la présente année.

Ludwig van Beethoven.

132] **An Camille Pleyel, Paris.**   **Wien, 26. April 1807.**

Mein lieber verehrter Pleyel! Was machen Sie, was
Ihre Familie? Ich habe schon oft gewünscht bei Ihnen zu
sein; bis hierher war's nicht möglich, zum Teil war auch
der Krieg daran schuld. Ob man sich ferner davon müsse
abhalten lassen — oder länger? — — so müßte man Paris
wohl nie sehen.

Mein lieber Camillus; so hieß, wenn ich nicht irre, der
Römer, der die bösen Gallier von Rom wegjagte. Um
diesen Preis möchte ich auch so heißen, wenn ich sie allent=
halben vertreiben könnte, wo sie nicht hingehören. — Was
machen Sie mit Ihrem Talent, lieber Camill? Ich hoffe,
Sie lassen es nicht allein bloß für sich wirken, Sie tun wohl
etwas dazu. Ich umarme Sie beide, Vater und Sohn, von
Herzen, und wünsche neben dem Kaufmännischen, was Sie
mir zu schreiben haben, auch vieles von dem, was Sie selbst
und Ihre Familie angeht, zu wissen. Leben Sie wohl und
vergessen Sie nicht Ihren wahren Freund   Beethoven.

133] **An Ignaz v. Gleichenstein.**   (1807.)

Ich verlange keine Besuche von Ihnen, Hochgeehrtester,
kein Stelldichein, damit Sie nicht in Verlegenheit gesetzt
werden, solches nicht halten zu können oder zu wollen. —
Kurzum gar nichts — als daß Sie die Gefälligkeit haben
erstens: nach London zu schreiben, zweitens: mir einige
tüchtige gesunde starke Federkiele zu besorgen. Das Geld,
das solche kosten, bitte ich Sie der Rechnung einzuverleiben,
die, wie Sie wissen, ich schon längstens von Ihnen wünschte
— und jetzt wirklich dringend von Ihnen fordere. — Mein
Bedienter wird sich morgen früh desfalls bei Ihnen er=
kundigen; kann es dann noch nicht sein, übermorgen —
oder auch noch später. — Meine Freundschaft soll Ihrer
Gemächlichkeit keine Schranken setzen.

Ihr Verehrer L. v. Bthv.

134] **An Graf Franz Brunswik.**   **Wien, 11. Mai 1807.**

Lieber, lieber B.! Ich sage Dir nur, daß ich mit Clementi
recht gut zurecht gekommen bin. — 200 Pf. Sterling erhalte

104

ich, und noch obendrein kann ich dieselben Werke in Deutsch=
land und Frankreich verkaufen. — Er hat mir noch oben=
drein andere Bestellungen gemacht — so, daß ich dadurch
hoffen kann, die Würde eines wahren Künstlers noch in
frühern Jahren zu erhalten.

Ich brauche, lieber B., die Quartetten, ich habe schon
Deine Schwester gebeten, Dir deshalb zu schreiben. Es
dauert zu lang, bis sie aus meiner Partitur kopiert. — Eile
daher und schicke sie mir nur gerade mit der Briefpost. —
Du erhältst sie in höchstens 4 oder 5 Tagen zurück. — Ich
bitte Dich dringend darum, weil ich sonst sehr viel dadurch
verlieren kann.

Wenn Du machen kannst, daß mich die Ungarn kommen
lassen, um ein paar Konzerte zu geben, so tue es; für 200 #
in Gold könnt Ihr mich haben. — Ich bringe meine Oper
alsdann auch mit. — Mit dem fürstlichen Theatergesindel
werde ich nicht zurechtkommen.

So oft wir (mehrere amici) Deinen Wein trinken, be=
trinken wir Dich, d. h. wir trinken Deine Gesundheit. —

Leb' wohl, eile — eile — eile mir die Quartetten zu
schicken, — sonst könntst Du mich dadurch in die größte Ver=
legenheit bringen. —

Schuppanzigh hat geheiratet; — man sagt mit einer
ihm sehr ähnlichen, — welcher Familie????

Küsse Deine Schwester Therese; sage ihr, ich fürchte, ich
werde groß, ohne daß ein Denkmal von ihr dazu beiträgt,
werden müssen.

Schicke gleich morgen die Quartetten — Quart — tetten
— t — e — t — t — e — n.   Dein Freund Beethoven.

135] An Ignaz v. Gleichenstein.   Baden, 13. Juni 1807.

Lieber Gleichenstein! — Die vorgestrige Nacht hatte ich
einen Traum, worin mir vorkam, als seist Du in einem
Stall, worin Du von ein paar prächtigen Pferden ganz be=
zaubert und hingerissen warst, so daß Du alles rund um
Dich her vergaßest.

Dein Hutkauf ist schlecht ausgefallen, er hat schon gestern
morgen in aller Früh einen Riß gehabt, wie ich hierher

bin; da er zuviel Geld kostet, um gar so erschrecklich ange=
schmiert zu werden, so mußt Du trachten, daß sie ihn zurück=
nehmen und Dir einen anderen geben; Du kannst das die=
sen schlechten Kaufleuten derweil ankündigen, ich schicke Dir
ihn wieder zurück, — das ist gar zu arg. —

Mir geht es heut' und gestern sehr schlecht, ich habe er=
schreckliches Kopfweh, — der Himmel helfe mir nur hier=
von. — Ich habe ja genug mit einem Übel. — — Wenn
Du kannst, schicke mir Baahrd Übersetzung des Tacitus. —
Auf ein andermal mehr; ich bin so übel, daß ich nur wenig
schreiben kann. — Leb' wohl und — denke an meinen
Traum und mich. —   Dein treuer Beethoven.

Aus dem Briefe von Simrock erhellt, daß wir wohl von
Paris — noch eine günstige Antwort erwarten dürfen;
sage meinem Bruder eine Antwort hierüber ob Du's
glaubst, so daß alles noch einmal geschwind abgeschrieben
wird. — Schick' mir Deine Nummer von Deinem Hause. —

Antworte mir wegen dem Hut. —

136] An Ignaz v. Gleichenstein.   Baden, 16. Juni 1807.

Ich hoffe von Dir eine Antwort. — Was den Brief von
Simrock anbelangt, so glaube ich, daß man diesem mit
Modifikationen doch die Sachen geben könnte, da es doch
immer eine gewisse Summe wäre; man könnte mit ihm
den Kontrakt auf nur Paris machen. — Er kann doch nach=
her tun, was er will. — So könnte das Industriekontor
nichts dagegen einwenden. — Was glaubst Du? — Mir
geht's noch nicht sehr gut, ich hoffe, es wird besser werden.
— Komm bald zu mir; — ich umarme Dich von Herzen.
— Viele Empfehlungen an einen sehr gewissen Ort.

Dein Beethoven.

Meinem Freunde Gleichensteine ohne
Gleichen im Guten und Bösen.
Das Numero von Gleichensteins Wohnung.

137] An Ignaz v. Gleichenstein.   (Baden, 23. Juli 1807.)

Lieber guter G.! — Du kamst nicht gestern. — Ohnehin
müßte ich Dir heute schreiben. — Nach Schmidts Resultat

darf ich nicht länger hier bleiben. — Daher bitte ich Dich, die Sache mit dem Industriekontor sogleich vorzunehmen; was das Schachern betrifft, solches kannst Du meinem Bruder Apotheker — übertragen; — da die Sache selbst aber von einiger Wichtigkeit ist, und Du bisher immer mit dem Industriekontor für mich Dich abgabst, so kann man dazu aus mehreren Ursachen meinen Bruder nicht gebrauchen. Hier einige Zeilen wegen der Sache an das J.=K. Wenn Du morgen kommst, so richte es so ein, daß ich mit Dir wieder hereinfahren kann. — Leb' wohl.

Ich habe Dich lieb und magst Du auch alle meine Handlungen tadeln, — die Du aus einem falschen Gesichtspunkte ansiehst, so sollst Du mich darin doch nicht übertreffen. — Vielleicht kann West mit Dir kommen. — —

Dein Beethoven.

138] **An Ignaz v. Gleichenstein.**   (1807.)

Lieber guter Gleichenstein! — Dieses sei so gut dem Kopisten morgen zu übergeben. — Es ist, wie Du siehst, wegen der Symphonie; — übrigens falls er nicht fertig ist morgen mit dem Quartett, so nimmst Du's weg und gibst es sodann ins Industriekontor. — Meinem Bruder kannst Du sagen, daß ich ihm gewiß nicht mehr schreiben werde. — Die Ursache warum, weiß ich schon; sie ist diese: weil er mir Geld geliehen hat, und sonst einiges ausgelegt, so ist er, ich kenne meine Brüder, jetzt schon besorgt, da ich's noch nicht wiedergeben kann, und wahrscheinlich der andere, den der Rachegeist gegen mich beseelt, auch an ihm. — Das beste aber ist — daß ich die ganzen fünfzehnhundert Gulden aufnehme (vom Industriekontor) und damit ihn bezahle, dann ist die Geschichte am Ende. — Der Himmel bewahre mich, Wohltaten von meinen Brüdern empfangen zu müssen. — Gehab' Dich wohl, — grüße West. —   Dein Beethoven.

NB. Die Symphonie schickte ich von hier ans Industriekontor, sie werden sie wohl erhalten haben. — Wenn Du wieder herkommst, bring' etwas von gutem Siegellack mit.

Abzugeben auf der hohen Brücke Nr. 155, 2. oder 3. Stock.

139] **An das Industriekontor in Wien.** Baden, 23. Juli 1807.

Herr von Gleichenstein, mein Freund, hat Ihnen in Rück=
sicht meiner einen Vorschlag zu machen, wodurch Sie mich
Ihnen sehr verbindlich machen würden, wenn Sie ihn an=
nähmen. Nicht Mißtrauen in Sie führte diesen Vorschlag
herbei, nur meine jetzigen starken Ausgaben in Rücksicht
meiner Gesundheit, und eben in diesem Augenblick unüber=
windliche Schwierigkeiten, da, wo man mir schuldig ist,
Geld zu erhalten. Ihr ergebenster Beethoven.

140] **An Fürst Nikolaus Esterhazy.** Baden, 26. Juli 1807.

Durchlauchtigster, gnädigster Fürst! Da man mir sagt,
daß Sie, mein Fürst, nach der Messe gefragt, die Sie mir
aufgetragen für Sie zu schreiben, so nehme ich mir die Frei=
heit, Ihnen, durchlauchtigster Fürst, zu verkünden, daß Sie
solche spätestens bis zum 20. August=Monat erhalten wer=
den, wo alsdann Zeit genug sein wird, solche auf den Na=
menstag der Durchlauchtigsten Fürstin aufzuführen. Außer=
ordentliche vorteilhafte Bedingungen, die mir von London
gemacht wurden, als ich das Unglück hatte mit einem Be=
nefizetag im Theater durchzufallen und die mich die Not mit
Freuden ergreifen machen mußte, verzögerten die Verferti=
gung der Messe, so sehr ich es auch gewünscht, damit vor
Ihnen, durchlauchtigster Fürst, zu erscheinen. Dazu kam
später eine Kopfkrankheit, welche mir anfangs gar nicht
und später und selbst jetzt noch nur wenig zu arbeiten er=
laubte; da man mir alles so gern zum Nachteil auslegt, lege
ich Ihnen d. F. einen von den Briefen meines Arztes hier=
hin bei. Darf ich noch sagen, daß ich Ihnen mit viel Furcht
die Messe übergeben werde, da Sie d. F. gewohnt sind, die
unnachahmlichen Meisterstücke des großen Haydn sich vor=
tragen zu lassen.

Durchlauchtigster, gnädigster Fürst! mit Hochachtung er=
gebenster untertänigster Ludwig van Beethoven.

141] **Auf Skizzen zur Pastoral=Symphonie.** (1807.)

Man überläßt es dem Zuhörer, die Situationen auszu=
finden. Sinfonia caracteristica — oder eine Erinnerung

108

an das Landleben. Jede Malerei, nachdem sie in der Instrumentalmusik zu weit getrieben, verliert. — Sinfonia pastorella. Wer auch nur je eine Idee vom Landleben erhalten, kann sich ohne viele Überschriften selbst denken, was der Autor will. Auch ohne Beschreibung wird man das Ganze, welches mehr Empfindung als Tongemälde, erkennen.

Pastoralsinfonie keine Malerei, sondern worin die Empfindungen ausgedrückt sind, welche der Genuß des Landes im Menschen hervorbringt, wobei einige Gefühle des Landlebens geschildert werden.

142] **An Heinrich v. Collin.** (1807.)

Ich bitte Sie, lieber Freund, da Sie sich wohl jenes Billetts erinnern werden, welches Sie mir geschrieben, als Ihnen Hr. v. Hartl den Auftrag wegen der Akademie für die Theaterarmen an mich gegeben. Die Freude darüber, als Sie mir deswegen geschrieben, machte, daß ich gleich mit diesem Schreiben zu meinem Freunde Breuning ging, um es ihm zu zeigen; dort ließ ich es liegen, und so ist es verkommen. Der Inhalt davon war, soviel ich mich erinnere: „daß Sie mir schrieben mit Hr. v. Hartl gesprochen zu haben, wegen einem Tag für eine Akademie, und daß er Ihnen darauf den Auftrag gegeben, mir zu schreiben, daß, wenn ich zu der diesjährigen Akademie für die Theaterarmen wichtige Werke zur Aufführung gebe und selbst dirigiere, ich mir gleich einen Tag für eine Akademie im Theater an der Wien aussuchen könne, und so könnte ich alle Jahr auf diese Bedingungen einen Tag haben. Vive vale." Sicher bin ich, daß das Billett so abgefaßt war; ich hoffe, Sie schlagen mir es nicht ab, dieses Billett mir jetzt noch einmal zu schreiben. Es braucht weder Tag noch Datum; mit diesem Billett will ich noch einmal zu Hr. v. Hartl, vielleicht daß dieses doch einigen Eindruck macht — und ich so das erhalte, was er mir und Ihnen versprochen. — Noch einige Tage, dann sehe ich Sie. — Es war mir vor Arbeit und Verdruß noch nicht möglich.

Ganz Ihr Beethoven.

143] **An Ignaz v. Gleichenstein.** (1807.)

Lieber G. Ich bitte Dich mir so geschwind als möglich diesen Wechsel auswechseln zu lassen; mein Bruder weiß nicht wohin damit. — Sonst würde ich Dich nicht bemühen. — Sollte es nötig sein, daß ich eilig mit Dir zu demjenigen gehen sollte, der den vorigen ausgewechselt, so bin ich bereit.
Leb' wohl.

Übermorgen früh schicke ich zu Dir; — ich kann nicht, sonst käme ich zu Dir.
Beethoven.

144] **An Ignaz v. Gleichenstein.** (1807.)

Laß mich es wissen, wenn Du vielleicht den Wechsel nur mit viel Schwierigkeit anbringen kannst. — Ich werde sodann selbst sehen, wie ich mich bei einem Wechselgeschäft benehmen kann. — In Eile Dein Freund Beethoven.

145] **An Ignaz v. Gleichenstein.** (1807.)

Wenn ich Dich, lieber guter Gleichenstein, heute Vormittag zwischen eins und zwei oder diesen Nachmittag irgendwo, wo es auch immer sein mag, sprechen könnte, würde mir's sehr lieb sein. Ich habe heute zuviel zu tun, um eben Dich noch frühe genug zu finden. Gib mir eine Antwort, und vergiß nicht den Ort zu bestimmen, wo wir uns sehen können. Leb' wohl und liebe Deinen Beethoven.

146] **An Ignaz v. Gleichenstein.** (1807.)

Ich denke, — Du läßt Dir wenigstens 60 fl. über die fünfzehnhundert bezahlen, oder wenn Du glaubst, daß es mit meiner Rechtschaffenheit bestehen kann — die Summe von sechzehnhundert. — Ich überlasse Dir's jedoch ganz, nur muß Rechtschaffenheit und Billigkeit Dein Pol sein, wonach Du Dich richtest.

147] **An Ignaz v. Gleichenstein.** (1807.)

Lieber Gleichenstein, wenn Du kannst gegen zwölf oder ein Uhr zu mir kommen, so sag's dem Bedienten, jedoch bestimme die Stunde, ich hab' mit Dir irgendwo hinzugehen.

110

148] **An Monsieur Bigot.**

Kaum bin ich zu Hause, so erhalte ich von meinem Verleger diesen Brief voller Vorwürfe über die Zurückhaltung des Konzertantes. Schicken Sie mir also gefälligst die Klavierstimme davon, bald sollen Sie sie zurückhaben. Wie leid tat es mir heute, nicht mit Ihnen gehen zu können, aber ich hatte mit Fürst Lichnowsky notwendig zu reden. Ich weiß es, Sie glauben gewiß nicht, daß ich seiner Fürstlichkeit Ihre und der Ihrigen mir über alles liebe Gesellschaft aufgeopfert hätte; nein, nicht wahr, das tun Sie nicht. Ich habe schon wieder vergessen, um welche Stunde morgen Seidler und Krafft zu Ihnen kommen, sagen Sie mir es daher noch einmal. Küssen Sie Ihre Frau recht oft. Unrecht kann ich Ihnen nicht darum geben. Grüßen Sie die etwas eigensinnige Karoline und sagen Sie ihr, daß ich morgen auch komme sie spielen zu hören.

Ihr Beethoven.

149] **An von Baumann.** (1807.)

Freund, großer Philosoph und Komikus!!! Kannst Du mir nicht gefälligst sagen, wo man das Opernbüchel „Ostade" kaufen kann, da ich es mit anderen dergleichen hinausschicken möchte. Dein ernsthafter Freund Beethoven.

150] **An Heinrich v. Collin.** (Febr. 1808.)

Ich höre, daß Sie, mein verehrter Collin, meinem höchsten Wunsch und Ihrem Vorsatze entsprechen wollen. So gerne ich Ihnen meine Freude hierüber mündlich bezeigte, so habe ich jetzt noch etwas viel zu tun. Bloß dem schreiben Sie es zu und keinem Mangel an Aufmerksamkeit für Sie. — Hier die Armide; sobald Sie dieselbe genug gebraucht haben, bitte ich sie mir zurückzusenden, indem sie mir nicht zugehört. Ihr wahrer Verehrer Beethoven.

151] **An Collin.** (März 1808.)

Euer Liebden! Herr Bruder, auch diese Weise bin ich zufrieden, sobald mir auf eine Art welche immer für die 2000 fl. wegen der Oper einige schriftliche Sicherheit ge-

111

geben wird. Auf den Tag im Theater tue ich gern Verzicht, obschon ich im voraus überzeugt bin, daß diese Tage auch dieses Jahr nur Unwürdige erhalten. Was jedoch den Redoutensaal betrifft, das will ich mir in nähere Überlegung ziehen.

Euer Liebden! Herr Bruder, leben Sie wohl, begeben Sie sich derweil in Ihr durchlauchtiges königliches poetisches Land, für mein musikalisches werde ich nicht minder sorgen. — Mit meiner Kolik geht's besser. Aber mein armer Finger hat gestern eine starke Nageloperation durchmachen müssen; gestern, als ich Ihnen schrieb, sah derselbe sehr drohend aus. Heute ist er vor Schmerz ganz schlaff.

NB. Heute kann ich noch nicht ausgehen, doch hoffe ich morgen zu Hartl.

152] An Grafen **Franz Oppersdorf.**   (Wien, März 1808.)

Daß Sie mir, mein Geliebter, entflohen sind, ohne mir nur etwas von Ihrer Abreise zu wissen zu machen, hat mir ordentlich wehe getan. Es hat Sie vielleicht etwas von mir verdrossen, doch gewiß nicht mit meinem Willen. Heute habe ich dazu wenig Zeit, um Ihnen mehr schreiben zu können, ich will Ihnen daher nur noch melden, daß Ihre Sinfonie schon lange bereit liegt, ich sie Ihnen nun aber mit nächster Post schicke. 50 fl. können Sie mir abhalten, da die Kopiaturen, welche ich für Sie machen lassen, billigstens 50 fl. ausmacht. Im Fall Sie aber die Sinfonie nicht wollen, machen Sie mir's noch vor künftigen Posttag zu wissen. Im Falle Sie selbe aber nehmen, dann erfreuen Sie mich sobald als möglich mit den mir noch zukommenden 300 fl. Das letzte Stück der Sinfonie ist mit 3 Posaunen und Flautino, zwar nur 3 Pauken, wird aber mehr Lärm als 6 Pauken und zwar besseren Lärm machen. An meinem armen unverschuldeten Finger kuriere ich noch und habe seit 14 Tagen deswegen gar nicht ausgehen können. Leben Sie wohl. Lassen Sie mich, liebster Graf, bald etwas von sich hören, mir geht es schlecht. In Eile

Ihr ergebenster Beethoven.

153] **An Grafen Franz Oppersdorf.** Wien, 29. März 1808.

Daß ich am 29. März 1808 hundertundfünfzig fl. in Banko=Zettel von Grafen Oppersdorf empfangen habe, bescheinige ich laut meiner Unterschrift.

Ludwig van Beethoven.

200 Gulden im Juni 1807 in Baren dazu erhalten. Auf die 5. Symphonie gegeben, aber noch nicht erhalten.

154] **An Nikolaus Zmeskall.** (1808.)

Mein lieber Z.! Ich bitte Sie mir sogleich schriftlich zu geben als Zeuge, daß Sie und ich ausgemacht hatten, für das Zimmer und das Vorzimmer, worin der Bediente sein kann, 250 fl. zu bezahlen. Stellen Sie sich vor, daß, indem mir der Herr Advokat das Zimmer hinten ungefordert noch einräumen läßt, er jetzt 350 fl. fordert. Sollte er dabei sich noch nicht beruhigen, so müssen Sie so gut sein und morgen mit mir mit ihm reden. Der Kerl ist ein Schurke.

NB. hat er das Drangeld, welches Sie auch zeugen können, nämlich 20 fl. gleich genommen, nämlich auf 250 fl.

An Hrn. Ludwig van Beethoven in Baden abzugeben im Sauerbad, der sich noch hier befindet und nicht umhin kann sich mit einigen Degenschen Ausflügen zu beschäftigen.

Gratias im voraus und auch hernach agimus tibi Zmeskalio Domanovetzensi.

155] **An Monsieur Bigot.** (1808.)

Mein lieber, guter Bigot! Ich wollte gestern zu Ihnen kommen, um meine kleine Schuld zu tilgen, ward aber daran verhindert. Da ich vielleicht heute wieder nicht zu Ihnen kommen kann, so tue ich solches schriftlich. Der Madame Moreau bitte ich Sie noch einmal zu danken für das Vergnügen, welches ich durch sie hatte; wenn sie auch nicht dazu eigentlich den Willen hatte, so wurde ich doch dadurch in den Stand gesetzt, den Abend auf die angenehmste Weise mit Ihnen allen zuzubringen. Leben Sie wohl und küssen Sie Ihre Frau nicht zuviel.

Ganz Ihr Beethoven.

156] **An Breitkopf & Härtel, Leipzig.** Wien, 8. Juni (1808).

Euer Hochwohlgeboren! Der Hofmeister des jungen Grafen Schönfeld ist schuld, indem er mir versichert, daß Sie wünschten wieder Werke von mir zu haben, an diesem Schreiben. Obschon durch so mehrmalige Abbrechung beinahe überzeugt, daß auch diese von mir gemachte Anknüpfung doch wieder fruchtlos, trage ich Ihnen in diesem Augenblicke nur folgende Werke an: zwei Symphonien, eine Messe und eine Sonate fürs Klavier und Violoncell[1]). NB. Für alles zusammen verlange ich 900 Gulden; jedoch muß diese Summe von 900 fl. nach Wiener Währung in Konventionsgeld, worauf also auch namentlich die Wechsel lauten müssen, ausgezahlt werden. Aus mehreren Rücksichten muß ich bei den zwei Symphonien die Bedingung machen, daß sie vom 1. Juni an gerechnet erst in sechs Monaten herauskommen dürfen. Vermutlich dürfte ich eine Reise den Winter machen und wünschte daher, daß sie wenigstens im Sommer noch nicht bekannt würden. Ich könnte auch dieselbigen Werke an das Industriekontor hier überlassen, wenn ich wollte, da sie voriges Jahr auch sieben große Werke von mir genommen, welche nun beinahe alle schon im Stich zu haben sind, und da sie überhaupt gern alles von mir nehmen. Jedoch würde ich Ihre Handlung, welches ich Ihnen schon mehrmal gesagt, vor allen vorziehen. Wenn Sie nur einmal auch entschlossener mit mir handelten, ich bin überzeugt, daß Sie und ich dabei gewinnen würden. Sie werden mich in manchen Gelegenheiten nichts weniger als geldsüchtig, sondern eher zuvorkommend und auf allen Nutzen Verzicht leistend finden; auch ließe sich von einer solchen Verbindung selbst nicht für mich, sondern für Kunst überhaupt etwas Gutes finden. Machen Sie mir sobald als möglich Ihren Entschluß bekannt, damit ich mich noch beizeiten mit dem Industriekontor einlassen kann. Machen Sie, daß wir doch einmal zusammenkommen und zusammenbleiben. Von meiner Seite werde ich gewiß alles anwenden. Immer werden Sie mich offen ohne allen anderen Rückhalt auch in diesen Verhältnissen

---

[1]) Meine Eile mag die Sau verzeihen.

114

finden. Kurzum alles mag Ihnen zeigen, wie gern ich Verbindungen mit Ihnen eingehe.

Ihr ergebenster L. v. Beethoven.

Man bittet noch einmal um geschwinde Antwort.

Von meiner Messe wie überhaupt von mir selbst sage ich nicht gerne etwas, jedoch glaube ich, daß ich den Text behandelt habe, wie er noch wenig behandelt worden. Auch wurde sie an mehreren Orten, unter anderem auch bei Fürst Esterházy auf den Namenstag der Fürstin mit vielem Beifall gegeben in Eisenstadt. Ich bin überzeugt, daß die Partitur und selbst Klavierauszug Ihnen gewiß einträglich sein wird.

157] **An Breitkopf & Härtel,** Leipzig. (16. Juli 1808.)

Euer Hochwohlgeboren! Hier mein Entschluß auf Ihr geehrtes Schreiben, woraus Sie gewiß meine Bereitwilligkeit, Ihnen soviel als möglich entgegenzukommen, sehen werden. Erst schematisch, dann das darum und warum. Ich gebe Ihnen die Messe, die zwei Symphonien, die Violoncell-Klaviersonate mit (und noch zwei andere Sonaten fürs Klavier) oder statt diesen vielleicht noch eine Symphonie für 700 Gulden (Siebenhundert Gulden in Konventionsgeld). Sie sehen, daß ich mehr gebe und weniger nehme, das ist aber auch das äußerste. Die Messe müssen Sie nehmen, sonst kann ich Ihnen die anderen Werke nicht geben, indem ich auch darauf sehe, was rühmlich ist und nicht allein, was nützlich. „Man frägt nicht nach Kirchensachen,“ sagen Sie; Sie haben recht, wenn sie bloß von Generalbassisten herrühren. Aber lassen Sie die Messe einmal zu Leipzig im Konzert aufführen und sehen Sie, ob sich nicht gleich Liebhaber dazu finden werden, die sie wünschen zu haben. Geben Sie dieselbe meinetwegen im Klavierauszug mit deutschem Text, ich stehe Ihnen jedesmal wie immer für den Erfolg gut.

Vielleicht auch mit Subskription. Ich getraue mir Ihnen von hier aus ein Dutzend, auch zwei Dutzend Pränumeranten zu verschaffen, doch ist das gewiß unnötig. Sie erhalten, sobald Sie übrigens, wie ich nicht zweifle, meinen Vorschlag annehmen, sogleich die zwei Symphonien, die So-

8*

nate mit Violoncell, die Messe; die anderen zwei Klavier=
sonaten oder vielleicht statt dessen eine Symphonie in Zeit
von höchstens vier Wochen danach. Ich bitte Sie aber, gleich
beim Empfang der erstern vier Werke mir das Honorar
gleich zustellen zu lassen. Ich werde die Symphonie oder
statt dessen die zwei Sonaten in die Schrift, die Sie von
mir zu erhalten haben, schematisch auch eintragen und
schriftlich, damit Sie kein Mißtrauen haben, mich verbin=
den, die Sonaten oder die Symphonie Ihnen in vier Wo=
chen zu schicken. Die 700 Gulden bitte ich Sie mir entweder
in einem auf 700 Gulden Konventionsgeld lautenden
Wechsel oder nach dem Börsenkurs am Tage der Erhebung
in Wien in Bankozettel zahlbar zu verschreiben. Übrigens
mache ich mich verbindlich, Ihnen mit einem Offertorium
und Graduale zu der Messe in einiger Zeit ein Geschenk zu
machen. In diesem Augenblicke stehen mir aber beide nicht
zu Gebot.

Ich bitte Sie, mir aber nun so geschwind als möglich
Ihren Entschluß bekannt zu machen. Andere Modifikatio=
nen kann ich nicht eingehen. Es ist das äußerste, was ich
tun kann, und ich bin überzeugt, daß Sie diese Sache nicht
bereuen werden.

Mit Hochachtung Ihr ergebenster
Ludwig van Beethoven.

158] An Breitkopf & Härtel.   (1808.)

Euer Hochwohlgeboren! Auf den nochmaligen Antrag
von Ihnen durch Wagener antworte ich Ihnen, daß ich also
bereit bin, Sie von dem, was die Messe angeht, völlig zu
entbinden; ich erweise Ihnen also ein Geschenk damit.
Selbst die Kosten der Schreiberei sollen Sie nicht bezahlen,
fest überzeugt, daß, wenn Sie solche einmal in Leipzig in
Ihren Winterkonzerten aufführen haben lassen, Sie solche
gewiß mit einem deutschen Text werden versehen und her=
ausgeben. Was auch damit geschehe, sie gehört einmal
Ihnen an. Sobald wir einig sind, schicke ich Ihnen die Par=
titur davon mit den anderen Werken und werde sie auch
ins Schema eintragen, als hätten Sie solche gekauft. War=
um ich Sie vorzüglich verbinden wollte, diese Messe heraus=

zugeben, ist, weil sie mir erstens vorzüglich am Herzen liegt trotz aller Kälte unseres Zeitalters gegen dergleichen; zweitens, weil ich glaubte, Sie würden solche leichter vermittelst Ihrer Notentypen für gedruckte Noten als andere deutsche Verleger herstellen, bei denen man meistens von Partituren nichts weiß.

Nun zum übrigen. — Da die Messe wegfällt, erhalten Sie nun zwei Symphonien, eine Sonate mit obligatem Violoncell, zwei Trios für Klavier, Violin und Violoncell (da daran Mangel ist), oder statt dieser letzten zwei Trios eine Symphonie für 600 Gulden in Konventionsmünze nach dem Kurs, den ich Ihnen in meinen ersteren zwei Briefen feststellte. Sobald Sie dieses eingehen, woran ich nicht zweifle, so können Sie die Zahlung in zwei Fristen teilen, nämlich: sobald ich hier in Wien an Ihren Kommissionär die zwei Symphonien und die Sonate mit obligat Violoncell abgegeben, empfange ich einen Wechsel von 400 Gulden. In einigen Wochen darauf werde ich die zwei Trios oder nach Ihrem Belieben die Symphonie abgeben, so können Sie mir alsdann die noch übrigen 200 fl. ebenfalls durch einen Wechsel zukommen lassen. So ist alles Zweifelhafte gehoben. Die Partitur von der Messe wird, sobald ich Antwort erhalte, abgeschrieben und Ihnen sicher bei der zweiten Lieferung mitgeschickt.

Ich müßte mich sehr irren, wenn Sie jetzt noch Anstand fänden und Sie sehen doch gewiß, daß ich alles tue, um mit Ihnen einig zu werden. Übrigens können Sie überzeugt sein, daß ich hier ebensoviel für meine Kompositionen erhalte und noch mehr; jedoch ein fataler Umstand ist, daß ein hiesiger Verleger nicht gleich, sondern sehr langsam bezahlt. Hier haben Sie den Aufschluß hierüber. Ich hoffe aber, Sie sind edel genug, diese meine Offenheit nicht zu mißbrauchen. Sehe ich übrigens, daß Sie sich einmal in etwas Rechtes mit mir einlassen, so werden Sie von mir gewiß oft Uneigennützigkeit wahrnehmen. Ich liebe meine Kunst zu sehr, als daß mich bloß Interesse leitete; allein ich habe seit 2 Jahren so manchen Unfall erlitten, und hier in Wien —. Doch nichts mehr davon.

Antworten Sie ja gleich; denn ich habe nun die ganze

Zeit Ihretwegen zurückgehalten. Wenn Sie glauben, daß ich hier nicht könnte dasselbige haben, irren Sie sich; es ist keine andere als die Ihnen eben angegebene Ursache.

Mit Achtung Ihr ergebenster Ludwig van Beethoven.

Um alle Konfusionen zu vermeiden, adressieren Sie gefälligst Ihre Antwort an Wagener. Dieser weiß schon, wie er mir den Brief zustellt, indem ich auf dem Lande bin.

159] **An Marie Bigot.** (1808.)

Meine liebe, verehrte Marie! Das Wetter ist so göttlich schön — und wer weiß, ob's morgen so ist? Ich schlage Ihnen daher vor, Sie gegen 12 Uhr heute mittags zu einer Spazierfahrt abzuholen. Da Bigot vermutlich schon aus ist, so können wir ihn freilich nicht mitnehmen — aber deswegen es ganz zu unterlassen, das fordert Bigot selbst gewiß nicht. — Nur die Vormittage sind jetzt am schönsten. Warum den Augenblick nicht ergreifen, da er so schnell verfliegt! — Es wäre der so aufgeklärten und gebildeten Marie ganz entgegen, wenn sie bloßen Skrupeln zu Gefallen mir das größte Vergnügen rauben wollte. O, was für Ursachen Sie auch anführen werden, wenn Sie meinen Vorschlag nicht annehmen, so werde ich es nichts anderes als dem wenigen Zutrauen, was Sie in meinen Charakter setzen, zuschreiben — und werde nie glauben, daß Sie wahre Freundschaft für mich hegen. — Karoline wickeln Sie ein in Windeln von Kopf bis zu Füßen, damit ihr nichts geschehe. — Antworten Sie mir, meine liebe M., ob Sie können — ich frage nicht, ob Sie wollen, — weil das letztere nur von mir zu meinem Nachteile wird erklärt werden; — schreiben Sie also nur in zwei Worten, ja oder nein. Leben Sie wohl und machen Sie, daß mir das eigennützige Vergnügen gewährt wird, mit zween Personen, an denen ich so viel teilnehme, den frohen Genuß der heiteren, schönen Natur teilen zu können. —

Ihr Freund und Verehrer L. v. Bthven.

160] An Herrn und Frau **Bigot.** (1808.)

Liebe Marie, lieber Bigot! Nicht anderes als mit dem innigsten Bedauern muß ich wahrnehmen, daß die reinsten

118

unschuldigsten Gefühle oft verkannt werden können. —
Wie Sie mir auch liebevoll begegnet sind, so habe ich nie
daran gedacht, es anders auszulegen, als daß Sie mir Ihre
Freundschaft schenken. — Sie müssen mich sehr eitel und
kleinlich glauben, wenn Sie voraussetzen, daß das Zuvor=
kommen selbst einer so vortrefflichen Person, wie Sie sind,
mich glauben machen sollte, daß ich gleich Ihre Neigung
gewonnen. — Ohnedem ist es einer meiner ersten Grund=
sätze, nie in einem anderen als freundschaftlichen Verhält=
nis mit der Gattin eines anderen zu stehn; nicht möchte ich
durch so ein Verhältnis meine Brust mit Mißtrauen gegen
diejenige, welche vielleicht mein Geschick einst mit mir teilen
wird, anfüllen — und so das schönste reinste Leben mir
selbst verderben. — Es ist vielleicht möglich, daß ich einige=
mal nicht fein genug mit Bigot gescherzt habe, ich habe
Ihnen ja selbst gesagt, daß ich zuweilen sehr ungezogen
bin. — Ich bin mit allen meinen Freunden äußerlich natür=
lich und hasse allen Zwang; Bigot zähle ich nun auch dar=
unter, wenn ihn etwas verdrießt von mir, so fordert es die
Freundschaft von ihm und Ihnen, daß Sie mir solches
sagen, — und ich werde mich gewiß hüten, ihm wieder
wehe zu tun; — aber wie kann die gute Marie meinen
Handlungen so eine böse Deutung geben? —

Was meine Einladung zum Spazierenfahren mit Ihnen
und Karoline angeht, so war es natürlich, daß ich, da tags
zuvor Bigot sich dagegen auflehnte, daß Sie allein mit mir
fahren sollten, ich glauben mußte, Sie beide fänden es viel=
leicht nicht schicklich oder anstößig. — Und als ich Ihnen
schrieb, wollte ich Ihnen nichts anderes als begreiflich
machen, daß ich nichts dabei fände; wenn ich nun noch er=
klärte, daß ich großen Wert darauf legte, daß Sie es mir
nicht abschlagen sollten, so geschah dies nur, damit ich Sie
bewegen möchte, des herrlichen schönen Tages zu genießen;
ich hatte Ihr und Karolinens Vergnügen immer mehr im
Sinn, als das meinige, und ich glaubte Sie auf diese Art,
wenn ich Mißtrauen von Ihrer Seite oder eine abschlägige
Antwort als wahre Beleidigung für mich erklärte, fast zu
zwingen, meinem Bitten nachzugeben. — Es verdient
wohl, daß Sie darüber nachdenken, wie Sie mir es wieder

gut machen werden, daß Sie mir diesen heiteren Tag sowohl meiner Gemütsstimmung wegen, als auch des heiteren Wetters wegen — verdorben haben. — Wenn ich sagte, daß Sie mich verkennen, so zeigt Ihre jetzige Beurteilung von mir, daß ich wohl recht hatte, auch ohne an das zu denken, was Sie sich dabei dachten, — wenn ich sagte, daß was übels draus entstünde, indem ich zu Ihnen käme, so war das doch mehr Scherz, der nur darauf hinzielte, Ihnen zu zeigen, wie sehr mich immer alles bei Ihnen anzieht, daß ich keinen größeren Wunsch habe, als immer bei Ihnen leben zu können; auch das ist Wahrheit. Ich setze selbst den Fall, es läge noch ein geheimer Sinn darin, selbst die heiligste Freundschaft kann oft noch Geheimnisse haben, aber — deswegen das Geheimnis des Freundes — weil man es nicht gleich erraten kann, mißdeuten — das sollten Sie nicht. — lieber Bigot, liebe Marie; nie, nie werden Sie mich unedel finden, von Kindheit an lernte ich die Tugend lieben — und alles, was schön und gut ist. — Sie haben meinem Herzen sehr wehe getan. — Es soll nur dazu dienen, um unsere Freundschaft mehr und mehr zu befestigen. — Mir ist wirklich nicht wohl heute und ich kann Sie schwerlich sehen; meine Empfindlichkeit und meine Einbildungskraft malten mir seit gestern nach den Quartetten immer vor, daß ich Sie leiden gemacht. Ich ging diese Nacht auf die Redoute, um mich zu zerstreuen; aber vergebens, überall verfolgte mich Ihr aller Bild, immer sagte es mir: Sie sind so gut und leiden vielleicht durch dich. — Unmutsvoll eilte ich fort. — Schreiben Sie mir einige Zeilen. —
Ihr wahrer Freund Beethoven umarmt Sie alle.

161] An Ignaz v. Gleichenstein. (1808.)

Hier mein Lieber Dein Brief an Winter. — Erstens steht darin, daß Du mein Freund bist — zweitens, was Du bist, nämlich k. k. Hofkonzipist — drittens, daß Du kein Kenner von Musik aber doch ein Freund alles Schönen und Guten, — in Rücksicht dessen ich den Kapellmeister gebeten, falls was von ihm aufgeführt wird, daß er Dir Gelegenheit verschaffe, daran teilzunehmen. — Du hast hier einen Wink, Dich deswegen etwas eifrig bemüht zu zeigen; —

gehört zu den politischen Wissenschaften, wovon Dein Freund wenig versteht. — Vielleicht dient Dir's noch zu was anderem in München. — Und nun leb' wohl, lieber Freund, — reise glücklich — und denk' zuweilen an mich. Grüß' das Brüderchen. Dein wahrer Freund Beethoven.

162] **An Ignaz v. Gleichenstein.** (1808.)

Mein lieber Gleichenstein! Ich hatte noch nicht Gelegenheit, Dir mein Vergnügen über Deine Ankunft zu bezeigen, oder Dich zu sehen, — auch Dich über etwas aufzuklären, was Dir vermutlich sehr aufgefallen sein wird, — welches jedoch im wesentlich Dir nichts schaden kann, da ein anderes Werk erscheint, wo Dir das geschieht, was Dir gebührt — oder unserer Freundschaft. Ich bitte Dich, Dich doch genau zu erkunden, was der Dukaten jetzt gilt, ich werde morgen gegen sieben halb acht zu Dir in die Stadt kommen. — Leb' wohl. Wie immer Dein Freund Beethoven.

163] **An Ignaz v. Gleichenstein.** (Herbst 1808.)

Mein Lieber, Dein Freund Frech hat voriges Jahr an Breuning Holz gelassen, welches wohlfeiler ist. Erzeige mir den Gefallen und spreche seine Frechheit in meinem Namen an, mir freundschaftlichst auch ein paar Klafter zu lassen. Die Gräfin E. ist sehr krank, sonst hätte sie Dich eingeladen.

164] **An Ignaz v. Gleichenstein.** (Herbst 1808.)

Liederlicher Baron. — Ich hab' Dich gestern umsonst erwartet. — Mach' nur doch, daß ich weiß, ob mir durch seine Frechheit Holz zukommt oder nicht. — Ich habe einen schönen Antrag als Kapellmeister zum König von Westfalen erhalten, — man will mich gut bezahlen, — ich soll sagen, wieviel Dukaten ich haben will — usw. — Ich möchte das mit Dir überlegen. — Wenn Du daher kannst, komme diesen Nachmittag gegen halb vier zu mir. — Diesen Morgen muß ich ausgehen.

165] **An F. H. J. Collin.** (Herbst 1808.)

Lieber Freund ich habe Ihren Plan mit vieler Aufmerksamkeit gelesen, auch habe ich ihn ihn B r e u n i n g mitgeteilt — was Sie auch machen, so wird es immer vortrefflich

121

sein, aber ich habe Ihnen gleich anfangs gesagt, daß mir das sujet alcine nicht fremd genug sei. Ich erinnere mich vieler Szenen aus dem Ballett Alcine und das ist mir doch unangenehm, und welche Gelegenheit zu Verglei= chungen besonders der Gegenpartei für Sie und mich. So die Erzählung der Entführung auf dem geflügelten Roß des Roger, welche im Ballett wirklich augenscheinlich ausgeführt werden, die Herausforderung von Bradamante gegen Atlas zum Zweikampf, seine Fesselung — ging auch in dem Ballett vor, überhaupt große Ähnlichkeit des sujet mit dem Ballett. Und nun durchaus Zauberei. Ich kann es nicht leugnen, daß ich wider diese Art überhaupt eingenommen bin, wodurch Gefühl und Verstand so oft schlummern müssen. Halten Sie es jedoch hierin, wie Sie wollen, ich gebe Ihnen mein Wort, daß, wenn Sie auch das sujet behalten und so wie es jetzt ist, ich es auch mache. Ich habe Ihnen nun meine Einwendungen gemacht, in Rück= sicht der Dekorationen habe ich schon H. gesagt, der auch meiner Meinung, daß man nicht schon gebrauchte nehme — warum eben bei uns, wo das Publikum wohl etwas erwarten kann, wenigere als bei Stümpereien verwen= den, ich wollte lieber, wenn es nicht anders ist, weniger nehmen. Überhaupt glaube ich, daß sich die ganze Sache noch anders machen ließe. Morgen bin ich nicht hier, die andere Woche gegen Dienstag oder Mittwoch komme ich zu Ihnen. Ich habe jetzt noch zu viel mit Brotarbeiten mich abzugeben. Die Ursache ist, weil ich durch Verspre= chungen und Bewerbungen meiner Freunde die ziemlich langsam und schläfrig vonstatten gegangen, lau= ter Nieten gezogen habe. Leben Sie wohl.

Der Freund des Dichters Collin

Ludwig van Beethoven.

166] An Nikolaus Zmeskall.   (1808.)

An Herrn Ludwig van Beethoven in Baden abzugeben im Sauerbad, der sich noch hier befindet und nicht umhin kann, sich mit einigen Degenschen Aufflügen zu beschäftigen.

gratias im voraus und auch hernach agimus tibi — Zmeskalio domanovetzensi —

167] **An Breitkopf & Härtel.** (Sept. 1808.)

(Herrn Gottf. Chr. Härtel z. 3. Wien.)

Ich bin wirklich recht ärgerlich über mich selbst, Sie gestern versäumt zu haben. Vielleicht wenn es zu machen ist, könnten wir uns heute in der Stadt sehen. Schreiben Sie mir nur, bis wann Sie eigentlich heute schon fort wollen. Hier die eine Sinfonie, die andere bringt Ihnen gegen elf, halb zwölf Uhr mein Bedienter auch; der Kopist ist daran, die Fehler die ich angezeigt in derselben zu korrigieren. Recht vielen Dank für Ihr Geschenk. Ganz Ihr L. Beethoven.

168] **An Breitkopf & Härtel, Leipzig.** 14. Sept. 1808.

Ein hundert Stück Dukaten in Gold als verglichenes Honorar für fünf neue Werke meiner Komposition von Herren Breitkopf & Härtel in Leipzig heute bar empfangen zu haben, bescheinige ich hiermit Ludwig van Beethoven.

169] **An Breitkopf & Härtel, Leipzig.** 14. Sept. 1808.

Ich Endesunterzeichneter bescheinige hiermit folgende fünf neue Werke meiner Komposition als: 1 Sinfonie in C-Moll Opus..., 1 desgl. in F-Dur Opus..., 2 Trios f. Pianoforte etc. ersteres in D, anderes in..., 1 Sonate f. Pianoforte mit Violoncell in A an die Herren Breitkopf & Härtel in Leipzig zu ausschließendem Eigentum (ausgenommen für England) käuflich überlassen und das diesfalls verglichene Honorar heute bar und richtig empfangen zu haben.

Wien, 14. Sept. 1808. Ludwig van Beethoven.

170] **An Graf Franz Oppersdorf.** (Wien, 1. Nov. 1808.)

Bester Graf! Sie werden mich in einem falschen Lichte betrachten, aber Not zwang mich die Symphonie, die für Sie geschrieben, und noch eine andere dazu an jemanden andern zu veräußern. Sein Sie aber versichert, daß Sie diejenige, welche für Sie bestimmt ist, bald erhalten werden. Ich hoffe, Sie werden immer wohl gewesen sein, wie auch Ihre Frau Gemahlin, der ich bitte mich bestens zu empfehlen. Ich wohne gerade unter dem Fürsten Lichnowsky, im

Falle Sie einmal mir in Wien die Ehre Ihres Besuches geben wollen, bei der Gräfin Erdödy. Meine Umstände bessern sich — ohne Leute dazu nötig zu haben, welche ihre Freunde mit Flegeln traktieren wollen. Auch bin ich als Kapellmeister zum König von Westfalen berufen, und es könnte wohl sein, daß ich diesem Rufe folge.

Leben Sie wohl und denken Sie zuweilen an

Ihren ergebensten Freund Beethoven.

171] **An Heinrich v. Collin.** (Nov. 1808.)

Großer erzürnter Poet, lassen Sie den Reichardt fahren. Nehmen Sie zu Ihrer Poesie meine Noten; ich verspreche Ihnen, daß Sie nicht in Nöten dadurch kommen sollen. Sobald meine Akademie, die mir wirklich, wenn sie dem Zweck mir etwas einzutragen, entsprechen soll, mir viel Zeit raubt, vorbei ist, komme ich zu Ihnen und dann wollen wir die Oper gleich vornehmen und sie soll bald klingen. Übrigens über das, worüber Sie recht haben, Ihre Klagen über mich erschallen zu lassen, mündlich. Sollten Sie aber wirklich im Ernst gesonnen sein, Ihre Oper von Reichardt schreiben zu lassen, so bitte ich Sie, mir gleich solches zu wissen zu machen. Mit Hochachtung Ihr ergebenster Beethoven.

Dieser Brief ist seit 8 Tagen geschrieben aber liegen geblieben.

Meine Wohnung ist 1074 in der Krugerstraße bei der Gräfin Erdödy.

172] **Anzeige.** Wien, 17. Dez. 1808.

Donnerstag den 22. Dezember hat Ludwig van Beethoven die Ehre, in dem k. k. privil. Theater an der Wien eine musikalische Akademie zu geben. Sämtliche Stücke sind von seiner Komposition, ganz neu, und noch nicht öffentlich gehört worden. Erste Abteilung: 1. Eine Symphonie, unter dem Titel: Erinnerung an das Landleben, in F-Dur (Nr. 6), 2. Arie, 3. Hymne, mit lateinischem Text, im Kirchenstil geschrieben mit Chor und Solos, 4. Klavierkonzert von ihm selbst gespielt. Zweite Abteilung: 1. Große Symphonie in C-Moll (Nr. 5), 2. Heilig, mit lateinischem Text, im Kirchenstil geschrieben, mit Chor und Solos, 3. Fantasie auf dem Klavier allein, 4. Fantasie auf dem Klavier, welche sich nach und nach mit Eintreten des ganzen Orchesters, und zuletzt mit Einfallen von Chören als Finale endet.

Logen und gesperrte Sitze sind in der Krugerstraße Nr. 1074, im ersten Stock zu haben. — Der Anfang ist um halb sieben Uhr.

173] **An Jos. Aug. Röckel.** (Dez. 1808.)

Hier, mein Lieber, mache ich Ihnen ein kleines Geschenk mit dem englischen Lexikon. In Ansehung der Singsachen, glaube ich, sollte man eine von den Sängerinnen, welche uns singen wird, erst eine Arie singen lassen; alsdann, machten wir zwei Stücke aus der Messe, jedoch mit deutschem Text. Hören Sie sich doch um, wer uns dieses wohl machen könnte. Es braucht eben kein Meisterstück zu sein, wenn es nur gut auf die Musik paßt.

Ganz Ihr Beethoven.

174] **An Jos. Aug. Röckel.** (Dez. 1808.)

Lieber Röckel! Machen Sie Ihre Sache nur recht gut bei der Milder. Sagen Sie ihr nur, daß Sie heute sie schon in meinem Namen voraus bitten, damit sie nirgends anders singen möge. Morgen komme ich aber selbst, um den Saum ihres Rockes zu küssen. Vergessen Sie doch auch nicht auf die Marconi, und werden Sie nicht böse auf mich, daß ich Sie mit so vielem belästige.   Ganz Ihr Beethoven.

175] **An Breitkopf & Härtel.** Wien, 7. Januar 1809.

Sie werden sagen, das ist dieser und jener und jener und dieser; — das ist wahr, seltnern Briefschreiber kann's nicht geben. Sie haben doch die Terzetten erhalten — eins, wissen Sie, war schon bei Ihrer Abreise fertig, ich wollte es aber erst mit dem zweiten schicken. Dieses war auch schon ein paar Monate fertig, ohne daß ich wieder daran dachte, Ihnen solches zu schicken. — Endlich ist mir der Wagener über den Hals gestürmt. — Eine sehr große Gefälligkeit werden Sie mir erzeigen, und ich bitte Sie innigst darum,

125

daß Sie alle Sachen, die Sie von mir haben, nicht eher als bis Ostern herausgeben, indem ich die Fasten sicher bei Ihnen eintreffe; auch lassen Sie bis dahin keine von den neuen Symphonien hören, — denn komme ich nach Leipzig, so soll's ein wahres Fest sein, mit der Leipziger mir bekannten Bravheit und guten Willen der Musiker diese aufzuführen. — Auch werde ich gleich allda die Korrektur vornehmen. —

Endlich bin ich von den Ränken und Kabalen und Niederträchtigkeiten aller Art gezwungen, das noch einzige deutsche Vaterland zu verlassen. Auf einen Antrag Seiner Königlichen Majestät von Westfalen gehe ich als Kapellmeister mit einem jährlichen Gehalt von 600 Dukaten in Gold dahin ab. — Ich habe eben heute meine Zusicherung, daß ich komme, auf der Post abgeschickt und erwarte nur noch mein Dekret, um hernach meine Anstalten zur Reise, welche über Leipzig gehen soll, zu treffen. — Deswegen, damit die Reise desto brillanter für mich sei, bitte ich Sie, wenn's eben nicht gar zu nachteilig für Sie ist, noch nichts bis Ostern von allen meinen Sachen bekannt zu machen. — Bei der Sonate, welche an den Baron von Gleichenstein dediziert ist, lassen Sie gefälligst den k. k. Konzipisten weg, indem ihm solches nicht lieb ist. — Es werden vielleicht wieder von hier Schimpfschriften über meine letzte musikalische Akademie an die musikalische Zeitung geraten; ich wünschte eben nicht, daß man das unterdrücke, was gegen mich; jedoch soll man sich nur überzeugen, daß niemand mehr persönliche Feinde hier hat als ich. Dies ist um so begreiflicher, da der Zustand der Musik hier immer schlechter wird. — Wir haben Kapellmeister, die so wenig zu dirigieren wissen, als sie kaum selbst eine Partitur lesen können. — Auf der Wieden ist es freilich noch am schlechtesten. — Da hatte ich meine Akademie zu geben, wobei mir von allen Seiten der Musik Hindernisse in den Weg gelegt wurden. — Das Witwenkonzert hatte den abscheulichen Streich gemacht, aus Haß gegen mich, worunter Herr Salieri der erste, daß es jeden Musiker, der bei mir spielte und in ihrer Gesellschaft war, bedrohte, auszustoßen. — Ohnerachtet, daß verschiedene Fehler, für die ich nicht konnte,

vorgefallen, nahm das Publikum doch alles enthufiaſtiſch
auf. — Trotzdem aber werden Skribler von hier gewiß
nicht unterlaſſen, wieder elendes Zeug gegen mich in die
muſikaliſche Zeitung zu ſchicken. Hauptſächlich waren die
Muſiker aufgebracht, daß, indem aus Achtloſigkeit bei der
einfachſten planſten Sache von der Welt gefehlt worden
war, ich plötzlich ſtille halten ließ und laut ſchrie: noch einmal. So was war ihnen noch nicht vorgekommen; das
Publikum bezeugte hierbei ſein Vergnügen. — Es wird
aber täglich ärger. Tags zuvor meiner Akademie war im
Theater in der Stadt in der kleinen leichten Oper „Mil-
ton" das Orcheſter ſo auseinandergekommen, daß Kapellmeiſter und Direktor förmlich Schiffbruch litten; — denn
der Kapellmeiſter, ſtatt vorzuſchlagen, ſchlägt hintennach;
und dann kommt erſt der Direktor. — Antworten Sie mir,
mein Lieber, gleich.

In Hochachtung Ihr ergebenſter Diener   Beethoven.

Ich bitte Sie, von meiner Anſtellung in Weſtfalen nichts
mit Gewißheit öffentlich eher bekannt zu machen, als bis
ich Ihnen ſchreiben werde, daß ich mein Dekret erhalten. —
Leben Sie wohl und ſchreiben Sie mir bald. — Von meinen Werken ſprechen wir in Leipzig. — Einige Winke
könnte man immer in der muſikaliſchen Zeitung von meinem Weggehen von hier geben — und einige Stiche, indem
man nie etwas Rechtes hier hat für mich tun wollen.

176]   An Ignaz v. Gleichenſtein.   9. Januar 1809.

Lieber guter Gleichenſtein! — Ich kann durchaus nicht
widerſtehen, Dir meine Beſorgniſſe wegen Breunings
krampfhaftem fieberhaften Zuſtande zu äußern, und Dich
zugleich zu bitten, daß Du ſoviel als nur immer möglich
Dich feſter an ihn anknüpfſt oder ihn vielmehr feſter an Dich
zu ziehen ſuchſt; meine Verhältniſſe erlauben mir viel zu
wenig, die hohen Pflichten der Freundſchaft zu erfüllen, ich
bitte Dich, ich beſchwöre Dich daher im Namen der guten
edlen Gefühle, die Du gewiß beſitzeſt, daß Du mir dieſe
für mich wirklich quälende Sorge übernimmſt; beſonders
wird es gut ſein, wenn Du ihn erſuchſt, mit Dir hier oder
da hinzugehen, und (ſo ſehr er Dich zum Fleiße anſpornen

mag) Du ihn etwas von seinem übermäßigen, und mir scheint, nicht immer ganz nötigen Arbeiten abzuhalten. Du kannst es nicht glauben, in welchem exaltierten Zustande ich ihn schon gefunden. — Seinen gestrigen Verdruß wirst Du wissen, — alles Folge von seiner erschrecklichen Reizbarkeit, die ihn, wenn er ihr nicht zuvorkommt, sicher zugrunde richten wird. —

Ich trage Dir also, mein lieber Gleichenstein, die Sorge für einen meiner besten, bewährtesten Freunde auf, um so mehr, da Deine Geschäfte schon eine Art Verbindung zwischen Euch errichten, und Du wirst diese noch mehr befestigen dadurch, daß Du ihm öfter Deine Sorge für sein Wohl zu erkennen gibst, welches Du um so mehr kannst, da er Dir wirklich wohl will. — Doch Dein edles Herz, das ich recht gut kenne, braucht wohl hierin keine Vorschriften. — Handle also für mich und für Deinen guten Breuning. Ich umarme Dich von Herzen.   Beethoven.

177] An Ignaz v. Gleichenstein.   (Januar 1809.)

Die Gräfin Erdödy glaubt, Du solltest doch mit ihr einen Plan entwerfen, nach welchem sie, wenn man sie, wie sie gewiß glaubt, angeht, traktieren könnte.

Dein Freund Lud. Beethoven.

Wenn Du diesen Nachmittag Zeit hättest, würde es die Gräfin freuen, Dich zu sehen.

178] Entwurf einer musikalischen Konstitution.

(Januar 1809.)

Zuerst wird der Antrag vom König von Westfalen ausgesetzt. —

Beethoven kann zu keinen Verbindlichkeiten wegen diesem Gehalt angehalten werden, indem der Hauptzweck seiner Kunst, nämlich die Erfindung neuer Werke, darunter leiden würde. Diese Besoldung muß B. so lange versichert bleiben, als derselbe nicht freiwillig Verzicht darauf leistet. Den Kaiserlichen Titel auch, wenn es möglich — abzuwechseln mit Salieri und Eibler — das Versprechen vom Hof, ehestens in wirkliche Dienste des Hofes treten zu können —

ober Abjunktion, wenn es der Mühe wert ist. — Kontrakt mit den Theatern mit ebenfalls dem Titel als Mitglied eines Ausschusses der Theatraldirektion, — festgesetzter Tag für eine Akademie für immer auch wenn diese Direktion sich verändert, im Theater, wogegen sich Beethoven verbindet, für eine der Armenakademien, wo man es am nützlichsten finden wird, jährlich ein neues Werk zu schreiben — oder zwei derselben zu dirigieren, — einen Ort bei einem Wechsler oder dergleichen, wo Beethoven den angewiesenen Gehalt empfängt. — Der Gehalt muß auch von den Erben ausbezahlt werden.

179] **An Ignaz v. Gleichenstein.** (Januar 1809.)

Wenn die Herren sich als die Miturheber jedes neuen größeren Werkes betrachteten, so wäre es der Gesichtspunkt, woraus ich am ersten wünschte betrachtet zu werden, und so wäre der Schein, als wenn ich einen Gehalt für nichts bezöge, verschwunden.

180] **An Ignaz v. Gleichenstein.** (Januar 1809.)

Für heute dürfte es wohl zu spät werden. Ich habe Deine Schrift von den E— nicht können eben zurückerhalten bis jetzt, indem der H— wieder einige items und aber und alldieweilen anbringen wollte. — Ich bitte Dich, das ganze sich immer auf die wahre mir angemessene Ausübung meiner Kunst sich beziehen zu lassen, alsdann wirst Du am meisten meinem Herzen und Kopf zu willen schreiben. Die Einleitung ist, was ich in Westfalen habe, 600 ♯ in Gold, 150 ♯ Reisegeld und nichts dafür zu tun als die Konzerte des Königs zu dirigieren, welche kurz und eben nicht oft sind. — Nicht einmal bin ich verbunden eine Oper, die ich schreibe, zu dirigieren. — Aus allem erhellt, daß ich dem wichtigsten Zwecke meiner Kunst, große Werke zu schreiben, ganz obliegen werde können — auch ein Orchester zu meiner Disposition.

NB. Der Titel als Mitglied eines Ausschusses des Theaters bleibt weg. — Es kann nichts als Verdruß hervorbringen. — In Rücksicht der kaiserlichen Dienste, so glaube ich, muß dieser Punkt delikat behandelt werden, —

jedoch nichts weniger als bei dem Verlangen des Titels
Kaiserl. Kapellmeister, sondern nur in Rücksicht dessen ein=
mal durch ein Gehalt vom Hof imstande zu sein Verzicht
auf die Summe zu tun, welche mir jetzt die Herren bezah=
len, so glaube ich, daß dieses am besten ausgedrückt wird
durch, daß ich hoffe und daß es mein höchster Wunsch sei,
einmal in kaiserliche Dienste zu treten, ich gleich so viel
weniger annehmen werde, nämlich: als die Summe be=
trägt, die ich von Seiner Kaiserlichen Majestät erhalte. —
NB. Morgen um 12 Uhr brauchen wir's, weil wir als=
dann zum Kinsky gehen müssen. — Ich hoffe Dich heute zu
sehen.

181] **Vertragsentwurf.**   (Febr. 1809.)

Es muß das Bestreben und das Ziel jedes wahren
Künstlers sein, sich eine Lage zu erwerben, in welcher er sich
ganz mit der Ausarbeitung größerer Werke beschäftigen
kann und nicht durch andere Verrichtungen oder ökonomische
Rücksichten davon abgehalten wird. Ein Tondichter kann
daher keinen lebhafteren Wunsch haben, als sich ungestört
der Erfindung größerer Werke überlassen und selbe sodann
dem Publikum vortragen zu können. Hierbei muß er doch
auch seine älteren Tage im Gesicht haben und sich für selbe
ein hinreichendes Auskommen zu verschaffen suchen.

Der König von Westfalen hat dem Beethoven einen Ge=
halt von 600 Dukaten in Gold lebenslänglich, 150 Du=
katen Reisegeld gegen die einzige Verbindlichkeit angetra=
gen, bisweilen vor ihm zu spielen und seine Kammerkon=
zerte zu leiten, welches indessen nicht oft und jedesmal nur
kurz zu geschehen hat. Dieser Antrag ist sicher ganz zum
Vorteil der Kunst und des Künstlers.

Beethoven hat indessen so viel Vorliebe für den Aufent=
halt in dieser Hauptstadt, so viel Dankbarkeit für die vielen
Beweise von Wohlwollen, welches er darin erhalten hat,
und so viel Patriotismus für sein zweites Vaterland, daß
er nie aufhören wird, sich unter die österreichischen Künstler
zu zählen, und daß er nie anderwärts seinen Wohnort
nehmen wird, wenn ihm die gesagten Vorteile hier nur
einigermaßen zustatten kommen.

Da ihn hohe und höchste Personen aufgefordert haben, die Bedingungen anzugeben, unter welchen er hier zu bleiben gesonnen wäre, so entspricht er diesem Verlangen mit folgendem:

1. Beethoven müßte von einem großen Herrn die Versicherung eines lebenslänglichen Gehalts erhalten, und wenn auch mehrere hohe Personen zur Summe dieses Gehalts beitrügen. Dieser Gehalt könnte bei der jetzigen Teuerung nicht unter 4000 fl. jährlich betragen. Beethoven wünschte, daß sich die Geber dieses Gehalts sodann als die Miturheber seiner neueren größeren Werke betrachteten, weil sie ihn in den Stand setzen, sich denselben zu widmen, und daß er daher nicht zu anderen Verrichtungen verwendet werde.

2. Beethoven müßte immer die Freiheit behalten, Kunstreisen zu machen, weil er sich nur auf solchen sehr bekannt machen und einiges Vermögen erwerben kann.

3. Sein größtes Verlangen und sein heißester Wunsch wäre es, einst in wirkliche kaiserliche Dienste zu kommen und durch den in dieser Stellung zu erwartenden Gehalt einst in den Stand zu kommen, auf den obigen ganz oder zum Teil Verzicht leisten zu können. Einstweilen würde schon der Titel eines Kaiserlichen Kapellmeisters ihn sehr glücklich machen; könnte ihm dieser erwirkt werden, so wäre ihm der hiesige Aufenthalt noch viel werter.

Sollte dieser Wunsch einst erfüllt werden und sollte er von Seiner Majestät einen Gehalt erhalten, so wird Beethoven von den obigen 4000 fl. jährlich so viel zurücklassen, als der kaiserliche Gehalt betragen wird; und sollte dieser auch 4000 fl. betragen, so würde er ganz auf die obigen 4000 fl. Verzicht tun.

4. Da Beethoven seine neuen größeren Werke auch von Zeit zu Zeit einem größeren Publikum vorzutragen wünscht, so möchte er von der Hoftheaterdirektion für sich und ihre Nachfolger die Versicherung haben, alljährlich den Palmsonntag im Theater an der Wien zur Aufführung einer Akademie zu seinem Vorteil zu erhalten. Dafür würde sich Beethoven verbinden, jährlich eine Armenakademie zu leiten und zu dirigieren, oder, wenn er dieses nicht tun könnte,

zu einer solchen Akademie ein neues Werk von ihm zu liefern.

[Ein durch Erzherzog Rudolph, Fürst Lobkowitz und Fürst Kinsky auf obiger Basis ausgefertigter Vertrag kam am 1. März 09 zustande. Beethoven verzeichnet darauf: „Empfangen am 26. Februar 1809 aus den Händen des Erzherzogs Rudolph K. H."]

182] An Ignaz v. Gleichenstein.   (Febr. 1809.)

Sei so gut und sieh, daß Du das Original zu dem aufgesetzten Kontrakt findest — ich brauche es. — Was willst Du denn mit einer Abreise ohne mich?

183] An Breitkopf & Härtel.   Wien, 4. März 1809.

Mein Hochgeehrter! Aus dem hier Beigefügten sehen Sie, wie die Sachen sich verändert haben, und ich bleibe, — obschon ich vielleicht doch noch eine kleine Reise zu machen gesonnen bin, wenn sich nicht die jetzigen drohenden Gewitterwolken zusammenziehn; — Sie erhalten aber gewiß zeitig genug Auskunft. — Hier das Opus usw. von den drei Werken: — Sonate für Klavier und Violoncell dem Herrn Baron von Gleichenstein Op. 59. Bei den Symphonien den beiden Herren zugleich, nämlich: S. Exzellenz dem Grafen Rasoumowsky und Seiner Durchlaucht dem Fürsten Lobkowitz gewidmet — Symphonie in C-Moll Op. 60, Symphonie in F Op. 61. — Sie erhalten morgen eine Anzeige von kleinen Verbesserungen, welche ich während der Aufführung der Symphonien machte; — als ich sie Ihnen gab, hatte ich noch keine davon gehört — und man muß nicht so göttlich sein wollen, etwas hier oder da in seinen Schöpfungen zu verbessern. — Hr. Stein trägt Ihnen an, die Symphonien zu zwei Klavieren zu übersetzen. Schreiben Sie mir, ob Sie das wollen, oder sie wollen und honorieren wollen? — —

Ich empfehle mich Ihnen bestens und bin in Eile
                    Ihr ergebenster Freund L. v. Beethoven.

Die Trios werden gewidmet: A Madame la Comtesse Marie d'Erdödy née Comtesse Niczky Dame de la Croix op. 62.

132

184] **An Nikolaus v. Zmeskall.** 7. März 1809.

Ich konnte es wohl denken. —

Mit den Schlägen, dieses ist nur mit Haaren herbeige=
zogen; — diese Geschichte ist wenigstens drei Monate alt
— und ist bei weitem das nicht, was er jetzt daraus macht.
— Die ganze elende Geschichte ist von einem Fratschler=
weib und ein paar elenden anderen Kerls herbeigeführt
worden; ich verliere eben nicht viel, weil er wirklich durch
dieses Haus, wo ich bin, verdorben wird.

185] **An Nikolaus v. Zmeskall.** (März 1809.)

Mir deucht, Sie werden, mein lieber Z., wohl noch, nach
dem Kriege, wenn er wirklich beginnen sollte, zu Friedens=
negoziationen sich anschicken — welch glorwürdiges Amt!!!
— Ich überlasse Ihnen ganz, die Sache mit meinem Be=
dienten auszumachen, nur muß die Gräfin Erdödy auch
nicht den mindesten Einfluß auf ihn haben; sie hat ihm,
wie sie sagt, 25 fl. geschenkt und monatlich 5 fl. gegeben,
bloß damit er bei mir bleiben soll, — diesen Edelmut m u ß
ich jetzt glauben — will aber weiter auch nicht, daß er so fort
ausgeübt werden soll. — Gehaben Sie sich wohl, ich danke
Ihnen für Ihre Freundschaft und hoffe Sie bald zu sehen.

Ganz Ihr Beethoven.

186] **An Gräfin Marie Erdödy.** (März 1809.)

Meine liebe Gräfin, ich habe gefehlt, das ist wahr; ver=
zeihen Sie mir, es ist gewiß nicht vorsätzliche Bosheit von
mir, wenn ich Ihnen weh getan habe. — Erst seit gestern
abend weiß ich recht, wie alles ist, und es tut mir sehr leid,
daß ich so handelte; — lesen Sie Ihr Billett kaltblütig und
urteilen Sie selbst, ob ich das verdient habe, und ob Sie
damit nicht alles sechsfach mir wiedergegeben haben, indem
ich Sie beleidigte, ohne es zu wollen. Schicken Sie noch
heute mir mein Billett zurück, und schreiben mir nur mit
einem Worte, daß Sie wieder gut sind, ich leide unendlich
dadurch, wenn Sie dieses nicht tun; ich kann nichts tun,
wenn das so fortdauern soll. — Ich erwarte Ihre Ver=
zeihung.

187] **An Dr. Dorner.** (März 1809.)

Haben Sie die Gefälligkeit, lieber D., und teilen Sie den Inhalt des Dekrets Gleichenstein ganz kurz mit. — Wenn Sie Zeit haben, besuchen Sie mich einmal. — Es wird mir lieb sein, wenn wir uns zuweilen sehen.

Ganz Ihr Beethoven.

188] **An Ignaz v. Gleichenstein.** 18. März 1809.

Du siehst, mein lieber, guter Gleichenstein, aus Beigefügtem, wie ehrenvoll nun mein Hierbleiben für mich geworden, — der Titel als kaiserl. Kapellmeister kommt auch nach — usw. Schreibe mir nun sobald als möglich, ob Du glaubst, daß ich bei den jetzigen kriegerischen Umständen reisen soll, und ob Du noch fest gesonnen bist mitzureisen. Mehrere raten mir davon ab, doch werde ich Dir hierin ganz folgen; da Du schon einen Wagen hast, müßte die Reise so eingerichtet werden, daß Du mir und ich Dir eine Strecke entgegenreise, — schreibe geschwind. — Nun kannst Du mir helfen eine Frau suchen; wenn Du dort in Freiburg eine schöne findest, die vielleicht meinen Harmonien einen Seufzer schenkt, doch müßte es keine Elise Bürger sein, so knüpf' im voraus an. — Schön muß sie aber sein, nichts nicht Schönes kann ich nicht lieben — sonst müßte ich mich selbst lieben. Leb' wohl und schreibe bald. Empfehle mich Deinen Eltern, Deinem Bruder.

Ich umarme Dich von Herzen und bin

Dein treuer Freund Beethoven.

189] **An Breitkopf & Härtel, Leipzig.** Wien, 28. März 1809.

Hochgeehrtester Herr! Hier erhalten Sie die Klavierverbesserungen in den Symphonien. Lassen Sie sie ja gleich in den Platten verbessern. Der Titel der Symphonie m F ist: Pastoralsymphonie oder Erinnerungen an das Landleben, mehr Ausdruck der Empfindung als Malerei. Beim Andante in derselbigen Symphonie ist noch anzumerken zu der Baßstimme: gleich anfangs: due Violoncelli Solo primo e secondo con sordino, ma gli Violoncelli tutti coi Bassi.

Sie wollten noch einen Fehler in dem dritten Stück der Symphonie aus C=Moll gefunden haben. Ich erinnere mich nicht, auf welche Art. Das beste ist immer, wenn Sie mir die Korrektur mit der Partitur, die Sie erhalten, zuschicken. In einigen Tagen erhalten Sie alles wieder. Mit den Trios und Violoncellsonate wäre mir's auch auf eben diese Art am liebsten. Bei der Violoncellsonate, wenn der Titel nicht gedruckt ist, kann noch stehen, an meinen Freund den Baron usw. Soviel ich weiß, habe ich nur zwei Trios geschickt. Es muß hierbei ein Irrtum obwalten. Sollte vielleicht Wagener den Spaß gemacht haben und ein drittes von sei= ner Erfindung oder von einem anderen hinzugefügt haben? Um allen Irrtum zu vermeiden, setze ich die Themas der Stücke her.

Mit nächstem beantworte ich Ihnen das übrige Ihrer
Briefe und empfehle mich Ihnen bestens
In Eil ganz Ihr Beethoven.

190] An Johann van Beethoven. Wien, 28. März 1809.

Lieber Bruder — der Brief liegt schon lange bereit für
Dich. — Gott gebe nur dem anderen Herrn Bruder einmal
statt seiner Gefühllosigkeit — Gefühl. Ich leide unendlich
durch ihn, mit meinem schlechten Gehör brauche ich doch
immer jemanden, und wem soll ich mich vertrauen?

191] An Josef Frhr. v. Hammer-Purgstall. (1809.)

Beinahe beschämt durch Ihr Zuvorkommen und Ihre
Güte, mir Ihre noch unbekannten schriftstellerischen Schätze
im Manuskript mitzuteilen, danke ich Euer Wohlgeboren
innigst dafür, indem ich beide Singspiele zurückstelle; überhäuft in meinem künstlerischen Beruf gerade jetzt ist es mir
unmöglich, mich besonders über das indische Singspiel weiter zu verbreiten; sobald es meine Zeit zuläßt, werde ich
Sie einmal besuchen, um mich über diesen Gegenstand sowohl als über das Oratorium „die Sündflut" mit Ihnen
zu besprechen. — Rechnen Sie mich allzeit unter die wahren
Verehrer Ihrer großen Verdienste. —
Euer Wohlgeboren mit Hochachtung ergebenster Diener
Beethoven.

192] An Breitkopf & Härtel. Wien, 5. April 1809.

Hochgeehrter Herr! Mit Vergnügen habe ich Ihren Brief
empfangen. Für den Aufsatz in der Musikzeitung danke ich
Ihnen; nur wünsche ich, daß Sie bei Gelegenheit, was
Reichardt angeht, berichtigen lassen. Es braucht eben keiner
pomphaften Widerrufung, doch muß die Wahrheit an den

136

Tag kommen. Ich wurde ganz und gar nicht von Reichardt engagiert, im Gegenteil, der oberste Kammerherr Seiner Majestät des Königs von Westfalen, Graf Truchseß=Wald= burg, ließ mir den Antrag und zwar als e r s t e r K a p e l l = m e i s t e r von Seiner Majestät von Westfalen machen. Die= ser Antrag wurde mir gemacht, noch ehe Reichardt in Wien war, und er wunderte sich selbst darüber, wie er sagte, daß ihm von alle dem nichts zu Ohren gekommen sei. Reichardt gab sich alle mögliche Mühe, mir abzureden, nicht dahin zu gehen. Da ich überhaupt sehr viele Ursache habe, den Cha= rakter des Herrn Reichardt in Zweifel zu ziehen und er viel= leicht gar selbst so etwas aus mehreren politischen Ursachen Ihnen könnte mitgeteilt haben, so glaube ich, daß ich mehr Glauben auf jeden Fall verdiene und daß Sie bei der näch= sten Gelegenheit, die sich leicht finden läßt, solches der Wahrheit nach einrücken lassen, da es für meine Ehre wich= tig ist.

Ich schicke Ihnen mit nächster Post alle drei Werke, das Oratorium, Oper, Messe, und verlange nicht mehr dafür als 250 Gulden in Konventionsgeld. Ich glaube nicht, daß Sie sich hierüber beschweren werden. Ich kann eben den Brief nicht finden, worin mir Simrock für die Messe auch 100 Gulden in Konventionsgeld geben wollte; auch selbst hier könnte ich dieses und noch etwas mehr von der chemi= schen Druckerei dafür bekommen. Ich mache Ihnen keine Schwänke, das wissen Sie. Ich schicke Ihnen jedoch alle drei Werke, weil ich überzeugt bin, daß Sie mich nicht wer= den darunter leiden lassen. Machen Sie die Überschriften ganz nach Ihrem Belieben im Französischen. Das nächste Mal erhalten Sie wieder ein paar Zeilen über das andere. Für heut' ist es nicht möglich.

                Ihr ergebenster Freund und Diener.

Vergessen Sie nur den e r s t e n K a p e l l m e i s t e r ja nicht. Ich lache über dergleichen; aber es gibt Miserables, die so etwas schon wissen nach der Köche Art aufzutischen.

193] An Nikolaus v. Zmeskall.   (1809.)

Hier die Antwort von Schuppanzigh. — Es ist mir leid um Kraft. — Ich schlage vor, daß die Ertmann mit ihm die

Violoncellsonate aus A spiele, welche ohnedem vor einem großen Publikum noch nicht gut gehört worden. — Übrigens wird, um dem bösen Leumund meiner Freunde zu steuern, das Terzett noch vor Krafts Akademie gemacht werden. Ganz Ihr Beethoven.

194] **An Nikolaus v. Zmeskall.** 14. April 1809.

Liebes altes Musikgräferl! Ich glaube, es würde doch gut sein, wenn Sie den eben auch alten Kraft spielen ließen, da es doch das erstemal ist, daß die Terzetten gehört werden (vor mehreren); — nachher werden Sie sie ja doch spielen können. — Ich stelle es Ihnen aber frei, wie Sie es hierin halten wollen; finden Sie Schwierigkeiten hierbei, wovon vielleicht die auch dabei sein könnte, daß Kraft und Schuppanzigh nicht gut harmonieren, so mag nur immerhin der Hr. von Z., jedoch nicht als Musikgraf, sondern als tüchtiger Musiker sich dabei auszeichnen. —

Ihr Freund Beethoven.

195] **An Nikolaus v. Zmeskall.** 16. April 1809.

Wenn ich nicht komme lieber Z., welches leicht geschehen kann, bitten Sie die Baronin von Ertmann, daß sie Ihnen die Klavierstimme von den Terzetten daläßt, und haben Sie hernach die Gefälligkeit, mir solche mit den übrigen Stimmen noch heute zu schicken. In Eile Ihr Beethoven.

196] **An Nikolaus v. Zmeskall.** 25. April 1809.

Ich spiele gern — recht gern; — hier die Violoncellstimme, — fühlen Sie sich dazu, — so spielen Sie, sonst lassen Sie die alte Kraft spielen. — Wegen der Wohnung mündlich, wenn wir uns sehen. Ihr Freund Beethoven.

197] **An Nikolaus v. Zmeskall.** (1809.)

Kraft hat sich zufälligerweise angeboten, heute mit zu spielen. Es wäre unschicklich gewesen, dieses nicht anzunehmen, und selbst leugne es nicht, sowie Sie es gewiß ebenfalls, daß sein Spiel uns alle doch am meisten Vergnügen macht. Bitten Sie Mihalkovics, daß er zu Ihnen diesen Abend komme, indem wir ihn wohl brauchen kön-

nen; ich werde ihn gegen halb 7 Uhr abholen, sowie auch
Sie, wenn es Sie freut mitzugehen. Um Ihre Pulte und
Bratsche bitte ich Sie auch.   Ihr Bthvn.

Versichern Sie sich des Mihalkovics auf allen Fall; wir
brauchen ihn. Ich bitte Sie auch zu kommen, ich werde Sie
abholen.

198] An **Nikolaus v. Zmeskall.**   27. April 1809.

Mein lieber Z.! Es hat sich eben eine passende Wohnung
für mich gefunden, — aber ich brauche jemand, der mir
hierin behilflich ist; meinen Bruder kann ich nicht dazu
nehmen, weil er nur immer das, was am wenigsten kostet,
befördert. — Lassen Sie mir also sagen, wenn wir zusam=
men heute diese Wohnung ansehen könnten. — Diese Woh=
nung ist im Klepperstall.

199] An **Nikolaus Simrock.**   Wien, 5. Mai 1809.

Mein lieber geehrter Freund! Unsere jetzige Lage ent=
schuldigt mein abgerissenes Stück Papier. Weisen Sie mir
die Summe von 100 Gulden in Konventionsmünze nur
hier so an, daß, wenn ich die Messe an demselbigen Ort ab=
gegeben habe, ich sogleich diese oben benannte Summe emp=
fangen muß. Leben Sie wohl und erinnern Sie sich gern
                              Ihres Freundes Beethoven.

200] An **Breitkopf & Härtel.**   Wien, 26. Mai 1809.

Mein sehr hochgeehrter Herr! Der uns nahende fatale
Zeitpunkt läßt mich Ihnen nur geschwind einige Zeilen
schreiben; die Unsicherheit der Post läßt mich Ihnen fürs
erste nichts schicken. Hier nur, was mir der Trios wegen
noch einfällt. Erstens, wenn der Titel noch nicht fertig,
wünschte ich, Sie machten die Dedikation nur gerade an den
Erzherzog Rudolf, wovon Sie den Titel von dem Konzert
in G, welches im Industriekontor hier gestochen ist, nur
abkopieren lassen könnten. Ich habe einigemal bemerkt, daß
eben, wenn ich anderen etwas widme — und er das Werk
liebt, ein kleines Leidwesen sich seiner bemächtigt. Diese
Trios hat er sehr lieb gewonnen. Es würde ihn daher wohl
wieder schmerzen, wenn die Zuschrift an jemand anderen
ist. Ist es aber geschehen, so ist nichts mehr zu machen.

Bei dem Trio aus Es bitte ich Sie, doch nachzusehen, ob im letzten Allegro nach dem hundertundzweiten Takt im zweiten Teil diese Stelle im Violoncell und Violine so steht

Sollte diese Stelle in der Partitur geschrieben sein wie bei Nr. 1, so müßte dieses geändert werden und heißen wie bei Nr. 2. Ich fand diese Stelle so in den ausgeschriebenen Stimmen; dieses ließ mich auf die Vermutung kommen, daß der Kopist vielleicht auch den nämlichen Fehler in der Partitur gemacht habe. Ist es nicht, desto besser. Sollte sich irgendwo ein Ritardando finden bei mehreren Stellen in eben diesem Stücke, so streichen Sie auch dies aus, es mag sich finden, wo immer; es soll keines in diesem ganzen Stück sein. Es wird nicht übel sein, folgende Stelle in eben diesem Stücke mit dem Fingersatze zu bezeichnen:

Leicht, ohne den wievielten Takt anzuzeigen, werden sich diese Stellen finden.

Die beständige Zerstreuung, worin ich seit einiger Zeit lebte, ließ mich nicht Ihnen dieses gleich anfangs bemerken. Doch bin ich nun bald ganz wieder mein, und da wird so etwas sich nicht mehr ereignen. Der Himmel gebe nur, daß ich nicht irgend durch ein schreckliches Ereignis wieder auf eine andere Art gestört werde. Doch wer kann sich mit dem gleichzeitigen Schicksale so vieler Millionen besorgt finden?

Leben Sie wohl, schreiben Sie mir bald. Bis dahin dürfte wenigstens die Briefpost noch offen sein.

In Eil Beethoven.

Mein lieber Herr! Sie irren sich wohl, wenn Sie mich
so wohl glaubten, — wir haben in diesem Zeitraum ein
recht zusammengedrängtes Elend erlebt, — wenn ich Ihnen
sage, daß ich seit dem 4. Mai wenig Zusammenhängendes
auf die Welt gebracht, beinahe nur hier oder da ein Bruch=
stück. Der ganze Hergang der Sachen hat bei mir auf Leib
und Seele gewirkt; noch kann ich des Genusses des mir so
unentbehrlichen Landlebens nicht teilhaftig werden. Meine
kaum kurz geschaffene Existenz beruht auf einem lockern
Grund; — selbst diese kurze Zeit habe ich noch nicht ganz
die mir gemachten Zusagen in Wirklichkeit gehen sehen.
Von Fürst Kinsky, einer meiner Interessenten, habe ich
noch keinen Heller erhalten — und das jetzt zu der Zeit, wo
man es am meisten bedürfte. Der Himmel weiß, wie es
weiter gehen wird. — Veränderung des Aufenthalts dürfte
doch auch mir jetzt bevorstehen. Die Kontributionen fangen
mit heutigem Dato an. Welch zerstörendes, wüstes Leben
um mich her, nichts als Trommeln, Kanonen, Menschen=
elend in aller Art. — Meine jetzige Lage macht, daß ich
schon wieder knickern muß mit Ihnen; daher glaube ich, daß
Sie mir wohl 250 fl. in Konventionsmünze für die drei
größeren Werke schicken könnten. Ich glaube eben nicht,
daß das auch nur im mindesten eine beträchtliche Summe
ist, und jetzt bedarf ich's, — denn auf alles in meinem De=
kret mir Zugesagte ist in diesem Augenblick nicht zu rechnen.
— Schreiben Sie mir daher, wenn Sie diesen Antrag an=
nehmen wollen; die Messe allein konnte ich schon mit 100 fl.
in Konventionsmünze honoriert haben, — Sie wissen, daß
ich immer offen mit Ihnen in d. g. bin.

Hier eine gute Portion Druckfehler, auf die ich, da ich
mich mein Leben nicht mehr bekümmere um das, was ich
schon geschrieben habe, durch einen guten Freund von mir
aufmerksam gemacht wurde (nämlich in der Violoncell=
sonate). Ich lasse hier dieses Verzeichnis schreiben oder
drucken und in der Zeitung ankündigen, daß alle diejenigen,
welche sie schon gekauft, dieses holen können. Dieses bringt
mich wieder auf die Bestätigung der von mir gemachten Er=
fahrung, daß nach meinen von meiner eigenen Handschrift

geschriebenen Sachen am richtigsten gestochen wird. Ver=
mutlich dürften sich auch in der Abschrift, die Sie haben,
manche Fehler finden; aber bei dem Übersehen übersieht
wirklich der Verfasser die Fehler. Nächstens erhalten Sie
das Lied „Ich denke dein", welches bestimmt war, in den
verunglückten Prometheus aufgenommen zu werden und
worauf ich gänzlich ohne Ihre Erinnerung vergessen hätte,
— nehmen Sie es als ein kleines Geschenk. Ich danke Ihnen
erst jetzt für die mir wirklich schön übersetzten Tragödien
des Euripides; ich habe mir unter den für mich bestimmten
Poesien auch aus Kallirrhoë einiges bezeichnet, das ich in
Noten oder Töne zu bringen gedenke; — nur möchte ich den
Namen des Verfassers oder Übersetzers dieser Tragödie wis=
sen. Ich habe bei Traeg den Messias für mich genommen,
als ein Privilegium, welches Sie mir schon mit einiger
Tätigkeit hier (bei Ihrem Dasein) zustellten; freilich habe
ich's dadurch weiter ausgedehnt. Ich hatte einigemal an=
gefangen, wöchentlich eine kleine Singmusik bei mir zu
geben — allein der unselige Krieg stellte alles ein. Zu die=
sem Zwecke und überhaupt würde mir's lieb sein, wenn
Sie mir die meisten Partituren, die Sie haben, wie zum
Beispiel Mozarts Requiem usw., Haydns Messen, über=
haupt alles von Partituren, wie von Haydn, Mozart, Bach,
Johann Sebastian Bach, Emanuel usw. nach und nach
schickten. Von Emanuel Bachs Klavierwerken habe ich nur
einige Sachen, und doch müssen einige jedem wahren Künst=
ler gewiß nicht allein zum hohen Genuß, sondern auch zum
Studium dienen, und mein größtes Vergnügen ist es,
Werke, die ich nie oder nur selten gesehen, bei einigen wah=
ren Kunstfreunden zu spielen. Ich werde schon einige Ent=
schädigung für Sie auf eine Art veranstalten, daß Sie zu=
frieden sein sollen. Ich höre, das erste Trio ist hier; ich
habe kein Exemplar erhalten und bitte Sie darum, auch
würde es mir lieb sein, wenn Sie die anderen noch heraus=
zugebenden Werke mir doch noch zur Korrektur schickten.
Alle Partituren erhalten Sie künftig von meiner eigenen
Hand, es sei denn, daß ich Ihnen die ausgeschriebenen
Stimmen schickte, aus denen man gespielt. — Sollte ich
meinen Aufenthalt verändern, so werde ich es Ihnen gleich

anzeigen. — Doch trifft auch, wenn Sie gleich schreiben, Ihre Antwort mich sicher hier. — Vielleicht wird der Himmel wollen, daß ich doch nicht ganz aufgeben muß, Wien als meinen beständigen Aufenthalt zu betrachten. Leben Sie wohl, ich wünsche Ihnen alles Gute und Schöne, so sehr es unser wüstes Zeitalter zuläßt; erinnern Sie sich

Ihres ergebensten Dieners und Freundes Beethoven.

202] An Nikolaus v. Zmeskall. (1809.)

Ich komme heute zum Schwane, ich kann Ihnen nichts Angenehmes von mir sagen. Ihr Freund Beethoven.

203] An Nikolaus v. Zmeskall. (1809.)

Ich habe Sie besuchen wollen, aber habe Sie leider nicht getroffen. Die Lage von Ihrer Wohnung gefällt mir so sehr, daß ich mich entschließen könnte, auf acht Tage ein Einsiedler zu werden; in Ernst, wenn Sie mir den Betrag der Kosten überhaupt melden wollen, und sich's nicht zu sehr wider meinen Beutel verstiege, so wollte ich den von Ihnen verlassenen Platz einnehmen, besonders rechnete ich darauf, daß Sie mir Ihr Klavier auf acht Tage da ließen, welches ich Ihnen hernach hineinschaffte. Leben Sie wohl und denken Sie an Ihren Sie liebenden Beethoven.

204] An Breitkopf & Härtel. (1. August 1809.)

Hier die Druckfehler von der Violoncell-Sonate. Czerny hat sie in den Exemplaren, die er noch hatte, verbessert. Mit nächstem das versprochene Lied und vielleicht noch einige dazu, womit Sie nach Gefallen handeln können.

Erg. L. Beethoven.

205] An Breitkopf & Härtel. Wien, 3. Aug. 1809.

Lachen Sie über meine autormäßige Ängstlichkeit. Stellen Sie sich vor, ich finde gestern, daß ich im Verbessern der Fehler von der Violoncellsonate selbst wieder neue Fehler gemacht habe. Also im Scherzo allegro molto bleibt dieses *ff*[1]) gleich anfangs, wie es angezeigt war und so auch

---

[1]) Nämlich wie es anfangs gestanden hat, so ist es recht.

144

die übrigen Male, nur muß im neunten Takt vor die erste
Note piano gesetzt werden und ebenfalls die beiden ande=
ren Male, beim neunten Takt, wo die ♯ ♯ ♯ sich in ♯ ♯ ♯
auflösen. So ist die Sache. Sie mögen hieraus sehen, daß
ich wirklich in einem solchen Zustande bin, wo es heißt:
„Herr, in deine Hände befehle ich meinen Geist!" — Mit
dem nächsten Postwagen erhalten Sie ein oder noch ein an=
deres Lied und ein Sextett für blasende Instrumente als
eine künftige Entschädigung für die opera benevolentiae,
welche ich Ihnen für mich anfertige.

Vergessen Sie ja nicht den Namen des Dichters, der uns
den Euripides so sehr schön wiedergegeben hat. Ich eile,
denn um 5 Uhr müssen wir die Briefe schon auf die Post
geben, und es ist schon gegen halb 5 Uhr, und ich wohne im
Klepperstall in der Teinfaltstraße im dritten Stock beim
Advokaten Gostischa. Leben Sie wohl.

Ganz Ihr Beethoven.

206] **An Breitkopf & Härtel.** Wien, 8. Aug. 1809.

Ich habe bei Hr. Kunz und Kompanie ein Sextett für
zwei Clarinetti, zwei Fagotti, zwei Hörner, zwei deutsche
Lieder oder Gesänge abgegeben, damit man Ihnen diese
baldmöglichst übermache. — Sie bleiben Ihnen als Gegen=
geschenke für alle diese Sachen, die ich mir als Geschenke von
Ihnen ausgebeten, — die Musik=Zeitung hatte ich auch ver=
gessen, ich erinnere Sie daher freundschaftlich daran. —
Vielleicht könnten Sie mir eine Ausgabe von Goethes und
Schillers vollständigen Werken zukommen lassen; — von
Ihrem literarischen Reichtum geht so was bei Ihnen ein,
und ich schicke Ihnen denn für mancherlei d. g. etwas, was
ausgeht in alle Welt. — Die zwei Dichter sind meine Lieb=
lingsdichter, sowie Ossian, Homer, welchen letzteren ich lei=
der nur in Übersetzungen lesen kann; — da Sie dieselben —
Goethe und Schiller — so bloß nur aus Ihrer literarischen
Schatzkammer ausschütten brauchen, so machen Sie mir die
größte Freude — NB. wenn Sie mir sie bald schicken —
damit, um so mehr, da ich hoffe, den Rest des Sommers
noch in irgendeinem glücklichen Landwinkel zubringen zu
können. —

Das Sextett ist von meinen früheren Sachen und noch dazu in einer Nacht geschrieben; man kann wirklich nichts anderes dazu sagen, daß es von einem Autor geschrieben ist, der wenigstens einige bessere Werke hervorgebracht — doch für manche Menschen sind d. g. Werke die besten. —

Leben Sie wohl und lassen Sie mich recht bald etwas wissen von Ihnen   an Ihren ergebensten Beethoven.

Von der Violoncellsonate wünschte ich noch einige Exemplare zu haben, überhaupt bitte ich Sie, mir immer doch ein halb Dutzend Exemplare zu schicken — ich verkaufe nie welche; — es gibt unterdessen hier und da arme Musici, denen man so was nicht abschlagen kann.

207] **An Dr. v. Trogler.**   (Sept. 1809.)

Lieber Doktor! Tausend Dank für Ihre Bemühungen um mich; die Nachricht früher hätte mir einige verdrießliche Tage ersparen können. Die Badner Post ist die elendeste, sie gleicht ihrem ganzen Staat, erst heute erhielt ich Ihren Brief. Wenn es möglich ist, erwarten Sie mich morgen früh zwischen 9 und 10 Uhr bei sich. Ich komme nach Wien. Ich wünsche sehr, daß Sie Dienstags mit mir zu Clementi gehn, indem ich besser verstehe, mit den Ausländern durch meine Noten mich verständlich zu machen, als im Sprechen; noch einmal meine lebhafte Danksagung für alle Ihre Freundschaft und Gefälligkeit gegen mich.

Alles Schöne an Malfatti.

Halten Sie lieb Ihren Freund Beethoven.

208] **An Breitkopf & Härtel.**   Wien, 19. Wein-Monat 1809.

Mein hochgeehrter Herr! Auf Ihren Brief vom 21. August antworte ich Ihnen, daß ich wohl zufrieden bin, wenn Sie mir auch einige Posten in Wienerkurant (jedoch nicht viel) wollen ausbezahlen lassen. Die drei Werke sind schon abgeschickt, nun wünschte ich freilich, daß Sie mir das Honorar für diese drei Werke früher anweisen, als sie in Leipzig ankommen, ja, wenn Sie es gleich hier anweisen wollten, würde es mir sehr lieb sein. Wir sind hier in Geldesnot, denn wir brauchen zweimal soviel als sonst. Verfluchter

146

Krieg! Bei dem Lied aus D setzen Sie das Tempo Allegretto, sonst singt man's zu langsam. Schreiben Sie mir gefälligst, was die Ausgaben von Schiller, Goethe in Konventionsgeld kosten, auch die ganz in kleinerem Format Ausgabe in Wieland. Soll ich sie schon kaufen, so mag ich sie doch lieber von daher, indem hier alle Ausgaben verhunzt und teuer sind. Nächstens über Quartetten, die ich schreibe. Ich gebe mich nicht gern mit Klavier-Solosonaten ab, doch verspreche ich Ihnen einige. Wissen Sie denn schon, daß ich Mitglied der Gesellschaft schöner Künste und Wissenschaften geworden bin? Also doch einen Titel, haha, das macht mich lachen.

Leben Sie wohl. Ich habe nicht viel Zeit, als Ihnen zu sagen, daß ich mich nenne   Ihr ergebenster Beethoven.

Vergessen Sie nicht auf meine Bitte wegen dem Gelde.

209] An Breitkopf & Härtel.

Mittwoch, am 2. Wintermonat 1809.

Ich schreibe Ihnen endlich einmal; — nach der wilden Zerstörung einige Ruhe, nach allen unerdenklichen ausgestandenen Ungemach — arbeitete ich einige Wochen hintereinander, daß es schien mehr für den Tod als für die Unsterblichkeit, — und so erhielt ich Ihr Paket ohne Brief und sah es weiter nicht an. Erst vor einigen Tagen nahm ich es zur Hand, und ich mache Ihnen recht lebhafte Vorwürfe, warum die sehr schöne Auflage nicht ohne Inkorrektheit???? Warum nicht erst ein Exemplar zur Übersicht, wie ich schon oft verlangte? In jede Abschrift schleichen sich Fehler ein, die aber ein jeder geschickter Korrektor verbessern kann, obschon ich beinahe gewiß bin, daß es wenige oder gar keine in der Abschrift, die ich Ihnen geschickt, gebe. Es ist unmöglich immer seine Handschrift zu schicken, jedoch habe ich so genau die Trios, die Symphonien durchgesehen, daß bei genauerer Korrektur auch nur wenig unbedeutende Fehler sein könnten. Etwas sehr ärgerlich bin ich deswegen. Hier das Verzeichnis; lassen die Dichter und Schriftsteller in Bemängelung ihres Beiseins am Druckorte auch das Fehlerverzeichnis drucken, so machen Sie es auch so; hier will ich's schon besorgen. — Ich habe keine Nachricht, ob

Sie meine drei Werke erhalten? Sie müssen doch wohl jetzt geraume Zeit bei Ihnen sein. Ich könnte Ihnen noch nichts wegen Dr. Apel schreiben, empfehlen Sie mich derweil als Schätzer von ihm. — Noch eins! Es gibt keine Abhandlung, die sobald zu gelehrt für mich wäre; ohne auch im mindesten Anspruch auf eigentliche Gelehrsamkeit zu machen, habe ich mich doch bestrebt von Kindheit an, den Sinn der Besseren und Weisen jedes Zeitalters zu fassen. Schande für einen Künstler, der es nicht für Schuldigkeit hält, es hierin wenigstens so weit zu bringen.

Was sagen Sie zu diesem toten Frieden? — Ich erwarte nichts Stetes mehr in diesem Zeitalter; nur in dem blinden Zufall hat man Gewißheit. Leben Sie wohl, mein geehrter Freund, und lassen Sie mich bald wissen, wie Sie leben und ob Sie die Werke erhalten.

Ihr ergebenster Freund Beethoven.

Dies eine Exemplar der Symphonie, C-Moll, ist nicht vollständig; ich bitte Sie mir daher sowohl von dieser als der Pastorale noch einige Exemplare zu schicken.

210] An George Thomson in Edinburg.

Vienne, le 23. Nov. 1809.

Monsieur! Je composerai des Ritornelles pour les 43 petits Airs, mais je demande encore 10 livres sterling ou 20 ducats de Vienne en espèces, que vous m'avez offerts, ainsi au lieu de cinquante livres sterling ou cent ducats de Vienne en espèces, je demande 60 livres sterling ou 120 ducats de Vienne en espèces. Ce travail est outre cela une chose, qui ne fait pas grand plaisir à l'Artiste, mais pourtant je serai toujours prêt de vous en consentir, sachant qu'il y a quelque chose utile pour le commerce. — Quant à les Quintuors et les trois Sonates, je trouve l'honoraire trop petit pour moi — je vous en demande la somme de 120 c'est à dire cent vingt livres sterling ou deux cents quarante ducats de Vienne en espèces, vous m'avez offert 60 livres sterling et c'est impossible pour moi de vous satisfaire pour un tel honoraire — nous vivons ici dans un temps où toutes les choses s'exigent à un terrible prix, presque

on paye ici trois fois si cher comme avant — mais si
vous consentiez la somme que je demande, je vous servirai
avec plaisir. — Je crois quant à la publication de ces
Oeuvres ici en Allemagne, je me voulais engager de ne
les publier plutôt, qu'après sept ou huit mois, quand vous
trouverez ce temps suffisant pour vous. — Quant à
Contre Basse ou Basson je voudrais que vous me laissiez
libre, peut-être que ze trouverai encore quelque chose
plus agréable pour vous — aussi on pouvait aussi choisir
avec la flute un Basson ou quelques autres instruments à
vent et faire seulement le 3me Quintuor pour deux Violons, deux Viola, Violoncelle, comme le genre sera par
cela plus pur. — Enfin soyez assuré Monsieur que vous
traitez avec un vrai Artiste qui aime d'être honorable-
ment payé, mais qui pourtant aime encore plus sa gloire
et aussi la gloire de l'Art — et qui n'est jamais content
de soi-même et se tâche d'aller toujours plus loin et de
faire des progrès encore plus grands dans son Art. —
Quant aux chansons je les ai déjà commencées et je
donnerai environ huit jours à Fries — donnez-moi donc
bientôt une réponse, Monsieur, et recevez ici la considération particulière de votre serviteur

Louis van Beethoven.

Une autre fois je vous prie aussi de m'envoyer les
paroles Chansons, comme il est bien nécessaire de les
avoir pour donner la vraie expression — ici on me les
traduira.

211] **An Breitkopf & Härtel.**   (Wien, 4. Dez. 1809.)

Ein Fieber, was mich tüchtig schüttelte, hinderte, diese
noch nachgefundenen Errata gleich zu senden, lassen Sie
künftighin alles vorher bei Ihnen mit einigen Instrumenten probieren, damit dergleichen gleich gefunden und verbessert werde. Ich habe es Ihnen doch schon so oft gesagt,
und noch einmal, ein Probedruck ist immer das Sicherste.
Antworten Sie mir ja bald, auch wegen den drei Werken,
da Sie solche doch aller Wahrscheinlichkeit nach schon ziemlich lange haben müssen.   In Eil Ihr Beethoven.

Zeites Trio in Es, Allegretto in C=Dur Klavierstimme

im Baß statt 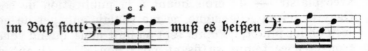 muß es heißen

Seite 17, achte Linie, siebenter Takt nämlich: nach den

4 Taktpausen statt 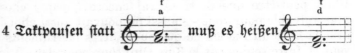 muß es heißen

Violoncello. Erstes Trio in D, 1tes Allegro 2ter Teil,
60ter Takt ist die Viertelpause ausgelassen

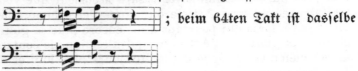 ; beim 64ten Takt ist dasselbe

211a]　An Breitkopf & Härtel.　　　　　　(Dez. 1809.)

Das Buch der Oper und des Oratoriums wird den kom=
menden Dienstag auf den Postwagen gegeben. Von der
Musikzeitung habe ich noch nichts erhalten. — Man hat
mir neulich ein Gedicht „Die Höllenfahrt des Erlösers",
welches als Folge des Christus am Ölberge dienen könnte,
von Leipzig zugeschickt; wie es scheint, muß der Verfasser
etwas von dem Oratorium vielleicht gesehen oder gehört
haben — es ist mit Geist geschrieben. —

Nächstens wegen Dr. Apel. — Ich wünsche nur den
Winter mit seinem schweren Druck überstanden zu haben,
damit ich wieder auflebe, der fatal durchlebte Sommer, und
ein gewisser trauriger Nachhall des gesunkenen noch ein=
zigen deutschen Landes zwar nicht ohne Schuld verfolgt
mich immer. — Was sagen Sie zu dem Geschmier von
Reichardts Briefen? Wovon ich zwar nur noch einzelne
Bruchstücke gesehn. —

212]　An Nikolaus Zmeskall.　　　　　　　(1809.)

Verfluchter geladener Domanowetz — nicht Musikgraf
sondern Freßgraf — Dineen Graf, Supeen Graf usw. —

heute um halb elf oder zehn Uhr wird das Quartett bei
Lobkowitz probiert, S. D., die zwar meistens mit ihrem
Verstande abwesend, sind noch nicht da, — kommen Sie
also — wenn Sie der Kanzlei-Gefängniswärter entwischen
läßt. — Heute kommt der Herzog, der bei mir Bedienter
werden will, zu Ihnen — auf 30 fl. mit seiner Frau obligat können Sie sich einlassen — Holz, Licht, kleine Livree.
— Zum Kochen muß ich jemand haben, solange die Schlech-
tigkeit der Lebensmittel so fortdauert, werde ich immer
krank. — Ich esse heute zu Hause, des besseren Weins halber; wenn Sie sich bestellen, was Sie haben wollen, so
wär' mir's lieb, wenn Sie auch zu mir kommen wollten;
den Wein bekommen Sie gratis und zwar besser wie in dem
hundsföttischen Schwanen. — Ihr kleinster Beethoven.

213] **An Nikolaus Zmeskall.**   (1809.)

Hier kommt der Herzog mit seiner Frau. — Hören Sie
einmal, wie sich die Menschen herbeilassen wollen. — Sie
müßte kochen, wann ich's haben wollte, auch flicken usw.
— denn dieses ist eine höchst nötige Sache. — Ich komme
hernach auch zu Ihnen, um das Resultat zu hören; — das
Beste ist wohl, daß man frägt, was sie mir leisten wollen? — —

214] **An Nikolaus v. Zmeskall.**   (Ende 1809.)

Dieses können Sie den Leuten vorlesen, die Sache ist
so, und nicht anders; mein Fehler ist, daß ich dem Mitleiden Gehör gegeben. Es ist mir unterdessen eine Witzi-
gung. Sie tun am besten, sie morgen zu sich kommen zu lassen, und behandeln Sie selbe mit Ernst und Verachtung,
wie sie es beide um mich verdienen.

                            In Eil der Ihrige L. v. B.

215] **An Nikolaus v. Zmeskall.**   (Ende 1809.)

Lieber Z.! Das Weib bei mir wieder zu sehn, geht nicht,
und obschon sie vielleicht etwas besser ist wie er, so will ich
ebensowenig von ihr als von ihm etwas wissen. Daher
sende ich Ihnen die verlangten 24 fl., legen Sie gefälligst
die 30 Xr. darauf, nehmen Sie einen Stempelbogen von

15 Kr. und lassen Sie sich auf selbem schriftlich geben von dem Bedienten, daß er diese 24 fl. 30 Kr. für Stiefel und Livreegeld empfangen habe. — Mündlich mehr, wie sehr sie Sie neulich belogen haben. Ich wünsche unterdessen, daß Sie die Achtung, die Sie sich als Freund von mir gegen sich selbst schuldig sind, nicht vergessen; sagen Sie ihnen, daß Sie mich nur dazu bewogen, dieses noch zu geben. Übrigens geben Sie sich nicht unnötigerweise mit ihnen ab, denn sie sind beide Ihrer Fürsprache unwürdig. Nicht ich habe ihren Mann wieder zu mir wollen nehmen, sondern zum Teil heischten es die Umstände, ich brauchte einen Bedienten; und Haushälterin und Bediente kostete zu viel, zudem fand ich sie mehrmal bei ihrem Manne unten beim Uhrmacher in meinem Hause, ja sie wollte sogar eben von da mit ihm ausgehn, da ich sie doch brauchte, daher ließ ich ihn wiederkommen, da ich der Wohnung halber s i e behalten mußte; hätte ich ihn nicht genommen, so wäre ich um so viel mehr betrogen werden. — So verhält es sich hiermit, beide sind schlechte Menschen. Leben Sie wohl, ich sehe Sie bald.   Ihr Freund Beethoven.

216]   An Nikolaus v. Zmeskall.   (Ende 1809.)

In Eil. Ich komme zum Schwan, von da können wir uns dann auch von dieser weiblichen Plage heimsuchen lassen.   Beethoven.

217]   An Nikolaus v. Zmeskall.   (1809.)

Lieber Z.! Ich bitte Sie um einige Federn, jedoch ein wenig feiner und weniger nachgiebig geschnitten.

218]   An Monsieur Bigot.   (1809.)

Mein lieber Bigot! Schon seit einigen Tagen mit einem fieberhaften Anfalle behaftet, war ich in dem Augenblicke, als ich Ihnen einen Besuch machen wollte, eben am stärksten davon ergriffen, und hüte nun das Bett. Durch Verkältung entstanden, muß die Wärme mich wieder in meinen vorigen Zustand versetzen, und so hoffe ich, ist es morgen schon besser. Hier den Aufschluß über mein Fortgehen. Den Ihrigen alles Schöne von Ihrem
                    Ihnen sehr ergebenen L. v. Beethoven.

152

219] An Monsieur **Bigot.** (1809.)

Da ich keine Cahiers meiner Weisheit, meiner Belesenheit usw. aufweisen kann, so schicke ich Ihnen einige Cahiers meiner Phantasie. Gestern abend wollte ich Sie besuchen, allein zu rechter Zeit erinnerte ich mich, daß Sie Sonnabend nicht zu Haus sind. Ich merke es wohl: ich muß entweder recht oft zu Ihnen kommen, oder gar nicht. Noch weiß ich nicht, welches von beiden ich ergreifen soll, glaube aber fast das letztere, weil ich dadurch auf einmal allem Zwang, zu Ihnen kommen zu müssen, ausweiche.

Ganz Ihr Beethoven.

220] An Ferdinand Ries. (1809.)

Ihre Freunde, mein Lieber, haben Ihnen auf jeden Fall schlecht geraten. Ich kenne diese aber schon; es sind die nämlichen, denen Sie auch die schönen Nachrichten über mich aus Paris geschickt — die nämlichen, die sich um mein Alter erkundigt, und wovon Sie so gute Kunde zu geben gewußt — die nämlichen, die Ihnen bei mir schon manchmal, jetzt aber auf immer geschadet haben. Leben Sie wohl.

Beethoven.

221] An Fries & Comp., Wien. (1809.)

Ich nehme mir die Freiheit, anzufragen, ob von Herrn Thomson aus Edinburgh keine Briefe an mich da sind. Zugleich bitte ich Sie, daß im Falle, daß Briefe von selben an Sie gelangen sollten, Sie die Gefälligkeit haben möchten, diese Briefe an Herrn Musikverleger Steiner im Paternostergäßl auf'm Graben zu schicken. (Jedoch wohl zugemacht) indem ich mich dermalen auf dem Lande befinde und dort bis Ende Oktober bleibe.

Mit Hochachtung Ihr ergebenster Beethoven.

222] An Ignaz v. Gleichenstein. (1809.)

Ist es wirklich wahr? Bist Du hier?

223] An Nikolaus v. Zmeskall. (1809.)

Mein lieber Zmeskall! Ich bin strafbar, daß ich noch nicht bei der Baronin E(rtmann) war. Es soll aber ge-

153

schehen. Den Bassetthornisten habe ich nicht mehr seit der Zeit gesehen, ich glaube, er hat den Durchfall vor lauter Furcht, bei uns allen durchzufallen, bekommen. Ich werde kommen; würde aber noch lieber gekommen sein, wenn man die neue Violoncellsonate gemacht hätte.

Ihr Freund Beethoven.

224] **An Breitkopf & Härtel.** Wien, 2. Januar 1810.

Kaum genesen warf mich meine Krankheit wieder zwei Wochen lang von neuem. Ist es ein Wunder? Wir haben nicht einmal mehr gutes genießbares Brot. Das Beigefügte zeigt den Wechselkurs von Sonnabend, da ich Ihren Brief erhalten. Die Summe von 250 (zweihundertfünfzig fl.) in Konventionsmünze ist schon lange als deponierte Summe, worüber ich nicht mehr Herr bin, an jemand anderen abge= treten, daß ich nicht wüßte, auf welche Art immer das Sil= bergeld zu verschaffen. Mein Bruder ist nicht hier; dieser hätte hierin vielleicht noch Mittel treffen können, den mir geschickten Wechsel in Silbergeld zu verwandeln. Einem meiner Freunde, der Wechsler ist, erzählte ich heute den Fall, und er sagte, daß nichts anderes zu tun sei, als Ihnen den Wechsel zurückzusenden, indem sich jeden Augenblick der Kurs änderte und zu erwarten stünde, daß das Silber= geld noch mehr steige und man jetzt beinahe nicht den Kurs bestimmen könnte.

Ich ersuche Sie daher, wie es verabredet, mir die 250 Gulden in Konventionsmünze, z. B. in Zwanziger hier bei Herrn Kunz & Ko. auszahlen zu lassen, indem ich dieselbe Summe schon vor ziemlich langer Zeit an jemand über= tragen und verbunden bin, dieselbige in Silbergeld wieder zurückzuerstatten. Lieb dürfte es mir sein, wenn Sie dieses sobald als möglich tun wollten; denn schon lange wartet dieser drauf, indem ich immer geglaubt, daß die Werke ge= schwinder ankommen würden. Für heute bin ich zu schwach, auf Ihr angenehmes Schreiben zu antworten, doch in eini= gen Tagen über alles andere in Ihrem Briefe.

Halten Sie lieb Ihren ergebensten Beethoven.

225] **An Nikolaus v. Zmeskall.** 25. Januar 1810.

Was machen Sie? — Mein in der Tat nur angenomme=
ner Frohmut hat Ihnen vorgestern nicht allein Wehe ver=
ursacht, sondern er schien Sie auch beleidigt zu haben; die
ungebetene Gesellschaft schien eine für Ihre gerechte Klage
so unschickliche, daß ich mit freundlicher Freundesgewalt
Sie durch meine angenommene gute Laune wollte verhin=
dern, sie nicht lauter werden zu lassen; ich selbst leide noch
immer an meinem Unterleibe, — sagen Sie, ob Sie heute
zum Schwanen kommen? —

Ihr wahrer Freund Beethoven.

226] **An Breitkopf & Härtel.** 4. Febr. 1810.

Ich hoffe, Sie werden den Wechsel von 500 Gulden,
welchen Sie mir geschickt, schon wieder zurückerhalten
haben und bitte Sie mir hierüber zu antworten. Mit mei=
ner Gesundheit geht es eben noch nicht sicher und fest, doch
hat's sich gebessert. Mit nächstem Briefe erhalten Sie das
Buch der Oper und des Oratoriums. Sollte sich nicht auf
die Messe ein deutscher Text, jedoch ohne den lateinischen
auszulassen, machen lassen? Die Orgelstimme von der
Messe schicke ich Ihnen insbesondere noch nach, wenn Sie
sonst sie nicht schon gestochen haben. Ich möchte sie auf eine
andere Art als bisher bei der Messe erscheinen lassen. Ist
aber, daß Sie selbe schon gestochen, so muß man's diesmal
so hingehen lassen. Hier von neuen Werken: eine Fantasie
fürs Klavier allein, ebenfalls fürs Klavier mit ganzen
Orchester und Chören. NB. eben diejenige, weswegen Sie
geschrieben. Drei Klavier=Solosonaten, NB. wovon die
dritte aus drei Stücken, Abschied, Abwesenheit, das Wie=
dersehen besteht, welche man allein für sich herausgeben
müßte.

Variationen fürs Klavier allein.

12 Gesänge mit Begleitung des Klaviers, teils deutscher,
teils italienischer Text, beinahe alle durchkomponiert.

Konzert fürs Klavier mit ganzem Orchester.

Quartett für zwei Violinen, Bratsche, Violoncell.

Da ich gewärtig bin, dieselben Werke vielleicht nach Lon=
don schicken zu können, so dürften Sie dieselben außer

England überall aller Orten versenden; jedoch dürfte die Herausgabe aus obiger Ursache nicht eher als den ersten September dieses Jahr 1810 ans Licht treten. Ich glaube nicht, daß ich übermäßige Forderungen mache, wenn ich ein Honorar von 1450 Gulden in Konventionsgeld auf die nämliche Art, wie für das Oratorium, Oper und Messe, mir das Honorar ausbezahlt würde. Sie könnten mir diese Summe in zwei Hälften abtragen; die erste könnten Sie mir anweisen, nachdem Sie die erste Hälfte der Werke empfangen und ebenso mit der zweiten Hälfte der Werke die andere Hälfte.

In Rücksicht des Oratoriums bitte ich Sie nachsehen zu lassen, ob sich die drei Posaunen, die Pauken und Trompeten bei den hier angezeigten Stücken auch finden in meiner Ihnen geschickten Partitur.

Alt Tenor Posaunen Baß	in der Arie Nr. 2 „O Heil euch" mit Chor, wo sie im alla breve Takt Allo molto alle 3 einfallen müssen.

Trompeten Pauken	fallen gleich in C alla molto von Nr. 2 ein und sind in Es, die Pauken erst im 48. Takt ein Allo molto C und sind in A.

Alt Tenor Posaunen Baß	im Rezit. Nr. 3 „Verkündet Seraph".

Pauke in C im Chor in C: „Wir haben ihn gesehen." Trompeten, Pauken in D im Chor in D: „Hier ist er der Verbannte."

Alt Tenor Posaunen Baß Trompeten Pauken	letzter Chor in C: „Welten singen."

Ist, daß irgendwo hier die besagten Stimmen fehlen, so laß ich sie klein schreiben und schicke sie Ihnen.

Der Gesang in der Ferne, den Ihnen mein Bruder neulich schickte, ist von einem Dilettanten, wie Sie ohnedem werden bemerkt haben, welcher mich dringend ersuchte, ihm Muſik dazu zu ſetzen, nimmt ſich aber auch die Freiheit, die Arie ſtechen zu laſſen. Ich habe daher gedacht, ſogleich Ihnen einen Beweis meiner freundſchaftlichen Geſinnung zu geben, indem ich es Ihnen mitteile. Ich hoffe, Sie werden es gleich bei Erhaltung zum Stechen geben. Sie können es dann hierher und wo immer ſchicken, wenn Sie recht eilen, iſt die Arie eher hier, als ſie hier herauskommen kann. Bei Artaria weiß ich ſicher, daß ſie herauskommen wird. Ich habe die Arie bloß aus Gefälligkeit geſchrieben und ſo über= gebe ich ſie auch Ihnen. Doch bitte ich mir etwas aus, näm= lich folgendes Buch: „Bechſteins Naturgeſchichte der Vögel in zwei großen Bänden mit farbigen Kupfern", womit ich einem guten Freunde von mir ein großes Vergnügen machen will.

Von den mir bewilligten Partituren, die Sie bei Traeg und im Induſtriekontor haben, habe ich noch keinen Ge= brauch gemacht, ich bitte Sie ihnen oder mir etwas Schrift= liches zu ſchicken, damit dieſes ihnen zeigen könne. Ihren Wechſel habe ich empfangen und auch ſchon auswechſeln laſſen, mir iſt leid, wenn ich vielleicht einen Verſtoß ge= macht, aber ich verſtehe mich auf nichts d. g. — Mit meiner Geſundheit geht's noch nicht feſt. Wir werden mit ſchlech= ten Lebensmitteln verſehen und müſſen unglaublich zah= len. Mit meiner Anſtellung geht's noch nicht ganz ordent= lich, von Kinsky habe ich noch keinen Heller erhalten. Ich fürchte, oder ich hoffe beinahe, ich werde das Weite ſuchen müſſen, ſelbſt vielleicht meiner Geſundheit ſelbſt wegen. Lange dürfte es dauern, bis mir auch ein beſſerer Zuſtand als der jetzige, an den vorigen iſt nie mehr zu denken, ent= ſtehen wird.   Ganz Ihr ergebenſter Freund Beethoven.

227] An Joſeph Frhr. v. Hammer=Purgſtall.   (1810.)

Verzeihen Sie, mein werter H., indem ich Ihnen noch nicht den Brief nach Paris gebracht; eben jetzt überhäuft mit ſo mancherlei, konnte ich das Schreiben dahin nur von einem Tage auf den anderen aufſchieben; morgen unter= deſſen erhalten Sie den Brief, wenn es mir auch nicht mög= lich ſein ſollte, Sie ſelbſt, was ich mir ſo ſehr wünſchte, be=

suchen zu können. Noch eine andere Angelegenheit möchte ich Ihnen ans Herz legen, vielleicht wäre es möglich, daß Sie für einen armen Unglücklichen, nämlich für den Hrn. Stoll, Sohn des berühmten Arztes, wirken könnten. Es ist wohl bei manchem anderen Menschen die Rede, wie einer unglücklich geworden durch eigene oder fremde Schuld, das wird jedoch nicht der Fall bei Ihnen und bei mir sein; genug, der Stoll ist unglücklich, setzt sein einziges Heil in einer Reise nach Paris, weil er voriges Jahr wichtige Bekanntschaften gemacht hat, die ihn dazu führen werden, von dort aus eine Professur in Westfalen zu erhalten; Stoll hat deswegen mit einem Hrn. v. Neumann, der bei der Staatskanzlei ist, gesprochen, um mit einem Kurier nach Paris fortzukommen, aber der Kurier wollte ihn nicht anders, als für eine Summe von 25 Louisd'or mitnehmen. Nun frage ich Sie, mein Lieber, ob Sie nicht mit diesem Hrn. v. Neumann reden wollten, daß dieser es möglich mache, daß ein solcher Kurier den Stoll unentgeltlich oder doch nur für eine ganz geringe Summe mitnehme. Indem ich Sie von dieser Sache unterrichte, bin ich überzeugt, daß Sie gern, wenn Sie sonst nichts hindert, sich für den armen Stoll verwenden werden. — Ich gehe heute wieder aufs Land, doch hoffe ich, bald so glücklich zu sein, einmal eine Stunde in Ihrer Gesellschaft zubringen zu können. Bis dahin empfehle ich mich Ihnen und wünsche, daß Sie sich überzeugt halten von der Achtung

Ihres ergebensten Dieners Ludwig van Beethoven.

228] An Joseph Frhr. v. Hammer-Purgstall [?].

Euer Wohlgeboren! Ich bin die unschuldige Ursache, daß man Sie belästigt, bestürmt hat, indem ich keinen anderen Auftrag gegeben, als nur die Gewißheit des Gerüchtes, daß Sie ein Operngedicht für mich geschrieben, zu ergründen; wie sehr muß ich Ihnen danken, daß Sie sogar so gütig gewesen, mir dies schöne Gedicht übermachen zu lassen, um mich zu überzeugen, daß Sie es wirklich der Mühe wert gefunden haben, Ihrer hohen Muse für mich zu opfern. Ich hoffe, Ihre Gesundheit wird sich bald bessern, auch die meinige ist leidend, bringt mir nur Linderung das Landleben allein, welches dieser Tage geschehen dürfte, da eben hoffe ich, Sie bei mir zu sehen, wo wir uns über alles Nötige besprechen können. — Zum Teil übermäßig gedrängt beschäftigt, zum Teil wie schon berührt kränklich, bin ich verhindert, diesen Augenblick selbst zu Ihnen zu kommen und Ihnen lebhafter, als es mit Worten geschehen kann, das große Vergnügen auszudrücken, welches Sie mir durch Ihr herrliches Gedicht bereitet haben, fast möchte ich sagen, daß ich stolzer auf dies Ereignis als auf irgendeine der größten Auszeichnungen, die mir widerfahren könnten, bin.

Mit vorzüglicher Verehrung Ihr ergebenster Beethoven.

229] An Prof. Loeb.   Wien, 8. Febr. 1810.

Da mir der Herr Baron Pasqualati gesagt, daß ich die Wohnung in seinem Hause im vierten Stock, welche ich vor zwei Jahren bewohnt habe, wieder besitzen könne, so bitte ich Euer Hochwg. mich deswegen als Ihr Mietsh. zu betrachten — d. h. von künftigen Georgi an für jährliche 500 fl. — Die Zeit ist heute zu kurz, sonst würde ich auch das Drangeld gerne errichtet haben, welches ich mir dieser Tage vorbehalte. —

Ihr ergebenster Diener Ludwig van Beethoven.

230] An Ignaz v. Gleichenstein.   (Anfang 1810.)

Lieber guter Gleichenstein! Ich schicke Dir hier 300 fl.; mache mir nur zu wissen, ob Du mehr brauchst und wieviel?? so schicke ich's gleich; — — und bitte Dich, mir, da ich ebensowenig davon verstehe als sehr zuwider mir alles d. g. ist, Leinwand oder Bengalen für Hemden, auch wenigstens ein halb Dutzend Halstücher zu kaufen. — Handle nach Deinem Gutdünken hierin, nur laß es nicht anstehen, Du weißt, ich brauch's. — Dem Lind habe ich 300 fl. heute vorausgegeben und habe hierin ganz nach Deiner Maxime gehandelt. —

Joseph Henickstein hat mir heute das Pfund Sterling zu 27 fl. und einem halben ausgezahlt und ladet Dich und mich samt Clementi auf morgen zu Mittage ein, schlag es ja nicht ab; Du weißt, wie gern ich mit Dir bin; laß mir jedoch sagen, ob ich dem Henickstein darf ankündigen, daß man sicher auf Dich rechnet. — Nicht wahr, Du schlägst nicht aus. — Grüße nur alles, was Dir und mir lieb ist, wie gerne würde ich noch hinzusetzen und wem wir lieb sind???? wenigstens gebührt mir dieses ?zeichen. — Ich habe heute und morgen soviel zu tun, daß ich nicht, wie ich wünschte, zu Dir kommen kann; — leb' wohl, sei glücklich, ich bin's nicht. — Dein Beethoven.

231] **An Ignaz v. Gleichenstein.** (1810.)

Sei so gut lieber Freund, und schreib' mir in ein paar Zeilen im Französischen auf, wie ich an den Grafen Würm ein Billett — zu der Redoute — schreiben muß. Dir ist's leicht, mir nicht; — morgen früh schicke ich drum. — Auf der Redoute sah ich Dich nicht. —

232] **An Ignaz v. Gleichenstein.** (1810.)

Edler Freund! Wär' es nicht möglich, mich heute mit Deinem Besuch nur auf einige Minuten zu erfreuen? Alles ging erträglich, nur kann ich kaum die Latwerge überwinden. Hochachtungsvoll Dein Verehrer Beethoven.

233] **An Ignaz v. Gleichenstein.** (Febr. 1810.)

Der Erzherzog läßt mich noch gestern abends ersuchen, heute gegen halb 2 Uhr zu ihm zu kommen; wahrscheinlich komme ich vor 3 Uhr nicht fort. Ich habe daher gestern gleich für uns beide absagen lassen. — Begegnest Du dem Henickstein, so sag ihm, daß ich Dir seine Einladung gleich zu wissen gemacht, indem er eben keinen zu starken Glauben auf mich hat, worin er auch in Betrachtung seiner nicht ganz unrecht hat. — Ich habe geschrieben, daß wir uns selbst auf ein andermal einladen wollen. — Ich danke sehr für Deine Bemühungen. — Es war mir leid, Dich verfehlt zu haben, aber — ich erwarte Dich so selten bei mir, daß es mir zu verzeihen, wenn ich hierin nie auf Dich rechne. — Ob Du mit Dorner zum Erzherzog heute abend kommen kannst, erhältst Du von mir noch zeitig genug Nachricht.

Dein Beethoven.

160

Den Einſchluß ſandt' ich Dir gleich geſtern nachmittags nach Deiner erſten abſchlägigen Antwort. Man ſagte, Du ſeiſt im Theater, und doch war's kaum halb 5 Uhr. — Aus dem Beigeſchloſſenen von Schweiger ſiehſt Du, daß ich darauf rechnete, daß Dorner ſchon wiſſe, daß er kommen könnte, und ſo ſagte ich Dir weder Stunde noch ſonſt was. — Ich ſelbſt kündigte Dich vor dem Anfang der Probe beim Erzherzog an und er nahm es ſehr gütig auf. — Du haſt viel verloren, nicht wegen Nichtanhörens meiner Muſik, aber Du hätteſt einen liebenswürdigen talentvollen Prinzen geſehen, und Du würdeſt als der Freund Deines Freundes gewiß nicht die Höhe des Rangs gefühlt haben. — Verzeih' mir dieſe kleine ſtolze Äußerung, ſie gründet ſich mehr auf das Vergnügen, auch diejenigen, die ich liebe, gleich hervorgezogen zu wiſſen, als auf eine kleinliche Eitelkeit. — So habe ich doch nur immer neue Empfindlichkeit und Wehe von Deiner Freundſchaft. — Leb' wohl. — Dieſen Abend komme ich zu den lieben M[alfattis].

Da ich mit meiner Zeit nicht auslange dieſen Morgen, ſo komme ich gegen Mittag zum wilden Mann im Prater; ich vermute, daß ich dort keine wilden Männer, ſondern ſchöne Grazien finden werde, und dafür muß ich mich auch noch erſt harniſchen. — Daß Du mich, weil ich gerade nur zum Mittage kommen kann, für keinen Schmarotzer hältſt, weiß ich, und ſo komme ich gerade; finde ich Euch noch zu Hauſe, ſo iſt's gut, wo nicht, ſo eile ich zum Prater, um Euch zu umarmen.   Freund Beethoven.

Hier iſt die Sonate, die ich der Thereſe verſprochen. Da ich ſie heute nicht ſehen kann, ſo übergib ſie ihr. — Empfehl' mich ihnen allen, mir iſt ſo wohl bei ihnen allen; es iſt, als könnten die Wunden, wodurch mir böſe Menſchen die Seele zerriſſen haben, wieder durch ſie geheilt werden. Ich danke Dir, guter G., daß Du mich dorthin gebracht haſt. — Hier noch 50 fl. für die Halstücher, brauchſt Du mehr, laß mich's wiſſen. Du irrſt, wenn Du glaubſt, das Gigons [Malfattis Hund] Dich allein nur ſuche; nein, auch ich habe das Glück gehabt, ihn gar nicht von meiner Seite kommen zu ſehen, er ſpeiſte an meiner Seite zu Nacht, er begleitete mich noch nach Hauſe, kurzum, er verſchaffte mir eine ſehr gute Unterhaltung; wenigſtens konnte ich niemals oben ſein, aber ziemlich tief unten. — Leb' wohl, lieb mich.

Dein Beethoven.

237] An Ignaz v. Gleichenſtein. (1810.)

Ich bitte Dich mir heute ſagen zu laſſen, wenn die M. zu Hauſe abends bleiben. — Du wirſt ſicher einen angenehmen Schlaf gehabt haben; — ich habe zwar wenig geſchlafen, aber ein ſolches Erwachen ziehe ich allem Schlaf vor. — Leb' wohl. Dein treuer Beethoven.

238] An Ignaz v. Gleichenſtein. (1810.)

Da mir die Frau von M. geſtern ſagte, daß ſie heute doch ein anderes Piano bei Schanz ausſuchen wollte, ſo wünſchte ich, daß ſie mir hierin völlige Freiheit ließ, eins auszuſuchen. Über 500 fl. ſoll's nicht koſten, ſoll aber weit mehr wert ſein; Du weißt, daß mir dieſe Herren immer eine gewiſſe Summe anbieten, wovon ich nie Gebrauch mache; dieſes macht aber wohl, daß ich einmal ein teures Inſtrument ſehr wohlfeil bezahlen kann, und gerne würde ich hier die erſte Ausnahme von meinem feſtgeſetzten Betragen in dieſem Stücke machen, ſobald Du mir nur zu wiſſen machen wirſt, ob man meinen Vorſchlag annehme. — Leb' wohl, lieber guter Gl. Heute ſehn wir uns, wo Du mir zugleich die Antwort geben kannſt. — Dein treuer Beethoven.

239] An Thereſe von Malfatti. (1810.)

Sie würden vergeblich ſuchen, um nur auch eine entfernte Urſache in Ihnen zu finden, die mein Betragen dahin ſtimmen könnte, wie es jetzt der Fall iſt. Nein in mir ſelbſt iſt es einmal ſo. Schon geſtern wollte ich von Schönbrunn zu Ihnen, allein ich hätte wieder zurück müſſen, und da ich ſelbſt, wenn ich einmal bei Ihnen bin, nicht auch ohne mir ſelbſt Gewalt anzutun, fortkann, ſo mußte das

162

unterbleiben. Ich will es glauben, daß Ihnen vielleicht etwas an mir liegt. Daher nehme ich auch den Anlaß dazu, Ihnen zu sagen, daß Sie mir alle so lieb und wert sind, daß es schwerlich hierin noch einen höheren Grad geben kann. Sobald als möglich bin ich wieder bei Ihnen. Halten Sie lieb Ihren wahren Freund Beethoven.

240] **An Ignaz v. Gleichenstein.**   (1810.)

Hier sehe den Kaiserlichen Geschmack. — Die Musik hat sich der Poesie so herrlich angeschmiegt, daß wirklich man sagen kann, daß sie beide ein paar langweilige Schwestern sind. — Mach' mir zu wissen, ob Ihr zu Hause bleibt — aber beizeiten. — Kalter Freund, leb' wohl. — Was es auch mit Dir sein mag, Du bist's einmal nicht recht — auch nicht im entferntesten Grade, wie ich der Deine

Beethoven.

241] **An Ignaz v. Gleichenstein.**   (1810.)

Ich bin nicht wohl und kann daher nicht zu Dir kommen. — Nimm die paar Flaschen Wein, bei Dir werden sie doch eher angebracht. — Ich kann wohl denken, daß die Ankunft M. Dich ganz fordert, und kann Dich daher nicht einmal bitten, mich zu besuchen; kannst Du jedoch, so komm allein. — Leb' wohl. Hab' mich lieb.   Dein Beethoven.

242] **An Nikolaus v. Zmeskall.**   18. April 1810.

Lieber Zmeskall! Schicken Sie mir doch Ihren Spiegel, der nächst Ihrem Fenster hängt, auf ein paar Stunden, der meinige ist gebrochen; wenn Sie zugleich die Güte haben wollten, mir noch heute einen solchen zu kaufen, so erzeigten Sie mir einen großen Gefallen; Ihre Auslage sollen Sie sogleich zurückerhalten, verzeihen Sie, lieber Zmeskall, meine Zudringlichkeit. Ich hoffe Sie bald zu sehen.

Ihr Beethoven.

243] **An Nikolaus v. Zmeskall.**   18. April 1810.

Werden Sie nicht unwillig, lieber Zmeskall, indem ich mit beständigen Anforderungen an Sie gelange; lassen

Sie mich zugleich wissen, wieviel Sie für den Spiegel bezahlt? Leben Sie wohl, wir sehen uns bald in dem Schwan wieder, da das Essen täglich schlechter un(genießbarer) wird; ich habe seit vorgestern wieder einen heftigen Anfall von Kolik, doch ist es heute schon besser.

Ihr Freund Beethoven.

244] An Ignaz v. Gleichenstein.   (April 1810.)

Deine Nachricht stürzte mich aus den Regionen des Glücks wieder tief herab. Wozu denn der Zusatz, Du wolltest mir es sagen lassen, wenn wieder Musik sei? Bin ich denn gar nichts als Dein Musikus oder der anderen? — so ist es wenigstens auszulegen. Ich kann also nur wieder in meinem eigenen Busen einen Anlehnungspunkt suchen, von außen gibt es also gar keinen für mich. — Nein, nichts als Wunden hat die Freundschaft und ihr ähnliche Gefühle für mich. So sei es denn, für Dich armer Beethoven gibt es kein Glück von außen, Du mußt Dir alles in Dir selbst erschaffen, nur in der idealen Welt findest Du Freunde. — Ich bitte Dich mich zu beruhigen, ob ich selbst den gestrigen Tag verschuldet, oder wenn Du das nicht kannst, so sage mir die Wahrheit, ich höre sie ebenso gerne als ich sie sage; — jetzt ist es noch Zeit, noch können mir Wahrheiten nützen. — Leb' wohl — laß Deinen einzigen Freund Dorner nichts von alledem wissen.

245] An Therese v. Malfatti.   (Mai 1810.)

Sie erhalten hier, verehrte Therese, das Versprochene, und wären nicht die triftigsten Hindernisse gewesen, so erhielten Sie noch mehr, um Ihnen zu zeigen, daß ich immer mehr meinen Freunden leiste, als ich verspreche. Ich hoffe und zweifle nicht daran, daß Sie sich ebenso schön beschäftigen als angenehm unterhalten, — letzteres doch nicht zu sehr, damit man auch noch unser gedenke.

Es wäre wohl zuviel gebaut auf Sie oder mein Wert zu hoch angesetzt, wenn ich Ihnen zuschriebe, „die Menschen sind nicht nur zusammen, wenn sie beisammen sind, auch der Entfernte, der Abgeschiedene lebt uns“. Wer wollte der flüchtigen, alles im Leben leicht behandelnden T. so etwas zuschreiben?

Vergessen Sie doch ja nicht in Ansehung Ihrer Beschäftigung das Klavier oder überhaupt die Musik im ganzen genommen. Sie haben so schönes Talent dazu, warum es nicht ganz kultivieren? Sie, die für alles Schöne und Gute so viel Gefühl haben, warum wollen Sie dieses nicht verwenden, um in einer so schönen Kunst auch das Vollkommenere zu erkennen, das selbst auf uns immer wieder zurückstrahlt?

Ich lebe sehr einsam und still. Obschon hier oder da mich Lichter aufwecken möchten, so ist doch eine unausfüllbare Lücke, seit sie alle von hier fort sind, in mir entstanden, worüber selbst meine Kunst, die mir sonst so getreu ist, noch keinen Triumph hat erhalten können. Ihr Klavier ist bestellt und Sie werden es bald haben. Welchen Unterschied werden Sie gefunden haben in der Behandlung des an einem Abend erfundenen Themas, und so wie ich es Ihnen letztlich niedergeschrieben habe! Erklären Sie sich das selbst, doch nehmen Sie ja den Punsch nicht zu Hilfe. Wie glücklich sind Sie, daß Sie schon so früh aufs Land konnten! Erst am achten kann ich diese Glückseligkeit genießen. Kindlich freue ich mich darauf; wie froh bin ich, einmal in Gebüschen, Wäldern, unter Bäumen, Kräutern, Felsen wandeln zu können, kein Mensch kann das Land so lieben wie ich. Geben doch Wälder, Bäume, Felsen den Widerhall, den der Mensch wünscht!

Bald erhalten Sie einige andere Kompositionen von mir, wobei Sie nicht zu sehr über Schwierigkeiten klagen sollen. Haben Sie Goethes Wilhelm Meister gelesen, den von Schlegel übersetzten Shakespeare? Auf dem Lande hat man so viele Muße, es wird Ihnen vielleicht angenehm sein, wenn ich Ihnen diese Werke schicke.

Der Zufall fügt es, daß ich einen Bekannten in Ihrer Gegend habe, vielleicht sehn Sie mich an einem frühen Morgen auf eine halbe Stunde bei Ihnen, und wieder fort. Sie sehen, daß ich Ihnen die kürzeste Langeweile bereiten will.

Empfehlen Sie mich dem Wohlwollen Ihres Vaters, Ihrer Mutter, obschon ich mit Recht noch keinen Anspruch darauf machen kann, — ebenfalls dem der Base M. Leben Sie nun wohl, verehrte T., ich wünsche Ihnen alles, was im Leben gut und schön ist, erinnern Sie sich meiner und gern — vergessen Sie das Tolle — seien Sie überzeugt, niemand kann Ihr Leben freier, glücklicher wissen wollen als ich, und selbst dann, wenn Sie gar keinen Anteil nehmen

an Ihrem ergebensten Diener und Freund Beethoven.

NB. Es wäre wohl sehr hübsch von Ihnen, in einigen Zeilen mir zu sagen, worin ich Ihnen hier dienen kann?

246] An Dr. Franz Wegeler.   Wien, 2. Mai 1810.

Guter alter Freund. — Beinahe kann ich es denken, erwecken meine Zeilen Staunen bei Dir, — und doch, obschon Du keine schriftlichen Beweise hast, bist Du doch noch immer bei mir im lebhaftesten Andenken. — Unter meinen Manuskripten ist selbst schon lange eins, was Dir zugedacht ist und was Du gewiß noch diesen Sommer erhältst. Seit ein zwei Jahren hörte ein stilleres, ruhigeres Leben bei mir auf, und ich ward mit Gewalt in das Weltleben gezogen; noch habe ich kein Resultat dafür gefaßt und vielleicht eher dawider — doch auf wen mußten nicht auch die Stürme von außen wirken? Doch ich wäre glücklich, vielleicht einer der glücklichsten Menschen, wenn nicht der Dämon in meinen Ohren seinen Aufenthalt aufgeschlagen. Hätte ich nicht irgendwo gelesen, der Mensch dürfe nicht freiwillig scheiden von seinem Leben, solange er noch eine gute Tat verrichten kann, längst wär' ich nicht mehr — und zwar durch mich selbst. — O so schön ist das Leben, aber bei mir ist es für immer vergiftet.

Du wirst mir eine freundschaftliche Bitte nicht abschlagen, wenn ich Dich ersuche, mir meinen Taufschein zu besorgen. Was nur immer für Unkosten dabei sind, da Steffen Breuning mit Dir in Verrechnung steht, so kannst Du Dich da gleich bezahlt machen, sowie ich hier an Steffen gleich alles ersetzen werde. Solltest Du auch selbst es der Mühe wert halten, der Sache nachzuforschen und es Dir gefallen, die Reise von Koblenz nach Bonn zu machen, so rechne mir nur alles an. — Etwas ist unterdessen in acht zu nehmen, nämlich: daß noch ein Bruder f r ü h e r e r

Geburt vor mir war, der ebenfalls Ludwig hieß, nur mit dem Zusatze „Maria", aber gestorben ist. Um mein gewisses Alter zu bestimmen, muß man also diesen erst finden, da ich ohnedem schon weiß, daß durch andere hierin ein Irrtum entstanden, da man mich älter angegeben, als ich war. Leider habe ich eine Zeitlang gelebt, ohne selbst zu wissen, wie alt ich bin. — Ein Familienbuch hatte ich, aber es hat sich verloren, der Himmel weiß, wie. — Also laß Dich's nicht verdrießen, wenn ich Dir diese Sache sehr warm empfehle, den Ludwig Maria und den jetzigen nach ihm gekommenen Ludwig ausfindig zu machen. — Je bälder Du mir den Taufschein schickst, desto größer meine Verbindlichkeit. — Man sagt mir, daß Du in euren Freimaurerlogen ein Lied von mir singst, vermutlich in E=Dur und was ich selbst nicht habe; schick' mir's, ich verspreche Dir's drei und vierfältig auf eine andere Art zu ersetzen. — Denke mit einigem Wohlwollen an mich, so wenig ich's dem äußeren Schein nach um Dich verdiene. —

Umarme, küsse Deine verehrte Frau, Deine Kinder, alles, was Dir lieb ist, im Namen Deines Freundes

Beethoven.

247] An Ignaz v. Gleichenstein. (1810.)

Du lebst auf stiller ruhiger See oder schon im sicheren Hafen. Des Freundes Not, der sich im Sturm befindet, fühlst Du nicht — oder darfst Du nicht fühlen. — Was wird man im Stern der Venus Urania von mir denken, wie wird man mich beurteilen, ohne mich zu sehen! — Mein Stolz ist so gebeugt, auch unaufgefordert würde ich mit Dir reisen dahin; — laß mich Dich sehen morgen früh bei mir, ich erwarte Dich gegen 9 Uhr zum Frühstücken. — Dorner kann auch ein andermal mit Dir kommen. — Wenn Du nur aufrichtiger sein wolltest, Du verhehlst mir gewiß etwas, Du willst mich schonen, und erregst mir mehr Wehe in dieser Ungewißheit, als in der noch so fatalen Gewißheit. — Leb' wohl, kannst Du nicht kommen, so laß mich es vorher wissen. — Denk' und handle für mich. — Dem Papier läßt sich nichts weiter von dem, was in mir vorgeht, anvertrauen. —

248] **An Ignaz v. Gleichenstein.** (1810.)

Lieber Freund, so verflucht spät — drücke alle warm ans
Herz. — Warum kann meines nicht dabei sein? — Leb'
wohl, Mittwochs früh bin ich bei Dir. — Der Brief ist so
geschrieben, daß ihn die ganze Welt lesen kann. — Findest
Du das Papier von dem Umschlag nicht rein genug, so
mach' ein anderes drum, bei der Nacht kann ich nicht ausnehmen, ob's rein ist. — Leb' wohl, lieber Freund, denk'
und handle auch für   Deinen treuen Freund Beethoven.

249] **An Breitkopf & Härtel.**   Wien, 6. Juni (1810).

Viel zu tun, etwas auch zu leben, viel beschäftigt auf
einmal, und zuweilen auch dem Müßiggange nicht entgehen können, läßt mich Ihnen erst eben antworten. Sie
können noch alles haben, was ich Ihnen angetragen. NB.
ich gebe Ihnen nun noch die Musik zu Egmont von Goethe,
welche aus zehn Stücken besteht: Ouvertüre, Zwischenakte
usw. und verlange dafür die Summe von vierzehnhundert
Gulden in Silbergeld oder Konventionsmünze auf dem
nämlichen Fuß wie mit dem Oratorium usw. die 250 fl.
Anders kann ich nicht, ohne zu verlieren; ich habe zurückgehalten wegen Ihnen, obschon Sie es nicht um mich verdienen, indem Ihr Betragen oft so unvermutet ist, daß
man nur ein so großes Vorurteil überhaupt für Sie haben
muß als ich, um mit Ihnen ferner zu unterhandeln. Ich
selbst möchte, (daß) auf eine gewisse Art das Verhältnis
mit Ihnen fortgesetzt werde. Doch kann ich auch nicht verlieren. Ich bitte Sie, indem Sie mir schreiben, das Verzeichnis der Werke, die ich Ihnen angetragen, noch einmal
mitzusenden, damit keine Verwirrung entstehe. Antworten Sie aber gleich, damit ich nun nicht länger aufgehalten
werde, um so mehr, da Egmont in einigen Tagen aufgeführt wird und ich um die Musik angegangen werde werden. Übrigens hat die Teuerung hier noch mehr zugenom-
men und es ist schrecklich, was man nur hier braucht; und
insofern, wie überhaupt, ist das Honorar nun gewiß nicht
zu hoch angeschlagen. Meine 4000 fl., womit ich jetzt nicht
auskommen kann und noch obendrein Kinsky keinen Hel-

ler bezahlt hat, obschon es sicher ist, machen ja nicht einmal tausend fl. in Konventionsmünze.

Morgen mehr. Eilen Sie mit der Antwort.

Ludwig van Beethoven.

NB. Unter den Liedern, die ich Ihnen angetragen, sind mehrere von Goethe, auch „Kennst du das Land", welches viel Eindruck auf die Menschen macht. Solche können Sie gleich herausgeben.

250] An Breitkopf & Härtel. Wien, 2. Juli 1810.

Da Sie ein so großer Freund von runden Summen, so überlasse ich Ihnen die benannten Werke für ein Honorar von 250 # in Gold, wo ich aber auch nichts mehr nach= lassen kann, indem ich hier vermittelst meines Bruders mehr haben konnte. Der Himmel gäbe nur, daß ich mich nicht immer erst, um etwas zu erhalten, herumschlagen muß mit Ihnen. Sie erhalten hier den 1. Transport, welcher bis 1. September 1810 erscheinen soll und besteht aus einem Violinquartett in Es, aus einer Fantasie fürs Piano, zwei Sonaten fürs Piano, fünf Variationen fürs Piano, sechs Arietten.

Der zweite Transport besteht aus einem Konzert in Es, der Fantasie mit ganzem Orchester und Chören und drei Arietten, welches alles den 1. November 1810 erscheinen soll.

Der dritte besteht aus der charakteristischen Sonate: der Abschied, Abwesenheit, das Wiedersehen, sodann aus fünf italienischen Arietten, sodann aus Partitur von Egmont, welcher nicht in England herauskommt und Sie können erscheinen lassen, wie Sie wollen.

Diese können am 1. Februar 1811 erscheinen.

Diese zwei Transporte erhalten Sie binnen 14 Tagen. Sie können also bis dahin, indem ich die zwei letzten Transporte bei Herrn Kunz und Komp. abgeben werde, schon die Anweisung hierher verfügen.

In Eile Beethoven.

Anmerkungen.

Egmont ist ganz allein Ihr Eigentum.

Ich habe gleich die zum ersten Transport gehörigen

Werke bei Kunz und Komp. abgegeben, damit Sie sie ohne Verzug erhalten. Übrigens bin ich aus mehreren Ursachen überzeugt, daß es nicht möglich ist, daß um diese Zeit die im ersten Transport angegebenen Werke in London herauskommen, noch viel weniger, daß ein Exemplar davon nach Deutschland komme, und ebenso von den anderen. Doch ist es gewiß für Ihr merkantilisches Beste durchaus nötig, daß sie den 1. September herauskommen, d. h. die Werke des ersten Transports. Sie finden Manuskripte und abgeschriebene Werke, wie ich's am besten gefunden.

Die Zeit ist zu kurz, um über alles zu schreiben, was mir noch einfällt. Nächstens mehr. Leben Sie wohl und antworten Sie bald. Ihr ergebener Diener Beethoven.

251] **An Nikolaus v. Zmeskall.** (9. Juli 1810.)

Lieber Z.! Sie reisen, ich soll auch reisen und das wegen meiner Gesundheit. Unterdessen geht noch sonst alles bei mir drunter und drüber; der Herr will mich bei sich haben, die Kunst nicht weniger, ich bin halb in Schönbrunn halb hier, jeden Tag kommen neue Nachfragen von Fremden, neue Bekanntschaften, neue Verhältnisse, selbst auch in Rücksicht der Kunst, manchmal möchte ich bald toll werden über meinen unverdienten Ruhm, das Glück sucht mich und ich fürchte mich fast deswegen vor einem neuen Unglück. — Mit Ihrer Iphigenie verhält es sich so, nämlich: ich habe sie schon wenigstens drittehalb Jahre nicht gesehen, habe sie jemand geliehen, aber wem? Das ist die große Frage, hin und her habe ich geschickt, und hab's noch nicht entdeckt, ich hoffe sie aber auszufinden; ist sie verloren, so sollen Sie schadlos gehalten werden. — Leben Sie wohl, guter Z., wir werden uns hoffentlich so wiedersehen, daß Sie finden, daß meine Kunst in der Zeit wieder gewonnen hat. —

Bleiben Sie mein Freund, wie ich der Ihrige.

Beethoven.

252] **An George Thomson.** Vienne, le 17 Juillet 1810.

Monsieur! Voilà, Monsieur, les airs écossais dont j'ai composé la plus grande partie con amore, voulant donner une marque de mon estime à la nation Ecossaise et

Anglaise en cultivant leurs chants nationaux. — Pour ce qui regarde les répétitions dans les airs que j'ai composés à deux parties, vous n'avez qu'à les omettre à votre gré, et à faire les airs senza replica. — Comme j'ignorais, si l'un ou l'autre de ces airs avoit plusieurs couplets ou non, il m'a fallu les composer de manière qu'ont pût les répéter au besoin; ainsi c'est à vous d'arranger la chose, et de laisser les répétitions dans les airs qui n'en n'ont qu'un seul. — Je voudrais bien avoir les paroles de ces airs écossais, pour en faire usage en Allemagne dès que vous les aurez publiés en Ecosse. — Vous pourriez même me les faire parvenir dès à présent; je les ferai traduire, et j'attendrai la nouvelle de la publication faite en Ecosse. — —

Je vous prierais de m'envoyer les paroles notées sur la simple mélodie. —

satisfaction. Vous pourrez me faire payer les cent vingt

Quant aux trois quintors et trois sonates, j'accepte votre proposition, et j'espère qu'ils seront à votre entière livres sterling ou les deux cent quarante ducats en espèces en deux termes; moitié, lorsque je délivrerai les trois quintors, l'autre moitié lorsque je délivrerai les 3 sonates aut vice versa. —

A l'égard des airs avec paroles anglaises, je les ferai à très bas prix, pour vous témoigner, que je suis porté à vous servir, c'est pourquoi je ne demande que vingt livres sterling, ou quarante ducats en espèces pour ces airs — je ne pourrois les composer à moindre prix sans perdre, car on me donne ici davantage pour douze airs avec paroles allemandes, qui ne me font point de difficulté par la langue, au lieu qu'il me faut faire traduire les paroles anglaises, faire des observations sur la prononciation, et qu'avec tout cela je suis toujours gêné —

Par ce qui regarde enfin le terme après lequel je pourrais disposer de ces ouvrages en Allemagne, je crois que six mois pour les quintors et les sonates, et trois mois pour les airs à compter du jour où vous les aurez publiés en Ecosse suffiraient.

Je vous prie cependant de m'écrire là dessus —

Agreez, Monsieur, les assurances de la plus parfaite
considération avec laquelle j'ai l'honneur d'être
Monsieur votre très-obéissant serviteur

Louis van Beethoven.

P. S. Je ne veux pas manquer de vous avertir que je
viens de toucher la somme de cent cinquante ducats pour
cinquante trois airs Ecossais chez le banquier Fries.

Plusiers de mes symphonies sont arrangées en quatuors ou quintuors, si ces pièces arrangées vous convien-
nent, je m'empresserais de vous les envoyer — — —

NB. quand on prend l'ultima volta dans les airs écossais, on laisse 1 2 3 etc. volta c'est à dire, on ne sonne pas
toute la mesure de 1 2 3 etc. volta, si ce n'est pas assez
clair pour notre pays, il faut que vous fassiez à une autre
manière.

253] **An Bettina Brentano** [ob echt?] Wien, 11. Aug. 1810.

Teuerste Freundin! Kein schönerer Frühling als der
heurige, das sage ich und fühle es auch, weil ich Ihre Bekanntschaft gemacht habe. Sie haben wohl selbst gesehen,
daß ich in der Gesellschaft bin wie ein Fisch auf dem Sand,
der wälzt sich und wälzt sich und kann nicht fort, bis eine
wohlwollende Galathee ihn wieder in das gewaltige Meer
hineinschafft. Ja, ich war recht auf dem Trockenen, liebste
Bettine, ich ward von Ihnen überrascht in einem Augenblick, wo der Mißmut ganz meiner Meister war. Aber
wahrlich, er verschwand mit Ihrem Anblicke, ich hab's
gleich weggehabt, daß Sie aus einer anderen Welt sind,
als aus dieser absurden, der man mit dem besten Willen
die Ohren nicht auftun kann. Ich bin ein elender Mensch,
und beklage mich über die anderen!! — Das verzeihen Sie
mir wohl, mit Ihrem guten Herzen, das aus Ihren Augen
sieht, und mit Ihrem Verstand, der in Ihren Ohren liegt,
— zum wenigsten verstehen Ihre Ohren zu schmeicheln,
wenn Sie zuhören. Meine Ohren sind leider, leider eine
Scheidewand, durch die ich keine freundliche Kommunika-
tion mit Menschen leicht haben kann. Sonst! — vielleicht!
— hätte ich mehr Zutrauen gefaßt zu Ihnen. So konnte

ich nur den großen gescheiten Blick Ihrer Augen verstehen, und der hat mir zugesetzt, daß ich's nimmermehr vergessen werde. — Liebe Bettine, liebstes Mädchen! — Die Kunst! Wer versteht die? — Mit wem kann man sich bereden über diese große Göttin — — —! Wie lieb sind mir die wenigen Tage, wo wir zusammen schwatzten oder vielmehr korrespondierten, ich habe die kleinen Zettel alle aufbewahrt, auf denen Ihre geistreichen lieben, liebsten Antworten stehen. So habe ich meinen schlechten Ohren doch zu verdanken, daß der beste Teil dieser flüchtigen Gespräche aufgeschrieben ist. Seit Sie weg sind, habe ich verdrießliche Stunden gehabt, Schattenstunden, in denen man nichts tun kann, ich bin wohl an drei Stunden in der Schönbrunner Allee herumgelaufen, als Sie weg waren, und auf der Bastey, aber kein Engel ist mir da begegnet, der mich gebannt hätte, wie Du Engel. — Verzeihen Sie, liebste Freundin, diese Abweichung von der Tonart, solche Intervalle muß ich haben, um meinem Herzen Luft zu machen. Und an Goethe haben Sie von mir geschrieben, nicht wahr? Daß ich meinen Kopf möchte in einen Sack stecken, wo ich nichts höre und nichts sehe von allem, was in der Welt vorgeht, weil Du, liebster Engel, mir doch nicht darin begegnen wirst. Aber einen Brief werde ich doch von Ihnen erhalten. Die Hoffnung nährt mich, sie nährt ja die halbe Welt, und ich habe sie mein Lebtag zur Nachbarin gehabt, was wäre sonst mit mir geworden! — Ich schicke hier mit eigener Hand geschrieben „Kennst du das Land" als eine Erinnerung an die Stunde, wo ich Sie kennen lernte, ich schicke auch das andere, was ich komponiert habe, seit ich Abschied von Dir genommen habe, liebes, liebstes Herz! —

> Herz, mein Herz, was soll das geben,
> Was bedränget dich so sehr,
> Welch ein neues, fremdes Leben,
> Ich erkenne dich nicht mehr.

Ja, liebste Bettine, antworten Sie mir hierauf, schreiben Sie mir, was es geben soll mit mir, seit mein Herz solch ein Rebeller geworden ist. Schreiben Sie Ihrem treuesten Freund   Beethoven.

Morgen vor 8 Uhr werde ich bei Ihnen sein, bestellen Sie daher gefälligst den Fiaker gegen 8 Uhr an Ihr Haus. Machen Sie, daß wir nicht zu viel bezahlen müssen, nach Baden habe ich öfters 15 auch 20 fl. bezahlt. — Von 8 bis 2 höchstens 3 Uhr, mehr Zeit brauchen wir nicht.

In Eil Ihr Freund Beethoven.

255] An Breitkopf & Härtel.

Baden, 21. Sommermonat 1810.

Der beigefügte Brief ist von einem meiner Freunde an Sie aufgesetzt, und ich füge ihn bei nebst meinen Bemerkungen.

Mit Paris oder Frankreich habe ich keineswegs auf alle diese Werke mich eingelassen, wie der Schein es Ihnen auch schriftlich ausweisen wird, sobald Sie alles von mir und ich von Ihnen empfangen habe. Von einem Exemplar auf dem Kontinent kann gar keine Rede sein; ich glaube kaum, daß diese Werke, aller Wahrscheinlichkeit nach, jetzt in London angekommen sind; denn die Sperrung ist nun jetzt noch stärker als jemals, und der Engländer muß mit ungeheueren Kosten nur Briefe nach Deutschland bezahlen, und schwerere Pakete gar noch viel teurer. Kurz, ich bin überzeugt, daß im Monat September noch keine Note von den Ihnen übersandten Werken herausgekommen. Übrigens teilen Sie nur einmal zu, was Sie mir für ein Konzert, ein Quartett usw. zukommen würden lassen, und dann können Sie gewiß einsehen, daß 250 ✠ ein kleines Honorar sind. Ich habe zu den Zeiten, wo die Bankozettel nur um eine Kleinigkeit geringer als das Silber oder Gold 100 ✠ bekommen für drei Sonaten. NB. Sie selbst haben mir für ein Quintett 50 ✠ gegeben. Soll ich statt vorwärts rückwärts gehen, da ich doch hoffe, daß man mir diesen Vorwurf in meiner Kunst nicht machen wird. Mag auch der ✠ noch soviel Gulden bei uns machen, so ist das kein Gewinn; wir bezahlen jetzt 30 fl. für ein Paar Stiefeln, 160 auch 70 fl. für einen Rock usw. Hol' der Henker das ökonomisch-musikalische. Meine 4000 fl. waren voriges Jahr, ehe die Franzosen gekommen, etwas; dieses

Jahr sind es nicht einmal 1000 fl. in Konventionsgeld. Ich habe nicht zum Endzweck, wie Sie glauben, ein musikalischer Kunstwucherer zu werden, der nur schreibt, um reich zu werden, o bewahre! Doch liebe ich ein unabhängiges Leben. Dieses kann ich nicht anders als ohne ein kleines Vermögen, und dann muß das Honorar selbst dem Künstler einige Ehre, wie alles, was er unternimmt, hiermit umgeben sein muß, machen. Ich dürfte keinem Menschen sagen, daß mir Breitkopf und Härtel 250 # für diese Werke gegeben. Sie als ein humanerer und weit gebildeterer Kopf als alle anderen musikalischen Verleger dürften auch zugleich den Endzweck haben, den Künstler nicht bloß notdürftig zu bezahlen, sondern ihn vielmehr auf den Weg zu leiten, daß er alles das ungestört leisten könne, was in ihm ist und man von außen von ihm erwartet. Es ist kein Aufblasen, wenn ich Ihnen sage, daß ich Ihnen vor allen anderen den Vorzug gebe; selbst von Leipzig bin ich oft angegangen worden und hier durch andere von dort aus Bevollmächtigte, und vor kurzer Zeit persönlich, wo man mir geben wollte, was ich verlangte. Ich habe aber alle Anträge abgelehnt, um Ihnen zu zeigen, daß ich vorzüglich gern und zwar von seiten Ihres Kopfs (von Ihrem Herzen weiß ich nichts) mit Ihnen zu tun habe und selbst gern etwas verlieren will, um diese Verbindung zu erhalten. Von den 250 # kann ich aber nicht abgehen. Ich würde zu viel verlieren, welches Sie nicht verlangen können. Also bleibt's dabei.

Nun von den herauszugebenden Werken: Es war mir unmöglich, Ihnen darüber zu schreiben; von Dedikationen wären folgende: das Violinquartett an Fürst Lobkowitz, wozu Sie seine unmusikalischen Titulaturen bei einem anderen Werke nachsehen können; die Sonate in Fis-Dur à Madame la Comtesse Thérèse Brunswick; die Fantasie fürs Klavier allein à mon ami Monsieur le Comte François de Brunswick; die sechs Arietten der Fürstin Kinsky, geborenen Gräfin Kerpen. Was die zwei Sonaten angeht, so geben Sie jede allein heraus; oder wollen Sie sie zusammen herausgeben, so setzen Sie auf die aus dem G-Dur Sonatine facile oder Sonatine, welches Sie auch tun können, im Fall Sie sie nicht zusammen herausgeben. Bei dem Violinquartett erinnere ich Sie, daß das Umwenden bequem eingerichtet werde; dann setzen Sie zu der Überschrift des zweiten Stückes noch: adagio ma non troppo; beim dritten Stück aus C-Moll dreiviertel Takt nach dem Dur più presto quasi prestissimo, wo hernach wieder das Moll einfällt. Das erstemal wird der erste Teil zweimal, wie es auch vorgeschrieben, gespielt; hingegen steht da, daß der zweite Teil wiederholt werden soll. Dieses Wiederholungszeichen wird ausgelöscht, damit man den zweiten Teil nur einmal spiele.

Das Lied vom Floh aus Faust, sollte es Ihnen nicht deutlich sein, was ich dabei angemerkt, so dürfen Sie nur in Goethes Faust nachsuchen oder mir nur die Melodie abgeschrieben schicken, daß ich's durchsehe. Die letzte Nummer von den letzten Werken, welche bei Ihnen herausgekommen, mag Ihnen zum Leitfaden dienen, diese Werke gehörig zu numericren. Das Quartett ist früher als die andern, das Konzert ist noch früher als das Quartett, wenn Sie die Nummern chronologisch ordnen wollen. Da beide von einem Jahr, so braucht's eben nicht. Beim Quartett ist noch in acht zu nehmen, daß beim dritten Stück in C-Moll, da wo das più presto quasi prestissimo anfängt, noch ein NB. gesetzt wird, nämlich so: NB.: Si ha s'immaginar la battuta di $^{6}/_{8}$. Übrigens — denn ich weiß es — das Manuskript mag so richtig sein, wie es will, es werden doch Mißdeutungen gemacht, wünschte ich doch die Exemplare vorher zu sehen, damit Ihre schönen Auflagen auch hierbei mehr gewännen. Zugleich wünsche ich vier Exemplare von jedem Werk für mich. Hier ist mein Ehrenwort, daß ich nie eins verkaufe. Wohl aber ist hier oder da ein armer Musikus, denen ich gerne entgegenkomme. Dafür sind sie bestimmt. Wann kommen denn die Messe, das Oratorium, die Oper mal ans Tageslicht? Schreiben Sie mir gefälligst die Überschriften von den Gesängen, die Sie schon erhalten; denn ich erinnere mich nicht, welche ich Ihnen schon geschickt; vielleicht erhalten Sie welche, die in London nicht herauskommen. Sie werden nun bald alles, was zur zweiten Lieferung gehört, empfangen haben, bis auf die drei Gesänge, womit ich warte, bis Sie mir die Überschriften von denen geschickt, die Sie schon haben. In einigen Tagen geht alles von der dritten Lieferung an Sie ab, doch erwarte ich noch eine Antwort indessen von Ihnen. Das Konzert wird dem Erzherzog Rudolf gewidmet und hat nichts zum Titel als „Großes Konzert gewidmet Sr. Kaiserl. Hoheit dem Erzherzog Rudolf von usw." Der Egmont auch demselben; sobald Sie die Partitur hiervon empfangen haben, werden Sie selbst am besten einsehen, welchen Gebrauch Sie davon und wie Sie das Publikum darauf aufmerksam machen werden. Ich habe ihn bloß aus Liebe zum Dichter geschrieben und habe auch, um dieses zu zeigen, nichts dafür von der Theaterdirektion dafür genommen, welches sie auch angenommen, und zur Belohnung wie immer und von jeher sehr nachlässig meine Musik behandelt hat. Etwas Kleineres als unsere Großen gibt's nicht, doch nehme ich die Erzherzoge davon aus. Sagen Sie mir Ihre Meinung, was Sie zu einer sämtlichen Ausgabe meiner Werke sagen. Mir scheint, eine Hauptschwierigkeit müsse die sein, daß ich für die ganz neuen Werke, die ich immerfort auf die Welt bringe, in Ansehung des Unterbringens wohl leiden müßte. Was mein Freund in Ansehung von Paris wegen einem Exemplar in die Nationalbibliothek schreibt, verhält sich so, indem mir dieses selbst ein französischer Verleger geschrieben, daß auf diese Art der Prozeß von Pleyel usw. entstanden, weil er vergessen, ein Exemplar in die Nationalbibliothek einzutragen. Nun ist aber dieses sicher und klar festgesetzt.

Für Wien sollten Sie wohl auch eine andere Einrichtung treffen. Vielleicht erhalte ich's, daß meine Werke, die auswärts gestochen werden, niemand hier in loco nachsuchen wird.

Beim Egmont lassen Sie in die Violinstimmen ja überall, wo andere Instrumente eintreten, aussetzen, auch selbst, wo die Violine zu gleicher Zeit mitspielt, so z. B. in der Trauermusik nach Klärchens Tod, wo die Pauke eintritt

usw. Dies ist nötig in einem Jahrhundert,
wo es keine Konservatorien mehr gibt und daher kein Di-

rektor mehr — wie alles andere auch nicht — gebildet
wird, sondern dem Zufall überlassen wird; dafür haben
wir aber Geld für einen Ohne=Hoden=Mann, wobei die
Kunst nichts gewinnt, aber die Gaumen unserer ohnedem
appetitlosen, reizlosen sogenannten Großen gekitzelt wird.
Bei der Fantasie mit Chören könnten Sie vielleicht auch die
Singstimmen in die Klavierstimme hineinstechen lassen.
Wollen Sie vielleicht einen anderen Text unterlegen, da der
Text wie die Musik das Werk einer sehr kurzen Zeit war,
so daß ich nicht einmal eine Partitur schreiben konnte?
Doch müßte bei einer anderen Unterlegung das Wort Kraft
beibehalten werden oder ein anderes äußerst ähnliches da=
für an die Stelle kommen. Satis est. Sie haben eine gute
Portion bekommen. Behalten Sie wohl davon, was
nötig; denn ich bin froh, daß alles da ist, da ich über der=
gleichen nicht gern viel schreibe. Ich hoffe baldigst von
Ihnen geistvollen schriftlichen Vortrag zu erhalten und bin
mit Achtung
        Ihr ergebenster Freund und Diener Beethoven.
Briefe an mich wie immer nach Wien.
    P. S. Indem ich Ihren Brief finde von schon ziemlich
langer Zeit, finde ich eine Stelle, wo es heißt: „Zu den
übrigen Nummern des Oratoriums sind Posaunen da,
zum Chor fehlen sie aber, sowie die Trompeten und Pau=
ken"; aber zu was für einem Chor ist nicht gesagt. Sehr
lieb wäre es mir, wenn Sie mir dieses gleich anzeigen
könnten. Sollte es sich nicht finden, so muß ich freilich noch
einmal nachsuchen, um's herauszubringen. Schreiben Sie
mir doch zugleich gütigst, welches von den drei Werken Sie
zuerst herausgeben. Ich wollte Ihnen damals eine andere
Orgelstimme schicken; unterdessen war ich gedrängt von so
vielen anderen Seiten, daß es unmöglich war. Sollte es
noch Zeit sein, so würde ich sie Ihnen schicken.

256] **An Breitkopf & Härtel.**   (21. August 1810.)

Folgenden Fehler habe ich noch in der Symphonie aus
C=Moll gefunden, nämlich im dritten Stück im dreiviertel
Takt, wo nach dem Dur ♮♮ wieder das Moll eintritt,
steht so: ich nehme gleich die Baßstimme, nämlich

178

die zwei Takte, worüber das * ist, sind zuviel und müssen
ausgestrichen werden, versteht sich auch in allen übrigen
Stimmen, die pausieren.

257] An Breitkopf & Härtel.

Wien, am 11. Herbstmonat [September] 1810.

Es ist eine abscheuliche Lüge, daß mir der Herr Rittmeister
Reissig je etwas bezahlt habe für meine Kompositionen.
Ich habe sie ihm aus freundschaftlicher Gefälligkeit kompo=
niert, indem er damals Krüppel und mein Mitleiden er=
regte. Indem ich Ihnen dieses schreibe, erkläre ich Herrn
Breitkopf und Härtel als einzigen Eigentümer derjenigen
Gesänge, welche ich Ihnen geschickt und von welchen die
Poesie von Rittmeister Reissig ist.

Ludwig van Beethoven.

258] An Breitkopf & Härtel.   Baden, 23. Sept. (1810).

Schon sehr lange erwarte ich ein Schreiben von Ihnen,
aber vergebens. Am 1. August habe ich einen Brief von
Leipzig in Ihrem Namen, worin man mir meldet, daß Sie
nicht zugegen. Seit der Zeit, da ich Ihnen doch einen
schrecklich großen Brief geschrieben, habe ich noch keine Ant=
wort, und doch bedarf ich sie. Ich konnte Ihnen die Ge=
sänge zur zweiten Lieferung gehörig noch nicht schicken, in=
dem ich durch die Geschwindigkeit nicht weiß, welche ich
Ihnen schon geschickt. Von der dritten Lieferung ist nichts
als die große charakteristische Sonate und die italienischen
Gesänge, welche bereit liegen. Das übrige müssen Sie alles
empfangen haben. Ich erwarte daher nun sehr eine mich
befriedigende Antwort. Da es mit unserer Post geht, wie
mit allem anderen, so bitte ich Sie, die Adresse nebst mei=
ner Adresse noch ein anderes Kuvert zu machen, nämlich: an
Herrn von Oliva abzugeben bei Ofenheim und Herz auf
dem Bauernmarkt. Da ich Sommers und Herbstzeit selten

in Wien bin, ist dieses der sicherste Weg. Ich hoffe auf baldige Zeilen von Ihnen.   Ihr ergebenster Beethoven.

259] **An Breitkopf & Härtel.**
                    Baden, am 6. Herbstmonat [Oktober] 1810.

Da ich sehe, daß man sich vielleicht nicht verstehn wird mit der kleinen Abweichung, welcher ich in meinem letzten langen Briefe erwähnt habe, so werde ich das dritte Stück klein geschrieben nämlich: bloß die Violinstimme, damit ja keine Konfusion geschehen, auf feineren Papier auf die Briefpost schicken, damit kein Aufenthalt daher entstehen könne. — Für die übrigen Werke würde es wohl am besten sein, um sie richtig zu haben, wenn Sie mir zuerst wenigstens die Exemplare sendeten mit meinem Manuskript; fänden sich alsdann Fehler, so zeigte ich sie Ihnen an und sie würden sogleich verbessert.

Über alles andere kann ich mich heute nicht weiter erklären, da die Zeit zu kurz.

Morgen oder übermorgen erhalten Sie das abgeschriebene Stück nebst übrigem, was ich noch zu beantworten habe.

Leben Sie recht wohl.
                    Ihr ergebener Freund Beethoven.

260] **An Breitkopf & Härtel.**
                    Wien, am 15. Herbstmonat [Oktober] 1810.

Sehr werter Herr! Hier, was den Anstand wegen dem Quartett betrifft. Sie sehen, daß es bloß die Kleinigkeit ist, daß, indem das minore gleich zum ersten Male nach dem maggiore wiederholt wird, der erste Teil des minore zweimal, der zweite Teil desselben aber nur einmal darf gespielt werden, d. h. ohne Wiederholung. Mit dem Lied von Faust ist es schwer zu dienen, da ich gar keine Abschrift davon habe. Das erste ist, daß alle Strophen müssen ausgeschrieben werden, nicht in den Abkürzungen, wie ich es gemacht habe. Das sicherste Mittel ist, daß Sie mir es auf ein kleines Blättchen, worauf nur das oberste System des Klaviers und das System des Gesanges geschrieben, schikken, wie Sie es stechen, so werde ich schon sehen, ob's recht.

180

Beim zweiten Adagio des Quartetts hatte ich etwas wegen dem Tempo bemerkt. Ist das auch beherzigt worden? Sorgen Sie ja und gehen Sie doch ein, weswegen ich so oft gebeten, schicken Sie ein Probeexemplar, aber auch die Manuskripte. Man klagt über die Unrichtigkeit des Stichs, und ich habe bemerkt, daß auch die klarste Schrift gemißdeutet wird. Wir haben noch neulich die vierstimmigen Gesänge und andere von Haydn, von Ihnen gestochen, durchgegangen und habe unglaubliche Fehler und auch viele derer gefunden. Ist, was ich wegen der Symphonie angegeben, geändert, im dritten Stück zwei Takte zuviel? Ich erinnere mich dunkel, daß Sie mich deswegen fragten; aber ich hatte vielleicht vergessen, Ihnen dies gleich zu beantworten und so sind sie stehen geblieben.

Warum ich die Manuskripte begehre mit dem Probeexemplar, ist, weil ich beinahe keins besitze, weil wohl hier und da ein guter Freund mich darum begehrt. So hat die Partitur vom Konzert der Erzherzog und gibt sie mir nicht mehr wieder. Ich bitte Sie, obschon ich überzeugt bin, daß die Manuskripte diesmal gewiß so richtig als nur menschenmöglich sind, doch es nicht wie bei den Terzetten und anderen Sachen darauf ankommen zu lassen. Es ist auch unangenehm für den Autor, sein Werk nicht korrekt zu wissen. NB. Sollte sich bei dem letzten Stück beim Egmont nicht die Überschrift Siegessymphonie finden, so lassen Sie dieses darüber setzen. Eilen Sie damit und zeigen Sie mir gefälligst an, sobald die Originalpartitur nicht mehr brauchen, weil ich Sie alsdann bitten werde, von Leipzig aus sie an Goethe zu schicken, dem ich dieses schon angekündigt habe. Ich hoffe, Sie werden nichts dagegen einwenden, indem Sie vermutlich ein so großer Verehrer als ich von ihm sein werden. Ich hätte ihm von hier eine Abschrift geschickt, aber da ich noch keinen so gebildeten Kopisten habe, auf den ich mich ganz verlassen kann und nur die Qual des Übersehens gewiß ist, so habe ich es so für besser und für mich weniger Zeit verlierend gefunden. Was die Variationen angeht, der Titel: Veränderungen seinem Freunde Oliva gewidmet von usw. In einigen Tagen erhalten Sie die Orgelstimme zur Messe und die Posaunen zum Ora=

torium. Sollte wohl ein richtiger mit der Musik gehender deutscher Text zu der Messe untergelegt werden können?

Die Oper Leonore meinem Freunde dem Herrn Stefan von Breuning, Kaiserl. Königl. Hofsekretär beim Hofkriegsrat, gewidmet vom Verfasser Ludwig usw. Die Messe gewidmet dem Herrn von Zmeskall; NB. hier müssen noch einige Anhängsel folgen, die mir in dem Augenblicke nicht einfallen. Die Lieder Sr. Durchlaucht der Frau Fürstin Kinsky geborene Freiin von Kerpen. Sie sollten das „Ich denke dein" zu dieser Sammlung hinzutun; ich habe es so allein gestochen gesehn und auch hier in irgendwo ein falscher Mordent angebracht. Da ich's nicht habe, erinnere ich mich nicht wo. Noch eins: Sie sollten den „Gesang aus der Ferne", den ich Ihnen einmal schickte, nun gleich herausgeben, wenn's noch nicht geschehen ist. Die Poesie ist von diesem Lumpen Reissig. Damals war es noch nicht heraus und es währte beinahe ein halbes Jahr, bis dieser Lump es, wie er sagte, „nur für seine Freunde" gestochen gab bei Artaria. Ich schickte es Ihnen auf der Briefpost und erhielt statt Dank Stank.

Die 50 # sind angekommen; aber ich war noch nicht hier und der Briefträger wollte sie niemand anderem anvertrauen. Ich werde mich gleich erkundigen. Mit nächster Post gehen alle anderen Kompositionen, die zu schicken, an Sie ab; Sie können also nur die übrigen 100 # und noch 30 Taler in Konventionsgeld übermachen. Infolge, daß Sie mir in Ihrem ersten Briefe gleich 80 Taler für Partituren angetragen und sich mir selbst wieder auf nur 50 gemäß der Anweisung an Traeg heruntergesetzt haben, so nehme ich zwar für 50 Taler Partituren, aber ich bitte mir die 30 in Gold hier anzuweisen. Hierzu: da ich Ihnen doch schon manche Kleinigkeiten unentgeltlich gegeben, wofür Sie mir die Musikzeitung und schon damals das Offert einiger Partituren gemacht, so könnten Sie mir denn die Musikzeitung, die schon nach Ihrem Schreiben mehrmals für mich auf dem Weg war, einmal endlich für mich ankommen machen. Nebstbei möchte ich alle Werke von Karl Philipp Emanuel Bach, die ja alle bei Ihnen verlegt werden; nebstbei von J. Sebastian Bach eine Missa, worin sich folgenbes Crucifixus mit einem Basso ostinato, der Ihnen gleichen soll, befinden soll, nämlich:

Nebstbei sollen Sie die beste Abschrift haben von Bachs temperierten Klavier; diese bitte ich), mich auch anheim kommen zu lassen. Hier haben Sie das Ultimatum; von dem aber wird nicht nachgegeben. Ich gebe sodann den Schein über das Eigentumsrecht. Ohnedem darf ich nicht laut werden lassen, was ich bekomme. Wegen der Herausgabe aller meiner Werke: diese Sache muß erst reiflicher überlegt werden und ich werde mich dann hierüber näher erklären. Satis est. Hoffe ich, merken Sie alle Umstände, die ich beschrieben, und über die ich geschrieben. Leben Sie wohl, und erfreuen Sie mich bald mit Ihren Zeilen.

Ihr ergebenster Diener und Freund Beethoven.

261] An von Baumeister.   Montag, am 3. Dez. 1810.

Ich bitte Sie, mein Hr. von Baumeister, mich zu entschuldigen bei Sr. Kaiserl. Hoheit, wenn ich heute nicht komme; ich habe schon seit einigen Tagen Kopfweh, doch heute im höchsten Grade, ich hoffe, es wird jedoch sich bis morgen bessern, und dann werde ich sicher Sr. Kaiserl. Hoheit abends aufwarten.

Mit Achtung
Ihr ergebenster Diener Ludwig van Beethoven.

262] An Bettina v. Brentano.   Wien, 10. Febr. 1811.

Geliebte, liebe Bettine! Ich habe schon zwei Briefe von Ihnen und sehe aus Ihrem Briefe an die Toni, daß Sie sich immer meiner, und zwar viel zu vorteilhaft, erinnern. — Ihren ersten Brief habe ich den ganzen Sommer mit mir herumgetragen, und er hat mich oft selig gemacht; wenn ich Ihnen auch nicht so oft schreibe und Sie gar nichts von mir sehen, so schreibe ich Ihnen doch tausendmal tausend

Briefe in Gedanken. — Wie Sie sich in Berlin in An=
sehung des Weltgeschmeißes finden, konnte ich mir denken,
wenn ich's nicht von Ihnen gelesen hätte, vieles Schwatzen
über Kunst ohne Taten!!! Die beste Zeichnung hierüber
findet sich in Schillers Gedicht „Die Flüsse", wo die Spree
spricht. — Sie heiraten, liebe Freundin, oder es ist schon
geschehen, und ich habe Sie nicht einmal zuvor noch sehen
können; so ströme denn alles Glück Ihnen und Ihrem
Gatten zu, womit die Ehe die Ehelichen segnet. — Was
soll ich Ihnen von mir sagen? „Bedaure mein Geschick!"
rufe ich mit der Johanna aus; rette ich mir noch einige
Lebensjahre, so will ich auch dafür, wie für alles übrige
Wohl und Wehe, dem alles in sich Fassenden, dem Höchsten
danken. — An Goethe, wenn Sie ihm von mir schreiben,
suchen Sie alle die Worte aus, die ihm meine innigste Ver=
ehrung und Bewunderung ausdrücken, ich bin eben im Be=
griff, ihm selbst zu schreiben wegen Egmont, wozu ich die
Musik gesetzt, und zwar bloß aus Liebe zu seinen Dich=
tungen, die mich glücklich machen; — wer kann aber auch
einem großen Dichter genug danken, dem kostbarsten
Kleinod einer Nation! — Nun nichts mehr, liebe, gute
Bettine, ich kam diesen Morgen um vier Uhr erst von einem
Bacchanal, wo ich sogar viel lachen mußte, um heute bei=
nahe ebensoviel zu weinen; rauschende Freude treibt mich
oft gewalttätig in mich selbst zurück. — Wegen Clemens
vielen Dank für sein Entgegenkommen; was die Kantate
betrifft — so ist der Gegenstand für uns hier nicht wichtig
genug, ein anderes ist's in Berlin; was die Zuneigung,
so hat die Schwester davon eine so große Portion, daß dem
Bruder nicht viel übrigbleiben wird; ist ihm damit auch
gedient? — Nun lebe wohl, liebe, liebe Freundin, ich küsse
Dich so mit Schmerzen auf Deine Stirne und drücke damit
wie mit einem Siegel alle meine Gedanken für Dich auf. —
Schreiben Sie bald, bald, oft Ihrem Freunde

Beethoven.

263] **An Breitkopf & Härtel.**   **Wien, 19. Febr. 1811.**

Wenn Sie darauf bestehen, so will ich Ihnen die Orgel=
stimme doch schicken. Gleich Antwort. Sie schreiben nichts,

ob Sie die Messe und Oratorium in Partitur herausgeben
und wann?

Hier der verlangte Schein.

Dr. Schreiber werde ich gern danken für seine Über=
setzungen.

Daß Sie die Fantasie zur Korrektur schicken und über=
haupt es hierin immer so machen sollten, ist endlich recht.
Schicken Sie jedoch die zweite oder dritte Korrektur, pfeil=
schnell wird's wieder in Ihren Händen sein. Die Musik=
zeitung erwarte ich und werde darüber den Schein aus=
stellen, daß Sie mir damit ein Geschenk gemacht haben!!!
Das übrige von Riotte hol' der Teufel, es liegt nichts dran.
Die Frage mit allen den Nummern Op. 40 usw. usw. ist so
geschwind nicht beantwortet, indem ich fast außer dem, was
Sie mir neuerdings von meinen Werken geschickt, keine
Note von meinen schon herausgekommenen Werken habe.
Wenn die Gedichte, die Sie mir schicken wollen, nebstdem
daß sie musikalisch auch poetisch sind, so würde ich mich
schon herbeilassen, sie zu schreiben.

264] **An Therese von Brunswick.**   (Febr. 1811.)

Auch ungesucht gedenken die besseren Menschen sich, so
ist es auch der Fall bei Ihnen und mir, werte verehrte The=
rese. Noch bin ich Ihnen lieben Dank schuldig für Ihr schö=
nes Bild, und indem ich mich als Schuldner anklage, muß
ich sogleich ein Bettler erscheinen, indem ich Sie ersuche,
wenn Sie einmal den Genius der Malerei in sich fühlen,
mir doch jene kleine Handzeichnung zu erneuern, welche ich
so unglücklich war zu verlieren. Ein Adler sah in die
Sonne, so war's, ich kann's nicht vergessen. Aber glauben
Sie nicht, daß ich mich bei so etwas denke, obschon man
mir so etwas schon zugeschrieben. Betrachten doch viele ein
Heldenstück mit Vergnügen, ohne auch das mindeste Ähn=
liche damit zu haben. Leben Sie wohl, werte Therese, und
gedenken Sie zuweilen Ihres Sie wahrhaft verehrenden
Freundes   Beethoven.

265] **An J. Mähler.**   (28. Februar 1811.)

Breuning wird Ihnen schon gesagt (haben), daß ich Sie,
mein Lieber, gegen zwölf Uhr heute vormittag beim tarro=

nischen Kaffeehaus auf dem Graben erwarte — wenn Sie
also können, so kommen Sie, ich werde Sie zu einem großen
Konzert führen.   In Eil ganz Ihr Beethoven.

266] An Gräfin Marie Erdödy.   (23. März 1811.)

Meine liebe werte Gräfin! Mit vielem Vergnügen habe
ich Ihre letzten Zeilen empfangen, in dem Augenblick kann
ich aber nicht Ihren lieben Brief finden, um ihn ganz zu
beantworten. — Was das Trio anbelangt, so machen Sie
mir's nur zu wissen, ob Sie selbes wollen bei sich abschrei=
ben lassen oder ob ich's über mich nehmen soll? Beides ist
mir einerlei, und was Ihnen am gemäßesten ist, wird mir
das liebste sein. — Hr. Linke, der was rechtes für sich hat
wegen seiner morgigen Akademie, eilt, daher nur noch alles
liebe gute Ihnen und Ihren Kindern, und die nächste Ge=
legenheit ergreife ich, um in Ihrer aller Mitte zu sein, bis
dahin leben Sie wohl, liebe werte Gräfin.
                              Ihr wahrer Freund Beethoven.

267] An Erzherzog Rudolf.   (März 1811.)

Ihro Kaiserliche Hoheit! Schon über 14 Tage bin ich
wieder mit meinem mich plagenden Kopfweh behaftet, im=
mer habe ich gehofft, es wird besser werden, aber vergebens.
Doch nun mit dem bessern Wetter verspricht mir mein Arzt
baldige Besserung. Da ich mit jedem Tage glaubte, es sei
der letzte meines Übels, so habe ich nichts deswegen zu
wissen gemacht, auch selbst, weil ich glaubte, daß, da Ihro
Kais. Hoheit so lange nicht um mich geschickt hatten, Sie
mich selbst nicht brauchten. Während der Festlichkeiten der
Prinzessin von Baden und wegen dem wehen Finger von
Ihro Kais. Hoheit fing ich an etwas fleißig zu arbeiten,
wovon unter anderen auch ein neues Trio die Frucht ist
fürs Piano. Sehr beschäftigt mit mir selbst, glaubte ich
nicht, daß Ihro Kais. Hoheit auf mich ungehalten sein, wie
ich nun doch beinahe glauben muß. — Unterdessen hoffe
ich, mich bald selbst vor Ihr Tribunal verfügen zu können.
Ihro Kaiserl. Hoheit
          treu ergebenster Diener Ludwig van Beethoven.

186

268] **An Erzherzog Rudolf.** (März 1811.)

Ihro Kaiserliche Hoheit! Ich bitte, daß Sie die Gnade
haben, mir das Trio aus B mit den Stimmen, wie auch
von der Violinsonate in G beide Stimmen zustellen zu
lassen, indem ich sie nur geschwinde für mich abschreiben
lasse, da ich meine Partituren unter vielen anderen nicht
gleich herausfinden kann. — Ich hoffe, daß das schlimme
Wetter keinen bösen Einfluß auf die Gesundheit I. K. H.
haben werde; mich bringt es aber immer ein wenig aus
dem Takt. — In drei höchstens vier Tagen werde ich die
Ehre haben, beide Werke wieder an Ihren gehörigen Platz
zu besorgen. —

Ihrer Kaiserlichen Hoheit gehorsamster
Ludwig van Beethoven.

Dauern die musikalischen Pausen noch immer fort?

269] **An Erzherzog Rudolf.** (1811.)

Ihro Kaiserliche Hoheit! Da ich trotz aller angewandten
Mühe keinen Kopisten, der mir im Hause schrieb, erhalten
konnte, schicke ich Ihnen mein Manuskript. Sie brauchen nur
gnädigst zum Schlemmer um einen tauglichen Kopisten zu
schicken, der das Trio jedoch nur in Ihrem Palaste kopieren
müßte, weil man sonst nie sicher vorm Stehlen ist. — Mir
geht es besser und in einigen Tagen werde ich wieder die
Ehre haben, Ihnen aufzuwarten, und das Versäumte wie=
der einholen, — ich bin immer in ängstlicher Besorgnis,
wenn ich nicht so eifrig, nicht so oft, wie ich es wünsche,
um Ihro Kaiserliche Hoheit sein kann. Es ist gewiß Wahr=
heit, wenn ich sage, daß ich dabei sehr viel leide, aber es
wird sobald nicht mehr mit mir so arg werden. — Halten
Sie mich gnädigst in Ihrem Andenken. Es werden Zeiten
kommen, wo ich doppelt und dreifach zeigen werde, daß ich
dessen wert bin.

Ihro Kaiserlichen Hoheit treu ergebenster Diener
Ludwig van Beethoven.

270] **An Breitkopf & Härtel.** Wien, 12. (?) April 1811.

Mein Freund Oliva bringt diese Zeilen. Ich hoffe, Sie
werden ihn gern unser freundschaftliches Verhältnis auch

mitempfinden laſſen und ihn Ihres angenehmen Umgan=
ges genießen laſſen. Für dieſen Augenblick habe ich dem
Freunde nur Auftrag gegeben, Ihnen mein neues Trio für
Piano, Violin und Violoncell anzutragen. Er hat volle
Vollmacht darüber mit Ihnen ab=, aufzureden und abzu=
ſchließen.

Geſtern empfing ich Ihr Paket; unſere Poſt iſt, wie
alles, noch teurer geworden. Aber dafür ſind die Banko=
zettel auch noch weniger wert als ſonſt. Was ſagen Sie zu
unſeren Finanzdirektoren???? Es muß ein deux ex ma-
china kommen, anders iſt nichts mehr.

In Eile Ihr Beethoven.

Die drei Lieder, wie auch die italieniſchen der Fürſtin
Kinsky; das Lebewohl, das Wiederſehen kann keinem als
dem Erzherzog Rudolf gewidmet werden.

271] **An Joh. Wolfg. Goethe.** Wien, 12. April 1811.

Euer Exzellenz! Nur einen Augenblick Zeit gewährt
mir die dringende Angelegenheit, indem ſich ein Freund
von mir, ein großer Verehrer von Ihnen (wie auch ich), von
hier ſo ſchnell entfernt, Ihnen für die lange Zeit, daß ich
Sie kenne (denn ſeit meiner Kindheit kenne ich Sie), zu
danken. Das iſt ſo wenig für ſoviel. — Bettine Brentano
hat mich verſichert, daß Sie mich gütig ja ſogar freund=
ſchaftlich aufnehmen würden. Wie könnte ich aber an eine
ſolche Aufnahme denken, indem ich nur imſtande bin, Ihnen
mit der größten Ehrerbietung mit einem unausſprechlichen
tiefen Gefühl für Ihre herrlichen Schöpfungen zu nahen.
Sie werden nächſtens die Muſik zu Egmont von Leipzig
durch Breitkopf und Härtel erhalten; dieſen herrlichen Eg=
mont, den ich, indem ich ihn ebenſo warm, als ich ihn ge=
leſen, wieder durch Sie gedacht, gefühlt und in Muſik ge=
geben habe. Ich wünſche ſehr Ihr Urteil darüber zu wiſ=
ſen; auch der Tadel wird mir für mich und meine Kunſt
erſprießlich ſein und ſo gern wie das größte Lob aufgenom=
men werden.

Euer Exzellenz großer Verehrer Ludwig van Beethoven.

Fehler — Fehler! Sie sind selbst ein einziger Fehler!
Da muß ich meinen Kopisten hinschicken, dort muß ich selbst
hin, wenn ich will, daß meine Werke — nicht als bloße
Fehler erscheinen. Das Musiktribunal in Leipzig bringt,
wie es scheint, nicht einen einzigen ordentlichen Korrektor
hervor; dabei schicken Sie, noch ehe Sie die Korrektur erhalten, die Werke ab. Wenigstens sollte man bei größeren
Werken mit anderen Stimmen doch die Takte abzählen.
Aber das sieht man bei der Fantasie usw., wie es geschieht.
Sehn Sie, in dem Klavierauszuge von Egmonts Ouvertüre fehlt ein ganzer Takt.

Hier das Verzeichnis — der Fehler.

Meinen heißesten Dank, daß Sie mich für eine so interessante Sache so sehr in Bewegung setzen. — Leben Sie
wohl, ich hoffe Besserung. — Die Fantasie ist schon fort,
auch die Sonate geht morgen fort von hier. Fehlen Sie
soviel Sie wollen, lassen Sie soviel fehlen, wie Sie wollen.
— Sie sind bei mir doch hochgeschätzt, dies ist ja der Gebrauch bei den Menschen, daß man sie, weil sie nicht noch
größere Fehler gemacht haben, schätzt.

Ihr ergebenster Diener Beethoven.

NB. Geben Sie acht, daß bei meiner Korrektur des Kon-
zertes in der ersten Violinstimme im ersten Allegro Seite 5
Zeile 7 erster Takt

 das piano

unter diesen Noten ⌐⌐ nicht aber umgekehrt unter die
Violinnoten gesetzt werde.

Ich nehme den wärmsten Anteil an dem gerechten
Schmerz über den Tod Ihrer Gattin; mich dünkt, durch
diese beinahe jedem Ehegatten bevorstehende Trennung
sollte man abgehalten werden, sich diesem Stande beizuge-

sellen. — Ihre Sonate ist auch auf dem Wege mit der Fantasie; machen Sie den Titel, wie ich ihn aufgeschrieben, Französisch und Deutsch, ja nicht Französisch allein — und so die übrigen Überschriften. — Sorgen Sie für bessere Korrektur, auch klagt man über Unbequemlichkeit des Umdrehens. Der Unfug des Nachstichs soll hier in Wien wenigstens gehoben werden, indem ich einkommen werde um Erhaltung eines Privilegiums, daß meine Werke in Österreich nicht dürfen nachgestochen werden. Freilich müßten Sie sich, solange die Börse mit ihrem Kurs dominiert, zu einem geringeren Preis für hier verstehen. — Für andere Länder oder Orte weiß ich freilich keinen Rat. — Ihre mir neuerdings geschickten Korrekturen sollen sobald als möglich, sobald ich sie habe, befördert werden. — Was das Trio anbelangt, so hat's ja noch Zeit. — Was Sie von einer Oper sagen, wäre gewiß zu wünschen, auch würde die Direktion sie gut bezahlen, freilich sind jetzt die Umstände schwierig; doch werde ich einmal, wenn Sie mir schreiben, was der Dichter begehrt, mich deswegen anfragen; ich habe um Bücher nach Paris geschrieben, gelungene Melodramen, Komödien usw. (denn ich traue mir mit keinem hiesigen Dichter eine Originaloper zu schreiben), welche ich sodann bearbeiten lasse. — O Armut des Geistes — des Beutels! —   Ihr Beethoven.

274] **An Baumeister.**   28. Mai 1811.

Ich bitte Sie recht sehr, mein Herr von Baumeister, mir die Sonate betitelt „das Lebewohl, Abwesenheit, das Wiedersehen" von meiner Komposition auf heute mir zukommen zu lassen, da ich sie selbst nicht habe und die Korrektur davon befördern muß.

Ihr ergebenster Diener Ludwig van Beethoven.

275] **An Erzherzog Rudolf.**   (Frühsommer 1811.)

Ihro Kaiserliche Hoheit! Nehmen die mir erlaubte Dedikation [Klaviersonate „Les Adieux op. 81a"] gnädig auf und zugleich bitte ich mir gnädigst zu wissen machen zu lassen, um welche Stunde ich heute, oder wenn es Ihnen gefällt, aufwarten soll, da ich weiß, daß die jetzige Zeit eine

190

Veränderung in Ansehung der Anwendung der Stunden hervorbringt. Ihro Kaiserliche Hoheit gehorsamster Diener Ludwig van Beethoven.

276] An Nikolaus v. Zmeskall. (Mai 1811.)

Lieber Zmeskall! Schicken Sie mir sogleich Ihren Bedienten. Der meinige geht heut', und ich weiß noch nicht, ob und wann der andere kommt. — Auf jeden Fall muß ich ihn auf eine Stunde bei mir sehen.

In Eil Ihr Beethoven.

277] An Friedrich Treitschke. (6. Juni 1811.)

Haben Sie, mein werter Treitschke, das Buch gelesen und darf ich hoffen, daß Sie sich dazu bestimmen werden, es zu bearbeiten? — Antworten Sie mir hierüber gefälligst, ich bin verhindert, selbst zu Ihnen zu kommen. Im Falle Sie das Buch schon gelesen, bitte ich mir's zurückzusenden, damit auch ich es vorher noch einmal, ehe Sie es anfangen zu bearbeiten, durchlesen kann. — Ich bitte Sie überhaupt, wenn es Ihr Wille ist, daß ich mich auf den Fittichen Ihrer Poesie in die Lüfte erheben soll, dies sobald als möglich zu bewerkstelligen. —

Ihr ergebenster Diener Ludwig van Beethoven.

278] An Tobias Haslinger. (6. Juni 1811.)

Lieber Freund, ich gab mir die Mühe bloß hiermit, um recht beziffern zu können und dereinst andere anzuführen. Was Fehler angeht, so brauchte ich wegen mir selbst beinahe dieses nie zu lernen, ich hatte von Kindheit an ein solch zartes Gefühl, daß ich es ausübte, ohne zu wissen, daß es so sein müsse oder anders sein könne. —

279] An Graf Franz Brunswick. Wien, 16. Juni (1811).

Tausend Dank, Freundchen, für Deinen Nektar. — Und wie soll ich Dir genug dafür danken, daß Du mit mir die Reise machen willst? Es wird sich schon in meinem tönenden Herzen für Dich finden. Da ich nicht wünschte, daß Dir irgend etwas nicht nach Deinem Sinne wäre, so muß ich

Dir sagen, daß ich auf Verordnung meines Arztes volle zwei Monate in Teplitz zubringen muß, bis halben August könnte ich also mit Dir gehen, Du müßtest denn die Reise allein oder, was Du auch leicht finden wirst, wenn's Dir gefällt, mit jemandem anderen machen. — Ich erwarte hier= über Deinen freundschaftlichen Beschluß. Glaubst Du, daß Dir das allein Zurückreisen nicht anstehe, so handle ganz nach Deiner Gemächlichkeit; ich will nicht, so sehr lieb Du mir auch bist, und so sehr viel Angenehmes auch aus dem Zusammensein mit Dir für mich entspringt, daß Dir dar= aus Unangenehmes entstehe. Da Du ohnedem, wenn Du auch mitgehst, doch den halben August zurückmußt, so werde ich meinen Bedienten mitnehmen, der wirklich ein sehr ordentlicher braver Kerl ist. — Da es aber sein könnte, daß wir nicht in einem Hause zusammen sein könnten, so wirst Du wohl tun, den Deinigen mitzunehmen, wenn Du ihn brauchst; ich für meine Person, wenn ich nicht ein so un= behilflicher Sohn des Apollo wäre, möchte auf Reisen gar keinen mitnehmen. Ich bitte Dich, nur zu machen, daß Du spätestens den ersten, zweiten Juli hier bist, weil's sonst zu spät für mich wird, und der Arzt jetzt schon grollt, daß ich es so lange anstehen lasse, obschon er es selbst findet, daß die Gesellschaft eines so guten, lieben Freundes auf mich wohl wirken würde. — Hast Du einen Wagen? Jetzt schreib' mir aber blitzschnell die Antwort, weil ich, sobald ich weiß, ob Du noch mitgehen willst, um Wohnungen für uns schreibe, indem es sich dort sehr füllen soll. — Leb' wohl, mein guter lieber Freund, schreibe ja gleich Antwort und liebe   Deinen wahren Freund Beethoven.

Meine Wohnung ist im Pasqualatischen Hause auf der Mölkerbastei 1239 im vierten Stock.

280] **An Josef Freih. v. Schweiger.**   (Juni 1811.)

Der Kleinste der Kleinen war vergebens beim Gnädigsten Herrn, wo alles zugesperrt war, dann hier, wo alles offen, aber niemand als der treue Diener da war. Ich hatte einen dicken Pack Musikalien bei mir, um noch zu guter Letzt einen guten musikalischen Abend zu prokurieren, — nichts. — Malfatti will durchaus, daß ich nach Teplitz soll, das ist mir nun gar nicht lieb. Ich hoffe wenigstens, ich kann mir nicht helfen, daß sich der Gnädigste Herr nicht ganz so gut unterhalten soll ohne mich, — o Vanitas — es ist nicht anders. Ehe ich nach Teplitz reise, besuche ich Sie in Baden oder schreibe. Leben Sie wohl, alles Schöne dem Gnädigsten, halten Sie lieb Ihren Freund Beethoven.

281] **An Friedrich von Drieberg.** (1811.)

Mit Vergnügen werde ich Ihre Kompositionen, mein lieber D., durchsehen, und glauben Sie mich imstande Ihnen etwas darüber sagen zu können, so bin ich von Herzen dazu bereit. Ihr ergebenster Diener Beethoven.

Ihre französischen Bücher bringe ich Ihnen in einigen Tagen; — Treitschke hat schon les ruines.

282] **An Baumeister.** Wien, Mittwoch, 3. Juli 1811.

Ich bitte Sie recht sehr, mir die hinterlassenen Musikalien vom gnädigsten Herrn zu senden. — Zugleich schicke ich Ihnen die Titel zweier alten Werke, welche sich für die Bibliothek des Erzherzogs schickten, obschon die Verauktionierung der Birkenstockischen Bibliothek und Gemälde noch nicht stattgefunden, so würden doch Hr. und Frau von Brentano (geborene Birkenstock), auf der Landstraße in der Erdberggasse wohnhaft, dem Erzherzog diese Werke überlassen; dem Erzherzog hatte ich schon bei seinem Hiersein davon gesagt. Sie können also jetzt, wenn Sie es für gut halten, selbst mit den Eigentümern reden, da ich nicht weiß, wie solche alte Werke verkauft werden. —

Ihr ergebenster Diener Beethoven.

283] **An Friedrich Treitschke.** (3. Juli 1811.)

Mein lieber Treitschke! Ich habe jetzt nun selbst die Übersetzung von dem Melodram erhalten, nebst Anweisung von Palffy, alles nötige mit Ihnen zu verabreden; nichts hält Sie jetzt auf, mir Ihr Versprechen zu halten. Ich frage mich aber nun noch einmal bei Ihnen an, ob Sie es auch wirklich halten wollen, damit ich weiß, woran ich bin. Ich habe zwar gehört, daß man dasselbe Stück in der Leopoldstadt ehemals und auf unseren deutschen Theatern als Stück gegeben habe, glaube aber, daß dieses gar nichts macht, da es jetzt wenigstens nicht gegeben wird. Durchaus mit Rezitation und Tänzen, glaube ich, würde am vorteilhaftesten sein, um so mehr, da ich Siboni die Rolle des Giafar zuteilen möchte und es besser wäre, wenn er nur allein zu singen brauchte, weil er vielleicht gar nicht sprechen würde. Das übrige mündlich.

Die Übersetzung, die mir Graf Palffy geschickt, ist von Castelli für das Privil. Wiener Theater bearbeitet und Sie werden etwas davon brauchen können; doch ist dadurch allem Unfug gesteuert. Ich war einige Tage abwesend und dadurch haben Sie nichts von mir gehört. Sagen Sie mir nun gefälligst, ob Sie noch gesonnen sind, dieses Sujet als Oper für mich zu bearbeiten? In Erwartung einer günstigen Antwort   Ihr sehr ergebener Diener Beethoven.

284] An Graf Franz Brunswick.   Wien, 4. Juli (1811).

Freund, Deine Absagung kann ich nicht annehmen; ich habe Oliva fortreisen lassen allein und zwar wegen Dir, ich muß jemand Vertrauten an meiner Seite haben, soll mir das gemeine Leben nicht zur Last werden, ich erwarte Dich spätestens bis zwölften dieses Monats, auch meinetwegen bis fünfzehnten dieses Monats, doch ohne Widerrede. Es ist allerhöchster Befehl. Dieser kann nicht ohne schwere Ahndung und Strafe verspätet werden, sondern es heißt ihm ohne alle Bedingung Folge leisten. — Hiermit gehabt Euch wohl, lieber Getreuer, den wir Gott bitten in seine gnädige Obhut zu nehmen. Gegeben morgens gleich nach Aufstehen vom Kaffeetisch.   Beethoven.

Da ich nicht weiß, auf welche Art Du zu dem Porträt gekommen, so tust Du am besten, es mitzubringen, für die Freundschaft findet sich schon ein empfänglicher Künstler, dasselbe zu verdoppeln.

Das Übrige wegen der Zurückreise macht sich bald.

Wir erwarten sechsfach-blitzschnell keine andere Antwort auf unseren allerhöchsten Befehl als: ja! ja! ja! geschwinde ÷ sonst kommt der Zorn bis nach Osen.

194

Ihro Exzellenz! Wie ich höre, will der Schauspieler Scholz das Melodram „Les ruines de Babylone", welches ich als Oper schreiben wollte und Ihnen auch schon angekündigt habe, zu seinem Benefize im Th. a. d. W. in einiger Zeit geben. Ich bin nicht imstande dieses Gewebe zu durchschauen! Ich vermute, Sie wissen wohl nichts davon! Wie es immer sei, so können Sie überzeugt sein, daß, als Melodram auf diesem Theater gegeben, das Haus höchstens fünf oder sechsmal voll sein werde; die Musik dazu ist schlecht, elend. Als Oper wird es ein bleibendes Werk werden und gewiß ohne Vergleich selbst merkantilisch vorteilhaftere Wirkungen für Ihr Theater hervorbringen. Es ist so schwer, ein gutes Buch zu finden für eine Oper: ich habe seit etwelchen Wochen nicht weniger als zwölf u. m. dgl. zurückgegeben. Ich habe selbst aus meinem Sack bezahlt und konnte doch nichts Brauchbares erhalten und nun soll wegen einem Benefize eines Schauspielers für mich — und ich behaupte keck — auch für Ihr Theater ein Malefize entstehen? Ich hoffe von Ihrer besseren Einsicht, daß Sie dem Schauspieler Scholz verbieten werden dieses Melodram zu geben, indem ich Ihnen meinen Vorsatz, es als Oper zu schreiben, schon früher mitgeteilt habe. Ich war so froh dieses Sujet gefunden zu haben, daß ich es selbst dem Erzherzog mitgeteilt habe und auch anderen Menschen von Geist, und jeder hat es vortrefflich gefunden. Ich habe selbst schon an ausländische Zeitungen geschrieben, es einrücken zu lassen, damit es andere nicht auch bearbeiten werden; und nun soll ich's widerrufen? Und das aus so nichtigen Gründen?

Ich erwarte und bitte Sie um eine schnelle gefällige Antwort, damit ich wisse, woran ich bin, indem sonst zuviel Zeit verloren geht.

Ihro Exzellenz ergebenster Diener

Ludwig van Beethoven.

286] An George Thomson.   Vienne, le 20 Juillet 1811.

Monsieur! Comme les trois éxemplares de ces cinquante-trois chansons écossaises que j'ai vous envoyés il

13*

y a longtèmps, se sont perdus et avec eux la composition originale de ma propre main, j'étois forcé de compléter mes premières idées qui me restoient encore dans un manuscrit, et de faire pour ainsi dire la même composition deux fois. L'Etat de nos finances a influence sur tous les artistes et il manquait pour quelque temps tous les moyens de les contenter; mais à present où l'ancient ordre est rétabli, j'ai trouvé un copiste raisonnable et invariable et je. suis en état de pouvoir servir plus promptement.

A l'égard de ces cinquante trois chansons écossaises il est à observer, que j'ai donné dans ma composition à peu près à chaque chanson deux parties croyant que chaque chanson consistait en deux parties, mais il dépendra de vous, de vous en servir ou non; il est ad libitum.

Il sera superflu de vous parler de ⁂ d. s.; mais où vous trouverez prima et alors seconda volta vous pourrez rayer la mesure de prima volta et commencer de suite avec la mesure de seconda volta. Dans les cas où on trouve 1. 2. 3. volta et l'ultima volta ou il fine on est obligé d'exécuter seulement la mesure ou plusieurs mesures de 1. 2 . 3. volta, quand on retourne à dal segno, ou quand on veut commencer de nouveau. En cas contraire si on veut continuer sans commencer de nouveau on peut se dispenser de la mesure 1. 2. 3. volta et on prend d'abord la mesure de l'ultima volta ou noté il fine. J'espère que ces détails suffiront pour vous éclairer de ma composition et que vous l'accueillerez.

Je vous prie d'ajouter dans l'avenir toujours le texte, sans cela on est hors d'état de satisfaire aux connaisseurs et de composer un accompagnement digne d'une bonne poésie. Vous avez tort de m'exprimer votre méfiance; et je sais respecter ma parole d'honneur et je vous assure,

196

que je ne confierai pas à personne une de mes compositions jusqu'à que le temps convenu sera échu.

Je reviens encore une fois sur votre lettre du 17 Sept. 1810, malgré que la réponse en est partie tout de suite après sa recette. A l'égard de l'offre de cent ducats en or pour les trois sonates je vous déclare que je les accepterai pour vous plaire et je suis aussi prêt de vous composer trois quintettes pour Cent Ducats en or; mais quant aux douze chansons avec le texte en Anglois le prix fixe en est de 60 Ducats en or[1]). Pour la Cantate sur la bataille dans la mer Baltique je demande 50 Ducats; mais à condition que le texte original n'est pas invective contre les Danois, dans le cas contraire je ne puis m'en occuper.

Pour l'avenir il me sera agréable de travailler pour vous; mais à l'égard de la crise malheureuse dans laquelle nous vivons et à l'égard des grandes pertes que j'ai déjà souffertes par ma confiance envers vos concitoyens il est une condition essentielle, qu'il vous plaise de donner ordre à la maison de Fries et Compagnie d'accepter mes compositions pour vous contre payement comptant; sans cela il me sera impossible de satisfaire à vos commissions.

J'attends de vous que vous fixerez l'Epoque à laquelle il vous plaira de publier mes compositions et que vous m'en avertirez pour que je puisse après le terme échu les faire imprimer et ainsi rendre compte au public du continent de mes occupations dans la parti dont je m'occupe.

Je ne manquerai pas de vous communiquer sous peu mes symphonies arrangées, et je m'occuperai avec plaisir d'une composition d'un oratoire, si le texte en sera noble et distingué et si l'honoraire de 600 Ducats en or vous conviendra. Les dernières cinq chansons écossaises vous recevrez sous peu par la maison de Fries.

En attendant Votre réponse je vous prie d'être assuré de ma plus haute considération avec laquelle j'ai l'honneur d'être   Votre très humble et très obéissant
Serviteur Louis van Beethoven.

---

[1]) pour quatre chansons le prix est de 25 Ducats.

Daß Sie das Konzert schon an das Industriekontor und wer weiß wo sonst noch überall hinschicken, ist mir gar nicht recht, ehe Sie die Korrektur erhalten haben; warum wollen Sie denn kein Werk von mir ohne Fehler herausgeben, schon vorgestern ist die Korrektur des Konzerts von hier fort (wenn nun das Industriekontor das Konzert erhält, muß ich die Fehler... [Rest abgerissen]

Künftigen Sonnabend wird die Fantasiekorrektur ebenfalls samt meiner Partitur abgeschickt, welche letztere ich mir aber gleich wieder erbitte. —

NB. Fehler gibt's im Konzert genug.

288] An Amalie Sebald.   Teplitz, 8. Aug. 1811.

> Ludwig van Beethoven
> Den Sie, wenn Sie auch wollten,
> Doch nicht vergessen sollten.

289] An Breitkopf & Härtel.   Teplitz, 23. Aug. 1811.

Indem ich hier mein Heil seit drei Wochen versuche, empfange ich Ihren Brief vom 2. August! Er mag in Wien eine Weile gelegen haben; ich hatte die Revidierung des Oratoriums und der Lieder eben unternommen, und in einigen Tagen erhalten Sie beides. — Hier und da muß der Text bleiben, wie er ursprünglich ist. Ich weiß, der Text ist äußerst schlecht, aber hat man sich einmal aus einem auch schlechten Text ein Ganzes gedacht, so ist es schwer, durch einzelne Änderungen zu vermeiden, daß eben dieses nicht gestört werde, und ist nun gar ein Wort allein, worin manchmal große Bedeutung gelegt, so muß es schon bleiben, und ein schlechter Autor ist dieses, der nicht soviel Gutes als möglich auch aus einem schlechten Text zu machen weiß oder sucht, und ist dieses der Fall, so werden Änderungen das Ganze gewiß nicht besser machen. — Einige habe ich gelassen, da sie wirklich Verbesserungen sind. —

Leben Sie wohl und lassen Sie mich bald etwas von Ihnen hören. Oliva ist hier und soll Ihnen schreiben. Die gute Aufnahme von Mozarts Don Juan macht mir soviel Freude, als sei es mein eigenes Werk. Obschon ich vorur-

teilsfreie Italiener genug kenne, die den Deutschen Gerech=
tigkeit widerfahren laſſen, ſo liegt wohl mehr in dem Zu=
rückbleiben und Gemächlichkeit der italieniſchen Muſiker,
wenn die Nation ſelbſt hierin nachſteht; aber genug italie=
niſche Liebhaber der Muſik lernte ich kennen, die unſere Mu=
ſik ihrem Paiſiello (ich ließ ihm mehr Gerechtigkeit wider=
fahren, als ſeine eigenen Landsleute) uſw. vorgezogen.

Ihr ergebenſter Diener Ludwig van Beethoven.

290] **An Chr. Aug. Tiedge.**   Teplitz, 6. Sept. 1811.

Jeden Tag ſchwebte mir immer folgender Brief an Sie,
Sie, Sie, immer vor; nur zwei Worte verlangte ich beim
Abſchiede, aber auch nicht ein einziges gutes Wort erhielt
ich. Die Gräfin läßt mir einen weiblichen Händedruck bie=
ten; das iſt denn doch noch was, was ſich hören läßt, da=
für küſſe ich ihr in Gedanken die Hände, der Dichter aber
iſt ſtumm. Von der Amalie weiß ich wenigſtens, daß ſie
lebe. Täglich putze ich mich ſelbſt aus, daß ich Sie nicht
früher in Teplitz kennen gelernt. Es iſt abſcheulich, ſo kurz
das Gute zu erkennen und ſogleich wieder zu verlieren.
Nichts iſt unleidlicher, als ſich ſelbſt ſeine eigenen Fehler
vorwerfen zu müſſen. Ich ſage Ihnen, daß ich nun noch
wohl bis zu Ende dieſes Monats hier bleiben werde; ſchrei=
ben Sie mir nur, wie lange Sie noch in Dresden verweilen.
Ich hätte wohl Luſt, einen Sprung zu der Sachſenhaupt=
ſtadt zu machen. Den nämlichen Tag, an dem Sie von hier
reiſten, erhielt ich einen Brief von meinem gnädigen muſi=
kaliſchen Erzherzoge, daß er nicht lange in Mähren verweile
und es mir überlaſſen ſei, ob ich kommen wolle oder nicht.
So was habe ich ſo ganz nach dem Beſten meines Willens
und Wollens ausgelegt und ſo ſehen Sie mich noch hier
in den Mauern, wo ich ſo ſchwer gegen Sie und mich ge=
ſündigt. Ich tröſte mich noch, wenn Sie es auch Sünde nen=
nen, ſo bin ich doch ein richtiger Sünder und nicht ganz
ein armer. Heute hat ſich mein Zimmergeſellſchafter ver=
loren, ich konnte eben nicht auf ihn pochen; doch vermiß ich
ihn in der Einſamkeit hier wenigſtens abends und zu Mit=
tag, wo ich das, was nun einmal das menſchliche Tier zu
ſich nehmen muß, um das Geiſtige hervorzubringen, gerne

in einiger Gesellschaft zu mir nehme. Nun leben Sie so wohl als es nur immer die arme Menschlichkeit kann, der Gräfin einen recht zärtlichen und doch ehrfurchtsvollen Händedruck, der Amalie einen recht feurigen Kuß, wenn uns niemand sieht, und wir zwei umarmen uns wie Männer, die sich lieben und ehren dürfen. Ich erwarte wenigstens ein Wort ohne Zurückhaltung, und dafür bin ich ein Mann. Beethoven.

291] An Breitkopf & Härtel. Wien, 9. Okt. 1811.

Von hier aus tausend Entschuldigungen und tausend Dank für Ihre angenehme Einladung nach Leipzig. Sehr wehe tat es mir, meinem inneren Triebe dahin und in die umliegenden Gegenden nicht folgen zu können. Aber diesmal war zu tun an allen Ecken. Der ungarische Landtag ist. Man spricht schon vorher davon, daß der Erzherzog Primas von Ungarn werden soll und das Bischoftum Olmütz zurücklassen. Ich selbst trage mich Seiner Kaiserl. Hoheit an, die als Primas von Ungarn nicht weniger als drei Millionen Einkünfte haben würden, eine Million für mich jährlich rein durchzubringen (versteht sich alle musikalischen guten Geister, die ich dadurch für mich in Bewegung setzen wollte). In Teplitz erhalte ich keine weiteren Nachrichten, indem man von meinem Plane, weiter zu gehn, nichts wußte. Ich glaube also bei meiner Reise, die ich vorhabe, bei meiner Anhänglichkeit, die ich für ihn hege, zuletzt, obschon nicht ohne manchen Unwillen, doch der letzteren nachgeben zu müssen, um so mehr, da man bei Festlichkeiten meiner brauchte. Also nachdem das pro erwählt, flugs nach Wien, und das erste Donnerwort, was ich höre, daß dem gnädigsten Herrn auf einmal alles Pfafftum und Pfafftun verschwunden ist, und also die ganze Sache nicht sein wird. General soll er werden, was man gar bald (Sie wissen) versteht und ich Generalquartiermeister bei der Bataille, die ich aber nicht verlieren will. Was sagen Sie dazu? Ein anderes Ereignis waren noch die Ungarn für mich. Indem in meinen Wagen steige, nach Teplitz zu reisen, erhalte ich ein Paket von Ofen mit dem Ersuchen, zu der Pester Eröffnung des neuen Theaters etwas zu schreiben. Nachdem ich drei Wochen in Teplitz zugebracht, mich leiblich befand, setze ich trotz dem Verbot meines Arztes mich hin, um den Schnurrbärten, die mir von Herzen gut sind, zu helfen, schicke am 13. September mein Paket dorthin ab, in der Meinung, daß den 1. Oktober die Sache vor sich gehen sollte. Derweil verzieht sich die ganze Sache nun noch über einen ganzen Monat. Den Brief, worin mir dieses ange= deutet werden sollte, erhalte ich durch Mißverständnisse erst hier; und doch bestimmte mich doch auch dieses Theater= ereignis, wieder nach Wien zu gehen. Unterdessen aufge= schoben ist nicht aufgehoben. Ich habe das Reisen gekostet und es hat mir sehr wohl getan; jetzt möchte ich schon wie= der fort von hier.

Eben erhalte ich das Lebewohl usw.; ich sehe, daß Sie doch auch andere Exemplare mit französischem Titel (her= ausgeben wollen). Warum denn? „Lebe wohl" ist etwas ganz anderes als „les adieux". Das erstere sagt man nur einem herzlich allein, das andere einer ganzen Versamm= lung, ganzen Städten. Da Sie mich so schändlich rezen= sieren lassen, so sollen Sie auch herhalten. Viel weniger Platten hätten Sie auch gebraucht und das so sehr jetzt er= schwerte Umkehren wäre dadurch erleichtert worden. Damit basta! Wie komme (ich) aber um Himmelswillen zu der Dedikation meiner Fantasie mit Orchester an den König von Bayern? Antworten Sie doch sogleich hierüber. Wenn Sie mir dadurch ein ehrenvolles Geschenk bereiten wollten, so will ich Ihnen dafür danken. Sonst ist mir so etwas gar nicht recht. Haben Sie es vielleicht selbst dediziert? Wie hängt dieses zusammen? Ungefragt darf man Königen nicht einmal etwas widmen. Dem Erzherzog war auch das Lebewohl nicht gewidmet. Warum nicht die Jahreszahl, Tag und Datum, wie ich's geschrieben, abgedruckt? Künf= tig werden Sie schriftlich geben, alle Überschriften unver= ändert, wie ich sie hingesetzt, beizubehalten.

Das Oratorium lassen Sie, wie überhaupt alles, rezen= sieren, durch wen sie wollen. Es ist mir leid, Ihnen nur ein Wort über die elende Rezension geschrieben zu haben. Wer kann nach solchen Rezensenten fragen, wenn er sieht, wie die elendsten Sudler in die Höhe von eben solchen Re=

zenfenten gehoben werden und wie fie überhaupt am un-
glimpflichften mit Kunftwerken umgehen und durch ihre
Ungefchicklichkeit auch müffen, wofür fie nicht gleich den gewöhnlichen Maßftab, wie der Schufter feinen Leiften, finden. Ift etwas bei dem Oratorium zu berückfichtigen, fo ift
es, daß es mein erftes und frühes Werk in der Art war, in
14 Tagen zwifchen allem möglichen Tumult und anderen
unangenehmen ängftigenden Lebensereigniffen (mein Bruder hatte eben eine Todeskrankheit) gefchrieben wurde.
Rochlitz hat, wenn mir recht ift, fchon noch ehe es Ihnen
zum Stechen gegeben, nicht günftig von dem Chor der Jünger „Wir haben ihn gefehen" (in C-Dur) gefprochen. Er
nannte ihn komifch, eine Empfindung, die hier wenigftens
niemand im Publikum darüber zeigte, da doch unter meinen Freunden auch Kritiker find. Daß ich wohl jetzt ganz
anders ein Oratorium fchreibe als damals, das ift gewiß.
Und nun rezenfiert, folange Ihr wollt, ich wünfche Euch
viel Vergnügen. Wenn's einen auch ein wenig wie ein
Mückenftich packt, fo ift's ja gleich vorbei, und ift der Stich
vorbei, dann macht's einem einen ganz hübfchen Spaß.
Re — re—re—re—re — zen—zen — fi—fi—fi—fi—fiert —
fiert — nicht bis in alle Ewigkeit, das könnt Ihr nicht.
Hiermit Gott befohlen.
    In dem Oratorium war eine Stelle, wo die Horn follten
im Stich auf zwei Linien gebracht werden, nämlich das
zweite Horn hat Baßfchlüffel, das erfte aber Violin. Leicht
wird Ihr Korrektor diefe Stelle finden; muß doch jeder
Menfch mehr als einen Schlüffel haben, wenn er auch nichts
zu- und auffchließt. Einen Brief an Kotzebue werde ich
Ihnen fchicken und bitten, daß Sie ihn an feinen Aufent-
haltsort befördern. Auch wird jemand von Berlin aus,
dem ich das Briefporto (erfpare), feine Briefe an Sie ab-
fchicken, daß Sie mir diefelben dann hier wieder gütigft
befördern. Nicht wahr, Sie nehmen mir fchon fo etwas
nicht übel. Was das Porto ausmacht, werde ich Ihnen
nach jedesmaliger Anzeige gleich abtragen. Der Himmel erhalte Sie nun. Ich hoffe, Sie bald zu fehen, zu fprechen.
Sie fehen daraus meinen feften Vorfatz zu reifen. Den
fächfifchen und befonders den Leipziger Liebhabern alles

202

Schöne für ihr Wohlwollen für mich, wovon ich manches gehört, so auch vielen Dank den Musikkünstlern, von deren gutem Eifer für mich ich auch gehört.

Ihr Ludwig van Beethoven.

Wann erscheint die Messe? — der Egmont? Schicken Sie doch die ganze Partitur meinetwegen abgeschrieben auf meine Kosten (die Partitur heißt das) an Goethe. Wie kann ein deutscher Verleger gegen den ersten deutschen Dichter so unhöflich, so grob sein. Also geschwinde die Partitur nach Weimar. Was die Messe (betrifft), so könnte die Dedikation verändert werden. Das Frauenzimmer ist jetzt geheiratet und müßte der Name verändert werden. Sie kann also unterbleiben. Schreiben Sie mir, wann Sie sie herausgeben und dann wird sich schon der Heilige für dieses Werk finden.

292] **An Elise von der Recke.** Wien, 11. Weinmonat 1811.

So fromm ich auch bin, so kam doch Ihre fromme Einladung zu den Naumannischen Kirchenmusiken zu spät, und ich mußte — ein Sündiger bleiben, der Sie so lange versäumte, so späte einholte, und dann wieder doch nur versäumen mußte. — Der Himmel waltet über das Geschick des Mensch= und Unmenschen, und so wird auch er mich dem Beßern entgegenführen, wenn auch jetzt nicht, doch einmal wieder, wozu ich Sie geehrte edle Freundin zähle.

Ihre Gedichte las ich und fand darin den Abdruck Ihres Gefühles und Ihres geistigen Wesens; nächstens erhalten Sie eins davon mit meinen ohnmächtigen Tönen. Leben Sie wohl, halten Sie etwas auf mich; ich wünsche es sehr, edle Freundin. Ihr Freund Beethoven.

293] **An Chr. Aug. Tiedge.** (11. X. 1811.)

Du kamst mir mit dem Bundeswort, Du, mein Tiedge, entgegen; so sei's; so kurz unsere Zusammenkunft war, so fanden wir uns bald aus, und nichts war ja mehr fremd unter uns. Wie wehe empfand ich's, Dich und auch andere nicht sehen zu können. Eueren Brief erhielt ich Sonnabend abends; Montags mußte ein Paket Musik befördert werden. Ich war außer mir vor Schmerz, daß ich mit Alcibiades sagen mußte: so hat der Mensch keinen Willen; und nun, nachdem ich mir das Beste, die Zusammenkunft mit Euch, versäumt hatte, der Schnurrbärte der Ungarn wegen, dauert nun doch die ganze Geschichte noch einen Monat, ehe dieses Kotzebuesche-Beethovische Produkt aufgeführt wird. Wie ärgerlich bin ich; dabei will der Erzherzog auf einmal nicht Pfaffe werden. Alles sieht daher anders aus bei meinem jetzigen Hiersein als zuvor; sollte man sich wohl durch etwas anderes Menschliches bestimmen lassen!

294] **An Nikolaus v. Zmeskall.** (1811.)

Verdammtes ehemaliges Musikgräferl, wo hat Sie denn der Teufel? — Kommens heute zur Schwane? Nein? ja — — Hier sehen Sie in das Beigeschlossene, was ich alles für die Ungarn getan; das ist was anders, wenn ein deutscher Mensch, ohne Wort zu geben, etwas übernimmt, als so ein ungarischer Graf B., der mich, wer weiß wegen welch elender Lumperei, konnte allein reisen lassen und noch dazu abwarten lassen, ohne etwas erwartet zu haben. —
Bestes ehemaliges M. Gr. ich bin Ihr bestes dermaliges
Beethöverl.

Das Eingeschlossene schickens zurück, denn wollens dem Graf auch unter die Nase mit noch was anderem reiben.

295] **An Nikolaus v. Zmeskall.** 26. Okt. 1811.

Ich komme heute zum Schwan und hoffe Sie unfehlbar dort zu finden, doch kommen Sie nicht gar zu spät; mir geht's mit den Füßen besser und Autor der Füße verspricht dem Autor vom Kopf längstens in acht Tagen einen gesunden Fuß. Ihr Beethoven.

296] **An Nikolaus v. Zmeskall.** (1811.)

Äußerst Wohlgeborener! Wir bitten Sie, uns mit einigen Federn zu beschenken, wir werden Ihnen nächstens einen ganzen Pack schicken, damit Sie sich nicht Ihre eigenen ausrupfen müssen. — Es könnte denn doch sein, daß Sie noch die große Dekoration des Cello-Ordens erhielten. —
Wir sind Ihnen ganz sehr wohlgewogen
Dero freundlichster Freund Beethoven.

204

Wir sind Ihnen ganz teuflisch gewogen — empfehlen Ihnen, Ihren alten wohlerworbenen Ruhm nicht zu verlieren, — bitten Sie ganz nach voriger Manier zu verfahren, und sind Ihnen noch einmal ganz verflucht ergeben usw.
Ludwig van Beethoven.

298] **An Nikolaus v. Zmeskall.**   (1811.)

Ich bin gesonnen, einen Menschen, der Noten kopiert und der sich angetragen, in Dienste zu nehmen; dieser hat noch seine Eltern in Wien, und dieses könnte manches Gute zur Folge haben, doch wünsche ich über die Bedingungen mit Ihnen darüber zu sprechen, und da Sie morgen frei, wie ich alle Tage leider bin, so bitte ich Sie, daß Sie morgen nachmittag bei mir Kaffee trinken, nachdem Sie irgendwo zu Mittag gegessen, wo ich dann mit Ihnen hierüber zu Rate gehen und vom Rate zur Tat. — Übrigens geben wir uns die Ehre, Ihnen zu sagen, daß wir Ihnen nächstens einige Dekorationen von unserem Hausorden zuschicken werden, das große für Sie selbst, die anderen nach Belieben, jedoch keinem Pfaffen ein., — wir erwarten morgen früh Ihre Antwort. — z. g. Z. verehren wir Ihnen einige Säue.
Ihr Beethoven.

299] **An Nikolaus v. Zmeskall.**   (1811.)

Ich werde sicher zur Schwane kommen und Sie dort erwarten. Leben Sie wohl, lieber Z., und kommen Sie gewiß.
Ihr Ludwig van Beethoven.

300] **An Nikolaus v. Zmeskall.**   (1811.)

Wenn es, lieber Z., bloß mit einem Produkt zu schaffen abgetan wäre, so wäre alles gut; aber auch noch auf einen schlechten Grund einzuimpfen! — Heute morgen bin ich der Sklave des Erzherzogs. Bald sehe ich Sie.

301] **An Josef von Varena in Graz.**   (Dez. 1811.)

Leuchtete nicht aus dem Schreiben von Ihnen die Absicht den Armen zu nützen so deutlich hervor, so würden Sie mich nicht wenig gekränkt haben, indem Sie die Auf-

205

forderung an mich gleich mit Bezahlen belegen. — Nie, von meiner ersten Kindheit an ließ sich mein Eifer der armen leidenden Menschheit wo mit meiner Kunst zu dienen, mit etwas anderem abfinden, und es brauchte nichts anderes als das innere Wohlgefühl, das d. g. immer begleitet. — Sie erhalten hier ein Oratorium, welches einen halben Abend einnimmt, eine Ouvertüre, eine Fantasie mit Chor. Ist dort bei Ihnen bei den Armeninstituten ein Depot für d. g., so legen Sie diese drei Werke als Teilnehmer für die dortigen Armen von meiner Seite und als Eigentum der dortigen Armenakademien nieder. Außerdem erhalten Sie eine Introduktion zu den „Ruinen von Athen", von welcher ich Ihnen sogleich die Partitur in möglichst kurzer Zeit abschreiben lasse; sodann eine große Ouvertüre zu „Ungarns erster Wohltäter". Beide gehören zu zwei Werken, welche ich für die Ungarn bei der Eröffnung ihres neuen Theaters geschrieben habe: doch werden Sie die Güte haben, mir schriftlich zu versichern, daß beide Werke nicht weiter anderswohin gegeben werden, da sie nicht gestochen sind und vor langer Zeit nicht im Stiche erscheinen. — Letztere große Ouvertüre erhalten Sie sogleich, wie ich sie aus Ungarn erhalte, welches sicher in einigen Tagen eintreffen wird.

Die gestochene Fantasie mit Chor würde vielleicht eine dortige Dilettantin, wovon mir hier Professor Schneller erzählte, vortragen können. — Die Worte bei einem Chor (nach Nr. 4 in C-Dur) wurden von den Herausgebern geändert, aber ganz wider den Ausdruck; es werden daher die mit Bleistift darüber geschriebenen Worte gesungen.

Sollten Sie dieses Oratorium brauchen können, so kann ich Ihnen auch dazu die Stimmen ausgeschrieben schicken, indem so die Auslage geringer ist für die Armen. — Sie können mir deshalb gütigst schreiben. —

Ihr ergebenster Ludwig van Beethoven.

302] **An Erzherzog Rudolf.** (1812.)

— — Der Kampf zwischen dem Frühjahr und Winter hat auf mich immer üble Folgen, seit gestern befinde ich mich nicht wohl, und für heute ist mir verboten, das Zimmer zu verlassen. — — —

Ich komme heute, lieber Z., zum Schwane; ich bin leider immer zu frei und Sie nie.   Ihr Beethoven.

304] **An Breitkopf & Härtel.**   Wien, 28. Januar 1812.

Zur Strafe für Ihr gänzliches Stillschweigen lege ich Ihnen auf, diese zwei Briefe gleich zu besorgen; ein Windbeutel von Livländer versprach mir einen Brief an K. zu besorgen; aber wahrscheinlich, wie überhaupt die Russen und Livländer Windbeutel und Großsprecher sind, hat er's nicht getan, obschon er sich für einen guten Freund von ihm ausgab. Ich bitte also, obschon es als Strafe Ihnen auferlegt ist von Rechts wegen, wegen vieler fehlervoller Auflagen, falscher Titeln, Vernachlässigungen usw. anderen Menschlichkeiten, dieses Geschäft zu besorgen, so bitte ich denn doch abermals demütigst, diese Briefe zu besorgen, — und dann mit dem Briefe an Goethe zugleich den Egmont (Partitur) zu schicken; jedoch nicht auf gewöhnliche Weise, daß vielleicht hier oder da ein Stück fehlt usw., nicht so, sondern ganz ordentlich. Länger läßt sich dieses nicht aufschieben, ich habe mein Wort gegeben, und darauf halte um so mehr, wenn ich einen anderen wie Sie zur Vollstreckung dessen zwingen kann. — Ha ha ha, welche Sprache Sie schuld sind, daß ich gegen Sie führen kann, gegen einen solchen Sünder, der, wenn ich wollte, im härenen Bußrock wandeln müßte für alle Ruchlosigkeiten, so er an meinen Werken begangen. Bei dem Chor im Oratorium „Wir haben ihn gesehen" sind Sie trotz meiner Nota für den alten Text doch wieder bei der unglücklichen Veränderung geblieben. Ei du lieber Himmel, glaubt man denn in Sachsen, daß das Wort die Musik mache? Wenn ein nicht passendes Wort die Musik verderben kann, welches gewiß ist, so soll man froh sein, wenn man findet, daß Musik und Wort nur eins sind, und trotzdem, daß der Wortausdruck an sich gemein ist, nichts besser machen wollen — dixi. — Auf die 50 Taler Musikalien habe ich noch sehr wenig genommen, denn bei Herrn Traeg ist alles träg; besonders kann ich vom Hertelischen Fleiß dort nichts spüren. Schicken Sie mir also Mozarts Requiem, Partitur, desgl. M.s Clemenza di Tito, Così fan tutte, Le nozze di Figaro, Don Giovanni in Partitur bald (da meine kleine Gesellschaft bei mir wieder anfängt, so brauche ich d. g.), so postfrei als möglich, denn ich bin ein armer österreichischer Musikant. — Die Carl Ph. Emanuel Bachs Sachen könnten Sie mir wohl einmal schenken, sie vermodern Ihnen doch. — Sind die drei Gesänge von Goethe noch nicht gestochen? Eilen Sie damit, ich möchte sie gern der Fürstin Kinsky, einer der hübschesten, ideelsten Frauen in Wien, bald übergeben. — Und die Gesänge von Egmont, warum noch nicht heraus, warum überhaupt nicht mit dem ganzen E. heraus, heraus, heraus? — Wollen Sie zu den Entreactes noch hier oder da einen Schluß angepicht haben, kann auch sein, oder lassen Sie das einen Leipziger Korrektor der Musikzeitung besorgen, die verstehen das wie eine Faust auf ein Aug'. — Das Porto für die Briefe rechnen Sie mir nur gefälligst an. — Mir scheint, mir flüstert's, als gingen Sie wieder auf eine neue Frau aus, alle bei Ihnen vorgehenden Konfusionen schreibe ich dem zu. Ich wünsche Ihnen eine Xanthippe, wie dem heiligen griechischen Sokrates zuteil wurde, damit ich einmal einen deutschen Verleger, welches viel sagen will, verlegen, ja recht in Verlegenheit erblicke. — Ich hoffe bald mit ein paar Zeilen von Ihnen beehrt zu werden.

Ihr Freund Beethoven.

305] **An August von Kotzebue.**   Wien, 28. Januar 1812.

Hochverehrter, hochgeehrter Herr! Indem ich für die Ungarn Ihr Vor- und Nachspiel mit Musik begleitete, konnte ich mich des lebhaften Wunsches nicht enthalten, eine Oper von Ihrem einzig dramatischen Genie zu besitzen, möge es romantisch, ganz ernsthaft, heroisch, komisch, sentimental sein, kurzum, wie es Ihnen gefalle, werde ich sie mit Vergnügen annehmen. Freilich würde mir am liebsten ein großer Gegenstand aus der Geschichte sein und besonders aus den dunkleren Zeiten, z. B. des Attila usw. Doch werde ich mit Dank annehmen, wie der Gegenstand auch immer sei, wenn etwas mir von Ihnen kommt, von Ihrem poetischen Geiste, das ich in meinen musikalischen übertragen kann. Fürst Lobkowitz, der sich Ihnen hiermit empfiehlt und die

Direktion jetzt über die Oper allein hat, wird Ihnen gewiß mit einem Ihren Verdiensten angemessenen Honorar entgegenkommen. Schlagen Sie mir meine Bitte nicht ab. Sie werden mich jederzeit Ihnen aufs höchste dankbar dafür finden. In Erwartung einer günstigen und baldigen Antwort nenne ich mich Ihr Verehrer

Ludwig van Beethoven.

306] An Nikolaus v. Zmeskall.   2. Febr. 1812.

Nicht außerordentlicher, aber sehr ordentlicher ordinärer Federnschneider, dero Virtuosität hat sicher in diesem Stück abgenommen, diese bedürfen einiger neuen Federnreparatur. — Wann werfen Sie denn einmal Ihre Fesseln weg? Wann? — Sie denken schön an mich, verflucht sei das Leben hier in der österreichischen Barbarei für mich, — ich werde jetzt meistens zum Schwanen gehen, da ich mich in anderen Gasthäusern der Zudringlichkeit nicht erwehren kann. —

Leben Sie wohl, so wohl als ich es Ihnen wünsche ohne mich,

Ihr Freund Beethoven.

Außerordentlichster, wir bitten, daß uns Ihr Bedienter jemanden besorgt, um die Zimmer auszuputzen; da er das Quartier kennt, kann er gleich den Preis auch bestimmen — jedoch bald — Faschingslump!!!!!!!!!!? Beigeschlossenes Billett ist wenigstens acht Tage alt.

307] An Nikolaus v. Zmeskall.   (1812.)

Wir sind Ihnen ganz kuriose zugetan, wir sind wieder krank. Wir wünschen, daß Sie bald ebenfalls an einem fetten Erdödyschen Schmause erkranken. [Der Adressat wird um ein „außerordentliches Produkt" seiner „Federnschwungkraft" ersucht.]

308] An Nikolaus v. Zmeskall.   (8. Febr. 1812.)

Außerordentlicher, erster Schwungmann der Welt, und das zwar ohne Hebel!!!! Wir sind Ihnen den größten Dank schuldig, daß Sie uns mit einem Teile Ihrer Schwungkraft begabt haben, wir wünschen Ihnen persönlich dafür zu danken, und laden Sie deswegen morgen ein, zum Schwan zu kommen, Wirtshaus, welches schon seinem Namen nach anzeigt, daß es ganz dazu gemacht ist, wenn von so etwas die Rede ist. —

Ganz Ihr B.

309] **An Josef von Varena, Graz.**   8. Febr. 1812.

Die Stimmen vom Oratorium hat Hr. Rettich bereits erhalten und ich bitte Sie nur, sobald Sie selbe nicht mehr brauchen, mir solche gefälligst zurückzusenden; schwerlich dürfte etwas daran fehlen, auf jeden Fall haben Sie die Partitur und können sich leicht helfen. Da ich erst gestern die Ouvertüren von Ungarn erhalten habe, so werden sie so schnell als möglich ausgeschrieben und Ihnen mitgeteilt werden; außerdem füge ich noch einen Marsch mit singendem Chor bei, ebenfalls aus den „Ruinen von Athen", womit Sie dann so ziemlich die Zeit ausfüllen werden können. Wie ich wünsche, daß Sie es mit den Ouvertüren und dem Marsch mit Chor halten mögen, da diese Stücke bloß im Manuskripte sind, werde ich Ihnen bei Absendung zu wissen machen.

Da ich vor einem Jahre gar nichts Neues von meinen Werken herausgebe und in diesem Falle jedesmal dem Verleger schriftlich versichern muß, daß niemand sonst d. g. Werke besitze, so können Sie wohl selbst einsehen, daß ich vor jeder nur möglichen Ungewißheit oder Zufalle in diesem Stücke mich sicher stellen muß; übrigens werde ich mir es angelegen sein lassen, Ihnen immer meine wärmste Bereitwilligkeit, Ihren dortigen Armen behilflich zu sein, zu offenbaren, und ich verbinde mich hiermit jährlich Ihnen immer auch selbst Werke, die bloß im Manuskripte noch existieren oder gar eigens zu diesem Zweck verfertigte Kompositionen zum Besten der dortigen Armen zu schicken; auch bitte ich Sie mich jetzt schon mit dem, was Sie künftighin für die Armen dort beschließen, bekannt zu machen, und ich werde dann gewiß darauf Rücksicht nehmen. — Hiermit leben Sie wohl, indem ich Sie meiner Achtung versichere, bin ich

Ihr ergebenster Ludwig van Beethoven.

310] **An Nikolaus v. Zmeskall.** (Febr. 1812.)

Lieber Zmeskall! Es wird der bekannte Uhrmacher, wohnhaft gleich an der Freiung, zu Ihnen kommen, ich möchte eine sehr gute Repetieruhr haben, er verlangt 40 Duk. — Da Sie sich gerne mit d. g. abgeben, so bitte ich Sie, sich auch von meinetwegen damit abzugeben, und mir eine vortreffliche Uhr auszumitteln. —

Mit der rasendsten Hochachtung für einen Mann wie Sie, der mir nun bald Gelegenheit gibt, meine besondere Kenntnis der Horninstrumente zu seinen Gunsten anzuwenden. Ludwig van Beethoven.

311] **An Nikolaus v. Zmeskall.** 19. Febr. 1812.

Lieber Z., erst gestern erhalte ich schriftlich, daß der Erzherzog seinen Anteil in Einlösungsscheinen bezahlt; — ich bitte Sie nun, mir ohngefähr den Inhalt aufzuschreiben, wie Sie Samstag sagten, und wir es am besten glaubten, um zu den anderen zwei zu schicken. — Man will mir ein Zeugnis geben, daß der Erzherzog in E. S. bezahlt; ich glaube aber, daß dieses unnötig, um so mehr, da die Hofleute trotz aller anscheinenden Freundschaft für mich äußern, daß meine Forderungen nicht gerecht wären!!!! O Himmel, hilf mir tragen; ich bin kein Herkules, der dem Atlas die Welt helfen tragen kann oder gar statt seiner. — Erst gestern habe ich ausführlich gehört, wie schön Herr Baron Krafft von mir bei Zizius gesprochen, geurteilt. — Lassen Sie das gut sein, lieber Z., lange wird's nicht mehr währen, daß ich die schimpfliche Art, hier zu leben, weiter fortsetze, die Kunst, die verfolgte, findet überall eine Freistatt; erfand doch Dädalus, eingeschlossen im Labyrinthe, die Flügel, die ihn oben hinaus in die Luft emporgehoben, o auch ich werde sie finden, diese Flügel! —

Ganz Ihr Beethoven.

Wenn Sie Zeit haben, schicken Sie mir das vorverlangte Formular noch diesen Morgen, — für nichts, wahrscheinlich für nichts zu erhalten, mit höfischen Worten hingehalten, ist diese Zeit so schon verloren worden.

14*

312] **An Nikolaus v. Zmeskall.** 20. Febr. 1812.

Wahrscheinlich hat mein Esel von Bediente meine Hast
Sie zu erwarten schlecht ausgerichtet. — Da es gleich zwölf
Uhr ist und ich zu Schuppanzigh gehe, so bitte ich Sie, mor=
gen mir anzuzeigen, wo ich Sie sprechen kann.

Ganz Ihr Beethoven.

313] **An George Thomson.** Vienne le 20. Febr. 1812.

Monsieur! En m'assurant que vous ne me refuserez
pas de me faire payer chez Messieurs Fries et Comp. au
lieu de 3 $\sharp$ en or 4 $\sharp$ en or pour chaque chanson j'ai
rendu les 9 chansons aux susdits Messieurs, j'aurais ainsi
encore 9 $\sharp$ en or a recevoir.

Haydn même m'assuré qu'il a aussi reçu pour chaque
chanson 4 $\sharp$ en or et pourtant il n'écrivit que pour le
clavecin et un violon tout seul sans ritournelles et violoncelle. Quant à monsieur Kozeluch, qui vous livre chaque
chanson avec accompagnement pour 2 $\sharp$ je vous félicite
beaucoup et aussi aux éditeurs anglois et ecossais quand
ils en goûtent. Moi je m'estime encore une fois plus
supérieur en ce genre que Monsieur Kozeluch (: Miserabilis:) et j'espère croyant que vous possédez quelque dis-
tinction, laquelle vous mette en état de me rendre justice.

Je n'ai pas encore reçu la réponse à ma lettre dernière, et je souhaite de savoir à quoi que je suis avec vous.
Vous auriez déjà longtemps les 3 Sonates pour 100 $\sharp$ en
or et les 3 Quintettes pour la même somme, mais je ne
peux rien risquer en cette affaire et il faut que je re-
çoive les sommes fixées de Messrs. Fries en présentant les
exemplaires.

A ce qui regarde les 12 chansons, avec le texte angloise
l'honoraire est 70 $\sharp$ en or. Pour la Cantate contenant
la bataille dans la mer Baltique 60 $\sharp$ en or, pour l'Oratoire je demande 600 $\sharp$ en or, mais il est nécessaire, que
le texte soit singulièrement bien fait. Je vous prie in-
stamment d'adjoindre toujours le texte aux chansons
écossaises. Je ne comprends pas comme vous qui êtes connaisseur ne pouvez comprendre, que je produirais des compositions tout à fait autres, si j'aurai le texte à la main.

et les chansons ne peuvent jamais devenir des produits parfaits, si vous ne m'envoyez pas le texte et vous m'obligerez à la fin de refuser vos ordres ultérieurs.

Puis je voudrais savoir si je peux faire la violine et le violoncelle obligé, de sorte que les deux instruments ne peuvent jamais être omis, ou de manière présente, que le Clavecin fait un ensemble pour soi-même: alors notez moi à chaque chanson s'il y a plusieurs versets et combien? S'il y a des répétitions ‖ qui sont quelquefois très mal notées par ces deux ‖ lignes.

Je vous prie de répondre bientôt car je retiens plusieurs compositions à cause de vous. Je souhaite aussi de recevoir les 9 ♯ en or, pour les chansons écossaises, nous avons besoin d'or ici, car notre empire n'est rien qu'une source de papier à présent, et moi sur tout, car je quitterai peut-être ce pays ici et je me rendrai en Angleterre et puis à Edimbourg en Ecosse, où je me réjouis de faire votre connaissance en personne. Je suis avec l'estime la plus parfaite   Monsieur Votre très humble serviteur
Louis van Beethoven.

314] **An Baumeiſter.**
12. März 1812.

Schicken Sie mir gefälligſt die Ouvertüre zu dem Nachſpiel Ungarns Wohltäter; ſie muß ſchnell abgeſchrieben werden um nach Graz befördert zu werden zu dem Gebrauch einer dortigen Armenakademie. Ich ſchätze mich allzuglücklich, wenn zu dergleichen wohltätigen Zwecken meine Kunſt in Anſpruch genommen wird. Sie brauchen alſo S. K. Hoh. dem gnädigſten Herrn nur davon zu ſagen, und Sie werden Ihnen gewiß gern dieſelbe verabfolgen laſſen, um ſo mehr, da Sie wiſſen, daß alles Eigentum meiner geringen Geiſtesfähigkeiten auch das gänzliche Eigentum S. K. Hoheit ſind; — ſobald die Ouvertüre abgeſchrieben, werde ich ſie ſogleich Sr. Kaiſerl. Hoheit wieder zuſtellen.

Ihr ergebenſter Diener Ludwig van Beethoven.

315] **An Joſef v. Varena.**
März 1812.

Trotz meiner Bereitwilligkeit, Ihnen zu dienen, den Armen wie von jeher allen Vorſchub zu leiſten, iſt es mir doch nicht möglich. — Ich habe keinen eigenen Kopisten, der mir wie sonst immer schreibt, die Zeit hat auch mich hierin außer Stand gesetzt, — nun muß ich also immer zu fremden Kopisten meine Zuflucht nehmen. Einer von diesen hatte mir versprochen, Ihnen die Ouvertüre zu schreiben usw., aber die Karwoche, wo es aller Orten Akademien gibt, läßt nicht zu, (daß) dieser sein Wort hält; trotz aller meiner Bemühungen; — wäre es, daß die Ouvertüren und der Marsch mit Chor auch abgeschrieben, so wäre es mit diesem Postwagen nicht möglich, und mit dem künftigen würden wieder selbst die Musikalien für Ostersonntag zu spät ankommen. — Zeigen Sie mir die Mittel an, wie und wo Sie mehr Zeit für sich gewinnen können oder außerordentliche Gelegenheiten zur Fortschaffung dieser Werke, und ich werde alles Mögliche tun, um den Armen zu helfen.

Mit Achtung Ihr ergebenster Ludwig van Beethoven.

316] An Josef von Barena. März 1812.

Wenn schon nicht alles auf einmal sollte geschickt werden können, so müssen jedoch vor allem die Chöre in Partitur sogleich nach Graz abgehen, indem sie erst ausgeschrieben werden müssen. — Kann alles auf einmal nur mit geringen Kosten mit einer außerordentlichen Gelegenheit nach G. geschickt werden, so wäre dieses das Beste, damit Sie dort mehr Muße hätten, zu wählen, wie auch zu probieren.

317] An Josef v. Barena. 22. März 1812.

Große Ouvertüre zu Ungarns ersten Wohltäter, mit vier Waldhörnern und Kontrafagott nebst allen übrigen Instrumenten; von Ludwig van Beethoven. Die Krankheit meines Kopisten, indem ich keinen anderen meine Werke anvertrauen kann, ist das größte Hindernis.

Ludwig van Beethoven.

318] An Rettich. (1812.)

Es dürften bis morgen abend wohl sicher noch die zwei Ouvertüren folgen, und so wird Ihnen geholfen, jedoch mit den äußersten Anstrengungen. Schreiben Sie nur ge-

214

fälligſt, daß man in Graz ſicher alles Erwartete erhalte; jedoch muß man ſich im voraus gefaßt machen zur Probe, da die Sachen mit dem Poſtwagen zwar nicht zu ſpät, aber doch auch nur eben zur rechten Zeit ankommen werden.

319] An Nikolaus v. Zmeskall. (1812.)

Sie haben heute in der Schwane zu erſcheinen, Bruns= wick kommt auch; wo nicht, ſo werden Sie von allem, was uns angeht, ausgeſchloſſen, — Entſchuldigungen per ex- cellentiam werden nicht angenommen — Gehorſam wird gefordert, wo man weiß, daß man Ihr Beſtes beſorgt, und Sie vor Verführungen und vor ausübenden Treuloſigkei= ten per excellentiam bewahren will — dixi. —

Beethoven.

320] An Erzherzog Rudolf. (1812.)

Ihro Kaiſerliche Hoheit! Mit wahrem Mißvergnügen empfing ich die Nachricht, zu J. K. H. zu kommen, geſtern abends ſehr ſpät, und zwar erſt gegen elf Uhr. Wider meine Gewohnheit war ich nachmittags nicht nach Hauſe gekom= men, das ſchöne Wetter hatte mich gereizt den ganzen Nach= mittag mit Spazierengehen zuzubringen, und abends war ich in der Wanda auf der Wieden, und ſo geſchah's, daß ich erſt, beim wieder nach Hauſe kommen, Ihren Wunſch wahrnehmen konnte; — ſollten unterdeſſen J. K. H. es nötig finden, ſo bin ich jeden Augenblick, jede Stunde be= reit mich zu Ihnen zu verfügen. — Ich erwarte darüber Ihre gnädigen Befehle. Ihro Kaiſerlichen Hoheit unter= tänigſter Ludwig van Beethoven.

321] An Breitkopf & Härtel. Wien, 4. April 1812.

Sehr notwendig brauche ich die drei Lieder von Goethe und mir (der Fürſtin Kinsky gewidmet). Laſſen Sie mir daher eiligſt, ſchleunigſt, geſchwinder als möglich einen Ab= druck auf feinem Papier machen und ſchicken mir die Lieder mit der Briefpoſt. Für heute kann ich Ihren mir lieben letzt geſchriebenen Brief nicht beantworten.

Mit Achtung Ihr bereitwilliger L. v. Beethoven.

322] An Erzherzog Rudolf. (April 1812.)

Ihro Kaiserliche Hoheit! Erst jetzt kann ich, indem ich das Bett verlasse, Ihr gnädiges Schreiben von heute beantworten, für morgen dürfte es mir noch nicht möglich sein, Ihnen aufzuwarten, doch vielleicht übermorgen. — Ich habe diese Tage viel gelitten, und doppelt möchte ich sagen, indem ich nicht imstande bin, meinen innigsten Wünschen gemäß recht viele Zeit Ihnen zu opfern; doch werde ich wohl hiermit das Frühjahr und den Sommer (ich meine mit meinem Kranksein) abgefunden haben. Ihro Kaiserlicher Hoheit gehorsamster Diener

Ludwig van Beethoven.

323] An Erzherzog Rudolf. 4. April (1812).

Ihro Kaiserliche Hoheit! Mein Zustand hat sich wieder verschlimmert, und so wird es wohl noch einige Tage anstehen, bis ich genesen bin. Ich bin wahrhaft untröstlich I. K. H. nicht aufwarten zu können; die Witterung scheint, obwohl ich mich schon selbst angeklagt, doch Schuld an meinem Leiden zu sein. Ich hoffe und wünschte nur, daß I. K. H. nicht auch davon hingerissen werden. Ich aber hoffe bald, mich meinem verehrtesten erhabenen Schüler nahen zu können, durch dessen gnädige Teilnahme ich mich in manchen Leiden und für mich seit einiger Zeit schmerzhaften Ereignissen gelindert fühle. Ihro Kaiserlichen Hoheit treu gehorsamster Diener. Ludwig van Beethoven.

324] An Theodor Körner. 21. April 1812.

Beständig seit einiger Zeit kränklich, anhaltend beschäftigt, konnte ich mich nicht über Ihre Oper erklären. Mit Vergnügen ergreife ich daher die Veranlassung, Ihnen meinen Wunsch erkennen zu geben, Sie zu sprechen. Wollen Sie mir daher übermorgen vormittags das Vergnügen machen, mich zu besuchen, so soll es mich ungemein freuen, und wir werden uns zusammen über Ihre Oper bereden, und auch über eine andere, die ich wünschte, daß Sie für mich schrieben. — Mündlich werden Sie erfahren, daß nicht Geringschätzung Ihrer Talente die Ursache meines Stillschweigens war. Ihr ergebenster Ludwig van Beethoven.

216

325] **An Nikolaus v. Zmeskall.** (26. April 1812.)

Für heute ist es nicht möglich, doch werde ich mich näch=
stens bei Ihnen anfragen. — Wir sind Euch teuflischst zugetan, wen's juckt, der kratzt
sich. Ihr L. v. Bthven.

326] **An Erzherzog Rudolf.** 1812.

Ihro Kaiserliche Hoheit! Ich war schon öfter, wie ge=
wöhnlich, um in der Abendstunde aufzuwarten, aber nie=
mand war zu finden. — Ich habe dieses dem gar zu schö=
nen Wetter zugeschrieben, da dieses aber jetzt nicht der Fall,
frage ich mich an, wann Sie befehlen, daß ich Ihnen auf=
warten soll. — Ihro Kaiserlichen Hoheit untertänigster
Ludwig van Beethoven.

327] **An Erzherzog Rudolf.** (1812.)

Ihro Kaiserliche Hoheit! Ich bin schon seit Sonntag
nicht wohl, zwar mehr körperlich. Ich bitte tausendmal um
Verzeihung, wenn ich mich nicht früher entschuldigt, doch
hatte ich jeden Tag den besten Willen aufzuwarten, aber
der Himmel weiß es, trotz dem besten Willen, den ich für
den besten Herrn habe, hat es mir nicht gelingen wollen —
so weh es mir auch tut, dem nicht alles aufopfern zu kön=
nen, für den ich das höchste Gefühl der Hochachtung und
Liebe und Verehrung habe. Seine Kaiserl. Hoheit würden
vielleicht selbst nicht unrecht handeln, wenn Sie dieses Mal
in Rücksicht der Lobkowitzischen Konzerten eine Pause mach=
ten: auch das glänzendste Talent kann durch Gewohnheit
verlieren. Mit der tiefsten Verehrung Ihro Kaiserl. Hoheit
treu ergebenster Diener Ludwig van Beethoven.

328] **An Josef v. Varena.** 1812.

Von den 100 Gulden, welche Sie mir geschickt, wird die
Auslage für die Kopiatur der Gesangsstücke abgezogen und
Ihnen der Rest mitgesendet werden, mit der Bitte, densel=
ben den ehrwürdigen Frauen zuzustellen. Sagen Sie ihnen,
daß mich ihre gute Absicht sehr gerührt habe.

217

Eine große Gefälligkeit würden Sie mir erzeigen, wenn
Sie mir die Ouvertüre zu den Ruinen von Athen nur auf
einige Tage schicken wollten; ich will sie für mich hier ab=
schreiben lassen. In höchstens acht Tagen sende ich Ihnen
als Mensch von Ehre, worauf Sie sich verlassen können, die=
selben zurück. Mit Achtung Ihr ergebenster Diener und
Freund   Ludwig van Beethoven.

330] An Josef v. Varena.   Wien, 8. Mai 1812.

Hochgeehrtester Herr! Immer kränklich und viel beschäf=
tigt, konnte ich Ihre Briefe nicht beantworten. Wie kom=
men Sie in aller Welt aber deswegen auf Gedanken, die
gar nicht auf mich passen, worüber sollte ich böse sein? —
Besser wäre es gewesen, Sie hätten die Musikalien gleich
nach der Produktion geschickt, denn da war der Zeitpunkt,
wo ich sie konnte hier aufführen machen; so leider kommen
sie zu spät, und ich sage nur deswegen leider, denn ich
konnte nur den ehrwürdigen Frauen die Kosten der Ko=
piatur nicht ersparen. Zu einer anderen Zeit hätte ich auf
keinen Fall sie die Kopiatur bezahlen machen, allein eben
in diesem Zeitpunkt wurde ich mit einer Menge Mißge=
schicke heimgesucht, die mich dran verhinderten. — Wahr=
scheinlich hat Hr. Oliva gesäumt, mit seinem sonst wärm=
sten Willen Ihnen dieses bekannt zu machen, und so mußte
ich mir denn von Ihnen die Kopiatur bezahlen lassen, —
auch mag ich mich in der Eile nicht deutlich genug ausge=
drückt haben. Sie können nun, wertgeschätzter Mann, die
Ouvertüre wie auch den Chor zurück haben, im Falle Sie
beide Stücke brauchen.

Daß Sie auf jede Art verhindern werden, daß mein Zu=
trauen nicht gemißbraucht werde, davon bin ich überzeugt;
die andere Ouvertüre behalten Sie derweil auch so unter den
Bedingungen, die ich gesagt habe. Bin ich imstande, die
Kopiaturen zu bezahlen, so löse ich sie zu meinem Gebrauche
wieder ein.

Die Partitur vom Oratorium ist geschenkt, die Ouver=
türe von „Egmont" ebenfalls. Die Stimmen vom Orato=

rium behalten Sie nur immer da, bis Sie selbiges auf=
führen.

Zu einer Akademie, die Sie, glaube ich, jetzt geben wol=
len, nehmen Sie alles, was Sie wollen, und brauchen Sie
dazu den Chor und die Ouvertüre, so sollen Ihnen diese
Stücke gleich übermacht werden. Für die künftige Akademie
zum Besten der ehrwürdigen Ursulinerinnen verspreche ich
Ihnen sogleich eine ganz neue Symphonie, das ist das
wenigste, vielleicht aber auch noch etwas Wichtiges für Ge=
sang, — und da ich jetzt Gelegenheit habe, so soll die Ko=
piatur keinen Heller kosten.

Ohne Grenzen würde meine Freude sein über die ge=
lungene Akademie, wenn ich Ihnen noch keine Kosten hätte
verursachen müssen; so nehmen Sie mit meinem guten
Willen vorlieb.

Empfehlen Sie mich den ehrwürdigen Erzieherinnen der
Kinder und sagen Sie ihnen, daß ich Freudentränen über
den guten Erfolg meines schwachen guten Willens geweint,
und daß, wo meine geringen Fähigkeiten hinreichen, ihnen
dienen zu können, sie immer den wärmsten Teilnehmer an
ihnen in mir finden werden.

Für Ihre Einladung meinen herzlichen Dank, gern
möchte ich einmal die interessanten Gegenden von Steier=
mark kennen, und es kann wohl sein, daß ich mir dieses
Vergnügen machen werde. Leben Sie recht wohl, ich freue
mich recht innig, in Ihnen einen Freund der Bedrängten
gefunden zu haben, und bin allezeit

Ihr bereitwilliger Diener Ludwig van Beethoven m. p.

331] An Breitkopf & Härtel.   (Mai 1812.)

Sogleich schicke ich die Messe. Erzeigen Sie mir nur ja
nicht den Schabernack, daß Sie dieselbe großmütig mit gro=
ßen Fehlern geschmückt dem Publikum schenken. Wenn sie
so spät herauskommt, soll die Dedikation geändert werden,
nämlich an Fürst Kinsky; das weitere Titularium des=
wegen erhalten Sie. Es muß so sein. Ob Sie mich im Nor=
den sehen werden, wer kann in dem Chaos, worin wir ar=
men Deutschen leben, bestimmen! Leben Sie wohl. Ich
schreibe drei neue Symphonien, wovon eine bereits vollen=

det. Habe auch für das Ungarische Theater etwas geschrie=
ben. Aber in der Kloake, wo ich mich hier befinde, ist das
alles so gut wie verloren. Wenn ich mich nur nicht selbst
ganz verliere.

Leben Sie recht wohl. Freuen Sie sich, daß es Ihnen
besser geht als anderen armen Sterblichen.

Ihr ergebenster Beethoven.

332] **An Maximiliana v. Brentano.** Wien, 2. Juni 1812.

Für meine kleine Freundin, Maxe Brentano zu Ihrer
Aufmunterung im Klavierspielen.   L. v. Bthvn.

333] **An Baumeister.** Sonntags den 28. Juni 1812.

Ich ersuche Sie höflichst, mir die zwei Trios für das Kla=
vier mit Violin und Violoncell von meiner Komposition
nur auf heute zu leihen, das erste geht aus D=Dur, das
zweite aus Es=Dur; wenn mir recht ist, haben S. Kaiserl.
Hoheit solche geschrieben in ihrer Bibliothek; sodann die
Sonate in A=Dur mit Klavier und Violoncell, ist einzeln
gestochen; — sodann die Sonate in A-minor mit Klavier
und Violine, ist auch bloß einzeln gestochen. — Morgen
früh werden Sie alles zurückerhalten. — Ihr ergebener Die=
ner   Ludwig van Beethoven.

334] **An Erzherzog Rudolf.**   (1812.)

Ihro Kaiserliche Hoheit! Ich bitte mich für heute zu
entschuldigen, da ich die Verfügungen wegen meiner Oper,
die keinen Aufschub leiden, treffen muß, dagegen werde ich
mich morgen sicher zu I. K. H. verfügen und die Zeit über=
haupt vor meiner Abreise nach Teplitz verdoppeln, damit
mein erhabener Schüler um so weniger meine Abwesenheit
empfinde. Ihro Kaiserliche Hoheit treu ergebenster Diener
                              Ludwig van Beethoven.

335] **An Graf Franz von Brunswick.**   (1812.)

Lieber Freund, Bruder! Eher hätte ich Dir schreiben sol=
len, in meinem Herzen geschah's tausendmal. — Weit
früher und eher hättest Du das Trio und die Sonate erhal=
ten müssen, ich begreife nicht, wie M. Dir diese solange

vorenthalten hat. — Soviel ich mich erinnere, habe ich Dir ja gesagt, daß ich Dir beides, Sonate und Trio schicken werde, mache es nach Deinem Belieben, behalte die Sonate oder schicke sie Forray, wie Du willst. Das Quartett war Dir ja so früher zugedacht, bloß meine Unordnung war schuld daran, daß Du es eben erst bei diesem Ereignisse erhalten, — und wenn von Unordnung die Rede ist, so muß ich Dir leider sagen, daß sie noch überall mich heimsucht. Noch nichts Entschiedenes in meinen Sachen, der unglückselige Krieg dürfte das endliche Ende noch verzögern, oder meine Sache noch verschlimmern. — Bald fasse ich diesen, bald jenen Entschluß, leider muß ich doch nahe herum bleiben, bis diese Sache entschieden ist.— O unseliges Dekret, verführerisch wie eine Sirene, wofür ich mir hätte die Ohren mit Wachs verstopfen sollen lassen und mich festbinden, um nicht zu unterschreiben, wie Ulysses.

Wälzen sich die Wogen des Krieges näher hierher, so komme ich nach Ungarn, vielleicht auch so. Habe ich doch für nichts als mein elendes Individuum zu sorgen, so werde ich mich wohl durchschlagen. Fort, edlere höhere Pläne! — Unendlich unser Streben, endlich macht die Gemeinheit alles! —

Leb' wohl, teurer Bruder, sei es mir; ich habe keinen, den ich so nennen könnte, schaffe so viel Gutes um Dich herum, als die böse Zeit Dir's zuläßt. — Für künftige machst Du folgende Überschrift über den Umschlag der Briefe an mich: „An H. B. von Pasqualati."

Der Lumpenkerl Oliva (jedoch kein edler L—K—l) kommt nach Ungarn, gib Dich nicht viel mit ihm ab, ich bin froh, daß dieses Verhältnis, welches bloß die Not herbeiführte, hierdurch gänzlich abgeschnitten wird. Mündlich mehr. Ich bin bald in Baden, bald hier; — in Baden im Sauerhofe zu erfragen. Leb' wohl, laß mich bald etwas von Dir hören. Dein Freund Beethoven.

336] **An Varnhagen von Ense.** Teplitz, 14. Juni 1812.

Hier, lieber Varnhagen, das Paket für Willisen. Ich lasse ihn bitten, mir die drei Teile von Goethes Wilhelm Meisters Lehrjahre hierher mit dem Postwagen zu schicken, da sich der vierte fehlende gefunden hat. Sollten Sie bald selbst hierher kommen, so wäre das freilich nicht nötig, daher überlasse ich dieses Ihrer Weisheit. Von Teplitz ist nicht viel zu sagen, wenig Menschen und unter dieser kleinen Zahl nichts auszeichnendes. Daher leb' ich allein — allein! allein! allein! Es war mir leid, lieber Varnhagen, den letzten Abend in Prag nicht mit Ihnen zubringen zu können, ich fand es selbst unanständig. Allein ein Umstand, den ich nicht vorhersehen konnte, hielt mich davon ab. Halten Sie mir dieses daher zugute. Mündlich näher darüber. — Recht viel Schönes an General Bentheim. Ich wünschte ihn und Sie vorzüglich hier. — Wenn Sie auch an mir einen Sonderling finden, so könnte ich ja wieder etwas anderes nicht Sonderliches an Ihnen finden. Wenn sich nur wenigstens einige gute Seiten berühren, dies ist hinlänglich, der Freundschaft den Weg zu bahnen.

Leben Sie wohl! wohl! wohl! Zertrümmern Sie das Üble und halten Sie sich oben.   Ihr Freund Beethoven.

N. E. Schreiben Sie mir und schicken Sie mir gefälligst Ihre genaue Adresse.

337] **An Breitkopf & Härtel.**   Teplitz, 17. Juni 1812.

Wir sagen Ihnen nur, daß wir uns seit 5. Juli hier befinden. Wie? — davon läßt sich noch nicht viel sagen. Im ganzen gibt es nicht so interessante Menschen als voriges Jahr und wenig. Die Menge scheint weniger als wenige. — Meine Wohnung ist noch nicht, wie ich wünsche, doch hoffe ich bald eine erwünschtere zu haben. — Die Korrektur von der Messe werden Sie erhalten haben. Ich habe beim Anfang des Gloria statt C ₵ Takt und Veränderung des Tempos geschrieben; so war es anfangs angezeigt. Eine schlechte Aufführung, wobei man das Tempo zu geschwind nahm, verführte mich dazu. Da ich nun die Messe lange nicht gesehn hatte, fiel es mir gleich auf und ich sah, daß man so was denn doch dem Zufall leider überlassen muß. Im Sanctus können irgendwo angezeigt werden, daß man bei der enharmonischen Veränderung die Been weglassen könne und statt dessen nur Kreuztöne beibehalte, nämlich:

222

Sanc - tus

Sanc-tus do - mi-nus de - us   Sa - ba - oth

statt mit Been die ♯ze beibehalten wie hier

Bei unseren Chören konnte ich diese Stelle nicht rein singen
hören, ohne daß der Organist still den 7timenakkord angab.
Bei Ihnen mögen sie beſſer singen. — Gut wird es wenig=
ſtens sein, irgendwo anzuzeigen, daß man ſtatt den Been
die ♯ ze nehmen könne bei dieser Stelle, wie sie hier ange=
zeigt iſt (verſteht sich, daß sie ebenso wie hier geſtochen bei=
gefügt werde). — Goethe iſt hier. — Leben Sie wohl und
laſſen Sie mich bald etwas wiſſen von Ihrem Wirken.
                    Ihr ergebenſter Ludwig van Beethoven.
    NB. I. Indem die 50 Taler noch nicht ganz abgetragen
sind und wär's auch, so gehört eben keine gar zu große Ein=
bildungskraft dazu, sich selbſt als noch nicht abbezahlt zu
denken, so bitten wir Sie, entweder auf die wirklichen oder
eingebildeten 50 Taler folgende Werke in meinem Namen
einem liebenswürdigen Frauenzimmer in Berlin zu ſen=
den, nämlich: erſtens die Partitur von Chriſtus am Öl=
berg, zweitens und drittens beide Hefte von Goethes Ge=

223

fängen, nämlich das von sechs und das von drei Gesängen. Die Adresse ist „an Amalie Sebald Bauhof, Nr. I in Berlin"; sie ist eine Schülerin von Zelter und wir sind ihr sehr gut. — NB. II. Fügen Sie noch bei, was Sie sonst an einzeln herausgegebenen Gesängen von mir gestochen haben. Wir könnten Sie hierher einige Exemplare von den letzten der Werke senden. Man braucht manchmal so etwas für Musiker, wovon man nicht sehen kann, daß sie so was kauften. — Ich hoffe von Ihrer eigenen Liebenswürdigkeit die pünktlichste Ausführung meiner liebenswürdigen Liberalität in Ansehung der A. S.

338] **An Emilie M. in H.** Teplitz, 17. Juli 1812.

Meine liebe, gute Emilie, meine liebe Freundin! Spät kommt die Antwort auf Dein Schreiben an mich; eine Menge Geschäfte, beständiges Krankfein mögen mich entschuldigen. Das Hiersein zur Herstellung meiner Gesundheit beweist die Wahrheit meiner Entschuldigung. Nicht entreiße Händel, Haydn, Mozart ihren Lorbeerkranz; ihnen gehört er zu, mir noch nicht.

Deine Brieftasche wird aufgehoben unter anderen Zeichen einer noch lange nicht verdienten Achtung von manchen Menschen.

Fahre fort, übe nicht allein die Kunst, sondern dringe auch in ihr Inneres; sie verdient es. Denn nur die Kunst und die Wissenschaft erhöhen den Menschen bis zur Gottheit. Solltest Du, meine liebe Emilie, einmal etwas wünschen, so schreibe mir zuversichtlich. Der wahre Künstler hat keinen Stolz; leider sieht er, daß die Kunst keine Grenzen hat, er fühlt dunkel, wie weit er vom Ziele entfernt ist und indes er vielleicht von anderen bewundert wird, trauert er, noch nicht dahin gekommen zu sein, wohin ihm der bessere Genius nur wie eine ferne Sonne vorleuchtet. Vielleicht würde ich lieber zu Dir, zu den Deinigen kommen, als zu manchem Reichen, bei dem sich die Armut des Inneren verrät. Sollte ich einst nach H. kommen, so komme ich zu Dir, zu den Deinen; ich kenne keine anderen Vorzüge des Menschen, als diejenigen, welche ihn zu den besseren Menschen zählen machen; wo ich diese finde, dort ist meine Heimat.

224

Willst Du mir, liebe Emilie, schreiben, so mache nur die Überschrift gerade hierher, wo ich noch vier Wochen zubringe, oder nach Wien, das ist alles dasselbe. Betrachte mich als Deinen und als Freund Deiner Familie.

Ludwig van Beethoven.

339] **An Josef v. Varena.** Teplitz, 19. Juli 1812.

Sehr spät kommt mein Dank für die guten Sachen, die mir die würdigen Frauen alle zum Naschen geschickt; beständig kränklich in Wien, mußte ich mich endlich hierher flüchten.

Unterdessen besser spät als gar nicht, und so bitte ich Sie, den ehrwürdigen Frauen Ursulinerinnen alles Angenehme in meinem Namen zu sagen; übrigens braucht es so viel Dank nicht, ich danke dem, der mich instand gesetzt, hier und da mit meiner Kunst nützlich zu sein; sobald Sie von meinen geringen Kräften zum Besten der E. Fr. wieder Gebrauch machen wollen, schreiben Sie nur an mich; eine neue Symphonie ist schon bereit dazu; da der Erzherzog Rudolf sie abschreiben ließ, so macht Ihnen dies gar keine Unkosten. —

Vielleicht findet sich auch noch etwas anderes in der Zeit zum Singen, — ich wünsche nur nicht, daß Sie diese meine Bereitwilligkeit, den E. Fr. zu dienen, einer gewissen Eitelkeit oder Ruhmsucht zuschreiben mögen, dieses würde mich sehr kränken; wollen die E. Fr. übrigens glauben, daß sie mir etwas Gutes erzeigen, so sollen sie mich mit ihren Zöglingen in ihr frommes Gebet einschließen.

Hiermit empfehle ich mich Ihnen, indem ich Sie meiner Achtung versichere. Ihr Freund Ludwig van Beethoven.

Ich bleibe noch einige Wochen hier, und finden Sie es nötig, so schreiben Sie mir.

340] **An Breitkopf & Härtel.**
Franzensbrunn bei Eger, 9. Aug. 1812[1]).

Nur das Notwendigste: der Titel zur Messe fehlt Ihnen, und mir ist manches zuviel, des Badens, Nichtstuns und

---

[1]) Das Klima ist so hier, daß man schreiben könnte am 9. November.

usw., alle übrigen unvermeidlichen Zu= und Auffälligkei=
ten bin ich müde. — Sie sehn und denken mich nun hier.
Mein Arzt treibt mich von einem Ort zum anderen, um
endlich die Gesundheit zu erhaschen, von Teplitz nach Karls=
bad, von da hierher. In K. spielte ich den Sachsen und
Preußen etwas vor zum Besten der abgebrannten Stadt
Baden; es war sozusagen ein armes Konzert für die Ar=
men. Der Signore Polledrone half mir dabei und nach=
dem er sich einmal wie gewöhnlich abgeängstigt hatte,
spielte er gut. —

„Seiner Durchlaucht dem Hochgeborenen Fürsten Kins=
ky", so was ähnliches mag der Titel in sich enthalten. —
Und nun muß ich mich enthalten ferner zu schreiben, dafür
muß ich mich wieder im Wasser herumplätschern. Kaum
habe ich mein Inneres mit einer tüchtigen Quantität des=
selben anfüllen müssen, so muß ich nun auch wieder das
Äußere um und um bespülen lassen. — Nächstens beant=
worte ich erst Ihr übriges Schreiben. — Goethe behagt die
Hofluft zu sehr, mehr als es einem Dichter ziemt. Es ist
nicht viel mehr über die Lächerlichkeiten der Virtuosen hier
zu reden, wenn Dichter, die als die ersten Lehrer der Nation
angesehen sein sollten, über diesem Schimmer alles andere
vergessen können.   Ihr Beethoven.

Soeben habe ich um den ganzen Titel des Fürsten Kinsky
geschrieben, Sie erhalten ihn so doch noch zeitig genug, da
ich vermute, daß Sie die Messe nicht vor Herbst heraus=
geben. —

341] **An Erzherzog Rudolf.** Franzensbrunn, 12. Aug. 1812.

Ihro Kaiserliche Hoheit! Schon lange wäre es meine
Pflicht gewesen, mich in Ihr Gedächtnis zurückzurufen,
allein teils meine Beschäftigung meiner Gesundheit hal=
ber, teils meine Unbedeutenheit ließ mich hierin zaudern.
— In Prag verfehlte ich J. K. H. gerade um eine Nacht;
denn indem ich mich morgens zu Ihnen verfügte, um Ihnen
aufzuwarten, waren Sie eben die Nacht vorher abgereist.
In Teplitz hörte ich alle Tage viermal türkische Musik; der
einzige musikalische Bericht, den ich abstatten kann. Mit
Goethe war ich viel zusammen. Von Teplitz aber beorderte

mich mein Arzt Staudenheim nach Karlsbad, von da hier=
hin, und vermutlich dürfte ich von hier noch einmal nach
Teplitz zurück — welche Ausflüge! und doch noch wenig
Gewißheit über die Verbesserung meines Zustandes! Von
J. K. H. Gesundheitsumständen habe ich bisher noch immer
die beste Nachricht erhalten, auch von der fortdauernden Ge=
wogenheit und Ergebenheit, welche Sie der musikalischen
Muse bezeigen. — Von einer Akademie, welche ich zum
Besten der abgebrannten Stadt Baden gegeben, mit Hilfe
des Herrn Polledro, werden J. K. H. gehört haben. Die
Einnahme war beinahe 1000 fl. W. W., und wäre ich nicht
geniert gewesen in der besseren Anordnung, so dürften
leichtlich 2000 fl. eingenommen worden sein. — Es war
eigentlich ein armes Konzert für die Armen. Ich fand beim
Verleger hier nur vor meine früheren Sonaten mit Violine.
Da dieses Pelledro durchaus wünschte, mußte ich mich eben
bequemen, eine alte Sonate zu spielen. — Das ganze Kon=
zert bestand aus einem Trio von Polledro gespielt, der
Violinsonate von mir, wieder etwas von Polledro gespielt,
und dann fantasiert von mir. — Unterdessen freue ich mich
wahrhaft, daß den armen Badnern etwas dadurch zuteil
geworden. Geruhen Sie meine Wünsche für Ihr höchstes
Wohl und die Bitte, zuweilen meiner gnädig zu gedenken,
anzunehmen. Ihro Kaiserlichen Hoheit untertänigster
                                Ludwig van Beethoven.

342]   An Bettina v. Arnim [ob echt?].   Teplitz, August 1812.

Liebste, gute Freundin! Könige und Fürsten können
wohl Professoren machen und Geheimräte und Titel und
Ordensbänder umhängen, aber große Menschen können sie
nicht machen, Geister, die über das Weltgeschmeiß hervor=
ragen, das müssen sie wohl bleiben lassen zu machen, und
damit muß man sie in Respekt haben, — wenn so zwei zu=
sammenkommen wie ich und der Goethe, da müssen die gro=
ßen Herren merken, was bei unsereinem als groß gelten
kann. Wir begegneten gestern auf dem Heimweg der gan=
zen kaiserlichen Familie, wir sahen sie von weitem kom=
men, und der Goethe machte sich von meinem Arme los, um
sich an die Seite zu stellen, ich mochte sagen, was ich wollte,

ich konnte ihn keinen Schritt weiter bringen, ich drückte mei=
nen Hut auf den Kopf und knöpfte meinen Überrock zu und
ging mit untergeschlagenen Armen mitten durch den dick=
sten Haufen — Fürsten und Schranzen haben Spalier ge=
macht, der Erzherzog Rudolf hat den Hut abgezogen, die
Frau Kaiserin hat gegrüßt zuerst. — Die Herrschaften ken=
nen mich. — Ich sah zu meinem wahren Spaß die Prozeß=
sion an Goethe vorbeidefilieren — er stand mit abgezoge=
nem Hut, tief gebückt, an der Seite. — Dann habe ich ihm
den Kopf gewaschen, ich gab kein Pardon und habe ihm all'
seine Sünden vorgeworfen, am meisten die gegen Sie,
liebste Freundin, wir hatten gerade von Ihnen gesprochen.
Gott! hätte ich eine solche Zeit mit Ihnen haben können
wie der, das glauben Sie mir, ich hätte noch viel, viel mehr
Großes hervorgebracht. Ein Musiker ist auch ein Dichter,
er kann sich auch durch ein Paar Augen plötzlich in eine schö=
nere Welt versetzt fühlen, wo größere Geister sich mit ihm
einen Spaß machen und ihm recht tüchtige Aufgaben
machen. — Was kam mir nicht alles im Sinn, wie ich Sie
kennen lernte, auf der kleinen Sternwarte, während dem
herrlichen Mairegen, der war ganz fruchtbar auch für mich.
Die schönsten Themas schlüpften damals aus Ihren Blik=
ken in mein Herz, die einst die Welt noch entzücken sollen,
wenn der Beethoven nicht mehr dirigiert. Schenkt mir Gott
noch ein paar Jahre, dann muß ich Dich wiedersehen,
liebste, liebe Freundin, so verlangt's die Stimme, die im=
mer recht behält bei mir. Geister können einander auch
lieben, ich werde immer um den Ihrigen werben. Ihr Bei=
fall ist mir am liebsten in der ganzen Welt. Dem Goethe
habe ich meine Meinung gesagt, wie der Beifall auf unser=
einen wirkt, und daß man von seinesgleichen mit dem Ver=
stand gehört sein will, Rührung paßt nur für Frauenzim=
mer (verzeih mir's), dem Manne muß Musik Feuer aus
dem Geist schlagen. Ach, liebstes Kind, wie lange ist es
schon her, daß wir einerlei Meinung sind über alles!!!
Nichts ist gut, als eine schöne, gute Seele haben, die man
in allem erkennt, vor der man sich nicht zu verstecken braucht.
Man muß was sein, wenn man was scheinen will. Die
Welt muß einen erkennen, sie ist nicht immer ungerecht, dar=

228

an ist mir zwar nichts gelegen, weil ich ein höheres Ziel
habe. — In Wien hoffe ich einen Brief von Ihnen, schrei=
ben Sie bald, bald und recht viel, in acht Tagen bin ich dort.
Der Hof geht morgen, heute spielen sie noch einmal. Er hat
der Kaiserin die Rolle einstudiert, sein Herzog und er woll=
ten, ich soll was von meiner Musik aufführen, ich hab's bei=
den abgeschlagen, sie sind beide verliebt in chinesisches Por=
zellan, da ist Nachsicht vonnöten, weil der Verstand die
Oberhand verloren hat, aber ich spiele zu ihren Verkehrthei=
ten nicht auf, absurdes Zeug mache ich nicht auf gemeine
Kosten mit Fürstlichkeiten, die nie aus derart Schulden
kommen. Adieu, adieu Beste, Dein letzter Brief lag eine
ganze Nacht auf meinem Herzen und erquickte mich da, Mu=
sikanten erlauben sich alles.

Gott, wie lieb' ich Sie! Dein treuester Freund und tau=
ber Bruder
                                      Beethoven.

343] **An Amalie Sebald.**   16. Sept. 1812.

Tyrann ich?! Ihr Tyrann! Nur Mißdeutung kann Sie
dies sagen lassen, wie wenn eben dieses Ihr Urteil keine
Übereinstimmung mit mir andeutete. Nicht Tadel des=
wegen; es wäre eher Glück für Sie. — Ich befand mich seit
gestern schon nicht ganz wohl, seit diesem Morgen äußerte
sich's stärker; etwas Unverdauliches ist für mich die Ursache
davon, und die reizbare Natur in mir ergreift ebenso das
Schlechte als das Gute, wie es scheint; wenden Sie dies je=
doch nicht auf meine moralische Natur an. Die Leute sagen
nichts, es sind nur Leute; sie sehen sich meistens in anderen
nur selbst und das ist eben nichts; fort damit, das Gute,
Schöne braucht keine Leute. Es ist ohne alle andere Bei=
hilfe da, und das scheint denn doch der Grund unseres Zu=
sammenhaltens zu sein. — Leben Sie wohl, liebe Amalie.
Scheint mir der Mond heute abend heiterer als den Tag
durch die Sonne, so sehen Sie den kleinsten, kleinsten aller
Menschen bei sich.   Ihr Freund Beethoven.

344] **An Amalie Sebald.**   (1812.)

Liebe, gute Amalie! Seit ich gestern von Ihnen ging,
verschlimmerte sich mein Zustand, und seit gestern abends

bis jetzt verließ ich noch nicht das Bett; ich wollte Ihnen
heute Nachricht geben und glaubte dann wieder mich da=
durch Ihnen so wichtig scheinen machen zu wollen, so ließ
ich es sein. — Was träumen Sie, daß Sie mir nichts sein
können? Mündlich wollen wir darüber, liebe Amalie,
reden; immer wünschte ich nur, daß Ihnen meine Gegen=
wart Ruhe und Frieden einflößte, und daß Sie zutraulich
gegen mich wären. Ich hoffe mich morgen besser zu befin=
den und einige Stunden werden uns noch da während
Ihrer Anwesenheit übrigbleiben, in der Natur uns beide
wechselseitig zu erheben und zu erheitern. — Gute Nacht,
liebe Amalie, recht viel Dank für die Beweise Ihrer Gesin=
nungen für Ihren Freund   Beethoven.
    In Tiedge will ich blättern.

345] **An Amalie Sebald.**   (1812.)

    Ich melde Ihnen nur, daß der Tyrann ganz sklavisch an
das Bett gefesselt ist. — So ist es! Ich werde froh sein,
wenn ich nur noch mit dem Verlust des heutigen Tages
durchkomme. Mein gestriger Spaziergang bei Anbruch des
Tages in den Wäldern, wo es sehr neblig war, hat meine
Unpäßlichkeit vergrößert und vielleicht meine Besserung er=
schwert. Tummeln Sie sich derweil mit Russen, Lapplän=
dern, Samojeden usw. herum und singen Sie nicht zu sehr
das Lied: „Es lebe hoch".   Ihr Freund Beethoven.

346] **An Amalie Sebald.**   (1812.)

    Es geht schon besser. Wenn Sie es anständig heißen,
allein zu mir zu kommen, so können Sie mir eine große
Freude machen; ist aber, daß Sie dieses unanständig fin=
den, so wissen Sie, wie ich die Freiheit aller Menschen ehre,
und wie Sie auch immer hierin und in anderen Fällen
handeln mögen, nach Ihren Grundsätzen oder nach Willkür,
mich finden Sie immer gut und als
                                Ihren Freund Beethoven.

347] **An Amalie Sebald.**   (1812.)

    Die Krankheit scheint nicht weiter voranzugehn, wohl
aber noch zu kriechen, also noch kein Stillstand! Dies alles,

was ich Ihnen darüber sagen kann. — Sie bei sich zu sehen, darauf muß ich Verzicht tun; vielleicht erlassen Ihnen Ihre Samojeden heute Ihre Reise zu den Polarländern, so kommen Sie zu

Beethoven.

348] An Amalie Sebald. (1812.)

Dank für alles, was Sie für meinen Körper für gut finden, für das Notwendigste ist schon gesorgt, — auch scheint die Hartnäckigkeit der Krankheit nachzulassen. — Herzlichen Anteil nehme ich an Ihrem Leid, welches auf Sie durch die Krankheit Ihrer Mutter kommen muß. — Daß Sie gewiß gern von mir gesehen werden, wissen Sie, nur kann ich Sie nicht anders, als zu Bette liegend empfangen. — Vielleicht bin ich morgen imstande aufzustehen. — Leben Sie wohl, liebe, gute Amalie. —

Ihr etwas schwach sich befindender Beethoven.

349] An Amalie Sebald. (1812.)

Ich kann Ihnen noch nichts Bestimmtes über mich sagen, bald scheint es mir besser geworden, bald wieder im alten Geleise fortzugehen, oder mich in einen längeren Krankheitszustand versetzen zu können. Könnte ich meine Gedanken über meine Krankheit durch ebenso bestimmte Zeichen als meine Gedanken in der Musik ausdrücken, so wollte ich mir bald selbst helfen; — auch heute muß ich das Bett noch immer hüten. Leben Sie wohl und erfreuen Sie sich Ihrer Gesundheit, liebe Amalie. Ihr Freund Beethoven.

350] Von Amalie Sebalds Hand:

Mein Tyrann befiehlt eine Rechnung — da ist sie: Ein Huhn 1 fl. W. W., die Suppe 9 x. Von Herzen wünsche ich, daß sie Ihnen bekommen möge.

Darunter von Beethovens Hand: (1812.)

Tyrannen bezahlen nicht. Die Rechnung muß aber noch quittiert werden, und das könnten Sie am besten, wenn Sie selbst kommen wollen NB. mit der Rechnung zu Ihrem gedemütigten Tyrannen.

Ergebenheit, innigste Ergebenheit in Dein Schicksal, nur
diese kann dir die Opfer —— zu dem Dienstgeschäft geben.
O harter Kampf! Alles anwenden, was noch zu tun ist, um
das Nötige zu der weiten Reise zu entwerfen. Alles mußt
du finden, was dein seligster Wunsch gewährt, so mußt du
es doch abtrotzen. Absolut die stete Gesinnung beobachten.
Du darfst nicht Mensch sein, für dich nicht, nur für an=
dere. Für dich gibt's kein Glück mehr als in dir selbst, in
deiner Kunst. — O Gott! gib mir Kraft, mich zu besiegen;
mich darf ja nichts an das Leben fesseln. Auf diese Art mit
A. geht ja alles zugrunde.

352] An Breitkopf & Härtel. Teplitz, 17. Sept. 1812.

Im Bette liegend schreibe ich Ihnen, die Natur hat auch
ihre Etikette. Indem ich hier wieder die Bäder gebrauche,
fällt es mir gestern morgen frühe bei Anbruch des Tages
ein, die Wälder zu besuchen, trotz allem Nebel; für diese
licentiam poeticam büße ich heute. — Mein Äskulap
hat mich recht im Zirkel herumgeführt, indem denn doch das
Beste hier; die Kerls verstehn sich schlecht auf Effekt, ich
meine, darin sind wir denn doch in unserer Kunst weiter.
Es könnte sein, daß ich Leipzig besuche; doch bitte ich Sie,
sich darüber ganz tacet zu verhalten, denn aufrichtig zu
sagen, sie trauen mir in Österreich nicht mehr recht, worin
sie auch recht haben, und werden mir vielleicht die Erlaub=
nis gar nicht oder spät erteilen, so daß es zur Messe zu spät
sein würde. Ich weiß zwar kein Wort mehr, wie sich das
verhält; — wenn Sie sonst müßig sind, so schreiben Sie
mir darüber Ihre Meinung. Noch eins: kann ich wohl
Chöre usw. darüber aufführen, ohne daß es zuviel kostet?
Ich bin der bloßen Virtuosität ohnedem nicht sehr hold, nur
hat mich die Erfahrung gelehrt, daß mit Singesachen, be=
sonders Chören, die Kosten ungemein groß sind, und es
dann manchmal kaum lohnt, einen Preis gesetzt zu haben,
indem man auch ohne alles das dieses gratis hätte geben
können. Da ich auch gar nichts Gewisses bestimmen kann,
so bitte ich Sie, von meinem Vorhaben weiter keinen Ge=
brauch zu machen. — Leben Sie wohl, studieren Sie nicht

zuviel auf der Leipziger Univerſität. Es möchte die Äſthetik
dabei verlieren.   Der Ihrige Ludwig van Beethoven.

353]   An Ignaz v. Gleichenſtein.   (1812.)

Wie kann man am geſchwindeſten und wohlfeilſten nach
Linz kommen? — Ich bitte, mir dieſe Frage zu erſchöpfen
— haſt Du denn gar keine Ausſicht, eine andere Wohnung
zu bekommen? — Samſtag oder Sonnabend werde ich Dich
vielleicht nach Hernals einladen — gehab Dich wohl — und
liebe mich.   Beethoven.

354]   An Erzherzog Rudolf.   (1812.)

Ihro Kaiſerliche Hoheit! Für heute bitte ich um Ver=
zeihung, wenn ich nicht die Ehre haben kann, Ihnen aufzu=
warten; einige unerwartete Veranlaſſungen laſſen es nicht
zu. Doch werde ich morgen von der Gnade Gebrauch machen,
bei Ihnen abends erſcheinen zu dürfen. Ihro Kaiſerliche
Hoheit treuſter gehorſamſter Diener
                                      Ludwig van Beethoven.

355]   An Erzherzog Rudolf.   (1812.)

Ihro Kaiſerliche Hoheit! Da ich ſehe, daß Sie nicht bei
Fürſt Lobkowitz ſpielen, wohl aber doch Ihren Abend dort
zubringen, ſo werde ich morgen um 5 Uhr abends die Ehre
haben, Ihnen aufzuwarten. — Ihro Kaiſerlichen Hoheit
gehorſamſter   Ludwig van Beethoven.

356]   An Erzherzog Rudolf.   (Ende Dez. 1812.)

Ihro Kaiſerliche Hoheit! Morgen in der früheſten Frühe
wird der Kopiſt an dem letzten Stück anfangen können, da
ich ſelbſt unterdeſſen noch an mehreren anderen Werken
ſchreibe, ſo habe ich um der bloßen Pünktlichkeit willen mich
nicht ſo ſehr mit dem letzten Stücke beeilt, um ſo mehr, da
ich dieſes mit mehr Überlegung in Hinſicht des Spiels von
Rode ſchreiben mußte; wir haben in unſeren Finales gern
rauſchendere Paſſagen, doch ſagt dieſes R. nicht zu und —
genierte mich doch etwas. — Übrigens wird Dienstags
alles gut gehen können. Ob ich dieſen Abend bei Ihro Kai=
ſerl. Hoheit erſcheinen kann, nehme ich mir die Freiheit zu
zweifeln trotz meinem Dienſteifer; aber dafür komme ich

morgen vormittag, morgen nachmittag, um ganz die Wün=
sche meines erhabenen Schülers zu erfüllen. Ihro Kaiser=
liche Hoheit untertänigster Ludwig van Beethoven.

357] An Fürstin Karoline Kinsky. Wien, 30. Dez. 1812.

Eure Durchlaucht! Das unglückliche Ereignis — welches
Seine Durchlaucht den Fürsten von Kinsky, Hochdero seli=
gen Gemahl, dem Vaterlande, Ihren teuren Angehörigen,
und so vielen entriß, die Sie großmütig unterstützten, wel=
ches jedes für das Große und Schöne empfängliche Gemüt
mit tiefer Trauer erfüllte, traf auch mich auf ebenso sonder=
bare als für mich empfindliche Weise. Die herbe Pflicht der
Selbsterhaltung zwingt mich, Eurer Durchlaucht eine ge=
horsamste Bitte vorzulegen, welche, wie ich hoffe, in ihrer
Billigkeit zugleich die Entschuldigung mit sich führen wird,
Eure Durchlaucht in einem Augenblicke, wo so viele wich=
tige Dinge Sie beschäftigen, damit belästigt zu haben. —
Erlauben Eure Durchlaucht, Ihnen diese Angelegenheit vor=
zutragen.

Es wird Eurer Durchlaucht ohne Zweifel bekannt sein,
daß, als ich im Jahre 1809 den Ruf nach Westfalen erhielt,
Seine Durchlaucht der Fürst von Kinsky, Hochdero seliger
Gemahl, vereint mit Seiner Kaiserl. Hoheit dem Erzherzog
Rudolf und Seiner Durchlaucht dem Fürsten von Lobkowitz
sich erboten, mir lebenslänglich einen jährlichen Gehalt von
viertausend Gulden zu bewilligen, wenn ich diese Anstel=
lung aufgeben und in Österreich bleiben wollte. Obwohl
schon damals diese Summe in keinem Verhältnisse mit jener
stand, welche mir in Westfalen zugesichert war, so ließ mich
dennoch die Vorliebe für Österreich sowohl, als die Anerken=
nung dieses höchst großmütigen Antrags keinen Augenblick
anstehen, denselben anzunehmen. Der Anteil, welchen
Seine Durchlaucht der Fürst von Kinsky an diesem Gehalte
nahm, beträgt fl. 1800 — welche ich seit 1809 in viertel=
jährigen Raten aus der Hochfürstlichen Kassa erhielt. Die
späterhin eingetretenen Zeitumstände verringerten zwar
diesen Betrag auf eine Kleinigkeit; dennoch beschied ich mich
gerne, bis im vorigen Jahre das Patent in betreff der Re=
duktion der Bankozettel in Einlagescheine erschien. Ich

wendete mich an Seine Kaiserl. Hoheit den Erzherzog Ru=
dolf mit der Bitte, mir den Höchstdieselben betreffenden An=
teil an meinem Gehalt, nämlich fl. 1500, — künftig in Ein=
lagescheinen ausbezahlen zu lassen. Seine Kaiserl. Hoheit
gestanden sie mir augenblicklich zu und ließen mir eine
schriftliche Versicherung darüber ausstellen. Dasselbe be=
willigte mir auch der Fürst von Lobkowitz, für seinen An=
teil von fl. 700. —

Da Seine Durchlaucht der Fürst von Kinsky dazumal in
Prag waren, so ließ ich Hochdemselben im Monate Mai die=
ses Jahres durch den Herrn Varnhagen von Ense, Offizier
im Regiment Vogelsang, die gehorsamste Bitte überreichen,
mir den Seine Durchlaucht betreffenden Teil an meinem
Gehalte v. fl. 1800 — gleich den anderen beiden hohen Teil=
nehmern in Einlagescheinen bezahlen zu lassen. Herr von
Varnhagen berichtete folgendes, wie es sein im Original
existierender Brief beweist:

„Gestern hatte ich mit dem Fürsten v. Kinsky eine ge=
hörige Unterredung. Unter den größten Lobsprüchen für
Beethoven gestand er augenblicklich dessen Forderung zu
und will demselben von der Zeit an, daß Einlösungs=
scheine aufgekommen sind, die Rückstände und die zukünf=
tigen Summen in dieser Währung auszahlen. Der Kas=
sier erhält hier die nötige Weisung, und Beethoven kann
bei seiner Durchreise hier alles erheben, oder, falls es ihm
lieber ist, in Wien, sobald der Fürst dorthin zurückge=
kommen sein wird. Prag, den 9. Juni 1812.“

Da ich einige Wochen darauf, auf meiner Reise nach
Teplitz, durch Prag kam, stellte ich mich dem Fürsten vor
und erhielt von Demselben die Bestätigung dieser Zusage
in ihrem ganzen Umfange. Seine Durchlaucht erklärten
mir überdies, daß Sie die Rechtmäßigkeit meiner Bitte
vollkommen einsähen und sie nicht anders als billig fän=
den. Da ich mich nicht in Prag aufhalten konnte, bis diese
Angelegenheit ganz abgemacht war, so hatte seine Durch=
laucht die Gnade, mir als Akontozahlung 60 Stück Dukaten
zu geben, welche nach Hochdero Äußerung mir für fl. 600
Wien. Währ. gelten sollten. Bei meiner Zurückkunft nach
Wien sollten die Rückstände in Ordnung gebracht und der

Befehl an die Kaffe gegeben werden, mir in Zukunft meinen Gehalt in Einlagescheinen zu bezahlen. So lautete der Wille Seiner Durchlaucht. Meine Kränklichkeit nahm in Teplitz zu, und ich war gezwungen, länger dazubleiben, als ich mir früher vorgenommen hatte; ich ließ daher Seiner Durchlaucht, welche Sich damals in Wien befand, im Monat September dieses Jahres durch einen meiner hiefigen Freunde, Herrn Oliva, eine gehorsamste schriftliche Erinnerung an Ihr Versprechen überreichen, und Seine Durchlaucht hatten neuerdings die Gnade, diesem Herrn das gegebene Versprechen zu wiederholen, und zwar mit dem Zusatze, daß Sie in einigen Tagen das Nötige deshalb an der Kaffa verfügen wollten.

Einige Zeit darauf reisten Sie fort. — Bei meiner Ankunft in Wien ließ ich mich bei dem Fürstlichen Herrn Rat erkundigen, ob mein Gehalt vor der Abreise des Fürsten angewiesen worden sei, und hörte zu meinem Erstaunen, daß Seine Durchlaucht nichts in dieser Sache verfügt hätte.

Die Liquidität meiner Bitte beweist das Zeugnis der Herren von Varnhagen und Oliva, mit welchen beiden Seine Durchlaucht gesprochen und welchen Sie Ihre Zusage wiederholten. — Auch bin ich überzeugt, daß die hohen Erben und Nachkommen dieses edlen Fürsten gewiß im Geiste Seiner Humanität und Großmut fortwirken und Seine Zusage in Erfüllung bringen werden.

Ich lege daher meine gehorsamste Bitte, „mir die Rückstände meines Gehaltes in Einlösscheinen zu bezahlen und an die Hochfürstl. Kaffa die Weisung zu geben, daß mir die künftigen Beträge desselben in derselben Währung verabfolgt werden", getrost in die Hände Eurer Durchlaucht und erwarte von Ihrer Gerechtigkeit die günstige Entscheidung derselben. — Eurer Durchlaucht ganz gehorsamster

Ludwig van Beethoven.

358] **An Nikolaus v. Zmeskall.** (1812.)

Zu ebener Erde im zweiten Zimmer am besagten Orte werden Euer Wohlgeboren mich finden.

Ludwig van Beethoven.

236

Ihro Kaiserliche Hoheit! Ich war eben gestern ausge=
gangen, als Ihr Gnädiges Schreiben bei mir anlangte. —
Was meine Gesundheit anbelangt, so ist's wohl dasselbe,
um so mehr, da hierauf moralische Ursachen wirken, die sich
so bald nicht scheinen heben zu wollen; um so mehr, da ich
nur alle Hilfe bei mir selbst suchen und nur in meinem
Kopf die Mittel dazu finden muß; um so mehr, da in der
jetzigen Zeit weder Wort, weder Ehre, weder Schrift jeman=
den scheint binden zu müssen. — Was meine Beschäftigun=
gen anbelangt, so bin ich mit einem Teile derselben am
Ende, und würde auch ohne Ihre Gnädige Einladung schon
heute mich um die gewohnte Stunde eingefunden haben. —
Roden anbelangend, haben J. Kais. H. die Gnade, mir die
Stimme durch Überbringer dieses übermachen zu lassen, wo
ich sie ihm sodann mit einem Billet doux von mir schicken
werde. Er wird das die Stimme schicken gewiß nicht übel
aufnehmen, ach gewiß nicht! Wollte Gott, man müßte ihn
deshalb um Verzeihung bitten, wahrlich die Sachen stän=
den besser. — Gefällt es Ihnen, daß ich diesen Abend um
5 Uhr, wie gewöhnlich komme, oder befehlen J. K. H. eine
andere Stunde, so werde ich, wie immer danach trachten,
aufs pünktlichste Ihre Wünsche zu erfüllen. Ihre Kaiser=
liche Hoheit gehorsamster Diener

Ludwig van Beethoven.

360] **An Nikolaus v. Zmeskall.**   24. Januar 1813.

Wir melden Ihnen, bester Z., dieses und jenes, woraus
Sie sich das Beste wählen können, und sind Ihnen ganz ent=
setzlich zugetan. Wir hören, daß Sie Briefe von B. an uns
haben und bitten Sie, uns selbe zukommen zu machen. —
Sind Sie heute frei? so finden Sie mich im Schwan, wo
nicht, so werden wir uns schon wo anders finden.

Ihr Freund Autor Beethoven Bonnensis.

361] **An Nikolaus v. Zmeskall.**   (1813.)

Lieber Z.! Sollte ich Sie noch heute abend sprechen kön=
nen, so wär mir's sehr lieb; mir scheint nicht, daß man auf

solche Äußerungen etwas unternehmen könne, der Erzher⸗
zog sagte: wenn ich den Lobkowitz sehe, werde ich mit ihm
sprechen; zuvor sagte er, er glaube, daß es zu spät sei. —
Leben Sie wohl, werden Sie nicht unwillig.

Ihr Beethoven.

362] An Nikolaus v. Zmeskall. (1813.)

Lieber Zmeskall! Baron Schweiger wünscht, daß Sie die
Gefälligkeit haben, einen Augenblick zu ihm im Hause des
Erzherzogs zu kommen, sogleich, wenn's Ihnen möglich ist,
wo wir alles Nötige wegen der Akademie bereden wollen.

Ihr Beethoven.

363] An Fürstin Karoline Kinsky. (1813.)

Verehrte Fürstin! Da der fürstliche Rat erklärte, daß
meine Sache erst nach einer Wahl eines Vormundes könne
vorgenommen werden, ich nun aber höre, daß Ihre Durch⸗
laucht selbst die Vormundschaft in höchsteigener Person
übernommen haben, Sie aber niemand sprechen, so lege ich
hier schriftlich meine gehorsamste Bitte an Sie bei, und bitte
zugleich um eine sehr baldige Beförderung; denn leicht
werden Sie sich vorstellen können, wenn man einmal auf
etwas sicher rechnet, es schmerzlich ist, solches so lange ent⸗
behren zu müssen, um so mehr, da ich einen unglücklichen
kranken Bruder samt seiner Familie gänzlich unterstützen
muß, und mich ohne Rücksicht meiner selbst ganz ausge⸗
geben, indem ich hoffen konnte, durch die Erhebung meines
Gehalts wenigstens meinen Lebensunterhalt zu bestreiten.
Wie wahrhaftig übrigens meine Forderungen sind, können
Sie daraus sehen, daß ich die 60 #, welche der hochselige
Fürst mir in Prag auf Abschlag derselben gegeben, getreu⸗
lich angegeben, indem der fürstliche Rat selbst sagte, daß ich
diese erhaltene Summe hätte verschweigen können, da vom
hochseligen Fürsten weder ihm noch dem Kassier etwas dar⸗
über zu wissen gemacht worden.

Verzeihen Sie mir, Ihnen in dieser Sache beschwerlich
fallen zu müssen, allein die Not gebeut es mir; in einigen
Tagen werde ich mir die Freiheit nehmen, mich deswegen

bei dem fürstlichen Herrn Rat oder wo Sie mir es sonst die
Gnade haben werden, anzuzeigen, anzufragen. —
Verehrte Durchlauchtige Fürstin Ihr ergebener Diener
Ludwig van Beethoven m. p.

364] **An Fürstin Karoline Kinsky.** Wien, 12. Februar 1813.

Eure Durchlaucht! Sie hatten die Gnade, sich in An=
sehung des mir von Dero höchstseligem Herrn Gemahl zu=
gesicherten Gehaltes dahin zu äußern, daß Sie wohl die
Billigung, mir den diesfälligen Betrag in Wiener Wäh=
rung bezahlen zu lassen, wohl einsehen, daß aber hierzu die
Einwilligung der Obervormundschaftsbehörde erforderlich
wäre.

In der Überzeugung, daß die obervormundschaftliche Be=
hörde, welche nur die Person der von ihr vertretenen fürst=
lichen Pupillen vorstellt, — sich von eben jenen Grundsätzen
müsse bestimmen lassen, die dem höchstseligen Fürsten selbst
zu Gründen seiner Handlungsweise dienten, in dieser Über=
zeugung glaube ich an der Ratifikation dieser Behörde nicht
zweifeln zu dürfen, indem ich das Versprechen und die Wil=
lensmeinung des hochseligen Fürsten — welche für seine
Kinder und Erben Gesetz ist — durch bekannte, angesehene
und rechtschaffene Männer erweisen und dieselbige selbst
beschwören kann, und indem dasjenige, was vielleicht der
rechtlichen Form dieses Beweises abgeht, durch die hohen
Gesinnungen des fürstlichen Hauses und durch die eigene
Tendenz desselben für erhabene Handlungen ganz gewiß
ergänzt werden wird.

Eine ganz andere Ansicht wird freilich durch die Verhält=
nisse der Verlassenschaft für den gegenwärtigen Zeitpunkt
begründet, da durch den so traurigen und unvorhergesehe=
nen Hintritt des Höchstseligen, ja durch die Zeitverhältnisse
selbst, dem zurückgelassenen Verlassenschaftsvermögen so
manche Last mußte aufgeladen worden sein, die eine genaue
Zusammenhaltung aller Hilfsquellen für den Augenblick
zum höchsten Bedürfnis und Gesetz macht. Aus diesem
Grunde bin ich auch weit entfernt, dermal größere Ansprüche
geltend zu machen, als wie solche durch meine eigene Exi=
stenz bedingt und in dem bestehenden Kontrakte gegründet

sind, dessen Rechtswirkung für die Erben des höchstseligen Fürsten nicht im mindesten in Zweifel gezogen werden kann. Ich bitte nämlich, Eure Durchlaucht wollen gnädigst veranlassen, daß mir mein seit 1. September rückständiger Gehalt, berechnet in W. W. nach der Skala des Kontraktstages, mit W. W. fl. 1088.42 kr. ausgezahlt und einstweilen die Frage, ob und inwiefern mir dieser Gehalt ganz in Wiener Währung gebühre, bis zu einem Zeitpunkt aufgeschoben werde, wo die Verlassenschaft geordnet und es folglich möglich sein wird, der Behörde diesen Gegenstand vorzulegen und meine diesfälligen gerechten Ansprüche durch die Genehmigung und durch den Ausspruch derselben zu realisieren.

Da Seine Durchlaucht, der höchstselige Fürst, mir die von mir selbst angegebenen 60 ✠ nur als eine Akontozahlung auf den mir für voll in Wiener Währung bewilligten Gehalt gegeben haben, und da — wie jeder einsichtsvolle Mann Eurer Durchlaucht versichern muß —, dieses Einverständnis entweder in seinem ganzen Umfange angenommen werden muß oder gar nichts zu meinem Nachteile beweisen kann, so versteht es sich von selbst und Eure Durchlaucht werden erlauben, daß ich diese 60 ✠ nur als a conto desjenigen Betrages nehme, welchen ich an meinen ganz in W. W. verwilligten Gehalte mehr als den vorläufig flüssig zu machenden Skalabetrag würde zu fordern haben, so daß also von einer Einrechnung in den unstreitig verfallenen Skalabetrag keine Rede sein kann.

Eure Durchlaucht werden Ihren erhabenen Gesinnungen gemäß die Gerechtigkeit meines Vorschlages und mein Bestreben, die Auseinandersetzung dieser Angelegenheit, soviel es meine Umstände erlauben, nach Ihrer Bequemlichkeit zu verschieben, nicht verkennen und Sie werden mit eben jenen hohen Gesinnungen, durch welche Sie sich für die Erfüllung des von dem höchstseligen Fürsten mir gegebenen Versprechens gestimmt fühlen, auch die Notwendigkeit würdigen, in welche ich durch meine Lage versetzt bin und die mich zwingt, um die unmittelbare Anweisung und Auszahlung des verfallenen unstreitigen Betrages, welcher zu meinem Unterhalte höchst nötig ist, noch einmal anzusuchen.

Indem ich der Gewährung meiner Bitte mit froher Er-
wartung entgegensehe, habe ich die Ehre, mit unbegrenzter
Achtung zu unterzeichnen Euer Durchlaucht ganz ergebener
Diener   Ludwig van Beethoven.

365] **An George Thomson.**   Vienne, le 19 Févr. 1813.
J'ai reçu vos trois chères lettres du 5 Août, 30 Oct.
et 21 Dec. a: p:; j'ai remarqué avec bien du plaisir que
les 62 airs, que j'ai composés pour vous, vous sont enfin
parvenus, et que vous en êtes satisfait, à l'exception de
9 que vous me marquez et dont vous voulez que je change
les ritournelles et les accompagnements. Je suis fâché
de ne pas pouvoir vous y complaire. Je ne suis pas ac-
coutumé de retoucher mes compositions. Je ne l'ai jamais
fait, pénétré de la vérité que tout changement partiel
altère le caractère de la composition. Il me fait de la
peine que vous y perdez, mais vous ne sauriez m'en im-
puter la faute, puisque c'est à vous de me faire mieux
connaître le goût de votre pays et le peu de facilité de vos
exécuteurs. Maintenant muni de vos renseignements je
les ai composés tout de nouveau et comme j'espère, de
sorte qu'ils répondront à votre attente. Croyez-moi, que
c'est avec une grande répugnance, que je me suis résolu
de mettre à gêne mes idées et que je ne m'y serais jamais
prêté, si je n'avais réfléchi que comme vous ne voulez ad-
mettre dans votre collection que de mes compositions mon
refus y pourrait causer un manque et frustrer par con-
séquence le beaucoup de peine et de dépenses que vous
avez employé pour obtenir une œuvre complète. J'ai donc
remis ces 9 airs à Mrs. Fries et Cie avec les autres 21 et
j'en ai touché le montant de 90 # à raison de 3 # par
pièce.

J'ai fait faire trois exemplaires que Mrs. Fries et Cie
expédieront aux adresses prescrites, l'exemplaire que vous
recevrez par la voie de Paris est celui que je trouve le plus
correct et le plus propre à être imprimé parce que dans
cet exemplaire les notes sont le plus exactement arrangées.

La plus part des abréviations n'est pas applicable dans imprimerie, il faudrait donc mettre au lieu de

, au lieu de etc. etc..

au lieu de simile il faut toujours mettre les notes.

Les trio en No. 9, des derniers 10 Airs peut

être chanté avec la Basse ou le Baritono, mais en ce cas la basse ne chante pas. ÷ J'y ai ajouté encore une Basse pour qu'il puisse être chanté en quatuor. La Basse-taille doit être imprimée dans la clef de Taille comme vous apprendrez par la feuille y jointe. J'ai composé deux fois le No. 10, des derniers 10 Airs. Vous pouvez insérer dans votre collection lequel des deux vous plaira le plus.

Les deux derniers airs dans votre lettre du 21 Déc. m'ont beaucoup plu. C'est pourquoi je les ai composés con amore surtout l'autre de ces deux. Vous l'avez écrit en

mais comme ce ton m'a paru peut naturel et si

peu analogue à l'inscription Amoroso, qu'au contraire il le changerait en Barbaresio, je l'ai traité dans le ton lui convenant.

Si à l'Avenir entre les airs que vous serez dans le cas de m'envoyer pour être composés il y avait des Andantino, je vous prierais de me notifier si cet Andantino est entendu plus lent ou plus vite que l'Andante, puisque ce terme comme beaucoup d'autres dans la musique est d'une signification si incertaine, que mainte fois Andantino s'approche de l'Allegro et mainte fois autre est joué presque comme adagio.

Pour le reste j'approuve fort votre intention de faire adopter les Poésies aux airs, puisque le Poete peut appuyer par le rythme des Vers sur quelques endroits que j'ai élevés dans les ritornelles, p: e: dans l'une des dernières, où j'ai employé les notes de la Mélodie

 au ritornel.

Le Prix que vous dites avoir payé à Haydn est très modéré; mais d'observe que Haydn n'a composé ni ritournelles, ni cadences à l'ouverture, ni duos et Trios, ni accompagnements de violoncelle. On ne peut donc quant au travail pas du tout paralléliser ses airs aux miens. Pour montrer cependant combien j'aime à composer pour vous je veux harmoniser les 40 airs mentionnés dans votre lettre à 140 ♯ en bloc. Si cela vous convient, il vous plaira de remettre les mélodies à Mrs Fries et Co le plus tôt possible. Aussi je suis prêt à composer les 12 Canzonettes et ne vous en demande que 50 ♯. Pour 3 Sonates avec accompagnement de Violon vous me payerez seulement 100 ♯. J'y prendrais seulement pour chaque de ces 3 Sonates un thème caractéristique national ou Autrichien, ou Ecossais ou Hongrois; ou si vous souhaitez d'autres, celui qu'il vous plaira de me notifier.

Les Cours de postes étant tout à fait ouverts maintenant de sorte que les lettres de Londres arrivent en 30 jours, vous pouvez me répondre bientôt sur tous ces objets, en quelle attente je suis avec beaucoup d'estime, Monsieur,   Votre très obeis. Serviteur
Louis van Beethoven.

366] **An Nikolaus v. Zmeskall.**   Wien, 25. Febr. 1813.

Ich bin, mein lieber Z., seit der Zeit ich Sie nicht gesehen, beinahe immer krank; unterdessen hat sich der Bediente, welcher vor dem, den Sie jetzt haben, bei Ihnen war, bei mir gemeldet; ich erinnerte mich seiner nicht, er aber sagte mir, daß er bei Ihnen gewesen und daß Sie nichts auszusetzen an ihm gehabt, als daß er Sie nicht recht frisieren könne. — Ich habe ihm zwar schon, doch nur 1 fl. Drangeld gegeben; sollten Sie sonst nichts Ärgeres, welches ich Sie mir bitte aufrichtig zu sagen, an ihm auszustellen haben, so würde ich dabei bleiben; denn die Frisur ist, wie Sie wissen, mein letztes Augenmerk, es müßte denn sein, daß man meine Finanzen frisieren und tappieren könnte. —

16*

Ich erwarte noch heute eine Antwort von Ihnen; trifft es sich, daß man Ihrem Bedienten nicht aufmacht, so soll er nur linker Hand in der Wohnung Ihren Zettel abgeben, und trifft er da niemand, unten bei der Hausmeisterin.

Der Himmel segne Sie in Ihren musikalischen Unternehmungen.

Der Ihrige Ludwig van Beethoven, Miserabilis.

367] **An Nikolaus v. Zmeskall.** (28. Febr. 1813.)

Heute laffen wir es nur so, lieber Z., ohne uns zu fehen, da ich eben heute auch nicht anders als gleich nach Tische könnte, ohnehin ist mein Überschlag in Rückficht des Bedienten schon gemacht. Ich hoffe aber, daß wir uns nächstens einmal wieder sprechen und sehen können.

Leben Sie wohl, bewahren Sie fleißig die Festungen des Reichs, die, wie Sie wissen, lange keine Jungfern mehr find, und schon manchen Schuß erhalten haben.

Ihr Freund Beethoven.

368] **An Nikolaus v. Zmeskall.** 1813.

Wertester Rat und Bergwerksbesitzer, wie auch Burgunder und Ofener Zwingherr! Sagen Sie mir gefälligst, wie es sich hiermit verhält, und noch heute nachmittags spätestens möchte ich von der Auflösung Ihrer Frage Gebrauch machen, nämlich: Wenn ich von heute an 14 Tage dem Bedienten auffage (fein Monatsgeld erhält er wie immer zu Ende dieses Monats), muß ich ihm alsdann beim Ende der 14 Tage, wo er austritt, einen ganzen halben Monat bezahlen? — Wir haben es allerdings wieder sehr übel mit diesem Menschen getroffen und nur meine Geduld hat es mich mit ihm aushalten laffen; da er Kammerdiener war, ist ihm nichts recht, und er macht täglich größere Forderungen, um noch weniger zu leisten, daher möchte ich ein Ende machen; auf eine gewisse Weise sagt er mir zum zweiten Male auf, obschon dieses Mal, um nur mehr Besoldung noch zu erhalten, wovon ich aber durchaus nichts wissen will. — Ich bitte Sie, mir also noch heute meine Frage zu beantworten, indem ich ihm noch heute gänzlich auffagen will. — Dieses Mal will ich mich an die Polizei wenden wegen einem Bedienten, da es mit allen diesen nicht hat glücken wollen auf diese Art. Sehr beschäftigt, besuche ich Sie morgen oder übermorgen. Wie immer

der Ihrige L. v. Beethoven.

Vielleicht können Sie bei Ihren Landsleuten etwas für Ihren Freund und Landsmann bewirken.

369] **An Josef Varena.**   (1813.)

Mein werter Herr! Rode hatte wohl in allem recht, was er von mir sagte; — meine Gesundheit ist nicht die beste, und unverschuldet ist meine sonstige Lage wohl die unglück= lichste meines Lebens. — Übrigens wird mich das (und nichts in der Welt) nicht abhalten, Ihren ebenso unschuldig leidenden Konventfrauen soviel als möglich durch mein ge= ringes Talent zu helfen. Daher stehen Ihnen zwei ganz neue Symphonien zu Diensten, eine Arie für Baßstimme mit Chor, mehrere einzelne kleine Chöre: brauchen Sie die Ouvertüre von Ungarns Wohltäter, die Sie schon voriges Jahr aufgeführt, so steht sie Ihnen auch zu Diensten. Die Ouvertüre von den „Ruinen von Athen", diese obschon in einem etwas kleinen Stil, steht Ihnen auch zu Diensten. Unter den Chören befindet sich ein Derwisch=Chor, für ein gemischtes Publikum ein gutes Aushängeschild. — Meines Erachtens würden Sie aber am besten tun, einen Tag zu wählen, wo Sie das Oratorium „Christus am Ölberg" geben könnten, es ist seitdem an allen Orten aufgeführt worden. Dieses machte dann die eine Hälfte der Akademie, zur zweiten Hälfte machten Sie eine neue Symphonie, die Ouvertüre und verschiedene Chöre, wie auch die obbesagte Baßarie mit Chor; so wäre der Abend nicht ohne Mannig= faltigkeit, doch reden Sie dieses am besten mit den dortigen musikalischen Ratsherren ab. — Was Sie von einer Be= lohnung eines Dritten für mich sagen, so glaube ich diesen wohl erraten zu können. Wäre ich in meiner sonstigen Lage, nun ich würde geradezu sagen: „Beethoven nimmt nie et= was, wo es für das Beste der Menschheit gilt," — doch jetzt, ebenfalls durch meine große Wohltätigkeit in einen Zustand versetzt, der mich zwar eben durch seine Ursache nicht beschämen kann, wie auch die anderen Umstände, welche daran schuld sind, von Menschen ohne Ehre, ohne Wort herkommen, so sage ich Ihnen gerade: ich würde von einem reichen Dritten so etwas nicht ausschlagen. — Von Forderungen ist aber hier die Rede nicht. Sollte auch das alles mit einem Dritten nichts sein, so sein Sie überzeugt, daß ich auch jetzt ohne die mindeste Belohnung ebenso will= fährig bin, meinen Freundinnen, den ehrwürdigen Frauen, etwas Gutes erzeigen zu können als voriges Jahr, und als ich es allezeit sein werde für die leidende Menschheit über= haupt, solange ich atme. —

Und nun leben Sie wohl, schreiben Sie bald, und mit dem größten Eifer werde ich alles Nötige besorgen. Meine besten Wünsche für den Konvent.

Mit Hochachtung Ihr Freund Ludwig van Beethoven.

370] **An Nikolaus v. Zmeskall.**   (1813.)

Ein Brief an Sclowonowitsch (maître des bureaux des postes) in Kassel. —

Die Bücher von Tiedge und Frau von der Recke, ich kann sie nicht länger entbehren, da ich einige Rechenschaft darüber geben muß. —
                                                      Beethoven.

371] **An Nikolaus v. Zmeskall.**   (1813.)

Lieber Z.! Besorgen Sie diesen Brief an Brunswik doch gleich heute, daß er so geschwinde als möglich und richtig ankomme. Verzeihen Sie die Beschwerde, die ich Ihnen auf= lege; eben werde ich wieder ersucht, Werke nach Graz in Steiermark zu schicken, um damit eine Akademie zum Besten für den Ursuliner= und Erziehungskonvent zu geben; schon voriges Jahr hatten sie dadurch eine reichliche Einnahme; mit dieser Akademie und derjenigen, welche ich in Karlsbad zum Besten des abgebrannten Baden gegeben, sind in einem Jahr drei Akademien von mir und durch mich gegeben wor= den, und — für mich hat man überall die Ohren an den Füßen.   Ihr Beethoven.

372] **An Josef Varena.**   Wien, 8. April 1813.

Mein werter V.! Ich empfange mit vielem Vergnügen Ihren Brief, aber wieder mit vielem Mißvergnügen die mir zugedachten 100 fl. unserer armen Klosterfrauen; sie liegen unterdessen bei mir, um zu den Kopiaturen angewendet zu werden; was übrig bleibt, wird den edlen Klosterfrauen nebst der Einsicht in die Rechnungen der Kopiatur zurückgesendet werden.

Nie nehme ich etwas in dieser Rücksicht, — ich glaubte, vielleicht die dritte Person, derer Sie erwähnten, sei der ehemalige König von Holland, und nun ja von diesem, der vielleicht viel von den Holländern auf weniger rechtmäßige Art genommen, hätte ich kein Bedenken getragen, in meiner jetzigen Lage etwas zu nehmen; nun aber verbitte ich mir freundschaftlich, nichts mehr davon zu erwähnen. — Schreiben Sie mir, ob ich vielleicht, wenn ich selbst nach Graz kommen würde, eine Akademie geben könnte, und was ich wohl einnehmen könnte; denn leider wird Wien nicht mehr mein Aufenthalt bleiben können; vielleicht ist es jetzt schon zu spät; eine Erläuterung von Ihnen hierüber wird mir immer angenehm sein.

Die Werke werden kopiert, und sobald als möglich haben Sie selbe; mit dem Oratorium schalten Sie und walten Sie, wie Sie wollen; wo es zu was Gutes taugt, da wird es meinem Endzweck am besten entsprechen.

Mit Achtung Ihr ergebenster Beethoven m. p.

P. S. Alles Schöne an unsere werten Ursulinerinnen, denen ich mich freue, wieder nützlich sein zu können.

373] An Josef Varena.   Wien, 8. April 1813.

Euer Wohlgeboren! Empfehle Ihnen Herrn Röckel und seine Schwester, deren musikalische Talente verdienen von Ihnen näher gekannt zu werden. Auch erwarte ich von Ihnen eine Antwort auf meine Vorschläge in Ansehung dessen, weswegen Sie mir geschrieben.

Ihr Freund und Diener Ludwig van Beethoven.

374] An Erzherzog Rudolf.   (April 1813.)

Ihro Kaiserliche Hoheit! Ich bitte Sie, die Gnade zu haben, noch heute dem Hr. von Wranitzky wegen der Musik Ihre Befehle wissen zu lassen und ob zwei oder vier Hörner? — Ich habe schon mit ihm gesprochen und ihm anempfohlen, nur solche Musizi zu wählen, durch die wir eher

ober mehr eine Produktion als Probe zustande bringen kön=
nen.

Ihro Kaiserlichen Hoheit treu ergebenster

Ludwig van Beethoven.

375] **An Erzherzog Rudolf.** (April 1813.)

Ihro Kaiserliche Hoheit! Ich sehe, daß Baron Schweiger
Sie noch nicht von meinem gestrigen Überfalle benachrichtigt
hat, J. K. H. Ich wurde plötzlich von einem solchen Fie=
ber überfallen, daß ich gänzlich ohne Bewußtsein war; ein
verwundeter Fuß mag dazu beigetragen haben. Heute ist
es unterdessen unmöglich auszugehn; morgen bin ich aber
sicher hergestellt und bitte also Ihro Kaiserl. Hoheit auf mor=
gen nachmittag das Orchester um dreiviertel auf 3 Uhr be=
stellen zu lassen, damit die Herren Musizi desto zeitiger kom=
men, und Zeit genug wird, auch die zwei Ouvertüren zu
probieren. Sollten das letztere J. K. H. wünschen, so
brauchte ich vier Hörner, bei den Symphonien sind jedoch
nur zwei dergleichen. In der Besetzung der Symphonien
wünschte ich wenigstens vier Violinen, vier Sekund, vier
Prim, zwei Kontrabässe, zwei Violoncell. — Ich bitte nur,
mich gnädigst heute wissen zu lassen, was Sie beschließen
werden. Kein größeres Vergnügen kann mir werden, als
meinem erhabenen Schüler meine Werke hören zu machen.
Gott gebe Ihnen nur bald Ihre Gesundheit wieder, indem
ich mich oft deshalb ängstige.

Ihro Kaiserlichen Hoheit gehorsamster

Ludwig van Beethoven.

376] **An Baumeister.** (1813.)

Ich ersuche Ew. Wohlgeboren, mir die Stimmen von
Symphonie in A sowie auch meine Partitur zu schicken;
Seine Kaiserliche Hoheit können immer wieder diese M.
haben, jedoch brauche ich sie zu der morgigen Augarten=
musik. — Da ich eben ein paar Billetts erhalte, schicke ich
Ihnen selbe, und bitte Sie, Gebrauch davon zu machen.

Mit Achtung Ihr ergebener Ludwig van Beethoven.

377] **An Erzherzog Rudolf.** April 1813.

Ihro Kaiserliche Hoheit! Es ist nicht möglich, bis mor=
gen um elf Uhr die Stimmen verdoppelt zu haben; die Ko=

pisten haben für diese Woche meistens viel zu schreiben.
Ich glaube daher, daß Sie gnädigst den Auferstehungstag
künftigen Sonnabend nehmen, bis dahin bin ich auch ge=
wiß wieder hergestellt, und kann besser dirigieren, welches
mir morgen etwas schwer geworden wäre trotz meinem gu=
ten Willen. Freitags hoffe ich sicher auszugehen und mich
anfragen zu können. Ihro Kaiserlichen Hoheit treu gehor=
samster
                            Ludwig van Beethoven.

378] An Nikolaus v. Zmeskall.   Wien, 19. April 1813.

Der Universitätssaal, mein werter Z., ist — abgeschla=
gen. — Vorgestern erhielt ich diese Nachricht; seit gestern
krank, konnte ich nicht zu Ihnen kommen, und auch heute
nicht, um Sie zu sprechen. — Es bleibt wahrscheinlich
nichts, als das Kärntner Tor=Theater, oder das an der
Wien, und zwar glaube ich nur eine A. — Geht das alles
nicht, so müssen wir zum Augarten unsere Zuflucht neh=
men; dort müssen wir freilich zwei A.; überlegen Sie, mein
Lieber, ein wenig mit, und teilen Sie mir Ihre Meinung
mit. — Vielleicht werden morgen die Symphonien beim
Erzherzog probiert, wenn ich ausgehen kann, welches ich
Ihnen zu wissen machen werde.   Ihr Freund Beethoven.

379] An Nikolaus v. Zmeskall.   April 1813.

Ich danke Ihnen derweil, lieber Z., und melde Ihnen
nur, daß morgen nachmittag um 3 Uhr die Probe von den
Symphonien und Ouvertüre beim Erzherzog sein wird —
doch werde ich Sie morgen vormittag noch genauer davon
unterrichten, vorderhand habe ich Sie schon angesagt.
                                    Ihr Beethoven.

380] An Nikolaus v. Zmeskall.   23. April 1813.

Lieber Z.! Es wird alles gut gehen, der Erzherzog will
diesen Fürst Fizlypuzly gehörig bei den Ohren nehmen; —
lassen Sie mir sagen, ob Sie heute oder wann immer im
Wirtshause essen? — Dann bitte ich Sie mir zu sagen, ob
„Sentivany" recht geschrieben ist, da ich an ihn auch zu=
gleich um den Chor schreiben will. — Abreden muß ich auch
mit Ihnen, welchen Tag wir aussuchen; übrigens müssen

Sie sich von der Verwendung des Erzherzogs nichts merken lassen, denn erst Sonntags kommt der Fürst Fizlypuzly zum Erzherzog; merkte dieser böse Schuldner etwas voraus, so würde er suchen auszuweichen. Ganz Ihr Beethoven.

381] An Nikolaus v. Zmeskall. 26. April 1813.

Nach dem 15. Mai oder wenn solcher vorbei ist, will mir Lobkowitz einen Tag im Theater geben; mir scheint, das ist soviel als gar keiner — und fast bin ich gesonnen, an gar keine Akademie mehr zu denken, — der oben wird mich wohl nicht gänzlich wollen zugrunde gehen lassen.

Ihr Beethoven.

382] An Nikolaus v. Zmeskall. 10. Mai 1813.

Ich bitte, lieber Z., von dem was ich Ihnen wegen Fürst L. gesagt, ja nichts laut werden zu lassen, da die Sache nun wirklich für sich geht, und es auch ohne diesen Schritt hierin nie zur völligen Gewißheit und Richtigkeit kommen würde. — Ich habe Sie alle Tage im Schwanen gesucht, jedoch vergebens. — Ihr Beethoven.

383] An Andreas Stein. (1813.)

Lieber Stein! Man verlangt in Baden 34 fl. monatlich für ein elendes Piano; ich bin der Meinung, daß dies Geld zum Fenster hinausgeworfen ist. Wenn Sie nur einen von den Menschen, welche Sie um sich haben, entbehren könnten, so wäre bald geholfen! Ich würde ihn gewiß gut bezahlen!

Ja die Matratzen mitnehmen! so konnte auf denen und Stroh doch glaube ich mein Instrument ohne Gefahr nach Baden gebracht werden. Sagen Sie mir gefälligst Ihre Meinung: am 13. d. M. gehe ich schon nach Baden. Ich werde das Vergnügen haben, Sie noch zu sehen.

Ihr Freund Beethoven.

384] Tagebuchnotiz. 13. Mai 1813.

Eine große Handlung, welche sein kann, zu unterlassen und so bleiben! — O welch ein Unterschied gegen ein unbeflissenes Leben, welches sich in mir so oft abbildete! O

250

schreckliche Umstände, die mein Gefühl für Häuslichkeit nicht unterdrücken, aber deren Ausführung, o Gott, o Gott, sieh auf den unglücklichen B. herab, laß es nicht länger so dauern!

385] An Erzherzog Rudolf. Baden, 27. Mai 1813.

Ihro Kaiserliche Hoheit! Ich habe die Ehre, Ihnen meine Ankunft in Baden zu melden, wo es zwar noch sehr leer an Menschen; aber desto voller angefüllter und in Überfluß und hinreißender Schönheit pranget die Natur. — Wenn ich irgendwo fehle, gefehlt habe, so haben Sie gnädigst Nachsicht mit mir, indem so viele aufeinander gefolgte fatale Begebenheiten mich wirklich in einen beinahe verwirrten Zustand versetzt; doch bin ich überzeugt, daß die herrlichen Naturschönheiten, die schönen Umgebungen von hier mich wieder ins Geleise bringen werden, und eine doppelte Beruhigung wird sich meiner bemeistern, da ich mit meinem hiesigen Aufenthalte den Wünschen J. K. H. zugleich entspreche. Würde mir auch mein Wunsch, Sie bald in vollkommenem Gesundheitszustande zu wissen, erfüllt! Es ist in der Tat mein heißester Wunsch, und wie sehr betrübt es mich, daß ich eben jetzt nichts zu Ihrer Besserung zu Ihrem Wohlbefinden mittelst meiner Kunst beitragen darf und kann; nur der Göttin Hygiea ist dieses vorbehalten; bin ich doch nichts als ein armer Sterblicher, der sich J. K. H. empfiehlt und sehr wünscht, sich Ihnen bald hier nahen zu dürfen. —

Ihrer Kaiserlichen Hoheit gehorsamster treuster Diener
Ludwig van Beethoven.

386] An Josef Varena. 27. Mai 1813.

Mein werter V.! Im voraus Ihnen zu melden, was ich Ihnen schicke, kann wohl nicht schaden. Vielleicht können Sie mehr oder weniger davon brauchen. Sie erhalten drei Chöre, welche eben nicht lang, und welche Sie in verschiedenen Intervallen des Konzerts brauchen können, — eine große Szene für einen Bassisten mit Chören; sie ist aus den Ruinen von Athen und ergreift eben den Augenblick, wo das Bildnis unseres Kaisers zum Vorschein kommt (in

Ofen in Ungarn kam dieſes auf dem Theater von unten her=
auf hervor); vielleicht können Sie von ſo etwas Gebrauch
machen und die Menge — reizen.

Zur Not könnte auch die Baßſtimme in eine Altſtimme ver=
ändert werden. — Sie erhalten jedoch nur die Partitur von
allen dieſen Stücken; hätte ich gewußt, was Sie davon brau=
chen könnten, ſo hätte ich ſie Ihnen hier abſchreiben laſ=
ſen. Morgen erhalte ich die Partituren und H. von Rettich
wird ſie Ihnen gütigſt gleich beſorgen; außerdem erhalten
Sie noch einen Marſch für Inſtrumente ſchon ausgeſchrie=
ben. — Statt eine Symphonie erhalten Sie zwei Sympho=
nien, erſtens die verlangte ausgeſchriebene und Duplikat,
zweitens eine andere, welche mir ſcheint, daß Sie ſie auch
noch nicht in Graz aufgeführt haben, auch ausgeſchrieben.
Da alles andere ausgeſchrieben iſt, werden Sie das, was
Sie von den Singſtücken brauchen können, leichtlich und
zeitlich genug abſchreiben laſſen können.

Herr von Rettich wird ſchon eine außerordentliche Ge=
legenheit finden, Ihnen alles geſchwinde zu übermachen,
indem zu ſolchem wohltätigem Zweck jeder gern mitwirkt.
Warum kann ich nicht mehr für die guten Fr. — tun!

Gern hätte ich Ihnen zwei ganz neue Symphonien von
mir geſchickt, allein meine jetzige Lage heißt mich leider auf
mich ſelbſt denken, und nicht wiſſen kann ich, ob ich nicht
bald als Landesflüchtiger von hier fort muß; danken Sie
es den vortrefflichen Fürſten, die mich in dieſes Unvermö=
gen verſetzt, nicht wie gewöhnlich für alles Gute und Nütz=
liche wirken zu können. Vielen Dank für Ihren Wein, eben=
falls danken Sie den würdigen Frauen, für ihr mir ge=
ſchicktes Zuckerwerk.   Ihr Freund Beethoven.

387] An Joſef Varena.   27. Mai 1813.

In Eil' nur meld' ich Ihnen, daß Sie ſtatt der vier
Horn, wenn ſich die zwei erſten davon ſchwer ausführen
ließen, zwei Bratſchen, jedoch Soloſtimmen, nehmen; die
anderen zwei in C=Dur ſind leicht zu blaſen und können
von zwei Horniſten geblaſen werden.

Meiner Geſundheit zufolge eile ich nach Baden, um ſie
einigermaßen zu verbeſſern.

252

Für die Kopiatur der Partituren macht die Auslage 8 fl. 24 kr., wovon ich die Quittung erhalten werde; 3 fl. habe ich für meinen Bedienten, um alles Nötige zusammenzutreiben, angerechnet, also zusammen 11 fl. 24 kr.; nach Abzug dieser Summe werde ich Ihnen den Rest von den 100 fl. in einigen Tagen zusenden; in diesem Augenblick ist's nicht möglich.

Im Falle Sie an mich schreiben, belieben Sie Ihren Brief unter folgender Adresse nach W. einzuschlagen, nämlich: An Hrn. Oliva, abzugeben bei den Gebrüder Offenheimer auf dem Bauernmarkt.

In größter Eil' Ihr Beethoven.

388] **An Josef Varena.**   Baden, 4. Juli 1813.

Mein werter Herr! Verzeihen Sie meine so späte Antwort, die Ursache ist noch immer dieselbe, meine hiesigen Verdrießlichkeiten, Verfechtungen meiner Rechte, und alles das geht sehr langsam. Hab' ich es doch mit einem fürstlichen Lumpenkerl, Fürst Lobkowitz, zu tun; ein anderer edler Fürst, das Gegenteil von diesem, starb. Allein er so wenig als ich dachte an seinen Tod, und in Rücksicht meiner hinterließ er nichts schriftlich; dieses muß nun in Prag bei der Landrechte ausgefochten werden, welche Beschäftigung für einen Künstler, dem nichts so sehr am Herzen liegt als seine Kunst! und in alle diese Verlegenheiten haben mich S. K. H. der Erzherzog Rudolf gebracht.

Was die Werke anbelangt, welche Sie von mir empfingen, so bitte ich Sie mir folgende sogleich zurückzusenden, indem sie nicht mir angehören, nämlich die Symphonie aus C-Moll, die Symphonie aus B-Dur, den Marsch; die übrigen Stücke können Sie bei sich behalten, wenn Sie wollen, nur bitte ich Sie, selbe nicht weiterzugeben; da nichts von alledem heraus ist; ohnehin werden Ihnen ja die Unkosten von den 100 fl., die ich E. W. zurückzusenden habe, abgezogen für die Chöre. Was das Oratorium anbelangt, hat's auch noch Zeit, da ich es nicht brauche; also nur die obenbenannten Werke.

Nehmen Sie meinen Dank für die 150 fl. von der hochgeschätzten Gesellschaft, empfehlen Sie mich dieser ange-

253

sehenen Gesellschaft; jedoch bin ich darüber beschämt. Warum wollen Sie die kleine Gefälligkeit, die ich den guten ehrwürdigen Frauen erzeigt, so hoch anschlagen? Ich hoffe, daß meine Verdrießlichkeiten sich bald endigen werden und ich in völligen Besitz komme dessen, was mir zugehört. Sobald dieses der Fall ist, komme ich im Herbst nach Graz und dann sollen die 150 fl. in Anschlag gebracht werden; ich werde alsdann zum Besten der guten Ursulinerinnen oder für ein anderes Institut, welches man mir als das bedürftigste, nützlichste vorschlagen wird, eine große Akademie geben.

Empfehlen Sie mich hierbei Seiner Exzellenz dem Herrn Gouverneur Graf Bissingen; sagen Sie ihm, daß ich mir es immer zur angenehmsten Pflicht machen werde, wo ich imstande bin, für Graz irgendwo nützlich zu sein. — Dank für Ihr Gemälde! Wozu das alles? Ich sehe, Sie wollen mich durchaus zu Ihrem großen Schuldner machen, nun denn, ich nenne mich Ihr   Schuldner und Freund Beethoven.

P. S. Alles Schöne den ehrwürdigen Frauen, insbesondere der Oberin.

NB. Mit meiner Gesundheit geht es besser und wird wohl ganz gut gehen, sobald die moralischen Ursachen, die darauf wirken, sich verbessern.

Da ich noch in Baden bin, bitte ich Sie, die Musikalien unter der nämlichen Adresse Ihres vorigen Briefes nach Wien zu senden.

389] **An Erzherzog Rudolf.**   Wien, 24. Juli 1813.

Ihro Kaiserliche Hoheit! Von Tag zu Tag glaubte ich, wieder nach Baden zurückkehren zu können, unterdessen kann es sich wohl noch mit diesen mich hier aufhaltenden Dissonanzen verziehen bis Ende künftiger Woche. — Für mich ist der Aufenthalt in Sommerszeit in der Stadt Qual, und wenn ich bedenke, daß ich noch dazu verhindert bin, I. K. H. aufwarten zu können, so quält er und ist mir noch mehr zuwider. Unterdessen sind es eigentlich die Lobkowitzischen und Kinskyschen Sachen, die mich hier halten; statt über eine Anzahl Takte nachzudenken, muß ich mir immer eine Anzahl Gänge, die ich zu machen habe, vormerken; ohne dieses würde ich das Ende dorten kaum erleben. — Lobko=

witzens Unfälle werden J. K. H. vernommen haben. Es ist zu bedauern, aber so reich zu sein, ist wohl kein Glück! Graf Fries soll allein 1900 # in Gold an Duport bezahlt haben, wobei ihm das alte Lobkowitzische Haus zum Pfand dienen mußte. Die Details sind über allen Glauben. — Graf Rasumovsky, höre ich, wird nach Baden kommen und sein Quartett mitbringen, welches ganz hübsch wäre, indem J. K. H. dabei gewiß eine schöne Unterhaltung finden werden. Auf dem Lande weiß ich keinen schöneren Genuß als Quartettmusik.

Nehmen J. K. H. meine innigsten Wünsche für Ihre Gesundheit gnädig auf, und bedauern Sie mich, in so widerwärtigen Verhältnissen hier zubringen zu müssen. Unterdessen werde ich alles, was Sie allenfalls dabei verlieren, in Baden doppelt einzuholen mich bestreben. — Ihro Kaiserlichen Hoheit gehorsamster treuester Diener

Ludwig van Beethoven.

390] **An Nikolaus v. Zmeskall.** (7. Sept. 1813.)

Lieber Z. heute bin ich fort. — Vergessen Sie nicht auch meine Degenschen Hilfsmittel und kommen Sie, da das Wetter beginnt schön zu werden, bald nach Baden.

Ihr Freund Beethoven.

391] **An Nikolaus v. Zmeskall.** 21. Sept. 1813.

Wohlgeborenster wie auch der Violoncellität Großkreuz! Sollte Ihr Bedienter brav sein und einen braven Bedienten für mich wissen, so würden Sie mir eine große Gefälligkeit erweisen, mir durch den Ihrigen Braven, mir auch einen Braven verschaffen zu lassen. Einen Verheirateten wünsche ich auf jeden Fall; wenn auch nicht mehr Ehrlichkeit, so ist doch von einem solchen mehr Ordnung zu erwarten. Bis Ende dieses Monats geht meine jetzige Bestie von B. fort, der Bediente könnte also mit Anfang des künftigen Monats eintreten. Ich darf seit gestern nicht ausgehen wegen meinem Katarrh und werde wohl noch einige Tage das Zimmer hüten müssen. Sollten Sie mich besuchen wollen, so lassen Sie mir die Stunde wissen voraus. — Da ich keine Livree

gebe, außer einem Mantel, hat mein Bedienter 25 fl. mo=
natlich. Verzeihen Sie, lieber Zmeskall

Ihrem Freunde Beethoven.

392] **An Nikolaus v. Zmeskall.**　　　　　(30. Sept. 1813.)

Wenn vom Speisen die Rede ist, ist es auch wohl heute
nicht ganz sicher, da ich einen Gang habe, der mich um die
Zeit von der Stadt entfernt. — Lassen Sie mich morgen
wissen, wo Sie mich sprechen wollen, entweder Tischend
oder Spazierend, oder Stuhlend, da ich mit Ihnen wegen
meinem Hauswesen zu reden habe. Ich umarme Sie herz=
lich

Ihr Beethoven.

393] **An Nikolaus v. Zmeskall.**　　　　(Anfang Oktober 1813.)

Es war nicht möglich, Sie, mein werter Z., bei meinem
jetzigen Aufenthalt zu sehen. Ich bitte Sie, nicht auf meine
Bitte zu vergessen. Ich brauche den Bedienten eben nicht zu
sehn, wenn nur sonst richtige Zeugnisse für seine Treue oder
sittlichen Charakter da sind. Denn schwerlich findet man
alles, was man wünscht. Ein solcher Mensch könnte bei mir
schon in der Hälfte dieses Monats 13. oder spätestens Ende
dieses Monats eintreten. Von Baden aus schreibe ich Ihnen
deswegen.　　　　　In Eil' Ihr Freund Beethoven.

Verzeihen Sie das unförmliche Papier und Schreiben.

NB. Des Bedienten Monat hat mit dem 25. jedes Mo=
nates seinen Anfang, also in der Hälfte nur noch bis
zum 25.

394] **An Nikolaus v. Zmeskall.**　　　　　(8. Okt. 1813.)

Lieber guter Z.! Obschon der Titel vielleicht nicht ist wie
er soll, so erklären Sie Ihrem Bedienten gefälligst münd=
lich, daß er den Brief an das gewöhnliche Dienstbotenamt
abgebe, und dort sage, daß man mir die Bedienten von
7 Uhr morgens bis halb 9 Uhr zuschicke, und damit so lange
fortfahre, bis ich berichte, daß man aufhören solle. — Am
Ende wär's gar das beste auch noch hier meine Adresse bei=
zufügen.

Verzeihen Sie, mein lieber Z., und befehlen Sie in Nöten
mit Noten mir

Ihrem Freunde Beethoven.

Lieber guter Z. werden Sie nicht unwillig, wenn ich Sie bitte, auf beiliegenden Brief beiliegende Adresse zu schrei=ben; derjenige beklagt sich immer, an welchen der Brief ist, warum keine Briefe von mir ankommen; gestern brachte ich einen Brief auf die Post, wo man mich fragte, wo der Brief hin soll? — Ich sehe daher, daß meine Schrift viel=leicht ebensooft als ich selbst mißdeutet werde. —

Daher meine Bitte an Sie. —   Ihr Beethoven.

396] **An Nikolaus v. Zmeskall.** (13. Nov. 1813.)

Da Sie durchaus wollen, werde ich Ihr Ausbitten in ein Einbitten verwandeln und Ihnen nachmittags aufwarten. — In Eile   Ihr Beethoven.

397] **An Nikolaus v. Zmeskall.** (1813.)

Auch für alle Fälle liegt mir daran, lieber Zmeskall, Sie zu sehen und Sie finden mich daher gewiß heute in dem Schwan; nur bitte ich Sie zu sorgen, daß Sie nicht später als 2 Uhr kommen, wenn's Ihnen möglich ist.

Ihr Freund Beethoven.

398] **Danksagung für das Intelligenzblatt der Wiener Zeitung.**

Ich halte es für meine Pflicht, allen den verehrten mit=wirkenden Gliedern der am 8. und 12. Dezember gegebenen Akademie zum Besten der in der Schlacht bei Hanau invalid gewordenen Kaiserl. österr. und Kgl. bayer. Krieger, für ihren bei einem so erhabenen Zweck dargelegten Eifer zu danken. (Es war ein seltener Verein vorzüglicher Tonkünst=ler, worin ein jeder einzig durch den Gedanken begeistert, mit seiner Kunst auch etwas zum Nutzen des Vaterlandes beitragen zu können, ohne alle Rangordnung auch auf un=tergeordneten Plätzen, zur vortrefflichen Ausführung des Ganzen mitwirkte.) Wenn Herr Schuppanzigh an der Spitze der ersten Violine stand und durch seinen feurigen ausdrucksvollen Vortrag das Orchester mit sich fortriß, so scheute sich ein Herr Oberkapellmeister Salieri nicht, den Takt den Trommeln und Kanonaden zu geben; Herr Spohr und Herr Mayseder, jeder durch seine Kunst der obersten Leitung würdig, wirkten an der zweiten und dritten Stelle mit, und Herr Siboni und Giuliani standen gleichfalls an untergeordneten Plätzen. Mir fiel nur darum die Leitung des Ganzen zu, weil die Musik von meiner Komposition war; wäre sie von einem anderen gewesen, so würde ich mich ebenso gern wie Herr Hummel an die große Trommel gestellt haben, da uns alle nichts als das reine Gefühl der Vaterlandsliebe und des freudigen Opfers unserer Kräfte für diejenigen, die uns so viel geopfert haben, erfüllte. Den vorzüglichsten Dank verdient indessen Herr Maelzel, insofern er als Unternehmer die erste Idee dieser Akademie faßte und ihm nachher durch die nötige Einleitung, Besorgung und Anordnung der mühsamste Teil des Ganzen zufiel. Ich muß ihm noch insbesondere danken, weil er mir durch diese veranstaltete Akademie Gelegenheit gab, durch die Komposition einzig für diesen gemeinnützigen Zweck verfertigter und ihm unentgeltlich übergebener Werke den schon lange bei mir gehegten sehnlichen Wunsch erfüllt zu sehen, unter den gegenwärtigen Zeitumständen auch eine größere Arbeit von mir auf den Altar des Vaterlandes niederlegen zu können. Da übrigens in kurzem eine Anzeige aller bei dieser Gelegenheit mitwirkenden Personen und ihrer dabei übernommenen Parten in Druck erscheinen wird, so wird das Publikum daraus noch von selbst ersehen, mit welcher edlen Selbstverleugnung eine Menge der größten Tonkünstler zu dem einen schönen Ziel hinwirkten.

Ludwig van Beethoven.

399] An...?

Baumann, der Schauspieler, der heute mit mir zu reden hatte, glaubt, daß man die Preise auf 1 und 2 fl. setzen solle, nämlich unten 1 fl., oben 2 fl., indem die Sachen denn doch schon zweimal gegeben worden.

400] An Nikolaus v. Zmeskall. (1813.)

Sobald Sie, lieber Z., Ihren Bedienten heute nachmittag einen Augenblick entbehren können, schicken Sie mir ihn gefälligst; ich bedarf seiner. Zugleich belehren Sie mich, ob ich dem Bedienten morgen den ganzen Tag zu seinem Ausziehen zugestehen muß.

In Eil' der Ihrige L. v. Beethoven.

401] **An Erzherzog Rudolf.** (Dez. 1813.)

Ihro Kaiserliche Hoheit! Ich frage mich an, ob ich, nun ziemlich wieder hergestellt, Ihnen diesen Abend aufwarten soll? — Zugleich nehme ich mir die Freiheit, Ihnen eine gehorsamste Bitte vorzulegen. Ich hoffte, daß wenigstens bis jetzt meine trüben Umstände sich würden erheitert haben, allein — es ist noch alles im alten Zustande, daher mußte ich den Entschluß fassen, zwei Akademien zu geben. Meine früheren Entschlüsse dergleichen bloß zu einem wohltätigen Zweck zu geben, mußte ich aufgeben, denn die Selbsterhaltung heischt es nun anders. — Der Universitätssaal wäre am vorteilhaftesten und ehrenvollsten für mein jetziges Vorhaben, und meine gehorsamste Bitte besteht darin, daß I. K. H. die Gnade hätten, nur ein Wort an den dermaligen rector magnificus der Universität durch den Baron Schweiger gelangen zu lassen, wo ich dann gewiß diesen Saal erhalten würde. In der Erwartung einer gnädigen Bewilligung meiner Bitte verharre ich Ihrer Kaiserlichen ·Hoheit gehorsamster   Ludwig van Beethoven.

402] **An Josef Frhr. v. Schweiger.** (Dez. 1813.)

Lieber Freund! Ich habe heute den Gnädigsten Herrn und zwar schriftlich gebeten, sich für mich zu verwenden, daß ich den Universitätssaal für zwei Akademien, welche ich gedenke zu geben und geben muß, da alles noch im alten, erhalte. — Da ich Sie, sei es auch, was das Glück oder Unglück herbeigeführt, noch immer für meinen besten Freund halte, so habe ich den Erzherzog gebeten, daß Sie sich in seinem Namen deshalb bei dem jetzigen Rektor der U. für mich verwenden möchten. — Wie auch dieses ausfalle, so bitte ich Sie, mir baldmöglichst den Entschluß unseres Gnädigsten Herrn bekannt zu machen, damit ich ferner suche, wie ich mich aus dieser fatalen Lage für mich und meine Kunst herauswinde. — Diesen Abend komme ich zum Erzherzog.
                                                Ihr Freund Beethoven.

403] **An Nikolaus v. Zmeskall.** (Dez. 1813.)

Ich speise ebenfalls zu Hause und darf bei dem Wetter nicht ausgehn. Vielleicht komme ich aber doch auf einige Augenblicke zu Ihnen. Ich verwünsche dieses Volk.

404] **An Dr. Beyer, Prag.** **Wien, 18. Dez. 1813.**

Mein werter Freund! So nenne ich Sie und so werde ich Sie einmal umarmen. Verflucht habe ich dieses unselige Dekret schon mehrmals, da ich dadurch in unzählige Leiden geraten. Oliva ist nicht mehr hier und es ist mir unerträglich, so viele kostbare Zeit mit Sachen zu verlieren, die ich meiner Kunst raube, so daß die Sache liegen geblieben. — Ich habe nun Wolf ff neues Gutachten geschickt; er meint mit Prozeß anzufangen. Allein ich glaube am besten, wie ich es auch Wolf geschrieben, das Gesuch zuerst bei den Landrechten einzureichen. Tragen Sie das Ihrige dazu bei und lassen Sie mich nicht zugrunde gehn, hier von unzähligen Feinden umgeben bei allem, was ich tu'; ich bin beinahe in Verzweiflung. — Mein Bruder, den ich mit Wohltaten überhäuft, mit dessen Willen ich gewiß mit zum Teil im Elend bin, ist — — mein größter Feind! Küssen Sie Koschak in meinem Namen; sagen Sie ihm, daß meine Erfahrungen und meine Leiden, seit er mich gesehn, ein Buch voll machen. Gern hätte ich Wolf die ganze Geschichte abgenommen und sie Ihnen übergeben, allein wir hätten nur neue Feinde. — Tun Sie nur das Ihrige. Nächstens mehr hiervon. — Schicken Sie mir doch Ihre und Koschaks Straße und Nummer, wo Sie wohnen, denn immer muß ich meine Briefe durch andere an Sie schicken. Beantworten Sie gleich den Empfang dieses. Ihr Beethoven.

405] **An Nikolaus v. Zmeskall.** (1813.)

Lieber Z.! Auch ich bin wieder ein armer Kranker. Morgen früh sollen Sie indessen wissen, was wir machen. Ich sehe Sie vielleicht, wenn ich sonst ausgehe diesen Abend.
Ihr Freund Beethoven.

406] **An Nikolaus v. Zmeskall.** (1813.)

In Ihrem Hause sind Sie in der Kanzlei, in der Kanzlei unpäßlich; die Wahrheit wird wohl in der Mitte liegen. — Und ich bitte Sie, sogleich mich zu benachrichtigen, wann ich Sie heute sprechen kann und deshalb gleich Ihren Bedienten zu schicken. Es hat Eile. Beethoven.

407] **An Nikolaus v. Zmeskall.** (1813.)

Lieber Z.! Ich bin nicht wohl, danke Ihnen für Ihr mir
übermachtes Billett — und hatte gehofft Sie eher einmal
zu sprechen, doch hoffe ich Sie morgen oder übermorgen zu
sehen. Ihr Beethoven.

408] **An Erzherzog Rudolf.** (1813.)

Ihro Kaiserliche Hoheit! Nicht Anmaßung, nicht als
wenn ich der Fürsprecher dürfte irgend jemandes sein, oder
als wenn ich mich einer besonderen Gunst Euer Kaiserl. Hoheit rühmte, machen mich Ihnen etwas vortragen, so einfach, als es selbst in sich ist. — Gestern war der alte Kraft
bei mir; er glaubte, ob es nicht möglich zu machen, daß man
ihm in Ihrem Palaste eine Wohnung gäbe; er würde dafür
Euer Kaiserl. Hoheit so oft zu Diensten sein, als Sie es nur
immer verlangten. 20 Jahre sei er jetzt im Hause des Fürsten Lobkowitz, lange Zeit hindurch habe er keinen Gehalt
empfangen, jetzt müsse er auch seine Wohnung räumen, ohne
irgendeine Entschädigung dafür zu erhalten. Die Lage des
armen, alten verdienten Mannes ist hart, und ich hätte mich
wohl auch gewiß einer Härte schuldig gemacht, wenn ich es
nicht gewagt hätte, sie Ihnen vorzutragen. — Gr. Troyer
wird J. K. H. um eine Antwort bitten. — Da die Rede von
der Erleichterung der Lage eines Menschen ist, verzeihen Sie
schon Ihrem Ihro Kaiserlichen Hoheit treuen gehorsamsten
Diener Ludwig van Beethoven.

409] **Inserat in der Wiener Zeitung.** 31. Dez. 1813.

Musikalische Akademie. Der Wunsch zahlreicher, mir sehr
verehrungswürdiger Freunde der Tonkunst, meine große
Instrumentalkomposition über Wellingtons Sieg bei Vittoria noch einmal zu hören, macht es mir zur angenehmen
Pflicht, dem schätzbaren Publikum hiermit anzukündigen,
daß ich Sonntags den 2. Januar die Ehre haben werde, mit
dem Beistande der vorzüglichsten Tonkünstler von Wien be-
sagte Komposition mit neuen Gesangstücken und Chören
vermehrt, im K. K. großen Redoutensaale, zu meinem Besten, aufzuführen.

Die Eintrittsbillette sind täglich auf dem Kohlmarkt, im

Hause des Freiherrn v. Haggenmüller im Hofe rechts zu ebener Erde, im Kontor des Freiherrn v. Pasqualati, für das Parterre zu zwei und für die Galerie zu drei Gulden W. W. zu haben. Ludwig van Beethoven.

410] **An Nikolaus v. Zmeskall.** (1. Januar 1814.)

Lieber werter Freund! Alles wäre gut, wäre der Vorhang da, ohne diesen fällt die Arie durch; erst heute mittag erfahre ich dieses von Schuppanzigh und mich schmerzt's; — sei's nur ein Vorhang, wenn auch ein Bettvorhang oder nur eine Art von Schirm, den man im Augenblicke wegnimmt, ein Flor usw. Es muß was sein; die Arie ist ohnedem mehr dramatisch fürs Theater geschrieben, als daß sie im Konzert wirken könnte, alle Deutlichkeit geht ohne Vorhang oder etwas Ähnliches verloren! — verloren! — verloren! — zum Teufel alles! Der Hof kommt wahrscheinlich; Baron Schweiger bat mich inständig hinzugehen, Erzherzog Karl ließ mich vor sich und versprach zu kommen. — Die Kaiserin sagte eben nicht zu, aber auch nicht ab. — Vorhang!!!! oder die Arie und ich werden morgen gehangen. Leben Sie wohl, beim neuen Jahre drücke ich Sie ebensosehr als beim alten ans Herz. — Mit Vorhang oder ohne Vorhang? Ihr Beethoven.

411] **An Graf Moritz Lichnowsky.** (Januar 1814.)

Wenn Sie, werter Graf, unserer Beratschlagung beiwohnen wollen, so zeige ich Ihnen unterdessen an, daß sie heute nachmittag um halb 4 Uhr im Spielmannschen Hause auf dem Graben Nr. 188 im vierten Stocke bei Hr. Weinmüller stattfindet. — Mich würde es sehr freuen, wenn es Ihre Zeit erlaubt, auch beizuwohnen. —

Ganz Ihr Beethoven.

412] **An Nikolaus v. Zmeskall.** (7. Januar 1814.)

Wenn Sie, lieber Z., sich diese kleinen Berechnungen abschreiben, so könnten Sie wohl immerfort davon Gebrauch machen, welches ich für sehr gut halte. — Beigefügtes ist aus einem Briefe aus Schottland, den ich gestern erhielt.

Machen Sie, daß wir uns dieser Tage sehn.

Ihr Freund Beethoven.

413] **Danksagung** in der Wiener Zeitung. (24. Jan. 1814.)

Ich hatte das Glück, mich in der am 2. Januar von mir gegebenen Akademie, bei der Aufführung meiner Kompositionen, durch eine große Zahl der ausgezeichnetsten und berühmtesten hiesigen Künstler unterstützt zu sehen, und dem Publikum meine Werke unter den Händen solcher Virtuosen auf eine so glänzende Art bekannt gemacht zu wissen. Wenn diese Künstler sich hierfür durch ihren Kunsteifer und den Genuß, den sie durch ihre Talente dem Publikum verschafften, schon von selbst belohnt fühlten, so ist es noch meine Pflicht, ihnen für die dabei mir bezeigte Freundschaft und bereitwillige Unterstützung öffentlich meinen wärmsten Dank überzutragen.   Ludwig van Beethoven.

414] An Graf Franz Brunswick.   13. Febr. 1814.

Lieber Freund und Bruder! Du hast mir kürzlich geschrieben, ich schreibe Dir jetzt. — Du freust Dich wohl über alle Siege — auch über den meinen. — Den 27. dieses Monats gebe ich eine zweite Akademie im großen Redoutensaale, — komm' herauf. — Du weißt's jetzt. — So rette ich mich nach und nach aus meinem Elend, denn von meinen Gehalten habe ich noch keinen Kreuzer erhalten. — Schuppanzigh hat dem Michalcovics geschrieben, ob's wohl der Mühe wert wäre, nach Ofen zu kommen, was glaubst Du? Freilich müßte so was im Theater vor sich gehen. — Meine Oper wird auch auf die Bühne gebracht, doch mache ich vieles wieder neu. — Ich hoffe, Du lebst zufrieden, das ist wohl nicht wenig. Was mich angeht, ja du lieber Himmel, mein Reich ist in der Luft, wie der Wind oft, so wirbeln die Töne, so oft wirbelt's auch in meiner Seele — ich umarme Dich. —

415] An Nepomuk Hummel.   (Februar 1814.)

Allerliebster Hummel! Ich bitte Dich; dirigiere auch dieses Mal die Trommelfell und Kanonaden mit Deinem trefflichen Kapellmeister- und Feldzeugherrnstab — tue es, ich bitte Dich; falls ich Dich einmal kanonieren soll, stehe ich Dir mit Leib und Seel' zu Dienst. —

                    Dein Freund Beethoven.

416] **An Erzherzog Rudolf.** (Februar 1814.)

Ihro Kaiserliche Hoheit! Ich hoffe Verzeihung zu er=
halten wegen meinem Ausbleiben. Ihre Ungnade würde
mich unschuldig treffen; in einigen Tagen werde ich alles
wieder einholen. — Man will meine Oper Fidelio wieder
geben. Dieses macht mir viel zu schaffen, dabei bin ich trotz
meinem guten Aussehen nicht wohl. — Zu meiner zweiten
Akademie sind auch schon zum Teil die Anstalten getroffen,
ich muß für die Milder etwas Neues hierzu schreiben. —
Ich höre unterdessen, welches mein Trost ist, daß sich J. K.
H. wieder besser befinden; ich hoffe bald wieder, wenn ich
mir nicht zuviel schmeichle, dazu beitragen zu können. Un=
terdessen habe ich mir die Freiheit genommen, dem Mylord
Falstaff anzukündigen, daß er bald die Gnade haben werde,
vor J. K. H. zu erscheinen. — Ihro Kaiserl. Hoheit treu
gehorsamster Diener   Ludwig van Beethoven.

417] **An Redakteur Hartmann vom „Beobachter".**
(Febr. 1814.)

Unser Beethoven bittet unsern Hartmann, seine Akade=
mie, welche im großen Redoutensaal abgehalten wird, an=
zuzeigen. Es wird darin eine neue noch nicht gehörte Sin=
fonie und ein neues Vokal=Terzett aufgeführt. Verkennen
Sie nicht den Künstler, welcher nach Gewinn ausgeht . . . .

418] **Konzert=Anzeige in der Wiener Zeitung.**
(24. Febr. 1814.)

Musikalische Akademie. Aufgefordert durch den gütigen
Beifall des verehrungswürdigen Publikums und durch das
ausdrückliche Verlangen mehrerer schätzbarer Kunstfreunde,
wird der Unterzeichnete die Ehre haben, künftigen Sonntag
den 27. dieses Monats im großen Redoutensaale, seine
Komposition auf Lord Wellingtons Sieg in der Schlacht
bei Vittoria, mit einer neuen noch nicht gehörten Vokalter=
zette, unter der Mitwirkung der hiesigen vorzüglichsten Ton=
künstler zur Aufführung zu bringen. Das Umständliche
wird der gewöhnliche Anschlagzettel bekannt machen.

Ludwig van Beethoven.

Meine werte M.! Heute wollte ich zu Ihnen kommen, allein es ist nicht möglich, Sie werden selbst wissen, wieviel man usw. zu besorgen hat. — Nur so viel, Maelzel hat nicht im mindesten Auftrag gehabt, Sie zu bitten zum Singen. Es war die Rede davon und Sie waren der erste Gegenstand, worauf ich dachte, mein Konzert zu verschönern; ich hätte selbst es zugegeben, daß Sie eine Arie von einem anderen Meister gesungen; allein diejenigen, welche das Konzert zu meinem Besten unternehmen, hatten die Schwachheit festzusetzen, daß die Arie durchaus von meiner Komposition sein müsse. Allein mir mangelte es an Zeit eine neue zu schreiben; die aus meiner Oper paßt schon ihrer Situation nach nicht für einen so großen Saal wie der Redoutensaal.

So ist es, meine liebe verehrte M. Auftrag hatte M. nicht im mindesten, weil ich selbst noch nicht wußte, was ich tun sollte und konnte, indem ich mich richten mußte nach Meinung derer, die mein Konzert unternehmen. Hätte ich eine neue Arie zu meiner Disposition gehabt, so hätte ich mich zu Ihnen zu Füßen gelegt, daß Sie meine Bitte erhört hätten. — Übrigens empfangen Sie meinen lebhaftesten Dank für Ihre gütigen Gesinnungen für mich. Hoffentlich werden sich meine Umstände bald bessern (denn Sie werden wohl wissen, daß ich beinahe alles verloren habe), und dann soll mein erstes sein — für unsere einzige Milder eine Oper zu schreiben und alle meine Kräfte anzuspannen, mich Ihrer würdig zu machen. —

Mit Hochachtung Ihr Freund Beethoven.
(Einige Billette für mein Konzert werden Sie wohl nicht verschmähen.)

Lieber werter Tr.! Noch habe ich nicht an Ihr Lied gedacht! werde es aber gleich vornehmen. Vielleicht besuche ich Sie deswegen diesen Nachmittag, um Ihnen meine Idee darüber zu sagen.

Ob Sie Montags schon probieren können, kann ich nicht bestimmt sagen, doch wohl gewiß einen Tag später. Was

man bei einer solchen Akademie zu tun hat, davon haben
Sie gar keinen Begriff! Nur die Not zwingt mich dazu!
alles dieses Lästige damit verbunden wagen zu müssen.

In Eile Ihr Freund Beethoven.

421] An Friedrich Treitschke. (1814.)

Mein werter T.! Ihrem Rate zufolge war ich bei den
Architekten und die Sache ist schon auf das vorteilhafteste
für mich berichtigt, besser mit Künstlern als mit den soge=
nannten Großen (Kleinwinzigen) zu tun zu haben! Ihr
Lied werden Sie erhalten können auf jeden Minutenschlag,
welchen Sie mir bestimmen. Für meine Oper wird Ihnen
mein Dank überall vorauseilen. Bei Gelegenheit denken
Sie einmal Egmont gerade auf das Wiedener Theater zu
bringen.

Die Ankunft der Spanier, welche im Stücke nur ange=
deutet und nicht sichtbar wird, könnte zur Eröffnung des
großen Lochs des Wiednertheaters für den Pöbel benützt
werden und noch manches andere für Augenspektakel und
die Musik dazu wäre nicht ganz verloren, und gern würde
ich, was man noch Neues dazu fordern würde, leisten.

Werter Freund! Leben Sie wohl! Heute sprach ich den
Oberbassisten des österreichischen Kaisertums voll Begeiste=
rung, für eine neue Oper von — Gyrowetz!

Mir lachte das Herz für die neue Künstlerbahn, welche
uns dieses Werk eröffnen wird. Ganz Ihr Beethoven.

422] An Friedrich Treitschke. (1814.)

Sieh, sehr werter Tr.! auf den Datum; daß das Lied
schon fertig geschrieben war, ehe ich Ihnen begegnete, ist mir
hernach erst kommen.

Den gestern gesagten Brief, weswegen ich Sie erst fragen
wollte, erhalten Sie heute; möchte es zu Ihrem Zwecke
dienen, so wäre ich herzlich erfreut darüber.

Von Palffy höre ich nichts, gehe ich auch nicht anders
hin, als was ich schon darüber vor Jahr und Tag bestimmt
habe. Ihr Freund Beethoven.

423] **An Friedrich Treitſchke.**   (1814.)

Hier, lieber werter T., Ihr Lied! Mit großem Vergnü⸗
gen habe ich Ihre Verbeſſerungen der Oper geleſen. Es be⸗
ſtimmt mich mehr, die verödeten Ruinen eines alten Schloſ⸗
ſes wieder aufzubauen.   Ihr Freund Beethoven.

424] **An Friedrich Treitſchke.**   (1814.)

Ich erſuche Sie, lieber T.! mir die Partitur des Liedes
zu ſchicken, damit die eingeſchaltete Note kann in allen In⸗
ſtrumenten ausgeſetzt werden; — übrigens nehme ich es
Ihnen nicht im mindeſten übel, wenn Sie es von Gyrowetz
oder wem ſonſt, Weinmüller am liebſten, neu ſetzen laſſen
wollen, ich bin ganz ohne Anſprüche hierin; jedoch leide ich
nicht, daß mir ein anderer, ſei es wer immer, meine Kom⸗
poſitionen ändert.

Mit Hochachtung Ihr ergebenſter Beethoven.

425] **An Fr. Treitſchke.**   (Febr. 1814.)

Hier lieber falſcher Dichter die Rechnung wegen dem
Lied. Ich habe ſelbſt 15 Xr. pro Bogen bezahlt, da aber
das Theater ein blutarmer Narr iſt (i bin a kein Knicker),
ſo bin ich mit 14 Xr. zufrieden. Leben Sie wohl Dichter und
Trachter. — Um Verzeihung das Papier iſt kein Jude, alle
Schneidewerkzeuge ſind auf dem Lande. —

In Eil Ihr Beethoven.

426] **An Friedrich Treitſchke.**   (1814.)

Lieber Treitſchke! Laſſen Sie für Ehlers, der, wenn mir
recht, den Liebhaber in Ihrer Operette macht, den Part der
Sopranſtimme im Tenorſchlüſſel abſchreiben (in dem
Schlußchor).   In Eil Ihr Beethoven.

PS. Wenn Sie von der Arie (Kriegslied) für die ver⸗
bündeten Heere (von Bernard) in Ihrer Operette Gebrauch
machen wollen, welches ich in Muſik geſetzt habe, ſteht es
Ihnen zu Dienſten; ſowie in Germania Weinmüller vor⸗
ſingt, würde darin Ehlers vorſingen.

427] **An Friedrich Treitſchke.**   (April 1814.)

Lieber werter T.! Die verfluchte Akademie, wozu ich
zwar zum Teil durch meine ſchlechten Umſtände gezwungen

ward, sie zu geben, hat mich in Rücksicht der Oper zurück=
gesetzt. — Die Kantate, die ich geben wollte, raubte mir
auch 5—6 Tage. —

Nun muß freilich alles auf einmal geschehen und ge=
schwinder würde ich etwas Neues schreiben, als jetzt das
Neue zum Alten; — wie ich gewohnt bin zu schreiben, auch
in meiner Instrumentalmusik, habe ich immer das Ganze
vor Augen, hier ist aber mein Ganzes überall auf eine ge=
wisse Weise geteilt worden, und ich muß mich neuerdings
hineindenken. — In 14 Tagen die Oper zu geben, ist wohl
unmöglich, ich glaube immer, daß vier Wochen dazu gehen
können.

Der erste Akt ist indessen in einigen Tagen vollendet. —
Allein es ist im zweiten Akt doch viel zu tun, auch eine neue
Ouvertüre, welches zwar das leichteste ist, da ich sie ganz
neu machen kann. Vor meiner Akademie war nur hier
und da einiges skizziert, sowohl im ersten als im zweiten
Akt, erst vor einigen Tagen konnte ich anfangen auszuar=
beiten. Die Partitur von der Oper ist so schrecklich geschrie=
ben, als ich je eine gesehen habe, ich müßte Note für Note
durchsehn (sie ist wahrscheinlich gestohlen); kurzum ich ver=
sichere Sie, lieber T., die Oper erwirbt mir die Märtyrer=
krone, hätten Sie sich nicht so viele Mühe damit gegeben,
und so sehr vorteilhaft alles bearbeitet, wofür ich Ihnen
ewig danken werde, ich würde mich kaum überwinden kön=
nen. Sie haben dadurch noch einige gute Reste von einem
gestrandeten Schiffe gerettet.

Unterdessen, wenn Sie glauben, daß Ihnen der Aufent=
halt mit der Oper zu groß wird, so schieben Sie selbe auf
eine spätere Zeit auf, ich fahre jetzt fort, bis alles geendigt
ist, und auch ganz wie Sie alles geändert und besser gemacht
haben, welches ich jeden Augenblick je mehr und mehr ein=
sehe, allein es geht nicht so geschwinde, als wenn ich etwas
Neues schreibe. — Und in 14 Tagen, das ist unmöglich;
— handeln Sie, wie es Ihnen am besten dünkt, jedoch aber
als Freund für mich, an meinem Eifer fehlt es nicht.

Ihr Beethoven.

428] **An Friedrich Treitschke.** (14. Mai 1814.)

Werter T.! Mich freuet unendlich Ihre Zufriedenheit mit dem Chor. Ich habe geglaubt, Sie hätten alle Stücke zu Ihrem Vorteile verwenden sollen, also auch das meinige, wollen Sie dieses aber nicht, so möchte ich, daß es irgend zum Vorteile der Armen gänzlich verkauft würde. Von Ihren Kopisten waren bei mir deswegen ... wie auch Wranitzky; ich sagte, daß Sie, Wertester, gänzlich darüber Herr wären. Daher erwarte ich nun gänzlich Ihre Meinung hierüber. Ihr Kopist ist — ein Esel! aber es fehlt ihm gänzlich die bekannte prächtige Eselshaut. Daher hat mein Kopist die Kopiatur übernommen und bis Dienstag wird wenig mehr übrig sein und mein Kopist alles zur Probe bringen. Übrigens ist die ganze Sache mit der Oper die mühsamste von der Welt, denn ich bin mit dem meisten unzufrieden, und — es ist beinahe kein Stück, woran ich nicht hier und da meiner jetzigen Unzufriedenheit nicht einige Zufriedenheit hätte anflicken müssen. Das ist nun ein großer Unterschied zwischen dem Falle, sich dem freien Nachdenken oder der Begeisterung überlassen zu können.

Ganz Ihr Beethoven.

429] **An Nikolaus v. Zmeskall.** (1814.)

Lieber Z.! Ich reise nicht, wenigstens will ich mir hierin keinen Zwang auflegen, — die Sache muß reiflicher überlegt werden. Unterdessen ist das Werk dem Prinzen-Regenten schon überschickt worden; will man mich, so hat man mich und dann bleibt mir noch die Freiheit, ja oder nein zu sagen. Freiheit!!!! was will man mehr??? Gern möchte ich Sie wegen meiner Wohnung, wie ich mich einrichten soll besprechen.

430] **An Erzherzog Rudolf.** (Mai 1814.)

Ihro Kaiserliche Hoheit! Ich bitte dem Überbringer dieses nur auf einen halben Tag die Partitur des Schlußchors zukommen zu lassen, — da die Partitur des Theaters so schlecht geschrieben. Ihro Kaiserlichen Hoheit treu gehorsamster

Beethoven.

431] **An Erzherzog Rudolf.** (1814.)

Ihro Kaiserliche Hoheit! Da ich eben erst die Partitur
von dem Schlußchor erhalte, so bitte ich deswegen um Ver=
zeihung, daß Sie ihn so spät erhalten. J. K. H. tun wohl
am besten ihn abschreiben zu lassen, da die Partitur wohl
so wegen dem Format nicht brauchbar ist. — Ich wollte
selbst der Überbringer sein, allein seit Sonntag bin ich wie=
der mit einem Katarrh behaftet, der mich recht hernimmt,
und wobei ich mich nur ganz leidend verhalten muß. —
Kein größeres Vergnügen ist für mich, als wenn J. K. H.
an etwas Freude von mir finden. — Ich hoffe nächstens
Ihnen selbst aufwarten zu können, und bitte bis dahin,
mich in Ihrem gnädigen Andenken zu behalten. Ihro
Kaiserlichen Hoheit treuester gehorsamster
Ludwig van Beethoven.

432] **An Erzherzog Rudolf.** (1814.)

Ihro Kaiserliche Hoheit! Das Lied Germania gehört
der ganzen Welt, die Teil daran nimmt — auch Ihnen —
vor allen anderen, wie auch ich. Glückliche Reise nach Pa=
lermo. Ihro Kaiserlichen Hoheit treu gehorsamster
Beethoven.

433] **An Nikolaus v. Zmeskall.** (1814.)

P. sagte gestern, er schicke sie Ihnen. — Also nichts. —
Sie tun am besten und schicken in meinem Namen um die
vierzehn Billette für Z. In Eil' Ihr B.

434] **An Nikolaus v. Zmeskall.** (1814.)

Lieber Z.! Ich werde von P. vierzehn Billette begehren
und sie Ihnen schicken.

435] **An Friedrich Treitschke.** 4. Juni 1814.

Des Hr. v. Treitschke Dichten und Trachten ist in Kennt=
nis gesetzt, das Manuskript sogleich dem Unteroffizier des
Generalleutnantamtes mitzugeben, damit das Gestochene,
welches von Fehlern zerstochen, sogleich wieder, wie es sein
muß, gestochen werden kann, und zwar um so mehr, weil

sonst auf das Dichten und Trachten ganz erschrecklich ge=
stochen und gehauen wird werden. Gegeben im Vater=
Unser=Gässel des urväterlichen Verlags aller Verlegender.

436] **An Friedrich Treitschke.**   18. Juni 1814.

Lieber werter T.! Was Sie vom vierten Teil des Er=
trages wegen der Oper vorschlagen, versteht sich von selbst!
Und nur für diesen Augenblick muß ich noch übrigens Ihr
Schuldner bleiben, doch werde ich nicht vergessen, daß ich's
bin. Wegen einer Benefizvorstellung für mich wünschte
ich wohl, daß ich den Tag als gestern acht Tage erhielt,
d. h. künftigen Donnerstag.

Ich war heute bei Hrn. Palffy, fand ihn aber nicht.
Übrigens lassen Sie die Oper nicht zu viel ruhen! Es scha=
det wohl sicherlich.

Nächstens besuche ich Sie, da ich noch viel mit Ihnen
zu reden habe. — Arm an Papier muß ich endigen.

Ganz Ihr Beethoven.

437] **An die Direktion des Königl. Nationaltheaters in Berlin.**
Wien, 23. Juni 1814.

Die Unterzeichneten geben sich die Ehre, einem Königl.
Nationaltheater hiermit Text und Partitur ihrer Oper
„Fidelio" in genauer und einzig rechtmäßiger Abschrift um
ein Honorar von 20 Dukaten in Gold zum Gebrauch für
diese Bühne, jedoch ohne weitere Mitteilungs= oder ganze
und einzelne Bekanntmachungsrechte anzutragen. Gedachte
Oper erschien vor einigen Wochen auf hiesigem k. k. Hof=
operntheater und hatte das Glück, einen mehr als gewöhn=
lichen Beifall zu finden und stets volle Häuser zu veran=
lassen. Text und Musik sind nicht mit der vor mehreren
Jahren am k. k. priv. Theater an der Wien aufgeführten
Oper gleichen Namens zu verwechseln, von deren Parti=
tur einige Abschriften entfremdet wurden. Das Ganze ist
nach veränderten, dem Theatereffekt günstigeren Ansichten
umgearbeitet und über die Hälfte neu verfaßt. Zur Sicher=
stellung dieses Eigentums sind alle Anstalten getroffen,
und wird in jedem Falle ein Königl. Nationaltheater hier=
mit ersucht, keinen anderen Anträgen zu vertrauen, viel=

mehr an die Unterzeichneten davon gefällige Anzeige zu
machen. Die Rückantwort blb. ein Königl. National=
theater an mitunterzeichneten F. Treitschke zu adressieren.

Ludwig van Beethoven.

Fr. Treitschke, K. K. Hoftheaterdichter.

438] **Musikalische Anzeige.**   Wien, 28. Juni 1814.

Der Endesunterzeichnete, aufgefordert von den Herrn
Artaria & Ko., erklärt hiermit, daß er die Partitur seiner
Oper: Fidelio, gedachter Kunsthandlung überlassen habe,
um unter seiner Leitung dieselbe in vollständigem Klavier=
auszuge, Quartetten oder für Harmonie arrangiert, her=
auszugeben. Die gegenwärtige musikalische Bearbeitung
ist von einer früheren wohl zu unterscheiden, da beinahe
kein Musikstück sich gleich geblieben, und mehr als die Hälfte
der Oper ganz neu komponiert worden ist. Partituren, in
allein rechtmäßiger Abschrift samt dem Buche in Manu=
skript, sind von mir oder dem Bearbeiter des Buches, Herrn
Fr. Treitschke, K. K. Hoftheaterdichter, zu bekommen. An=
dere Abschriften auf unerlaubten Wegen werden durch die
Gesetze geahndet werden.   Ludwig van Beethoven.

439] **An Friedrich Treitschke.**   (1811.)

Um Himmels willen, lieber werter Freund! Sie haben
die goldene Ader, wie es scheint, nicht! Sorgen Sie nur,
daß man Fidelio nicht vor meiner Einnahme gibt, so war
es abgeredet mit Schreyvogel; seit Sonnabend, wo Sie
mich zum letztenmal sahen auf dem Theater habe ich das
Bette und Zimmer gehütet und erst seit gestern hat sich et=
was von Gesundheit spüren lassen. Heute hätte ich Sie
wohl besuchen mögen, aber ich weiß, die Poeten halten
mit den Phäaken Sonntag! Wegen der Absendung der
Oper ist auch zu reden, damit Sie zu ihrem vierten Teil
kommen, und sie nicht verstohlen in alle Welt geschickt
werde. Ich verstehe nichts vom Handel, glaube aber: wenn
wir die Partitur hier an einen Verleger verschacherten und
die Partitur gestochen würde, das Resultat günstiger für
Sie und mich sein würde. Wenn ich Sie recht verstanden
habe, so hätte ich das Lied schon — ich bitte Sie recht schön,

lieber Freund, damit zu eilen! — Sind Sie böse? Habe ich Sie beleidigt? So kann's nicht anders als unwissend geschehen sein, so vergeben Sie einem Ignoranten und Musikanten. Leben Sie recht wohl, lassen Sie mich bald etwas wissen.

Ihr dankbarer Schuldner und Freund Beethoven.

Die Milder hat seit 14 Tagen ihre Arie, ob sie selbe kann, werde ich heute oder morgen erfahren. Lange wird sie dazu nicht brauchen.

440] **An Erzherzog Rudolf.** Wien, 14. Juli 1814.

Ihro Kaiserliche Hoheit! Ich höre, so oft ich mich wegen Ihrem Wohle erkundige, nichts als Erfreuliches. — Was mein geringes Wesen anbelangt, so war ich bisher immer verbannt, Wien nicht verlassen zu können, um mich leider J. K. H. nicht nahen zu können, sowie auch des mir so nötigen Genusses der schönen Natur beraubt. Die Theater=direktion ist so ehrlich, daß sie schon einmal wider alles ge=gebene Wort meine Oper Fidelio, ohne meiner Einnahme zu gedenken, geben ließ. Diese liebreiche Ehrlichkeit würde sie auch zum zweitenmal jetzt ausgeübt haben, wäre ich nicht wie ein ehemaliger französischer Douanenwächter auf der Lauer gestanden. — Endlich mit einigen ziemlich müh=samen Bewerbungen kam es zustande, daß meine Ein=nahme der Oper Fidelio Montags den 18. Juli statt hat. — Diese Einnahme ist wohl mehr eine Ausnahme in dieser Jahreszeit, allein eine Einnahme für den Autor kann oft, wenn das Werk einigermaßen nicht ohne Glück war, ein kleines Fest werden. Zu diesem Feste ladet der Meister sei=nen erhabenen Schüler gehorsamst ein, und hofft — ja ich hoffe, daß sie Ihro Kaiserl. Hoheit gnädig aufnehmen und durch Ihre Gegenwart alles verherrlichen. — Schön würde es sein, wenn J. K. H. noch die anderen Kaiserlichen Ho=heiten zu bereden suchten, dieser Vorstellung meiner Oper beizuwohnen. Ich werde selbst hier das, was die Ehr=erbietung hierin gebeut, beobachten. Durch Vogels Krank=heit konnte ich meinem Wunsche, Forti die Rolle des Pi=zarro zu übergeben, entsprechen, da seine Stimme hierzu geeigneter. — Allein es sind daher auch nun täglich Pro=

ben, welche zwar sehr vorteilhaft für die Aufführung wir=
ken werden, mich aber außer Stand setzen werden, noch
vor meiner Einnahme J. K. H. in Baden aufwarten zu
können. — Nehmen Sie mein Schreiben gnädig auf und
erinnern sich J. K. H. gnädigst meiner mit Huld. — Ihro
Kaiserlichen Hoheit treu gehorsamster Diener
Ludwig van Beethoven.

441] **An Antonio Forti.** (1814.)

Lieber Pizarro! Denken Sie zuweilen mit Ihrer lieben
Frau bei Durchgehung des Klavierauszuges an Ihren
aufrichtigen Freund Beethoven.

442] **An Huber.** (1814.)

Hier, mein werter Herr, erhalten Sie meinen verspro=
chenen Kupferstich; da Sie selbst der Mühe wert hielten,
ihn von mir zu verlangen, so darf ich wohl nicht fürchten,
einer Eitelkeit herin beschuldigt werden zu können.

Leben Sie wohl und denken Sie zuweilen gern Ihres
Sie wahrhaft achtenden Freundes Ludwig van Beethoven.

443] **An Erzherzog Rudolf.** (1814.)

Ihro Kaiserliche Hoheit! Für heute ist es mir nicht
möglich, Ihnen meinem Wunsche gemäß aufzuwarten; ich
besorge das Werk auf Wellingtons Sieg nach London, der=
gleichen habe immer nur festgesetzte Zeittermine, die man
nicht versäumen darf, ohne alles versäumt zu haben. —
Morgen hoffe ich E. K. H. aufwarten zu dürfen. —
Ihro Kaiserlichen Hoheit treuester gehorsamster
Ludwig van Beethoven.

444] **An Dr. Karl v. Adlersburg.** (1814.)

Ich hatte Maelzel auf eigenen Antrieb ein Stück
Schlachtsymphonie für seine Panharmonika ohne Geld ge=
schrieben. Als er dieses eine Weile hatte, brachte er mir
die Partitur, wonach er schon zu stechen angefangen, und
wünschte es bearbeitet für ganzes Orchester. Ich hatte schon
vorher die Idee einer Schlachtmusik gefaßt, die aber auf

feine Panharmonika nicht anwendbar. — Wir kamen überein, zum Beſten der Krieger dieſes Werk und noch andere
von mir in einem Konzert zu geben. Während dieſes geſchah, kam ich in die ſchrecklichſte Geldverlegenheit. Verlaſſen von der ganzen Welt hier in Wien, in Erwartung
eines Wechſels uſw. bot mir Maelzel 50 Dukaten in Gold
an. Ich nahm ſie und ſagte ihm, daß ich ſie ihm hier wiedergeben, oder ihm das Werk nach London mitgeben wolle,
falls ich nicht ſelbſt mit ihm reiſte, — wo ich ihn im letzteren Falle bei einem engliſchen Verleger darauf anweiſen
werde, der ihm dieſe 50 # bezahlen ſolle. Die Partitur,
wie es für ſeine Panharmonika geſetzt war, erhielt ich von
ihm zurück. Nun gingen die Akademien vor ſich; während
dieſen entwickelte ſich erſt Herrn Maelzels Plan und Charakter. Er ließ ohne meine Einwilligung auf die Anſchlag-
zettel ſetzen, daß es ſein Eigentum ſei. Empört hierüber,
mußte er dieſen wieder abreißen laſſen. Nun ſetzte er darauf: „aus Freundſchaft zu ſeiner Reiſe nach London“;
dieſes ließ ich zu, weil ich mir noch immer die Freiheit,
unter was für Bedingungen ich ihm das Werk geben
wollte, dachte. Ich erinnere mich, während der Zettelab-
drücke heftig geſtritten zu haben, allein die kurze Zeit — ich
ſchrieb noch an dem Werke. Im Feuer der Eingebung ganz
in meinem Werke, — dachte ich kaum an Maelzel. Unterdeſſen gleich nach der erſten Akademie auf dem Univerſitäts-
ſaal wurde mir von allen Seiten und von glaubwürdigen
Menſchen erzählt, daß Maelzel überall ausgeſprengt, er
habe mir 400 Dukaten in Gold geliehen. Ich ließ hierauf
Folgendes in die Zeitung rücken, allein der Zeitungsſchrei-
ber rückte es nicht ein, da M. mit allen gut ſteht. — Gleich
nach der erſten Akademie gab ich Maelzel ſeine 50 Dukaten
wieder, erklärte ihm, daß, nachdem ich ſeinen Charakter
hier kennen gelernt, ich nie mit ihm reiſte, empört mit Recht,
daß er ohne mich zu fragen auf die Zettel geſetzt, daß alle
Anſtalten für die Akademie verkehrt getroffen, und ſelbſt
ſein ſchlechter patriotiſcher Charakter ſich in folgenden Ausdrücken zeigt: (ich ſcheiße auf W., wenn's nur in London
heißt, daß man hier zehn Gulden bezahlt; nicht der Verwundeten habe ich dies getan, ſondern deswegen —); auch

18*

gäbe ich ihm das Werk nach London nicht anders mit als mit Bedingungen, die ich ihm bekannt machen würde. — Er behauptete nun, daß es ein Freundschaftsgeschenk sei, ließ diesen Ausdruck nach der zweiten Akademie in die Zeitung setzen, ohne mich im mindesten darum zu fragen. Da Maelzel ein roher Mensch, gänzlich ohne Erziehung, ohne Bildung ist, so kann man denken, wie er sich während dieser Zeit gegen mich betragen und mich dadurch immer mehr empörte. Und wer wollte einem solchen Menschen mit Zwang ein freundschaftliches Geschenk machen? — Man bot mir nun die Gelegenheit dar, dem Prinzregenten das Werk zu schicken. Es war also nun schon gar nicht möglich, ohne Bedingungen ihm dieses Werk zu geben. Er kam nun zu Ihnen und machte Vorschläge. Es ward ihm gesagt, an welchen Tagen er erscheinen soll, um die Antwort abzuholen; allein er kam nicht, reiste fort und hat in München das Werk hören lassen; wie hat er es erhalten? — Stehlen war nicht möglich, — also Herr Maelzel hatte einzelne Stimmen einige Tage zu Hause, und hieraus ließ er von einem musikalischen niedrigen Handwerker das Ganze zusammensetzen, und hausiert nun damit in der Welt herum. — Herr Maelzel hatte mir Gehörmaschinen versprochen. Um ihn aufzumuntern, setzte ich ihm die Siegessymphonie auf seine Panharmonika. Seine Maschinen kamen endlich zustande, aber nicht brauchbar genug für mich. Für diese kleine Mühe, meinte Herr Maelzel, hätte ich ihn, nachdem ich die Siegessymphonie für großes Orchester gesetzt, die Schlacht dazu komponiert, zum ausschließlichen Eigentümer dieses Werkes machen sollen. Wollen wir nun setzen, daß ich in Rücksicht der Gehörmaschinen mich ihm einigermaßen verbindlich fühlte, so ist diese getilgt, daß er in München mit der mir gestohlenen oder verstümmelt zusammengetragenen Schlacht wenigstens 500 Gulden in Konv. Mze. machte. Er hat sich also selbst bezahlt gemacht. Er hatte selber hier die Frechheit, zu sagen, daß er die Schlacht habe; ja er zeigte sie geschrieben mehreren Menschen, — allein ich glaubte es nicht, und habe auch insoferne recht, als das Ganze nicht von mir, sondern von einem anderen zusammengetragen ist. Auch die Ehre, die er sich allein zurechnet, könnte schon Belohnung sein. Meiner erwähnte der Hoffriegsrat gar nicht, und doch war alles, woraus die beiden Akademien bestanden, von mir. — Sollte Herr Maelzel, wie er sich verlauten ließ, wegen der Schlacht seine Reise nach London verzögert haben, so waren dies auch nur Schwänke. Herr Maelzel blieb, bis er sein Stückwerk vollendet hatte, nachdem die ersten Versuche nicht gelungen waren. Beethoven m. p.

445] Erklärung u. Aufforderung an die Tonkünstler in London.
Wien, 25. Juli 1814.

Herr Maelzel, der sich gegenwärtig in London befindet, hat auf seiner Reise dahin meine Siegessymphonie und Wellingtons Schlacht bei Vittoria in München aufgeführt, und wird dem Vernehmen nach auch zu London Akademien damit geben, sowie er es ebenfalls in Frankfurt zu tun willens gewesen war. Dieses veranlaßt mich öffentlich zu erklären: daß ich Herrn Maelzel nie und auf keine Weise die genannten Werke überlassen oder abgetreten habe, daß niemand eine Abschrift derselben besitzt, und daß ich die einzige, die von mir veräußert worden, an Se. Königl. Hoheit den Prinzregenten von England gesendet habe. Die Aufführung dieser Werke durch Herrn Maelzel ist daher entweder ein Betrug gegen das Publikum, indem er, der hier gegebenen Erklärung zufolge, sie nicht besitzt, oder wenn er sie besitzt, eine Beeinträchtigung gegen mich, indem er sich auf einem widerrechtlichen Wege sich ihrer bemächtigt hat.

Aber auch in dem letzteren Falle wird das Publikum hintergangen werden, denn das, was Herr Maelzel unter dem Titel: Wellingtons Schlacht bei Vittoria und Siegessymphonie ihm zu hören gibt, muß offenbar ein unechtes oder verstümmeltes Werk sein, da er von diesen meinen beiden Werken, außer einer einzigen Stimme auf ein paar Tage, nie etwas von mir erhielt.

Dieser Verdacht wird zur Gewißheit, wenn ich die Versicherung hiesiger Tonkünstler, deren Namen ich nötigenfalls öffentlich zu nennen ermächtigt bin, hier beifüge, daß Herr Maelzel bei seiner Abreise von Wien gegen sie geäußert: er besitze diese Werke, und daß er ihnen Stimmen davon gezeigt habe, die aber, wie ich schon erwiesen, nicht anders als verstümmelt und unecht sein können.

Ob Herr Maelzel einer solchen Beeinträchtigung gegen mich fähig sei? — beantwortet der Umstand: daß er sich allein als Unternehmer meiner hier in Wien stattgehabten Akademien zum Besten der im Kriege Verwundeten, wo bloß meine Werke aufgeführt wurden, in öffentlichen Blättern ohne Erwähnung meines Namens angeben ließ.

Ich fordere daher die Tonkünstler von London auf, eine solche Beeinträchtigung gegen mich, als ihren Kunstgenossen, durch eine von Herrn Maelzel veranstaltete Aufführung der Schlacht bei Vittoria und der Siegessymphonie dort nicht zu dulden, und zu verhindern, daß das Londoner Publikum auf die gerügte Weise von ihm hintergangen werde.

446] An Erzherzog Rudolf. (1814.)

Ihro Kaiserliche Hoheit! Ich wollte Ihnen dieses Schreiben selbst einhändigen, ich würde Ihnen aber wohl persönlich jetzt beschwerlich sein, und nehme mir die Freiheit, Sie noch einmal zu bitten um Gewährung der darin enthaltenen Bitte an J. K. H. — Es würde auch schön sein, wenn J. K. H. mir die letzte Sonate im Manuskript von mir zurücksendeten, da ich sie herausgeben muß, so ist's wohl nicht nötig, selbe für Sie abschreiben zu lassen, indem ich Ihnen in kurzer Zeit das Vergnügen haben werde, dieselbe gestochen zuzustellen. — In einigen Tagen werde ich mich einmal anfragen. Ich wünsche Ihnen alles Wohltuende für Ihre kostbare Gesundheit von diesen freudevollen Zeiten.

Ihro Kaiserlichen Hoheit gehorsamster treuster

Ludwig van Beethoven.

447] Anzeige in der Wiener Zeitung. 15. Juli 1814.

Beethovens Benefiz. Die Direktion des K. K. Hoftheaters hat dem Unterzeichneten eine Benefizvorstellung von der durch ihn komponierten Oper Fidelio bewilligt. Diese

Vorstellung wird Montag, den 18. d. M. im Hoftheater nächst dem Kärntnertor stattfinden, und ist dazu mit zwei neuen Stücken vermehrt. Logen und gesperrte Sitze sind Samstags und Sonntags in der Wohnung des Unterzeichneten, auf der Mölker Bastei im Baron Pasqualatischen Hause, Nr. 94, im ersten Stock zu bestellen; Schlüssel und Billetts aber in der K. K. Hoftheaterkasse abzuholen, wo auch am Tage der Vorstellung, die bis dahin noch nicht vergebenen Logen und gesperrten Sitze zu haben sein werden. Diejenigen verehrlichen Abonnenten, welche ihre Logen zu behalten wünschen, werden gebeten, solches längstens bis Sonntag vormittag, der K. K. Hoftheaterkasse zu wissen zu machen.   Ludwig van Beethoven.

448] An Dr. Johann Kanka.   (1814.)

Tausend Dank, mein verehrter K.! Ich sehe endlich wieder einen Rechtsvertreter und Menschen, der schreiben und denken kann, ohne der armseligen Formeln zu gebrauchen. — Sie können sich kaum denken, wie ich nach dem Ende dieses Handels seufze, da ich dadurch in allem, was meine Ökonomie betrifft, unbestimmt leben muß, — ohne was es mir sonst schadet. Sie wissen selbst, der Geist, der wirkende, darf nicht an die elenden Bedürfnisse gefesselt werden, und mir wird dadurch noch manches mich Beglückendes für das Leben entzogen. Selbst meinem Hange und meiner mir selbst gemachten Pflicht, vermittelst meiner Kunst für die bedürftige Menschheit zu handeln, habe ich müssen und muß ich noch Schranken setzen. — Von unseren Monarchen usw., der Monarchien usw. schreibe ich Ihnen nichts, die Zeitungen berichten Ihnen alles, — mir ist das geistige Reich das liebste und die oberste aller geistlichen und weltlichen Monarchien. — Schreiben Sie mir doch, was Sie wohl für sich selbst von mir wünschen, von meinen schwachen musikalischen Kräften, damit ich Ihnen, soweit ich damit reiche, etwas für Ihren eigenen musikalischen Sinn oder Gefühl erschaffe. — Brauchen Sie nicht alle Papiere, die zu der Kinskyschen Sache gehören? In diesem Falle würde ich sie Ihnen schicken, da dabei die wichtigsten Zeugnisse sind, die Sie auch, glaube ich, bei mir gelesen. — Denken Sie an

mich), und denken Sie, daß Sie einen uneigennützigen
Künstler gegen eine knickerische Familie vertreten. Wie
gerne entziehen die Menschen wieder dem armen Künstler,
was sie ihm auf sonstige Art zollen, und Zeus ist nicht
mehr, wo man sich auf Ambrosia einladen konnte. —
Beflügeln Sie, lieber Freund, die trägen Schritte der Ge=
rechtigkeit. Wenn ich mich noch so hoch erhoben finde, wenn
ich mich in glücklichen Augenblicken in meiner Kunstsphäre
befinde, so ziehen mich die Ereignisse wieder herab, dazu
gehören nun auch die zwei Prozesse. — Auch Sie haben Un=
annehmlichkeiten; obschon ich bei Ihren angewohnten Ein=
sichten und Fähigkeiten und besonders in Ihrem Fache das
nicht geglaubt hätte, so weise ich Sie doch auf mich selbst
zurück. Einen Kelch des bitteren Leidens habe ich ausge=
leert und mir schon das Martyrertum in der Kunst ver=
mittelst der lieben Kunstjünger und Kunstgenossen erwor=
ben. — Ich bitte Sie, denken Sie alle Tage an mich und
denken Sie, es sei eine ganze Welt, da natürlich es Ihnen
viel zugemutet ist, an ein so kleines Individuum zu den=
ken wie mich. — Ihr mit der innigsten Achtung und
Freundschaft ergebener   Ludwig van Beethoven.

449]   An Dr. Johann v. Adlersburg.   (1814.)

    Verehrter Freund! Es ist nachzuholen, daß Wolf dem
Oberstburggrafen auch die Beilagen Zeugnisse hat beige=
legt. Was ist da zu machen? Morgen früh besuche ich Sie.
Es ist, glaube ich, noch wohl zu überlegen, ob die Sache so
geht? Der Erzherzog glaubt, daß die Schrift bis auf das
„der Großmut zuviel zugemutet wird" sehr gut sei. Ich
umarme Sie von Herzen. Sein Sie nicht unwillig über
meine Plagen, es hat ja nun bald ein Ende.
                                Ihr Beethoven.

450]   An Nikolaus v. Zmeskall.   (1814.)

    Der Advokat war nicht zu Hause. Daher, mein Lieber,
bitte ich Sie also, morgen gegen 8 Uhr bei mir zu sein. Ich
bin Ihnen noch etwas über drei Gulden schuldig; das
drüber weiß ich nicht.

Ihro Kaiserliche Hoheit! Ich war die ganze Zeit hin=
durch krank und leidend, besonders an meinem Kopfe, und
bin es noch, jedoch glaubte ich jeden Tag, Euer Kaiserl. Ho=
heit selbst persönlich aufwarten zu können und so meldete
ich Euer K. Hoheit nichts davon. Ich habe seit gestern abend
Vesikaturen auflegen müssen, vermittelst welcher mich der
Arzt hofft, in wenigen Tagen nicht allein herzustellen für
einige Zeit, sondern für immer. Gegen Mittwoch oder
Donnerstag werde ich vermutlich des Glückes genießen kön=
nen, mich Euer Kaiserl. Hoheit wieder nahen zu können.

Untertänigster Ludwig van Beethoven.

452] **An Friedrich v. Treitschke.** (1814.)

Sie verzeihen! mein lieber Treitschke! wenn ich nicht
selbst zu Ihnen komme, ich bin aber unpäßlich und darf
nicht ausgehen. Sie können aber in Rücksicht der Woh=
nung, wenn Sie schon die Gefälligkeit haben wollen, alles
mit meinem Bedienten und der Hausmeisterin besprechen.

Ganz Ihr ergebenster Diener Beethoven.

453] **An Dr. Johann Kanka.** Wien, 22. Aug. 1814.

Sie haben mir Gefühl für Harmonie gezeigt — und Sie
können wohl eine große Disharmonie, welche mir manches
Unbequeme verursacht, auflösen in mehr Wohllaut in mein
Leben, wenn Sie — wollen. Ich erwarte ehestens etwas
über das, was Sie vernommen, über das, was geschehen
wird, da ich mit herzlicher Sehnsucht dieser unredlichen
Sache von der Kinskyschen Familie entgegensehe. Die Für=
stin schien mir hier dafür gestimmt zu sein, — allein ich
weiß nichts, was endlich daraus werde. Derweil bin ich
in allem beschränkt, denn mit vollkommenem Recht harre
ich auf das, was mir Rechtens zukommt und vertrags=
mäßig zugestanden, und als Zeitereignisse hierin Verände=
rungen hervorbrachten, woran kein Mensch früher denken
konnte, mir neuerdings die Zusage des verstorbenen Für=
sten, durch zwei Zeugnisse bewiesen, der mir verschriebene
Gehalt in B. Z. mir auch in Einlösungsscheine in dersel=

bigen Summe zugesagt wurde, und mir selbst vom Fürsten 60 # in Gold a conto darauf gegeben wurden.

Fällt diese Geschichte durch das Verhalten der K.schen Familie schlecht aus, so lasse ich diese Geschichte in allen Zeitungen bekannt machen, wie sie ist, — zur Schande der Familie. Wäre ein Erbe, und ich hätt ihm die Geschichte so wahrhaft, wie sie ist und wie ich bin, vorgetragen, ich bin überzeugt, er hätte Wort und Tat seines Vorfahren auf sich übergehen lassen. Hat Sie Dr. Wolf mit den Schriften bekannt gemacht, soll ich Sie damit bekannt machen? Da ich nicht sicher weiß, ob Ihnen dieser Brief sicher zukommt, so habe ich mit dem Klavierauszuge von meiner Oper Fidelio noch gewartet, der bereit liegt, Ihnen geschickt zu werden. —

Ich hoffe gemäß Ihrer zuvorkommenden freundschaftlichen Begegnung etwas von Ihnen zu hören. — An Dr. Wolf, der gewiß niemanden wölfisch begegnet, schreibe ich auch eben, um ihn nicht aufzubringen, damit er mich nicht umbringe, um etwas bringe. Mit Hochachtung Ihr Verehrer und Freund   Ludwig van Beethoven.

In dem Augenblicke bitte ich Briefe an mich mit folgender Überschrift zu begleiten: abzugeben bei Herrn Johann Wolfmayer in Wien beim roten Turm Adlergasse Nr. 764.

454] An Graf Moritz Lichnowsky.   (1814.)

Bitte Beethovens um die Partitur des „Fidelio": Ich weiß, Sie haben sie freilich nicht sehr korrekt, allein sie ist doch immer besser wie gar keine.

(Erwähnt: Leo Liepmannssohn, Berlin. Katalog XXXVIII, unter Nr. 445.)

455] An Artaria & Komp.   (1814.)

Ich bitte Sie um die Gefälligkeit, mir den Klavierauszug von Fidelio nur auf einige Tage zu leihen; Sie werden ihn unversehrt zurückerhalten.

Freund und Diener Beethoven.

456] Auf Skizzenblättern.   1814.

Vieles ist auf Erden zu tun, tue es bald!

*

Nicht mein jetziges Alltagsleben fortsetzen! — Die
Kunst fordert auch dieses Opfer. In der Zerstreuung ruhen,
um desto kräftiger in der Kunst zu wirken.

*

Den ausduldenden Mut verlieh den Menschen das
Schicksal.

*

Ein gutes Wort findet gute Statt.

*

Der Haß dehnt sich selbst zurück auf diejenigen, die ihn
hegen.

*

Keine Zeit vergeht geschwinder, rollt schneller um als die,
wo wir unsern Geist oder ich mich mit meiner Muse be=
schäftige.

*

Gegen alle Menschen äußerlich nie die Verachtung mer=
ken lassen, die sie verdienen, denn man kann nicht wissen,
wo man sie braucht.

*

Nie wird eine Partitur so richtig abgeschrieben, als sie
der Autor selbst schreibt.

*

Jeden Tag jemanden zum Essen, wie Musici, wo man
denn dieses und jenes abhandelt, von Instrumenten usw.

457] An Dr. Johann Kanka.   Baden, 14. Sept. 1814.

— — — Da ich auf gut Glück an Sie geschrieben, ohne
Ihre rechte Wohnung zu wissen, da ich Ihnen ebenfalls so
den Klavierauszug des Fidelio geschickt, so wünschte ich zu
wissen, ob Sie sowohl den Brief als den Klavierauszug
erhalten haben. — — Ich bitte — ich beschwöre Sie — ich
falle Ihnen zu Ihren Füßen, in Ihre Arme, um Ihren
Hals — ich weiß nicht, was ich alles tun werde und nicht
tun werde ... Ein Werk von mir liegt bereits, sobald Sie
Ihr Werk vollbracht haben, um Ihnen gewidmet zu wer=
den, und meine Hochachtung zu bezeigen ... Wenn ich

wirklich so unglücklich bin, daß Sie ganz und gar nichts
auf mich halten, so halten Sie wenigstens desto mehr auf
die Angelegenheiten
      Ihres leidenden Freundes Ludwig van Beethoven.

458] **An Erzherzog Rudolf.**   (1814.)

    Ihro Kaiserliche Hoheit! Mit wahrem Vergnügen sehe
ich, daß ich meine Besorgnisse um Ihr höchstes Wohl ver=
scheuchen kann. Ich hoffe für mich selbst (indem ich mich
immer wohl befinde, wenn ich imstande bin, I. K. H. Ver=
gnügen zu machen), daß auch meine Gesundheit sich ganz
herstellt, aufs geschwindeste, und dann werde ich eilen,
Ihnen und mir Genugtuung für die Pausen zu verschaffen.
— Was Fürst Lobkowitz anlangt, so pausiert er noch immer
gegen mich, und ich fürchte, er wird nie richtig mehr eintref=
fen; — und in Prag (du lieber Himmel, was die Geschichte
von Fürst Kinsky anbelangt) kennen sie noch kaum den Fi=
guralgesang; denn sie singen in ganz langsamen Choral=
noten, worunter es welche von 16 Takten |=======| gibt.
— Da sich alle diese Dissonanzen scheinen sehr langsam auf=
zulösen, so ist's am besten, solche hervorzubringen, die man
selbst auflösen kann, — und das übrige dem unvermeid=
lichen Schicksal anheimzustellen. Nochmals meine große
Freude über die Wiederherstellung. Ihrer Kaiserlichen Ho=
heit gehorsamster Diener   Ludwig van Beethoven.

459] **An George Thomson.**

Vienna 15 Settembre 1814.

Stimat^{mo} Signore! A cagione delle tante mie occu-
pazioni non posso che tardo far risposta alla pregiatis-
sima di Lei lettera; mille ringraziamenti all autore del
sonetto dove mi onora in si bella maniera di lodi non
meritate. Le transmetto un piccolo Elenco di Errori tro-
vati nelle 30 Ariette, quali potranno in seguito render à
noti. Meglio sara se in avvenire Ella vorrà spedirmi il
primo exemplare della prossima collezione mentre es-
sendo ora libere e celeri le poste per Londra sarò in istato
di rimandarle l'exemplare corretto colla massima solleci-
tudine.

Per ciò che riguarda le altre ariette scozzesi per le quali Ella desidera ch'io ne compogna l'accompagnamento, non posso decidarmi a compiacerla a meno di 4 Zecchini in ispecie per pezzo ciochè ora non le riuscirà tanto caro non avendo più le passate moltiplici spese. Senza una certa speciale stima attacamento par la Nazione Inglese e par la Melodia scozzese non mi presterei a tal lavoro nè per questo nè per verun altro prezzo.

In attenzione di favorito riscontro mi dò l'onore di assicurarla della perfetta stima con cui ho il piacere di dirmi

di Lei devot^{mo} obblig° servo Ludwig van Beethoven.

460] **An Graf Morih Lichnowsky.** Baden, 21. Sept. 1814.

Werter verehrter Graf und Freund! Ich erhalte leider erst gestern Ihren Brief. Herzlichen Dank für Ihr Andenken an mich, ebenso alles Schöne der verehrungswürdigen Fürstin Christiane. — Ich machte gestern mit einem Freunde einen schönen Spaziergang in die Brühl und unter freundschaftlichen Gesprächen kamen Sie auch besonders vor, und siehe da, gestern bei meiner Ankunft finde ich Ihren lieben Brief. — Ich sehe, daß Sie mich immer mit Gefälligkeiten überhäufen. Da ich nicht möchte, daß Sie glauben sollten, daß ein Schritt, den ich gemacht, durch ein neues Interesse oder überhaupt etwas d. g. hervorgebracht worden sei, sage ich Ihnen, daß bald eine Sonate von mir erscheinen wird, die ich Ihnen gewidmet; ich wollte Sie überraschen, denn längst war diese Dedikation Ihnen bestimmt, aber Ihr gestriger Brief macht mich es Ihnen jetzt entdecken. Keines neuen Anlasses brauchte es, um Ihnen meine Gefühle für Ihre Freundschaft und Wohlwollen öffentlich darzulegen, — aber mit irgend nur etwas, was einem Geschenke ähnlich sieht, würden Sie mir Weh verursachen, da Sie alsdann meine Absicht gänzlich mißkennen würden, und alles dergleichen kann ich nicht anders als ausschlagen. —

Ich küsse der Fürstin die Hände für ihr Andenken und Wohlwollen für mich. Nie habe ich vergessen, was ich Ihnen überhaupt alles schuldig bin, wenn auch ein unglückſeliges Ereignis Verhältniſſe hervorbrachte, wo ich es nicht ſo, wie ich wünſchte, zeigen konnte. — Was Sie mir von Lord Caſtlereagh ſagen, ſo finde ich die Sache aufs beſte eingeleitet. Soll ich ein Meinung hier= von haben, ſo glaube ich, daß es am beſten ſein würde, daß Lord Caſtlereagh nicht eher ſchrieb wegen dem Werk auf Wellington, als bis der Lord es hier gehört. Ich komme bald in die Stadt, wo wir alles überlegen wollen wegen einer großen Akademie. Mit dem Hof iſt nichts anzufan= gen, ich habe mich angetragen, — allein

al = lein al=lein al = lein
je = doch Si -len - ti - um!!!

Leben Sie recht wohl, mein verehrter Freund, und halten Sie mich immer Ihres Wohlwollens wert.

Ihr Beethoven.

Tauſend Händeküſſe der verehrten Fürſtin C.

461] **An George Thomſon.**

Vienna Ottobre 1814.

Stimat^{mo} Sig^{re} ! Ho ricevuta a dovere la di Lei lettera dei 17. Agosto. In questo frattempo mi lusingo che avra inteso da una mia inviatale che non posso compiacerla nella commissione delle ariette istromentate a meno di quattro Zecchini in ispecie per pezzo; ciocche Le confermo pure colla presente. Quanto alle arie fugate mi contenti di sei Zecchini par ciascheduno. In proposito delle mie musicali composizioni Le devo dire che mi sono prefisso di non publicare cosa alcuna quantunque il mio scrigno non manchi di varie cose inedite. Però attesa la nostra antica conoscienza le offerisco una mia opera sul trionfo di Wellington nella battaglia di Vittoria laquale e com- posta di due parti: prima parte la battaglia, seconda parte sinfonia di trionfo. L'opera e scritta per grande or- chestra, ha rascosso quì in Vienna un applauso generale

ed a comune richiesta verrà anche adesso eseguita all'
occasione della presenza de sovrani alleati. Potra averla
in partitura ed in Estratto per Fortepiano da me stesso
a questo fine composto qualora ciò sia di suo aggradi-
mento. Basta che me ne faccia in tempo avvertito, affin-
chè possa prendere le necessarie misure. Questa composi-
zione e dedicata al Principe Regente d'Inghilterra e
trattandosi d'un soggetto che tanto interessa la di Lei
patria non può mancare di far fortuna. Attendo da Lei
quanto vuol esibirmi par una tal opera — ma le repeto al
più presto, altrimenti non potro più disporre della
medesima. In attenzione di pronto gradito riscontro ho
l'onore di dirmi

devot^{mo} obblig° servo Ludwig van Beethoven.

462] **An Erzherzog Rudolf.** (Nov. 1814.)

Ihro Kaiserliche Hoheit! Ich merke es, Eure Kais. Hoheit wollen meine Wirkungen der Musik auch noch auf die
Pferde versuchen lassen. Es sei, ich will sehen, ob dadurch
die Reitenden einige geschickte Purzelbäume machen können. — Ei, ei, ich muß doch lachen, wie Eure Kaiserl. Hoheit auch bei dieser Gelegenheit an mich denken. Dafür
werde auch ich Zeitlebens sein Ihr bereitwilligster Diener
Ludwig van Beethoven.

NB. Die verlangte Pferdemusik wird mit dem schnellsten
Galopp bei Eurer Kais. Hoheit anlangen. —

463] **An Erzherzog Rudolf.** (30. Nov. 1814.)

Ihro Kaiserliche Hoheit! Meinen größten Dank für Ihr
Geschenk. Ich bedaure nur, daß Sie nicht an der Musik
Anteil nehmen konnten. — Ich habe die Ehre, Ihnen hier
die Partitur der Kantate zu übermachen. — Ihro Kaiserliche Hoheit können sie mehrere Tage bei sich behalten, hernach werde ich sehn, daß sie so geschwinde als möglich für
Sie kopiert werde. — Noch erschöpft von Strapazen, Verdruß, Vergnügen und Freude, alles auf einmal durcheinander, werde ich die Ehre haben, J. K. H. in einigen Tagen
aufzuwarten. Ich hoffe günstige Nachrichten von dem Gesundheitszustand J. K. H.; wie gerne wollte ich viele Nächte

ganz opfern, wenn ich imstande wäre, Sie gänzlich wieder=
herzustellen! — Ihro Kaiserlichen Hoheit gehorsamster
treuster Diener   Ludwig van Beethoven.

464]   An Baronin Poser.   (1814.)

Ich beantworte, hochgeehrte Baronin, Ihre Zeilen, wel=
che ich keineswegs des vielen Lobes wegen verdiene, deutsch,
da ich in meiner Muttersprache mich am besten auszudrük=
ken vermag. Obschon ich schon viel in Ihrer ohnehin über=
triebenen zu hohen Meinung von mir durch meine Persön=
lichkeit verlieren werde, so wird es mir doch jederzeit an=
genehm sein, zu Ihnen zu kommen oder auch, wie Sie wol=
len, Sie bei mir zu sehn. Mit größtem Vergnügen nenne
ich mich   Ihr ergebener Diener Ludwig van Beethoven.

465]   An Erzherzog Rudolf.   (Dez. 1814.)

Ihro Kaiserliche Hoheit! Sie sind so gnädig mit mir,
wie ich es auf keine Weise je verdienen kann. — Ich statte
J. K. H. meinen untertänigsten Dank ab für Ihre Gnädige
Verwendung wegen meiner Angelegenheit in Prag. — Die
Partitur von der Kantate werde ich aufs pünktlichste besor=
gen. — Wenn ich noch nicht zu J. K. H. gekommen, so ver=
zeihen Sie mir schon gnädigst. Nach dieser Akademie für
die Armen kommt eine im Theater, gleichfalls zum Besten
des impressario in angustia, weil man soviel rechtliche
Scham empfunden hat, mir das Dritteil und die Hälfte
nachzulassen — hierfür habe ich einiges neue im Werke. —
Dann handelt sich's um eine neue Oper, — wo ich mit dem
Sujet dieser Tage zustande komme. — Dabei bin ich auch
wieder nicht recht wohl; — aber in einigen Tagen sage ich
mich bei J. K. H. an. Wenn ich nur auch helfen könnte, so
wäre einer der ersten und sehnlichsten Wünsche meines Le=
bens erfüllt. — Ihro Kaiserlichen Hoheit treuester gehor=
samster   Ludwig van Beethoven.

466]   An Nikolaus v. Zmeskall.   (1814.)

Vielen Dank. Er hat sein Attestat jetzt schon verlangt,
ich habe mehrere bei ihm gesehen, er bedarf dessen wohl
nicht; dann aber, wann er will, sobald er's hat, zum Teufel

288

gehen, sobald es ihm einfällt. Muß ich ihm dieses Attestat geben? Mir scheint nicht, da es als Unterpfand oder ein Bürgezeichen zu betrachten ist. Holz holen, Einheizen, das Nachtgeschirr heraustragen, d. g. sei nicht für ihn, sagt er usw. Sie sehn daher, wie wenig auf den äußeren Schein bei solchem Gesindel zu geben. Ich erwarte auch hierauf wegen dem A. noch eine Antwort, doch hat das Zeit bis morgen früh. Ich habe ihm ein großes Zimmer zum freien Einheizen gegeben, das heißt er: ein Rauchloch —, wo ich selbst vorigen Winter und diesen mehrmal tagelang zugebracht.

467] **An Antonie v. Brentano.**   (1814.)

Meine werte Freundin! Alle meine Umstände, die zwar nun bald sich verbessern werden, ließen mich kein Bedenken tragen, von Franz und Ihnen zugeschickten Wechsel anzunehmen. Ich erhielt selben durch einen fremden Menschen, wie mir scheint; derselbe mag sich aber die Sache nicht sehr angelegen haben sein lassen, denn nachdem er mich bei seinem ersten Besuch nicht zu Hause fand, kam er acht Tage darauf wieder, übergab mir den Wechsel, ohne sich auch nur zu mir in mein Zimmer begeben zu wollen. Als ich nun zu Pacher kam, hatten sie selbst vorgestern noch kein Aviso, auch kennen sie den Aussteller nicht, wie sie sagen. Ich habe daher für nötig erachtet, Sie sogleich damit bekannt zu machen, und erwarte Ihre Entschließungen hierüber. Ich würde Ihnen den Wechsel schon zurückgesendet haben, allein ich verstehe nichts von d. g., wie Sie wissen, und könnte daher leicht einen Fehler begehen.

In Eil' Ihr Sie verehrender Beethoven.

468] **An J. B. Rupprecht.**   (1814.)

Mit größtem Vergnügen, mein verehrter R., werde ich Ihr Gedicht in Töne bringen und Ihnen nächstens auch selbst überbringen — ob himmlisch, das weiß ich nicht, da ich nur irdisch bin. Doch will ich alles anwenden, Ihrem übertriebenen Vorurteil in Ansehung meiner so gleich zu kommen als möglich.

Ihr Freund und Diener Beethoven.

469] **An J. B. Rupprecht.** (30. Dez. 1814.)

Seit dem Tag, wo Sie mir geschrieben, liegt schon das Honorar für Dr. Weißenbach bereit, allein (ich konnte es nicht überbringen! Denn ich bin) erstens nicht wohl, und doch dabei sehr beschäftigt, und (zweitens) unvermeiblich wollte ich immer zu Ihnen selbst kommen, es Ihnen einzuhändigen; ich bitte Sie, für diesen Augenblick nur mir schriftlich zu geben, daß Sie die 300 fl. Honorar für Dr. Weißenbach empfangen haben. Da die Unkosten sich auf 5108 fl. belaufen, konnte ich nicht mehr tun. Der Verdruß und der Kampf, der hier bei jedem Wirken und Emporstreben begleitet ist, ist nicht zu bezahlen!!! Ihr schönes Lied erhalten Sie nächstens notiert in Noten.

Ihr Freund und Diener Beethoven.

470] **An das k. k. Landrecht Prag.** (1814.)

Hochlöblich k. k. Landrecht! Ganz unbekannt in Rechtsgeschäften und in der Meinung, daß alle Gesuche gegen eine Nachlaffenschaft liquidiert werden müssen, sandte ich den mit Sr. K. Hoheit Erzherzog Rudolf, mit Sr. Durchlaucht dem Fürsten von Lobkowitz und Sr. Durchlaucht dem Fürsten von Kinsky geschlossenen Vertrag, vermöge welchem diese hohen Interessenten mir jährlich 4000 fl. zusicherten, an meinen Rechtsfreund in Prag. Mein fortwährendes Betreiben, sich diesen Gegenstand angelegen sein zu lassen, selbst auch, ich muß es gestehen, die ihm gemachten Vorwürfe, als hätte er den Gegenstand nicht gehörig eingeleitet, weil seine an die Vormundschaft gemachten Schritte fruchtlos blieben, mögen ihn verleitet haben, klagbar zu werden. —

Wie sehr dieser Schritt meinen Gefühlen widerspricht, gegen meinen Wohltäter als Kläger zu erscheinen, kann nur der entscheiden, der meine Hochachtung gegen den hochseligen Herrn Fürsten von Kinsky kennt.

Bei diesen Umständen wage ich den kürzeren Weg, in der Überzeugung, daß die hochfürstl. Vormundschaft ebenso die Kunst zu schätzen, als die Handlungen des hochsel. Hrn. Fürsten von Kinsky aufrechtzuerhalten geneigt sein wird.

Nach dem sub. A. beiliegenden Kontrakte verband sich
K. K. H. Erzh. Rudolf sowie die Durchl. Fürsten Lobko=
wiß und Kinsky, mir insolange 4000 fl. genießen zu lassen,
bis ich nicht einen Gehalt von gleichem Äquivalent erhalten
würde, ja sogar, falls ich durch Unglücksfälle oder alters=
halber verhindert wäre, meine Kunst auszuüben, sagten
mir die hohen Kontrahenten diesen Betrag auf Lebenstage
zu, und ich verband mich im Gegenteil, Wien nicht zu ver=
lassen.

Groß war das Versprechen, groß die Erfüllung desselben; denn ich hatte nie einen Umstand und war ruhig im
Genusse desselben, bis das allerhöchste Finanzpatent er=
schien. — Bei S. K. H. dem Erzherzoge Rudolf hatte diese
Münzveränderung keinen Unterschied gemacht, denn ich er=
hielt seinen Anteil in Einl.=Scheinen wie vorhin, Bankzet=
teln ohne alle Berechnung der Skala, weswegen mir auch
S. Durchlaucht der hochsel. Fürst v. Kinsky seinen Anteil
mit 1800 fl. in Einlösscheinen ohne Anstand erfolgen zu
lassen zusicherte. Da er aber den Auftrag in die hochfürstl.
Kassa zu geben unterließ, so wurden mir Umstände gemacht.
Ungeachtet meine Umstände nicht glänzend sind, so würde
ich es doch nicht wagen, an die hochfürstliche Vormundschaft
diesen Anspruch zu stellen, wenn nicht selbst rechtschaffene
Männer aus dem Munde des hochseligen Fürsten diese Zu=
sicherung vernommen hätten, mir den Beitrag sowohl für
das verflossene, als für das künftige in W. W. zu leisten,
wie es die Beilagen B. C. D. der Klage beweisen. Bei die=
sen Umständen überlasse ich es der hochfürstlichen Vormund=
schaft, zu beurteilen, ob ich nicht eher die Delikatesse zu ver=
leßen Ursache hatte, mich mit der hochfürstl. Zusage zu be=
ruhigen, daher mir die Einwendung des Hrn. Kurators
gegen die Zeugen rücksichtlich ihrer nicht gleichzeitigen Ge=
genwart, als die hochfürstl. Zusage geschah, höchst kränkend
sein muß. Um daher aus der für mich wahrhaft unange=
nehmen Lage des Prozesses zu kommen, wage ich der hoch=
fürstlichen Vormundschaft den Antrag und die Zusicherung
zu machen, daß ich mich für die Vergangenheit und die Zu=
kunft mit 1800 fl. W. W. zu begnügen bereit bin, und
schmeichle mir, daß hochselbe gnädigst berücksichtigen wird,

19*

daß ich von meiner Seite auch kein kleines Opfer gebracht habe, als ich bloß aus Hochachtung gegen diese durchlauchtigsten Fürsten Wien zu meinem festen Wohnsitz wählte, zu einer Zeit, wo mir die vorteilhaftesten Anträge vom Auslande gemacht wurden.

Ich bitte daher ein k. k. hochlöbliches Landrecht, dieses Gesuch der hochfürstl. von Kinskyschen Vormundschaft zur Äußerung zuzustellen, und mich hiervon gefälligst zu verständigen.   L. v. Beethoven.

471]   **An Baron Pasqualati.**   (1814.)

Verehrter Freund! Ich bitte Sie, mir gütigst das Formular, wie die Kinskysche Quittung geschrieben werden muß, zu schicken durch den Überbringer dieses jedoch nicht offen, — über 600 fl. halbjährlich vom Monat April bis usw. — Ich werde die Quittung sogleich an Dr. Kanka in Prag schicken, welcher mir das Geld aufs geschwindeste besorgt hat das vorigemal; von diesem werde ich sogleich Ihre Schuld abtragen; sollte es jedoch möglich sein, daß ich hier das Geld haben kann, ehe dieses von Prag ankommt, so werde ich es Ihnen sogleich selbst überbringen. Mit innigster Hochachtung   Ihr Verehrer und Freund Beethoven.

472]   **An Erzherzog Rudolf.**   (1814.)

Ihro Kaiserliche Hoheit! Da Sie die Gnade hatten, mir sagen zu lassen durch Herrn Grafen Troyer, daß Sie einige Zeilen wegen meinen Angelegenheiten in Prag an den Oberstburggrafen Kolowrat gnädigst beifügen wollten, so nehme ich mir die Freiheit, mein Schreiben an den Grafen K. beizufügen. — Ich glaube nicht, daß es etwas Anstößiges für J. K. H. (enthält), ohnehin wird es nicht bei den Einlösungsscheinen bleiben, wozu sich trotz allen Beweisen die Vormundschaft nicht herbeilassen würde. Unterdessen läßt sich hoffen, daß bei den Schritten, die einstweilen auf die freundschaftlichste Art, nicht gerichtlich geschehen sind, wenigstens ein günstigeres Resultat sich herbeiführen läßt, so zum Beispiel: ein erhöhter Betrag der Skala. — Allein wenn Ihre Kaiserl. Hoheit mir einige Worte entweder

292

felbſt oder in Ihrem Namen ſchreiben laſſen, wird die Sache gewiß mehr beſchleunigt werden; welches die Urſache iſt, weswegen ich I. K. H. gebeten habe und wieder innigſt bitte, dieſem Ihrem mir gnädigſt erteilten Verſprechen nachzukommen. — Es ſind nun drei Jahre, daß dieſe Sache — noch unentſchieden iſt. Ihro Kaiſerlichen Hoheit gehorſamſter treuſter Diener

Ludwig van Beethoven.

473] An Erzherzog Rudolf.   **(1814.)**

Ihro Kaiſerliche Hoheit! Gleich Ihre Ankunft in Wien hatte ich in der Zeitung geleſen und wollte gleich ſchreiben, um I. K. H. meine Freude darüber auszudrücken. Meine Geſundheit hat leider früher einen ſtarken Stoß erhalten durch eine Gedärmentzündung, wobei ich an den Pforten des Todes mich beinahe befand, doch geht es jetzt beſſer, obſchon noch nicht ganz hergeſtellt — traurig, daß eine gewiſſe Bildung der Menſchen auch ihren Tribut der Schwäche der Natur bezahlen muß; ich werde... mir die Freiheit nehmen I. K. H. zu ſagen, was das beſte wäre, wenn Höchſtdieſelben wünſchten, wieder einige Stunden muſikaliſch zuzubringen mit mir. — Alles, was mir der Himmel Gedeihliches herabſchickt, gedeihe für I. K. H. uſw.

(Fragm.: Albert Cohn, Berlin. Katalog 1890, unter Nr. 22.)

474] An Baron Pasqualati.   **(1814.)**

Lieber werter Freund! Morgen früh ſpäteſtens halb acht Uhr bin ich bei Ihnen. Werfen Sie mich nicht zur Tür hinaus. Wenn Sie auch um den Brief an Adlersburg ſchicken, wäre es gut. Der Erzherzog iſt nicht zufrieden mit der Schrift, weil man der Großmut zuviel überläßt.

In Eil' Ihr Beethoven.

475] An Dr. Johann Kanka.   **Wien, 11. Januar 1815.**

Mein werter einziger K.! Ich erhalte heute das Schreiben von Baron Pasqualati, worin ich erſehe, daß Sie wünſchen, daß man zurückhalte mit neuen Schritten. Unterdeſſen ſind ſchon alle dazu nötigen Schriften an Pasqualati

293

fort; verständigen Sie ihm nur gefälligst, daß er noch einhalte, irgendeinen Schritt zu machen. Morgen ist Rat hier, und das Resultat davon geht vielleicht schon morgen abend für Sie und P. ab. Unterdessen wünsche ich, daß Sie die neue Schrift, welche ich an Pasqualati geschickt, an die Landrechte durchsehen, und die Beilagen recht lesen. — Sie werden alsdann ersehen, daß Sie Wolf und andere nicht recht berichtet haben. Soviel ist gewiß, daß genug Beweise da sind für den, der will. Wie hätte ich bei einem Manne wie Fürst Kinsky, dessen Rechtlichkeit, Großmut überall bekannt war, an gerichtliche Zeugen, an etwas Schriftliches denken sollen? Mit wärmster Liebe und Achtung in Eile

Ihr Freund.

476] An Dr. Johann Kanka.   Wien, 14. Januar 1815.

Mein werter einziger K.! Der lange Brief, der hier folgt, war geschrieben, als wir noch der Meinung waren, bei den 1800 fl. zu bleiben. — Durch das letzte Schreiben des Hrn. Baron Pasqualati ward wieder neuer Rat geflochten und Dr. Adlersburg riet, bei den Schritten stehn zu bleiben, die Sie schon gemacht haben. — Da aber Dr. Wolf schreibt, daß er in Ihrem Namen auf 1500 fl. jährlich angetragen, so bitte ich Sie, wenigstens zu versuchen, dieses mit den 1500 fl. noch durchzusetzen. — In dieser Hinsicht schicke ich den langen Brief, der geschrieben war, noch ehe wir den abratenden Brief des Hrn. Br. P. erhielten, daß Sie noch manche Motive darin finden möchten, für wenigstens die 1500 fl. zu erlangen. — Auch hat der Erzherzog zum zweitenmal an den Oberstburggrafen geschrieben, und man kann aus seiner vorigen Antwort an den Erzherzog schließen, daß er sich sicher angreifen werde, und wenigstens die 1500 fl. noch zu erlangen sind. —

Leben Sie wohl; ich vermag keinen anderen Buchstaben mehr zu schreiben, d. g. erschöpfen mich. --- Möge Ihre Freundschaft das Ende herbeiflügeln, denn ich muß, wenn die Sache so schlecht ausfällt, Wien verlassen, weil ich von diesem Einkommen nicht leben würde können; — denn hier ist es soweit gekommen, daß alles aufs höchste gestiegen und bezahlt werden muß; meine zwei letztgegebenen Akademien koften mich 5108 fl. Wäre das großmütige Geschenk der Kaiserin nicht — ich hätte beinahe nichts übrig behalten. In Eile Ihr Verehrer und Freund Beethoven.

477] An Dr. Johann Kanka. 14. Januar 1815.

Mein einziger verehrtester K.! Was soll ich denken, sagen, empfinden? — Von Wolf denke ich, daß er nicht allein Blöße gegeben, sondern sich gar keine Mühe seine Blöße zu bedecken. — Es ist unmöglich, daß er seine Schrift mit allen dazu gehörigen ordentlichen Zeugnissen versehen. — Der Befehl an die Kaffa wegen der Skala ist früher vom Fürst K. gegeben, als seine Einwilligung, mir meinen Ge= halt in E.=S. auszubezahlen, wie die Zeugnisse ausweisen — deren Datum man nur nachzusehen braucht; also wich= tig ist der erstere Befehl. — Das species facti beweiset, daß ich über ein halb Jahr abwesend war von Wien. Da ich eben nicht auf Geld anstand, ließ ich die Sache gehen; der Fürst vergaß darauf, bei der Kaffa den vorigen Befehl zu widerrufen, nicht aber auf sein mir gegebenes Wort, auch dem Varnhagen (Offizier) sein für mich gegebenes Wort, wie das Zeugnis des Hrn. von Oliva beweist, welchem er kurz vor seiner Abreise von hier und in die andere Welt sein Versprechen wiederholte, und ihn nach seiner Zurückkunft in Wien wieder zu sich bestellte, um die Sache bei der Kaffa in Ordnung zu bringen, die aber durch seinen unvorherge= sehenen Tod natürlich nicht erfolgen konnte. — Das Zeug= nis vom Offizier Varnhagen ist begleitet von einem Schrei= ben von der russischen Armee, worin er sich bereitwillig zeigt, die Sache mit einem Eid zu beschwören. — Das Zeugnis des Herrn Oliva zeigt, daß auch dieser bereit ist, seine Aus= sage vor Gericht zu beschwören. — Da ich das Zeugnis des Obersten Grafen Bentheim fortgeschickt habe, so sage ich es nicht gewiß, mir scheint aber, daß auch dieser Graf in sei= nem Zeugnis sagt, daß er allenfalls die Sache bereit sei, vor Gericht zu beschwören. — Und ich selbst bin bereit, vor Gericht zu beschwören, daß Fürst Kinsky mir in Prag sagte, „daß er es nicht mehr als billig fände, mir meinen Gehalt in E.=S. ausbezahlen zu lassen". Dies seine eigne Worte. — Er gab mir selbst 60 # in Gold in Prag darauf, die

mir damals ohngefähr 600 fl. gelten sollten, indem ich nicht
Zeit hatte, mich wegen meiner Gesundheit lange aufzuhalten, und nach Teplitz reiste, — da mir des Fürsten Wort
heilig war, und ich nie etwas von ihm gehört hatte, was
mich hätte verleiten sollen, zwei Zeugen vor ihn zu führen,
oder mir etwas Schriftliches von ihm geben zu lassen. Ich
sehe aus allem, daß Dr. Wolf die Sache miserabel traktierte
und Sie selbst nicht mit den Schriften genug bekannt gemacht hat. —

Nun über den Schritt, den ich jetzt gemacht habe. — Der
Erzherzog Rudolf fragte mich vor einiger Zeit, ob die
Kinskysche Sache noch nicht geendigt; er mußte etwas davon gehört haben. Ich erklärte ihm, daß es schlecht aussehe,
da ich nichts, gar nichts wisse; er erbot sich, selbst zu schreiben, doch sollte ich ein Schreiben beifügen, sowie ihn auch
mit allen gehörigen Schriften zur Kinskyschen Sache bekannt
machen. Nachdem er sich überzeugt hatte, schrieb er an den
Oberstburggrafen und schloß mein Schreiben bei an selben.
Der Oberstburggraf antwortete sogleich dem Erzherzog und
auch mir. In dem Briefe an mich sagte er mir, „daß ich
ein Gesuch an die Landrechte in Prag nebst allen Beweisen
einreichen möchte, von wo man ihm es zuschicken würde,
und daß er sein möglichstes tun würde, meine Sache zu befördern". Dem Erzherzog schrieb er aufs verbindlichste, ja
er schrieb ausdrücklich, „daß er mit den Gesinnungen des
seligen Fürsten Kinsky in betreff meiner vollkommen bekannt sei in Rücksicht dieser Sache, und daß ich ein Gesuch
einreichen möge usw." — Nun ließ mich der Erzherzog
gleich rufen, sagte mir, ich soll diese Schrift machen lassen
und ihm zeigen; auch glaubte er, daß man auf die Bewilligung in E.-S. antragen solle, da Beweise genug, wenn auch
nicht in gerichtlicher Form, für die Gesinnungen des Fürsten da wären und kein Mensch zweifeln könnte, daß der
Fürst bei seinem Fortleben nicht sein Wort sollte gehalten
haben. — Wäre er heute Erbe, er würde keine anderen Beweise fordern als diejenigen, die da sind. — Hierauf nun
schickte ich diese Schrift an Baron Pasqualati, der die Güte
haben wird, selbe an die Landrechte einzureichen. Erst nachdem diese Sache schon eingeleitet war, erhielt Dr. Adlers-

burg von Dr. Wolf einen Brief, worin er ihm anzeigte, auf
1500 fl. den Antrag gemacht zu haben. Da man bis auf
1500 fl. schon gekommen ist und bis zum Oberstburggrafen,
so wird man wohl auch noch auf die 1800 fl. kommen. —
Keine Gnade ist es nicht; der selige Fürst war einer der=
jenigen, welche am meisten in mich drangen, den Gehalt
-von 600 # in Gold jährlich, den ich in Westfalen erhalten
konnte, auszuschlagen; „ich sollte doch keinen westfälischen
Schinken essen," sagte er damals usw. — Einen anderen
Ruf nach Neapel schlug ich etwas später ebenfalls aus. —
Ich kann eine gerechte Entschädigung verlangen für den
Verlust, den ich erlitten. Was hatte ich, während der Ge=
halt in B. 3. bezahlt wurde, — nicht 400 fl. in Konven=
tionsgeld!!! — und das für einen solchen Gehalt, wie die=
ser von 600 #. — Beweise sind genug da für den, der recht=
lich handeln will. — Und was ist jetzt wieder aus den
E.=S. geworden??!!! Es ist noch immer kein Äquivalent
für das, was ich eingebüßt. In allen Zeitungen wurde
diese Sache pomphaft ausgeschrien, während ich dem Bet=
telstabe nahe war. — Der Sinn des Fürsten ist offenbar
und meines Erachtens die Familie verpflichtet, wenn sie
sich nicht herabsetzen will, in diesem Sinne zu handeln. —
Auch haben sich die Einkünfte durch den Tod des Fürsten
eher vermehrt als vermindert; es ist also kein hinreichender
Grund da, zu schmälern. —
Ihr freundschaftliches Schreiben erhielt ich gestern; —
nun bin ich aber zu müde, um Ihnen das zu schreiben, was
ich für Sie fühle. — Ich lege zugleich meine Sache an Ihren
Geist. Wie es scheint, ist der Oberstburggraf die Hauptper=
son; lassen Sie sich nichts merken von dem, was er an den
Erzherzog geschrieben, es möchte nicht gut sein; möge nie=
mand als Sie und Baron Pasqualati davon wissen. —
Anlaß haben Sie genug, wenn Sie die Schriften durch=
sehen, um zu zeigen, wie unrichtig Dr. W. die Sache auf=
gefaßt habe, — und man doch anders handeln müsse. —
Ich überlasse es Ihrer Freundschaft für mich, wie Sie es am
besten finden, zu handeln. — Erwarten Sie meinen höch=
sten Dank und verzeihen Sie, daß ich heute nicht mehr schrei=
ben kann; so was ermüdet, — lieber die größte musikalische

Aufgabe. — Mein Herz hat schon etwas für Sie gefunden, wo das Ihrige auch schlagen wird, und das werden Sie bald erhalten. — Vergessen Sie nicht auf mich armen Geplagten und handeln — wirken Sie soviel als nur möglich. Mit größter Hochachtung Ihr wahrer Freund Beethoven.

478] **An Friedrich Treitschke.** (1815.)

Ich schreibe Romulus und werde dieser Tage anfangen; ich werde selbst zu Ihnen kommen, erstlich einmal, hernach mehrmals, damit wir über das Ganze sprechen und beraten.
In Eil' mit Achtung Ihr Freund Beethoven.

479] **An Friedrich Treitschke.** (1815.)

Lieber T.! Ich glaubte die Sache abzukürzen, indem ich Hrn. v. Schreyvogel die Abschrift dieses Briefes schickte; allein nichts. — Sie sehen, daß dieser Fuß mich in allen Zeitungen anpacken kann, wenn ich nicht etwas Schriftliches gegen ihn aufweisen kann, oder Sie oder die Theaterdirektion es übernimmt, sich mit ihm abzufinden. Auf der anderen Seite ist die Sache mit meinem Kontrakt für die Oper auch noch nicht zu Ende.

Ich ersuche Sie mir eine Antwort zu geben, besonders was des Fuß Brief betrifft; beim Richterstuhle der Kunst wäre die Sache leicht abgemacht, allein dieses ist hier nicht der Fall, den man, obschon man es gern glauben möchte, ganz berücksichtigen kann.
In Eil' Ihr Freund Beethoven.

480] **An Nikolaus v. Zmeskall.** (Januar 1815.)

Werter Freund! Wie Sie es am besten finden, ich glaube aber besser an Fürst Narischkin als an die Kaiserin zu schreiben, jedoch das Original davon aufzubewahren, daß, im Fall die Krankheit Narischkins fortwährt, man sich an einen anderen oder an die Kaiserin selbst wendet. Ihre Durchlaucht haben mir die sehr angenehme Nachricht erteilen lassen, daß die Kaiserin mein kleines Opfer mit Wohlgefallen aufgenommen habe. Insofern ist mein höchster Wunsch erfüllt — aber wie sehr würde ich mich geehrt finden, wenn ich der Welt es bekannt machen könnte, Teil daran nehmen zu lassen (drücken Sie das alles besser aus) durch Vorsetzung ihres Namens usw. Da man die große Symphonie in A als eins der glücklichsten Produkte meiner schwachen Kräfte (sehr bescheiden auszudrücken) betrachten kann, so würde ich mir die Freiheit nehmen nebst der Polonaise auch diese im Klavierauszuge Ihrer Majestät vorzulegen. Deutliche Auseinandersetzung, daß man wohl was kann, aber nichts will bei oder von der russischen Kaiserin. Sollten Ihre Majestät mich wünschen spielen zu hören, wäre es mir die höchste Ehre; doch muß ich voraus um Nachsicht bitten, da ich mich seit mehrerer Zeit mehr bloß der Autorschaft im Schaffen widmete. Kein Geschenk usw. — Glauben Sie, daß es besser ist, in Form einer Bitte an die Kaiserin usw. ???!?!! oder an Narischkin bittweise vortragen.

Wenn ich nur so glücklich sein könnte, für ihre Majestät zu schreiben, wozu sich ihr Geschmack oder Liebhaberei am meisten neigt. (Schluß abgerissen.)

481] An S. A. Steiner.   Wien, 1. Febr. 1815.

Wohlgeborenster Generalleutnant! Ich habe Ihre Zuschrift an meinen Bruder erhalten und bin damit zufrieden, doch muß ich Sie bitten die Unkosten der Klavierauszüge noch außerdem zu bestreiten, da ich erstlich alles in der Welt bezahlen muß und alles teurer als andere, so würde mir das schwer fallen; ohnehin glaube ich nicht, daß Sie sich über das Honorar von 250 # beschweren können. Aber ich möchte mich auch nicht gern beschweren, daher besorgen Sie die Auszüge selbst, doch sollen alle von mir übersehen, und wo es nötig, verbessert werden; ich hoffe, daß Sie damit zufrieden sind.

Nebstdem könnten Sie wohl meinem Bruder die Sammlungen von Clementis, Mozarts, Haydns Klavierwerke zugeben, er braucht sie für seinen kleinen Sohn; tun Sie das, mein allerliebster Steiner und sein Sie nicht von Stein, so steinern auch Ihr Name ist. Leben Sie wohl, vortrefflicher Generalleutnant; ich bin allezeit

Ihr ergebenster Obergeneral Ludwig van Beethoven.

Ich habe Ihnen, mein werter Freund, nicht gleich auf Ihr geehrtes Schreiben antworten können und wieder zugleich danken können für Ihr Geschenk. Sie wollen mich immer beschämen und zu Ihrem Schuldner machen, wie ich sehe. Ich hoffe, daß sich Ihre Gesundheit gebessert habe, weswegen Sie mir große Besorgnisse in Baden erregten und mir war es, durch meine eigene Lage gehindert, nicht möglich, Ihnen soviel Anteil äußerlich zu bezeugen, als innerlich mein Gemüt an so einem vortrefflichen Mann wie Sie gewonnen und nimmt.

Wegen eines Piano für Ihr Fräulein Tochter erhalten Sie nächstens Nachricht; da ich Ihnen gern ein recht gutes verschaffen möchte, so kann es nicht die Sache eines Augenblicks sein; doch bald erhalten Sie völligen Aufschluß und vielleicht auch Befriedigung hierüber.

Einer meiner Brüder ist kränklich und, wie solche Menschen gewöhnlich Liebhabereien haben, da er hört, daß ich mit Ihnen bekannt bin, bittet er mich, Ihnen die Einlage zu schicken; vielleicht können unsere guten Ursulinerinnen hierin helfen.

Verzeihen Sie, daß ich Sie mit so was belästige; sollten Sie ohne Anstrengung die beschriebenen Tiere um sich haben, so bitte ich Sie, mir doch ja sogleich Auskunft zu geben; alle Kosten werde ich über mich nehmen, um ihm eine Freude zu machen; wie gesagt, er ist kränklich und hängt an dergleichen.

In Eile Ihr Sie wahrhaft verehrender Freund

Ludwig van Beethoven.

483] **An George Thomson.** Wien, 7. Febr. 1815.

Sir! Many concerns have prevented my answers to your favors, to which I reply only in part. All your songs with the exception of a few are ready to be forwarded, I mean those to which I was to write the accompagnements, for with respect to the 6 Canzonettes, which I am to compose. I own that the honorary, you offered is totally inadequate. Circumstances here are much altered and taxes have been so much raised after the English fashion that my share for 1814 was near 60 £. Besides an original good air, — and what you also wish — an Overture, are perhaps the most difficult undertakings in musical compositions. I therefore beg to state that my honorary for 6 songs or airs must be 35 £ or seventy imp. Ducats and for an Overture 20 £ or 50 imp. Ducats. You will please to assign the payment here as usual, and you may depend that I shall do you justice. No artist of talent and merit will find my pretentions extravagant. Concerning the overture you will please to indicate in your reply whether you wish to have it composed for an easy or more difficult execution. I expect your immediate answer having several orders to attend, and I shall in a little time write more copiously in reply to your favors already received. I beg you to thank the author for the very ingenious and flattering verses, which I obtained by your means. Allow me to subscribe myself Sir, your very obed^t and humble serv^t

Ludwig van Beethoven.

484] **An Dr. Johann Kanka.** **Wien, 24. Febr. 1815.**

Mein innigſt verehrter K.! Ich habe Ihnen mehrmalen durch Baron Pasqualati danken laſſen für Ihre freund= ſchaftlichen Bemühungen für mich, und ſchreibe Ihnen jetzt ſelbſt tauſend Dank nieder. — Die Dazwiſchenkunft des Erzherzogs muß Ihnen nicht ſehr geſucht vorkommen oder gar nachteilig auf mich bei Ihnen zurückwirken. — Sie hat= ten ſchon alles getan, als die Verwendung des Erzherzogs kam. Wäre dieſe früher geſchehen und wir hätten den ein= ſeitigen oder vielſeitigen oder ſchwachſeitigen Dr. W. nicht gehabt, ſo hätte die Sache laut den eigenen Verſicherungen des Oberſtburggrafen an den Erzherzog und mich einen noch günſtigeren Erfolg haben können. — Deswegen bleibt Ihr Verdienſt um mich bei mir immer und ewig. — 60 ✠ ziehen mir die Landrechte ab, die ich ſelbſt nur angegeben habe, und wovon weder der verſtorbene Fürſt K. das mindeſte an der Kaſſa angegeben, noch ſonſt irgendwo. Wo die Wahrheit mir ſchaden konnte, hat man ſie angenommen, warum denn nicht auch da, wo ſie mir nützen konnte, wie ungerecht! Baron Pasqualati wird sich noch wegen mehreren anderen Sachen bei Ihnen erkundigen. —

Heute bin ich schon wieder zu müde, denn dem armen P. habe ich wieder eine Menge auftragen müssen; dgl. strengen mich mehr an, als die größte Komposition. Es ist ein fremdes Feld, worin ich gar nicht ackern sollte. — Viel Tränen, ja Wehmut kosten mich diese Geschichten. — Nun wird es wohl bald Zeit sein, der Fürstin Kinsky zu schreiben, — und nun muß ich aufhören. Froh bin ich, wenn ich Ihnen nur aus reinem Herzenserguß einmal schreiben kann, und es wird gewiß öfter geschehen, sobald ich nur einmal aus diesen Mühseligkeiten heraus bin. Nehmen Sie noch einmal meinen heißesten Dank für alles, was Sie für mich getan — und lieben Sie

Ihren Verehrer und Freund Beethoven.

485] An Gräfin Marie Erdödy.   29. Febr. 1815.

Ich habe, meine werte Gräfin, Ihr Schreiben mit vielem Vergnügen gelesen, ebenso wie die Erneuerung Ihrer Freundschaft für mich. Es war lange mein Wunsch, Sie einmal wiederzusehn und ebenso Ihre lieben Kinder, denn obschon ich vieles erlitten, habe ich doch nicht die früheren Gefühle für Kindheit, für schöne Natur und Freundschaft verloren. — Das Trio und alles, was sonst nicht heraus ist, steht Ihnen von Herzen, liebe Gräfin, zu Diensten — sobald es geschrieben, sollen Sie's erhalten. Nicht ohne Mitgefühl und Teilnehmung habe ich mich öfter erkundigt nach Ihren Gesundheitsumständen, nun werde ich mich aber einmal persönlich bei Ihnen einstellen und mich freuen an allem, was Sie betrifft, teilnehmen zu können. — Mein Bruder hat Ihnen geschrieben, Sie müssen schon Nachsicht mit ihm haben, er ist wirklich ein unglücklicher, leidender Mensch. — Die Hoffnung des kommenden Frühlings wird, wie ich wünsche, auch auf Ihre Gesundheit den besten Einfluß haben und Sie vielleicht in die beste Wirklichkeit versetzen. — Leben Sie recht wohl, liebe, werte Gräfin, ich empfehle mich Ihren lieben Kindern, die ich im Geiste umarme. — Ich hoffe Sie bald zu sehn. —

Ihr wahrer Freund Ludwig van Beethoven.

486] **Vollmacht für Baron Pasqualati.**   1815.

Daß Herr Baron Josef von Pasqualati in Prag die
liquide Forderung aus der fürstl. Kinskyschen Masse für
mich erheben, und das dazu Nötige besorgen lassen möge,
wird hiermit aufs freundschaftlichste gebeten.   (L. S.)

Ludwig van Beethoven m. p.

487] **Kanon für Louis Spohr.**   Wien, 3. März 1815.

Kurz ist der Schmerz, ewig ist die Freude.

Möchten Sie doch, lieber Spohr, überall, wo Sie wahre
Kunst und wahre Künstler finden, gerne meiner gedenken.

Ihres Freundes Ludwig van Beethoven.

488] **An Breitkopf & Härtel.**   10. März 1815.

Mein wertester Herr! Sie würden mich verkennen, wenn
Sie mich irgend der Vergessenheit Ihrer beschuldigten. Was
hat sich alles, seit der Zeit ich Ihnen von Teplitz das letzte=
mal geschrieben, zugetragen? Viel mehr Böses als Gutes!
Doch von so etwas einmal eher mündlich. Wenn ich mit
der Herausgabe meiner vielen neuern Werk zögere, so ist es
wohl der Ungewißheit aller Dinge, die im menschlichen
Verkehr stattfinden, zuzuschreiben. Denn was war gewiß
in dieser Rücksicht und was ist noch gewiß? Umstände wie
Geldaufnahme zwangen mich, mit einem Verleger von hier
einige Verbindungen einzugehen; wie? werden Sie schon
bald erfahren. Dann, glaube ich, daß ich wieder mit Ihnen
werde leichter mich vereinigen können. Viel Dank für Ihre
Musikzeitung; ich werde Ihnen nächstens einmal etwas für
Sie einschicken.

Was die Dämonen der Finsternis angehet, so seh' ich,
daß diese auch bei dem hellsten Licht unserer Zeit sich nie
ganz werden zurückscheuchen lassen. Jemand meiner Be=
kannten wünscht Chladnis Aufenthalt zu wissen, geben Sie
mir doch gütigst Nachricht hierüber im Vorbeigehen. Bei
Ihren letzten Heften der Musikzeitung waren, glaube ich,
auch Musikalien aufgeschrieben, welche ich erhalten sollte,
doch erhielt ich nichts. Vielleicht ist es Irrtum — oder Träg=
heit des Herrn Traeg!!!

Nun leben Sie recht wohl. Ihr jetziges politisches Da=
sein will mir auch nicht recht gefallen, allein — allein —
allein —! Die noch nicht erwachsenen Kinder brauchen nun
einmal Puppen. So ist nichts mehr zu sagen.

In Eil' Ihr wahrhaft ergebenster Beethoven.

489] An Sir **Georg Smart**.   Wien, 16. März 1815.

Gestatten Sie mir, Ihnen für die Mühe zu danken, wel=
cher Sie, wie ich höre, mehrere Male sich unterzogen haben,
um meine Werke unter Ihren Schutz zu nehmen. Ich hoffe,
Sie werden es nicht indiskret finden, wenn ich Sie ersuche,
den Brief von Herrn Häring sobald als möglich zu beant=
worten. Ich würde mich sehr geschmeichelt fühlen, wenn
Sie mir Ihre Wünsche kundgeben wollten, damit ich die=
selben erfüllen könne. Sie werden mich dazu jederzeit bereit
finden, damit ich Ihnen so meine Erkenntlichkeit für die
Gunst, welche Sie meinen Kindern haben zukommen lassen,
beweisen könne.

Ihr dankbarer Ludwig van Beethoven.

490] An S. A. **Steiner**.   (21. März 1815.)

Allerverehrtester Generallieutnant!

Wenn Sie das Manuskript der Sonate fürs Klavier nicht
mehr benötigt sind, bitte ich Sie mir selbes zu borgen, da
der Erzherzog Rudolph solches früher von mir hatte, und
nun wieder wünscht zu haben, indem wie es scheint, mein
Generallieutnant noch nicht Lust hat, damit ins Feld zu
rücken. Übrigens steht Ihnen dasselbe M—pt jedesmal
wieder zu Gebot — mein vortrefflichster G. L.

Ihr ergebenster Ludwig van Beethoven.

491] An Josef **Barena**.   Wien, 21. März 1815.

Mein werter B.! Nicht wohl, sehr beschäftigt, war es
mir nicht möglich, mich selbst zu erkundigen, bis gestern.
Nun meine Resultate. Von Schanz können Sie ein so gutes
Piano, als er sie nur immer zu liefern imstande ist, für den
Preis von 400 fl. W. W. samt Emballage mit sechs Okta=
ven haben. — Seiffert verlangt 460, würde es wohl auch

304

um 400 geben. — Es gibt aber noch brave Meister, wie ich höre, wo man ein gutes dauerhaftes auch noch ziemlich unter dem Preis von 400 fl. bekommen könnte. — Das ist aber nicht alles gleich geschwind ausgesucht, gefunden — gut, wie Sie es von Rechts wegen haben müssen. Daher müßte ich mehr Zeit haben. Antworten Sie mir nun bald, ob Sie derlei Preise genehmigen, alsdann haben Sie in einigen Wochen ein gutes dauerhaftes Piano. Was die Ausbezahlung anbelangt, so verlangen die Instrumentenmacher schon hier in loco beim Abgang der Instrumente ihre Bezahlung, indem man ihnen, wie sie sagen, öfter hierdurch Ungelegenheit verursacht hat. — Dies ist alles, mein werter V., was ich Ihnen bis jetzt sagen kann. Sobald Sie mir Ihre Gesinnungen über diesen Gegenstand eröffnet haben, werde ich Anstalten treffen, Ihnen aufs beste zu dienen. — Ich empfehle mich Ihrem Fräulein Tochter und übrigen Familie. Ihr wahrhaft ergebenster Freund und Diener   Beethoven.

492] An Ignaz Castelli.   (1815.)

Meine Wohnung ist im Pasqualatischen Hause auf der Schottenbastei — im vierten Stock. — Lassen Sie mich gefällig wissen, mein lieber C., wann Sie mir könnten von den versprochenen zwei Büchern eins oder das andere zeigen.

Ich gehe aber übermorgen schon nach Baden; wenn Sie mir nun bestimmen wollten, ob ich zu Ihnen oder Sie zu mir kommen wollten nämlich morgen: die Zeit überlasse ich Ihnen selbst zu bestimmen. Könnten Sie um 12 Uhr vormittag, so wäre es mir am liebsten, jedoch hängt es gänzlich von Ihnen ab. — Ich bitte Sie um eine gefällige Antwort und bin   ergebenster Diener Ludwig van Beethoven.

493] An Dr. Johann Kanka.   Wien, 8. April 1815.

Es ist sicher nicht erlaubt — so freundschaftlich zu sein, wie ich glaubte mit Ihnen, und so feindschaftlich nebeneinander zu wohnen, ohne sich zu sehn!!!!!! Tout à vous schrieben Sie. Ei du Windbeutel, sagte ich. — Nein, nein,

es ist zu arg, — ich möchte Ihnen immer gern neuntausend=
mal danken für Ihre Bemühungen um mich, und zwanzig=
tausendmal ausschimpfen, daß Sie so fort sind, so gekom=
men. Also alles ist Wahn, Freundschaft, Königreich, Kai=
sertum, alles nur Nebel, den jeder Windhauch vertreibt und
anders gestaltet!! — Vielleicht gehe ich nach Teplitz, doch ist
es nicht sicher; bei der Gelegenheit könnte ich den Pragern
etwas hören lassen, — was meinen Sie, wenn Sie anders
noch eine Meinung für mich haben? — Da nun die Ge=
schichte mit Lobkowitz auch geendigt ist, so ist das Finis
da, obschon sich dabei ein kleines fi, pfui findet. — Baron
Pasqualati wird Sie wohl bald wieder besuchen; auch er
hat viele Mühe um mich gehabt. — Ja, ja, das Rechte sagt
sich leicht, ist aber von anderen schwer zu erhalten. — Wo=
mit soll ich Ihnen in meiner Kunst dienen? Sprechen Sie,
wollen Sie das Selbstgespräch eines geflüchteten Königs
oder den Meineid eines Usurpators besungen haben — oder
das Nebeneinanderwohnen zweier Freunde, welche sich nie
sehen? — In Hoffnung, bald etwas von Ihnen zu hören,
da Sie jetzt soweit von mir entfernt, und es soviel leichter
als näher sich zu finden, bin ich Ihr ewig ergebener, Sie
achtender Freund   Ludwig van Beethoven.

494] An Karl Amenda.   Wien, 12. April 1815.

  Mein lieber, guter Amenda! Der Überbringer dieses,
Graf Keyserling, Dein Freund, besuchte mich, und erweckte
das Andenken von Dir in mir, Du lebtest glücklich, Du
habest Kinder, beides trifft wohl bei mir nicht ein, zu weit=
läufig wäre es, darüber zu reden, ein andermal, wenn Du
mir wieder schreibst, hierüber mehr. — Mit Deiner patriar=
chalischen Einfalt fällst Du mir tausendmal ein, und wie
habe ich d. g. Menschen, wie Du, um mich gewünscht. —
Allein zu meinem Besten oder zu anderer, will mir das
Schicksal hierin meine Wünsche versagen; ich kann sagen,
ich lebe beinahe allein in dieser größten Stadt Deutschlands,
da ich von allen Menschen, welche ich liebe, lieben könnte,
beinahe entfernt leben muß. — Auf was für einem Fuß ist
die Tonkunst bei Euch? Hast Du schon von meinen großen
Werken dort gehört? Groß sage ich — gegen die Werke des

Allerhöchsten ist alles klein. — Lebe wohl, mein lieber guter A., denke zuweilen Deines Freundes

Ludwig van Beethoven.

Wenn Du mir wieder schreibst, brauchst Du gar keine weitere Überschrift als meines Namens.

495] An S. A. Steiner & Komp.   Wien, 29. April 1815.

Nota über folgende Original-Musikwerke, welche vom Unterzeichneten komponiert und dem priv. Kunsthändler S. A. Steiner als Eigentum abgetreten worden sind. 1. Partitur der Oper Fidelio. 2. detto der Kantate der glorreiche Augenblick. 3. detto eines Quartetts für zwei Violinen, Viola und Basso. 4. detto eines großen Terzetts zum Singen mit Klavierauszug. 5. detto der Schlacht bei Vittoria nebst Klavierauszug. 6. Klavierauszug und Partitur einer Symphonie in F=Dur. 7. detto detto einer detto in A=Dur. 8. Gran Trio für Klavier, Violin und Basso in Partitur. 9. Gran Sonat für Klavier und Violin in Partitur. 10. Partitur einer Gran Ouvertüre in Es=Dur. 11. detto einer detto in C=Dur. 12. detto einer detto in G=Dur. 13. Zwölf englische Lieder mit Klavierbegleitung und deutschem Text. — Für alle diese Werke, welche H. Steiner aller Orten, nur das einzige England ausgenommen, als sein Eigentum benutzen kann, bin ich von selbem vollständig befriedigt worden.

496] An Dr. Johann Kanka, Prag.   1. Mai 1815.

B. ersucht, doch dafür Sorge zu tragen, daß ihm die rückständige Pension von Kinsky doch endlich und regelmäßiger ausgezahlt werde. D a m i t   i c h   d i e s e n   B e t t e l   w e - n i g s t e n s   d o c h   e r h a l t e .   V o n   a l l e n   w i e d e r   i m V e r l u s t   d u r c h   d i e   Z e i t u m s t ä n d e ,   i s t   m e i n   G e - h a l t   k a u m   m e h r   f ü r   3   M o n a t e ,   v i e l   w e n i g e r f ü r   12   h i n r e i c h e n d .   S o   s i e h t   e s   d e n n   a u s   i n d i e s e m   m o n a r c h i s c h e n   a n a r c h i s c h e n   O e s t - r e i c h ! ! ! ! ! — — M e i n e L a g e i s t i n d e s s e n ä r m e r g e w o r d e n ;   i c h   h a b e   d a s   K i n d   m e i n e s   B r u - d e r s   g ä n z l i c h   z u   v e r s o r g e n .

D e r   J h r i g e   L u d w i g   v a n   B e e t h o v e n .

20*

Am 1. Mai!!!! da Beethoven um 600 fl.
Schein und wieder Schein und gar nichts als
um Schein schreiben mußte!

497] **An Dr. Johann Kanka.** (2. Mai 1815.)

Mein wertester verehrtester Freund! Meinem gestrigen
Schreiben folgt schon heute am 2. Mai das zweite. Pas=
qualati sagte heute nach einem Monat und sechs Tagen, daß
das Haus Ballabene zu groß für d. g. sei, daher muß ich
schon Ihre Kleinheit (sowie ich mir auch nichts daraus
mache, so klein zu sein, andern zu dienen) in Anspruch neh=
men.

Mein Hauszins macht 550 fl. und wird eben hiervon be=
zahlt. — Sobald die neuen gestochenen Klaviersachen her=
auskommen, erhalten Sie Exemplare, sowie auch von der
Schlacht usw. Verzeihung, Verzeihung mein edler Freund,
es wird auf ein anderes Mittel gedacht werden, diese Sache
aufs ordentlichste zu betreiben. In Eile Ihr Freund und
Verehrer   L. v. Beethoven.

498] **An S. A. Steiner.** (20. Mai 1815.)

Bester, ganz erstaunlichster General Lieutnant! Ich
brauchte noch einige Partituren, wie z. B. die von der Sin=
fonie in A, die von Quartett für Violin in F=Moll und das
Singterzett. Alles dies können Sie Montag samt den 2
andern Partituren zurückerhalten. Es sind einige Freunde
hier, denen ich es nicht abschlagen kann, einiges von meinen
neuern Werken zu zeigen. Übrigens hoffe ich nicht, daß Sie
hierbei etwas suchen, wo nichts zu suchen ist. Gegen 3 Uhr
diesen Nachmittags schicke ich um obgesagtes Gesagte!!!
Leben Sie wohl unverwelklichster, unsterblichster G. L.
                    Ihr Generalissimus Beethoven.

499] **An S. A. Steiner.** (29. Mai 1815.)

Ich ersehe, daß unser erster diabolus Diabelli des Reichs
1815 mehrere Fehler gefunden habe, allein es sind die mei=
nigen nicht. Ich brauche dazu das Manuskript. Hat der
G. L. Mißtrauen, so habe ich der G—s kein Zutrauen mehr.
Hol Sie der Teufel Herr G. L., behüt Sie Gott
                              Der G—s.

Ihro Kaiserliche Hoheit! Ich bitte die Gnade zu haben, mir die Sonate aus E=Moll zukommen zu laſſen, da ich ſie der Korrektur halber bedarf. — Montags werde ich mich bei J. K. H. wieder ſelbſt anfragen. Die neuen Ereigniſſe ma= chen, daß viele Werke, welche von mir im Stich erſcheinen, aufs geſchwindeſte befördert werden müſſen, und dabei ge= nieße ich noch immer einer nur halben Geſundheit. — Ich bitte J. K. H. recht ſehr, die Gnade zu haben, und mir nur ein paar Worte über Ihren Geſundheitszuſtand ſagen zu laſſen; ich hoffe immer das Beſſere, ja bald das Beſte dar= über zu vernehmen. Ihro Kaiſerlichen Hoheit gehorſamſter treuſter Diener   Ludwig van Beethoven.

501] **An Joh. Peter Salomon.**   Wien, 1. Juni 1815.

Mein geehrter Landsmann! Immer hoffte ich den Wunſch erfüllt zu ſehen, Sie einmal ſelbſt in London zu ſprechen, zu hören, allein immer ſtanden mir, dieſen Wunſch auszuführen, mancherlei Hinderniſſe entgegen, — und eben deswegen, da ich nun nicht in dem Falle bin, hoffe ich, daß Sie mir meine Bitte nicht abſchlagen werden, die darin be= ſteht, daß Sie die Gefälligkeit hätten, mit einem dortigen Verleger zu ſprechen und ihm folgende Werke von mir an= zutragen: Großes Terzett für Klavier, Violin und Violon= cell (80 #). Sonate für Klavier mit einer Violine (60 #); große Symphonie in A (eine meiner vorzüglichſten); klei= nere Symphonie in F; Quartett für zwei Violinen, Viola und Violoncell in F=Moll; große Oper in Partitur 30 #; Kantate mit Chören und Soloſtimmen 30 #; Partitur der Schlacht von Vittoria auf Wellingtons Sieg 80 #, wie auch den Klavierauszug (wenn er, wie man mich hier ver= ſichert, nicht ſchon heraus iſt). Ich habe nur beiläufig bei einigen Werken das Honorar beigefügt, welches, wie ich glaube, für England recht ſein wird, überlaſſe aber bei die= ſen wie bei den anderen Ihnen ſelbſt, was Sie am beſten finden, daß man dafür gibt. Ich höre zwar, Cramer iſt auch Verleger; allein mein Schüler Ries ſchrieb mir vor kurzem, daß ſelbiger öffentlich ſich gegen meine Kompoſitionen er= klärt habe, ich hoffe aus keinem anderen Grunde, als der

Kunst zu nützen, und so habe ich gar nichts dagegen einzu=
wenden. Will jedoch Cramer etwas von diesen schädlichen
Werken besitzen, so ist er mir so lieb als jeder andere Ver=
leger. Ich halte mir bloß bevor, daß ich selbige Werke auch
meinem hiesigen Verleger geben darf, so daß diese Werke
eigentlich nur in London und Wien herauskommen wür=
den und zwar zu gleicher Zeit.

Vielleicht ist es Ihnen auch möglich, mir anzuzeigen, auf
welche Art ich vom Prinzen=Regenten die Kopiaturkosten
für die ihm übermachte Schlachtsymphonie auf Welling=
tons Sieg in der Schlacht von Vittoria erhalten kann; denn
längst habe ich den Gedanken aufgegeben, auf sonst irgend
etwas zu rechnen. Nicht einmal einer Antwort bin ich ge=
würdigt worden, ob ich dem Prinzregenten dieses Werk
widmen darf, indem ich's herausgebe. Ich höre sogar, das
Werk soll schon in London im Klavierauszug heraus sein,
— welch' Geschick für einen Autor!!! Während die eng=
lischen und deutschen Zeitungen voll sind von dem Erfolge
dieses Werkes, im Drurylanetheater aufgeführt, das Thea=
ter selbst ein paar gute Einnahmen damit gemacht hat, hat
der Autor nicht einmal eine freundschaftliche Zeile darüber
aufzuweisen, nicht einmal den Ersatz der Kopiaturkosten,
ja noch den Verlust alles Gewinstes. Denn wenn es wahr
ist, daß der Klavierauszug gestochen, so nimmt ihn kein
deutscher Verleger mehr, ja es ist wahrscheinlich, daß der
Klavierauszug wohl bald irgendwo von einem deutschen
Verleger dem Londoner nachgestochen erscheint, und ich ver=
liere Ehre und Honorar. — Ihr bekannter edler Charakter
läßt mich hoffen, daß Sie einigen Anteil daran nehmen und
sich tätig für mich bemühen. Das schlechte Papiergeld unse=
res Staates ward schon einmal auf den fünften Teil seines
Wertes herabgesetzt, ich wurde da nach der Skala behandelt.
Nach vielem Ringen erhielt ich jedoch mit namhaftem Ver=
lust die volle Währung, allein wir sind in dem Augenblick,
wo die Papiere schon jetzt wieder weit über den fünften
Teil geringer sind, und mir steht bevor, daß mein Gehalt
zum zweitenmal zunichte werde, ohne irgendeinen Ersatz
hoffen zu können. Mein einziger Verdienst sind meine Kom=
positionen. Könnte ich hierin auf die Abnahme Englands

310

rechnen, so würde das sehr vorteilhaft für mich sein. Rech=
nen Sie auf meine unbegrenzteste Dankbarkeit. Ich hoffe
auf eine baldige, sehr baldige Antwort von Ihnen.

Ihr Verehrer und Freund Ludwig van Beethoven.

502] **An Tobias Haslinger.**   (Juni 1815.)

Sehr Bester! Seid von der Güte, schickt mir also das
Rochlitzsche Geschriebene über das Beethovensche Geschrie=
bene, wir senden Euch selbiges alsogleich zurück mit der flie=
genden fahrenden reitenden oder gehenden Post.

Der Eurigste B—n.

503] **An S. A. Steiner & Komp.**   (Juni 1815.)

Wenn nicht morgen abends zwischen 6—7 Uhr das
Exemplar, welches ich dem Adjutanten des G. l. Tobias
Haslinger k o r r i g i e r t übergeben von der Sonate samt
einem anderen, worin keine Fehler mehr sind (so daß man
sieht, daß die Fehler in den Kupferplatten verbessert sind),
sozusagen das korrigierte (von mir) und das fehlerfreie in
meinen Händen sind, so beschließen wir, was folgt: der
G. l. wird einstweil suspendiert. Sein Adjutant T. H.
kreuzweis geschlossen. Unser Generalprofoß Diabolus Dia=
belli wird mit Vollziehung dessen beauftragt werden. —
Nur die pünktlichste Befolgung unseres oben angegebenen
Befehls kann vor der schon verdienten und anerkannten
„Strafe" retten.   Der G—s (im Donner und Blitz).

504] An [Viscount Castelreagh?]   Juni 1815.

Euer Durchlaucht! Als mein Werk: Wellingtons Sieg
in der Schlacht bei Vittoria, mit dem glücklichsten Erfolge
hier in Wien aufgeführt worden war, glaubten mehrere
meiner verehrten Gönner und namentlich der verstorbene
Fürst von Lichnowsky, wie auch dessen noch lebende Frau
Gemahlin, daß es besonders in England eine gute Auf=
nahme finden müßte, weil es nicht nur einen ihrer größten
Feldherrn den Herzog von Wellington feiere, sondern auch
ein Ereignis verherrliche, das in der Geschichte Englands so
glänzend aufgezeichnet und für die Befreiung von Europa
so ruhmvoll ist. Sie rieten mir demzufolge, es Sr. K. Ho=

heit dem Prinzen-Regenten zu übersenden und die Frau
Fürstin war der Meinung, daß dies durch Euer Durchlaucht
gnädige Verwendung am besten bewirkt werden könnte.
Euer Durchlaucht hatten daher auch die Gnade, es selbst an
S. K. Hoheit gelangen zu lassen. Es wurde dem Prinzen-
Regenten mit einer schriftlichen Zueignung und mit der Anfrage überreicht: ob S. K. Hoheit zu erlauben geruhen möchten, daß diese Zueignung bei der Herausgabe des Werkes
öffentlich im Druck erscheinen dürfe? — Ich nehme mir nunmehr die Freiheit, Euer Durchlaucht von dem Erfolge dieses
Schrittes in Kenntnis zu setzen. — Nachdem ich lange vergeblich einer Nachricht in betreff dieser Angelegenheit aus
London entgegengesehen hatte und schon manches mir nachteilige Gerücht darüber, wahrscheinlich von meinen Feinden,
mündlich und schriftlich hier in Umlauf gebracht worden
war, erfuhr ich endlich sowohl durch Briefe, die in Wien
anwesende Engländer aus ihrem Vaterland erhalten hatten, als auch durch die öffentlichen Blätter und dann schriftlich durch meinen in England sich aufhaltenden Schüler
Ries, daß Se. K. Hoheit der Prinzregent mein Werk den
Musikdirektoren des Drurylanetheaters in London hatte
übergeben lassen, um es daselbst zur Aufführung zu bringen. Diese hatte unter der Leitung der Brüder Smart am
10. Februar statt und wurde am 13. desselben Monats wiederholt. In beiden Aufführungen mußten jedesmal alle
Stücke wiederholt werden, und wurden beide Male mit dem
rauschendsten Enthusiasmus aufgenommen. Inzwischen
wurde ich von mehreren Orten her vielfältig und unter den
vorteilhaftesten Bedingungen angegangen, die Schlacht von
Vittoria doch endlich herauszugeben; allein ich glaubte noch
immer, die Antwort Sr. K. Hoheit mit der Erlaubnis zur
Dedikation abwarten zu müssen: ich wartete vergeblich!
Nunmehr war auch der Ruf von den in London stattgehabten Aufführungen und von der außerordentlich guten Aufnahme dieses Werkes durch deutsche Zeitungen bei uns verbreitet worden, und ein im Morgenblatte abgedrucktes
Schreiben aus London vom 14. Februar bemerkt sogar: die
Altengländer täten sich sehr viel auf den Umstand zugute,
daß die Schlacht von Vittoria in Wien gedichtet, aufgeführt

312

und dem Prinzregenten zugeeignet ward, als Österreich
noch mit Frankreich im Bündnisse stand! Alle Blätter waren
voll von dem Lob und von dem außerordentlichen Beifalle,
den dieses Werk in England erhalten hatte: nur an mich,
den Autor desselben, dachte niemand, und nicht das min=
deste Zeichen von Dank oder einer Erkenntlichkeit, ja nicht
einmal eine Silbe Antwort kam mir von dorther zu! Nach
diesen Vorgängen, und als ich schon nicht mehr auf eine
Antwort hoffen zu dürfen glaubte, hielt ich dafür, daß ich
es meinen Landsleuten schuldig sei, ihnen mein Werk nicht
länger vorzuenthalten. Ich gab den dringenden Aufforde=
rungen zur Herausgabe nach und überließ es in dieser Ab=
sicht einem Verleger. Aber wie sehr war ich betroffen, als
ich neuerdings durch den Brief eines Engländers an einen
seiner hier anwesenden Landsleute die wiederholte Bestäti=
gung der außerordentlich guten Aufnahme meines Werkes
in London mit dem Beisatze erfuhr: daß ein Klavierauszug
davon in London erschienen sei! ... Dafür also, daß ich
den Engländern die Ehre antat, ihnen meine Schlacht von
Vittoria zu übersenden und sie ihrem Prinzregenten zuzu=
eignen, daß ich dem Londoner Publikum den Genuß eines
ihm in so vieler Hinsicht interessanten Kunstwerkes ver=
schaffte, daß das dortige größte Theater dadurch zweimal
übervoll der Direktion ungeheure Einnahmen brachte, er=
halte ich nicht nur keine Silbe Dank, sondern ich bin sogar
genötigt, dem deutschen Verleger, da ein Klavierauszug
meines Werkes in London herausgekommen ist, das Hono=
rar dafür zurückzugeben, die beträchtlichen Kopiaturkosten
für das nach London gesendete Exemplar ohne Ersatz zu
tragen, und habe überdies noch bei der Herausgabe die
Schande, die durch die Londoner Blätter allgemein bekannt
gewordene Zueignung an den Prinzregenten, wozu ich keine
Erlaubnis erhalten habe, unterdrücken zu müssen. Ja, ich
bin jetzt schon in die peinliche Lage versetzt, daß ich auf jede
Frage über meine nach London gesendete Schlacht bei Vit=
toria, die Zeitungsnachrichten und jene, die mir aus frem=
den Briefen mitgeteilt worden, ausgenommen, bloß mit
Achselzucken antworten kann. Hätte ich mein Werk einem
der verbündeten Monarchen auf dem Kongreß gewidmet,

gewiß! ich wäre schnell und ehrenvoll belohnt worden. Indem ich E. Durchlaucht meinen gehorsamsten Dank für die gnädige Verwendung in dieser Angelegenheit hier abstatte, und beklage, daß Euer D. großmütige Bemühung und huldvolle Gesinnung für mich durch die Rücksichtslosigkeit derer, die sich dadurch geehrt fühlen sollten, getäuscht werden mußte, wage ich es dennoch, E. Durchlaucht Gnade zum zweitenmal bei dieser Sache dahin in Anspruch zu nehmen, damit verhindert werde, daß mir nicht durch die Sorglosigkeit, womit dieser Gegenstand in London behandelt wird, Schaden an Ehre, Eigentum und Vermögen zugefügt werden möge. Der ich die Gnade habe, in tiefster Verehrung zu verharren Euer Durchlaucht untertänigster Diener

Louis van Beethoven.

505] An Johanna van Beethoven. (1815.)
(Fragment auf einem Skizzenblatt.)

Indem Sie in großen Irrtümern lebten über sich selbst, halte ich es für nötig, hier meinen Standpunkt einzunehmen, da es schon öfters geschehen ist, daß Sie, nachdem Sie Ihre Tücke an mir ausgelassen, sie dann mit einiger Freundlichkeit wieder gutzumachen suchen. — Losgesprochen wurden Sie nicht von Ihrer Strafe — eine Ordnung geziemt zur Wichtigkeit in Ansehung Ihrer Manen — und meiner... Wahrscheinlich glauben Sie, daß ich alles dies nicht bemerkte, allein um Sie nur aus diesem Irrtum zu ziehen, so will ich Ihnen nur bemerken, daß, wenn Ihnen vielleicht daran gelegen ist, einen besseren Eindruck auf mich zu machen, dieses gerade die entgegengesetzte Methode ist. Eben dadurch ich ungern wieder bedauern muß, daß mein Bruder Sie Ihrer verdienten Strafe entrissen hat, daß ich allein nicht so Ihre Handlungen...

506] Auf Skizzenblättern. (1815.)

Alles, was Leben heißt, sei der Erhabenen geopfert und ein Heiligtum der Kunst! Laß mich leben, sei es auch mit Hilfsmitteln; wenn sie sich nur finden.

*

Die Ohrenmaschinen womöglich zur Reise bringen, als=
dann reisen. Dieses bist du dir, den Menschen und ihm, dem
Allmächtigen, schuldig. Nur so kannst du noch einmal alles
entwickeln, was in dir verschlossen bleiben muß. — Ein
kleiner Hof — — eine kleine Kapelle — — von mir in ihr
der Gesang geschrieben, angeführt zur Ehre des Allmäch=
tigen, des Ewigen, Unendlichen. So mögen die letzten Tage
verfließen — — — und der künftigen Menschheit. Händel,
Bach, Gluck, Mozart, Haydns Porträte in meinem Zimmer
— — sie können mir auf Duldung Anspruch machen helfen.

507] **Auf Skizzenblättern.** (1815.)

Mein Dekret: nur im Lande bleiben. Wie leicht ist in je=
dem Flecken dieses erfüllt! Mein unglückseliges Gehör
plagt mich hier nicht. Ist es doch, als ob jeder Baum zu
mir spräche auf dem Lande: heilig, heilig! Im Walde Ent=
zücken! Wer kann alles ausdrücken? Schlägt alles fehl, so
bleibt das Land selbst im Winter wie Gaden, untere Brühl
usw. Leicht bei einem Bauern eine Wohnung gemietet, um
die Zeit gewiß wohlfeil. Süße Stille des Waldes! Der
Wind, der beim zweiten schönen Tag schon eintritt, kann
mich nicht in Wien halten, da er mein Feind ist.

*

Allmächtiger im Walde! Ich bin selig, glücklich im
Walde: jeder Baum spricht durch dich. O Gott! welche Herr=
lichkeit! In einer solchen Waldgegend, in den Höhen ist
Ruhe, Ruhe, ihm zu dienen.

*

Ein Bauerngut, dann entfliehst du deinem Elend!

508] **An Brauchle.** (1815.)

Mein lieber B., es wird mir sehr schwer werden, so gern
ich auch wollte, schon heute zu Ihnen zu kommen, es war
mein Wille und Wunsch, schon mit Sack und Pack heute bei
Ihnen zu landen; — für diesen Augenblick sehe ich noch
nicht die Möglichkeit für heute ein, elende zeitverderbende
Geschäfte, die ich noch diesen Vormittag habe, können erst

beſtimmen, was dieſen Nachmittag geſchehen kann. — Sollte es heute noch nicht ſein, dann in einigen Tagen gewiß. — Es hat mich Mühe gekoſtet, mir mehrere Bedenklichkeiten in Rückſicht dieſer Sache ſelbſt zu entnehmen, und ich glaube auch, daß es wirklich zum feſten Entſchluß bei mir geworden, zu der Gräfin zu kommen, — daher ich gewiß eilen werde, um ſo mehr, da ſich meine Natur jetzt nur mit der ſchönen Natur vertragen kann, und ich ſonſt keine Anſtalten getroffen habe, dieſer meiner unüberwindlichen Neigung an irgendeinem anderen Ort zu entſprechen. — Tauſend Empfehlungen und Wünſche für Sie und für die Gräfin.   Ganz Ihr Beethoven.

509] An Gräfin Marie Erdödy.   (1815.)

Ich hörte, meine werte Gräfin, daß Sie eine Apotheke hier haben, wo man Ihnen die Briefe zuſchicken könne; indem ich glaubte, daß Sie, was ich in Anſehung des Trio geſchrieben, nicht hätten leſen können, — ich ſehe, daß die Violin= und Violoncellſtimmen dorten ſchon geſchrieben, ſchicke ſelbe Ihnen mit, welche Sie ſo lange gebrauchen können, als ich's nicht zum Stich gebe. — Ich habe viel Vergnügen an Ihrer lieben Tochter M. Schreiben und wünſche ſie wie ihre liebe Mutter ſamt allen ihren Zugehörigen bald zu ſehen, welches ich auch, ſobald mir nur immer möglich, bewerkſtelligen werde. — Leben Sie wohl, werte Gräfin.   Ihr wahrer Freund Beethoven.

Sobald Brauchle die Stadt betritt, ſoll er mich beſuchen, bis 12 Uhr vormittags bin ich immer zu finden.

510] An Gräfin Marie Erdödy.   (1815.)?

Ich ſagte Ihnen heute, liebe Gr., daß ich wegen mir gekommen ſei, eigentlich wollte ich ſagen, daß ich Ihrethalben und meinethalben gekommen ſei. Wenn Sie mich auch nicht ſehn, wünſchte ich, daß Sie immer von mir glaubten, daß ich ohne alle andere Urſache und Rückſichten, ohne alle andere menſchliche Beimiſchung ſehr gern um Sie und Ihre mir lieben Kinder bin.   B.

Meine liebe, werte Gräfin! Sie beschenken mich schon
wieder, und das ist nicht recht, Sie benehmen mir dadurch
alles kleine Verdienst, was ich um Sie haben würde. Ob
ich morgen zu Ihnen kommen kann, ist ungewiß, so sehr
auch meine Wünsche dafür, aber in einigen Tagen gewiß,
sollte es auch nur nachmittags sein. Meine Lage ist der=
malen sehr verwickelt, mündlich mehr darüber; grüßen Sie
und drücken Sie alle Ihre mir lieben Kinder in meinem Na=
men an Ihr Herz. Dem Magister eine sanfte Ohrfeige,
dem Oberamtmann ein feierliches Nicken, dem Violoncello
ist aufgetragen, sich aufs linke Donauufer zu begeben und
so lange zu spielen, bis alles vom rechten Donauufer her=
übergezogen wird; auf diese Weise würde Ihre Bevölke=
rung bald zunehmen. Ich setze übrigens getrost den Weg
wie vorhin über die Donau, mit Mut gewinnt man allent=
halben, wenn er gerecht ist. Ich küsse Ihnen vielmal die
Hände, erinnern Sie sich gern Ihres Freundes Beethoven.

Schicken Sie also keinen Wagen, lieber wagen! als einen
Wagen! — Die versprochenen Musikalien folgen aus der
Stadt.

512] An Brauchle.   (1815.)

Bester Magister, schicken Sie Ihren Bedienten Diens=
tags in der Frühe in meine Wohnung in der Stadt, wo
das Versprochene für die Gräfin, die ich nebst ihren Ange=
hörigen von Herzen grüße, bereit liegt. — Vermutlich sehe
ich Sie bald.   Ihr Beethoven.
Dieses Billett ist schon vor drei Tagen geschrieben.

513] An Brauchle.   1815.

Es ist noch alles so in Verwirrung mit mir, — daß ich
noch immer nicht dran denken konnte, das, was mir so lieb,
bei Ihnen zu sein, zu erfüllen; vielleicht heute, morgen,
doch höchstens übermorgen bin ich bei Ihnen. — Die elen=
desten alltäglichsten unpoetische Szenen umgeben mich —
und machen mich verdrießlich. — Ich werde wohl bei allen
Gefälligkeiten der Gräfin auch noch jene, nur auf einige
Tage ein Klavier von ihr im Zimmer zu haben, das Maß

meiner Unbescheidenheit voll machen müssen, indem mir
Schanz ein so schlechtes geschickt hat, so daß er's bald wie=
der zurücknehmen muß, und ich dieses, da ich's nicht behal=
ten kann, nicht hinausschicken mag. — In Eil' alles Schöne
an die liebe gute Gräfin. — Ich verdiene alles das nicht,
und meine Verlegenheit wird immer größer, wenn ich dar=
an denke, wie ich das gut machen soll. —

Ihr Freund Beethoven.

514] An Brauchle.   (1815.)

Ich komme, mein Lieber, heute nicht — doch morgen
abend oder höchstens übermorgen früh gewiß. — Es wäre
übel, — wenn Sie bloß nach meinem Bei=Ihnen=sein meine
Zuneigung für die Gräfin und für sie alle abmessen woll=
ten. — Es gibt Ursachen an dem Benehmen der Menschen,
die sich nicht immer gern erklären lassen, und die doch eine
unauflösliche Notwendigkeit zum Grunde haben. — Sehr
lieb wäre mir's, wenn die liebe Gräfin mir eine Flasche
Spaawasser schickte, ich mag es eben nicht so lange aus=
setzen. — Übrigens bleibe ich dero Schuldner und Freund

Beethoven.

515] An Gräfin Marie Erdödy.   (1815.)

Verzeihen Sie, werte Gräfin, das so lange Zurückbe=
halten Ihrer Musikalien; ich wollte nur eine Abschrift da=
von haben, allein der Kopist hat mich so lange damit war=
ten lassen. Hoffentlich seh' ich Sie bald wieder und län=
ger als gestern; ich drücke Ihre lieben Kinder in Gedanken
an mein Herz, und bitte Sie auch den andern, welchen
etwas daran liegt, von meinetwegen zu erwähnen. Herz=
lich freue ich mich über den Fortgang Ihrer Genesung, und
eben über Ihre (die Sie so sehr, liebe G., verdienen) ver=
mehrten Glücksumstände, obschon ich wünsche, daß Sie
mich nie unter die darauf Rechnenden zählen mögen. Das
herzlichste Lebewohl von Ihrem   Freunde Beethoven.

516] An Nikolaus v. Zmeskall.   5. Juli 1815.

Wär' es nicht möglich, Sie heute lieber Z. zu sprechen,
und wo? — Ich habe Sie schon öfters besuchen wollen,

aber es war mir ohngeachtet des besten Willens nicht mög=
lich, da ich Sie nur gewisse Stunden, die mir aber jetzt nicht
bekannt sind, zu Hause weiß. — Ich habe Sie nur etwas
fragen wollen, und erwarte von Ihnen, wann dies sein
kann?
Ihr Beethoven.

517] **An Josef Varena.**　　　　　　　Wien, 23. Juli 1815.

Sie werden, mein lieber V., das Klavier nun längstens
in 14 Tagen erhalten. — Es war mir nicht möglich,
Ihnen's eher zu verschaffen; ohnehin bin ich in allen Sa=
chen zum Ausrichten, Bestellungen usw. ein äußerst unge=
schickter Mensch. — Es kostet 400 fl. mit Emballage, ein
anderer müßte 600 fl. bezahlen. Schuster wird die 400 fl.
gleich hier bezahlen; wollen Sie noch 50 fl. darauf legen
für Verschönerungen, so schreiben Sie mir sogleich. — Das
Instrument ist von Schanz, wovon ich auch eins habe.
In Eil' Ihr Beethoven.
Ich empfehle mich Ihrer Familie.

518] **An Erzherzog Rudolf.**　　　　　Wien, 23. Juli 1815.

Ihro Kaiserliche Hoheit! Als Sie sich neulich in der
Stadt befanden, fiel mir wieder dieser Chor ein. Ich eilte
nach Hause, selben niederzuschreiben, allein ich verhielt
mich länger hierbei, als ich anfangs selbst glaubte, und so
versäumte ich J. K. H. zu meinem größten Leidwesen. —
Die üble Gewohnheit von Kindheit an, meine ersten Ein=
fälle gleich niederschreiben zu müssen, ohne daß sie wohl
nicht öfters mißrieten, hat mir auch hier geschadet. — Ich
sende daher J. K. H. meine Anklage und Entschuldigung,
und hoffe Begnadigung zu finden. — Wahrscheinlich werde
ich bald selbst einmal bei J. K. H. mich einstellen können,
um mich nach der uns allen so teuren Gesundheit zu erkun=
digen.
Ihrer Kaiserlichen Hoheit treu gehorsamster
Ludwig van Beethoven.

519] **An Brauchle.**　　　　　　　　　(Aug. 1815.)

Ich bin nicht wohl, lieber B., doch sobald ich mich besser
befinde, besuche ich Sie; verdrießlich über vieles, emp=

319

finblicher als alle anderen Menschen und mit der Plage
meines Gehörs finde ich oft im Umgange anderer Menschen
nur Schmerzen. Ich hoffe, daß unsere liebe Frau Gräfin
sich immer besser befindet. Dem Violoncello lassen Sie einen
Guglhupfen in Form eines Violoncells backen, damit er sich
drauf üben kann, wenn auch nicht die Finger, doch den
Magen und das Maul. — Sobald ich kann, komme ich
auf einige Tage zu Ihnen, ich werde die beiden Violoncell=
sonaten mitbringen. Leben Sie wohl! alle drei Kinder
küsse und umarme ich in Gedanken; das Aber steht eben=
falls mit obenan bei mir. — Leben Sie wohl, lieber B. —
Alles Schöne und Gute der Gräfin für ihr Heil.

Ihr Beethoven.

520]   **An Erzherzog Rudolf.**   (1815.)

Ihro Kaiserliche Hoheit! Ich hoffe Verzeihung zu er=
halten, wenn ich J. K. H. um die Gnade bitte, mir die
zwei Sonaten mit Violoncell oblig., welche ich für J. K. H.
habe schreiben lassen, gnädigst zukommen zu lassen; ich
brauche selbe nur einige Tage, wo ich Sie sogleich J. K. H.
wieder zustellen werde. — Ihro Kaiserliche Hoheit gehor=
samster Diener   L. v. Beethoven.

521]   **An S. A. Steiner.**   (September 1815.)

Mein bester Generalleutnant! Es hat dem Himmel ge=
fallen, die Schlacht glücklich in London ankommen zu ma=
chen, allein er hat sich Zeit dazu gelassen. Ich erhalte eben
ein Schreiben von dem Korrespondenten in London, daß er
erst jetzt dieses Werk erhalten, und er bittet sehr, daß man
veranlassen möchte, daß dieses Werk erst in 3 oder 4 Mo=
naten hier erscheine. Ich bitte Sie, wenn es Ihnen auch
nicht angenehm ist, doch so lange zurückzuhalten. Bei die=
ser Gelegenheit erhielt ich auch endlich die Überzeugung,
daß alles gelogen war, was man sagte, daß die Schlacht
in London gestochen sei, welches Ihnen nun wieder ange=
nehm sein muß, und mir auch. Tun Sie was Sie kön=
nen. Es wird sich schon eine andere Gelegenheit zeigen, wo
ich mich Ihnen auch vor allen andern gefällig zeigen werde.
Mein Bruder wird sich mit Ihnen hierüber besprechen.

Der bittende G—s.

Lieber werter Freund! Es war mir nicht möglich, Sie
diese Woche zu sehen; sehr beschäftigt, bin ich eben heute
hier, um noch etwas von der immer noch abwesenden schö=
nen Zeit zu genießen und durch schon halbwelkende Wälder
zu streichen. Ich würde schon lange Ihren Romulus ange=
fangen haben, allein die Direktion will mir gar nichts an=
deres für ein solches Werk als e i n e Einnahme gestatten;
so viele Opfer ich so gerne meiner Kunst gebracht und bringe,
so verliere ich bei einer solchen Bedingung doch gar zuviel.
Man bezahlt mir z. B. für ein Oratorium wie Christus am
Ölberge, welches nur einen halben Abend einnimmt, oder
nur eine Stunde neun Minuten dauern darf, 200 ♯ in
Gold. Bedenken Sie, daß ich ein solches Werk als Akademie
geben, hier, anderwärts; was gewinne ich noch außerdem?
und wirklich, ich bin überzeugt, daß mir ein jeder Ort
Deutschlands oder anderwärts, so gut als jeden anderen
wenigstens mit Gold honorieren wird. Ich habe von der
Theaterdirektion 200 ♯ in Gold und eine Einnahme ver=
langt für Romulus. Sehen Sie, lieber T., was Sie tun
können, um selbe zu anderen ehrenvollen Bedingungen zu
bewegen für mich, als die mit bloß einer Einnahme. Wenn
ich Ihnen noch weiter vorrechnete, was ich für meine übri=
gen Kompositionen für ein Honorar erhalte, ich versichere
Sie, daß Sie die benannten mir angezeigten und festgesetz=
ten Bedingungen für eine Oper nicht übertrieben finden
könnten. Ich ersuche Sie also freundschaftlich mit N. N. zu
reden; meinen Nachteil können sie nicht verlangen. Ich bin
bei meinen angegebenen Bedingungen bereit, sogleich die
Oper zu schreiben und sie längstens bis Februar oder März
auf die Bühne zu schaffen. Bis Donnerstag sind vier Tage,
wo ich alsdann zu Ihnen komme, um die Antwort zu
holen. Ich wünschte nichts, als, ganz umsonst schreiben zu
können. Auf den Standpunkt aber wird es ja schwerlich ein
deutscher oder vielmehr österreich. Künstler bringen. Nur
London kann einen so fett machen, daß einem in Deutsch=
land oder vielmehr hier hernach die magersten Bissen nicht
widerstehen. Ganz der Ihrige. Donnerstag hole ich die
Antwort.   In Eile Ihr Freund Beethoven.

Ihro Kaiserliche Hoheit! Beinahe dürften Sie glauben,
daß mein Kranksein Verstellung sei. Es ist unterdessen ge=
wiß nicht an dem. Ich muß immer abends zeitlich zu Hause
sein; denn das erstemal, als J. K. H. die Gnade hatten zu
mir zu schicken, kam ich gleich darauf nach Hause; da es
aber seit der Zeit scheint besser zu gehn, so machte ich vor=
gestern abend den ersten Versuch etwas länger zu bleiben.
— Ich werde, falls J. K. H. mir sonst keinen Gegenbefehl
schicken, diesen Abend um 5 Uhr die Ehre haben, Ihnen
aufzuwarten. Ich werde die neue Sonate jedoch nur für
heute mitbringen; indem sie sogleich gestochen wird, lohnt
es wirklich nicht der Mühe, selbe schreiben zu lassen. — Ihro
Kaiserliche Hoheit gehorsamster treuester Diener

L. v. Beethoven.

Verehrteste Freundin! Da ich hörte, daß Sie in Ver=
bindung mit Geymüller sind, und füge Ihnen daher das
Zeugnis davon bei. Die Schweine führen wirklich mit
Recht ihren Namen. Mir tut es leid, daß Sie bei Ihrer
Großmut gegen mich dieses auch fühlen müssen. Wirklich
ist unsere Lage durch diesen erbärmlichen Finanzzustand,
wovon kein Ende zu hoffen, wieder sehr jämmerlich ge=
worden. — Eine andere Angelegenheit, die ich Ihnen vor=
tragen muß. Es ist wegen einem Pfeifenkopf! Pfeifen=
kopf! — Unter den Individuen (welche Anzahl ins unend=
liche geht), die leiden, ist auch mein Bruder, der sich seiner
schlechten Gesundheit wegen pensionieren mußte lassen.
Der Zustand ist sehr hart zur jetzigen Zeit, ich tue, was mir
nur möglich ist, allein das kleckt nicht. — Er besitzt einen
Pfeifenkopf, welchen er glaubt in Frankfurt am besten an=
zubringen. Seinem kränklichen Zustand ist schwer etwas
abzuschlagen und in dieser Rücksicht nehme ich mir die Frei=
heit, Sie zu bitten, ihm zu erlauben, Ihnen diesen Pfeifen=
kopf zu schicken. Bei Ihnen kommen beständig so viele Men=
schen, wo es vielleicht Ihnen glückt, ihn anzubringen. Mein
Bruder (meint), zehn Louisdor würden Sie vielleicht dafür
erlangen. Ich überlasse das Ihrer Weisheit. Er braucht

viel, muß sich Pferd und Wagen halten, um leben zu können (denn sein Leben ist ihm sehr lieb, sowie ich das meinige gern verlöre!!). Leben Sie wohl, verehrte Freundin, ich grüße Franz von Herzen, wünsche ihm das seligste, frohste Leben. Auch Ihre lieben Kinder grüßt Ihr wahrer Verehrer und Freund

Beethoven.

525] **An Nikolaus v. Zmeskall.** (16. Okt. 1815.)

Ich melde Ihnen nur, daß ich hier und nicht da bin, und wünsche ebenfalls von Ihnen zu wissen, ob Sie da oder hier sind. — Ich möchte Sie einige Augenblicke sprechen, wenn ich Sie zu Hause allein weiß. — Leben Sie wohl, aber nicht wollüstig. — Inhaber, Kommandant, Pascha verschiedener morscher Festungen!!!!! —

In Eile Ihr Freund Beethoven.

526] **An Gräfin Marie Erdödy.** Wien, 19. Okt. 1815.

Meine liebe verehrte Gräfin! Wie ich sehe, dürfte meine Unruhe für Sie in Ansehung Ihrer Reise in Ihren teilweisen Leiden auf Ihrem Reisewege stattfinden; allein — der Zweck scheint wirklich können von Ihnen erreicht zu werden und so tröste ich mich, und zugleich spreche ich Ihnen nun selbst Trost zu. Wir Endliche mit dem unendlichen Geist sind nur zu Leiden und Freuden geboren, und beinah könnte man sagen, die Ausgezeichneten erhalten durch Leiden Freude. — Ich hoffe nun bald wieder Nachrichten von Ihnen zu empfangen, viel Tröstliches müssen Ihnen wohl Ihre Kinder sein, deren aufrichtige Liebe und das Streben nach allem Guten ihrer lieben Mutter schon eine große Belohnung für ihre Leiden sein kann. — Dann kommt der ehrenwerte Magister, Ihr treuster Schildknab' — nun vieles andere Lumpenvolk, worunter der Zunftmeister Violoncello, die nüchterne Gerechtigkeit im Oberamt, — wahrlich ein Gefolge, wonach mancher König sich sehnen würde. — Von mir nichts, — das heißt vom nichts nichts. — Gott gebe Ihnen weitere Kraft zu Ihrem Isistempel zu gelangen, wo das geläuterte Feuer alle Ihre Übel verschlingen möge und Sie wie ein neuer Phönix erwachen mögen.

In Eil' Ihr treuer Freund Beethoven.

21*

527] **An Robert Birchall.** Wien, 28. Okt. 1815.

Euer Wohlgeboren! Ich melde Ihnen, daß die Schlacht-
und Siegessymphonie auf Wellingtons Sieg im Klavierauszug schon vor mehreren Tagen nach London abgeschickt
worden, und zwar an das Haus Thomas Coutts in London, wo Sie selbe abholen können. Ich bitte Sie, sich soviel
als möglich zu beeilen, dieselbe zu stechen und mir den Tag
zu bestimmen, wann Sie solche herausgeben wollen, damit
ich diesen dem hiesigen Verleger beizeiten anzeigen könne.
Mit den nachfolgenden drei Werken hat es nicht so große
Eile nötig, die Sie ehestens erhalten werden und wo ich
Ihnen den Tag der Herausgabe mir die Freiheit nehmen
werde, selbst zu bestimmen. Hr. Salomon wird die Güte
haben, Ihnen näher auseinanderzusetzen, warum es mit
der Schlacht- und Siegessymphonie mehr Eile hat. — In
Erwartung einer sehr baldigen Antwort in Rücksicht der Bestimmung des Tages der Herausgabe des nun erhaltenen
Werkes verbleibe ich ergebener Diener

Ludwig van Beethoven.

528] **An Nikolaus v. Zmeskall.** (28. Okt. 1815.)

Lieber Z.! Sie werden es gestern als sehr ungefällig von
mir angesehen haben, nicht zu warten, bis Sie angezogen
waren. Allein ich mußte irgendwo sein, wo ich erwartet
wurde, und es war, als ich mich noch bei Ihnen befand,
schon eine Viertelstunde später, als man mich dort erwartete. Von Ihnen bis dahin machte wenigstens auch eine
Viertelstunde, also eine ganze halbe Stunde wartete man
auf mich; ich mußte also wider meinen Willen, länger bei
Ihnen zu bleiben, handeln und mich eiligst dorthin begeben, um nicht noch später zu kommen.

Der Ihrige L. v. Beethoven.

529] **An S. A. Steiner.** (30. Okt. 1815.)

Lieber Steiner! Es ist eine polnische Gräfin hier, welche
so sehr für meine Kompositionen eingenommen ist, wie sie
es nicht verdienen; sie wünschte, daß sie den Klavierauszug
der Symphonie in A so ganz nach meinem Sinn spiele und
da sie sich nur heute und morgen hier aufhält, so möchte sie

324

diese bei mir spielen. Ich bitte Sie daher recht sehr, mir
selben, wenn es auch des Diabolus Diabelli Schrift ist, auf
heute oder morgen nur einige Stunden zu leihen. Ich gebe
Ihnen mein Ehrenwort, daß kein Gebrauch davon zu
Ihrem Nachteil gemacht werde.

Ihr ergebenster L. v. Beethoven.

530] **An Nikolaus v. Zmeskall.**   31. Okt. 1815.

Lieber Z.! Es ist keine Möglichkeit heute zu Ihnen zu
kommen, da ich zum Essen eingeladen bin, und dort vor
5 Uhr nicht fort kann. — Bestellen Sie also gefälligst den
Schneider morgen um 3 Uhr, wo ich dann meinetwegen,
wenn es denn doch sein muß, in das Zmeskallsche Dema-
noveczsche Karthaus einkehren werde. — Sollten Sie aber
morgen verhindert sein, so lassen Sie es mich beizeiten wissen. — Schreiben Sie nicht oder lassen nicht absagen, so
komme ich.   In Eile Ihr Freund Beethoven.

531] **An Brauchle.**   (1815.)

Lieber Brauchle! Kaum bin ich bei mir, so finde ich
meinen Bruder lamentierend fragen nach den Pferden. —
Ich bitte Sie, erzeigen Sie mir die Gefälligkeit, sich doch
nach Lang-Enzersdorf zu begeben wegen den Pferden; nehmen Sie auf meine Kosten Pferde in Jedlersee, ich werde es
Ihnen herzlich gern vergüten. — Seine Krankheit (meines
Bruders) bringt schon eine gewisse Unruhe mit, lassen Sie
uns doch helfen, wo wir können, ich muß nun einmal so
und nicht anders handeln! Ich erwarte eine baldige Erfüllung meiner Bitte und eine freundschaftliche Antwort deswegen von Ihnen. — Scheuen Sie keine Unkosten, ich trage
sie gern. Es ist nicht der Mühe wert, wegen lumpigen einigen Gulden jemanden leiden zu lassen. —

In Eil' Ihr wahrer Freund Beethoven.
Alles Schöne der lieben Gräfin.

532] **An Baron Johann Pasqualati.**   1815.

Verehrter Freund! Ich bitte Sie, mir nur morgen früh
durch Ihren Bedienten gütigst zuzuschicken, wie Sie die
Lobkowitzischen Sachen in Ansehung meines Gehalts ge-

funden haben, da ich keine Gelder mehr habe. Auch ersuche ich Ihren Herrn Bruder doch nach Prag zu schreiben, daß ich den Kinskyschen Gehalt erhalte, da er schon seit Oktober fällig. — Verzeihen Sie! wenn ich Ihnen lästig sein muß. Dieser Tage sehe ich Sie wieder.

Ihr Sie verehrender Freund Beethoven.

533] An Baron Johann Pasqualati. (1815.)

Verehrter Freund! Ich habe Ihnen Ihren gütigen Vorschuß zu übermachen, möchte aber Ihnen denselben selbst übergeben, da ich sonst noch etwas mit Ihnen zu reden habe. Heute nachmittag ist uns jede Stunde willkommen, auch morgen früh, wenn es Ihnen gefällig ist; jedoch nicht gar gar zu früh, indem mir meine Gesundheitsumstände dieses nicht erlauben. Lassen Sie mich nebstbei auch gefälligst wissen, ob ich auf den Kohlmarkt in Ihre Wohnung oder zu Ihnen kommen soll. Wie immer Sie verehrender dankbarer

L. v. Beethoven.

534] An Erzherzog Rudolf. (1815.)

Ihro Kaiserliche Hoheit! Wieder gestern und vorgestern und unerwartet zu eben der Zeit, als ich mich nachmittags zu Ihnen verfügen wollte, nicht wohl, konnte ich diese zwei Tage nicht kommen, werde aber die Ehre haben, diesen Abend aufzuwarten, wenn anders mir kein Gegenbefehl entgegenkommen sollte. — Ihro Kaiserliche Hoheit untertänigster

Ludwig van Beethoven.

535] An Baron Johann Pasqualati. (1815.)

Werter, verehrter Freund! Obschon heute Hoftag ist, habe ich die große Bitte an Sie, daß Sie mich besuchen möchten, indem ich schon einige Tage nicht wohl bin; aber noch heute, wenn es Ihnen möglich ist, indem es die Angelegenheit meines Neffen mit Dr. Adlersburg betrifft, wo es höchst nötig ist, daß ich selbst mit Ihnen spräche; allein ich kann und darf nicht ausgehen. Lassen Sie mich also gütigst wissen, wann Sie mich sehen wollen: heute!!!!!!

Ihr Beethoven.

536] An S. A. Steiner & Komp. (1815.)

Der G—t ist gebeten, seinen Diabolum zu schicken, damit ich selbem meine Meinung in Hinsicht der ins wahrhaft Türkische übersetzten Schlacht eröffne. — Es muß viel geändert werden. Der G—s.

537] An S. A. Steiner & Komp. (1815.)

In der Hoffnung den G—ll—t ganz entsühnt sehen zu können, erwarten wir ihn alsdann wie sonst mit offenen Armen, und schicken hier einen Teil unserer Leibwache 25 der redlichsten Kerls und im Kriegshandwerk die wichtigsten Stützen des Staates. Verbleiben und verhoffen unseren G—ll—t bald ganz mit heiteren Augen anzublicken. Man hat den Adjutanten beim linken Ohrläppchen etwas stark anzuziehen. Der G—s.

538] An S. A. Steiner & Komp. (1815.)

Das G—ll—t-Amt hat mir alle Stimmen heute zurückkommen zu machen. Der Überbringer dieses wird selbe diesen Abend abholen, wo ich sodann übermorgen alle Stimmen samt Partitur überschicken werde und sodann die Korrektur geendigt ist. Für die Zukunft verbitte ich mir alles Geklebe in meinen Werken, weil ich sonst nicht die in der Musikalischen Zeitung besprochene Langmut, sondern meinen gerechten Unmut über Eselsohren aussprechen werde. Dero B.

539] An Freiherrn v. Reffzer [1]). (1815.)

Lieber Baron! Sie haben mir versprochen, mir eine Antwort wegen dem Wagen zu geben. Ich bitte Sie innigst darum. Wenn Sie heute mir sie nicht geben können, so schicken Sie mir morgen dieselbe ins Pasqualatische Haus auf der Mölkerbastei, wo mein Bedienter sein wird, der mir sie sogleich nach Baden schicken wird. Sollte mein Bedienter, der jedoch von morgens früh bis mittags zwölf gewöhnlich zu Hause sein muß und nachmittags von 3 Uhr bis 7, nicht da sein, so lassen Sie Ihre Antwort nur beim

---

[1]) Hierzu das Faksimile hinter den Vorworten.

Hausmeister abgeben. — Vielleicht finden Sie auch unter=
dessen etwas anderes. Verzeihen Sie meine Zudringlich=
keit; von allen meinen sonstigen Freunden ist niemand hier
und ich kann mir in nichts d. g. raten und helfen. — Mor=
gen gehe ich nach Baden, von wo ich Sonnabends zurück=
kehren und dann gleich bei Ihnen einsprechen werde.

Ihr ergebenster Beethoven.

540] **An Erzherzog Rudolf.**   (16. Nov. 1815.)

Ihro Kaiserliche Hoheit! Schon seit gestern nachmittag
liege ich erschöpft von vielen Anstrengungen, verursacht
durch den so geschwinden Tod meines unglücklichen Bru=
ders. Es war mir nicht möglich, J. K. H. gestern absagen
zu lassen; weswegen ich bitte, dieses nicht ungnädig auf=
zunehmen. Ich glaube jedoch sicher, morgen J. K. H. auf=
warten zu können.

Ihro Kaiserliche Hoheit treuester gehorsamster Diener
Ludwig van Beethoven.

541] **An Robert Birchall.**   Wien, 22. Nov. 1815.

Anliegend erhalten Sie den Klavierauszug der Sym=
phonie in A. Der Klavierauszug der Symph.: Welling=
tons Sieg in der Schlacht von Vittoria ist vor vier Wochen
mittelst des Geschäftsträgers Herren Neumann an die H.
H. Coutts & Ko. nach dorthin abgegangen, welche demnach
schon längst in Ihren Händen sein müssen.

In 14 Tagen erhalten Sie noch das Trio und die So=
nate, wogegen Sie an d. H. Thomas Coutts & Ko. die
Summe von 130 Golddukaten bezahlen wollen. Ich bitte
Sie, sich mit der Herausgabe dieser Musikstücke zu beeilen
und mir alsogleich den Tag der Herausgabe von Welling=
tons Symphonie anzuzeigen, um daß ich hier meine Maß=
regel danach nehmen kann. Mit Hochachtung verharre ich
ergebenst   Ludwig van Beethoven m. p.

542] **An Ferdinand Ries.**   Wien, 22. Nov. 1815.

Lieber Ries! Ich eile, Ihnen zu schreiben, daß ich heute
den Klavierauszug der Symphonie in A auf die Post an

328

das Haus Thomas Coutts & Ko. geschickt habe. Da der Hof nicht hier ist, gehen beinahe gar keine oder selten Kuriere, auch ist dies überhaupt der sicherste Weg. Die Symphonie müßte gegen März herauskommen, den Tag werde ich bestimmen. Es ist diesmal zu lange gegangen, als daß ich den Termin kürzer bestimmen könnte. Mit dem Trio und der Sonate für Violine kann es mehr Zeit haben, und beides wird in wenigen Wochen auch in London sein. — Ich bitte Sie recht sehr, lieber Ries!, sich dieser Sache anzunehmen, auch damit ich das Geld erhalte; es kostet viel, bis alles hinkommt und ich brauche es.

Ich habe 600 fl. an meinem Gehalte jährlich eingebüßt; zuzeiten der B. Z. war es gar nichts; — dann kamen die Einlösungsscheine, und hierbei verlor ich diese 600 Florin, mit mehreren Jahren Verdruß und gänzlichem Verlust des Gehaltes. Nun sind wir auf dem Punkte, daß die E. S. schlechter als jemals die B. Z. waren; ich bezahle 1000 fl. Hauszins; machen Sie sich einen Begriff von dem Elende, welches das Papiergeld hervorbringt.

Mein armer unglücklicher Bruder ist eben gestorben; er hatte ein schlechtes Weib. Ich kann sagen, er hatte einige Jahre die Lungensucht, und um ihm das Leben leichter zu machen, kann ich wohl das, was ich gegeben, auf 10 000 fl. W. W. anschlagen. Das ist nun freilich für einen Engländer nichts, aber für einen armen Deutschen oder vielmehr Österreicher sehr viel. Der Arme hatte sich in seinen letzten Jahren sehr geändert, und ich kann sagen, ich bedaure ihn von Herzen, und mich freut es nunmehr, mir selbst sagen zu können, daß ich mir in Rücksicht seiner Erhaltung nichts zuschulden kommen ließ.

Sagen Sie dem Herrn Birchall, daß er Herrn Salomon und Ihnen das Briefporto, welches Ihre Briefe an mich und die meinigen an Sie kosten, vergüte; derselbe kann es mir abziehen an der Summe, die er mir zu bezahlen hat; ich habe gern, daß diejenigen, welche für mich wirken, so wenig als möglich leiden.

Wellingtons Sieg in der Schlacht bei Vittoria (dies ist zugleich der Titel auf dem Klavierauszuge) muß längstens angekommen sein bei Th. Coutts & Komp. Herr Birchall braucht nicht eher das Honorar zu bezahlen, bis er alle Werke hat. Eilen Sie nur, daß ich die Bestimmung des Tages, wann Herr Birchall den Klavierauszug herausgibt, erhalte. Für heute nur noch die wärmste Anempfehlung meiner Angelegenheiten; ich stehe Ihnen, in was nur immer, zu Diensten. — Leben Sie herzlich wohl, lieber Ries!

Ihr Freund Beethoven.

543] **An Erzherzog Rudolf.** (Nov. 1815.)

Ihro Kaiserliche Hoheit! Ich hörte gestern, und was es mir bestätigte die Begegnung des Gr. Troyer, daß J. K. H. wieder hier sind. — Ich überschicke hier die Zueignung des Trio an J. K. H., auf diesem steht es; aber alle Werke, worauf es nicht auch angezeigt ist und die mir einigen Wert haben, sind J. K. H. zugedacht. Übrigens denken Sie an keine Absicht dabei von mir. Da aber die großen Herren schon gewohnt sind, irgend bei dergleichen Eigennutz zu vermuten, so will ich diesesmal auch dieses Vorurteil von mir scheinen lassen, indem ich mir nächstens von J. K. H. eine Gnade zu erbitten habe, deren gegründete Ursachen Sie wahrscheinlich einsehen und mir selbe Gnädigst gewähren werden. — Seit Anfang des vorigen Monats Oktober fing ich schon in Baden an zu kränkeln, allein seit 5. Oktober verließ ich das Bette und Zimmer nicht, als seit ohngefähr acht Tagen. Ich hatte einen nicht gefahrlosen Entzündungskatarrh; noch kann ich nur wenig ausgehen; dieses auch die Ursache meines Nichtschreibens an J. K. H. in Kremsier. Alles was der Himmel nur Segensvolles auf seiner Erde verbreiten mag, wünschet Ihro Kaiserliche Hoheit gehorsamster Diener Ludwig van Beethoven.

544] **An S. A. Steiner & Komp.** (1815.)

Lieber G. L.! Mir scheint, es befinden sich in der Sonate noch einige kleine Fehler. Ich bitte Sie daher, mir mein Manuskript auf einige Stunden zu schicken um nachzusehen. Das M. können Sie, insofern Ihnen daran gelegen, sogleich zurückerhalten. Meinen Dank für Ihre Exemplare.

Ganz Ihr G—s L. v. Beethoven.

545] **An Charles Neate.**   Vienna Dec. 1815.

My dear Mr. Neate. I have received a letter from
Mr. Ries, as amanuensis to Salomon (who has had the
misfortune to break the right shoulder in a fall from his
horse), and he tells me on the 29th of September, that
the three Overtures which you took of me for the Philharmonic Society four months ago, had not then reached
London. This being the second remembrancer which
Mr. Salomons sends me on the subject, I thought I had
better let you know. Should you not have sent them off,
I should like to revise the Overture in C major, as it
may be somewhat incorrect. With regard to any written
agreement you may like to have about these things for
England, that is very much at your service at a moment's
notice. I would not have them suppose that I could ever
act otherwise than as a man of honour. There are disposi-
tions so fickle that they think one way to-day and an-
otherway to-morrow, and fancy others as ready to change
their mind; and with such tempers one cannot be posi-
tive and mistrustful enough. So you fare well, my dear
Mr. Neate.   Yours truly Ludwig van Beethoven.

546] **An Nikolaus v. Zmeskall.**   (31. Dez. 1815.)

Ich werde, mein lieber Z., um 10 Uhr morgens früh be=
stimmt bei Ihnen eintreffen. Mir ist es nur sehr leid, daß
Sie durch mich so manchen Ungelegenheiten ausgesetzt sind.

In Eil' Ihr Beethoven.

547] **An S. A. Steiner.**   (1815.)

Wohlgeborenster erstaun= und verwunderungswürdigster
G—t! Wir bitten Sie, uns nach dem gestrigen Kurszettel
24 Dukaten in Gold in B. Z. umzusetzen und dieses uns
diesen Abend oder morgen abend zu schicken, wo wir so=
gleich die 24 Dukaten aushändigen und einhändigen wer=
den. — Es würde uns sehr lieb und angenehm sein, wenn
Ihr verdienstvoller Adjutant uns solches überbrächte, da
ich sehr notwendig mit ihm zu sprechen habe. Er soll allen
Groll wie ein Christ vergessen, wir erkennen seine Ver=

331

dienfte und verkennen nicht das, was er nicht verdient. Kurz und rundum, wir wünschen selben zu sehen. — Heute abends wär' es uns am liebsten. Wir sind erstaunlichster G—t   Dero zugetanster G—s.

548] **An S. A. Steiner.** (1815.)

Verehrtester G—ll—t! Ich brauche noch Ihren letzten Rat wegen dem Vergleich, wovon ich Ihnen gesprochen; kann unterdessen heute nicht ausgehen, und die Sache wünscht man doch beendigt zu haben. Wär es nicht mög= lich, daß mein geschätzter Primus des Generalstabs mich noch heute heimsuchte, damit ich mich mit ihm besprechen könne, oder morgen früh? Ich bitte recht sehr; ich werde dafür, so oft der G—ll—t in Not ist, eine Not machen. Die Unterredung müßte jedoch ein halbes Stündchen dauern. Des Adjutant schändliche Aufführung ist in die Register eingetragen (jedoch nicht in die Orgelregister). Welch' schlechter Ton würde alsdann heraushallen?

549] **An Schneidermeister Lind.** (1815.)

Lieber Lind! Schicken Sie doch nicht so oft, wie zu einem Lumpen, zu mir — wenn ich Sie bezahlen könnte, so würde ich's ohne Anstand. — Immer habe ich Sie bezahlt, so wird es auch jetzt geschehen; sobald ich kann, werde ich Ihnen, ohne gemahnt zu werden, meine Schuld abtragen. —
                    Ihr ergebener Diener L. v. Beethoven.

550] **An Karl Czerny.** (1815.)

Lieber Czerny! Sagen Sie mir gefälligst, wann Sie abends, an dem Tage, wo Sie Karl Unterricht geben, nach Hause kommen, Sie geben ihm manchmal auch über eine Stunde, soviel ich höre, für welche Gefälligkeit ich Ihnen nicht genug zu danken weiß; unterdessen macht es mit dem Schicken wieder einige neue Umstände — es ist also nötig, zu wissen, ob Sie um halb 7 oder um 7 Uhr nach Hause kommen und ich bitte Sie, mir dies zu beantworten; übri= gens aber nur nicht das mindeste deswegen, was Ihnen be=

quem wäre, zu verändern. — Am besten würde es sein, wenn Sie, sobald Sie können, wieder hinauf gehen; dies nur vorläufig, wir werden schon noch näher drüber reden.

Ihr Freund Beethoven.

NB. Im Falle Sie mein Brief nicht trifft, werde ich diesen Nachmittag um eine Antwort schicken.

551] An — ? — (1815?)

Haben Sie, mein lieber W. [D.?] die Gefälligkeit mir ein Billett für meinen Bruder den Apotheker zu schicken.

Ihr ergebenster Beethoven.

552] An — ? — (Ende 1815.)

Ich werde zu Ihnen, mein Lieber, morgen kommen. Im voraus könnten Sie auch versichert sein, daß ich ohne alle übrige Rücksichten schon das Meinige zu der Vervollkommnung dieses Instituts beitragen würde. Um so mehr aber, da Sie mich, mein Lieber, selbst dazu auffordern. Ich hoffe es wird sich in einigen Tagen mit Lobkowitz entscheiden, mit dem ich wieder ganz ausgesöhnt bin, und dann haben wir so manches zu reden wegen unseres lieben, sehr lieben Collin.

Ganz Ihr Beethoven.

553] An Anna Milder-Hauptmann. Wien, 6. Januar 1816.

Meine wertgeschätzte einzige Milder, meine liebe Freundin! Sehr spät kommt ein Schreiben von mir Ihnen zu. Wie gern möchte ich dem Enthusiasmus der Berliner mich persönlich beifügen können, den Sie im Fidelio erregt! Tausend Dank von meiner Seite, daß Sie meinem Fidelio so treu geblieben sind. — Wenn Sie den Baron de la Motte Fouqué in meinem Namen bitten wollten, ein großes Opernsujet zu erfinden, welches auch zugleich für Sie passend wäre, da würden Sie sich ein großes Verdienst um mich und um Deutschlands Theater erwerben; — auch wünschte ich solches ausschließlich für das Berliner Theater zu schreiben, da ich es hier mit dieser knickerigen Direktion nie mit einer neuen Oper zustande bringen werde. — Antworten Sie mir bald, baldigst, sehr geschwind, so geschwind als möglich, aufs geschwindeste — ob so was tunlich ist. — Herr Kapellmeister W. [B. A. Weber] hat Sie himmelhoch bei mir erhoben, und hat recht; glücklich kann sich derjenige schätzen, dem sein Los Ihren Musen, Ihrem Genius, Ihren herrlichen Eigenschaften und Vorzügen anheimfällt, — so auch ich. — Wie es auch sei, alles um Sie her darf sich nur Nebenmann nennen, ich allein nur führe mit Recht den ehrerbietigen Namen Hauptmann in mir ganz im stillen. Ihr wahrer Freund und Verehrer   Beethoven. (Mein armer unglücklicher Bruder ist gestorben — dies die Ursache meines lange ausgebliebenen Schreibens.)

Sobald Sie mir geantwortet haben, schreibe ich auch an Baron de la Motte Fouqué. Gewiß wird Ihr Einfluß in B. es leicht dahin bringen, daß ich für das Berliner Thea= ter, und besonders berücksichtigt für Sie, mit annehmbaren Bedingungen eine große Oper schreibe; — nur antworten Sie bald, damit ich mich mit meinen übrigen Schreibereien danach einteilen kann.

Ich   küs = se   Sie,   drüf=fe Sie an mein Herz!

Ich   der Haupt=mann   der Haupt=mann.

(Fort mit allen übrigen falschen Hauptmännern.)

554]   **An Nikolaus v. Zmeskall.**   (Januar 1816.)

Mein werter Zmeskall! Mit Schrecken sehe ich erst heute, daß ich den Antrag wegen einem Oratorium für die Gesell= schaft der Musikfreunde der Österreichischen Kaiserstadt noch nicht beantwortet habe.

Der Tod meines Bruders vor zwei Monaten, die mir da= durch zugefallene Vormundschaft über meinen Neffen ist mit vielerlei anderen Verdrießlichkeiten und Ereignissen die Ursache meines so spät kommenden Schreibens. Unterdessen ist das Gedicht von H. v. Seyfried schon angefangen, und ich werde ebenfalls bald dasselbe in Musik setzen. Daß mir der Auftrag sehr ehrenvoll ist, brauche ich Ihnen wohl nicht zu sagen; das versteht sich von selbst und werde ich suchen,

334

mich desselben so sehr es immer meine schwachen Kräfte er=
lauben, so würdig als möglich zu entledigen!

In Rücksicht der Kunstmittel, was die Ausführung be=
trifft, werde ich zwar Rücksicht nehmen, wünsche aber nicht,
daß es mir nicht vergönnt sein soll, von den hierin bereits
eingeführten abzugehen. Ich hoffe, mich hierüber verständ=
lich ausgedrückt zu haben. Da man durchaus wissen will,
welches Honorar ich verlange, so frage ich auch an, ob die
Gesellschaft 400 ⧫ in Gold wenigstens einem solchen Werke
wird angemessen finden. Ich bitte die Gesellschaft noch ein=
mal um Verzeihung wegen Verspätung meiner Antwort,
indessen haben Sie wenigstens, lieber Freund, meine Be=
reitwilligkeit, dieses Werk zu schreiben, auch gewiß schon
mündlich berichtet, welches mich einigermaßen beruhigt.
                                      Mein werter 3. Ihr B.

555] An **Charles Neate**.   Jan. 1816.

Mon cher ami, je vous prie de ne parler pas de ces
œuvres que je vous donnerai pour vous et pour l'Angleterre, les raisons pour cela [?] je vous dirai sincèrement
de bouche. Votre vrai ami   Beethoven.

J'espère de vous voir bientôt, quant à moi, je viendrai
le plus possible chez vous.

556] An **Ferdinand Ries**.   Wien, 20. Januar 1816.

Mein lieber Ries! Ich ersehe aus Ihrem Schreiben vom
18. Jenner, daß Sie alle zwei Sachen richtig erhalten haben.
Da keine Kuriere gehn, ist dies wohl mit der Post das
Sicherste, allein es kostet viel, ich werde Ihnen die Rechnung
von dem, was ich hier für Kopiatur und Postgeld bezahlt
habe, nächstens schicken. Es ist für einen Engländer sehr
wenig, aber destomehr für einen armen österreichischen Mu=
sikanten! Sehn Sie, daß mir dies Herr Birchall vergütet,
da er die Kompositionen für England sehr wohlfeil hat.
Neate, der schon jeden Augenblick fort wollte, dann aber
wieder bleibt, bringt die Ouvertüren mit. Ich habe alle Er=
mahnungen deswegen von Ihnen und unserem verstorbe=
nen Salomon immer kundgemacht. Die Symphonie wird
der Kaiserin von Rußland gewidmet. Der Klavierauszug

der Symphonie in A darf aber nicht eher als im Monat
Juni herauskommen, eher kann der hiesige Verleger nicht.
Kündigen Sie dieses, lieber guter Ries, sogleich Hrn. Bir=
chall an. — Die Sonate mit Violin, welche mit nächsten
Posttage hier abgehen wird, kann ebenfalls im Monat Mai
in London herausgegeben werden, das Trio aber später
(es kommt auch mit der nächsten Post an). Die Zeit werde
ich noch selbst hierüber bestimmen.

Und nun meinen herzlichsten Dank, lieber Ries, für alles
was Sie mir Gutes erweisen, und insbesondere noch der
Korrekturen wegen. Der Himmel segne Sie und mache Ihre
Fortschritte immer größer, woran ich den herzlichsten Anteil
nehme. Empfehlen Sie mich Ihrer Frau! Wie allezeit Ihr
aufrichtiger Freund   Ludwig van Beethoven.

557] An Nikolaus v. Zmeskall.   21. Januar 1816.

Ja! auch mich dazu, sei's auch in der Nacht.
                                        In Eil' Beethoven.

558] An Charles Neate.   (Januar 1816.)

Mein lieber Landsmann und Freund! Heute ist es mir
unmöglich, Sie bei mir zu sehen; doch hoffe ich morgen
mittag das Vergnügen zu haben, Sie zu sehen. Behalten
Sie lieb Ihren wahren Freund
                        Beethoven (Volti subito).

Ich erinnere mich, daß Sie vor Ihrer Abreise von hier
Ihrer Ehre zulieb' noch eine Akademie geben müssen; wenn
Sie in diesem Falle meiner bedürfen sollten, so bin ich ganz
zu Ihren Diensten.

559] Kanon für Charles Neate.   24. Januar 1816.

Rede wenn's um einen Freund dir gilt. Rede einer
Schönen Schönes zu sagen.

560] Kanon für Charles Neate.   Wien, 24. Januar 1816.

Lerne Schweigen, o Freund, dem Silber gleichet die
Rede, aber zu rechter Zeit Schweigen ist lauteres Gold.

Mein lieber englischer Landsmann, gedenken Sie beim
Schweigen und Reden Ihres aufrichtigen Freundes
                                        Ludwig van Beethoven.

561] **An Cajetan Giannatasio del Rio.** (Januar 1816.)

Ich habe Ihren Brief erst gestern zu Hause recht gele=
sen; ich bin bereit, Karl zu jeder Stunde zu Ihnen zu ge=
ben, nur glaube ich, bis Montag nach der Prüfung sollte
es erst geschehen, — jedoch auch früher, sobald Sie es für
gut finden. Übrigens wird es später gewiß am besten sein,
ihn von hier weg nach Mölk oder anderwärts hinzugeben,
da hört und sieht er nichts mehr von seiner bestialischen
Mutter, und wo alles fremd um ihn her, findet er weniger
Stütze und kann nur durch seinen eigenen Wert sich Liebe
und Achtung erwerben. In Eile Ihr Beethoven.

562] **An Cajetan Giannatasio del Rio.** (1. Febr. 1816.)

Ew. Wohlgeboren! Ich sage Ihnen mit großem Ver=
gnügen, daß ich morgen endlich mein mir anvertrautes
teures Pfand zu Ihnen bringen werde. — Übrigens bitte
ich Sie noch einmal, durchaus der Mutter keinen Einfluß zu
gestatten, wie oder wann sie ihn sehen soll; alles dieses
werde ich mit Ihnen morgen näher verabreden. — Sie dür=
fen selbst auf Ihren Bedienten einigermaßen merken las=
sen, denn der meinige ward schon von ihr, zwar in einer
anderen Angelegenheit, bestochen! — Mündlich ausführ=
licher hierüber, obschon mir das Stillschweigen das Liebste
hierüber, — allein Ihres künftigen Weltbürgers wegen
bedarf es dieser mir traurigen Mitteilung. Mit Hochach=
tung Ew. Wohlgeboren ergebenster Diener und Freund

Beethoven.

563] **An Birchall, London.** Vienne, 3. Febr. 1816.

Vous reçus ci-joint: Le grand Trio pour Pianoforte,
Violine et Violoncelle; Sonata pour Pianoforte et Violin
— qui forme le reste de ce qu'il vous a plu à me com-
mettre. Je vous prie de vouloir payer la somme de 130
Ducats de Hollande comme la poste lettre à Mr. Th.
Coutts et Co. de votre ville et de me croire avec toute
l'estime et considération

Votre très humble serviteur Louis van Beethoven.

564] **An die Philharmonische Gesellschaft in London.**
Wien, 5. Febr. 1816.

Hr. Neate hat von mir im Monat Juli 1815 drei Ouvertüren im Namen der Philharmonischen Gesellschaft in London genommen und mir hierfür ein Honorar von 75 Guineen zukommen machen, wofür ich mich verbinde, dieselben nirgend anderswo in Stimmen wie auch in Partitur stechen zu lassen. Jedoch steht mir das Recht zu, selbe aufzuführen, wo ich will sowie auch selbe im Klavierauszuge herauszubringen, jedoch nicht eher als bis mir Hr. Neate schreiben wird, daß sie in London aufgeführt worden sind. Übrigens hat mir Hr. Neate versichert, daß er es gefälligst auf sich nehme, daß die Philharmonische Gesellschaft mir nach einem Zeitraum von 1 oder 2 Jahren erlauben werde, diese 3 Ouvertüren auch in Partitur und Stimmen im Stich herausgeben zu dürfen, da ich nur mit ihrer Erlaubnis dies tun kann — womit ich mich der Philharmonischen Gesellschaft bestens empfehle.

Ludwig van Beethoven.

565] **An Antonie v. Brentano.**
Wien, 6. Februar 1816.

Meine verehrte Freundin! Ich ergreife die Gelegenheit durch H. Neate, einen ebenso vorzüglichen englischen Künstler als liebenswürdigen Menschen, mich bei Ihnen ins Gedächtnis zurückzurufen, ebenso bei Ihrem guten Gatten Franz. Zugleich sende ich einen Kupferstich, auf dem mein Gesicht abgedruckt ist. Manche wollen auch die Seele drauf deutlich wahrnehmen: ich lasse es dahingestellt sein. — Derweil habe ich gefochten, um ein armes, unglückliches Kind einer unwürdigen Mutter zu entreißen, und es ist gelungen — Te deum laudamus — macht mir viele, jedoch süße Sorgen. Ich wünsche Ihnen und Franz alles innigste Erdenglück mit den Seelen verbunden, küsse und umarme alle Ihre lieben Kinder in Gedanken und wünsche, daß sie dies wissen mögen. Mich aber empfehle ich Ihnen und setze nur noch hinzu, daß ich die Stunden, welche ich in Ihrer beiderseitigen Gesellschaft zubrachte, als die mir unvergeßlichsten mir gern zurückrufe.

Mit wahrer, inniger Hochachtung Ihr Verehrer und
Freund   Ludwig van Beethoven.

(Ich weiß, daß Sie Herrn Neate gern als einen Freund
von mir empfangen werden.)

566] An Ferdinand Ries.   Wien, 10. Febr. 1816.

Wertester Freund! Ich zweifle nicht, daß Sie meine Zu=
schrift v... erhalten haben; mit gegenwärtigem zeige ich
Ihnen bloß an, daß ich nunmehr auch unter dem dritten
dieses das Grand Trio und die Sonate an Herrn Birchall
mittelst des Hauses Thomas Coutts & Ko. geschickt habe,
wofür er an letzteres die bedungene Summe von 130 holl.
Dukaten zu bezahlen hat. Allein außerdem treffen ihn die
Auslagen für Kopiatur und das Postporto, zumal letzteres
bloß seinetwegen, um ihn schnell zu bedienen, an die Brief=
post ausgelegt ward; die diesfällige Note finden Sie am
Ende dieses. — Ich bitte Sie angelegentlich sich eifrigst zu
verwenden, daß H. Birchall gedachten Spesenbetrag in 10
holl. Dukaten reduziert, an die Herrn Coutts & Ko. bezahle,
da der Verlust dieser Summe einen großen Teil meines
ganzen Honorars aufzehrte. Ich glaube bald Gelegenheit
zu finden, H. Birchall auf andere Art verbinden zu können.
Ich sehe recht bald Ihrer Antwort entgegen und verharre
mit freundschaftlicher Achtung
              Ihr ergebener Freund Ludwig van Beethoven.

567] An Karl Czerny.   (12. Febr. 1816.)

Lieber Czerny! Heute kann ich Sie nicht sehen, morgen
werde ich selbst zu Ihnen kommen, um mit Ihnen zu spre=
chen. Ich platzte gestern so heraus, es war mir leid, als es
geschehen war. Allein das müssen Sie einem Autor ver=
zeihen, der sein Werk lieber gehört hätte, wie es geschrieben,
so schön Sie auch übrigens spielten. — Ich werde das aber
schon bei der Violoncellsonate laut wieder gutmachen.

Seien Sie überzeugt, daß ich als Künstler das größte
Wohlwollen für Sie hege und mich bemühen werde, es
Ihnen immer zu bezeugen.
              Ihr wahrer Freund Beethoven.

22*

568] **An Cajetan Giannatasio del Rio.**   (17. Febr. 1816.)

Dieses, mein werter Freund, ist der Inhalt der vorgestri=
gen Unterredung mit Hr. V. Schmerling: Karl darf ohne
Erlaubnis seines Vormundes unter keinerlei Vorwand aus
dem Institut abgeholt werden, die Mutter kann ihn da=
selbst niemals besuchen. Hat sie Neigung ihn zu sehen, so
muß sie sich an den Vormund wenden, der die Veranstaltung
dazu treffen wird.

Auf diese Art wird die Schrift mir hierüber von den
Landrechten ausgestellt werden. Vorderhand können Sie
dieses zum sichern Maßstab Ihrer Behandlung der Frau
nehmen; heute gegen 12 Uhr muß ich Ihnen mit meinem
Freunde Bernard beschwerlich fallen, indem wir bei Ihnen
sogleich die Schrift aufsetzen und auch das, was Sie wün=
schen, eingetragen werden soll; Ihren Brief will S. eben=
falls beigelegt wissen. Diese Nacht ist diese Königin der
Nacht bis 3 Uhr auf dem Künstlerball gewesen, nicht allein
mit ihrer Verstandesblöße, sondern auch mit ihrer körper=
lichen — für 20 fl., hat man sich in die Ohren gesagt, daß
sie zu haben sei! o schrecklich! Und unter diesen Händen
sollen wir unseren kostbaren Schatz nur einen Augenblick
vertrauen? Nein, gewiß nicht! Ich umarme Sie von Her=
zen als meinen Freund und zugleich mit als Karls Vater.

Ihr Ludwig van Beethoven.

569] **An Ferdinand Ries.**   Wien, 28. Febr. 1816.

— — Ich war mehrere Zeit hindurch nicht wohl, der Tod
meines Bruders wirkte auf mein Gemüt und auf meine
Werke. — Salomons Tod schmerzt mich sehr, da er ein edler
Mensch war, dessen ich mich von meiner Kindheit erinnere.
Sie sind Testamentsexekutor geworden, und ich zu gleicher
Zeit Vormund des Kindes meines armen verstorbenen Bru=
ders. Schwerlich werden Sie soviel Verdruß, als ich bei die=
sem Tode, gehabt haben. Doch habe ich den süßen Trost, ein
armes unschuldiges Kind aus den Händen einer unwür=
digen Mutter gerettet zu haben. — Leben Sie wohl, lieber
Ries! Wo ich Ihnen hier in etwas dienen kann, betrachten
Sie mich ganz als Ihren wahren Freund   Beethoven.

340

570] **An Franz v. Brentano.** Wien, 4. März 1816.

Ich empfehle Ihnen, mein werter Freund, den ersten Weinkünstler Europens Hr. Neberich. Selbst in der ästhetischen Anordnung des Aufeinanderfolgens der verschiedenen Weinprodukte ist derselbe Meister und verdient allen Beifall. Ich zweifle nicht, daß Sie beim hohen Rate von Frankfurt die höchste Ehre mit ihm einlegen werden; bei jedem Opfer, dem Bacchus dargebracht, gehört ihm der Priesterrang, und ein besseres Evoe, Evoe ist durch niemanden hervorzubringen. Ich wünsche, daß Sie zuweilen gern meiner gedenken,

Ihres Freundes L. van Beethoven.

NB. Die Musikalien waren heute nicht zu haben.

571] **An Cajetan Giannatasio del Rio.** (März 1816.)

Verehrter Freund! Die Königin der Nacht überraschte mich gestern und zwar noch obendrein mit einem ordentlichen Anathem gegen Sie. Ihre gewohnte Frechheit und Bosheit gegen mich beurkundeten sich auch diesmal und machten mich einen Augenblick stutzen und beinahe glauben, was sie behauptete, habe vielleicht seine Richtigkeit. Allein als ich später nach Hause kam, ergab sich folgendes Resultat aus dem Bescheid der Landrechte, welcher ganz nach Wunsch ausgefallen ist und wovon ich Ihnen das Nötigste sie betreffend mitteile, obschon Sie vielleicht noch gegen Abend die Abschrift davon erhalten.

— Ein mir eingehändigter Bescheid des Landrechts verordnet, daß in Ansehung der Besuche der Mutter meines Neffen oder der Abholung aus dem Hause durchaus nichts geschehen darf, was ich nicht selbst angeordnet, genehmigt und bewilligt habe, und daß mir jederzeit die Einrichtung und Bestimmung hierüber vollkommen anheimgestellt ist. Die Mutter des Knaben hat sich daher nur an mich zu wenden, wenn sie ihn zu sehen verlangt, worauf ich nach Gutbefinden bestimmen werde, wann und wie und ob es geschehen könne. —

Beifolgendes zweckmäßige Büchlein erhielt Karl von seiner Mutter insgeheim gestern mit dem Verbot, mir etwas davon zu sagen. Sie sehn daher wohl, daß wir

341

ihr dieses wieder zurückgeben müssen, auch wie wir uns zu hüten. Sollte es Ihnen recht sein, so hole ich mein kleines Kerlchen heute gegen ein Uhr zum Essen ab, damit er auch den Fasching etwas empfinde, der doch auch bei Ihnen gefeiert wird und besonders von seinen Kameraden (wie er sagt). Ich umarme Sie von Herzen als denjenigen, dem ich alles Gute, Große, was mein Karl hervorbringen wird, gerne zuschreiben werde.

In Eil' und Achtung Ihr Freund Beethoven.
(Lassen Sie mir gefälligst sagen, ob ich Karl zum Essen abholen darf).

572] **An Heinrich Schmidt**, Brünn. **Wien, 11. März 1816.**

Euer Wohlgeboren! Mit vielem Vergnügen habe ich Ihnen die Schlachtsymphonie mit den gestochenen Stimmen samt Partitur geschickt; sobald Sie selbe gebraucht haben, senden Sie mir sie gefälligst zurück. Da sie hier vielleicht aufgeführt wird, konnte ich Ihnen die geschriebenen Stimmen nicht übermachen. Da der Titel der Schlachtsymphonie ganz falsch gedruckt ist, so teile ich Ihnen selben mit, wie er ist und sein muß, nämlich: „Eine große vollstimmige Instrumentalkomposition, geschrieben auf Wellingtons Sieg in der Schlacht bei Vittoria, erster Teil: Schlacht; zweiter Teil: Siegessymphonie." In betreff der Oper können Sie selbe zwar haben, allein für wenigstens 125 fl., sage: Hundertfünfundzwanzig Gulden, also 25 fl. mehr als vorher, denn der Kopist bekommt durch unsern liebenswürdigen Kurs im allererwünschtesten Papierzustand unseres papierenen Geldes gerade noch einmal soviel für die Kopiatur als damals, wo Ihnen die Oper für 100 fl. angetragen wurde. Ist Ihnen dieses so genehm, so machen Sie mir darüber Mitteilung, wo Sie alsdann die Oper in 14 Tagen haben können. Meine Empfehlung an Ihre Frau, wie auch an Kapellmeister Strauß. Vielleicht besuche ich einmal Brünn bei anderen Umständen; ich wünsche Ihnen dort alles Ersprießliche und bin Ihr ergebenster

Ludwig van Beethoven.

NB. Wegen der Oper bitte ich gleich zu antworten, damit Sie selbe zur rechten Zeit erhalten.

Received March 1816 of Mr. Robert Birchall — Mu-
sicseller 133 New Bond Street London — the sum of
One Hundred and thirty Gold Dutch Ducats, value in
English Currency Sixty Five Pounds for all my Co-
pyright and Interest, present and future, vested or con-
tingent, or otherwise within the United kingdom of
Great Britain and Ireland in the four following Compositions or Pieces of Music composed or arranged by me,
viz.

1 st. A Grand Battle Sinfonia, descriptive of the Battle
and Victory at Vittoria, adopted for the Pianoforte and
dedicated to his Royal Highness the Prince Regent — 40
Ducats.

2 nd. A Grand Symphony in the key of A, adapted to
the Pianoforte and dedicated to —

3 d. A Grand Trio for the Pianoforte, Violon and Violoncello in the key of B.

4 th. A Sonata for the Pianoforte with an Accompaniment for the Violin in the key of G. dedicated to —

And, in consideration of such payment I hereby for
myself, my Executors and Administrators promise and
engage to execute a proper Assignment thereof to him,
his Executors and Administrators or Assignees at his or
their Request and Costs, as he or they shall direct. —
And I likewise promise and engage as above, that none
of the above shall be published in any foreign Country,
before the time and day fixed and agreed on for such
Publication between R. Birchall and myself shall arrive.

L. van Beethoven.

574] **An Tobias Haslinger.** (März 1816.)

Sr. Wohlgeboren! Der Herr Adjutant sind erwartet mit
drei Exemplaren von der Schlacht, und zwar eins für'n
.... (ordinär) zwei für illustrissime schicken mit Kupfer,
jedoch nicht von Kupfer. Hiermit werden Sie erstens gut
empfangen, und wieder mit beehrenden Aufträgen an den
G—t entlassen werden. Der G—s.

575] **An Anton Halm.** Wien, 1. April 1816.

Recht gern, mein Herr Anton Halm, werde ich die mir von Ihnen gemachte Zueignung Ihrer Sonate in C=Moll auch im Stiche annehmen.

576] **An Ferdinand Ries.** Wien, 3. April 1816.

Mein lieber Ries! Wahrscheinlich wird Herr B. nun das Trio und Sonate erhalten haben; in dem vorigen Briefe habe ich noch 10 Dukaten für die Kopiatur und Porto verlangt, wahrscheinlich werden Sie mir diese 10 Dukaten noch auswirken. Immer habe ich einige Sorge, daß Sie für mich viel für Porto auslegen müssen; ich wünschte recht sehr, daß Sie so gütig wären, mir alle meine Briefe an Sie an= zurechnen, da ich sie Ihnen von hier aus vom Hause Fries an das Haus Coutts in London will vergüten lassen. — Sollte der Verleger B. kein Hindernis finden, welches er aber sogleich auf der Post an mich anzuzeigen ersucht wird, so soll die Sonate mit Violin hier im Monat Juni am 15. desselben herauskommen, das Trio am 15. Juli; wegen dem Klavierauszug der Symphonie werde ich es noch Hr. B. zu wissen machen, wann er herauskommen soll. Neate muß nun wohl in London sein; ich habe ihm mehrere Komposi= tionen von mir mitgegeben und er hat mir die beste Ver= wendung davon für mich versprochen. Grüßen Sie ihn von mir. Der Erzherzog Rudolf spielt auch Ihre Werke mit mir, mein lieber Ries, wovon mir il sogno besonders wohl ge= fallen hat. — Leben Sie wohl, mein lieber R., empfehlen Sie mich Ihrer lieben Frau sowie allen schönen Englän= derinnen, die es freuen von mir kann.

Ihr wahrer Freund Beethoven.

577] **An Joh. Nepomuk Hummel.** Wien, 4. April 1816.

Ars lo - - - - nga.

Glückliche Reise, mein lieber Hummel, gedenken Sie zuweilen Ihres Freundes Ludwig van Beethoven.

578] **An Nikolaus v. Zmeskall.**   Wien, 7. April 1816.

Der Unterzeichnete bittet höflichst um den Weißenbach, da er ihm nicht zugehört und er deshalb in großer Verlegenheit ist.   In Eil' Ihr Beethoven.

579] **An S. A. Steiner & Komp.**   (April 1816.)

Der Generalleutnant erhält hier das Versprochene für Gesang mit Klavier. Es kann aber nicht anders als um 50 ♯ in Gold verabfolgt werden, welche der G—t sogleich an die Kriegskasse des G—s zu liefern hat; obschon die Kriegskasse dem G—t noch für eine Summe von 1300 fl. verschuldet ist, so muß sie doch darauf bestehen, daß die 50 ♯ ohne Abzug sogleich erlegt werden. Was obgedachte schuldige Summe anbelangt, so wird man nächstens darauf bedacht sein, den G—t deswegen zu befriedigen, und ihm wegen seiner Verdienste um den Staat noch manche andere Benefizia zufließen lassen. Der Diabolus in der Person des Großprofos bringt dies Schreiben mit dem herzlichsten Gruß des G—s.

[Außen] Für den Generalleutnant Steinender.

580] **Vollmacht** für Dr. v. Kanka.   Wien, 2. Mai 1816.

Seine Wohlgeboren Hr. von Kanka, Doktor der Rechte des Königreichs Böhmen, bevollmächtige ich, auf seine Freundschaft bauend, die Quittung über 600 fl. W. W. zahlbar bei der Fürstl. Kinskyschen Kassa, vom Hause Ballabene in Prag sogleich zu sich zu nehmen nach Umständen und mir den Betrag nach möglichst geschwinder Erhebung sogleich zu übermachen. Vermittelst meiner eigenen Handschrift und Siegel

Ludwig van Beethoven.

Meine Antwort kommt etwas spät; allein ich war krank
und viel zu tun, war es nicht möglich Ihnen eher zu ant=
worten; — nun erst das Nötigste. Von den 10 Dukaten in
Gold ist bis jetzt noch kein Heller angekommen und ich fange
schon an zu glauben, daß auch die Engelländer nur im
Auslande großmütig sind; so auch mit dem Prinzregenten,
von dem ich für meine überschickte Schlacht nicht einmal die
Kopiaturkosten erhalten, ja nicht einmal einen schriftlichen
noch mündlichen Dank. Fries zogen mir hier noch 6 fl. Kon=
ventionsgeld ab, bei dem empfangenen Gelde von Birchall
außerdem für Porto 15 fl. Konventionsgeld, sagen Sie die=
ses B. Und sehen Sie, daß Sie noch selbst die Anweisung
auf die 10 # erhalten, sonst geht's wie das erstemal. Was
Sie mir von der Unternehmung von Neate sagen, wäre er=
wünscht für mich; ich brauche es; mein Gehalt beträgt
3400 fl. in Papier, 1100 Hauszins bezahle ich, mein Be=
dienter mit seiner Frau bis beinahe 900 fl. Rechnen Sie,
was also noch bleibt. Dabei habe ich meinen kleinen Neffen
ganz zu versorgen; bis jetzt ist er im Institute. Dies kostet
bis 1100 fl. und ist dabei doch schlecht, so daß ich eine or=
dentliche Haushaltung einrichten muß, um ihn zu mir zu
nehmen. Wieviel man verdienen muß, um hier nur leben
zu können! Und doch nimmt's nie ein Ende, denn — denn
— denn — Sie wissen es schon. Wegen der Dedikationen
ein andermal. Einige Bestellungen, außer einer Akademie,
würden mir auch willkommen sein von der philharmoni=
schen Gesellschaft. Übrigens sollte sich mein lieber Schüler
Ries hinsetzen und mir was Tüchtiges dedizieren, worauf
dann der Meister auch antworten wird und Gleiches mit
Gleichem vergelten. Wie soll ich Ihnen mein Porträt schif=
ken? Ich hoffe auch bald Nachrichten von Neate, treiben Sie
ihn etwas an, seien Sie übrigens versichert von wahrer
Teilnahme an Ihrem Glücke. Treiben Sie ja Neate an zum
Wirken und Schreiben. Alles Schöne an Ihre Frau; leider
habe ich keine; ich fand nur eine, die ich wohl nie besitzen
werde, bin aber deswegen kein Weiberfeind.

Ihr wahrer Freund Beethoven.

Meine werte, liebe Freundin! Sie dürften vielleicht und mit Recht glauben, daß Ihr Andenken völlig in mir erloschen sei. Unterdessen ist es nur der Schein; meines Bruders Tod verursachte mir großen Schmerz, alsdann aber große Anstrengungen, um meinen mir lieben Neffen vor seiner verdorbenen Mutter zu retten. Dieses gelang. Allein bis hierher konnte ich noch nichts Besseres für ihn tun, als in ein Institut zu geben, also entfernt von mir. Und was ist ein Institut gegen die unmittelbare Teilnahm-Sorge eines Vaters für sein Kind? Denn so betrachte ich mich nun und sinne hin und her, wie ich dieses mir teure Kleinod näher haben kann, um geschwinder und vorteilhafter auf ihn wirken zu können. Allein wie schwer ist das für mich!

— Nun ist meine Gesundheit auch seit sechs Wochen auf schwankenden Füßen, so daß ich öfter an meinen Tod, jedoch nicht mit Furcht, denke, nur meinem armen Karl stürbe ich zu früh. Wie ich aus Ihren letzten Zeilen an mich sehe, leiden Sie wohl noch sehr, meine liebe Freundin. Es ist nicht anders mit den Menschen. Auch hier soll sich seine Kraft bewähren, d. h. auszuhalten ohne zu murren und seine Nichtigkeit zu fühlen und wieder seine Vollkommenheit zu erreichen, deren uns der Höchste dadurch würdigen will. — Linke wird nun wohl schon bei Ihnen sein, möge er Ihnen Freude auf seinen Darmsaiten erwecken. — Brauchle wird sich vom Brauchen wohl nicht entfernen und Sie werden wie immer Tag und Nacht von ihm Gebrauch machen. — Was den Vogel Sperl betrifft, so höre ich, daß Sie nicht mit ihm zufrieden sind; worin dieses besteht, weiß ich nicht. Sie suchen, wie ich höre, einen anderen Hofmeister; übereilen Sie sich doch nicht und machen Sie mich mit Ihren Ansichten und Absichten hierin bekannt, vielleicht kann ich Ihnen gute Anzeigen machen, vielleicht tun Sie aber dem Sperl im Käficht unrecht? — Ihre Kinder umarme ich und drücke das in einem Terzett aus; sie werden wohl täglich Fortschritte machen in ihrer Vervollkommnung. Lassen Sie mich recht bald, sehr bald wissen, wie Sie sich auf dem kleinen Nebelfleck der Erde, wo Sie jetzt sind, befinden. Ich nehme gewiß, wenn ich es auch nicht immer gleich anzeige oder äußere, großen Teil an Ihren Leiden und Freuden. Wie lange bleiben Sie noch, wo werden Sie künftig leben? — Mit der Dedikation der Violoncellsonate wird eine Veränderung geschehen, die Sie aber und mich nicht verändern wird. Liebe teure Gräfin in Eil Ihr Freund

Beethoven.

583] **An Gräfin Marie Erdödy.**   Wien, 15. Mai 1816.

Verehrte liebe Freundin! Dieser Brief ist schon geschrieben, und heute begegne ich Linke, und (vernehme) Ihr beweinungswürdiges Schicksal, den plötzlichen Verlust Ihres lieben Sohnes. — Wo wäre hier Trost zu geben, nichts schmerzt mehr, als das schnell unvorhergesehene Hinscheiden derjenigen, die uns nahe sind, so kann ich ebenfalls meines armen Bruders Tod nicht vergessen; nichts als — daß man denken kann, daß die geschwind Hinweggeschiedenen weniger leiden. — Ich nehme aber den innigsten Anteil an Ihrem unersetzlichen Verlust. — Vielleicht habe ich Ihnen noch nicht geschrieben, daß ich ebenfalls mich schon lange gar nicht wohl befinde, mit eine Ursache meines langen Stillschweigens. Nun noch obendrein die Sorge für meinen Karl, den ich oft in meinem Sinn gedacht habe an Ihren lieben Sohn anzuschließen. — Wehmut ergreift mich um Ihretwillen und auch um meinetwillen, da ich Ihren Sohn geliebt. — Der Himmel wacht über Sie und wird Ihre schon ohnedem großen Leiden nicht vermehren wollen, wenn Sie auch in Ihren Gesundheitsumständen noch mehr wanken sollten. Denken Sie, Ihr Sohn hätte in die Schlacht gemußt und hätte dort wie Millionen seinen Tod gefunden, dann sind Sie noch Mutter zweier lieber, hoffnungsvollen Kinder. — Ich hoffe bald Nachrichten von Ihnen, weine hier mit Ihnen, geben Sie übrigens allem Geschwätz, warum ich nicht sollte an Sie geschrieben haben, kein Gehör, auch Linke nicht, der Ihnen zwar zugetan ist, aber sehr gern schwätzt; — und ich glaube, daß es zwischen Ihnen, meine liebe Gräfin, und mir keiner Zwischenträger bedarf. In Eil' mit Achtung

Ihr Freund Beethoven.

584] **An Charles Neate.** Vienna, 15. Mai 1816.

Mon très cher ami! L'amitié de vous envers moi me pardonnera toutes les fautes contre la langue française, mais la hâte ou j'écris la lettre, et le peu d'exercice et dans ce moment même sans dictionnaire français tout cela m'attire sûrement encore moins de critique qu'en ordinairement.

Avant-hier on me portait un extrait d'une gazette anglaise nommée Morning chronicle, où je lisois avec grand plaisir, que le société philharmonique a donné ma Sinfonie A ♮; c'est une grande satisfaction pour moi, mais je souhaite bien d'avoir de vous même des nouvelles, que vous ferez avec tout les compositions, que je vous ai données: vous m'avez promis ici, de donner un concert pour moi, mais ne prenez mal, si je me méfie un peu, quand je pense que le Prince régent d'Angleterre ne me daignait pas ni d'une réponse ni d'une autre reconnaissance pour la Bataille que j'ai envoyée à son Altesse, et laquelle on a donnée si souvent à Londres, et seulement les gazettes annonçaient la réussite de cet œuvre et rien d'autre chose — comme j'ai déjà écrit une lettre anglaise à vous mon très cher ami, je trouve bien de finir, je vous ai ici dépeint ma situation fatale ici, pour attendre tout ce de votre amitié, mais hélas, pas une lettre de vous — Ries m'a écrit, mais vous connaissez bien dans ces entretiens entre lui et moi, ce que je vous ne trouve pas nécessaire d'expliquer.

J'espère donc cher ami bientôt une lettre de vous, où j'espère de trouver des nouvelles de votre santé et aussi de ce que vous avez fait à Londres pour moi — adieu donc, quant à moi je suis et serai toujours votre
vrai ami Beethoven.

585] **An Charles Neate.** Vienna, 18. Mai 1816.

My dear Neate! By a letter of Mr. Ries I am acquainted with your happy arrival at London. I am very well pleased with it, but still better I should be pleased if I had learned it by yourself.

Concerning our business, I know well enough that for the performance of the greater works, as: the Symphony, the Cantate, the Chorus, and the Opera, you want the help of de Philharmonic Society, and I hope your endeavour to my advantage will be successfull.

Mr. Ries gave me notice of your intention to give a concert to my benefit. For this triumph of my art at London I would be indebted to you alone; but an influence still wholesomer on my almost indigent life, would be to have the profit proceeding from this enterprise. You know that in some regard I am now father to the lovely lad you saw with me; hardly I can live alone three months upon my annual salary of 3400 florins in paper, and now the additional burden of maintaining a poor orphan — you conceive how welcome lawful means to improve my circumstances must be to me. As for the Quatuor in F-minor, you may sell it without delay to a publisher, and signify me the day of its publication, as I should wish it to appear here and abroad on the very day. The same you be pleased to do with the two Sonatas Op. 102 for pianoforte and violoncello; yet with the latter it needs no haste.

I leave entirely to your judgement to fix the terms for both works, to wit, the Quatuor and the Sonatas; the more the better.

Be so kind to write to me immediately for two reasons; 1 st that I may not be obliged to shrink up my shoulders when they ask me if I got letters from you; and 2 dly, that I may know how you do, and if I am in favour with you. Answer me in English if you have to give me happy news, (for example, those of giving a concert to my benefit), in French if they are bad ones.

Perhaps you find some lover of music to whom the Trio and the Sonata with violin, which Mr. Ries had sold to Mr. Birchall, or the Symphony arranged for the pianoforte might be dedicated, and from whom there might be expected a present. In expectation of your speedy answer, my dear friend and countryman, I am yours truly   Ludwig van Beethoven.

Mein lieber Ries! Mir ist es leid, daß Sie durch mich wieder einiges Postgeld ausgeben müssen; so gern ich allen Menschen helfe und diene, so wehe tut es mir, andere meinetwegen in Anspruch nehmen zu müssen. Von den 10 # ist bis dato nichts erschienen, und es ist also das Resultat daraus zu ziehen, daß es in England wie bei uns Windbeutel und nicht worthaltende Menschen gibt. — Ich lege Ihnen hierbei nichts zur Last. Bei alledem muß ich Sie bitten, sich noch einmal wegen den 10 # an Herrn Birchall zu wenden und sich solche selbst geben zu lassen. Ich versichere Sie auf meine Ehre, daß ich für Unkosten 21 fl. in C. M. bezahlt ohne die Kopistenrechnung und mehrere Postgelder in B. Z. Das Geld war nicht einmal in Dukaten angewiesen, da Sie mir doch selbst geschrieben, daß es mir in holländischen # sollte angewiesen werden. Also gibt es auch in England solche gewissenhafte Menschen, denen Worthalten nichts ist?!! — Wegen dem Trio hat mich der hiesige Verleger angegangen, daß dieses in London am letzten August erscheine. Ich bitte Sie also, deswegen gütigst mit Hr. B. zu reden. Mit dem Klavierauszuge der Sinfonie in A kann sich Hr. B. in Bereitschaft setzen, indem, sobald mir der hiesige Verleger den Tag sagen wird, ich solches gleich Ihnen oder B. zu wissen machen werde. — — Da ich von Neate auch keine Silbe erhalten habe seit seiner Ankunft in L., so bitte ich Sie nur ihm zu sagen, daß er mir Antwort gebe, ob er schon das Quartett in F-Moll angebracht, indem ich es hier auch gleich herausgeben möchte, und was ich in Rücksicht der Violoncellsonaten zu erwarten habe? Von allen übrigen Werken, die ich ihm mitgegeben, schäme ich mich beinahe zu reden, und zwar vor mir selbst, daß ich wieder so zutrauensvoll, so ganz ohne andere Bedingungen, als die Freundschaft und Fürsorge selbst zu meinem Nutzen erfinden würden, ihm selbe hingegeben.

Man hat mir die Übersetzung einer Nachricht aus dem Morning-Chronicle über die Aufführung einer Symphonie (wahrscheinlich in A) zu lesen gegeben. Es wird mit dieser und allen anderen mitgenommenen Werken von Neate

wohl ebenso gehen wie mit der Schlacht, und ich werde
wohl wie von selbiger auch nichts haben, als in den Zeitun=
gen die Aufführungen zu lesen. Der Klavierauszug der
Sinfonie in A ward geschwind abgeschrieben und nach ge=
nauer Durchsicht habe ich den Übersetzer einige Stellen ver=
ändern lassen, welche ich Ihnen mitteilen werde. Alles
Schöne an Ihre Frau. In Eile Ihr wahrer Freund Beet=
hoven. — NB. Haben Sie dem Erzherzog Rudolph das
Konzert in Es gewidmet? Warum haben Sie denn selbst
nicht an ihn geschrieben deswegen?

587] **An S. A. Steiner.**   (1816.)

Lieber Steiner! Ich brauche die Partitur der Oper Fi=
delio auf einige Tage, um einen Quartettenauszug danach
zu revidieren, da ich sie Ihnen alsdann sogleich wieder ein=
händige. — Auch bitte ich Sie um die Partitur des Trios
fürs Klavier nebst den zwei ausgeschriebenen Stimmen von
Violin und Violoncell und die Partitur von der Violin=
sonate in G=Dur. Ich brauche beide Werke nur auf einen
Abend und kann sie Ihnen sogleich des anderen Morgens
früh wieder übermachen. — Zweifeln Sie nie an meiner
Aufrichtigkeit und Redlichkeit; auf diese Weise werden
wir uns hoffentlich, obschon mein armer unglücklicher Bru=
der nicht mehr lebt, nie voneinander entfernen.

Ihr Freund Beethoven.

588] **An S. A. Steiner & Komp.**   (1816.)

Mein lieber Steiner, sobald Sie mir die Oper, welche
ich brauche, — warum? habe ich Ihnen gesagt, schicken, kön=
nen Sie die Stimmen der Symphonie jeden Augenblick
haben. — Nicht vertragsmäßig, sondern aus Gefälligkeit
geschieht dieses. — Beleidigungen beantworte ich gar nicht.
Alles übrige, wie oder warum ich es habe, bin ich jeden
Augenblick bereit zu verantworten.

Ihr ergebenster Ludwig van Beethoven.

589] **An S. A. Steiner.**   (1816.)

Hier, mein lieber St., sende ich Ihnen die Stimmen der
Symphonie in A. Ich war der erste, der Diabelli es an=

trug, daß Sie aus diesen die Symphonie stechen sollten,
folglich kann diese Sprache, die Sie deswegen gegen mich
führen, auf keinerlei Weise stattfinden. Ich ersuche Sie
noch einmal um die Oper, damit ich den Artaria ihren
Quartettenauszug davon korrigieren kann. Sie werden
wohl keinen Neid hierüber äußern wollen und deswegen
sie zurückhalten, dies machte Ihnen wenig Ehre. Immer
war ich bereit, Ihnen gefällig zu sein, allein Mißtrauen
läßt mein Charakter nicht zu. Unser Kontrakt lautet, daß
ich alle Werke, die Sie besitzen, auch nach England geben
kann; und ich kann Ihnen beweisen, daß ich hierin noch
lange nicht meinen Vorteil benützt habe und daß, wenn ich
gänzlich Herr meiner Werke geblieben wäre, die Engländer mir sie ganz anders bezahlt hätten, als Sie! Doch habe
ich und halte ich ohnerachtet dessen treu, was im Kontrakt
bestimmt ist; und nun kündige ich Ihnen an, daß in einigen Tagen schweres Kriegsgericht gehalten werden wird,
wonach das ganze Regiment vom G. l. an gänzlich aufge-
löst werden wird und ebenso aller seiner künftigen Ehren,
Vorteile usw. verlustig erklärt wird.

Zum letzten Male der G—s.

590] An Erzherzog Rudolf.   Wien, 11. Juli 1816.

Ihro Kaiserliche Hoheit! Ich darf wohl von Ihrer
Gnade für mich hoffen, daß Sie der mir etwas freventlich
(jedoch bloß um der Überraschung willen) erlaubten hier
beigefügten Dedikation sonst keine Absicht beilegen. Das
Werk war für J. K. H. geschrieben, oder vielmehr hat es
Ihnen sein Dasein zu danken, und die Welt (die musikalische) sollte diese davon wissen? Ich werde bald das Vergnügen haben, J. K. H. in Baden meine Aufwartung
machen zu können. Mein Brustzustand hat es bis hierher
trotz allen Anstrengungen meines Arztes, welcher mich nicht
von hier lassen wollte, noch nicht zugelassen, jedoch geht es
mir besser. Ich hoffe nur Gutes und Ersprießliches von
Ihrem uns bekümmernden Gesundheitszustand zu hören.
Ihro Kaiserlichen Hoheit treu gehorsamster

Ludwig van Beethoven.

591] **An Rudolf Birchall.**　　Vienne 22. Juillet 1816.

Monsieur. J'ai reçu la déclaration de propriété de mes
Oeuvres entièrement cédée à Vous pour y adjoindre ma
Signature. Je suis tout à fait disposé à seconder vos
vœux sitôt, que cette affaire sera entièrement en ordre
en égard de la petite somme de 10 ♯ d'or laquelle me
vient encore pour les frais de la copie de poste de lettre
etc. comme j'avois l'honneur de vous expliquer dans une
note détaillée sur ces objects. Je vous invite donc Monsieur de bien vouloir me remettre ces petits objects, pour
me mettre dans l'état de pouvoir vous envoyer le docu-
ment susdit. Agréez Monsieur l'assurance de l'estime la
plus parfaite avec laquelle j'ai l'honneur de me dire

Louis van Beethoven.

Copying	1.	10.	0.
Postage to Amsterdam	1.	0.	0.
Trio . .	2.	10.	—
£	5.	0.	0.

592] **An Cajetan Giannatasio del Rio.**　　(28. Juli 1816.)

Werter Freund! Mehrere Umstände veranlassen mich,
Karl zu mir zu nehmen; in dieser Rücksicht erlauben Sie,
daß ich Ihnen den Betrag für das nun herannahende Vier=
teljahr sende, nach Verlauf dessen Karl austreten wird; —
nicht irgend etwas Ihnen oder Ihrem geehrten Institut
Nachteiligem schreiben Sie es zu, sondern vielen anderen
bringenden Beweggründen für das Wohl Karls. Es ist ein
Versuch, ich werde Sie selbst bitten, sobald es einmal dar=
an ist, mich mit Ihrem Rate zu unterstützen, ja auch außer=
dem Karln zuweilen zu erlauben, Ihr Institut besuchen zu
dürfen. Ewigen Dank werden wir Ihnen wissen, ja nie
werden wir Ihre Sorgfalt und die vortreffliche Pflege
Ihrer werten Frau Gemahlin, welche nur jener der besten
Mütter zu vergleichen ist, vergessen. — Wenigstens vier=
mal soviel würde ich Ihnen schicken, als es jetzt geschieht,
wenn es nur meine Lage zulassen wollte; unterdessen werde
ich in einer besseren Zukunft jede Gelegenheit ergreifen, um
auf eine gewisse Art das Andenken an Ihre Gründung des

physischen und moralischen Wohls meines Karls zu ehren und zu erinnern. — In Ansehung der „Königin der Nacht" bleibt es wie bisher und selbst dann, wenn K. auch bei Ihnen operiert werden sollte, da er einige Tage kränklich sein wird, und daher empfindlicher und reizbarer, so ist sie noch um so weniger zuzulassen, indem sich bei K. leicht alle Eindrücke erneuern könnten, welches wir nicht zugeben können. Wieviel wir auf ihre Besserung rechnen können, zeigt Ihnen dieses abgeschmackte Geschmier; aus dieser Rücksicht bloß teile ich Ihnen selbiges mit, damit Sie sehen, wie recht ich habe, auf dem einmal gegen sie angenommenen Verfahren zu beharren. Unterdessen habe ich ihr diesmal nicht wie ein Sarastro, sondern wie ein Sultan geantwortet. — Sollte, so gern ich Sie damit verschonen möchte, die Operation Karls bei Ihnen vor sich gehen, so bitte ich Sie, mir nur alles das, was Ihnen in Ihrem Hause Unruhen und mehr Ausgaben veranlaßt, anzugeben, mit größtem Dank werde ich Ihnen alles erstatten. Und nun leben Sie wohl, alles Schöne Ihren lieben Kindern und Ihrer vortrefflichen Gemahlin, deren weiterer Sorgfalt ich auch jetzt meinen Karl empfehle. Ich verlasse Wien morgen früh 5 Uhr, werde aber öfter von Baden hereinkommen. Wie immer mit Achtung der Ihrige L. v. Beethoven.

593] An Kirchhöffer. (1816.)

Euer Wohlgeboren! Ich gab vor einiger Zeit Herrn Simrock aus Bonn — — — —, so bitte ich Sie, mir es zu wissen zu machen. Euer Wohlgeboren ergebenster Diener
L. v. Beethoven.

594] An Nikolaus v. Zmeskall. (3. Sept. 1816.)

Lieber Z.! Ich habe einen Bedienten, der in anderer Leute Gemächer mit falschen Schlüsseln sich begibt; die Sache hat also Eile, bis auf den 25. dieses müßte ein solcher Mensch bei mir eintreten, ja, wäre es möglich, einen zu haben, ich jagte den jetzigen auf der Stelle fort. — Diesen Nachmittag nach 3 Uhr oder gegen 4 Uhr will ich es versuchen, Sie zu sprechen. In Eil' Ihr Freund Beethoven.

23*

595] **An S. A. Steiner.** (Sept. 1816.)

Zur Vermeidung alles Irrtums ist zu wissen, daß in allen meinen Werken, wo in der Violoncellstimme Violinschlüssel steht die Noten um eine 8ve tiefergenommen werden, nämlich:

klingt so:

steht aber darüber in 8va wie hier:

so klingt dieses wie hier:

steht loco, so behalten die Töne die selbige Lage wie im Violinschlüssel.

596] **An S. A. Steiner.** Baden am 4. September (1816).

Sehr bester General! Folgende Briefe an Schlemmer an Hering. Er wohnt gleich auf dem Kohlmarkt im schwabischen Hause. Bitte sogleich, eiligst, prestissimo, aufs Schnellste zu besorgen, und diese Säue [Tintenkleckse] gleich zu verkaufen.

Dem Adjutanten ist das wegen dem Violoncell angebrachte zu übergeben, ich möchte es wohl angebracht haben beim Trio. Ich bitte mir sogleich zu berichten, wann das Trio fertig, daß ich dem Erzherzog ein Exemplar davon schicken kann. Es eilt also, presto prestissimo, man sporne den Adjutanten. Schickt jemand einen Brief, so bitte ich diesen citissime hierher zu besorgen, alles eilt, damit die Staatskassen gefüllt werden, und der Generalstab ge-

356

hörig bewirtet werden könne! — Schlemmer wohnt auf dem Kohlmarkt im klein Brandauischen Hause. Es ist ebenfalls wichtig, daß dieser Lumpenkerl sogleich sein Schreiben erhalte. Ich höre, das Lied auf Merkenstein erscheint zur Zeit des Schlittschuhlaufens, d. h. veni, vidi, vinci!!! Wegen der Partitur des Quartetts ist der Adjutant immer noch in Verdacht. Ich empfehle daher die strengste Untersuchung. Ich habe es hier angesehen, ohne Partitur kann's nicht korrigiert werden. Ich umarme den G. I. von Herzen und wünsche ihm die R... eines H......

In Eil der G—s.

597] **An Nikolaus v. Zmeskall.**   Baden, 5. Sept. 1816.

Werter Z.! Ich weiß nicht, ob Sie ein auf die Türschwelle gelegtes Billett neulich empfangen haben; die Zeit war mir zu kurz, Sie sehen zu können. Ich muß daher die Bitte an Sie wegen einem neuen Bedienten wiederholen, da ich diesen seiner Aufführung halber nicht halten kann. Er wurde am 25. April aufgenommen, es sind also am 25. September fünf Monate, daß er bei mir ist; er hat 50 fl. voraus erhalten. Sein Stiefelgeld wird ihm vom dritten Monat (in meinem Dienst) an gerechnet und von diesem bis zu einem ganzen Jahr zu 40 fl., Livree ebenfalls vom dritten Monat an, da ich gleich anfangs willens war ihn nicht zu behalten, immer gern meine 50 fl. gern zurück gehabt hätte, so habe ich immer gesäumt. Unterdessen wenn ich einen anderen haben könnte, würde ich am 25. dieses diesen austreten lassen, würde ihm 20 fl. für Stiefelgeld und monatlich 5 fl. für Livree (beides vom dritten Monat an gerechnet) in meinem Dienste anrechnen, welches zusammen 35 fl. macht; ich hätte also noch 15 fl. zu empfangen, diese müßte man wohl fahren lassen; unterdessen käme ich doch einigermaßen zu meinen 50 fl. — Finden Sie jemand tauglichen, so hat er hier in Baden täglich 2 fl. und kann er etwas kochen, so kann er sich in der Küche mit meinem Holz kochen (ich habe eine Küche, ohne jedoch für mich kochen zu lassen); könnte er das nicht, so würde ich auch wohl noch einige Kreuzer darauf legen; — in Wien, sobald ich wieder für beständig da bin, hat er monatlich

40 fl., das übrige, Livree, Stiefelgeld usw. vom dritten Monat in meinen Diensten an gerechnet, wie bei anderen Bedienten. — Kann er etwas schneidern, so würde es sehr gut sein. Hier haben Sie noch einmal mein Anliegen, ich bitte Sie spätestens bis zum zehnten dieses Monats um eine Antwort, damit ich meinem Bedienten am zwölften aufsagen kann mit 14 Tagen wie gebräuchlich. — Sonst muß ich ihn künftigen Monat wieder behalten, und doch möchte ich ihn jeden Augenblick gerne verlieren. — Von dem neu anfzunehmenden wissen Sie ohnehin schon, wie man ihn ohngefähr wünscht, ein gutes ordentliches Betragen, gute Empfehlungen und verheiratet und nicht mord= lustig, damit ich meines Lebens sicher bin, indem ich doch wegen verschiedenem Lumpenvolk in der Welt noch etwas leben möchte. —

Ich erwarte also spätestens bis zum zehnten dieses von Ihnen die Bedientenrelation. — Werden Sie nicht unwil= lig, nächstens schicke ich Ihnen meine Abhandlung über die vier Violoncellsaiten, sehr gründlich verfaßt, erstes Ka= pitel von den Gedärmen überhaupt — zweites K. von den Darmsaiten — usw. Ich brauche Sie nicht mehr zu warnen, daß Sie sich vor Verwundungen bei gewissen Festungen in acht nehmen. Es ist ja überall tiefe Ruhe!!! Leben Sie wohl, bestes Zmeskällchen. — Ich bin wie immer un povero musico und   Ihr Freund Beethoven.

NB. Es wird vielleicht nur einige Monate mit dem Be= dienten dauern, da ich eine Haushälterin meines Karl wegen annehmen muß.

598] **An S. A. Steiner & Komp.**   (1816.)

Das G—ll—t=Amt ist befugt, mir sogleich 100 fl. W. W. zu schicken; mit dem Überbringer dieses anderen so= gleich die Stempelbogen kaufen und die Quittungen ein= händigen. Was unsere Bergwerke betrifft, so kann der= malen nichts verabfolgt werden; doch sollte das G—ll—ts= Amt die seinigen eröffnen wollen, so kann dieses bloß ver= mittelst Supplicandum geschehen, indem keine Offerte mehr geleistet werde.   Der G—s.

599] **An S. A. Steiner & Komp.** **Baden, 6. Sept. 1816.**

Beiliegender offener Brief ist an den Hrn. Dr. Kanka in Prag, wovon jedoch von allem Inhalt und besonders von Baron Pasqualati das größte Stillschweigen geboten wird (eine gute Übung für Personen eines so erhabenen G. Ranges). Wird dem Generalstab empfohlen sogleich mit morgiger Post abzusenden, die schon in Wien liegende Quittung beim Hrn. G—l—l—t wird hinzugefügt und um beides ein Umschlag gemacht. Wie sieht's aus mit dem Trio? Ich bitte, mir's bald zu besorgen; da ich eine Weile hier bleibe, so bitte ich mir es nur anzuzeigen, sobald es bereit, um dem Erzherzog von Wien aus zu schicken. Ist Baron Pasqualati schon fort nach Mailand? Es wird um eine responsio gebeten. Man erwartet baldige Nachrichten vom Gen.stab. Man empfiehlt sich und läßt sich wieder empfehlen. Angekommene Briefe werden gebeten, citissime hieher zu schicken.

Der G—s.

600] **An Dr. Johann Kanka.** **Baden, 6. Sept. 1816.**

Mein wertester K.! Ich schicke Ihnen hier, wie Sie verlangt, die Quittung, und bitte Sie, mir doch gütigst zu besorgen, daß ich das Geld doch gleich vor dem 1. Oktober erhalte und zwar ohne Debit, welches bisher immer geschehen; auch bitte ich Sie durchaus, das Geld nicht an Baron P. anzuweisen (mündlich einmal warum!! für jetzt bleibe dieses jedoch nur unter uns), entweder an mich selbst, oder muß es jemand sonst sein, nur nicht an Baron P. — Fürs künftige wäre es am besten, da für das große Kinsky- sche Haus doch der Hauszins hier bezahlt wird, mir man hier das meinige davon auszahlte. —

Dieses nur jetzt meine Gedanken. — Das bewußte Terzett erscheint bald im Stiche, welcher immer aller geschriebenen Musik vorzuziehen ist; Sie werden es also gestochen mit noch mehreren anderen ungezogenen Kindern von mir erhalten. Bitte unterdessen nur auf das Wahre zu sehen, und zufällige Menschlichkeiten diesen armen Schuldlosen nachzusehen. — Ich bin übrigens voller Sorgen, denn ich bin wirklich leiblicher Vater von meines Verstorbenen Bru-

ders Kind, und hierbei hätte ich ebenfalls den zweiten Teil
der Zauberflöte wohl auf die Welt bringen können, indem
ich es auch mit einer Königin der Nacht zu tun habe.

Nun küsse und drücke ich Sie an mein Herz und hoffe
bald, daß ich es wieder so weit bringe, daß Sie meiner
Muse einigen Dank wissen. Mein lieber werter Kanka, Ihr
inniger   Sie hoch verehrender Freund Beethoven.

601] **Auf Skizzenblättern.**   1816.

Zeige deine Gewalt, Schicksal! Wir sind nicht Herren
über uns selbst. Was beschlossen ist, muß sein, und so sei
es denn!

*

Ertragung — Ergebung — Ergebung! So gewinnen
wir noch beim höchsten Elend und machen uns würdig, daß
Gott unsere Fehler verzeiht.

*

Wie der Staat eine Konstitution haben muß, so der ein=
zelne Mensch für sich selber eine!

*

Nur in deiner Kunst leben! So beschränkt du auch jetzt
deiner Sinne halber bist, so ist dieses doch das einzige Da=
sein für dich.

*

Die große Auszeichnung eines vorzüglichen Mannes:
Beharrlichkeit in widrigen, harten Zufällen.

*

Nur in den seltensten Fällen andrer Menschen Rat fol=
gen. In einer Sache, die schon überdacht ist, wem können
alle Umstände so gegenwärtig sein als jemandem selbst?!

*

Zwei Kräfte, welche beide gleich groß, gleich einfach und
zugleich ursprünglich im allgemeinen sind, nämlich die An=
ziehungs= und Zurückstoßungskraft.

360

O sieh herab, Bruder! Ja, ich habe dich beweint und beweine dich noch. O, warum warst du nicht aufrichtiger gegen mich! Du lebtest noch und wärst gewiß so elendiglich nicht umgekommen, hättest du dich früher ... entfernt und mir ganz genaht.

*

Der mit einem Übel behaftet wird, welches er nicht ändern kann, sondern welches nach und nach ihn dem Tode näher bringt und ohne welches sein Leben länger gedauert hätte, muß denken, daß er auch so durch Mord oder andere Ursachen hätte noch geschwinder umkommen können.

*

Wegen T. ist nichts anderes als Gott es anheimzustellen, nie dort hingehen, wo man Unrecht aus Schwachheit begehen könnte: nur ihm, ihm allein, dem alles wissenden Gott sei dieses überlassen!

*

Jedoch gegen T. so gut als möglich, ihre Anhänglichkeit verdient immer nie vergessen zu werden, wenn auch leider nie davon vorteilhafte Folgen für dich entstehen könnten.

Karl betrachtest du als dein eigenes Kind. Alle Schwätzereien, alle Kleinigkeiten achte nicht über diesen heiligen Zweck. Hart ist der Zustand jetzt für dich, doch der droben, der ist; ohne ihn ist nichts. — Das Kennzeichen ist ohnehin einmal angenommen.

*

Opern und Alles sein lassen, nur für deine Waise schreiben — und dann eine Hütte, wo du das unglückliche Leben beschließest!

*

Zum Leben und Aushalten ein Haus in der Vorstadt, auf dem Lande gehts nicht mit Karl.

*

In tausend Fällen kann dir Karl Helfer sein im gemeinen Leben.

*

Nie mit einem Bedienten mehr allein leben! Es ist und bleibt das Mißliche, setzen wir nur den Fall, der Herr wird krank und der Diener vielleicht auch.

604] An Karl v. Beethoven. (1816.)

Mein lieber K.! Es ist nötig, Dich gemäß der Vorschrift des Hrn. v. Smettana vor der Operation noch einigemal zu baden, heute ist das Wetter günstig, und gerade jetzt noch die rechte Zeit, ich erwarte Dich beim Stubentor. —

Versteht sich, daß Du zuerst H. v. G. um Erlaubnis bittest. — Zieh' eine Unterziehhose an, oder nehm' sie mit, damit Du sie gleich nach dem Bade anziehen kannst im Falle das Wetter wieder kühler werden soll. — Ist der Schneider noch nicht da gewesen? Wenn er kommt, soll er Dir auch das Maß zu leinenen Unterziehhosen nehmen, Du bedarfst ihrer; wenn die Frau von Giannatasio weiß, wo er wohnt, könnt' mein Diener ihn auch zu Dir bestellen. —

Mein Sohn, lebewohl! Ich bin — sogar durch Dich Dein Hosenknopf   L. v. Beethoven.

605] An Tobias Haslinger. (1816.)

H. Adjutant sowohl schuldig als unschuldig ist ersucht die Korrekturen der Symphonie in F und der Sonate in A ♯, indem ich eben jetzt zu Hause bleibe und die Sache eher befördern kann. Besonders gibt es Menschen, die mich wegen der schwer zu exequierenden Sonate plagen. Wer kann

für solche schwer zu exequierende 𝅝 = ♩♩♩♩ ? Man

wünscht dem sowohl groben als höflichen Adjutanten Besserung, um endlich vorrücken zu können.   L. v. Beeth.

606] Auf Skizzenblättern. 1816.

Alle Werke, wie jetzt mit der Violoncellsonate, behältst du dir vor, dem Verleger den Tag der Herausgabe zu bestimmen, ohne daß die Verleger in London und in Deutschland sozusagen keiner vom andern weiß, weil sie sonst weniger geben, es auch nicht nötig ist; du kannst zum Vorwand geben, daß jemand anders diese Komposition bei dir bestellt hat.

607] **An J. N. Bihler.** (1816.)

Lieber Bihler! Ich melde Ihnen nur, daß ich in Baden derweil bin und mich vortrefflich — nicht durch die dortigen Gesellschaften, wohl aber durch die wahrhaft schöne Natur dort — befinde.

608] **An Nikolaus v. Zmeskall.** 1816.

Das nächste Mal von was anderem. Werden Sie nicht böse. Schicken Sie mir gefälligst Ihre Hausnummer, damit ich Ihnen unmittelbar schreiben kann. Werden Sie ja nicht böse und antworten gleich. — Beethoven im gr. Ossolinskischen Hause in der Allandgasse. — Herr von Czerny ist höflich ersucht, diesen Brief an H. v. Zmeskall zu besorgen, da ich dessen Nummer nicht weiß.

609] **An Cajetan Giannatasio del Rio.**

Sonntag am 22. Sept. 1816.

Gewisses läßt sich nicht aussprechen. — So als ich die Nachricht von Ihnen wegen Karls glücklich überstandener Operation erhielt, besonders meine Gefühle des Dankes. — Sie ersparen mir hier Worte hervorzubringen oder kaum zu stammeln. — Sie würden doch nichts sagen gegen das, was meine Gefühle Ihnen gern zollen möchten, also still. — — Daß ich wünsche zu hören, welchen Fortgang es jetzt mit meinem teuren Sohne nimmt, können Sie sich wohl denken; vergessen Sie dabei nicht, Ihre Wohnung mir deutlich anzuzeigen, damit ich selbst unmittelbar an Sie schreiben kann. Ich habe, seit Sie fort von hier, an Bernard geschrieben, damit er sich bei Ihnen erkundigen solle, habe aber keine Antwort erhalten; denn am Ende könnten Sie mich für einen halben, sorglosen Barbaren halten, indem Herr B. wahrscheinlich ebensowenig bei Ihnen gewesen, als er an mich geschrieben hat. — Besorgnisse kann ich keine bei Ihrer trefflichen Gemahlin haben, rein unmöglich. Daß es mir Wehe verursacht, nicht teilnehmen zu können an den Schmerzen meines Karl und ich wenigstens öfter von seinem Zustande zu wissen wünsche, dieses wird Ihnen sehr begreiflich sein; da ich mich nun auf einen so gemütlosen, unteilnehmenden Freund, wie Herr B., verzichtet habe, so muß ich Ihre Freundschaft und Gefälligkeit in dieser Rücksicht doch in Anspruch nehmen; ich hoffe bald einige Zeilen von Ihnen und erbitte alles Schöne und tausend Dank Ihrer verehrten Frau Gemahlin zu sagen.

In Eile Ihr L. v. Beethoven.

An Smetana, bitte ich, meine Verehrung und Hochachtung zu bezeigen.

610] **An Freiherr von Türkheim.**   (1816.)

Ich war mit meinem Bruder, welcher in einer Angelegenheit mit Ihnen notwendig zu sprechen hat, schon mein lieber T. gestern mehrmalen bei Ihnen, da man mir gesagt, daß Sie heute gegen 1 Uhr in der Böhmischen Kanzlei sein werden, so werde ich wieder dort mit meinem Hr. Bruder, Bürgerl. Apotheker in Linz zu Ihnen kommen, nicht aber, um Sie nicht zu finden, sondern um Sie zu finden allda. — Vergessen Sie unsre alte Freundschaft nicht, und wenn Sie was für meinen Bruder tun können, ohne die österreichische Monarchie umzustoßen, so hoffe ich Sie bereit zu finden. Leben Sie wohl, lieber Freiherr, und lassen Sie sich heute finden. Bedenken Sie, daß auch ich ein Freiherr bin, wenn auch nicht dem Namen nach!!! Mit inniger Achtung Ihr Freund und Diener   Ludwig van Beethoven.

611] **An Dr. Franz Wegeler.**   Wien, 29. Sept. 1816.

Ich ergreife die Gelegenheit durch Hr. Simrock Dich an mich zu erinnern. Ich hoffe, Du hast meinen Kupferstich und auch das böhmische Glas erhalten. Sobald ich einmal wieder Böhmen durchwandere, erhältst Du wieder etwas dergleichen. Leb' wohl, Du bist Mann, Vater, — ich auch, doch ohne Frau. — Grüße mir all' die Deinigen — die Unsrigen.   Dein Freund L. v. Beethoven.

612] **An Antonie v. Brentano.** Wien, 29. Sept. 1816.

Meine verehrte Freundin! Ich empfehle Ihnen den Sohn des Hrn. Simrock in Bonn, deſſen Bekanntſchaft ich hier gemacht. Er kann und wird Ihnen manches von meiner jetzigen Lage erzählen, d. h. einesteils auch von Öſterreich, Ihrem Vaterlande. — Ich höre, daß Sie geſund ſind, daß Franz, den ich vielmal grüße, Senator geworden, und ſtatt zu altern ſich immer mehr verjünge. Franz iſt höflichſt gebeten, dem H. Simrock, im Falle derſelbe Zahlungen an mich hier habe, hierin gefällig zu ſein, und es ihm auf die wenigſte koſtſpieligſte Weiſe hierher an mich anzuweiſen. — Franz iſt nun auch, wie ich höre, einer der Gipfel oder eine der Stützen der uralten Stadt Frankfurt geworden, wozu wir ihm von Herzen Glück wünſchen. — Sie werden wiſſen, wie ich Vater geworden bin und wahre Vaterſorgen habe. — Mein armer Neffe hatte einen Bruch, und iſt kürzlich operiert worden und zwar ſehr glücklich. — Sonſt kann ich Ihnen Bedeutendes nichts von hier ſchreiben, als daß unſere Regierung immer mehr regiert werden muß, und daß wir glauben, noch lange nicht das Schlimmſte erlebt zu haben. Ich grüße Sie alle herzlich und wünſche, daß Sie ſich meiner gern einmal erinnern.

In Eil' Ihr Freund Beethoven.

613] **An Karl v. Beethoven.** (1816.)

An meinen Neffen Karl! Soviel ich merke, iſt ein gewiſſer Giftſtoff noch in Dir vorhanden. Ich fordere Dich daher nur auf, Deine geiſtigen und körperlichen Bedürfniſſe aufzuſchreiben. Es wird kälter; brauchſt Du noch eine Decke oder Dein Deckbett? — Herr von Smetana wird auf mein Verlangen bei Dir geweſen ſein. Der Bruchmaſchiniſt war auch ſchon einmal, jedoch vergeblich da, er hat mir verſprochen wiederzukommen und Dir ein neues Bruchband zu übergeben und das alte zum Waſchen mitzunehmen. Es iſt ihm ſchon alles bezahlt. — Leb' wohl; Gott erleuchte Deine Seele und Dein Herz.

Dein Onkel und Freund Beethoven.

Lieber Cz.! Wenn Sie heute können, ersuche ich Sie gegen ein Uhr zu mir zu kommen, damit Karl nicht zu sehr zurückbleibe. Ihr ergebenster Ludwig van Beethoven.

Er ist gestern zum erstenmal ausgegangen, darf also noch nicht dieses Zuviel auf einmal ausüben.

615] **An Rudolf Birchall.** Vienna, 1. Oct. 1816.

My dear Sir! I have duly received the £ 5 and thought previously you would non increase the number of Englishmen neglecting their word and honor, as I had the misfortune of meeting with two of this sort. In reply to the other topics of your favour, I have no objection to write variations according to your plan, and I hope you will not find £ 30 too much, the Accompaniment will be a Flute or Violon or a Violoncello; you'll either decide it when you send me the approbation of the price, or you'll leave it to me. I expect to receive the songs or poetry — the sooner the better, and you'll favour me also with the probable number of Works of Variations you are inclined to receive of me. The Sonata in G with the accompan^t. of a Violin — to his Imperial Highness Archduke Rodolph of Austria — is Op.^a 96. The Trio in B^b is dedicated to the same and is Op. 97. The Piano arrangement of the Symphony in A is dedicated to the Empress of the Russians — meaning the Wife of the Emp^r. Alexander Op. 98.

Concerning the expenses of copying and packing it is not possible to fix them before hand; they are at any rate not considerable, and you'll please to consider that you have to deal with a man of honour, who will not charge one 6^p. more than he is charged for himself. Messrs. Fries & Co. will account with Messrs. Couts & Co. — The postage may be lessened as I have been told. I offer you of my Works the following new ones. A Grand Sonata for the Pianoforte alone £ 40. A Trio for the Piano with accomp^t. of Violin and Violoncell for £ 50. It is possible that somebody will offer you other works of mine to purchase, for ex. the score of the Grand Symphony in A. — With regard to the arrangement of this Symphony for the Piano I beg you not to forget that you are no to publish it until I have appointed the day of its publication here in Vienna. This cannot be otherwise without making myself guilty of a dishonourable act — but the Sonata with the Violin and the Trio in B fl. may be published without any delay.

With all the new works, which you will have of me or which I offer you, it rests with you to name the day of their publication at your own choice: I entreat you to honor me as soon as possible with an answer having the ordres for compositions and that they may not be delayed. My adress of direction is

Monsieur Louis van Beethoven

Nr. 1055 & 1056 Seilerstätte 3^d· Stock. Vienna.

You may send your lettre, if you please, direct to your most humble servant   Ludwig van Beethoven.

616] **An Cajetan Giannatasio del Rio.** (1816.)

Im Falle Sie nichts einzuwenden haben, bitte ich Sie, Karln gleich mitzuschicken. Ich vergaß, weil ich in der Eile, zu sagen, daß alles Liebe und Gute, welches die Frau A. G. meinem Karl während seiner Krankheit erwiesen, in mein großes Schuldbuch eingetragen ist und ich auch bald zeigen werde, daß es mir immer gegenwärtig bleibt. — Vielleicht sehe ich Sie heute mit Karl. — In Eile Ihr Sie verehrender Freund   L. v. Beethoven.

(Von fremder Hand:) Was nützt mehr die Malerei oder die Tonkunst?

(Beethoven:) Man braucht sowohl bei der Malerei wie bei der Tonkunst Lichtputzen. Beide haben ihren guten Einfluß, jedoch die letztere kann auch den Damen sehr nutzen, ja sie nutzt ihnen wirklich so, daß durch die Einnahme bei Akademien man sich selber eine Lichtputze anschaffen könnte. —

617] **An Nikolaus v. Zmeskall.** (24. Okt. 1816.)

Wohl-, wie auch Übelgeborner (wie jeder andere). Wir sind heute in Baden, bringen dem ehrwürdigen Naturfor-

scher Ribini eine Sammlung abgefallener Blätter mit. —
Morgen werden wir Sie heimsuchen, d. h. besuchen usw.

Dero innigster L. v. Beethoven.

618] **An Nikolaus v. Zmeskall.**   (3. Nov. 1816.)

Lieber Z.! Ihre Nichtempfehlung der zu mir genom=
menen Dienstleute kann ich ebenfalls nicht empfehlen. Ich
bitte, mir sogleich durch Hrn. Schlemmer die Papiere,
Zeugnisse usw. einzuhändigen, welche Sie von ihnen haben.
— Ich habe Ursache, starken Verdacht wegen eines Dieb=
stahls von ihnen zu haben. — Seit 14. des vorigen Mo=
nats bin ich immer krank und muß das Bett und Zimmer
hüten. — Alle Projekte wegen meinem Neffen sind geschei=
tert durch diese elenden Menschen. Wie immer der Ihrige

L. v. Beethoven.

619] **An Cajetan Giannatasio del Rio.**   (1816.)

Werter Freund! Meine Haushaltung sieht einem Schiff=
bruche beinahe ganz ähnlich oder neigt sich dazu. Kurzum,
ich bin mit diesen Leuten von einem sein wollenden Ken=
ner d. g. angeschmiert, dabei scheint meine Gesundheit sich
auch nicht in der Eile wiederherstellen zu wollen; einen
Hofmeister bei diesen Verhältnissen anzunehmen, dessen In=
neres und Äußeres man auch nicht kennt, und meines Karls
Bildung Zufälligkeiten zu überlassen, das kann ich nimmer=
mehr, so großer Aufopferung ich auch in mancher Hinsicht
auch dadurch wieder ausgesetzt bin, also bitte ich Sie, daß
Sie, mein werter G., Karl wieder dieses Vierteljahr bei sich
behalten. Auf Ihren Vorschlag wegen der Kultivierung der
Tonkunst werde ich insoweit eingehen, daß Karl zwei= auch
dreimal die Woche sich abends gegen 6 Uhr von Ihnen ent=
fernt und alsdann bei mir bleibt bis den kommenden Mor=
gen, wo er gegen 8 Uhr sich wieder bei Ihnen einfinden
kann. Täglich würde es wohl zu anstrengend für K. sein,
auch selbst für mich, da es immer um dieselbe Zeit sein
muß, zu ermüdend und gebunden.

Während dieses Vierteljahres werden wir uns näher be=
sprechen, was am zweckmäßigsten für K. ist und wo auch
zugleich ich berücksichtigt werden kann, denn ich muß bei

368

diefen fich jetzt noch immer verfchlimmernden Zeitverhält=
niffen leider diefes Wort ausfprechen; wäre Ihre Woh=
nung oben im Garten für meinen Gefundheitszuftand paf=
fend gewefen, fo wäre alles leicht gefchlichtet gewefen. —
Was meine Schuldigkeit für das jetzige Vierteljahr betrifft,
fo muß ich Sie fchon bitten, daß Sie fich zu mir bemühen,
um mich derer zu entledigen, da der Überbringer diefes von
Gott das Glück hat, etwas dumm zu fein, welches ihm
felbft man wohl gönnen kann, wenn nur andere dabei nicht
ins Spiel kommen. — Was die anderen Ausgaben für Karl
betrifft während feiner Krankheit oder was damit verbun=
den ift, damit bitte ich Sie, fich nur einige Tage zu gedul=
den, indem ich von allen Seiten große Ausgaben jetzt habe.
— Wegen Smetana möchte ich auch wiffen, wie ich mich
gegen ihn in Anfehung feiner glücklich vollbrachten Opera=
tion zu verhalten habe, was feine Belohnung betrifft. Wäre
ich reich oder nicht in dem Zuftand wie alle, die ihr Schick=
fal an diefes Land gekettet hat (außer den öfterreichifchen
Wucherern), fo würde ich gar nicht fragen; es ift hiermit
nur ein ungefährer Überfchlag gemeint.
 Leben Sie wohl, ich umarme Sie von Herzen und werde
Sie immer als Freund von mir und meinem Karl anfehen.
                    Mit Achtung Ihr L. van Beethoven.

620]   An Cajetan Giannatafio del Rio.   (14. Nov. 1816.)

 Werter Freund! Für morgen bitte ich mir Karln aus,
da's der Todestag feines Vaters ift und wir fein Grab be=
fuchen wollen. Vielleicht komme ich gegen 12 oder 1 Uhr
ihn abholen. — Ich wünfchte zu wiffen, welche Wirkung
mein Verfahren mit Karl nach Ihren neulichen Klagen her=
vorgebracht hat. Unterdeffen hat es mich fehr gerührt, ihn
fo empfindlich für Ehre zu finden; fchon bei Ihnen machte
ich Anfpielungen auf feinen geringen Fleiß, ernfter als
fonft gingen wir miteinander, furchtbar drückte er mir die
Hand, allein dies fand keine Erwiderung. Bei Tifche aß er
beinahe gar nichts und fagte, daß er fehr traurig fei, die
Urfache warum konnte ich noch nicht von ihm erfahren; end=
lich beim Spazierengehen erklärte er, daß er fo traurig fei,
weil er nicht fo fleißig habe fein können als fonft. Ich tat

nun das Meinige hierbei und zwar freundlicher als zuvor. Zartgefühl zeigt sich gewiß hieraus, und eben diese Züge lassen mich alles Gute hoffen. — Komme ich morgen nicht selbst zu Ihnen, so bitte ich Sie nur schriftlich um einige Zeilen von dem Erfolg meines Zusammenseins mit Karl.

Ich bitte Sie noch einmal um die fällige Rechnung vom vergangenen Vierteljahr; ich dachte wohl, daß Sie meinen Brief mißverstanden, und vielleicht blieb es dabei nicht einmal! — Ich lege Ihnen meine liebe Waise ans Herz und empfehle mich Ihnen allen wie immer —

Ihr Freund Beethoven.

621] An Baron Johann Pasqualati.   (1816.)

Werter verehrter Freund! Trifft Sie dieses nicht mehr bei Ihnen, so bitte ich Sie recht sehr, die Gefälligkeit zu haben, dem Kopisten Rampel das Quartett in F minor von mir zu geben oder zurückzulassen, damit er selbes kopieren könne; — mündlich werde ich Ihnen sagen, zu was für einem Zweck.   In Eil' Ihr innigster Beethoven.

622] An Tobias Haslinger.   (Dez. 1816.)

Bester wohlgeborenster Adjutant des g—ll—t! Ich bitte Sie morgen früh wegen den Korrekturen der Sinfonie zu mir zu kommen. Sie sind bis dahin beendigt, und ich habe notwendig wegen einigem darin zu sprechen. Übrigens gibt es noch Böcke genug. Ich erwarte Sie sicher, denn ich kann nicht zu Ihnen kommen   der g—s.

623] An Tobias Haslinger.   (1816.)

To = bi = = as,   To = bi = = = = as.

Füllet den Zwischenraum aus. Wenn Ihr Euch aber schändlich loben werdet, so werd ich mit der Wahrheit herausrücken. Beifolgend die Korrektur. Ich bitte gefälligst, nachdem die Fehler korrigiert sind, mir noch die Stimmen morgen zuzuschicken. Ich bitte allezeit nach cresc. === == =

diese Art Strichelchen nicht zu vergessen. — Gehabt Euch wohl. Euer usw. usw. usw. Beethoven.

[Außen] An des Herrn Tobias Haß u. die Herren lin wie auch ger wohl und übel geboren allhier.

624] An Erzherzog Rudolf. (1816.)

Ihro Kaiserliche Hoheit! Ich sage J. K. H. den lebhaftesten Dank für Ihre Gnädige Herablassung, sich um meine Gesundheit zu erkundigen. — Wäre mein Zustand nicht so schwankend, so würde ich gewiß J. K. H. längst aufgewartet haben, allein er hat sich noch eher verschlimmert und ich bin so unsicher, daß mir selbst bei J. K. H. nicht etwas zustoßen möchte. Die Folgen eines so starken Entzündungskatarrh verlieren sich äußerst langsam und erfordern ein ängstliches Leben. Gestern befand ich mich sehr übel, heute geht es mir unterdessen besser. Der Arzt versichert mich, daß bei dieser Witterung mein Zustand beinahe gehoben dürfte und da ich heute schon so große Besserung empfinde, hoffe ich wenigstens künftige Woche J. K. H. wieder aufwarten zu können. Mein Zustand fällt mir um so schmerzlicher, da ich nicht imstande bin, E. K. H. meine eifrigste Dienstergebenheit zu bezeigen. Ihro Kaiserlichen Hoheit treu gehorsamster Diener Ludwig van Beethoven.

625] An S. A. Steiner. (1816.)

Bester g—t—t—t—t— Ich bitte Sie um die letzte Korrektur von dem Liederkreise an die Entfernte. Es ist wohl Zeit. Die grobsten Böcke sollten billig mit dem Bleistift in die schon vorhandenen Exemplare verbessert werden!!!! Ich bitte mir, ich befehle wollte ich sagen, mir morgen gegen 11 Uhr das korrigierte Exemplar von Baden nebst einem danach verbesserten zu überschicken. Ich möchte nun bald ein Exemplar dem Fürsten Lobkowitz überschicken, denn von denen aus der Barbarei kann ich kein's brauchen. Man frägt nicht nach meinem Befinden, da ich doch seit 8 Tage bettlägerig bin. Der g—s (im Bett).

626] An Gräfin Marie Erdödy. (1816.)

Meine liebe, liebe, liebe, liebe Gräfin, ich gebrauche Bäder, mit welchen ich erst morgen aufhöre, daher konnte ich

24*

Sie und alle Ihre Lieben heute nicht sehen. — Ich hoffe, Sie genießen einer besseren Gesundheit; es ist kein Trost für bessere Menschen, ihnen zu sagen, daß andere auch leiden, allein Vergleiche muß man wohl immer anstellen, und da findet sich wohl, daß wir alle nur auf eine andere Art leiden, irren. — Nehmen Sie die bessere Auflage des Quartetts und geben Sie samt einem sanften Handschlag die schlechte dem Violoncello; sobald ich wieder zu Ihnen komme, soll meine Sorge sein, selben etwas in die Enge zu treiben. — Leben Sie wohl, drücken, küssen Sie Ihre lieben Kinder in meinem Namen, obschon es fällt mir ein, ich darf die Töchter ja nicht mehr küssen, sie sind ja schon zu groß, hier weiß ich nicht zu helfen, handeln Sie nach Ihrer Weisheit. Liebe Gräfin

Ihr wahrer Freund und Verehrer Beethoven.

627] **An Nikolaus v. Zmeskall.** (6. Dez. 1816.)

Mein lieber junger Hofrat! Ich bitte Sie, mir die drei Exemplare von meiner Schlacht von Vittoria zurückzusenden, lassen Sie den B. K., es hat, hoffe ich, noch Zeit bis wir in die Gruft gesenkt werden. — Sagen Sie mir, wo man die besten Barometer bekommen kann und wieviel einer wohl kostet. — Nächstens sehe ich Sie einmal. Wie immer

Ihr Freund Beethoven.

628] **An Rudolf Birchall.** Vienna, 14. Dec. 1816.

Dear Sir! I give you my word of honor that I have signed and delivered the receipt to the home Fries and Co. some day last August, who, as they say, have transmitted it to Messrs. Coutts & Co. where you'll have the goodness to apply. Some error might have taken place that instead of Mrssrs. C. sending it to you they have been directed, to keep it till fetched. Excuse this irregularity, but it is not my fault; nor had I ever the idea of witholding it from the circumstance of the £ 5 not being included. Should the receipt not come forth at Messrs. C. I am ready to sign any other, and you shall have it directly with return of post.

If you find Variations — in my style — too dear at
£ 30, I will abate for the sake of your friendship one
third — and you have the offer of such Variations, as
fixed in our former lettres, for £ 20 each Air.

Please to publish the Symphony in A immediately
— as well as the Sonata — and the Trio — they being
ready here. The Grand Opera Fidelio is my work. The
arrangement for the Pianoforte has been published here
under my care, but the score of the Opera itself is not
yet published. I have given a copy of the score to Mr.
Neate under the seal of friendship and whom I shall
direct to treat for my account in case an offer should
present.

I anxiously hope your health is improving, give me
leave to subsribe myself Dear Sir your very obedient
Serv. Ludwig van Beethoven.

629] **An Nikolaus v. Zmeskall.** (1816.)

Beste Frau von Zmeskall! Folgende Stelle in Violin
primo des Quartetts erstes Allegro

statt den vier mit * bezeichneten Noten müssen nur drei
nämlich Triolen sein, so:

Frau von Zmeskall, ich bin scharmanteskall.

630] **An George Smart.** Wien, 16. Dez. 1816.

Mein werter Herr! Sie beehren mich mit so manchen
Lobpreisungen und Ehrenbezeugungen, daß ich erröten
müßte. Ich gestehe jedoch, daß dieselben für mich in hohem
Grade schmeichelhaft sind und ich danke Ihnen aufs herzlichste für den Anteil, den Sie an meinen Angelegenheiten
nehmen. Dieselben sind durch die sonderbare Lage, in welche
unser verlorener aber glücklich wiedergefundener Freund

Mr. Neate sich verwickelt sah, ein wenig zurückgegangen. Ihr freundlicher Brief vom 31. Oktober erklärt vieles und in gewisser Weise auch zu meiner Befriedigung; ich nehme mir die Freiheit, eine Antwort an Mr. Neate einzuschließen, von dem ich ebenfalls einen Brief erhielt, und bitte Sie, ihn bei allen zu meinen Gunsten unternommenen Schritten unterstützen zu wollen.

Sie sagen, daß die Kantate für Ihren Plan bezüglich der Oratorien brauchbar sein werde; ich frage Sie daher, ob Sie 50 £ für dieselbe zu hoch finden? Ich habe von derselben bis jetzt noch keinerlei Gewinn gehabt, möchte aber doch nicht wünschen, von Ihnen einen Preis zu fordern, bei welchem Sie Verlust haben würden. Deshalb wollen wir sagen 40 £; sollte ihr Erfolg bedeutend sein, dann werden Sie hoffentlich nichts dagegen haben, die 10 £ hinzuzufügen, um die vorher erwähnte Summe voll zu machen. Das Verlagsrecht würden Sie haben und ich würde nur die Bedingung machen, dieselbe hier zu einer Zeit veröffentlichen zu dürfen, welche Sie die Güte haben wollen zu bestimmen, und nicht früher. Ich habe Herrn Häring Ihre freundlichen Absichten mitgeteilt und er vereinigt sich mit mir im Ausdrucke der größten Hochachtung, welche er allezeit für Sie hegte.

Mr. Neate kann die verschiedenen Werke mit Ausnahme der Kantate erhalten, wenn Sie dieselben empfangen haben, und ich hoffe, es wird in seiner Macht stehen, mit Ihrer Hilfe etwas für mich zu tun, was mir infolge meiner Krankheit und des Standes der österreichischen Finanzen sehr willkommen sein würde. — Erlauben Sie mir, mich zu unterschreiben mit der größten Hochachtung und herzlichsten Freundschaft   Ludwig van Beethoven.

631] An Nikolaus v. Zmeskall.   (16. Dez. 1816.)

Hier, lieber Z., erhalten Sie meine freundschaftliche Widmung, die ich wünsche, daß Ihnen ein liebes Andenken unserer hier lange waltenden Freundschaft sein möge, und als einen Beweis meiner Achtung aufzunehmen, und nicht als das Ende eines schon lange gesponnenen Fadens (denn Sie gehören zu meinen frühesten Freunden in Wien), zu be=

trachten. — Leben Sie wohl, enthalten Sie sich der morschen Festungen; der Angriff nimmt mehr mit, als von wohl erhaltenen. Wie immer Ihr Freund   Beethoven.
    NB. Wenn Sie einen Augenblick Zeit haben, bitte ich Sie, mir zu sagen, wie hoch man wohl jetzt eine Livree (ohne Mantel) mit Hut und Stiefelgeld rechnen kann; bei mir sind wunderbare Veränderungen vorgegangen; der Mann ist Gott sei Dank zum Teufel. Dafür scheint sich die Frau desto fester ansiedeln zu wollen.

632] An S. A. Steiner & Komp.   (1816.)

    Noch einige Fehler — des O. — sind zu verbessern, dann folgt das Verzeichnis der Fehler in der Partitur, den Stimmen und Quartettstimmen. Man schläft. — Ich werde schon zur Beförderung in Donner und Blitz erscheinen müssen.   G—z.

633] An S. A. Steiner & Komp.   (1816.)

    Es war ausgemacht, daß in allen fertigen Exemplaren des Quartetts usw. die Fehler sollten korrigiert werden; dessenungeachtet besitzt der Adjutant die Unverschämtheit, selbes unkorrigiert zu verkaufen. Dieses werde ich noch heute zu ahnden und zu bestrafen wissen. Mit den Verzeichnissen wird, wie ich merke, nur Spott getrieben; allein ich werde auch hier wissen, was mir meine Ehre gebietet, und gewiß nicht nachgeben. Für diesen Augenblick schicke man mir das Lied „A Schüsserl und a Reinderl"; ich brauch' es. Zu wissen ist, daß, — wenn ich nicht zwischen heute und morgen von wärmerem Diensteifer des Adjutanten überzeugt werde, demselben eine zweite schimpfliche Absetzung droht, obschon man denselben, bekannter Großmut getreu, lieber befördert hätte. — Das Lied „an Schüsserl und a Reinderl" wird sich einzeln oder mit Variationen im Katalog finden.
                                                  G—z.

634] An S. A. Steiner.   (1816.)

    Ich sende hiermit meinem besten G—ll—t den verbesserten Klavierauszug, die Verbesserungen des Czerny sind anzunehmen. Übrigens hat der Gllt. wieder neuerdings die

vielen Verbrechen im Klavierauszug des Adjutanten anzu=
sehen; diesem gemäß ist heute am anderen Ohr des Adjt.
dieselbe Exekution wie gestern vorzunehmen; sollte der=
selbe auch ganz unschuldig befunden werden, so soll doch
die Exekution statthaben, damit demselben Furcht und
Schrecken überhaupt vor allen künftigen Verbrechen einge=
jagt werde. Es ist unterdessen von der gestrigen und heuti=
gen Exekution Bericht zu erstatten. Ich umarme meinen
besten G—ll—t, indem ich den Klavierauszug der schwer
zu exequierenden Symphonie in F schicke.   Dero L. v. B.

635] **An S. A. Steiner & Komp.**   (1816.)

Die Geschichte mit dieser Symphonie ist mir sehr ver=
drießlich, da haben wir nun das Unheil! Weder die ge=
stochenen Stimmen, noch die Partitur sind fehlerfrei; in
die schon fertigen Exemplare müssen die Fehler mit Tusche
verbessert werden, wozu Schlemmer zu brauchen. Übrigens
ist ein Verzeichnis aller Fehler ohne Ausnahme zu drucken
und zu verschicken. Der roheste Kopist hätte gerade die Par=
titur so geschrieben, wie sie jetzt gestochen; ein d. g. fehler=
volles, mangelhaftes Werk ist noch nicht von mir auf diese
Weise im Stich erschienen. — Das sind die Folgen von
dem nicht korrigieren wollen, und von dem mir es nicht vor=
her zur Übersicht gegeben zu haben, oder mich daran zu
mahnen. Dieselbigen Exemplare, welche ich jetzt hier über=
schicke, sind nur mir mit dem danach verbesserten baldmög=
lichst zuzustellen, damit ich ihre Richtigkeit oder Unrichtig=
keit einsehe. So bestraft sich der Eigensinn selbst und Un=
schuldige müssen mit darunter leiden. Ich mag nichts mehr
für mich von dieser gerabbrechten verstümmelten Sym=
phonie wissen. — Pfui Teufel!!
So ist Euch also wirklich der Grundsatz zuzuschreiben,
daß Ihr das Publikum achtungslos behandelt und dem
Autor gewissenlos seinen Ruhm schmälert!!! Volti
subito! Da ich krank war und noch bin und das Verlangen
des Publikums nach diesem Werk usw., das sind Entschul=
digungen, die Ihr anführen könnt beim Verkünden des Ver=
zeichnisses der Fehler.
Behüt Euch Gott, — hol' Euch der Teufel!

Ich bitte vor allem, daß das Verzeichnis der Fehler ge=
macht werde, sowohl der einzelnen Stimmen als der Par=
titur. Ich werde es alsdann mit den einzelnen Stimmen
und der Partitur vergleichen; dieses muß alsdann eiligst in
alle Weltgegenden gesendet werden. Es ist traurig, daß es
so sein muß, allein es ist nun nicht anders; auch sind der=
gleichen Fälle in der literarischen Welt schon oft dagewesen.
— Nur weiter keinen Eigen= und Starrsinn, sonst wird das
Übel immer ärger. Ich brauche statt diesen 5fer 20ger; ich
habe eben für meinen kleinen armen Karl 370 fl. auf eine
ehrenvolle Art an seinen Befreier vom Bruche zu über=
reichen. Die Wechsel von meinem Kapitale von 100 000
Kreuzern brauchte ich nur auf einige Tage, jedoch nicht aus
Mißtrauen!!! Sonnabends bedürfte ich wohl wieder
100 fl. C. G. umzuwechseln. So sind überall Übel auf
Übel, der Herr verlasse mich nicht.

Euer etc. Generalissimus.

637] **An Charles Neate.** Vienna, 18. Dez. 1816.

My dear Sir! Both letters to Mr. Beethoven and to
me arrived; I shall first answer his, as he has made out
some memorandums, and would have written himself, if
he was not prevented by a rheumatic feverish cold. He
says: What can I answer to your warmfelt excuses? Past
ills must be forgotten, and I wish you heartily joy that
you have safely reached the long wished for part of love.
Not having heard of you, I could not delay any longer
the publication of the Symphony in A which appeared
here some few weeks ago. Certainly may pass some weeks
(longer) before a copy of this publication appears in
London; but unless it is soon performed at the Philharmonic, and something is done for me afterwards by way
of benefit, I don't see in what manner I am to reap any
good. The loss of your interest last season in the Philharmonic, when all my works in your hands were un-
published, has done me great harm; but I could not help,
and at this moment I know not what to say. Your inten-

tions are good, and it is to be hoped that my little fame
me yet help. With respect tho the two Sonatas, Op. 102,
for pianoforte and violoncello, I wish to see them sold
very soon, as I have several offers for them in Germany,
which depend entirely upon me to accept; but I should
not wish, by publishing them here, to loss all and every
advantage of them in England. I am satisfied with 10
guineas offered for the dedication of the Trio, and I beg
you to hand the title immediately to Mr. Birchall, who
is anxiously waiting for it; you'll please to use my name
with him, I should be flattered to write some new works
for the Philharmonic — I mean Symphonies, an Oratorio, or Cantatas etc. Mr. Birchall wrote as if he wished
to purchase my „Fidelio". Please to treat with him, unless you have some plan with it for my benefit concert,
which in general I leave to you and Sir George Smart,
who will have the goodness to deliver this to you. The
score of the Opera Fidelio is not published in Germany
or anywhereelse. Try what can be done with Mr. Birchall,
or as you think best. I was very sorry to hear that the
three Overtures, where not liked in London. I by no
means reckon them amongst my best works (which I can
boldly say of the Symphony in A), but still they were not
disliked here and in Pesth, where people are no easily
satisfied. Was there no fault in the execution? Was there
no party-spirit?

And now I shall close, with the best wishes for your
welfare, and that you enjoy all possible felicity in your
new situation of life.

Your true friend Louis van Beethoven.

638] An Dr. Johann Kanka.   Wien, 28. Dez. 1816.

Mein sehr werter verehrter Freund! Mit dem morgigen
Postwagen geht ab für Sie eine Symphonie von mir in
Partitur, die berichtigte Schlachtsymphonie in Partitur,
Trio und eine Violinsonate und ein paar Gesangstücke. Ich
weiß, daß Sie so jedesmal von mir voraussehen, daß ich
Ihnen für alles, was Sie für mich tun, dankbar bin, so
denn auch für die mir kürzlich so schnell erfolgte Verabfol=

gung meines halben Jahres. Nun aber wieder eine Bitte, ja noch mehr eine Zumutung, noch mehr sogar einen Auftrag an Sie. Die Stadt Retz, bestehend aus ungefähr 500 Häusern wird Sie zum Kurator eines gewissen Hamatsch in Prag aufstellen; um's Himmels willen schlagen Sie so etwas gemeinverständiges gerichtliches nicht aus; denn dadurch wird meinem armen kleinen Neffen endlich ein kleines Vermögen zukommen. Freilich muß die Sache hier hernach erst von unserem respektiven Magistrat abgesponnen werden, indem auch der Mutter einige Nutznießung davon wahrscheinlich werden wird. Denken Sie nur, wieviel Zeit da noch darauf gehen wird; mein armer unglücklicher Bruder starb schon, ohne das Ende erlebt zu haben. Denn die Gerichtsstellen haben ebenfalls Sr. Majestät besondere Vorsorge, so daß der Vorfahrer von dem jetzigen Syndikus der Stadt Retz meinem Bruder 5000 fl. wollte für 500 fl. verabfolgen lassen. ✠ Der jetzige Syndikus brauchte bloß 30 Tage und beinahe ebensoviel Nächte, um bloß diese Angelegenheit aus der vorigen hinterlassenen Verirrung zu reißen ✠. Ja solche Ehrenmänner haben wir um uns herum, o über den gütigen christlichen Monarchen! Der jetzige Syndikus ist nun ein durch sich selbst ehrlicher und tätiger Mann (denn er könnte auch, wenn er nicht wollte, ebenso wie der vorige sein). Unterdessen hat ein obengenannter Hamatsch in Prag (Handelsmann) seinen Beitritt noch nicht zu erkennen gegeben. (NB. seit vier oder fünf Jahren.)

Der Syndikus Baier aus Retz wird Ihnen also das Kuratelsdekret samt einer Wechselabschrift zusenden, von dem Retzer Magistrat. Ich weiß viel zu wohl, wie klein und geringfügig d. S. für Sie geistreicher Mann sind. Sollten Sie es gar nicht schicklich für Sie finden, so bitte ich Sie, jemanden dazu auszusehn und so sehr als möglich die Sache befördern zu helfen. Doch gewiß wäre es in jeder Rücksicht am besten von Ihnen erfüllt; vielleicht kann eine bloße Rücksprache mit diesem Manne (in Prag) die Sache zum Ziel bringen.

Mein mir teurer Neffe ist in einem von den besten Instituten in Wien, zeigt ein großes Talent; doch geht das

alles auf meine Koſten und vielleicht, eben durch die Be=
endigung der Retzer Angelegenheit würde ich einige Hun=
dert fl. des Jahres mehr auf den Unterricht meines lieben
Waiſen verwenden können. Ich umarme Sie als einen mei=
ner liebſten Freunde.   Ihr Beethoven m. p.

639] **An Tobias Haslinger.**   (29. Dezember 1816.)

    Seine Wohlgeboren der Herr Adjutant werden erſucht,
erſtens mir die 2 Rezepiſſe über die neulich abgeſendeten
Briefe noch heute durch eine Ordonnanz zuzuſenden. Soll=
ten aber die Briefe nicht abgegeben worden ſein, ſo bittet
man ſelbe mir ſogleich zurückzuſchicken. — Was das Paket
an Dr. Kanka anbelangt, ſo hat es hiermit ſein Verbleiben,
daß es heute gegen Rezepiſſe auf dem Poſtwagen nach Prag
abgegeben werde. Folgende 2 Pakete werden ebenfalls heute
nach Prag geſendet. — Ferner iſt an Dr. Reger mit beifolgen=
der Adreſſe der Klavierauszug von der Sinfonie in A, der Kla=
vierauszug von der Schlacht von Vittoria, an die Hoffnung,
an die ferne Geliebte zu übermachen ebenfalls mit dem heu=
tigen Poſtwagen. — Alsdann iſt an Hr. von Ploſchek eben=
falls mit dem heutigen Poſtwagen zu ſenden Partitur der
Sinfonie in A, und der Schlacht von Vittoria, Trio in B=
Dur, Violinſonate in G=Dur, an die Hoffnung, an die ferne
Geliebte. — Die ſorgfältigſte Expedierung wird dem Adju=
tanten zur Vorrückung beforderlich ſein. Was den g--ll—t
betrifft, ſo wird morgen ein Patent wegen Vermehrung des
Pönale erſcheinen.

640] **An S. A. Steiner.**   (1816.)

    G—ll—t=Amt! Es fehlen alle Berichte, während ich
von beſtändigen Verrätereien und Komplotten höre, auch
wohl ſelbſt wahrnehme. Dies u. d. g. ſowie mehrere andere
Umſtände könnten eine gänzliche Auflöſung des g—ll—t=
Amts herbeiführen?!! — Für jetzt, da die Witwen=Geſell=
ſchaft die Sinfonie in A aufführt, braucht ſie ein Exemplar
der Partitur derſelben, welche ſie nach dem Gebrauche zu=
rückſtellen will. Selbiges Exemplar hat das g—ll—t=Amt
dem Hof allerhöchſten Hofkapellmeiſter Salieri, Patriarchen

seiner guten Gesinnungen für deutsche Gesangmusik und deutsche Sänger alleruntertänigst zuzustellen, auch ihm zugleich für die glückliche physiokratische Erfindung, für die Stimme Gottes die gehörige Höhe und Stimme gefunden zu haben, mit größter Ehrfurcht zu danken

dero Contra ut.

641] An S. A. Steiner. (1816.)

Es wird in Eil ein Partitur der Sinfonie in A ersucht.

Der g—s!...!!

642] An S. A. Steiner & Komp. (1816.)

Ich bitte, noch heute mir ein Exemplar von der Partitur der Symphonie in A, jedoch schön zu senden, indem ich dem Grafen Fries, wie gebräuchlich zwei senden muß; wenn es möglich, nicht später als 3 Uhr. B.

643] An Erzherzog Rudolf. 31. Dez. 1816.

Ihro Kaiserliche Hoheit! Schon seit der Akademie für die Bürger muß ich wieder das Zimmer hüten. Immer dürfte es noch einige Zeit währen, bis ich sorgloser meines Zustandes wegen mich betragen darf. — Das Jahr endet; meine heißesten Wünsche fangen mit dem neuen Jahre für das Wohl I. K. H. an. Zwar haben sie bei mir weder Anfang noch Ende; denn alle Tage hege ich dieselben Wünsche für I. K. H. Darf ich noch einen Wunsch für mich selbst hinzusetzen, so lassen I. K. H. mich in Ihrer Gnade und Huld täglich wachsen und zunehmen. Stets wird der Meister trachten, der Gnade Seines erhabenen Meisters und Schülers nicht unwürdig zu sein. Ihro Kaiserlichen Hoheit gehorsamster Diener Ludwig van Beethoven.

644] An Nanette Streicher. (1816.)

Ich ließ Ihnen gestern sagen, daß Sie den Brief von N. so lange behalten können, als es Ihnen nur immer gefällt. Ich hoffe, es geht Ihnen besser; das Wetter ist von der Art, daß kein empfindlicher Mensch ausgehen kann, daher ich nicht ausgehe und Sie wohl auch nicht. Übrigens wünsche

ich nicht, daß Sie mich mißverstehen, ich habe weder Vor=
noch Ansprüche. Ich hoffe, Sie werden sich bald besser be=
finden und dann sehen wir uns schon. Wie immer

Ihr Freund Beethoven.

645] **An S. A. Steiner & Komp.** (1816.)

Ich schicke die geschriebene Partitur erst mit, angesehen
habe ich sie nicht, vermutlich ist sie nicht ohne Fehler. Meine
Meinung ist: Wenn noch Auszüge zu machen sind, man
gleich nach der jetzigen Korrektur, die mir vollendet wieder
zuzustellen, dazu die alsdann folgenden Abdrucke, wodurch
die Auszüge auch vollendet werden. Ich bite mir anzu=
zeigen, wo man reinen grauen Streusand erhält; der mei=
nige ist aus und meine Asini um mich her können keinen
d. g. auftreiben. Ihro L. v. Beethoven.

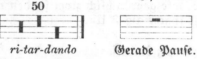

ri-tar-dando   Gerade Pause.

646] **An Tobias Haslinger.** (1816.)

Hier überschicke ich die Korrekturstimmen; Sie werden
leicht das zusammenfinden, was zusammengehört und ich
empfehle nochmals die strengste Gewissenhaftigkeit in allem,
was hierüber abgeredet worden. Die Strafgefälle für den
Adjutanten zu entrichten an den G—s, bestehend in gestern
angezeigten Werken, noch heute erwartet. G—s.

647] **An S. A. Steiner & Komp.** (1816.)

Hier übersende ein kleines Feldstück, welches sogleich ins
Zeughaus abzuführen (als Geschenk). Was den Herrn Dia=
bolum anlangt, so ist dieser wegen seiner übrigen Geschick=
lichkeit beizubehalten; was irgendwo anders sein soll, kann
wie das vorige Mal, mit der Symphonie in F geschehen.
Was eine neue Solo=Sonate für Piano betrifft, so haben
sich mir 60 wohlgeharnischte Männer zu präsentieren, und
dieselbe kann sogleich erscheinen. Ich habe auch Variationen
im Sinne, welche auf einen besonderen Festtag passen und
eben sogleich auch da sein könnten bei Erscheinen nur 40
wohlgeharnischter Männer. Denn was die Staatsschuld

382

von 1300 fl. betrifft, so kann selbe noch nicht in Betrach=
tung gezogen werden, ohnehin würden sich die 1300 fl. am
besten in folgender Gestalt $\underline{0\,0\,0\,0}$ ausnehmen. — Ich bin
erstaunlich hochachtungsvoll gegen den G—ll—t.

Ergebenst L. v. Beethoven.

648] **An S. A. Steiner & Komp.** (1816.)

Der G—lt wird ersucht diese 100 fl. C. M. in Papier
heute umzusetzen und zwar ohne Debit, wie es sich für einen
solchen beharschten seines Ranges gewiß schickt.

Zugleich wird derselbe wegen der neuen 4000 fl. in
Zwanzigern, welche dem Schatz zufließen sollen, aufgefor=
dert, sowohl vor — als nach — auch hinter zu denken, und
uns das Resultat davon mitzuteilen; für dieses neue Ver=
dienst wird demselben der höchste Rang zugestanden. — Mit
der unbeschreiblichen Schreiblichkeit unterzeichne ich mich als

G—s.

649] **An S. A. Steiner & Komp.** (1816.)

Wir ersuchen, unser heutiges Ansuchen nicht zu vergessen,
indem wir nicht ausgehen können und das Geld für morgen
früh brauchen. Was den Adjutant betrifft, ist selbiger so=
gleich in carcere bringen zu lassen und demselben anzudeu=
ten, sich zum morgigen Gerichtstag halb 4 Uhr zu bereiten.
Große Staatsverbrechen werden demselben zur Last gelegt,
unter anderem sogar hat er die ihm auferlegte Verschwie=
genheit wichtiger Staatsangelegenheiten nicht beachtet. —
Gegeben ohne etwas zu geben am usw. usw.

650] **An Tobias Haslinger.** (1816.)

Wohlgeborener Herr Adjutant! Ich habe nichts von dem
rötlichen Unteroffizier gesehen, wahrscheinlich wird er nicht
mehr bei dem Kassier Dam gewartet haben, indem er mir
von demselben eine Schrift hätte zurückbringen müssen; ich
bitte also noch einmal, ihn zu dem Kassier deswegen zu
schicken, indem ich dort Geld zu empfangen habe. Der röt=

liche hat also vom Hr. K. Dam sogleich zu mir zu kommen.
Es tut mir leid, dem Generalle—t-Amt lästig werden zu
müssen, allein ich kann meine Leute zu so was nicht gebrau=
chen. Ich bitte also den rötlichen zu H. Kassier Dam und
von da zu mir zu schicken. Den Brief von Hebenstreit über
die Verdeutschung des Pianoforte bitte ich nicht zu zeigen,
sondern mir ihn zurückzuschicken; ich bin schon gewohnt, da
ich weder ein gelehrter noch ungelehrter bin, mich seines Ra=
tes zu bedienen. — Lebens fein wohl.

H—r A. zweites L—nk—lchen.

m. p. ○ ○ ●●● ●! :

651] **An Tobias Haslinger.** (1816.)

Die nun noch zu machende Korrektur ist mir sogleich zu
übersenden. Was Seite 15 im letzten Stück betrifft, so
dürfte es gut sein, bei den Takten 18—21 die Buchstaben
zu setzen. Es ist solches dem Herrn Adjutanten überlassen.
In betreff des Titels ist ein Sprachkundiger zu befragen:
ob Hammer= oder Hämmer=Klavier, oder auch Hammer=
Flügel zu setzen? Derselbe Titel ist mir auch vorzuweisen.

L. v. B.

652] **An S. A. Steiner & Komp.** (1816.)

Wenn Ihr mir doch auf einige Tage die Dichter: Klop=
stock — Gleim — jedoch nach guten neuesten Originalaus=
gaben verschaffen könntet?!!! so würdet, wollte ich sagen
so werdet, wollte ich sagen so sollt Ihr mir selbe gefälligst
auf einige Tage borgen.
NB. Tobiasserl rupft Dir einige Federn aus.

L. v. B.

653] **An Frau Giannatasio del Rio.** (1816.)

Die hochwohl= und sehr wohlgeborene Frau A. G. usw.
ist höflichst gebeten, mir baldigst wissen zu machen, damit
ich nicht soviel Beinkleider, Strümpfe, Schuhe, Unterzieh=
hosen usw. im Kopfe zu behalten brauche, dem Unterzeich=
neten wissen zu machen, wieviel Ellen Kasemir mein wohl=
gelaufener Herr Neffe zu einem schwarzen Beinkleide
nötig haben, und zugunsten der kastalischen Quelle bitte

384

ich), ohne weiter mehr daran zu erinnern, mir hierauf zu
antworten. Was die Frau Abtiffin betrifft, so soll diesen
Abend darüber in der Sache für Karl Abstimmung gehal=
ten werden, nämlich: ob dabei zu verbleiben. Dero wohl=
und übelgeborener   L. v. Beethoven.

654] An Cajetan Giannatafio del Rio.   (1816.)

Ich hörte, mein werter Freund, daß Sie mir etwas zu
übergeben hätten, leider gestern abends zu spät, sonst
würde ich noch zu Ihnen gekommen sein; ich bitte Sie
also, mir dieses zu überschicken, indem's wohl nichts an=
deres als ein Schreiben der Königin der Nacht an mich sein
wird. — Obschon Sie mir die Erlaubnis erteilt, zweimal
Karl abholen zu können, so ersuche ich Sie denn doch des=
wegen, ihn morgen gegen elf Uhr abholen zu laffen, indem
ich ihn zu einer intereffanten Mufik führen will; auch habe
ich mir vorgenommen, ihn morgen bei mir spielen zu laf=
sen, welches lange unterblieben ist. — Übrigens bitte ich
Sie, ihn heute noch anhaltender als gewöhnlich zu beschäf=
tigen, damit er sozusagen den Feiertag einhole. — Ich
umarme Sie von Herzen und bin der Ihrige
                                Ludwig van Beethoven.

655] An Erzherzog Rudolf.   (1816.)

Ihro Kaiserliche Hoheit! Ich bitte sehr um Nachsicht,
da ich J. K. H. mein Nichtkommen nicht anzeigen konnte;
die Ursache werde ich mündlich vorbringen. Seit Sonn=
abend hat sich mein Zustand wieder verschlimmert, und es
werden immer noch einige Tage vergehen, ehe ich E. K. H.
wieder aufwarten kann, indem ich sehr behutsam in mei=
nen Ausgängen sein muß. Ich bin doppelt traurig, so=
wohl wegen mir selbst als auch meinen Diensteifer nicht
zeigen zu können.
Ihro Kaiserliche Hoheit gehorsamster Diener
                                Ludwig von Beethoven.

656] An Karl v. Beethoven.   (1816.)

Mein lieber Herzens=Karl! Ich kann Dich heute noch
nicht sehen, viel zu tun! und dabei bin ich denn doch nicht

ganz hergestellt; übrigens beängstige Dich wegen nichts; freilich bedaure auch ich Deinen Vater, allein wir können sein Andenken beide nicht besser ehren als: indem Du mit größtem Eifer Deine Studien fortsetzest und Dich bestrebst, ein rechtlicher und vorzüglicher Mensch zu werden; und ich aber statt seiner Dir ganz Vater bin; und Du siehst, wie ich alles Dir dieses zu sein hierzu aufbiete.

Dein treu Dich liebender Onkel L. v. Beethoven. Morgen früh sehe ich Dich ganz gewiß. Alles Schöne an die ganze Giannatasiosche Familie.

657] **An Cajetan Giannatasio del Rio.**   (1816.)

Ich sende Ew. Wohlgeboren den Mantel und noch ein Schulbuch meines Karls; ich bitte Sie ebenfalls, mir das Verzeichnis seiner mitgebrachten Kleider und Effekten mitzuteilen, damit ich solches für mich abschreiben lasse, indem mir als Vormund obliegt, überall für sein Vermögen zu sorgen. Morgen gegen halb 1 Uhr werde ich Karl zu einer kleinen Akademie abholen und nachher wird er mit mir speisen, wo ich ihn alsdann Ihnen wieder zuführen werde. In Ansehung der Mutter ersuche ich Sie, selbe unter dem Vorwande, daß er beschäftigt sei, gar nicht zu ihm zu lassen; kein Mensch kann das besser wissen und beurteilen als ich, alle meine durchdachten Pläne für das Wohl des Kindes wurden hierdurch schon einigermaßen gestört. Ich werde selbst mit Ihnen verabreden, wie die Mutter künftig Karln sehen kann; so wie es gestern geschehen, kann ich es auf keinen Fall mehr wünschen. — Alle Verantwortung deswegen nehme ich über mich, und was mich selbst betrifft, so haben mir die Landrechte volle Gewalt und Kraft gegeben, alles ohne Rücksichten zu beseitigen, was wider das Wohl des Kindes ist. Hätten sie selbe als rechtliche Mutter ansehen können, so würden sie sie gewiß nicht von der Vormundschaft ausgeschlossen haben. Was sie auch schwätzen mag, erschlichen ist nichts gegen sie geworden, — im vollen Rate war nur eine Stimme darüber. Ich wünsche, daß ich hierüber gar keine Besorgnis haben möge; ohnehin ist die Last schwer. Nach meiner gestrigen Unterredung bei Adlersburg bei den

„Landrechten" kann es noch Jahr und Tag dauern, bis man nur einmal bestimmt wissen kann, was dem Kinde gehört. Soll ich bei diesen Sorgen auch noch wieder von den Besorgnissen, die ich durch Ihr Institut gänzlich für mich verscheucht glaubte, neuerdings bedrängt werden? — Leben Sie wohl!

Mit Achtung Ihr ergebenster L. v. Beethoven.

658] **An Cajetan Giannatasio del Rio.** (1816.)

Ich bitte Sie, mein werter G., Karl sogleich mit dem Überbringer dieses zu mir zu schicken, ich könnte ihn sonst den ganzen Tag nicht sehen, welches für ihn selbst nicht ersprießlich sein würde, indem es ebenfalls meiner Mit= wirkung auf ihn bedarf; bitte Sie auch in dieser Hinsicht, ihm einige Zeilen mitzugeben seine Aufführung betref= fend, damit ich sogleich, wo was zu bessern nötig, mich mit ihm einlasse. — Ich gehe heute aufs Land, wo ich wohl erst spät gegen Abend zurückkomme; da ich ungern im mindesten Ihre Ordnung störe, so bitte ich Sie, Karln einiges Nachtgewand mitnehmen zu lassen, damit, wenn es vielleicht zu spät würde, ihn noch heute zu Ihnen zu bringen, ich ihn diese Nacht bei mir behalte und morgen in aller Früh ihn schon zu Ihnen hinausbringe. — In Eile wie immer der Ihrige L. v. Beethoven.

659] **An Cajetan Giannatasio del Rio.** (1816.)

Wenn Karl später nach Hause gekommen, muß ich mich bei Ihnen, mein werter Freund, entschuldigen; wir muß= ten jemanden erwarten und so geschah es, daß dieser so spät gekommen, wodurch wir dann ebenfalls aufgehalten wurden, doch werde ich diesen Fehler wider Ihre Ord= nung nicht wieder begehen. Wegen der Mutter Karls habe ich jetzt beschlossen, daß hierin Ihrem Wunsche, sie gar nicht mehr bei Ihnen zu sehen, ganz entsprochen werde. Es ist so weit zweckmäßiger und sicherer für un= seren lieben Karl, indem mich die Erfahrung überzeugt, daß jeder Besuch der Mutter einen bitteren Nachklang in dem Gemüte Karls zurückläßt, wobei er nur verlieren, aber nicht gewinnen kann. — Ich werde schon sehen, die

25*

Veranstaltung bei mir zu treffen, ihn sehen zu können; auch hat das gewiß die Folge, daß alles bälder mit ihr gänzlich abgebrochen wird. — — Da wir ganz in unseren Ansichten über die Mutter Karls einverstanden sind, so brauchen wir im einzelnen der Erziehung nur uns selbst. Ihr Sie herzlich umarmender Freund   Beethoven.

660] **An Frau Giannatasio del Rio.**   (1816.)

Die Frau A. G. ist höflich gebeten, dem Karl einige Paar gut leinene Unterziehbeinkleider machen zu lassen. Ich empfehle ihr meinen Karl aufs beste und verlasse mich ganz auf Ihre mütterliche Sorgfalt.

L. v. Beethoven.

661] **An Cajetan Giannatasio del Rio.**   (1816.)

So gern ich Ihnen eine für mich unnötige und undankbare Mühe sparte, so ist es mir doch nicht möglich, Sie damit zu verschonen. — Gestern im Begriff mehrere Schriften suchen zu müssen, finde ich diesen hier mir gesendeten Pack Karln betreffend; — ich finde mich nicht sogleich hinein und Sie würden mir eine große Gefälligkeit erzeigen, mir ein ganzes Schema von den Ausgaben bei Ihnen für Karl durch irgend jemanden aus Ihrem Hause machen zu lassen, jedoch müßte ich selbes morgen abholen lassen können. — Ich hoffe nicht, daß Sie mich mißverstanden haben, denn wenn von Großmut die Rede gestern war, so können Sie unmöglich dabei gemeint sein; — es betraf nur die Königin der Nacht, die nicht aufhört, alle Segel ihrer Rachsucht gegen mich aufzuspannen, und nur deswegen bedarf ich mehr wegen anderen Menschen als wegen ihr (denn nimmermehr dürfte ich ihr von meinen Handlungen Rechenschaft geben) einer Ausweisung. Kein Stempelbogen ist nötig, auch braucht nur die Summe überhaupt ohne Spezifizierung von jedem Vierteljahre angegeben zu sein, da schon, wie ich glaube, die meisten Rechnungen sich gefunden haben, man also bloß solche Ihrem Schema beizulegen nötig hat.

L. v. Beethoven.

662] **An Cajetan Giannatasio del Rio.** (1816.)

Verzeihen Sie, geehrter Freund, dieses Geld liegt schon wenigstens zwölf Tage oder noch mehr bereit. Sehr beschäftigt und ein nur noch Genesender, aber das Wort Genesung ist noch nicht ausgesprochen. — Mit Hochachtung in Eile der Ihrige wie immer. — L. v. Beethoven.

663] **An Cajetan Giannatasio del Rio.** (1816.)

Das Gerede dieser bösen Frau hat mich so angegriffen, daß ich für heute nicht alles beantworten kann; morgen erhalten Sie über alles Auskunft, jedoch lassen Sie selbe auf keinen Fall zu Karln und bleiben Sie dabei, daß es nur alle Monate einmal geschieht; da es jetzt schon geschehen, so hat es künftigen statt und nicht anders.

In Eile der Ihrige L. van Beethoven.

664] **An Erzherzog Rudolf.** (1816.)

Ihro Kaiserliche Hoheit! Mein Zustand hat sich schon wieder verschlimmert, so daß ich nur während der Tageszeit einige Ausgänge machen konnte. Unterdessen hat es sich nun wieder gebessert, und ich kann wenigstens dreimal in der Woche das Glück haben, J. K. H. wieder aufwarten zu können. Übrigens sind die Sorgen, denen man in diesen schrecklichen Zeitverhältnissen, welche noch alles Überlebte übertreffen, so groß und werden noch dadurch, daß ich seit vorigem Jahr von November an Vater einer armen Waise geworden bin, um so mehr vergrößert, daß dies alles denn auch mit meine gänzliche Herstellung verhindert. Ich wünsche J. K. H. alles erdenkliche Gute und Schöne und bitte nicht ungnädig zu sein, wieder zu verkennen Ihro Kaiserlichen Hoheit gehorsamsten Diener

Ludwig van Beethoven.

665] **An Karl Czerny.** (1816.)

Ermahnen Sie gefälligst den musikalischen Kreis, mir noch einmal das Nötige in Rücksicht der Börse aufzuschreiben, ich werde schriftlich und mündlich dafür mich bei ihm bedanken. — Morgen frühe will ich versuchen, deswegen wieder zu Ihnen zu schicken. — Ihr Freund Beethoven.

666] An Karl Czerny.   (1816.)

Lieber bester Cz.! Ein unvorhergesehenes Hindernis
ließ es nicht zu, Sie abzuholen, heute um 3 Uhr aber
komme ich ganz gewiß zu Ihnen und wir gehn dann
gleich ins Institut.   Ihr wahrer Freund Beethoven.

667] An Frhr. v. Schweiger.   (1816.)

Bester, allerliebster, erster Turnermeister von Europa!
Der Überbringer dieses ist ein armer Teufel (wie viele andere!!!) — Sie können ihm helfen, wenn Sie mit dem
Gnädigsten Herrn sprechen, ob er vielleicht eines von
seinen ganz kleinen, aber niedlich und gut gemachten
Pianos kaufen wollte? — Alsdann bitte ich Sie, ihn an
irgendeinen von den Kammerherrn oder Adjutanten des
Erzherzogs Karl zu empfehlen, ob vielleicht es nicht möglich wäre, daß S. K. H. eines von diesen Instrumenten
für seine Gemahlin kaufen würde? — Also um eine Empfehlung vom ersten Turnermeister an den dortigen Kam-
merhern oder Adjutanten bitten wir für diesen armen
Teufel. —
            Ebenfalls ein armer Teufel L. v. Beethoven.

668] An Nikolaus v. Zmeskall.   (1816.)

Ich komme selbst zu Ihnen, mein lieber Z.; wenn es
zeither nicht geschehen ist, so schreiben Sie's Krankheit,
Vormundschaft und allerlei Miserabilitäten zu. Ihren
letzten Brief hatte ich mir vorgenommen auf eine überraschende Art zu widerlegen. Morgen oder übermorgen
sehe ich Sie.   B.

669] An Friedr. v. Treitschke.   (1816.)

Außerordentlicher werter Freund! Fangen wir an von
den ersten Endursachen aller Dinge, wie etwas gekommen
und auch warum es gekommen? geworden; warum etwas so ist, warum etwas so nicht sein kann?!!! Hier,
lieber Freund! sind wir an dem kitzligen Punkte, welchen mein Zartgefühl verboten Ihnen gleich zu eröffnen.
Also: Es kann nicht sein!

Mit größtem Vergnügen werde ich das Leipziger Bu=
reau ein andermal bedienen. Lebt wohl, Bester! ja ruhig,
gar zu ruhig! Was ist denn aus dem Dichten und Trach=
ten geworden. Lebt 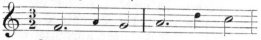 wohl! Wir sind Euch
womöglich allezeit zu Diensten.

Scheut euch nicht, scheut euch nicht.

Hochachtungsvoll Ihr Beethoven.

670] **An Friedr. v. Treitschke.** (1816.)

Lieber, vortrefflichster, allerdichtester Dichter! Donners=
tag längstens bin ich bei Ihnen, und dann werde ich
Ihnen mündlich Rede stehen über alles. Ich bin nicht
wohl. In Eile Ihr Beethoven.

671] **An Josef Barena.** (1816.)

Wie ich eben sehe, haben Sie wieder etwas Gutes durch
mich gewirkt. Gott lohne es Ihnen, edler Mitfühlender!
Warum sind wir beide nicht reich? Halten Sie die Musik
nur. Ihr aufrichtiger, biederer Charakter bürgt mir für
die beste Verwahrung und Verwendung!!!

672] **An S. A. Steiner & Komp.** (1816.)

Ich will also Dienstag vorläufig bestimmen, die zwei
Feiertage wird es Ihnen unangenehm sein; auf jeden
Fall werde ich Ihnen Antwort sagen. Was das Fleisch=
essen betrifft, das verstehe ich nicht — bitte um Erklär=
rung. Dero Contra F.

673] **An S. A. Steiner & Komp.** (1816.)

Das Paternostergäßl hat den Empfang zu bestätigen,
und ebenfalls anzuzeigen, wann die Korrekturblätter bei
mir eintreffen werden, widrigenfalls sich selbes alles
Elend, welches siedend wie geschmolzenes Siegellack auf
den Übeltäter herabträufeln wird, selbst zuzuschreiben hat.
B.

674] An Baumeister. (1816.)

Wollen Sie wohl die Gefälligkeit haben und die Sonate aus F für Klavier und Horn obligat nur für heute der Baronin Ertmann, die sie spielen will, leihen; ich werde sie Ihnen morgen früh gleich zurückschicken. Sr. Kais. Hoheit werden sich wohl, hoffe ich, wohl befinden und es nicht ungern sehen, der Baronin E. diese Gefälligkeit zu erweisen. Ich war sehr unpäßlich wieder, seit ich Sr. Kais. Hoheit aufwartete, werde aber morgen mich einstellen.   Ihr ergebenster Ludwig van Beethoven.

675] An Erzherzog Rudolf. (1816.)

Ihro Kaiserlichen Hoheit! Ein plötzlich gestern abends erfolgter Anfall von Kolik läßt es nicht zu, trotz meinen Wünschen und besten Willen, Ihnen heute aufwarten zu können. Obschon mein Zustand sich gebessert, so muß ich doch heute und morgen das Zimmer hüten; allein ich hoffe, längstens übermorgen wieder des Glückes, J. K. H. sehen zu können, genießen zu können, und mich Ihrer Huld teilhaftig zu machen. Wenn diese Nachricht etwas späte anlangt, so schreiben J. K. H. dieses gnädigst verhindernden Umständen zu. Ihro Kaiserlichen Hoheit treu gehorsamster Diener   Ludwig van Beethoven.

676] An Erzherzog Rudolf. (1816.)

Ihro Kaiserliche Hoheit! Ich bin wieder genötigt, das Zimmer zu hüten. So unangenehm es mir auch ist, deshalb nicht die Gnade bei J. K. H. zu erscheinen zu haben, so muß ich mich doch mit Geduld darin ergeben. Unterdessen werde ich die Gnädigste Nachsicht J. K. H. nicht gar zu lange in betreff meiner in Anspruch zu nehmen genötigt sein, da ich recht bald hoffe, Ihnen aufwarten zu können, sowie ich J. K. H. die beste vollkommenste Gesundheit wünsche. Ihro Kaiserlichen Hoheit treu gehorsamster Diener   Ludwig van Beethoven.

677] An Erzherzog Rudolf. (1816.)

Ihre Kaiserliche Hoheit! In einigen Tagen werde ich die Ehre haben, Ihnen wieder meine Aufwartung machen

zu können; ich bitte um Nachsicht für mein langes Aus=
bleiben. Es ist trotz meinem gesunden Aussehen wirklich
Krankheit, Abspannung der Nerven, woran ich die ganze
Zeit hindurch leide; doch geht es seit einigen Tagn bes=
ser, welches macht, daß ich meinen Verlust, nicht die
Gnade haben zu können, um J. K. H. sein zu können, nun
bald nicht mehr fühlen werde, und zeigen kann, wie sehr
es mir am Herzen liegt, Ihre Gnade zu verdienen. Ihro
Kaiserlichen Hoheit treuster gehorsamster Diener

Ludwig van Beethoven.

678] An Erzherzog Rudolf. (1816.)

Ihro Kaiserliche Hoheit! Ich bin leider gezwungen,
wieder einige Tage zu Hause bleiben zu müssen; jedoch
darf ich hoffen, daß meine gänzliche Herstellung sich bäl=
der zu meinen Gunsten einstellen wird, und ich dadurch
nicht der Gnade beraubt werde, J. K. H. aufwarten zu
können. — Ihro Kaiserlichen Hoheit gehorsamster Diener

Ludwig van Beethoven.

679] An Erzherzog Rudolf. (1816.)

Ihro Kaiserliche Hoheit! Ich war schon einige Tage
vorher nicht wohl, als Höchstdieselben zu mir schickten,
indem ich nur, da ich keine Haushaltung habe, zum Essen
ging. Dies war mein ganzer Ausgang; aber gerade am
selben Tage, als J. K. H. schickten, ward es ärger, ein
starker Katarrh gesellte sich dazu, und so muß ich schon
einige Tage leider zu Hause bleiben. Es war nicht mög=
lich, dieses eher J. K. H. wissen zu machen bis heute. —
Übrigens ist meine oberwähnte frühere Unpäßlichkeit
schuld, daß ich mich nicht persönlich selbst bei der Unpäß=
lichkeit J. K. H. nach Ihrem Wohle erkundigte. — Ich
hoffe bald imstande zu sein, zu J. K. H. eilen zu können,
und Ihnen sagen zu können, daß ich allzeit bin und sein
werde — Ihro Kaiserlichen Hoheit treuester gehorsam=
ster Diener L. v. Beethoven.

680] **An Baumeiſter.** (1816.)

Ich bitte Sie, mir die ſchottiſchen Lieder, welche ich Sr. Kaiſerl. Hoheit gegeben, auf einige Zeit zu borgen, da zwei Exemplare, wobei meine eigene Handſchrift iſt, verloren gegangen, und ſie wieder neuerdings müſſen abgeſchrieben werden, um fortgeſchickt zu werden. Ihr er= gebenſter Diener   Ludwig van Beethoven.

681] **An Tobias Haslinger.** (1816.)

Beſter Adjutant, zweiter Lumpenkerl des Reichs. Schul= dig und unſchuldig wird aufgetragen, die Korrektur ſchleunigſt zu beſorgen und mir wieder zuzuſchicken. Im letzten Stück wünſche ich, daß bei der Stelle wo das Con= tra E eintritt bei den 4 Akkorden die Buchſtaben hinzuge= ſetzt werden nämlich:

E	E	E	E	E
A	fis	gis	A	h
E	E	E	E	E

außerdem ſind die bei einigen Orten noch hinzugefügten Worte zu beachten und in Ausführung zu bringen. Der unſchuldige und ſchuldige, der grobe und höfliche 2ter [—n K—l des Reichs etc. etc. kann nicht vorrücken.

682] **An Tobias Haslinger.** (1816.)

Der Hr. A. hat die einigen Fehler noch verbeſſern zu laſ= ſen, im letzten Stück, wo das Contra E eintritt, möchte ich indeſſen dieſes bei der erſten Note druntergeſetzt haben, wie von mir angezeigt. Taſtenflügel iſt gut, kann nur als allgemein angeſehen werden für ſowohl Federflügel Klavier (oder Clavichord) etc. Ich glaube daher für den Taſten= und Hammerflügel, nämlich beides hierdurch ver= einigend, entſcheiden zu können, will aber auch noch eben= falls einen Geleerten, wollte ich ſagen einen Gelehrten, heute darüber befragen.   L. v. Beethoven.

683] **An — ? —** (1816 ?)

Ich rate Ihnen, den Hr. Felſenburg nicht ſpielen zu laſ= ſen. Geſtern hielt ich für Schüchternheit, was ich heute für

Ungeſchicklichkeit erkläre. Die Cadenz habe ich geſchrieben, aber geben Sie acht, er fällt, ehe er zur Cadenz kommt. Machen Sie lieber 2 Sinfonien. Ich habe dem Hr. Fel=ſenburg ſelbſt geſagt, daß ich ihm es nicht rate, morgen zu ſpielen. Es gibt eine wahre Schweinerei.   B.
NB.: Sobald er das Konzert beſſer kann, kann er es ſpielen.

684] An Karl Bernard.   (1816.)

Ich weiß nicht mehr, ob der Direktor des Landgerichts nur die Anzahl Bogen wiſſen wollte, oder ob er auch die Partitur verlangte zu ſehen? Und wie heißt der Mann? Morgen bitte ich Sie nicht zu kommen, da es wegen meiner Zeit unmöglich iſt, allein Sonntags, wenn Sie an keinem beſſeren Orte eingeladen ſind, machen Sie mir das Ver=gnügen, mit uns zu ſpeiſen.   Ihr Freund Beethoven.

685] An Nikolaus v. Zmeskall.   (1816.)

Ich danke Ihnen herzlich, mein lieber Z., für Ihre mir gegebenen Erörterungen. Was die Feſtungen anbelangt, ſo dächte ich, daß Sie von mir die Meinung hätten, mich nicht in ſumpfigten Gegenden aufhalten zu wollen; übri=gens iſt es bei mir ſchwerer als irgendwo eine Haushal=tung einzurichten, denn ich verſtehe davon nichts, gar nichts. Fehltritten werde ich wohl immer ausgeſetzt ſein. — Nun was Ihren erſten Brief anbelangt, was ſoll ich darauf ſagen. Schon von Kindheit an habe ich mich alles Guten anderer Menſchen gern erinnert, und es immer im Sinn behalten. Darauf kam auch die Zeit, wo beſonders in einem verweichlichten Jahrhundert dem Jüngling auch ſelbſt etwas untolerant zu ſein zu verzeihen war. Nun aber ſtehen wir als Nation wieder kraftvoll da, und wie auch ohnedies ich mir ſpäter eigen zu ſuchen gemacht habe, nicht den ganzen Menſchen wegen einzelner Schwä=chen zu verdammen, ſondern gerecht zu ſein, das Gute vom Menſchen im Sinne zu behalten, und hat ſich dieſes nun ſogar in geäußerten Handlungen gegen mich bezogen, ſo habe ich mich nicht allein als Freund des ganzen Men=ſchengeſchlechts, ſondern noch auch beſonders einzelne dar=

unter immer als meine Freunde angesehen und auch genannt. So in diesem Sinne nenne ich Sie denn auch meinen Freund. Wenn auch in manchen Dingen wir beide verschieden handeln und denken, so sind wir doch auch in manchem übereingekommen. — So — nun zähle ich nicht weiter mehr. — Möchten Sie nur recht oft meine freundschaftliche Anhänglichkeit auf die Probe stellen!

Wie immer   Ihr Freund Beethoven.

686] An Vinzenz Hauschka.   (1816.)

Ich schicke Dir, mein lieber H., acht Bässe, vier Violen, sechs Sekunden und sechs Primen, nebst zwei Harmonien; Partitur kann ich keine schicken, da ich keine als die meinige habe, welche für jeden anderen als für mich zu klein geschrieben ist. Gut ist es aber, eine Partitur dabei zu haben, Ihr könnt sie bei Steiner im Vaterunsergäßl haben. — Ich bin wieder nicht wohl und werde gewiß nächstens mit Dir sprechen. Dein Freund Beethoven m. p. NB. Ausgeschriebene Stimmen kannst Du noch mehrere bei mir haben.

687] An S. A. Steiner & Komp.   (1817.)

Bester Generalleutnant! Ich bitte Sie um einige Duetten, Terzetten, Quartetten zum Singen aus verschiedenen Opern zu schicken, auch einige Übersetzungen derselben in Violinquartetten oder Quintetten und das Lied von Merkenstein, der Mann von Wort, an die Hoffnung und an die ferne Geliebte, beizufügen. Alles zusammen bitte ich mir noch spätestens bis heute nachmittag zukommen zu machen, da eine Gelegenheit da ist, solche fortzuschicken. Der Generalleutnant muß den General schmieren, der General wieder andere; wären die unermeßlichen Bergwerke des Generalleutnant und der Schädel des General nicht, wir wären schon längst verloren. Die Vormundschaft legt mir dergleichen Geschenke auf, damit die Räder am Wagen zum „an Ort und Stelle kommen" geschmiert werden. Die Frau Gräfin Erdödy hat mir geschrieben. Es gibt dort auch mancherlei. Der Magister Brauchle ist in schweren Kindesnöten, weswegen ich sogleich eine Hebamme hinzufenden habe. Gerne hatte ich Berichterftattung wegen der beiden Exekutionen; die dritte behalte mir vor; sobald ich wieder ausgehen kann. — Ich bin Euer ufw. ufw. ufw. ufw. — Wünfche die Bergwerke des Generalleutnants im beften.

Ihr L. Bthon m. p.

Wie fieht's aus wegen der Korrektur der Sonate und übrigen Zwiebeln.

688] **An Nanette Streicher.** (Jan. 1817.)

Der bewußten Miffetäterin ift heute ihr Urteil angekün= digt worden, — fie benahm fich beinahe wie Cäfar bei Brutus Dolch, nur daß in erfterem Wahrheit zugrunde lag und bei ihr eine heillofe Tücke. — Das Küchenmädchen fcheint brauchbarer als das vorige fchlechte Schönheitsge= ficht; fie läßt fich nicht mehr blicken, ein Zeichen, daß fie auf kein gutes Zeugnis gehofft, welches ich ihr doch zuge= dacht hatte. — Das eine Küchenmädchen hat ein etwas fchiefes Geficht beim Holztragen gemacht; ich hoffe aber, fie wird fich erinnern, daß unfer Erlöfer fein Kreuz auch auf Golgatha gefchleppt hat. —

689] **An Karl Czerny.** (1817.)

Mein lieber Cz.! Geben Sie diefes gefälligft Ihren El= tern für das neuliche Mittageffen, ich kann diefes durchaus nicht umfonft annehmen. — Auch verlange ich Ihre Lek= tionen durchaus nicht umfonft, felbft auch die fchon gegebe= nen follen verrechnet und Ihnen bezahlt werden; nur bitte ich Sie, in diefem Augenblick Geduld zu haben, indem von der Witwe noch nichts zu fordern ift und ich große Ausga= ben hatte und habe; — allein es ift nur geborgt für diefen Augenblick. — Der Kleine kommt heute zu Ihnen und ich fpäter auch.

Ihr Freund Beethoven.

690] **An Friedrich v. Treitfchke.** (1817.)

Befter! Dichtefter und Trachtefter! Schicken Sie gefäl= ligft das Manufkript des Liedes in A ♯ zu Steiner im Pa=

terunsergäßerl; es sind einige Fehler in den gestochenen. Sie können nach Verbesserung der Fehler — im Fall Ihnen etwas daran liegt — das Manuskript sogleich von Steiner erhalten. Ihr Freund Beethoven. Meinen Dank für das Exemplar Ihrer Gedichte.

691] **An Cajetan Giannatasio del Rio.** (1817.)

Karl muß heute vor 4 Uhr bei H. B. sein, ich bitte Sie daher, daß Sie seinen Professor bitten, daß er ihn gegen halb 4 Uhr entläßt; — sollte dieses nicht sein können, so müßte er aus der Schule bleiben; im letzteren Falle würde ich ihn bei Ihnen abholen, im ersteren aber auf der Universität oben auf dem Gange. Damit keine Verwirrung entstehe, bitte ich Sie um eine deutliche Antwort, auf welche Art es geschehen solle? — Da Sie für parteiisch sind ausgeschrien worden, so gehe ich aus mit Karl. Wenn Sie mich nicht sehen, so schreiben Sie es meinem Schmerz zu, den ich jetzt erst recht empfinde über diesen schrecklichen Vorfall. In Eile Ihr Beethoven.

692] **An S. A. Steiner & Komp.** (Jan. 1817.)

Werteste Verlegen—heiten!!! Ich ersuche höflichst, die Lieder in eine Art von Katalog bringen zu lassen, wo von jedem nur drei Takte (die ersten) aufgezogen sind, jedoch prestissimo, wo ich die Widmung sogleich bestimmen werde. Man sieht's, daß ein englischer Verleger eine ebenso verlegene Ware wie ein Deutscher ist, sonst wäre so was nicht nötig; die dazugehörigen Papiere habe ich bei mir behalten, da sie doch noch später werden mitfolgen müssen. — Ich bin hochachtend, erstaunend hochachtungsvoll dero L. v. B.

693] **An Nikolaus v. Zmeskall.** (6. Jan. 1817.)

Lassen Sie mich heute wissen, lieber Z., wann ich morgen mit Ihnen sprechen kann, nachmittags wär's mir am liebsten. — Ich erwarte eine gefällige Antwort an Ihren Freund Beethoven.

Euer Wohlgeboren! Ich höre erst gestern von Hr. v.
Bernard, welcher mir begegnete, daß Sie hier sind,
und sende daher diese zwei Exemplare, die leider erst fer=
tig geworden zu eben der Zeit, da man schon von unseres
lieben verstorbenen Fürsten Lobkowitz Tode sprach; haben
Sie die Gefälligkeit, sie Sr. Durchlaucht dem Erstgebore=
nen Fürsten Lobkowitz zu übergeben samt diesem Schrei=
ben. Eben heute wollte ich heute den Herrn Kassier darum
ansuchen, die Übernahme davon nach Böhmen zu über=
nehmen, indem ich Sie wirklich alle nicht hier geglaubt.
Ich, wenn ich von meinem wenigen Ich etwas reden
darf, befinde mich bald wieder in einem ziemlich gesun=
den Zustande und wünsche Ihnen desgleichen. — Ich darf
Sie nicht bitten, zu mir zu kommen, ·denn ich müßte
Ihnen sagen warum, das kann ich mir unterdessen
nicht anmaßen, ebensowenig, als warum Sie nicht kom=
men oder kommen wollen. — Ich bitte Sie, die Überschrift
an den Fürsten auf den Brief zu schreiben, da ich seinen
Vornamen nicht weiß. — Das dritte Exemplar behalten
Sie gefälligst für Ihre Frau. — Leben Sie wohl. —

Ihr Freund und Diener L. v. Beethoven.

695] An George Thomson. Vienne, 18. Jan. 1817.

Mon cher ami! Toutes les chansons, qui vous avez prié
de moi le 8. Juillet 1816 de composer pour vous, étaient
déjà finies à la fin du mois de Septembre, mais comme je
m'étais proposé moi-même de les porter chez Mess. Friess,
la chose se prolongeait, surtout que j'avais une grande
maladie et dans ce moment, je ne me trouve pas encore
tout à fait sain, c'est aussi la cause pour quoi je les envoie à Messr. Friess. Quant aux chansons de diverses na-
tions, vous n'avez qu'à prendre des paroles en prose, mais
non pas en vers, enfin si vous prenez des paroles en prose
vous y réussirez parfaitement.

Quant à vos autres propositions, j'aurai l'honneur de
vous répondre le plus prochain, je vous présenterai mes
idées de ce projet, et j'espère, que vous les applaudirez, et

alors j'expédirai tout ce, que vous demandez de moi aussi vite qu'exactement. J'ai l'honneur d'être, mon très cher Thomson, votre ami et serviteur   L. v. Beethoven.

696] **An Nikolaus v. Zmeskall.**   (20. Jan. 1817.)

Lieber Zmeskall, ich bitte Sie recht sehr, mir das Exemplar der bei Simrock zwei gestochenen Violoncellsonaten nur auf heute zu leihen, da ich noch keines zu Gesichte bekommen, indem, aus was für einer Ursache, ich weiß nicht, mir Simrock keins geschickt hat. Ich besuche Sie bald.   In Eil' Ihr Freund Beethoven.

697] **An S. A. Steiner & Komp.**   (1817.)

Das Pönale ist hiermit geschlossen und zwar zu unserer Zufriedenheit, welches unserm lieben getreuen G—ll—t zur angenehmen Wissenschaft dient. Wegen dem Titel der neuen Sonate braucht's gar nichts anderes, als den Titel, welchen die Symphonie in A in der Wiener M.-Z. erhalten, überzutragen. Die schwer zu exequierende Sonate in A, mein bester G—ll—t wird zwar stutzen und meinen, schwer sei ein relativer Begriff, was dem einen schwer, sei dem anderen leicht, mithin sei gar nichts gesagt, allein der G—ll—t muß wissen, daß mit dem alles gesagt ist; denn was schwer ist, ist auch schön, gut, groß usw.: jeder Mensch sieht also ein, daß dieses das fetteste Lob ist, was man geben kann, denn das schwere macht schwitzen. Da der Adjutant hierbei neulich seine verräterischen und aufrührerischen Gesinnungen durch Reden wieder gezeigt, so ist solcher sogleich heute beim rechten Ohr derb anzufassen und zu zupfen, die weitere Exekution behalten wir uns vor, um selbe in unserer und unsers besten G—ll—t Gegenwart vollziehen zu lassen. Wir wünschen unserm lieben G—ll—t alles ersprießliche und besonders einen besseren Adjutanten.   Beethoven.

698] **An Haslinger.**   (1817.)

Der Zufall macht, daß ich auf folgende Dedikation geraten: „Sonate für das Pianoforte oder — — Hämmerklavier, verfaßt und der Frau Baronin Dorothea Ert-

400

mann, geb. Graumann, gewidmet von Ludwig van Beet=
hoven." Bei der neuen Sonate. Sollte der Titel schon fer=
tig sein, so habe ich folgende zwei Vorschläge, nämlich ent=
weder ich bezahle den einen Titel, d. h. auf meine Unkosten,
oder man hebt ihn auf für eine andere neue Sonate von
mir, wozu sich nur die Bergwerke des G—ll—ts inson=
derlich pleno titulo G—ll—ts und ersten Staatsrates zu
öffnen haben, um selbe ans Tageslicht der Welt zu brin=
gen. — Der Titel ist zuvor einem Sprachverständigen zu
zeigen. Hämmerklavier ist sicher deutsch, ohnehin ist die
Erfindung auch deutsch; gebt Ehre dem Ehre gebührt. —
Wie ist es denn, mir fehlen die Berichte von den ohne
Zweifel erfolgten Exekutionen? — Wie immer Dero be=
ster   Amicus ad amicum de amico.

O Ad = ju = tant!

Wegen der Dedikation bitte ich das größte Stillschwei=
gen zu beobachten, da ich eine Überraschung damit machen
will.

699] **An Tobias Haslinger.**   (Januar 1817.)

Sonate muß mit deutschen Buchstaben ausgedrückt wer=
den. Musée musical erst deutsch gegeben, z. B. musikali=
sches Museum und drunter Musée musical oder allein
deutsch: Sonate des Museum für Klaviermusik etc.

700] **An S. A. Steiner & Komp.**   23. Jan. 1817.

An den Wohlgebornen G—ll—t von Steiner zu eignen
Händen.

Publicandum. — Wir haben nach eigener Prüfung
und nach Anhörung unseres Konseils beschlossen und be=
schließen, daß hinfüro auf allen unseren Werken, wozu der
Titel deutsch, statt Pianoforte Hammerklavier gesetzt
werde, wonach sich unser bester G—ll—t samt Adjutanten
wie alle anderen, die es betrifft, sogleich zu richten und sol=
ches ins Werk zu bringen haben. — Statt Pianoforte —

Hammerklavier, — womit es sein Abkommen einmal für allemal hiermit hat. Gegeben usw. usw.

vom G—s. m. p.

701] **An Nanette Streicher.**   27. Jan. 1817.

Meine werte Streicher! Sie überraschen mich und versetzen mich mit meiner schnellen Einbildungskraft sogleich nach Bremen. Es ist unterdessen etwas zu weit, in diesem Augenblick mich dahin zu verfügen, mir mangelt Oberons Horn. Ich bin ohnedem heute auf der Landstraße und kann meinen mir schon lange vorgenommenen Besuch bei Ihnen abstatten, da ich mich mit Ihnen über etwas zu besprechen habe. Gegen 3 Uhr nachmittags sage ich Ihnen selbst, wie sehr ich bin (in Eil') Ihr Freund und Diener

L. v. Beethoven.

702] **An Tobias Haslinger.**   30. Jan. 1817.

Adjutanterl! Bestes, kleines Kerlchen! Schau wegen dem Häuschen noch einmal, und gib mir's; auch den Aufsatz von Erziehung bitte ich recht sehr mir zu verschaffen. Es liegt mir gar viel daran, meine Ideen hierüber gegen andere gegeneinanderhalten zu können und noch mehr zu berichtigen. Was das Adjutanterl anbelangt, so glaube ich nun bald, bei dessen Erziehung den rechten Weg eingeschlagen zu haben.   Dero Contra Fa m. p.

703] **An Nikolaus v. Zmeskall.**   (30. Jan. 1817.)

Lieber Z.! Sie haben mich zu einem Schuppanzigh usw. gesellen wollen, und haben mein reines aufrichtiges Werk entstellt. Sie sind nicht mein Schuldner, sondern ich der Ihrige, und jetzt haben Sie mich nur noch mehr dazu gemacht. Ich kann nicht schreiben, wie weh mir dieses Geschenk tut und so aufrichtig als ich bin, muß ich noch dazusetzen, daß ich Ihnen keinen freundlichen Blick dafür gönnen kann. Obschon Sie nur ausübender Künstler, so bedienten Sie sich doch mehrmals der Einbildungskraft und mir scheint, daß Ihnen diese doch zuweilen unnötige Grillen eingibt; wenigstens hat mir dieses aus Ihrem Briefe nach meiner Dedikation geschienen. — So gut ich

402

bin und alles Gute an Ihnen schätze, so bin ich doch böse,
böse, bös. — Ihr neuer Schuldner, der sich aber zu rächen
wissen wird,   L. van Beethoven.

704] An Nikolaus v. Zmeskall.   (31. Jan. 1817.)

Lieber Z. von D—z! usw. usw. usw. samt Burgunder=
Reben. — Ich schicke hier das Trio samt dem Violoncell=
schlüssel dazu und bitte Sie, es zu behalten. Außerdem
würde es mir sehr lieb sein, wenn Sie Ihren Bedienten
übermorgen früh schicken wollten und doch wenn's möglich
gegen 11 oder auch halb 12 Uhr, bis 12 bin ich sicher zu
Hause. — Tragen Sie ihm zugleich gefälligst auf, wenn
er jemand für meine Dienste findet, es mir anzuzeigen,
ich habe anderwärts auch schon deswegen mich umgesehen,
denn es ist zu arg mit diesen Menschen, ich könnte wirklich
einmal in sehr große Verlegenheiten geraten, beide sind
einander wert, und nur Mitleiden, was sie keineswegs
verdienen und eigentlich auch nicht bedürfen, hat mich so
lange Geduld haben machen. — Leben Sie wohl, Herr und
Zwingherr aller Ofner und Burgunder Gebirge.

Dero L. v. Beethoven.

705] An Nanette Streicher.   7. Febr. 1817.

Meine werte Str.! Ich bitte Sie tausendmal um Ver=
zeihung wegen gestern. Es war eine Zusammenkunft we=
gen der Angelegenheit meines Neffens, die schon tags vor=
her bestimmt war und bei d. g. bin ich wirklich immer in
Gefahr, den Kopf zu verlieren; so ging es denn auch ge=
stern. Mögen Sie sich nur nicht dadurch beleidigt finden,
und mir das Vergnügen Ihres Besuches ein andermal
gewähren; gestern nachmittag hatte ich in derselben An=
gelegenheit zu tun und heute um 10 Uhr wieder, ich werde
daher (heute um) zwölf oder halb 1 Uhr mich bei Ihnen
anfragen, sollten Sie verhindert sein, so komme ich ein
andermal. — Ich bitte nochmals, die gestrige Begebenheit
all' den verwirrten Umständen zuzuschreiben, worin mich
die Sorgen für meinen lieben Neffen verwickelt haben. In
Eil' Ihr Freund Beethoven.

706] **An Nikolaus v. Zmeskall.** (Febr. 1817.)

Ich werde, mein lieber Zwingherr, gegen zwölf Uhr
präzise bei Ihnen sein. Dank, Dank, viel Dank. — Gratias agimus tibi Domine. **L. v. Beethoven.**

707] **An Nikolaus v. Zmeskall.** (10. Febr. 1817.)

Wohlgeborener bester Hoffekretär, erster Zwingherr
aller Ofner und Burgunder Bergwerke! Für heute ist es
unmöglich, zu Ihnen zu kommen, bestellen Sie mir den
Bedienten auf morgen und lassen Sie mir gefälligst sagen,
um welche Zeit ich zu Ihnen kommen soll; was eigentlich
nötig, machen Sie schon heute aus. — Bis morgen erwarte
ich also, mir die Stunde zu bestimmen, wann ich zu Ihnen
kommen soll. . In Eil' der Ihrigste L. v. Beethoven.

708] **An Nanette Streicher.** 13. Febr. 1817.

Meine liebe werte Streicher! Ich darf heute nicht
ausgehn; allein morgen um 10 Uhr will ich mich bei
Ihnen einfinden. Machen Sie da nur, daß uns der Haus=
meister im ersten Stock eine Idee von der oberen Wohnung
gibt; finde ich sie alsdann nur angemessen, so nehme ich
sie alsogleich. Gestern war es mir mehrerer Hindernisse
wegen nicht möglich, Sie zu sehen. — Sorgen Sie also,
daß wir den einen Tag Aufschub erhalten.

In Eil' Ihr Freund Beethoven.

709] **An Nikolaus v. Zmeskall.** (13. Febr. 1817.)

Lieber Z.! Dieses Buch ist sehr interessant zu lesen,
allein lange kann ich es nicht entbehren; der es verfaßt, hat
mir's geschickt, unterdessen habe ich es andern Leselustigen
auch versprochen. — Ihren Bedienten bitte ich mir morgen
wieder aus, er wird Ihnen schon sagen wie, wann, sein
heutiges Kommen hat gute Wirkung gemacht.

710] **An Franz v. Brentano.** Wien, 15. Febr. 1817.

Mein verehrter Freund! Ich habe Ihnen vor einiger
Zeit mehrere Musikwerke geschickt, um mich in Ihr freund=
liches Andenken zurückzurufen. Immer blieben mir alle

404

Glieder der Brentanoschen Familie lieb und vorzüglich werde ich mich Ihrer, mein verehrter Freund, immer mit wahrer Achtung erinnern. Ich wünsche selbst, daß Sie es glauben mögen, daß ich öfter den Himmel für lange Erhaltung Ihres Lebens angefleht, damit Sie noch lange als verehrtes Oberhaupt für Ihre Familie nützlich wirken können. Mit diesen Gesinnungen werden Sie mich immer erfüllt finden.

Was mich anbelangt, so ist geraume Zeit meine Gesundheit erschüttert, wozu Ihnen auch unser Staatszustand nicht wenig beiträgt, wovon bis hierher noch keine Verbesserung zu erwarten, wohl aber sich täglich Verschlimmerung desselben ereignet. Herr Keßler hat mir durch Sie ein Werk geschickt, welches von seiner Anlage zeugt. Bis hierher war es mir nicht möglich ihm zu schreiben, unterdessen soll es nächstens ausführlich geschehen. Ihren Umgang wie Ihrer Frau Gemahlin und lieben Kindern vermisse ich gar sehr; denn wo wäre etwas dergleichen hier in unserem Wien zu finden. Ich gehe daher auch beinahe nirgends hin, da es mir von jeher nicht möglich war, mit Menschen umzugehen, wo nicht ein gewisser Umtausch von Ideen stattfindet. Nun leben Sie recht wohl; alles erdenklich Schöne und Gute wünsche ich Ihnen in Ihrem Leben als Kranz Ihrer Verdienste, wozu auch ich in Ihrem Andenken als Ihrer nicht unwert zuweilen Ihnen erscheine. — Mit wahrer Hochachtung und Ergebenheit

Ihr Freund L. v. Beethoven.

Alles Schöne meiner werten Freundin Toni und ihren lieben Kindern.

711] An Peter Josef Simrock.   Wien, 15. Febr. 1817.

In kurzer Zeit, mein liebes Simröckchen, werde ich Ihnen alles einschicken, was Sie verlangt, auch Ihnen die Herausgabe anzeigen können. Das opus ist 101. Werk. Ihren Brief vom 23. Oktober erhielt ich garnicht, das ist mit eine von den vorzüglichen Einrichtungen, die wir der Zeit verdanken, es geschah mir, daß von einem fremden Ort 4 oder 5 Briefe an mich gesendet worden, wovon man mir von dort aus zur überzeugenden Gewißheit, daß sie abgeschickt wurden, die Rezepisse nachschickte, allein ich erhielt keinen davon. Seit 15. Oktober war ich sehr krank an einem Entzündungs-Katarrhe, an dessen Folgen ich noch leide und wahrscheinlich bis zum gänzlichen Frühjahr oder Sommer erst geheilt sein werde. Sobald Sie können, schreiben Sie mir doch Ihre Meinung wegen der Herausgabe meiner sämtlichen Werke, mit der Klavier-Musik angefangen, es wäre ein in mancher Hinsicht erkleckliches (?) Unternehmen, da so viele fehlervolle Ausgaben meiner Werke in der Welt herumspazieren.

Alles Schöne und Gute Ihren Eltern und besonders Ihrem Vater, er wird sich wohl noch erinnern, wie ich ihm manches Tones wegen von dem Horn gefragt, und wohl einsehen, daß der damalige Schüler seinem Meister etwas aufzuknacken gibt. Leben Sie wohl mein liebes Simröckchen und beim Verlegen werden Sie nie verlegen. In Eil

Ihr Freund L. v. Beethoven.

712] **An Nikolaus v. Zmeskall.** (20. Febr. 1817.)

Lieber Z.! Der Bediente hat 27 fl. erhalten, und ein Beinkleid, ich glaube nicht, daß er mehr fordern könne; doch will ich morgen nachmittags zu Ihnen kommen, und wir können uns darüber besprechen.

In Eil' der Ihrige L. v. Beethoven.

713] **An Nikolaus v. Zmeskall.** (21. Febr. 1817.)

Lieber Z.! Es handelt sich nur um eine einzige Frage des Bedienten halber, alsdann werde ich gleich selbst zur Polizei gehn und den Meister Strauß wird man statt einem Sträußchen auf 24 Stunden einsperren; ich ersuche Sie deswegen, mir sagen zu lassen, wann ich Sie auf einen Augenblick heute bei Ihnen sehn kann. Nachmittags wäre es mir am liebsten; unterdessen, können Sie nicht, so lassen Sie mich eine andere Stunde wissen, auch ist es gut, daß Sie den vorigen Bedienten um seine Wohnung fragen lassen; wegen der Polizei sagen Sie jetzt noch nichts, bis wir miteinander gesprochen haben.

In Eil' Ihr Beethoven.

714] An Nikolaus v. Zmeskall. (22. Febr. 1817.)

Laffen Sie mich nur wissen, ob die bewußte Person dagewesen ist, im Falle sie nicht da war, so würde ich vielleicht erst morgen zur Polizei gehn, indem ich eben in dringenden Arbeiten begriffen bin. Nur einige Worte deshalb.

In Eil' Ihr Beethoven.

715] An Tobias Haslinger. (Febr. 1817.)

Für seine Wohlgeboren Herrn Haslinger, außerordentlichen Gesellschafter an den Höfen Grabens und Paternostergäßchen. — Sehr bestes Druck- und Stichmitglied! Seid von der gütigsten Güte und laßt einhundert Abdrücke machen von diesem Plättlein. Ich werde Euch allen Stich und Druck doppelt und dreifach vergelten. — Lebt wohl. Der Eurige Beethoven.

716] An Baronin Dorothea Ertmann. Wien, 23. Febr. (1817).

Meine liebe werte Dorothea Cäcilia! Oft haben Sie mich verkennen müssen, indem ich Ihnen zuwider erscheinen mußte; vieles lag in den Umständen, besonders in den früheren Zeiten, wo meine Weise weniger als jetzt anerkannt wurde. Sie wissen die Deutungen der unberufenen Apostel, die sich mit ganz anderen Mitteln als mit dem Evangelium forthelfen; hierunter habe ich nicht gerechnet sein wollen. — Empfangen Sie nun, was Ihnen öfters zugedacht war und was Ihnen einen Beweis meiner Anhänglichkeit an Ihr Kunsttalent wie an Ihre Person abgeben möge. Daß ich neulich Sie nicht bei Czerny spielen hören konnte, ist meiner Kränklichkeit zuzuschreiben, die endlich scheint vor meiner Gesundheit zurückfliehen zu wollen. — Ich hoffe, bald von Ihnen zu hören, wie es in St. Pölten mit den — steht und ob Sie etwas halten auf Ihren Verehrer und Freund L. van Beethoven.

Alles Schöne Ihrem werten Mann und Gemahl von mir.

717] An Graf Moritz Fries. (25. Febr. 1817.)

Ich werde morgen vormittag die Ehre haben, Ihnen die letzten Lieder für Herrn Thomson in Schottland zu überreichen usw. L. van Beethoven.

Des Adjutanten Unschuldigkeit und nichts weiter! Wir bitten gefälligst, uns zwei Partiturexemplare zu senden von der Symphonie in A. — Außerdem wünschten wir zu wissen, wann wir ein Exemplar von der Sonate für die Baronin von Ertmann haben könnten, denn sie geht vielleicht schon längstens übermorgen von hier.

Nr. 3, nämlich beigefügter Zettel ist von einem Musik= freund aus Schlesien, jedoch eben nicht reich, dem ich eben= falls schon Partituren von mir habe schreiben lassen; er wünscht diese Werke von Mozart in seiner Bibliothek zu haben, da aber mein Bedienter das Glück von Gott hat, einer der ersten Esel des Kaiserstaates (welches viel gesagt ist) zu sein, so kann ich ihn hierzu schon nicht brauchen. Seid also so gut und schickt zu Hrn. Traeg (mit einem Kleinkrämer kann sich der G—s ebenfalls nicht einlassen) und laßt euch aufschreiben, wieviel jedes kostet, und schickt mir dieses samt meinen zwei Partituren in A und Ant= wort auf meine Frage wegen der Ertmann noch heute baldigst (presto prestissimo) zu; wohl gemerkt, im Sturmmarsch am Ende. — Übrigens wird die beste Auf= führung empfohlen, damit meiner Gesundheit weiter kein Hindernis gelegt werde. —　L. van Beethoven.

719]　An Nikolaus v. Zmeskall.　(März 1817.)

Lieber Z.! Ich empfehle Ihnen den Überbringer dieses, den jungen Bocklet, welcher ein sehr geschickter Violinspie= ler ist; wo Sie durch Ihre Bekanntschaft ihm nützen kön= nen, tun Sie es um so mehr, als er mir von Prag aus sehr warm empfohlen ist. — Wie immer Ihr wahrer Freund
Beethoven.

720]　An Nikolaus v. Zmeskall.　(1817.)

Lieber werter Z.! Schon wieder unglücklich mit einem Bedienten und wahrscheinlich sogar bestohlen. — Schon am vierten sagte ich ihm mit 14 Tagen auf, allein er be= trinkt sich, bleibt ganze Nächte aus dem Hause und ist so auffallend keck und grob, daß es mir lieber wäre, ihn noch früher fortzuschaffen; ich möchte ihm also 14 Tage bezah=

len, und ihn sogleich wegschaffen. Es fragt sich also nun, ob, wenn ich ihn auf diese Art fortschaffe, ich ihm die vorhergegangenen Tage vom ersten dieses oder vom vierten dieses bis zu dem Tage (welcher morgen sein könnte), wo ich ihm 14 Tage bezahle, auch vergüten muß? — Sein Monat fängt mit jedem Monat an und ist eben auch damit aus. — Verzeihen Sie, lieber Z., schicken Sie mir die Antwort gefälligst morgen früh durch Ihren Bedienten. — Ich hoffe Sie bald zu sehn.

Wie immer Ihr Freund L. v. Beethoven.

Meine Wohnung, Landstraße Nr. 268, 2. Stock. — Ich bitte Sie, dem Ihrigen Bedienten nichts wegen dem Schreiben zu sagen, ich werde schon meine Maßregeln treffen.

721] An Charles Neate. Wien, 19. April 1817.

Mein lieber Neate! Seit 15. Oktober befiel mich eine große Krankheit, an deren Folgen ich noch leide und nicht geheilt bin. Sie wissen, daß ich nur von meinen Kompositionen leben muß; seit meiner Krankheit habe ich nur äußerst wenig komponieren können, also auch nur äußerst wenig verdienen können, um so mehr würde es mir sehr willkommen gewesen sein, wenn Sie etwas für mich getan hätten. Unterdessen vermute ich, daß das Resultat von allem — nichts ist.

Sie haben sogar noch anklagend gegen mich an Hering geschrieben, welches meine Redlichkeit gegen Sie keineswegs verdient. Unterdessen muß ich mich hierüber rechtfertigen; nämlich: die Oper Fidelio war vor mehreren Jahren schon geschrieben, allein das Buch und der Text sehr mangelhaft. Das Buch mußte ganz umgearbeitet werden, dadurch mußten mehrere Musikstücke vermehrt, andere verkürzt, wieder andere ganz neu dazu komponiert werden. So z. B. ist die Ouvertüre ganz neu, wie verschiedene andere Stücke; allein es ist möglich, daß in London vielleicht die Oper sich befindet, wie sie zum erstenmal war, so ist sie denn auch gestohlen worden, wie das beim Theater kaum möglich ist zu vermeiden. — Was die Symphonie in A betrifft, da Sie mir gar keine Antwort geschrieben hierüber, welche befriedigend war, so mußte ich sie wohl herausgeben; ebenso gern hätte ich drei Jahre warten wollen, wenn Sie mir geschrieben hätten, daß sie die philharmonische Gesellschaft genommen hätte; allein überall nichts — nichts. Nun was die Klaviersonaten mit Violoncell betrifft, ich gebe Ihnen hierzu einen Monat Zeit; habe ich alsdann hierüber keine Antwort von Ihnen, so gebe ich sie in Deutschland heraus. Da ich ebenso hierüber wenig von Ihnen gehört, als von den anderen Werken, so habe ich selbe einem deutschen Verleger gegeben, der mich darum dringend gebeten; jedoch habe ich mir schriftlich ausbedungen (Hering hat diese Schrift gelesen), daß er die Sonaten nicht eher herausgibt, bis Sie selbe in London verkauft haben. Ich dachte, Sie sollten diese zwei Sonaten wenigstens für 70 oder 80 Dukaten in Gold anbringen können; der englische Verleger kann den Tag bestimmen, wenn sie in London erscheinen sollen, am selben Tage erscheinen sie alsdann auch in Deutschland. Auf die Art hat Birchall auch das große Trio und die Klaviersonate mit Violine von mir gekauft und auch erhalten. Ich bitte Sie also um die letzte Gefälligkeit, mir so geschwinde als möglich der Sonaten wegen eine Antwort zu geben. Die Frau von Genney schwört darauf, was Sie alles für mich getan haben, ich auch, das heißt, ich schwöre darauf, daß Sie nichts für mich getan haben, nichts tun für mich und wieder nichts für mich tun werden, Summa Summarum nichts! nichts! nichts!

Ich versichere Sie der vollkommensten Hochachtung und hoffe wenigstens als letzte Gefälligkeit eine baldige Antwort.

Ihr ergebenster Diener und Freund L. v. Beethoven.

722] **An S. A. Steiner & Komp.** (April 1817.)

Das G—ll—t-Amt hat diesem jungen Künstler Bocklet aus Prag allen Vorschub zu leisten. Es ist der Überbringer dieses Virtuose auf der Violine. Wir hoffen, daß unser Schreiben geachtet wird, um so mehr, da wir mit der rasendsten Zuneigung uns nennen   Dero G—s.

Mein lieber werter liebevoller K.! Eben erhalte ich von
dem Syndikus Baier in R. gute Nachrichten, welche Sie
selber in betreff des I. H. mitgeteilt haben. Was das
übrige anbelangt, so werden Sie vollkommen befriedigt
werden. — Ich nehme mir die Freiheit, Sie wieder zu bit=
ten, mir das Meinige vom fürstl. Kinskyschen Hause zu
besorgen, und füge hierbei die dazu nötige Quittung.
Vielleicht läßt sich noch ein anderer Weg ausfinden, der
mir unterdessen jetzt zu spät einfällt, wie ich vermittels des=
sen Ihnen künftighin hierin nicht mehr beschwerlich fallen
darf. — Schon seit 15. Oktober überfiel mich ein Entzün=
dungskatarrh, an dessen Folgen ich noch leide, und auch
meine Kunst; doch ist zu hoffen, daß es nach und nach bes=
ser wird, und ich wenigstens in meinem kleinen Reich der
Töne mich wieder reich zeigen kann. Bin ich doch in allem
übrigen arm — durch die Zeiten? durch die Armut des
Geistes und wo????? — Leben Sie wohl. — Übrigens
macht einen alles um uns nahe her ganz verstummen;
dies soll aber zwischen unserem geknüpften Freundschafts=
und Seelenbund nicht stattfinden.

Laut nenne ich mich wie immer Ihr Sie verehrender und
liebender Freund   L. v. Beethoven.

Frage? Wie wird es denn gehen, wenn ich mich ent=
ferne und zwar aus den österreichischen Ländern, mit dem
Lebenszeichen, wird das etwa von einem nicht österrei=
chischen Ort unterzeichnete Lebenszeichen gelten?

724] **Auf Skizzenblättern.** (1817.)

Die Mutter Karls suchte selbst den Vergleich, allein die
Basis davon war, daß das Haus verkauft werden sollte,
wo man rechnen konnte, daß alle Schulden bezahlt würden
und nebst der Hälfte Witwengehalt, nebst dem übrigblei=
benden Teil vom verkauften Hause, nebst der Mitgenie=
ßung als für Karls Wünsche sie nicht allein anständig son=
dern sehr wohl leben könnte. Da aber das Haus nicht ver=
kauft wird, welches die Hauptbedingung war, worauf der
Vergleich geschlossen wurde, da man vorgab, daß schon
die Exekution hierauf lastete, so müssen meine Skrupel nun

aufhören, und ich kann wohl denken, daß sich die Witwe nicht schlecht bedacht, welches ich ihr von Herzen wünsche. Das meinige, o Herr, hab' ich erfüllt.

Es sei möglich gewesen ohne Kränkung der Witwe, war aber nicht an dem. Nur Du, Allmächtiger, siehst in mein Herz, weißt, daß ich mein eigenes Beste um meines teuren Karl willen zurückgesetzt habe; segne mein Werk, segne die Witwe! Warum kann ich nicht ganz meinem Herzen folgen und sie, die Witwe, fördern?

Gott, Gott, mein Hort, mein Fels, o mein Alles, Du siehst mein Inneres und weißt, wie wehe es mir tut, jemanden leiden machen müssen bei meinem guten Werke für meinen teuren Karl!!! O höre, stets Unaussprechlicher, höre mich, Deinen unglücklichen, unglücklichsten aller Sterblichen!

725] **Kontrakt zwischen Johanna u. Ludwig van Beethoven.**
Wien, 10. Mai 1817.

1. Der Unterzeichnete Ludwig van Beethoven als Vormund des minderjährigen Karl van Beethoven, willigt Salva ratificatione, in die Einantwortung der Karl van Beethovenschen Verlassenschaft an die zurückgelassene Frau Witwe Johanna van Beethoven gegen dem, daß sich selbe: 2. Gerichtlich erkläre und verbinde, zur Erziehung und zum Unterhalt ihres obgedachten minderjährigen Sohnes Karl, einen jährlichen Beitrag an den jeweiligen Herrn Vormund desselben, in vierteljährigen Raten, jedesmal vorhinein, abzuführen, und daß dieser jährliche Beitrag, wenigstens die eine Hälfte der von der Frau Witwe Johanna van Beethoven ab aerario zu erhaltenden Pension samt Zuschüssen oder anderen zu selben jemals gegeben werdenden, wie immer Namen habenden Beiträgen, betragen muß. 3. Daß die Frau Witwe Joh. v. B. als eine Entschädigung für die ihr mit Last und Vorteil überlassen werdende Karl van Beethovensche Verlassenschaft, sowie für die bisher eingenommenen Zinsungen von dem Verlassenschaftshause usw., also gleich einen Betrag von 2000 fl. W. W. für Ihren minderj. Sohn, Karl, zu Gerichtshänden erlege und den hiervon abfallenden Frucht-

412

genuß eben diesem Sohn zu seiner besseren Erziehung und Unterhalt überlasse. — 4. Endlich solle der von der obgedachten Frau Witwe zu leisten versprochene Erziehungs- und Unterhaltungsbeitrag a dato dieses Vergleichs zur Zahlung anfangen.   Ludwig van Beethoven m. p.
Johanna van Beethoven m. p.

726] **An Nanette Streicher.**   Heiligenstadt, 16. Mai 1817.

Werte Freundin! Ich mache Gebrauch von Ihrer Erlaubnis, Ihnen die Wäsche zur gütigsten Besorgung zu übermachen; bald sehe ich Sie und bin wie immer
Ihr Freund und Diener Beethoven.
Alles Schöne den Ihrigen.

727] **An Nanette Streicher.**   (16. Mai 1817.)

Für heute kann ich Ihnen, meine liebe Frau v. Streicher, nichts sagen, als daß ich hier bin; wie ich hier bin, wo ich hier bin, das werde ich Ihnen bald nachholen. Beigeschlossenes bitte ich der mir empfohlenen Waschfrau zukommen zu machen, noch zur Flickwäsche gehörig. Alles Schöne an die Ihrigen.
In Eil' Ihr Freund und Diener L. v. Beethoven.

728] **An Nanette Streicher.**   (1817.)

Sehr übel befand ich mich gestern und heute noch. Ich gehe nach Nußdorf; ob ich Dienstag kommen werde, weiß ich nicht. Gott mit Euch.   L. v. Beethoven.

729] **An Nanette Streicher.**   (1817.)

Liebe Freundin! Damit Sie mich nicht schlecht beurteilen, sende ich Ihnen hier drei Holländerdukaten, welche Sie wieder dem Herrn Vetter in Krakau zum Wechseln geben können, wollen Sie sogleich Ihre Auslage und die Rechnung der Wäscherin tilgen (könnten), und mir das übrige, sobald ich darum schicke, nach Nußdorf senden können.   In Eil' Ihr dankbarer Beethoven.

730] **An Cajetan Giannatasio del Rio.**   (1817.)

Ich ersuche Sie, werter Freund, sich in Ihren benachbarten Häusern für mich zu erkundigen, ob eine Wohnung

413

von einigen Zimmern für von gleich bis Michaeli zu vermieten sei. Dieses müßte jedoch zwischen heut und morgen geschehen. Ihr Freund und Diener L. v. Beethoven. P. S. NB. Wenn ich auch gern Gebrauch machen wollte von Ihrer gütigen Anerbietung, bei Ihnen im Gartenhause zu wohnen, so kann es doch verschiedener Umstände wegen nicht sein. Alles Schöne an die Ihrigen.   B.

731] An das Giannatasiosche Haus.   (1817.)

G—sches Haus! Die Klavierschule ist eine — — allgemeine — d. h. sie ist eine Art von Kompendium. Übrigens finde ich den Schweizer ganz gut, aber die „Gnaden" sind gar nicht sprachgebräuchlich. — In Eile des G—schen Hauses ergebenster Diener und Freund   Beethoven.

732] An Karl Czerny.   (1817.)

Mein lieber Czerny! Ich bitte Sie, den Karl soviel als möglich mit Geduld zu behandeln, wenn es auch jetzt noch nicht geht, wie Sie und ich es wünschen, er wird sonst noch weniger leisten, denn (ihn darf man das nicht wissen lassen) er ist durch die üble Austeilung der Stunden zu sehr angespannt; leider läßt sich das nicht gleich ändern, daher begegnen Sie ihm so viel als möglich mit Liebe, jedoch ernst. Es wird alsdann auch besser gelingen bei diesen wirklich ungünstigen Umständen für K. — In Rücksicht seines Spielens bei Ihnen bitte ich Sie, ihn, wenn er einmal den gehörigen Fingersatz nimmt, alsdann im Takte richtig, wie auch die Noten ziemlich ohne Fehler spielt, alsdann erst ihn in Rücksicht des Vortrages anzuhalten, und wenn man einmal so weit ist, ihn wegen kleinen Fehlern nicht aufhören zu lassen und selbe ihm erst beim Ende des Stückes zu bemerken. Obschon ich wenig Unterricht gegeben, habe ich doch immer diese Methode befolgt, sie bildet bald Musiker, welches doch am Ende schon einer der ersten Zwecke der Kunst ist, und ermüdet Meister und Schüler weniger, — bei gewissen Passagen wie

 usw.

wünsche ich auch zuweilen alle Finger zu gebrauchen, wie auch bei d. g.

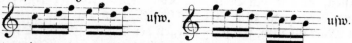

damit man d. g. schleifen könne; freilich klingen d. g., wie man sagt, „geperlt gespielt (mit wenigen Fingern) oder wie eine Perle", allein man wünscht auch einmal ein anderes Geschmeide. — Auf ein andermal mehr. — Ich wünsche, daß Sie alles dieses mit der Liebe aufnehmen, mit welcher ich Ihnen es nur gesagt und gedacht wissen will; ohnehin bin und bleibe ich noch immer Ihr Schuldner. Möchte meine Aufrichtigkeit überhaupt Ihnen zum Unterpfand der künftigen Tilgung derselben soviel als möglich dienen. —   Ihr wahrer Freund Beethoven.

733] An Karl Czerny.   (1817.)

Lieber Czerny! Ich bitte Sie, bei Giannatasio nicht von demjenigen zu sprechen, der den Tag, als Sie mir das Vergnügen machten bei mir zu sein, mit uns speiste; er hat sich dieses verbeten; mündlich einmal über die Ursache hiervon. — Ich hoffe, Ihnen meinen Dank für die Geduld, welche Sie mit meinem Neffen haben, besonders abstatten zu können, ohne daß ich mich so schon immer Ihren Schuldner nennen muß. —

    In Eile Ihr Freund L. v. Beethoven.

734] An Cajetan Giannatasio del Rio. (1817.)

Daß ich Karl morgen früh werde abholen lassen, wird Ihnen schon Ihr Freund gesagt haben; die Mutter will ich in einen besseren Kredit mit der Nachbarschaft setzen, und so erzeige ich ihr den Gefallen, ihren Sohn morgen zu ihr zu führen in Gesellschaft eines Dritten. — Es geschieht alle Monat einmal. — Über alles Geschehene bitte ich nun weder mehr zu sprechen noch zu schreiben, sondern alles wie ich zu vergessen.   B.

735] An Nanette Streicher.   (1817.)

Ich sage Ihnen nur, daß es mir besser geht; ich habe zwar diese Nacht öfters an meinen Tod gedacht, unterdessen sind mir diese Gedanken im Tage auch nicht fremd. —

Wegen der künftigen Haushälterin wünschte ich zu wissen, ob Sie ein Bette und Kommodekasten hat? Unter Bette verstehe ich zum Teil das Gestell, zum Teil das Bett, die Matraze usw. selbst. — Wegen der Wäsche sprechen Sie doch auch mit ihr, damit wir über alles gewiß sind, sie wird auch Drangeld haben müssen, welches ich ihr schon noch geben werde. — Wegen allem übrigem morgen oder über= morgen, meine musik. und unmusik. Papiere sind beinahe in Ordnung; das war eine von den sieben Mühen des Her= kules. In Eil' Ihr Freund Beethoven.

736] **Auf Skizzenblättern.** 1817.

Etwas muß geschehen — entweder eine Reise und zu dieser die nötigen Werke schreiben oder eine Oper. Soll= test du den künftigen Sommer noch hier bleiben, so wäre die Oper vorzuziehen im Falle nur leiblicher Bedingnisse. — Ist der Sommeraufenthalt hier, so muß jetzt schon be= schlossen werden, wie? wo?

*

Gott helfe! Du siehst mich von der ganzen Menschheit verlassen, denn Unrechtes will ich nichts begehen. Erhöre mein Flehen, doch für die Zukunft nur mit meinem Karl zusammen zu sein, da nirgends sich jetzt eine Möglichkeit dahin zeigt. O hartes Geschick! O grausames Verhäng= nis! Nein, nein, mein unglücklicher Zustand endet nie!

*

Dich zu retten, ist kein anderes Mittel als von hier. Nur dadurch kannst du wieder so zu den Höhen deiner Kunst entschweben, wo du hier in Gemeinheit versinkst. Nur eine Sinfonie — und dann fort, fort, fort! Derweilen die Gehalte aufgenommen, welches selbst auf Jahre geschehen kann.

*

Über den Sommer arbeiten zum Reisen. Dadurch nur kannst du das große Werk für deinen armen Neffen voll= führen. Später Italien, Sizilien durchwandern mit eini= gen Künstlern! — Mache Pläne und sei getrost für Karl.

*

416

Karl ist ein ganz andres Kind, wenn er einige Stunden bei dir ist, daher bleibe bei dem Plan, ihn zu dir zu nehmen. — Auch hast du weniger Sorgen für dein Gemüt. Welche Albernheiten sind dort in diesen?!

737] **Auf Skizzenblättern.** 1817.

Abends und mittags in Gesellschaft sein! Es erhebt und ermüdet nicht so, daher ein andres Leben als dieses im Hause zu führen.

*

Sinnlicher Genuß ohne Vereinigung der Seelen ist und bleibt viehisch. Nach selbem hat man keine Spur einer edlen Empfindung, vielmehr Reue.

*

Ruhe und Freiheit sind die größten Güter.

*

Wahre Freundschaft kann nur beruhen auf der Verbindung ähnlicher Naturen.

*

Tausend schöne Augenblicke verschwinden, wenn Kinder in hölzernen Instituten sind, wo sie bei guten Eltern die seelenvollsten Eindrücke, welche bis ins späteste Alter fortdauern, empfangen könnten.

*

Alles Übel ist geheimnisvoll und für sich allein nur größer, ja populärer, je mehr man sich mit andern bespricht, viel erträglicher nur dadurch, daß das, was wir fürchten, völlig bekannt wird, ist es, als hätte man irgend ein großes Übel überwunden.

*

Das Alleinleben ist wie Gift für dich bei deinem gehörlosen Zustande: Argwohn muß bei einem niederen Menschen um dich stets gehegt werden.

*

Die Schwachheiten der Natur sind durch die Natur selbst gegeben, und die Herrscherin Vernunft soll sie durch ihre Stärke zu leiten und zu vermindern suchen.

Fürs erste leuchtet aus allem hervor, daß, wenn Sie nicht gütigst eine Art von Oberaufsicht führen, ich bei meinen Gebrechen beinahe mit allen dgl. Leuten dasselbe Schicksal haben werde. — Die Undankbarkeit gegen Sie ist es, was bei mir beide Menschen auf das tiefste heruntergesetzt hat. Was Sie sonst von Geschwätz sagen, begreife ich nicht; ein einziges Mal erinnere ich mich, in Ansehung eines dritten Gegenstandes einen Augenblick selbst mich vergessen zu haben, jedoch bei ganz anderen Menschen. Das ist alles, was ich hierüber zu sagen weiß. Ich meiner Seite achte und höre nie das Geschwätz des Pöbels an; ich habe Ihnen selbst hierüber Winke gegeben, ohne ein Wort zu sagen von dem, was ich gehört habe — fort, fort, fort mit dgl. — — —

Es ist schon mehremal der Fall gewesen, daß ich die Nany zu Ihnen geschickt, daß Sie ihr vergeben möchten, und seit Ihrem letzten Besuch bei mir habe ich sie zwar nicht ausgescholten, aber ich habe kein Wort, keine Silbe mehr mit ihr gesprochen, und ihr so deutlich genug meinen Willen zu erkennen gegeben; denn ich muß sagen, von Menschen, die sich so gegen Sie betragen, kann ich unmöglich einen guten Schluß für mich selbst ziehen und es liegt mir an beiden nichts.

Die Aufsagung wird heute mit der Baberl geschehen, vielleicht daß sie die N. um Vergebung bittet, da Sie schon einen Schritt getan; übrigens wiederhole ich, wenn nicht mir jemand diese Sache unter seine Obhut stellt, dürfte es uns auch mit anderen nicht besser ergehen. Übrigens verlasse ich mich auf Ihre Menschenfreundlichkeit, die Ihnen innerlich sagt, Gutes zu tun; ich kann das nicht, in diesen Fall mit Ihnen gegenseitig kommen; leider habe ich dieses schon früher gefühlt und hoffe nichtsdestoweniger, daß Sie immer gerne für mich handeln werden, für Ihren Freund und Diener   L. v. Beethoven.

Anmerkung. Die N. braucht eine Person über sich, eine vernünftigere; die dieses nicht nötig hätte, würde wohl besser zu uns passen, obschon auch nicht ohne Aufsicht; auch wollen wir nicht die Vorwürfe zu sehr treiben, denn „jeder Mensch fehlt, nur immer auf eine andere Art". Nehmen Sie nur sogleich die andere auf und verzeihen Sie mir nur alle die Beschwerlichkeiten, welche ich Ihnen verursache. — Sobald Sie von Kloster Neuburg kommen, bitte ich Sie, daß Sie recht brav sind! — Ich habe der Nany gesagt, daß ich einen Bedienten aufgenommen, lassen Sie selbe in diesem Wahne.

739] An Nanette Streicher. (1817.)

Liebe Frau v. St.! Ich bin voller Verdrießlichkeiten heute, Ihnen sie aufzuzählen ist unmöglich, doch morgen hoffe ich Sie zu sehen. Leben Sie wohl, Gott waltet über uns alle!! — Mit Empfehlungen an die Ihrigen in Eil'

Ihr Freund Beethoven.

740] An Nikolaus v. Zmeskall. (1817.)

Erzeigen Sie mir doch die Gefälligkeit, mein lieber Z., mir durch Ihren Bedienten einen anderen suchen zu lassen, den ich aufnehmen möchte, ich gebe monatlich 20 Gldn., kleine und große Livree. Sie können ihm dieses sagen oder auch nicht sagen, wie Sie es für gut halten, auch wünschte ich, daß der Bediente etwas schneidern könnte; — er braucht eben nicht ansehnlich von Statur, wenn er auch ein wenig bucklicht, würde ich mir nichts daraus machen, da man dann gleich weiß, bei welcher schwachen Seite er anzugreifen. Sie werden mir eine sehr große Gefälligkeit erzeigen, wenn Sie dieses Ihrem Bedienten, dessen Dienst ich nicht umsonst verlange, auftragen wollen. —

Ganz Ihr Beethoven.

741] An Nanette Streicher. (Mai 1817.)

Ich bitte Sie gefälligst, zu Ihrem kultivierten Schneider zu schicken, er hat schon 14 Tage zwei Beinkleider von mir und sie sind eben zur Kälte dienend, ich kann sie aber gnädigst nicht von ihm erhalten.

742] An Gräfin Marie Erdödy. Heiligenstadt, 19. Juni 1817.

Meine verehrte leidende Freundin! werteste Gräfin! Zuviel bin ich die Zeit herumgeworfen, zu sehr mit Sorgen

27*

überhäuft und seit den 6. Oktober 1816 schon immer kränk=
lich, seit 15. Oktober überfiel mich ein starker Entzün=
dungskatarrh, wobei ich lange im Bette zubringen mußte
und es mehrere Monate währte, bis ich nur spärlich aus=
gehen durfte; die Folgen davon waren bisher noch unver=
tilgbar, ich wechselte mit den Ärzten, da der meinige, ein
pfiffiger Italiener, so starke Nebenabsichten auf mich hatte
und ihm sowohl Redlichkeit als Einsicht fehlte; dies ge=
schah im April 1817, ich mußte nun den 15. April bis
4. Mai alle Tage sechs Pulver gebrauchen, sechs Schalen
Tee, dies dauerte bis 4. Mai; von dieser Zeit an erhielt ich
wieder eine Art Pulver, wovon ich wieder sechs des Tages
nehmen mußte, und mich dreimal mit einer volatilen
Salbe einreiben mußte. Dabei reiste ich hierher, wo ich die
Bäder gebrauche. Seit gestern erhielt ich nun wieder eine
Medizin, nämlich eine Tinktur, wovon ich des Tages wie=
der zwölf Löffel nehmen mußte. Alle Tage hoffe ich das
Ende dieses betrübten Zustandes; obschon es sich etwas
gebessert hat, so scheint es doch noch lange zu währen, bis
ich gänzlich genesen werde.

Wie sehr dies alles auf mein Dasein wirken muß, kön=
nen Sie denken! Mein Gehörszustand hat sich verschlim=
mert, und schon ehemals nicht fähig, für mich und meine
Bedürfnisse zu sorgen, jetzt als noch ...., und meine
Sorgen sind noch vergrößert durch meines Bruders Kind.
Hier habe ich noch nicht einmal eine ordentliche Wohnung;
da es mir schwer wird, für mich selbst zu sorgen, so wende
ich mich bald an diesen, bald an jenen, und bin ich über=
all übel belassen und die Beute elender Menschen. Tau=
sendmal habe ich an Sie, liebe verehrte Freundin gedacht
und auch jetzt, allein der eigene Jammer hat mich nieder=
gedrückt. C. hat mir Linkes Brief übergeben, er ist bei
Schwab, ich hab ihm kürzlich geschrieben, um mich zu er=
kundigen, was wohl die Reise zu Ihnen kosten würde.
Habe aber keine Antwort erhalten; da mein Neffe Vakan=
zen hat vom letzten August bis Ende Oktober, so könnte ich
alsdann, wenn ich vielleicht hergestellt bin, zu Ihnen kom=
men, freilich dürfte es uns an Zimmern zum Studieren
und einem bequemen Dasein nicht fehlen, und wäre ich eine

Zeitlang einmal unter alten Freunden, welche sich ungeachtet diesen oder jenen Teufels Menschenzeug noch immer um mich herum erhalten haben, so würde vielleicht Gesundheitszustand und Freude wiederkehren. Linke müßte mir schreiben, auf welche Art ich die Reise am wenigsten kostspielig machen kann; denn leider sind meine Ausgaben so groß und durch mein Krankfein, da ich wenig schreiben kann, meine Einnahme klein, und dieses kleine Kapital, woran mein verstorbener Bruder schuld ist, daß ich es habe, darf ich nicht angreifen; da mein Gehalt immer weniger und beinahe nichts ist, so muß ich dieses bewahren. Offen schreibe ich Ihnen, teuerste Gräfin, allein eben deswegen werden sie selbe nicht mißverstehen wollen, ich bedarf dessenungeachtet nichts und würde gewiß nichts von Ihnen annehmen; es handelt sich nur um die größtmöglichste sparsamste Weise, um zu Ihnen zu kommen; alles ohne Unterschied ist jetzt in der Lage hierauf zu denken, daher sei meine Freundin hierüber nicht betroffen.

Ich hoffe Ihre Gesundheit in immer erwünschterem Zustande, als ich früher vernehmen mußte. Der Himmel möge doch Ihren Kindern die vortreffliche Mutter erhalten, ja schon bloß deswegen verdienten Sie der Ihrigen wegen die höchste Fülle der Gesundheit. Leben Sie wohl! beste, verehrteste Gräfin, lassen Sie mich bald von Ihnen hören,   Ihren wahren Freund Beethoven.

743] **An Nikolaus v. Zmeskall.**   (1817.)

Wohlgeborenster! Carissime amice! mein ehemaliger Federschneider betet wahrscheinlich dort oben für mich, daß ich bald ohne Federn schreibe. — Lesen Sie dieses über die chronometrische Tempobezeichnung — mir scheint es noch das beste hierüber erfundene; — nächstens besprechen wir uns darüber. — Verlieren Sie dieses ja nicht.

      In Eil' Ihr Beethoven.

744] **An Nanette Streicher.**   (1817.)

Nicht Vergessenheit — denn ich vergesse lieber, was ich mir schuldig, als was ich anderen schuldig bin — nur dem

Bedienten, da er schon das vorige Mal so viele Aufträge hate, nicht zuviel haben aufbürden wollen. — Hier den fl., welchen Sie die Güte hatten der Wäscherin zu geben; der Löffel, den der Bediente mit Dank zurückstellt, war ebenfalls bei meinem Fortgehn hierher auf der Landstraße in meiner Wohnung bereit gelegt, allein es war das vorige Mal zuviel für ihn, daher er ihn heute erst bringt. —

In Eil' Ihr Freund und Diener L. v. Beethoven.

Alles Schöne den Ihrigen und an Streicher besonders. — Ich bitte — bitte zur Wäscherin zu schicken, damit ich die Wäsche Sonntags erhalte.

745] **An Nanette Streicher.** 7. Juli (1817).

Meine werte Freundin! Ihr Schreiben erhielt ich hier, und zwar darin Ihren schlimmen Fall bestätigt; ich hoffe, daß es sich bald bessere, warme laue Bäder heilen alle Wunden; — das schlechte Wetter vorgestern hielt mich, da ich in der Stadt war, ab, zu Ihnen zu kommen; ich eilte gestern morgens wieder hierher, fand aber meinen Bedienten nicht zu Hause, er hatte den Schlüssel zur Wohnung sogar mitgenommen. Es war sehr kühl, ich hatte nichts aus der Stadt als ein dünnes Beinkleid am Leibe, und so mußte ich mich drei Stunden lang herumtreiben, dies schadete mir und machte mich den ganzen Tag übel auf. Da sehn Sie die Bedientenhaushaltungen! — Solange ich krank bin, wäre mir ein anderes Verhältnis zu anderen Menschen nötig; so sehr ich sonst die Einsamkeit liebe, so schmerzt sie mich jetzt um so mehr, da das kaum möglich ist, mich bei all dem Medizinieren und den Bädern so selbst zu beschäftigen wie sonst; hierzu kommt noch die ängstliche Aussicht, daß es sich vielleicht nie mit mir bessert, daß ich selbst zweifle an meinem jetzigen Arzt, er erklärt nun doch endlich meinen Zustand für Lungenkrankheit. Wegen einer Haushälterin will ich's noch überlegen; wäre man bei dieser gänzlichen moralischen Verderbtheit des österreichischen Staates nur einigermaßen überzeugt, eine rechtschaffene Person erwarten zu können, so wäre alles leicht gemacht, aber — aber —!!!

Nun eine große Bitte an Streicher, bitten Sie ihn in meinem Namen, daß er die Gefälligkeit hat, nur eines Ihrer Piano mehr nach meinem geschwächten Gehör zu richten, so stark als es nur immer möglich ist, brauch ich's; ich hatte schon lange den Vorsatz, mir eins von Ihnen zu kaufen, allein in dem Augenblick fällt es mir sehr schwer, vielleicht ist es mir jedoch etwas später eher möglich, nur bis dahin wünschte ich eins von Ihnen geliehen zu haben, ich will es durchaus nicht umsonst, ich bin bereit, Ihnen das, was man Ihnen für eins gibt, auf sechs Monate in Konvenzmünze voraus zu bezahlen; vielleicht wissen Sie nicht, daß ich, obschon ich nicht immer ein Piano von Ihnen gehabt, ich die Ihrigen doch immer besonders vorgezogen seit 1809. — Streicher allein wäre imstande, mir ein solches Piano für mich zu schicken, wie ich's bedarf. Es fällt mir überhaupt schwer, jemanden beschwerlich zu fallen, da ich gewohnt bin, eher für andere etwas zu tun, als von anderen etwas für mich tun zu lassen. Was Sie mir für Vorschläge hierüber machen werden, ich werde sie annehmen und Ihre Bedingnisse gern erfüllen. — Viel Dank für Ihre mir geliehenen 20 fl., auch der Löffel folgt, welchen ich hier zurücksende; ich werde Sie bald auf einen Augenblick sehen — ich empfehle mich allen den Ihrigen

Ihr Freund und Diener L. v. Beethoven.

746] **An Nikolaus v. Zmeskall.** Nußdorf, 7. Juli (1817).

Lieber guter Zmeskall, da Sie schon eine Abschrift der Briefe besorgen wollen, so schicke ich für die Abschrift des einen Briefes einen Bogen Papier mit. Sie sehn daraus schon, was ich für nötig gefunden; Herings Schrift dürfte leicht erkannt werden, und das möchte ich nicht, auch fand ich noch nötig diese beizufügen, ich bitte Sie, unterdessen zu sorgen, daß der Brief an Ries spätestens am Mittwoch abgesendet werde, jedoch gegen Rezepisse, das ist die sicherste Art auf so weitem Wege; die Adresse an Ries finden Sie in seinem Briefe, ich sehe Sie vielleicht morgen, da ich in die Stadt muß.

In Eil' Ihr dankbarer Freund Beethoven.

747] **An Cajetan Giannatasio del Rio.** (1817.)

Sie erhalten hier, mein werter Freund, das zukünftige
Quartal durch Karl. — Ich bitte Sie, mehr sein Gefühl
und Gemüt in Anspruch zu nehmen, da besonders das letztere der Hebel zu allem Tüchtigen ist; und so spöttisch und
klein manchmal das Gemütliche genommen wird, so wird
es doch von unseren größten Schriftstellern, wie von Goethe
u. a., als eine vorzügliche Eigenschaft betrachtet, ja ohne
Gemüt, behaupten manche, daß gar kein ausgezeichneter
Mensch bestehen könne und keine Tiefe schon gar nicht in
demselben vorhanden sei. Die Zeit wird mir zu kurz; mündlich mehr hierüber, wie ich glaube, es hierin mit Karl zu
halten.   Ihr Freund und Diener L. v. Beethoven.

Alser-Vorstadt beim Apfel, 2 Stiegen, Türe Nr. 12,
Leiberz, Kleiderschneiderin.

748] **An Ferdinand Ries.**   Wien, 9. Juli 1817.

Lieber Freund! Die in Ihrem werten Briefe vom
9. Juni mir gemachten Anträge sind sehr schmeichelhaft.
Aus Gegenwärtigem sollen Sie sehen, wie sehr ich sie würdige. Wäre es nicht in Ansehung meines unglücklichen
Gebrechens, wodurch ich viel Wartung und Ausgaben bedarf, besonders auf der Reise in ein fremdes Land, so würde
ich den Vorschlag der philharmonischen Gesellschaft unbedingt annehmen. Setzen Sie sich aber in meine Lage, bedenken Sie, wieviel mehr Hindernisse ich zu bekämpfen habe
als jeder andere Künstler, und urteilen Sie dann, ob meine
Forderungen unbillig sind. Hier sind sie, und ich bitte Sie,
selbe den Herren Direktoren benannter Gesellschaft mitzuteilen: 1. Ich werde in der ersten Hälfte des Monats Januar spätestens in London sein. 2. Die zwei großen Symphonien, ganz neu komponiert, sollen dann fertig sein und
das Eigentum der Gesellschaft einzig und allein sein und
bleiben. 3. Die Gesellschaft gibt mir dafür 300 Guineen
und 100 Guineen für die Reisekosten, die mich aber weit
höher kommen werden, da ich unumgänglich Begleiter mitnehmen muß. 4. Da ich gleich an der Komponierung dieser
großen Symphonien zu arbeiten anfange, so weiset mir die

Gesellschaft (bei Übernahme meiner Äußerung) die Summe von 150 Guineen hier an, damit ich mich mit den Wagen und anderen Vorrichtungen zur Reise ohne Aufschub versehen kann. 5. Die Bedingnisse wegen Nichterscheinens in einem anderen Orchester und öffentlich, wegen Nichtdirigieren und wegen Vorzug der Gesellschaft bei gleichen Bedingnissen sind von mir angenommen und würden bei meiner Ehrliebe auch schon sich selbst verstanden gewesen sein. 6. Ich darf auf den Beistand der Gesellschaft in der Einleitung und Beförderung eines oder nach Umständen mehrerer Benefizkonzerte für mich hoffen. Sowohl die besondere Freundschaft einiger Direktoren Ihrer schätzbaren Reunion als überhaupt die gütige Teilnahme aller Künstler für meine Werke bürgt mir dafür, welches mich um so mehr beeifert, den Erwartungen derselben zu entsprechen. 7. Noch bitte ich die Bewilligung oder Bestätigung des obigen in englischer Sprache, von drei Direktoren unterzeichnet, im Namen der Gesellschaft ausgefertigt zu erhalten.

Daß ich mich freue, den braven George Smart kennen zu lernen und Sie und Mr. Neate wiederzusehen, das können Sie sich wohl vorstellen. Möchte ich doch statt dieses Briefes selbst hinfliegen können! Ihr aufrichtiger Verehrer und Freund   L. v. Beethoven.

(Einlage in obigen offiziellen Brief)

Lieber Ries! Ich umarme Sie von Herzen! Ich habe mit Fleiß eine andere Hand zu dem obigen dieses Briefes genommen, damit Sie alles besser lesen und der Gesellschaft vortragen können. Von Ihren guten Gesinnungen gegen mich bin ich überzeugt. Ich hoffe, daß die Philharmonische Gesellschaft meinen Vorschlag genehmigen werde, und sie kann überzeugt sein, daß ich alle Kräfte anwenden werde, mich des ehrenvollen Auftrags einer so auserlesenen Künstlergesellschaft auf die würdigste Art zu entledigen. — Wie stark ist ihr Orchester? Wieviele Violinen usw. usw. mit einer oder zwei Harmonien? Ist der Saal groß, klangreich?

Ihr aufrichtiger Verehrer und Freund L. v. Beethoven.

Werte Fr. v. Streicher! Verzeihen Sie mir, wenn ich Sie vielleicht durch meine heutige Mission beleidigt. — Meine Kränklichkeit und meine wirklich so traurige Lage in dieser Hinsicht lassen mich nicht wie sonst alles abwägen. Mündlich deutlicher. Ich hoffe Sie bald zu sehen.

Ihr Freund Beethoven.

Ich bitte Sie um das Bettzeug, verzeihen Sie einem Er= schöpften.

750] An Wilhelm Gerhard. Nußdorf, 15. Juli 1817.

Euer Wohlgeboren! Sie haben mich einmal beehrt mit einer Bitte an mich, einige Ihrer anakreontischen Lieder in Musik zu setzen; sehr beschäftigt war es mehr Unmöglich= keit als Unhöflichkeit, Ihnen hierauf nicht zu antworten, zu willfahren Ihren Wünschen war noch schwerer, da die= jenigen Texte, die Sie mir zusendeten, wirklich am wenig= sten zum Gesang sich eigneten, die Beschreibung eines Bildes gehört zur Malerei, auch der Dichter kann sich hierin vor meiner Muse glücklich schätzen, dessen Gebiet hierin nicht so begrenzt ist, als das meinige, sowie es sich wieder in andere Regionen weiter erstreckt und man unser Reich nicht so leicht erreichen kann. Zum Teil ist meine seit bei= nahe vier Jahren immerwährende Kränklichkeit schuld, wenn ich so manches mir zukommende nur stillschweigend beantworten kann. Seit vorigen Oktober 1816 hat sich meine Kränklichkeit noch vermehrt, ich hatte einen starken Entzündungskatarrh und daher noch Lungenkrankheit; dies alles, damit Sie mich nicht ungefällig glauben, oder sonst, wie viele andere, mich verkennen.

Mit Achtung Ihr ergebener Ludwig van Beethoven.

751] An Nikolaus v. Zmeskall. Nußdorf, 23. Juli 1817.

Lieber bester Z.! Bald werde ich Sie wieder in der Stadt sehen. — Was bezahlt man jetzt für ein Paar Stiefel anzu= schuhen? Meinen Bedienten, der oft hin und her geht, habe ich eben dafür zu bezahlen. — Übrigens bin ich in Verzweif= lung, durch meinen Gehörzustand verdammt zu sein, mit

dieſer, der verrufenſten Menſchenklaſſe, mein Leben größ=
tenteils zubringen zu müſſen, und zum Teil von ſelben
abzuhängen. — Morgen früh wird der Bediente eine, je=
doch verſchloſſene, Antwort bei Ihnen abholen.

752] **An Nikolaus v. Zmeskall.**   30. Juli 1817.

Lieber Zmeskall! Ich habe es anders überlegt. Es möchte
der Mutter Karls doch wehe tun, bei einem Fremden ihr
Kind zu ſehen, und hartes iſt ohnedem mehr hierbei, als
mir lieb, daher laſſe ich ſie morgen zu mir kommen; ein ge=
wiſſer Bihler, Hofmeiſter von Puthon, wird ſich auch bei
mir einfinden. Wenn Sie ſich gegen 6 Uhr, jedoch nicht ſpä=
ter, bei mir einfinden wollen, ſo würde mich dieſes unge=
mein freuen, ja ich bitte Sie ſehr darum, indem ich gerne
bei den Landrechten anzeige, wer dabei zugegen iſt; ein
Hofſekretär, Sie wiſſen ſchon, das wird dort beſſer aufge=
nommen, als ein Menſch ohne Charakter, jedoch von Cha=
rakter. — Nun allen Scherz beiſeite. Es iſt mir wirklich
ohnedem, daß Sie mir lieb ſind, auch ſehr damit gedient,
wenn Sie kommen, — ich erwarte Sie alſo ſicher.

Ihr Freund und Verehrer L. van Beethoven.

NB.   Ich verbitte mir bei meinem Scherz alle Miß=
deutung.

753] **An Nanette Streicher.**   Wien, 30. Juli 1817.

Werte Freundin! Ich konnte wegen dem ſchlechten Wet=
ter nicht eher als Donnerstags hereinkommen, und Sie
waren ſchon fort von hier! — Welcher Streich von der Frau
v. Streicher!!! nach Baden???!!! alſo in Baden — — ---
Mit Ihrem Mann hab' ich geſprochen, ſeine Teilnahme an
mir hat mir wohl und wehe getan, denn beinahe hätte mir
Streicher meine Reſignation erſchüttert, Gott weiß, was
es geben wird; da ich aber immer anderen Menſchen bei=
geſtanden, wo ich nur konnte, ſo vertraue ich auch auf ſeine
Barmherzigkeit mit mir. — Wegen der Haushälterin, die
Sie kennen und wenigſtens als brav geprüft haben, könnte
man ja das Kochen verſuchen, ehe ſie zu mir käme; dieſes
läßt ſich nun nicht eher bewerkſtelligen, bis Sie wieder in
die Stadt kommen, wann?

Übrigens lassen Sie sich durch Ihren Mann nicht zu ge=
wissen Ehestreichen verführen. —
Wegen der Wohnung wäre es auch Zeit; in der Gärtner=
gasse gibt es auch auf der gegenüberstehenden Seite Woh=
nungen, wo man wirklich eine außerordentlich schöne Aus=
sicht genießen würde, das alles beruht auf Ihrem Wieder=
kommen. — Wie haben Sie denn Ihre Briefe an mich nach
Nußdorf besorgt? — Halten Sie Ihre Tochter fleißig an,
daß sie eine Frau werde. — Heute ist eben Sonntag, soll
ich Ihnen noch etwas aus dem Evangelium vorlesen: „Lie=
bet euch untereinander" usw. usw. Ich schließe und emp=
fehle mich Ihnen und Ihrer besten Tochter bestens, wünsche
Ihnen Heilung aller Ihrer Wunden; kommen Sie an die
alten Ruinen, so denken Sie, daß dort Beethoven oft ver=
weilt, durchirren Sie die heimlichen Tannenwälder, so den=
ken Sie, daß da Beethoven oft gedichtet, oder wie man sagt
komponiert.

In Eil Ihr Freund und Diener L. v. Beethoven.

754] **An Nanette Streicher.**

[Einlage zu obigem, 6. Aug. 1817.]

Beste Frau v. Streicher! Beiliegender Brief hat Ihnen
vorigen Sonntag, wie Sie aus dem Datum sehen, sollen
geschickt werden. — Was die Frau v. Stein anbelangt, so
bitte ich selbe, daß sie den Herrn v. Steiner nicht versteinern
soll lassen, damit er mir noch dienen könne, oder die Frau
v. Stein möchte nicht zu sehr v. Stein sein, in Ansehung
des Herrn v. Steiner usw. usw.
Was meine Gesundheit anbelangt, so ist es wohl sicher,
daß sich Symptome der Besserung zeigen, allein das Haupt=
übel ist noch da und ich fürchte, ohne je gehoben werden zu
können. — Beste Frau Streicher, spielen Sie Ihrem Männ=
chen keine Streiche, sondern heißen Sie lieber gegen jeden
Frau v. Stein!!! Künftigen Mittwoch und Donnerstag
bringe ich in der Stadt zu, wo ich mit Streicher wieder
reden werde. — Wegen der Haushälterin wünschte ich Sie
hier, d. h. als Nebenursache, so sehr ich mich mit Ihnen
freue, daß Sie die Badener Luft genießen; wann werden
Sie unterdessen mich hier wieder mit Ihrer Gegenwart er=

freuen? — Alles Schöne Ihrer lieben Tochter und Frau
v. Streicher.   Ihr Freund und Diener Beethoven.
Wo sind meine Bettdecken?

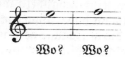

Wo? Wo?

755] An Nanette Streicher.   (1817.)

Ich werde bald heute zu Ihnen kommen. Schreiben Sie
mir doch, wohin Sie Ihre Briefe nach Nußdorf hier auf=
geben und wohin man sie dahin in der Stadt aufgeben
muß?   In Eil' Ihr Freund Beethoven.

756] An Nanette Streicher.   (1817.)

Es war nicht möglich, meine Werte, Sie gestern zu sehn.
Allzuviel beschäftigt. Heute habe ich ein neues Pflaster auf
den Nacken gelegt erhalten — o Not, Noten sind besser als
Nöten und Not. Die Frage, wo Sie Ihre Briefe nach Nuß=
dorf hier aufgeben, muß ich wiederholen und Sie bitten
mir selbe zu beantworten, wegen meinem armen Neffen,
der sich manchmal bei Hottentotten befindet, die seine Briefe
an mich nicht zu besorgen wissen. Hoffentlich sehe ich Sie
heute.   In Eil' Ihr Freund Beethoven.

757] An Cajetan Giannatasio del Rio.   (1817.)

... Was die Mutter anbelangt, so hat sie ausdrücklich
verlangt, Karl bei mir zu sehen; da Sie mich einige Male
wanken gesehen haben, in sie ein besseres Vertrauen zu
setzen: dieses ist meinem Gefühl wider Unmenschlichkeiten
beizumessen, um so mehr, da sie außer Stand ist, Karl
schaden zu können. Übrigens können Sie leicht denken, wie
einem so frei gewohnt zu lebenden Menschen, wie mir alle
diese ängstlichen Verhältnisse, worin ich durch K. geraten
bin, unerträglich öfter vorkommen, worunter denn auch
das mit seiner Mutter gehört; ich bin froh, nie etwas da=
von hören zu müssen, dies die Ursache, warum ich überhaupt
vermeide, von ihr zu reden. — Was K. betrifft, so bitte ich
Sie, ihn zum pünktlichsten Gehorsam anzuhalten und so=

gleich, wo er Ihnen nicht folgt oder überhaupt denen, wel=
chen er zu folgen hat, zu bestrafen; behandeln Sie ihn lieber,
wie Sie Ihr eigenes Kind behandeln würden und nicht wie
einen Zögling, denn ich habe Ihnen schon bemerkt, daß er
gewohnt war, nur durch Schläge gezwungen bei seines Va=
ters Lebzeiten zu folgen; dies war nun sehr übel, allein es
war nun einmal nicht anders, und man darf dieses nicht
vergessen.

Übrigens wenn Sie mich nicht viel sehen, so schreiben
Sie dies nichts anderem als überhaupt meinem wenigen
Hang zur Gesellschaft zu; manchmal äußert er sich unter=
dessen etwas mehr, hie und da auch wieder weniger, dieses
könnte man für Veränderung meiner Gesinnungen halten,
es ist aber nicht an dem. Das Gute, unabgesehen von un=
angenehmen Ereignissen, bleibt mir immer nur gegenwär=
tig; nur dieser eisernen Zeit schreiben Sie es zu, daß ich
meine Dankbarkeit Karls wegen nicht tätiger bezeige, doch
Gott kann alles ändern, und so können sich auch meine Um=
stände wieder bessern, wo ich gewiß eilen werde, Ihnen zu
zeigen, wie sehr ich bin wie immer mit Hochachtung Ihr
dankbarer Freund   L. v. Beethoven.
Ich bitte Sie, diesen Brief mit Karl selbst zu lesen.

758] **An Karl Czerny.**   (1817.)

Lieber Czerny! Sollte es vielleicht möglich sein, daß Sie
diesem Menschen, den ich hier schicke, der Klavier=Stimmer
und =Verfertiger von Baden, nicht einigen Beistand leisten
könnten, um seine Instrumente zu verkaufen, die in ihrer
Art niedlich und doch nicht ohne Festigkeit gebaut sind. —
In Eile Ihr Freund und Diener L. v. Beethoven.

759] **An S. A. Steiner.**   (Aug. 1817.)

Hier folgt das Quintett für das g—ll—t=Amt. Bedin=
gungen dafür werde ich schon zu machen wissen. Es ist dem
Hr. Kaufmann davon nichts zu wissen zu machen, indem
ich übermorgen einen Brief an ihn schreiben werde des=
wegen, womit die ganze Sache geendigt ist, indem der
Hr. K. nichts als die Gelegenheit zu dieser von mir völli=
gen Bearbeitung gegeben hat. Ich mache dem g—ll·t=Amt

430

damit ein Geschenk, wofür ich mir einiges Schießen und Vorschießen ganz besonders ausbitten werde zu seiner Zeit und damit punctum.

Der g—s

(in Donner und Blitz, jedoch etwas matter als sonst).

[Außen:] An des Teufels g—ll—t-Amt.

760] **Titelblatt.**   **Wien, 14. Aug. 1817.**

Bearbeitetes Terzett zu einem vierstimmigen Quintett vom Herrn Gutwillen und aus dem Schein von fünf Stimmen zu wirklichen fünf Stimmen ans Tageslicht gebracht, wie auch aus größter Miserabilität zu einigem Ansehen erhoben vom   Herrn Wohlwollen.

NB. Die ursprüngliche dreistimmige Quintettpartitur ist den Untergöttern als ein feierliches Brandopfer dargebracht worden.

761] **An Cajetan Giannatasio del Rio.**   (19. Aug. 1817.)

Leider erhielt ich Ihr Schreiben vorgestern zu spät, denn sie war schon hier gewesen; nach Verdienst hätte ich ihr sonst die Tür gewiesen. Ich danke dem Fräulein N. herzlich für die Mühe, welche sie sich gegeben, das Geschwätz dieser Frau aufzuschreiben. Ein Feind sonst alles Gewäsches und Geplauders, ist dieses uns doch wichtig, denn ich werde ihr schreiben, sowie einen Brief von ihr an mich morgen Herrn A. S. übergeben. Es mag mir ein Wort von Unordnung bei dem neulichen Vorfall in betreff Ihrer in ihrer Gegenwart entfallen sein; über Sie geschrieben zu haben, kann ich mich nicht im mindesten erinnern. Es war nur ein Versuch von ihr, Sie gegen mich zu erbittern, um dadurch mehr bei Ihnen zu erlangen und zu gewinnen, sowie sie früher mir auch allerlei von Ihnen gegen mich beigebracht, allein ich achte ihr Geschwätz nicht. – Dieses Mal wollte ich den Versuch machen, ob sie durch ein duldendes, gelinderes Betragen vielleicht zu bessern sei; diese meine Absicht teilte ich Herrn A. S. mit, allein es ist gescheitert; denn schon Sonntags gleich hatte ich den Entschluß gefaßt, es bei der alten notwendigen Strenge zu lassen, indem sie Karl in der Geschwindigkeit etwas von ihrem Gifte mitgeteilt hatte. Kurz und gut, wir müssen uns schon auf dem Tierkreise halten und sie Karl nur zwölfmal des Jahres holen lassen und sie dann so verpalisabieren, daß sie ihm auch nicht eine Stecknadel heimlich beibringen könne, ob bei Ihnen, bei mir oder noch an einem dritten Orte, das ist alles einerlei. Diesmal habe ich geglaubt, nun ich ihren Wünschen ganz entspreche, daß sie dieses aufmuntern werde, sich zu bessern und meine gänzliche Uneigennützigkeit anzuerkennen.

Vielleicht sehe ich Sie morgen. Die Strümpfe könnte die Frau S. besorgen, so auch von Schuhen, was er braucht; ich schicke ihr sodann das Geld dafür ins Haus. — Übrigens bitte ich sogleich, was Karl braucht, zu kaufen und anzuschaffen, ohne mich zu fragen, mir aber jedesmal, ohne das Ende des Quartals abzuwarten, den Betrag, welchen ich sogleich tilgen werde, bekanntzumachen. Für die künftige Prüfung werde ich Karl einen neuen Rock besorgen.

Noch eins. Sie gibt vor, aus Ihrem Hause von einer Person Nachrichten zu erhalten. — Im Falle Sie Karl nicht bis zu dem Hause durch Czerny begleiten können lassen, muß es unterbleiben, trau, schau, wem! Karl darf keine andere Vorstellung von ihr erhalten, als welche ich ihm früher schon gemacht, nämlich sie als Mutter zu ehren, aber ja nichts von ihr nachzuahmen; hierfür muß man ihn stark warnen.   Der Ihrige L. v. Beethoven.

762] An Nanette Streicher.   (1817.)

Werte Freundin! Aufs ungewisse, ob Sie heute zu sprechen, alles Schöne und Gute Ihnen und den Ihrigen. Meine Wohnung habe ich um einer anderen ziemlich besseren verlassen, möchten Sie es über sich nehmen, mir nun zu raten, wie ich nun gewöhnlich gut essen und trinken zu Hause kann?! — Der Bediente hat von der vorigen Wäsche ein Paar Strümpfe verloren oder —; ich bitte Sie ihm die Nachthemden mitzugeben, welches ganz sicher deswegen geht, weil ich ihm erklärt, daß er jedes, was er verliert, ersetzen muß. Vielleicht sehe ich Sie bald. Ich bitte Sie, zuweilen an einen armen kränklichen österreichischen Musikanten zu denken.

In Eil' Ihr Freund und Diener L. v. Beethoven.

763] **An Xaver Schnyder v. Wartensee. Wien, 19. Aug. 1817.**

Euer Wohlgeboren! Sie haben sich einmal Ihres Daseins in Wien bei mir erinnert, und mir davon schriftliche Beweise gegeben, d. g. von einer eblern besseren Menschennatur tut mir wohl. — Fahren Sie fort, sich immer weiter in den Kunsthimmel hinauf zu versetzen, es gibt keine ungestörtere, ungemischtere, reinere Freude, als die von daher entsteht. — Sie wünschten mich einmal begriffen zu sehn in dem Anstaunen der schweizerischen großen Natur, ich mich selbst auch; gibt mir Gott die Gesundheit wieder, die sich seit einigen Jahren verschlimmert hat, so hoffe ich wohl noch dazu zu kommen. — Der Überbringer dieses, Hr. v. Bihler, der auf Reisen mit seinem Zögling v. Puthon begriffen ist, dürfte wohl ohne mich auch eine freundliche Aufnahme von Ihnen erwarten. Unterdessen will ich mir einbilden, als wenn Sie großes Gewicht auf meine Empfehlung seiner an Sie legten, und Ihnen recht sehr die Bitte ans Herz legen, ihn Ihrer Gefälligkeit soviel als möglich teilhaftig zu machen.

Ihr Freund und Diener L. v. Beethoven.

764] **An Nanette Streicher.** (1817.)

Wie sehr verbindlich machen Sie mich Ihnen, werte Freundin, und ich bin so ein armer Mensch geworden, daß ich Ihnen nichts vergelten kann. — Montags oder Dienstags werde ich in die Stadt kommen, wo wir über die Wohnung sprechen werden; die auf der anderen Seite der Gärtnergasse dürfte doch besser sein, und im Zins gleich sein mit der gegenüberstehenden? — Streicher danke ich recht sehr für seine Bemühungen und bitte ihn, nur fortzufahren, Gott wird mich wohl einmal wieder in den Fall kommen lassen, daß ich Gutes mit Gutem vergelten kann, da das Gegenteil davon mich am meisten betrübt. Ich überschicke Ihnen die Wäsche, wie auch 11 fl., welche ich Ihrer Wäscherin noch schuldig bin. Lassen Sie den Bedienten nicht zur Wäscherin. — Was einen neuen Bedienten anbelangt, so denke ich für diesen Augenblick, da ich diesem einmal aufgesagt, dabei zu bleiben, schreiben wir alle die verlornen Sachen wem immer zu; sein übriges schlechtes Wesen, wie er hier die Hausleute in Ansehung des Obers verleumdete und manches noch andere sich aneignete, haben mir einmal alles Zutrauen zu ihm benommen, und ich halte ihn eher für den Täter als jeden anderen, ich bitte Sie, ihm zu sagen, daß Sie geglaubt haben, es sei'n ein Paar Fußsöckel verloren gegangen; dies erhellt aus dem Briefe, den Sie mir deswegen geschrieben; er beruft sich nur immer auf Sie, daß Sie die Strümpfe wieder gefunden hätten; die Waschfrau erhielt zwei Paar Strümpfe, wie die zwei Waschzettel, der Ihrige und der meinige, ausgewiesen haben; hätte sie selbe nicht erhalten, so hätte sie entweder ein Paar ausgestrichen oder sagen lassen, daß sie nur ein Paar erhalten; beides geschah nicht, ich bin also überzeugt, daß sie ihm zwei Paar Strümpfe übergeben, wie sie selbe auch sicher erhalten hat und daß selbe bloß durch ihn verkommen sind; wo er nur hinkommt, schreit er über mein Mißtrauen und dichtet Sachen, die gar nicht vorgefallen, um sich rein zu machen und wieder Fürsprache dort zu erhalten, um in meinem Dienst zu bleiben; nur bei Gelegenheit wollte ich Ihnen einmal um die Strümpfe fragen, allein ich hatte ganz darauf vergessen, und nur durch sein Geplauder haben Sie wegen dem Bettel etwas hören müssen. Übrigens, worüber er sich am meisten entschuldigt, eben das tut er gewiß. So kenne ich ihn und ich spreche nichts ohne gewisse Überzeugung; — fort mit ihm. — Sie haben mir von einem Menschen gesagt, welchen Sie wissen, er könnte künftigen Monat den ersten Tag bei mir eintreten; da es beschwerlich ist für diesen Menschen, einen ganzen Monat warten zu müssen auf ihre Besoldung, so will ich ihm täglich 2 fl. 20 kr. ausbezahlen, solange ich hier in Nußdorf hause; will er sich kochen, d. h. für sich allein, so kann er von meinem Holz Gebrauch machen; da er die Woche zwei-, auch dreimal in die Stadt muß, so werde ich ihm hierfür noch besonders eine angemessene Belohnung, z. B. das, was ein Paar Stiefel kostet anzuschuhen, geben. — Vielleicht nehmen ihn die Hausleute hier in die Kost, denn mit diesem wollen sie so wenig als ich zu tun haben. — Mit der Haushälterin dürfte es wohl eher nichts, als bis ich in die Stadt komme, sein. — Nun, Gott sei Dank, diese Perioden habe ich glücklich mit Schweiß

434

zusammengebracht; Gott gebe es, daß ich nur nichts, gar nichts darüber reden, schreiben noch denken müßte, denn Sumpf und Schlamm sind im Kunstboden noch mehr wert, als all das Teufelszeug für einen Mann!!! — Leben Sie wohl und halten Sie etwas auf Ihren Freund Beethoven. An Streicher und Streicherin alles Schöne.

765] **An Nikolaus v. Zmeskall.** 21. Aug. 1817.

Lieber bester Z.! Mit Bedauern vernehme ich Ihren kränklichen Zustand. Was mich angeht, so bin ich oft in Verzweiflung und möchte mein Leben endigen, denn es kommt nie zu Ende mit allem diesem Gebrauchen. Gott erbarme sich meiner, ich betrachte mich so gut wie verloren. — Nötig habe ich mit Ihnen auch sonst zu sprechen, dieser Bediente stiehlt, woran ich nicht zweifle, er muß fort, meine Gesundheit fordert Kost im Hause und mehr Gemächlichkeit; hierüber möchte ich Ihre Meinung wissen. — Wenn der Zustand nicht endigt, bin ich künftiges Jahr nicht in London, aber vielleicht im Grab. — Gott sei Dank, daß die Rolle bald ausgespielt ist. —

In Eil der Ihrige L. van Beethoven.

NB. Ich bitte Sie, mir ein Viertel grünen Wichstaffent zu kaufen; selber muß auf beiden Seiten grün sein. Es ist unglaublich, daß mir... [Rest, 2 Zeilen unleserlich.]

766] **An Nanette Streicher.** Montags, 25. Aug. (1817).

Die Einlage ist Sonnabend geschrieben; allein ich hatte Freitags notwendig in der Stadt zu tun, erhitzte mich und darauf befand ich mich Sonntags, gestern und heute noch gar nicht wohl. — Was es für ein Gefühl ist ohne Pflege, ohne Freunde, ohne alles sich selbst überlassen leidend zubringen zu müssen, das kann man nur selbst erfahren; wahrscheinlich komme ich morgen selbst in die Stadt und sehe Sie dann, wo wir manches besprechen werden.

In Eil der Ihrige Beethoven.

NB. Es wird gut sein, dem Überbringer dieses den Waschzettel nebst ein Paar freundlichen Worten von Ihnen an mich zugemacht mitzugeben. — Den Mann, welchen Sie wissen, nehmen Sie nur gleich an, bis wir es mit der Haushälterin überlegt haben.

767] **An Nanette Streicher.** 26. Aug. (1817).

Werte Frau v. Streicher! Mit Vergnügen habe ich Ihre Einladung empfangen und werde ihr Folge leisten, heute und morgen kann ich Ihnen nicht beschwerlich fallen, da ich trotz schlechtem Wetter nach Wien muß. Mein Gutachten braucht wohl keineswegs Ihr Patentpiano, aber um meinetwillen selbst habe ich schon längst gewünscht, mich damit bekannt zu machen; — in einigen Tagen werde ich fragen lassen, wann Sie zu Hause sind, und mir das Vergnügen machen, Sie zu besuchen. Wie immer Ihr Freund

Beethoven.

Den Brief von Elise Müller habe ich empfangen.

768] **An Nikolaus v. Zmeskall.** (1817.)

Lieber Zmeskall! Ich brauche sehr nötig Ihre Wohnung so genau als möglich beschrieben, auch um welche Zeit Sie zu finden? Es hat jemand etwas an mich zu überbringen, und ich möchte ihn der Sicherheit halber an Sie weisen. Wenn Sie mich weder sehn noch hören, so schreiben Sie dieses ungewöhnlichen Verhältnissen zu. Nächstens sehe ich Sie bei Ihnen oder Sie bei mir,

Ihrem Freunde L. v. Beethoven.

769] **An Nanette Streicher.** (1817.)

Liebe Freundin! Ich bin bereit, mit Ihnen morgen dieses Instrument zu sehen; wann morgen? werde ich mit Ihnen heute nachmittag, wo ich Sie besuchen werde, besprechen. Übrigens haben Sie Geduld mit mir; in meiner jetzigen Lage kann ich nicht mehr, wie ich sonst handelte, handeln, obschon ich noch Beethoven heiße.

770] **An Marie Pachler.** (1817.)

Ich bin sehr erfreut, daß Sie noch einen Tag zugeben, wir wollen noch viel Musik machen. Die Sonate aus F-Dur und C-Moll spielen Sie mir doch? nicht wahr?

Ich habe noch niemand gefunden, der meine Kompositionen so gut vorträgt als Sie, die großen Pianisten nicht ausgenommen, sie haben nur Mechanik oder Affektation. Sie sind die wahre Pflegerin meiner Geisteskinder.

Es ist wenigstens das erstemal, daß ich mich an eine mir
liebe Pflicht habe mahnen lassen müssen; sehr dringende
Beschäftigungen sowohl mit meiner Kunst als noch manche
andere Ursachen ließen mich auf die Rechnung gänzlich ver=
gessen, es wird indessen nie mehr nötig sein. Wegen meinem
Bedienten, Karl abends nach Hause zu bringen, ist die Ver=
anstaltung schon getroffen; ich danke Ihnen unterdessen,
daß Sie gestern die Gefälligkeit hatten, ihn durch Ihren
Bedienten abholen zu lassen; da ich gar nichts davon
wußte, so hätte es leicht geschehen können, daß Karl bei
Czerny hätte bleiben müssen. Karls Stiefel sind zu enge,
und er hat hierüber schon mehrere Male Klage geführt; ja
es ist so arg damit, daß er kaum gehen konnte und wie lange
brauchte, um die Stiefel zu richten. So etwas verdirbt die
Füße, ich ersuche Sie, diese Stiefel ihn nicht mehr anziehen
zu lassen, bis sie weiter gemacht sind.

Was seine Studien in dem Klavierüben betrifft, so bitte
ich Sie, ihn selber immer anzuhalten, weil sonst der Kla=
viermeister zu nichts nutzt. Gestern hat Karl den ganzen
Tag nicht spielen können, ich selbst habe es auch schon meh=
rere Male erfahren, indem ich mich darauf verließ, um mit
ihm durchzugehen, daß ich unverrichteter Sache wieder ab=
ziehen mußte. — „La musica merita d'esser studiato."

Die paar Stunden, die ihm jetzt zu seinen Musikstudien
gestattet sind, klecken ohnedem nicht, und ich muß daher um
so mehr darauf bringen, daß sie innegehalten werden. Es
ist eben nichts Ungewöhnliches, daß darauf in einem Insti=
tut Rücksicht genommen werde; ein guter Freund von mir
hat ebenfalls einen Knaben in einem Institut, welcher zur
Musik bestimmt ist, und man leistet ihm hierin allen Vor=
schub, ja ich war nicht wenig überrascht, da ich den Knaben
dort in einem entfernten Zimmer sich ganz allein üben
fand und weder er gestört wurde noch andere störte. —
Morgen bitte ich Sie, daß Sie erlauben, daß ich Karl kann
gegen halb 11 Uhr abholen lassen, da ich mit ihm durchzu=
gehen habe und auch mit ihm zu einigen Musikern gehe. —
Mit aller erdenklichen Hochachtung Ihr Freund

L. v. Beethoven.

Werte Frau v. Streicher! Ich bitte Sie, die Bettdecken dem Überbringer dieses mitzugeben und sein Geschwätz gar nicht anzuhören, er ist nicht rein, dieser Mensch. Auch bitte ich Sie gefälligst zu sorgen, daß die Wäscherin die Wäsche längstens Samstags liefert, meine Westen, wovon jetzt zwei zum Teufel sind, und andere nicht zahlvolle Artikel machen mich dieses wünschen. Übrigens bitte ich Sie nicht zu denken, daß ich glaube, daß durch irgendeine Nachlässigkeit von Ihnen etwas verloren gegangen sei, dies würde mir wehe tun, schließen Sie nicht von den Reden schlechter Bedienten auf meine gewöhnliche Denkungsart. Wegen einem anderen Bedienten oder wie ich es sonst einrichte, werde ich Ihnen sagen, sobald wir uns sehen. Ich muß mir kochen lassen, denn durch diese schlechte Zeiten sind so wenig Menschen hier auf'm Lande, daß es schwer hält zu essen zu haben in den Wirtshäusern, viel weniger das zu finden, was mir ersprießlich und gut wäre. In Eil Ihr Freund und Diener **L. v. Beethoven.**

Ich werde Ihnen die Antwort diesen Abend sagen; wenn es sich Dienstag machen ließ, wäre es mir lieber, wo ich ohnehin ein von mir bearbeitetes Fünfstett aus einer Sonate probieren werde. In Eil Ihr Freund Beethoven.

Mein lieber P.! Nach der Meinung meines Arztes wäre eine mich zerstreuende Reise sehr zweckmäßig, es könnte daher wohl geschehen, daß ich von Ihrem Antrage Gebrauch machte, versteht sich, daß ich gerne meinen Teil an Kosten trage und in Graz nicht nötig habe, irgend jemanden zur Last zu fallen. — Ich bin morgen und vielleicht übermorgen noch hier, wohne auf der Landstraße Nr. 268, 2. Stock. — Sie finden mich in der Frühe besonders gegen 8 Uhr immer zu Hause. Ihr Freund Beethoven.

Ich bin in Sichtung meiner Papiere begriffen, mitunter in Überlegung, was für die künftige Veränderung nötig ist;

schreiben Sie es allein dem zu, daß Ihre Rechnungen noch nicht getilgt sind und daß ich nicht bei Ihnen war. Zu d. g. wie meine Papiere in Ordnung zu bringen, gehört schreckliche Geduld, die aber unsereins, wenn sie sich einfindet, festhalten muß, weil es sonst nie geschieht; dieses hängt denn auch mit dem, was wir an Gerätschaften brauchen, zusammen. Vielen Dank für Ihre Empfehlung der neuen H. und für Ihren noch fortdauernden Willen, sich unser anzunehmen, ohne welches ich immer in jede Mißtrauen setzen werde, obschon bei dreien man leichter alles entdecken wird. — Ich hoffe Sie morgen oder übermorgen zu sehen.

In Eil Ihr Freund Beethoven.

776] An Nanette Streicher.   (1817.)

Beste Frau v. Streicher! Sobald Sie den ersten Brief gelesen, bitte ich Sie ihn mir zuzusenden. Ich schrieb neulich Ihnen in Eile und mag Ihnen vielleicht anstößig gewesen sein, allein einige Tage nach Ihrem Besuch mit Winter hatte ich einen fürchterlichen rheumatischen Anfall, so, daß ich erst morgen oder übermorgen wieder ausgehe.

Ihr Freund Beethoven.

777] An Nanette Streicher.   (1817.)

Ich befinde mich nicht wohl und kann daher nicht zu Ihnen kommen. Verzeihen Sie, daß ich Ihnen die 17 fl. so spät schicke, ich bin überhaupt noch immer nicht in meinem Gleise; mit meiner Haushaltung glaube ich wirklich, daß es besser gehen müßte, die Kocherei für sich schon ist mir selten genügend, ich glaube, daß wir einer vernünftigeren Person nötig hätten, denn beide sind stumpfsinnig, ich bin dabei sehr verdrießlich. Sprechen Sie übrigens nicht viel mit ihnen, denn es wird dadurch doch nicht besser und macht sie erboster auf mich; soviel ich einsehen kann, bedarf die N. jemanden, der über sie die Aufsicht hat, ohne dieses wird alles hinken. Ich bitte Sie, die Gefälligkeit zu haben, mir soviel Ellen von beigefügtem Barchent (je dicker, je besser), als man für zwei Beinkleider braucht, zu kaufen und noch eine Elle drüber.

In Eil Ihr Freund L. v. Beethoven.

Ich befinde mich noch übel und wenig Trost ist im Hause; gestern und heute habe ich wirklich schlecht gegessen, es fehlt dieser Person an Überlegung. Über ihr übriges mündlich; ich weiß ihren guten Willen, auch sind beide wohl nicht die schlechtesten; doch erfüllt besonders die N. meine Bedürfnisse nicht, gewaltsam und übereilt soll nichts geschehen. Unterdessen fürchte ich, daß Sie doch gar zuviel zu tun hätten, um hier Ordnung oder Ordentliches zu erschaffen; wie, wenn Sie krank oder abwesend sind! Wir müssen eine Person haben, auf die wir uns ohne anderer Zutun verlassen können. — Ohnehin ist es mir hart, in den Zustand geraten zu sein, so mancherlei Menschen brauchen zu müssen. Meinen herzlichen Dank für Ihren Einkauf, übermorgen werde ich Sie wohl gewiß sehn, da ich morgen viel zu tun habe, wenn ich nur anders mich besser befinde.

In Eil Ihr Freund Beethoven.

779] An Erzherzog Rudolf. (1817.)

Ihro Kaiserliche Hoheit! Eine dringende Angelegenheit verhindert mich, heute abend zu Ihnen wie gewöhnlich zu kommen; es müßte denn sein, daß ich später zu J. K. H. kommen könnte, z. B. gegen 7 Uhr, wenn Sie vielleicht nicht das Theater besuchen. — Ich erwarte Ihre Befehle deswegen und bin Ihro Kaiserl. Hoheit gehorsamster

Ludwig van Beethoven.

780] An Erzherzog Rudolf. (1817.)

Ihro Kaiserliche Hoheit! Ich bitte nur einige Tage noch Nachsicht mit mir zu haben, erstlich weil ich nicht wohl bin, zweitens weil ich notwendige, unaufschiebbare Kompositionen zum Ende fördern muß, wo ich nicht wohl aussetzen kann, denn leider sind sie von der Art. — Sonst sind Sie ohnedem überzeugt, daß mein Diensteifer für Sie keine Grenzen haben kann; allein ein außerordentliches Ereignis hemmt mich in diesem Augenblick, meinen höchsten Wünschen, Ihnen zu dienen, nachgeben zu können: doch werde ich in höchstens vier Tagen wieder soweit sein, Ihnen aufwarten zu können. — Ihro Kaiserlichen Hoheit gehorsamster

Ludwig van Beethoven.

440

781] **An Erzherzog Rudolf.**   Nußdorf, 1. Sept. 1817.

Ihro Kaiserliche Hoheit! Immer hoffte ich, mich selbst
zu Ihnen nach Baden verfügen zu können; allein mein
kränklicher Zustand dauert noch fort, und wenn sich auch
einiges davon gebessert hat, so ist das Übel doch noch nicht
ganz geheilet. Was ich gebraucht und noch dawider brauche,
sind Mittel auf alle Art, in allen Gestalten. Nun muß ich
wohl die so oft genährte Hoffnung, gänzlich befreit zu werden, aufgeben. Ich höre, daß J. K. H. wundervoll gut aussehen, und wenn man auch aus solchem falsche Schlüsse auf
eine vortreffliche Gesundheit machen kann, so höre ich doch
sehr von der verbesserten Gesundheit J. K. H. sprechen,
woran ich gewiß den lebhaftesten Anteil nehme. Ich hoffe
ebenfalls, daß, wenn J. K. H. wieder in die Stadt kommen
werden, wieder Beistand leisten zu können bei Ihren den
Musen gewidmeten Opfern. — Gott wird wohl meine
Bitte erhören und mich noch einmal von so vielem Ungemach befreien, indem ich vertrauungsvoll ihm von Kindheit
an gedient und Gutes getan, wo ich nur gekonnt, so vertraue ich auch ganz allein auf ihn und hoffe, der Allerhöchste
wird mich nicht in allen meinen Drangsalen aller Art zugrunde gehen lassen. Ich wünsche J. K. H. alles erdenkliche
Schöne und Gute und werde, sobald Sie sich wieder in der
Stadt befinden, mich sogleich zu J. K. H. verfügen. Ihro
Kaiserlichen Hoheit treu gehorsamster Diener

                                        L. v. Beethoven.

782] **An Nikolaus v. Zmeskall.**   Nußdorf, 9. Sept. 1817.

Lieber Z.! Ich befinde mich schon bei meinem Zustande
durch eine Erkältung noch übler, konnte hier keinen Wagen
erhalten, und zu Fuß, wie gern ich auch sonst gehe, konnte
ich eben meiner Umstände wegen nicht; dieser Tage erhalten
Sie das Fünftett, wo Sie es wann immer bei sich machen
können. — Ich probiere ohne Musik alle Tage dem Grabe
näher zu kommen.   In Eil der Ihrige L. v. Beethoven.

Dieser Tage sehe ich Sie, da ich des Arztes wegen herein
muß.

783] An Nikolaus v. Zmeskall.   (10. Sept. 1817.)

Lieber Z.! Lassen Sie es noch mit der Probe bewenden,
ich muß heute wieder zum Arzt, dessen Hudelei ich doch end=
lich müde werde. — Dank für Ihren Zeitmesser, — wir
wollen sehen, ob sich hinüber damit bis in die Ewigkeit
messen läßt, der Leichtigkeit und Begreiflichkeit des Ihrigen
dürfte wohl nichts im Wege stehen, — wir wollen unter=
dessen darüber eine Zusammenkunft halten. Obschon natür=
lich an einem Uhrwerke mehr mathematische Richtigkeit, so
habe ich doch schon früher bei Ihren kleinen Versuchen in
meiner Gegenwart mir manches mit Ihrem Z. erklecklich
gefunden, und ich hoffe, wir werden damit gänzlich zu rechte
kommen. Bald sehe ich Sie.   Ihr Freund Beethoven.

784] An Nikolaus v. Zmeskall.   (1817.)

Mein lieber Z.! Es geht mir so ziemlich; da Sie, wenn
Sie gesund sind, immer hausieren, so kann ich Sie trotz mei=
nes besten Wollens nicht finden; indes frage ich mich ein=
mal dieser Tage bei Ihnen an.
                        Wie immer Ihr Freund Beethoven.

785] An Nikolaus v. Zmeskall.   11. Sept. 1817.

Lieber Z.! Die Antwort von London ist gestern einge=
troffen, allein in englischer Sprache. Wissen Sie denn nie=
manden, der uns den Brief auch nur mündlich übersetzen
könnte?   In Eile Ihr Beethoven.

786] An Nikolaus v. Zmeskall.   (14. Sept. 1817.)

Es geht besser, mein lieber Z., allein ich kann (erst) mor=
gen nachmittag Sie besuchen. Heute bin ich im Begriff,
Wohnungen zu sehn und zu suchen, daher würden Sie um=
sonst kommen. — Morgen komme ich selbst zu Ihnen oder
Sie haben Nachricht von mir. — Mit Dank
                                     Ihr Beethoven.
    NB. Große Danksagungen an Ribini.

787] An Nanette Streicher.   25. Sept. 1817.

Trotz Wind und Regen bin ich schon heute früh um
7 Uhr hier angekommen, obschon ich in dem Regen gestern

442

abend mich versucht aufzumachen, allein — dem Wasser
kann das Feuer nicht widerstehen. — Den Bedienten samt
Medizin fand ich, — Ihren Brief aber nicht — ich hätte
aber sehr gewünscht Ihre Erläuterungen über das Wildbret
in der Haushaltung zu lesen. Die Wohnung in der Gärt=
nergasse könnte ich noch aufsagen, wenn mathematisch be=
rechnet wäre, wie lang beide Wege von der Stadt aus, —
was meinen Sie? usw. usw. Ihr Schuster möchte mir eine
gute Stiefelwichs schicken, die nicht anschmutzt, denn mein
Fidelis hat mich mit einer solchen angeschmiert, seine Rech=
nung von 27 fl. werde ich in einigen Tagen in der Stadt
bezahlen. — Wenn Sie mir wollten gütigst nur 25 fl. auf
ein paar Tage schicken, das wäre recht schön, ich habe gestern
die Schlüssel vergessen zu meinem Kasten, da ich wieder
Geld umsetzen wollte. — Wegen dem Wildbret samt Haus=
hälterin wünschte ich was Erkleckliches zu lesen. — Dero sich
gut aufführende Tochter sei uns gegrüßt.

Tantus quantus lumpus L. v. Beethoven.

Not. Eine Portion Abwischfetzen brauchten wir als
praeliminaria zur künftigen Haushaltung.

788] An Nanette Streicher. (1817.)

Ja, wohl ist diese ganze Haushaltung noch ohne Hal=
tung und sieht einem Allegro di Confusione ganz ähnlich.
Wenn ich recht lese, so wollen Sie mir diesen Nachmittag
um halb 5 Uhr das Vergnügen Ihres Besuches schenken,
oder soll's heißen um halb 3 Uhr? — Dies bedarf noch
einer Aufklärung, weswegen Sie schon Ihre kleine Brief=
taube noch einmal schicken müssen, denn die Weiber waschen
sich heute jede eine um die andere im Waschtrog.

In Eil Ihr Freund L. v. Beethoven.

789] An Nanette Streicher. (1817.)

Ich bitte Sie, werte Fr. v. Streicher, diese sechs Flaschen
echten Kölner Wasser, welches Sie hier so leicht nicht für
Geld bekommen, von mir anzunehmen. Hoffentlich sehe
ich Sie bald, wenn nur die zweite Sündflut nicht heran=

nahte; wenigstens müssen wir wässericht werden, nachdem
der Himmel sich immer über uns ergießt.

In Eil Ihr Freund und Diener Beethoven.

790] An Nanette Streicher. (1817.)

Beste Frau v. Streicher! Redlich ist dieser Bediente
schwerlich, obschon ich ihn nicht ganz sogleich verdammen
will — ich glaube ihn unterdessen noch hier zu behalten.
Mit der Haushälterin, was glauben Sie? — Leicht wird
man jemanden anderen wohl nicht gleich finden und doch
fürchte ich, der Kerl könnte auf eine brave Person bösen
Einfluß haben? Ich schicke Ihnen hier die zwei Schlüssel,
wo Sie alles besehen können. Sie können mir sagen, ob es
möglich wäre, daß die Haushälterin spätestens Dienstag
früh hierher sich verfügte? — oder gar Montags nachmit=
tags? — Abwischfetzen fehlen — selbst hier, denn der Teu=
fel hat meine zwei= dreimalige Einrichtung schon immer ge=
holt. — Leben Sie wohl, werte Freundin.

In Eil Ihr Freund L. v. Beethoven.
NB. Verfluchen Sie mich nicht wegen so vielen Be=
schwerlichkeiten.

791] An Nanette Streicher. Nußdorf, 2. Okt. 1817.

Morgen werde ich nachmittags zu Ihnen kommen, wenn
Sie gütigst die Haushälterin bestellen wollten, so würden
Sie mich sehr verbinden. Gestern rechnete ich mit jemanden
über die zukünftigen Ausgaben, der schilderte mir alles
gräßlich; — er rechnete auf Bedienten 2 fl. und auf die
Haushälterin zwei bloß für Kost, auf diese Weise würde
der Bediente mit 20 fl. monatlich und die Haushälterin
mit 120 fl. jährlich die Summe für ein Jahr beide allein
1704 fl. kosten? — Sollte dieses so sein? — Gott erbarme
sich unser. — Leben Sie wohl. Morgen hoffe ich Sie sicher
zu finden, denn ich komme bloß deswegen vom Lande auf
die Landstraße. In Eil Dero L. v. Beethoven.

792] An Nikolaus v. Zmeskall. (28. Okt. 1817.)

Ihr Famulus will mit Teufels Gewalt den Wein nicht
mitnehmen. — Verzeihen Sie mir von gestern, ich wollte

Ihnen heute nachmittag selbst deswegen Abbitte tun; in meiner Lage, worin ich mich jetzt befinde, bedarf ich überall Nachsicht, denn ich bin ein armer unglücklicher Mensch. —
In Eil wie immer der Ihrige B.

793] **An Nanette Streicher.** (1817.)

Ihre letzte Unterredung mußte ich teuer bezahlen; die N. hat sich danach so gegen mich betragen, daß ich Sonnabend wütend geworden bin, danach hat sie freilich wieder getaugt. Allein Ihr Zutun wird nichts helfen, das Übel dieser Person, ihr Eigensinn ist nicht zu bessern und mein Zutrauen hat sie schon verloren. Hierzu kommt noch, daß nun nach und nach die Zeit heranrückt, wo Karl sicher bei mir sein wird, und ich glaube, Sie werden mit mir einstimmen, beide Personen mit anderen und besseren zu vertauschen. — Vielleicht sehe ich Sie morgen, übermorgen gewiß.
In Eil Ihr Freund Beethoven.

794] **An Cajetan Giannatasio del Rio.** Wien, 12. Nov. 1817.

Veränderte Verhältnisse könnten wohl machen, daß ich Karl nicht länger als bis zum Ende dieses Vierteljahres bei Ihnen lassen kann; insofern bin ich gezwungen, Ihnen für das künftige Vierteljahr aufzusagen. So hart mir diese Aufkündigung ist, so leidet die Beschränktheit meiner Umstände nicht, Sie dessen entheben zu können, weil ich sonst gern und um geringen Zoll meiner Dankbarkeit Ihnen in dem Augenblick, wo ich Karl von Ihnen genommen, gern auch ein ganzes Vierteljahrgeld mit größtem Vergnügen eingehändigt hätte. Ich wünschte, daß Sie diese meine Gesinnung hierin ja als wahr und rein erkennen mögen. Sollte ich unterdessen Karl wieder das künftige Vierteljahr, vom Februar an gerechnet, bei Ihnen lassen können, so werde ich Ihnen dieses im Monat Januar 1818 gleich anfangs zu wissen machen; um diese Begünstigung muß ich Sie bitten und ich hoffe, Sie werden mich hierin nicht umsonst bitten lassen. Genieße ich immer vollkommene Gesundheit, daß ich wieder mehr verdienen kann, so werde ich Ihnen noch außerdem meine Dankbarkeit erzeigen, da ich viel zu sehr weiß, wieviel Sie doch für Karl tun, was Ihnen eigentlich gar nicht zuzumuten wäre; und wirklich kann ich sagen, daß ich hierin mein Unvermögen in diesem Augenblick bekennen muß, tut mir sehr wehe. — Ich bin mit vollkommener Hoch= achtung Ihr Freund   L. v. Beethoven.

795]   An Cajetan Giannatasio del Rio.   (1817.)

Werter Freund! Sehr beschäftigt und sonst eben noch immer nicht ganz hergestellt, war es mir unmöglich, Ihnen noch auf Ihr freundschaftliches Schreiben zu antworten.

Was Ihren Antrag anbelangt, so verdient er ebensoviel Dank als Überlegung. Ich muß sagen, daß ich früher schon auch diese Idee mit Karl gehabt; für diesen Augenblick bin ich aber in den unbestimmbarsten Verhältnissen. Eben dar= um habe ich mir auch vorbehalten und Sie eben gebeten, die= ses anzunehmen, nämlich: den letzten Monat dieses Quar= tals Ihnen zu sagen, ob Karl noch künftig bei Ihnen blei= ben könne. Auf diese Weise ist nichts übereilt und nichts zerstört. Übrigens weiß ich recht gut, daß es gar nicht wohl= feil sein kann, sowie Karl jetzt bei Ihnen ist, oder auch nach Ihrem letzten Vorschlag, und ebendeswegen habe ich Ihnen nur in meinem Schreiben andeuten wollen, wie gern ich noch zu dem gewöhnlichen Honorar Ihnen meine Dank= barkeit auf eine außerordentliche Weise erzeigt hätte. Wenn ich von Unvermögen gesprochen, so ist dieses nur hierin so gemeint, daß mich seine Bildung auf jede andere Art höher zu stehen kommen würde als bei Ihnen; indessen hat jeder Vater mit der Bildung seines Kindes soviel möglich seinen Zweck, so ich auch mit Karl. Es wird sich nun wohl bald finden, was das beste für Karl sei; mag dieses nun sein, daß er Erzieher auf die eine oder die andere Art hier oder wie sonst. — Vorderhand habe ich mich nur nicht binden wollen, hierin mit völliger Freiheit und wie es das Inter= esse mit sich bringt, handeln zu können.

Große Opfer kostet mir täglich Karl, allein mehr wegen ihm habe ich nur hiervon gesprochen; denn ich weiß, wie seine Mutter einmal Einfluß auf ihn erlangt, welche sich durchaus einer Königin der Nacht immer würdig zeigen will. Sprengt sie doch überall aus, daß ich nicht das min= deste, sondern sie alles für Karl bezahlt. Und da wir nun

146

eben bei ihr angelangt find, danke ich Ihnen für Ihren wahrhaft einsichtsvollen Brief, er wird auf jeden Fall für mich wichtig sein. Hierbei bitte ich Sie, Herrn L. S. zu bitten, daß er mich gefälligst bei seinem Herrn Bruder entschuldige, weil ich noch nicht zu ihm gekommen bin. Zum Teil sehr beschäftigt, zum Teil noch immer kränkelnd, war es mir wirklich beinahe unmöglich. Denke ich noch dieser so oft schon besprochenen Sache, so möchte ich ihn lieber in jeder anderen Hinsicht besuchen als eben dieser Sache wegen. Sie schickt nicht zu mir und so habe ich auch nicht die Zusammenkunft mit ihrem Sohn zu befördern. Was die andere Geschichte anbelangt, so höre ich schon auch von anderen, daß hier nur Zwangsmittel anzuwenden sind. Dies kostet mich nun wieder neuerdings Geld; hauptsächlich habe ich dieses Herrn Adlersburg zu verdanken. Da aber Karls Erziehung soviel als möglich unabhängig von seiner Mutter muß festgestellt werden, auch wegen der Zukunft, so muß auch dieses noch geschehen.

Mit Hochachtung Ihr ergebener Freund

L. v. Beethoven.

796] **An Tobias Haslinger.** (Dez. 1817.)

Bester A—t! Schicken Sie mir die Fuge auf einige Stunden, ich erinnere mich ein oder 2mal im Schreiben gefehlt zu haben, ohne hernach daran weiter gedacht zu haben. Diesen Nachmittag erhält das Adjutanterl alles wieder.

Der et. et. etc. etc.

797] **An Nanette Streicher.** (Weihnachten 1817.)

In dieser heiligen Zeit schickte ich Ihnen lieber das Evangelium als das Küchenbuch. — Ich bedaure den Unfall Ihres Sohnes und sehe Sie vielleicht heute.

In Eil Ihr Freund L. v. Beethoven.

798] **An Nanette Streicher.** (28. Dez. 1817.)

Schon gestern sollte Ihnen die Nany die Neujahrsbillette geben, sie tat es unterdessen nicht. — Vorgestern hatte ich mit Maelzel, der sehr pressiert ist, da er bald von hier abreist, zu tun, daher Sie wohl von selbst wissen werden, daß ich sonst unfehlbar gleich wieder hinaufgeeilt wäre. — Gestern sah ich Ihre liebe gute Tochter bei mir, war aber so krank, als ich mich nicht bald erinnere; die sauberen Bedienten hatten vorgestern um 7 Uhr bis 10 Uhr abends gebraucht, bis ich Feuer im Ofen hatte; die grimmige Kälte, besonders bei mir, machte mich zu sehr erkühlen, und ich konnte beinahe gestern den ganzen Tag kein Glied bewegen. Husten und die fürchterlichsten Kopfschmerzen, welche ich je gehabt, begleiteten mich den ganzen Tag; schon abends um 6 Uhr mußte ich mich ins Bett begeben. Ich liege noch, unterdessen ist mir besser. — Ihr Herr Bruder speiste gestern bei mir, er hat mir eine sehr große Gefälligkeit erzeigt. — Am selben Tag, wie Sie wissen, nämlich den 27. Dezember, habe ich der Baberl aufgesagt. Die Niedrigkeit von beiden Personen ist mir unausstehlich, und mich soll wundern, ob die Nany sich besser bei der Abwesenheit der anderen betragen wird. Ich zweifle; doch wir machen alsdann ohne weiteres den Kehraus mit ihr; für eine Haushälterin ist sie zu ungebildet, ja viehisch, die andere aber steht trotz ihrem Gesicht noch unter dem Vieh. — Da das Neujahr da ist, so glaube ich, daß 5 fl. für die Nany genug sein wird; die 4 fl. für das Macherlohn ihres Spencers habe ich ihr nicht gegeben nach dem schlechten Betragen gegen Sie. — Die andere verdient wirklich kein Neujahr; ohnehin hat sie 9 fl. voraus, bei ihrem Weggehen werde ich ihr doch nicht mehr als höchstens 4 oder 5 fl. davon abhalten können. Ich wünsche Ihr Gutachten über alles das. Nun nehmen Sie meine Wünsche für Ihr Wohl an, die wahrhaft gemeint sind; ich bin in so vielen Rücksichten Ihr Schuldner, daß ich heute oft genug ein beschämendes Gefühl habe. Leben Sie wohl, erhalten Sie mir Ihre Freundschaft. Wie immer Ihr Freund   L. v. Beethoven.

799] **An Erzherzog Rudolf.**   31. Dez. 1817.

Ihro Kaiserliche Hoheit! Das alte Jahr ist beinah vergangen, das neue rückt heran. Mögen J. K. H. auch in nichts leiden, sondern der größten Glückseligkeit, die nur denkbar ist, genießen. Dies sind meine Wünsche, die sich alle in diesem einzigen zusammenfassen lassen, für I. K. H. — Von mir zu reden, wenn es erlaubt ist, so ist meine Gesundheit sehr wankend und unsicher; ich bin genötigt, leider sehr entfernt von I. K. H. zu wohnen, dies soll mich unterdessen nicht abhalten, ehestens mich erfreuen zu können, Ihnen meine Aufwartung zu machen. — Ich empfehle mich Ihren Gnädigsten Gesinnungen gegen mich, wenn ich sie auch nicht zu verdienen scheine; der Himmel möge zum besten so vieler anderer jeden Tag Ihres Lebens besonders segnen, ich aber bin allezeit Ihro Kaiserlichen Hoheit gehorsamster Diener

Ludwig van Beethoven.

800] An Pilat (?). (1817.)

Euer Wohlgeboren! Ich ersuche Sie hiermit, von Herrn Maelzel, was er Ihnen angibt, nichts eher einrücken zu lassen, bis ich selbst mit ihm zu Ihnen komme; — da schon mehreres hervorgekommen in den Blättern, was allen unangenehm ist, die dazu beigetragen, denn bei einer so schönen und heiligen Sache, ist keiner der Erste und keiner der Letzte, sondern alle sind gleich, ich wünsche daher, daß Sie die Gefälligkeit haben, nichts eher einrücken zu lassen, als bis ich mit Ihnen die Ehre gehabt zu sprechen, welches zwischen heute und morgen unfehlbar geschehen wird. Euer Wohlgeboren ergebener Diener Ludwig van Beethoven.

801] An Ignaz v. Mosel. (1817.)

Euer Wohlgeboren! Herzlich freut mich dieselbe Ansicht, welche Sie mit mir teilen in Ansehung der noch aus der Barbarei der Musik herrührenden Bezeichnungen des Zeitmaßes; denn nur z. B. was kann widersinniger sein als Allegro, welches ein für allemal lustig heißt, und wie weit entfernt sind wir oft von diesem Begriffe des Zeitmaßes, so daß das Stück selbst das Gegenteil der Bezeichnung sagt. — Was diese vier Hauptbewegungen betrifft, die aber bei weitem die Wahrheit oder Richtigkeit der vier Hauptwinde nicht haben, so geben wir sie gern hintan; ein anderes ist es mit den den Charakter des Stückes bezeichnenden Wörtern, solche können wir nicht aufgeben, da der Takt eigentlich mehr der Körper ist, diese aber schon selbst Bezug auf den Geist des Stückes haben. — Was mich angeht, so habe ich schon lange darauf gedacht, diese wiedersinnigen Benennungen Allegro, Andante, Adagio, Presto aufzugeben; Maelzels Metronom gibt uns hierzu die beste Gelegenheit. Ich gebe Ihnen mein Wort hier, daß ich sie in allen meinen neuen Kompositionen nicht mehr gebrauchen werde. — Eine andere Frage ist es, ob wir hierdurch die so nötige Allgemeinheit des Metronom bezwecken werden; ich glaube kaum! Daß man uns aber als Zwingherren ausschreien wird, daran zweifle ich nicht. Wäre nur der Sache selbst damit gedient, so wäre es noch immer besser, als uns des Feudalismus zu beschuldigen! — Daher glaube ich, das beste sei besonders für unsere Länder, wo einmal Musik Nationalbedürfnis geworden und jedem Dorfschulmeister der Gebrauch des Metr. gefördert werden muß, daß Maelzel eine gewisse Anzahl Metronome auf Pränumeration suche anzubringen zu den höheren Preisen, und sobald diese Zahl ihn deckt, so wird er imstande sein, die übrigen nötigen Metronome für das musikalische Nationalbedürfnis so wohlfeil zu geben, daß wir sicher die größte Allgemeinheit und Verbreitung davon erwarten können. — Es versteht sich von selbst, daß sich einige hierbei an die Spitze stellen müssen, um Aneiferung zu erwecken. Was an mir liegt, so können Sie auf mich rechnen, und mit Vergnügen erwarte ich den Posten, welchen Sie mir hierbei anweisen werden. —

Euer Wohlgeboren mit Hochachtung ergebenster

Ludwig van Beethoven.

802] An Nanette Streicher. (1817.)

Ich danke Ihnen. Es scheint sich schon stark zu bessern. Ich sende auch das Sprachrohr mit, bitte, es morgen wieder mitzuschicken, da meine Beobachtungen dadurch um vieles gewonnen. Ihr dankbarer Beethoven.

803] An Nikolaus v. Zmeskall. (1817.)

Nichts gesehen — nichts gehört. Unterdessen bin ich immer dazu bereit; die Stunde nachmittags gegen halb 4 oder 4 Uhr ist mir die liebste. Ihr Beethoven.

450

Werteſte Frau v. St.! Etwas wichtig Vorgefallenes läßt mich nicht heute zu Ihnen kommen, aber morgen nachmittag vor 3 Uhr bin ich bei Ihnen.

In Eil Ihr Freund Beethoven.

Werte Frau v. Str.! Ich bitte Sie, ja nicht böſe auf mich zu ſein, daß ich noch nicht bei Ihnen war und daß ich — — — — noch nicht gedankt habe. — — — Unterdeſſen hoffe ich Sie morgen oder übermorgen zu ſehen, nachmittag nach 3 Uhr. In Eil Ihr wahrer Freund Beethoven.

Verzeihung. Es fehlt Schere, Meſſer uſw. Ich glaube, daß die Lumpen zu ſchlecht und beſſer ſei, eine Leinwand zu kaufen. Die Halstücher brauchen auch eine Flickung. Darüber mündlich, wie auch mündlich eben um Nachſicht wieder.

In Eil Ihr Freund Beethoven.

Eben erhalte ich die Medizin und glaube, daß es in einigen Tagen ganz ſich beſſern würde. Ich danke Ihnen, beſte Fr. v. Streicher, recht ſehr für Ihre Teilnahme; wegen dem Leibchen wollen wir morgen ſprechen, wenn ich das Vergnügen habe, Sie zu ſehen.

In Eil Ihr Freund Beethoven.

Ein Brechpulver habe ich nur, muß ich hierauf öfter Tee nehmen? Ich bitte Sie um einen zinnernen Löffel. —

In Eil Ihr Freund Beethoven.

Verehrter Freund! So gern ich Sie einmal beſucht hätte, ſo war es mir unmöglich zum Teil wegen ſo vieler Beſchäftigungen, zum Teil, weil ich Ihre Wohnung nicht wußte. Auch nicht einmal die Neujahrshöflichkeit iſt mir vergönnt geweſen, Ihnen zu erzeigen. Ich wollte mit meinem Neffen

zu Ihnen kommen, allein ein unseliger Zufall verhinderte
es und jetzt ist er gar krank. Ich bedarf aber wieder Ihrer
Hilfe, denn ich kann eben nicht viel mehr in der Welt, als
einige Noten so ziemlich niederschreiben. In allen Ge=
schäftssachen ein schwerer Kopf, verzeihen Sie, wenn ich
Ihrem wieder beschwerlich fallen muß, indem ich Sie bitte,
mir gefälligst die Monate zu benennen und die Quantität
derselben anzugeben; alsdann werde ich um die Stunde,
die Sie mir bestimmen, selbst zu Ihnen kommen in Ihr
Bureau, wo Sie mir gefälligst Ihre Wohnung anzeigen
werden. Und sobald mein Neffe gesund ist, besuchen wir
Sie einmal; ohnehin habe Ihrer Gattin eine Abbitte zu
tun, den ich erinnere mich, ihr eine abscheuliche Grobheit ge=
sagt zu haben, freilich nicht mit Willen, allein ich muß es
doch wieder gut machen, erwarte deswegen Buß und Pöni=
tenz. — Mit herzlicher Hochachtung Ihr Freund und Die=
ner   Beethoven.

Nachschrift. Ich bitte Sie, was die allerliebste Dividende
anbelangt, doch zu sorgen, daß ich es heute oder morgen
erhalten kann, denn unsereiner bedarf immer Geld, und alle
Noten, die ich mache, bringen mich nicht aus den Nöten!!

810] Empfehlungsschreiben für Hrn. v. Kandeler.   (1817.)

Es ist zwar die Pflicht jedes Tonsetzers überhaupt, alle
älteren und neueren Dichter zu kennen, und in Rücksicht für
den Gesang sich das beste und passendste zu seiner Absicht
selbst wählen zu können; da dieses aber nicht gäng und
gäbe ist, so wird diese Sammlung des Hrn. v. Kandeler
für viele, welche für den Gesang schreiben wollen, als wie
auch zur Anregung besserer Dichter etwas hierfür zu leisten,
immer nützlich und lobenswert sein.
                        Ludwig van Beethoven m. p.
Vollkommen mit H. v. Beethoven einverstanden. Jos. Weigl.

811] An Erzherzog Rudolf.   (1817.)

Ihro Kaiserliche Hoheit! Ich danke Ihnen recht lebhaft
für Ihre Gnädige Teilnahme an mir. Es geht mir wirklich
besser, und ich werde mich morgen selbst bei J. K. H. an=
fragen können, wie Sie es mit Ihren Stunden vormittags

halten wollen, indem mir vom Arzte streng untersagt ist, mich später als gegen 6 Uhr abends zu Hause befinden zu müssen. Ich weiß ohnedies, daß J. K. H. die Stunden morgens gern genehmigen werden. — Ihro Kaiserlichen Hoheit treu gehorsamster Diener L. v. Beethoven.

812] **An J. N. Biehler.** (1817.)

Lieber Biehler! Der Doktor Saffafraß, wovon ich Ihnen sagte, kommt heute um 12 Uhr. Ich bitte Sie daher, sich auch bei mir einzufinden. Damit Sie nicht stolpern, numeriere ich Ihnen das Haus, den Stock, so daß Sie alles vor sich sehen, ehe Sie da sind. 1241 im 3. Stock wohnt dieser arme verfolgte, verachtete österreichische Musikant

Beethoven.

813] **An Erzherzog Rudolf.** (1817.)

Ihro Kaiserliche Hoheit! Öfter hatte ich mir vorgenommen, mich persönlich zu erkundigen um den Zustand Ihrer Gesundheit, allein ich mußte selbst schon mehrmals Zimmer und Bett hüten von acht Tagen zu acht Tagen. So ist es auch jetzt eben wieder. Ich wünsche innigst, daß die Gesundheitsumstände J. K. H. sich bald bessern; was mich angeht, so hoffe ich, daß ich nicht zu pausieren brauche, sobald Sie wieder imstande sein können, zu musizieren. — Ihro Kaiserlichen Hoheit gehorsamster Diener L. v. Beethoven.

814] **An Erzherzog Rudolf.** (1817.)

Ihro Kaiserliche Hoheit! Ich mußte heute noch Arznei einnehmen, trotzdem glaubte ich doch noch so glücklich sein zu können, J. K. H. heute aufzuwarten; leider aber befinde ich mich schwächer als gestern. Ich habe versucht auszugehen, mußte aber nach einigen Minuten umkehren; das gar schlechte Wetter ist wohl mit schuld daran. Zwischen heute und morgen erhole ich mich gewiß, und Montags vor 6 Uhr (da ich höre, daß dieses jetzt die genehmste Stunde für J. K. H. sei) werde ich so glücklich sein, bei J. K. H. erscheinen zu können. Ich bitte innigst, mir Ihre gnädigen und huldvollen Gesinnungen zu bewahren. Ihro Kaiserlichen Hoheit gehorsamster, treuster Diener

L. v. Beethoven.

815] **An Erzherzog Rudolf.** (1817.)

Ihro Kaiserliche Hoheit! Heute ist es unmöglich, meinem innigsten Wunsche zu entsprechen, und Ihnen aufzuwarten; morgen aber hoffe ich, daß J. K. H. mir erlauben, um die gewohnte Stunde mich zu Ihnen zu verfügen. — Ihro Kaiserliche Hoheit treuester gehorsamster Diener

Ludwig van Beethoven.

816] **An Erzherzog Rudolf.** (1817.)

Ihro Kaiserliche Hoheit! Sollte J. K. H. mir nicht absagen lassen oder morgen eine andere Stunde wünschen, so werde ich morgen abend gegen 5 Uhr die Ehre haben, Ihnen aufzuwarten. Warum ich nicht schon meinen liebsten Wünschen, oft und nahe das Glück stets und nahe um J. K. H. zu sein, habe leider willfahren können, läßt sich am besten mündlich darstellen. Ich hoffe, daß der Herr meine Bitten für Ihr Wohlergehen, wie die anderen gnädiglich erhöre. — Ihro Kaiserlichen Hoheit gehorsamster Diener

Ludwig van Beethoven.

817] **An Tobias Haslinger.** (1817.)

Horn und Partitur folgen ebenfalls. Wißt's, wir sind Euch erstaunlich zugetan, beobachtet die Gesetze. Singet meinen Kanon das Schweigen öfters. Per resurrectionem usw. Lebt wohl. Der Eurige Freund Beethoven.

[Außen] Für seine Wohlgeb. H. Tobias Peter Philipp Haslinger!

818] **An Karl Czerny.** (1817.)

Die Partitur von der Symphonie in Es.

van Beethoven.

819] **An Karl Czerny.** (1817.)

Lieber Czerny! Karl ist bei mir, befindet sich aber nicht wohl. Ich ersuche Sie daher, heute doch zu mir zu kommen, da ich ohnehin wegen der Stunden im Institut mit Ihnen reden muß. Ihr ergebenster Ludwig van Beethoven.

820] An Nikolaus v. Zmeskall. (1817.)

Lieber 3.! Seien Sie nicht böse über mein Blättchen. Erinnern Sie sich nicht der Lage, worin ich bin, wie einst Herkules bei der Königin Omphale??? Ich bat Sie, mir einen Spiegel zu kaufen, wie der Ihrige, und bitte Sie, sobald Sie den Ihrigen, den ich hier mitschicke, nicht brauchen, mir ihn doch heute wiederzusenden, denn der meinige ist zerbrochen. — Leben Sie wohl und schreiben Sie ja nicht mehr „der große Mann" über mich; — — denn nie habe ich die Macht oder die Schwäche der menschlichen Natur so gefühlt als jetzt. — Haben Sie mich lieb.

821] An Mathias v. Tuscher. (1817.)

Lieber Tuscher! Da ich den Goethe noch einmal habe, so bitte ich Sie, daß diesen, den ich jetzt schicke (wozu der Band gehört, den Sie von mir bekommen), Ihre liebe Frau als ein freundschaftliches Andenken von mir nehme. — Vor halb 10 Uhr sehe ich Sie noch heute, vergessen Sie nicht auf Schmerling, da Sie hierauf gewiß durch Ihre Kenntnis viel wirken können. Ihr Freund Beethoven.

822] An Czerny. (?) (1817.)

— Übrigens sehen Sie immer gefälligst in den Zeitungen nach, wie der Kurs der B(ank)-A(ktien) ist, dies ist das sicherste. Besser für die Sache würde es sein, wenn Sie mit jemanden, der bewandert in dergleichen kaufmännischen Sachen ist, darüber sprechen würden. — — (Ich freue mich) recht, Sie hier zu sehen, im Falle Sie nicht können, so machen Sie doch gefälligst, daß wir Sonntags früh eine Antwort haben; denn Karl will einen Indian für Sie zubereiten lassen, dgl. schmeckt nur (mit lie)ben Freunden. — —

823] An Nanette Streicher. (1818.)

Ich danke Ihnen für Ihren Anteil an mir. Es geht schon besser. — Heute habe ich unterdessen viel ausgestanden von der N., — habe ihr aber ein halb Dutzend Bücher zu Neujahr an den Kopf geworfen. Die Blätter rotten wir aus (indem wir die B. fortschaffen) oder die Äste, aber wir wer-

455

den wohl selbst bis an die Wurzel kommen müssen, so daß nichts mehr übrig bleibt als der Grund. — Ich glaubte die Sophie gesehen zu haben, und als ich des Abends nach Haus kam, konnte ich vor Schmerzen nichts anderes tun, als mich niederlegen aufs Kanapee. — Ich hoffe, Sie bald bei mir oder noch bei Ihnen zu sehen.

In Eil Ihr Freund Beethoven.

824] **An Nanette Streicher.**   (1818.)

Ich bitte Sie, werte Fr. v. Str., von meinem Entschlusse mit dem Hofmeister für Karl bei keinem Menschen etwas laut werden zu lassen, damit weder ihm noch Karl dadurch geschadet werde, bis die Sache ganz sicher ist. Für mein übriges Dasein bedarf ich einer besseren Pflege und Auf= wartung, dazu gehört eine Haushälterin. Da wir einen guten Hofmeister gefunden, bedürften wir wohl jetzt nicht der Französin, indem Karl doch eines wissenschaftlichen französischen Unterrichts genießen muß, und dazu unsere Französin nicht taugen dürfte; auf der anderen Seite dürfte Hofmeister und Hofmeisterin zuviel kosten, nun höre ich aber, daß man auch wohl für 100 fl. jährlich samt Kost und Wohnung wohl eine Haushälterin haben könne. Denken Sie darüber und raten und helfen Sie.

Ihrem armen leidenden Freunde Beethoven.

An Streicher die liebevollsten Mahnungen.

825] **An Giannatasio del Rio.**   6. Januar 1818.

Damit kein Irrtum obwalten möge, nehme ich mir die Freiheit Ihnen gehorsamst anzuzeigen, daß es leider dabei bleiben muß, daß mein Neffe Ende dieses Monats Ihr vortreffliches Institut verlasse. Was Ihren anderen mir gemachten Vorschlag betrifft, so sind auch hier mir die Hände gebunden, indem dadurch andere Zwecke zum Besten meines Neffen gänzlich vereitelt würden; doch danke ich Ihnen recht sehr für Ihre gute Absicht.

Umstände können es heischen, daß Karl noch früher als Ende dieses Monats abgeholt werde, und da ich wahrschein= lich nicht hier bin, von jemanden, den ich dazu bestimme.

Ich sage Ihnen dieses jetzt schon, damit Ihnen nicht irgend etwas hierbei besonders auffallen möge; übrigens wird mein Neffe und ich Ihnen zeitlebens dankbar sein. An Karl habe ich bemerkt, daß er dieses jetzt schon ist, und dieses ist mir ein Beweis, daß er zwar leichtsinnig, aber doch keine Bösartigkeit in ihm herrsche, noch viel weniger ein schlechtes Herz habe. Ich hoffe alles Gute von ihm, um so mehr, da er nun schon beinahe zwei Jahre sich unter Ihrer vortrefflichen Leitung befand.

Mit wahrer Hochachtung Ihr Freund L. v. Beethoven.

826] **An Nanette Streicher.** (1818.)

Es freut mich, daß Sie sich noch ferner um das Hauswesen annehmen wollen, ohne das alles andere vergebens wäre; beim hier folgenden Küchenbuch liegt ein Brief, welchen ich Ihnen, noch ehe Sie nach Klosterneuburg gingen, geschrieben. — Mit der N. geht es jetzt, was ihr Betragen angeht, besser und ich denke gar nicht, daß sie den Willen dazu hat; vielleicht ist es möglich, mit dem anderen Mädchen für unsere Haushaltung vorteilhafter zu wirken, doch dürfen Sie sich nicht entziehen; leicht können Sie im Küchenbuch sehen, ob ich allein oder zu mehreren oder gar nicht zu Hause gegessen habe. — Ganz ehrlich halte ich die N. nicht, außerdem, daß sie noch obendrein ein schreckliches Vieh ist; nicht durch Liebe, sondern durch Furcht müssen dgl. Leute gehandhabt werden, ich sehe das jetzt ganz klar ein. — Es versteht sich, daß das Dienstmädchen Sonnabends früh eintreten kann, nur bitte ich Sie, mir gütigst anzuzeigen, ob die Baberl Freitags früh oder nach Tische sich zu entfernen hat? — Das Küchenbuch allein kann Ihnen nicht alles klar anzeigen, Sie müssen manchmal beim Essen als ein richtender Engel unverhofft erscheinen, um auch in Augenschein zu nehmen, was wir haben. — Ich speise nun niemals zu Hause, als wenn jemand bei mir zu Gaste ist, denn ich will nicht soviel für eine Person bezahlen, daß drei oder vier davon essen könnten.

Meinen lieben Sohn Karl werde ich nun bald bei mir haben, um so mehr bedürfen wir der Ökonomie. — Ich kann mich nicht wohl überwinden, zu Ihnen zu kommen,

Sie verzeihen mir schon, ich bin sehr empfindlich u. dgl.
nicht gewohnt, noch weniger mag ich mich aussetzen. — So=
bald Sie können, besuchen Sie mich nur, lassen Sie mich's
voraus wissen, ich habe viel mit Ihnen zu reden. Schicken
Sie das Büchel gegen Abend ebenso wieder zurück; bis die
andere Person da ist, gehen wir einen stärkeren Weg, und
mit Ihrer gütigen freundschaftlichen Gefälligkeit wäre es
doch möglich, hierin fortzukommen. — Die N. hat außer
ihren 12 kr. Brotgeld auch eine Semmel morgens, ist das
mit der Küchenmagd auch der Fall? Eine Semmel macht für
ein Jahr 18 fl. — Leben Sie und weben Sie wohl, die
Fräulein N. ist ganz umgewandelt, seit ich ihr das halb
Dutzend Bücher an den Kopf geworfen. Es ist wahrschein=
lich durch Zufall etwas davon in ihr Gehirn oder schlechtes
Herz geraten, wenigstens haben wir eine busige Betrüge=
rin!!! In Eil Ihr L. v. Beethoven.

827] **An Nanette Streicher.** (1818.)

Was die Baberl betrifft, so geht sie Montag in der Früh,
zu Mittag kann also die andere oder nachmittags gegen
2 oder 3 Uhr, wie Sie am besten glauben, einstehen. Die N.
hat mich heute gefragt, ob die B. bleibe, ich sagte nein, sie
könne höchstens bis Montag in der Frühe bleiben. Übri=
gens habe ich guten Grund zu glauben, daß die N. oder die
andere ihre Spionereien in Ihrem Hause fortsetzt. — Vor=
gestern abend fing die N. an, mich auf ihre allem Mistvolk
eigene Art des Läutens wegen aufzuziehen, sie wußte also
schon, daß ich Ihnen davon geschrieben. Gestern morgen
gingen die Teufeleien wieder an, ich machte kurzen Prozeß
und warf der B. meinen schweren Sessel am Bette auf den
Leib, dafür hatte ich den ganzen Tag Ruhe. Immer nehmen
sie Rache an mir, so oft sie eine Korrespondenz verrichten
oder sonst etwas bemerken zwischen uns. Was die Ehrlich=
keit der N. anbelangt, so glaube ich, sie ist nicht weit her,
sie nascht gern, dies mag dazu beitragen. Sobald das an=
dere Mädchen da ist, werde ich in Ihrer Gegenwart, sobald
Sie mich besuchen, die N. hereinrufen und meine Zweifel
des Küchenbuchs wegen äußern. Monatrechnungen gehen
bei uns nicht eher an, bis alle Tage eine gewisse Anzahl

Personen bei mir speist, auch machten die Anschaffungen dies nicht möglich. Aber, daß ich allein beinahe soviel brauche, als wenn auch noch zwei Personen bei mir essen, das hat seine Richtigkeit. Wahrscheinlich werden wir zu Mittag immer zu dreien, außer den zwei Dienstboten, essen, da der Lehrer meines Karls zu Mittag bei mir essen wird.

Dem Himmel muß ich danken, daß ich überall Menschen finde, die sich besonders jetzt meiner annehmen. So hat sich einer der ausgezeichnetsten Professoren an der hiesigen Universität gefunden, der mir alles, was Karls Unterricht betrifft, aufs beste besorgt und anrät. Sollten Sie bei Czerny mit diesen Giannatasischen zusammenkommen, so wissen Sie von gar nichts, was mit meinem Karl geschieht, sagen, es sei meine Gewohnheit nicht, meine Vorsätze auszuplaudern, indem jeder ausgeplauderte Vorsatz einem schon nicht mehr zugehört. Sie möchten sich ferner noch gerne einmischen, und ich will sie, diese Alltagsmenschen, ebensowenig für mich wie für meinen Karl.

Daß Sie der N. gerne verzeihen, glaube ich auch; ich denke auch so, aber ich kann sie nun doch nicht mehr anders als eine unmoralische Person betrachten. Wir werden schon sehen, wie es sonst geht, aber das gemeiniglich tut das, was nun schon vorgefallen zwischen Herrn und Dienstboten, nicht gut mehr. Das nun eintretende Küchenmädchen bitte ich Sie, so zu unterrichten, daß sie Ihnen und mir als Partei gegen die N. dient. Dafür werde ich ihr manchmal etwas schenken, welches die andere nicht zu wissen braucht. Ohnehin wird sie nicht so naschhaft sein als die N. und B. Kurzum, das Küchenmädchen muß als Gegenpartei der N. immer sich betragen, so wird die außerordentliche Frechheit, Bosheit und Niedrigkeit der N., die zwar jetzt etwas gedämpft ist, auch nachlassen. Ich versichere Sie, daß das mit der N. Erlebte noch über manche gehabte Bediente geht. Alle fremde Besuche und besonders im 1. Stock habe ich der N. gänzlich untersagt.

Und nun leben Sie herzlich wohl. Was die Dienstboten angeht, so ist nur eine Sprache überall über ihre Immoralität, welches allem übrigen Unglück allhier zuzuschreiben; und so dürfen Sie nie von meiner Seite hierüber eine

Kränkung erleiden können oder erwarten. Dankbar werde ich alles anerkennen, was mir Ihre Freundschaft dargebracht. Nur ist es mir leid, daß ich unschuldigerweise an einer kleinen Entzündung in Ihrem Hause schuld bin.

Statt der Klosterneuburger Geistlichkeit segne ich Sie.

In Eil Ihr Freund Beethoven.

Die N. frug mich nebenbei, ob ich denn jemand anderen an der Stelle der B. habe, ich antwortete ja.

828] **Quittung Haslingers von Beethovens Hand.**

17. Januar 1818.

Ich Adjutant Tobias Haslinger, Sünder und L—l 88ter Klasse bekenne hiermit laut meiner Namensunterschrift für H. v. Steiner G—ll—t u. g—l, Auszieher des Hr. L. v. Beethoven, von eben Hr. L. v. Beethoven selbst 25 ✠ in Gold empfangen zu haben, um selbe dem Hochgeborenen g—ll—t v. Steiner für elendes Lumpenpapier einzuhändigen.

Wien am 17. Jenner 1818. [gez. Tobias Haslinger.]

829] **An Nanette Streicher.** (23. Jan. 1818.)

Ich schrieb Ihnen zwar neulich von besser mich befinden, allein es ist noch nicht ganz, daher konnte ich Sie nicht sehen und nun ist seit gestern der Tischler da. — Morgen tritt Karl ein, und ich habe mich in ihm geirrt, daß er vielleicht doch vorziehen würde da zu bleiben. Er ist frohen Muts und viel aufgeweckter als sonst und zeigt mir jeden Augenblick seine Liebe und Anhänglichkeit; übrigens hoffe ich, daß Sie sehen, daß ich in einem einmal etwas fest Beschlossenem nicht wanke und es war so gut! — Wegen der N. der Einschreibung des Küchengerätes haben Sie recht, ich werde heute überlegen, wie es zu machen, vielleicht sehe ich Sie morgen oder heute. — Montag sind ihre 14 Tage schon zu Ende; es fragt sich, ob sie am selben Tag schon fortgehen muß, ich wäre ganz zufrieden, sie hat manches Unheil angestiftet, — da vor ihrer Bosheit und Konfusion nichts sicher ist. — Den Hofmeister können wir eintreten lassen, wann wir wollen, ohnehin können wir eher nichts gemein=

schaftlich überlegen und durchführen, bis die N. fort ist. Das Nötigste nur, da es ganz gewiß, daß ich entweder halben Juni oder Ende September Wien verlassen muß. — Leben Sie wohl, ich danke Ihnen für die Sorgfalt. —

Ihr Freund Beethoven.

830] **An Giannatasio del Rio.** Wien, 24. Jan. 1818.

Ich komme nicht selbst, da es immer eine Art von Abschiednehmen wäre, und dergleichen habe ich von jeher vermieden.

Empfangen Sie die ungeheucheltsten Danksagungen für den Eifer und die Rechtlichkeit und Redlichkeit, womit Sie sich der Erziehung meines Neffen angenommen haben. — Sobald ich nur ein wenig zu mir selbst komme, besuchen wir Sie; übrigens wünsche ich der Mutter wegen, daß es eben nicht zu sehr bekannt werde, daß mein Neffe jetzt bei mir ist. — Ich grüße Sie alle und danke der Frau A. G. noch insbesondere für ihre an meinem Karl bewiesene mütterliche Fürsorge.

Mit wahrer Achtung L. v. Beethoven.

831] **An Erzherzog Rudolf.** (1818.)

Ihro Kaiserliche Hoheit! Für heute werden Sie mir gnädigst verzeihen, wenn ich I. K. H. nicht aufwarte, da ich bei dieser Witterung wegen meinem Husten nicht ausgehen darf. Morgen kann es unmöglich sein wie heute, und da werde ich sicher das höchste Vergnügen für mich finden, indem ich wieder meinen Diensteifer für I. K. H. zeigen kann. Ihro Kaiserlichen Hoheit treuester gehorsamster Diener

Ludwig van Beethoven.

832] **An Nanette Streicher.** (1818.)

Ich danke Ihnen recht sehr für Ihre mir erwiesene Gefälligkeit. Ich werde mich dieser Tage zur S. verfügen und hören, wie es mit der ganzen Sache steht. Alle Hände und Füße voll zu tun, es ist mir beinahe nicht möglich gewesen, sie zu sehen. Karl empfiehlt sich Ihnen, nächstens besuchen wir Sie. In Eil Ihr Freund Beethoven.

Verlaſſen Sie Ihren Poſten als Oberhofmeiſterin nicht
ganz. Es wird immer auch eine ſelten gute Wirkung her=
vorbringen.

833] An Nanette Streicher. (1818.)

Vielen Dank, werte Fr. v. Streicher, für Ihre neue Ge=
fälligkeit. Ich werde morgen nachmittag ſelber zu Sieber
gehen und ihm den Reſt einhändigen. Bald werde ich das
Vergnügen haben, Sie und Karl zu ſehen.

Jn Eil Ihr Freund Beethoven.

834] An Nanette Streicher. (1818.)

Werte Frau v. Streicher! Czerny war eben hier. Ich
werde dieſen Abend bei demſelben ſein, ob bei Ihnen mor=
gen, weiß ich noch nicht. Es haben mir einige Teufel von
Menſchen wieder einen ſolchen Streich geſpielt, daß ich
nicht vermag unter Menſchen zu ſein. Karl hat morgen um
11 Uhr Prüfung, weshalb er nicht mitkommen kann; doch
vielleicht ſehen wir Sie morgen nachmittag.

Jn Eil Ihr Freund Beethoven.

835] An Graf Moritz Lichnowsky. (Jan. 1818.)

Mein ſehr werter Freund, mein lieber Graf! Aus bei=
liegendem erſehen Sie die Lage der Sache. Ich zweifle
nicht, daß man mir, ohne daß ich große Anſprüche machte,
erlauben wird, dieſes Inſtrument anzunehmen, zudem,
da es nun bald in Trieſt anlangen wird. Bridi hat von
dem Engländer den Auftrag, das Geſchäftsmäßige hierbei
zu beſorgen. Ich warte nun das Reſultat von Ihren güti=
gen Bemühungen oder Nachforſchungen ab, alsdann wird
wohl nichts Beſſeres ſein, als mich an ſeine Exzellenz den
Grafen Stadion ſelbſt ſchriftlich oder mündlich zu wenden.
Ich hoffe bald des Vergnügens Sie zu ſehen, teilhaft zu
werden. — Mit inniger Liebe und Verehrung

Ihr Freund Beethoven.

836] An Nanette Streicher. (1818.)

Es freut mich, daß Sie ſelbſt fühlen, daß ich unmöglich
mehr Ihr Haus betreten kann. — Der beiliegende Zettel iſt

von diesem Morgen geschrieben, ich wollte ihn Ihnen schik=
ken, wenn der Ihrige durch Ihren Wiener anlangt. --- Ich
erwarte Sie mit Vergnügen Dienstag morgens, -- Sie
finden mich sicher. — Von Karls Arzt weiß ich, daß es sei=
nem Leibe gut geht; was die Seele anbelangt, so ist dieses
nur dem Himmel anheimzustellen.

In Eil Ihr Freund Beethoven.

837] **An Nanette Streicher.**   (1818.)

Es wird gut sein, daß Sie meinen zwei Dienstleuten
ebensowenig als ich merken lassen, daß ich leider nicht mehr
das Vergnügen haben kann, zu Ihnen zu kommen, dies
müßte im Nichtfalle sehr üble Folgen für mich haben, eben=
so als wenn Sie sich gänzlich hierin entziehen wollten. ---
Ich bitte Sie, mir gütigst Ihre Auslagen für mich anzu=
zeigen, die ich sogleich Ihnen mit vielem Danke schicken
werde, ebenfalls mir gefälligst anzuzeigen, wo Ihr Silber=
arbeiter sein Gewölb habe? — Die Nany habe ich, wie
auch die andere, ob ihres Betragens gegen Sie ausgescholl=
ten, nichtsdestoweniger hat sich die jüngere gestern so frech
und keck betragen, daß ich ihr gedroht, im Falle sie noch
einmal sowohl Bosheiten an anderen als an mir ausübe,
ich sie auf der Stelle aus dem Hause jagen werde; Sie sehn,
daß wir beinahe von den beiden gleiche Behandlung er=
fahren, dieses liegt schon in den Naturen, ja in der wahr=
haft bösen Natur der jüngeren, — hieran sind Sie eben=
sowenig als ich schuld. — Sobald Sie können, machen Sie
mir das Vergnügen, mich zu besuchen oder auch bei mir zu
speisen. — Jede kleine Gefälligkeit von Ihnen werde ich
im Gedächtnis behalten und mich immer nennen

Ihren dankbaren L. v. Beethoven.

838] **An Nanette Streicher.**   (1818.)

In Eil. Die N. hat mir gestern abend erst Ihren Brief
übergeben, ich wünsche jeden Tag ihre geendigte Laufbahn
bei mir. — Ich habe mich wieder erkühlt und habe starken
Schnupfen und Husten — ich sehe Sie bald, ich danke für
die Baumwolle. Sobald das Silber abgeliefert, erhalten
Sie selbe.

Ihr Freund Beethoven.

463

Euer Wohlgeboren! In einigen Tagen erhalten Sie
eine Schrift von mir, worin Mitteilungen über die Frau
v. Beethoven — über das Betragen des Magistrates —
über die Zeugnisse — über das, was ich für meinen Neffen
getan — über sein Vermögen, welche Sie dann abschreiben
lassen wollen, um sie den Hrn. v. Schmerling und Hrn. v.
Winter zu übermachen. Es ist nicht unmerkwürdig zu er=
fahren, wie man gegen einen Menschen, der nur das Gute
will, hier verfahren kann, dabei selbst auf die Wohlfahrt
eines unschuldigen Geschöpfes nicht Rücksicht nimmt! Ist
der Bericht vom Magistrat schon an die Appellation ge=
langt?

Nun von etwas anderem. Man sagt mir, daß ich in
der Vorstadt, wo ich bin, vom 2. Februar Mariae Reini=
gung oder Lichtmeß an, seine Wohnung Zeit hat aufzu=
künden bis den 16.? Ich bitte Sie, mir hierüber nur
einige Zeilen Auskunft zu geben; wenn ich ohnehin den
ganzen Sommer auf dem Lande zubringe und für mich
höchstens ein Zimmer zum Absteigen in der Stadt nötig
habe, auch künftiges Jahr diese Wohnung ohnehin nicht
zu behalten gedenke. Sie wissen ohnehin, wie wenig be=
schwerlich ich Ihnen gern bin, Sie verzeihen mir daher
schon diese Frage? Ich befinde mich öfter nicht wohl, sonst
wäre ich schon zu Ihnen gekommen.

M. v. Tuscher war bei mir. Eine alte Freundschaft läßt
sich nicht unterdrücken; er hat schwach gehandelt. Allein
unter einer solchen Behörde kann nur ein Vormund, wie
ich, der das Geld gibt, den Ausschlag geben! Wenn Sie ihn
sprechen wollen, er könnte Ihnen noch über manches Aus=
kunft geben! Jetzt ist er wieder gesund! Sie finden ihn
morgens von 10—12 in seinem Bureau oder Bourreau.

In Eil Ihr mit Hochachtung verharrender Beethoven.

840] An Nanette Streicher. (1818.)

Wir waren früh auf, Karl und ich, denn der Hofmeister
war über Nacht nicht nach Hause gekommen — und be=
greife daher nicht ganz unsere Unordnung, die Sie verhin=
derte zu uns zu kommen, obwohl öfter d. g. bei uns über=

all zu Hauſe iſt. — Mein Gaſt iſt heute einer der erſten
Profeſſoren meines Karls wegen! —
Hoffentlich ſehe ich Sie dieſen Nachmittag gewiß; der
Haushälterin gab ich auf, Sie zu befragen um die Mehl=
ſpeiſe, die Sie einmal uns gütigſt auf Neujahr machten.
Leben Sie wohl. — Gott helfe mir, ich appelliere an ihn
als letzte Inſtanz. — Ihr Freund Beethoven.

841] **An Thomas Broadwood.** Vienne, 3. Fevr. 1818.

Mon très cher ami Broadwood! Jamais je n'éprouvais
pas un plus grand Plaisir de ce que me causa votre an-
nonce de l'arrivée de ce Piano, avec qui vous m'honorez
de m'en faire présent, je regarderai comme un Autel,
où je deposerai les plus belles offrandes de mon esprit au
divin Apollon. Aussitôt comme je recéverai votre excel-
lent instrument, je vous enverrai d'en abord les fruits
de l'inspiration des premiers moments, que j'y passerai,
pour vous servir d'un souvenir de moi à vous mon très
cher Broadwood, et je ne souhaite ce que, qu'ils soient
dignes de votre instrument.

Mon cher Monsieur et ami recevez ma plus grande
consideration de votre ami et très humble serviteur

Louis van Beethoven.

842] **Erklärung** in d. Wien. Allg. muſik. Ztg. v. 14. 2. 1818.

Maelzels Metronom iſt da! Die Nützlichkeit ſeiner Er=
findung wird ſich immer mehr bewähren; auch haben alle
Autoren Deutſchlands, Englands, Frankreichs, ihn ange=
nommen; wir haben aber nicht für unnötig erachtet, ihn
zufolge unſerer Überzeugung auch allen Anfängern und
Schülern, ſei es im Geſange, dem Pianoforte oder irgend=
einem anderen Inſtrument, als nützlich, ja unentbehrlich
anzuempfehlen. Sie werden durch den Gebrauch desſelben
auf die leichteſte Weiſe den Wert der Note einſehen und
ausüben lernen, auch in kürzeſter Zeit dahin gebracht wer=
den, ohne Schwierigkeit mit Begleitung ungeſtört vorzu=
tragen; denn indem der Schüler bei der gehörigen Vorrich=
tung und vom Lehrer gegebenen Anleitung, auch in Ab=
weſenheit desſelben nicht außer dem Zeitmaße nach Will=

für singen oder spielen kann, so wird damit sein Taktgefühl in kurzem so geleitet und berichtigt, daß es für ihn in dieser Sache bald keine Schwierigkeit mehr geben wird. — Wir glauben, diese so gemeinnützige Maelzelsche Erfindung auch von dieser Seite beleuchten zu müssen, da es scheint, daß sie in dieser Hinsicht noch nicht genug beherziget worden ist.

Ludwig van Beethoven. Anton Salieri.

843] **An George Thomson.**   Vienne le 21 Fevr. 1818.

Mon très cher ami! Mon copiste est malade, le voilà la raison pourquoi je vous envoie mes manuscripts, il me fallait prendre quelques Ducats de plus qu'ordinaire, parce qu'il étoit nécessaire de copier moi même, et je perdis quelque temps et sans cela la somme ordinaire n'est pas d'une si grande importance en considération qu'il y a chansons, qui ne réusissant pas sans quelque peine quoiqu'on ce n'entend pas en jouant et aussi en voyant par exemple comme No. 2, on trouve très vite des harmonies pour harmoniser des telles chansons, mais la simplicité, — le caractère la nature du chant, pour y réussir, ce n'est pas toujours si facile comme vous peutêtre croyez de moi, on trouve un nombre infinion d'Harmonies, mais seulement une est conforme au genre et au caractère de la Mélodie, et vous pouvez toujours encore donner une douzaine ducats de plus, et pourtant cela ne sera pas vraiment payé, et si vous m'honorez avec des autres chansons, il me serait plus agréable, si vous m'envoyez un grand nombre, puis qu'il s'en vaut plus de peine, d'y se donner. — Il me falloit payer pour votre lettre du 23 Juin 1817 dix florins à la poste, j'ai à présent si reglé, que les Fries m'envoient toujours les lettres de vous, car il y en eut eu quelquefois des confusions, parceque les Fries donnèrent les lettres à un tel et à un autre ainsi s'arrivât, que je reçus vos lettres quelquefois deux trois mois plus tard, que vous l'avez écrites, mais comme la chose est à présent organisée, je tiens toutes vos lettres sur le champ de Messieurs le Fries, que je trouve toujours bien complaisants. — Il n'estoit pas

possible de vous donner une réponse à votre lettre de
25 Juin, j'étois trop occupé et encore malade, et il est
difficile de vous servir dans cet affaire, croyez-moi, que
je traite toujours en ami avec vous, mais contre les cir-
constances je ne sais agir, je vous fais une autre proposition je suis prêt de vous composer 12 ouvertures pour
un honoraire de 140 Ducats en espèces je suis prêt de
vous composer 12 Thèmes avec variations pour 100 Ducats en espèces, mais si vous voulez faire composer 12
ouvertures et 12 Thèmes avec variations ensemble ou
à même temps je suis en état de ne prendre plus pour
les 12 ouvertures et les 12 Thèmes variés, que 224 Ducats, dans de telles petites choses on n'est pas en état de
gagner quelque chose autrement, qu'il soit un assez
grand nombre, qu'alors procure un somme considérable,
voilà comme je parle franchement comme un ami à un
autre, je vous assure, que j'opprime bien souvent mon
honneur seulement pour vous servir aussi à bon prix,
qu'il m'est possible... Vous m'avez parlé d'un ode des
paroles angloises sur le pouvoir de la Musique sur les
passions avec une traduction littérale en Allemand je
l'accepterai avec le plus grand plaisir, et aussi je tâche-
rai de la mettre en Musique le plus tôt, je vous prie bien
de m'envoyer ce poème, mais pas par la poste qu'il soit
à Messieurs le Fries et Comp., car autre cela il me cou-
toit trop, vous devons ici payer bien moins cher tout ce,
qu'en Angleterre, il y a encore chez moi des poèmes
anglais dont quelques sont fort beaux, et j'aimerais
de les mettre en musique. — Encore j'y joins à mes propositions à l'Egard des Variations et ouvertures que je
vous enverrai d'en mon Manuscript; et la Copiature
vous ne coûte rien. — Dernièrement j'ai publié une nouvelle Symphonie en partition grave et aussi pour grand
orchestre. — Une fois quand le temps ne me presse pas
comme aujourd'hui, je vous ecrivrai plus de ma Musique
gravée. — Je crois que vous m'avez une fois écrit d'un
autre Volume, que vous avez publié de mes chansons, je
vous en prie de me l'envoyer par occasion, aussi je vous
remarque, que vous vous faites attention d'y éviter la

30*

monotonie c'est à dire que vous mêlez les sérieux les
tristes entre les gais etc. en changeant les modes des
Mesures aussitôt deux dur un moll un dur un moll un
dur etc. — Aussitôt la Mesure $\mathbf{C}$ $\frac{2}{4}$ $\frac{6}{8}$ aussitôt $\frac{6}{8}$ $\frac{2}{4}$ $\mathbf{C}$,
aussitôt $\frac{2}{4}$ $\frac{3}{4}$ $\frac{6}{8}$ $\mathbf{C}$ etc. — Portez vous bien et me donnez
le plaisir d'une réponse parceque je sens toujours quel-
que plaisir d'entendre de vous des nouvelles. —
Avec estime et vraie amitié votre Beethoven.

844]　**An Ferdinand Ries.**　　Wien, 5. März 1818.

Mein lieber Ries! Trotz meinen Wünschen war es mir
nicht möglich, dieses Jahr nach London zu kommen. Ich
bitte Sie, der philharmonischen Gesellschaft zu sagen, daß
mich meine schwächliche Gesundheit daran verhindert; ich
hoffe aber dies Frühjahr vielleicht gänzlich geheilt zu wer=
den und alsdann von dem mir gemachten Antrage der Ge=
sellschaft im Spätjahre Gebrauch zu machen und alle Be=
dingungen derselben zu erfüllen.

Neate bitten Sie in meinem Namen, daß er von so man=
chen Werken, die er von mir hat, wenigstens keinen öffent=
lichen Gebrauch mache, bis ich selbst komme; wie es nun
auch mit ihm beschaffen sein mag, ich habe Ursache mich
über ihn zu beschweren.

Potter besuchte mich einigemal, er scheint ein guter
Mensch zu sein und hat Talent zur Komposition. — Ich
wünsche und hoffe für Sie, daß sich Ihre Glücksumstände
täglich verbessern; leider kann ich das nicht von mir sagen;
durch meine unglückliche Verbindung mit diesem Erzher=
zog bin ich beinahe an den Bettelstab gebracht. Darben
kann ich nicht sehen, geben muß ich; so können Sie auch
denken, wie ich bei dieser Sache noch mehr leide. Ich bitte
Sie, mir einmal bald zu schreiben. Wenn es mir nur mög=
lich, mache ich mich noch früher von hier weg, um meinem
gänzlichen Ruin zu entgehen, und treffe alsdann im Win=
ter spätestens in London ein. Ich weiß, daß Sie einem
unglücklichen Freunde beistehn werden. Wäre es nur in
meiner Macht gewesen und wäre ich nicht wie immer hier
durch Umstände gebunden gewesen, gewiß ich hätte weit
mehr für Sie getan. — Leben Sie recht wohl, grüßen Sie

mir Neate, Smart, Cramer, — obschon ich höre, daß er ein
Kontrasubjekt von Ihnen und mir ist. Unterdessen verstehe
ich schon ein wenig die Kunst dergleichen zu behandeln und
in London werden wir doch trotzdem eine angenehme Har‑
monie hervorbringen.

Ich grüße und umarme Sie von Herzen.

Ihr Freund Ludwig van Beethoven.

Viel Schönes an Ihre liebe schöne (so wie ich höre) Frau.

845] **An George Thomson.**   Vienne, 11 Mars 1818.

Mon cher ami! C'est déjà du 12 Novembre 1814,
que vous avez accordé de votre propre main pour chaque
air Ecossais quatre ducats en espèces, mais hélas bien
occupé, lorsque. Je vous ai envoyé la dernière fois les
trois airs, et parce qu'un peu en confusion. Je vous ai
mis seulement pour chaque air trois Ducats en espèces
eh bien, j'ai encore quatre Ducats en espèces à re‑
cevoir de vous et je vous prie de les m'assigner chez
Fries. — Dans la même lettre du 12 Novembre 1814
vous m'avez offert pour une ouverture Dix huit Ducats,
quant à moi je ne me souviens tout à fait, de vous avoir
écrit sur cet objet, mais j'espère que vous trouvez mes
dernières offrandes justes et amicales, soyez persuadé,
que je fais toujours mon possible pour vous prouver mon
Attachement à votre personne. — Je passai, il y a quel‑
ques jours, quelque temps, pour lire votre lettre à moi et
je trouvai encore les poèmes anglais, que vous m'avez en‑
voyés une fois, j'ai présenté les poèmes à un ami de moi
qui connoît parfaitement la langue anglaise, et qui est
un de nos traducteurs les plus grands, il a traduit les
meilleures poésies des Auteurs anglais en allemand; il
trouva quelques poésies, qui sont fort belles, et m'en‑
courageat à les mettre en musique, j'espère, que vous
trouverez mes offres si justes ainsi qu'il est possible,
quand je vous demande pour dix chansons anglaises 54
Ducats en espèces, à présent comme je suis d'une santé
réjouissante, je vous montrerai avec grand plaisir mon
zèle de vous servir et de vous livrer toujours le plus beau
de mon art. Quant à moi, je vous prie, de prendre de

l'égard, que vous faites l'occasion avec votre commissions
ainsi qu'elles me produisent quelquefois de rondes sommes, parce qu'on gagne seulement avec des bagatelles,
quand il y a une assez grande quantité. J'espère d'avoir
bientôt de vos nouvelles et que vous aimez de vous souvenir quelquefois de votre ami bien à vous attaché

Louis van Beethoven.

846] **An S. A. Steiner.** Wien, 28. März 1818.

Hiermit gebe ich Ihnen die Versicherung, daß ich Ihnen
bis 1. August d. J. folgende von denen mir dargeliehenen
und bereits rückbezahlten Kapitalien ausstehn gebliebenen
5% Interessen und zwar ..... zusammen 280 fl. 25 Kr.
mit größter Dankbarkeit bezahlen werde. Ich bin mit der
größten Achtung dero ergebenster van Beethoven.

847] **An Johanna van Beethoven.** 29. März 1818.

Was mich betrifft, so haben Sie meine gänzliche Ein=
willigung, beim Verkauf Ihres Hauses die Ihrem Söhne
Karl zugehörigen 7000 fl. auf dem Hause liegen zu lassen.
Wir müssen aber dem löblichen Landrechte die Bewilligung
erteilen, dem jeweiligen Käufer die Versicherung geben zu
dürfen, daß das Kapital von 7000 fl. durch drei oder vier
Jahre unaufkündbar belassen werde. — Meinen Ansichten
zufolge finde ich hier für Ihren Sohn Karl weder etwas
Schädliches noch Unbilliges und zweifle daher nicht im
mindesten, daß die löbl. Obervormundschaft Ihnen dieses
Gesuch gestatten werde. — Wie gesagt, weiß ich gar nichts
dawider einzuwenden und hoffe und wünsche, daß die hohe
Obervormundschaft völlig hierin mit mir einverstanden sei.

Ludwig van Beethoven,
Vormund meines Neffen Karl van Beethoven.

848] **An Ferdinand Ries.** (1818.)

Lieber Ries! Ich erhole mich soeben von einem starken
Anfalle, den ich hatte, und gehe aufs Land, ich wünschte,
daß Sie sähen folgende zwei Werke, eine große Solosonate
für Klavier und eine von mir selbst umgeschaffene Klavier=
sonate in ein Quintett für zwei Violinen, zwei Bratschen,

470

ein Violoncell an einen Verleger in London anzubringen, es wird Ihnen leicht sein, wohl 50 Dukaten in Gold für beide Werke zu erhalten; können Sie mehr haben, desto besser; es sollte wohl sein können!! Der Verleger brauchte nur anzuzeigen, um welche Zeit er beide Werke heraus= geben wollte, so könnte ich selbe auch hier zugleich heraus= geben, wo wenigstens immer mehr herauskommt, als wenn ich sie hier bloß herausgebe. — Ich könnte auch ein neues Trio wieder herausgeben, fürs Klavier, Violin und Violoncell, wenn Sie dazu einen Verleger fänden. — Übri= gens wissen Sie wohl, habe ich nie rechtswidrig gehandelt und daher könnten Sie unbeschadet Ihrer und meiner Ehre sich darauf in London einlassen, der Verleger zeigt mir, so= bald er die Werke erhalten, an, wann er sie herausgeben will, wo selbe alsdann auch hier herauskommen werden. — Verzeihen Sie mir, wenn ich Ihnen beschwerlich falle, meine Lage ist jetzt von der Art, daß auf allen Ecken nur zu tun habe, für das traurige Leben zu sorgen. Potter sagt, daß Chapphell in der Bond Streetgasse einer der besten Verleger sei; ich überlasse Ihnen alles, nur bitte ich Sie, mir so geschwind wie möglich eine Antwort zu geben, da= mit mir die Werke nicht liegen bleiben. — Neate lasse ich bitten, daß er von vielen Werken, welche er von mir mitge= nommen, doch nichts bekannt macht, bis ich selbst nach Lon= don komme, dies hoffe ich sicher künftigen Winter, ich muß, wenn ich nicht ein Bettler hier werden will. Alles Schöne an die Philharmonische Gesellschaft; nächstens schreibe ich Ihnen mehreres und bitte Sie noch einmal, baldigst zu ant= worten. Wie immer Ihr wahrer Freund   Beethoven.

Viel Schönes an Ihre schöne Frau.

849] Kompositions=Aufgabe für **Erzherzog Rudolf.**   (1818.)

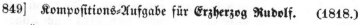

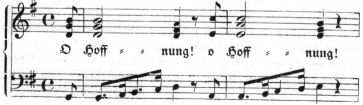

O Hoff = = nung! o Hoff = = nung!

du ſtählſt die Her=zen, du mil = derſt die Schmerzen.

Komponiert im Frühjahr 1818 von L. van Beethoven
in doloribus für S. Kaiſ. Hoheit den Erzherzog Rudolf.

850] **An Erzherzog Rudolf.** (1818.)

Ihro Kaiſerliche Hoheit! Ich bitte um doppelte gnädige
Nachſicht, erſtlich weil ich heute vormittag J. K. H. nicht
aufgewartet, zweitens weil ich mich ſo ſpät deshalb ent=
ſchuldige. — Ich wurde heute nacht wieder ſehr krank, doch
befinde ich mich dieſen Nachmittag etwas beſſer, und hof=
fentlich kann ich wieder übermorgen bei J. K. H. erſcheinen.
— Der Arzt verſpricht mir, daß ich bis Hälfte Juni gewiß
ganz hergeſtellt ſein werde, welches ich um ſo eher wünſche,
damit bei J. K. H. kein böſes Vorurteil entſtehen möge.
Gewiß iſt mein Wille der reinſte und nur meine Kränklich=
keit verhindert mich an der Erfüllung. Ihro Kaiſerlichen
Hoheit untertäniger treueſter Diener
Ludwig van Beethoven

851] **An Nanette Streicher.** (1818.)

Ich war die ganze Zeit nicht ſehr wohl auf und konnte
Sie daher wenig ſehn; mit ſo vielen Dingen und manches
Durcheinander hingehalten, bedarf ich der Landluft. Karl
hätte heute zu Ihnen kommen ſollen und wäre ſchon ge=
kommen, nun iſt aber mein Bruder von Linz auch ange=
langt und geht der ganze heutige Tag darauf, ohne daß
wir Sie ſehen und Ihnen danken können. Unterdeſſen muß
ich in einigen Tagen ſchon wieder hier ſein, wo ich Sie
ſehen werde und von Ihrer Beſſerung gewiß zu vernehmen
hoffe; daß Sie uns beſuchen werden, verſteht ſich von ſelbſt.
In Eil Ihr Beethoven.

852] **An Nanette Streicher.** (1818.)

Es war nicht möglich, Sie gestern zu besuchen. — Mit größtem Vergnügen erwarte ich Sie heute nachmittag, die N. geht ohnehin aus, übrigens kann wohl kein Zusammentreffen mit ihr und Ihnen niemals stattfinden. Wir könnten hernach auch das Silber kaufen gehen, da es doch nötig ist, — nach 3 Uhr ist die N. schon aus; — ich müßte mich sehr irren, wenn nicht morgen oder heute ihr Austritt sei. — In Eil Ihr Beethoven.

(Auf der Adresse:) C'est justement que j'entens, que la N. demain s'en va surement.

853] **An Nanette Streicher.** (1818.)

Ich bitte Sie, meine Werte, das noch abzutuende Geschäft des Silberzeuges abzumachen. Es dürfte gar zu lang währen, bis ich dazu komme. Fürs erste ist zu wissen, ob wir noch Geld herausgeben müssen? wieviel? die Zuckerbüchse geben wir auf jeden Fall zurück, hierzu gebe ich noch drei Kaffeelöffel von mir, könnten wir nur hierfür, ohne viel herauszugeben, noch ein Paar Eßlöffel und einen leichten Oberslöffel haben, so wäre für unsere Bedürfnisse gesorgt, denn an weiteres darf ich armer österreichischer, ärmster, ärmster Musikant nicht denken. — In Eil — nebst Empfehlung wegen exemplarischer Aufführung Ihrer und dero Tochter   Ihr Freund Beethoven.

Für die Fr. v. Streicher, nebst Silberrechnung, silberner Zuckerbüchse und drei Kaffeelöffel.

854] **An Nanette Streicher.** (1818.)

Eben im Begriff, Ihnen zu schreiben, erhalte ich Ihren Brief nebst Silber, wir werden alles übrige besprechen. Karl darf noch nicht und vor einigen Tagen nicht ausgehen, und mit der Einrichtung gibt es auch einige Tage zu tun, wegen allem diesem konnte ich Sie nicht sehen, hoffe aber morgen oder übermorgen dazu zu kommen. Die Peppi kocht gut und muß ich Ihnen hierfür wieder unendlich Dank wissen, wenn Sie nur fortfahren sich zuweilen um uns zu bekümmern, so möchte das Ganze immer noch leidlich und vielleicht noch etwas mehr ausfallen. — Es gehn noch einige Tage, bis ich ganz in Ordnung bin. Es war für mich eine Herkulesarbeit, Gott gebe nur, daß ich nur meiner Kunst mich wieder ganz widmen kann; alle meine übrigen Umstände wußte ich sonst dieser ganz unterzuordnen, nun bin ich freilich hierin etwas verrückt worden. — Mündlich mehr. — Karl empfiehlt sich Ihnen.

In Eil Ihr Freund und Diener Beethoven.

855] **An Vinzenz Hauschka.**   (1818.)

Liebes Hauschkerl! Schicke mir die Partitur und Stimmen von der Symphonie in Es und, wenn es möglich ist, noch heute, da ich morgen aufs Land gehe. Sollte man mich morgen nicht mehr finden, so hat sie der Träger nur beim Hausmeister abzugeben. — Wegen unseren übrigen Vorhaben werde ich bald mit Dir sprechen; ich bin zu allem bereit, wo ich sonst der Gesellschaft des Musikvereins mit meinen geringen Talenten dienen kann und freue mich, daß wenigstens schon ein Anfang gemacht zur Grundlegung eines künftigen Konservatoriums.

Dein wahrer Freund Beethoven.

856] **An Vinzenz Hauschka.**   (1818.)

Bestes erstes Vereinsmitglied der Musikfeinde des österreichischen Kaiserstaats!

Ich bin bereit! (Notenbeispiel.)

Kein anderes als geistliches Sujet habe ich, Ihr wollt aber ein heroisches, mir ist's auch recht; nur glaube auch, was Geistliches hineinzumischen, würde sehr für so eine solche Masse ganz am Platze sein.

Amen. (Notenbeispiel.)

Herr v. Bernard wäre mir ganz recht, nur bezahlt ihn aber auch; von mir rede ich nicht, da ihr euch schon Musikfreunde nennt, so ist's natürlich, daß ihr manches auf diese Rechnung gehen lassen wollt —!!

Nun leb' wohl, bestes Hauschkerl, ich wünsche Dir einen offenen Stuhlgang und den schönsten Leibstuhl; — was mich angeht, so wandle ich hier mit einem Stück Notenpapier in Bergen, Klüften und Tälern umher, und schmiere manches um des Brots und Geldes willen, denn auf diese

Höhe habe ich's in diesem allgewaltigen ehemaligen Phä=
akenlande gebracht, daß, um einige Zeit für ein großes
Werk zu gewinnen, ich immer vorher soviel schmieren um
des Geldes willen muß, daß ich es aushalte bei einem
großen Werk. Übrigens ist meine Gesundheit sehr gebessert
und wenn es Eile hat, so kann ich euch schon dienen. —
Nun
    Ich bin bereit! (Notenbeispiel.)
    Wenn du nötig findest mit mir zu sprechen, so schreibe
mir, wo ich alsbann alle Anstalt dazu treffen werde. —
Meine Empfehlung an die musikfeindliche Gesellschaft.
                In Eil Dein Freund Beethoven.

857] An Nanette Streicher.   Mödling, 18. Juni 1818.

Beste Frau v. Streicher! Es war nicht möglich, Ihnen
eher zu schreiben auf Ihr Letztes. Ich hätte Ihnen schon
einige Tage zuvor, als die Dienstboten weggejagt wurden,
geschrieben, zauderte aber noch mit meinem Entschluß, bis
ich gewahr wurde, daß besonders Frau D... Karl ab=
hielte, alles zu gestehen; „die Mutter sollte er doch scho=
nen," sagte sie ihm, ebenso wirkte die Peppi mit; natürlich
wollten sie nicht entdeckt werden; beide haben schänblich
mitgespielt, und sich brauchen lassen von der Frau van
Beethoven; beide empfingen Kaffee und Zucker von ihr, die
Peppi Geld, die Alte vermutlich auch dasselbe; denn es
unterliegt gar keinem Zweifel, daß sie bei der Mutter
Karls selbst gewesen; sie sagte auch zu Karl, daß, wenn ich
sie aus dem Dienste jagte, sie gleich zu seiner Mutter gehen
würde. Dies geschah bei Gelegenheit, als ich ihr Betragen
verwiesen, womit ich öfter Ursache hatte unzufrieden zu
sein. Die Peppi, welche öfters lauschte, was ich mit Karl
sprach, schien versucht zu werden, die Wahrheit gestehen zu
wollen, allein die Alte hielt ihr ihre Dummheit vor und
zankte sie tüchtig aus, — und so verstockte sie wieder, und
suchte mich auf falsche Spuren zu bringen. — Die Ge=
schichte dieser abscheulichen Verräterei kann beinahe sechs
Wochen gedauert haben, beide würden nicht so bei einem
weniger großmütigen Menschen davon gekommen sein.
Die Peppi erhielt von mir 9 oder 10 fl. für Hembentuch,

die sie aufnahm, und ich ihr hernach schenkte, und erhielt statt 60 fl.: 70 fl.; sie hätte schon können sich diese elenden Bestechungen versagen. Bei der Alten, die sich überhaupt am schlechtesten benommen, mag wohl Haß mitgewirkt haben, da sie sich immer zurückgesetzt glaubte (ohnerachtet sie mehr erhalten, als sie verdient), denn selbst durch ihr hohnlächelndes Gesicht an einem Tage, als mich Karl umarmte, ahndete ich Verräterei, und wie schändlich eine solche alte Frau, wie heimtückisch sie sein konnte. Stellen Sie sich vor, zwei Tage vorher, als ich hierher mich begab, ging Karl ohne mein Wissen nachmittags zu seiner Mutter, und sowohl die Alte als Peppi wußten es ebenfalls. Aber hören Sie den Triumph einer greisen Verräterin; als ich mit Karl und ihr hierher fuhr, sprach ich mit Karl über die Sache im Wagen, obschon ich noch nicht alles wußte, und indem ich Furcht äußerte, daß wir in Mödling nicht sicher würden sein, rief sie aus, „ich sollte mich nur auf sie verlassen". O der Schändlichkeit! Nur zweimal mit diesem Mal ist mir in dem sonst ehrwürdigen Alter beim Menschen nur so etwas vorgekommen. — Mehrere Tage vorher, als ich beide wegjagte, hatte ich ihnen schriftlich aufgesetzt, daß sich keine unterstehen sollte, von der Mutter Karls irgend etwas an ihn anzunehmen. Die Peppi, statt in sich zu gehen, suchte sich heimlich an Karl zu rächen, indem er schon alles gestanden hatte, welches ihnen deutlich wurde, indem ich aufgeschrieben auf obiges Blatt, alles sei entdeckt. — Ich erwartete, daß sie beide mich um Verzeihung nach diesem bitten würden; statt dessen spielten sie uns eine um die andere schlimme Streiche. Da nun keine Besserung bei solchen verstockten Sünderinnen zu erwarten war und ich jeden Augenblick eine neue Verräterei erwarten mußte, so beschloß ich, meinen Körper, meine Gemächlichkeit dem bessern Ich meines armen verführten Karl aufzuopfern, und marsch zum Hause hinaus zum abschreckenden Beispiel aller Künftigen. — Ich hätte das Attestat weniger vorteilhaft machen können, aber bewahre, ich habe jeder volle sechs Monate angesetzt, obschon es nicht so war. Rache übe ich nie aus; in Fällen, wo ich muß gegen andere Menschen handeln, tue ich nichts mehr gegen sie, als was die

476

Notwendigkeit erfordert, mich vor ihnen zu bewahren, oder sie verhindert weiter Übeles zu stiften. — Um der Peppi ihre sonstige Redlichkeit ist mir's leid, sie verloren zu haben, daher ich ihr Attestat noch vorteilhafter als der Alten gemacht habe, und sie auch scheint von der Alten mehr verführt worden zu sein. Daß es aber mit der Peppi ihrem Gewissen schlecht gestanden, erhellt daraus, daß sie zu Karl sagte, „sie getraue sich zu ihren Eltern nicht mehr zu gehen", und wirklich ist sie noch hier, wie ich glaube. — Spuren von Verräterei hegte ich schon lange, bis ich den Abend vor meiner Abreise einen anonymen Brief empfing, welcher mich mit Schrecken erfüllte durch seinen Inhalt; allein es waren mehr Vermutungen. Karl, den ich gleich abends faßte, entdeckte gleich aber doch nicht alles. Da ich ihn öfter erschütternd nicht ohne Ursache behandle, so fürchtete er sich zu sehr, als daß er ganz alles gestanden hätte. Über diesem Kampf langten wir hier an. Da ich ihn öfter vornahm, so bemerkten die Dienstboten dieses, und besonders die alte Verräterin suchte ihn abzuhalten, die Wahrheit nicht zu gestehn. Allein da ich Karl heilig versicherte, daß ihm alles vergeben sei, wenn er nur die Wahrheit gestände, indem Lügen ihn in einen noch tieferen Abgrund, als worin er schon geraten, stürzen würde, so kam alles ans Tageslicht. Knüpfen Sie nun die noch früher Ihnen angegebenen Data über die Dienstboten hier an, und Sie haben die ganze schändliche Geschichte beider Verräterinnen klar vor sich. — Karl hat gefehlt, aber — Mutter — Mutter — selbst eine schlechte bleibt doch immer Mutter. — Insofern ist er zu entschuldigen, besonders von mir, da ich seine ränkevolle leidenschaftliche Mutter zu gut kenne. — Der Pfaffe hier weiß schon, daß ich von ihm weiß, denn Karl hatte mir es schon gesagt. Es ist zu vermuten, daß er nicht ganz unterrichtet war, und daß er sich hüten werde, allein um damit Karl nicht übel von ihm behandelt werde, da er überhaupt etwas roh scheint, so ist es für jetzt genug. Da aber Karls Tugend auf die Probe gesetzt, denn ohne Versuchungen gibt es keine Tugend, so lasse ich es mit Fleiß hingehen, bis es noch einmal (was ich zwar nicht vermute) geschehe, wo ich dann seiner Hochwürd. ihre Geistlichkeit mit solchen geisti=

gen Prügeln und Amuletten und mit meiner ausschließs
lichen Vormundschaft und daher rührenden Privilegien so
erbärmlich zurichten werde, daß die ganze Pfarrei davon
erbeben soll. — Mein Herz wird schrecklich bei dieser Ge=
schichte angegriffen, und noch kann ich mich kaum erholen.
— Nun von unserer Haushaltung; sie bedarf Ihrer Hilfe.
Wie wir es brauchen, wissen Sie schon. Lassen Sie sich nicht
abschrecken, ein solcher Fall kann sich überall zutragen; ist
es aber einmal geschehen und man kann den nachkommen=
den Dienstboten dieses vorhalten, so wird es sich schwerlich
mehr ereignen. — Was wir brauchen, wissen Sie, vielleicht
die Französin, und was sich dann zum Stubenmädchen
findet. Die gute Kocherei bleibt eine Hauptsache, — selbst
in Ansehung der Ökonomie. Für jetzt haben wir hier eine
Person, die uns zwar kocht, aber schlecht. Ich kann Ihnen
heute nicht mehr schreiben, Sie werden wenigstens sehen,
daß ich hier nicht anders handeln konnte, es war zu weit ge=
kommen. — Ich lade Sie noch nicht ein hierher, denn alles
ist in Verwirrung; jedoch wird man nicht nötig haben,
mich in den Narrenturm zu führen. Ich kann sagen, daß ich
schon in Wien schrecklich wegen dieser Geschichte gelitten
und daher nur still für mich war. — Leben Sie recht wohl;
machen Sie nichts bekannt, da man auf Karl nachteilig
schließen könnte; nur ich, da ich alle Triebräder hier kenne,
kann für ihn zeugen, daß er auf das schrecklichste verführt
ward. — Ich bitte, uns bald etwas Tröstliches wegen der
Koch=, Wäsch=, Nähkunst zu schreiben. Ich befinde mich sehr
übel und bedarf bald einer Magenrestauration.

In Eil Ihr Freund Beethoven.

858] An Nanette Streicher.   (1818.)

Aus Beifolgendem ersehen Sie die Lage der Sachen.
Da Ihr Herr Vetter von Krakau schon so gut sein will, so
dürfte er nur nach dem Hr. Hofrat Anders auf der Haupt=
maut fragen, der ihm Auskunft geben wird, und von mir
liebe Empfehlungen an ihn machen, da seine schöne Toch=
ter ebenfalls musikalisch ist. Es handelt sich hauptsächlich
darum, daß man an die Hauptmaut in Triest von der
hiesigen einen Befehl hinschicken kann, daß selbe dieses In=

strument hierher verabfolgen lassen. Sobald ich diesen Be=
fehl von der hiesigen Hauptmaut habe, übergebe ich ihn an
Henikstein & Ko., welche damit beauftragt sind, das In=
strument zu besorgen.   In Eil Ihr Freund Beethoven.

859]   **An Nanette Streicher.**   (1818.)

Ich bitte in Eile mit Eile und durch Eile, daß Sie Strei=
cher bitten, daß wir heute gegen 12 Uhr allein sind.
                In eiligster Eile Ihr Freund Beethoven.

860]   **An Nanette Streicher.**   (1818.)

Sie können nicht urteilen, wie das zugeht — [unleser=
lich] Stubenmädchen haben wir und zwar nicht so elefan=
tenartig wie die Peppi, aber weit geschickter und ich hoffe,
auch redlich. — Mit der Haushälterin ist es nicht so und
wir wünschten eine bessere, jedoch läßt es sich noch besser ab=
warten, bis wir eine bessere haben und daher Zeit genug
die bessere zu finden. Der beigeschlossene Brief ist abzu=
geben im Institute von H. Giannatasio auf dem Zimmer=
platz 379, so glaube ich wenigstens ist die Numero. Es ist
über dem Portal mit goldenen Buchstaben geschrieben „Er=
ziehungsanstalt", soll aber heißen „Verziehungsanstalt".
— Ich bitte Sie innigst, Ihre Kleine gegen 11 Uhr dahin
morgens zu schicken und ihr zu bedeuten, daß sie diesen
H. Langer herausrufen lasse und ihm den Brief selbst über=
gebe. Er soll gar nicht wissen, daß weder Sie noch ich ihn
schicke. — Mündlich werden Sie sich verwundern, was ich
in dieser Zeit erfahren habe, mein armer Karl war nur
augenblicklich beredet worden, aber es gibt Vieh=Menschen;
— unter diese gehört der Pfaff hier auch, der verdient ge=
prügelt zu werden.   In Eil Ihr Freund Beethoven.

Zu Langer können Sie erst Freitags vormittags um
11 Uhr schicken, denn Donnerstag ist er nicht da; — Ihr
Nr. weiß ich nicht, daher ich nur durch einen ehemaligen
Unteroffizier diesen Brief schicke; ich hoffe bald auf Bestäti=
gung des empfangenen, ohne was empfangen zu haben. —
                            In Eil Ihr B.

Ein kleines Haus allda, so klein, daß man allein nur ein wenig Raum hat! — Nur einige Tage in dieser göttlichen Brühl! — Sehnsucht oder Verlangen, Befreiung oder Erfüllung!

*

Um wahre Kirchenmusik zu schreiben, alle Kirchenchoräle der Mönche usw. durchgehen, herauszusuchen, wie die Absätze in richtigsten Übersetzungen nebst vollkommener Prosodie aller christkatholischen Psalmen und Gesänge überhaupt.

862] **Auf Skizzenblatt.** Baden, 27. Juli 1818.

Nur Liebe — ja, nur sie vermag dir ein glücklicheres Leben zu geben. — O Gott, laß mich sie, jene endlich finden, die mich in Tugend bestärkt, die mir erlaubt mein ist.

(Baden den 27. Juli, als die M. vorbeifuhr und es schien, als blickte sie auf mich.)

863] **An Graf Moritz Lichnowsky.** (1818.)

Werter Freund! Sie haben mich neulich fragen lassen, ob ich des folgenden Tages zu Hause sei und ich habe Ihnen sagen lassen, daß ich Sie mit größtem Vergnügen den anderen Tag erwarten werde, und ich habe Sie auch am selben Tag den ganzen Vormittag bis halb 2 Uhr usw. — inzwischen ist mein Bruder schon angekommen. Ich bin sehr beschäftigt, sonst wäre ich zu Ihnen gekommen. In einigen Tagen bin ich schon in Mödling. In Eil Ihr aufrichtiger Sie liebender Freund Beethoven.

864] **An Graf Moritz Lichnowsky.** (1818.)

Werter lieber Graf! Eben empfange die Ihnen hier mitgeteilte Schrift, ich habe, was möglich war, dem Verfasser alle Bescheidenheit in Rücksicht meiner vorgeschrieben, und Sie werden damit auch zufrieden sein. — Dieser Tage besuche ich Sie einmal wieder, sein Sie versichert, daß meine freundschaftliche Anhänglichkeit und Achtung für Sie nicht größer sein kann und sich immer gleich bleibt. —

Lieben Sie Ihren Freund Beethoven.

In Eil in Eil prestissimo.

865] An Karl Czerny.   (1818.)

Hier ist alles von Stimmen und Partitur. — Die noch
nicht korrigierten Stimmen müssen nachgesehen werden.
Da sie schnell kopiert, so finden sich gewiß viele Fehler dar=
in.   In Eil Ihr Freund Beethoven.

866] An Karl Czerny.   (1818.)

Herr von Czerny! Haben Sie die Güte, mir die Par=
titur von der Pastoralsymphonie heute oder morgen höch=
stens wiederzugeben, da ich sie brauche.

                                        Ludwig van Beethoven.

867] An Karl Czerny.   (1818.)

Für heute, lieber Czerny, gehen Sie nicht zu Karl, da
uns etwas vorgefallen; jedoch übermorgen hofft er Sie zu
sehen sowie ich. Nächstens besuche ich Sie.

                              Indessen Ihr dankbarer Freund Beethoven.

868] An Karl Czerny.   (1818.)

Mein lieber werter Czerny! Ich erfahre in diesem
Augenblicke, daß Sie in einer Lage sind, die ich wirklich
nie vermutet habe; möchten Sie mir doch Vertrauen schen=
ken und mir nur anzeigen, worin vielleicht manches für Sie
besser werden kann (ohne alle gemeine Protektionssucht
von meiner Seite); sobald ich nur wieder Atem holen
kann, muß ich Sie sprechen; seien Sie versichert, daß ich
Sie schätze, und Ihnen dieses jeden Augenblick bereit bin,
durch die Tat zu beweisen.

                              Mit wahrer Achtung Ihr Freund Beethoven.

869] An das k. k. Nieder=österr. Landrecht.

                                        Wien, 25. Sept. 1818.

Als mir die Vorladung des k. k. N.=Ö. Landrechts vom
22. dieses Monats nach meinem gegenwärtigen Aufent=
haltsorte Mödling übersendet wurde, befand ich mich ge=
schäftshalber gerade in Wien und konnte daher dieses Um=
standes wegen derselben nicht zur anberaumten Frist Folge
leisten. Ich ergreife daher die Mittel einer schriftlichen Er=

Beethovens Briefe   31

klärung, welche ich einem k. k. N.-Ö. Landrecht hiermit vor-
lege.

Die Mutter meines Mündels, die ihrer moralischen Un-
fähigkeit wegen von dessen Erziehung durch das k. k. N.-Ö.
Landrecht gänzlich und streng ausgeschlossen wurde, hat
nach mehreren mißlungenen Versuchen, den von mir ent-
worfenen und befolgten Erziehungsplan durch ihre Einmischung zu hindern, abermals sich beigehen lassen, einen
Schritt zu tun, dem ich als ausschließlich bestellter Vormund meines Neffen Karl van Beethoven auf keine Weise
meine Beistimmung geben kann.

Um zu ihrem Zweck zu gelangen, nimmt sie ihre Zuflucht
zu Mitteln, die schon an und für sich von niederer Gesinnung zeugen, indem sie natürlich meine Gehörlosigkeit, wie
sie es nennt, und meine angebliche Kränklichkeit zum Vorwand nimmt, um auf die Erziehung meines Neffen ein
nachteiliges Licht fallen zu lassen.

Was den ersten Punkt betrifft, so ist es von allen, die
mich näher kennen, zu wohl bekannt, daß jede mündliche
Mitteilung zwischen mir und meinem Neffen, sowie zwischen anderen Menschen auf die leichteste Art stattfindet, als
daß hieraus ein Hindernis entstehen könnte. Zudem war
meine Gesundheit nie besser als jetzt und es ist ebensowenig von dieser Seite ein Grund vorhanden, daß meines
Neffen Erziehung gefährdet werden könnte.

Ich habe, nachdem ich ihn zwei Jahre lang in der Erziehungsanstalt des Herrn Giannatasio ganz auf meine
Kosten unterrichten ließ, ihn nun zu mir genommen, um zu
beobachten, ob er mehr Neigung zur Tonkunst oder zu den
Wissenschaften besäße.

Hier hatte er unter meinen Augen alle Gelegenheit sein
Talent für die Musik, worin ich selbst ihn täglich durch
dritthalb Stunden unterrichtete, zu entfalten, sowie zu gleicher Zeit seine Schulstudien fortzusetzen.

Ich fand, daß er mehr Neigung zu den Wissenschaften
habe. Daß er diesen Sommer hindurch bei mir auf dem
Lande ebenso eifrig fortfuhr wie sonst seinen Studien zu
obliegen als in Wien selbst, bestätigen die unter Lit. A beigeschlossenen Zeugnisse, die ich wieder zurückerbitte, auf das

482

hinreichendſte. Was die Abſicht der Mutter meines Mün=
dels betrifft, denſelben in das Konvikt zu bringen, ſo muß
ich mich gegen dieſes Vorhaben aus folgenden Gründen
auf das Beſtimmteſte erklären: I. Haben jene Verhältniſſe,
welche das Gericht beſtimmten, die Mutter nicht nur von der
Vormundſchaft, ſondern auch von allem Einfluß auf Er=
ziehung und Umgang mit dem Mündel zu entfernen, noch
fortwährend ſtatt. II. Würde eben dadurch, daß der Mün=
del in das Konvikt kommt, die Vorſorge des Gerichts ver=
eitelt, indem daſelbſt die beſonderen Beſchränkungen bei
dieſer Mutter nicht bekannt ſein können und ſie es leicht
dahin bringen würde, den Knaben auszubitten und zu ſich
nach Haus in ihre Geſellſchaft zu nehmen. Verſuche dieſer
Art hat ſie ſelbſt bei mir durch Beſtechung der Dienſtleute
und durch Verführung des Knaben zur Unwahrheit und
Verſtellung gewagt, ungeachtet es ihr unverwehrt iſt, ihren
Sohn in meinem Beiſein zu ſehen und zu ſprechen, ſobald
ſie nur ihren Wunſch deswegen mitteilt und wenn es die
Umſtände geſtatten. III. Daß die Mutter meines Mün=
dels ſolche heimliche Verſuche auch ſchon während ſeines
Aufenthalts im Inſtitute gemacht und daß ihr Umgang
mit dem Mündel von dem Vorſteher des Inſtituts im
höchſten Grade als verderblich für denſelben erkannt werde,
zeigen die Beilagen Lit. B und C zur Genüge. IV. Habe
ich ſeit dem Zeitpunkt, als mir das k. k. Landrecht die aus=
ſchließende Vormundſchaft meines Neffen anvertraute,
nicht nur alle Koſten der Erziehung ſelbſt beſtritten (—
denn der erſt ſeit kurzem als Schadloshaltung erfolgende
geringe Beitrag der Mutter kann in dieſer Beziehung kaum
in Betracht kommen —), ſondern auch alle Mühe und
Sorge unabläſſig angewendet, um ihn in allem, was er=
forderlich iſt, um ein guter und brauchbarer Staatsbürger
zu werden, ſo gut als möglich unterrichten zu laſſen, ſo
zwar, daß der zärtlichſte Vater nicht beſſer für das eigene
Kind ſorgen kann. Ich erwartete dabei nicht den Dank der
Mutter, aber hoffe auf Anerkennung der hohen Vormund=
ſchaft. V. Iſt der Plan für die künftige höhere Erziehung
meines Neffen ſchon längſt entworfen und danach gearbei=
tet worden. Es würde daher nur eine ſehr ſchädliche Stö=

rung in dem Gang der Erziehung entstehen, wenn auf einmal eine Veränderung nach anderen Ansichten erfolgen sollte.

Im übrigen werde ich dem k. k. N.-Ö. Landrecht bei jeder vorzunehmenden Veränderung mit meinem Neffen die gehörige Anzeige machen, um im Einklange mit demselben das zweckmäßige zu ergreifen, in welcher Hinsicht es immer nötiger werden dürfte, zur Vermeidung jeglicher Störung und Hinderung die Mutter des Knaben von allem Einflusse zu entfernen, sowie es nicht nur in dem sie betreffenden Falle durch den § 191 des bürgerlichen Gesetzbuches bestimmt ist, — gewiß eine sehr weise Bestimmung, — als auch, weil sie ihren intellektuellen und moralischen Eigenschaften nach bei dem höheren Alter des Knaben überhaupt immer weniger geeignet scheint, auf die männliche Erziehung einzuwirken.

Auf solche Weise aber die Frau Johanna van Beethoven dem Vorgange des Gerichtes zufolge, wonach sie als moralisch unfähig von der Erziehung und dem Umgange mit ihrem Kinde ausgeschlossen wird, sowie nach der erfolgten Entscheidung des k. k. N.-Ö. Landrechts vom 19. Januar 1816, wodurch mir allein und ausschließlich als Vormund die Erziehung meines Neffen anvertraut ist, wie, sage ich, dieselbe sich als Vormunderin ihres minderjährigen Sohnes aufzutreten getrauen mag, ist mir aus ihrem kühnen Benehmen in allen Verhältnissen einigermaßen erklärlich.

Ludwig van Beethoven,
als Vormund meines Neffen Karl van Beethoven.

870] An das k. k. Nieder-österr. Landrecht.   15. Dez. 1818.

Es schien mir anfangs überflüssig, ein k. k. N.-Ö. Landrecht in nähere Kenntnis zu setzen. Nach den neuerlichen Vorfällen aber, die, wie ich immer mehr mich überzeuge, durch Machinationen herbeigeführt werden, um eine Trennung meines Mündels von mir zu bezwecken, finde ich es zweckmäßig und notwendig, mein bisher beobachtetes Verfahren umständlicher darzulegen. Daß daher die strengste Wahrheit obwalte, verbürgt meine Gesinnung und mein öffentlich anerkannter moralischer Charakter. Die hier fol-

484

genden Beilagen werden in dieser Hinsicht die triftigsten Belege liefern.

Die Beilage Lit. A enthält die verlangten Schulzeugnisse meines Mündels. Sie beweisen dessen Fortschritte und Sittlichkeit sattsam, würden aber in einigen wenigen wissenschaftlichen Fächern vielleicht noch vorteilhafter sein können, wenn die immerwährenden Störungen von seiten der Mutter desselben nicht Hinderungen bereitet hätten. — Die beiden Briefe der Dienstleute sind in diesem Augenblicke unter meinen Papieren nicht mehr vorfindig. Ihr Inhalt sind elende und meist übertriebene pöbelhafte Klatschereien, wie z. B. daß mein Mündel der Hausmeisterin die Glocke fast abgerissen, einen Kapaun zwischen das Holz gelegt, wo er erstickt sei, daß er 30 Kreuzer an einem Einkauf zurückbehalten und sich Naschereien gekauft, die Dienstleute geschmäht usw. Da diese Briefe gerade an jenem Tage an mich gelangten, damit ich meinem Mündel dieses Betragen verweisen sollte, an welchem er abends veranstaltetermaßen mein Haus verließ, so ist ersichtlich, in welcher Absicht sie geschrieben, ja vielleicht diktiert worden, nämlich um der Entfernung einen Vorwand zu leihen. Wie sollten sich auch Dienstleute herausnehmen, sich mit dritten Personen von besserer Qualität über das Betragen meines Mündels in Korrespondenz zu setzen.

Die Beilage Lit. B geben die geringen Beiträge von der Pension der Mutter meines Mündels zu dessen Erziehung an, sowie die Auslagen, welche ich zu diesem Zwecke aus meinem eigenen Sacke bestritten. Es geht daraus klar hervor, daß es unmöglich gewesen wäre, ihm eine gehörige Existenz und zweckmäßige Erziehung zu geben, wenn ich nicht freiwillig so große Opfer dargebracht hätte.

Die Beilage Lit. C enthält zwei Schreiben des Institutsvorstehers Herrn Giannatasio del Rio an mich, bei welchem sich mein Mündel früher befand. Sie beweisen hinlänglich, wie schädlich die Einmischung der Mutter in das Erziehungsgeschäft meines Mündels von ihm erkannt wurde, und bedürfen bei den sattsam bekannten Umständen keiner Erörterung mehr.

Außer den sehr bedeutenden Auslagen für das Institut

habe ich laut Beilagen auch noch den Advokaten und Solli=
zitator in der Sache meines Mündels aus Eigenem bezahlt,
eine Reise nach Retz in deſſen Angelegenheiten unternom=
men auf meine Koſten, die Meiſter für den Unterricht im
Wiſſenſchaftlichen und in der Muſik beſonders beſtritten
und überdies neben anderen unvorhergeſehenen Ausgaben,
die hier anzuführen ermüdend wären, auch die bedeutenden
Beträge einer glücklich an meinem Neffen vollzogenen
Bruchoperation getragen. Dagegen iſt der Betrag des Zu=
ſchuſſes von der halben Penſion der Mutter ſehr unbeträcht=
lich und ich habe überdies denſelben anfangs nur ſehr ſpät
und gegenwärtig wirklich ſeit einem halben Jahr gar nicht
erhalten.

Soviel von dem Ökonomiſchen meiner Vormundſchaft.
Was die wiſſenſchaftliche und moraliſche Erziehung mei=
nes Mündels betrifft, ſo habe ich vor allen Dingen durch
Wort und Beiſpiel dahin zu wirken geſtrebt, ihn zu einem
guten Menſchen und tüchtigen Staatsbürger zu bilden und
ihn die nötigen Kenntniſſe erwerben zu laſſen.

Ich gab ihn daher anfangs in das Inſtitut des Herrn
von Giannataſio del Rio, das mir jedoch in der Folge nicht
genügen konnte, um zu meinem Zwecke vorzuſchreiten. Im
vergangenen Sommer nahm ich demnach meinen Mündel
unter der Aufſicht eines braven Lehrers auf meine Koſten
zu mir ins Haus und da der Zeitpunkt heranrückte, wo für
den künftigen Stand entſchieden werden muß, zu mir auf
das Land, um wahrnehmen zu können, wie weit ſeine Nei=
gung zur Muſik unter meiner eigenen Leitung ſich ent=
wickeln würde, ohne daß ſeine Schulſtudien beiſeite geſetzt
wurden, wie die Zeugniſſe dartun; denn auch hier hielt ich
einen Lehrer. Wiewohl er keine geringen Anlagen dazu
zeigte, ſo entſchied ſich ſeine Neigung doch mehr für die
Wiſſenſchaften und meine Abſicht war von dieſem Augen=
blicke an, ihn den öffentlichen Schulunterricht genießen zu
laſſen. Nach der Stadt zurückgekehrt, ließ ich ihn ſofort die
öffentlichen Schulen beſuchen und zu Hauſe den nötigen
Privatunterricht ſowohl als Vorbereitung für die Schule
als auch in der Muſik, im Franzöſiſchen und im Zeichnen
genießen. Nach der letzten traurigen Unterbrechung durch

die Mutter gab ich ihn augenblicklich in das Giannatasio= sche Institut.

Gegenwärtig, da er seinen Fehler einsieht und bereut und nur bittet, bei mir bleiben zu dürfen, befindet er sich wieder bei mir in meinem Hause unter der Leitung eines erfahrenen Lehrers und von mir, der ihn in und aus der Schule begleitet und zu Hause unausgesetzt den Unterricht und die Aufsicht gemeinschaftlich mit mir besorgt, wobei ich die bedeutenden Auslagen von jährlich 600 fl., ohne die übrigen Emolumente für diesen Lehrer in Anschlag zu bringen, nicht scheue.

Den Herren Professoren und Präfekten ist er übrigens aufs beste empfohlen und die besondere Aufsicht in der Schule über ihn streng. Mehr kann ein sorgenvollster Vater nicht für sein Kind tun.

Und so werde ich auch fortfahren, alle Hindernisse, die mir noch gelegt werden könnten, ferner zu besiegen, nur das Beste meines Mündels vor Augen habend und der Bitten meines verstorbenen Bruders eingedenk, sowie der Pflicht, die mir die gesetzmäßig erteilte Vormundschaft, meine Ver= wandtschaft und die Menschlichkeit bei diesem schwierigen Geschäfte auflegen, wobei ich jedoch bei meinem redlichen Bestreben, bei der Reinheit meiner Absicht und meines Wil= lens jeden Augenblick bereit sein werde, dem hochlöblichen k. k. N.=Ö. Landrecht als der Obervormundschaft auf das befriedigendste Rechenschaft zu legen.

Ludwig van Beethoven,
Vormund meines Neffen Karl van Beethoven.

871] An Karl Czerny. (1818.)

Lieber Czerny! Verzeihen Sie, Sie mit diesem Briefe zu belästigen. Ich weiß (die) Nr. nicht; ich bitte Sie selbe sogleich zukommen zu machen. Ich bin, wie immer

Ihr tiefer Schuldner L. v. Beethoven.

872] An Karl Czerny. (1818.)

Lassen Sie Karl gegen 8 Uhr schon fortgehen, da mein Diener früh wieder zu Hause sein muß.

Ihr L. v. Beethoven.

873] **An Karl Czerny.** (1818.)

Landstraße, Gärtnergasse Nr. 26, 2. Stock, 1. Stiege.
Die Zeit war zu kurz, um Sie, lieber Czerny, früher
einzuladen.

874] **An Cajetan Giannatasio del Rio.** (1818.)

Ich bitte Sie, nachzusehen, wann Karl in Ihre Anstalt
eingetreten ist. Folgende Quittung scheint mir darüber
Aufschluß geben zu können; mir fehlt das Datum und die
Jahreszahl. Trügt mich mein Gedächtnis, so war es eben
im Hornung 1816, daß Sie Karln bei sich aufgenommen.
Ich bitte Sie, mir die Berichtigung hierüber zwischen
heute und morgen zukommen zu machen, da ich ihrer bedarf.
Ich glaubte zwar nicht, je in den Fall, von meiner Groß=
mut Rechnung geben zu müssen, kommen zu können. Ich
habe daher auch die meisten Quittungen nicht geachtet auf=
zubehalten; da dieses aber mir scheint der Fall mit Karls
Mutter zu sein, so ist mir dieses Dokument nötig.
Mit Achtung Ihr Freund Beethoven.

875] **An Frau Nanni Schmerling (geb. Giannatasio).** 1818.

Glück fehl' Dir vor allem, Gesundheit auch niemalen!
(Kanon.)

876] **An Karl Bernard.** (1818.)

Lieber Freund! Ich bitte Sie, doch noch heute sich der
Frau van Beethoven wegen zu erkundigen, und wenn's
möglich ist, sie gleich durch ihren Arzt versichern zu lassen,
daß sie von diesem Monat an, solange ich lebe, ihre ganze
Pension genießen soll und ich werde auch trachten was mög=
lich, für Karl so zu sorgen, daß wenn ich früher sterbe, Karl
der Hälfte ihrer Pension nicht benötigt ist. — Es war
ohnehin mein Vorsatz, gleich beim Austritte Karls aus dem
Institute ihr den ganzen Pensionsgenuß sogleich zu über=
lassen, da aber Krankheit und Not so groß, so muß gleich
geholfen werden. Gott hat mich nie verlassen in dieser
schweren Aufgabe, ich vertraue auch ferner auf ihn. Wenn
möglich, so bitte ich, mir noch heute Nachricht zu geben, ich
werde sehen, daß ich meinen zähen Bruder auch zu einer
Gabe für sie bewege. Herzlich Ihr Beethoven.

488

877] **An Erzherzog Rudolf.** (1818.)

Seit Sonntag schon übel auf, mußte ich das Zimmer hüten, doch — da ich jeden Tag glaubte, mich besser zu befinden, um mich zu Ihnen zu begeben, meldete ich Ihnen nichts — da ich es zu unwichtig für Ihro Kaiserl. Hoheit glaubte. Es ist mir aber seit heute besser, so daß ich sicher die Ehre haben werde, Ihnen morgen aufwarten zu können. — Ich hoffe auf jeden Fall für die von allen erwünschte Gesundheit Ihro Kaiserl. Hoheit, daß das Arkanum — ein wahres Arkanum sein möge. —

878] **An Dr. Bach. (?)** (1818.)

Was braucht man für einen Stempelbogen, um eine Quittung über 600 fl. darauf zu schreiben?

879] **An Friedrich Brauchle. (?)** (1818.)

Lieber guter Friedrich! Ich bin wahrhaft in Verzweiflung, daß ich noch nicht habe wieder bei Ihnen speisen können. — Morgen gegen Abend dürfte ich wohl kommen, doch soll Ihnen mein Bedienter dieses morgen näher zu wissen machen, — ich habe eben etwas sehr dringendes heute begonnen, sonst wäre ich schon heute bei der guten Gräfin gewesen. Es tut mir so leid, daß ich (nicht) imstande bin, so zu ihrer Gesundheit beitragen zu können, als mein Herz es wünscht. Die Gräfin soll nur Mut haben und sie besiegt gewiß wenigstens einen großen Teil ihrer Krankheit.

In Eil Ihr Freund Beethoven.

880] **An F. Tschischka.** (1818.)

Euer Wohlgeboren! Es muß mir wenigstens daran liegen, in keinem falschen Lichte zu erscheinen, daher meine hier übergebene Schrift so weitläufig. Was die künftige Erziehung anbelangt, so bin ich äußerst froh, für die jetzige bestmöglich gesorgt zu haben, so daß die zukünftige darin schon einverstanden ist. Erfordert aber das Wohl meines Neffen eine Veränderung, so bin ich der erste, der sie nicht allein in Vorschlag, sondern auch in Ausführung bringen wird. Kein Vormund aus irgendeinem Interesse bin ich nicht, aber ich will meinem Namen durch meinen Neffen ein neues Denkmal stiften. Ich brauche meinen Neffen nicht, aber er braucht mich. — Verklatschen, Verleumdungen sind unter der Würde eines sich erhebenden Mannes, was soll man sagen, wenn sich dies sogar bis auf die Wäsche erstreckt!!! — Ich könnte sehr empfindlich sein, aber der Gerechte muß auch Unrecht leiden können, ohne sich im mindesten vom Rechten zu entfernen. In diesem Sinne werde ich jede Probe bestehen, und man wird mich nicht wanken machen. Einer großen Verantwortung würde man sich aussetzen, meinen Neffen gänzlich von mir abziehen zu wollen. Moralische und selbst politische mißliche Folgen müßten hieraus für meinen Neffen hervorwachsen. Ich empfehle Ihnen und lege Ihnen sein Wohl an das Herz, — mich müssen meine Handlungen empfehlen um seinetwillen, nicht um meinetwillen.

Mit Hochachtung Ihr ergebenster Beethoven.

Sehr beschäftigt und dabei etwas unpäßlich, wird meine Schrift bei der Eingabe Nachsicht erwecken.

881] **An Erzherzog Rudolf.** 1. Jan. 1819.

Ihro Kaiserliche Hoheit! Alles, was man nur in einem Wunsche zusammenfassen kann, was nur ersprießlich genannt werden kann, Heil, Glück, Segen, ist in meinem Wunsche an dem heutigen Tage dargebracht für J. K. H. enthalten. Möchte nur auch mein Wunsch für mich auch huldreich von J. K. H. aufgenommen werden, nämlich: daß ich mich der Gnade J. K. H. ferner zu erfreuen habe. — Ein erschreckliches Ereignis hat sich vor kurzem in meinen Familienverhältnissen zugetragen, wo ich einige Zeit alle Besinnung verloren habe, und diesem ist es nur zuzuschreiben, daß ich nicht schon selbst bei J. K. H. gewesen, noch daß ich Auskunft gegeben habe über die meisterhaften Variationen meines hochverehrten erhabenen Schülers und Musengünstlings. Meinen Dank für diese Überraschung und Gnade, womit ich beehrt bin worden, wage ich weder mündlich noch schriftlich auszudrücken, da ich zu tief stehe, auch wenn ich wollte oder es noch so heiß wünschte, Gleiches mit Gleichem zu vergelten. Möge der Himmel meine Wünsche für die Gesundheit J. K. H. noch besonders wohl aufnehmen und erhören. In einigen Tagen hoffe ich das mir gesendete Meisterwerk von J. K. H. selbst zu hören, und nichts kann mir erfreulicher sein, als dazu beizutragen, daß J. K. H. den schon bereiteten Platz für Hochdieselbe auf dem Parnasse baldigst einnehmen.

Ihro Kaiserlichen Hoheit mit Liebe und tiefster Ehrfurcht gehorsamster Diener   Ludwig van Beethoven.

882] **An Erzherzog Rudolf.**   (1819.)

Ihro Kaiserliche Hoheit! An dem Tage, wo Ihre Kaiserliche Hoheit gnädigst zu mir schickten, war ich nicht zu Hause und gleich darauf befiel mich ein starker Katarrh, so daß im Bette liegend mich schriftlich Ihrer Kaiserlichen Hoheit nahe — welche Menge von Glückwünschungen auch bei Ihnen, mein gnädigster Herr, mag herangeströmt sein, so weiß ich nur zu gut, daß diese neue Würde nicht ohne Aufopferung von seiten Ihrer Kaiserlichen Hoheit angenommen werde, denke ich mir aber, welch erweiterter Wirkungskreis dadurch Ihnen und Ihren großen edelmütigen Gesinnungen geöffnet wird, so kann ich auch nicht anders als deswegen meinen Glückwunsch zu den übrigen Ihrer Kaiserlichen Hoheit ablegen. Es gibt beinahe kein Gutes — ohne Opfer und gerade der edlere, bessere Mensch scheint hierzu mehr als andere bestimmt zu sein, damit seine Tugend geprüft werde.

Feurig.

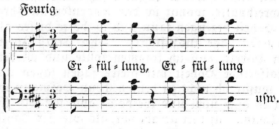

Er = fül = lung, Er = fül = lung   usw.

Möchte ich nun von Herzen gern singen, wären Ihro Kaiserliche Hoheit nur ganz wiederhergestellt, aber der neue Wirkungskreis, die Veränderung, später Reisen, kann bald gewiß die unschätzbare Gesundheit Ihrer Kaiserlichen Hoheit wieder in den besten Zustand bringen und alsdann will ich obiges Thema ausführen mit einem tüchtigen A—men oder Allelujah — was die meisterhaften Variationen Ihrer Kaiserlichen Hoheit anbelangt, so habe ich selbe unlängst zum schreiben gegeben, manche kleine Verstöße sind von mir beachtet worden, ich aber muß meinem erhabenen Schüler zurufen: „La Musica merita d'esser studiata" — bei so schönen Anlagen und wirklich reicher Empfindungsgabe Ihrer Kaiserlichen Hoheit wäre es schade, nicht selbst bis zur Kastalischen Quelle vorzudringen, wozu ich mich denn als Begleiter anbiete, sobald es einmal die Zeit Ihrer Kaiserlichen Hoheit zulassen wird. Ihre Kaiserliche Hoheit können auf zweierlei Art Schöpfer werden, sowohl für das Glück und Heil so mancher Menschen als auch für sich selbst. Musikalische Schöpfer und Menschenbeglücker sind in der jetzigen Monarchenwelt bisher nicht anzutreffen. — Und nun von mir — ich bedarf wohl der gnädigsten Nachsicht — ich füge hier zwei Stücke bei, worauf geschrieben, daß ich sie vor dem Namenstag Ihrer Kaiserlichen Hoheit voriges Jahr schon geschrieben habe, aber Mißmut und so manche traurige Umstände, meine damalige so üble Gesundheit hatten mich so mutlos gemacht, daß ich mich gar nur mit der größten Ängstlichkeit und Befangenheit Ihrer Kaiserlichen Hoheit nähern konnte, von Mödling aus, bis an das Ende meines hiesigen Aufenthaltes ging es mit meiner Gesundheit zwar besser, aber wie viele andere Leiden trafen mich, manches befindet sich unterdessen in meinem Schreibpulte, womit ich das Andenken an Ihre Kaiserliche Hoheit bezeugen kann und ich hoffe dieses alles in einer besseren Lage auszuführen — der Erlaß Ihrer Kaiserlichen Hoheit, daß ich kommen sollte und wieder, daß Ihre Kaiserliche Hoheit mir dieses sagen lassen würden, wann? wußte ich nicht zu deuten, denn Hofmann war ich nie, bin es auch nicht und werde es auch nie sein können, und ich komme mir hier gerade vor, als wie Sir Davison in Maria Stuart, als die Königin E. das Todesurteil in seine Hände übergibt, ich wünsche, daß ich zu meinem gnädigsten Herrn kommen darf, wie ehemals. Gott kennt mein Inneres, und wie der Schein auch gegen mich vielleicht ist, so wird sich einmal alles für mich aufklären. — — Der

492

Tag, wo ein Hochamt von mir zu den Feierlichkeiten für
J. K. H. soll aufgeführt werden, wird für mich der schönste
meines Lebens sein, und Gott wird mich erleuchten, daß
meine schwachen Kräfte zur Verherrlichung dieses feierlichen
Tages beitragen. — Es folgen nebst tiefer Danksagung die
Sonaten, nur fehlt das Violoncell noch, glaube ich, welche
Stimme ich nicht gleich gefunden habe. Da der Stich schön
ist, so habe ich mir die Freiheit genommen, ein gestochenes
Exemplar nebst einem Violinquintett beizulegen. — Zu
den zwei Stücken von meiner Handschrift an J. K. H. Na=
menstag geschrieben, sind noch zwei andere gekommen, wo=
von das letztere ein großes Fugato, so daß es eine große
Sonate ausmacht, welche nun bald erscheinen wird, und
schon lange aus meinem Herzen J. K. H. ganz zugedacht
ist; hieran ist das neueste Ereignis J. K. H. nicht im min=
desten schuld. Indem ich um Verzeihung meines Schreibens
bitte, flehe ich den Herrn an, daß reichlich seine Segnungen
auf das Haupt J. K. H. herabflössen, der neue Beruf
J. K. H., der so sehr die Liebe der Menschen umfaßt, ist
wohl einer der schönsten, und hierin werden J. K. H. welt=
lich oder geistlich immer das schönste Muster sein. — Ihro
Kaiserlichen Hoheit   gehorsamst treuster Diener.

883]   An den Magistrat der Stadt Wien. Wien, 1. Febr. 1819.

Wohllöblicher Magistrat! Da ich von der zukünftigen
Erziehung reden soll, so scheint mir am zweckmäßigsten, von
der schon jetzt bestehenden anzufangen, woraus erhellet,
daß jede andere Veränderung nur zum Nachteile meines
Neffen dienen kann. Daß er einen Hofmeister habe, ist schon
angezeigt worden, welchen er auch fortwährend behält, da=
mit aber sein Eifer noch mehr erweckt werde, so lasse ich ihn
in Begleitung des Hofmeisters seine Studien bei Hr. v.
Kudlich, dem Vorsteher eines Instituts in meiner Nähe auf
der Landstraße, fortsetzen; er ist hier nur in Gesellschaft
eines einzigen Knaben, dem Sohne eines Baron Lang, und
unter beständiger Aufsicht, während der Zeit er sich dort be=
findet, hierbei kommt ihm noch besonders zugute, daß Hr.
v. Kudlich (Inhaber eines Erziehungsinstituts) ganz nach
der gründlichen Methode bei der Universität lehrt oder selbe

ausübt, welche alle Kenner, wie auch ich, für die beste halten, und welche öfter nicht jeder Hofmeister besitzt, und daher für den Zögling einige Störungen bei den Prüfungen entstehen; hierzu kommt nun noch der besondere Unterricht im Französischen und im Zeichnen, in der Musik, und so ist er den ganzen Tag nicht allein nützlich und angenehm beschäftigt, sondern auch unter beständiger, so nötiger Aufsicht. Überdies habe ich einen Vater von Geistlichen gefunden, der ihn über seine Pflichten als Christ, als Mensch, noch besonders unterrichtet, denn nur auf diesem Grunde können echte Menschen gezogen werden; später, gegen den Sommer zu, wird er sich auch schon im Griechischen umsehen; man sieht wohl, daß keine Kosten von mir gescheut werden, um den schönen Zweck, einen nützlichen und gesitteten Staatsbürger dem Staate zu geben, zu erreichen; die jetzige Einrichtung läßt nichts zu wünschen übrig. Es braucht daher keiner Veränderung, sollte ich aber die Notwendigkeit davon einsehen, so werde ich das noch bessern, auf das gewissenhafteste vorschlagen und besorgen. — Jeder Mensch, der kein Handwerker wird, er mag werden, was er will, muß wenigstens 5—6 Schulen studiert haben; in dieser Zeit läßt sich dann bemerken, wozu Neigungen und Anlagen führen, wird er ein Staatsbeamter, wird er ein Gelehrter, so kann der Grund nie anders als auf diese Art gelegt werden, die außerordentliche Anlage und zum Teil wieder seine Eigenheiten erfordern auch außerordentliche Mittel, und nie handelte ich wohltätiger und größer, als eben wo ich meinen Neffen zu mir genommen und seine Erziehung besorgt; hat (nach Plutarch) eine Philippus seiner nicht unwert geachtet, die Erziehung seines Sohnes Alexander selbst zu leiten und ihm den großen Aristoteles zum Lehrer zu geben, weil er die gewöhnlichen Lehrer hierzu nicht geeignet fand, hat ein Laudon selbst die Erziehung seines Sohnes geleitet, warum sollten dgl. schöne erhabene Erscheinungen nicht auch aus anderen wieder hervorgehen? Mein Neffe war schon bei seines Vaters Lebzeiten an mich von ihm angewiesen, und ich gestehe, ich fühle mich mehr als irgend jemand dazu berufen, meinen Neffen schon durch mein eigenes Beispiel zur Tugend und Tätigkeit anzu-

feuern, Konvikte und Institute haben für ihn nicht genug
Aufsicht, und alle Gelehrte, worunter sich ein Professor
Stein, ein Professor (der Pädagogik) Simerdinger befin=
det, stimmen mit mir überein, daß es für ihn dort durchaus
nicht geeignet sei, ja sie behaupten sogar, daß der meiste Teil
der Jugend verdorben von dort herauskomme, ja sogar
manche als gesittet ein= und als ungesittet wieder heraus=
treten; leider muß ich diesen Erfahrungen und Ansichten
dieser Männer und mancher Eltern beitreten; — hätte die
Mutter ihre Bösartigkeit unterdrücken können und meinen
Anstalten ruhige Entwickelung zugelassen, so würde jetzt
schon ein ganz günstiges Resultat aus meinen bisherigen
Verfügungen hervorgegangen sein; wenn aber eine Mut=
ter von dieser Art ihr Kind sucht, in die Heimlichkeiten ihrer
gemeinen und selbst schlechten Umgebungen zu verwickeln,
ihn zur Verstellung in diesem zarten Alter (eine Pest für
Kinder!!!), zur Bestechung meiner Dienstboten, zur Un=
wahrheit verführt, indem sie ihn verlacht, wenn er die
Wahrheit sagt, ja ihm selbst Geld gibt, ihm Lüste und Be=
gierden zu erwecken, welche ihm schädlich sind, was ihm bei
mir und anderen als große Fehler angerechnet werden, so
ist dies ohnehin schwere Geschäft noch schwerer und gefähr=
licher; man glaube aber nicht, daß, als mein Neffe im In=
stitut war, sie sich anders betragen habe. Doch auch hierfür
ist ein neuer Damm angelegt worden; außer dem Hofmei=
ster wird eine Frau von Stande in mein Haus eintreten,
welche die Haushaltung besorgt und welche sich keineswegs
bestechen von ihr lassen wird, heimliche Zusammenkünfte
des Sohnes mit der Mutter bringen immer nachteilige Fol=
gen hervor, allein dies nur will sie, weil sie unter wirklich
gutgesitteten und gutgearteten Menschen sich gerade am
schlechtesten zu befinden scheint. Es sind so viele mich ent=
ehrende Beschuldigungen vorgekommen, und von solchen
Menschen, daß ich darüber gar nicht einmal sprechen sollte,
indem mein moralischer Charakter nicht allein allgemein
und öffentlich anerkannt, sondern selbst vorzügliche Schrift=
steller, wie Weißenbach u. a., es der Mühe wert hielten, dar=
über zu schreiben, und daß nur Parteilichkeit mir etwas
mich Erniedrigendes zumuten kann, ohnerachtet dessen halte

495

ich für nötig, manches dahin Zielende zu erläutern. — Was meines Neffen Vermögen betrifft, so hat er 7000 fl. W. W. auf dem verkauften Hause seiner Mutter liegen, wovon die Mutter die Nutznießung hat, außerdem hat er 2200 fl. W. W. in Münzobligationen und die Hälfte der Pension der Mutter; was die 2200 fl. betrifft, so waren es nur 2000 fl. W. W. welche ich aber mit Kosten (wie dem L. R. angezeigt) in Münze zu 2200 fl. umgesetzt habe; sowohl die Hälfte der Pension als auch die 2000 fl. sind nichts als eine Entschädigung für den vierten Teil an dem verkauften Hause und für den vierten Teil vom Hauszins, wovon er nie etwas erhalten, solange die Mutter das Haus hatte, welches sie von 1815 im November bis 1818 und wohl 7—8 Monate darüber ganz für sich besessen, ohnerachtet dem Sohne immer der vierte Teil des Hauszinses ge= bührte; man sieht hieraus, daß der Vergleich eben nicht der vorteilhafteste für ihn war, denn stirbt oder heiratet die Mutter, so verliert er den ganzen Teil der Pension. Es war aber mit Menschen, deren Unredlichkeit die L. W. schon bei der Inventur einsehen, nichts zu machen, und man mußte sich noch freuen, dieses dem Kinde gerettet zu haben. Ohne= hin habe ich nur immer auf sein Seelenheil gedacht, d. i. ihn dem Einflusse der Mutter zu entziehen, Glücksgüter las= sen sich erwerben, Moralität muß aber früh (besonders wenn ein Kind schon das Unglück hatte, diese Muttermilch einzusaugen, ja mehrere Jahre unter ihrer Obhut und unter selber gänzlich gemißbraucht wurde, selbst den Vater mit betrügen helfen mußte) eingeimpft werden, und ohnehin erbt er auch; selbst jetzt schon würde ich ihm soviel hinter= lassen, daß er davon allein, ohne zu darben, seine Studien bis zur Zeit einer Anstellung fortsetzen könnte, nur Ruhe und keine weitere Einmischung der Mutter ist alles, was wir brauchen, und gewiß bald wird das schöne von mir vorgesteckte Ziel erreicht werden. — Da man auch über das, was auch schon erhalten, gesprochen, so ist dieses leicht zu berechnen; im Mai 1817 ward der Vergleich geschlossen, im Monat Oktober 1817 wurden die Rückstände der Pen= sion der Mutter ausbezahlt, allein sie wollte nicht bezahlen, und ich mußte sie gerichtlich dazu zwingen, die Rechnung

davon befindet sich ebenfalls unter den Papieren von dem
L. R., und nur ein unbeträchtlicher Teil blieb noch übrig,
1818 am 19. Mai bezog ich das erste von der Pension, und
ebenfalls 1818 im Februar das erste von den Interessen der
Münzobligationen, und nun habe ich seit sechs vollen Mo=
naten keinen Heller von der Pension erhalten, indem sie
selbe nicht genommen, wie schon früher auch, und ich selbe
nur nach ihr erheben kann; man sieht hieraus, daß ohn=
erachtet dieses mein Neffe in meinen Anstalten für die Er=
ziehung nicht im mindesten leidet. Es ist auch zu ersehen,
daß mancher Graf und Baron sich dieser Erziehungsanstal=
ten nicht schämen dürfte, und es gibt Edelleute, welche die=
sen Aufwand weder machen noch auch machen können;
ich rechne gar nicht auf diesen armseligen Beitrag, mein
früherer Vorsatz war, ihr die ganze Pension aus meinem
Sacke zu bezahlen, allein ihre Unmoralität, ihr schlechtes
Benehmen gegen ihr eigenes Kind und mich hat mich be=
lehrt, daß dies nur die Mittel zu ihren Ausartungen noch
befördern würde. — Aus dem Testamente meines armen,
unglücklich gewordenen Bruders (durch sie) geht hervor, wie
sehr darin meine Wohltaten anerkannt, die ich ihm erwie=
sen, und wie sehr er mir dafür gedankt. — Nun, ich habe
sie auf seinen Sohn übergehen lassen, gleich nach seinem
Tode, welcher 1815 am 15. November erfolgte, sorgte ich
schon für ihn noch während seines Aufenthaltes bei seiner
Mutter schon nicht ohne beträchtliche Ausgaben, und sobald
er aus dem Hause in das Institut kam, und alsdann zu
mir, ward seine Erziehung ganz auf meine Kosten — bis
beinahe 1818 bestritten; was für einen Zweck könnte ich
bei diesem elenden Beitrage, der hier beigelegt ist, haben,
welcher Eigennutz ist mir zuzuschreiben, gewiß kein ande=
rer, als den ich bei meinem Bruder hatte, wohlzutun, und
das doppelte Bewußtsein, gut gehandelt und dem Staate
einen würdigen Bürger erzogen zu haben! — Nach An=
fechtung auch sogar der Vormundschaft ist ebenfalls aus
dem Testament zu ersehen, daß mein Bruder mich als allei=
nigen Vormund darin eingesetzt, das Kodizill — es wurde
ihm, in Todesschwäche schon begriffen, entrissen, und mein
Eid und der Eid einer Frau können es bestätigen, daß er

mich mehrmal in die Stadt geschickt, um selbes zurückzunehmen bei Dr. Schönauer; Dr. Adlersburg, welchen die L. R. zum Mitkurator, weil sie kein Vertrauen zu ersterem hatten, vorschlugen, nahm gar kein Bedenken, diesen Umständen, obschon nicht die erforderliche Zahl Zeugen war, gänzlichen gerichtlichen Glauben und Gültigkeit beizumessen und sie als Gegenstände in seiner Schrift wider das Kodizill anzuführen, obschon ohnehin die Gesetze überhaupt die Mutter von der Vormundschaft ausschließen und demzufolge sie auch von dem L. R. von allem Einflusse auf Erziehung und Umgang ausgeschlossen wurde; wollte man hieran ändern, so entstände wieder ganz große Gefahr für den Knaben, und — an der Mutter ist durchaus nichts mehr zu bessern, sie ist zu verdorben; wohl aber kann die zarte Pflanze, mein Neffe, in ihrem Aufblühen durch giftiges Anhauchen zerknickt werden, und keine kleine Verantwortung wäre es, ihn in diesen Zustand zu versetzen. Ich könnte leichtsinnig und endlich ermüdend mich finden lassen, bei so vielen Schikanen, Verleumdungen, jedoch nein, ich will beweisen, daß, welcher gut und edel handelt, auch dafür Mißhandlungen ertragen kann und nie sein edles vorgestecktes Ziel aus den Augen verlieren muß, geschworen habe ich, sein Bestes zu vertreten bis an das Ende meines Lebens, und wenn auch nicht, so läßt sich von meinem Charakter und meinen Gesinnungen nur dasjenige erwarten, was für meinen Neffen in allen Beziehungen das vorteilhafteste ist. Sollte ich nun noch von den Intrigen eines Herrn Hofkonzipisten Hotschevar gegen mich sprechen, oder von einem Pfarrer von Mödling, welcher, verachtet von seiner Gemeinde, im Rufe steht, verbotenen Umgang zu haben, seine Schüler auf die Bank soldatenmäßig legen läßt, um abgeprügelt zu werden, und mir nicht verzeihen konnte, daß ich ihn übersah und durchaus meinen Neffen nicht mit Prügel viehisch behandelt haben wollte, sollte ich? Nein, schon die Verbindung beider Männer mit der Frau van Beethoven ist Zeugnis genug wider sie beide und gerade nur solche konnten sich auch mit ihr wider mich verbinden. — Ich wiederhole hier, daß ich unerschütterlich das mir schöne vorgesteckte Ziel, die Wohlfahrt meines Neffen betreffend, in intellek-

498

tueller, moralischer und physischer Hinsicht verfolgen werde; jedoch bedarf nichts so sehr eines ruhigen Ganges als Erziehung; hierzu gehört mit, daß die Frau van Beethoven einmal für allemal abgewiesen werde, welches der Zweck der letzten Kommission bei dem L. R. war, um welche ich selbst gebeten und selbe selbst mit veranstaltet habe; damit aber auch von meiner Seite geschehen, was diese erwünschte Ruhe befördert, so werde ich selbst einen Mitvormund vorschlagen, welchen ich heute schon genennet hätte, wäre ich nicht noch unschlüssig über die Wahl desselben. — Was das Appellieren betrifft, so steht dieses natürlich jedem frei, ich fürchte dieses gar nicht, werde aber, sobald das mit mir aufs engste zusammenhängende Wohl meines Neffen gefährdet werden sollte, ebenfalls sogleich die Appellation ergreifen; zwischen einem Gesetze überhaupt und seinen Folgen wird an keinem Orte ein Unterschied gemacht werden. Eine gänzliche Abweisung der Frau van Beethoven wird immer noch ein günstiges anderes Resultat herbeiführen; denn einsehend, daß ihre Kabalen das Gute nicht unterdrücken können, wird sie Großmut und Schonung, schon so oft an ihr von mir versucht, nicht ferner mehr verschmähen, und dieses unangenehme Dunkel würde soviel als es die Umstände zulassen, in einen heiteren Tag verwandelt werden können. Möge doch aus allem hervorgehen, daß, wie ich schon Wohltäter des Vaters meines Neffen war, ich noch ein viel größerer Wohltäter seines Sohnes verdiene genannt zu werden, ja mit Recht sein Vater; kein heimliches noch öffentliches Interesse kann mir daher wie für das Gute selbst zugeschrieben werden, ja die L. R. haben dieses selbst eingesehen und mir Dank abgestattet für meine Vatersorge. — Ludwig van Beethoven,

Vormund meines Neffen Karl van Beethoven.

884] **An Ferdinand Ries.**   Wien, 8. März 1819.

Vielleicht vorkommende Fehler in den Stimmen von dem Quintette. — — — (Notenbeispiel.) Vergessen Sie mich nicht; in der Sonate müssen sich schrecklich viele Fehler befinden, künftigen Posttag erhalten Sie das Verzeich-

nis, alles wurde geschwinde geschrieben, mein Kopist
Schlemmer wird schon alt, ein armer Teufel — sind wir
es doch alle hier — der Erzherzog Rudolf wird nun endlich
seine vorige Bestimmung als Erzbischof von Olmütz antreten. — Aber noch sehr lange kann es anstehen, bis ich
Verbesserung erhalte, ich bin ermüdet durch so viele Drang-
sale, welche mich bisher betroffen und noch fortdauern.
Alles Schöne an Ihre Frau, an Neate, Smart. —

In Eil Ihr Beethoven.

885] **An Karl Bernard.**   (1819.)

Lieber Freund! Solange wir uns kennen, so kann ich
doch nicht verschweigen, daß mir Ihr Wesen oft Kummer
verursacht hat, Sie scheinen gerne Schmeicheleien von armen, elenden Menschen Gehör zu geben, und erscheinen alsdenn Protektor, hierdurch schaden Sie Ihren Freunden, indem Sie bei dgl. Protektionen alles gut und aufs beste finden wollen, die jetzige Geschichte beweist wieder, wie sehr
Sie falsch gegriffen haben, und ohne Rücksicht mir neuen
Verdruß zu dem alten noch hinzugefügt haben. Dieser
Mensch ist offenbar ein roher, sehr roher Mensch — seinen
armseligen Ideen haben Sie Beifall gegeben, und den
Freund verraten, nur zu wohl merkte ich dies, wie schlaff
alles in Rücksicht der bösen Person angeordnet wurde,
Oliva war nicht fein genug, und Sie nicht grob genug für
diesen nichtschweizerischen Flegel, denn er ist, wo er auch
nur her sein mag, ein Flegel. — Aus Achtung für mich
spricht er wegen meiner Unvernunft, welche Logik, dagegen
empfiehlt er sich wieder Ihrer Gewogenheit — dies sollte
nicht ansteckend für Sie sein, von einem solchen Wicht ehrt
gar nichts. — Allein — ich muß sagen, es ahndet mir,
daß Sie ebenso mein Feind, als ein Stück Freund sind. —
Mein Neffe sollte also wirklich ganz feindlich gegen mich
gesinnt sein, und wenn es wäre, so sollte er also hierin
fortfahren dürfen, oder Versuche gemacht werden können,
ob er diese Rabenmutter mehr liebt oder mich? Diesen armseligen Ideen dieses elenden pädagogischen Wichtes gaben
Sie Ihren Beifall, ohne an die gänzliche Unrichtigkeit davon zu denken, Sie selbst noch vor einigen Tagen in der

500

Stadt gaben mir deutlich genug zu verstehen, daß mein Neffe mich hasse — es verflucht und verdammt das elende Menschengesindel

B.

886]　**An Ferdinand Ries.**　　　Wien, 30. März 1819.

Mein lieber Ries! Erst jetzt kann ich Ihr Letztes vom 18. Dezember beantworten. Ihre Teilnahme tut mir wohl. Für jetzt ist es unmöglich nach London zu kommen, verstrickt in so mancherlei Umstände; aber Gott wird mir beistehen künftigen Winter sicher nach London zu kommen, wo ich auch die neuen Symphonien mitbringe. Ich erwarte ehestens den Text zu einem neuen Oratorium, welches ich hier für den Musikverein schreibe, welches uns wohl noch in London dienen wird. Tun Sie für mich, was Sie können, denn ich bedarf es. Bestellungen von der philharmonischen Gesellschaft wären mir sehr willkommen gewesen, die Berichte, welche mir unterdessen Neate über das beinahe Mißfallen der drei Ouvertüren geschickt hat, waren mir verdrießlich; jede hat hier in ihrer Art nicht allein gefallen, sondern die aus Es= und C=Dur sogar großen Eindruck gemacht. Unbegreiflich ist mir das Schicksal dieser Kompositionen bei der ph. G. — Sie werden das arrangierte Quintett und die Sonate schon erhalten haben; machen Sie nun, daß beide Werke, besonders das Quintett sogleich gestochen werden. Mit der Sonate kann es schon etwas langsamer gehen, doch wünschte ich, daß sie wenigstens innerhalb zwei oder längstens drei Monaten erscheine. Ihren von Ihnen erwähnten früheren Brief erhielt ich nicht, daher ich keinen Anstand nahm, beide Werke hier auch zu verschachern, aber das heißt: bloß für Deutschland. Es wird unterdessen ebenfalls drei Monate, bis die Sonate hier erscheint; nur mit dem Quintett eilen Sie. Ich werde, sobald Sie mir das Geld hier anweisen, eine Schrift für den Verleger als Eigentümer dieser Werke für England, Schottland, Irland, Frankreich usw. schicken.

Die Tempos nach Maelzels Metronom bei der Sonate erhalten Sie mit nächster Post. De Smith, Kurier bei dem Fürsten Paul Esterhazy, hat das Quintett und die Sonate mitgenommen. Mit nächster Gelegenheit erhalten Sie auch mein Porträt, da ich höre, daß Sie es wirklich wünschen. — Leben Sie wohl, halten Sie mich lieb,

Ihren Freund Beethoven.

Alles Schöne an Ihre schöne Frau!!! von mir!!!!!

887] **An Ferdinand Ries.** Wien, 16. April 1819.

Hier, lieber Ries! die Tempos der Sonate.

Erstes Allegro, allein allegro, das assai muß weg. Maelzels Metronom ♩ = 138.

Zweites Stück Scherzoso. M. Metronom ♩ = 80.

Drittes Stück. M. Metronom ♩ = 92. Hierbei ist zu bemerken, daß der erste Takt noch muß eingeschaltet werden, nämlich:

Viertes Stück Introduzione largo. Maelzels Metronom ♪ = 76.

Fünftes Stück dreiviertel Takt

und letztes: Maelzels Metronom ♩ = 144.

Verzeihen Sie die Konfusionen. Wenn Sie meine Lage kennten, würden Sie sich nicht darüber wundern, vielmehr über das, was ich hierbei noch leiste. Das Quintett ist endlich nicht mehr aufzuhalten und erscheint nächstens; die Sonate aber nicht eher, bis ich endlich eine Antwort von Ihnen erhalte, und das Honorar, wonach ich mich sehne. De Smith heißt der Kurier, wodurch Sie sowohl das Quintett als Sonate erhalten haben; ich bitte um baldige Antwort. Nächstens mehr. In Eile Ihr Beethoven.

Lieber Freund! Verzeihen Sie mir vielmals die Un=
gelegenheiten, welche ich Ihnen mache. — Unbegreiflich ist
es mir, wie sich in der Abschrift der Sonate so viele Fehler
einfinden konnten. — Die unrichtige Kopiatur rührt wohl
nur daher, weil ich keinen eigenen Kopisten mehr halten
kann, — die Umstände haben das alles so herbeigeführt,
und Gott beßre's, bis der Erzherzog in einen besseren Zu=
stand kommt! Dies dauert noch ein volles Jahr. — Es ist
gar schrecklich, wie diese Sache zugegangen und was aus
meinem Gehalte geworden ist, und noch kein Mensch kann
sagen, was er werden wird, bis das besprochene Jahr her=
um ist.

Sollte die Sonate nicht recht sein für London, so könnte
ich eine andere schicken oder Sie könnten auch das Largo
auslassen und gleich bei der Fuge im letzten Stück anfan=
gen, oder das erste Stück, Adagio und zum dritten das
Scherzo und das Largo und Allegro rissoluto. — Ich
überlasse Ihnen dieses, wie Sie es am besten finden. — —
— Die Sonate ist in drangvollen Umständen geschrieben;
denn es ist hart, um des Brotes willen zu schreiben; so weit
habe ich es nun gebracht!

Wegen nach London kommen werden wir uns noch schrei=
ben. Es wäre gewiß die einzige Rettung für mich, aus
dieser elenden drangvollen Lage zu kommen, wobei ich nie
gesund und nie das wirken kann, was in besseren Umstän=
den möglich wäre.

889] **An Erzherzog Rudolf.**   (1819.)

Ihro Kaiserliche Hoheit! Mit großem Leidwesen habe
ich wieder Ihre Unpäßlichkeit erfahren; ich hoffe, sie wird
nur vorübergehend sein, und der noch immer wankelhafte
Frühling dürfte wohl daran schuld sein. — Eben gestern
wollte ich die Variationen überbringen, sie dürften wohl
kühn an das Tageslicht treten, und man wird sich vielleicht
unterstehen, J. K. H. darum anzugehen. — Ich bedaure
recht sehr, nur pia desideria für das Wohlbefinden J. K.
H. haben zu können, aber ich hoffe, die Macht der Äskula=

pen wird wohl doch endlich den Sieg davontragen, und
J. K. H. eine dauerhafte Gesundheit verschaffen. — Ihro
Kaiserlichen Hoheit gehorsamster   L. v. Beethoven.

890] An die Philharmonische Gesellschaft in Laibach.

Wien, 4. Mai 1819.

Den ehrenvollen Beweis, welchen mir die würdigen Mit=
glieder der philharm. Gesellschaft als Anerkennung meiner
geringen Verdienste in der Tonkunst dadurch gegeben haben,
daß sie mich zu ihrem Ehrenmitgliede erwählt haben, und
mir das Diplom darüber durch Hrn. Magistratsrat v. Tu=
scher haben zustellen lassen, weiß ich zu würdigen, und
werde zu seiner Zeit als einen Beweis dieser meiner Wür=
digung ein noch nicht öffentlich erschienenes Werk durch ob=
gedachten Herrn M. R. von Tuscher an die Gesellschaft die
Ehre haben gelangen zu lassen. Wo übrigens die Gesell=
schaft meiner bedarf, werde ich jederzeit mich dazu bereit
finden lassen. Der philharmonischen Gesellschaft ergeben=
stes Ehrenmitglied   Ludwig van Beethoven.

891] An Ferdinand Ries.   Wien, 25. Mai 1819.

Lieber Ries! Ich höre und sehe nichts, indem ich Ihnen
das Quintett und Sonate geschickt, noch viel weniger einen
Heller dafür empfangen habe. Ich glaube, es fehlen zu der
Sonate die Tempos metronomisch, diese werde ich mit näch=
stem Posttag senden. Ich war derweilen mit solchen Sorgen
behaftet, wie noch mein Leben nicht, und zwar durch zu
übertriebene Wohltaten gegen andere Menschen.

Komponieren Sie fleißig! Mein liebes Erzherzoglein
Rudolf und ich spielen ebenfalls von Ihnen, und er sagt,
daß der gewesene Schüler dem Meister Ehre macht. — Nun
leben Sie wohl. Ihre Frau werde ich, da ich höre, daß sie
schön ist, jetzt bloß in Gedanken küssen; doch hoffe ich, künf=
tigen Winter persönlich das Vergnügen zu haben. — Ver=
gessen Sie nicht auf das Quintett und Sonate und das
Geld, ich wollte sagen das Honorar, avec ou sans honneur.

Ich hoffe, baldigst von Ihnen, nicht allegromäßig, son=
dern veloce prestissimo das Beste von Ihnen zu hören.

Diesen Brief überbringt Ihnen ein geistvoller Engländer, welche meistens alle tüchtige Kerls sind und mit denen ich gern eine Zeitlang in Ihrem Lande zubringen möchte. — Prestissimo — Responsio — il suo amico ed maëstro

Beethoven.

892] **An George Thomson.** Vienne, 25. Mai 1819.

Mon cher ami! Vous écrivez toujours facile, très facile — je m'accomode tout mon possible, mais — mais — mais — l'honoraire pourroit pourtant être plus difficile, ou plutôt pesante!!!! Votre ami Monsieur Smith m'a fait grand plaisir a cause de sa visite chez moi — en hâte, je vous assure, que je serais toujours avec plaisir de votre service — comme j'ai à present votre Adresse par Mr. Smith, je serai bientôt en Etat de vous écrire plus ample — l'honoraire pour un Thême avec variations j'ai fixé, dans ma dernière lettre à vous par Messieurs le Fries, a moien dix Ducats en or c'est, je vous jure malgré cela seulement par complaisance pour vous, puisque je n'ai pas besoin, de me mêler avec de telles petites choses, mais il faut toujours pourtant perdre de temps avec de telles bagatelles, et l'honneur ne permet pas, de dire à quelqu'un, ce qu'on en gagne, — je vous souhaite toujours le bon goût pour la vraie Musique et si vous crie facile — je crierai difficile pour facile!!!!!

Votre ami Beethoven.

893] **An Erzherzog Rudolf.** (1819.)

Ihro Kaiserliche Hoheit! Ich habe die Ehre, hier die meisterlichen Variationen von J. K. H. durch den Kopisten Schlemmer zu schicken; morgen werde ich selbst mich bei J. K. H. anfragen, und freue mich sehr, meinem erhabenen Schüler als Begleiter auf einer ruhmvollen Bahn dienen zu können. — Ihro Kaiserlichen Hoheit untertänigster treuester

L. v. Beethoven.

894] **Entwurf eines Briefes der Firma Artaria an Erzherzog Rudolf von Beethovens Hand**

Indem wir von Hr. B. vernommen haben, daß E. K. H. ein so meisterhaftes Werk auf die Welt gebracht haben, so

wünschen wir die ersten zu sein, welche die große Ehre
haben, dieses Werk an das Tageslicht zu bringen, um die
Welt mit den vortrefflichen Talenten eines so großen Prin=
zen bekannt zu machen. Möchte doch Ew. K. H. unsere
untertänige Bitte gewähren.   Falstaff, Hauptlump.

895]   An Erzherzog Rudolf.   (1819.)

Ihro Kaiserliche Hoheit! Ich bitte um die Gnade, Se.
Kaiserl. Hoheit den Erzherzog Ludwig mit folgenden Um=
ständen bekannt zu machen. J. K. H. werden sich erinnern,
wie ich von der nötigen Entfernung meines Neffen von
hier seiner Mutter wegen gesprochen. Ich hatte mir vorge=
nommen, S. K. H. dem Erzherzog Ludwig deswegen eine
Bittschrift einzureichen; bis jetzt hat sich aber noch gar kein
Hindernis dagegen eingefunden, indem alle Behörden, wo=
durch diese Sache gehen muß, dafür sind, worunter die
Hauptbehörden sind: die Polizeihofstelle, die Obervor=
mundschaft, sowie auch der Vormund, welche alle gänzlich
mit mir übereinstimmen, daß für das moralische Wohl
meines Neffen nichts zweckmäßiger sein kann, als die weit=
möglichste Entfernung von seiner Mutter; auch ist alles für
die Ausbildung meines Neffen in Landshut so gut beraten,
indem der würdige berühmte Professor Sailer darüber die
Oberaufsicht führt, was die Erziehung meines Neffen be=
trifft, ich auch noch einige Verwandte dort habe, daß gar
nicht zu zweifeln, daß nicht das gewünschteste Resultat für
meinen Neffen daraus hervorgehen sollte. Da, wie gesagt,
ich noch kein Hindernis gefunden, habe ich auch S. K. H.
dem Erzherzog Ludwig noch nicht im mindesten beschwer=
lich fallen wollen; allein wie ich höre, will die Mutter mei=
nes Neffen sich zur Audienz bei S. K. H. dem Erzherzog
Ludwig begeben, um dagegen zu wirken. Es wird ihr auf
Verleumdungen aller Art gar nicht hart ankommen gegen
mich, allein ich hoffe, sie werden alle leicht durch meinen
öffentlich anerkannten moralischen Charakter widerlegt
sein, und ich darf wohl selbst hierin um das Zeugnis J. K.
H. bei Sr. Kaiserl. Hoheit dem Erzherzog Ludwig für mich,
ohne zu fürchten, ansuchen. Was es für eine Beschaffenheit
mit der Mutter meines Neffen hat, ist daraus zu ersehen,

daß sie von den Gerichten ganz unfähig erklärt worden ist, irgendeine Vormundschaft über ihren Sohn zu führen. Was sie alles angestiftet, um ihr armes Kind selbst zu verderben, kann nur ihrer Verdorbenheit beigemessen werden; daher denn auch von allen Seiten die Übereinstimmung in dieser Sache, das Kind von hier gänzlich ihrem Einfluß zu entziehen. — Dieses ist die Natur und Unnatur dieser Angelegenheit, ich bitte daher J. K. H. um Ihre Fürsprache bei Sr. K. H. dem Erzherzog Ludwig, daß Sie den Verleumdungen dieser Mutter, welche ihr Kind in den Abgrund stürzen würde, woraus es nicht mehr zu retten, nicht Gehör geben. Die Gerechtigkeit, welche jeder Partei in unserem gerechten Österreich widerfährt, schließt auch sie nicht davon aus; aber eben diese Gerechtigkeit schlägt auch alle ihre Gegenvorstellungen zu Boden. — Eine religiöse Ansicht in Ansicht des vierten Gebotes ist hauptsächlich mit, was auch die Richter bestimmt, den Sohn soweit als möglich zu entfernen; der schwere Stand des Erziehers, eben gegen dieses Gebot nicht anzustoßen, und die Notwendigkeit, daß der Sohn niemals müsse können dazu verleitet werden, dagegen zu fehlen oder zu verstoßen, ist gewiß zu beachten. — An Schonung, Großmut, diese unnatürliche Mutter zu bessern, hat es nie gefehlt, jedoch vergebens. — Sollte es nötig sein, so werde ich Sr. K. Hoheit dem Erzherzog Ludwig einen Vortrag darüber abstatten, wo ich bei der Fürsprache meines Gnädigsten Herrn des Erzherzogs Rudolf K. H. gewiß Gerechtigkeit erwarten darf. — Ihro Kaiserlichen Hoheit gehorsamster Diener

Ludwig van Beethoven.

896] **An Karl Bernard.** 16. Juni (1819).

Lieber Bernard! Ich bitte Sie, doch die Schrift endlich zustande zu bringen, Sie fühlen selbst das Unglückliche für Karl und mit ein paar Federstrichen können Sie helfen, und wieviel schadet Ihre Verzögerung? — Jetzt muß ich bei Giannatasio oder wo anders zu Kreuz kriechen, um Karl unterzubringen, denn nimmermehr zu diesem K(udlich), der entweder Spitzbube oder schwacher Mensch!! unter beiden ist nicht viel Unterschied, sobald das geschieht, was nicht geschehen soll!! — Samstag sehe ich Sie, wegen dem Oratorium ist mir geschrieben worden — ich warte nun auf das Ganze, eher kann ich nichts leisten. Führen Sie sich ganz gut auf, lassen Sie Ihre besten Freunde ja immer in größter Not stecken usw. usw. Leben Sie wohl, Sonnabend sehe ich Sie. Wie immer Ihr Beethoven.

897] **An den Magistrat der Stadt Wien. Wien, 5. Juli 1819.**

Wohllöblicher Magistrat! Es ist der obervormundschaftlichen Behörde meines Neffen Karl van Beethoven erinnerlich, daß ich die — mir durch den letzten Willen meines seligen Bruders aufgetragene, und von den Landrechten sowohl als späterhin von dem Magistrate selbst zuerkannte ausschließliche Vormundschaft über denselben, — vor einiger Zeit an den Herrn Magistratsrat Tuscher abgetreten habe, in der Absicht, durch einen solchen Mittelsmann alle weiteren Störungen von seiten der Mutter ein für allemal zu beseitigen.

Der Erfolg hat leider nur zu schmerzlich bewiesen, daß meine oben bemerkte Absicht, die ich damals den Wünschen und Ansichten der obervormundschaftlichen Behörde unterordnete, nicht nur nicht erreicht, sondern gerade das Gegenteil bewirkt worden ist, indem die Mutter diese Neuerung für ihre rastlosen Gegenwirkungen nur um so schädlicher zu benutzen wußte.

Diese traurige Erfahrung und niederschlagende Überzeugung hat endlich den Hrn. Magistratsrat Tuscher, der sowohl von mir als von der obervormundschaftlichen Behörde selbst als der geeignetste Mittelsmann in dieser so wichtigen als schwierigen Angelegenheit erkannt worden ist, daher bewogen, die Vormundschaft wieder abzutreten, in dem Bewußtsein, daß auf diesem Wege der beabsichtigte Zweck nicht erreicht werden könne.

Sofort habe ich die, nur in der Absicht und Voraussetzung, daß der oben ausgedrückte Zweck durch Hrn. Tuschers Vermittelung in der Eigenschaft als Vormund erreicht werden konnte, an ihn abgetretene Vormundschaft, dem letzten Willen meines seligen Bruders, und den frühe-

508

ren Anordnungen der Landrechte, sowie der jetzigen ober=
vormundschaftlichen Behörde gemäß, neuerdings wieder
übernommen und bereits in dieser Eigenschaft die notwen=
digen Einrichtungen für die sorgfältigste weitere Erziehung
meines Mündels und Neffen getroffen, fest überzeugt, daß
dessen Wohl nur auf diese Weise befördert werden könne:
Demzufolge habe ich denselben in das in der Josefstadt in der
Kaiserstraße, im gräfl. Chotekischen Hause befindliche Er=
ziehungsinstitut des Herrn Blöchlinger gebracht, das in
den gegenwärtigen Verhältnissen in aller Hinsicht der zweck=
mäßigste Erziehungsort ist.

Indem ich der obervormundschaftlichen Behörde hiervon
als Vormund die gebührende Anzeige mache, ersuche ich zu=
gleich, bewirken zu wollen, daß mein Mündel und Neffe
von nun an in seiner gegenwärtigen Lage ungestört bleibe,
das einzige Bedürfnis, das jetzt für ihn ernstlich berücksich=
tigt werden muß, damit er wieder zu sich selbst zurück=
komme, mit den Forderungen für seine künftige Bestim=
mung gehörig entsprechen könne.

Ich bitte daher, dem Besitzer dieser Erziehungsanstalt,
Hrn. Blöchlinger, die nötigen Anweisungen zu erteilen, da=
mit derselbe die unzeitigen und störenden Interpellationen
der Mutter mit dem nötigen Nachdruck zurückweisen sich
ermächtigt finde. Weiter bedarf es nichts. Bei vorkommen=
den nötigen und wichtigen Abänderungen in Ansehung der
künftigen Erziehungsweise meines Mündels werde ich
nicht versäumen, der obervormundschaftlichen Behörde die
geziemende Anzeige zu machen, sowie dies früher bei dem
Landrechte auch der Fall war, und in solchen Angelegenhei=
ten überall die übliche Ordnung ist.

Ludwig van Beethoven.

898] An **Erzherzog Rudolf**.   Mödling, 15. Juli 1819.

Ihro Kaiserliche Hoheit! Ich befinde mich schon, seit ich
zum letztenmal in der Stadt E. K. H. meine Aufwartung
machen wollte, sehr übel; ich hoffe jedoch bis künftige Woche
in einem besseren Zustande zu sein, wo ich mich sogleich nach
Baden zu J. K. H. verfügen werde. — Ich war unterdessen

noch einigemal in der Stadt, meinen Arzt zu konsultieren. — Die fortdauernden Verdrießlichkeiten in Ansehung meines beinah gänzlich moralisch zugrunde gerichteten Neffen haben größtenteils schuld daran. Ich selbst mußte anfangs dieser Woche wieder die Vormundschaft antreten, indem der andere Vormund niedergelegt, und sich vieles hat zuschulden kommen lassen, weswegen er mich um Verzeihung gebeten; auch der Referent hat das Referat abgegeben, weil man ihn, indem er für die gute Sache sich interessierte, für parteiisch ausgeschrien hat. Und so dauert diese Verwirrung immer ohne Ende fort, und keine Hilfe, kein Trost! Alles, was ich gebaut, wie vom Winde weggeweht! Auch der jetzige Inhaber eines Instituts, ein Schüler Pestalozzis, wohin ich meinen Neffen gegeben, ist der Meinung, daß es schwer wird werden, für ihn und für meinen armen Neffen einen erwünschten Endzweck zu erreichen. — Er ist ebenfalls aber der Meinung, daß nichts ersprießlicher sein könne als Entfernung meines Neffen ins Ausland! — Ich hoffe, daß die Gesundheit I. K. H., die Gesundheit eines mir der verehrtesten Gegenstände nichts zu wünschen übrig lasse und freue mich schon im voraus darauf, bald wieder um I. K H. sein zu können, und derselben meine Dienstfertigkeit bezeigen zu können. — Ihro Kaiserlichen Hoheit gehorsamster treuster Diener   Beethoven.

899] **An Piuk.**   Mödling, 19. Juli 1819.

Euer Wohlgeboren! Man will neuerdings meinen Neffen vor eine Kommission gebracht wissen, dies kann ich durchaus nicht billigen, unschuldig ist er, dies Zeugnis kann ich ihm geben ... Übrigens aber gehört kein Knabe vor irgendein Gericht im dreizehnten Jahre ... Der arme Irregeleitete braucht Ruhe, um zu sich selbst zu kommen, dies ist das einzige, was ihm helfen kann. Seine Fehler und Irrtümer gehören vor ein Hausgericht, und dazu bin ich und derjenige, welcher nebst mir die Erziehung leitet ... Trotz allen Verleumdungen der Mutter und ihrer Helfershelfer war nichts gegen mich aufzubringen, allein es kam die Rede auf das Wörtchen van, und ich hatte Stolz genug zu erklären, daß ich mich nie um meinen Adel bekümmert.

510

Ihro Kaiserliche Hoheit! Schon mit Leidwesen empfing ich die Nachricht von einer neuen Unpäßlichkeit J. K. H.; da ich aber weiter keine bestimmten Nachrichten habe, so beunruhige ich mich sehr. — Ich war in Wien, um aus der Bibliothek J. K. H. das mir Tauglichste auszusuchen. Die Hauptabsicht ist das geschwinde Treffen (und mit der bessern Kunstvereinigung, wobei aber praktische Absichten Ausnahmen machen können) wofür uns die Alten zwar doppelt dienen, indem meistens reeller Kunstwert (Genie hat doch nur unter ihnen der deutsche Händel und Seb. Bach gehabt). Allein Freiheit, Weitergehn ist in der Kunstwelt, wie in der ganzen großen Schöpfung, Zweck, und sind wir Neueren noch nicht ganz soweit, als unsere Altvordern in Festigkeit, so hat doch die Verfeinerung unserer Sitten auch manches erweitert. Meinem erhabenen Musikzögling, selbst nun schon Mitstreiter um die Lorbeeren des Ruhmes, darf Einseitigkeit nicht Vorwurf werden, et iterum venturus judicare vivos et mortuos. — Hier drei Gedichte, woraus J. K. H. vielleicht eines aussuchen könnten, in Musik zu setzen. Die Österreicher wissen es nun schon, daß Apollos Geist im Kaiserlichen Stamm neu aufgewacht; ich erhalte überall Bitten, etwas zu erhalten. Der Unternehmer der Modezeitung wird J. K. H. schriftlich ersuchen, ich hoffe, ich werde keiner Bestechung irgendwo beschuldigt werden, — am Hofe und kein Höfling, was ist da alles möglich??!!! Ich fand einigen Widerstand bei der Aussuchung der Musik in Wien von Sr. Exzellenz dem Herrn Obersthofmeister. Es ist nicht der Mühe wert, J. K. H. damit schriftlich beschwerlich zu fallen, nur soviel muß ich sagen, daß durch dergleichen mancher talentvolle, gute und edle Mensch sich würde von J. K. H. zurückschrecken lassen, wer nicht das Glück hätte, Ihre vorzüglichen Eigenschaften des Geistes und Herzens in der Nähe kennen zu lernen. Baldige, baldige Wiederherstellung wünsche ich J. K. H. und mir einige Nachricht zu meiner Beruhigung. — Ihro Kaiserl. Hoheit gehorsamster treuster Diener

L. v. Beethoven.

Lieber B.! Ich suchte Sie gestern abends, als mir O.
Ihren Brief brachte, Sie waren aber abwesend, obschon
mir O. gewiß versicherte, Sie zu Hause zu finden — natürlich schrieb ich Blöchl. gleich noch gestern abends im Wirtshause, daß er K. durchaus zu der Ober A.s Hinterschaft
nicht bringen solle, dies müßte ich O. geben, daß er es noch
heute besorgte, früh genug, ich hoffe, es wird geschehen
sein. — Wegen der Mutter wußte ich schon, denn sie war
gesehen worden, indem sie sich zu B. begab, ich schickte mit
Fleiß Oliva zu ihm und ich war es, der ihm auftrug, zwar
ohne zu entdecken, daß ich es wußte, ihm etwas derb zuzusetzen. Einem Menschen, der mir einen solchen Brief geschrieben, kann man schon etwas stärkere (?) Mittel dar-
reichen. Ich mag wegen dieser pesterfüllten Person kein
Wort mehr an H. Blöchl. verlieren, ich sende ihm durch
Steiner schon heute den Betrag für den künftigen, am
22. August einfallenden Monat in dieser Lage, worin wir
uns jetzt befinden, indem einmal die bestialische Mutter,
wie ich sehe, überall ihren Pesthauch verbreiten kann, lasse
ich mich nicht auf ein halbes Jahr zu bezahlen ein. Karl
hat, höre ich von Oliva, Blöchl. um Erlaubnis gefragt, ob
er mir seinen lateinischen Brief auf meinen Namenstag
schreiben soll? — Ich bin daher der Meinung, daß Sie K.
in Gegenwart des Hrn. B. erklären, daß ich keinen Brief
von ihm will, dies hätte er längst tun sollen, und mir seine
schlechten Streiche, wozu er sich von seiner Mutter teils
und auch teils aus eigenem Antriebe hinreißen ließ, ab-
bitten sollen, seine Verstocktheit, seine Undankbarkeit, seine
Gemütlosigkeit beherrscht ihn so, daß er, indem Ol. da war,
sich nicht einmal nach mir erkundigt hat, ja als ich ihn das
erstemal zu Blöchlinger bei der Hand hinführte, zog er, sobald wir ihnen nahe waren, seine Hand von mir zurück,
und dies später, als ich noch einmal mit Ol. da war, wieder — fort, meine Geduld hat ein Ende, ich habe ihn aus
meinem Herzen ausgestoßen, viele Tränen um ihn, diesen
Nichtswürdigen, geweint, nur wenn er von selbst den Weg
finden wird, sich mir zu nahen, und daß ich erst Proben
habe, daß sein schlechtes Herz gebessert ist, will ich sehen, ob

ich ihn wieder anerkennen werde, meine Liebe zu ihm ist fort, er brauchte sie, ich habe der seinigen nicht nötig, und seit er in dieser Pesterfüllten Nähe war, und jetzt wieder ist, will ich nichts mehr von ihm wissen, als daß ich für ihn bezahle und sonst sorge. —

Dem Herrn Magistrat Dr. — A — . . . . . habe ich sagen lassen, daß meine Zeit es nicht erlaubt, sonst wäre ich heute selbst gekommen, ich werde aber ehestens das Vergnügen der Obervormundschaft meine Aufwartung zu machen — nun aber glaube ich, daß es nötig ist, uns auf die Hinter= füße zu setzen, indem wir die Schrift, welche der Erzherzog Rudolf dem Erz. Ludwig übergeben hat, noch nachtragen, daß ich selbst die Vormundschaft übernommen, daß der vorige Referent diese Sache abgegeben aus Ursache, der Parteilichkeit beschuldigt geworden zu sein, kurzum, daß der Magistrat immer eine Partei wider mich bilde, und das Erziehungswerk dadurch gestört werde, und ohnehin durch sein Einmischen mein Neffe ein ganzes Jahr verloren habe an seinen Studien, daß er wegen ihren elenden Klat= schereien und Gewäsche und das Gehör, welches die Mutter dort immer erhält, immer vorgerufen wird, und ich immer gestört werde, und sie sich alles gegen mich erlauben, ohn= erachtet mein Neffe von mir erhalten wird, auch mein H. Bruder mit unter der Decke stecke (er hat jetzt ein Gut von 20 000 Taler oder Gulden gekauft, und Sie können gewiß denken, daß er jetzt bestechen hilft), indem er ihn zum Apo= theker will usw. Wir bitten also entweder um beides näm= lich: daß man ihn nach Bayern lasse und daß dem Mag. aufgetragen werde, mein Erziehungswerk nicht ferner zu stören und sich in nichts mehr einzumischen oder um eins oder das andere, diese Schrift können Sie an Erzherzog Rudolf richten, dem Sie sie auch selbst übergeben können, wie Sie noch einmal mit ihm sprechen können, und ihm vielleicht zufällig bekannt werden, welches nicht unange= nehm sein wird, ich werde ihn von allem unterrichten, diese Schrift soll also der Erzherzog den übrigen vorangeschickten beifügen, er will selbst mit dem Kaiser sprechen. — Sie können mir nun darüber antworten, was K. betrifft, so ist es so geschrieben, daß er es von Ihnen aus dem Briefe

hören soll, es versteht sich von selbst, daß ich nicht so denke
(ich liebe ihn noch wie sonst ohne Schwäche und zu große
Vorliebe, ja ich kann wirklich sagen, daß ich oft um ihn
weine)[1]), meine Lage mit meinen verschlossenen Sinnen
ist an sich so hart und welche widrige Ereignisse und ab=
scheuliche Begegnungen für so große Aufopferungen, welche
auch dieses schlechte Volk hat gewußt herunterzumachen.
— Oli wissen Sie wohl, wie er bei mir steht, allein leider
bedarf ich in meiner isolierten Lage dgl. Menschen, er fällt
mir zur Last in Rücksicht des Geldes noch obendrein, wie
es scheint, betrachtet er sich als besoldet von mir, was ist da
zu ändern — Ergebung — meine Gesundheit ist sehr an=
gegriffen, so daß ich kaum beim Schreiben aushalten kann.
— Gehen Sie nun hin zu Blöchl., ich mag nicht mehr dort
hingehen, weil ich diese abscheulichen Begegnungen zwi=
schen mir mit dieser Person nicht leiden will und ihre Klat=
schereien gegen mich auch nicht widerlegen will.

In Eile Ihr Beethoven.

902] **An Karl Bernard.** 2. Aug. 1819.

Lieber Bernard! Kaum glaubte ich, daß Karl endlich
einiger Ruhe genieße, wie auch ich — — so soll denn end=
lich dieses Ungeheuer siegen? In Eile Ihr Beethoven.

903] **An S. A. Steiner.** Mödling, 12. August 1819.

Verzeihen Sie, lieber St., Sie mit folgendem zu belästi=
gen. Wir kommen übermorgen in die Stadt und werden
schon um 7 Uhr früh da sein; die zwei Feiertage machen,
daß wir selbigen Tag wieder fort müssen, indem Karl noch
hier mit dem Lehrer für die zweite Prüfung sich vorzube=
reiten hat, indem der Lehrer eben wegen diesen Feiertagen
sich am meisten mit ihm abgeben kann. — Nun müßte ich
aber wegen dem Lebenszeichen für Karl wieder neuerdings
in die Stadt, und das kostet zuviel, sowohl Zeit wie Geld,
indem ich nicht gerne mit dem Postwagen überhaupt fahre,
wo noch das besondere dabei ist, daß, man mag einen Tag,
welchen immer, fahren, so ist's im Postwagen Freitag, und
so christlich ich bin, so ist's mir doch genug mit einem Frei=

---

[1]) Diese Stelle ist im Originalbriefe mit Bleistift gestrichen!

tag in der Woche. — Ich bitte, wenn's möglich ist, doch zu dem Chorführer oder Brautführer (der Teufel weiß, wie der Pfaffe heißt) zu schicken, daß er so gütig ist, uns selben Tag, nachmittags, wann immer das Lebenszeichen für Karl zu geben. Es könnte auch morgens um 7 Uhr, gleich wenn wir ankommen, sein; das müßte aber puncto sein, denn um halb 8 Uhr muß Karl schon bei der ersten Prüfung sein, also entweder morgens um 7 Uhr oder nachmittags wann immer. Wir werden uns gleich morgens vor 7 Uhr bei Ihnen im Gewölbe deswegen anfragen, nebst Vorbehaltung späterer Besuche. — In Eil, nebst um VerzeihungsBittung,   Euer amicus ad amicum Beethoven.

904] **An Karl Bernard.**   19. Aug. (1819).

Zusätze. — Soeben langt der Brief von Karl an, er folgt hiermit wieder zurück, ich bitte trotz Herrn B. ihm selbst ihn wieder einzuhändigen. In Ihrer Gegenwart lassen Sie sich den Brief von Karl zeigen, damit Sie ihn auch lesen. Es ist kein Herz drin, nicht einmal der Wunsch mich zu sehen oder zu sprechen, er soll mich aber auch, solange ich lebe, nicht mehr sehen, dieses Scheusal, und die pestartige Mutter, die ihn so zugerichtet hat, treibt nun neuerdings wieder ihre Intrigen beim Instituteur.

Sie sagen ihm, daß es sich geschickt hätte, sich deshalb bei mir anzufragen. Hätte er mir eine Grobheit zu erzeigen gehabt, so würde er nicht ermangelt haben, der Esel — und daß, wenn sie schon kommt, welches auf das Seltenste geschehen soll, sie vorher es sagen muß lassen, wann sie kommt, Tag und Stunde. — Daß er sich nicht unterstehe, ihn aus dem Hause gehn zu lassen zu ihr, sonst soll er mich kennen lernen. Ich will gar nicht mehr, daß er bei Karl von mir spricht, neben diesem Ungeheuer von Mutter ist ohnehin alles verloren. Ihr jetziges Herkommen gestatte ich nur, solange ich nicht in der Stadt bin. Bedauern Sie mich, für solches Gesindel soviel aufgeopfert zu haben. Eilen Sie mit der Schrift. Ich bitte, ich bitte. Vielleicht sehe ich Sie dieser Tage einen Augenblick   [Schnörkel als Unterschrift]

Karl soll mir nicht mehr schreiben, fort mit ihm für immer. Nur das Geld hergeben — —.

905] **An Karl Bernard.** [Mödling, Aug. 1819.]

Hier haben Sie meine Ansichten. Sonntags auf jeden Fall schaffe ich Sie hierher, und wir wollen lustig sein, denn ich hoffe, veritas non odium parit. — Ich glaube mündlich diese Hundsfotterei besser und triftiger und treffender auszumachen. In Eil Ihr Freund Beeth.

Dieser Kerl ist ein gewesener Stallmeister wie der Herr Krauß, dessen Frauen Schwester er hat.

Fischtran!

Und welche barbarische Gleichgültigkeit. Es ist also alles einerlei, ob mein Neffe mir oder dieser schlechten verdorbenen Person anhängt?! Aus dem Anhang sehen Sie klärlich, wie ich denke. — Ich bitte Sie den Referenten hiermit bekannt zu machen und dem Blöchlinger diese meine Erklärungen bekannt zu machen. Es kann sein, daß ich zu Letzterem noch selbst fahre, der Himmel steh ihm bei, wenn er sich nur untersteht noch ferner diese Rabenmutter kommen zu lassen. Recht hatte ich, und nur mich trifft das Ärgste. Leben Sie wohl Freund und Feind der Ihrige Beethoven.

906] **An Blöchlinger.** 27. Aug. 1819.

Euer Wohlgeboren! Da Sie mir berichten, daß die Frau van Beethoven noch immer Störungen bei Ihnen versuche — — weswegen sonst Euer Wohlgeboren in Verdrießlichkeiten geraten könnten. Euer Wohlgeboren ergebenster Beethoven, Vormund meines Neffen Karl van Beethoven.

907] **An Erzherzog Rudolf.** Mödling, 31. Aug. 1819.

Ihro Kaiserliche Hoheit! Eben gestern erhalte ich die Nachricht von einer neuen Anerkennung und Verherrlichung Ihrer vortrefflichen Eigenschaften des Geistes und Herzens. Empfangen J. K. H. meine Glückwünsche und nehmen Sie selbe gnädig auf; sie kommen von Herzen und sind nicht nötig gesucht zu werden. — Ich hoffe, es wird wohl bald auch mit mir besser gehn. So vieles Übel hat wieder nachteilig auf meine Gesundheit gewirkt, und ich befinde mich gar nicht gut, indem ich schon wieder seit einiger Zeit medizinieren muß, wo ich kaum einige Stunden des Tages mich mit dem teuersten Geschenk des Himmels, meiner Kunst und mit den Musen abgeben kann. Ich hoffe jedoch mit der Messe zustande zu kommen, so daß selbe am 19., falls es dabei bleibt, kann aufgeführt werden; wenigstens würde ich in Verzweiflung geraten, wenn es mir durch meine üblen Gesundheitszustände versagt sollte sein, bis dahin fertig zu sein. Ich hoffe aber, daß meine innigsten Wünsche für die Erreichung werden erfüllt werden.

Was das Meisterwerk der Variationen J. K. H. betrifft, so glaube, daß selbe unter folgendem Titel könnten herausgegeben werden, nämlich:

Thema oder Aufgabe, gesetzt von L. v. Beethoven, vierzigmal verändert und seinem Lehrer gewidmet von dem durchlauchtigsten Verfasser.

Der Anfragen deswegen sind so viele und am Ende kommt dieses ehrenvolle Werk durch verstümmelte Abschriften doch in die Welt. J. K. H. selbst werden nicht ausweichen können, sie hier und dahin geben zu müssen; also in Gottes Namen bei so vielen Weihen, die J. K. H. jetzt erhalten und bekannt werden, werde denn auch die Weihung Apolls (oder christlicher Cäciliens) bekannt. Zwar könnte J. K. H. vielleicht mich der Eitelkeit beschuldigen; ich kann aber versichern, daß, indem zwar diese Widmung meinem Herzen teuer ist und ich wirklich stolz darauf bin, diese allein gewiß nicht mein Endzweck hierbei ist. — Drei Verleger haben sich deswegen gemeldet, Artaria, Steiner und noch ein dritter, dessen Namen mir nicht einfällt. Also nur die beiden ersten, welchem von beiden sollen die Variationen gegeben werden? Ich erwarte hierüber die Befehle J. K. H. Sie werden von beiden auf der Verleger Kosten gestochen, hierzu haben sich beide angeboten. — Es frägt sich nun, ob J. K. H. mit dem Titel zufrieden sind? Ob sie herausgegeben werden sollen, darüber dächte ich, sollten J. K. H. gänzlich die Augen zudrücken. Geschieht es, so nennen J. K. H. es ein Unglück; die Welt wird es aber für das Gegenteil halten. Gott erhalte J. K. H. und schütte immer das Füllhorn seiner Gnaden über J. K. H. heiliges Haupt, und mir erhalte Gott immer Ihre gnädigen Gesinnungen. — Ihro Kaiserlichen Hoheit gehorsamster treuster Diener

L. v. Beethoven.

(Außen.) Meine Kränklichkeit wird einen unordent=
lichen Brief bei J. K. H. entschuldigen.

908] **An Erzherzog Rudolf.** (1819.)

Ihro Kaiserliche Hoheit! Leider muß ich mich selbst an=
klagen. Ich war gestern zum erstenmal ausgegangen und
befand mich ziemlich wohl; allein als genesender Patient
hatte ich vergessen oder außeracht gelassen, mich wieder früh
nach Hause zu begeben, und habe dadurch wieder einen An=
fall ausstehen müssen. Jedoch wird, wie es scheint, durch
heutiges zu Hause bleiben, morgen alles wieder in bester
Ordnung sein, und ich hoffe gewiß, meinem verehrtesten,
erhabensten Schüler aufwarten zu können. — Ich bitte
J. K. H. nicht auf die Händelschen Werke zu vergessen, da
Sie Ihrem so reifen musikalischen Geiste gewiß immer die
höchste Nahrung darbieten, welche zugleich immer in die
Verehrung dieses großen Mannes übergehen wird. —
Ihro Kaiserlichen Hoheit treu gehorsamster Diener

Ludwig van Beethoven.

909] **An Karl Boldrini. (?)** (1819.)

Gestern abend erhielt ich meine Variationen, sie waren
mir wahrhaftig ganz fremd geworden und das freut mich:
es ist mir ein Beweis, daß meine Komposition nicht ganz
alltäglich ist. Ich muß Ihnen aber noch einige Fehler an=
merken, die ich Sie bitte, doch ja gleich korrigieren zu lassen,
weil sie wirklich von Erheblichkeit sind. Zuerst ist auf dem
Titelblatte gefehlt, wo steht: avec un Violino ad libitum;
da die Violine durchaus nicht mit der Klavierstimme zu=
sammenhängt und da es nicht möglich ist, die Stimme ohne
Violine zu spielen, so muß es heißen: avec un Violino
obligate, wie ich es auch auf einem Exemplare korrigiert
habe! In der ersten Variation im zwölften Takte findet sich
von dem letzten Achtel an ein Bindungszeichen, was nicht
hingehört. Es ist mit einem Kreuzchen bezeichnet, es ist im
Basse. In der dritten Variation im elften und zwölften
Takte sind drei Noten im Basse ausgelassen. Im elften
Takte heißen diese Noten F, eine Viertel= und eine Achtel=

518

note, im zwölften Takte heißt diese Note E und ist eine
Viertelnote, es ist auch angezeigt. In der vierten Variation
im siebenten Takte im Diskant sind oben und unten zwei
Zeichen, die fast wie Triller aussehen; es müssen aber zwei
Bogen sein, wie ich es angedeutet habe. In der neunten
Variation beim Schlusse des ersten Teiles ist das Schluß=
zeichen gefehlt, indem es aussieht, als müßte der erste Teil
wiederholt werden, was nicht sein soll. Die vier Punkte
müssen weggemacht werden und die vier hingemacht wer=
den, die ich angezeigt habe. Beim Schlußzeichen des zwei=
ten Teiles müssen vier Punkte hingemacht werden, wie ich
angedeutet habe. In der elften Variation im siebenten
Takte sind vier Noten in der Diskantstimme versetzt, wel=
ches ein grober Fehler ist. Ich habe die Noten korrigiert und
darauf gesetzt, wie sie heißen. In der zwölften Variation
im dritten Takte in der Baßstimme ist eine Note versetzt;
ich habe sie auch gesetzt, wie es sein muß. In der Koda im
fünften und sechsunddreißigsten Takte ist unter die Dis=
kantnoten ein Bogen hineingesetzt, das ist gefehlt. Es muß
ein bloßer Strich sein, der deswegen da ist, um anzudeu=
ten, daß die nachfolgenden Noten auch mit dem ersten Fin=
ger müssen gespielt werden. Im einundvierzigsten Takte
in der Koda hat die Note B im Basse unten und oben einen
Strich; das ist gefehlt. Sie muß nur unten einen Strich
haben. In der zweiten Variation im elften Takte im Baß
ist statt der einen Achtelnote D eine Viertelnote gesetzt und
statt der einen Viertelnote D eine Achtelnote gesetzt. In der
achten Variation im fünfundzwanzigsten Takte im Baß ist
statt B ? hingesetzt; ich habe es korrigiert. Dieses gilt von
der Klavierstimme. In der Violinstimme ist alles gut und
ist eine Kleinigkeit anzumerken. In der sechsten Variation
im vorletzten Takte ist ein Bogen auf die zwei Achtelnoten
ausgelassen. In der elften Variation im zweiten Teile im
ersten Takte ist ein Punkt hinter der Note G ausgelassen.
In der neunten Variation im achten Takte in der Klavier=

stimme stehen auf diesen Noten zwei sechs,

wovon die unterste weg muß geſtrichen werden. In der Koda in der Klavierſtimme im Diskant im vierzehnten Takte iſt das Bindungszeichen, welches nach dem Fis ſtehen muß, weggelaſſen. Im fünften Takte in der fünften Variation in der Violinſtimme iſt ein Auflöſungszeichen weggelaſſen. Es iſt angezeigt.

Sie ſind ſehr geplagt mit dieſer Kleinigkeit. Unterdeſſen ſehen Sie ſelbſt, daß es wichtige Fehler ſind. Ich bitte Sie, ja doch damit zu eilen, daß alles dieſes ſamt dem Titelblatte geändert wird. Sollten ſchon einige verkauft ſein, ſo muß Artaria ſorgen, daß er die Exemplare wieder bekommt und die Fehler korrigiert. Ich komme morgen oder übermorgen ſelbſt nach Wien. Ich muß ſchließen, ohne Ihnen in der Eil noch etwas anderes ſchreiben zu können, als daß ich bin Ihr Sie verehrender Freund

Ludwig van Beethoven.

Das Exemplar, was zu oberſt liegt, iſt korrigiert.

910] An Joſef Blöchlinger.   Mödling, 14. Sept. 1819.

Euer Wohlgeboren! Ich habe die Ehre, Ihnen den Betrag für den künftigen Monat, welcher am 22. September anfängt, zu ſenden, lege hierbei noch 10 fl., welche für unvorhergeſehene Ausgaben ſind, bei, und welche Sie mir am 22. Oktober gütigſt verrechnen wollen. — Nur folgende Individuen haben freien Zutritt zu meinem Neffen: H. v. Bernard, H. v. Oliva, Herr v. Piuk Referent. — Außerdem werde ich jedesmal demjenigen, welcher bei meinem Neffen zu tun hat, dieſes Ihnen durch ſelben ſchriftlich anzeigen laſſen, wo Sie aber alsdann die Gefälligkeit haben, ihn auch zu ihm zu laſſen, denn der Weg zu Ihnen iſt weit, und es iſt ohnehin Gefälligkeit gegen mich, wenn jemand mir dieſes zuliebe tut, wie z. B. der Herr Bruchmaſchiniſt uſw. —

Aus dem Hauſe darf mein Neffe niemals, außer meiner ſchriftlichen Vorweiſung. — Hieraus iſt denn auch deutlich, wie es mit der Mutter zu halten. Ich beſtehe darauf, daß aufs ſtrengſte dies befolgt wird, was die Obrigkeit und ich hierin angeordnet. Eu. Wohlg. ſind zu neu in dieſen Verhältniſſen, ſo ſehr mir auch Ihre ſonſtigen Verdienſte einleuchten, als hierin eigenmächtig handeln zu können, wie es schon geschehen. Leichtgläubigkeit bringt hier nur Verwirrung hervor, und — das Resultat hiervon möchte immerhin mehr wider als für Sie zeugen, welches ich zu Ihrer Ehre nicht wünsche. — Ich höre, mein Neffe bedarf oder wünscht mehreres von mir, er hat sich deshalb an mich zu wenden; Sie haben nur die Güte, seine Briefe allenfalls an Hr. Steiner & Ko. in der Steinerschen Kunsthandlung auf'm Graben im Paternostergässel zu besorgen. NB. Die Ausgaben hierbei werden jedesmal vergütet werden. — Mit 85 fl. W. W. — Ihr ergebener L. v. Beethoven, ausschließlicher Vormund meines Neffen K. v. Beethoven.

911] **An Karl Bernard.** [Mödling, 15. Sept. 1819.]

Oliva habe ich aufgetragen, in meiner Wohnung nachzufragen, ob keine Verordnung oder Anweisung des Magistrats da sei, die Frage bei Schmerling, ob, weil der Magistrat nichts erwidert, ich Vormund oder nicht, halte ich für nötig, oder bei Dr. Krause, er wohnt in der Singerstraße. Schmerling können Sie alles erzählen, was bisher geschehen ist. Daß ich einmal den Hauptgrund soll haben, daß Karl seine verdorbene Mutter so wenig als möglich sehe. Ist das nicht roh, wie die meisten hiesigen Instituteurs sind, daß Karl noch nicht an mich geschrieben? Verflucht, verdammt, vermaledeites, elendes Wienerpack! Sie können denken, daß, da mein Bruder unter der Decke steckt, mit Geld beim Magistrat gewirkt wird. Schmerling wird am besten wissen, wie die Sache anzugreifen. Vielleicht auch wäre es nötig, noch einmal zusammen zu dem Referenten zu gehn. Ich hoffe baldige Mitwirkung und Nachricht. In Eil wie immer Ihrer wahrer   Freund Beethoven.

912] **An Karl Zelter.**   Wien, 18. Sept. 1819.

Mein verehrter Herr! Es ist nicht meine Schuld, Sie neulich, was man hier heißt, angeschmiert zu haben. Unvorhergesehene Umstände vereitelten mir das Vergnügen, einige schöne genußreiche und für die Kunst fruchtreiche Stunden mit Ihnen zuzubringen. Leider höre ich, daß Sie übermorgen schon Wien verlassen; mein Landleben wegen meiner geschwächten Gesundheit ist eben nicht so zuträglich heuer für mich wie gewöhnlich. Es kann sein, daß ich übermorgen wieder hereinkomme und sind Sie alsdann nachmittags noch nicht fort von hier, so hoffe ich, Ihnen mündlich mit aller wahren Herzlichkeit zu sagen, wie sehr ich Sie schätze und wünsche Ihnen nahe zu sein. — In Eil Ihr ergebenster Freund   Beethoven.

913] An M. Schlesinger.   Wien, 21. Sept. 1819.

Bei Anwesenheit des Herrn Schlesingers aus Berlin.
„Glaube und hoffe" (Kanon).

Von L. v. Beethoven.

914] An Schlesinger.   (1819.)

Zu Herrn Artaria & Ko. bitte ich Sie zu schicken, um sechs Exemplare der Sonate aus B und der Variationen zu schottischen Liedern.

915] An Artaria & Komp.   1. Okt. (1819).

Sehr beste Virtuosi senza Cujoni! Indem wir Ihnen dieses und jenes wie sonstiges berichten, woraus Sie das Beste zu schließen, ersuchen wir Sie, uns sechs, sage 6 Exemplare der Sonate in B, wie auch 6 Exemplare der Variationen über die schottischen Lieder zu schicken als Autorgebühr. Wir bitten Sie, selbe an Steiner im Paternostergässel zu schicken, wo noch mehrere Sachen an mich abgeschickt werden. — In der Hoffnung, daß Sie sich ordentlich und gesetzlich betragen bin Dero usw.   (Ergebener B.

916] An Karl Bernard.   Mödling, 10. Okt. (1819).

Lieber Bernardus non Sanctus! Ich bitte also, daß Sie Mittwoch kommen wollen, Karl mitzubringen. Lassen Sie ihn doch seinen Mantel mitnehmen, da es abends schon kühl wird. Wegen Salzburg glaube ich, am besten sei es, daß der Verschwiegenheit wegen ich Karl selbst hinbrächte. Nur kann dies vor anfangs November nicht sein. Ich glaube, daß er leicht dasjenige, was dort in der Schule gelehrt wird, dort einholen kann. Wir haben aber noch vorher erst auszumachen, daß die Mutter nicht hinkann; Gastein ist deswegen auch ein Anstoß — und dann die Schule?! Wie wenn erst ich wieder... Vielleicht könnte man auch einen Paß auf uns drei, Rio, Karl und mich, machen lassen und ich bliebe hernach hier; so brauchten wir erst nicht wieder die Oberhinterschaft anzugehen und erreichten doch unsern Zweck. Was glauben Sie? Sie können mir dies Mittwoch in einem Augenblick, was wir Karl bei Rio lassen, sagen. Blöchlinger hat noch einen Mantelsack da. Ich bitte, bringen Sie mir diesen mit, da ich nun bald von hier mich gedenke wegzubegeben. Mit meiner Wohnung, die ich verlasse, geht es sehr gemächlich; ich kann alles dalassen noch nach der Auszichzeit. Nun handelt es sich noch, daß die Wohnung ausgemalt werde. Für die Augen dürfte hellgrün am besten sein, wird aber wohl viel kosten, obschon ohne alle Zieraten. Sie würden mir eine große Gefälligkeit erzeigen, wenn Sie sähen, ob der Besitzer meiner künftigen Wohnung schon ausgezogen? Bis 13. dieses zur Mittagszeit muß er schon ganz geräumt haben. Man könnte früher schon die Zimmer malen, damit sie bald trocknen. Verstehen Sie sich nicht darauf, so fragen Sie bei Steiner im Paternostergässel; es braucht aber Eile — Eile — Eile — nicht mit Weile! Von Karl noch keine Zeile als böser Wille; wie gesagt, das empfangene Geistgift der Frau Mutter Hinterschaft steckt noch tief. Unterdessen werde ich ihn Mittwoch doch zu packen wissen, so, daß er wohl bald wieder zu sich kommen wird. Also ich erwarte Sie und Weißenbach mit Karl gewiß, die Auslage des Fiakers werde ich Ihnen nebst den Weggeldern gleich hier vergüten. — Leben Sie wohl.   Eiligst der Ihrige.

947] An S. A. Steiner.   Mödling, 10. Okt. 1819.

Lieber Steiner! Ich habe Ihnen vorgestern schriftlich hinterlassen, wo ich Sie bitte, doch noch vor der Lizitation des Hauses herzukommen. Sie würden mir wirklich eine große Gefälligkeit erzeigen; die Lizitation ist am 13. dieses, also schon am Mittwoch; ohne Ihren Rat möchte ich nichts deswegen unternehmen, das Kapital dürfte dadurch auf keinerlei Weise verkleinert werden, da natürlich mein Neffe, der sich den Wissenschaften widmen wird, Unterstützung nach meinem Tode bei Fortsetzung seiner Studien braucht. — Haben Sie das Lebenszeichen durch einen Notar machen lassen? Ich werde Ihnen mit Dank Ihre Auslage ersetzen. — Dem Ehrenwerten Tobiafferl habe ich von Variationen des Erzherzogs gesprochen; ich habe Sie dazu vorgeschlagen, da ich nicht glaube, daß Sie Verlust dabei haben werden, und es immer ehrenvoll ist, von einem solchen principe Professore etwas zu stechen. Was den Unteroffizier [betrifft], so bitte ich Sie, ihm zu sagen, daß er noch nichts von dem verkaufen soll, was ich ihm angezeigt habe, bis ich in die Stadt komme; auch soll er nicht vergessen, anzuzeigen bei den Ausziehenden und der Hausmeisterin auf der Landstraße, daß die Glocke und die Fensterläden mein gehören. — Nun hoffe ich, Sie morgen oder übermorgen zu sehn, vormittags ist es am besten, da wir mit dem H. v. Carbon sprechen müssen, wo wir denn auch das Haus in Augenschein nehmen können, und Sie noch Einsicht in allem, wenns nötig auch bei der Kanzlei, nehmen können und den Judex abgeben können, indem ich mich gänzlich nach Ihrem Urteile richten werde.

Beiliegender Brief ist an Dr. Staudenheimer; ich bitte Sie, selben gleich morgen, und zwar nachmittags spätestens um halb 4 Uhr, in das gräfl. Harrachische Haus auf der Freiung zu schicken; der Unteroffizier muß aber auf Antwort warten, und selbe Antwort muß morgen gleich auf die Post gegeben werden, so daß ich solche am Dienstage habe. Ich vermute schon, daß Sie Dienstag kommen, so könnten Sie selbe auch gütigst mitbringen. — Also Gewährung meiner Bitte morgen oder übermorgen. — In Eil Ihr Freund und Diener   Beethoven.

918] An Erzherzog Rudolf.   (1819.)

Ihro Kaiserlichen Hoheit! Wegen einer gerichtlichen Verhandlung in Rücksicht meines Neffen, indem ich die angesetzte Stunde nicht zu ändern vermag, muß ich leider dem Vergnügen entsagen, J. K. H. diesen Abend aufzuwarten; um so mehr werde ich mich morgen beeilen, um halb fünf bei J. K. H. zu sein. — Wegen der Sache selbst, weiß ich, ich finde Nachsicht. Der Himmel ende es endlich, denn mein

Gemüt leidet empfindlich ein schmerzlich Toben. — Ihro
Kaiserl. Hoheit treuster gehorsamster Diener

L. v. Beethoven.

919] **An Erzherzog Rudolf.** Mödling, 15. Okt. 1819.

„Wegen der Weinlese war kein Wagen hier zu haben ...“

920] **An Dr. Joh. Baptist Bach.** Wien, 23. Okt. 1819.

Euer Wohlgeboren! Sie werden schon die Schrift der
Frau v. Beethoven erhalten haben. Die Person ist zu sehr
unter aller moralischer Würde, als daß ich die Anfechtun=
gen gegen mich widerlegen sollte. Sr. Kais. Hoheit Emi=
nenz und Kardinal, die mich als Freund und nicht als Die=
ner behandeln, würden ungesäumt ein Zeugnis ausstellen
sowohl über meine Moralität als über das Gewäsch von
Olmütz, wo kein Wort davon wahr ist. Soviel man weiß
und S. H. selbst, werden selbe alle Jahre höchstens sechs
Wochen dort zubringen. Jedoch es wäre zuviel Ehre, einer
solchen beinahe gesetzlosen Person, welche nach dem § 191,
da sie beim Kriminal war, gar keiner Vormundschaft fähig
ist, noch Beweise von der Nichtigkeit ihrer Verleumdungen
beizubringen. Die Hauptpunkte sind, daß man mich so=
gleich als alleinigen Vormund anerkennt; keinen Mitvor=
mund nehme ich an, ebenso ist die Mutter von dem Umgang
mit ihrem Sohne im Institut ausgeschlossen, weil für ihre
Unmoralität nicht genug Wächter dort sein können, und sie
den Erzieher verwirrt macht durch ihre falschen Angaben
und Lügen, die sie ihm auftischt, ebenfalls ihren Sohn zu
abscheulichen Lügen und Aussagen gegen mich verführt,
selbst auch Anklagen gegen mich schmiedet, indem ich ihm
bald zuviel, bald zuwenig soll geben oder gegeben haben.
Alle diese Behauptungen kann ich durch Zeugen beweisen.
Damit aber die Menschlichkeit hierbei nicht aus den Augen
gesetzt werde, so kann selbe ihren Sohn zuweilen bei mir
in Gegenwart des Erziehers und anderer ausgezeichneter
Menschen sprechen. Die Landrechte erließen sehr weislich
hierüber an Hrn. Giannatasio, wo er damals sich im Insti=
tut befand, eine Verordnung im allgemeinen; es kam un=
terdessen so weit, daß selber sie durchaus nicht bei sich im

Hause sehen wollte, sondern sie, um ihren Sohn zu sehen, zu mir kommen mußte, wo Hr. G. selben zu mir deswegen begleitete. In dem Institute von diesem mußte sie ihren Sohn zu bereden, daß er machen mußte, in die zweite oder dritte Klasse bei der Prüfung zu kommen, damit es heißen sollte, als hätte ich schlecht für ihn gesorgt; hiedurch wurde er um ein ganzes Jahr in seinen Studien zurückgesetzt. Der damalige von mir eingesetzte Vormund H. v. Tuscher erließ einen Reskript an den Instituteur, wo der Sohn war, daß er sie nicht mehr zu ihrem Sohn lassen solle. Allein, was alles danach vorgegangen, ist schrecklich. Ich bin der Meinung, daß Sie fest und unverbrüchlich darauf halten, daß ich alleiniger Vormund bin, daß diese unnatürliche Mutter ihren Sohn nie anders als bei mir sehen soll. Meine bekannte Humanität und Bildung, wie meine mir gewöhnliche Menschlichkeit verbürgt, daß mein Betragen gegen sie nicht minder edel als gegen ihren Sohn sein werde. Übrigens glaube ich, solle man alles in Kürze und womöglich das Appellationsgericht zur Vormundschaftsbehörde zu erhalten suchen; da ich meinen Neffen unter eine höhere Kategorie gebracht, so gehört weder er noch ich nicht an den Magistrat, indem unter eine solche Vormundschaft nur Wirte, Schuster und Schneider gehören. Was seinen jetzigen Unterhalt betrifft, solange ich lebe, ist und wird dafür gesorgt. Für die Zukunft hat er 7000 fl. W. W., wovon seine Mutter, solange sie lebt, die Nutznießung hat; alsdann 2000 fl. (oder noch etwas darüber, da ich ihm diese umgesetzt), wovon ihm die Interessen gehören, und 4000 fl. in Silber liegen in der Bank von mir. Da er mich ganz erbt, so gehören sie zu seinem Kapital; Sie sehen, daß bei seinem großen Talent, welches freilich beim verehrlichen Magistrat gar nicht in Anschlag kommt, da er nicht gleich den Nährstand ergreifen kann, überflüssig für ihn schon jetzt, im Falle ich früher sterben würde, gesorgt ist. Die 12000 fl. ihm zu erringen kostete viel Geld. Die Konfusionen dieses elenden Magistrates haben die Auslagen mir noch größer gemacht. Diese Menschen sind gar nicht imstande, diese wichtige Sache zu fassen, noch viel weniger dafür oder danach zu handeln.

526

Da das Testament eben nicht vorteilhaft für den Sohn war, und die Landrechte ebenfalls bestimmten, daß der Sohn nie bei seiner Mutter sein solle, so machte ich alles so billig als möglich, obschon sie schon bei der Inventur in Verdacht geriet, bei den Landrechten Unterschleife gemacht zu haben. Mir war nur um seine Seele zu tun. Daher überließ man ihr den ganzen Nachlaß jure crediti, ohne zu untersuchen, ob die angegebenen Schulden ihre Richtigkeit hätten, wobei dann wenig für den Sohn herauskam, nämlich die oben angegebenen 2000 fl. W. W. ist alles, was man erhalten konnte, nebst der Nutznießung (d. i. für ihn). Selbe setzte ich um in Lotterielose, welches eine große Summe kostete, so daß die Interessen beträchtlicher für ihn ausfallen; sodann half ich ihr zu der Pension, wo sie dann die Hälfte selber für den ganzen Nachlaß jure crediti abgetreten. Jedoch schon vor 1816 sorgte ich für meinen Neffen und alles auf meine eigenen Kosten (da ihr schlechter Charakter es nicht anders zuließ, als sie zu allem durch die Gerichte zu zwingen, so können Sie leicht die Summe denken, die der Knabe kostete); wie gesagt, schon vor 1816 ging alles auf meine Kosten (bei der damaligen Teuerung kostete sein Aufenthalt im Institute große Summen). Dies dauerte bis 1818, wo aber Frau v. Beethoven, da sie ihre Pension zuerst erhielt, nichts hergeben wollte. Sie mußte also gerichtlich hierzu gezwungen werden. Der Spaß kostete über 180 fl. W. W. Was ich daher erhalten für die Erziehung, ist bald berechnet, von 1818 im Mai angefangen. Nun habe ich seit neun Monaten keinen Heller von der Pension erhalten, da sie selbe mit Fleiß nicht abholt, in dem Wahn, mich dadurch in Verlegenheit zu setzen; da ich selbe nicht eher empfangen kann, bis sie sie selbst abholt, so habe ich immer noch obendrein ein halbes Jahr zu wenig. Noch nie hat es ihm an etwas gefehlt; ja es würde noch mehr geschehen, wenn nur diese Bevormundungsplage ein Ende hätte. Nichts hat mich abgehalten, keine Schikane, kein Hindernis, immer gleich für ihn Sorge zu tragen, selbst unter einem anderen Vormund, wo die Sorgen nur noch größer, ja selbst bei den Aufwiegelungen der Mutter des Knaben wider mich!!! bin ich immer derselbe geblieben. Erst gestern

troß aller Erniedrigung habe ich dem Erzieher geschrieben,
wo ich ihn ebenfalls selbst hingebracht, daß ich fortfahre für
meinen Neffen zu sorgen, und daß er ihn durchaus nicht
diesem elenden Magistrate in die Hände geben solle. Ur=
teilen Sie nun, ob ich nicht allein Vormund zu sein, son=
dern in vollem Sinne des Wortes mir der Vatername zu=
komme, um so mehr, da ich seinem unglücklichen Vater durch
seine abscheuliche Ehegattin mehrere Jahre durch meine
reichlichen Unterstützungen das Leben rettete und verlän=
gerte. Ich habe geglaubt, es sei nicht unnüß, Ihnen mit
einigen Daten in dieser Sache an die Hand zu gehen. Ver=
zeihen Sie meine Weitläufigkeit; sie ist der Kürze der Zeit
zuzuschreiben; denn schon Cicero entschuldigte sich, daß er,
um kurz zu sein, zu wenig Zeit gehabt hatte. Dabei ist die
Sache so äußerst unangenehm an sich selbst. — Indem ich
Ihnen in meiner Angelegenheit die meines mir teuren Nef=
fen aufs beste empfehle, bin ich mit ausgezeichneter Hoch=
achtung Ihr ergebenster   Beethoven.

Nachschrift! Die Absicht der Mutter ist, ihren Sohn bei
sich zu haben, um die Pension ganz genießen zu können. Sie
hat in dieser Rücksicht noch überall, wo der Sohn war, kaba=
liert, sei es bei mir oder im Institut. Wie ich denke, können
Sie daraus ersehen, daß ich vernünftige Männer um Rat
gefragt habe, ob ich ihr diese Hälfte der Pension zu ihrem
Besten ganz überlassen und dem Sohn pflichtmäßig sie aus
meinem Sacke wieder ersetzen soll. Das Resultat war nein,
da sie das Geld nur zu schlecht anbringen würde. Ich habe
daher beschlossen, mit der Zeit diese Summe meinem Neffen
zurückzulegen. Übrigens sehen Sie hier noch, wie unver=
nünftig der Magistrat handelt, meinen Neffen gänzlich von
mir losreißen zu wollen, da, wenn sie stirbt, der Knabe die=
sen Teil der Pension verliert und ohne meine Hilfe und
Unterstützung höchst dürftig fortkommen könnte.

921] An Dr. Joh. Baptist Bach.   Wien, 27. Okt. 1819.

Euer Wohlgeboren! Ohnehin war ich Ihnen noch einen
Nachtrag schuldig. Die Hälfte der Pension von der Mutter
beträgt jährlich 166 fl. 40 kr. in K. M.; von den 2000 fl.

die Intereſſenkupons machen halbjährlich 27 fl. K. M.
Früher vor 1816—1818 hatte ich gar keinen Beitrag. Übri=
gens ſehen Sie aus den Beilagen, daß es Schuldigkeit der
Mutter iſt wegen dem ganzen Nachlaſſe jure crediti und
nichts weniger als eine Begünſtigung gegen ihren Sohn
oder mich betrachtet werden kann. Mein Neffe im Inſti=
tut jetzt (vorher war es viel teurer), koſtet mir für das Nö=
tigſte oder was man Jahrgeld heißt 900 fl. mit Kleidung
uſw., Meiſtern außerordentlich, welches noch bis jetzt bei
der Schneiderobervormundſchaft nicht möglich war, auf
wenigſtens 1300 fl. W. W. Einige Rechnungen werden
ſich finden, welche Ihnen alles noch deutlicher machen. Da
es auffallend iſt, daß es nun beinahe neun Monate iſt, daß
die Frau v. Beethoven ihre Penſion nicht abholte, ſo glaube
ich, daß dieſes im Zuſammenhange mit dieſer Kabal und
ränkevollen Oberv. ſei. Ich ſchickte deshalb geſtern einen
Bogen vom verfloſſenen halben Jahr an die Kaſſe, welche
es auch bezahlen wollte; allein die Liquidatur bemerkte,
daß die Mutter ihre Penſion noch nicht behoben habe, daher
auch an den Hr. Vormund nicht bezahlt werden könnte, und
ſchrieb daher auf den Penſionsbogen die ſchon geſchehene
Anweiſung für ungültig. Ich glaube daher, daß es nötig,
uns vorzuſehen und daß Sie alle gerichtlichen Mittel,
welche uns, dieſe mir von Rechts wegen zugehörige Hälfte
der Penſion zuſichern, ſogleich ohne Verzug anwenden. Ich
glaube, ſogleich Beſchlag auf ihre Penſion, welche ſie jetzt
und für die Zukunft zu erhalten hat, zu legen, ſei das
ſicherſte, allein eilig und ſchleunig, denn wir haben, wie
Sie ſehen, mit ſchlechten Menſchen zu tun …

922] An S. A. Steiner.   30. Okt. 1819.

Revers. Da mir Herr S. A. Steiner heute bare Gulden
ſiebenhundertfünfzig W. W. dargeliehen hat, ſo verbinde
mich, dieſen Betrag am 30. Dezember 1819 wieder bar,
nebſt ſechs Prozenten Intereſſen, an die Order meines
Herrn Darleihers zurückzubezahlen und dagegen meinen
gegenwärtigen Revers einzulöſen. — Urkund deſſen habe
dieſen Revers durchaus eigenhändig geſchrieben und unter=
ſchrieben.   Ludwig van Beethoven.

Kanon für S. A. Steiner. (Oft. 1819.)

Hol Euch der Teu = fel? B'hüt Euch Gott!

924] **An den Magistrat der Stadt Wien.** (30. Oft. 1819.)

Löblicher Magistrat! Im November 1815 ist mein Bru=
der Karl van Beethoven mit Tode abgegangen und hat den
12jährigen Knaben Karl zurückgelassen.

In seinem Testament A. § 5 übertrug er mir die Vor=
mundschaft über diesen Knaben, und in seinem Kodizille B.
äußerte er den Willen, daß seine rückgelassene Gattin Jo=
hanna auch daran teilnehmen sollte mit dem Beisatze, daß
er ihr zum Wohl seines Kindes Nachgiebigkeit empfehle. —
Dieser ausdrückliche Wille des Vaters räumt mir daher,
sowie das Gesetz als nächsten Verwandten § 198, die Vor=
mundschaft über meinen Neffen Karl van Beethoven un=
bestreitbar ein, und die hohen Landrechte haben mir auch
mittelst Dekretes E. über die erhobenen Verhältnisse diese
Vormundschaft und zwar mit Ausschluß der Witwe Jo=
hanna van Beethoven übertragen.

Da ich einer Geschäftsreise wegen einige Zeit abwesend
war, so war ich nicht entgegen, daß einstweilen ein gericht=
licher Vormund mich supplierte, wie dies mittelst Ernen=
nung des Herrn Stadtsequesters Nußböck geschehen ist.

Nachdem ich aber für beständig hier wieder anwesend
bleibe und mir das Wohl dieses Knaben inniglich am Her=
zen lieget, so erheischt es meine Pflicht und meine Liebe zu
ihm, die mir zustehende Vormundschaft wieder selbst zu
übernehmen, und zwar um so mehr, als dieser talentvolle
Knabe in die Jahre tritt, wo größere Sorgfalt und größere
Kosten gleichmäßig für seine Bildung verwendet werden
müssen, von welcher Bildung sein ganzes künftiges Leben
abhängt, die einem Weibe, seiner Mutter allein um so min=
der überlassen werden kann, als sie weder den Willen noch
die Kräfte hat, jene zweckmäßigen Maßregeln vorzukehren,
die die männliche und entsprechende Erziehung erfordert.

Ich muß um so mehr diese Vormundschaft wieder rekla=

mieren, als ich vernehme, daß man den Knaben aus Man=
gel der Bestreitungskosten aus seinem dermaligen, von mir
bestimmten Erziehungsinstitute nehmen und die Mutter bei
sich im Hause behalten wolle, um die wenigen ihm zukom=
menden Zinsen selbst zu verzehren und die Hälfte ihrer
Pension, die sie für ihn, laut Erledigung D., zu verwenden
schuldig ist, für sich einzustreichen.

So wie ich bisher väterlich für meinen Neffen gesorgt
habe, so werde ich auch in Hinkunft das Abgängige aus
Eigenem tragen; aber die Hoffnungen seines seligen Va=
ters und meine Erwartungen von diesem talentvollen Kna=
ben sollen in Erfüllung gehen, und er zum tauglichen
Mann und Staatsbürger werden.

Mit dieser Voraussetzung bitte ich demnach, Ein löbl.
Magistrat geruhe dem Stadtsequester Nußböck die interimi=
stische Vormundschaft abzunehmen und mir die Vormund=
schaft über meinen Neffen Karl van Beethoven ohne Ver=
zug zu übertragen.   Ludwig van Beethoven.

925] An Ferdinand Ries.   Wien, 10. Nov. 1819.

Lieber Ries! Ich schreibe Ihnen, daß die Sonate schon
heraus ist; jedoch ungefähr erst vierzehn Tage; denn es
sind beinahe sechs Monate, daß Ihnen beides geschickt
wurde, das Quintett und die Sonate. — Ich sende von
hier in einigen Tagen sowohl die Quintette als die Sonate
gestochen, wonach Sie denn alles korrigieren können in bei=
den Werken.

Da ich keinen Brief über den Empfang beider Werke von
Ihnen erhielt, so dachte ich, daß es nichts damit wäre. Habe
ich doch schon durch Neate dieses Jahr Schiffbruch gelitten!
Ich wünsche nun, daß Sie sähen, die 50 Dukaten noch zu
erhalten, da ich darauf gerechnet habe und wirklich viel
Geld bedarf.

Für heute schließe ich, melde Ihnen nur, daß ich eine
neue große Messe beinahe vollendet. Schreiben Sie mir,
was Sie damit in L. machen könnten, allein bald, sehr bald,
— sowie auch bald das Geld für die beiden Werke. — -
Nächstens schreibe ich Ihnen weitläufiger.

In Eile! Ihr wahrer guter Freund Beethoven.

34*

Sie verzeihen mir schon meine Zudringlichkeit, so wie ich wünsche, daß mein Vertrauen zu Ihnen Sie nicht beleidige — in diesem Augenblicke treffen mich gerade die meisten und größten Auslagen, und mehrere Einnahmen, die mir gesichert sind, habe ich noch nicht empfangen, Verhältnisse und Rücksichten lassen nicht zu, zu Mitteln zu greifen, die mir eben noch zu Gebote wären. — —

An Sicherheit mangelt es nicht, wenn Sie nur sonst gesonnen wären, mir gütigst in dieser augenblicklichen Verlegenheit beizustehen. — Herr von Oliva wird Ihnen alles aufklären, und ich hoffe, daß Sie mir diese zwar von Ihrer Seite fremde Art von Gefälligkeit nicht versagen werden. — Ich behalte mir vor, überall, wo es nur meine geringen Kräfte nicht übertrifft, Ihnen aufs bereitwilligste zu zeigen, wie willkommen mir Ihre Wünsche sein werden. — Euer Wohlgeboren ergebenster Diener   Ludwig van Beethoven.

927] **An Erzherzog Rudolf.** 19. Dez. 1819.

Ihro Kaiserliche Hoheit! Gleich, nachdem ich das letztemal bei I. K. H. war, befand ich mich übel; ich meldete es I. K. H., allein, indem eine Veränderung in meinem Hauswesen vorging, kam sowohl dieser als ein anderer Brief an I. K. H. nicht an, wo ich Allerhöchstdieselben um Nachsicht bat, indem ich einige Arbeiten geschwind zu befördern hatte, wodurch denn leider die Messe auch mußte ausgesetzt werden. — Schreiben I. K. H. alles dieses dem Drang der Umstände zu. Es ist jetzt nicht die Zeit dazu, alles dieses auseinanderzusetzen; allein ich werde, sobald ich den rechten Zeitpunkt glaube, doch müssen, damit I. K. H. kein unverdientes hartes Urteil über mich fällen. — Mein Herz ist allzeit bei I. K. H., und ich hoffe gewiß, daß sich endlich die Umstände so ändern werden, daß ich noch weit mehr dazu beitragen kann, als bisher, Ihr großes Talent zu vervollkommnen. Ich glaube, daß I. K. H. wenigstens den besten Willen hierin schon wahrgenommen, und gewiß überzeugt sein werden, daß nur unübersteigliche Hindernisse mich von meinem verehrtesten mir über alles ins Herz gewachsenen liebenswürdigsten Fürsten entfernen können. — Erst gestern habe ich den Irrtum mit den beiden Briefen erfahren, diesen bringe ich selbst, denn ich habe niemanden Verläßlichen in meinem Dienst. — Ich werde mich diesen Nachmittag um halb 5 Uhr anfragen. — Meinen unauslöschlichen Dank für das liebe Schreiben J. K. H. an mich, wenn J. K. H. Achtung gegen mich aussprechen, so kann dieses nur den Trieb zu allem Guten noch vermehren und erhöhen. — Ich küsse J. K. H. die Hände und bin J. K. Hoheit treu gehorsamster Diener 　　　　　　　　　　　L. v. Beethoven.

928]　An Gräfin Marie Erdödy.　　　　19. Dez. 1819.

Alles Gute und Schöne meiner lieben verehrten mit teuren Freundin von Ihrem wahren und Sie verehrenden Freunde 　　　　　　　　　　　L. v. Beethoven.
In Eil am 19. Dez. 1819, bald komme ich selbst.

929]　An Gräfin Marie Erdödy.　　　　31. Dez. 1819.

Glück zum neuen Jahr (dreistimmiger Kanon).

930]　An Johann van Beethoven.　　　　　(1819.)

Lieber Bruder! Ich ersuche Dich, diesen Vormittag zu mir zu kommen, da ich notwendig mit Dir zu reden. — Wozu dieses Betragen? wozu soll es führen? Ich habe nichts wider Dich, ich messe Dir nicht die Schuld bei, was die Wohnung betrifft; Dein Wille war gut, und es war ja auch selbst mein Wunsch, daß wir näher zusammen sein sollten, das Übel ist nun einmal auf allen Seiten in diesem Hause da, Du willst aber von allem nichts wissen, was soll man hiezu sagen? — Welch liebloses Betragen, nachdem ich in eine so große Verlegenheit geraten bin! — Ich bitte Dich noch einmal, zu mir diesen Vormittag zu kommen, damit man sich über alles Nötige bespreche. — Laß' nicht ein Band zerreißen, welches nicht anders als ersprießlich für uns beide sein kann! — Und deswegen? um nichtswürdiger Ursachen willen!! — Ich umarme Dich von Herzen und bin wie immer Dein treuer Bruder 　　　Ludwig.

Verzeihen Sie, handeln Sie kraftvoll und schnell, was
möglich ist. Mit solchen Menschen kann ein Ehrenmann
nicht anders als durch Gewalt handeln. — In Eil. Hochachtungsvoll Ihr ergebenster Beethoven.

Es wird ebenfalls vielleicht nötig sein, sofern Befehle
zu haben, daß Sie ihn dort nicht mit Gewalt wegnehmen.
NB. Die Wohnung der Frau Beethoven werde ich Ihnen
noch heute schicken. Kein Haus hat sie mehr, also können
wir uns nur an der Pension erholen.

Hier muß es heißen: veni, vidi, vici.

932] **An Blöchlinger.** (1819.)

Euer Wohlgeboren! Es ist endlich Zeit, daß Sie nun
strenge darauf halten, daß die Mutter Karls Ihr Haus
nicht mehr betrete. — In dieser Hinsicht ersuche ich Sie, ihr
das Gewäsche, was sie Ihnen gestern geschrieben, sogleich
zurückzuschicken und ihr zu bedeuten, daß sie Ihr Haus nie
sich unterstehe zu betreten. Das ist die Sprache, welche man
mit dergleichen Personen führt und wie man sie behandelt.
Ich mache Sie als Vormund dafür verantwortlich (denn
ich bin es wirklich, woran Sie hoffentlich nicht zweifeln
werden), und wäre ich es nicht, so würde jeder, der mich
nur kaum kennt, doch die Grenzen zu setzen wissen, die hier
nötig sind. Wie kann man mir zumuten, mich immer gegen
die abscheulichen Verleumdungen und Bosheiten gegen
mich von dieser verworfenen Person verteidigen zu wollen. Karl entlief zweimal im heimlichen Einverständnisse
mit ihr und alle beiden Male hatte er schlechte Streiche begangen und fand Schutz bei seiner Rabenmutter, wurde
aber auch beide Male wieder weggenommen. Und ebensol-
cher abscheulicher Lügen voll ist das andere Gewäsche. Es
ist mir unmöglich, ferner mehr mich mit diesem Gewäsche
abzugeben und ich ersuche Sie ebenfalls, ihr zu verbieten,
daß sie Ihnen schreibe. Zugleich lege ich als Vormund eine
Schrift bei, für Sie, der Sie ohnehin nicht benötigt sind,
weil Sie beauftragt sind, sie mit Berufung auf die vormundschaftlichen Behörden sie jedesmal abzuweisen.

Es braucht hier vom Magistrate etwa keine schriftliche

Order, da Sie selbe schon aus dem Munde des Referenten empfangen haben. Ich schicke Ihnen die Schrift von mir bloß, damit Sie sehen, daß ich wirklich der Vormund bin, welche Würde mir gar keine Behörde nehmen kann.

Sie haben sie auch vor einiger Zeit wieder kommen lassen, wider unsere Verabredung. Ich wußte es schon eher, als Sie es Herrn von Bernard anzeigten, indem jemand von meinen Bekannten, der dort in der Nähe wohnt, sie gesehen hatte. Nur verblümt hatte Herr von Oliva den Auftrag, mit Ihnen davon zu sprechen. Dies hat er freilich, wie ich höre, im Eifer nicht befolgt. Dies ist natürlich, weil wir alle sie, die Mutter, als eine schlechte Person kennen und Ihre frühere Verkennung meiner von Ihnen, die mir selbst noch ein gewisses Mißtrauen übrig gelassen hat. Ihm sei, wie ihm wolle, es schickt sich, daß ich als Vormund und Versorger meines Neffen die Einsicht in alles, was in dergleichen vorgenommen wird, haben muß. Giannatasio wollte sie selbst auf mein Ansuchen nicht im Hause dulden. Denn sie war ihm und seiner Familie ein Greuel, und ohne mein Zutun verabscheuten sie selbe schon wegen ihren schlechten Reden über mich; denn gut und gefällig, wie freundschaftlich war die ganze Familie und ist es noch. Sie wußte meinem Charakter Gerechtigkeit widerfahren zu lassen und nie, nie hatte ich nötig, mich gegen ihr elendes Gewäsche verteidigen zu müssen, weil man ihr den Zutritt überhaupt erschwerte und sie späterhin gar nicht dort dulden wollte. Was sie bei Ihnen gewagt hat, hätte sie sich dort nicht unterstanden. Es ist abzunehmen, daß Sie noch immer zu gefällig gegen sie sich betragen haben. Wie könnte sie sich sonst unterstehen, dergleichen Briefe an Sie zu schreiben! Erziehung bedarf, wie Sie selbst wissen, der höchsten Konsequenz und bei dem Knaben von dieser Rabenmutter gewiß vorzüglich.

Sie könnten zuversichtlicher handeln, noch ehe Sie die Bewilligung der österreichischen Landrechte (?) hatten. Um so mehr jetzt. Und Sie sehen, das Blatt hat sich gewendet und ich kann versichern, ohne mein Zutun. Die Wahrheit wird endlich alles dies Giftgemische dieser Königin der Nacht völlig unterdrücken und besiegen. Mit Karls Beneh=

men bin ich gar nicht zufrieden gegen mich; er ist verstockt gegen mich, und dies datiert sich von seiner Mutter her, noch von seinem letzten Aufenthalte bei ihr. Man kann denken, welches Gift sie ihm beigebracht hat. Daher das System, daß nicht gegen sie gesprochen werden soll, nicht wohl bestehen kann. Er kann nicht anders angewiesen werden, als daß er ihr Schonung schuldig ist. Er kennt sie selbst von Kindheit an und sie ist ihm bei Giannatasio immer gezeigt worden, wie sie ist und war. Selbst Geistliche haben keinen Skrupel hier finden wollen und haben dasselbige getan, und nun haben Sie neuerdings die?? als Beispiel vor sich), indem ihn der Herr Referent gestern selbst nur an mich angewiesen hat und ihm Gehorsam in allem an mich empfohlen; daher Sie ebenfalls ihm sagen können, daß die ?? von selbst verboten hat, daß ihn die Mutter ferner sehen soll, weswegen usw. Dazu wird Ihnen hoffentlich der Stoff jetzt nicht fehlen. Ich mag ihn jetzt lieber gar nicht mehr sehen — als so, wie er jetzt sich gegen mich beträgt. Zwar hat er sich einigemal früher durch den bösen Einfluß gegen mich vergessen, allein bald war wieder alles im alten Geleise. Mir blutet das Herz. Man stelle sich vor, wie ich seinen Vater mit Wohltaten überhäuft, ihm sein Leben (ebenfalls durch diese schreckliche Person vor seiner Zeit in das Grab gekommen) mehrere Jahre dadurch verlängert, wie ich für den Sohn gesorgt, mehr wie für mich selbst, wie er mir gedankt hat, ihn von seiner Mutter befreit und gerettet zu haben. Und nun dies Betragen, herzlos, gemütlos, ohne das mindeste Zeichen einer Anhänglichkeit, einer Teilnahme. Sein Brief hat für mich nichts als Phrasen und beinahe hätte ich ihm ihn zurückgeschickt. Bernard hat es nur verhindert. — Es ist hier kein Mittelweg möglich, alles für mich oder nichts; denn von mir hängt sein Fortkommen und sein Glück ab. Selbst für seine Zukunft habe ich gesorgt und nicht ohne Aufopferungen.

Durch die Verwirrungen ist er von seiner Bahn gewichen und ich vermute sogar, daß ihn seine Mutter vielleicht hat schwören lassen, mir ja kein Zeichen der Liebe und Anhänglichkeit zu geben. Etwas Ähnliches hat sie schon einmal versucht. Es ist daher nötig, daß er wieder in seine vorige

536

Bahn um mich zurückgeleitet wird. Dies kann nicht anders geschehen, als daß ihm die Mutter, gerade wie sie ist, gezeigt wird. Ihr übler Ruf, ihr böser unmoralischer Charakter läßt nie zu, daß er ihr viel nahe sein könnte. Ich muß daher noch einmal um die höchste Konsequenz hierin bitten, ohne welche nichts gedeihen kann. Es ist zuviel gefordert, daß ich mir eine Schlange in meinem eigenen Busen erziehen lassen soll. — Edelmut muß auch wieder Edle hervorbringen, und die Tugend darf das Laster bloß ertragen, aber nicht seine bösen Wirkungen ungehemmt lassen. — Ich muß darauf bestehen, daß Sie gänzlich alle Kommunikationen mit ihr aufgeben, sowohl alle persönlichen, wie auch schriftliche. Ich will kein Wort mehr von ihr hören. Gott, der mir noch alle Zeit beigestanden, wird auch wieder das böse, schlechte.. irregeführte Herz meines vielleicht einmal unglücklichen Neffen zu bessern wissen. —

Ihr ergebenster Beethoven.

933] **An Erzherzog Rudolf.** (1819.)

Ihro Kaiserliche Hoheit! Ich bedaure innigst, heute nicht aufwarten zu können, sowohl wegen der nachteiligen Witterung meinen katarrhalischen Zustand betreffend, als weil ich auch sehr gedrängt bin, etwas zu schreiben, welches gerade durch Gelegenheit muß fortgeschickt werden. — Morgen werde ich ganz sicher J. K. H. wieder aufwarten, und zwar, sowie ich glaube, da J. K. H., wie ich sehe, selbst immer sich beschäftigen, nachmittags um 5 Uhr. Mit Vergnügen werde ich gern einige Stunden bei J. K. H. zubringen; sollten dies J. K. H. genehmigen, so bitte ich, es nur sogleich der Überbringerin dieses hinaussagen zu lassen. Ich hoffe, der trübe Himmel wird sich wohl endlich erheitern und Seele und Körper auch. — Ihro Kaiserl. Hoheit treu gehorsamster Diener Beethoven.

934] **An Karl Bernard.** (1819.)

Hier, lieber Bernard, Ihr Brief für den M.=B. Es ist gut, wenn Sie ihn früher lesen und alsdann erst zumachen, ohnehin haben wir ein B gemeinschaftlich. — Der beigeschlossene Brief kürzlich von Giannatasio kann nicht anders als gut sein ihm zu zeigen und allenfalls zulaffen, auch daß man die Hälfte der Penfion, wovon man 1818 das erste bezogen, obschon von 1813 mein Neffe gänzlich auf meine Kosten (erzogen wurde), ihr laffen wollte, obschon selbe nichts anderes als eine Schadloshaltung für die ihr von meinem Neffen gänzlich abgetretenen Rechte an seinem Erbteil zu betrachten sei und sie solche ohne meine Einwilligung und Zutun nie erhalten hätte. — Karl hat noch keinen Buchstaben geschrieben als in einem Institute (?), kann der Sohn gegen den Vater begehen, was er nur immer will, ohne zur Ahndung gezogen zu werden?!! Gott besser's! Wie ich leide hierdurch, können Sie kaum glauben. Welche Verstocktheit und Undankbarkeit in diesem jungen Bösewicht?! Wenn Sie hingehen, verlangen Sie Karl zu sprechen, um zu hören, was dieser gänzlich Irregeführte in Ansehung meiner vorbringen wird. — Mein Bruder soll durchaus nicht zugelaffen werden; und es ist gut, ihn fühlen zu laffen, daß er eine so sträfliche Mutter, die, wer weiß mit welchen Kirkes-Zaubereien oder Verwünschungen oder Schwüren, ihn gegen mich verzaubert, gar nicht mehr sehen soll, die auf jeden Fall sein physisches und moralisches Verderben nur hat befördern wollen. — Denn er wird nur sprechen, was er alles bei ihm haben kann usw., die Elendigkeiten, welche ihn immer aus dem Geleise bringen.

In Eile der Ihrige.

Mit Ruhe!!! Was wäre denn geschehen mit dieser Ruhe ohne Unruhe?!!

935] An Erzherzog Rudolf.   (1819.)

Ihro Kaiserliche Hoheit! Als ein halber Kranker die ganze Zeit hindurch, halte ich mich eben so gut, als ich kann. — Der Anfall von J. K. H. tut mir ungemein leid, um so mehr, da ich gar nichts davon wußte, wo ich gewiß geeilt hätte, mich selbst zu erkundigen und zu fragen, ob ich nicht im Stande sei, einigermaßen durch etwas Ihre Leiden zu versüßen. — Morgen, da J. K. H. es wünschen, werde ich gewiß erscheinen, bei meinem liebsten, einzigen Gnädigsten Herrn!! — — — Ihro Kaiserlichen Hoheit gehorsamster
L. v. Beethoven.

Lieber Bernard! Es ist für meine so wenige Zeit zu um=
ständlich, an den Arzt selbst zu schreiben, dem ich mich hier=
mit bestens empfehle — nun kurz, was sie sicher hat, Pen=
sion 406 fl. 30 W. W. Interessen von 6700 fl. W. W. jähr=
lich 335 W. W., von Hofbauer soll sie ebenfalls jährlich
480 fl. W. W. erhalten, da wie ich höre, daß derselbe ihr
Kind für das seinige hält, so ist es wahrscheinlich, daß dem
so sei, und da sie schon eine solche Metze geworden, so
glaube ich, daß ich, noch Karl die Schuld ihres schlechten Be=
tragens fühlen sollen, daher wenn es seine Richtigkeit mit
diesen 480 fl. des Hofbauer hat, so glaube ich, daß man ihr
nicht die ganze andere Hälfte der Pension geben soll, viel=
leicht könnte ein so ausgezeichneter Mann wie der Arzt die
Sache aufhellen, übrigens wünsche ich nicht in Berührung
mit ihr zu kommen; ich sende ihr hier 11 fl. C.=M. und bitte
Sie, selbe durch den Arzt ihr zuzustellen, und zwar, daß sie
nicht wisse, woher es kommt, jedoch bitte ich, daß sie schrift=
lich gibt, daß sie dieses erhalten; — sollte man über alles
aufgehellt werden können, so kann man sehen, was noch
weiter für sie zu tun ist, wo ich zu aller Hilfe bereit bin. —
Ihr Freund Beethoven.

Im Kollegium vorzulesen dem Herrn Blöchlinger. Vor=
dersatz, der Knabe ist im Institute, um mit seiner Mutter
gar keine oder äußerst seltene Gemeinschaft zu haben —
was folgt hieraus? daß die L. R. hierüber eine eigene pas=
sende Verordnung erlassen — und daß vor kurzem H. v.
Blöchlinger vom Referenten durch die Obervormundschaft
bedeutet wurde, selbe gar nicht vorzulassen — und wie ist
dies befolgt worden? Sagte doch selbst B. zu Oliva, daß sie
freien Zutritt in seinem Hause habe, daß ich nicht Vormund
sei usw. usw. und es hat sich auch erwiesen, daß die Mutter
die ganze Zeit vorgelassen — es wäre sonderbar, wenn ich
jemandem, den ich nicht wollte, die Tür nicht weisen könnte.
— Giannatasio fand dieses gar nicht schwer; wenn ich aus
den Mißgriffen, welche B. in seinem ersten Briefe an mich,
an mir beging, schließen mußte, daß er Neuling in dieser

Sache war, so war dieses ein vernünftiger und nicht unvernünftiger Schluß. — Daher ich ihn bat, nicht hierin eben deswegen, weil er Neuling sei, eigenmächtig zu handeln, da ich mir von einem Manne, welcher nicht soviel guten Einfluß auf meinen Neffen gehabt, daß, ohnerachtet ich seit vier Wochen selben bitten ließ, mir zu schreiben, solches doch nicht geschah, eben etwas beschränkte Ansichten denken mußte, wie in noch mehreren anderen Fällen: — ein Mann behandelt die Erziehung nach den Umständen und den Grundsätzen, die hieraus folgen, hier geschah aber gerade das Gegenteil, die Opposition fand immer geneigtes Gehör, wie es aus dem ersten Briefe B. an mich und aus späteren Daten leicht erweislich ist. — Ich hatte also vollkommen recht, denselben zu bitten, sich nach dem zu richten was die Oberv. und ich für das zweckmäßigste für meinen Neffen hielten, daß ich hierin recht hatte, zeigt wieder das letztere Schreiben an die Frau Beeth., welches erstens zu spät und zweitens nicht in der Form war, die meinem Charakter angemessen ist, warum wurde das frühere Schreiben von mir an Sie nicht geschickt? Und trotzdem wanderte sie doch noch immer hin zu H. v. B. — wenn ich mich darüber aufhielte, daß ein Mann, dessen Adresse hier beiliegt, unter keinem Vorwande hätte fortgeschickt werden sollen, so habe ich hierin gewiß den Beifall aller vernünftigen Menschen, denn was die Gesundheit betrifft, dem muß alles andere nachstehen, und die Gelegenheit, wo ein guter Mensch uns eine Gefälligkeit erzeigt, muß nicht so abgewiesen werden, dieser Mann beschwerte sich über das Betragen B. bei mir mit Recht. — Für jetzt dringe ich noch einmal darauf, daß die Mutter gemäß dem Beschluß der Oberv. durchaus nicht zugelassen werde.   Beethoven.

Ich hatte wohl recht, wenn ich den ersten Brief des B. als Prämissen zum — Schluß betrachtete. —

938] **An Karl Bernard.**   (1819.)

Werter Freund! Ich melde Ihnen nur, daß es mit Karls Nachtsausbleiben nichts als Gewäsch war, es wird ihn aber sich hüten machen, indem er sieht, wie ein leichtfertiges Betragen solche nachteilige auch lügenhafte Reden nach sich

540

zieht — ich habe kein Papier, daher kurz — ich hoffe noch
das Beste — schweigen ist nötig — Sie können mich anmel=
den, man wird mich höfisch empfangen, ich frage auch da=
nach nicht. Eiligst Ihr Beethoven.

939] An Karl Bernard. (1819.)

[Aus der Zeit der Krankheit seiner Schwägerin.]

Sollte diese Summe zuwenig für ihre jetzigen Umstände
sein, so werde ich noch mehr tun.

(Ungedruckt.)

940] An Karl Bernard. (1819.)

Wegen Ruprecht, bitte ich Sie, ja zu schweigen, indem
man ihm in dieser Geschichte Unrecht tun könnte, indem er
versprochen, die Sache zu unterdrücken. Er wird bald alles
aufklären.

(Ungedruckt.)

941] An Karl Bernard. (1819.)

Er habe Oliva beauftragt, in seiner Wohnung nachzufragen,
ob in der Vormundschaftssache noch kein Gerichtsbeschluß her=
abgelangt sei.

Daß Karl noch nicht an mich geschrieben, verflucht, ver=
dammt, vermaledeites elendes Pack.

(Ungedruckt.)

942] An Karl Bernard. (1819.)

Sonntags auf jeden Fall schaffe ich Sie hierher und wir
wollen lustig sein, denn ich hoffe veritas non odium parit.
— Es ist also alles einerlei, ob mein Neffe mir oder dieser
schlechten verdorbenen Person anhängt?!

Der Ihrige Beethoven.

943] An Karl Bernard. (1819.)

Lieber B. Hier für die Gletscher ... was Sie für diesen
Eiskeller melden wollen, in einigen eigenen paar Zeilen,
steht Ihnen frei. — Sie haben noch gefälligst zuzusetzen,
daß er durchaus nichts anzunehmen habe, sonst von ihr; er
hat gestern einen Hut gehabt, der wieder von ihr neu ange=
schafft worden. Gehen Sie mir mit diesem gemeinen Pöbel.

Bei G. wäre es noch am besten gewesen, ich muß vor solchem elenden Pöbel wie ein armer Sünder dastehen und alle Abgeschmacktheiten werden aufgenommen und damit gemakelt — durch das jetzige Stillschweigen über alles was Karl besonders durch den Einfluß seiner bösen Mutter gegen mich angerichtet, wird K. glauben, daß seine Handlungen gegen mich gebilligt oder geduldet werden — nur ein etwas feines Gefühl hätte längst das Gewäsch sowohl schriftlich als mündlich nicht mehr angehört und angenommen, da wir, sowohl Sie als ich und ich und Sie einmal die meisten Erfahrungen über Karl haben. So ist es am besten, daß H. B. Gletscher sich nach uns richte — immer ist es mir, als hätten Sie mir noch etwas zu sagen, was mich erschrecken könnte, bald glauben Sie, daß ich K. gänzlich seinem Schicksale überlassen, bald daß ich es nicht tun sollte. — Noch haben Sie vielleicht Schreckliches für mich verborgen, dies ist nicht nötig. — Für mich gibt es nichts Schrecklicheres mehr als ich schon — auch durch Karl erfahren — also nur heraus, meine Brust ist stark, steche und stoße man nur zu. — Ich bitte Sie nun, den Brief an Blöchl. gleich besorgen zu lassen, hier das Trinkgeld. — Gott helfe mir, ich bin des Menschenverkehrs so müde, daß ich beinahe keinen mehr sehen und hören mag. Der Ihrige Beethoven.

Dr. Weißenbach) hat mir schreiben lassen, er will Karl zu sich nehmen, unter uns, jedoch nur bleibend. Dies würde ganz gut sein, mir ist dieser Gletscher und Eiskeller verhaßt.

944] An Karl Bernard. (1819.)

— — in den Briefen von Karl an Karl ist das Monatsgeld für B(löchlinger). — Ich lasse ihm sagen, daß falls ich sehe, daß bis Ende Oktober Ruhe ist, ich ihm sodann das halbe Jahr entrichten werde. — Von unserer Absicht kein Wort. — Sehn Sie doch, daß Sie längstens übermorgen hingehn, denn am 22. ist der Monat von B(löchlinger) geendigt. — Das erste wäre, die Vormundschaft niederzulegen, ohne jemanden zu wählen und Karl seinem Schicksale gänzlich zu überlassen. Denn er ist schon ein zu großer Taugenichts und paßt am besten zu seiner Mutter und zu meinem Pseudo-Bruder.

Fragen Sie doch Karl, ob ihn Dr. Hasenhut während
seiner Krankheit alle Tage besucht habe? — ob er sein
blaues Jankerl von Lind (?) erhalten, er will es hingeschickt
haben, und im Hause hat man noch nicht erfahren können,
ob er es hat. — Vergessen Sie nicht, wegen dem Titel des
Erzherzogs. — Verzeihen Sie dem Ihnen so sehr lästigen...
Von unserer Schrift soll kein Mensch was wissen.
Oliva war einige Tage hier, — welche Aufsicht bei
Blöchl., daß die Frau sich so hineinschleichen konnte, glau=
ben Sie mir, es ist nichts da, in kurzem sind wir ganz, wo
wir waren. — Warum fragte er sich nicht bei mir oder bei
Ihnen an und was kann eigentlich an einem Menschen sein,
der mir so roh geschrieben? — Sie können es mit Karl hal=
ten, wie Sie wollen, lassen Sie ihn auch schreiben, jedoch
sagen Sie sonst nichts davon, er wird wieder herz= und ge=
mütlos Verstellung, kalte Dankbarkeit enthalten, er gehört
schon zu dem Natterngeschlecht seiner bestialischen Mutter.
— Erkundigen Sie sich, wie oft sie schon dagewesen, und
ohne sich vielleicht voraus anzukündigen, welches durchaus
bei dieser Rabenmutter sein sollte, ich werde sodann eine
Verordnung erlassen, wie es damit zu halten ist, das Ver=
trauen zu ihm ist tot. — Am Ende läßt er ihn auch aus dem
Hause, dann soll ihn aber der Teufel holen.

946] An Karl Bernard. (1819.)

Bester Bernardus non Sanctus! Man will oder will
man? — Ich sende Ihnen die Schrift hier zurück, die ich ge=
lungen fand, was ich angemerkt, werden Sie vielleicht gar
nicht berücksichtigen, dies steht Ihnen frei, denn ich kann
hier nicht sagen: anche io sono pittore, nun bitte ich Sie
aufs innigste, lassen Sie selbe abschreiben, ob ein Stempel=
bogen und welcher, weiß ich nicht, fragen Sie jemanden aus
der Staatskanzlei, mir ist es nicht eingefallen, sonst hätte
ich gestern unseren Kardinal gefragt. — Seine Eminenz,
welcher übrigens sogleich selbst die Schriften übergeben
wollen — haben sehr gelacht, wie ich Ihnen erzählte, daß
die selbige Person, wider welche das Gesuch eigentlich ab=
gezweckt war, aufgefordert zur Protestation dagegen wurde,

dies deucht mir, konnten Sie noch kontrastieren dagegen, ebenso konnte der Herr Kurator noch einen Stich bekom= men, daß die L(and)R(echte) auf selben so wenig Ver= trauen gehabt, daß ich noch einen der L(and)R(echte) ver= trauen besitzenden Mann, Dr. Adlersburg, beigesellt habe, — und nun leben Sie in will Mann und Mann will fort, bis lauter will—will—will—will Mann Mann usw. usw. hervorkommen. — Wegen der Bibliothek, hoffe ich bald, in einiger Zeit etwas anbringen zu können. — Der Anfang ist gemacht. — Ihr Beethoven.

947] **An Nikolaus v. Zmeskall.** (1819.)

Ich kann weder für das Glück (wenn der Maler es da= für hält), daß er mich gezeichnet, oder für das Unglück, daß er mich verzeichnet — da ihm aber soviel an meinem Gesicht, welches wirklich nicht soviel bedeutet, gelegen, so will ich ihm in Gottes Namen sitzen, obschon ich das Sitzen für eine Art Buße halte, — nun so sei's doch — da Ihnen aber so= viel daran gelegen, das begreif' ich kaum, will's auch nicht begreifen — o Gott, was ist man geplagt, wenn man ein so fatales Gesicht hat wie ich. Vale Domanovecs.

Beethoven.

948] **An Erzherzog Rudolf.** 1. Januar 1820.

Seiner Kaiserlichen Hoheit! dem Erzherzog Rudolf! dem geistlichen Fürsten! Alles Gute, alles Schöne! (Vier= stimmiger Kanon.) Von Ihrem gehorsamsten Diener

L. v. Beethoven.

949] **An das k. k. nied.=östr. Appellationsgericht.** 7. Jan. 1820.

Hochlöbl. k. k. n.=östr. Appellationsgericht! Ich suchte in A um die Übertragung der Vormundschaft über meinen Neffen Karl van Beethoven, an, wurde aber von dem löb= lichen Magistrate auf einen früheren Bescheid gewiesen. Über meine geziemende Vorstellung B erfolgte dieselbe Er= ledigung.

Ich finde mich hierdurch um so mehr gekränkt, als nicht bloß meine Rechte hintangesetzt, sondern selbst das Wohl meines Neffen keiner Aufmerksamkeit gewürdigt wird.

544

Notwendig sehe ich mich daher bestimmt, im Wege des Rekurses mein gegründetes Begehren diesem hohen Appellationsgerichte vorzulegen, und gerechtest zu bitten, mir die Vormundschaft über meinen genannten Neffen wieder zu übertragen.

Erstens bin ich sowohl aus dem Testamente des Vaters meines Neffen als aus dem Gesetze zu dieser Vormundschaft berufen, sowie mir auch die hohen Landrechte solche und zwar mit Ausschließung der Mutter übertragen hatten. Nachdem späterhin meine Verhältnisse mich von hier abriefen, so ließ ich es geschehen, daß inzwischen der Hr. Stadtsequester Nußböck ad interim aufgestellt wurde. Nachdem ich aber dermalen beständig hier verbleibe, so fordert mich das Wohl meines Neffen auf, diese Vormundschaft wieder zu übernehmen.

Zweitens tritt mein Neffe in die Jahre, in denen er einer höheren Bildung zugeführt werden muß. Weder die Mutter noch der dermalige Vormund sind hierzu geeignet, den Knaben auf diese wissenschaftliche Bahn zu leiten. Erstere nicht, weil sie ein Weib ist und was aktenmäßig vorliegt, von seiten ihrer Konduite, ohne mehr zu sagen, keine empfehlende Zeugnisse aufzuweisen hat. Daher sie auch die hohen Landrechte ganz von der Vormundschaft ausgeschlossen haben. Wie der löbl. Magistrat sie dennoch wieder bestellen konnte, ist nicht zu begreifen. Letzterer nicht, weil ihn einerseits als Stadtsequester die Administrationen von Häusern und Gründen zuviel beschäftigen, als daß er der Pflicht als Vormund eines Knaben gehörig nachkommen könnte, anderseits weil ich ihm als gewesenen Papierfabrikanten selbst nicht die nötigen Einsichten und die erforderliche Beurteilung zu einer wissenschaftlichen Erziehung zutrauen kann.

Drittens liegt mir nur allein das Wohl dieses meines Neffen innigst am Herzen. Ich selbst bin kinderlos, habe keinen näheren Verwandten, als diesen Knaben, der voll Talent ist und die besten Hoffnungen gibt, wenn er gehörig geleitet wird. Nun mußte ich vernehmen, daß er schon ein ganzes Jahr versäumte und in seiner eigenen Klasse zurückbleiben mußte, ich mußte vernehmen, daß man ihn sogar aus seinem jetzigen Erziehungsinstitut wegen Mangel der Kosten nehmen, und die Mutter zu sich nehmen wollte. Welches Unglück für diesen Knaben, der ein Opfer der Unwirtschaft seiner Mutter werden mußte, die den Anteil ihrer Pension, den sie für die Erziehung des Knaben verwenden sollte, für sich verbrauchen möchte!

Ich habe daher bei dem löbl. Magistrate kommissionaliter erklärt, daß ich den Abgang der Kosten für sein dermaliges Erziehungsinstitut aus Eigenem tragen und selbst zu Haltung mehrerer Meister das Nötige herbeischaffen wolle. Ich habe, da ich etwas schwerhörig bin, das die Mitteilung hindert, mir einen Mitvormund erbeten, den ich in der Person des Hrn. Peters, fürstl. Lobkowitz'schen Rats, vorgeschlagen habe, so daß sogleich ein Mann an die Spitze der Erziehung und Leitung meines Neffen gestellt würde, der seiner Kenntnisse ebenso als seiner Moralität wegen die allgemeine Achtung besitzt und dessen Einschreiten mir und jedem, dem das Wohl dieses Knaben am Herzen liegt, die Beruhigung gewähret, daß der Knabe eine seiner Fähigkeiten entsprechende Erziehung und Bildung erhalten könne und werde.

Mein Wille und mein Streben geht nur dahin, daß der Knabe die bestmöglichste Erziehung erhalte, da seine Anlagen zu den frohesten Hoffnungen berechtigen, und daß die Erwartung in Erfüllung gehen möge, die sein seliger Vater auf meine Bruderliebe baute. Noch ist der Stamm biegsam, aber wird noch eine Zeit versäumt, so entwächst er in krummer Richtung der Hand des bildenden Gärtners, und die gerade Haltung und Wissenschaft und Charakter sind für ewig verloren. Ich kenne keine heiligere Pflicht als die der Obsorge bei der Erziehung und Bildung eines Kindes. Nur darin kann die Pflicht der Obervormundschaft bestehen, das Gute zu würdigen und das Zweckmäßige zu verfügen: nur dann hat sie das Wohl des Pupillen ihrer eifrigen Aufmerksamkeit gewidmet, das Gute aber zu hindern, hat sie ihre Pflicht sogar übersehen.

Ja nur das Beste des Knaben im Auge, bin ich nicht entgegen, daß der Mutter fernerhin eine Art Mitvormundschaft zukommen möge, die darin bestehen mag, daß sie den

546

Knaben besuchen, sehen und von allen Erziehungsvorkeh=
rungen Wissenschaft nehmen möge; allein ihr fernerhin
allein die Vormundschaft zu überlassen, ohne daß ein tüch=
tiger Vormund an ihre Seite gestellt, das hieße das Ver=
derben des Kindes unausbleiblich herbeiführen.

Bei diesen lautsprechenden Gründen wiederhole ich dem=
nach meine gegründete Bitte und sehe der gerechten Will=
fahrung um so mehr entgegen, als hier nur allein das Wohl
meines Neffen meine Schritte leitet.

Ludwig van Beethoven.

950] An Hofrat Peters. (1820.)

Verehrter Freund! Ich bin überzeugt, daß Karl nur
aus falscher Scham diese Schritte gemacht hat; forschen Sie
ihn recht aus. Ich bin bereit, wenn er sich dem Studieren
fort widmen will, alles das, was nur immer möglich ist,
zu bewerkstelligen, damit er seine Vergangenheit weniger
fühle. Man könnte ihn hier ins Gymnasium geben oder
nach einem entfernten Orte von hier, z. B. nach Gräz usw.;
wenigstens sollte er die zwei Jahre Philosophie noch studie=
ren, indem er alsdann was immer ergreifen könnte. Dies
ist mein Ausspruch hierüber; will er aber durchaus nicht
mehr studieren, oder vielmehr glaubt er die Schwierigkeiten
desselben nicht überwinden zu können (obschon mir, wie
gesagt, falsche Scham und die Furcht vor den Prüfungen
die Hauptursache von seinem Betragen zu sein scheint), so
bin ich bereit, auch mich dem zu fügen, daß er den Kauf=
mannsstand ergreift, wo nun freilich für immer bei mir
nur Abneigung war. Sodann kann er in das polytechn.
Institut eintreten. Ich werde allem beistimmen, was Sie
für das Beste halten.

Hochachtungsvoll Ihr Freund Beethoven.

951] An Hofrat Peters. (1820.)

Was machen Sie? Sind Sie wohl oder unwohl? Was
macht Ihre Frau? — Erlauben Sie, daß ich Ihnen was
singe.

Sankt Petrus war ein Fels! Sankt Bernardus war
ein Sankt?? (Kanon.)

35*

Was machen Ihre jungen Fürsten?

Sind Sie heute zu Hause, nachmittags gegen 5 Uhr, vielleicht besuche ich Sie samt meiner Staatsbürde.

In Eil Ihr Beethoven.

952] **An Tobias Haslinger.** (1820.)

Sehr bestes Adjutanterl! Ich habe eine Wette eingegangen um 10 fl. W. W., daß es nicht wahr sei, daß Ihr hättet müssen an Artaria wegen der Herausgabe der Mozartschen Werke (die obendrein schon überall nachgestochen und nachgestochen verkauft wurden) 2000 fl. — als Schadenersatz bezahlen müssen. — Ich wünsche wirklich die Wahrheit zu wissen, — ich kann es unmöglich glauben. Sollte aber wirklich dies Unrecht an Euch begangen worden sein, so muß ich dolce contento 10 fl. — bezahlen. — Gebt mir einen wahren Bescheid. Lebt wohl, seid christlich.

Euer Beethoven.

953] **An Peter Simrock.** Wien, 10. Febr. 1820.

Lieber Simrock! Sehr beschäftigt kann ich jetzt erst ihr letztes Schreiben an mich beantworten, ich erhielt nichts von Ihnen, was einen Plan der Herausgabe meiner sämtlichen Werke angedeutet hätte, ich bitte darum baldigst, indem mir manches darüber schon mitgeteilt worden, welches mir aber eben nicht für die Dauer ausführbar scheint, gewiß würde dieses Unternehmen bei Ihnen am besten ausgeführt werden können. Sie wünschen Werke von mir, ich zeige Ihnen daher an, was ich Ihnen wohl geben könnte, sowie auch zugleich das Honorar. Sie wissen ohnehin, daß ich von Ihnen nicht mehr als von andern nehme. Z. B. 25 schottische Lieder mit englischem Text und mit Begleitung des Piano, Violin und Violoncell (beide ad libitum). Unter diesen Liedern oder Gesängen ist ein Duett und vier davon mit Chören, Sie könnten vielleicht sie in beiden Sprachen, englisch und deutsch, herausgeben. Sie sind übrigens leicht, immer mit Ritornellen am Anfang und am Ende, auch inzwischen zuweilen, versehen und können für kleine häusliche Zirkel dienen. Das Honorar 60 Dukaten in Gold. —

Acht Themata mit Variationen für Klavier und eine Flöte ad libitum, worunter 6 Themata schottische Lieder und ein russisches zum Grunde haben, die 2 andern Them. sind Tiroler Gesänge (ebenfalls leicht). Honorar 70 Dukaten in Gold.

Große Veränderungen über einen bekannten „Deutschen", welche ich Ihnen indessen nicht zusagen kann noch vor der Hand, und wovon ich Ihnen, wenn Sie solche wünschen, das Honorar alsdann anzeigen werde. — Was die M e s s e betrifft, welche nun bald aufgeführt wird, so ist das Honorar 125 Louisdor. Sie ist ein großes Werk. Ich muß Sie aber bitten, mir längstens in einigen Wochen die Antwort zu geben, denn sonst verliere ich, indem ich aufgehalten bin, anderen diese Werke zu geben, wenn es mit dem Plan der Herausgabe meiner sämtl. Werke bei Ihnen in Richtigkeit wäre, so würde ich Ihnen um so lieber sowohl diese Werke als andere gern überlassen, indem sie alsdann am besten in Ihren Händen wären. — Was Karl betrifft, so konnte ich ihn nicht einmal nach Landshut zu dem berühmten und würdigen Professor Sailer bringen. Was glauben Sie, wie man schreien würde über Bonn, man würde gleich aus dieser Bonna eine Mala machen. In diesem Stück haben die Chinesen und Japanesen noch einen Vorzug vor unserer Kultur, wenn sie niemanden außer Landes lassen, da wenigstens eine andere Religion, andere Sprache, andere Sitten für sie anstößig gefunden werden können. Was soll man aber sagen, wenn man sozusagen aus einer Provinz in die andere nicht darf, wo Religion etc. alles eben so, höchstens vielleicht besser ist?!!! — Mein gnädigster Herr Erzbischof und Kardinal hat noch nicht Geld genug, seinem ersten Kapellmeister gehörig das Seinige zukommen zu lassen, dies dürfte noch eine Weile währen. Daher muß man sich den Zehrpfennig wo anders hernehmen. In dieser Rücksicht, da ich, wie öfter, mein Pflugfeld brach habe liegen lassen, ersuche ich Sie nochmals, mir die Antwort auf alles presto prestissimo zu senden, damit ich damit was Rechtens verfahre. Es braucht keiner anderen Adresse als den Namen Ihres Freundes. Auf diese Weise erhalte ich alle Briefe.

Beethoven.

Mitteilungen über die Frau Beethoven. Es ist schmerz=
haft für einen meinesgleichen, sich nur im mindesten mit
einer Person, wie die Fr. B., besudeln zu müssen; da aber
dies der letzte Versuch, meinen Neffen zu retten, ist, so lasse
ich mir um dessentwillen diese Demütigung gefallen. Lite
abstine, nam vincens, multum amiseris. (Enthalte dich
des Streites, denn auch wenn du siegst, wirst du viel ver=
lieren.) Wieviel lieber würde ich mich hiernach richten,
allein das Wohl eines Dritten läßt es mir nicht zu.

Die Fr. B. hatte gar keine Erziehung, ihre Eltern, bür=
gerliche Tapezierer ihrer Profession, überließen selbe mei=
stens sich selbst, daher entwickelten sich schon in ihren frühen
Jahren verderbliche Anlagen. Noch in ihrer Eltern Hause
mußte sie bei der Polizeibehörde erscheinen, weil sie ihre
Magd als Täterin von etwas angegeben hatte, wovon sie
selbst das Werkzeug war, und die Magd gänzlich unschuldig
befunden ward, jedoch entließ die Polizei sie aus Rücksich=
ten, mit dem Versprechen auf Besserung.

1811, wo sie schon Gattin und Mutter, zwar als solche
höchst leichtsinnig und locker, halsstarrig und boshaft, auch
ihren guten Ruf schon zum Teil eingebüßt hatte, beging sie
eine neue, schreckensvollere Untat, die sie sogar bis zu dem
Kriminalgerichte brachte; auch hier noch gab sie neuerdings
ruhig zu, daß an ihrer Untat ganz unschuldige Menschen
eingezogen wurden. Endlich mußte sie eingestehen, die allei=
nige Täterin zu sein. Nur durch die größten Anstrengungen
ihres Gatten und meiner Freunde wurde sie zwar nicht un=
gestraft, aber doch von der schimpflichsten Strafe befreit und
wieder entlassen.

Diese fürchterliche Begebenheit zog meinem verstorbenen
Bruder eine schwere Krankheit zu, wodurch er immer ein
siechendes Leben führen mußte. Nur meine wohltätigen
Unterstützungen fristeten ihm sein Leben noch eine Zeitlang.
Eine Weile noch vor seinem Tode nahm sie eine ziemliche
Summe Geldes auf, ihm unbewußt. Dies bewog ihn, sich
von ihr scheiden zu wollen, allein der Sensenmann kam und
schied ihn vom — Leben 1815, am 15. November. — Den

Tag vor seinem Tode ernannte er mich, indem er mir in seinem Testamente als seinem Wohltäter dankte, zum alleinigen Vormund über seinen Sohn. Kaum hatte ich am selben Tage ihn auf einige Stunden verlassen, so erzählte mir mein Bruder, als ich wieder zu ihm zurückkehrte, daß man während meinem Wegsein noch etwas nachgemacht, wozu man ihn verleitet es zu unterschreiben. (Es war das Kodizill, worin sie sich ebenfalls so gut wie ich zur Vormünderin erklären ließ.) Er bat mich, dieses sogleich von dem Advokaten zurückzunehmen, allein derselbe war am selben Tage nicht zu finden, obschon ich auf Bitten meines Bruders mich mehrmalen in seine Wohnung verfügte. Des anderen Tages früh um 5 Uhr war mein Bruder nicht mehr. — Trotzdem fehlte nur ein Zeuge, um zu beweisen, daß mein Bruder dieses Kodizill vernichtet haben wollte, wenn es auch nicht schon seine Kraft durch den § 191 des Bürgerl. Gesetzbuches verloren hätte, wonach denn auch die löblichen Landrechte ihm scheinen keine Rechtskräftigkeit zugesprochen zu haben, indem sie mich als ausschließlichen Vormund bestätigten.

Man sieht, daß sie 1815 noch eben keine Schritte zu ihrer moralischen Besserung gemacht hatte. Nach dem schon vorher Erzählten entdeckte sich ihre Unredlichkeit neuerdings gegen ihren Sohn in der Inventur. Ich schwieg, denn ich wollte ja nur die Seele meines Neffen retten. Gleich nach dem Tode meines Bruders war sie in vertraulichem Umgang mit einem Liebhaber, wodurch selbst die Schamhaftigkeit ihres unschuldigen Sohnes verletzt wurde, war sie auf allen Tanzböden und bei Lustbarkeiten zu finden, während ihr Sohn nicht einmal das Nötige hatte und einer elenden Magd von ihr allein überlassen war. Was wäre aus ihm geworden, wenn ich mich nicht seiner angenommen hätte?!

Daß sie sich von 1815—1820 ebenfalls immer als verdorbene, höchst verschlagene, die Verstellungskunst im höchsten Grade ausübende Person gezeigt habe, beweist folgendes: Wo sie nur konnte, mein Neffe mochte sein, wo er will, bei mir oder im Institute, suchte sie ihm irrige Vorstellungen beizubringen, nur immer heimliche Verbindungen mit ihm zu allem Abscheulichen, dergleichen Verstellung und

Lügen find, felbft anzuleiten. Selbft mit Geld fuchte fie ihn zu verführen und gab ihm wieder Geld, um andere Menfchen zu mißbrauchen, zu ihren böfen Zwecken. Ein paarmal, wo er fich am ftärkften vergangen, wußte fie ihn zu fich zu locken, wo es dann hieß, daß fo etwas gar nichts zu bedeuten habe. Mich, feinen Wohltäter, Ernährer, Erhalter, kurz, feinen Vater im wahren Sinne des Wortes, fuchte fie durch die abfcheulichften Intrigen, Kabalen, Verleumdungen herabzufeßen, allem, dem Unfchuldigften felbft, ihr moralifches Gift anzudichten. Endlich erreichte ihre höllifche und doch unverftändige Betriebfamkeit einen neuen Glanzpunkt unter der würdigen Obervormundfchaft des Magiftrats, indem fie bei den bevorftehenden öfterlichen Prüfungen 1819 meinen Neffen antrieb, zu machen, daß er in die zweite oder in die dritte Klaffe komme, weshalb man ihn von hier nicht entfernen könne. Bei mir hatte fie noch immer einen Damm gefunden, den fie vergeblich einzureißen verfuchte. Allein als Vormund war Herr von Tufcher gar wenig gehört und beachtet von der magiftratifchen Obervormundfchaft. Diefelbe hatte ein befonderes Vergnügen, mit diefer liebenswürdigen Frau einige Höllenfpeifen zu genießen, und deswegen hat ihr mein Neffe allezeit Dank abzuftatten, daß er ein ganzes Jahr feines wiffenfchaftlichen Lebens eingebüßt hat durch die Zuneigung, die diefe geachtete Obervormundfchaft gegen feine liebreiche Mutter gefaßt hatte. Man kann denken, daß diefe löbliche Obervormundfchaft ihre Lieblinge doch verdientermaßen befördert, daher fehen wir fie fchon von 1819 im Oktober bis jeßt, 1820 im Februar, gar als Vormünderin ihres Sohnes, und den wahren und einzigen Vormund, Wohltäter, Ernährer, Erhalter feines verftorbenen Bruders und Vaters meines Neffen, wie meines Neffen felbft, auf die niedrigfte, pöbelhaftefte Weife erniedrigen. Doch wir find an den Mitteilungen über die Obervormundfchaft von dem Wiener Magiftrat.

Kein widerwärtigerer, übler Folgen voller Zufall konnte meinem Neffen widerfahren, als leider aus Mangel des Adels an diefe Obervormundfchaft zu gelangen, und ich, der Vormund, Erhalter, Ernährer, Beförderer alles Gu-

552

ten in ihm. Der Fr. B. ihr heuchlerisches Wesen, ihre Lü=
genhaftigkeit schienen dort einen guten Platz gefunden zu
haben. Mendatio comites tenebrae. (Die Lüge ist die Be=
gleiterin der Finsterniß.) Man entfernte sich sogleich von
den Grundsätzen der löblichen Landrechte, nach welchen ihr
nicht allein kein Einfluß in die Erziehung gestattet wurde.
Da es auch geschehen, daß, während der Magistrat die Ober=
vormundschaft hatte, ich einmal im Eifer meinen Neffen
vom Stuhl gerissen, indem er eben etwas sehr Arges be=
gangen, und da er auch nach der schon zwei Jahre früher
gemachten Operation des Bruches immer ein Bruchband
tragen mußte, so verursachte ihm dieses beim geschwinden
Umdrehen am empfindlichsten Orte einiges Weh. Ich ließ
gleich Herrn v. Smettana kommen, und er bezeugte sogleich,
daß es gar nichts auf sich habe, und nicht die mindeste Be=
schädigung vorhanden sei. Diesen Zufall hatte er auch schon
einmal beim Spielen mit anderen Knaben, wo auch Herr
v. Smettana gerufen ward; ich ließ aber mir sogleich von
Smettana schriftlich geben, was es für eine Bewandtnis
damit habe. Man kann denken, daß ein solcher Mann mir
zu Gefallen nicht lügen werde, noch viel weniger ließ es
seine Pflicht zu, ein wirklich vorhandenes Übel zu verschwei=
gen. Er lachte, als ich ihn um ein Zeugnis bat, „es ist nicht
der Mühe wert, davon zu reden," sprach er, aber ich wußte
wohl, warum ich dieses brauchte. Ich übergab es der Ober=
vormundschaft. Daß diese Vorsicht nötig war, zeigte sich bei
den, dem nachherigen, von mir gewählten Vormund Herrn
v. Tuscher, von der Obervormundschaft eingehändigten Pa=
pieren. Unter diesen befand sich auch ein Brief von der
Fr. B. an den damaligen Referenten, worin stand, daß ich
ihrem Sohne einen Leibschaden zugefügt, weshalb er drei
Monate das Bett hüten müsse. Man denke sich die erschreck=
lichen Lügen, indem der Knabe wie sonst immer ausgegan=
gen, und das Zeugnis des Herrn v. Smettana gewiß echt
war. Hieraus wird man schon sehen, wie auch diese Sache
vielleicht von der Obervormundschaftsbehörde vorgestellt
worden, und wie sehr es nötig, in allem mich selbst und
meinen Neffen zu hören.

(Ich gestehe, man soll sich nie vom Zorn hinreißen lassen,

denn ich bin auch ein Mensch, von allen Seiten gehetzt wie
ein wildes Tier, verkannt, öfters auf die niedrigste Art von
dieser pöbelhaften Behörde behandelt; bei so vielen Sor=
gen, dem beständigen Kampfe gegen dieses Ungeheuer von
Mutter, die immer alles erschaffene Gute zu ersticken suchte,
wird der Menschenkenner mich entschuldigen; jedoch man
lasse jetzt noch Herrn von Smettana kommen, und man
wird hören, daß alles, was nur in mindesten von einer Be=
schädigung gesprochen wurde, durchaus unrichtig und falsch
ist.)

Auch begab es sich, daß die Fr. B. mich beschuldigte bei
der Obervormundschaft, einen Brief an meinen Neffen
wider die Beichte geschrieben zu haben. Der Herr von Tu=
scher hat selben selbst gelesen und zeigte ihn daher diesen
Herren, denen nach seiner Aussage selbst dabei über die
wahrhaften religiösen, väterlichen Ermahnungen in An=
sehung dieser feierlichen Handlung die Tränen in die Augen
kamen. Man wird aber schon darauf kommen, daß des=
wegen diese Verleumdung der Fr. B. doch noch nicht getilgt
war, ohnerachtet es erwiesen war, daß mein Neffe am sel=
ben Tage (indem er nicht mehr bei mir war), aus dem In=
stitute statt zur Beichte, zu ihr selbst gegangen war, wes=
wegen ich ihn selbst später zum Beichten zu dem würdigen,
geistvollen Abte von St. Michael führte. — — Vielleicht
wird diese falsche Behauptung wieder im Berichte er=
scheinen.

Ich glaube nun noch einige kurze, historische Darstellun=
gen in Ansehung der Obervormundschaftsbehörde bis zum
jetzigen Zeitpunkt machen zu müssen. Gleich bei der Ankunft
von den Landrechten bei dieser Magistratsbehörde ward ich,
der ich meinen Neffen gemäß den Landrechten soviel als
möglich dem Einflusse und üblen Eindrücken der Fr. B. auf
meinen Neffen bewahrte, als Ursache eines Familienzwistes
angesehen. Es schien zwar, man faßte die Sache a priori
nicht, unterdessen wurde das Getriebsel der Mutter immer
ärger. Es ward unausstehlich. Sie wußte meinen Neffen
zum zweitenmal zu sich zu locken. Ich wählte Herrn von
Tuscher zum Vormund meines Neffen und wollte ebenfalls
unter diesen Verhältnissen und überhaupt selben nicht mehr

bei mir (haben), da bei diesen Umständen die Sorgen zu groß waren. Er kam also 1819 im Monat März in das Institut des H. Kudlichs. Ich war für dieses eben nicht sehr eingenommen und wünschte selben lieber bei Giannatasio, allein man wußte, wie entschieden dieser gegen die Mutter war, indem er die Entfernung derselben von ihrem Sohne als höchste Konsequenz in der Erziehung meines Neffen betrachtete, und wollte ihn lieber dort, wo die Mutter vielleicht eine günstigere Behandlung zu erfahren hatte. Obschon wie vorher ich der Kostentragende war, so mußte ich dieses geschehen lassen, da ich nicht mehr Vormund war. Indessen war mir der Antrag von dem berühmten würdigen Gelehrten und Geistlichen, S. M. Sailer zugekommen, meinen Neffen zu sich nach Landshut zu nehmen und die Oberaufsicht über seine Erziehung zu führen. Der würdige Abt von St. Michael erklärte dieses für das größte Glück, was meinem Neffen begegnen könnte, sowie andere erleuchtete Männer dasselbe. Selbst Seine Kaiserliche Hoheit, der jetzige Erzbischof von Olmütz, erklärte und verwendete sich dafür. Auch der Herr von Tuscher stimmte dafür, denn dieser Plan gefiel ihm am besten, da durch meines Neffen Entfernung von hier würde gänzlich verhütet, daß nicht mehr gegen das Gebot „Du sollst Vater und Mutter ehren", wozu er immer angeleitet worden war, könnte gefehlt werden, welches bei ihrer Gegenwart unmöglich. Obschon der Knabe seine Mutter vollkommen von Kindheit an kennt, so wäre doch Vermeidung alles Anstößigen gewiß zweckmäßiger; auch würde er dadurch den Störungen seiner Mutter gänzlich entzogen; aber ohne die Einwilligung der Obervormundschaft ging dieses nicht. Man wendete sich also an selbe, und man denke sich — welche Logik, welche Grundsätze, welche Philosophie! Die Mutter ward nun miteingeladen, dagegen zu protestieren! Kurzum, der ganze Anschlag fiel durch. Der Herr von Tuscher ward nun schon als parteiisch betrachtet. Dem Referenten, der endlich die Fr. B. vollkommen hatte kennen lernen und auch die Entfernung ihres Sohnes für das Beste hielt, wurde ein anderer Referent zugegeben, indem man ihn ebenfalls der Parteilichkeit beschuldigte, daher er selbst das Referat nie=

derlegte. Während diesem konnte mein Neffe sich aus dem Institut entfernen, wann immer, die Mutter hatte freien Zutritt, mein Neffe ward äußerlich und innerlich zugerichtet, daß er nicht mehr zu kennen war, und nun geschah es, daß ihm die Mutter den Rat gab, zu machen, daß er in die zweite oder dritte Klasse käme, wodurch man ihn nicht von hier entfernen könnte. Dieses tat er und muß nun noch ein ganzes Jahr hindurch auf derselben Klasse sitzen bleiben. Man kann denken, der Vormund konnte, eben schon im Verdacht der Parteilichkeit, nicht so energisch handeln als nötig. Ohnerachtet dessen, kam eine Anordnung in das Institut, gemäß welcher ihr der Umgang mit meinem Neffen verboten ward. Einige Wochen danach kam eine andere Anordnung, gemäß welcher mein Neffe an ihrem Namenstag ihr seine Verehrung bezeugen und selben Tag bei ihr zubringen sollte. Die Anordnung schien auf dem Erzieher zu beruhen, sie zu befolgen oder nicht. Der Mann war eben krank und traute sich nicht, zu widersprechen. Er selbst konnte nicht mitgehen, die Lehrer hatten keine Zeit, mein Neffe machte also die Wanderung allein von der Landstraße in den Tiefen Graben zu seiner Mutter, blieb da den ganzen Tag und die folgende Nacht über, überfüllte sich mit Speisen und starken Getränken, die ihm die ebenso unverständige als verdorbene Mutter reichte, und morgens, wo er kaum sich mehr rühren konnte, mußte er schon krank die Wanderung ins Institut wieder zurückmachen. Gerade selben Tag kam ich vom Lande, nach ihm zu sehen, und traf ihn im Bette liegend. Die Arzneien schienen mir seinem Zustande nicht entsprechend, denn sie hatte einen Stümper von Arzt hingeschickt. Ich nahm daher sogleich Dr. Hasenöhrl zu ihm, und es entdeckte sich, daß es ein Blutsturz war. Ich ließ alle Anstalten zur bestmöglichen Wartung für ihn machen. Trotzdem stürmte sie wie eine wütende Medea in das Institut. Sie hatte sich durch falsche Angebungen die Erlaubnis dazu wissen zu verschaffen, und mit Lebensgefahr, trotz dem Tadel des Herrn Dr. H., brachte sie ihren Sohn zu sich ins Haus. Ihr bangte vor der Entdeckung der wahren Ursache der Krankheit, und gern hätte sich ihr böser Genius damit geholfen, mir die Schuld davon aufzuschie=

ben. Bei dem H. von Tuscher hatte sie es schon versucht, und wer weiß, was darüber in dem Bericht des Magistrats wieder erscheint. Allein solche Irrlichter sind bald verwischt bei rechtschaffenen Menschen. Drei Wochen brachte er nun im Bette zu. Währenddessen eröffnet mir Herr von Tuscher seinen Entschluß, die Vormundschaft niederzulegen. Ehre war hier nicht zu ernten. Schlecht unterstützt von der Vormundschaft, war die Fr. B. täglich übermütiger, belog und hinterging ihn auf alle Art, und drohte ihm sogar, wenn er ihr nicht zu Willen sein wollte. Alles Gute traf jeden Augenblick eine neue Niederlage. Ich sah selbst, daß es nicht möglich war, auf diesem Sumpfwasser fortzukommen für ihn, und daß ich doch schon dadurch, daß alles nur von meinem Beutel bestritten wurde, ein kräftigerer Steuermann sein könnte. Ich nahm also an und wir vereinten uns an einem und demselben Tage, wo Herr von Tuscher die Vormundschaft beim Magistrat niederlegte, und ich die Erklärung, sie wieder übernommen zu haben, ebenfalls an demselben Tage dem Magistrat zuschickte. Selbe Erklärung ward angenommen. Mein Neffe war nun nach drei Wochen genesen, und ich brachte ihn aus guten Gründen in das jetzige Institut des Herrn Blöchlinger am 22. Juni 1819. Sowohl der Erzieher als ich hatten das System angenommen, daß man meinem Neffen einen Vorhang für alles Vergangene vorziehe, damit er darauf vergesse. Und ohnedies nicht erfreulich waren für ihn die Erinnerungen dieser Katastrophen. Allein sogleich sollte mein Neffe von seinem Sitze wieder vor eine Kommission gestellt werden. Der Erzieher schrieb mir seine Verlegenheit hierüber. Ich schrieb ihm, daß er sich auf mich als Vormund berufen solle, daß ich dieses jetzt nicht zweckmäßig fände, indem mein Neffe teils jetzt noch als Rekonvaleszent zu betrachten sei, an Körper und an Seele, daß ich aber bereit sei, jeden Augenblick mich zur Obervormundschaft zu verfügen, um ihr über alles, was sie verlange, Auskunft zu geben. Man begnügte sich damit. Da ich mir aber denken konnte, daß wieder vielleicht eine neue Vorladung kommen könnte, so schrieb ich einem meiner Freunde, mich davon zu benachrichtigen, wie der Brief Beilage A bezeugt. Es kam aber wieder eine neue Vorladung, daß mein Neffe vor eine Kommission kommen solle, und ich gab meinem Freunde den Auftrag, meine Gründe, warum sowohl ich vorderhand als der Erzieher es durchaus nicht gut fänden, daß mein Neffe zu einer Kommission komme, indem er ohnehin, wie man schon oben gesehen hatte, mißbraucht worden war, wodurch denn der Brief vom 20. August, Beilage B, an mich entstand. Man betrachte nur die unterstrichenen Stellen. Es war also wieder von dem Briefe die Rede wegen der Beichte, welchen ihnen Herr von Tuscher schon gezeigt. Keiner der Herren wollte sich aber dessen damals mehr erinnern. Ich konnte ihnen selben auch nicht zeigen, denn ich fand ihn nicht mehr vor. Übrigens erhellt aus der Beilage B, welchen Einfluß die Frau B. hier hatte, daß man beständig ihren Klatschereien Gehör gegen mich gab. Man sieht, wie der Referent selbst diese Person doch kennen wollte, und doch sollte auf der anderen Seite wieder alles gelten, was sie wider mich vorbrachte. Nach diesem empfangenen Briefe schickte ich meinen Neffen sogleich zu dem Herrn Referenten P. Mein Freund erzählte mir, daß selber meinem Neffen gesagt habe, „daß er mir in allem Gehorsam leisten solle, wieviel Dank er mir wissen müsse für alles, was ich für ihn getan und tue, daß er nur durch meine Unterstützung dieses alles lernen könne" usw. Auf die Aufforderung des Hr. Referenten, die Vormundschaft neuerdings jemandem anderen zu übertragen, antwortete ich, daß ich dieses nimmermehr tun würde, indem die Erfahrung gezeigt, daß dies nur zum Nachteil meines Neffen geschehen. Auch wollte ich nicht so beträchtliche Summen anwenden, damit ein Dritter mir alles wieder verpfusche. Dies sollte nicht im mindesten dem Herrn Tuscher zu nahe sein. Allein bei einer solchen Obervormundschaft wie diese, ist der Vormund nur eine Kreatur. Man hat gesehen, wie man, trotzdem daß Hr. von Tuscher für die Entfernung des Knaben von hier stimmte, die Obervormundschaft doch die Mutter zur Protestation dagegen auftreten ließ. Welches Benehmen dagegen bei den Landrechten, wo der Vormund, da er doch die Verantwortung hat, auch wider etwas ihm nicht gut Scheinendes sprechen kann und nicht allein gehört wird, sondern auch seine Meinung den

558

Ausschlag gibt. Nun gar wie der Fall hier ist, ist gerade nur ein Vormund, der zugleich die Mittel hat wie ich, seinem Mündel zuträglich; nicht zu geschweigen, daß mir, dem nächsten Verwandten und von meinem Bruder im Testament selbst eingesetzten Vormund, dem Wohltäter vom Vater, Sohne, nimmermehr gerechterweise die Vormundschaft über meinen Neffen abzusprechen ist. Und welcher Fremde wird sich so sorgen um seinen Mündel, als der nächste Verwandte? Hunderttausend Menschen würden es für ein Glück rechnen, ihren Kindern einen solchen Onkel und Vormund geben zu können!

Ich bat nun noch einmal in meinem oben angegebenen Schreiben den Herrn Referenten P. um Ruhe für mich und meinen Neffen. Daß man mich schon als Vormund angenommen und auch sofort betrachtet hat, daran ist kein Zweifel. Die Intrigen der Fr. B. dauerten aber beständig fort, und schon im September schrieb sie an Herrn v. Blöchlinger, daß sie als meine Mitvormünderin ernannt sei. Man war stille und hielt das Ganze für einen ihrer gewöhnlichen Kniffe, dem Erzieher imponieren zu wollen. Endlich im Oktober erschien eine Schrift von der Fr. B. an Herrn v. Blöchlinger von ihrer eigenen Hand und vom Magistrat unterzeichnet, „worin sie sich als Vormünderin und Herrn Nußböck als Mitvormünder (sic!) erklärte. Es hieß darin, daß ich physisch und moralisch zur Vormundschaft untauglich, daß man mir ihren Sohn nie aus dem Institut geben solle, weil ich ihn mit mir nach Olmütz, mit dem nunmehrigen Erzbischof Kaiserlicher Hoheit Erzherzog Rudolf daselbst mitnehmen wolle (ebenfalls eine abscheuliche Lüge) usw." Zu dem Unsinn gesellte sich noch, daß sie im Institut vom Herrn Nußböck dem Erzieher Herrn v. Blöchlinger und meinem Neffen als Vormünderin vorgestellt wurde!!!

Man vergleiche nun, wie sich im obigen Briefe, Beilage B, der Herr Referent P. selbst über die Fr. B. äußerte; man glaube aber nicht, daß ihm dieses so ganz ernst war, denn dieser Herr Referent sprach bei Herrn Blöchlinger, als er ganz allein mit ihm war, daß dieser Unfug nicht dauern würde, sobald ich einen Advokaten nehmen würde. Jedoch in Gegenwart der Fr. B. bei Herrn Blöchlinger spannte er wieder ganz andere Saiten auf, kurzum, er sprach gerade das Gegenteil von dem, was er ihm allein gesagt hatte. Überhaupt habe ich die Bemerkung gemacht, daß in dem Charakter der g. Magistratspersonen etwas liegt, welches ihnen nie feste Ansichten gewährt. Heute ist oben, was morgen unten, und so umgekehrt. Heute hatte dieser gesagt, dies sei so, morgen ward dieses wieder durch eine schnurstracks entgegenlaufende Autorität umgeworfen. Ich nahm daher auch nicht die mindeste Zeit, um mit einem der g. H. Referenten zu sprechen, weil ich ohnehin wußte, daß, wenn man mir auch heute Recht geben würde, dies morgen wieder für Unrecht gelten würde. Gott bewahre alle Menschen vor einer solchen Behörde.

Kaum kam ich vom Lande herein und hatte diese Angelegenheit dem Dr. Bach übergeben, so kam der Herr Mitvormund Nußböck in das Institut und erklärte, daß er in einigen Tagen meinen Neffen aus dem Institut abholen solle, um ihn irgendwo anders hinzubringen. „Man habe geglaubt, ich werde rekurrieren, er sei in großer Verlegenheit, er wisse nicht, wo er ihn hinbringen solle, er habe kein Geld, wisse auch keines zu erhalten. Übrigens, setzte er hinzu, tue er nur alles, was ihm Herr Referent Piuk sage.“ Man betrachte die väterliche Sorge dieser Obervormundschaft für ihren Mündel. Welches Denkmal der Barbarei, diese Obervormundschaft; erstlich in Ansehung meiner Absetzung als Vormund, welches üble Beispiel hier von Undank einer eigentlich sein sollenden philanthropisch-pädagogischen Behörde; und nun wieder welcher Leichtsinn, meinen Neffen dem Ohngefähr überlassen zu wollen oder gar in die Hände seiner Mutter zu bringen. Wer weiß, ob dieses nicht der Zweck war. Man kann denken. Ich erklärte sogleich, daß ich dieses auf keinen Fall leiden werde, daß man meinen Neffen aus seinem jetzigen Institut wegnehmen sollte, und bezahlte wie vorher, so auch immerfort alles für ihn.

Dr. Bach trat nun beim Magistrat auf, und der Herr Referent P. trat schon wieder mit den oben abgedroschenen Beschwerden der Fr. B. gegen mich hervor, unter anderem gar, „daß ich verliebt in sie sein soll“, und derlei Gewäsche mehr. Da mir der Herr Dr. Bach mitteilte, daß es wegen

560

meiner Schwerhörigkeit gesetzmäßig sei, einen Mitvor=
mund zu wählen, so geschah auch dieses. Hierzu wurde nun
die Fr. B. wieder eingeladen von dem Magistrat, ihre Ein=
willigung dazu zu geben. Was soll man hierzu sagen? Je=
doch kam nun wieder eine Tagsatzung, wo ich selbst mit dem
gewählten Herrn Mitvormund Peters erschien. Hier war
schon die Rede wieder von zu schönen Kleidern, die ich mei=
nem Neffen gebe usw., solches Gewäsch. — Dann kam wie=
der ein nichtssagender Bescheid. Dies sind die Mitteilun=
gen über diese magistratische Obervormundschaft.

Mitteilungen über meinen Neffen und seine Studien=
zeugnisse. Einen bestimmten Charakter einem Knaben von
dreizehn Jahren oder gar in noch jüngerem Alter zuzuspre=
chen, ist jetzt noch nicht der Zeitpunkt. Es sind die Jahre,
wo man noch nicht zusprechen, und noch viel weniger ab=
sprechen kann. Mein Neffe war bis zu seinem achten Jahre
meistenteils um seine Mutter; sein Vater hatte Geschäfte,
und zuletzt hinderte ihn seine beständige Kränklichkeit, eben
sehr auf ihn zu achten. Hieraus ist schon zu sehen, daß sich
unter seiner Mutter manches einschleichen mußte, welches
nicht gleich, als er von ihr wegkam, sich verlieren konnte.
Hatte sie ihn doch schon zu Lügen und Verstellungen ange=
führt und überhaupt mißbraucht. Schon bei H. Giannatasio
entdeckte man dergleichen. Ich besprach mich mehrmalen
deswegen mit H. v. G., er meinte, daß wohl mehrere Jahre
dazu nötig sein würden, bis er alle vergangene Eindrücke
gänzlich verlieren würde. Auch hier wurde manchmal über
sein Betragen geklagt. Dies schrieb weder ich noch jemand
anderer dem H. v. G. zu, aber ganz anders verhielt es sich,
als ich meinen Neffen zu mir nahm, welches wirklich wegen
seinem großen Talente für Tonkunst geschehen, und wer
weiß, welch ein großer Tonkünstler er hätte werden können
unter mir, ohne die bösen Umtriebe seiner verdorbenen
Mutter; da wurde dasselbe Betragen, wie bei H. v. G., nur
mir zugeschrieben. Man kann schon denken, wie alles bei
dieser beständigen Gegenpartei verfälscht, vergrößert wurde.
Wie sie ihn selbst verführt hat, ist schon in den Mitteilun=
gen über sie gezeigt worden. Ja, sie vergrößerte offenbar
alles, um nur mir die Schuld davon aufbürden zu können.

Man lasse ihn heute kommen, und erkundige sich, wie er von mir zur Gottesfurcht, zur Religion angehalten worden sei. Ich habe allezeit auch im Institute Anteil an seiner Erziehung genommen; er war nie bei mir ohne Hofmeister oder Korrepetitor, und die Art seiner Studien ward immer seiner Natur angemessen. Ich kann jeden Augenblick die Gründe meines Verfahrens angeben. Übrigens dies konnte nur unter einer so wenig einsehenden und parteiischen Vormundschaft geschehen, und unter einem Vormunde, der sich bei solcher Vormundschaft nie als solcher wahrhaft ansehen konnte.

Was die Meinung des H. v. Giannatasio betrifft, daß mein Neffe mehrere Jahre nötig haben werde, bis sich die Eindrücke seiner Kindheit verlieren werden, scheint sich zu bestätigen. Selten macht auch die Natur Sprünge. H. von Blöchlinger ist jetzt sehr zufrieden sowohl mit seinem Fleiß als seinem Betragen. Geduld hat ja der Gärtner mit seinen Pflanzen, er wartet ihrer, läßt zu, bindet wieder, und der Mensch soll es nicht mit der jungen Menschenpflanze haben?! Auch hier zeigte sich der Obskurantismus dieses M.(agistrates), der ihn in die ungünstigsten Umstände mit seiner Rabenmutter versetzte; beurteilte ihn auch am schiefsten, nachteiligsten und lieblosesten. Man wollte schon gar einen bestimmten Charakter in diesen Jahren festsetzen. Dem Himmel sei Dank, ich kann nur Erfreuliches jetzt von ihm sagen und erzählen.

Mitteilungen über das, was ich für meinen Neffen getan. Schon fünf Jahre hatte ich größtenteils auf meine Kosten die Erziehung bestritten und wie wenige Väter für ihn Sorge getragen. In allen Verhältnissen habe ich nie den wahren Gesichtspunkt verloren, meinen Neffen zu einem tüchtigen, geschickten und gesitteten Staatsbürger zu bilden, sowohl wie ich Vormund war, als wie ich es nicht war, und selbst jetzt, wo ich darum streite, handle ich fort, und befestige nur meines Neffen Wohl.

Über zwei Jahre hindurch, von 1816—1818, war er ganz auf meine Kosten im Giannatasioschen Institut, wo er einen eigenen Klaviermeister noch besonders hatte, sein Bruch operiert wurde, wegen ihm ein eigener Sachwalter

562

hier und in Prag gehalten wurde. Ebenfalls reiste ich wegen seinem Vermögen nach Röz usw. usw. — Man kann diese zwei Jahre wohl auf 4000 fl. W. W. anschlagen. Die Rechnungen könnten erforderlichen Falls leicht vorgezeigt werden; dann kam erst einiger Betrag, wie man ausführlicher in den Mitteilungen über sein Vermögen sehen wird. Die Zeit, als er bei mir war, alsdann im März 1819 zu Kublich ins Institut kam, und bis zu seinem Austritte von da, kostete er mich wenigstens 2000 fl. W. W. — Vom 22. Juni 1820 an, kam er in das Institut des Herrn Blöchlinger. Da dieses eben die kürzesten Rechnungen sind, so lege ich diese bei. — S. Beilage C. — Hierbei sind viele andere Bedürfnisse, wie Kleidung, kränkliche Zufälle usw. gar nicht gerechnet.

Es wird wenige Oheime und Vormünder in der Monarchie geben, die so reichlich für ihre Angehörigen sorgen, und so gänzlich ohne Eigennutz; — wenigstens habe ich keinen anderen als den, mich als Urheber von etwas Gutem zu betrachten, und eine bessere Menschennatur zu bilden.

Mitteilungen über das Vermögen meines Neffen. Dieses besteht aus 4000 fl. W. W., wovon die Mutter lebenslänglich den Fruchtgenuß hat; denn mein Neffe ist Universalerbe seiner Großmutter. Man sieht, daß selbe weiser war, wie der Magistrat, indem sie dieses Vermögen nicht in ihre Hände geben wollte, aber was noch mehr ist, der Magistrat gab gar die Seele meines Neffen ihr als Vormünderin in die Hände.

Wiederum aus 2000 fl. W. W., welche als Entschädigung für Abtretung seines Erbteils dienen, und zur Erziehung; worauf ich noch soviel zulegte, daß es jetzt 2200 fl. zweieinhalbprozentige Münzobligation macht. — Die Hälfte der Pension der Frau B., jährlich 66 fl. C. M., die ebenfalls als Entschädigung für sein gänzlich hingegebenes Erbteil dient — kann wohl nicht zu einem Vermögen, sondern bloß als Erziehungsbeitrag gerechnet werden, denn stirbt sie, so verliert er dieses.

Die Interessen von den Kupons von den 2200 fl. gaben einen Beitrag zur Erziehung und sind erst am 1. Februar 1818 flüssig geworden — sie betragen halbjährlich 27$\frac{1}{2}$ in

36*

Silber. Auch von der Pension wurde das erste am Ende Mai 1818 erst eingenommen.

Sowohl die Pensionshälfte als die Interessen geben nach dem Kurs von 250 ungefähr 450 fl. W. W. jährlich. Ich erhielt in allem davon bisher ohngefähr vier Vierteljahre, denn es sind nun schon 13 Monate, daß ich von dieser Pension nicht einen Heller empfangen habe. Welche mütterliche Sorgfalt und welche Unterstützung meines Mündels von dieser Obervormundschaft, welche niedrig genug ist, sich vielleicht mit ihr vereinigt zu haben, damit dieser Betrag mir nicht für ihn werden solle!

Da ich schon vor 1816 gleich nach dem Tode meines Bruders ganz auf meine Kosten für die Erziehung sorgte, so ist leicht zu berechnen, was ich erhalten habe. Erst seit 1818 kamen die Beiträge, wie oben angezeigt worden.

Auch für die Zukunft ist für meinen Neffen gedacht: 4000 fl. C. M. liegen von mir als Erbteil für ihn in der österr. Nationalbank. — Man nehme die Interessen der 400 fl. C. M. in der Bank und die Interessen der Münzobligation, welche wenigstens 1058 fl. W. W. betragen, und noch etwas daraufgelegt, so ist dies schon eine ansehnliche Unterstützung für jeden Fall. Man nehme (an), seine Mutter würde sterben, wo ihm der Fruchtgenuß von den 7000 fl. W. W. anheimfiele, so machen die Interessen seiner Kapitalien wenigstens 1408 fl. W. W.

Schluß. Ich habe geglaubt, daß bei dem erschrecklichen Gewäsche und Geklatsche bei diesem Magistrat und den immerwährenden Machinationen und Verleumdungen der Fr. B. in Ansehung meiner, eine Darstellung, welche beinahe alle Teile dieser Vormundschaftsgeschichte umfaßt, nicht unzweckmäßig sei. Bei den Berichten des Magistrates kann diese Darstellung als wie ein Handbuch bei den Vorlesungen eines — Professors!! — dienen.

Ich muß gestehen, ich bin ermüdet, und wenn man um des Guten willen leiden muß, so glaube ich, daß ich das meinige hierin geleistet. Es ist die höchste Zeit, daß die Fr. B. durch die hohe Appellation in ihre Schranken zurückgedrängt werde und wisse, daß keine Kabalen das, von den löblichen L. R. Festgesetzte und Festbestehende mehr um-

564

werfen können, denn mit diesem Plan, ihren Sohn bei sich, und die Vormundschaft über ihn zu haben, ist sie schon wenigstens vier Jahre umgegangen; sie muß daher gänzlich außer Stand gesetzt werden, zu schaden. Alsdann können erst Menschlichkeit und Schonung ihre Rechte behaupten, obschon dies immer der Fall bei mir in Rücksicht ihrer war. Außer wo das Wohl meines Neffen es erforderte, ihren Starrsinn durch Gesetzlichkeit zu beugen, so hat sie doch nie weder Schonung noch Großmut, noch wahre Güte ertragen wollen.

Man glaube nur nicht, daß gemäß ihren Reden mich Privathaß oder Rache gegen sie leite. Mir ist es schmerzlich, von ihr sprechen zu müssen, und wäre mein Neffe nicht, so würde ich nie an sie denken, noch von ihr reden, noch gegen sie handeln.

Möge die hohe Appellation nun meine Bitte erhören und entscheiden, ob die Fr. B. und der Stadtsequester Nußböck die Vormundschaft über meinen Neffen erhalten sollen, oder ich, der im Testament angesetzte Vormund (mit meinem von mir gewählten, mir sehr gemäßen und meinem Neffen nützlichen Mitvormund H. v. Peters), der ich zugleich Wohltäter, Erhalter und Ernährer meines Neffen seit fünf Jahren bin.

Die Entscheidung bringt meinem Neffen Wohl oder Wehe; das letztere gewiß — fällt sie wider mich aus. — Denn mein Neffe braucht mich, ich nicht ihn. In pekuniärer Hinsicht würde ihm dieses nicht allein schaden, sondern auch seine ganze moralische Existenz leidet hierdurch eine nachteilige Veränderung.

Diese Angelegenheit ist ohnehin in so schlechte Hände geraten, daß, wenn es auf diesem Fuße bliebe, ich mich nicht mehr damit abgeben könnte, und meinen Neffen nur dem Schutz der Vorsehung anempfehlen müßte. — Wird mir im Gegenteil, wie ich hoffe, wieder ganz allein sein Wohl und Weh' anvertraut, so werde ich die Erziehungskosten fortwährend wie bisher bestreiten, welches ich ohnehin immer würde getan haben. Wie ich für seine Zukunft gesorgt, hat man schon gesehen, und es dürfte hierin noch mehr geschehen. — Sollte ich auch als Mensch einmal ge=

fehlt haben, oder gar mein Gehör in Anschlag kommen, nimmt man doch einem Vater wegen beidem sein Kind nicht weg, — und der bin ich meinem Neffen allezeit gewesen, wie seinem Vater ein Wohltäter!

Gott segne mein Werk, ich lege das Wohl und Wehe einer Waise an das Herz und den waltenden Geist der hohen Appellation! — Sapienti honestas lex est, libido lex est malis! (Dem Weisen ist die Ehrenhaftigkeit Gesetz, den Bösen die Leidenschaft.)   Gehorsamster.

Nachtrag. Da, wie man bei den Mitteilungen über die Fr. B. gesehen, schon bei ihren Eltern sich der Trieb zeigte, ihre eigenen Vergehungen unschuldigen Menschen zuzuschreiben, wie 1811 sie unschuldige Menschen an ihrer Untat angegeben, oder doch wußte, daß selbe unschuldig eingezogen wurden, ohne an ihrer Untat teilzuhaben, und man bei den Mitteilungen über den Magistrat ebenfalls gesehen hat, welche falsche Fakta sie mir zugeschrieben, und wie sie mich immer verleumdet hat, so läßt sich von diesem Magistrat erwarten, daß er noch mehreres d. g. (dergleichen) in seinen Berichten gegen mich auftischen werde, wovon ich gar nichts weiß; wo man aber aus allem Vorhergegangenen ersehen wird, was man davon halten könne. Da vielleicht der Magistrat auch mit den vom Pfarrer von Mödling sein sollenden! Papieren, welche man schon bei der letzten Kommission der löblichen L. R. hatte, gegen mich angezogen wird kommen, so ist die Aufklärung über diesen Gegenstand nicht am unrechten Ort.

Es war 1818 im Mai, wo ich meinen Neffen, welchen ich im Februar 1818 von H. v. Giannatasio zu mir genommen, auch mit aufs Land nahm. Sein damaliger Hofmeister konnte uns als ein Studierender nicht aufs Land begleiten, ich glaubte auch hier in Mödling die nötige Zeit zu finden, meines Neffen musikalisches Talent auszubilden. Man rühmte mir den dortigen Pfarrer als guten Jugendlehrer, und so übergab ich ihm meinen Neffen.

Leider fand ich bald, daß ich mich in dem Herrn Pfarrer sehr geirrt hatte. Dieser geistliche Herr hatte Montags noch nicht seinen Sonntagsrausch ausgeschlafen, und war alsdenn wie ein wildes Tier. Ja, ich schämte mich für unsere Religion, daß dieser einen Mann des Evangeliums vorstellte.

Mein Neffe war nicht zu bewegen, ihm Achtung und Folgsamkeit zu beweisen. Natürlich, denn er behandelte ihn über jede Kleinigkeit auf die brutalste, roheste Art, ließ seine Schüler wie Soldaten auf die Bank legen, und der stärkste von ihnen mußte den Korporal machen und die Fehlenden mit einem Stocke abprügeln. Diese Methode verbat ich mir nun gänzlich bei meinem Neffen anzuwenden, auch ließ ich nicht zu, daß mein Neffe morgens mit seinen Schülern in die Kirche ging, da ich das ungeziemende Betragen derer wahrgenommen und meinen Neffen nicht in diesem Schwarm wissen wollte. Man kann denken, daß dies schon zu einer Anklage diente, daß ich keine Religion habe oder meinen Neffen nicht religiös anführte.

Indem ich die Schiefheit dieses Mannes nur zu sehr einsah, ließ ich nach einigen Wochen meinen Neffen nicht mehr hingehen, und ließ einen Lehrer für ihn aus der Stadt kommen. Daß nichts versäumt wurde, zeigt das gute Zeugnis von 1818 vom 26. August, das letzte unter der Obervormundschaft der löbl. L. R. und meiner Vormundschaft, welches sogar noch besser ist als das vorhergegangene.

Man kann denken, daß das Wegnehmen meines Neffen vom Pfarrer seine Eitelkeit beleidigte. Hierzu kamen noch die Intrigen der Fr. B., denn es war bekannt, daß Seine Hochwürden nicht gleichgültig gegen das schöne Geschlecht wären. Man erzählte in dieser Hinsicht Tatsachen von Sr. H. W. — welcher wir arme, jedoch gebildete Laien uns ebensowohl enthalten als schämen würden. Überhaupt war er weder geliebt noch geachtet von seiner Gemeinde, sowohl wie von anderen Geistlichen. Dieser Mann schämte sich nicht, ein neues Werkzeug in den Händen der Fr. B. gegen mich zu werden. Er hatte, ihr zu Gefallen, einen Aufsatz (nach ihrer Aussage) geschrieben, worin mehrere falsche Beschuldigungen gegen mich vorkamen, und welcher, wie es schien, bei den L. R. bei der letzten Kommission beachtet wurde, obschon die Protokolle zeigen müssen, daß nichts gegen mich erwiesen worden. Man kann denken, daß der Magistrat nicht ermangeln wird, dergleichen neuerdings in Anschlag zu bringen. Man sieht, daß 1819 vom März an, wo mein Neffe nicht bei mir war und ich auch nicht mehr Vormund war, wie es zugegangen, wie seine Sitten sich verschlimmert, wie die Mutter ihn immer mehr heraus= schleppte, er wieder aus dem Institut lief, wann er wollte, und schon hierdurch keine gute Prüfung zu erwarten war.

Nun kam noch der unselige Rat der Fr. B. hinzu, daß mein Neffe mit Fleiß suchen solle in die zweite oder dritte Klasse zu kommen; dies geschah auch, wie das Zeugnis von 1819 der österlichen Prüfungen beweist. Zu guter Letzt er= hielt er noch gar einen Blutsturz durch sie.

Da ich mich seit Juni 1819 wieder als Vormund be= trachtete und selbst handelte, so wird man den Unterschied schon wieder finden zwischen dem Besseren und Schlechte= ren; denn mit Kraft und Würde, wie es mir geziemt, habe ich mich allem ferneren Unfug des Magistrats widersetzt, und erklärt, „daß ich einmal das Geld, was ich gebe, durchaus dem Zwecke gemäß angewendet wissen will". Diese Sprache, welche ich endlich gezwungen war, gegen eine Behörde zu führen, die sich allzeit allem beabsichtigten Guten von mir, entgegenstemmte, erregte ihre Rache gegen mich, und ihre Gemeinheit gesellte sich leicht mit dieser verdorbenen Fr. B., und wurde durch selbe das Werkzeug, das Wohl meines Neffen, wie schon immer, neuerdings zu untergraben, und mich auf alle Weise zu erniedrigen. Aber ich hoffe: convitia hominum turpium laudes puta! (Die Verleumdungen schimpflicher Menschen halte für Lob!)

Ich berufe mich auf den Allmächtigen als Zeugen, der mein Inneres sieht, daß ich anders nie als nach den besten und richtigsten Grundsätzen in Rücksicht meines Neffen mehr als fünf Jahre hindurch für ihn gehandelt und gesorgt habe. Übrigens habe ich es mir immer als Pflicht auferlegt, mich meines Neffen nie entäußern zu können; ich bin aber durch den Magistrat eines ganz anderen belehrt worden, hoffe aber, daß die hohe Appellation meiner Meinung hier= in sein werde. Ich muß schließlich noch sagen, daß mir scheint, daß es noch gar nicht erwiesen, ob ich den Magistrat als eine kompetente vormundschaftliche Behörde anzuerken= nen habe!

Lieber Bernard! Indem ich mich heute wieder allein in
diesen mich verwirrenden Umständen befinde, schwebt mir
die wahre Einsicht über meine Denkschrift erst recht vor,
ohne mit fremden Federn prangen zu wollen, glaube ich
doch, daß ich Ihnen gänzlich freistellen sollte, da Sie mit
wenigen Worten soviel oder mehr als ich bogenweise sagen
können, alles ganz nach Ihren mir überlegenen Einsichten
zu behandeln, die Sache würde dadurch für die Richter ein-
dringender und faßlicher werden. Freilich müßte das bald
vollendet sein. Denken Sie, daß Sie für das Glück Karls
und für meine nur mögliche Zufriedenheit wirken, mitwirken und zwar zum letztenmal — noch einmal schalten und
walten Sie mit meinem rohen Material nach Ihrem Ermessen. Sie schreiben ohnehin deutlicher wie ich und die
Abschrift würde bald da sein.

Ihr Freund und Verehrer Beethoven.

956] An Karl Winter, Appellationsrat. Wien, 6. März 1820.

Euer Wohlgeboren! Ich habe die Ehre Ihnen anzuzeigen, daß ich eine Denkschrift, bestehend in Mitteilungen
über die Fr. v. Beethoven, über den Magistrat, über meinen Neffen, über mich usw. verfaßt habe, welche ich Ihnen
binnen einigen Tagen zusenden werde; ich glaubte mir es
selbst schuldig zu sein, den Ungrund so vieler Verleumdungen gegen mich zu offenbaren, sowie ebenfalls die Intrigen
der Fr. v. B. gegen mich zum Schaden ihres eigenen Kindes aufzudecken, sowie auch das Benehmen des Magistrats
in sein gehöriges Licht zu setzen; E. W. G. werden aus diesen Mitteilungen über den Magistrat ersehen, wie derselbe
nie förmlich zu Werke gegangen ist, wie er meinen Neffen
mit seiner Mutter, mir unbewußt, kommen ließ, laut den
eigenen Aussagen meines Neffen mußte er dort, von seiner
eigenen Mutter angestiftet und verleitet, mehrere Unwahr-
heiten gegen mich vorbringen, — ebenso wird in diesen
Mitteilungen ein schriftliches Dokument vorkommen, welches das schwankende und parteiische Benehmen des Magistrats beweist, und wie sehr derselbe sich selbst widersprochen
habe, als er die Fr. v. B. zur Vormünderin einsetzte; auch

wird bewiesen werden, daß der M., nach Niederlegung der Vormundschaft des Hr. v. Tuscher, welchen ich selbst zum Vormunde gewählt hatte, mich wieder als Vormund anerkannte, indem derselbe mich unter anderen auch aufforderte, wieder einen anderen Vormund zu wählen, ich hielt dieses aber keineswegs für zuträglich, da mein Neffe, währenddem als ich die Vormundschaft niedergelegt hatte, nichts als Schaden davon hatte; indem es sich unter mehrerem anderen Nachteiligen für ihn auch ereignete, daß er dahin gebracht wurde, mit Fleiß eine so schlechte Prüfung zu machen, daß er ein ganzes Jahr auf derselben Schule sitzen bleiben muß, welcher unersetzliche Verlust! daß er ebenfalls von einem Blutsturz befallen wurde während derselben Zeit, welcher ihm ohne mein Dazukommen beinahe das Leben gekostet hätte. Unmittelbar sind diese Ereignisse nicht dem Hr. von Tuscher zuzuschreiben, denn er war zu wenig unterstützt von der Obervormundschaft, konnte daher nie mit der nötigen Energie handeln, mit der ich z. B. als Onkel, Vormund und Kostentragender zu Werke gehen konnte. Aus diesen nur wenigen Anführungen werden E. W. G. ermessen, daß dem Berichte des Magistrates eben nicht großes Vertrauen zu schenken ist. Man kann denken überhaupt, welche Partei die Frau v. B. dort für sich wirksam gefunden, da sie schnurstracks wider die Verordnungen der hohen L. R., gemäß welcher sie von der Vormundschaft ausgeschlossen war, von dem Magistrat gar zur Vormünderin ernannt wurde. Hieraus folgt denn auch, daß ich bitten muß, mich sowohl als meinen Neffen nötigen Falles selbst zu hören über vielleicht vorkommende Beschuldigungen mich betreffend. Zwar scheint mir der unnatürliche Fall, mir die Vormundschaft über meinen Neffen zu versagen, nicht wohl möglich, da dieses nur in allen Hinsichten zum Nachteile meines Neffen gereichen würde, nicht zu reden davon, daß ein solches Ereignis die Mißbilligung unserer gesitteten Welt gewiß erregen würde. Man denke nur, schon über fünf Jahre habe ich größtenteils auf die großmütigste Art für meinen Neffen gesorgt; zwei Jahre war selber ganz auf meine Kosten im Institute, alsdann kam erst einiger Beitrag, welcher sich nicht höher als jährlich auf 450 fl. W. W., wenn der Kurs auf 250 steht, beläuft. Nun habe ich von diesem Beitrage beinahe vierzehn Monate nichts erhalten; wie reichlich ich für meinen Neffen ohnerachtet dessen immer gesorgt, werden einige beigelegte Rechnungen bewähren. Nur im Falle, daß man mir die Vormundschaft mit einem Mitvormunde nicht gestattete, würde ich meinen Neffen sei= nem Schicksale überlassen müssen; so wehe mir auch hierbei geschehen würde, so würde ich mich doch alsdann nie an= ders als ausgeschlossen betrachten, ferner an ihm teilzuneh= men. Sobald man mich aber wieder als Vormund mit meinem selbst nützlichen Mitvormunde annimmt, so werde auf die uneigennützigste Art sorgen und wie bisher alle Kosten und auch zukünftig immer tragen, habe ich doch selbst auf den Fall meines Todes schon für ihn gesorgt. Hierzu liegen 4000 fl. C. M. in der österreichischen Nationalbank von mir, ihm als Erbteil bestimmt; sowie ich denn durch meine Verbindungen ihm überall nützlich sein kann, und mein Verhältnis zu Sr. Kaiserlichen Hoheit dem Erzbischof von Olmütz mich von selbem auch noch manches Erfreuliche hoffen läßt, welches, wie noch manches sonstige, alles mei= nem Neffen zugute kommen wird. Schließlich lege E. W. G. noch einmal das Wohl und Wehe meines Neffen an das Herz; ich setze mein Vertrauen auf einen ebenso geistreichen als gefühlvollen Mann, und hoffe davon alles Ersprieß= liche. Denn nimmer kann ich mir denken, daß eine solche Behandlung, wie der Magistrat mir, dem Wohltäter mei= nes verstorbenen Bruders, dem Versorger, Erhalter meines Neffen über fünf Jahre ohne alle Rücksicht dieses ange= deihen ließ, sollte irgend höheren Ortes können gebilligt oder gar gutgeheißen werden.

Euer Wohlgeboren mit ausgezeichneter Hochachtung er= gebenster Diener   Ludwig van Beethoven.

Meine viele Beschäftigungen werden mir die Nachsicht E. W. G. wegen meines etwas nachlässigen Schreibens er= werben.

957] An . . . [Karl Bernard]?   (1820.)

Ich protestiere wider den Brief, welchen B——r (Blöch= linger) an die Fr. B——n (Frau Beethoven) in meinem Na=

men geschrieben, dies hätte geschehen sollen sogleich, als ihm der H. R. P. (Referent Piuk) angedeutet, daß er sie nicht vorlassen solle; jetzt war es viel zu spät und auf eine zu ungeschickte Art, auch hat in meinem letzten Schreiben an ihn kein Wort davon gestanden. Warum schrieb denn B. nicht in seinem Namen, wie Giannatasio, welcher schon gar nicht das mindeste mit einer solchen Person zu tun haben wollte? — Schikane, Haß, Wut gegen mich wegen meinem ihm verdienten Hofmeistern. Dies war die Ursache dieses Schreibens, Rache — von diesem Wicht. — Aus dem Brief der Fr. B――n erhellet übrigens, wie gut Herr B. und Frau mich doch verstanden haben, zugleich ist zu ersehen, daß er nicht mit der Ober[vormundschaft] und mir wollte einverstanden [sein]. — Dieser Esel, dieser Pferdeerzieher! — Gott bewahr uns! Sollte sich dieser Flegel unterstehen, die Mutter ferner vorzulassen, so werde ich ihn als Verführer der Jugend in schlechte Gesellschaft anklagen.

Ludwig van Beethoven.

958] An **Peter Simrock**.   Wien, 9. März 1820.

Sehr Bester! Sie schickten mir durch jemanden einen Brief, worin Sie mir versprachen, mir Auskunft über einen Plan die Herausgabe meiner sämtlichen Werke betreffend zu geben, und zugleich baten, Ihnen einige neue Werke von mir zu überlassen. Ich habe Ihnen unlängst deswegen geschrieben, da aber unsre Briefposten eben nicht als die zuverlässigsten bekannt sind, oder gar die revolutionären Umtriebe bei Ihnen auch hier bei den Briefen unnötig Umtriebe veranlassen könnten, so ergreife ich diese günstige Gelegenheit Ihnen kürzl. den Inhalt meines abgeschickten Briefes bekannt zu machen. Zuerst bitte ich Sie, mir Ihren Plan, meine sämtl. Werke herauszugeben, bekanntzumachen. Von Musikwerken trage ich Ihnen folgende an: 8 kleine Werke mit Variationen auf schottische, tirolische und russische Themata (für Klavier und eine Flöte ad libitum), für ein Honorar von 70 Dukat. in Gold. 25 schottische Lieder mit Eingangs- und Endritornellen mit Begleitung des Klaviers und einer Violine und Vio-

loncell ad libitum für ein Honorar von 50 Dukat. in Gold. Mehrere unter diesen Liedern sind mit Chören und auch einige Duetten darunter. Eine große Messe für ein Honorar von 125 Louisdor. Ich bitte Sie aber nun mir so schnell als möglich auf alle diese Punkte zu antworten, weil ich sonst diese Werke andern geben werde. Die Antwort schiksen Sie mir nach Frankfurt unter der Adresse, welche man Ihnen von da aus mitteilen wird. In Eil Ihr Freund
Beethoven.

959] **An Peter Simrock.** Wien, 14. März 1820.

Lieber Herr Simrock! Ich erhielt gestern Ihr Schreiben und beantworte es heute. Die 8 Themata mit Variationen wie auch die Schottischen Lieder können Ihr Eigentum sein für Deutschland, Italien, Frankreich, Holland, kurz für den ganzen Kontinent. Schottland und England ist davon ausgenommen. Es hat aber folgende Bewandtnis damit, ich habe mir bei dem englischen Verleger das Recht, alles was selbiger von mir erhält, ausbedungen, auch auf dem Kontinent herauszugeben und zwar zu meinem Vorteil. Sobald nun der englische oder vielmehr schottische Verleger d. g. Werke von mir erhält, so zeigt er mir die Zeit an, wann er selbe herausgibt, hiernach richte ich mich nun auf dem Kontinent auch ein und bestimme alsdann die Zeit dem übernehmenden Verleger, so daß selber zugleich mit seinem Eigentum ans Tageslicht zu selber Zeit treten kann mit dem schottischen Verleger. Auf diese Weise haben Artaria, auch Steiner von mir dergleichen schon gestochen. Es ist offenbar, daß hierbei keiner verliert, ja mit Steiner habe ich schon den Fall erlebt, daß er d. g. schottische Lieder schon vor 3 Jahren von mir genommen und durch Zufall, indem der Übersetzer immer gezögert, bisher noch nicht herausgegeben hat. Es ist ihm gar nicht bang deswegen und bisher noch keine Note davon irgendwo anders erschienen. Er brauchte nur die Vorsicht, selbe in den Zeitungen anzukündigen. Die schottischen Lieder werden am meisten in Schottland selbst gesucht, in England frägt man nicht viel danach, da man schon durch gar zu viele gesättigt ist. In Deutschland dagegen scheint man schon eingenommener dafür, in=

dem die Gesänge bei ihrer Einfachheit doch gediegener wie d. g. gewöhnlich. Für diesmal muß ich Ihnen noch die Zeit bestimmen, die Herausgabe betreffend, indem bei meinen vielen Beschäftigungen und Zerstreuungen ich nicht eher daran denken konnte. Sie haben von dem Tage an, wo Sie diese beiden Werke erhalten, 4—5 Monate Zeit zur Herausgabe derselben. Nötigenfalls kann ich Ihnen auch noch einen Monat zugeben, netto ein halbes Jahr, jedoch würde mir früher es noch lieber sein. Schreiben Sie mir also, wie viel Zeit Sie hiervon für sich brauchen? Ich muß Sie nun aber bitten, mir aufs Geschwindeste nun zu antworten, ob Sie diese beiden Werke zu dem in meinem ersten Briefe angegebenen Honorar annehmen wollen und auch sich die übrigen Bedingungen gefallen lassen wollen, weil es mir sonst etwas spät würde, selbe hier oder anderswo herauszugeben, wodurch ich verlieren würde. Eben sehe ich, daß Sie mir das Honorar von 130 Dukaten schon zugesagt für die beiden Werke, es handelt sich also bloß um das übrige, worüber Sie aber keinen Skrupel haben werden können, indem Ihnen Ihr Eigentum für den ganzen Kontinent gesichert ist. Sollten Ihnen 3 oder 4 Monate genug sein zur Herausgabe dieser beiden Werke, so kann ich auch dieses machen, indem ich in einem freundschaftlichen Verhältnis mit dem schottischen Verleger schon wenigstens 10 Jahre stehe, und nie ist ihm so wenig ein Nachteil als einem deutschen Verleger durch diese Art des Verkehrs zugestoßen. Was die Übermachung des Honorars betrifft, so bitte ich Sie selbes an Hr. Franz Brentano in Frankfurt gelangen zu lassen, wo Sie auch die beiden Werke wohl geschrieben erhalten werden, nur erwarte ich jetzt aus oben angegebenen Ursachen presto prestissimo Ihre Antwort. Über den Plan zur Herausgabe meiner sämtl. Werke, der mir ausführbar scheint, nächstens, so auch wegen der Messe, was möglich, werde ich nachlassen; überhaupt werden Sie mich von dieser Seite nie übertrieben finden.

Ich weiß nun nicht, ob ich an Vater oder Sohn geschrieben, gleichviel ich umarme beide von Herzen.

Ihr Freund Beethoven.

Lieber Herr Simrock! Ich weiß nicht, ob ich mich im vorigen Briefe recht über alles geäußert. — Ich schreibe Ihnen daher nur kurz, daß ich auch wohl, wenn Sie es nötig finden, Ihnen den Termin zur Herausgabe der Variationen verlängern kann, d. h. länger als 6 Monate. Was die Messe betrifft, so habe ich es reiflich überlegt und könnte Ihnen selbe wohl für das mir von Ihnen angebotene Honorar von 100 Louisdor geben, wenn Sie vielleicht einige Bedingungen, welche ich Ihnen vorschlagen werde, und eben, wie ich glaube, Ihnen nicht beschwerlich fallen werden, eingehen wollten? Den Plan über die Herausgabe haben wir hier schon durchgegangen und glauben wohl, daß die Sache, jedoch mit gewissen Modifikationen, recht bald ins Werk gesetzt werden könne, welches sehr nötig ist, daher ich denn auch eilen werde, Ihnen baldigst die nötigen Änderungen vorzuschlagen. — Da ich weiß, daß die Kaufleute das Postgeld gerne sparen, so füge ich hier zwei österreichische Volkslieder als Wechsel bei, womit Sie schalten und walten können nach Belieben, die Begleitung ist von mir. — Ich denke eine Volksliederjagd ist besser als eine Menschenjagd der so gepriesenen Helden. —

1. Das liebe Kätzchen.

Un=sa Käz häd Ka=z'ln g'habt drai und sex=si, nai=ni;

simil sim. sim. sim. sim.

oans häd a Äu=gerl af, däs is schön, das mai=ni.

2. Der Knabe auf dem Berge.

Mein Kopist ist eben nicht da, ich hoffe, Sie werden es wohl lesen können — dgl. könnten Sie manche von mir haben, wofür Sie mir eine andere Gefälligkeit erweisen können. —

In Eil der Ihrige Beethoven.

961] **An Theodor Amad. Hoffmann.** Wien, 23. März 1820.

Euer Wohlgeboren! Ich ergreife die Gelegenheit, durch Herrn Neberich mich einem so geistreichen Manne, wie Sie sind, zu nähern. Auch über meine Wenigkeit haben Sie geschrieben, auch unser schwacher Herr Starke zeigte mir in seinem Stammbuche einige Zeilen von Ihnen über mich. Sie nehmen also, wie ich glauben muß, einigen Anteil an mir. Erlauben Sie mir, zu sagen, daß dieses von einem mit so ausgezeichneten Eigenschaften begabten Manne Ihresgleichen mir sehr wohltut. Ich wünsche Ihnen alles Schöne und Gute und bin

Ew. Wohlgeboren mit Hochachtung ergebenster
Beethoven.

962] **An ... Hoffmann.** (1820.)

Höfmann, sei ja kein Höfmann! Nein, ich heiße Höfmann und bin kein Höfmann. (Zweistimmiger Kanon.)

963] **An Moritz Schlesinger** (Berlin). Wien, 25. März 1820.

Euer Wohlgeboren! Ich erinnere mich, daß Sie mich in Mödling besuchten und einige Werke von mir wünschten; wenn ich mich recht besinne, so verlangten Sie eher kleinere als größere Kompositionen von mir. Ich bin jetzt eben im Begriff, mehrere Werke herauszugeben, unter denen ich Ihnen folgende zwei Werke, welche ich am passendsten für Sie glaube, antrage: 25 schottische Lieder mit Begleitung von Klavier — (Violin oder Flöte und Violoncell) (Violin oder Flöte und Violoncell sind ad libitum). Jedes Lied ist mit Anfangsritornellen wie auch Schlußritornellen versehen, mehrere darunter sind zweistimmig, dreistimmig und mit Chören. Der Text ist von den besten englischen Dichtern. Solche könnten ins Deutsche vorteilhaft übersetzt werden, und sowohl mit englischem als deutschem Text herausgegeben werden. — Acht Themata (worunter schottische, russische, Tiroler) für Klavier mit Variationen, welche jede ein kleines Werk ausmachen, mit einer Flöte ad libitum. Ich setze Ihnen als Honorar für die 25 schottische Lieder 60 Dukaten in Gold an, für die acht Themata mit leichten Variationen für Klavier und einer Flöte ad libitum das

Honorar 70 Dukaten in Gold. Auf heruntergesetztes in dergleichen kann ich mich nicht einlassen. Sie erhalten diese Werke als Ihr Eigentum für den ganzen Kontinent; Schottland und England ist davon ausgenommen; doch ist die Veranstaltung getroffen, daß ich mich mit der Herausgabe dieser Werke in den beiden Ländern enthalte, bis ich weiß, wann Sie selbe auf dem Kontinent herausgeben. Für dieses Mal wünsche ich einige Schnelligkeit in der Herausgabe besagter Werke und ersuche Sie daher, mir schnell Ihre Gesinnungen hierüber bekannt zu machen, indem ich sonst Zeit verlieren würde! Ich bin in Erwartung einer sehr baldigen Antwort   Ihr ergebenster Beethoven.

NB. Sie haben gar keine andere Adresse nötig als „an Ludwig van Beethoven in Wien".

964] **Protokoll.**   29. März 1820.

Gegenwärtige: Herr Rat von Piuk, Herr Rat von Beranek, Herr Rat von Bayer; Staudinger, Protokollführer. Zahl 13807. Appellationsdekret in Ansehung der van Beethovenschen Vormundschaftsangelegenheit. Erscheinen Ludwig van Beethoven und Josef Karl Bernard, Redakteur der Wiener Zeitung. Nachdem dem ersteren in Gemäßheit des hohen Auftrags die dringendsten Vorstellungen gemacht wurden, äußerte derselbe: 1. daß er die Vormundschaft nach dem Testamente seines Bruders und nach dem Gesetz über seinen Neffen verlange und davon nicht abgehe, 2. erbitte er sich zum Mitvormunde den Fürst Lobkowitzschen Hofrat von Peters, 3. verlange er, daß die Frau van Beethoven, so wie früher bei dem Landrechte es war, von der Vormundschaft ausgeschlossen werde, 4. berufe er sich auf die schon früher beim Zivilsenate des W. Magistrats abgegebenen Erklärungen, daß er vollkommen für seinen Neffen sorge und er nehme wohl einen Mitvormund an, aber schlechterdings keinen Vormund, indem er auf seinem Rechte, die Vormundschaft zu bekleiden, beharre, und überzeugt sei, daß die Erfahrung, daß ein anderer Vormund nicht so wie Herr Rekurrent für das Mündel sorgen würde.   Ludwig van Beethoven m. p.

Wertester Freund! Heute ist es unmöglich, mich zu Ihnen zu begeben; morgen werde ich aber punkt elf Uhr bei Ihnen sein. — Sie verzeihen schon. — In Eile, Ihr mit tiefster Hochachtung ergebenster
Beethoven.

Ihro Kaiserliche Hoheit! Soviel ich mich erinnere, zeigte man mir, als ich mich bei Ihnen einfinden wollte, an, daß Höchstdieselben unpäßlich wären; ich kam jedoch Sonntags abends, um mich zu erkundigen, indem man mir versicherte, daß I. K. H. Montags nicht fortreisen würden. Meiner Gewohnheit nach, mich nicht lange im Vorzimmer aufzuhalten, eilte ich nach erhaltener Auskunft, obschon, wie ich merkte, mir der Hr. Türsteher noch etwas sagen wollte, geschwinde wieder fort; leider erfuhr ich Montags nachmittags, daß I. K. H. wirklich nach Olmütz sich begeben hatten. Ich gestehe es, es verursachte mir eine höchst schmerzhafte Empfindung; doch mein Bewußtsein, nicht irgend etwas verfehlt zu haben, sagte mir wohl bald, daß, wie es in dgl. Momenten des menschlichen Lebens zu gehen pflegt, auch hier wohl der Fall eingetreten sein könnte. Ich konnte wohl denken, wie I. K. H. übermaßen überhäuft von Zeremonien und von Neuheit der Eindrücke nicht viel Zeit für anderes übrig hatten in O. — Sonst hätte ich mich gewiß beeilt, I. K. H. im Schreiben zuvorzukommen. — Nun wünschte ich aber, daß I. K. H. mich gnädigst darüber aufklärten, wie lange Sie Ihren Aufenthalt in O. festgesetzt haben. Hier hieß es: I. K. H. würden bis Ende Mai wieder hierher sich begeben; vor einigen Tagen hörte ich unterdessen, daß Höchstdieselbe anderthalb Jahre in O. verbleiben werden. Ich habe vielleicht deswegen schon falsche Maßregeln ergriffen, jedoch in Rücksicht I. K. H. nicht, sondern in Rücksicht meiner. Sobald ich nur eine Nachricht hierüber habe, werde ich alles weiter aufklären; übrigens bitte ich I. K. H. manchen Nachrichten über mich kein Gehör zu verleihen; ich habe schon manches hier vernommen, welches man Geklatsche nennen kann, und womit man sogar I. K. H. glaubt dienen zu können. Wenn I. K. H.

mich einen Ihrer werten Gegenstände nennen, so kann ich zuversichtlich sagen, daß J. K. H. einer der mir wertesten Gegenstände im Universum sind. Bin ich auch kein Hofmann, so glaube ich, daß J. K. H. mich haben so kennen gelernt, daß nicht bloßes kaltes Interesse meine Sache ist, sondern wahre innige Anhänglichkeit mich allzeit an Höchstdieselben gefesselt und beseelt hat, und ich könnte wohl sagen, Blondel ist längst gefunden, und findet sich in der Welt kein Richard für mich, so wird Gott mein Richard sein. — Wie es scheint, wird meine Idee, ein Quartett zu halten, gewiß das beste sein; wenn man schon im großen solche Produktionen in O. leistet, so könnte durch ein solches noch Bewunderungswürdiges für die Tonkunst entstehen in Mähren. — Sollten nach obigen Gerüchten J. K. H. im Mai wieder hierherkommen, so rate ich, bis dahin mir Ihre Geisteskinder aufzubehalten, weil es besser, wenn ich jetzt selbe erst noch von Ihnen vortragen höre. Sollte aber wirklich ein so langer Aufenthalt in O. stattfinden, so werde ich selbe mit größtem Vergnügen empfangen und mich bemühen, J. K. H. zu dem höchsten Gipfel des Parnasses zu geleiten. Gott erhalte J. K. H. zum Besten der Menschheit und besonders Ihrer Verehrer gänzlich gesund, und ich bitte, mich gnädigst bald wieder mit einem Schreiben zu beglücken. Von meiner Bereitwilligkeit, Ihre Wünsche allzeit zu erfüllen, sind Höchstdieselben ohnehin überzeugt. — Ihro Kaiserl. Hoheit treu gehorsamster Diener
L. van Beethoven.

967] An Artaria & Komp.   Wien, 4. April 1820.

Daß alle hier genannten Werke das ausschließliche Eigentum der Herren Artaria & Ko. sind, bestätigte ich hiemit laut meiner eigenen Handschrift.   L. v. Beethoven.

(Aus einem handschriftlichen thematischen Verzeichnis der von der Firma Artaria & Komp. bis 1820 verlegten Werke Beethovens.)

968] An Boldrini.   (1820.)

Sehr bester Falstaff! Ich ersuche höflichst, mir ein Exemplar von jedem der zwei Werke für Klavier und Flöte mit Variationen zu schicken. — Die Quittung anbelangend, so werden Sie selbe morgen erhalten, und bitte deshalb um die gehörige Beförderung. Hrn. Artaria lasse ich mich empfehlen, und zugleich für sein gütiges Zustandekommen in Ansehung des Vorschusses bedanken, indem ich schon meine auswärtigen Gelder erhalten habe, und daher jetzt nichts bedarf. — Lebt wohl, Ritter Falstaff, seid nicht zu liederlich, lest das Evangelium und bekehret Euch. — Wir sind übrigens Euch bestens zugetan. Beethoven.

An Ritter John Falstaff, abzugeben bei Hrn. Artaria & Ko.

969] **An Peter Simrock.**   Wien, 23. April 1820.

Mein werter Herr Simrock! Ich habe die Variationen am 22. dieses nach Frankfurt an Hrn. Brentano abgesendet und erwarte nun von demselben das Honorar von 70 Dukat. dafür. Ich habe Ihnen noch 2 Themas mit Variationen mehr gesendet, so daß ihrer 10 sind. Sie können also ein oder das andere Thema, welches Ihnen vielleicht nicht so gefällt, oder zweckmäßig scheint, gegen eins von der Überzahl vertauschen. Übrigens verlange ich nichts mehr dafür, da ich dieser Kleinigkeiten viele geschrieben. Wollen Sie die 2 der Überzahl noch stechen, so habe ich auch nichts dawider und nehme auch nichts mehr dafür an. Sie können mir später einmal wieder in etwas anderem gefällig sein. Sie haben 4 auch 5 Monate Zeit zur Herausgabe, vielleicht auch noch mehr, ich werde deswegen mich erkundigen. Ich hatte viel zu korrigieren, indem mein gewöhnlicher Kopist gerade zu viel für unseren Hof zu tun hatte, und dieser, den ich zu den Variationen brauchte, nicht genug mit meiner Handschrift bekannt ist, die öfter nur ●●●●●●● ∏∏∏∏∏∏∏ etc. flüchtig kaum Nötchen macht. Die gewöhnlichen Kopisten sind meistens in Not und wollen lieber tüchtige saftige Noten, womit sie sich geschwinder helfen. — Wegen dem österreichischen Dialekt werde ich Ihnen etwas schicken, erklärend, übrigens will ich Ihnen mehrere d. g., wenn Sie es wünschen, mit Begleitung schicken, Sie sind eben manchmal für die Menge, ich werde mir schon etwas andres dafür ausbitten, z. B. ein schwarz — Brot. — Sie haben, glaube ich, viel Partituren ge-

ftod)en, wenn id) wüßte, weld)e? fo würde id) mir davon
ausbitten für meinen Neffen. — Das Rezepiffe vom Poft=
wagen über die abgefd)idten 10 Werke Variationen habe id)
Herrn Franz Brentano ebenfalls zugeftellt in einem heuti=
gen Brief an felben. — Die Meffe erhalten Sie bis Ende
Mai, ober anfangs Juni und bitte Sie ebenfalls die 100
Louisbor bei Herrn F. Brentano anzuweifen, dem id) fie
zufenden werde.   In Eil Ihr Freund Beethoven.
Dies ift E c o s s a i s und nid)t

i t a l i e n n e, wie es dem Manuffript fteht.

970] An Johann Speer.   Wien, 26. April 1820.

Mein Herr! Id) melde Ihnen, daß id) Ende diefes Mo=
nats ober fpäteftens 1. Mai in Möbling eintreffen werde
und erfuche, daß Sie gefälligft die Wohnung gänzlich aus=
pußen und ausreiben laffen, damit alles reinlid) fei, und
auch fd)on trocken. Id) bitte Sie, nid)t zu vergeffen, den
Balfon in guten Stand zu fetzen, wofür id) Ihnen die extra
verfprochenen 12 fl. W. W. nebft dem ausgemachten Haus=
zins bei meiner Anfunft fogleid) einhändigen werde.
Id) wünfd)e Ihnen alles Gute und Erfreuliche und bin
        Ihr ergebenfter Beethoven.

971] An A. M. Schlefinger.   Wien, 30. April 1820.

P. P. Meine Zeit ift fehr furz. Id) habe daher die Ehre,
Ihnen zu fd)reiben, daß die fchottifd)en Themas mit Varia=
tionen fd)on bei Anfunft Ihres Briefes vom 11. d. ver=
geben waren; der Verleger davon fand darin feine Schwie=
rigfeiten. Um Ihnen jedod) zu zeigen, daß die Verbindung
mit Ihnen mir fd)äßbar ift, fo gebe id) Ihnen folgende
Aufflärung über Ihre Anftände. Aus dem hier beifolgen=
den Liede, welches id) Ihnen mitteile, erfehen Sie, daß der
Text englifd) und nicht altfd)ottifd) fei, fie find alle mit Vio=
lin und Violoncellbegleitung der Klavierftimme, erftere
zwei Stimmen ad libitum. Unter diefen Liedern find die

582

meisten für eine Stimme, mehrere sind Duetten, andere Terzetten, andere mit Chören; ihre Anzahl ist 25; sie sind ganz leicht geschrieben und daher zur Aufführung in kleinen Zirkeln von Musikliebhabern vorzüglich geeignet. — Nach meinen Verhältnissen mit englischen Verlegern steht mir frei, die Werke, welche früher dahin abgehen, nach bestimmter Zeit für den ganzen Kontinent zu verkaufen, so zwar, daß sie vor der Herausgabe dort bei einem andern Verleger des Kontinents erscheinen. Dieselbe Übereinkunft besteht mit den Ihnen angebotenen 25 Liedern. Vor Jahren schon verkaufte ich eine ähnliche Sammlung, welche zwar wegen manchen Hindernis des Verlegers nicht erschien, von welcher aber bis jetzt noch kein Exemplar des auswärtigen Druckes zu uns gekommen ist. Sie sehen schon daraus, daß Ihre diesfällige Sorge ungegründet ist. Überdies sind diese Lieder altschottische Melodien, die wohl allein in Schottland vergriffen werden, und wovon Sie also dennoch auch vielleicht in England guten Absatz hoffen können. Ich brauche nur mit Ihnen so weitläufig zu sein, weil Ihnen diese Art von Geschäften noch neu ist, denn hier und im ganzen übrigen Deutschland weiß man um meine auswärtigen Übereinkünfte und jeder Verleger ist damit einverstanden. Soviel über Ihr Eigentumsrecht. Was die Übersetzung betrifft, so kann ich nicht glauben, daß bei Ihnen nicht mehrere Kenner der englischen, selbst der altschottischen Sprache sein sollen als hier. Jedoch wollten Sie hier die Übersetzung besorgen lassen, so will, um Ihnen gefällig zu sein, Ihnen dazu einen tüchtigen Mann verschaffen, der sich bereits in ähnlichen Arbeiten sehr ausgezeichnet hat, schnell und nicht zu kostspielig ist. Ich denke um 15 ⚓ wird sich das Ganze wohl herstellen lassen, die Sie mir nebst meinem Honorar vergüten könnten.

Sind Sie nach dem Vorausgesagten also willens, dieses Werk zu nehmen, so schreiben Sie mir gefäll. mit umgehender Post hierüber. Sie könnten mir das Honorar nach Ihrem Antrage auf hier übermachen, und ich würde dann sogleich eine Kopie der Lieder mit engl. Texte an Sie abschicken, um Sie nicht im Arbeiten der Herausgabe zu hindern. Verlangen Sie die Übersetzung, so folgt sie baldigst darauf, der Musik vollkommen angepaßt. Zur Herausgabe bestimme ich Ihnen den Zeitraum von 3 bis 4 Monate, in welcher Zeit Sie gut fertig werden können. — Ich will Ihnen auch gern neue Sonaten überlassen. Diese jedoch nicht anders als um 40 ♯ pr. Stück, also etwa ein Werk von 3 Sonaten zu 120 ♯. Auch könnten wir vielleicht mehreres und Größeres unternehmen, etwa Trios oder Quartetten. Sagen Sie mir hierüber gefl. Ihre Meinung, um in Fällen Ihrer eingedenk zu sein. — Ich erwarte schließlich Ihre umgehende Antwort der Lieder wegen, da ich Ihnen hierin gern zum Anfang unseres Geschäfts den Vorzug vor anderen gäbe, die sich schon darum an mich gewendet haben. Sollte Ihnen dieser erste Antrag nicht konvenieren, so dürfen Sie sich ganz frei darüber äußern, ohne zu fürchten, mir etwa damit zu nahe zu treten. Vielleicht ließe sich dann wieder in der Folge mehreres machen.

Ihr mit Achtung ergebenster L. v. Beethoven.

972] **An Schindler (?).** Donnerstag am 4. Mai (1820).

Eiligst und schleunigst. Ich glaubte nicht vorgestern, daß Sie so früh kommen würden, weshalb ich Sie, da ich noch dazu irgendwo aufgehalten verfehlt habe. Ich bitte, den Pensionsbogen heute mitzubringen, denn man hat gestern schon um die Pension geschickt, und mit mir zu schmausen...

973] **Auf Skizzenblatt.** (1820.)

Das moralische Gesetz in uns und der gestirnte Himmel über uns! Kant!!!

974] **An Karl Bernard. (?)** (1820.)

— — (Wie) hätte ich besser wählen können für das Wohl meines Neffen, als Herrn von Peters zum Mitvormunde anzunehmen, welcher nicht allein alle Einsichten besitzt, sondern auch wirkliche Anhänglichkeit und Liebe für die gute Sache zeigen wird, welche bessere und glücklichere Wahl hätte ich nur immer machen können? — und doch, welche Reden mußten wir vernehmen von schönen Kleidern, worüber die B. mich anklagt, und früher die Äußerungen, daß ich verl(iebt) in die Frau B(eethoven) sein soll

584

usw. sind das Reden für die Ober=(ormundschaft) oder
vielmehr gibt sie sich mit solchem Gewäsche ab. Wenigsten
für mich, für H. v(on) Peters, für meinen (Neffen?) ge=
wiß nicht, aber wohl für Bierwirte, Schuster und Schnei=
der. — — Übrigens in Rücksicht der Mutter war immer
der Grundsatz aufgestellt, daß er ihrer Unmoralität wegen
nie bei ihr sein sollte. — — Aus diesem Grundsatze und der
Ausschließung der L(and)r(echte) von der Vorm(undschaft)
ergibt sich klar, zu verfahren in mit Rücksicht des Umgangs
zwischen Sohn und Mutter. — Sapienti pauca — aber
wir haben es mit der vielfachen Zahl zu tun — — Appel=
lation!! Appellation!! Appellation!!

975] An Pinterics.   (1820.)

Lieber Herr von Pinterics! Ich melde Ihnen, daß der
Zivilsenat vom hohen Appellationsgericht beauftragt wor=
den, mir dessen Beschluß, welcher mir vollkommene Ge=
nugtuung leistet, bekannt zu machen. Dr. Bach war Ver=
treter dieser Angelegenheit und zu diesem Bach gesellte sich
das Meer mit Blitz, Donner und Sturm und der Magistra=
tische Brigantine mußte auf selben gänzlichen Schiffbruch
leiden.   Ihr ergebenster Beethoven.

976] An Peter Simrock.   Wien, 24. Mai 1820.

Mein werter Herr Simrock! Sie werden hoffentlich den
Brief erhalten haben, den ich Ihnen von hier aus, unter
der Adresse, welche Sie mir angegeben, nach Frankfurt
schickte, jedoch zeigte ich in einem Einschlag an, daß im Falle
Sie Frankfurt verlassen hätten, man Ihnen meinen Brief
nachschicken sollte. Ich meldete Ihnen schon in eben diesem
Brief, daß ich Ihnen statt 8 zehn Werke Variationen ge=
schickt, jedoch keine Vermehrung des Honorars verlange,
auch daß ich das Rezepisse von der richtigen Aufgabe dieses
Manuskriptes an Hr. Franz Brentano in Frankfurt ge=
schickt, sowie auch an denselben das Manuskript selbst hier
auf der Post aufgegeben sei worden. Ich glaubte dadurch
die Sache zu verkürzen, nämlich: durch die Zustellung des
Manus. an selben, so wie, daß Sie selbem das Honorar
dafür einhändigten. Es liegt nun da u. zwar schon ge=

raume Zeit, indem es schon ein Monat ist, daß selbes ab=
geschickt worden. Ich wünsche nun, daß Sie sich sogleich an
Hr. Franz Brentano in Frankfurt wenden und diese ganze
Sache berichtigen. Meine Zeit ist zu kurz, um Ihnen sonst
noch was zu sagen, als daß ich Ihnen, wie Sie verlangten,
nur die Variationen geschickt, die Lieder aber anderswo ver=
schachert habe, obschon ich Ihnen sage, daß Sie von un=
richtigen Ansichten bei dieser Sache ausgegangen sind. In
Eil Ihr Freund   Beethoven.
    Ich bitte um baldige Berichtigung.

977] An **Schlesinger**, Berlin.   **31. Mai 1820.**

[Curieuse lettre sur ses ouvrages. Il leur accorde le
droit de vendre ses compositions en Angleterre y compris
les airs écossais, aux conditions indiquées par lui. Il s'engage à leur livrer dans 3 mois trois sonates pour le prix
de 90 florins qu'ils ont fixé. C'est pour leur être agréable
qu'il accepte un si petit honoraire.]

    Je suis habitué à faire des sacrifices, la composition
de mes œuvres n'étant pas faite seulement au point de
vue du rapport des honoraires, mais surtout dans l'intention d'en tirer quelque chose de bon pour l'art.

(Auktion Gabriel Charavay, Paris 1881, ungedruckt.)

978] An **Peter Simrock**.   **Wien, 23. Juli 1820.**

    Ich hatte das Vergnügen, Ihr liebes Schreiben vom
10. ds. zu erhalten. Was Sie mir darin wegen der Her=
ausgabe der Variationen sagen, ist ganz in Ordnung. Das
Honorar erhielt ich aufs schnellste durch Hr. Brentano,
und diesen Weg wollen wir auch für künftig nehmen. —
Es ist ganz richtig, daß man hier lieber Brab. Thaler
nimmt als Dukaten, in Frankfurt aber zahlt man dagegen
für 1 Dukaten zwei Thaler in f. 2,45. Darum hatte Hr.
Brentano auch recht. — Die Sache bedarf übrigens keiner
weiteren Erwähnung. Wegen der Louisdors kenne ich auch
keine anderen als jene zu 2 Dukaten oder f. 9,12 20 f Fuß,
oder f 11 (?), und in diesen habe ich das Honorar meiner
für Sie bestimmten Messe verstanden. — Hierüber eben=
falls in Ordnung, versichere ich Sie, daß Sie die Messe im

nächsten Monat erhalten werden. — Sie darum gefäll. An=
stalt, daß ich mit Empfang des Honorars von 100 Louis=
dor in Fft. nicht aufgehalten werde. Ich habe Ihnen bei
diesem Preis sehr viel nachgelassen, was ich nicht leicht bei
einem andern Verleger tun würde u. wobei ich wirklich un=
serm alten freundschaftl. Verhältnisse eingedenk war. Be=
schleunigen Sie daher die Rimesse. Ich dagegen sende
Ihnen die Messe durch einen meiner Freunde, der nach
Frankfurt gehen wird, an Hr. Brentano mit Auftrag, sie
Ihnen schleunigst zu expedieren. Mit dieser Gelegenheit
bekommen Sie auch das Dokument über Ihr Eigentums=
recht auf die Variationen und die Anzeige des Works=Nu=
mero.

Über die Herausgabe meiner sämtl. Werke bin ich wil=
lens, Ihnen nächstens ganz ausführlich zu schreiben. Der
Gegenstand verlangt einige reife Überlegung. Ich hoffe
übrigens, daß sich darüber alles einigen wird, und sehe die=
ses Unternehmen als einen neuen Anlaß an, unsere
Freundschaft zu befestigen. An Ihre Frau melden Sie meine
besten Grüße. Ich empfehle mich Ihnen mit freundschaftl.
Ergebenheit   Ludwig van Beethoven.

979] An Erzherzog Rudolf.   Mödling, 3. Aug. 1820.

Ihro Kaiserliche Hoheit! Eben erhalte ich Ihr mir zu=
gedachtes Schreiben, worin mir Ihre Herreise von I. K. H.
selbst angekündigt wird. — Ich danke von Herzen I. K. H.
für diese Aufmerksamkeit. Ich wollte schon morgen in die
Stadt eilen, um I. K. H. aufzuwarten, allein es war kein
Wagen zu erhalten; jedoch hoffe ich bis künftigen Sonn=
abend einen zu erhalten, wo ich ungesäumt schon in der Frühe
mich bei I. K. H. anfragen werde. — Wegen der Opfer,
welche I. K. H. den Musen unter meinen Auspizien brin=
gen wollen, werde ich mündlich I. K. H. die Vorschläge
machen. Ich freue mich recht sehr, I. K. H. wieder in meiner
Nähe zu wissen. Möchte ich nur ganz dazu beitragen kön=
nen, alles zu erfüllen, was I. K. H. von mir wünschen. —
Der Himmel segne I. K. H. und lasse allen Ihren Pflan=
zungen vollkommenes Gedeihen werden. — Ihro Kaiserl.
Hoheit gehorsamster Meister   L. v. Beethoven.

Mein lieber Herr H. Hr.! Ich komme soeben vom Lande
herein und beantworte Ihr letztes Schreiben, sehr beschäf=
tigt, mein gnädigster Herr Kardinal ist auch hier, geht es
etwas toll zu. Bleiben Sie nur dem angezeigte Nr. bei der
Herausgabe der Variationen. Es sollten zwar einige nach=
folgende Werke in meiner Nähe schon erschienen sein, wel=
ches aber durch Umstände verhindert ward, wie bei d. g.
öfter statt hat. Ich habe aber schon andere Nummern an=
gegeben, damit Sie durchaus nicht aufgehalten werden. Die
Schrift über das Eigentumsrecht langt mit der Messe dann
in Frankfurt an, seien Sie übrigens deswegen unbesorgt.
Wegen der Herausgabe sämtlicher Werke von mir glauben
wir hier, daß es gut sei, zu jeder Gattung von Komposition
noch ein neues Werk hinzuzufügen; z. B. zu den Variatio=
nen ein neues Werk dieser Art, zu den Sonaten allen etc.
etc. Sobald Sie die ganze Übersicht unserer Meinung hier=
in erhalten werden, so werden Sie schon uns Ihre Ansich=
ten hierüber am füglichsten äußern können. Was Ihre mir
antragenden Partituren für meinen Karl anbelangt, so
werde ich schon zur Zeit davon Gebrauch zu machen wissen
mit Dank. Wo ich Ihnen in manchem dienen kann, werden
Sie mich immer bereit finden. Ich hege die Hoffnung, viel=
leicht künftiges Jahr meinen vaterländischen Boden betre=
ten zu können und die Gräber meiner Eltern zu besuchen.
Alles Schöne und Gute Ihrer Hausfrau und Familie.

In Eil Ihr Freund Beethoven.

NB. Bei Briefen an mich bleiben Sie nur immer bei der
bisherigen Überschrift.

Ich beantworte Ihren werten Brief vom 12. dieses Mo=
nats. Was Sie mir darin über die Bezahlung der mir auf
meine Messe zugesicherten 100 Louisdor sagen, kann ich nur
dahin abändern, daß ich mir, um alle Differenzen der Rech=
nungen diesfalls zu vermeiden, den eigentlichen Wert eines
alten Schildlouisd'ors mit 2 Dukaten, und diese mit fl. 9
in fl. 20 Fuße berechnen lasse. Ich will gern das Gold=agio

einbüßen und bei dem pari stehen bleiben, dieses kommt
mir aber, nach unserer Übereinkunft dafür. Sie belieben
mir daher in Frankfurt bei Hr. Brentano s. 900, schreibe
neunhundert Gulden in s 20 Fuße anzuschaffen, die ich
empfangen kann, sobald dieser Freund mein Manuskript
erhielt.

Was Sie über den Verbrauch Ihrer Auflage von dieser
Messe sagen, ist nicht ganz richtig; meine erste Messe, die
Breitkopf verlegte, ist mit beigedrucktem deutschen Text auf=
gelegt und wird jedes Jahr sowohl in Leipzig als in allen
anderen protestantischen Städten aufgeführt; übrigens
schmeichle ich mir, daß diese letzte Arbeit gewiß das ihr ge=
bührende Aufsehen in der musikalischen Welt machen wird,
daß daher der erste Verleger, bei der Schwierigkeit eines
Nachstichs davon, guten Nutzen dabei haben wird, den ich
Ihnen, mein werter Freund, vor allen gönne.

Ich erwarte nun von Ihnen die Zustimmung zu dem
Inhalt dieses Briefes, um sogleich die Kopiatur beenden
zu lassen und Ihnen mein Manuskript zuzuschicken. Treffen
Sie daher dann einstweilen die Anstalt wegen des Hono=
rars.

Über Ihren Antrag wegen Herausgabe meiner sämt=
lichen Werke schreibe ich Ihnen nächstens. Inzwischen er=
neuere ich Ihnen die Versicherung meiner freundschaftlichen
Achtung.

Wollten Sie eine deutsche Übersetzung der Messe haben,
so schreiben Sie es mir umgehend. Ich will es besorgen
und meiner Komposition anpassen.

In Eil Ihr Freund Beethoven.

982] **An S. A. Steiner.** (1820.)

Werter Steiner! Ich wünschte wirklich, daß Sie die 3
Ouvertüren herausgäben. Ich will alles dazu beitragen,
um selbes zu befördern. Vorwärts. Auch die schottischen
Lieder würden Sie jetzt von Ruprecht bald erhalten können,
deren Herausgabe ich sehr wünschte, damit ich die Fort=
setzung davon ebenfalls ans Tageslicht bringen könnte.
Nächstens erhalten Sie ein musikal. Interesse, und für die
übrige baldige gänzliche Befriedigung von Ihrer Seite

forge ich täglich und darf hoffen, selbe baldigst zu bewerk=
stelligen. Ihren Unteroffizier könnten Sie mir gefälligst
morgen vormittag, jedoch sehr früh um 7 oder 8 Uhr, schik=
ken, da ich zur Reserve nach M[öbling] anstellen möchte. Ich
sehe Sie bald. Bleiben Sie gut

Ihrem Freunde Beethoven.

983] **An Erzherzog Rudolf.** Mödling, 2. Sept. 1820.

Ihro Kaiserliche Hoheit! Seit Dienstag abends befand
ich mich nicht wohl, glaubte aber Freitags gewiß wieder so
glücklich zu sein, bei I. K. H. zu erscheinen. Es war jedoch
ein Irrtum, und heute erst bin ich imstande, I. K. H. zu
sagen, daß ich sicher hoffe, künftigen Montag oder Diens=
tag wieder I. K. H. aufwarten zu können, wo ich mich in
aller Frühe anfragen werde. — Meine Unpäßlichkeit
schreibt sich daher, daß ich ein offenes Postkalesch nahm, um
I. K. H. nicht zu versäumen. Es war den Tag regnerisch
und abends hierher beinahe kalt. Die Natur scheint beinahe
nur meine Freimütigkeit oder Dreistigkeit übelgenommen
zu haben und mich dafür bestraft zu haben. — Der Himmel
sende alles Gute, Schöne, Heilige, Segensvolle auf I. K. H.
herab, mir Ihre Huld! — Doch nur gebilligt von Gerech=
tigkeit! —

Ihro Kaiserlichen Hoheit wie immer gehorsamst treue=
ster Diener L. v. Beethoven.

984] **An Artaria & Komp.** Wien, 26. Okt. 1820.

Wohlgeborener Hr. Artaria Falstaff & Komp. Ich er=
suche höflichst Hrn. v. Oliva, den Betrag von 300 fl., wo=
von das Ganze nun schon hier sein wird, zu übergeben;
eben erst im Einziehen begriffen, konnte ich nicht die Ehre
haben, mich bei Ihnen und bei Sir John Falstaff zu be=
danken. Ihr ergebenster Diener Beethoven.

985] **An Dr. W. C. Müller.** (1820.)

Sie verzeihen schon, daß ich Sie heute nicht erwarten
konnte. Ein Zufall, der mir höchst unangenehm ist, beraubt
mich des Vergnügens, Sie zu sehen. Vielleicht bleiben Sie
noch einige Tage, welches ich schon von B. Streicher erfah=

590

ren werde, und dann werde ich mir das Vergnügen, Sie bei
mir zu sehen, noch ausbitten. Mein eben Einziehen ist mit
daran schuld, wo ich noch mehrere Tage zu tun habe, um
in Ordnung zu kommen.   Ihr ergebenster Beethoven.

986]   An Peter Simrock.   Wien, 28. November 1820.

Mein lieber Simrock! Ihren letzten Brief empfing ich
auf'm Lande. Nachdem Se. Kaiserl. Hoheit der Kardinal
sich gerade von hier wieder zu Seiner Residenz zurückbege=
ben hatten und ich den ganzen Sommer hindurch mich
2—3 mal wöchentlich zu selbem in die Stadt begeben
mußte, ward mein mir teures Landleben nicht wenig ge=
stört. Erst im Oktober war ich imstande, mein versäumtes
Landl. etwas nachzuholen. In dieser Zeit kam Ihr Brief,
allein abwechselnd bald hier bald da, kam ich spät zum Lesen
desselben. Nichts verstehend von kaufmännischen Dingen,
erwartete ich meinen Freund, welcher aber bis jetzt noch
nicht hier ist. Unterdessen mußte ich durch andere wahrneh=
men, daß ich wenigstens 100 fl. C. M. verliere. Offen wie
ich bin, muß ich Ihnen gestehen, daß ich früher hier 200 #
in Gold haben konnte, jedoch gab man Ihrem Antrag den
Vorzug, da 100 l. noch mehr den Angaben nach gelten soll=
ten. Nun ist es zu spät umzukehren, indem die Handlung,
welche die große Messe erhalten sollte, mich mit einem an=
deren großen Werk beauftragt hat und ich auch nicht selbst
gern mich auf eine solche Weise zeigen möchte, als hätte ich
irgendeinen Antrag wieder rückgängig machen müssen, wel=
ches Sie ganz natürlich finden werden. Sobald die Messe
ganz mit deutschem Text unterlegt ist, sende ich solche nach
Frankfurt an Hr. F. Brentano, wo Sie alsdann die 100
Pistolen nach Ihrer Auslegung statt Louisdor demselben
übermachen können. Die Übersetzung kostet mich wenigstens
50 fl. W. W., ich hoffe wenigstens, daß Sie diese noch zu=
legen werden, und so requiescat in pace. Ich schreibe
lieber 10 000 Noten als einen Buchstaben, besonders wenn
es sich um das so und nicht so nehmen handelt. Ich hoffe
dafür um so mehr von Ihnen begünstigt zu werden in der
Herausgabe meiner sämtl. Werke, welche, wie Sie wissen,
mir gar sehr am Herzen liegt. Da Bonn außer Landes be=

trachtet wird, so wird die Herausgabe dort mir meinen Urlaub, außer Landes zu sein, sehr verlängern können, welches mein Wunsch ist. An Wegeler und seine ganze Familie alles Gute u. Schöne. Sobald ich ein schönes böhmisches Trinkglas finde, sende ich es ihm abermal.

In Eil der Ihrige Beethoven.

987] An Franz v. Brentano. Wien, 28. Nov. 1820.

Euer Wohlgeboren! Ihre Güte läßt mich hoffen, daß Sie diesen Einschlag an Simrock nicht abschlagen werden besorgen zu lassen, indem in diesem meine Ansichten auch über die ganze Angelegenheit dargestellt sind. Es ist jetzt nichts zu machen, als zu nehmen, was er anbietet, nämlich die 100 Pistolen. Was Sie als Kenner der Geschäfte noch durch Geltung des Geldes für mich gewinnen können, so bin ich ohnehin hierin im voraus von Ihrer redlichen Denkart überzeugt. Meine Lage ist dermalen hart und bedrängt; dies darf man nun einem Verleger am wenigsten schreiben; schuld bin ich selbst, Gott sei Dank, nicht daran. Meine zu große Hingebung für andere ist es hauptsächlich auch für den schwachen Kardinal, der mich in diesen Morast hineingebracht hat und sich selbst nicht zu helfen weiß. Sobald die Übersetzung fertig, werde ich Ihnen durch Überschickung der Messe neuerdings beschwerlich fallen und bitte Sie dann, was möglich ist, hierbei zu meinem Vorteil gegen den jüdischen Verleger eine kleine Aufmerksamkeit anzuwenden. Möchte ich imstande sein, Ihnen oder den Ihrigen irgendwie dienen zu können. — Euer Wohlgeboren unter wahrer Hochachtung verehrender Freund und Diener Beethoven.

Verzeihen Sie mir mein anscheinend sorgloses Geschmier, es geschieht in Eil. Ich empfehle mich allen den Ihrigen.

988] An Artaria & Komp. Wien, 17. Dez. 1820.

Herren Artaria & Komp.! Indem ich Ihnen verbindlichst danke für die mir vorgeschossenen 150 fl. C.-M., wofür ich Ihnen die Quittung, auf S. Kaiserl. Hoheit den Kardinal lautend, eingehändigt, ersuche ich Sie von neuem, indem ich in Gefahr bin, eine von meinen Bankaktien zu verlieren, mir noch 150 fl. C.-M. vorzuschießen, welche ich Ihnen mich verbinde, höchstens in drei Monaten vom heutigen Dato an zurückzubezahlen. Um Ihnen aber meine Dankbarkeit zu beweisen, verbinde ich mich durch Gegenwärtiges schriftlich, Ihnen ein von mir gesetztes Tonstück aus ein, zwei oder mehreren Sätzen bestehend als Eigentum zu überlassen, ohne irgend auf ein Honorar dafür Anspruch zu machen.

Allzeit Ihr bereitwilligter Beethoven (L. S.).

989] An Karl Boldrini.   20. Dez. 1820.

Lieber Boldrini! Ich bitte Sie recht sehr, die Ihnen übertragene Angelegenheit nicht aufzuschieben. Der Mann ist krank, wohnt in der Adlergasse 1. Stock bei den zwölf Aposteln (gegenüber dem gräflich Deymschen Hause). Sollten Sie vielleicht Anstand nehmen, die 150 Gulden Konventionsmünze mir vorzuschießen, so bitte ich, mir es hierher anzuzeigen, wo ich alsdann schon jemanden finden werde, welcher mir diese Gefälligkeit erzeigt. Ich nehme Ihnen dieses gar nicht übel. Im Falle aber, daß Sie mir schon die Gefälligkeit erzeigen wollen, so bitte ich Sie, die Aktie sogleich einzulösen. Die Interessen sind bezahlt bis 18. Januar. Allein ich bin nur froh, wenn ich die Aktie gleich wieder erhalte und achte diesen kleinen Verlust nicht. — Wegen meiner Besuchskarte erinnere ich Sie ebenfalls, ganz einfach nämlich: Ludwig van Beethoven. Ich bedarf ihrer zu den Neujahrswünschen. Was sie kostet, werde sogleich abtragen. Bitte, bitte sich zu eilen, die Aktie einzulösen.

Ihr Freund Beethoven.

Die Dividendenzeit ist schon da, wo ich der Aktie ebenfalls bedarf und mit Schindler schon deshalb Verdrießlichkeiten gehabt habe. Mündlich darüber mehr.

990] An Polizeikommissar Ungermann.   (1820.)

Herr v. Schindler darf natürlich nicht vor beiden Personen genannt werden, aber wohl ich. —

991] An Anton Dietrich.   (1820.)

Werter Herr Dietrich! Ich bitte Sie, nicht unwillig zu
werden. — —

Betreffend eine Absage wegen Modellsitzung, schließt:

Ihr ergebener Beethoven.

992] An Artaria & Komp.   Wien, 28. Jan. 1821.

Ich bezeuge mit Dank, daß ich von Herrn Artaria
150 fl. C.-M. empfangen habe, welche ich nächstens wieder
zurückerstatten werde, und für welche Gefälligkeit ich selben
Komposition versprochen habe.   L. v. Beethoven.

993] An Schlesinger (Berlin).   Wien, 7. März 1821.

Euer Wohlgeboren! Sie mögen wohl nachteilig von
mir denken, allein Sie dürften bald davon zurückkommen,
wenn ich Ihnen sage, daß ich sechs Wochen lang an einem
starken rheumatischen Anfall darnieder gelegen bin; doch
geht es nun besser. Sie können denken, daß manches stocken
mußte. Ich werde alles bald einholen. Nun lassen Sie mich
nur kurz Ihnen das Nötigste sagen: auf die Lieder wird
das 107. Werk geschrieben. Wenn mir recht ist, sind die
Namen der englischen Autoren, worunter Moore, Byron,
Scott usw. sind, nicht beigesetzt worden; diese sollen Sie
nächstens erhalten. Die Dedikation an den Kronprinz von
Preußen steht Ihnen frei, obschon ich jemanden anders sie
zugedacht hatte, so stehe ich doch zurück. Was aber die So=
nate anbelangt, die Sie nun schon längst haben müssen, so
ersuche ich Sie, folgenden Titel nebst Dedikation beizusetzen,
nämlich:

Sonate für das Hammerklavier, verfaßt und dem Fräu=
lein Maximiliana Brentano gewidmet von Ludwig van
Beethoven, 109. Werk.

Wollen Sie die Jahreszahl noch beifügen, wie ich das
oft gewünscht, aber nie ein Verleger hat tun wollen?

Die anderen beiden Sonaten folgen nun bald und wegen
des Honorars werde ich Ihnen zeitig genug anzeigen. Ich
habe Ihre Briefe nicht bei der Hand; wenn mir recht ist,

wünschten Sie noch einige andere Werke. Wenn Sie mir
diese bald anzeigen, so kann ich meine Einteilung machen,
und sowohl mir als Ihnen und dem Publikum das für
meine Kunst Wünschenswerte schaffen und auch zu gelegener Zeit. Ich wünsche Ihnen alles Ersprießliche. Wahrscheinlich wird Ihnen mein Manuskript lesbar sein; finden
Sie Korrekturen nötig, so bitte ich Sie sowohl von den
Liedern als Sonaten zu schicken; nur müßte von den Liedern das Manuskript mitgesendet werden, welches zwar
nur eine eiligst gemachte Abschrift von meinem Manuskript,
welches ich aber nicht besitze, ist. — Leben Sie wohl, verehrter Herr,   Ihr ergebenster Beethoven.

994] **An Peter Simrock.**   Wien, 19. März 1821.

Lieber Simrock! Sie werden nun wohl in der Hälfte
April (höchstens Ende April) die Messe in Frankfurt erhalten. Es war trotz meinem besten Willen nicht eher möglich,
Ihnen selbe früher zukommen zu lassen. Ich war sechs Wochen lang bettlägerig, während welchen ich mich mit nichts
abgeben durfte, und gebrauche noch fortwährend Arzeneien.
Ebenso ging es dem Übersetzer und allem, was ich rund
um mich kenne. Dieser sonderbare, aber schreckliche Winter
hier, wovon man in unseren Ländern keinen Begriff hat,
ist schuld daran. Da der Übersetzer überhäuft mit anderen
schriftstellerischen Arbeiten, so mußte ich mich gedulden, um
so mehr da ich Ursache habe, mit ihm zufriedener zu sein,
als wenn die Messe in eine Übersetzungsfabrik geraten
wäre, deren die Protestanten längst müde sind, indem solche
zu wenig mit dem wahren Urtext übereinstimmen. Der
Übersetzer ist selbst Musiker, ist mit meinen eigenen Begriffen
von dem lateinischen Text vertraut und als fertiger Schriftsteller imstande, ein Muster d. g. aufzustellen. Seinen Namen werden Sie bei Absendung der Messe erfahren. Übrigens seien Sie ruhig, Sie werden für Ihr Warten hinlänglich entschädigt werden. Leben Sie wohl. Über und über
beschäftigt, mache ich Ihnen nur diese Anzeige, damit Sie
sich nichts anderes denken, als wie die Sache selbst ist. Ich
grüße Sie und die Ihrigen herzlich. Sehen Sie Wegeler, so
lasse ich ihm alles Gute wünschen. Ich weiß, er wird nicht

statt einem Regierungsrat ein Regierungsunrat sein, wie ich davon Beispiele erlebt... Ich hoffe noch immer, Bonn diesen Sommer zu sehen.

In Eil Ihr Freund Beethoven.

995] **An Schlesinger,** Berlin. Döbling, 7. Juni 1821.

Euer Wohlgeboren! Leider erhielt ich erst vor einigen Tagen, indem ich noch von Wien entfernt war, Ihre Zuschickung, ich glaubte nun nach den gütigen Bemühungen des Herrn Lauska bald und geschwinde mit der Korrektur fertig zu werden. Es scheint, soviel ich in der Eile erblicken konnte, die Abschrift der Sonate beinahe ganz korrekt zu sein, allein nach dieser hätte die erste und zweite Korrektur in Berlin sollen gemacht werden und mir alsdann erst zugeschickt werden sollen, daher sind nun freilich sehr viele und wichtige Fehler zu verbessern und wahrscheinlich werde ich sie mit Nummern anzeichnen müssen, damit alles richtig dort erkannt werde. — Heute acht Tage, kann die Korrektur auf den Postwagen gegeben werden, wie es aber ganz gewiß auch geschehen wird. Die andere... Sonate erhalten Sie bald, meine Gesundheit ist noch immer wankend und dies dürfte wohl so bleiben, bis ich in das mir vom Arzte verordnete Bad gehen kann. — Die Namen der Autoren von den Liedern sollen mit der Korrektur abgeschickt werden, für heute glaube ich das Nötigste erwähnt zu haben, gar zu überhäuft beschäftigt, empfehle mich Ihnen bestens und zeichne mich mit Achtung Ihr ergebenster Beethoven.

P. S. Ich weiß, H. Lauska wird es mir nicht abschlagen, wenn ich ihn bitte, doch auch die Liederkorrektur gütigst mit zu besorgen, es ist mir ungemein leid, daß Ihnen durch mein Manuskript Aufenthalt gemacht worden ist, obschon ich hier schon auch Manuskripte habe stechen lassen; ich werde nun künftig alles abschreiben lassen und genau durchsehen.

P. S. Sie machen nur, wie gewöhnlich, gütigst die Adresse an mich „an Ludwig van Beethoven in Wien", wo ich sodann auf meinem Landaufenthalte alles richtig erhalte.

596

P. S. Ich bitte, ja nicht eher die Sonate herauszugeben, bis die Korrektur angebracht ist, da wirklich zuviel Fehler darin sind. —

996] **An Schlesinger, Berlin.** Döbling, 3. Juli 1821.

Namen der Autoren der schottischen Lieder (Titel und Verfassernamen von 25 schottischen Liedern).

997] **An Moritz Schlesinger.** Döbling, 6. Juli 1821.

Euer Wohlgeboren! Erhalten hier die Korrektur, eine schwierigere und mühseligere ist mir nie vorgekommen. Der Hauptfehler ist, daß die erste Korrektur nicht in Berlin gemacht wurde, wodurch die Menge der Fehler hier und da kaum im gestochenen Exemplar anzubringen. Für jetzt ist zu trachten, daß die Abschrift (da, wie es scheint, mein Original nicht lesbar genug) ganz korrekt ist und sich in allem nach ihr zu richten ist. Im gestochenen Exemplar sind die Fehler teils mit roter Tinte angezeigt, die Takte aber mit grauem Bleistift angezeigt. Die Verbesserungen in der Abschrift sind mit roter Tinte angezeigt; das Verzeichnis der Fehler ebenfalls mit roter Tinte. Es ist wohl möglich, daß mehrere Fehler im gestochenen E. angedeutet, aber im Verzeichnis der Fehler sich nicht finden: alsdann ist sich nur in der jetzt bestkorrigierten Abschrift, welche mein Manuskript entbehrlich macht, Rat zu erholen; übrigens muß immer ein Sachverständiger hierbei mitwirken, da wohl noch wenigstens zwei bis drei Korrekturen nötig sind, bis das gestochene Exemplar dem abgeschriebenen ganz ähnlich sein wird. Ich glaube mit größter unendlicher Mühe diese Korrektur erschöpft zu haben; Herr Lauska, dem ich mich empfehle, bitte sorgsam nachzusehen. — In Eil Euer Wohlgeboren ergebenster Beethoven.

998] **An Erzherzog Rudolf.** Unter=Döbling, 18. Juli 1821.

Ihro Kaiserliche Hoheit! Ich hörte gestern von Höchstdero Ankunft hier, welches, so erfreulich es mir wäre, nur ein trauriges Ereignis für mich geworden, da es ziemlich lange werden dürfte, bis ich so glücklich sein kann, J. K. H. aufzuwarten. Schon lange sehr übel auf, entwickelte sich endlich die Gelbsucht vollständig, mir eine höchst ekelhafte Krankheit. Ich hoffe wenigstens, daß ich doch so weit hergestellt werden werde, daß ich J. K. H. noch hier vor Ihrer Abreise sehe. Auch den vergangenen Winter hatte ich die stärksten rheumatischen Zufälle. — Vieles liegt in meiner traurigen Lage, was meine ökonomischen Umstände betrifft. Bisher hoffte ich durch alle möglichen Anstrengungen endlich darüber zu siegen; Gott, der mein Inneres kennt und weiß, wie ich als Mensch überall meine Pflichten, die mir die Menschlichkeit, Gott und die Natur gebieten, auf das Heiligste erfülle, wird mich wohl endlich wieder einmal diesen Trübsalen entreißen. — Die Messe kann J. K. H. noch hier überreicht werden, die Ursachen der Verzögerung derselben erlassen mir J. K. H. gnädigst. Die Details davon könnten nicht anders als wenigstens unangenehm für J. K. H. sein. — Sehr gerne hätte ich J. K. H. manchmal schon von hier aus geschrieben, allein J. K. H. hatten mir hier gesagt, daß ich abwarten sollte, bis Höchstdieselben mir schreiben würden. Was sollte ich nun tun? Vielleicht würde es J. K. H. unangenehm gewesen sein, wenn ich nicht Ihre Worte geachtet, und ich weiß, es gibt Menschen, welche mich gern bei J. K. H. verleumden, und dieses tut mir sehr weh, ich glaube daher öfters nicht anders tun zu können, als mich still zu verhalten, bis J. K. H. wünschen, etwas zu sehen oder zu hören von mir. — Ich hörte von einer Unpäßlichkeit J. K. H.; ich hoffe, daß es von keiner Bedeutung ist. Der Himmel schütte seinen Segen in den reichsten Füllhörnern auf J. K. H. herab. Ich hoffe, daß es doch nicht zu lange anstehen wird, bis ich so glücklich bin, J. K. H. sagen zu können, wie sehr ich bin Ihro Kaiserlichen Hoheit gehorsamster treuer Diener   Beethoven.

999] An **Erzherzog Rudolf.**   Unter=Döbling, 18. Juli 1821.

Ihro Kaiserliche Hoheit! Ich hatte schon einen weitläufigen Brief an Höchstdieselben geschrieben, welchen mein Kopist Schlemmer übergeben wird. Ich hörte vorgestern die Ankunft J. K. H. und schrieb daher gestern sogleich das obenerwähnte Schreiben. — Wie traurig bin ich, daß mich die Gelbsucht, der ich unterliege, verhindert, sogleich zu

598

I. K. H. zu eilen, und meine Freude über Ihre Ankunft mündlich selbst bezeugen zu können. — Der Herr aller Dinge nehme zum Wohl so vieler Menschen I. K. H. in seine Obhut. — Ihro Kaiserlichen Hoheit gehorsamster Diener

L. v. Beethoven.

1000] **An Tobias Haslinger.** Baden, 10. Sept. 1821.

Sehr Bester! Als ich gestern auf dem Wege nach Wien mich im Wagen befand, überfiel mich der Schlaf, um so mehr, als ich beinahe nie (des Frühaufstehens wegen hier) recht geschlafen hatte. Während ich nun schlummere, so träumte mir, ich reiste sehr weit, nicht weniger nach Syrien, nicht weniger nach Indien, wieder zurück, nicht weniger nach Arabien, endlich kam ich gar nach Jerusalem. Die heilige Stadt erregte den Gedanken an die heiligen Bücher; kein Wunder, wenn mir nun auch der Mann Tobias einfiel, und wie natürlich mußte mir also auch unser Tobiasserl und das pertobiasser dabei in den Sinn kommen; nun fiel mir während meiner Traumreise folgender Kanon ein:

O Tobias Dominus Haslinger, o Tobias! (Kanon).

Allein kaum erwachte ich, fort war der Kanon, und es wollte mir nichts mehr davon ins Gedächtnis kommen. Jedoch als ich mich anderen Tages wieder hierher begab im selben Fuhrwerk (eines armen österreichischen Musikanten) und die gestrige Traumreise wieder jetzt wachend fortsetzte, siehe da, gemäß dem Gesetz der Ideenassoziation, fiel mir wieder selber Kanon ein; ich hielt ihn nun wachend fest, wie einst Menelaos den Proteus, und erlaubte ihm nur noch, daß er sich in drei Stimmen verwandeln durfte. (Hier folgt längerer Kanon.)

Lebt wohl! Nächstens werde ich auch auf Steiner was einschicken, um zu zeigen, daß er kein steinernes Herz hat. Lebt wohl, sehr Bester, wir wünschen allezeit, daß Ihr dem Namen Verleger nie entsprecht und nie in Verlegenheit seid, sondern Verleger, welche nie verlegen sind, weder im Einnehmen noch Ausgeben. — Singt alle Tage die Episteln des heiligen Paulus, geht alle Sonntage zum Pater Werner, welcher Euch das Büchlein anzeigt, wodurch Ihr von Stund' an in Himmel kommt; Ihr seht meine Besorgnis für Euer Seelenheil, und ich verbleibe allzeit mit größtem Vergnügen von Ewigkeit zu Ewigkeit .

Euer treuester Schuldner Beethoven.

1001] An...?   Baden, 27. Sept. 1821.

Euer Wohlgeboren verzeihen meine Freiheit Ihnen beschwerlich zu fallen. Dem Überbringer dieses, H. v. — habe ich aufgetragen, eine Bankaktie umzusetzen oder zu verkaufen. Unbekannt mit allem, was hierzu gehört, bitte ich Sie, doch demselben gütigst Ihre Ratschläge und Ansichten mitzuteilen. Ein paar Krankheiten vom vergangenen Winter und Sommer haben mich etwas in meiner Ökonomie zurückgesetzt. Seit dem 7. September bin ich hier, wo ich bis Ende Oktober bleiben muß. Das alles kostet viel Geld und verhindert mich, es so wie sonst zu verdienen. Zwar erwarte ich von draußen Geld, allein da die Noten jetzt so hoch stehen, so habe ich dies für das leichteste Mittel gehalten, mir für diesen Augenblick zu helfen, indem ich später wieder eine neue Banknote dafür kaufen werde. ——— ——— ———

Eiligst und schleunigst.   Ihr Freund Beethoven.

(Im Umschlag:) Was ich für ein kaufmännisches Genie bin, werden Sie leicht einsehn. Als dieser beifolgende Brief geschrieben war besprach ich mich erst mit einem Freunde über die Note. Es zeigte sich alsdann sogleich, daß man nur einen Kupon abzuschneiden habe, und damit ist die ganze Sache geendigt. Ich bin also froh, daß ich Ihnen gar nicht damit beschwerlich fallen darf. ——— ———

Der Ihrige Beethoven.

1002] An Franz v. Brentano.   Wien, 12. Nov. 1821.

Verehrter Freund! Halten Sie mich ja nicht für einen Schuften oder ein leichtsinniges Genie. Schon seit vorigem Jahr bis jetzt war ich immer krank, den Sommer über ebenfalls ward ich mit der Gelbsucht befallen. Das dauerte bis Ende August. Staudenheimers Verordnung zufolge mußte ich noch im September nach Baden. Da es in der dortigen Gegend bald kalt wurde, ward ich von einem so heftigen Durchfall überfallen, daß ich die Kur nicht aushalten konnte und wieder hierher flüchten mußte. Nun geht es gottlob!

600

beffer und endlich scheint mich Gesundheit wieder neu be=
leben zu wollen, um wieder neu auch für meine Kunst zu
leben, welches eigentlich seit zwei Jahren nicht der Fall,
sowohl aus Mangel an Gesundheit, wie auch so vieler an=
deren menschlichen Leiden wegen. — Die Messe hätte wohl
noch früher können abgeschickt werden, allein sie muß genau
übersehen werden, denn draußen werden die Verleger mit
meinem Manuskript wohl nicht fertig. Wie ich aus Erfah=
rung weiß, um eine solche Abschrift zum Stechen, muß
Note für Note durchgesehen werden; hierzu konnte ich
meiner kränklichen Umstände wegen nicht kommen, um so
mehr, da ich bei alledem in Ansehung meiner Subsistenz
mehrere Brotarbeiten (leider muß ich sie so nennen) voll=
bringen mußte. Ich glaube, wohl doch noch einmal den
Versuch machen zu können, ob Simrock nicht die Louisdors
in einem höheren Wert anrechnen möchte, da denn doch auch
von anderen Seiten mehrere Nachfragen um die Messe da
sind, worüber ich Ihnen nun bald schreiben werde. Übri=
gens zweifeln Sie nicht an meiner Rechtschaffenheit. Ich
denke öfter an nichts, als daß Ihr gütiger Vorschuß auf das
baldigste getilgt werde. — Mit wahrer Dankbarkeit und
Hochachtung Ihr Freund und Diener   Beethoven.

1003] An Maximiliane v. Brentano. Wien, 6. Dez. 1821.

Eine Dedikation!!! Nun es ist keine, wie dgl. in Menge
gemißbraucht werden. Es ist der Geist, der edle und bessere
Menschen auf diesem Erdenrund zusammenhält, und den
keine Zeit zerstören kann; dieser ist es, der jetzt zu Ihnen
spricht und der Sie mir auch in Ihren Kinderjahren gegen=
wärtig zeigt, ebenso Ihre geliebten Eltern, Ihre so vor=
treffliche geistvolle Mutter, Ihren so von wahrhaft guten
und edlen Eigenschaften beseelten Vater, stets dem Wohl
seiner Kinder eingedenk, und so bin ich in dem Augenblick
auf der Landstraße und sehe Sie vor mir, und indem ich an
die vortrefflichen Eigenschaften Ihrer Eltern denke, läßt
es mich gar nicht zweifeln, daß Sie nicht zu edler Nach=
ahmung sollten begeistert worden sein und täglich werden.
Nie kann das Andenken einer edlen Freundin in mir er=
löschen. Mögen Sie meiner manchmal in Güte gedenken.

Leben Sie herzlich wohl, der Himmel segne für immer Ihr und Ihrer aller Dasein. — Herzlich und allezeit

Ihr Freund Beethoven.

1004] **An Franz v. Brentano.** Wien, 20. Dez. 1821.

Edler Mann! Ich erwarte noch einen Brief, was die Messe betrifft, den ich Ihnen zur Einsicht in die ganze Angelegenheit sogleich mitteilen werde. Auf jeden Fall wird das Honorar an Sie selbst angewiesen werden, wo Sie alsdann selbst mich gütigst sogleich von meiner Schuld an Sie entledigen können. Mein Dank wird unbegrenzt immer gegen Sie sein. Ich war vorlaut, ohne anzufragen, indem ich Ihrer Nichte Maxi ein Werk von mir widmete; möchten Sie dieses als ein Zeichen meiner immerwährenden Ergebenheit für Sie und Ihre ganze Familie aufnehmen. Geben Sie aber dieser Dedikation keine üble Deutung auf irgendein Interesse oder gar auf eine Belohnung. Dies würde mich sehr kränken. Es gibt ja wohl noch edlere Beweggründe, denen man dgl. zuschreiben kann, wenn man schon durchaus Ursachen finden wollte. — Das neue Jahr ist im Eintreten begriffen, möge es Ihnen alle Ihre Wünsche erfüllen und Ihre Freude täglich als Hausvater an Ihren Kindern vermehren. Ich umarme Sie von Herzen und bitte, mich noch Ihrer ausgezeichneten, einzig herrlichen Toni zu empfehlen. Euer Wohlgeboren hochachtungsvoll verehrender Beethoven.

Es sind mir schon von hier und auswärts 200 ✠ in Gold für die Messe geboten; ich glaube aber 100 fl. C.-M. darüber noch vielleicht zu erhalten. Hierüber erwarte ich von auswärts nur noch ein Schreiben, welches ich Ihnen sogleich mitteilen werde. Man könnte alsdann die Sache Simrock vorstellen, der doch nicht verlangen wird, daß ich soviel verliere. Bis dahin gedulden Sie sich gefälligst und glauben Sie ja nicht, daß Sie gegen einen Unwürdigen großmütig sich gezeigt haben.

1005] **An S. A. Steiner & Komp.** (1821.)

An das berühmteste Musikkontor in Europa, Steiner & Komp., Pater noster (miserere) Gässel.

Ich ersuche den Geh' Bauer um einige Billette (zwei), da einige von meinen Freunden sich in diese Winkelmusik begeben wollen. Ihr habt vielleicht selbst dergleichen Abtrittskarten, so schickt mir eine oder zwei.

Euer Amicus Beethoven.

Der Part gehört zu dem Chor, wozu der Bauer die Stimmen hat.

1006] An Schlesinger. (1821.)

Ich bitte um das Buch der schottischen Lieder, wie selbe sodann gleich expediert werden sein. Beethoven.

1007] An Tobias Haslinger. (Ende 1821.)

Bester A—t! Ich ersuche um ein Exemplar vom Trio in B, von der Violinsonate in g, von der Solosonate in E, von der Solosonate in A, auch bitte mir den 4händigen Auszug der 6ten Sinfonie beizufügen. Wegen letzterem schreibe, da es ohnedem geschehen muß, heute oder Samstags an Breitkopf & Härtel, da ich selben auf seine Rechnung genommen. Zuletzt ist noch beizufügen der Klavierauszug der Sinfonie in A, der Klavierauszug der Sinfonie in F. Für alles dies bin ich dero Schuldner, sowie Sie der meinige, allzeit dero et et et L. v. Beethoven.

[Außen:] An Herrn von Tobias Edler von Haß—lin —ger.

1008] An — ? — (1821 ?)

P. P. Sagen Sie mir gefälligst, ob ich den jetzigen Jahrgang Ihrer Zeitschrift noch ganz haben kann, auf den ich pränumerieren möchte.

(Auktion Henrici XVII Nr. 21.)

1009] An einen Musikverleger. (1821 ?)

B. bedauert von einem beabsichtigten Verlagsunternehmen zurücktreten zu müssen. — Ich werde Ihnen dieser Tage selbst die Ursache sagen, warum und ich weiß, Sie werden mich alsdann selbst entschuldigen. —

(Auktion Henrici XXV Nr. 199.)

1010] **An S. A. Steiner.** (1822.)

Wenn Ihr den gewiſſen Grünbaumſchen „Fidelio" zum abſchreiben hergeben wollt, ſo tut's oder laßt's bleiben — beim Theater dauert es zu lange, bis man ihn bei der wirklichen (?) neu eintretenden Direktion erhalten kann.

Beethoven.

1011] **An Bernhard Romberg.** 12. Febr. 1822.

Lieber Romberg! Ich bin dieſe Nacht wieder von den bei mir in dieſer Jahreszeit gewöhnlichen Ohrenſchmerzen befallen worden, Deine Töne ſelbſt würden für mich heute nur Schmerz ſein; dieſen nur ſchreibe es zu, wenn Du mich nicht ſelbſt ſiehſt. Vielleicht iſt's in ein paar Tagen beſſer, wo ich Dir dann noch Lebewohl ſagen werde. — Wenn Du mich übrigens nicht zum Beſuch bei Dir geſehen haſt, ſo bedaure die Entlegenheit meiner Wohnung, meine fortgeſetzten Beſchäftigungen, um ſo mehr, da ich ein ganzes Jahr hindurch krank war, wodurch ich in ſo manchen begonnenen Werken aufgehalten wurde; — und am Ende braucht es der nichtsſagenden Komplimente zwiſchen uns ohnedem nicht. — Ich wünſche Dir zu dem vollen Tribut des Beifalls Deiner hohen Kunſt auch die metalliſche Anerkennung, was jetzt ſelten der Fall iſt; — wenn ich nur ein wenig kann, ſo ſehe ich Dich ſamt Deiner Gattin und Kindern, welche ich hier von Herzen grüße, gewiß noch. — Lebe wohl, großer Künſtler, wie immer der Deinige

Beethoven.

1012] **An Erzherzog Rudolf.** 27. Febr. 1822.

Euer Kaiſerliche Hoheit! Ich war ſchon heute früh in der Burg, zwar nicht (denn ich war noch nicht angezogen), um E. K. H. einen Beſuch zu machen, ſondern nur durch Zips melden zu laſſen, daß ich dageweſen und mich höchſt erfreue über die Ankunft allhier. Allein ich fand die Wohnung E. K. H. nicht mehr, und da ich irgendwo anklopfte, wo ich glaubte, daß E. K. H. ſich befinden, ſo ſchien es, daß mein Anzug gar zu ſehr auffiel. Ich machte mich daher geſchwind fort, und melde mich jetzt nur noch heute ſchriftlich bei E. K. H. an, morgen werde ich mich anfragen, und meine Aufwartung machen und zugleich hören, ob die ge=

wohnten mufikalifchen Geiftesübungen wieder ftattfinden follen und wann? Es fieht abfcheulich aus, indem ich die ganze Zeit E. K. H. nicht gefchrieben, allein ich wollte im= mer warten, bis ich die Meffe gefchickt hätte, da aber wirk= lich erfchrecklich daran gefehlt war, und zwar fo, daß jede Stimme mußte durchgefehen werden, fo verzögerte es fich bei fo vielen anderen nicht aufzufchiebenden Befchäftigungen, wozu noch andere Umftände getreten, die mich in diefen hinderten, wie denn fo manches dem Menfchen begegnet, wo er am wenigften daran denkt. Daß E. K. H. mir aber allezeit gegenwärtig gewefen, beweifen die hier folgenden Abfchriften einiger Novitäten, welche fchon mehrere Mo= nate für E. K. H. bereit gelegen; allein ich wollte felbe nicht eher, als mit der Meffe zugleich abfenden. Letztere wird nur gebunden und alsdann E. K. H. ehrfurchtsvoll von mir überreicht werden. — Indem ich mich höchft er= freue, E. K. H. mich wieder perfönlich nahen zu können, er= fterbe ich ehrfurchtsvoll. — Euer Kaiferlichen Hoheit treu gehorfamfter Diener   Beethoven.

1013]   An Erzherzog Rudolf.   (1822.)

Nachfchrift. Die Meffe wird bald ganz in J. K. H. Händen fein; fie follte und wäre es auch fchon längftens allein — allein — allein — J. K. H. werden nach näherer Bekanntfchaft meiner Verhältniffe fich noch wundern, wie diefes von mir noch zuftande kommt. —

1014]   An Tobias Haslinger.   (1822.)

Sehr Befter! Sehr, fehr, fehr Vorzüglicher! Erfter Vor= fpann! Seid fo gut und überfchickt mir das Paket famt Ihrem Paket. Sehr befter Auszug! Sendet ebenfalls bald den Klavierauszug. Über die Herausgabe denkt nach. Es brauchte keine neue Abfchrift, da man ja die geftochenen Exemplare und auch Manufkript dazu von mir hat. — Leb' wohl, beftes ehemaliges Kriegsmännchen und Kriegswerk= zeug; fobald mein neuer Stand zuftande kommt, follft Du auch nicht geringe bedacht fein.

                         Euer und Dein Freund Beethoven.
Die fchriftliche Kollektion follte wohl am beften in Lon= don angebracht werden können.

1015] **An Artaria & Komp.** (1822.)

Sehr Beste! Wie ich merke, habt Ihr mich schmieren
wollen; das ist eine Ehre, die mir zum erstenmal in mei=
nem Leben widerfährt. Jedoch habt Ihr damit Ehre einge=
legt.

Wohlgeborene! Was die Geschichte mit ... und meinem
Bruder betrifft, so weiß ich kein Wort davon. Ich vermute
etwas von Werken, die ich ihm gegeben habe; allein, da er
wenig musikalisch ist, so wünschte ich doch vollständig davon
unterrichtet zu sein, damit kein Irrtum vorfallen könne. Ich
bitte Sie daher, dem Überbringer dieses, meinem Freund
Herrn A. Schindler, nur alles hierüber mitzuteilen.

Wie immer Ihr Freund und Diener   Beethoven.

1016] **An Ferdinand Ries.** Wien, 6. April 1822.

Liebster, bester Ries! Schon über ein ganzes halbes
Jahr wieder kränklich, konnte ich Ihr Schreiben niemals
beantworten. Ich erhielt die 26 Pfund Sterling richtig und
danke Ihnen herzlich dafür; von Ihrer mir dedizierten So=
nate habe ich nichts erhalten. ———Mein größtes Werk
ist eine große Messe, die ich unlängst geschrieben habe usw.
Die Zeit ist zu kurz heute, also nur noch das Nötigste. ——
— Was würde mir wohl die philharmonische Gesellschaft
für eine Symphonie antragen?

Noch immer hege ich den Gedanken, doch noch nach Lon=
don zu kommen, wenn es nur meine Gesundheit leidet, viel=
leicht kommendes Frühjahr?! — Sie würden an mir den
gerechten Schätzer meines lieben Schülers, nunmehrigen
großen Meister, finden, und wer weiß, was noch anderes
Gutes für die Kunst entstehen würde in Vereinigung mit
Ihnen! Ich bin wie allezeit ganz meinen Musen ergeben
und finde nur darin das Glück meines Lebens und wirke
und handle auch für andere, wie ich kann. ——— Sie
haben zwei Kinder, ich eins (meines Bruders Sohn);
allein Sie sind verheiratet, wo Sie die Ihrigen alle zwei
nicht kosten, was mich eins kostet.

Nun leben Sie recht wohl, küssen Sie mir Ihre schöne
Frau, bis ich diese feierliche Handlung in Person selbst be=
gehen kann.   Herzlich Ihr Freund Beethoven.

Machen Sie doch, daß ich Ihre Dedikation erhalte, damit ich mich wieder ebenfalls zeigen kann, welches allsogleich geschehen soll nach Empfang Ihrer.

1017] **An Moritz Schlesinger.**   Wien, 1. Mai 1822.

Euer Wohlgeboren! Sie werden nun wohl die Schottischen Lieder längst haben, welche hier bei Cappi und Diabelli abgegeben worden. Was den letzten Satz der dritten Sonate anbelangt, so folgt hierbei der Schein. Ich hoffe, Sie werden selbe schon haben; ich bitte noch einmal, selben sogleich zu bezeichnen und die zuerst erhaltene Abschrift sogleich zu vernichten. Was die zweite Sonate in As betrifft, so habe ich die Zueignung an jemand bestimmt, welche ich Ihnen beim nächsten zusenden werde. Die dritte steht Ihnen frei, jemanden, wem Sie wollen, zu widmen. — Es geht nun Gott Lob wieder besser mit meiner Gesundheit. Wegen der Messe bitte ich Sie, nun bald alles alles in Richtigkeit zu bringen, da auch andere Verleger sie gewünscht haben, und besonders von hier aus deswegen manche Schritte mir sind gemacht worden; jedoch habe ich schon längst bestimmt, daß selbe hier nicht erscheinen solle, indem dieses Werk mir sehr wichtig ist. Für den Augenblick bitte ich Sie, mir nur anzuzeigen, ob Sie meinen letzten Antrag in Hinsicht der Messe mit den beigefügten zwei Liedern genehmigen. Was hernach die Abführung des Honorars betrifft, so mag es damit nicht länger als vier Wochen dauern; ich muß darauf bringen, da hauptsächlich zwei andere Verleger, welche die Messe ebenfalls wünschen in ihren Verlag, auf eine bestimmte Antwort mich beständig schon geraume Zeit deswegen bitten. —

Leben Sie nun recht wohl und schreiben Sie mir ja sogleich; es würde mir sehr leid sein, wenn ich Ihnen gerade dieses Werk nicht zu übergeben hätte.

Mit Achtung Ihr ergebenster Beethoven.

1018] **An Franz v. Brentano.**   Wien, 19. Mai 1822.

Euer Wohlgeboren! Sie werden, wer weiß was, von meiner Unordnung denken; allein ich bin schon wieder vier Monate immer mit Gicht auf der Brust behaftet und nur

607

mich wenig zu beschäftigen imstande. Die Messe wird end=
lich bis künftigen Monat, Ende Juni, ganz gewiß in
Frankfurt bei Ihnen anlangen. Der Kardinal Rudolf, der
überhaupt für meine Werke sehr eingenommen ist, wollte
nicht, obschon ich bisher von seiner Großmut nichts weiß,
daß die Messe so bald herauskommen sollte, und erst vor
drei Tagen erhielt ich Partitur und Stimmen zurück, da=
mit, wie höchstdieselben sich ausdrückten, mir nicht beim
Verleger geschadet werden könne. Sie baten sich dabei aus,
daß sie ihm gewidmet werden sollte. Ich lasse jetzt nur die
Partitur noch einmal abschreiben und übersehe sie genau.
Dies geht alles bei meiner schwächlichen Gesundheit nur
langsam; — höchstens bis Ende des künftigen Monats ist
die Messe da in Frankfurt. Hr. Simrock kann also bis da=
hin den ausgemachten Ehrensold Ihnen zustellen; dies ist
das Kürzeste, um so mehr, da mir jetzt alles beschwerlich
fällt. Ich habe hier und auch von anderwärts wohl noch
bessere Anträge erhalten, habe aber alle zurückgewiesen, da
ich einmal Simrock mein Wort gegeben habe, obschon ich da=
bei verliere; da ich, wenn es meine Gesundheit nur zuläßt,
mehrere andere Werke ihm vorschlagen werde, wo es mir
wieder zugute kommen kann, und man auch wegen der
Herausgabe sämtlicher Werke mit ihm übereinkommen
könnte. Da mich der Winter immer hier beinahe mordet, so
erfordert es meine Gesundheit, endlich Wien auf einige Zeit
zu verlassen. Ihre mir oft bewiesene freundschaftliche Güte
läßt mich hoffen, daß Sie diese ganze Angelegenheit zu mei=
nem Besten besorgen.

Mit wahrer Hochachtung Ihr Freund und Diener
Beethoven.

1019] An C. F. Peters, Leipzig.   Wien, 5. Juni 1822.

Euer Wohlgeboren! Indem Sie mich mit einem Schrei=
ben beehrten und ich gerade sehr beschäftigt bin und seit fünf
Monaten mich kränklich befand, beantworte ich Ihnen nur
das Nötigste. — Obschon ich mit Steiner vor einigen Tagen
zusammengekommen und ihn scherzweise fragte, was er
mir mit von Leipzig gebracht hätte, erwähnte er Ihres Auf=
trags auch mit keiner Silbe, sowie auch Ihrer selbst, drang

608

aber sehr heftig in mich, ihm zu versichern, daß ich nur ihm allein sowohl meine jetzigen, als auch zukünftigen Werke geben sollte, und dieses zwar kontraktmäßig; ich lehnte es ab. — Dieser Zug beweist Ihnen genug, warum ich öfter anderen auswärtigen und auch inländischen Verlegern den Vorzug gebe. Ich liebe die Geradheit und Aufrichtigkeit und bin der Meinung, daß man den Künstler nicht schmälern soll, denn leider ach, so glänzend auch die Außenseite des Ruhmes ist, ist ihm doch nicht vergönnt, alle Tage im Olymp bei Jupiter zu Gaste zu sein; leider zieht ihn die gemeine Menschheit nur allzuoft und widrig aus diesen reinen Ätherhöhen herab. —

Das größte Werk, welches ich bisher geschrieben, ist eine große Messe mit Chören und vier obligaten Singstimmen und großem Orchester. Mehrere haben sich darum beworben, 100 schwere Louisdor hat man mir dafür geboten, ich verlange unterdessen wenigstens 1000 fl. C.-M. im 20 fl. Fuß, — wofür ich auch den Klavierauszug selbst verfertigen würde. — Variationen über einen Walzer für Klavier allein (es sind viele) ein Honorar von 30 Dukaten in Gold, NB. Wiener Dukaten.

Was Gesänge betrifft, so habe ich deren größere ausgeführte, so z. B. eine komische Arie mit ganzem Orchester auf den Text von Goethe „Mit Mädeln sich vertragen" usw. Wieder eine andere Arie ähnlicher Gattung, wofür ich für jede 16 Stück Dukaten verlange (nach Verlangen Klavierauszug dazu); — für mehrere ausgeführte Gesänge mit Klavier für jeden derselben 12 Dukaten, worunter sich auch eine kleine italienische Kantate befindet mit Rezitativ; auch unter den deutschen Gesängen befindet sich ein Gesang mit Rezitativ. — Für ein Lied mit Klavier 8 Dukaten. Für eine Elegie für vier Singstimmen mit Begleitung von zwei Violinen, Viola, Violoncell für ein Honorar von 24 Stück Dukaten. — Für einen Derwisch-Chor mit ganzem Orchester 20 Stück Dukaten.

Von Instrumentalmusik wäre noch folgendes: Ein großer Marsch für ganzes Orchester mit Klavierauszug für 12 Dukaten, geschrieben zu dem Trauerspiel Tarpeja. — Eine Violinromanze (Solo mit ganzem Orchester) für 15

Dukaten. — Ein großes Terzett für zwei Oboen und ein Englisches Horn (könnte auch auf andere Instrumente übertragen werden) für 30 Dukaten. — Vier militärische Märsche mit türkischer Musik, auf Verlangen bestimme ich das Honorar. — Bagatellen oder Kleinigkeiten für Klavier allein, auf Verlangen das Honorar. Obige Werke sind alle fertig. — Für eine Solosonate für Klavier 40 Dukaten, welche Sie bald haben könnten. — Ein Quartett für zwei Violinen, Bratsche und Violoncell 50 Dukaten, welches Sie ebenfalls bald erhalten könnten. —

Näher als das alles liegt mir die Herausgabe meiner sämtlichen Werke sehr am Herzen, da ich selbe in meinen Lebzeiten besorgen möchte. Wohl manche Anträge erhielt ich, allein es gab Anstände, die kaum von mir zu heben waren und die ich nicht erfüllen wollte und konnte; ich würde die ganze Herausgabe in zwei, auch möglich in ein oder anderthalb Jahren mit den nötigen Hilfsleistungen besorgen, ganz redigieren und zu jeder Gattung Komposition ein neues Werk liefern, z. B. zu den Variationen ein neues Werk Variationen, zu den Sonaten ein neues Werk Sonaten und so fort zu jeder Art, worin ich etwas geliefert habe, ein neues Werk, und für alles dieses zusammen verlangte ich zehntausend fl. C.=M. im 20 fl. Fuß.

Kein Handelsmann bin ich und wünschte eher, es wäre in diesem Stück anders; jedoch ist die Konkurrenz, welche mich, da es einmal nicht anders sein kann, hierin leitet und bestimmt. — Ich bitte Sie um Verschwiegenheit, indem, wie Sie schon aus den Handlungen dieser Herren ersehen können, ich sonst mancherlei Plackereien ausgesetzt bin. Erscheint einmal etwas bei Ihnen, alsdann kann man mich nicht mehr plagen. — Es sollte mir erwünscht sein, wenn sich ein Verhältnis zwischen uns anknüpfte, indem mir manches Gute von Ihnen versichert worden ist. Sie würden alsdann auch finden, daß ich lieber mit jemanden von dieser, als mit so manchem der gewöhnlichen Gattung zu tun hätte. —

Ich bitte Sie um eine schnelle Antwort, indem ich gerade im Begriff bin, mich mit der Herausgabe mancher Werke jetzt entschließen zu müssen. Wie leid ist es mir, daß

610

Steiner, welcher schätzungswürdige Eigenschaften hat, sich hier wieder als gemeiner Kaufmann gezeigt hat. — Liegt Ihnen daran, so senden Sie mir gütigst eine Abschrift von dem Verzeichnis, welches Sie Herrn Steiner mitgegeben haben. — In Erwartung einer baldigen Antwort Ihr mit Achtung ergebenster   Ludwig van Beethoven.

1020] An Georg Aug. von Griesinger.   [20. Juni 1822.]

Mit Vergnügen empfange ich von Ihnen einige Zeilen, und sobald ich in die Stadt komme, werde ich Sie besuchen. Schon seit 5 Monaten kränklich, kann ich nur sparsam mit der Ausbeute meiner Kunst sein. Mich hat es recht gefreut, etwas von Ihnen zu hören dem verdienstvollen (überhaupt — und insbesondere in Haydns Lebensbeschreibung) Manne.   Hochachtungsvoll Ihr ergebenster Beethoven.

1021] An Karl v. Beethoven.   23. Juni 1822.

Meinem lieben Karl! Zur Nachahmung der höchsten menschlichen Tugenden. Von seinem Onkel und Vater
            L. v. Beethoven.

1022] An C. F. Peters, Leipzig.   6. Juli 1822.

Euer Wohlgeboren! Indem ich erst Ihren Brief recht ge= lesen habe, bemerke ich noch, daß Sie von den Bagatellen für das Klavier allein wünschen wie auch ein Quartett für zwei Violinen usw. — Was die Bagatellen anbetrifft, so nehme ich für eine 8 # in Gold, worunter manche von ziemlicher Länge, Sie könnten selbe auch einzeln heraus= geben und unter deutschem noch eigentlicherem Titel, näm= lich Kleinigkeiten Nr. 1, Nr. 2 usw., wie es Ihnen am besten dünkt.

Was das Violinquartett anbelangt, welches nicht ganz vollendet, da mir etwas anderes dazwischen gekommen, so dürfte es schwer fallen, von diesem Ihnen das Honorar zu verringern, indem gerade dgl. mir am höchsten honoriert werden, ich möchte beinahe sagen zur Schande für den großen allgemeinen Geschmack, welcher in der Kunstwelt durch den Privatgeschmack weit unter jenem öfter steht. — Vielleicht aber später ein anderes Quartett, wenn's mög=

lich. Was die Dukaten anbetrifft, so können Sie auch selbe zu 4 fl. 30 Xr. im 20ger Fuß verrechnen, dies gilt mir gleich. — Da Sie sowohl die Lieder als auch die Märsche wie auch die Bagatellen sogleich haben können, so ersuche ich Sie, mir nun bald hierüber zu schreiben, damit ich mit meiner Einteilung nicht zu kurz komme, indem ich gerade auch um dgl. Kleinigkeiten von mehreren Seiten angegangen worden bin. — St. Verfahren requiescat in pace, es scheint ihm sehr viel daran gelegen zu sein. Entschuldigen kann ich dgl. Mittel nicht, allein — man muß, mag man wollen oder nicht, dgl. Menschen doch nehmen wie sie sind, wo nicht, so lebt man in fortdauerndem Kriege.

Wegen der Messe habe ich Ihnen schon alles geschrieben, wobei es auch verbleibt. Vergessen Sie nicht auf die Herausgabe sämtlicher Werke — usw. usw., und nun bitte ich Sie, mir baldigst auch das noch Betreffende zu beantworten.

Ich wünsche Ihnen alles erdenkliche Gute.

Achtungsvoll Ihr ergebenster Beethoven.

1023] An Johann v. Beethoven. Wien, 26. Juli 1822.

Liebster Bruder! Äußerst beschäftigt und unbequem in allem mit Wohnung und mit meinen Leuten, welche beide äußerst ungeschickt sind, konnte ich Dir noch nicht schreiben. Meine Gesundheit betreffend, so geht es besser, ich muß seit einigen Tagen Johannesbrunnenwasser trinken, die Pulver des Tags viermal nehmen, und nun soll ich nach Baden, dort 30 Bäder brauchen; wenn es möglich ist zu bewerkstelligen, so begebe ich mich bis 6. oder 7. August dahin. Könntest Du nur kommen auf einige Tage mir zu helfen, jedoch wird Dir der Staub und die Hitze zu stark sein, wäre das nicht; Du könntest mit mir in Baden acht Tage zubringen ad tuum libitum. Hier habe ich noch die Korrekturen zu besorgen von der Messe, ich erhalte 1000 fl. C.-M. dafür von Peters, sowie er auch noch von anderen kleinen Werken nimmt; er hat schon hier 300 fl. C.-M. angewiesen. Könntest Du nur die Briefe lesen, ich habe aber das Geld noch nicht genommen, auch Breitkopf & Härtel haben den sächsischen Chargé d'affaire wegen Werken zu mir geschickt, auch von Paris habe ich Aufforderungen wegen Wer-

612

ken von mir erhalten, auch von Diabelli in Wien, kurzum, man reißt sich um Werke von mir, welch unglücklicher glücklicher Mensch bin ich!!! — Auch dieser Berliner hat sich eingestellt! — Wird nur meine Gesundheit gut, so dürfte ich noch auf einen grünen Zweig kommen. —

Der Erzherzog-Kardinal ist hier, ich gehe alle Woche zweimal zu ihm, von Großmut und Geld ist zwar nichts zu hoffen, allein ich bin doch auf einem so guten vertrauten Fuße mit ihm, daß es mir äußerst wehe tun würde, ihm nicht etwas Angenehmes zu erzeigen, auch glaube ich, ist die anscheinende Kargheit nicht seine Schuld. — Ehe ich nach Baden gehe, brauchte ich Kleidungen, weil ich wirklich gar ärmlich dran bin, selbst auch an Hemden, wie Du schon gesehn. Frag' Deine Frau, was sie von dieser Leinwand hält, sie kostet die Elle 48 Kr. W. W. — Wenn Du kommen kannst, so komme, jedoch ohne Dir Leides zuzufügen, im September komme ich zu Dir mit Karl, wenn ich nicht nach Olmütz zum Kardinal gehe, welches er sehr wünscht. — Wegen der Wohnung, da sie schon genommen ist, so mag's sein, ob sie aber eben auch gut für mich ist, ist eine Frage. Die Zimmer gehen in den Garten, nun ist aber Gartenluft gerade die unvorteilhafteste für mich, alsdann ist der Eingang durch die Küche zu mir, welches sehr unangenehm und unzuträglich ist; — und nun muß ich ein Vierteljahr für nichts bezahlen; hierfür werden wir denn, Karl und ich, wenn's möglich, uns bei Dir in Krems einfinden und wacker drauf losleben, bis dieses Geld wieder eingebracht ist, d. h., wenn ich nicht nach Mähren gehe. — Schreibe doch sogleich nach Empfang dieses, grüße mir die Deinigen, müßt' ich nicht nach Baden, so wäre ich gewiß schon künftigen Monat zu Dir gekommen. Nun aber ist es einmal nicht anders. Wenn Du kannst, so komme, es wäre mir große Erleichterung; schreibe gleich. — Lebe recht wohl, ich umarme Dich von Herzen und bin wie immer Dein treuer Bruder
L. v. B.

1024] An Johann v. Beethoven. 31. Juli 1822.

Bestes Brüderl! Großmächtigster Gutsbesitzer! Gestern schrieb ich Dir, jedoch ermüdet von vielen Anstrengungen und Beschäftigungen, und mit einer schlechten Feder mag es Dir schwer werden zu lesen. Schreibe mir fürs erste, wie geschwind die Posten hin und her gehen von Dir zu mir und von mir zu Dir; — ich schrieb Dir, daß der Leipziger Verleger die Messe für 1000 fl. nimmt, ich wünschte nur, daß ich Dir die Briefe alle schicken könnte, es ist eben zu umständlich. Es wäre besser, daß Du bei allem gegenwärtig wärst, indem ich glaube, daß ich ihm von den anderen Kleinigkeiten manches zu wohlfeil gegeben habe; vier Märsche für 20 # erhält er noch, für drei Lieder jedes 8 #, vier Bagatellen eine zu 8 #. Ich habe, um die Umständlichkeiten zu vermeiden, ihm geschrieben, er möchte das Geld nur in Silbermünze bezahlen. Weil er aber noch nicht wußte, wieviel Bagatellen er erhält, so hat er, wie Du aus dem beigefügten Zettel siehst, mir gleich 300 fl. angewiesen. Nun kann ich aber die Kleinigkeiten noch nicht gleich schikken, da der Kopist mit der Messe beschäftigt ist, die das Wichtigste ist, und wo ich, sobald ich nur einige Tage vorher schreibe, daß die Messe von hier abgeht, sogleich die 1000 fl. erhielte, welche ich, wenn ich gewollt hätte, schon jetzt hätte erhalten können. Aus allem ist der Eifer des Mannes für meine Werke zu sehn, ich mochte mich aber nicht gern bloßgeben, und es wäre mir lieb, wenn Du mir schriebst, ob Du einiges entbehren kannst, damit ich nicht gehindert werde, beizeiten nach Baden zu gehen, wo ich einen Monat wenigstens bleiben muß. Du siehst, daß hier keine Unsicherheit stattfindet, sowie Du die 200 fl. im September mit Dank zurückerhalten wirst. Den beiliegenden Zettel bitte ich Dich, mir gleich wieder zurückzuschicken. Übrigens bist Du als Kaufmann immer ein guter Ratgeber. Die Steiner treiben mich ebenfalls in die Enge. Sie wollen durchaus schriftlich haben, daß ich ihnen alle meine Werke gebe. Jeden Druckbogen wollen sie bezahlen, nun habe ich aber erklärt, daß ich nicht eher mit ihnen in eine solche Verbindung treten will, bis sie die Schuld tilgen. Ich habe ihnen dazu zwei Werke vorgeschlagen, welche ich nach Ungarn geschrieben und die als ein paar kleine Opern zu betrachten sind, wovon sie auch früher schon vier Stücke genommen haben. Die Schuld beträgt ungefähr 3000 fl., sie haben aber abscheulicherweise

614

noch Interessen dazu geschlagen, die ich nicht eingehe. Einen Teil Schulden habe ich von Karls Mutter hierbei übernommen, da ich ihr gern alles Gute erzeige, insofern Karl dadurch nicht gefährdet wird. Wärst Du hier, so wären diese Sachen bald abgetan; nur die Not zwingt mich zu dergleichen Seelenverkäuferei. Wenn Du kommen und auf acht Tage mit nach Baden gehn könntest, wäre es recht schön, nur mußt Du zugleich schreiben, wie Du es zu halten denkst. Küche und Keller setze unterdessen in besten Zustand, denn vermutlich werde ich mit meinem Söhnchen unser Hauptquartier bei Dir aufschlagen, und wir haben den edlen Vorsatz gefaßt, Dich gänzlich aufzuzehren. Es versteht sich, daß bloß vom September die Rede ist.

Jetzt lebe wohl, bestes Brüderl! Lies alle Tage das Evangelium; führe Dir die Episteln Petri und Pauli zu Gemüt, reise nach Rom und küsse dem Papst den Pantoffel. Grüße mir die Deinigen herzlich. Schreibe bald. Ich umarme Dich von Herzen. Dein treuer Bruder Ludwig.

Ich Sekretarius umarme Sie ebenfalls von Herzen und wünsche Sie bald wieder zu sehn. Karl.

NB. Ich sende die Anweisung von 300 fl. C.-M. nicht mit, da ich fürchte, es könnte vielleicht etwas damit geschehen.

1025] An C. F. Peters, Leipzig. Wien, 26. Juli 1822.

Ew. Wohlgeboren! Ich schreibe Ihnen nur, daß ich Ihnen die Messe samt dem Klavierauszug für eine Summe von 1000 fl. C.-M. im 20 Guldenfuß zusage. Bis Ende Juli werden Sie solche in Partitur wohl abgeschrieben erhalten, vielleicht auch einige Tage eher oder danach. Da ich immer sehr beschäftigt bin und schon seit fünf Monaten kränklich und man doch die Werke sehr aufmerksam durchgehen muß, sobald sie in die Ferne kommen, so geht dieses schon etwas langsamer mit mir. Schlesinger erhält auf keinen Fall mehr etwas von mir, da er mir ebenfalls einen jüdischen Streich gemacht hat; er gehört ohnehin nicht zu denen, die die Messe erhalten hätten; jedoch ist die Konkurrenz um meine Werke gegenwärtig sehr stark, wofür ich dem Allmächtigen danke, denn ich habe auch schon viel verloren.

Dabei bin ich der Pflegevater meines mittellofen verstorbenen Bruders Kindes; da dieser Knabe mit 15 Jahren so viel Anlage zu Wissenschaften bezeigt, so kostet nicht allein die Erlernung derselben und die Unterhaltung desselben jetzt viel Geld, sondern es muß auch für die Zukunft auf ihn gedacht werden, da wir weder Indianer noch Irokesen, welche bekanntlich dem lieben Gott alles überlassen, sind und es um einen pauper immer ein trauriges Dasein ist.

Ich verschweige alles unter uns, welches mir ohnehin das Liebste, und bitte selbst ganz meine jetzige Verbindung mit mir zu verschweigen; ich werde es Ihnen schon sagen, wenn es Zeit ist zum Reden, welches jetzt gar nicht nötig ist. — Um Ihnen wenigstens zum Teil meine Wahrhaftigkeit zu beweisen, lege ich dieses Formular von Steiner, dessen Hand Sie erkennen werden, bei. Es fällt etwas schwer zu enträtseln, ich versichere Sie auf meine Ehre, welche mir nächst Gott das Höchste ist, daß ich nie Steiner aufgefordert, Bestellungen für mich anzunehmen. Es ist mein Hauptgrundsatz von jeher gewesen, keinem Verleger mich anzutragen, nicht aus Stolz, sondern weil ich gerne wahrgenommen hätte, wie weit sich das Gebiet meines kleinen Talentes erstreckte. Ich vermute, daß Steiner Ihnen diesen ganzen Antrag listigerweise gemacht habe, denn ich erinnere mich, daß Sie mir gütigst Musikalien von England durch Steiner übermachten; wer weiß, ob er deswegen nicht auf diese Idee dadurch diesen Streich gespielt hat, da er vielleicht vermutete, Sie würden mir einen Antrag machen. — Was die Lieder, so habe ich mich schon darüber ausgesprochen, ich denke für die drei Lieder mit den vier Märschen wird Ihnen das Honorar von 40 ⨌ nicht zu viel sein. — Sie können mir darüber schreiben. — Sobald die Messe gerichtet ist, werde ich es Ihnen zu wissen machen, und Sie bitten, an ein hiesiges Haus das Honorar anzuweisen, wo ich alsdann sogleich gegen Empfang desselben das Werk abgeben werde, übrigens aber doch Sorge tragen werde, daß ich dabei bin bei der Abgabe auf die Post, auch daß die Fracht nicht zuviel koste. Mit Ihrem Plan wegen der Herausgabe sämtlicher Werke wünsche ich bald bekannt zu wer-

ben, benn biefes Unternehmen muß mir gar fehr am Her=
zen liegen.

Für heute fchließe ich und wünfche Ihnen alles Erfprieß=
liche und bin achtungsvoll

Ihr ergebenfter L. v. Beethoven.

1026] **An Johann v. Beethoven.** (1822.)

Alles Schöne an die Übrigen.

Bei den Gebrüder Meisl allhier find die 300 fl. C.=M.
angewiefen. Es wäre mir doch lieber, im Fall ich es bedarf,
Du machteft mir einen Vorfchuß, denn die Meffe wird bis
15. des künftigen Monats längftens abgefchickt.

NB. Die Haushälterin ift ein altes Kind; es ift fehr
fchwer für mich mit diefer Sau. — Die Kocherei ift höchft
mittelmäßig, ja mir beinahe gar nicht angemeffen und
fchreiben kann fie kaum.

NB. Sowie ich Peters fchreibe, daß er die 1000 fl. für
die Meffe fchicke, fo erhalte ich's gleich.

NB. Es wäre doch beffer, als den H. Petrus in Leipzig
merken laffen, qu'on a befoin de l'argent.

1027] **An Johann v. Beethoven.** (1822.)

Lieber Bruder! Überfchicke ja alles, auch das Manufkript
der Bagatellen, da ich fonft felbe nicht korrigieren kann. —
Sobald ich alles habe, kannft Du beftimmen, wo ich den
Wechfel hingeben foll. Demjenigen, welchen Du dazu er=
nennft, wird er eingehändigt werden, und diefer kann das
Geld abholen und zugleich die Werke übergeben.

Dein treuer Bruder Beethoven.

Hr. Karl van Beethoven ift beauftragt die Mufikalien
mitzunehmen.

1028] **An A. Diabelli.** (1822.)

Lieber Diabelli! Ich habe geftern nachgefehen, und Sie
können auch heute zu den fünf Bagatellen, welche Sie ge=
fehen, auch die fechfte haben, indem ich wirklich genug vor=
rätig habe, um ftatt diefen andere zu fchicken. Das Hono=
rar wäre 50 ♯. Es ift diefelbe Summe, die doch auch dort

für sechs dergleichen zu erhalten ist. Wenn Ihnen dieses recht ist, so können Sie selbe noch heute alle erhalten.

In Eil der Ihrige Beethoven.

1029] An Erzherzog Rudolf.   (1822.)

Ihro Kaiserliche Hoheit! Ich kam eben gestern nach Hause, als ich hörte, daß ich nicht die Gnade haben sollte, zu J. K. H. zu kommen. Schon gestern machte die Witterung üble Wirkung auf mich; ich bin daher leider verbunden, noch heute zu Hause zu bleiben, ich werde es künftige Woche schon einzubringen suchen. Ich bedaure nur mich selbst, von der Gnade, bei J. K. H. sein zu können, heute mich ausgeschlossen zu sehn müssen. — Ihro Kaiserlichen Hoheit gehorsamster Diener   L. v. Beethoven.

1030] An C. F. Peters, Leipzig.   Wien, 3. Aug. 1822.

Von meiner noch nicht ganz hergestellten Gesundheit schrieb ich Ihnen schon früher; ich brauche Bäder, wie auch mineralische Wasser und noch nebenbei Medizin. Es ist daher etwas unordentlich mit mir, um so mehr, da ich doch dabei schreiben muß; Korrekturen nehmen auch Zeit weg. In Ansehung der Lieder und der übrigen Märsche und Kleinigkeiten bin ich noch in der Wahl uneinig, jedoch wird bis 15. dieses Monats alles abgegeben werden können. Ich erwarte darüber Ihre Verfügung und werde keinen Gebrauch von Ihrem Wechsel machen. Von den Bagatellen erhalten Sie 4. Gemäß dem bestimmten Honorar macht das eine Summe von 360 fl. in 20 g. Rechnen Sie nur genau nach. Ich halte Sie nicht höher als andere, im Gegenteil ich habe mir bei den Liedern noch zu wenig gerechnet, denn meine Zeit ist gar zu kurz. Sobald ich weiß, daß das Honorar für die Messe und für die übrigen Werke hier ist, kann bis 15. dieses Monats alles abgegeben werden. Verzeihen Sie die wenige Umständlichkeit, Sie schrieben mir, daß Sie schon betrogen worden sind, ich nicht weniger. Jedoch muß ich nach dem 15. noch in ein hier in der Nähe befindliches Heilbad, es ist mir daher daran gelegen, alles Beschäftigende eine Weile zu meiden.

618

über alles übrige an einem Tage, wo ich etwas weniger beschäftigt bin. Bagatellen können Sie mehrere haben, wie viel ich jetzt davon habe, ist mir jetzt nicht möglich zu bestimmen. Nehmen Sie nur ja nichts auf eine unedle Weise von mir auf. Ich leide, wenn ich handeln muß.

Eiligst mit Achtung Ihr ergebenster Beethoven.

1031] **An Artaria & Komp.** 22. Aug. 1822.

Indem ich gerade überhäuft bin, kann ich nur kurz sagen, daß ich die mir von Ihnen bezeigten Gefälligkeiten, soviel als mir möglich, allzeit erwidern werde. Was die Messe betrifft, so ist mir 1000 fl. C.-M. darauf angetragen. Meine Umstände lassen es nicht zu, von Ihnen ein geringeres Honorar zu nehmen; alles, was ich tun kann, ist, Ihnen den Vorzug zu geben. Seien Sie versichert, daß ich keinen Heller mehr von Ihnen nehme, als mir von den anderen angetragen ist, ich könnte Ihnen dieses schriftlich beweisen. Sie können dieses überlegen, doch muß ich Sie bitten, mir bis morgen mittag darüber eine Antwort zukommen zu lassen, da morgen Posttag ist und man meine Entschließung anderswo auch erwartet. Wegen den 150 fl. C.-M., welche ich Ihnen schuldig bin, werde ich Ihnen ebenfalls einen Vorschlag machen, da ich die 1000 fl. sehr notwendig brauche. Ich bitte Sie übrigens, was die Messe betrifft, alles geheim zu halten. — Wie immer Ihr dankbarer Freund Beethoven.

1032] **An Johann v. Beethoven.** Wien, 31. Aug. 1822.

Lieber Bruder! Du wirst meinen Brief wohl schon empfangen haben, mit Papieren darin, ich gab ihn bei Steiner ab; Staudenheim will durchaus, daß ich nach Baden gehe, ich gehe also morgen oder übermorgen längstens, bei alledem wäre es mir lieb, daß Du heraufgekommen wärst, um so manches mit Dir zu besprechen, und auch mit Steiner alles zu beendigen, denn sie müssen die Ruinen von Athen stechen bis Ende Oktober, wo das Theater eröffnet wird, und da noch nichts ausgemacht ist, so können sie nicht wohl anfangen. Übrigens könntest Du ja in Baden einige Zeit bleiben, bei mir, welches Dir gut anschlagen würde. — Ich gehe gerade auf Baden, bleibe im Wirtshaus einen Tag, währenddessen ich mir eine Wohnung miete. — Leb' wohl, ich umarme Dich von Herzen; es ist mir wirklich leid, daß ich nicht lieber zu Dir hätte gehn können, — leb' wohl, ich umarme Dich von Herzen.

Dein treuer Bruder Ludwig.

Gott mit Dir! Grüße mir die Deinigen.

1033] **An Tobias Haslinger.** Baden, 5. Sept. (1822).

Mein lieber Haslinger! Indem ich hier mich in den Gewässern des Styx befinde, bedarf ich manches der Oberwelt; so bitte ich Sie, mir gefälligst nur auf einige Tage die vier Singstimmen des Marsches in Es aus den Ruinen von Athen zu leihen, sowie auch eine Partitur der Schlacht von Vittoria, welches beides ich in einigen Tagen zurückschicken werde. Steiner bitte ich, morgen nachmittag sich zu Bach zu begeben, wo die 600 fl. C.-M. zu erheben, die anderen 600 werden so schnell als möglich ebenfalls bei Dr. Bach abgegeben werden. Meinem lieben Karl können Sie alles anvertrauen. Wenn die Leipziger Zeitung verstanden usw., usw., usw., usw., usw., man enträtselte, man wird finden.

Wie immer Ihr Freund und amicus Beethoven.

1034] **An Johann v. Beethoven.** 8. Sept. 1822.

Lieber Bruder! Wir sind zum Teil bekümmert, daß Du nicht wohl bist, wegen Deines Stillschweigens; zum Teil aber komme ich dadurch in Verlegenheit, weil ich nicht weiß, was aus den Aufträgen geworden, die Du selbst liebevoll übernahmst. Was Simrock anbelangt, so hat er wieder um die Messe geschrieben, zwar mit dem alten Preise. Wenn man ihm aber schreiben würde, glaube ich wohl, er würde darauflegen. Über meinen Gesundheitszustand läßt sich nicht mit Gewißheit von einer wirklichen Besserung sprechen, ich glaube aber doch, daß durch die Kraft der Bäder das Übel, wenn nicht gehoben, doch unterdrückt werden wird. Da wir keinen Brief erhalten und auch sonst nichts von Dir hören, so vermuten wir, daß Du schon fort bist. Dem sei wie ihm wolle, so laß uns einige Zeilen zukommen, bitt' ich Dich, Du magst sein, wo Du willst. Ich schlage diesen Brief ein an Herrn Obermayer, damit auf den Fall, daß Du nicht hier bist, Dir der Brief sogleich zukomme. Heute wird hier

eine Ouvertüre von mir und ein darauf passendes großes historisches Tableau „Stephan I." gemacht. Hensler hat uns zwei Freibillette geschickt und beträgt sich recht artig gegen uns. Zwei Sängerinnen besuchten uns heute, und da sie mir durchaus die Hände küssen wollten und recht hübsch waren, so trug ich ihnen lieber an, meinen Mund zu küssen. Dies ist beiläufig das Kürzeste, was wir Dir sagen können. Ich bitte Dich nochmal, mir gleich zu schreiben, ob und was Du ausgerichtet, damit ich weiß, woran ich bin. — Leb' wohl. Dein treuer Bruder Ludwig,
als Vormund meines minderjährigen Lümperls.
Den Deinigen von mir alles Wünschenswerte.

Ich bin jetzt zwei Tage wegen eines kleinen Hustens gezwungen gewesen, das Bett zu hüten, bin aber schon wieder recht wohl und kann also schon wieder die Sekretariatsstelle bei meinem lieben Onkel übernehmen. Haben Sie die Güte, auch wegen meines Überrockes zu schreiben.
Ihr Sie herzlich liebender Karl.
NB. Mein lieber Onkel läßt Sie bitten, mit Ihrer Antwort das Tempo zu beobachten, welches man prestissimo heißt.

1035] **An Johann v. Beethoven.** (1822.)

Lieber Bruder! Ich war in großer Verlegenheit wegen des Ausbleibens Deiner Antwort. Mein Gehörzustand, der mich auf eine gewisse Weise abgeschlossen von den Menschen macht, verursachte, daß ich glaubte, Du habest Dich mit Steiner zertragen. Auch vermutete ich, Du würdest aufgebracht sein, wenn ich nicht davon spräche, Dir Deine Schuld zurückzustellen. In dieser Verlegenheit, da ich bang war wegen der Messe, so schrieb ich an Simrock (der auch an mich geschrieben hatte), daß ich sie ihm für 1000 fl. C.-M. überlassen wolle. Da Du schreibst, daß Du die Messe wünschest, so bin ich ganz damit einverstanden, nur wollte ich nicht, daß Du dabei irgendeinen Schaden habest. Vom Übrigen, was Du schreibst, wollen wir mündlich sprechen. Du sagst, Du werdest bald nach Wien kommen; wenn das ist, so komm' nur nach Baden, denn nach Döbling gehe ich nicht mehr. Aus Beiliegendem von Steiner siehst Du, daß die Sache noch nicht ganz richtig ist. Mittlerweile hat mich die Josefstadt hier in Arbeit gesetzt, welches mir bei meiner Wasser= und Badekur wirklich beschwerlich fällt, um so mehr, da Staudenheim mir nur anderthalb Stunden zu baden riet. Ich habe unterdessen schon einen neuen Chor mit Tänzen und Sologesängen gemacht. Läßt's meine Ge= sundheit zu, so mache ich noch eine neue Ouvertüre. Wenn Du gleich schreiben wolltest, wann Du von Krems nach Wien zu kommen gedenkst, so wäre es mir um so lieber, da= mit ich genau wüßte, wie ich dran bin. Ich grüße Dich und die Deinigen herzlich und bitte ich nochmals, bald zu schrei= ben.

  Leb' wohl   Dein treuer Bruder Ludwig.

  Auch ich wünsche herzlich, daß Sie nach Baden kämen, solange ich noch daselbst mit meinem lieben Onkel bin, wir würden gewiß noch recht vergnügt sein. Ich grüße Sie herzlich und bin   Ihr Karl.

1036] **An Franz Brentano.**   Baden, 13. Sept. 1822.

 Euer Wohlgeboren! Sie sehen zum Teil schon aus dem Briefe an Simrock die Beschaffenheit der Sache. Verzeihen Sie mir recht sehr, daß ich so lange Ihre Schuld nicht be= zahlte. Sollte Simrock, dem ich Sie die Sache recht deutlich zu machen bitte — denn wirklich sind mir 1000 fl. C.=M. darauf geboten im Zwanzigerfuß — anstehen, diese Summe zu geben, so werde ich, sobald ich seine Antwort darüber erhalte, die Messe an einen anderen Ort absenden, wo mir 1000 fl. geboten sind, und ich das Geld gleich er= halte, worauf ich auch Ihre Schuld tilgen werde. Ich bitte Sie deshalb nochmal um Verzeihung. Ich hoffe daß, wenn sich meine Gesundheit, wie es hier den Anschein hat, bessern wird, ich nicht mehr in solchen Fall kommen werde, jeman= dem beschwerlich zu fallen. Allzeit werde ich Ihnen dafür dankbar sein, und ich kann kaum den Augenblick erwarten, wo ich mich nicht mehr als tiefer Schuldner vor Ihnen be= kennen muß. Leben Sie recht wohl; nie wird meine Hoch= achtung und Dankbarkeit gegen Sie versiegen.

 Euer Wohlgeboren ergebenster Freund und Diener
               Beethoven.

Mein lieber, werter Simrock! Sie erhalten dieses
Schreiben aus Baden, wo ich die Bäder brauche, da meine
dritthalbjährige Krankheit noch nicht ganz geendet hat.
So gerne ich Ihnen über Manches schreiben möchte, muß
ich mich doch kurz fassen und Ihnen nur auf Ihr letztes vom
22. Aug. antworten. Was die Messe betrifft, so wissen
Sie, daß ich Ihnen schon früher deshalb schrieb, daß mir
ein größeres Honorar angetragen worden. Ich würde auch
nicht so knickerig sein um 1 oder ein paar Gulden mehr zu
haben. Jedoch meine schwache Gesundheit und so viele
andre widrige Umstände zwingen mich, doch darauf hal=
ten zu müssen. Das Geringste, was mir bisher von we=
nigstens vier Verlegern für die Messe angetragen worden,
ist 1000 fl. C.=M. im Zwanzigerfuß, oder den Gulden zu
3 Zwanziger österreichischer C.=M. gerechnet. So leid es
mir tut, wenn wir uns gerade bei diesem Werke deswegen
trennen müssen, so weiß ich doch, daß Ihre Biederherzig=
keit nicht zugeben würde, daß ich bei diesem Werke, welches
vielleicht das größte ist, was ich geschrieben, einen Verlust
erleide. Sie wissen, daß ich nicht großsprecherisch bin, und
daß ich auch nicht gern Andrer Briefe mitteile oder auch
nur Auszüge daraus mache; sonst würde ich Ihnen Be=
weise von nahen und fernen Orten hierüber geben können.
Ich muß aber wünschen, daß die Sache über die Messe bal=
digst beendigt werde, denn Nachstellungen aller Art habe
ich schon deswegen überstehn müssen. Es würde mir lieb
sein, wenn Sie mir so bald als möglich antworteten, ob
Sie dies Honorar mir wollen zukommen lassen. Wenn
Sie dies zufrieden sind, brauchen Sie nur das noch Feh=
lende an Brentano zu erlegen, worauf ich Ihnen sogleich
eine wohl korrigierte Partitur der Messe schicke, wonach
Sie gänzlich stechen können. Ich hoffe, mein lieber Sim=
rock, den ich ohnehin für den reichsten von allen Ver=
legern halte, wird seinen alten Freund nicht um ein paar
hundert Gulden willen weiterziehen lassen. Über alles
Übrige schreibe ich Ihnen nächstens. Ich bleibe bis Anfang
Oktober hier. Alle Briefe, die Sie schreiben, erhalte ich wie
Ihren letzten sicher, nur bitte ich Sie, mir baldigst zu ant=

worten. Leben Sie recht wohl, grüßen Sie mir die Ihrigen herzlich. Sobald ich kann, schreibe ich Ihnen selbst. Herzlich

Ihr alter Freund Beethoven.

1038] **An C. F. Peters, Leipzig.**   Baden, 13. Sept. 1822.

Euer Wohlgeboren! Es dürfte wohl nicht viel fehlen, daß Sie mich unter diejenigen rechnen, von denen Sie hintergangen worden. Es wäre mir gewiß sehr unangenehm und leid, wenn dies der Fall wäre. Ich schreibe Ihnen nur für heute, daß Sie nächstens die Kleinigkeiten alle erhalten werden. In Leipzig kann man sich schwerlich einbilden, wie man in und um Wien herum nie ungeplagt leben könne. Ich schrieb Ihnen damals, daß ich am 15. August schon hierher wollte; allein der Kardinal kam, und so mußte ich bis Ende August in Wien bleiben. Da ich auf dem Lande wohnte, so nahm mir dies noch viele Zeit weg, denn ich mußte mich mehrmals die Woche zu ihm in die Stadt begeben. Endlich als er sich fortbegab, konnte ich erst den 1. September hierher. Kaum bin ich hier, so befindet sich ein Theaterdirektor, der ein Theater in Wien erbaut und es mit einem Werke von mir eröffnet, hier, dem zu Gefallen ich einige neue Werke hinzuschreiben mußte.

Sie sehn also, daß ich von allen Seiten bedrängt war und kaum Ruhe hatte, meine Gesundheit zu pflegen. Ich würde Ihnen diese kleinen Sachen schon geschickt haben, jedoch sind unter den Märschen einige, zu welchen ich neue Trios bestimmt habe. Ebenso ist es auch mit den andern, wo noch hier und da etwas hinzukommen soll. — Ich konnte aber aus Mangel an Zeit und meiner Gesundheit wegen, die ich nicht vernachlässigen darf, nicht dazu kommen. Sie sehen wenigstens hieraus, daß ich kein Autor um bloßen schnöden Gewinn bin. Es ist mir sehr leid, daß Sie das Geld dafür so früh geschickt haben. Ich hätte es auch nicht genommen, wenn es nicht Geschwätzes wegen geschehen wäre, wovon Sie sich durch gegenwärtige Beilage überzeugen können. Der Schreibende geht täglich zu Steiner und ich vermute, daß er nicht geschwiegen habe. Sie werden sich erinnern, daß ich Sie gebeten habe, daß alles vor diesem Menschen geheim bleibe. Warum? Das werde ich Ihnen mit der Zeit offenbaren. Ich hoffe, Gott wird mich noch schützen vor den weiteren unaufhörlichen Ränken dieses bösen Steiner. Nehmen Sie meine Offenheit gut auf und erwarten Sie nie etwas von mir, wodurch ich meinen Charakter schänden oder wodurch einem anderen Nachteil geschehen könnte. Ich ersuche Sie übrigens, keinem Geschwätz von hier aus Gehör zu geben, denn diese Steiner suchen alle Wege auf, alles Interesse von mir mit anderen Menschen zu verhindern. Eiligst mit Hochachtung Ihr ergebenster Beethoven.

Vielleicht in einigen Tagen mehreres. Hüten Sie sich in Ansehung meiner vor falschen Nachrichten.

1039] An Ignaz Ritter v. Seyfried. (1822.)

Mein lieber werter Bruder in Apollo! Meinen herzlichen Dank für die Mühe, welche Sie sich um mein menschliches Werk gegeben, und ich freue mich, daß auch das Gelingen allgemein anerkannt geworden; ich hoffe, daß Sie mich nie vorbeigehen, wo ich imstande bin, Ihnen mit meinen geringen Kräften zu dienen. Die löbl. Bürgerschaftskommission ist ohnehin von meinem guten Willen genügsam überzeugt; um ihr diesen neuerdings zu betätigen, werden wir uns einmal freundschaftlich besprechen, auf welche Art ihr am besten gedient sei. Wenn Meister wie Sie an uns teilnehmen, so dürfen die Schwingen wohl nie lahm werden.

Mit herzlicher Hochachtung Ihr Freund Beethoven.

1040] An Johann v. Beethoven. (6. Okt. 1822.)

Bestes Brüderl! Besitzer aller Donauinseln um Krems! Direktor der gesamten österreichischen Pharmazie! Ich mache Dir in Ansehung des Werkes bei der Aufführung in der Josefstadt folgenden Vorschlag, was Steiner betrifft: (Aus der gestrigen Zeitung ersehe ich, daß sie den Chor mit Marsch pompeusement angekündigt haben.) Nach dem Verzeichnis der Preise für die Werke wollen wir sogleich den ersten und letzten Versuch machen. Außer den zwei Nro., die sie schon haben und wovon sie jetzt eins angekündigt haben, sind noch acht Nro., die sie nicht haben; die Ouver-

türe und sieben andere Nro. Die Ouvertüre haben sie im
Verzeichnis zu 30 # angesetzt, einen Gesang mit Instru=
mentalbegleitung zu 20 #. Bleiben wir also hierbei
stehen. —

Ouvertüre zu 30 # auch 40 #, vier Gesänge mit In=
strumentalbegleitung, jeder zu 20 # — 40 #, zwei Num=
mern bloß Instrumentalmusik rechne ich zu 10 # jede
Nummer, Summa 140 #.

Wollen sie noch haben Ungarns ersten Wohltäter König
Stephan, so sind hierin zwölf Nummern, wovon vier zu
20 # gerechnet werden (jede einzelne zu 20 # versteht
sich), die übrigen sieben jede zu 10 #, eines zu 5 #,
summa summarum 155 #.

Jetzt bitte ich, wohl zu merken, daß das Obere im Jo=
sefstädter Theater aufgeführt wird, das andere aber nur
in Partitur zu haben ist. Sollten sie nur das erste nehmen,
so werden wir das andere irgendwo anders anbringen,
worüber man ihm kurze Bedenkzeit läßt.

Was den Klavierauszug vom Marsch betrifft, wie alle
anderen Klavierauszüge, die sie machen werden, werde ich
sogleich verbessern und eilig ihnen wieder schicken.

Wegen der neuen Ouvertüre kannst Du ihnen sagen,
daß die alte nicht bleiben konnte, weil das Stück in Ungarn
nur als Nachstück gegeben, hier aber das Theater damit er=
öffnet wurde, überdies ist sie für sie nicht verloren, denn
sie können sie dennoch allerorten anbringen.

Die Partitur nebst allem anderen kann in drei Tagen
abgeschrieben sein und nicht für sie verloren gehen, wenn
sie es ebenso wie den Marsch ankündigen, nur muß bald
eine dezidierte Antwort erfolgen.

Damit Du die Sache noch deutlicher einsiehst, schicke ich
Dir das Verzeichnis, welches ich aber wohl aufzuheben
bitte, und wenn Du, wie es sich schickt, zu mir kommst mit
Wagen und Pferd, es wieder mitbringen. Einige Preise
sind sehr vorteilhaft angesetzt.

Wir schicken Dir zugleich zwei Schnepfen und wünschen,
daß Dir der Schnepfendreck sehr wohl bekomme. Was Du
nicht davon brauchst, kannst Du nach Linz in Deine phar=
mazeutische Fabrik schicken.

Leb' wohl, bestes Brüderl! — Lies die heutige Epistel
St. Petri und Pauli! Wir hoffen, bald dies und jenes von
Dir zu hören, und sind Dir ganz erstaunlich zugetan.
Dein treuer Bruder Ludwig.
Grüße die Deinigen.

Wegen der Messe bitte ich wohl zu überlegen, weil ich
Simrock antworten muß, wenn Du in keinen Schaden
kommst, sonst bitte ich es nicht zu übernehmen. Komm' zu
uns sobald als möglich.

1041] An Tobias Haslinger.   (Okt. 1822.)

Ich bitte das Adjutanterl, mir die Partitur von der
Ouvertüre in Es zu leihen, ich werde sie gleich nach der Auf=
führung wieder zurückstellen. — Auch bitte ich, mir den Kirn=
berger gefälligst zu schicken, um den meinigen zu ergänzen.
Ich unterrichte jemanden eben im Kontrapunkt, und mein
eigenes Manuskript hierüber habe ich unter meinem Wust
von Papieren noch nicht herausfinden können.
Bin Dero Mi contra Fa. m. p.

1042] An Tobias Haslinger.   (17. November 1822.)

Daß sämtliche in dieser von Herrn Tobias Haslinger
veranstalteten vollständigen Sammlung meiner Tonwerke
enthaltenen Stücke von mir komponiert sind, bestätige ich
der Wahrheit angemessen, indem ich diese Beglaubigung
eigenhändig mit meiner Namensfertigung unterzeichne
Ludwig van Beethoven M. p.

1043] An C. F. Peters, Leipzig.   Wien, 22. Nov. 1822.

Auf Ihr Schreiben vom 9. November, worin ich mir
mit Vorwürfen glaubte begegnet zu sein, wegen meiner an=
scheinenden Nachlässigkeit — nun aber noch das Honorar
darauf und dennoch nichts erhalten — so anstößig es
scheint, so weiß ich, Sie würden in einigen Minuten mit
mir ausgesöhnt sein, wären wir zusammen.

Das Ihrige ist schon alles beisammen bis auf die Wahl
der Lieder; als Wartegeld erhalten Sie deren noch eins
mehr als nach dem festgesetzten Übereinkommen.

Von Bagatellen könnte ich Ihnen noch mehr schicken als

40*

die bestimmten vier, es sind deren noch neun oder zehn vorhanden. Wenn Sie mir hierüber gleich schreiben, so könnte ich selbe oder soviel Sie davon verlangen, mit allem anderen mitschicken.

Meine Gesundheit ist zwar nicht völlig hergestellt von meinen Bädern, jedoch im ganzen genommen habe ich gewonnen. Außerdem hatte ich hier ein Übel, indem ein anderer eine nicht für mich passende Wohnung gesucht, welches schwer zu besiegen ist und welches mich in meinen Beschäftigungen, da man noch nicht damit zurechte kommen kann, nicht wenig aufgehalten hatte. —

Mit der Messe verhält es sich so: ich habe eine schon längst ganz vollendet, eine andere aber noch nicht. Geschwätz muß nun über unsereinen immer walten und so sind Sie auch hierdurch irregeleitet worden. Welche von beiden Sie erhalten, weiß ich noch nicht. Gedrängt von allen Seiten müßte ich beinahe das Gegenteil von dem „der Geist weiß nichts" bezeugen. Ich grüße Sie herzlichst und hoffe, daß die Zukunft ein ersprießliches und für mich nicht unehrenvolles Verhältnis zwischen uns beiden obwalten lasse.

Beethoven.

1044] An Ferdinand Ries.   Wien, 20. Dez. 1822.

Mein lieber Ries! Überhäuft beschäftigt, konnte ich Ihr Schreiben vom 15. November erst jetzt beantworten. — — —Mit Vergnügen nehme ich den Antrag an, eine neue Symphonie für die philharmonische Gesellschaft zu schreiben. Wenn auch das Honorar von Engländern nicht in Verhältnis mit den übrigen Nationen kann gebracht werden, so würde ich selbst umsonst für die ersten Künstler Europas schreiben, wäre ich nicht noch immer der arme Beethoven. Wäre ich nur in London, was wollte ich für die philharmonische Gesellschaft alles schreiben! Denn Beethoven kann schreiben, Gott sei Dank! — sonst freilich nichts in der Welt. Gibt mir nur Gott meine Gesundheit wieder, welche sich wenigstens gebessert hat, so kann ich allen den Anträgen von allen Orten Europas, ja sogar aus Nordamerika Genüge leisten und ich dürfte noch auf einen grünen Zweig kommen.

1045] An Johann v. Beethoven.   **(1822.)**

Mein lieber Bruder! Werde nicht ungeduldig, da ich
der Urheber so vieler Plagen für Dich bin. — Ich hoffe,
daß ich wohl noch ausfindig machen werde, wodurch ich
wenigstens einigermaßen meine Dankbarkeit bezeigen
kann. — Karl, bitte ich Dich, im nach=Döbling=fah=
ren seine Schuhe zukommen zu machen. — In der Woh=
nung von mir in Karls Institut ist noch im Zimmer eine
Seitentür, worin ein Nachtstuhl gestanden. — Bei dem
englischen Piano müssen nebst den Füßen aus der Leier
unten vermittelst eines Beißels die Schrauben gezogen wer=
den, Du brauchst wohl mehrere Menschen in dem Döbling=
schen Loch wegen dem Klavier, am besten würde es wohl
getragen. — Nun leb' wohl; könntest Du Sonntags her=
kommen, so wäre es recht schön, denn Montags nachmittags
denke ich von hier zu schreiben. — Ich umarme Dich von
Herzen.   Dein treuer Bruder.

1046] An Anton Schindler.   **(1822.)**

Die Dedikation der zwei Sonaten in As und C=Moll
ist für Frau Brentano, geborne Edle von Birkenstock. Ries
— nichts.

1047] An C. F. Peters, Leipzig.   Wien, 20. Dez. 1822.

Einen Augenblick Zeit, beantworte ich noch heute Ihr
Schreiben. — Nichts ist von alledem, was Ihnen gehört
— nicht fertig, allein alle Details, die das Abschreiben,
das Senden verhindert, auseinanderzusetzen, dazu fehlt die
teure Zeit. Die Lieder und Märsche gehen künftige Woche
von hier ab. Wegen den Bagatellen, diese sind gerade 6
und Sie haben nur 4 zu erhalten, so muß ich eine andere
Ordnung treffen. Sie wissen ohnehin, daß das Honorar
für eine derselben 8 # sind. Das Honorar mir erst anwei=
sen, sobald selbe empfangen haben.

Ich erinnere mich, in meinem vorigen Briefe Ihnen noch
mehrere Bagatellen angetragen zu haben, nötige Sie aber
nicht hierzu. Wollen Sie nicht mehr als die vier, so ge=
schieht es auch, nur muß ich wieder eine andere Wahl tref=

fen. Diabelli hat noch nichts von mir erhalten, Leidesdorf bat mich nur, eine Schenkung von den Liedern der Modezeitung ihm zu bestätigen, welche ich zwar eigentlich nie für Honorar machte, allein es ist mir unmöglich, in allen Fällen nach percenten zu handeln; fällt es mir doch schwer, öfter wenn es sein muß, danach zu rechnen. — Meine Lage ist übrigens nicht so glänzend, wie Sie glauben, denn usw. usw.

Es ist unmöglich, allen diesen Anträgen sogleich Gehör zu geben; es sind ihrer gar zu viele, manches ist nicht zu versagen. Diabelli ist Tonkünstler, und was ihm wird, ist mehr als Unterstützung von meiner Seite zu betrachten, ebenso mit Leidesdorf. Nicht immer ist das dem Wunsche des Autors gemäß, was man fordert. Wäre mein Gehalt nicht gänzlich ohne Gehalt, ich schrieb nichts als Opern, Symphonien, Kirchenmusik, höchstens noch Quartetten. Gerade über dieses wollen Sie eine Antwort, und bestimmt ist es in diesem Augenblick auch noch nicht. Aber ich verspreche zu tun, was möglich.

Von kleineren Werken könnten Sie noch haben: Variationen für zwei Oboen und ein englisch Horn über das Thema aus Don Giovanni Là ci darem la mano, selbe auch auf 2 Violinen und Bratschen bearbeiten; einen Gratulationsmenuett für großes Orchester (beides höchstens für 40 ♯). Wegen der Herausgabe sämtlicher Werke hätte ich auch Ihre Meinung gewünscht.

In der weitläufigsten Eile Ihr ergebenster Beethoven.

Antworten Sie bald, Sie sind an nichts gebunden, damit Sie das Geld erhalten.

1048] **An Erzherzog Rudolf.** (1822.)

Ihro Kaiserliche Hoheit! Mit inniger Betrübnis erfahre ich die Unpäßlichkeit J. K. H.; ich hoffe baldige Besserung. Warum bin ich nicht Arzt! Ich glaube, ich müßte endlich das beste Mittel, wodurch J. K. H. gänzlich hergestellt würden, finden. — Ich werde mich wieder anfragen, und hoffe jedesmal das Beste zu erfahren. — Ihro Kaiserlichen Hoheit gehorsamster Diener   L. v. Beethoven.

1049] **An Anton Schindler.** **(1822.)**

Ich ersuche Sie höflichst, diese Einladung auf dem hier überschickten Papier sauber zu schreiben. Karl hat zuviel zu tun. Ich werde selbe Mittwoch früh abholen lassen.

Um Grillparzers Wohnung bitte ich Sie; vielleicht, daß ich ihn selbst besuche.

Wegen der 50 (Fl.) noch etwas Geduld, da es nicht möglich ist, woran Sie übrigens selbst mit schuld sind.

Machen Sie auch ein Kuvert um die Einladung, ich werde das Zumachen hier besorgen.   Ihr Bn.

1050] **An Schlesinger.** **(1822.)**

Ich bin wirklich recht ärgerlich über mich selbst, Sie gestern versäumt zu haben — vielleicht, wenn es zu machen ist, könnten wir uns heute in der Stadt sehen — schreiben Sie mir, bis wann Sie eigentlich heute schon fortwollen. — Hier die eine Symphonie, die andere bringt Ihnen gegen elf, halb zwölf Uhr mein Bedienter auch. — Der Kopist ist daran, die Fehler, die ich angezeigt, in derselben zu korrigieren. — Recht vielen Dank für Ihre Geschenke.

Ganz Ihr L. v. Beethoven.

1051] **Schriftstück eine Gesamtausgabe seiner Werke betreffend**
[an einen Wiener Verleger 1822 (?)]

Wie die Gesetzbücher sogleich bei den Menschenrechten, welche die Vollzieher bei alledem mit Füßen treten, anfangen, so der Autor.

Ein Autor hat das Recht eine revidierte Ausgabe seiner Werke zu veranstalten, da es aber der leckern Gehirnskoster und Liebhaber dieser edlen Speise so viel gibt und allerlei Eingemachtes, Ragout, Frikassee etc. davon zubereitet wird, wovon sich die Pastetenbäcker bereichern und der Autor froh wäre, soviel Groschen zu haben, als man zuweilen für sein Werk hinausgibt, so will der Autor zeigen, daß das Menschengehirn weder Kaffeebohnen noch sonst wie Käse verkauft werden könne, welcher bekanntlich erst aus Milch, Urin etc. zustande gebracht wird.

Das Menschengehirn ist an sich unveräußerlich. —

Kurzum man zeigt die Rechtmäßigkeit einer revidierten

Ausgabe aller Werke von mir an, da soviele unrichtige, verfälschte herumwandeln (Anarchie) (Unter uns gesagt, so
republikanisch wir denken, so hat's auch sein Gutes um die
oligarchische Aristokratie) daß man der Kunst selbst schuldig sei, die Fortschritte des Künstlers und der Kunst zu bemerken, daß jedes Heft von einer Gattung mit einem derlei
neuen Werk in dieser Gattung gepaart sein werde, daß man
hiermit nur die Anzeige mache, daß eine sämtliche Herausgabe meiner Werke nahe, jedoch der Zeitpunkt dieses gro
ßen Unternehmens noch nicht genau angegeben werde können und daß man eine vollständig revidierte Herausgabe
sämtlicher Werke im Begriff sei, zu veranstalten.

1052] **An Graf Dietrichstein.**   (Ende 1822.)

Euer Exzellenz! Indem ich höre, daß die Stelle eines
k. k. Kammerkompositeurs, welche Teyber gehabt hatte, wieder besetzt soll werden, trage ich mich mit Vergnügen hierzu
an. Besonders, wenn es sich, wie ich glaube, darum handelt, zuweilen für den Allerhöchsten Hof eine Komposition
zu liefern. Da ich in allen Fächern der Tonkunst geschrieben und fortschreibe, so glaube ich nicht, daß es für eine zu
große Kühnheit gehalten werden kann, wenn ich mich hierbei Euer Exzellenz Einsichten empfehle, um so mehr, da Sie
wissen, daß eben meine Lage nicht glänzend, und daß,
wenn meine Kränklichkeit nicht wäre, ich leider längst hätte
müssen Wien verlassen, um für meine Zukunft unbesorgt zu
sein. Euer Exzellenz ergebenster Diener   Beethoven.

1053] **An Georg A. v. Griesinger.**   Wien, 7. Januar 1823.

Euer Hochwohlgeboren! Indem ich gesonnen bin, meine
große, schon seit einiger Zeit verfaßte Messe nicht durch den
Stich herauszugeben, sondern auf eine für mich, glaube ich,
ehrenvollere und vielleicht ersprießlichere Art, bitte ich Sie
um Ihren Rat, und wenn es sein kann, um Ihre Verwendung hierbei. Meine Meinung ist, selbe allen großen Höfen anzubieten; sehr unerfahren in allem außer meiner
Kunst, würden Sie mich unendlich sehr verbindlich machen,
wenn Sie meinem Bruder, dem Überbringer dieses, hierüber sich mitteilen wollen. Ich wäre selbst gekommen, bin

632

aber wieder etwas unpäßlich. Von jeher gewohnt, Sie als Teilnehmer an dem Fortgange der Kunst und ihrer Jünger zu betrachten, bin ich überzeugt, daß Sie nicht verschmähen werden, meinen Wünschen mit Ihrer Teilnahme entgegenzukommen. — Euer Hochwohlgeboren hochachtungsvoll ergebener   Beethoven.

1054] **An Anton Schindler.**   (1823.)

Ich schicke Ihnen das Buch von Kanne, welches außerdem, daß der erste Akt etwas lau ist, so vorzüglich geschrieben ist, daß es eben nicht einen der ersten Komponisten brauchte. — Ich will nicht sagen, daß es eben gerade für mich das Passendste wäre; jedoch wenn ich mich von früheren eingegangenen Verbindlichkeiten losmachen kann, wer weiß, was geschehen könnte — oder geschehen kann! — Bestätigen Sie mir gütigst den Empfang. Eiligst Ihr Freund   Beethoven.

1055] **An Johann v. Beethoven.**   19. Januar (1823).

Bester! Kommt wegen den Bagatellen, sie sind bereit; die Antwort wegen der Messe von draußen ist schon längst da. Es ist mir unlieb, daß man die Gnade der Juden erwirken soll. Lebt wohl, kommt! Es ist über vieles zu sprechen und Verstand habt Ihr — im Sack. Lebt wohl, Herr Bruder!!   Der Eurige treue Bruder Ludwig.

Venez d'abord il y a des affaires d'une grande importance.

1056] **An Schlesinger, Berlin.**   (Anfang 1823.)

(Ein Fehlerverzeichnis zur C-Moll-Sonate mit der Überschrift:)

Vorgefundene Defekten bei den beiden Strand Hausier- und Trödeljuden namens Schlesinger zwischen der Seine, der Themse, der Spree und der Donau.

1057] **An Gräfin Wimpffen.**   20. Januar 1823.

Der edle Mensch sei hilfreich und gut (nach Goethe).
<small>(Stammbuchblatt für Gesang und Klavier.)</small>

1058] **An Anton Schindler.** (1823.)

Sehr bester optimus optime! Ich sende Ihnen hier den
Kalender; wo das Papier steckt, sind alle hiesigen Gesandt-
schaften angezeigt. Wenn Sie mir kürzlich daraus ein
Schema der Höfe ausziehen wollten, so könnte man die
Sache beschleunigen. Übrigens bitte ich Sie, sobald sich
mein H. Bruder einmischt, daß Sie mit — kooperieren,
sonst möchten wir Leid, statt Freud' erleben. —

Sehen Sie doch, einen Menschenfreund aufzutreiben,
der mir auf eine Bankaktie leiht, damit ich erstens den Edelmut meiner einzigen Freunde, die v. B., nicht zu sehr prüfen muß, und selbst durch den Aufenthalt dieses Geldes
nicht in Not gerate, welches ich den schönen Anstalten und
Vorkehrungen meines teuren H. Bruders zu verdanken
habe. — Es wäre hübsch, wenn Sie diesen Nachmittag gegen halb 4 Uhr zu Maria Hilfe erschienen oder auch vormittags. —

Man muß gar nicht merken, daß man das Geld
wünsche. —

1059] **An die Kurfürstlich-hessische Gesandtschaft in Wien.**
Wien, 23. Januar 1823.

Der Unterzeichnete hegt den Wunsch, sein neuestes Werk,
das er für das gelungenste seiner Geistesprodukte hält, dem
allerhöchsten Hofe von Kassel einzusenden. Dasselbe ist eine
große solenne Messe für vier Solostimmen, mit Chören
und vollständigem großen Orchester, in Partitur, welche
auch als großes Oratorium gebraucht werden kann. Er
bittet daher, die hohe Gesandtschaft Sr. Königl. Hoheit
des Kurfürsten von Hessen-Kassel möge geruhen, ihm die
hierzu nötige Erlaubnis Ihres Allerhöchsten Hofes gnädigst zu bewirken. Da die Abschrift der Partitur jedoch beträchtliche Kosten erfordert, so glaubt der Gefertigte es nicht
zu hoch anzurechnen, wenn ein Honorar von 50 Dukaten
in Gold dafür festgesetzt werde. Das erwähnte Werk wird
übrigens vorderhand nicht öffentlich im Stich ausgegeben
werden.

Ludwig van Beethoven.

1060] An Anton Schindler.   (1823.)

Außerordentlich Bester! Morgen erst zu G(allenberg?).
Ich muß erst sehen, was ich an ihn geschrieben. — Lebt
wohl bis zu Mittag.   Euer Bn.

1061] An Anton Schindler.   (1823.)

Ich bitte Sie, bestellen Sie heute noch Ihren Schuster,
daß er sich morgen gegen 12 Uhr ins Institut begebe und
dem Karl Überschuh anmesse. — Ich hoffe, es ist alles gut
ausgegangen.

1062] An Anton Schindler.   (1823.)

Es war ausgemacht, daß Sie selbst sich das nötige Bett=
zeug verschafften, so, wie ich es in andern in dergleichen
Fällen auch früher gemacht habe und sich so was von selbst
versteht. Nun wird die Haushälterin dieses Ihnen besor=
gen und ich werde es bezahlen.

Zu Schlemmer gehen Sie nicht mehr, Karl geht morgen
früh selbst hin. Den Pränumerationsbogen für Fürst Ester=
hazi, obschon zugemacht, bitte ich mir herzuschicken. Ich
habe eine andere bessere Idee über die Sache, indem ich
selbst an ihn schreiben will, da ich aber mit der Einladung
nicht zufrieden bin, so will ich selbe selbst ändern.

Wenn Sie mir schreiben, so schreiben Sie mir nur ge=
rade, wie ich Ihnen, ohne Titel, ohne Anrede, ohne Unter=
schrift. Vita brevis, ars longa. Es braucht auch nicht
ausführlich, nur gerade was nötig ist.

1063] An Anton Schindler.   (1823.)

Lieber Schindler! Vergessen Sie nicht auf die Bank=
aktie. Es ist höchst nötig, ich möchte nicht gern um nichts
und wieder nichts bei Gericht verklagt werden. Das Be=
nehmen meines Bruders hierin ist seiner ganz würdig. —
Heute ist der Schneider bestellt, den ich unterdessen hoffe,
mit Güte für heute abweisen zu können.

                                     Eiligst der Ihrige.

Ich gehe gar nicht aus, da ich mich nicht wohl befinde;
wenn Sie wollen zum Essen kommen, so kommen Sie.
Vous êtes invité de diner chez moi.   Ihr —

1064] An Anton Schindler.   (1823.)

L— K—l! Es wird im Diabelli-Instrument gar nichts
geändert, als daß man nur die Zeit, wann Sie die Messe
von mir erhalten, noch unbestimmt läßt. Übrigens sollen
Sie sich auf meine Rücksichtsliebe verlassen. Das Manuskript der Variationen brauchte ich nur einige Stunden
abends, oder wie es Diabelli am gelegensten. Denn wenn
auch Diabelli in drei Wochen fertig ist, so hat England Zeit
genug, selbe zu stechen, da doch sobald kein Exemplar hinkommen kann und es zu meinem Vorteil gereicht. Denn
wahrhaftig, bei allem braucht es noch viel, bis ich nur einigermaßen bequem leben kann. Seid kein Papageno; vergeßt nicht den Tischler, Hauptl— K—l.

1065] An Anton Schindler.   (1823.)

Außerordentlich Bester! Vergessen Sie nicht auf die An-
bringung der Bankaktie als Pfand. Ich bitte Sie, gegen
ein Uhr Karl bei Blöchlinger abzuholen und zu mir zu führen. Sie können hiernach einen Fiaker nehmen und Bach,
welcher ganz gewiß kommen wird, abholen; oder nehmen
Sie gleich einen Fiaker von der Josefstadt mit Karl, womit
Sie alsdann zu mir und von mir zu Bach fahren.

Lebt wohl, Bester.   Der Eurige Beet—.

1066] An Schlesinger (Berlin).   Wien, 3. Febr. 1823.

Errata, welche ich ergebenst bitte, sowohl wegen Ihnen
als wegen mir, sogleich verbessern zu lassen. (Notenbeispiel.) Die Exemplare wiedergeben und schrieb in der Eile
nur das Wahre, wie es hier ist, zweimal, allein es ist unbegreiflich, wie die sechs ersten Noten ganz falsch sind, da
sie doch in dem ersten mir geschickten Exemplar richtig sind,
nur war hier die siebente Note e c nicht richtig ——— Als
ein auffallendes Ereignis schickte mir jemand zwei Exemplare der Sonderbarkeit wegen, wieweit man es mit der
Nachahmung bringen könne, das eine von Ihnen in Paris
gestochen und das andere hier von Leidesdorf so täuschend
nachgestochen, daß keins vom anderen zu unterscheiden ist.
Auch denselbigen Preis. Es scheint, Sie verstehen sich auf
Ihre Freunde. Diabelli sticht sie auch schon, wie ich höre,

636

nach) — obfchon ich kein Exemplar erhalten von Ihnen, fo
hielt ich es doch für meine Pflicht, Sie mit den neuen und
noch alten Fehlern bekannt zu machen, und bitte, felbe forg=
fam verbeffern zu laffen.   Beethoven.

1067] **An Ferdinand Ries.**   **5. Febr. 1823.**

Mein lieber guter Ries! Noch habe ich keine weiteren
Nachrichten über die Symphonie; unterdeffen können Sie
ficher darauf rechnen, indem ich hier die Bekanntfchaft ge=
macht habe mit einem fehr liebenswürdigen gebildeten
Manne, welcher bei unferer Kaiferlichen Gefandtfchaft in
London angeftellt ift, fo wird diefer es übernehmen, fpäter
die Symphonie von hier nach London an Sie befördern zu
helfen, fo daß fie bald in London ift. Wäre ich nicht fo
arm, daß ich von meiner Feder leben müßte, ich würde gar
nichts von der philharmonifchen Gefellfchaft nehmen. So
muß ich freilich warten, bis für die Symphonie hier das
Honorar angewiefen ift. Um aber einen Beweis meiner
Liebe und Vertrauens für diefe Gefellfchaft zu geben, fo
habe ich die neue Ihnen in meinem letzten Schreiben be=
rührte Ouvertüre fchon dem oben berührten Herrn von der
Kaiferl. Gefandtfchaft gegeben. Da diefer in einigen Ta=
gen von hier abreift, fo wird er Ihnen, mein Lieber, fie
felbft in London übergeben. Man wird wohl bei Gold=
fchmidt Ihre Wohnung wiffen; wo nicht, fo geben Sie
felbe dort doch an, damit diefer fo fehr gefällige Mann nicht
lange Sie aufzufuchen habe.

Ich überlaffe es der Gefellfchaft, was fie in Anfehung
der Ouvertüre anordnen wird; fie kann felbe ebenfalls wie
die Symphonie 18 Monate behalten. Hiernach erft würde
ich fie herausgeben. Nun noch eine Bitte:

Mein Herr Bruder hier, der Equipage hält, hat auch
noch von mir ziehen wollen, und fo hat er, ohne mich zu
fragen, diefe Ouvertüre einem Verleger Boofey in London
angetragen. Laffen Sie ihn nur warten, daß man vorder=
hand nicht beftimmen könne, ob er die Ouvertüre haben
könne, ich würde fchon felbft deswegen fchreiben. Alles
kommt hierin auf die philharm. Gefellfchaft an. Sagen
Sie nur gefälligft, daß mein Bruder fich geirrt, was die

Ouvertüre betrifft; was andere Werke betrifft, weswegen er ihm geschrieben, die könnte er wohl haben. Er kaufte sie von mir, um damit zu wuchern, wie ich merke. O frater!! Ich bitte Sie noch besonders der Ouvertüre wegen, mir, sobald Sie selbe erhalten, sogleich zu schreiben, ob die ph. Gesellschaft solche nimmt, weil ich sonst sie bald herausgeben würde.

Von Ihrer an mich dedizierten Symphonie erhielt ich nichts. Betrachtete ich die Dedikation nicht als eine Art Herausforderung, worauf ich Ihnen Revanche geben muß, so hätte ich Ihnen schon irgendein Werk gewidmet. So glaube ich aber noch immer Ihr Werk erst sehen zu müssen, und wie gern würde ich Ihnen durch irgend etwas meinen Dank bezeugen. Ich bin ja Ihr tiefer Schuldner für so viel bewiesene Anhänglichkeit und Gefälligkeit. Bessert sich meine Gesundheit durch eine zu nehmende Badekur im künftigen Sommer, dann küsse ich Ihre Frau 1824 in London. Ganz Ihr Beethoven.

1068] An Großherzog Ludwig I. v. Hessen.

Wien, 5. Febr. 1823.

Eure Königliche Hoheit! Der Unterzeichnete hat soeben sein neuestes Werk vollendet, welches er für das gelungenste seiner Geistesprodukte hält. Dasselbe ist eine große solenne Messe für vier Solostimmen, mit Chören und vollständig großem Orchester, welches auch als großes Oratorium aufgeführt werden kann.

Er hegt daher den Wunsch, ein Exemplar dieser Messe in Partitur Eurer Königl. Hoheit untertänigst einzusenden und bittet deshalb gehorsamst, Eure Königl. Hoheit wollen allergnädigst geruhen, ihm die allerhöchste Bewilligung hierzu zu erteilen. Da die Abschrift der Partitur jedoch beträchtliche Kosten erfordert, so wagt es der Unterzeichnete, Eurer Königlichen Hoheit untertänigst vorzulegen, daß er für dieses große Werk das mäßige Honorar von fünfzig Dukaten bestimmt habe, und schmeichelt sich mit der ausgezeichneten Ehre, Höchstdieselben in die Zahl seiner allerhöchsten Subskribenten zählen zu dürfen. — Eurer Königlichen Hoheit gehorsamster   Ludwig van Beethoven.

638

1069] An Karl Zelter.   **Wien, 8. Febr. 1823.**

Mein wackrer Kunstgenosse! Eine Bitte an Sie läßt
mich schreiben; da wir einmal so weit entfernt sind, nicht
miteinander reden zu können, so kann aber auch leider das
Schreiben nur selten sein. — Ich schrieb eine große Messe,
welche auch als Oratorium könnte (für die Armen, eine jetzt
schon gute eingeführte Gewohnheit) gegeben werden,
wollte aber selbe nicht auf die gewöhnliche Art im Stich
herausgeben, sondern an die ersten Höfe nur zu kommen
machen; das Honorar beträgt 50 Duk. Außer den Exem=
plaren, worauf subskribiert ist, wird sonst keins ausgege=
ben, so daß die Messe nur eigentlich Manuskript ist; aber
es muß doch schon eine ziemliche Anzahl sein, wenn etwas
für den Autor herauskommen soll. Ich habe allhier der
Königl. Preußischen Gesandtschaft ein Gesuch überreicht,
daß Se. Majestät der König von Preußen geruhen möch=
ten, ein Exemplar zu nehmen, habe auch an Fürst Radzi=
will geschrieben, daß selbe sich darum annehmen. — Was
Sie hierbei selbst wirken können, erbitte ich mir von Ihnen.
Ein dgl. Werk könnte auch der Singakademie dienen, denn
es dürfte wenig fehlen, daß es nicht beinahe durch die Sing=
stimmen allein ausgeführt werden könnte; je mehr verdop=
pelter und vervielfältigt selbe aber mit Vereinigung der
Instrumente sind, desto geltender dürfte die Wirkung sein.
— Auch als Oratorium, da die Vereine für die Armut dgl.
nötig haben, dürfte es am Platze sein. — Schon mehrere
Jahre immer kränkelnd und daher eben nicht in der glän=
zendsten Lage, nahm ich Zuflucht zu diesem Mittel. Zwar
viel geschrieben — aber erschrieben — beinahe 0! — mehr
gerichtet meinen Blick nach oben; — aber gezwungen wird
der Mensch oft um sich und anderer willen, so muß er sich
nach unten senken, jedoch auch dieses gehört zur Bestim=
mung des Menschen. — Mit wahrer Hochschätzung um=
arme ich Sie, mein lieber Kunstgenosse.

                                  Ihr Freund Beethoven.

1070] An J. W. v. Goethe.   **Wien, 8. Febr. 1823.**

Euer Exzellenz! Immer noch, wie von meinen Jüng=
lingsjahren an, lebend in Ihren unsterblichen nie veralten=

den Werken, und die glücklichen in Ihrer Nähe verlebten Stunden nie vergessend, tritt doch der Fall ein, daß auch ich mich einmal in Ihr Gedächtnis zurückrufen muß. Ich hoffe, Sie werden die Zueignung an E. E. von Meeresstille und glückliche Fahrt in Töne gebracht, von mir erhalten haben; beide schienen mir ihres Kontrastes wegen sehr geeignet, auch diesen durch Musik mitteilen zu können. Wie lieb würde es mir sein, zu wissen, ob ich passend meine Harmonie mit der Ihrigen verbunden, auch Belehrung, welche gleichsam als Wahrheit zu betrachten, würde mir äußerst willkommen sein; denn letztere liebe ich über alles, und es wird nie bei mir heißen: veritas odium parit. Es dürften bald vielleicht mehrere Ihrer immer einzig bleibenden Gedichte in Töne gebracht von mir erscheinen, worunter auch „rastlose Liebe“ sich befindet; wie hoch würde ich eine allgemeine Anmerkung überhaupt über das Komponieren oder in Musik setzen Ihrer Gedichte achten! — Nun eine Bitte an E. E. Ich habe eine große Messe geschrieben, welche ich aber noch nicht herausgeben will, sondern nur bestimmt ist, an die vorzüglichsten Höfe gelangen zu machen; das Honorar beträgt nur 50 #. Ich habe mich in dieser Absicht an die Großherzogl. Weimar. Gesandtschaft gewendet, welche das Gesuch an Sr. Großherzogl. Durchlaucht auch angenommen und versprochen hat, es an selbe gelangen zu machen. Die Messe ist auch als Oratorium gleichfalls aufzuführen, und wer weiß nicht, daß heutiges Tages die Vereine für die Armut dergleichen benötigt sind! — Meine Bitte besteht darin, daß E. E. Seine Großherzogl. Durchlaucht hierauf aufmerksam machen möchten, damit Höchstdieselbe auch hierauf subskribierten. Die Großherzogl. Weimar. Gesandtschaft eröffnete mir, daß es sehr zuträglich sein würde, wenn der Großherzog vorher schon dafür gestimmt würde. Ich habe so vieles geschrieben, aber erschrieben — beinahe gar nichts. Nun aber bin ich nicht mehr allein. Schon über sechs Jahre bin ich Vater eines Knaben meines verstorbenen Bruders, eines hoffnungsvollen Jünglings im 16. Jahre, den Wissenschaften ganz angehörig und in den reichen Schriften der Griechheit schon ganz zu Hause. Allein in diesen Ländern kostet dgl. sehr

640

viel, und bei studierenden Jünglingen muß nicht allein an die Gegenwart, sondern selbst an die Zukunft gedacht werden; und so sehr ich sonst bloß nur nach oben gedacht, so müssen doch jetzt meine Blicke auch sich nach unten erstrecken. Mein Gehalt ist ohne Gehalt. Meine Kränklichkeit, seit mehreren Jahren, ließ es nicht zu, Kunstreisen zu machen und überhaupt alles das zu ergreifen, was zum Erwerb führt. Sollte ich meine gänzliche Gesundheit wieder erhalten, so dürfte ich wohl noch manches andere besser erwarten dürfen. E. E. dürfen aber nicht denken, daß ich wegen der jetzt gebetenen Verwendung für mich Ihnen Meeresstille und glückliche Fahrt gewidmet hätte. Dies geschah schon im Mai 1822; und die Messe auf diese Weise bekannt zu machen, daran ward noch nicht gedacht, bis jetzt vor einigen Wochen. Die Verehrung, Liebe und Hochachtung, welche ich für den einzigen unsterblichen Goethe von meinen Jünglingsjahren schon hatte, ist immer mir geblieben. So was läßt sich nicht wohl in Worte fassen, besonders von einem solchen Stümper wie ich, der nur immer gedacht hat, die Töne sich eigen zu machen. Allein ein eigenes Gefühl treibt mich immer, Ihnen soviel zu sagen, indem ich in Ihren Schriften lebe. — Ich weiß, Sie werden nicht ermangeln, einem Künstler, der nur zu sehr gefühlt, wieweit der bloße Erwerb von ihr entfernt, einmal sich für ihn zu verwenden, wo Not ihn zwingt, auch wegen anderen für andere zu walten, zu wirken. Das Gute ist uns allzeit deutlich und so weiß ich, daß E. E. meine Bitte nicht abschlagen werden.

Einige Worte von Ihnen an mich würden Glückseligkeit über mich verbreiten. — Euer Exzellenz mit der innigsten unbegrenztesten Hochachtung verehrender   Beethoven.

1071] An Schlesinger (Paris).   Wien, 18. Febr. 1823.

Mein werter Schlesinger! Ich glaube, was Sie anbei gesucht, was gefehlt ist oder nicht, (ist) angezeigt worden. Suchen Sie doch! — Von den Werken, die ich Ihnen neulich angeboten, ist die Ouvertüre für großes Orchester und (?) wurde den 3. Oktober zum erstenmal bei Eröffnung des neuen Josefstädter Theaters gegeben. — Was

von Méhul Sie mir angezeigt haben, bitte ich Sie, mir zu
schicken, auch von den schottischen Liedern von Ihrem
Herrn ... In Berlin brauche ich einige Exemplare ... mit
vergoldetem Einband auf aber (?) Antworten. — Die De=
dikation, Sonate in C=Moll ist gewidmet der ... Antonia
von Brentano, geborene von Birkenstock. — Antworten
Sie geschwinde, geschwinde, geschwinde,

Ihrem (Ihr Freund) Beethoven.

1072] **An Nikolaus v. Zmeskall.** 20. Febr. 1823.

Bester Herr Graf, Sie sind ein Schaf! (Kanon.)

1073] **An Ferdinand Ries.** (1823.)

— — — Bei der harten Lage habe ich noch viele Schul=
den zu bezahlen, daher es mir auch lieb sein wird, wenn
Sie abgeschlossen haben die Messe betreffend, mir das Ho=
norar auch ebenfalls anzuweisen. Bis dahin wird die
Messe schon für nach London abgeschrieben sein. Wegen der
einigen Souveräns, die ein Exemplar davon erhalten, darf
man gar keine Skrupel haben; wenn schon ein hiesiger Ver=
leger gar nichts dawider hatte, so dürfte man in London
noch weniger sich deswegen kümmern, da ich mich noch oben=
drein schriftl. verbinde, daß übrigens weder im Stich noch
auf irgendeine andere Art davon eine Note nur heraus=
komme, und der Revers noch obendrein für alles bürgt.
Betreiben Sie alles bald für Ihren armen Freund.
Ihren Reiseplan erwarte ich auch. Es ist zu arg geworden;
ich bin ärger beim Kardinal als früher geschoren. Geht man
nicht, siehe da ein crimen legis majestatis. Meine Zulage
besteht darin, daß ich den elenden Gehalt noch mit einem
Stempel erheben muß. Da Sie, wie es scheint, eine De=
dikation von mir wünschen, wie gern willfahre ich Ihnen,
lieber als den größten großen Herrn entre nous, der Teu=
fel weiß, wo man nicht in ihre Hände geraten kann. Auf
der neuen Symphonie erhalten Sie die Dedikation an Sie;
ich hoffe, endlich die Ihrige an mich zu erhalten.
Bauer erhält hiermit eine neue Schrift an König, in
welcher aber bloß von der Schlacht bei Vittoria, die er ge=
stochen mitgenommen hat, die Rede ist; von der Messe ge=

schieht keine Erwähnung. Haben Sie nur die Güte, Herrn
Bauer zu sagen, er solle das erstere öffnen, um zu sehen,
wessen Inhalt das Schreiben sei. Die Messe hat Herr
Bauer nicht mitbekommen. Es heißt nämlich: Bauer soll
den von hier mitgenommenen Brief an den König öffnen,
woraus er sehen wird, was von der Schlacht von Vittoria
an den König geschrieben worden; die nun erfolgte Schrift
an ihn erhält dasselbige, aber von der Messe ist gar keine
Rede mehr. Unser liebenswürdiger Freund Bauer soll nur
sehen, ob er nicht wenigstens ein Schlachtmesser oder eine
Schildkröte dafür erhalten kann; versteht sich, daß das ge=
stochene Partiturexemplar der Schlacht ebenfalls an den
König gegeben werde. Bauer geht Ende Mai wieder hier=
her; benachrichtigen Sie ihn also gütigst gleich von dem,
was ihn angeht. Der heutige Brief kostet Sie viel Geld;
rechnen Sie mir nur ab von dem, was Sie mir schicken.
Wie leid tut es mir, Ihnen beschwerlich fallen zu müssen.
Gott mit Ihnen; alles Schöne an Ihre Frau, bis ich selbst
da bin. Geben Sie acht, Sie glauben, ich bin alt, ich bin
ein junger alter.   Wie immer der Ihrige Beethoven.

1074]   An Ferdinand Ries.   Wien, 25. Febr. 1823.

Mein lieber werter Ries! Ich ergreife diese Gelegen=
heit, durch den Herrn von Bauer, kaiserl. königl. Gesandt=
schaftssekretär, Ihnen zu schreiben; ich weiß nicht mit der
Symphonie, wie ich es halten soll, sobald ich nur ein wei=
teres Wort von Ihnen erhalte, freilich wäre es nötig, auch
die Anweisung dabei; so hat mir schon eben dieser Herr v.
Bauer, welcher ebenso geistreich als gütig ist, versprochen,
daß man sie von hier aus aufs schnellste nach London be=
sorgen wird, indem ich sie nur im fürstl. Esterhazischen
Hause abzugeben habe. — Ebenfalls erhalten Sie hier die
versprochene Ouvertüre; will die philharmonische Gesell=
schaft sie behalten ebenfalls auf 18 Monate, so steht sie ihr
zu Diensten, noch hat sie niemand, erhält auch niemand
selbe, bis ich von Ihnen hierüber Antwort erhalte; ist die
philharmonische Gesellschaft so arm wie ich, so hat sie mir
gar nichts zu geben; ist sie aber reicher, wie ich es wohl
glaube und es ihr von Herzen wünsche und gönne, so über=

41*

laſſe ich ihr ganz, wie ſie es mit mir der Ouvertüre halber
halten will. — Zugleich erhalten Sie ſechs Bagatellen oder
Kleinigkeiten und wieder fünf zuſammengehörend in zwei
Teile. Verſchachern Sie ſelbe ſo gut Sie können; ich hoffe,
Sie haben die beiden Sonaten erhalten, und bitte ebenfalls
das Schachertum damit auszuüben, denn ich brauche es,
der Winter und mehrere Umſtände haben mich wieder zu=
rückgeſetzt, und beinahe immer von der Feder leben zu müſ=
ſen, iſt keine Kleinigkeit; künftiges Frühjahr 1824 bin ich
in London, um Ihre Frau zu küſſen, darüber haben wir
noch genug Zeit, uns zu ſchreiben; hätte ich nur Ihre De=
dikation erhalten, ſo widmete ich Ihnen gleich dieſe Ouver=
türe, falls ſie in London Beifall finden würde. — Nun
leben Sie wohl, mein lieber Freund, eilen Sie wegen der
Symphonie, und was Sie für die Sonaten und Bagatellen
erhalten, überhaupt an Geld, übermachen Sie bald hierher.
Es iſt willkommen. — Der Himmel ſegne Sie und laſſe
mich nur auch dazu kommen, irgend Ihnen eine Gefälligkeit
zu erweiſen. — Mit den freundſchaftlichſten Geſinnungen
Ihr Beethoven.

1075] **An Charles Neate.**   Vienna, 25. Febr. 1823.

My dear friend! Ries tells me you wish to have three
Quartetts of me, and I now write, to beg you will let me
known about what time they are to be ready, as I am
fully satisfied with your offer of a 100 guineas for them.
Only let me beg of you, to send me a cheque for that
sum upon one of our banking-houses, so soon as I shall
let you know that the Quartetts are finished, and I will,
in my turn, deliver them to the same banker upon the receipt of the 100 guineas. I trust you are enjoying to the
full the blessings of a family life; would I could have
the pleasure of becoming an eyewitness to your happiness!
I have send Ries a new Ouverture for the Ph. Society
and am only waiting the arrival of a cheque for the new
Symphony, to forward him that too, trough our Austrian
embassy. You will find in the bearer, Mr. A. Bauer, a
man equally intelligent and amiable, who can give you a
full account of my doings. Should my health improve,

644

I mean to visit England in 1824; let me know what you think about it. I should be delighted to write for the Ph. S., to see the country and all its distinguished artists and as to my pecuniary circumstances, they too might be materially benefited by this visit, as I feel that I shall never make anything in Germany. My name on the address of letters is sufficient security for their reaching me. With every kind wish for your welfare, believe me your sincere friend Beethoven.

1076] **An C. F. Peters.**   **Wien, 25. Febr. 1823.**

Mein lieber Guter! Ich bedaure Ihren Familienver=
lust, und nehme herzlich Anteil an Ihrem Schmerze; die
Zeit möge ihn lindern. Ich melde Ihnen, was mich und
Sie betrifft, daß vorigen Sonnabend die drei Gesänge,
sechs Bagatellen und ein Zapfenstreich (türkische Musik)
statt Marsch abgegangen; den Aufschub verzeihen Sie
schon. Ich glaube wohl, daß, wenn Sie mir ins Herz
sehen, daß Sie mich nicht einer vorsätzlich schuldigen Hand=
lung beschuldigen werden. Heute gab ich die noch zwei feh=
lenden Zapfenstreiche und den vierten großen Marsch auch
auf die Post; ich hielt für besser, Ihnen statt vier Märschen
drei Zapfenstreiche und einen Marsch zu geben, obschon
erstere auch zu Märschen können gebraucht werden. So was
beurteilen die Regimentskapellmeister am besten, wie es
anzuwenden. Übrigens könnten auch Klavierauszüge da=
von gemacht werden. — Wie ich als Künstler handle, wer=
den Sie sehen an den Gesängen; der eine ist mit Begleitung
von zwei Klarinett, ein Horn, Bratschen und Violoncel=
len, — und wird entweder ohne Klavierbegleitung allein
mit diesen Instrumenten oder mit Klavier und ohne selbe
Instrumenten gesungen. Der zweite Gesang ist mit Be=
gleitung von zwei Klarinett, zwei Horn, zwei Fagott und
wird ebenfalls mit diesen Instrumenten allein oder mit
Klavierbegleitung allein gemacht. Beide Gesänge sind mit
Chören und der dritte Gesang ist eine ziemlich ausgeführte
Ariette mit Klavierbegleitung allein. Ich hoffe, Sie sind
jetzt beruhigt. Es würde mir sehr leid (sein), wenn diese
Verzögerungen bloß meiner Schuld oder Willen beige=

meſſen würden. Die Zeit eilt voran, der Brief muß auf die
Poſt; bis künftigen Mittwoch mehr ſowohl vom Quartett
fürs Klavier als für Violine. Auch werde ich Ihnen eine
Schrift wegen der Meſſe ſchicken, da ſich die Entſcheidung,
welche Sie erhalten, bald nahen wird. Wegen zwei noch
mehr erhaltenen Bagatellen bitte ich Sie, die Anweiſung
von 16 #, wie früher, an mich zu ſenden, wo ich dann nur
zu dem H. Meiſl ſchicken kann, da ich wirklich ſo äußerſt
beſchäftigt und immer noch nicht ganz geſund bin. Mittwoch mehr. Der Himmel helfe Ihnen Ihren Kummer tragen. Wer hat nicht ſo ſchon verloren und wer beweint
nicht gern dergleichen Verluſt? — Ich umarme Sie von
Herzen.   Ihr ergebenſter Beethoven.

1077] **An Anton Schindler.**   (1823.)

Sehr Beſter! Der Hofdienſt iſt erſt um halb 5 Uhr.
Ihr könnt alſo nach dem Speiſen zu mir kommen; das
Urteil über die Suppe achte ich nicht im mindeſten, ſie iſt
ſchlecht.

1078] **An Anton Schindler.**   (1823.)

Es iſt nichts anderes zu tun, als dieſes mit den zwei
Aktien auch einzugehen, obſchon ich es ſehr unverhältnis-
mäßig finde. Richten Sie daher gütigſt ein, was Sie glauben. Sind Sie mit ſich einig, ſo kommen Sie zu mir.
                                    Ihr Freund Beethoven.

1079] **An König Oskar v. Schweden.**

Vienna, 1 Mars 1823.

Sire! L'académie royale de musique m'ayant fait
l'honneur de me présenter une place au nombre de ses
membres exterieurs je prends la liberté de me rapprocher
de V. M. La présence de V. M. a Vienne et l'intérêt
qu'elle prit avec quelques seigneurs de la suite à mes médiocres talents, s'est profondement gravé dans mon cœur.
Les exploits qui avec tant de justesse élevèrent V. M. au
trône de Suède excitoient l'admiration général, particulièrement de ceux qui avoient le bonheur de connaître

personellement V. M. Il en fut de même chez moi. Le temps où V. M. montait sur le trône sera toujours considéré comme Epoque de grande importance; et comme je suis pas moins homme qu'artiste, et sachant, comme premier, de remplir mes devoirs le plus exactement possible, j'ai souvent admiré avec le plus vif intérêt les actions et les sions que V. M. prend des arts, ce qui me détermina à ajouter à cette lettre une invitation particulière, afin que V. M. daignât souscrire pour l'œuvre qui y est annoncé. Conduit par une cause particulière, je souhaite que les chefs de l'Europe seulement aient parte à cet œuvre.

Aussi ai je appris, que l'auguste fils de V. M., le prince héréditaire, a beaucoup de talent pour la musique. Peutêtre pourrai-je augmenter son goût et principalement élever ses talents. Pour pouvoir réaliser ce souhait quelques details sur la culture musicale me feraient bien du plaisir, aussi voudrais-je avec le plus grand empressement composer un œuvre et le dédier au Prince héréditaire. Cependant il faudrait que je susse par avance, par quel genre de musique je serais en état de répondre aux souhaits de V. M. et à ceux du Prince Royal.

V. M. est un objet d'amour, d'admiration et d'intérêt à tous ceux, qui savent estimer les rois. Les sentiments de vénération que j'ai pour V. M. ne peuvent guère être augmentés.

Que Votre Majesté daigne accepter l'hommage sincère du plus respectueux de ses serviteurs

Louis van Beethoven.

1080] **An die Kgl. Akademie der Musik, Stockholm.**
Vienne, 1 Mars 1823.

C'est avec bien du plaisir, mais pourtant pas sans embarras que je reçois l'hommage que l'Académie royale suédoise de Musique rend à mes médiocres mérites. Je serais au comble de mes vœux s'il se présentait une occasion pour moi de lui être utile par rapport de la musique. Ce qui ne servirait que pour déclarer, que la culture des arts et des sciences ont toujours été et seront toujours le plus beau lieu des peuples les plus éloignées. Je souhaite bien que l'Académie Royale de Musique prenne toujours plus succès dans cet art si illustre et si salutaire pour le bonheur des peuples. Plût à Dieu que mes vœux fussent acceptés aussi sincèrement que je suis prêt a les réaliser. Finalement je profite de cette occasion honorable pour faire souvenir S. M. le Roi de moi, et je supplie Monsieur le Secrétaire de l'Académie, auquel j'ai l'honneur de me recommander, de remettre cette lettre à S. M. Je suis avec la plus grande éstime de l'Académie royale très humble serviteur Louis van Beethoven.

1081] **An Dr. Joh. Bapt. Bach.** Wien, 6. März 1823.

Werter verehrter Freund! Der Tod könnte kommen, ohne anzufragen, in dem Augenblicke ist keine Zeit ein gerichtl. Testament zu machen; ich zeige Ihnen daher durch dieses eigenhändig an, daß ich meinen geliebten Neffen Karl van Beethoven zu meinem Universalerben erkläre, und daß ihm alles ohne Ausnahme, was nur den Namen hat irgendeines Besitzes von mir, nach meinem Tode eigentümlich zugehören soll. — Zu seinem Kurator ernenne ich Sie und sollte kein anderes Testament folgen als dieses, so sind Sie zugleich befugt und gebeten, meinem geliebten Neffen K. v. Beethoven einen Vormund auszusuchen, — mit Ausschluß meines Bruders Johann van Beethoven — und ihn nach den hergebrachten Gesetzen denselben zuzugeben.

Dies Schreiben erkläre ich so gültig für allzeit, als wäre es mein letzter Wille vor meinem Tode. — Ich umarme Sie von Herzen. — Ihr wahrer Verehrer und Freund

Ludwig van Beethoven.

NB. An Kapitalien finden sich sieben Bankaktien, was übrigens sich an Barschaft noch findet, wird alles ebenfalls wie B. A. das Seine.

1082] **An Franz v. Brentano.** Wien, 10. März 1823.

Edler Freund! Sie hörten so lange nichts von mir; ich hoffe unterdessen, daß Sie die 300 fl. C.-M., welche Sie mir auf eine so edle Art geliehen, schon längst erhalten ha-

648

ben durch Geymüller. Gewisse uns erzeigte Gefälligkeiten und Wohltaten lassen sich vielmehr fühlen und empfinden, als die dazu geeigneten Ausdrücke sogleich zu finden. Befehlen Sie mir, es sei was nur immer für eine Aufgabe, wo meine Kräfte hinreichen, werde ich alles anwenden, um Ihnen meine Verehrung, Liebe und Dankbarkeit zu bezeigen. Diesen Brief bitte ich Sie, an Simrock zu befördern. Sie sehen daraus die Lage der Sache, die Messe betreffend. Mit meiner Gesundheit geht es gottlob besser, doch müssen erst noch Bäder im Sommer sie ganz herstellen. — Ich hoffe alles, da ich eine Polypennatur besitze, auch mir Gesundheit für meine Tätigkeit äußerst notwendig und durch selbe auch wieder befördert wird. Ich empfehle mich Ihnen bestens und wünsche nichts sehnlicher als Ihnen zeigen zu können, wie sehr ich Sie achte und liebe. Auch den Ihrigen alles Gute und Schöne vom Herr. Der erhalte sie Ihnen noch lange.   Ihr Freund und Diener Beethoven.

1083] An Peter Simrock.   Wien, 10. März 1823.

Lieber Simrock! Ich muß mir denken, wie wunderlich ich Ihnen vorkomme, allein, so wie ein Zeitlang her haben sich niemals meine Zeit meine Umstände durchkreuzt. Sie erhalten von mir ganz sicher eine Messe. Ich habe aber noch eine Messe geschrieben und bin noch zweifelhaft, welche ich Ihnen geben soll. Dies der jetzige Aufenthalt. Gedulden Sie sich nur noch bis nach Ostern, wo ich Ihnen allsogleich anzeigen werde, wann ich eine von diesen Messen abschikken werde an Hr. Brentano und Ihnen dieses sogleich anzeigen werde. Ich schreibe nächstens noch eine Messe für unsern Kaiser. Anbieten von sonstigen Werken kann ich Ihnen nicht viel, da ich wirklich von allen Seiten gedrängt bin; doch könnte ich Ihnen eine neue Ouvertüre vielleicht geben, welche ich bei der Eröffnung des neuen Josefstädter-Theater geschrieben. Das Honorar wäre 50 ♯, sie ist im großen Stile geschrieben. Unter anderem, wenn Sie etwas d. g. gebrauchen können, z. B. die „Ruinen von Athen", Nachspiel von Kotzebue mit Chören und vielen Duetten, so auch ein Vorspiel von selbem „König Stephan, Ungarns Wohltäter", auch mit Chören und beinahe durchaus melo-

dramatifdh gehalten. Sie fönnten mir einmal darüber
fdhreiben. Dem fei nun, wie ihm wolle, eine von diefen
2 großen Meffen, fdhon gefchrieben, erhalten Sie ganz ge=
wiß, nur bis nach Oftern gedulden Sie fidh, wo idh ent=
fdhieden fein werde, weldhe idh Ihnen fdhide. Sie hätten
wohl große Luft zu lachen über mein anfdheinend unordent=
lidhes Betragen, allein erft feit einiger Zeit darf idh hoffen,
meine Gefundheit wieder zu erlangen, dabei geplagt von
allen Seiten. Wären Sie nur hier, fo fönnten Sie fidh bald
Lidht in allem verfdhaffen. Leben Sie wohl, grüßen Sie
herzlidh alle die Ihrigen und alle diejenigen, denen Sie
glauben es angenehm zu fein. Wie immer Ihr Freund
Beethoven.

Lieder, Bagatellen oder Kleinigkeiten für Klavier fönn=
ten Sie audh erhalten etc.

1084] An Graf Dietrichftein. (März 1823.)

Eure Exzellenz! Es war mir fehr leid, Sie verfehlt zu
haben, aber idh behalte mir das Vergnügen vor, mich fdhon
wieder einmal bei Ihnen anzufragen. Sobald wie mög=
lidh werde idh midh audh nodh befpredhen mit E. E. wegen
dem graduale und offertorium, um zu hören, ob Sie
meine Gedanken und diefelbe Ausführung hierüber geneh=
migen. In Anfehung des agnus Dei und dona nobis
pacem bin idh vollfommen mit Ihnen einverftanden, habe
es audh zum Teil beinahe in einer andern Meffe fo ausge=
führt, werde midh aber nodh ftrenger an E. E. Vorfdhlag
halten, denn es ift hohe Zeit, dem eingeführten Sdhlen=
drian nidht zu folgen, befonders wenn es auf wahre Got=
tesverehrung anfommt. E. E. mit ausgezeidhneter Hodh=
adhtung verharrender Beethoven.

1085] An Anton Sdhindler. (1823.)

Lieber Sdhindler! Idh weiß nidht, ob das andere Exem=
plar forrigiert worden ift und fende diefes deswegen. —
Wegen N. in S. bitte idh Sie, ja verfdhwiegen zu fein.
Blödhlinger ift fdhon in Angft deswegen.

Eiligft Ihr Freund Beethoven.

650

1086] **An Luigi Cherubini.** Wien, 15. März 1823.

Hochgeehrtester Herr! Mit großem Vergnügen ergreife ich die Gelegenheit, mich Ihnen schriftlich zu nahen. Im Geiste bin ich es oft genug, indem ich Ihre Werke über alle andere theatralische schätze. Nur muß die Kunstwelt bedauern, daß seit längerer Zeit, wenigstens in unserem Deutschland, kein neues theatralisches Werk von Ihnen erschienen ist. So hoch auch Ihre anderen Werke von wahren Kennern geschätzt werden, so ist es doch ein wahrer Verlust für die Kunst, kein neues Produkt Ihres großen Geistes für das Theater zu besitzen. Wahre Kunst bleibt unvergänglich und der wahre Künstler hat inniges Vergnügen an großen Geistesprodukten. Ebenso bin ich auch entzückt, so oft ich ein neues Werk von Ihnen vernehme, und nehme größeren Anteil daran als an meinen eigenen; kurz ich ehre und liebe Sie. Wäre nur meine beständige Kränklichkeit nicht schuld, Sie in Paris sehen zu können, mit welch außerordentlichem Vergnügen würde ich mich über Kunstgegenstände mit Ihnen besprechen! Glauben Sie nicht, daß, weil ich jetzt im Begriffe bin, Sie um eine Gefälligkeit zu bitten, dies bloß der Eingang dazu sei. Ich hoffe und bin überzeugt, daß Sie mir keine so niedrige Denkungsweise zumuten.

Ich habe soeben eine große solenne Messe vollendet, und bin willens, selbe an die europäischen Höfe zu senden, weil ich sie vorderhand nicht öffentlich im Stich herausgeben will. Ich habe daher durch die französische Gesandtschaft hier auch eine Einladung an Se. Majestät den König von Frankreich ergehen lassen, auf dieses Werk zu subskribieren, und bin überzeugt, daß der König selbe auf Ihre Empfehlung gewiß nehmen werde. Ma situation critique demande, que je ne fixe pas seulement comme ordinaire mes voeux au ciel, au contraire, il faut les fixer aussi en bas pour les nécessités de la vie. Wie es auch gehen mag mit meiner Bitte an Sie, ich werde Sie dennoch alle Zeit lieben und verehren, et Vous resterez toujours celui de mes contemporains, que je l'estime le plus. Si Vous me voulez faire un extrême plaisir, c'étoit si Vous m'ecrivez quelques lignes, ce que me soulagera bien. L'art unit tout le monde, wie viel mehr wahre Künſtler, et peut-être Vous me dignez aussi, de me mettre auch zu rechnen unter dieſe Zahl. Avec le plus haut estime Votre ami et serviteur Beethoven.

1087] **Dienſtboten=Zeugnis.** Wien, 17. März 1823.

Ich bezeuge laut meiner Unterſchrift, daß Thereſe Kauf= mann einen ganzen Monat bei mir in Dienſten als Stu= benmädchen geſtanden und ſich fleißig und ehrlich während dieſer Zeit betragen habe. Ludwig van Beethoven.

1088] **An C. F. Peters.** Wien, 20. März 1823.

Erſt heute gehen die anderen drei Märſche ab; man hatte die Poſt verſäumt, heut' acht Tage; ſo unordentlich es diesmal mit mir bei Ihnen zugegangen, ſo dürft' es Ihnen nicht unnatürlich ſcheinen, wenn Sie hier zugegen wären und meine Lage kennen lernten, die Beſchreibung davon würde Ihnen und mir zu weitläufig ſein. —
Ich finde hier noch was über das Fortgeſchickte zu be= merken: wegen dem großen Marſch Nr. 4 können ſich der Beſetzung wegen mehrere Regimentsharmonien vereini= gen, und wo dies nicht der Fall, daß eine Regimentsbande nicht ſtark genug zur Beſetzung, ſo kann leicht ein ſolcher Bandenkapellmeiſter ſich mit Hinweglaſſung einiger Stim= men helfen.
Auch in Leipzig finden Sie jemand, der Ihnen dieſes anzeigt, wie man mit weniger Beſetzung dieſen machen könne, obſchon es mir leid wäre, wenn er nicht ganz wie er iſt im Stich erſcheinen würde. Was nun die türkiſche Mu= ſik, ſo wird ſolche alſo numeriert: Zapfenſtreich E Nr. I, den Zapfenſtreich in C, welchen Sie ſchon erhalten, Nr. 2, von den 2 übrigen, wie auch von dem Nr. 1 hier angezeig= ten werden Sie ſchon alles erſehen. Zu dem Bundeslied von Goethe folgen die übrigen Strophen, welche wo mögl. alle unter die Singſtimme geſetzt werden. Nicht zu ver= geſſen, daß alles ordentlich folgt, endlich der Zuſatz in Mu= ſik der letzten Strophe „Auf ewig ſo geſellt". Bei dem Opferlied von Matthiſſon iſt bei der Klavierſtimme deshalb zu beobachten, daß die Melodie oben drüber beigefügt, die

verschiedenen Worte voce u. ritornel bleiben alsdann alle weg, da sie nur, indem die Klavierstimme nicht in Partitur geschrieben werden konnte, zur Deutlichkeit beim Stechen dastehn. Von den 2 Liedern mit Instrumentalbegleitung zu erwähnen, daß selbe entweder allein mit der Instrumentalbegleitung oder allein mit der Klavierbegleitung ausgeführt werden. An Ihrer Stelle würde ich beide in Partitur mit dem Klavierauszuge geben und dazu auf das erste Musikblatt schreiben, was oben angezeigt ist. — Man hat so viele Lieder mit Klavier, ich habe daher einmal hierin eine Veränderung gemacht. Der Tenorschlüssel, Altschlüssel, selbst auch Baßschlüssel könnte auch in Violinschlüssel versetzt werden.

Wegen vielem Korrigierten in dem Erhaltenen müssen Sie schon verzeihen, mein alter Kopist sieht nicht mehr und der jüngere muß erst abgerichtet werden, doch ist wenigstens alles fehlerfrei. — Nun auf Ihr anderes. Doch zuvor erinnere ich Sie, diese Werke bald herauszugeben. Von diesen Kleinigkeiten können Sie noch viele haben, wenn Sie selbe fortsetzen wollen. Mit einem Violin- und einem Klavierquartett ist es unmöglich, Ihnen sogleich dienen zu können, wenn Sie mir aber beizeiten schreiben, wenn Sie beide Werke wünschen, so werde ich alles mögliche anwenden. Nur muß ich beifügen, daß ich für ein Violinquartett nicht weniger als 50 Duk. nehmen kann, für ein Klavierquartett 70 Duk., weil ich sonst Schaden leiden würde; ja es sind mir für Violinquartetten noch mehr als für eins 50 Duk. angetragen worden, ich übertreibe aber niemals gern, und bleibe daher bei Ihnen schon bei diesen 50 Duk., die wirklich nur das gewöhnliche jetzt sind. Der andere Antrag ist wirklich ein außerordentlicher, und ich nehme es natürlich auch an, nur muß ich Sie bitten, mir bald anzuzeigen, wenn Sie selbe wünschen, sonst dürfte es, so gern ich Ihnen den Vorzug gebe, fast unmöglich werden. Sie wissen, wie ich Ihnen schon früher geschrieben, wie gerade Quartetten vor allem aufs Höchste gesteigert werden, so daß man bei einem großen Werke hierdurch selbst beschämt dasteht. Meine Lage fordert unterdessen, daß jeder Vorteil mich mehr oder weniger bestimmen muß.

Ein anderes ist es aber mit dem Werke selbst, da denke ich nie, Gott sei Dank, an den Vorteil, sondern nur wie ich schreibe. Was die Messe anbelangt, so werde ich ebenfalls eine Schrift Ihnen schicken, welche ich Sie bitte zu unterschreiben; denn auf jeden Fall naht der Zeitpunkt heran, wo Sie die eine oder die andere erhalten. Es haben sich außer Ihnen noch zwei Männer gefunden, welche ebenfalls auch jeder eine Messe wünschen, indem ich wenigstens drei gesonnen bin, zu schreiben; die erste ist längst vollendet, die zweite noch nicht, die dritte noch gar nicht angefangen. Allein ich muß in Ansehung Ihrer doch Gewißheit haben, damit ich auf jeden Fall versichert bin. Die Messe mögen Sie erhalten, wenn immer, daß Sie selbe mit 1000 C.-M. ♯, d. h. sobald ich Ihnen ankündige, daß selbige von hier abgehen kann, wie schon ausgemacht, honorieren. Wegen der Herausgabe sämtlicher Werke send' ich Ihnen ebenfalls eine Schrift, denn es ist hohe Zeit. Unser Steiner lauert im Hintergrunde.

Auf ein andermal mehr; die Honorare fürs Allgemeine weisen Sie nie eher an, als bis Sie von mir die Nachricht erhalten, daß das Werk zum Absenden bereit ist. Ich muß schließen; ich hoffe, daß Ihr Kummer jetzt wenigstens sanfter sein wird.   Ihr Freund Beethoven.

1089] An **Friedrich Schleiermacher.** (?) Wien, 24. März 1823.

Euer Hochwohlgeboren! Mit innigstem Vergnügen habe ich von Ihnen die Nachricht erhalten, daß S. K. Hoheit der Großherzog meine Höchstdemselben angetragene Messe geruhen, anzunehmen; insbesondere aber freut es mich, daß Höchstdieselben mir ihr Vergnügen darüber durch E. Hochwohlgeboren zu erkennen geben, indem ich dadurch beruhigt bin, daß dieses Gesuch an S. K. H. den Großherzog in Rücksicht der Messe nicht als aufdringlich ist betrachtet worden.

Ich ersuche Euer Wohlgeboren, ebenfalls S. K. H. meinen ehrfurchtsvollen Dank abzustatten für die Gnade, daß ich Höchstdieselben unter meine Subskribenten zählen kann, welches mir auch noch zur höchsten Ehre gereicht, indem S. K. H. als Schätzer und Beschützer alles Schönen und Guten

654

angesehen werden. E. H. W. G. empfehle ich mich bestens und habe die Ehre mich zu zeichnen Euer Hochwohlgeboren mit ausgezeichneter Hochachtung verharrender

Beethoven.

1090] An Anton Schindler.   (1823.)

Sehr Bester! Gemäß folgendem Hatischerif habt Ihr Euch um halb 4 Uhr heute nachmittag im Mariahilfer Kaffeehaus einzufinden, um Euch über verschiedene strafbare Handlungen zu vernehmen. — Sollte dieser Hatischerif Euch heute nicht finden, so seid Ihr morgen um halb 2 Uhr verpflichtet, Euch bei mir einzufinden, wo Ihr nach genossenem Wasser und Brot Euch in einen 24stündigen Arrest zu begeben habt.

L. V.! [Lumpenkerl vale] Beethoven.

1091] An Graf Dietrichstein.   (März 1823.)

Ihre Exzellenz! Von verschiedenen Seiten angegangen, eine große Akademie zu geben, bitte ich Sie mir die Erlaubnis dazu zu gestatten, selbe im großen Redoutensaal abends am 8. April halten zu dürfen. Duport ist ganz damit einverstanden. Wegen der Messe für S. Majestät muß ich noch um Entschuldigung bitten, das nächste Mal sollen Sie über alles aufgeklärt werden, dieselbe betreffend. Sie verzeihen schon, wenn ich nicht selbst zu E. E. komme, überhäuft beschäftigt, und ich weiß, es ist derselbe Fall mit E. E. und Sie werden ebenfalls dies nicht achten.

Ihre Exzellenz ergebenster Diener L. van Beethoven.

1092] An Karl Zelter.   Wien, 25. März 1823.

Ew. Wohlgeboren! Ich ergreife diese Gelegenheit, um Ihnen alles Gute von mir zu wünschen. — Die Überbringerin bat mich, sie Ihnen bestens zu empfehlen, ihr Name ist Cornega, sie hat einen schönen Mezzosopran und ist überhaupt eine kunstvolle Sängerin, ist auch in mehreren Opern aufgetreten mit Beifall.

Ich habe noch genau nachgedacht, Ihrem Vorschlag für Ihre Singakademie. Sollte dieselbe einmal im Stich er-

655

scheinen, so schicke ich Ihnen ein Exemplar, ohne etwas da=
für zu nehmen. Gewiß ist, daß sie beinahe bloß à la capella aufgeführt werden könnte, das Ganze müßte aber
hierzu noch eine Bearbeitung finden und vielleicht haben
Sie die Geduld hierzu. — Übrigens kommt ohnehin ein
Stück ganz à la capella bei diesem Werke vor, und möchte
gerade diesen Stil vorzugsweise den einzigen wahren Kir=
chenstil nennen. — Dank für Ihre Bereitwilligkeit. Von
einem Künstler, wie Sie mit Ehren sind, würde ich nie
etwas annehmen. — Ich ehre Sie und wünsche nur Gele=
genheit zu haben Ihnen dieses tätlich zu beweisen. — Mit
Hochschätzung Ihr Freund und Diener   Beethoven.

1093]   An Anton Schindler.   (1823.)

Ich gehe jetzt ins Kaffeehaus, wo Sie hinkommen kön=
nen. — Nur zwei Arten gibt's mit der Messe, nämlich,
daß der Verleger selbe vor Tag und Jahr nicht herausgibt,
oder wo nicht, so können wir keine Subskription annehmen.

Ich ersuche, diese selige Suppe zu kosten, welche die
Haushälterin bereitet hat.

1094]   An Johann v. Beethoven.   (1823.)

Ich hoffte, Dich gewiß zu sehen — aber vergebens. —
Auf Staudenheims Verordnung muß ich noch immer Me=
dizin nehmen, und darf mich eben nicht zuviel bewegen. —
Ich bitte Dich, statt heute in Prater zu fahren, den Weg zu
mir zu nehmen mit Deiner Frau und Tochter. — Ich wün=
sche nichts, als daß das Gute, welches unausbleiblich ist,
wenn wir zusammen sind, ungehindert erreicht werde; wegen
Wohnungen habe ich mich erkundigt, es sind ihrer passende
genug zu haben, und Du hast eben nicht nötig, viel mehr
zu bezahlen als bisher. Bloß ökonomisch betrachtet, wie=
viel läßt sich auf beiden Seiten ersparen, ohne deswegen
nicht auch an einiges Vergnügen zu denken. — Gegen Deine
Frau habe ich nichts, ich wünsche nur, daß sie einsehe, wie=
viel auch für Dein Dasein mit mir gewonnen kann werden,
und laß alle ärmselige Kleinlichkeiten des Lebens keine
Störungen veranlassen.

656

Nun leb' wohl, ich hoffe, Dich ganz gewiß zu sehn, heute nachmittag, wo wir dann nach Nußdorf fahren könnten, welches mir auch zuträglich wäre. —

Dein treuer Bruder Ludwig.

Nachschrift. Friede, Friede sei mit uns, Gott gebe nicht, daß das natürlichste Band zwischen Brüdern wieder unnatürlich zerrissen werde; ohnehin dürfte mein Leben nicht mehr von langer Dauer sein. Ich sage noch einmal, daß ich nichts gegen Deine Frau habe, obschon mir ihr Betragen gegen mich jetzt ein paarmal sehr aufgefallen ist, und ohnehin bin ich durch meine jetzt schon dreieinhalbmonatliche Kränklichkeit sehr, ja äußerst empfindlich und reizbar. Fort mit allen dem, was den Zweck nicht befördern kann, damit ich und mein guter Karl in ein mir besonders nötiges gemäßeres Leben kommen kann. — Sehe nur meine Wohnung allhier an, so siehst Du die Folgen, wie es geht, da ich, wenn ich besonders kränklich, mich fremden Menschen anvertrauen muß, geschweige von anderem noch zu reden, was wir ja ohnehin schon besprochen haben. — Im Falle Du heute kommst, könntest Du Karl abholen, ich füge deswegen diesen offenen Brief an H. v. Blöchlinger bei, welchen Du gleich hinschicken kannst an selben.

1095] An Erzherzog Rudolf. (1823.)

Ihro Kaiserliche Hoheit! Ich befand mich vorgestern und gestern sehr übel; leider hatte ich niemanden, durch den ich dieses J. K. H. hätte anzeigen können. Da ich mich gestern gegen Abend besser befand, ging ich in die Stadt, um die Sonate durch Schlemmer korrigieren zu lassen. Selber war nicht zu Hause, und ich ersuchte ihn, heute hierher zu kommen. Ich überschicke durch ihn die Sonate und werde mich vor 4 Uhr schon heute einfinden, um J. K. H. aufzuwarten. — Ihro Kaiserlichen Hoheit gehorsamster Diener

L. v. Beethoven.

1096] An den König von Neapel.

Vienne, 6. Avril 1823.

Votre Majesté! Le soussigné vient de finir une œuvre qu'il croit la plus accomplie de ses productions. C'est une grande Messe solennelle à 4 voix avec des chœurs et à grand orchestre, elle se prête de même à être executée en oratoire. Animé du désir de présenter avec le plus profond respect à V. M. un exemplaire de cette Messe en partition le compositeur la supplie de vouloir bien lui accorder la permission. La copie de la partition entraînant des dépenses considérables le soussigné prend la liberté de faire observer à V. M. qu'il a porté l'honoraire de son œuvre à 50 ducats. S'il pourrait se flatter de l'honneur distingué d'avoir V. M. au nombre de ces très-hauts prénumérants il en augurerait le plus beau succès et pour sa gloire et pour son intérêt. Que Votre Majesté daigne accepter l'hommage sincère du plus respectueux de ses serviteurs Louis van Beethoven.

1097] **An Ferdinand Ries.**   Wien, 25. April 1823.

Lieber Ries! Der Aufenthalt des Kardinals durch vier Wochen hier, wo ich alle Tage zweieinhalb, ja drei Stunden Lektion geben mußte, raubte mir viel Zeit; denn bei solchen Lektionen ist man des anderen Tages kaum imstande zu denken, viel weniger zu schreiben.

Meine beständig traurige Lage fordert aber, daß ich augenblicklich das schreibe, welches mir so viel Geld bringt, daß ich es für den Augenblick habe. Welche traurige Entdeckung erhalten Sie hier!! Nun bin ich auch von vielen erlittenen Verdrießlichkeiten jetzt nicht wohl, ja sogar wehe Augen! Sorgen Sie unterdessen nicht; Sie erhalten die Symphonie nächstens; wirklich nur diese elende Lage ist daran schuld. — Sie erhalten ebenfalls in einigen Wochen neue 33 Variationen über ein Thema Ihrer Frau gewidmet.

Bauer hat die Schlacht von Vittoria in Partitur, welche dem damaligen Prinzregenten gewidmet und wofür ich die Kopiaturkosten noch zu erhalten habe. Nur bitte ich Sie, lieber Freund! was Sie dafür nur erhalten können, damit bin ich zufrieden. Nur sorgen Sie, daß die in C-Moll sogleich gestochen; daß selbe nirgends eher erscheint, dafür stehe ich dem Verleger·gut, werde ihm auch das Eigentumsrecht für England nötigenfalls zustellen, jedoch muß sie

658

gleich) geſtochen werden. Da die andere in As, wenn auch
ſchon in London ſie ſein ſollte, doch fehlerhaft geſtochen
iſt, ſo kann er dieſe, wenn er ſie ſticht, als korrekte Ausgabe
ankündigen. Daß ſo etwas ſchon die Anerkennung eines
engl. Verlegers (verſteht ſich in klingender Münze) verdient, glaube ich doch. Übrigens kennen wir wohl beide
die Hr. Verleger. Es ſind die würdigſten Halunken. Jetzt
leben Sie recht wohl, mein lieber R. Der Himmel ſegne
Sie, und ich umarme Sie von Herzen. Grüßen Sie alle
von mir, welchen vielleicht dran gelegen. Was Ihren zärtlichen Ehegegenſtand betrifft, ſo werden Sie ſelbſt immer
an mir eine Art von Oppoſition finden, das heißt eine
Oppoſition gegen Sie und eine Propoſition für Ihre
Frau.   Wie immer Ihr Freund.

1098] Kanon für Ignaz Schuppanzigh.   26. April 1823.

An Seine Hochgeboren J. Schuppanzigh, entſproſſen aus
dem altengliſchen Geſchlecht der Mylords Falſtaff. S.
Shakeſpeares Lebensbeſchreibung des Mylords Falſtaff.
„Falſtafferl laß Dich ſehen". (Kanon.)
                        amici amicus Beethoven.

1099] An Anton Schindler.   (1823.)

Noch im Bette liegend bitte ich Sie, dieſen Morgen zu
mir zu kommen. Mit der Meſſe eilt es; künftigen Sonntag bitte ich Sie, bei mir zu ſpeiſen. Meine Ausflüge auf
die Burg laſſen mich kaum jetzt zum Eſſen für mich Zeit
finden. Ich bitte alſo, noch dieſen Vormittag zu kommen,
damit alles wegen der Meſſe eiligſt betrieben wird.
                        Ihr Freund Beethoven.

1100] An A. Diabelli.   (1823.)

Lieber D—! Geduld! Noch bin ich nicht menſchlich viel
weniger, wie es ſich für mich ſchickt und notwendig iſt, bewohnt. Das Honorar für die Variationen würde höchſtens
40 #, im Falle ſie ſo groß ausgeführt werden, als die Anlage davon iſt. Sollte aber dieſes nicht ſtatt haben, ſo
würde es geringer angeſetzt werden. Nun noch von der
42*

Ouvertüre; außer dieser hätte ich gern sieben Nummern aus der Weihe des Hauses dazu gegeben. Hierfür hat man mir ein Honorar von 80 # angetragen; ich würde dazu noch einen Gratulationsmenuett für ganzes Orchester geben, kurzum, die Ouvertüre und sieben Nummern aus der Weihe des Hauses und dem Gratulationsmenuett, alles zusammen für 90 #. Meine Haushälterin kommt heute in die Stadt, noch vormittags; geben Sie mir gefälligst eine Antwort über mein Anerbieten. Ich hoffe bis Ende künftiger Woche an Ihre Variationen kommen zu können. Lebt wohl, sehr Bester.   Der Eurigste B—n.

1101] **An Louis Schlösser.**   Wien, 6. Mai 1823.

Sie erhalten, mein lieber Schlösser, einen Brief an Cherubini und Verleger Schlesinger. Von letzterem müssen Sie dessen Wohnung im Haus hier bei Steiner im Paternostergässel erfragen. Sagen Sie nur, daß ich Sie hinschicke nebst einer Empfehlung an Hrn. Haslinger. Cherubini sagen Sie alles erdenkliche Schöne, daß ich nichts so sehnlich wünschte, als daß wir bald wieder eine neue Oper von ihm erhielten, daß ich übrigens für ihn vor allen unseren Zeitgenossen die höchste Achtung habe, daß ich hoffe, daß er meinen Brief erhalten und sehnlichst wünsche, ein paar Zeilen von ihm zu erhalten. —

Bei Schlesinger fragen Sie ebenfalls, ob er den Brief an Cherubini erhalten und abgegeben habe, was die Ursache ist, daß ich noch keine Exemplare für mich von der Sonate in C-Moll erhalten. Ich bitte Sie nur recht sehr, mir gleich von Paris aus über beide Punkte, Cherubini und Schlesinger betreffend, gütigst zu schreiben. Bei der Pariser Post, wo die Briefe nur in eine Truhe geworfen werden, muß man ja nicht vergessen das Porto hinzuzugeben, weil sonst die Briefe liegen bleiben und man selbe nicht anders, als nach Paris deswegen zu schreiben, erhalten kann.

Der Himmel gebe Ihnen alles Gute, ich werde allezeit mit Vergnügen teil an Ihnen nehmen.

Ihr ergebener Beethoven.

660

1102] **Kanon für Louis Schlösser.**   Wien, Mai 1823.

Edel sei der Mensch, hilfreich und gut (Goethe).
(Sechsstimmiger Kanon.)

1103] **An Lißner.**   (Wien, 7. Mai 1823.)

Herrn Lißner Wohlgeboren! Hr. v. Schuppanzigh ver=
sicherte mich hier, daß Sie sehr wünschten, von meinen Gei=
stesprodukten für Ihre Handlung zu honorieren. — Viel=
leicht würden Ihnen folgende Werke willkommen sein,
nämlich: sechs Bagatellen oder Kleinigkeiten für Klavier
allein, Honorar 20 ♯ in Gold; 33 Veränderungen über
ein beliebtes Thema für Klavier allein, bilden ein ganzes
Werk, 30 ♯ in Gold; zwei große Lieder mit Chören, Ge=
dichte von Goethe und Matthisson, welche entweder mit
passender Instrumentalbegleitung oder auch mit Klavier=
begleitung allein gesungen werden, 12 ♯ in Gold. — Ich
ersuche Sie um möglichst schnelle Antwort, da auch andere
von meinen Werken wünschen. — Euer Wohlgeboren er=
gebenster   Ludwig van Beethoven.

1104] **An Anton Schindler.**   (1823.)

Ich ersuche Sie höflichst, zu sagen, warum diese Hetzen=
dorf=Angelegenheit noch nicht gestern geendigt konnte wer=
den? Weswegen der Herr Baron Müller heut', 8 oder
12 Uhr, zu mir kommen will? Zugleich ersuche ich Sie, mir
die Wohnung des Baron Müller und der Gräfin anzu=
zeigen.   Beethoven.

Gnaden braucht es keine, sondern Gesetze und Recht ent=
scheiden hier ohne Rücksicht.

1105] **An Anton Schindler.**   (1823.)

Lieber Schindler! Ich wünsche, daß diese für Sie ver=
drießliche Sache aufs beste endige. Übrigens hatte ich doch
leider nicht ganz unrecht, dem Diabelli nicht ganz zu trauen.

Für heute bitte ich Sie nur, in den Kurrenthandlungen
sich mehrere Muster von Flanell geben zu lassen. Lieb wäre
es mir, bevor Sie zu meinem Bruder?! gehen, selbe samt
Preisen davon bei mir zu finden, da ich den verwünschten
jetzigen Flanell nicht weiter tragen kann.

Der Ihrige Beethoven.

1106] An Anton Schindler. (1823.)

Die Frage ist, ob es besser ist, daß der Briefträger, welcher Hetzendorf am nächsten ist, die Briefe von hier aus übernimmt, oder daß die Briefe hier auf der Post liegen bleiben, wo man aber auch dieses der Postwagen=Expedition und an dem Orte, wo Briefe gegen Rezepisse ausgegeben werden, bekannt machen muß.

1107] An Anton Schindler. (1823.)

Aus meinem Büchel sehe ich, daß Sie die Sache wegen der Messe mit Diabelli bezweifeln. Daher bitte ich Sie, bald zu kommen. Denn man gibt ihm die Variationen alsdann auch nicht, da mein Bruder jemand weiß, der beides nehmen will. Man kann also mit ihm darüber sprechen.

Amicus Beethoven.

1108] An Anton Schindler. (1823.)

Bester Herr Schindler! Da wir heute Sie nicht gesehen, so bitten wir Sie, unseren Haushalter morgen früh zu erwarten, wo Sie dann sagen können, ob Sie mit hierherfahren oder später, da es höchst nötig.

Armer geschlagener Beethoven.

1109] An Anton Schindler. (1823.)

Das Beigefügte zeigen Sie Baron Müller. Im Notfalle können Sie sagen, daß der Schuft L. auch nicht mehr als 400 fl. bezahlt hätte.

Schreiben Sie gefälligst einige Worte, wenn Sie Baron Müller gefunden haben gestern abend. Auf jeden Fall geben Sie das Beigefügte so schnell als möglich dem Baron M.

1110] An Anton Schindler. (1823.)

NB. Das kleine Blättchen erhält Schlemmer, bleiben Sie morgen frühe etwas länger zu Hause. Hier folgen die Hefte vom Gloria; die Ternionen sind ganz neue Instrumente für mich. Vergessen Sie nicht die Antwort wegen dem Diplom, da ich dieses selbst besorgen will; morgen komme ich, das Kredo selbst herauszugeben.

Weisheitsvoller! Ich küsse den Saum Ihres Rockes!

662

1111] An Johann v. Beethoven.   (1823.)

Gestern ist ein sehr interessanter Brief angelangt, wodurch sich für Dich ein vorteilhaftes Geschäft machen ließe, und Du gewiß gut dabei fahren würdest. Du siehst, daß ich mir immer gleich bliebe, nur leide ich nicht, daß man mir achtungslos begegne, wie H. S. und Konsorten. —

Ich ersuche Dich daher, sehr bald herüber zu kommen, da ich später aus muß, und auch schon heute wissen muß, ob dieses Geschäft übernehmen willst; ich wünsche es wenigstens für Dich. Wie immer Dein wahrer Bruder. —

Die Haushälterin ist eben wegen einer Wohnung nach Hetzendorf.

1112] An Anton Schindler.   (1823.)

Ich bitte Sie, das Paket heute zu befördern und zugleich noch diesen Vormittag möglichst diese Haushälterin, welche am Hof, Glockengasse Nr. 318 im 3. Stock, zu erfragen; sie ist Witwe, versteht die Kochkunst, will bloß für Kost und Wohnung dienen, welches man natürlich nicht oder mit Bedingungen zugeben kann.

Es wird zu arg mit dieser. Einladen kann ich Sie nicht; meine Dankbarkeit wird Ihnen ohnedies nicht ausbleiben.

1113] An Anton Schindler.   (1823.)

Ich schicke Ihnen von Posaunen, was noch nötig. Morgen vormittag werde ich darum schicken; oder haben Sie jemand, so wäre es auch gut, ja dringend, selbe abgeschrieben für die abgeschriebene Partitur, samt Original mit herein zu schicken.

1114] An A. Diabelli.   (1823.)

Sobald die Korrektur von der Sonate vollendet, senden Sie mir selbe samt (der) französischen Edition wieder zu. — Wegen dem Metronom nächstens. — Sehen Sie gefälligst selbst etwas nach, denn meine Augen können es kaum noch ertragen, ohne Schaden etwas nachzusehen.

Ihr Freund Beethoven.

P. S. Die noch die Variationen betreffende Korrektur ersuche mitzuschicken.

1115] An A. Diabelli.   (Juni 1823.)

Ich habe gestern statt der französischen Auflage der So=
nate in C=Moll mein Manuskript geschickt und bitte mir
selbes zurückzustellen. Wenn Sie die französische zurück=
verlangen, so werde ich es Ihnen gleich zustellen, obschon
es mir lieb wäre, es behalten zu können. Der Text der Kor=
rektur der Variationen wird wohl vollendet sein und ich
bitte Sie nur selben zur weiteren Überzeugung gefälligst
mir zu senden. Was die versprochenen 8 Expl. anbetrifft,
so habe ich überlegt, daß mir Ihr erster Antrag alle 8 auf
schönes Papier doch sehr willkommen wäre in der Ausfüh=
rung, da ich mir damit einige meiner Freunde verbinden
könnte.

Der Metronom soll beachtet werden, wenngleich etwas
später, da ich zu sehr gedrängt jetzt bin.

Ihr Freund Beethoven.

1116] An Anton Schindler.   18. Juni 1823.

Den Tokaier betreffend ist derselbe nicht für den Som=
mer, sondern für den Herbst, und zwar für einen Fiedler,
welcher dieses edle Feuer zu erwidern imstande ist, und den
Fuß in Ungewittern halten kann.

1117] An Anton Schindler.   (1823.)

Sehr viele Fehler sind in den Variationen bei Diabelli;
morgen holen Sie selbe wieder gefälligst ab bei Diabelli,
das korrigierte Exemplar muß aber mitgeschickt werden.
Die Fehler in der Sonate da müssen Sie nach dem gesto=
chenen Exemplar die Örter sehen, wo sie hier verkauft wer=
den. Ich glaube, es kann nur wenig kosten, wenn man sie
stechen oder drucken läßt; aber alles gleich und alsdann den
Verlegern mitgeteilt, soviel Sie nämlich Exemplare ha=
ben; alles eilig, eiligst. Es ist die Rede von den angezeig=
ten Fehlern, welche Schlemmer abgeschrieben.

Wenn Schlemmer mit 5 fl. zufrieden ist, so könnte er es
auch verdienen, jedoch soviel Blätter als Exemplare. Sie
müssen aber hier mit zusehen. Alles schnell, aufs schnellste.

1118] An Anton Schindler.   (1823.)

Ich bitte Sie, mir gefälligſt ſowohl die deutſche als franzöſiſche Subſkriptionseinladung zur Meſſe zu ſchicken. Es ſcheint irgendwo ein Irrtum entweder in den Abſchriften oder in dem Auffaſſen derſelben vorgegangen zu ſein.

Eiligſt Ihr Ami Ludwig van Beethoven.

1119] An die Philharm. Geſellſchaft, St. Petersburg.

Wien, 21. Juni 1823.

Unterzeichneter beendigt ſoeben ein Werk, das er für ſein vollendetſtes hält. Es iſt eine große Meſſe, für vier Stimmen mit Chören und großem Orcheſter geſchrieben, und kann auch als Oratorium zur Aufführung gebracht werden. Er ſchmeichelt ſich mit der Hoffnung, in der ſo edlen und erlauchten ruſſiſchen Nation Kunſtkenner zu finden, welche ſeine Kompoſition kennen zu lernen wünſchen. — Von dieſer Überzeugung geleitet, erlaubt er ſich zu erklären, daß die Meſſe nur im Manuſkript erworben werden könne. Die Abſchrift der Partitur veranlaßt bedeutende Koſten und daher erklärt Unterzeichneter, daß er das Honorar für ſeine Kompoſition auf fünfzig Dukaten feſtgeſetzt hat. Viele Monarchen, ſo J. J. M. M. der König von Frankreich und Preußen und Se. Hoheit der Großherzog von Heſſen-Darmſtadt, haben auf das Werk ſubſkribiert. Daher wagt der Autor um ſo mehr zu hoffen, daß ſein Unternehmen unter dem zahlreichen berühmten ruſſiſchen Adel Anklang finden werde.

Ludwig van Beethoven.

1120] Franz Schoberlechner an Beethoven.

Hochgeehrter Herr, großer Meiſter! Aufgemuntert durch Herrn Schindler, noch mehr aber durch die Überzeugung, daß es edlen Menſchen immer Freude gewährt, jungen Leuten, die zur Veredlung ihres Talentes und Weckung des wahren Kunſtſinns ſich auf Reiſen mehr auszubilden wünſchen, durch ihre Empfehlungen zu nützen, nehme ich mir die Freiheit, Sie um Empfehlungsbriefe nach Leipzig, Dresden, Berlin und andere Städte des nördlichen Deutſchlands, womöglich auch nach Moskau, Warſchau, Petersburg zu bitten. Ich bin gewiß, daß Ihre Empfehlungen mir gewiß sehr viel nützen würden, und zeichne mich Hochachtungsvoll im voraus Ihren dankbar verpflichteten Diener Franz Schoberlechner. Wien, 25. Juni 1823.

[Beethoven schrieb an den Rand:] (1823.)

Ein tüchtiger Kerl hat keine andere Empfehlung nötig, als von guten Häusern an wieder dergleichen andere.

1121] An Anton Schindler. (1823.)

Ich bitte Sie, vergessen Sie nur nicht auf den Smetana. Morgen erwarten wir Sie zum Speisen, bis gegen 1 Uhr. Von dem Hausflegel ist's zu elend. Von hier aus ist alles schwer. — Leben Sie wohl bis morgen, wo wir Sie mit Vergnügen erwarten. — Ich war hier nicht des albernen Hausherrn wegen.

1122] An Anton Schindler. (1823.)

Es mußte Ihnen ja deutlich sein, daß ich nichts mit dieser Sache zu tun haben will. — Was das Edelsein betrifft, so glaube ich Ihnen hinlänglich gezeigt zu haben, daß ich es mit Grundsätzen bin, ja ich glaube, Sie müssen bemerkt haben, daß ich sogar meine Grundsätze betreffend, nirgends noch darüber hinausgegangen bin. — Sapienti sat.

1123] An Anton Schindler. (1823.)

Wie ist es mit dem Schlemmer? Meinem Bruder sagen Sie, wenn er etwas von mir braucht, so soll er mir nur durch Sie schreiben lassen, übergeben Sie ihm den Brief. Wegen der Diplomatik habe etwas ersonnen, was diesem Kerl als ein tüchtiger Pistolenschuß soll beigebracht werden.

Wegen dem Tischler sagen Sie, daß ich nicht wohl bin, dann aber sogleich wegen dem Kasten hereinkomme. Ich werde sehen, ob ich Geld bekomme.

1124] An Anton Schindler. (1823.)

Wenn die letzte Korrektur von den Variationen fertig ist, wie ich vermute und heute sehen werde, wenn man

Ihnen die einigen Korrekturbogen gegeben, so ersuche ich Herrn Diabelli, mir bald möglichst die acht gnädigst versprochenen Exemplare auf schönem Papier zukommen zu machen.

Das Wetter ist schlecht; allein bin aber nie, wenn ich auch allein bin. Gott befohlen.

1125] **An Anton Schindler.** (1823.)

Samothrazischer L ———l! Wie ist es mit der Posaunenstimme? Es ist ganz gewiß, daß der Bursche sie noch hat, indem er sie bei Übergabe des Gloria nicht mitgegeben, indem man auch noch nicht genug die schlechte Schreiberei eingesehen und daher nicht daran dachte, ihm die Posaunenstimme wieder wegzunehmen. Wenn es sein muß, komme ich zur Polizei morgen nach Wien. Hier folgt für Rampel erstens das Thema der Variationen, welche mir auf ein abgesondertes einzelnes Blatt zu schreiben; alsdann hat er das noch übrige bis zur Variation 13 oder bis Ende Variation 12 zu schreiben. Und somit Beschluß.

Schlemmer ist, was vom Kyrie fehlt, abzujagen. Die Nachschrift zeigen Sie ihm und hiermit satis. Mit solchen Hauptlumpenkerls nichts weiter. — Lebt wohl, besorgt alles. Ich muß meine Augen nachts verbinden und soll sie sehr schonen, sonst, schreibt mir Smettana, werde ich wenig Noten mehr schreiben. Bei Wocher, den ich selbst, sobald ich in die Stadt komme, besuche, meine schönsten Empfehlungen, und ob die Variationen schon fort sind? Beethoven. Lebt wohl.

Nachschrift. Diabelli erhält hier das Alte und eine Portion Neues. Meine Augen, die noch eher schlimmer als besser, lassen nur alles langsam verrichten. Sobald Diabelli mit diesem fertig, schicken Sie es hinaus, wo er alles übrige sogleich erhält. Daß man das Manuskript haben muß, um sein Eigentum zu beweisen, ist mir ein ganz neuer Satz, wovon ich nie gehört; den Gegenbeweis liefern die Manuskripte, welche ich habe, und wo nach unserem selbst gestochen ist worden und ich danach zurückerhalten habe. Eine Schrift über das Eigentum eines Werkes ist wohl von mir zuweilen gefordert und die kann Diabelli auch haben. Auf

eine Abschrift hätte Diabelli Anspruch machen können; Sie
wissen aber, wie selbe ausgefallen ist, um so mehr, da man
die Variationen Diabelli so geschwind als nur möglich
übergeben wollte.

1126] An Anton Schindler.   (1823.)

Ich beantworte aufs schnellste das Nötigste. Schlemmer
war da. Damit nun aber die Sache in gehöriger Ord=
nung, wie es jetzt es heischt, vorangehe, so kommt er immer
zu mir her. Sie brauchen also nicht die vier Stiegen weiter
hinauf zu galoppieren. Bei den subskribierten Gesandt=
schaften machen Sie ebenfalls weiter keine Besuche. Ich
werde die Sache aufs beste schriftlich bei allen Vieren in
das gehörige Licht des Aufhaltens wegen zu setzen wissen.
Die Variationen bitte ich Sie, selbe bei sich ins Zimmer zu
legen, daß sie die Haushälterin mitnehmen kann. Viel=
leicht erhalte ich eine andere Gelegenheit nach London. —
Sobald es wirklich hereinregnet, so können die Winter=
fenster eingemacht werden, sonst aber nicht. Werfen Sie
den Hausschlegel sogleich vor die Tür.

Die schönen Einladungen kann ich jetzt noch nicht an=
nehmen; soviel als es mein böses Auge leidet, beschäftigt,
und ist es schön, aus dem Hause. Ich werde mich schon
selbst bedanken für diese Liebenswürdigkeit der beiden
Schönen. — Von Dresden nichts. — Bis Ende dieses Mo=
nats warte ich noch, alsdann einen Advokaten in Dresden.
Wegen Schoberlechner morgen.   Vale.

1127] An Anton Schindler.   Hetzendorf, 1. Juli 1823.

Ich bitte Sie gefälligst, wegen Rampel nachzusehen,
oder nur, wenn Sie es schon haben, mit herauszuschicken;
Diabelli wird auch schon fertig sein, so können Sie es auch
mitschicken. Schlemmer geben Sie gefälligst die Posaunen
auf schönem Papier, da sie leichter zu schreiben.

An Wocher schrieb ich selbst und überschickte durch Karl,
da er gerade hereinfuhr, der Schnelligkeit wegen die Ein=
ladung an den Fürsten Esterhazy. Es wurden nur Klei=
nigkeiten in der Schrift geändert, statt Euere: Eure usw.,
statt Nikola: Nikolas, da Sie eben kein gewissenhafter Or=

thograph sind. — Sie können sich nun gütigst um den Er=
folg einmal anfragen. Ich zweifle an einem guten, da ich
mich keiner guten Denkungsart von ihm gegen mich ver=
sehe, wenigstens von der früheren Zeit zu schließen. Ich
glaube, daß dergleichen nur durch Weiber bei ihm gelingen.
Man weiß jetzt wenigstens durch Ihre gütigen Bemü=
hungen, wie man diesem würdigen Scholz sicher schreiben
kann. Das böse Wetter und überhaupt die schlechte Luft
behinderten mich selbe zu besuchen. Leben Sie recht wohl
unterdessen, bis ich Sie sehen werde.

NS. Mit der Post wird es sicher gut gehen, da ich noch
habe nachhelfen lassen in der Stadt, damit man nichts hier=
in versehen können. Ihr amicus Beethoven.

Von Dresden — Nieten. Soeben kommt Schlemmer
und begehrt wieder Geld. Nun hat er 70 fl. voraus. Kauf=
leute gehören zu Spekulationen und nicht so arme Teufel
wie ich. Bis hierher ist die ganze Frucht dieser elenden
Spekulation nur mehr Schulden. Sie haben gesehen, daß
das Gloria fertig ist?! — Wären nur meine Augen gut,
daß ich nur wieder schreiben könnte, so ging es noch. —

(Außen:) Sind die Variationen schon nach London ab=
gegangen?

NB. Soviel ich mich erinnere, steht in der an den Für=
sten Esterhazyschen Einladung nichts davon, daß die
Messe bloß im Manuskript mitgeteilt wird. Welcher Un=
fug kann dadurch entstehen! Ich vermute, daß hierauf der
Antrag zielte des Herrn Artaria, dem Fürsten die Messe
umsonst anzutragen usw., damit Hr. A. zum drittenmal
ein Werk von mir stehle. Wocher muß hierauf aufmerksam
gemacht werden. — Versteht sich, daß bei so etwas Papa=
geno nicht obligat ist.

1128] An Erzherzog Rudolf.   Wien, 1. Juli 1823.

Ihro Kaiserlichen Hoheit! Seit der Abreise J. K. H.
war ich meistens kränklich, ja zuletzt von einem starken
Augenweh befallen, welches nur insoweit sich gebessert
hat, daß ich seit acht Tagen meine Augen wieder, jedoch
mit Schonung noch brauchen kann. E. K. H. ersehen aus
dem beifolgenden Rezepisse vom 27. Juni die Übersendung

von einigen Musikalien. Da E. K. H. schienen Vergnügen zu finden an der Sonate in C-Moll, so glaubt' ich mir nicht zuviel herauszunehmen, wenn ich Sie mit der Dedikation an Höchstdieselben überraschte. Die Variationen sind wenigstens fünf oder gar sechs Wochen abgeschrieben; unterdessen ließen meine Augen es nicht zu, selbe ganz durchzusehen; vergebens hoffte ich auf eine gänzliche Herstellung derselben. Ich ließ daher endlich Schlemmer selbe übersehen, und sie dürften, obwohl nicht zierlich aussehen, doch korrekt sein. Die Sonate in C-Moll ward in Paris gestochen, sehr fehlerhaft, und da sie hier nachgestochen wurde, so sorgte ich soviel wie möglich für Korrektheit.

Von den Variationen sende ich nächstens ein schön gestochenes Exemplar. In betreff der Messe, welche E. K. H. gemeinnütziger wünschten zu werden, so forderte mein nun schon mehrere Jahre kränklich fortdauernder Zustand, um so mehr da ich dadurch in starke Schulden geraten, und den Aufforderungen nach England zu kommen, ebenfalls meiner schwachen Gesundheit wegen, entsagen mußte, auf ein Mittel zu denken, wie ich mir meine Lage etwas verbessern könnte. Die Messe schien dazu geeignet. Man gab mir den Rat, selbe mehreren Höfen anzutragen. So schwer mir dieses geworden, so glaubte ich doch, mir Vorwürfe bei Unterlassung dessen machen zu müssen. Ich machte also mehreren Höfen eine Einladung zur Subskription auf diese Messe, setzte das Honorar auf 50 #, da man glaubte, daß dies nicht zuviel, und wenn doch mehrere subskribierten, auch nicht ganz uneinträglich sein würde. Bisher ist die Subskription zwar ehrenvoll, indem die Königl. Majestäten von Frankreich und Preußen selbe angenommen haben. Auch erhielt ich einen Brief von meinem Freunde Fürst Nikolaus Galitzin dieser Tage aus Petersburg, worin mir dieser wirklich liebenswürdige Fürst meldete, daß auch Seine Kaiserl. russ. Majestät die Subskription angenommen hätten und ich bald das Nähere darüber von der Kaiserl. russ. Gesandtschaft allhier erfahren würde. Bei alledem erhalte ich noch nicht hierdurch, obschon noch einige andere Subskribenten, soviel als das Honorar vom Verleger dafür betragen hätte, nur daß ich den Vorteil habe, daß das Werk mein bleibt, die Kosten der Kopiatur sind auch groß und werden noch größer dadurch, daß noch drei neue Stücke dazukommen, welche ich, sobald ich selbe vollendet habe, E. K. H. sogleich überschicken werde. Vielleicht fällt es E. K. H. nicht beschwerlich, sich wegen der Messe für mich gnädigst bei S. K. H. dem Großherzog von Toskana zu verwenden, daß Höchstdieselben auch ein Exemplar der Messe nehmen. Die Einladung ist zwar schon geraume Zeit durch den hiesigen Agenten v. Odelga an den Großherzog von Toskana abgegangen und O. versichert heilig, daß die Einladung gewiß angenommen werde. Ich traue unterdessen nicht recht, da es schon mehrere Monate ist und kein Bescheid erfolgt. Da die Sache nun einmal im Gange ist, so ist es natürlich, daß man soviel als möglich den vorgesetzten Zweck zu erreichen sucht. Schwer war mir dieses Unternehmen, noch schwerer E. K. H. darüber zu berichten oder etwas davon merken zu lassen, allein „Not kennt kein Gebot". — Ich danke nur oben dem über den Sternen, daß ich nun anfange, meine Augen wieder gebrauchen zu können. Ich schreibe jetzt eine neue Symphonie für England für die philharmonische Gesellschaft, und hoffe selbe in Zeit von 14 Tagen gänzlich vollendet zu haben. Lange kann ich meine Augen noch nicht anstrengen, daher bitte ich E. K. H., sich noch zu gedulden mit den Variationen von Höchstdenselben, welche mir allerliebst zu sein scheinen, aber doch noch eine genauere Durchsicht von mir erfordern. Fahren E. K. H. nur fort, besonders sich zu üben, gleich am Klavier Ihre Einfälle flüchtig kurz niederzuschreiben. Hierzu gehört ein kleines Tischchen ans Klavier. Durch dergleichen wird die Phantasie nicht allein gestärkt, sondern man lernt auch die entlegensten Ideen augenblicklich festhalten. Ohne Klavier zu schreiben ist ebenfalls nötig, und manchmal eine einfache Melodie, Choral mit einfachen und wieder mit verschiedenen Figuren nach den Kontrapunkten und auch darüber hinaus durchführen, wird E. K. H. sicher kein Kopfweh verursachen, ja eher, wenn man sich so selbst mitten in der Kunst erblickt, ein großes Vergnügen. — Nach und nach entsteht die Fähigkeit, gerade nur das, was wir wünschen, fühlen, darzustellen, ein dem edleren Menschen so sehr wesentliches Bedürfnis. Meine Augen gebieten aufzuhören. Alles Schöne und Gute E. K. H., und indem ich mich empfehle, nenne ich mich Euer Kaiserlichen Hoheit mit tiefster Verehrung treuster Diener

L. v. Beethoven.

1129] **An Erzherzog Rudolf.** Hetzendorf, 1. Juli 1823.

Nachschrift. Wenn E. Kaiserl. Hoheit mich beglücken wollten mit einem Schreiben, so bitte ich mir gnädigst die Aufschrift „An L. v. Beethoven in Wien" machen zu lassen, wo ich alle Briefe auch hier durch die Post ganz sicher erhalte. Wenn E. K. H. die Gnade haben wollten, wenn es sich für Ihre Verhältnisse schickt, doch dem Prinzen Anton in Dresden die Messe zu empfehlen, so daß Se. Königl. Majestät von Sachsen auf die Messe subskribierten, welches gewiß geschieht, wenn J. K. H. sich nur irgend auf eine Art dafür zeigten. Sobald ich nur davon unterrichtet wäre, daß sie diese Gnade mir erwiesen hätten, so würde ich mich gleich an den dortigen Generaldirektor des Königl. Theaters und der Musik wenden, welcher dergleichen auf sich hat, und ihm die Subskriptionseinladung für den König von Sachsen schicken, welches ich aber ohne eine Empfehlung E. K. H. nicht gern tun möchte. — Meine Oper Fidelio ward auch bei den Festen der Anwesenheit des Königs von Bayern in Dresden mit vielem Beifalle aufgeführt, wo diese Majestäten alle darin zugegen waren. Diese Nachricht erhielt ich durch oben angezeigten Generaldirektor, welcher mich durch Weber um die Partitur bitten ließ und mir hernach wirklich ein artiges Geschenk dafür übermachte. — E. K. H. verzeihen schon mein Beschwerlichfallen durch dgl. Bitte; doch wissen E. K. H., wie wenig ich sonst zudringlich bin. Aber sollte im mindesten irgendein Anstoß obwalten, der Ihnen unangenehm wäre, so versteht es sich ohnehin, daß ich deswegen nicht weniger von Ihrem Edelmute und Gnade überzeugt wäre. Es ist nicht Geiz, nicht Spekulationssucht, welche ich immer geflohen; allein die Notwendigkeit heischt alles aufbieten, um aus diesem Zustande herauszukommen. Offenheit, um nicht hart beurteilt zu werden, ist wohl das beste. Durch

672

meine beständige Kränklichkeit, wodurch ich nicht so schrei=
ben konnte wie sonst, habe ich eine Schuldenlast von
2300 fl. E.=M. Wirklich nur durch außerordentliche An=
strengung ist diese zu tilgen. Geht es mir irgend mit dieser
Subskription etwas besser, wofür alle Hoffnung da ist, so
werde ich durch meine Kompositionen mich auch noch wie=
der auf feste Füße stellen können. — Unterdessen geruhen
E. K. H. diese meine Offenheit nicht ungnädig aufzuneh=
men. Könnte man mich nicht beschuldigen, nicht so tätig
zu sein als sonst, so würde ich geschwiegen haben wie im=
mer. Was die Empfehlungen anbetrifft, so bin ich ohne=
hin überzeugt, daß E. K. H. überall, wo möglich, gern
Gutes wirken und bei mir hierin keine Ausnahme machen
werden. — Euer Kaiserlichen Hoheit mit tiefster Ehrfurcht
treuster Diener   L. v. Beethoven.

1130] An Anton Schindler.   Hetzendorf, 2. Juli 1823.

Bester H. v. Schindler! Die von Anfang an bis jetzt
dauernde Brutalität des Hausherrn, seit ich im Hause bin,
erfordert die Hilfe einer k. k. Polizei. Wenden Sie sich ge=
rade an dieselbe; was die Winterfenster anbelangt, so
hatte die Haushälterin den Auftrag, nachzusehen und zwar
nach dem so sehr starken Regen, ob selbe nötig wären, we=
gen allenfalligen Hineinregnen in die Zimmer; allein sie
fand weder, daß es hineingeregnet hatte noch auf keinen
Fall hineinregnete, gemäß dieser Überzeugung ließ ich das
Schloß vorsperren, damit dieser so sehr brutale Mensch mir
nicht, gemäß seiner Drohung, meine Zimmer während
meiner Abwesenheit aufsperren sollte. — Erzählen Sie
dort, wie er sich weiter bei Ihnen betragen hat, und daß er
den Zettel angeschlagen hat ohne Aufsagung, welche ohne=
hin erst von Jakobi stattfinden kann. — Ebenso unbillig
ist er, mir die Quittung von Georgi bis jetzt kommenden
Jakobi zu verweigern, wie dies Blatt zeigt, da ich eine Be=
leuchtung bezahlen soll, wovon ich nichts erfahren, und
diese abscheuliche Wohnung ohne Ofenkamine und mit dem
elendesten Hauptkamine mich wenigstens 250 fl. W. W. be=
sondere Auslagen ohne den Hauszins gekostet, um nur das
Leben fristen zu können, während ich da war im Winter.

Es war ein absichtlicher Betrug, indem ich niemals die Wohnung im erften Stock, sondern nur im zweiten Stock sehen konnte, damit mir die vielen widrigen Umstände derselben unbekannt bleiben sollten; ich begreife gar nicht, wie es möglich ist, daß ein so schändlicher, die menschliche Gesundheit verderbender Kamin von der Regierung geduldet werde; Sie erinnern sich, wie die Wände in Ihrem Zimmer ausgesehen vor Rauch, welche großen Kosten es verursachte, wenn auch nicht ganz dem Ungemach zu entgehen möglich war, doch nur es zu lindern; die Hauptsache ist derweil, daß er angewiesen werde, den Anschlagzettel herunterzunehmen und mir meine Quittung zu geben vom bezahlten Hauszins, da ich auf keinen Fall diese schlechte Beleuchtung bezahle, indem ich ohnehin übermäßige Unkosten, um nur das Leben in dieser Wohnung zu fristen, gehabt. — Meine Augen erlauben mir die Stadtluft noch nicht, sonst würde ich mich selbst an die kaiserl. Polizei verfügen. —   Ihr ergebenster L. v. Beethoven.

1131]   An C. F. Peters.   7. Juli 1823.

Euer Wohlgeboren! Sobald das für Sie oder Ihre Kinder bestimmte Werk vollendet, werde ich es sogleich an die Gebrüder Meisl übergeben. Sollte das Honorar erhöht werden müssen, wird Ihnen dieses angezeigt werden.

Verschonen Sie mich mit Ihren ferneren Briefen, da Sie nie wissen, was Sie wollen. Kein Wort über Ihr Benehmen gegen mich. Nur das Einzige muß ich rügen, daß Sie mir vorwerfen, Geld voraus angenommen zu haben. Aus Ihren Briefen erhellt, daß Sie mir es aufgedrungen haben, da ich es gar nicht verlangt, indem Sie sagen, „daß Sie denen Komponisten immer Geldvorschüsse machen". Auf den Straßen redete man mich hier an, das Geld abzuholen und meine damaligen Verhältnisse erforderten die größte Verschwiegenheit, da ich der Plaudereien wegen nur das Geld genommen und hat jetzt die Sache einen Aufenthalt gemacht. Wer ist schuld daran, als Sie selbst. Übrigens liegen ganz andere Gelder für mich bereit, und man wartet gern, indem man Rücksicht auf meine Kunst und wiederum meine schwächliche Gesundheit nimmt.

Seien Sie versichert, ich habe Sie moralisch oder vielmehr merkantilisch und musikalisch erkannt. Nichtsdestoweniger werde ich wegen Ihrem liegenden Gelde Rücksicht nehmen, denn ich bin Mann in vollem Verstande, ich brauche nicht Ehren hinzuzusetzen.   Beethoven.

1132] An **Anton Schindler**.   (1823.)

Hier folgt der Brief an den H. v. Obreskow. Gehen Sie nur damit hin und sagen Sie, was das Geld betrifft, so braucht man mir nur eine Quittung zu schicken, wofür man alsdann, sobald ich selbe hinschicke, das Geld dem Überbringer der Quittung geben kann. Sobald ich dieses Geld erhalte, erhalten Sie gleich 50 fl. W. W. für Ihre Bemühungen. Nichts sprechen als das Nötige, denn man hält sich darüber auf. Ebenfalls nicht sprechen von Nicht-fertig-sein der Messe, welches nicht wahr ist, denn die neuen Stücke sind nur Zugabe. Verschonen Sie mich mit allem übrigen.   Meister des Papageno leben Sie wohl.

Ihre Wohnung habe ich angegeben. Sagen Sie nur unvermerkt, — vi — an welchem Orte, wie Frankreich das Geld auch nur an Sie geschickt habe.

— de wenn es nötig denken Sie immer, daß dergleichen Personen die Majestät selbst vorstellen.

1133] An **Erzherzog Rudolf**.   Hetzendorf, 15. Juli 1823.

Ihro Kaiserliche Hoheit! Ich hoffe, daß Ihr Befinden das beste sei. Meine Augen betreffend, geht es zwar besser, aber doch langsam. Ich glaube aber wohl, daß ich in sechs, höchstens sieben Tagen das Glück haben werde können, E. K. H. aufzuwarten. Brauchte ich nur keine Augengläser, so würde es geschwinder besser. Es ist ein fataler Umstand, welcher mich in allem zurückgesetzt hat. Was mich beruhigt, ist, daß ich gewiß bin, daß E. K. H. überzeugt sind, wie gern und wie froh ich allezeit Ihnen zu Diensten bin. — Ich habe noch eine Bitte an E. K. H., welche ich hoffe, daß Sie mir selbe gnädigst gewähren, nämlich: ich bitte, daß E. K. H. die Höchste Gnade haben, mir ein Zeugnis zukommen zu lassen folgenden Inhaltes, nämlich: daß ich für E. K. H. die große Messe geschrieben, daß Sie selbe schon geraume Zeit besitzen und daß Sie gnädigst erlaubt haben,

43*

solche gemeinnützig zu machen. Ohnehin hat es so sollen geschehen, Unwahrheit ist es eigentlich auch nicht, um so mehr darf ich hoffen auf diese Gnade. Dieses Zeugnis wird mir von großem Nutzen sein, denn wie hätte ich es von meinen geringen Talenten glauben können, daß selbe mich so sehr dem Neide, den Verfolgungen und Verleumdungen aussetzen würden. Übrigens hatte ich gleich den Vorsatz gehabt, E. K. H. um Erlaubnis zu bitten die Messe verbreiten zu dürfen; allein der Drang der Umstände und überhaupt meine Unbeholfenheit in weltlichen Gegenständen, meine Kränklichkeit hat diese Unordnung hervorgebracht. — Sollte einmal später die Messe im Stiche erscheinen können, so hoffe ich auch, selbe J. K. H. im Stiche widmen zu dürfen, und alsdann erst wird die kleine Zahl der subskribierten Hohen Häupter folgen. Immer werde ich E. K. H. als meinen erhabensten Beschützer verehren, und wo es nur immer möglich ist, solches der Welt bekanntmachen. Schließlich bitte ich noch einmal, mir diese Gnade des erbetenen Zeugnisses nicht zu versagen. Es kostet E. K. H. nur einige Zeilen, die aber für mich die besten Folgen haben. Die Variationen von E. K. H. werde ich mitbringen. Es wird nicht viel dürfen geändert werden, und so wird es ein recht hübsches, angenehmes Werk für Musikgenießende werden. Ein ungestümer Bitter muß ich erscheinen: ich bitte baldmöglichst um die Gnade des Zeugnisses, da ich es bedarf. — E. K. H. mit tiefster Ehrfurcht verharrender gehorsamster Diener L. v. Beethoven.

1134] An Ferdinand Ries. Hetzendorf, 16. Juli 1823.

Mein lieber Ries! Mit vielem Vergnügen empfing ich vorgestern Ihren Brief. — — — Jetzt werden die Variationen wohl da sein. — — Die Dedikation an Ihre Frau konnte ich nicht selbst machen, da ich ihren Namen nicht weiß. Machen Sie also selbe im Namen Ihres und Ihrer Frau Freundes; überraschen Sie die Ihrige damit, das schöne Geschlecht liebt das. — Unter uns gesagt, ist auch das Überraschende mit dem Schönen das Beste! — Mit den allegri di bravura muß ich die Ihrigen nachsehen. — — Aufrichtig zu sagen, ich bin kein Freund von dergleichen, da

fie den Mechanismus nur gar zu sehr befördern; wenig=
stens die, welche ich kenne. Die Ihrigen kenne ich doch nicht,
werde bei — —, mit dem ich Sie bitte, sich nicht ohne Vor=
sicht einzulassen, auch deswegen anfragen. Könnte ich nicht
manches hier für Sie besorgen? — Diese Verleger, die man
nur immer in Verlegenheit setzen sollte, um ihren Namen
zu verdienen, stechen Ihre Werke nach und Sie haben nichts
davon; es ließe sich vielleicht noch anders machen. Einige
Chöre werde ich Ihnen schon schicken, auch wenn es darauf
ankommt, einige neue verfassen; es ist so meine Lieblings=
neigung. — — — — — —

Meinen Dank für das Honorar für die Bagatellen, ich
bin recht zufrieden. — Dem König von England geben Sie
nichts. — Was Sie nur immer für die Variation erhalten
können, nehmen Sie, ich bin mit allem zufrieden; nur muß
ich mir ausbedingen, daß für die Dedikation an Ihre Frau
durchaus keine andere Belohnung angenommen wird als
ein Kuß, den ich in London zu empfangen habe.

Sie schreiben manchmal Guineas und ich empfange nur
Sterling; ich höre aber, daß dies ein Unterschied ist. Zür=
nen Sie einem pauvre musicien autrichien nicht dar=
über; wirklich ist meine Lage noch immer schwierig. — Ich
schreibe ebenfalls ein neues Violinquartett. Könnte man
dieses den Londoner musikalischen oder unmusikalischen
Juden wohl anbieten? — en vrai juif! — Mit der herz=
lichsten Umarmung   Ihr alter Freund Beethoven.

1135] An von Könneritz.   Hetzendorf, 17. Juli 1823.

Ew. Hochwohlgeboren! Etwas spät kommt die Unter=
zeichnung der Quittung nebst meinem Danke; allein sehr
beschäftigt, um so mehr, da sich meine Gesundheitsum=
stände bessern und Gott weiß wie lange dieses dauert, ver=
zeihen Sie schon den Aufschub. — Nach der Schilderung
meines lieben Freundes Maria Webers von der vortreff=
lichen und edlen Denkungsart Euer H. w. g. glaubte ich
mich noch in einer anderen Angelegenheit an Sie wenden
zu können, nämlich wegen einer großen Messe, welche ich
nun im Manuskript herausgebe. Obschon diese Angelegen=
heit früher abgelehnt, so glaube ich doch, daß, indem mein

verehrter Kardinal Sr. Kaiserl. Hoheit der Erzherzog Ru=
dolf an den Prinzen Anton Königl. Hoheit geschrieben
haben, Se. Majestät dem Könige von Sachsen die Messe zu
empfehlen, wenigstens der Versuch zu machen wäre und es
mir immer zur besonderen Ehre gereichen würde, Se. Ma=
jestät den König von Sachsen als Musikkenner auch unter
meinen hohen Subskribenten, wie der König von Preu=
ßen, Se. Majestät der russische Kaiser, Se. Königl. Maje=
stät von Frankreich usw. obenan setzen zu können. — Ich
überlasse es aus diesen Anzeigen E. H. W. selbst, wie und
wo Sie am besten wirken können; für heute ist es unmög=
lich, aber mit nächstem Posttage werde ich die Ehre haben,
Ihnen eine Einladung zur Subskription auf meine Messe
für Se. Königl. Majestät von S. zu senden. Ich weiß
ohnehin, daß Sie kaum von mir denken werden, daß ich
unter diejenigen gehöre, welche bloß niedriger Gewinn=
sucht wegen schreiben; wo gäb' es nicht Umstände, welche
manchmal den Menschen zwingen, wider seine Denkungs=
art und Grundsätze zu handeln!! — Mein Kardinal ist ein
gutmütigster Fürst, allein — die Mittel fehlen. Ich hoffe
Verzeihung von Ihnen für meine anscheinende Zudring=
lichkeit zu erhalten. Wo ich vielleicht Ihnen mit meinen
geringen Talenten dienen könnte, würde mir dieses ein un=
endliches Vergnügen verursachen. — Euer Hochwohlgebo=
ren Hochachtungsvoll verharrender   Beethoven.

1136]   An Anton Schindler.   (1823.)

Ich befinde mich sehr übel, heute einen starken Durch=
fall. Unter diesen lebenden Hottentotten ist alles möglich,
nehme Medizin für meinen armen zugrund' gerichteten
Magen. Unterdessen erwarte Sie morgen so früh möglich;
da die Hitze groß ist, ist es sehr früh am besten; wenn Sie
wenigstens nach 5 Uhr hier sind, bestelle ich den Wagen
um halb 6 Uhr. Schlemmer ist zum Sterben schlecht, gehn
Sie doch hin; vielleicht spricht er von der Rechnung, auf=
geschrieben sind 165 fl.; ich glaube aber, daß noch 25 fl.
mehr sind. Ich bitte Sie nur morgen beizeiten; in einigen
Tagen Ihre 50 — jedoch an einen Ort appliziert zu
werden.

1137] **An Anton Schindler.**   (1823.)

Wie heißt der Herr und was für ein Amt bekleidet er?
welcher jetzt über das schwedische Diplom referiert, weil
ich ihm selbst schreiben will, um mich zu entschuldigen, da
ich nicht selbst komme, und da übrigens mein Schreiben
immer gute Wirkung hervorbringen wird.

1138] **An von Könneritz.**   Wien, 25. Juli 1823.

Ew. Hochwohlgeboren! Verzeihen Sie meine Zudring=
lichkeit, indem ich den Einschluß an Sie übermache; er ent=
hält einen Brief von mir an Se. Königl. Hoheit den Prin=
zen Anton von Sachsen, welchem die Einladung zur Sub=
skription auf die Messe an Se. Königl. Majestät von
Sachsen beigefügt ist. Ich schrieb Ihnen schon neulich, daß
mein gnädigster Herr der Erzherzog Rudolf Kardinal an
Se. Königl. Hoheit den Prinzen Anton um Verwendung
bei Sr. Königl. Majestät von Sachsen die Messe zu neh=
men geschrieben habe; ich bitte Sie, Ihren ganzen Einfluß
anzuwenden, ja ich überlasse E. H. gänzlich hierin zu schal=
ten und zu walten nach Ihren dortigen Lokaleinsichten.
Obschon ich glaube, daß die Empfehlung meines Kardinals
nicht ohne Gewicht sein werde, so müssen die höchsten und
allerhöchsten Entschließungen doch immer durch die Sach=
walter des Guten und Schönen angeeifert werden. Bisher
bei allem äußeren Glanze habe ich kaum, was ich vom Ver=
leger würde erhalten haben für dieses Werk, da die Kopia=
turkosten sich hoch betragen. Meine Freunde hatten diese
Idee die Messe zu verbreiten, denn ich bin Gott sei Dank
ein Laie in allen Spekulationen. Unterdessen ist kein Teil=
nehmer unseres Staats, der nicht verloren hätte, so auch
ich. Wäre meine schon seit Jahren fortdauernde Kränklich=
keit nicht, so hätte mir das Ausland soviel verschafft, ein
sorgenfreies Leben, ja nichts als Sorgen für die Kunst zu
haben. Beurteilen Sie mich ja gütig und nicht nachteilig,
ich lebe nur für meine Kunst und als Mensch meine Pflich=
ten zu erfüllen, aber leider, daß dieses auch nicht allzeit
ohne die unterirdischen Mächte geschehen kann. — Indem
ich Ihnen bestens meine Angelegenheit empfehle, hoffe ich
ebenfalls von Ihrer Liebe für Kunst und Ihrer Menschen=

freundlichkeit überhaupt, mich mit ein paar Worten, sobald ein Resultat erscheint, gütigst zu benachrichtigen. — Euer Hochwohlgeboren mit innigster Hochachtung ergebenster   Beethoven.

1139] An Erzherzog Rudolf.   (1823.)

Ihro Kaiserliche Hoheit! Eben in einem kleinen Spaziergange begriffen, und stammelnd einen Kanon „Großen Dank!" — — — und nach Hause kommend und ihn aufschreiben wollend für J. K. H., finde ich einen Bittsteller, der seiner Bitte durch mich den Wahn hat, als ob selbe besser aufgenommen würde. Was will man tun? Gutes kann nicht schnell genug ausgeübt werden, auch den Wahn muß man zuweilen pflegen. — Der Überbringer dieses ist der Kapellmeister Drechsler vom Josefstädter und Badner Theater. Er wünscht die zweite Hoforganistenstelle zu erhalten. Er ist ein guter Generalbassist, wie auch ein guter Orgelspieler, selbst auch als Komponist vorteilhaft bekannt, alles Eigenschaften, welche ihn zu dieser Stelle empfehlen können. Er glaubt mit Recht, daß die beste Empfehlung, welche ihm sicher diese Stelle verschaffen würde, die von J. K. H. sei, da J. K. H. als großer Kenner und Ausüber das wahre Verdienst am besten zu würdigen wissen. Ein solches Zeugnis werden Seine Kaiserl. Majestät gewiß allen anderen vorziehen. Ich vereinige daher meine Bitten zwar schüchtern mit denen des Herrn D., jedoch auch überzeugt von der Milde und Gnade J. K. H. wieder mit einiger Hoffnung, daß der Hohe Beschützer und Unterstützer alles Guten auch hier gern wirken werde nach Vermögen.

Morgen folgt mein Kanon, nebst dem Bekenntnisse meiner Sünden, wissentliche und unwissentliche, wo ich um die gnädigste Absolution bitten werde. Für heute verbieten mir leider noch meine Augen, J. K. H. alles Schöne für dieselbe wünschen und sagen zu können. — Ihrer Kaiserlichen Hoheit treu gehorsamster Diener   Beethoven.

Nachschrift. Es verdient auch mit in Anschlag gebracht zu werden, daß Hr. D. unentgeltlich Professor des Generalbasses schon zehn Jahre hindurch ist bei St. Anna.

1140] An Louis Spohr. Wien, 27. Juli 1823.

Fragment: Mein werter, verehrter Spohr! Der Haupt=
zweck des Briefes ist, Spohr zu ersuchen, doch beim Kurfür=
sten von Hessen zu intervenieren, daß dieser die Subskrip=
tion auf die Messe veranlaßt, für die bereits „der Kaiser
von Rußland, König von Frankreich, König von Preußen
und einige andere hohen Häupter" subkribiert haben. Am
Schlusse sagt B., charakteristisch für seine Abneigung gegen
Rossini und für seine Art Wortspiele zu machen: „Von
hier kann ich Ihnen nicht viel sagen, als daß Ernte... an
Rosinen ist." Mit herzlicher Erinnerung und Hochachtung
für Sie Ihr Freund und Diener   Beethoven.

(Auktion: C. G. Boerner, Leipzig, 1907.) — Ungedruckt.

1141] An Erzherzog Rudolf. Wien, 30. Juli (?) 1823.

Ihro Kaiserliche Hoheit! Ich höre eben hier, daß
J. K. H. morgen hier ankommen. Wenn ich noch nicht den
Wünschen meines Herzens folgen kann, so bitte ich dieses
meinen Augen zuzuschreiben. Es geht viel besser, aber noch
mehrere Tage darf ich die Stadtluft nicht einatmen, deren
Wirkung auf meine Augen noch nachteilig wirken würde.
Ich wünsche nur, daß J. K. H. die Gnade haben, mich das
nächste Mal, wenn Sie von Baden zurückkehren, benachrich=
tigen zu lassen, auch gnädigst, um welche Stunde ich er=
scheinen soll, wo ich mich wieder freue, das Glück zu haben,
meinen gnädigsten Herren zu sehen. Da aber natürlich J.
K. H. so lange nicht mehr hier bleiben werden, so ist wohl
nötig, daß diese wenige Zeit dazu benützt werde, unsere
Kunstbetrachtungen und Ausübungen anzustellen. Großen
Dank — — — überbringe ich selbst, oder der Dank kommt
nach Baden. Herr Drechsler dankte mir heute für die Frei=
heit, welche ich mir erlaubt habe, ihn J. K. H. zu empfeh=
len. J. K. H. haben ihn so gnädig aufgenommen, wofür
ich ebenfalls meinen heißen Dank abstatte. Möge es E. K.
H. auch gefallen, nur nicht sich wankend machen zu lassen,
denn wie man vernimmt, sucht Abbé Stadler auch einem
anderen diese Stelle zu verschaffen. Es wird ebenfalls
sehr erfprießlich für Drechsler sein, wenn J. K. H. die
Gnade haben, mit Graf Dietrichstein deswegen zu sprechen.

Ich bitte nochmals gnädigst um die Gnade, mir die Zurück=
kunft von Baden zu wissen machen zu lassen, wo ich so=
gleich in die Stadt eilen werde, meinem einzigen Herrn,
den ich in der Welt habe, aufzuwarten. — Die Gesundheit
scheint von E. K. H. gut zu sein. Dem Himmel sei Dank
für so viele, die dieses wünschen, worunter auch ich zu zäh=
len bin. — Ihro Kaiserlichen Hoheit treuster gehorsamster
Diener   Beethoven.

1142] An Erzherzog Rudolf.   (1823.)

Ihro Kaiserliche Hoheit! Es wird noch einige Tage
dauern, bis ich Ihnen wieder aufwarten kann, da es große
Eile hat mit der Abschickung der Werke, wovon ich J. K. H.
schon sagte; wird so etwas nicht pünktlich besorgt, so kann
man leicht alles verlieren. J. K. H. haben leicht einen Be=
griff, wieviel Zeit dazu geht, die Abschriften zu besorgen,
jede Stimme durchzusehen, wahrhaftig etwas Mühselige=
res ist nicht leicht aufzufinden. J. K. H. erlassen mir übri=
gens gern die Aufzählung aller der Umstände, die dgl. her=
vorbringen; ich bin nur notwendig dazu gedrungen und
wenigstens nur so offen hierin, als ich glaube, daß es nötig
ist, daß J. K. H. sich nicht irre leiten lassen an mir; denn
leider weiß ich nur zu sehr, wie gern man sucht, Höchstdie=
selben gegen mich einzunehmen. Die Zeit wird es noch
lehren, wie ich in allem so treu und anhänglich als nur
möglich; glich meine Lage nur meinem Eifer J. K. H. zu
dienen, kein glücklicherer Mensch als ich wäre zu finden. —
Ihro Kaiserlichen Hoheit treu gehorsamster Diener
                                                   L. v. Beethoven.

1143] An Anton Schindler.   (1823.)

Samothrazier! Bemüht Euch nicht hierher, bis etwa
ein Hatti=scherif erscheint, die goldne Schnur habt Ihr un=
terdessen nicht zu fürchten, meine schnellsegelnde Fregatte,
die wohledelgeborene Fr. Schnaps wird sich mindestens
alle zwei und drei Tage nach Ihrem Wohlbefinden er=
kundigen. —   Lebt wohl. B—n.
Bringt auch niemanden.   Lebt wohl.

1144] An Anton Schindler. (1823.)

Wegen Esterhazy bitte ich mir Bescheid, ebenso wegen der Post. Es ist zwar ein Briefträger von der Mauer hier gewesen; wenn die Sache nur auch recht gerichtet worden ist. — Von Dresden noch nichts. — In einigen Tagen lade ich Sie ein zum Speisen, denn ich habe noch mein böses Auge; erst seit heute scheint es sich zu bessern, aber ich darf es beinahe nicht brauchen. Ihr Freund Beethoven.

1145] An Anton Schindler. (1823.)

Lumpenkerl von Samothrazien! Man hatte Ihnen gestern sagen lassen, daß Sie sich an den Südpol, während wir uns nach dem Nordpol begeben sollten, indem die kleine Differenz schon von Kapit. Parry ausgeglichen ist. Es gab aber keinen Erdäpfelschmarn dort. — Bach, dem ich mich bestens empfehle und vielmals für seine Sorge für mich danke, wird gebeten, zu sagen, wie hoch die Wohnung wohl in Baden kommen könnte; zugleich muß man sehen, wie man alle 14 Tage (wohlfeil) (du lieber Gott, Armut und Wohlfeilheit!) Karl könnte dorthin kommen lassen. Dies Ihr Geschäft, da Sie auch unter den Patronen und Landkutschern Ihre Verehrer und Freunde haben. — Wenn Sie dieser Brief noch trifft, so wäre es gut, wenn Sie noch heute zu Bach, so daß ich morgen vormittag die Antwort hätte. Es ist beinahe sonst zu spät.

Sie könnten auch morgen den Schurken von Kopisten überaschen, von dem ich mir nichts Gutes verspreche. Seit acht Tagen hat er die Variationen.

Ihr amicus Beethoven.

1146] An Anton Schindler. (1823.)

Ich bitte Sie, sobald als möglich, wegen der schwedischen Historie bei mir zu sein, da ich später ausgehen muß; das Frühstück wird bereit sein.

1147] An Anton Schindler. (1823.)

Sehr bester L—f— von Epirus nicht weniger von Brundusium usw.! Gebt den Brief dem Beobachter, es muß aber sein Name von Euch darauf gesetzt werden. Zugleich fragt ihn, ob seine Tochter große Fortschritte im Klavier gemacht, ob ich ihr wohl einmal mit einem Exemplar von meinen Kompositionen dienen könnte? — Ich habe geschrieben „zum Ehrenmitglied", ich weiß aber nicht, ob es so heißen soll, ob nicht vielleicht bloß „zum auswärtigen Mitglied"; unwissend und nie beachtend dergleichen. — An Bernardum non sanctum habt Ihr auch was wegen dieser Geschichte abzugeben. Fragt doch auch wegen diesem Schuften Ruprecht den Bernard, erzählt ihm den Schnack und wie man diesem Schandmenschen ans Leder kommen kann. — Fragen Sie bei beiden philosophischen Zeitungsschreibern nach, ob dies eine Ehren= oder eine Schandmitgliedsernennung sei?

Ich esse heute zu Hause, wenn Sie kommen wollen, so kommen Sie.

Bitten Sie den Herrn Beobachter um Verzeihung, weil der Brief so konfus aussieht; es ist gar zuviel zu tun.

Hören Sie auch, ob man für Geld ein Exemplar haben kann vom Beobachter.

1148] **An Joseph Pilat, Redakteur des „Beobachter".** (1823.)

Euer Wohlgeboren! Ich würde es mir für eine Ehre rechnen, wenn Sie die Gefälligkeit hätten, meiner Ernennung zum auswärtigen Mitglied der Königl. Schwedischen Musik. Akademie in Ihrem so allgemein geschätzten Blatte zu erwähnen. So wenig ich auch eitel und ehrsüchtig bin, so könnte dgl. doch auch rätlich sein nicht ganz zu übergehen, da man doch auch im praktischen Leben für andere leben und wirken muß, denen es wohl öfter zugute kommen kann.

Verzeihen Sie mir meine Belästigung und zeigen Sie mir gütigst an, womit ich imstande bin, Ihnen in irgend etwas zu dienen. Mit Vergnügen werde ich alsdann Ihnen entgegeneilen. — Euer Wohlgeboren mit ausgezeichneter Hochachtung ergebenster Beethoven.

1149] **An Karl Bernard.** (1823.)

Dominus Bernardus non Sanctus! Wir ersuchen Sie, diese auswärtige Mitgliedsernennung Skandinaviens

usw. ordentlich zu Papier zu bringen und zum Drucke zu
übergeben, zu befördern, bekannt zu machen, öffentlich an=
schlagen zu lassen usw. usw. usw.

Wir sind ganz schrecklich in Noten und Nöten versun=
ken, daher wir auch amice optime nicht sehen konnten.
Der Himmel wird's aber schon wieder fügen, daß es bald
geschehe. In dieser Hoffnung verbleibe

Amicus optimus Beethoven Bonnensis.

[Außen] An S. Wohlgeb. H. v. Bernard, Direktor aller
Zeitungsinstitute und erster Operndichter in Europa.

1150] An Karl Bernard. (1823.)

Mein lieber Bernard! Schindler zeigt Ihnen das Ge=
schenk des Königs von Frankreich. Sie sehen wohl, daß es
der Mühe wert ist, sowohl für meine als des Königs Ehre,
so etwas zu verbreiten. Man sieht, daß Seine Majestät
mich nicht bloß ablohnen wollten, indem S. M. ihr Exem=
plar bezahlt haben. Ich finde hierin einen großmütigen
und feinfühlenden König. Ich überlasse Ihnen ganz selbst,
wie Sie dieses Ereignis in Ihrer geschätzten Zeitschrift be=
kannt machen wollen.

Wegen Ihrem Oratorium sprechen wir uns bald. Sie
haben mich hierüber damals ganz und gar mißverstanden,
ich aber (bin) so überhäuft mit so vielem, daß es mir wirk=
lich schwer wird, immer ins Detail des Lebens zu gehen;
ich hoffe aber [Rest abgerissen.]

1151] An Anton Schindler. (1823.)

Herr Obenhinaus und nirgends an, Hr. Urgrund und
ohne Grund, — alles war gestern bereit, — an Gläser jetzt
— Sie. In Hetzendorf erwarte ich Sie zum Speisen um
halb 3, — kommen Sie später, wird aufbewahrt.

1152] An Anton Schindler. (1823.)

Der gestrige Vorfall, den Sie aus dem Berichte an die
Polizei ersehen werden, ist nur geeignet, diese Sache der
löbl. Polizei zu empfehlen. Die Aussagen eines Unge=

nannten stimmen ebenfalls ganz mit den Ihrigen überein. Hier können Privatmenschen nicht mehr helfen, nur Behörden mit Macht versehen. **Ihr Beethoven.**

1153] **An Friedrich Schleiermacher.** Wien, 2. August 1823.

Euer Hochwohlgeboren! Ich habe die Ehre Ihnen anzuzeigen, daß die Messe nun bald bei der Großherzoglichen Gesandtschaft allhier abgegeben werden könne. Ich weiß, S. K. H. der Großherzog werden es nicht ungnädig aufnehmen, wenn ich Höchstdieselben bitte, wegen des Honorars von 50 ⚏ hierher an die Großherzogliche Gesandtschaft gnädigst zu verfügen; die Kopiaturkosten sind wirklich stärker, als ich es anfangs selbst geglaubt. Ein abscheuliches Gerücht meiner Feinde, als sei diese Messe noch nicht vollendet, werde ich durch ein Zeugnis meines gnädigsten Herren des Erzherzogs Rudolfs Kaiserliche Hoheit bei der Großherzoglichen Gesandtschaft widerlegen lassen, da diese Messe schon seit 1822 vollendet gewesen. Herr Schlösser in S. K. H. des Großherzogs Dienste wird nicht ermangeln anzuzeigen, wie liebevoll und freundschaftlich ich ihn als jungen, talentvollen Künstler aufgenommen. Leider mußte ich ganz das Gegenteil an Hern André, Kapellmeister und Hofrat, ausüben, denn sein Betragen war so roh, daß ich ihm geschrieben, mich nicht weiter zu besuchen. Erst später hatte ich vernommen, daß dieser Herr in Diensten S. K. H. sei; hätte ich dieses gewußt, so würde ich aus Rücksicht für S. K. H. sein Betragen ungeahndet ertragen haben. Verzeihen S. H. W., Sie mit dergleichen zu belästigen; jedoch wer möchte wenigstens nicht so gut erscheinen als er wirklich ist, und wer kann wissen, wie eine solche Sache dargestellt wird, wo sich nicht selten das Veritas odium parit stark einstellt.

Ich bitte mich der Gnade Sr. K. H. des Großherzogs besonders zu empfehlen, und Höchstdieselben zu versichern, daß ich Ihnen meinen aufrichtigsten Dank abstatte, mir die Ehre gegönnt zu haben, Höchstdieselben unter meine allerhöchsten Subskribenten wie den Kaiser von Rußland, König von Preußen, König von Frankreich usw. zählen zu dürfen. Es wird sich schon noch eine andere

686

Gelegenheit ereignen, wo ich hoffe, zu zeigen, nicht ganz unwürdig dieser Gnade gewesen zu sein. Ich bitte Euer Hochwohlgeboren meine unbegrenzteste Hochachtung für Sie zu genehmigen. — Euer Hochwohlgeboren ergebenster Diener   Ludwig van Beethoven.

1154] An Franz v. Brentano.   Hetzendorf, 2. August 1823.

Euer Wohlgeboren! Schon längst hätte ich Ihr freund= schaftliches Streben beantworten sollen; allein übermäßige Beschäftigung und dabei dritthalb Monate Augenweh, welches noch nicht ganz geheilt, verhinderten mich, und so wenig ich Ihnen gern lästig bin, so muß ich doch Ihre mir schon bewiesene Güte in Anspruch nehmen. Ich möchte gern ein schweres Paket mit Mufikalien nach London auf dem Postwagen bis Frankfurt und von da zu Wasser oder Lande (zu Wasser wird es wohl zu langsam gehen) bis Holland und von da auf der See bis London. Es ist zu schwer mit einem Kurier fortgebracht zu werden. Ich höre, Sie haben einen Sohn in London und glaube daher, daß dieses am leichtesten durch Ihre Güte und Kenntnisse dahin geschafft werden könne. (Alle Auslagen werde ich mit Ver= gnügen vergüten.) Nur bitte ich Sie, mir so bald als mög= lich darüber zu antworten, da es große Eile hat. Sie schrei= ben mir, daß es mit der Gesundheit Ihres Kleinen besser gehe, dies freut mich innigst; ich hoffe, Ihre Gemahlin be= findet sich ebenfalls wohl, wie auch überhaupt alle Ihre Kinder und Geschwister, denn alle von Ihrer Familie sind mir ewig teuer; möchte ich nur imstande sein, Ihnen mei= nen Dank auf die wünschenswerteste Art erkennen geben zu können. — Euer Wohlgeboren mit Hochachtung verhar= render   Beethoven.

1155] An C. F. Müller.   Wien, 8. August (1823).

Euer Wohlgeboren! Mit Vergnügen bin ich bereit, Ihnen, wie jedem wahren Künstler zu dienen. Was mög= lich, werde ich Ihr Zutrauen rechtfertigen, wenn Sie sich nur nicht selbst täuschen in dem, was Sie bei mir zu finden glauben. — Mit herzlicher Bereitwilligkeit
                    Euer Wohlgeboren ergebenster Beethoven.

Ihro Kaiserliche Hoheit! Ich befinde mich wirklich
sehr übel, nicht allein an den Augen. Ich trachte morgen
mich nach Baden zu schleppen, um Wohnung zu nehmen,
und werde alsdann in einigen Tagen mich ganz hinbege=
ben müssen. Die Stadtluft wirkt auf meine ganze Organi=
sation übel, und eben dadurch habe ich mich verdorben, in=
dem ich zweimal zu meinen Ärzten in die Stadt mich bege=
ben. In Baden wird es leichter sein, mich zu J. K. H. be=
geben zu können. Ich bin untröstlich, sowohl wegen J. K.
H. als wegen mir selbst, da meine Tätigkeit so sehr ge=
hemmt ist. — In den Variationen ist einiges angezeigt,
mündlich wird es deutlicher. — Ihro Kaiserlichen Hoheit
immer verharrender treuester Diener   Beethoven.

Lieber Junge! Eher wollte ich Dir nichts sagen, als
bis ich mich hier besser befinden würde, welches noch nicht
ganz der Fall ist; mit Katarrh, Schnupfen kam ich hierher,
beides arg für mich, da der Grundzustand noch immer ka=
tarrhalisch ohnehin ist, und ich fürchte, dieser zerschneidet
bald den Lebensfaden, oder was noch ärger, durchnaget ihn
nach und nach. — Auch mein zugrunde gerichteter Unter=
leib muß noch durch Medizin und Diät hergestellt werden,
und dies hat man den treuen Dienstboten zu danken! Du
kannst denken, wie ich herumlaufe, denn erst heute fing ich
eigentlich (uneigentlich ist es ohnehin unwillkürlich) mei=
nen Musendienst wieder an; — ich muß, man soll es aber
nicht merken, — denn die Bäder laden doch mehr, wenig=
stens mich, zum Genusse der schönen Natur ein, allein nous
sommes trop pauvres et il faut écrire ou de n'avoir
pas de quoi. — Treibe nun, daß alle Anstalten für Deinen
Konkurs getroffen werden und sei ja bescheiden, damit Du
Dich höher und besser zeigst, als man es vermutet. Deine
Wäsche schicke nur gerade her, Dein graues Beinkleid ist
wenigstens noch im Hause zu tragen, denn, teurer Sohn,
Du bist auch wieder sehr teuer! Die Überschrift: „Beim
Kupferschläger" usw. — Schreibe sogleich, ob Du diesen
Brief empfangen. An den Schindler, diesen verachtungs=

würdigen Gegenstand, werde ich Dir einige Zeilen schicken, da ich unmittelbar nicht gern mit diesem Elenden zu tun habe. — Wäre nur alles so geschwinde geschrieben, wie man denkt, fühlt, so würde ich Dir wohl manches nicht Unmerkwürdige sagen können. — Für heute wünsche ich nur noch, daß ein gewisser Karl auch ganz meiner Liebe, meiner so großen Sorge für ihn wert sei und alles dieses zu würdigen wissen werde. Obgleich ich, wie Du weißt, gewiß anspruchslos bin, so gibt es doch so manche Seiten, von welchen man den Edlen, Besseren zeigen kann, daß man dieses an ihnen erkennt und fühlt. — Ich umarme Dich von Herzen.   Dein treuer, wahrhafter Vater.

1158] **An Johann v. Beethoven.**   Baden, 19. August 1823.

Lieber Bruder Johann! Ich freue mich über Deine bessere Gesundheit. Was mich betrifft, so sind meine Augen noch nicht ganz hergestellt, und hierher kam ich mit einem verdorbenen Magen und einem schrecklichen Katarrh, den ersteren von dem Erzschwein, der Haushälterin, den zweiten von einem Vieh als Kuchelmagd, welche ich schon einmal fortgejagt und sie selbe doch wieder angenommen hab'; — den Steiner hättest Du nicht angehen sollen, ich werde sehen, was zu machen ist, mit den Liedern in puris dürfte es schwer sein, da der Text deutsch, die Ouvertüre wohl eher. — Deinen Brief vom 10. August erhielt ich durch den elenden Schuften Schindler. Du brauchst ja nur Deinen Brief gerade auf die Post zu geben, wo ich sie sicher alle erhalte; denn ich vermeide diesen niederträchtigen, verachtungswürdigen Menschen möglichst. — Karl kann erst am 29. dieses zu mir kommen, wo er Dir schreiben wird. Ganz unbeobachtet, was die beiden Canaillen Fettlümerl und Bastard mit Dir anfangen, wirst Du nicht sein, auch Briefe durch diese Gelegenheit von mir und Karl erhalten; denn so wenig Du es um mich verdienst, so werde ich nie vergessen, daß Du mein Bruder bist, und ein guter Geist wird noch über Dich kommen, der Dich von diesen beiden Canaillen scheidet, diese vormalige und jetzige Hure, wobei während Deiner Krankheit ihr Kerl nicht weniger als dreimal geschlafen hat und die noch obendrein Dein

Geld gänzlich in Händen hat, o verruchte Schande, ist kein Funken Mann in Dir?!!!! — Nun von was anderem. Du hast von den Ruinen von Athen auch meine eigene Handschrift von einigen Stücken, welche ich notwendig brauche, weil die Abschriften nach der Partitur der Josefstadt gemacht, wo mehreres ausgeblieben und sich in diesen Manuskriptpartituren von mir befindet; da ich eben etwas dergleichen schreibe, so brauche ich selbe höchst notwendig; schreibe also, wo ich diese Manuskripte erhalten kann, ich bitte Dich sehr deswegen. Wegen zu Dir kommen, ein andermal. Soll ich mich so erniedrigen, in solcher schlechten Gesellschaft zu sein, vielleicht läßt sich aber diese vermeiden und wir können doch einige Tage mit Dir zubringen?! Über Dein übriges vom Briefe ein andermal. Leb' wohl. Unsichtbar schweb' ich um Dich und wirke durch andere, damit Dir die Canaillen den Hals nicht zuschnüren. — Wie immer   Dein treuer Bruder.

1159] An **Erzherzog Rudolf**.   Baden, 22. August (1823).

Ihro Kaiserliche Hoheit! Ich glaubte gemäß Ihrem gnädigsten Schreiben an mich, daß Höchstdieselben wieder hierher nach Baden sich begeben würden. Am 13. dieses kam ich hier an sehr übel; doch geht es jetzt besser. Ich war neuerdings von meiner schon gebesserten katarrhalischen Affektion befallen worden, nebstdem noch mein Unterleib im elendesten Zustande, nebst meinem Augenübel, kurz meine Organisation war gänzlich zerrüttet. Ich mußte nur suchen hierher zu kommen, ohne J. K. H. nur einmal sehen zu können. Gottlob! die Augen haben sich so gebessert, daß ich bei Tag selbe schon ziemlich wieder anstrengen kann. Mit meinen übrigen Übeln geht es auch besser; mehr kann man in dieser kurzen Zeit nicht verlangen. Wie sehr wünschte ich mir, daß J. K. H. hier wären, wo in einigen Tagen alles Versäumte könnte nachgeholt werden. Vielleicht bin ich so glücklich, E. K. H. hier sehen zu können und meinen bereitwilligsten Diensteifer Höchstdenselben zu beweisen. Wie bedaure ich um dessentwillen meine fatalen Gesundheitsumstände. So sehr ich die gänzliche Wiederherstellung davon wünsche, so fürchte ich doch sehr, daß dies

nicht geschehen werde, und hoffe von J. K. H. deswegen
Nachsicht. Da ich wenigstens jetzt doch zeigen kann, wie
gern ich E. K. H. zu Diensten bin, so wünsche ich nichts so
sehr, als daß Sie gnädigst davon Gebrauch machen möch=
ten. In dieser Hoffnung erstirbt Ihrer Kaiserlichen Hoheit
treu gehorsamster Diener   L. v. Beethoven.

1160] **An Anton Schindler.**   (1823.)

Samothrazischer L—nk—l! Macht, das Wetter ist ge=
rade recht. Es ist aber besser, früher als später, presto,
prestissimo, man fährt von hier.

1161] **An Karl v. Beethoven.**   Baden, 23. August 1823.

Lümperl — — — — bestes Lümperl! Liebes Kind, ich
empfange heute Deinen gestrigen Brief. Du sprichst mir
von 31 fl., da ich doch auch Deine verlangten 6 fl. ebenfalls
geschickt habe, solltest Du diese nicht bei dem vielen Ge=
plapper durch Blätter nicht gefunden haben.

Die Quittung von Schindler mußte so lauten: 10 fl. der
Haushalt des B...s, 9 fl. meiner Haushälterin, 31 fl.
beiliegend. Summa 50 fl., welche ich Endesunterschriebe=
ner richtig erhalten habe.   Schindler.

Er war nur einen Tag mit mir hier, um eine Wohnung
zu nehmen, wie Du weißt, schlief in Hetzendorf und ging
morgens seiner Aussage gemäß wieder in die Josefstadt.
Laß Dich übrigens nicht in Klatschereien gegen ihn ein,
man kann ihm schaden; und ist er nicht gestraft genug, daß
er so ist. Ihm derb die Wahrheit zu sagen ist nötig, da sein
böser, zu Ränken aufgelegter Charakter erfordert, ihm
Ernst zu zeigen. Wenn die Wäsche nicht höchst nötig, so laß
selbe, bis ich 29. komme; denn da Du sie erst schickest, so
wird es kaum möglich sein, daß Du selbe am 28. des Prü=
fungstages hast. Gib also lieber dem Bedienten ein Bein=
kleid im Notfall, welches dort in der Nachbarschaft wohl
leicht gewaschen wird. — Ich erinnere mich der Ankündi=
gung des Petiscus. Ist er das Geld wert, so muß man
ihn doch haben; das Nützliche darf nicht berechnet werden.

Gott verläßt uns nicht; zwar sind die Ausgaben groß jetzt, ich erwarte nun noch die Rechnung von Blöchlinger. Ist sonst noch was zu erinnern, so vergiß nichts, damit man am 29. nicht aufgehalten ist. Den Bedienten anbelangend, so soll er noch einige Zeit bleiben, bis wir einmal zusammen sind; denn die ganze Haushaltung mit der Alten wird nicht mehr gehen, sie riecht, sieht und schmeckt nicht mehr. Mein armer Magen ist immer in Gefahr. Die frühere Haushälterin von der Josefstadt hat sich schon wieder angetragen, sie wäre geeigneter mit einem Bedienten; allein diese Alte braucht Bedienung und Hilfe, die Küchenmagd, die ich früher weggeschafft, ist ein großes Schwein. Für jetzt hat doch der Bediente ordentliche Wohnung; er kann an viele Orte kommen, wo er die nicht hat. Er mag nun bleiben oder gehen, so soll er uns zu wissen machen, wo er ist, und sind wir zusammen, so läßt sich's überlegen. Denke, auch eine Küchenmagd kostet nur monatlich mit dem Brotgeld 10 fl. 44 kr., jährlich 128 fl. 48 kr., der Bediente monatlich 20 fl. Stiefelgeld, Kleidung. Und bei der Alten müssen wir noch ein Weib haben. Es geht besser mit der Gesundheit, doch noch nicht so gut, als ich früher war. Nun lebe wohl. Das Tagtägliche erschöpft mich. — Alles Gute Dir, mein lieber Sohn. Czerny, Dein früherer Meister, speist morgen bei mir. Du wirst manche für Dich interessante Menschen hier finden. Herzlich Dein Vater.

1162] **An Erzherzog Rudolf.** (1823.)

Ihro Kaiserliche Hoheit! Innigst gerührt empfing ich gestern Ihr gnädiges Schreiben an mich. Unter dem Schatten eines grünenden, herrliche Früchte tragenden Baumes ebenfalls grünen zu dürfen, ist ein Labsal für Menschen, welche das Höhere fühlen und zu denken vermögen. — So ist mir auch unter der Ägide J. K. H.! — Mein Arzt versicherte mir gestern, daß es sich mit meiner Krankheit bessere, jedoch muß ich noch immerfort eine ganze Mixtur binnen 24 Stunden ausleeren, welche, da sie abführt, mich äußerst schwächt, und hierbei bin ich noch gezwungen, alle Tage, wie J. K. H. aus den Verhaltungsmaßregeln meines Arztes ersehen, große Bewegung zu machen. Unterdessen ist Hoffnung da, daß ich bald, wenn auch noch nicht ganz hergestellt, doch werde noch viel um J. K. H. sein können während Ihres hiesigen Aufenthalts. Indem ich in dieser Hoffnung lebe, wird auch sicher meine Gesundheit noch schneller wieder als gewöhnlich sich einstellen. Der Himmel segne mich durch J. K. H. und der Herr selbst sei immer über und mit J. K. H. Höheres gibt es nichts, als der Gottheit sich mehr als andere Menschen nähern und von hier aus die Strahlen der Gottheit unter das Menschengeschlecht verbreiten. Tief durchdrungen von der gnädigen Gesinnung J. K. H. gegen mich hoffe ich baldigst, mich Ihnen selbst nahen zu können. —

Ihrer Kaiserl. Hoheit gehorsamster treuer Diener
Beethoven.

1163] An einen Freiherrn.   Baden, 31. August 1823.

Empfangsbestätigung über 50 fl. wegen der großen Messe für Seine Kgl. Hoheit den Großherzog von Hessen. „Das Werk selbst wird in einigen Wochen können abgegeben werden." (Ungedruckt.)

1164] An Anton Schindler.   (1823.)

Von allen drei Schriften eine vidimierte Abschrift; hier folgen 45 kr. Wie war es nur möglich, daß Sie vom Hausflegel etwas solches mit einer Drohung begleitet annehmen können? Wo ist Ihre Beurteilung?! — Wo sie immer ist! — Morgen früh schicke ich um die vidimierten Abschriften und Original. Ob die Pr. kommt, ist nicht sicher; bleiben Sie doch bis acht gefälligst zu Hause. Wenn Sie morgen oder auch heute zum Speisen kommen wollen, das können Sie; aber es muß sicher sein, denn dgl. gehen hier und überhaupt für mich nicht an, nicht später als halb 3 Uhr. Die Haushälterin wird Ihnen wegen einer Wohnung sagen auf der Landstraße. Es ist höchste Zeit. Sobald Sie was wissen auf der Bastei oder Landstraße, so muß es gleich angezeigt werden. — Man muß wissen, welches Zimmer der Hausherr, des Brunnens wegen, gebraucht. Vale.   B.

Mein lieber Freund! Sie sagen, ich soll mich um je=
mand umsehen, der meine Sachen besorgt; nun, dies war
jetzt der Fall mit den Variationen, nämlich mein Bruder
und Schindler besorgten selbe, wie?

Die Variationen sollten erst hier erscheinen, nachdem
sie in London herausgekommen wären; allein alles schief.
Die Dedikation an Brentano sollte nur für Deutschland
sein, da ich ihr sehr verpflichtet und nichts anderes in dem
Augenblicke herausgeben konnte; übrigens hat sie nur der
hiesige Verleger Diabelli von mir erhalten. Allein alles
ging durch Schindler; einen elenderen Menschen auf Got=
tes Welt lernte ich noch nicht kennen, ein Erzschuft, dem ich
den Laufpaß gegeben. — Ihrer Frau kann ich dafür ein an=
deres Werk dedizieren. Sie müssen nun meinen letzten
Brief erhalten haben; was die Allegri di Bravura, so
glaube ich, wenn man mir 30 ♯ für eines geben wollte;
jedoch wünschte ich selbe sogleich auch hier herausgeben zu
können, welches sich leicht verbinden läßt. Warum soll man
den hiesigen Schuften diesen Gewinn lassen? Man gibt es
nicht eher hier, bis man die Nachricht hat, daß selbe in
London angelangt; übrigens sollen Sie selbst das Hono=
rar bestimmen, da Sie am besten die Londoner Verhält=
nisse kennen. —

Die Partitur der Symphonie ist dieser Tage vom Ko=
pisten vollendet, und so warten Kirchhoffer und ich nur auf
eine gute Gelegenheit, selbe abzuschicken. — Ich befinde
mich hier, wo ich sehr übel angekommen, denn meine Ge=
sundheit steht noch immer auf schwachen Füßen, und du
lieber Himmel, statt daß andere sich beim Badegebrauch
erlustigen, fordert meine Not, daß ich alle Tage schreibe;
außer den Bädern muß ich mineralische Wasser gebrau=
chen. Die Abschrift geht dieser Tage ab, ich erwarte von
Kirchhoffer, mit welcher Gelegenheit, da sie zu groß, um
mit einem Kurier fortzukommen. — Aus meinem letzten
Briefe werden sie über alles ————— eingesehen haben.
— Chöre werde ich Ihnen senden; was Bestellung auf
Oratorien bald, damit man sogleich die Zeit bestimmen
kann; — mir ist es unser . . . . wegen leid der Variationen

wegen, da ich sie mehr wegen London als hier geschrieben. Es ist meine Schuld nicht. Antworten Sie bald, sehr bald, sowohl wegen Umstände als Zeit. Alles Schöne Ihrer Familie. Beethoven.

1166] **An Kirchhoffer.** Baden, 8. September 1823.

Mein lieber Kirchhoffer! Die Partitur der Symphonie erhalten Sie höchstens (in) 14 Tagen. Es handelt sich nur darum, so geschwind als möglich Ries, der Sie freundlich durch mich grüßt, die Messe zu schicken. Durch Kuriere geht's nicht, da sie zu groß (ist), sie müßte denn abgeteilt werden, welches lange braucht. Lassen (Sie) den Brief an Brentano, ich glaube, über Triest. Entscheiden Sie. Ries hat, wie Sie vermutet, noch gar nichts Entscheidendes in dieser Sache getan. Ja, doch glaube ich, wenn das Werk in London er sich angreifen wird. Wählen Sie einen Tag, nach Baden zu kommen und Sie werden von meinem Karl und mir mit Liebe und Freundschaft empfangen werden. In Eil' Ihr Beethoven.

1167] **An Kirchhoffer.** (1823.)

Mein werter Kirchhoffer! Sollte es nicht möglich sein, ein Paket durch die englische Gesandtschaft nach London zu schicken? Erkundigen Sie sich gefälligst. Ich werde deswegen morgen um Antwort schicken oder wenn Sie es der Gelegenheit wegen für gut befinden. Auf Sonntag sehen wir Sie ganz gewiß, mein Karl und ich, bei uns zu Tische. Das Wetter scheint wieder günstig zu werden und es wird uns beiden Ihre Gegenwart recht erfreulich sein.

Ihr ergebenster Beethoven.

1168] **An Anton Schindler.** Baden, September 1823.

Signore Papageno! Ich bitte Sie, diese angezeigten zwei Pakete wohl mit meiner Haushälterin heute zu besorgen, damit sie nicht zuviel kosten.

Damit Ihr böser Leumund dem armen Dresdener nicht mehr zu wehe tut, sage ich Ihnen, daß heute das Geld mit aller mich ehrenden Aufmerksamkeit angelangt ist. So gern ich Ihnen dabei schon meinen tätigen Dank für Ihre

… bewiesen hätte, so kann ich doch dieser mir so sehr am Herzen liegenden Sache noch nicht ihr Ziel stecken, ich hoffe in einigen Wochen glücklicher sein zu können.

Ist der russische Gesandte nicht Graf Golovkin? Wenn Sie doch dort anfragen wollten, ob nicht ein Kurier da sei, der ein Paket an den Fürsten Galizin könnte mitnehmen? Wo nicht, so muß es Dienstags auf den Postwagen.

Ihr ganz Untertänigster.

NB. Was den russischen Gesandten betrifft, so bedarf ich einer Zurechtweisung seines Standes, Namens, um des Fortschickens wegen des erwähnten Pakets.

1169] An …   23. September 1823.

— — Neues Privilegium der neuen Kaffeemaschine. —

(Ungedruckt.)

1170] An Maria Pachler.   Vöslau, 27. September (1823).

Erinnerungsblatt (1824).

Das Schö = ne zum Gu = ten.

Von L. v. Beethoven.

1171] An Henikstein & Komp.   Vienne, 22 Octobre 1823.

J'ai reçu de votre part pour Compte de S. A. Monseigneur le Prince Nicolas Galitzin la somme de 50 ♯ — je dis cinquante ducats en or effectifs, dont double quittance ne valent que pour une.   Louis van Beethoven.

1172] An Georg v. Griesinger.   20. November (1823).

Euer Wohlgeboren! Ich habe die Ehre Ihnen anzuzeigen, daß mein Neffe die für S. Majestät den König von Sachsen bestimmte Messe Ihnen übergeben wird und zwar heute vormittag zwischen 10 und 11 Uhr. Es handelt sich um vieles bei mir, daß ich nur hinzusetze, mir sobald als möglich einmal die Vergnügen zu verschaffen, Sie zu sehen.

Hochachtungsvoll Ihr ergebenster Beethoven.

1173] **An Schneidermeister Lind.**   (1823.)

Lieber Lind! Ich komme am Mittwoch längstens gegen
4 Uhr nachmittags zu Ihnen, wo ich alles berichtigen
werde.   Ihr ergebenster Beethoven.

1174] **An Franz Grillparzer.**   (1823.)

Werter Verehrter! Die Direktion möchte gern Ihre Be=
dingungen über Ihre Melusine wissen; soweit hat sie sich
schon selbst erklärt, und dies ist wohl besser, als sich in dgl.
selbst aufdringen. — Mein Hauswesen ist seit einiger Zeit
in großer Unordnung, sonst hätte ich Sie schon aufgesucht
und mich gebeten wieder zu besuchen. — Vorderhand schrei=
ben Sie mir oder der Direktion selbst Ihre Bedingungen,
ich werde sie dann selber übermachen; überhäuft, konnte ich
mich weder früher noch jetzt Ihnen nähern, ich hoffe, daß
dies einmal sein wird, — meine Nr. ist 323.

Nachmittags finden Sie mich auch im Kaffeehause der
goldenen Birne gegenüber; wollen Sie kommen, so bitte
ich Sie, allein zu kommen; dieser aufdringende Appendix
von Schindler ist mir schon längst, wie Sie in Hetzendorf
müssen bemerkt haben, äußerst zuwider, — otium est vi-
tium. — Ich umarme Sie von Herzen und ehre Sie.
                                    Ganz Ihr Beethoven.

1175] **An Gläser.**   (1823.)

Lieber Herr Gläser! Ich bitte Sie, die Stimmen von
dem Kredo nach Nr. 1 zu übersehen und zu korrigieren,
welche ich aber morgen schon gegen 8 Uhr nötig habe. Auch
bitte ich Sie, die beigefügte Flötenstimme des Agnus,
welche sich gar nicht vorfindet, ebenfalls noch heute kopie=
ren zu machen, so daß ich selbe morgen mit den Kredostim=
men zugleich erhalte.   Ihr ergebenster Beethoven.

1176] **An S. A. Steiner.**   20. November 1823.

Werter Freund! Ich gelange endlich zu meinem
Wunsch, übermorgen einen Ausflug auf mehrere Tage zu
machen; in dieser Rücksicht ersuche ich Sie, Hrn. Mathias

A(rtaria) zu sagen, daß ich ihn durchaus nicht zwingen will, meinen Klavierauszug zu nehmen, ich sende Ihnen deshalb den Halmschen Kl(avierauszug) mit, damit Sie, sobald Sie meinen Kl(avier)ausz(ug) zurückempfangen haben, den Halmschen M(athias) A(rtaria) gleich einhändigen. Will aber Hr. A(rtaria) meinen Klavierauszug behalten für das aus 12 ♯ in Gold bestehende Honorar, so verlange ich nichts, als daß dieses schriftlich von ihm gegeben wird, oder auch Ihnen das Honorar eingehändigt wird; zu welchem Behufe ich Ihnen die Quittung hier beifüge; der Klavierauszug kann mir als Schuldigkeit an keine Weise — aufgebürdet werden. Sie wissen meine Lage.   Wie immer der Ihrige Beethoven.

1177] An König **Georg** IV. von England.   (1823.)

Indem ich mich nun unterfange, Euer Majestät meine gehorsamste Bitte hiermit untertänigst vorzutragen, wage ich zugleich noch eine zweite hinzuzufügen.

Bereits im Jahre 1813 war der Unterzeichnete so frei, auf vielseitiges Verlangen mehrerer hier domizilierender Engländer Euer Majestät sein Werk, genannt „Wellingtons Schlacht und Sieg bei Vittoria" zu übersenden, wo dasselbe damals noch keiner besaß. Der in jener Zeit hier anwesende russische Botschafter Fürst von Razoumowsky übernahm es, dieses Werk Euer Majestät mittelst eines Kuriers zu übermachen.

Der Unterzeichnete nährte viele Jahre den süßen Wunsch, Euer Majestät würden ihm den richtigen Empfang seines Werkes allergnädigst bekannt machen lassen; allein bis jetzt konnte er sich dieses Glückes nicht rühmen und mußte sich bloß mit der kurzen Anzeige des Herrn Ries, seines würdigen Schülers, begnügen, der ihm meldete, daß Euer Majestät dieses genannte Werk dem damaligen Musikdirektor Herrn Salomon und Herrn Smart allergnädigst zu übergeben geruhten, um solches im Theater Drurylane öffentlich zu produzieren. Dies meldeten auch die englischen Journale und fügten noch hinzu, sowie auch Herr Ries, daß dieses Werk mit außerordentlichem Beifall sowohl in London als allenthalben gewürdigt wurde.

Daß es für den Unterzeichneten sehr kränkend sei, alles dieses auf indirektem Wege erfahren zu müssen, werden Euer Majestät seinem Zartgefühle gewiß verzeihen und ihm allergnädigst erlauben hier zu bemerken, daß er keine Zeit und keine Kosten sparte, dieses Werk Ihrer Allerhöchsten Person anständigst vorzulegen und Höchst Ihnen damit Vergnügen zu machen.

Aus allem diesem schließt nun der Unterzeichnete, daß es Euer Majestät unrichtig mag vorgelegt worden sein, und da ihm seine hier angeführte gehorsamste Bitte wieder die Gelegenheit gewährt, sich Euer Majestät mittelst diesem zu nähern, so nimmt er sich die Freiheit, Höchstdenselben ein gestochenes Exemplar von der Schlacht bei Vittoria in Partitur hier beiliegend untertänigst zu übersenden, welches schon seit dem Jahre 1815 zu diesem Zwecke bereitet liegt und nur wegen der Ungewißheit, in welcher der Unterzeichnete stets über diesen Gegenstand war, so lange zurückgehalten wurde.

Überzeugt von der hohen Weisheit und Gnade, mit welcher Euer Majestät die Kunst und den Künstler zu würdigen und stets zu beglücken wußten, schmeichelt sich der Unterzeichnete, daß Höchstdieselben dieses allergnädigst berücksichtigen und demselben seiner gehorsamsten Bitte in höchster Gnade willfahren werden.

1178] **An Anton Schindler.** (1823.)

Ganz erstaunlich Bester! Um 2 Uhr, präzise, gehen wir zu Tische; erwarten Sie ganz sicher, da für Sie gerichtet wird. Heute ist schon auf dem Graben zu lesen von dem gestern neu konstituierten Bierhause.

Eiligst der Ihrige.

1179] **An Latzel. (?)** (1823.)

Da ich Ihren werten Namen nicht weiß, schreibe ich Ihnen nur, daß ich die Wohnung, welche ich gestern sah, gewiß behalten werde; heute war es nicht möglich und morgen auch nicht, aber übermorgen werden Sie das Darangeld erhalten. In Eil' Ihr ergebenster Beethoven.

An Gustav Dollinger. (1823.)

— — — Sie verzeihen die späte Ankunft des Briefes, schon geraume Zeit hindurch befand ich mich in fast bedenklichen Gesundheitsumständen....

1181] **An Paul Maschek.** (1823.)

Schreiben Sie alles, wie es angezeigt ist, von mir und hier und da mit Überlegung, denn natürlich, wenn man schon Takte auf andere Seiten als im Manuskript anbringt, so muß das dabei (zu) Beobachtende des Zusammenhangs beachtet werden, auch kleinere Noten, denn beinahe ist die Hälfte Ihrer Noten nie gehörig auf und zwischen den Linien, wenn alles von der Symphonie wie das erste Allegro geschrieben (ist), so ist die ganze Partitur nicht zu brauchen — die schon geschriebenen Solosingparte brauche ich, die Violinen usw., welche noch nicht übersehen sind, ebenfalls, damit nicht statt einem Fehler 24 werden. — Was die Anfangs- und Endeblätter betrifft, so habe ich selbe, heute oder morgen, nötiger, ob die Leopoldstadt näher als die Ungargasse, (ist) zu bezweifeln, daß es aber mehr Umstände in der Leopoldstadt (macht) als bei mir, ist evident. Beethoven.

1182] **An Fürst Nikolaus Galitzin.** Wien, 13. Dezember 1823.

Verzeihen Sie mir, mein hochgeschätzter Fürst! Als Ihnen das Exemplar der „Messe" geschickt wurde, befand ich mich noch in Baden, und ich merkte, zu meinem großen Bedauern, erst vor kurzer Zeit aus den Exemplaren, die einigen anderen von meinen Subskribenten zugeschickt wurden, das Fehlen des ersten Blattes des „Gloria", das ich vom Original hatte abschneiden lassen, um jeden Betrug oder Diebstahl von seiten des Kopisten zu verhindern. Ich fürchte deshalb, daß dieses Blatt auch an dem Exemplar fehlt, welches Sie erhalten haben. Ich bin über dieses fatale Geschehnis, obwohl ich daran nicht schuld bin, sehr ärgerlich! Ich hoffe jedoch, daß Sie das Blatt noch zur rechten Zeit erhalten. Sollte das nicht der Fall sein, so könnten Sie sich vielleicht für einige Zeit das ganz vollständige Exemplar verschaffen, das an S. M. den Kaiser von Rußland geschickt worden ist. Am Anfang des „Gloria" (In gloria Dei patris) ist das Tempo vergessen worden; es muß in nachstehender Weise vermerkt werden (folgt das Tempo). Ihren so liebenswürdigen Brief vom 29. November habe ich erhalten, aber ich empfing ihn mit Traurigkeit und Herzklopfen. Am ersten kommenden Posttage werde ich die Ehre haben, darauf zu antworten.

Ludwig van Beethoven.

PS. Ich erinnere mich nicht, ob ich nicht aus dem angegebenen Grunde auch das letzte Blatt des „Gloria" habe abschneiden lassen; um sicher zu gehen, werde ich die Ehre haben, es Ihnen fast gleichzeitig mit dem ersten zu schicken. Wenn aber der Schluß des „Gloria", den Sie am Anfang der nächsten Seite finden werden, nicht fehlt, bitte ich Eure Hoheit, mich davon in Kenntnis zu setzen.

1183] **An Johanna v. Beethoven.**   8. Januar 1824.

Häufige Beschäftigungen machten sogar, daß Karl und ich Ihnen nicht am Neujahrstag unsere Glückwünsche bezeugen konnten; ich weiß aber, daß Sie ohne dieses von mir sowohl als Karl nichts anderes als die reinsten Glückwünsche für Ihr Wohl erwarten. —

Was Ihre Not betrifft, so würde ich Ihnen gerne mit einer Summe überhaupt ausgeholfen haben, leider habe ich aber zu viele Ausgaben, Schulden, und nur manches Geld zu erwarten, um Ihnen augenblicklich meine Bereitwilligkeit, Ihnen zu helfen, auf der Stelle beweisen zu können. — Indessen versichere ich Sie hiermit schriftlich, daß Sie die Hälfte Karls von Ihrer Pension nun auch fortdauernd beziehen können; wir werden Ihnen alle Monat die Quittung einhändigen; wo sie alsdann selbe selbst erheben können, da es gar keine Schande ist (und ich mehrere meiner Bekannten, welche ihre Pension alle Monat erheben) selbe monatlich zu erheben. Sollte ich später vermögend sein, Ihnen eine Summe überhaupt zur Verbesserung Ihrer Umstände aus meiner Kasse zu geben imstande sein, so wird es gewiß geschehen; — die 280 fl. 20 kr., welche Sie Steiner schuldig sind, habe ich ebenfalls schon lange zu bezahlen übernommen, welches man Ihnen wohl

701

gesagt haben wird. Sie haben auch keine Interessen mehr geraume Zeit bezahlen müssen.

Sie haben von mir zwei Pensionsmonate erhalten durch Schindler. — Diesen Monat am 26. oder etwas später erhalten Sie den Pensionsbetrag für diesen Monat. — Wegen Ihrem Prozeß bespreche ich mich nächstens mit Dr. Bach.

Wir wünschen Ihnen alles erdenkliche Gute, Karl sowohl als ich. Ihr bereitwilligster L. v. Beethoven.

1184] An die Gesellschaft der Musikfreunde, Wien.

23. Jan. 1824.

Euer Wohlgeboren! Überhäuft beschäftigt und noch immer mit einem Augenübel behaftet, werden Sie mir gütigst meine späte Antwort verzeihen. Das Oratorium betreffend, so hoffe ich veritas odium non parit. Nicht ich wählte Herrn von Bernard, dasselbe zu schreiben. Mir ward versichert, der Verein habe ihn hierzu beauftragt; denn da H. v. B. die Zeitung zu redigieren hat, so ist es schwer, sich mit ihm zu besprechen. Es mußte daher eine lange Geschichte werden, ja sehr verdrießlich für mich, da H. v. B. für Musik nichts als die Libussa geschrieben hatte, und welche damals noch nicht aufgeführt war, welche ich aber seit 1809 kenne und seit der Zeit sehr vieles daran auch geändert worden war, so konnte ich mit vollem Vertrauen nicht anders als das Unternehmen mit ihm schwierig betrachten. Ich mußte um so mehr darauf halten, deswegen das Ganze zu haben; freilich erhielt ich endlich einmal den ersten Teil. Allein nach Bernards Aussagen mußte derselbe wieder geändert werden und ich mußte ihn wieder zurückgeben, soviel ich mich erinnere. Endlich wieder zur selben Zeit mit dem Verein kam mir dann das Ganze zu. Eingegangene andere Verbindlichkeiten, welche ich durch meine früheren kränklichen Umstände nicht erfüllen konnte, mußte ich jetzt wirklich eilen, mein Wort zu halten, um so mehr, da Ihnen bekannt sein wird, daß ich leider nur durch meine zu schreibenden Werke leben kann. Nun aber muß mehreres und vieles geändert werden an Bernards Oratorium. Ich habe schon einiges angezeigt

702

und werde bald damit zu Ende sein und alsdann Bernard damit bekannt machen. Denn so wie es ist, obschon der Stoff sehr gut erfunden und die Dichtung ihren Wert hat, kann es einmal nicht bleiben. Christus am Ölberg ward von mir und dem Dichter in Zeit von 14 Tagen geschrieben. Allein der Dichter war musikalisch und hatte schon mehreres für Musik geschrieben; ich konnte mich jeden Augenblick mit ihm besprechen. Lassen wir den Wert dergleichen Dichtungen ununtersucht. Wir wissen alle, wie wir das hiermit nehmen können; das Gute liegt hier in der Mitte. Was mich aber angeht, so will ich lieber selbst Homer, Klopstock, Schiller in Musik setzen; wenigstens, wenn man auch Schwierigkeiten zu besiegen hat, so verdienen dies diese unsterblichen Dichter. Sobald ich mit den Abänderungen des Oratoriums mit Bernard fertig bin, werde ich die Ehre haben, Ihnen dieses anzuzeigen und zugleich die Zeit bekannt machen, wann der Verein sicher darauf rechnen könne. Das ist vorderhand alles, was ich hierüber sagen kann. Was diese 400 fl. W. W. betrifft, welche man mir unaufgefordert geschickt hatte, so würde ich selbe längst zurückgesendet haben, hätte ich wirklich einsehen können, daß mit diesem Oratorium es noch über meine Vorstellung viel länger hätte dauern können. Es ward mir vielmehr schmerzlich, mich darüber nicht äußern zu können. In dieser Rücksicht hatte ich die Idee, um dem Verein wenigstens derweil die Interessen dieser Summe zu verschaffen, von einer Vereinigung mit dem Verein zu einer Akademie. Allein weder Herr Schindler noch mein Bruder hatten den Auftrag, hierüber etwas mitzuteilen, und es war mein entferntester Gedanke, daß es auf solche Art geschehen sollte. Ich bitte gefälligst auch Herrn L. von Sonnleitner hiermit bekannt zu machen. Ich danke übrigens herzlich für das Anerbieten des Gerüstes und der Hilfe überhaupt, welche mir der Verein angeboten hat und werde seinerzeit Gebrauch davon machen. Mit Vergnügen werde ich es hören, wenn der Verein von den Werken, worunter auch eine neue Symphonie, wird später nach meiner Akademie Gebrauch machen wollen. Denn eigentlich ist die große Messe mehr im Oratoriumstil und wirklich besonders auf den Verein berechnet. Ein besonderes Vergnügen werde ich empfinden, wenn man hierin meine Uneigennützigkeit und zugleich meinen Eifer, dem Verein zu dienen, erkennen wird, an dessen wohltätigem Wirken für die Kunst ich allzeit den größten Anteil nehmen werde. Genehmigen Euer Wohlgeboren noch besonders meine hohe Achtung für Sie in allen Rücksichten. Ludwig van Beethoven.

1185] An Karl Bernard. (1824.)

Mein lieber werter Freund! Ihr Oratorium betreffend, müßte für mich verschiedenes und selbst dem Plane daran geändert werden. Dies alles jetzt gleich anzugeben, ist mir bei meinen dringenden unaufschieblichen Beschäftigungen unmöglich. Auch dürften die Änderungen Zeit erfordern. Finden Sie jemanden andern, der andere Ansichten hat, welches wohl möglich, so kann und darf ich es gar nicht übelnehmen, wenn Sie selben Ihr gediegenes Werk anvertrauen, glauben Sie ja nicht deswegen, daß ich Ihr Talent und Ihre Verdienste nicht zu schätzen wüßte, allein mein Grundsatz ist von jeher gewesen, niemandem irgendwo durch mich zu schaden, was den Verein angeht, welcher im Vertrauen, daß dieses Oratorium geschwinder zustande kommen sollte, sich gegen mich äußerte, wie ich es nicht gefordert und erwartet hatte, so werde ich gewiß dazu Anstalten treffen, daß selber hierbei auf keine Weise gefährdet wäre. — Sie haben mich im Einziehen begriffen gesehen, und wie gewöhnlich derlei Einrichtungen einige Zeit wegnehmen, so auch bei mir, sonst wäre ich selbst zu Ihnen gekommen. Denken Sie übrigens an keine Falschheit von mir, da Sie wissen, wie ich wahrheitsliebend bin. — Wie immer Ihr Freund Beethoven.

1186] An C. F. Heusler. (1824.)

Verehrter Freund! Ich bitte Sie gefälligst um die Stimmen von der für Sie geschriebenen Eröffnungsouvertüre. Ich werde selbe bei einer zu gebenden Akademie aufführen lassen. Da ich ein größeres Orchester habe, und daher selbe doppelt abgeschrieben werden muß, so werden Sie für Ihre etwas holprig geschriebenen Stimmen der damaligen Schnelle und großen Unordnung der Kopisten wegen, die jetzigen rein abgeschrieben erhalten. Ich höre immer von Ihrem Wohlergehen, woran ich großen Anteil nehme, wenn ich Sie auch nur selten sehen kann.

Hochachtungsvoll Ihr Freund Beethoven.

1187] An Tobias Haslinger. (1824.)

Seid von der Gütte und schickt mir meine Schuhe samt Schwerdt. Die Eglantine könnt Ihr haben auf 6 Tage, wogegen Ihr einen Revers auszustellen habt.

Gehabt Euch wohl. Der Eurige Beethoven.

1188] An Anton Schindler. (1824.)

Da ich vernommen, daß ich zu meiner Akademie den 7. April erhalten soll (?), so bitte ich Seine Durchlaucht mir den 8. April im großen Redoutensaale zu einer Aka= demie zu gestatten, und zwar nicht um Mittagszeit, wo= durch weder die Werke noch ich gefördert werden. So sehr bin ich S. D. verbunden für die mir allzeit bezeigte Be= reitwilligkeit, und welches noch schmeichelhafter ist hier= bei, daß S. D. nicht ganz unteilnehmend an meiner Kunst war. Ich hoffe, Gelegenheit zu finden, deshalb S. D. meine Hochachtung zu beweisen.

1189] An Anton Schindler. (1824.)

Die Frau Schnaps schießt für den Unterhalt das Nö= tige vor, kommt daher heute gegen 2 Uhr zum Mittag= mahl. Es sind auch gute Nachrichten da, unter uns, damit der Gehirnfresser nichts vernimmt. Beethoven.

1190] An Musikverlag H. A. Probst, Leipzig. 10. März 1824.

[Anfang abgerissen] ich jetzt schon herausgeben könnte; leider muß ich nun doch über mich selbst sprechen, indem ich sage, daß sie wohl mein größtes Werk, was ich geschrie= ben; das Honorar wäre 1000 fl. C.=M. — Eine neue große Symphonie, welche ein Finale hat mit eintretenden Sing= stimmen, Solo und Chören, mit den Worten von Schillers unsterblichem Lied an die Freude auf die Art wie meine Klavierfantasie mit Chor, jedoch weit größer gehalten als selbe. Das Honorar wäre 600 fl. in C.-M. Freilich ist bei dieser Symphonie die Bedingung, daß selbe erst künftiges Jahr 1825 im Juli erscheinen dürfte; jedoch würde ich für diesen langen Zeitraum auch Ihnen gern den Klavierauszug unentgeltlich verfassen, sowie überhaupt bei größerer Verbindung Sie mich allzeit bereitwillig finden werden, Ihnen gefällig zu sein.

1191] **An B. Schotts Söhne.** Wien, 10. März 1824.

Ich ersuche Sie höflichst, der R(edaktio)n der C(äcili)a meinen Dank abzustatten für ihre Aufmerksamkeit; wie gerne würde ich dienen, was mein geringes Individuum anbelangt, fühlte ich (nicht) den mir angeborenen größeren Beruf, durch Werke mich der Welt zu offenbaren; ich habe aber Auftrag gegeben, Ihnen einen zuverlässigen (welches bei der Parteilichkeit, hier, sehr schwer ist) Korrespondenten auszumitteln; finde ich etwas Merkwürdiges von mir (aber du lieber Himmel, wie schwer ist dieses), so werde ich es Ihnen gern durch diesen mitteilen lassen, auch selbst, wo Sie es ausdrücklich verlangen und es nur immer meine immerfort beinahe unausgesetzten Beschäftigungen erlauben, auch mitteilen. — In Ansehung von meinen Werken, welche Sie von mir zu haben wünschten, trage ich Ihnen folgende an, nur müßte die Entschließung nicht lange ausbleiben — eine neue große solenne Messe mit Solo- und Chorstimmen (und) großem Orchester an, so schwer es mir wird, über mich selbst zu reden, so halte ich sie doch für mein größtes Werk; das Honorar wäre 1000 fl. in C.-M.; eine neue große Symphonie, welche mit einem Finale (auf Art meiner Klavierfantasie mit Chor, jedoch weit größer gehalten) mit Solos, und Chören von Singstimmen, die Worte von Schillers unsterblichem bekannten Lied: An die Freude schließt. Das Honorar 600 fl. C.-M.; ein neues Quartett für zwei Violinen, Bratsche und Violoncell, das Honorar 50 Dukaten in Gold.

Dies Geschäft nur, um Ihnen zu Willen zu sein. Diese Anzeige betreffend, beurteilen Sie mich nicht kaufmännisch, allein die Konkurrenz darf ich auch als echter Künstler nicht verachten, bin ich doch dadurch in Stand ge-

706

seßt, meinen Musen treu zu wirken und für so manche an=
dere Menschen auf eine edle Art sorgen zu können. — Die
angezeigten Werke betreffend, müßte die Antwort sehr
bald erfolgen.

Euer Wohlgeboren ergebenster Beethoven.

1192] **An Anton Schindler.** (1824.)

Im Mariahilf=Kaffeehaus erwarte ich Sie gegen 3 Uhr.
Ihr Freund Beethoven.

1193] **An Jenger.** (1824.)

Mein verehrter Freund! Mit wahrem Vergnügen werde
ich Ihnen dieser Tage die Partitur des Opferliedes von
Matthisson schicken; alles was heraus und nicht heraus ist,
steht Ihnen allzeit zu Diensten. Warum erlauben meine
Umstände nicht, daß ich Ihnen gleich die größeren Werke,
welche ich geschrieben, noch bevor man sie sonst gehört, zu=
kommen lassen kann! Leider bin ich auf diese Art gebun=
den; jedoch könnte sich später ein solcher Fall ereignen, wo
ich Ihnen mit Freuden entgegenkommen werde.

Beiliegender Brief ist an Hofrat von Kiesewetter, ich
bitte Sie, ihm gefälligst ihn mitzuteilen, um so mehr, da es
Sie ebensogut angeht als auch Hrn. Hofrat. — Mit aus=
gezeichneter Hochachtung

Ihr ergebenster Freund Beethoven.

1194] **An Anton Schindler.** (1824.)

Wenn etwas zu berichten, so schreiben Sie, machen je=
doch ein Siegel darauf, weswegen Oblaten und Petschaft
auf dem Tische steht. Schreiben Sie auf, wo Duport wohnt,
wann er gewöhnlich zu sprechen, ob man mit ihm allein
sprechen, und wenn Menschen zugegen, — welche? —

Ich befinde mich nicht wohl. Portez-vous bien? — Ich
überlege noch, ob ich mit Duport selber spreche oder ob ich
ihm schreibe, welches nicht ohne Bitterkeit hergehen wird.

Warten Sie ja nicht mit dem Essen, lassen Sie sich's
wohlschmecken; ich komme nicht, ich bin von unserer gestri=
gen schlechten Kost krank. Ein Seidel Wein steht da für Sie.

45*

1195] An A. von Bäuerle.   (1824.)

Euer Wohlgeboren! In einigen Tagen werde ich die
Ehre haben, meine Schuldigkeit zu zahlen. Ich bitte Sie,
die Anzeige von meiner Akademie in Ihr geschätztes Blatt
aufzunehmen.   Ihr ergebenster Diener Beethoven.

1196] An Graf Moritz Lichnowsky.   (1824.)

Falschheiten verachte ich. Besuchen Sie mich nicht mehr.
Akademie hat nicht statt.   Beethoven.

1197] An Anton Schindler.   (1824.)

Ich ersuche Sie, nicht mehr zu kommen, bis ich Sie ru=
fen lasse. Akademie hat nicht statt.   B—vn.

1198] An Anton Schindler.   (1824.)

Ich bin nach sechswöchentlichen Hin= und Herreden
schon gekocht, gesotten und gebraten. Was soll endlich wer=
den aus dem vielbesprochenen Konzert, wenn die Preise
nicht erhöht werden? Was soll mir bleiben nach soviel Un=
kosten, da die Kopiatur allein schon soviel kostet? — — —

1199] An Anton Schindler.   (1824.)

Ich ersuche Sie, morgen vormittag, wenn möglich früh,
oder gegen 12 Uhr, zu mir zu kommen, da ich Ihnen eine
oxygene Säure mitzuteilen habe. Duport sagte gestern, daß
er an mich geschrieben, ich habe aber den Brief nicht er=
halten. Er bezeugte mir, was das beste ist, seine Zufrie=
denheit. Doch erwartet er noch den Hauptsprung, der sich
bis über das Proszenium erstrecken wird.

Von unten cis bis oben F.   Beethoven.

1200] An Ignaz Schuppanzigh.   (1824.)

Besuche Er mich nicht mehr. Ich gebe keine Akademie.
                                              Beethoven.

1201] An Anton Schindler.   (1824.)

Auf das Kuvert ist „an Seine Königliche Majestät von
Sachsen" zu schreiben.

Wenn Sie wegen Wohnungen etwas hören. Sehe ich
Sie vielleicht dieser Tage?

1202] An Rzehaczek.   (1824.)

Mein werter Hr. v. Rzehaczeck! Schuppanzigh ver=
spricht mir, daß Sie so gütig sein werden, mir die nötigen
Instrumente zu meiner Akademie leihen werden; hierdurch
aufgemuntert, bitte ich Sie darum, und hoffe keine Fehl=
bitte zu erwarten, wenn ich recht sehr darum angehe.

Ihr ergebenster Diener Beethoven.

1203] An Dr. Sartori.   (1824.)

Euer Wohlgeboren! Indem ich höre, daß es Schwierig=
keiten verursachen werde, einige Kirchenstücke abends in
einer Akademie an der Wien zu geben, von der Seite der
k. k. Zensur, so kann ich nichts anderes als Ihnen sagen,
daß ich hierzu aufgefordert worden bin, daß schon alles
hierzu erforderliche abgeschrieben und beträchtliche Kosten
verursacht hat, und die Zeit zu kurz, sogleich andere neue
Werke zum Vorschein kommen zu machen. — Übrigens
werden nur drei Kirchenstücke und zwar unter dem Titel
Hymnen aufgeführt werden. Ich ersuche E. W. dringend,
sich um diese Angelegenheiten anzunehmen, da man ohne=
hin bei jedem Unternehmen der Art mit so vielen Schwie=
rigkeiten zu kämpfen hat. Sollte die Erlaubnis hierzu nicht
gestattet werden, so kann ich versichern, daß es nicht mög=
lich sein wird, eine Akademie zu geben und die ganzen Ko=
piaturkosten für nichts ausgelegt werden. Ich hoffe, Sie
erinnern sich noch meiner. — Euer Wohlgeboren mit Ach=
tung ergebenster   Beethoven.

1204] Einladung.   (April 1824.)

Einladung. Unterzeichneter ladet hiermit sämtliche
Herrn Dilettanten ein, um ihn bei seiner am 22. April im
Theater an der Wien stattfindenden Akademie zu unter=
stützen. Diejenigen, welche hieran gütigst teilnehmen wol=
len, sind gütigst ersucht, Ihre Namen eigenhändig zu un=
terschreiben.   Ludwig van Beethoven.

1205] **An B. Schotts Söhne.**   Wien, 20. Mai 1824.

Euer Wohlgeboren! Es war unmöglich, Ihnen eher zu
antworten, da ich zu überhäuft bin. Ich habe durch einen
Geschäftsmann diesen beigefügten Brief schreiben lassen,
da ich wenig bewandert in dergleichen. Wenn Ihnen diese
Vorschläge recht sind, so schreiben Sie mir aber sehr bald,
denn andere Verleger wünschen jeder eins von diesen Wer=
ken, ich muß aber sagen, daß mir die so sehr angewachsene
Korrespondenz mit dem In= und Ausland wirklich be=
schwerlich wird, und ich dergleichen vereinfacht wünschte.
— Wegen einem Quartett kann ich Ihnen noch nicht sicher
zusagen. Diese beiden Werke, wenn Sie mir baldigst ant=
worten, könnte ich Ihnen alsdann noch sicher überlassen.
Von Ihrer Cäcilia erhielt ich noch nichts, sie muß erst
unsere Zensur passieren!!! — Leben Sie wohl. Ihr mir
Empfohlener wird übermorgen mir von seinen Komposi=
tionen zeigen, und ich werde ihm aufrichtig den Weg zei=
gen, den er betreten kann. — Wegen den beiden Werken nur
bald, indem ich mich auch anderer wegen entschließen muß,
da ich nicht von meinem Gehalte hier leben kann, so muß
ich dergleichen, mehr als ich würde, nicht außer acht lassen.

                                    Ihr ergebenster Beethoven.

1206] **An B. Schotts Söhne.**   (1824.)

Euer Wohlgeboren! Auf Ihre verehrte Zuschrift vom
27. v. M. habe ich die Ehre Ihnen mitzuteilen, daß ich
nicht entgegen bin, Ihnen meine große Messe und die neue
Symphonie zukommen zu lassen. Der Preis der ersteren
ist 1000 fl. Conventions=Münze und der letzteren 600 fl.
Conv.=Münze nach dem 20 fl. Fuße. Die Zahlung kann
damit arrangiert werden, daß Sie mir drei Wechsel an ein
hiesiges sicheres Haus einschicken, welches solche akzeptiert,
und wonach ich Ihnen die Werke auf Ihre Spesen einsen=
den oder allhier an jemanden, den Sie mir anzeigen wol=
len, aushändigen werde. Die Wechsel können auf folgende
Zeit gestellt werden, als die 600 fl. auf einen Monat,
500 fl. auf zwei Monate und 500 fl. auf vier Monate von
jetzt. Sollte Ihnen dies konvenieren, so wird es mir an=

710

genehm sein, wenn Sie die Auflage recht gefällig ausstatten. Indessen habe ich die Ehre mit aller Hochachtung zu verharren Dero bereitwilliger Ludwig van Beethoven.

1207] **An Anton Schindler.** (1824.)

Ich beschuldige Sie nichts Schlechten bei der Akademie, aber Unklugheit und eigenmächtiges Handeln hat manches verdorben; überhaupt aber habe ich eine gewisse Furcht vor Ihnen, daß mir einmal ein großes Unglück durch Sie bevorsteht. — Verstopfte Schleusen öffnen sich öfter plötzlich, und den Tag im Prater glaubte ich mich in manchen Stükken sehr empfindlich angegriffen von Ihnen; überhaupt würde ich eher Ihre Dienste, die Sie mir erweisen, gern öfter mit einem kleinen Geschenke zu vergüten suchen, als mit dem Tische; denn ich gestehe es, es stört mich zu sehr in so vielem, sehn Sie kein heiteres Gesicht, so heißt es „heut war wieder übles Wetter". Denn bei Ihrer Gewöhnlichkeit, wie wäre es Ihnen möglich, das Ungewöhnliche nicht zu verkennen?!!! Kurzum ich liebe meine Freiheit zu sehr; es wird nicht fehlen, Sie manchmal einzuladen. — Für beständig ist es aber unmöglich, da meine ganze Ordnung hierdurch gestört wird. —

Duport hat künftigen Dienstag zur Akademie zugesagt; denn in den landständischen Saal, den ich morgen abends hätte haben können, gibt er die Sänger wieder nicht, auf die Polizei hat er sich auch wieder berufen. Gehn Sie daher gefälligst mit dem Zettel und hören, ob man nichts gegen das zweitemal hat. Umsonst hätte ich nimmermehr diese mir erwiesenen Gefälligkeiten angenommen, und werde es auch nicht. Was Freundschaft betrifft, so ist dies eine schwierige Aufgabe mit Ihnen, mein Wohl möchte ich Ihnen auf keinen Fall anvertrauen, da es Ihnen an Überlegung fehlt und Sie eigenmächtig handeln und ich Sie selbst früher schon auf eine nachteilige Weise für Sie kennen lernte, sowie andere auch; — ich gestehe es, die Reinigkeit meines Charakters läßt es nicht zu, bloß Ihre Gefälligkeiten für mich durch Freundschaft zu vergelten, ob ich schon bereit bin, Ihnen gern zu dienen, was Ihr Wohl betrifft. B.

1208] **An Tobias Haslinger.** (1824.)

Werter Tobias. Es braucht keiner andern Stimmen als
für die meiner besten Vereinsmitglieder. Nach den hier
mitgegebenen Stimmen sollten aber die Platten korrigiert
werden, sonst setzt's wieder eine Korrektur voraus. Pi=
ringer ist angewiesen, die besten 8 Violinisten, die besten
2 Bratschisten, die besten 2 Violoncellisten .... auszusu=
chen, um so viel soll das Orchester verstärkt werden.

(Auktion Henrici LXXIX Nr. 79. Ungedruckt.)

1209] **An Tobias Haslinger.** (1824.)

Paternostergäßler! Seid von der Gütte (nicht Güte)
und erzeigt mir die grosse (nicht große) Gefälligkeit und
nehmt Euer Handrastrum (nicht ein Rostrum Victo-
riatum) und zeichnet mir gefälligst 202 Notenlinien, so
ungefähr wie ich's hier angezeigt, auch auf ein so feines
Papier, was Ihr in die Rechnung zu bringen habt; schickt
solches zum Karl, wenn möglich bis morgen abends, ich
bedarf's. — Auf das folgt vielleicht einiger Ablaß. — Von
Seiten Badens am 27. Mai 1824.

1210] **An Tobias Haslinger.** 27. Mai 1824.

Bester Freund! Haben Sie die Gefälligkeit, lesen Sie
dieses und schicken es gefälligst sogleich an die Behörde.
Dero Diener usw. Amicus Beethoven.
Von Hause ohne zu Hause zu sein.

1211] **An ... (Diabelli)?** (1824.)

Ew. Wohlgeboren! Sie verzeihen schon, daß ich Sie
um die Partitur meiner Messe bitte, da ich selbe höchst not=
wendig bedarf; — übrigens muß ich noch wiederholen, daß
davon kein öffentlicher Gebrauch gemacht wird, bis ich
Ihnen darüber wie oder wann berichten kann. Zuvörderst
wird selbe unter meiner Leitung aufgeführt werden und
zwar mit neun dazu verfaßten Stücken, welche ich Ihnen
danach mit Vergnügen mitteilen werde. — Es gibt Kon=
venienzen, denen man unmöglich ausweichen kann, um so

712

mehr, da ich von auswärtigen Verhältnissen abhängig bin, indem mir Österreich nichts als Verdruß und nichts zu leben gibt. — Wegen Karl werde ich das Vergnügen haben, Ihnen nächstens einen Besuch abzustatten. — Euer Wohlgeboren mit vorzüglicher Hochachtung verharrender

Beethoven.

1212] **An Anton Schindler.** (1824.)

Sehr Bester! Ihr könnt zu Mittag bei mir speisen; bringt Eure Revision (?) mit. Seid bereit, wir sind bereit.

B——n.

1213] **An Anton Schindler.** (1824.)

Ihr verfügt Euch zu mir, um Euch vernehmen zu lassen.

Datum ohne zu geben.

1214] **An Anton Schindler.** (1824.)

Anfang. Papageno, sprechen Sie nichts, was ich von Preußen sprach. Es ist gar nichts darauf zu halten, nur Martin Luthers Tischreden gleichzustellen; ich ersuche meinen Bruder ebenfalls, das Schloß nicht abzulegen, und nichts unter und ober der Selchwurstgasse hören zu lassen.

Die Variationen blieben liegen, senden Sie selbe mit der Haushälterin. Senden Sie auch die nach London bestimmten mit, handeln Sie nicht nach Ihrem Eigendünkel, denn es geht ohnehin alles schief.

Verfolg. Ich ersuche nur gefälligst an zu schreiben, wo das Diplom zuletzt war, ehe es soll zur Regierung, und wie lange es ist, daß es dort hingekommen. Was ist das wieder für eine elende Geschichte mit Fürst Esterhazy.

Ende. Erkundigen Sie sich bei dem Erzflegel Diabelli, wenn das französische Exemplar der Sonate in C-moll abgedruckt, damit ich es zur Korrektur erhalte; zugleich habe ich mir vier Exemplare für mich ausbedungen davon, wovon eins auf schönem Papier für den Kardinal; sollte er hier seinen gewöhnlichen Flegel machen, so werde ich ihm persönlich die Baßarie in seinem Gewölbe vorsingen, daß das Gewölbe wie der Graben davon erschallen soll.

Ihr untertänigster Diener Beethoven.

1215] **An Anton Schindler.** (1824.)

Da ich mit Ihnen zu reden habe, bitte ich Sie gefälligst, zu mir zum Speisen zu kommen. Der Tisch ist um 2 Uhr gedeckt.

> Regnen wird es nicht viel,
> Und eine zweite Taufe schadet nicht.

Ihr —

Wann geht der Postwagen auf Dresden?

1216] **An Tobias Haslinger.** Mai 1824.

Lieber Freund! Sie würden mir wahrhaftig großes Unrecht tun, wenn Sie glaubten, daß ich aus Nachlässigkeit Ihnen keine Billette geschickt habe; ich habe wohl daran gedacht, es ist wie so manches andere vergessen worden. Ich hoffe, daß eine andere Gelegenheit kommen wird, wo ich Ihnen meine Denkungsart in Rücksicht Ihrer zeigen kann. — Alles was übrigens Duport getan hat, daran bin ich gänzlich unschuldig, so, wie er das Terzett auch für neu ausgegeben, nicht ich. — Sie kennen meine Wahrheitsliebe zu sehr, jetzt aber ist's besser, davon zu schweigen, indem nicht jeder die wahre Lage der Sache weiß, und ich unschuldig verkannt werde. — Nach den übrigen Anträgen Duports frage ich gar nichts, da ich nur Zeit und Geld verloren habe bei dieser Art Akademie.

Eiligst Ihr Freund Beethoven.

1217] **An Anton Schindler.** (1824.)

Ich bin schon in der Birn'. Kommen Sie nur nach.

B.

1218] **An Anton Schindler.** (1824.)

Ich speise in der Birn', von da ins Kaffeehaus. Ich werde in der Birn' für Sie bestellen. Jedoch finden Sie mich nicht dort, so kommen Sie ins Kaffeehaus, indem ich nicht gewiß bin, ob Sie kommen.

1219] **An Anton Schindler.** (1824.)

Bester! In der goldenen Birn' finden Sie uns, von da aus ins Kaffeehaus.

714

1220] **An Anton Schindler.** (1824.)

Zur goldenen Birne, Bester.

1221] **An Anton Schindler.** (1824.)

Jetzt nach zwölf in die Birne, — ausgeschifft und ausgehungert, — dann ins Kaffeehaus, wieder hierher, und sogleich nach Penzing, sonst komme ich um die Wohnung.

1222] **An Anton Schindler.** (1824.)

Nur das Nötigste. Vielleicht haben Sie schon alles. So folgt gleich diesen Nachmittag schon für Sie das Versprochene.

1223] **An Tobias Haslinger.** Baden, 12. Juni (1824).

Bester! Man hat Euch was zugeschustert, besorgt's aufs beste; ein billiges Trinkgeld nebst Bezahlung der Spesen wird nicht fehlen. — Anbelangend den Marsch mit Chor, — so ist mir vom selben die letzte Korrektur zuzuschicken, — ebenfalls von der Ouvertüre in Es. — Das Terzett, die Elegie, die Kantate, die Oper heraus damit, sonst mache ich wenig Umstände damit, da Eure Rechte schon verschollen sind. Nur meine Großmut gibt Euch größeres Honorar dafür als Ihr mir. — Die Partitur von der Kantate brauchte ich einige Tage, da ich eine Art Ouvertüre dazu schreiben möchte; die meinige ist so zerstückelt, daß ich sie nicht zusammenfinde, ich müßte sie aus den Stimmen schreiben lassen. — Hat die Leipziger Musikalische Meßzeitung noch nicht in Ansehung der Lügen über meine Medaille von der verstorbenen Französ. Königs Majestät widerrufen? Denn gemein wird sie genug sein, mir jetzt keine Zeitung mehr zu schicken; widerruft sie nicht, so laß ich den Redakteur samt seinem lungensüchtigen Prinzipal in den nordischen Gewässern unter den Walfischen harpunieren. — Selbst das barbarische Baden klärt sich auf, man schreibt jetzt statt wie sonst Guttenbrunn: Guten Brun. Aber was tun die Paternostergäßler? Noch immer statt Große Grosse. Nun ich bin in aller Hochachtung, d. h. ich hab' gar keine Hochachtung, der Barbarischen Paternostergäßler Ergebener (in Comparativo) B—n.

Paternostergäßl. Primus wird wieder wie Mephisto=
pheles feurige Flammen aus seinem Rachen hervorgehn
laffen.

1224] **An Karl Bernard.**   Baden, 10. Juni (1824).

Werter Freund! Es würde gut sein, wenn Sie manch=
mal Karl sähen, Alleegasse Nr. 72, letztes Haus, auch für
seine Literatur sorgt, worüber ich mich selbst mit Ihnen
noch besprechen würde. Es wird doch mit ihm etwas arg,
was die Behandlung gegen mich von ihm betrifft, so ist sie
äußerst kränkend, ja für meine Gesundheit von übeln Fol=
gen. — Vor Sonntag hätte er mir notwendig schreiben müf=
sen, vergebens habe ich schon drei Briefe geschrieben, keine
Antwort, weil ich ihn Sonntags korrigieren mußte, welches
er durchaus nicht ertragen will, so muß ich ein Betragen
von ihm erfahren, wie ich nur von seinem verstorbenen
rohen Vater erfahren, den ich ebenfalls mit Wohltaten über=
häufte. — Ich vermute, daß dies Ungeheuer von Mutter
wieder im Spiel, und dabei die Intrigen meines kopf= und
herzlosen H. Bruders, der schon vorhat, mit ihm Handel=
schaft zu treiben, und der mich immer tadeln und belehren
will (wie die Sau die Minerva im Demosthenes), weil ich
mit seinem Hurenfettlümmel und Bastard durchaus nichts
zu tun will haben, noch weniger mit solchen soweit unter
mir leben will. Von ihm kam es denn doch, daß ich den
Vizedirektor Reißig in der polytechnischen Schule, noch
bloß durch einen Brief, zum Mitvormund wählte. Da
Peters so wenig hier ist, so hielt ich es für Karl nicht übel,
allein ich fürchte, wir werden Spuk erleben, denn ich kann
nichts von ihm, da ich ihn gar nicht kannte. Soviel habe
ich durch meinen eselhaften H. Bruder, ausgenommen, daß
ihm und H. v. R. darum zu tun ist, daß er gar nicht mehr
bei mir sein soll. O wie fein, zum Geldgeben hält man. —
Ich habe erst vor einigen Tagen von hier aus an R. ge=
schrieben, denn ich war so schwach, daß ich mich kaum um
etwas bekümmern konnte, und wie liebreich man für mich
gesorgt! Mündlich werden Sie alles erfahren. Der schreck=
liche vierte Stock, o Gott, ohne Frau, welches Leben, jedem
Fremden wird man zur Beute. — Da Sie in der Nähe

716

dort wohnen, so bitte ich Sie ebenfalls zu dem R(eißig) zu gehen, und ihm meine hier folgende Vormundschafts= diplome usw. zu unterrichten. Wie Blöchlinger sie durch= aus nicht im Hause haben wollte und Dr. B(ach) und ich deswegen polizeiliche Hilfe suchten und erhielten, und sie noch deswegen unter polizeilicher Aufsicht ist. — Ich werde meinen Grundsätzen hierin bis ans Ende meines Lebens getreu bleiben, sollte Karl aber wieder mit ihr heimlichen Umgang oder ihm dazu geholfen werden, so wird man sich nicht vorstellen, was ich tun werde, denn endlich bin ich ermüdet, für soviel Aufopferungen und Großmut den schändlichsten Undank zu erleben. Wegen dem Oratorium seien Sie außer Sorgen, ich werde Ihnen schon sagen, wenn ich Ihrer benötigt bin. — Sie könnten einmal mit Karl Sonntags und mit Ihrer Gattin hierher kommen und bei mir speisen, jetzt erhält man von hier aus noch zu ziemlichen Preisen Fuhren. — R(eißig) ist nachmittags von 4 Uhr an zu finden, auch von 9 Uhr morgens, wo er aber, glaube ich, nur schon oben vor den Kollegien zu finden.

1225] **An B. Schotts Söhne.**   Wien, 3. Juli (1824).

Es war mir unmöglich, Ihnen auf Ihr Letztes vom 27. Mai zu schreiben, auch jetzt nur das Nötigste; ich bin bereit Ihnen auch das Quartett zu schicken und zwar um das Honorar von 50 #, wie ich es Ihnen auch schon früher angesetzt habe; das Quartett erhalten Sie ganz sicher bin= nen sechs Wochen, wo ich Ihnen anzeigen werde, wann Sie mir das Honorar dafür übermachen können; — bei den übrigen zwei Werken bleiben schon die drei festgesetzten Termine, Sie haben nur die Güte, die Wechsel, wie aus= gemacht ist, vorerst für die zwei Werke an Ihren Bankier zu schicken, wo ich selbe abholen und dagegen die benann= ten zwei Werke nämlich: die große Messe und große Sym= phonie abgeben werde; mit dem Quartette bleibt's, wie schon eben vorher angezeigt. Wegen den Absendungen auf dem Postwagen sind eben die Auslagen nicht so sehr groß, und ich werde schon dem Bankier anzeigen, wie man es am besten und wohlfeilsten haben kann. —

So gern ich Ihnen noch manches sagen möchte, so ist es vor Überhäufung mit Beschäftigung nicht möglich, ich behalte mir das Vergnügen hierin auf ein andermal bevor. — Ich erwarte nun bald das Aviso.

Mit herzlicher Ergebenheit   Ihr Freund Beethoven.

1226]   An A. Probst.   Wien, 3. Juli 1824.

Euer Wohlgeboren! Überhäuft beschäftigt, wozu noch Akademien gekommen, kann ich Ihnen jetzt erst anzeigen, daß die verlangten Werke nun vollendet und abgeschrieben sind, so daß selbe nun zu jeder Stunde an Hrn. Glögl abgegeben werden können. Ich ersuche Sie daher, die 100 Stück Wiener Dukaten dem Hrn. Glögl anzuweisen und mich zugleich davon zu benachrichtigen.

Für heute kann ich unmöglich noch sonst etwas hinzufügen; ich behalte mir das Vergnügen ein andermal bevor.

Mit Achtung Ihr ergebenster Beethoven.

1227]   An Anton Schindler.   (1824.)

Ich ersuche Sie höflichst um die Zeugnisse, Original und Kopie. Da manches zu bereden ist, so wäre am wenigsten Zeit zu verlieren, wenn Sie zu Tische kommen wollten einen Tag. Doch muß dies ganz sicher sein; denn sich einladen und nicht kommen, gehört usw., wie Sie sind überhaupt und nicht sein sollten! Dixi.

1228]   An B. Schotts Söhne.   (1824.)

Euer Wohlgeboren! Ich sage Ihnen nur, daß nun künftige Woche die Werke sicher abgegeben werden. — Es ist leicht zu bemerken, wenn Sie sich nur vorstellen, daß ich bei der unsicheren Kopiatur jede Stimme für sich durchgehen mußte. — Denn dieser Zweig hat wie so vieles hier sehr abgenommen, je mehr Stimmen getrieb. wird, überall Armut spiriti und des Geldbeutels.

Ihre Cäcilia habe ich noch nicht empfangen.

Die Ouvertüre, welche Sie von meinem Bruder erhalten, ward hier diese Tage aufgeführt. Ich erhielt deswegen Lobeserhebungen usw. Was ist das alles gegen den großen Tonmeister oben — oben — oben — und mit Recht allerhöchst, wo hier unten nur Spott damit getrieben wird, die Zwerglein allerhöchst!!!!!! —

Das Quartett erhalten Sie gleich mit den anderen Werken; Sie sind so offen und unverstellt, Eigenschaften, welche ich noch nie an Verlegern bemerkt, dies gefällt mir, ich drücke Ihnen deswegen die Hände, wer weiß, ob nicht bald persönlich?! — Lieb wär' es mir, wenn Sie uns schon auch das Honorar für das Quartett hierher an Fries über= machen wollten, denn ich brauche jetzt gerade viel, da mir alles vom Auslande kommen muß, und wohl hier und da eine Verzögerung entsteht; — durch mich selbst. — Mein Bruder fügt Ihnen wegen den Ihnen angebotenen und an= genommenen Werken das Nötige bei. — Ich grüße Sie herzlich. Junker, wie ich aus Ihrer Zeitschrift sehe, lebt noch, er war einer der ersten, der mich, unschuldig und nichts weiter, bemerkte, grüßen Sie ihn. — Eiligst schleu= nigst und doch nicht kürzlichst. Ihr Beethoven.

1229] An Dr. Joh. Bapt. Bach.

Baden (Gutenbrunn), 16. August 1824.

Verehrtester Freund! Meinen herzlichsten Dank für Ihre Empfehlung hierher, ich bin wirklich gut aufgehoben. An mein Testament, Karl betreffend, muß ich Sie erinnern; ich glaube wohl einmal vom Schlage getroffen zu werden, wie mein biederer Großvater, mit dem ich Ähnlichkeit habe.

Karl ist und bleibt einmal Universalerbe von allem, was mein ist und nach meinem Tode noch weiter gefunden wird. Da man aber Verwandten, wenn sie einem auch gar nicht verwandt sind, doch etwas vermachen muß, so erhält mein Herr Bruderé mein französisches Klavier von Paris. Sonnabends könnte Karl dies Testament mitbringen, wenn es eben nicht Ihnen im mindesten beschwerlich fällt. Steiner anbelangend, so will er sich begnügen am Ende die= ses Monats, um am Ende des Monats September gänzlich seine Schuld abgezahlt zu sehen. Denn wenn es mit Mainz etwas wird, so dauert es eben so lange, und die

erften 600 fl. find ebenfalls an zwei der edelften Menfchen
abzutragen, welche mir, als ich beinahe hilflos war, lieb=
reich ohne alle Intereffen mit diefer Summe entgegenge=
kommen find.

Leben Sie herzlich wohl; ich umarme Sie.

Hochachtungsvoll Ihr Freund Beethoven.

1230] **An Erzherzog Rudolf.** Baden, 23. Auguft 1824.

Ihro Kaiferliche Hoheit! Ich lebe — wie?! — ein
Schneckenleben; die fo ungünftige Witterung fetzt mich
immer wieder zurück, und unmöglich ift es bei diefen Bä=
dern, Herr feiner Hauskraft wie fonft zu fein. — Eben vor
wenigen Tagen fchreibt mir der als mufikalifcher Autor
und Schriftfteller nicht unbedeutende Nägeli aus Zürich;
derfelbe gibt 200 Gedichte heraus, worunter auch mufika=
lifche Gedichte, und hat mich fehr angegangen, I. K. H. zu
bitten, daß Höchftdiefelben doch auf diefe Sammlung
gnädigft fubfkribieren möchten. Der Preis ift fehr gering,
nämlich: 20 g. Grofchen oder 1 fl. 30 kr. Wenn Ihre
K. H. auf fechs Exemplare fubfkribieren, fo wird das fo=
gar Gefchrei machen, obfchon ich weiß, daß mein gnädig=
fter Herr auf fo etwas nicht achtet; für jetzt ift genug, wenn
I. K. H. nur die Gnade haben, mir Ihre Willensmei=
nung hierüber zu eröffnen. Das Geld kann erlegt werden,
fobald die Exemplare ankommen, welches höchftens in
paar Monaten gefchieht. Nun hat Hr. Nägeli gebitten,
nun muß ich felbft für ihn bitten. Es läßt fich nicht alles
abmeffen nach der Schnur, Wieland fagt aber: wie leicht
ift ein Büchlein ein paar Gr. wert; krönen alfo I. K. H.
durch Vorfetzung Ihres erhabenen Namens als Teilneh=
mer zur Unterftützung diefes Mannes diefe Gedichte;
ganz ohne Wert werden fie ficher nicht fein. — Indem ich
überzeugt bin von der Teilnehmung I. K. H. an allem,
was edel und fchön ift, hoffe ich für Nägeli keine Fehlbitte
gemacht zu haben, und bitte nur, daß I. K. H. mir die
fchriftliche Erlaubnis erteilen, Nägeli auszurichten, daß
I. K. H. die Subfkription genehmigen. — Ihro Kaifer=
lichen Hoheit mit Liebe und gehorfamfter Treue allzeit
verharrender Beethoven.

720

1231] **An Anton Diabelli.**   Baden, 24. August 1824.

Lieber Diabelli! Es war mir nicht möglich, Ihnen eher
zu schreiben. Sie wünschen eine große vierhändige So=
nate. Es liegt zwar nicht in meinem Wege dergleichen zu
schreiben, aber ich will Ihnen gern meine Bereitwilligkeit
hierin zeigen, und werde sie schreiben. Vielleicht läßt es
meine Zeit zu, Ihnen selbe früher als Sie wünschen ver=
schaffen zu können. Was das Honorar angeht, so fürchte
ich, es wird Ihnen auffallen; allein in Betracht, daß ich
andere Werke aufschieben muß, die mir mehr eintragen
und gelegener sind, werden Sie es vielleicht nicht zuviel
finden, wenn ich das Honorar auf 80 Dukaten in Gold
festsetze. Sie wissen, daß — wie ein tapferer Ritter von
seinem Degen — ich von meiner Feder leben muß; dabei
haben mir die Akademien einen großen Verlust verursacht.
— Sie können mir nun hierüber schreiben; denn wenn Sie
dies einwilligen, so müßte ich es bald wissen. Was den
Ton anbelangt, so bin ich damit einverstanden. — Leben
Sie wohl. — Wie immer Ihr Freund und Diener

Beethoven.

1232] **An A. Probst.**   Baden, 28. August 1824.

Euer Wohlgeboren! Ihr Schreiben vom 10. August
habe ich erhalten, Schreiben und Anweisung. Durch die
schlechte Witterung aufgehalten in meinen Bädern, muß ich
nun noch acht Tage länger hier bleiben, wonach ich sogleich
alle Werke, in die Stadt mich begebend, abgeben werde.
Was Herrn Peters betreffend, werden Sie in kurzem dar=
über Aufklärung erhalten. Sie schreiben von meiner neuen
Symphonie. Sie erinnern sich wohl, da ich Ihnen von die=
ser wie auch von meiner Messe geschrieben. Letztere ist
wirklich schon vergeben; aber die Symphonie betreffend,
welche die größte, welche ich geschrieben habe und weswe=
gen mir sogar schon Künstler vom Auslande Vorschläge
gemacht haben, so wäre es möglich zu machen, daß sie selbe
erhalten könnten. Freilich müssen Sie sehr schnell Ihren
Entschluß fassen; denn ein Teil des Honorars dafür ist
schon hier. Allein ich könnte diesem Manne dafür andere
Werke geben. Obschon Gott mich besonders segnet (denn

ich helfe ebenfalls, wo ich kann) und es mir an Verlegern nie mangelt, so wissen Sie doch, daß ich die Einfachheit in der Sache liebe. Indem ich demjenigen wieder andere Werke geben könnte, hätte ich weiter keine Bemühungen deswegen und könnte Ihnen die Symphonie überlassen. Sie dürfte zwar erst künftiges Jahr, Juli, im Stich erscheinen; rechnet man unterdessen, bis sie gestochen, korrigiert, so ist der Zeitraum nicht so groß. Mißbrauchen Sie unterdessen mein Vertrauen nicht und machen Sie ja keinen Gebrauch von diesen meinen Aussagen im Reden mit anderen; das Honorar wäre 1000 Gulden Konventionsmünze. Die zwei Klavierauszüge wollte ich auch schaffen. Das Geld brauchte aber nicht gleich da zu sein; zum B. einen Wechsel hierauf in drei Monaten zahlbar. Am besten würde es freilich sein, diesen auf ein gutes Haus wie Fries & Komp. oder Geymüller (anzuweisen); Geschäftsgeldsache ist mir sehr beschwerlich. Sie werden es schon am besten und sichersten zu machen wissen. Nur bitte ich Sie um die größte Eile, die Antwort betreffend, da ein Teil des Honorars wirklich schon hier ist. Sollte ich also einen anderen Entschluß hierin fassen müssen, so ist es meine Pflicht, diesem wirklich ebenfalls ehrenvollen Mann davon gleich Erwähnung zu machen und ihn mit anderen Werken zu entschädigen.

Wie immer mit Hochachtung Euer Wohlgeboren ergebenster
Beethoven.

Ich bitte noch einmal inständigst um das höchste Schweigen, die Symphonie betreffend; daß selbe mit großen Chören und Solostimmen beim Finale ist, wissen Sie wohl ohnehin.

1233] **An Karl v. Beethoven.** Baden, 29. August (1824).

Liebes Lümperl! Sieh' unser Mahagoniholz, wie es sich regt; mein Plan ist schon gemacht, wir geben das jetzige Quartett dem Artaria und das letzte dem Peters. — Seht, hab' ich nicht auch was gelernt? Nun ich sehe, ich machte schon voraus, Dir zulieb, den Reisenden, damit Du den Weg gebahnt findest. — Mein Magen ist schrecklich verdorben und keinen Arzt! — Geschnittene Federn brauchte ich,

schicke sie mir in einem Brief; — auch Samstag schreibe
Peters nicht, wir warten noch etwas, so tut man oder zeigt
man ihm, daß es uns gleichgültig ist.

Ich nehme seit gestern nichts als Suppe und ein paar
Eier und bloß Wasser; meine Zunge ist ganz gelb, und
ohne Abführen und Stärken wird sich mein Magen nie,
troß dem Komödiendoktor, nie erholen. — Das dritte
Quartett enthält auch sechs Stücke und wirklich wird es in
zehn, höchstens zwölf Tagen ganz vollendet sein. — Habt
mich lieb, Beste, und wenn ich Euch wehe tue, geschieht's
nicht, um Euch wehe zu tun, sondern um Euch für die Zu=
kunft wohl zu tun. — Jetzt schließe ich wieder. — Ich um=
arme Dich von Herzen, sei nur lieb, gut, fleißig und auf=
richtig, damit ist allem meinem Glück Grenzen gesetzt. —
Schreibe, lieber Sohn, mir ist leid alle Deine Bewegungen
wegen mir, es wird sich schon erleichtern. Holz scheint uns
Freund können zu werden, — ich erwarte ein baldiges
Schreiben von meinem Benjamin.

Dein treuer Vater.

1234] An **Anton Diabelli**.   (1824.)

Lieber Diabelli! Ich bitte Sie, nur noch ein paar Tage
sich zu gedulden, wo ich wieder selbst zu Ihnen komme, in=
dem ich Ihnen vorschlagen werde, ob Sie nicht auch die
zu der Ouvertüre gehörigen Gesangstücke nehmen wollen.
Über die Variationen, welche Sie, wie auch die vierhändi=
gen Sonaten, ganz gewiß von mir erhalten, wie auch das
Quintett für Flöte, bringe ich Ihnen Montags alles auf=
geschrieben; für die Ouvertüre allein wünsche ich ein Ho=
norar von 50 Dukaten. Sie können dieses derweil in Über=
legung nehmen. Zweifeln Sie nicht an meinem gegebenen
Worte.   Ihr Freund Beethoven.

1235] An **C. F. Peters**. (Entwurf.)   (1824.)

Ich habe Ihnen geschrieben, daß ein Quartett für Sie
bereitliegt; sobald Sie daher schreiben, daß Sie dieses für
360 fl. C.=M. oder 80 ♯ annehmen, so wird Ihnen dies
sogleich gesendet. Meine Werke werden mir jetzt höher als
je honoriert; übrigens haben Sie selbst die Schuld an die=

sem ganzen Ereignis. Ihre Briefe zeigen an, was Sie
früher verlangt, und was ich sendete war das, was es sein
soll (die häufigen Nachstiche zeigen die Wahrheit davon);
übrigens wird Sie das Quartett belehren, daß ich mich
nicht an Ihnen räche, sondern, daß ich Ihnen gebe, was
ich besser meinem besten Freunde nicht geben könnte. —
Ich bitte Sie, sich zu eilen, daß ich mit nächster Post die
Antwort erhalte, denn sonst kann ich nicht anders als
Ihnen die 360 fl. C.-M. zurücksenden. Ohnehin komme
ich in Verlegenheit, indem jemand sowohl dieses als ein
anderes auch neu von mir vollendetes Quartett haben
will, aber nun nicht gern ein einzelnes haben will. Es
geschieht wirklich aus Rücksicht auf Ihr langes Warten,
woran Sie allein selbst schuld, daß ich in diesem Augen=
blicke dieses Quartett von dem nachfolgenden auch schon
vollendeten trenne (glaubst Du, daß man hier das letzte
antragen soll? Freilich fein, sehr fein, (je vous laisse
comme Marchand coquin). Übrigens haben Sie ja kein
Mißtrauen, daß ich Ihnen etwas schicke, um mich zu rä=
chen; nein, ich versichere Sie, auf meine Kunstehre, daß
Sie mich zum schändlichsten Menschen herabsetzen sollen,
wenn Sie nicht finden, daß es nicht ein meiner würdiges
Kunstwerk ist.

1236] An Hans G. Nägeli.   Baden, 9. September 1824.

In der Unterschrift an mich schreiben Sie mir „in
Wien" wie gewöhnlich.

Mein sehr werter Freund! Der Kardinal=Erzherzog ist
in Wien und ich meiner Gesundheit wegen hier; erst
gestern erhielt ich von ihm in einem Schreiben die Zusa=
gung, daß er mit Vergnügen subskribiere auf Ihre Ge=
dichte wegen Ihrer Verdienste, welche Sie sich um das Em=
porkommen der Musik erworben haben, und sechs Exem=
plare davon nehme. Titulation werde ich noch schicken.
Ein Unbekannter subskribiert ebenfalls darauf, und das
bin ich; denn da Sie mir die Ehre erzeigen, mein Panegy=
riker zu sein, darf ich wohl keineswegs mit meinem Na=
men erscheinen. Wie gern hätte ich auf mehrere subskri=
biert, allein meine Umstände sind zu beschränkt. Vater

eines von mir angenommenen Sohnes, des Kindes von meinem verstorbenen Bruder, muß ich sowohl für die Gegenwart, wie für die Zukunft, seinetwegen denken und handeln. — Ich erinnere mich, daß Sie mir auch früher geschrieben haben wegen Subskription, damals war ich sehr kränklich, welche Kränklichkeit über drei Jahre gewährt hat, nun befinde ich mich besser. — Schicken Sie nur gerade Ihre gesammelten Vorlesungen auch an den Erzherzog Rudolf, widmen Sie selbe ihm womöglich, ein Geschenk erhalten Sie immer; groß wird es freilich nicht sein, aber besser als nichts; sagen Sie ihm einige schmeichelhafte Worte in der Vorrede, denn Musik versteht er, und er lebt und webt darin. Mir tut es wirklich um sein Talent leid, da ich nicht mehr soviel an ihm teilnehmen kann als früher.

Ich habe hin und wieder noch Aufträge wegen Subskribenten auf Ihre Gedichte gegeben; welche ich noch erhalten werde, soll Ihnen sogleich bekannt gemacht werden. — Ich wünschte, daß Sie mir auch Ihre Vorlesungen hierher übermachten, sowie die fünfstimmige Messe von Sebastian Bach; was beides kostet, werde ich sogleich von hier aus übermachen. — Denken Sie übrigens ja kein Interesse von mir irgendwo, was ich suchte; frei bin ich von aller kleinlichen Eitelkeit; nur die göttliche Kunst, nur in ihr sind die Hebel, die mir Kraft geben, den himmlischen Musen den besten Teil meines Lebens zu opfern. Von Kindheit an war mein größtes Glück und Vergnügen, für andere wirken zu können, Sie können daher denken, wie groß mein Vergnügen ist, Ihnen in etwas behilflich zu sein und Ihnen anzuzeigen, wie ich Ihre Verdienste schätze. Ich umarme Sie als einen Weisen des Apollo, von Herzen der Ihrige.

Beethoven.

Wegen des Erzherzogs schreiben Sie mir bald, weil ich alsdann die Einleitung dazu treffen werde; um Erlaubnis der Dedikation brauchen Sie nicht einzukommen, er wird und soll überrascht werden.

1237] An **Karl v. Beethoven.** Baden, 14. September (1824).

Lieber Sohn! Entweder es regnet morgen und vielleicht stark oder auch gar nicht, beides ist für mich nach=

teilig, der schreckliche Staub wie auch der Regen. Leid tut es mir, Dich mit diesem alten Teufel so lange wissen zu müssen; halte Dich nur immer fern von ihr. Du mußt ihr einen Brief in meinem Namen an den Verwalter des Spitals schreiben, wo Du anführst, daß sie am ersten nicht gekommen, zum Teil weil sie nicht wohl, teils weil mehrere Menschen hierher zu mir gekommen.

Basta cosi. — Hier die 40 fl. für den Korrepetitor, laß Dir den Empfang schriftlich bestätigen, wie vielen Irrtümern entgeht man da! — und dies tut jeder, welcher für einen anderen bezahlt. Hat doch Holz die Quittung von Rampel unaufgefordert gebracht, tun andere nicht dasselbe? — Die weiße Weste nimm Du und die andere läßt Du für mich machen. — Den Metronom könntest Du mitbringen, er ist nicht zu machen. — Nimm Deine Leintücher und zwei Decken mit, — Bleistift, Federn, erstere jedoch nirgends in der Brandstatt, könntest Du wohl mitbringen. — Und nun leb' wohl, lieber Sohn, komm' morgen und ja nicht zu spät in meine Arme, vielleicht wird es morgen (schön?). Wie immer Dein treuester Vater.

Es war nicht anders zu machen als Dir mit der Alten den Zeiselwagen, welcher doch mit allem 8 fl. 36 kr. kostet, zu schicken. — Vergiß nichts, auch Deine Gesundheit nicht.

1238] An **Andreas Streicher.** Wien, 16. September 1824.

Ihrem Wunsche, mein werter Freund! die Singstimmen meiner letzten großen Messe mit einem Auszuge für die Orgel oder Piano an die verschiedenen Gesangvereine abzulassen, gebe ich hauptsächlich darum gerne nach, weil diese Vereine bei öffentlichen, besonders aber gottesdienstlichen Feierlichkeiten außerordentlich viel wirken können und es bei Bearbeitung dieser großen Messe meine Hauptabsicht war, sowohl bei den Singenden als bei den Zuhörenden religiöse Gefühle zu erwecken und dauernd zu machen.

Da aber die Kopie, sowie die öftere Durchsicht derselben sehr viel Kosten verursachen, so kann ich nicht weniger als fünfzig Dukaten Spezies dafür verlangen und überlasse

es Ihnen, die Anfragen deshalb zu machen, damit ich meine
Zeit der Sache selbst ganz widmen kann. — Ich grüße Sie
herzlich Ihr hochachtungsvoll ergebener

Ludwig van Beethoven.

1239] An B. Schotts Söhne.   17. September 1824.

Euer Wohlgeboren! Ich melde Ihnen nur, daß ich
Ihren Brief vom 19. August gar nicht erhalten; woher
dieses rührt, ist mir bis jetzt noch unerklärbar. Auf Ihr
letztes Schreiben, enthaltend die Anzeige an das Friesische
Haus & Ko., können Sie versichert sein, daß sobald ich von
hier aus nach Wien, welches spätestens Ende dieses Mo=
nats sein wird, mich begeben werde, sogleich die bestimm=
ten beiden Werke so schnell als möglich besorgen werde.
Auch das Quartett erhalten Sie sicher bis Hälfte Oktober.
Gar zu sehr überhäuft und eine schwache Gesundheit, muß
man schon etwas Geduld mit mir haben; hier bin ich mei=
ner Gesundheit oder vielmehr meiner Kränklichkeit wegen,
doch hat es sich schon gebessert. Apollo und die Musen wer=
den mich noch nicht dem Knochenmann überliefern lassen,
denn noch so vieles bin ich ihnen schuldig und muß ich vor
meinem Abgang in die Elysäischen Felder hinterlassen, was
mir der Geist eingibt und heißt vollenden. Ist es mir doch,
als hätte ich kaum einige Noten geschrieben. Ich wünsche
Ihnen allen guten Erfolg Ihrer Bemühungen für die
Kunst; sind es diese und Wissenschaft doch, die uns ein
höheres Leben andeuten und hoffen lassen. — Bald meh=
reres. — Eiligst Euer Wohlgeboren ergebenster

Beethoven.

1240] An Sebastian Meier.   (23. September 1824.)

Lieber Meier! Ich bitte Dich recht sehr, doch ein ein=
ziges Terzett aus meiner Oper zu singen. — Ich hoffe, Du
wirst mir diese Gefälligkeit nicht abschlagen. — Ich bin
nicht wohl, sonst wäre ich selbst zu Dir gekommen, um Dich
zu bitten. — Samstags vormittags um .... Uhr ist die
Probe, Sonntags um zwölf die Aufführung.

Wie immer Dein Freund L. v. Beethoven.

1241] **An Vinzenz Hauschka.** Baden, 23. September 1824.

Lieber werter Freund! Indem ich Dir schreibe, daß ich, sobald ich in die Stadt gelangt bin, das Bernardsche Oratorium schreiben werde, bitte ich Dich ebenfalls Herrn v. Bernard das Honorar erfolgen zu lassen. Über das Weitere, was wir brauchen und nötig haben, bereden wir uns in der Stadt, indem ich Dich als großmächtigsten Intendanten aller Sing- und Brummvereine, als k. k.sches Generalvioloncello, als k. k. Inspizient aller k. k. Jagden, wie auch Diakonus meines gnädigsten Herrn ohne Domizil, ohne Dach und Fach, wie auch ohne Präbende (wie auch ich) meines gnädigsten Herrn treusten Diener grüße, wünsch ich Euch dieses und jenes, woraus Ihr das Beste nehmen könnt. Damit kein Irrtum stattfindet, melde ich noch: daß wir das Bernardsche Oratorium „der Sieg des Kreuzes" ganz gewiß in Musik setzen und baldigst beendigen werden, laut unserer Unterschrift und unserem Siegel.

L. van Beethoven.

1. Nachschrift. Laß das Wildbret nicht durch Ratzen und Mäuse verzehren. Versteht mich. Eröffnet auch bessere Wege und Konkurrenz. — Dero in Christo und Apollo

Beethoven.

2. Nachschrift. Was nun das Fähnlein auf dem weißen Turm anbelangt, so hoffen wir, daß es bald wieder wehen werde. — 3. Nachschrift usw.

1242] **An Ant. Diabelli & Komp.** Wien, 26. Sept. (1824).

Herr von Diabelli & Komp.! Ich konnte nicht eher antworten, da ich noch keine Zeit bestimmen konnte; jetzt unterdessen verspreche ich Ihnen, das Quintett etwas über sechs Wochen einhändigen zu können. Ihre Wünsche werde ich beachten, ohne aber meiner künstlerischen Freiheit Eintrag zu tun. Mit dem Honorar von 100 Dukaten in Gold bin zufrieden.

Mit Achtung Ihr ergebenster Beethoven.

1243] **An Joh. Andr. Stumpff.** Baden, 29. Sept. 1824.

Mein guter Freund Stumpff! Wenn Sie mich nicht sehen, so schreiben Sie es nichts anderem als meiner gewohnten Einsamkeit zu. Das ziemliche Beobachten des „Nulla dies sine linea", die schon kürzeren Tage hier im Gebirge, wo man sich gern durch Spaziergänge und Genuß der freien Luft, wie den schönen Gegenden, vor den bevorstehenden Plagen in der Stadt, noch stärken möchte, trägt auch dazu bei. Denken Sie deswegen zuweilen nicht weniger an Ihren   Freund Beethoven.

Ich hoffe, Ihre Gesundheit gewinnt. Ich glaube, daß Sie mehr Bewegung zu Fuß machen sollen.

1244] **An Joh. Andr. Stumpff.**   Baden, 3. Oktober 1824.

Mein verehrter Freund! Es würde sehr liebevoll von Ihnen sein, wenn Sie sich zu dem Herrn? (Stein, Klaviermacher) begeben wollten; auf der Landstraße wohnt er, und denselben gütigst anweisen wollten, was mit meinem Instrumente von Broadwood geschehen soll? Ich grüße Sie herzlich und bitte Sie, mich in England nicht zu vergessen, sowie auch (an) die Schildkröte von 600 Pfund vom König von England, für meine Schlachtsymphonie zu denken. Ihr bereitwilliger Freund usw.

                Ludwig van Beethoven.

1245] **An Tobias Haslinger.**

        Baden, abends am 6. Oktober 1824.

Lieber Tobias! Ich bitte Sie innigst, sogleich in dem Haus in der Johannisgasse, wo wir hinziehen, fragen zu lassen, ob Karl gestern und heute dort geschlafen, und, wenn er zu Hause ist, diesen Zettel ihm sogleich übergeben zu lassen; wo nicht, ihn der Hausmeisterin allda, um ihn zu übergeben, zu hinterlassen. Seit gestern ist er von hier und ist heute abends samt der Haushälterin noch nicht da. Ich bin allein mit einer Person, die nicht reden, nicht lesen und schreiben kann, und finde außer dem Hause hier kaum zu essen. Karln mußte ich schon von hier abholen einmal in Wien; denn wo er einmal ist, ist er schwer wegzubringen. Ich bitte mir hierher gleich zu berichten, was möglich ist. Die paar Tage hätte ich gern hier noch ruhig zugebracht; leider werde ich wohl wieder wegen ihm in die Stadt müssen. Übrigens bitte ich Sie, niemanden etwas wissen zu lassen. Gott ist mein Zeuge, was ich schon durch ihn ausstehen mußte. Ist beim Hausmeister in der Johannisgasse keine Auskunft zu erhalten, so schicken Sie nur auf die Landstraße, wo ich wohnte, um beim Hausmeister zu fragen, wo die Frau von Niemez wohnt, um allda zu erfahren, ob er dagewesen sei oder hinkomme, damit sie ihn gleich hierher weise.

Den Bedienten von Ihnen werde ich schon belohnen, sowie auch das Postgeld für die Briefe. Auch den Brief an meinen Kains-Bruder bitt' ich zu besorgen. Wenn er nicht zu finden oder auch gefunden, bitte ich gleich um Antwort.

Eiligst Ihr Freund Beethoven.

Um Gottes willen gleich Antwort.

1246] An Tobias Haslinger.

Baden, am Tage nach dem 6. Oktober 1824.

Bester! Unser Benjamin ist heute früh schon hier eingetroffen, weswegen ich siebzehn und eine halbe Kanone habe abfeuern lassen. Frühere Begebenheiten ohne seine Schuld et sine mea culpa haben mich ängstlich gemacht; dem Himmel sei Dank, es geht trotz meinen Agitatos zuweilen alles gut und erwünscht. Es ist kein Wunder bei diesen armseligen Anstalten, daß man wegen eines sich entwickelnden jungen Menschen in Angst ist; dabei dieses vergiftende Atmen der Drachen! Herrn Max Stumpf anbelangend höre ich, daß er mich als seinen verlorenen Sohn erklärt; — verloren?! Dies Bildnis usw. Als Großsiegelbewahrer erhaltet Ihr nächstens das Diplom. Was aber die Paternostergäßlerei angeht, so halten wir dafür, daß dies ganz im Geheimen bleibe; denn es wäre doch endlich zu befürchten, daß es dazu kommen würde, zu rufen und sich anzusehen, sich zu sagen: Dort geht ein Paternostergäßler. Was nun meinen gnädigsten Herrn betrifft, so kann er doch nicht anders als dem Beispiele Christi folgen, d. h. zu leiden, ed il maestro nicht weniger, so ziemlich zollfreie Gedanken. Auf Freud' Leid, auf Leid Freud'. Ich hoffe um Eures Besten willen, daß heute das eine oder andere bei Euch stattfindet. Lebt wohl, Bester! Hierher mittelst vorläufiger Ankündigung nebst piringerischem Direktorium solltet Ihr doch noch einmal kommen.

Der Eurige Beethoven.

1247] **An Karl Czerny.** Baden, 8. Oktober 1824.

Mein werter Czerny! Unendlichen Dank für Ihre mir bezeigte Liebe. Mein Bruder hat leider vergessen, Sie zu bitten um den vierhändigen Klavierauszug der Ouvertüre. In dieser Rücksicht hoffe ich, Sie schlagen es mir nicht ab, auch noch diesen über sich zu nehmen. Ich sehe aus der Geschwindigkeit, womit Sie diesen Klavierauszug gefördert haben, daß es Ihnen auch keine Mühe machen wird, auch den anderen baldmöglichst zu vollenden.

Leider wurde die Sache durch meinen Bruder in die Länge gezogen, wodurch nun alles Hals über Kopf gehen muß.

Ich bin meinem Bruder eine Summe schuldig, wofür er diese Ouvertüre und einige andere Werke erhalten hat; dies ist der Grund, warum er dabei ins Spiel kommt. Ich bitte Sie übrigens, mir anzuzeigen, was für ein Honorar Sie für beide Klavierauszüge verlangen; ich werde es Ihnen mit Vergnügen zustellen.

Von dem Wunsche, Ihnen dienen zu können, habe ich Sie schon längst unterrichtet; wo also ein solcher Fall eintritt, übergehn Sie mich ja nicht, da ich allezeit bereit bin, Ihnen meine Liebe, Dankbarkeit und Achtung zu bezeigen.

Wie immer Ihr Freund Beethoven.

P. S. Da ich glaubte, daß es Ihnen lieb sein könnte, den schon vollendeten Klavierauszug bei Verfertigung des vierhändigen zu benutzen, so habe ich ihn mit beigelegt.

1248] **An Tobias Haslinger.** Baden, 10. Oktober 1824.

Lieber Haslinger! S. Exzellenz Hr. Graf v. Dietrichstein wünschen zu einem Hoffeste, welches nächster Tage statthaben soll, die Partitur des Terzetts zu haben, welches bei meiner zweiten Akademie im Redoutensaal aufgeführt wurde. Ich würde sie ihm mit Vergnügen geben, da ich sie aber in Wien habe, wo sie erst aus einem Wust von Musikalien hervorgesucht werden müßte, so schicke ich

731

den Überbringer zu Ihnen und hoffe, Sie werden ihm
selbe nicht abschlagen. Diese Woche wahrscheinlich kommt
Karl nach Wien und wird auch zu Ihnen kommen. Geb
Er's her, Bester, es muß sein, Bester, heraus damit.

Euer Freund Beethoven.

1249] An Tobias Haslinger. (1824.)

Ich hoffe, Bester, daß Holz Ihnen mein Schreiben an
die Mainzer gezeigt oder vielmehr sogleich zur Beförderung gegeben, woraus Ihnen auch deutlich erhellen wird,
daß ich eher an meinen Tod als an einen solchen Mißbrauch
eines wirklich bloßen Scherzes gedacht habe. Nach Berlin
und Leipzig deswegen mit nächstem Posttage. Nie habe
ich mich auch an meinen grimmigsten Feinden gerächt, wie
selbst das Beispiel von Karls Mutter, der ich, wo ich kann,
mich wohltätig zeige, [beweist]. Nichts als Witzspiel war
das Ganze, womit selbst das Wort geleert statt gelehrt
entschuldigt werden kann, denn es ist ja das Wortspiel und
nicht die Sache gemeint. Auch haben diese Schufte geschrieben, was gar nicht da war, denn ich habe geschrieben
geleerter Gesellschaften. Da dies aber gerade garnicht der
Fall ist, so ist es noch weniger anstößig bei einem Spaß,
wie dieser, und einmal anders sollte es nichts sein. Ans
Herausgeben ist nie gedacht worden.

Ich ersuche Sie die Quittung, welche Karl Ihnen überbringen wird, unterschreiben zu lassen, entweder von der
Mutter desselben oder von dem Richter in ihrem Namen.
Beide will ich durchaus nicht, daß sie unterschreiben, sondern nur eins oder das andere. Auch geben Sie das Geld
nicht eher, bis die Schrift von mir unterschrieben ist, auch
keine andere als meine eigenhändige. — Lebt wohl, bester
Tobias, Ihr werdet schon gerächt werden. Alles Schlechte
rächt sich von selbst. Es sind ebenso dumme als boshafte
Menschen. — Grüßt mir das brummende Generaldirek-
torat P., denn schreien u. v. — wißt Ihr wohl — kann er
nicht. Ich hoffe, wir werden uns wohl hier sehen, doch
müßt' ich's voraus wissen, indem, wann's schön ist, ich
wohl Ausflüge mache.

Der Eurige amicus Beethoven.

[außen]: An des Hr. Tobias Wohlgeborenheit des
wohlgebornen Hr. v. Haßlinger allda in Wien.

1250] An **Georg Nägeli**. Wien, 17. November 1824.

Mein sehr werter Freund! Überhäuft und bei der spä=
ten Jahreszeit mich nicht genug schützend, wieder kränk=
lich, glauben Sie mir, war es nicht möglich Ihnen eher zu
schreiben; Ihre Subskription anlangend, erhielt ich noch
nur einen Subskribenten auf zwei Exemplare, Hr. v. Bih=
ler, Erzieher der Familie Seiner Kaiserl. Hoheit des Erz=
herzogs Karls. Den Erzherzog selbst zu erlangen ward
versucht, jedoch vergeblich, — überall habe ich angespornt,
leider, daß man hier zu überschwemmt mit zuvielem. —
Dies ist alles, was ich in der Geschwindigkeit Ihnen
schreiben kann, auch in Haßlingern habe ich deswegen ge=
drungen, vergebens. Man ist wirklich arm hier in Öster=
reich und für Kunst, Wissenschaft bleibt wenig durch die
durch den Krieg noch immer fortdauernden drangvollen
Zeiten. — Was später die Honorare anbelangt, so werde
ich dies getreu besorgen, nur schreiben Sie mir deutlich wo=
hin? Ich umarme Sie im Sinne und rechnen Sie allzeit
auf Ihren Sie hochverehrenden wahren Freund

Beethoven.

1251] An **Schwenke**. Wien, 17. November 1824.

Schwenke dich, ohne Schwänke. (Kanon.)

1252] An **Erzherzog Rudolf**. 18. November 1824.

Ihro Kaiserliche Hoheit! Krank von Baden hierher
kommend, war ich verhindert, meinen Wünschen gemäß
mich zu J. K. H. zu begeben, indem mir das Ausgehn ver=
boten war; erst gestern war der erste Tag, wo ich mich in
der freien Luft wieder ergehn durfte. — Ihr gnädiges
Schreiben traf mich gerade auf dem Bette liegend an, ge=
rade im Schwitzen begriffen; da mein Übel=aufsein von
Verkühlung herrührt, war mir das Aufstehen unmöglich.
Ich weiß, daß J. K. H. ohnehin überzeugt sind, daß ich nie
die Ihnen geziemende Ehrfurcht außer acht lassen kann. —
Morgen werde ich vormittags das Vergnügen haben, meine

Aufwartung zu machen; an Mitteln wird es ohnehin nicht hier fehlen den muſikaliſchen Geiſt J. K. H. aufzuwecken, welches nicht anders als erſprießlich für die Kunſt ſein kann, — mein Aſyl — Gott ſei Dank. — Jhro Kaiſerliche Hoheit treu gehorſamſter Diener   Beethoven.

1253]   An B. Schotts Söhne.   (1824.)

Euer Wohlgeboren! Mit Bedauern melde ich Jhnen, daß es noch etwas länger zugehen wird mit Abſchickung der Werke. Es war aber ſoviel nicht mehr zu überſehen in den Abſchriften; allein da ich den Sommer nicht hier zubrachte, ſo muß ich jetzt dafür alle Tage zwei Stunden Lektion geben bei Sr. Kaiſerl. Hoheit dem Erzherzog Rudolf; dies nimmt mich ſo her, daß ich beinahe zu allem anderen unfähig bin, und dabei kann ich nicht leben von dem, was ich einzunehmen habe, wozu nur meine Feder helfen kann; unerachtet deſſen nimmt man weder Rückſicht auf meine Geſundheit noch meine koſtbare Zeit. — Jch hoffe, daß dieſer Zuſtand nicht lange währe, wo ich ſodann das Wenige, was zu überſehen, ſogleich vornehmen und Jhnen die beiden Werke ſogleich übermachen werde.

Vor einigen Tagen erhielt ich einen Antrag in Rückſicht Jhrer, worin es heißt, daß eine auswärtige Muſikhandlung geſonnen ſei, allſogleich 50 Exemplare von beiden Werken von Jhnen zu nehmen und ſich noch dazu mit Jhnen zu verbinden, um den Nachſtich zu verhüten; ich leugnete die Sache geradezu, denn ich habe ſchon bittere Erfahrungen in dergleichen (vielleicht nur Spioniererei) gemacht; wollen Sie aber ſo etwas, ſo will ich mich mit Vergnügen näher erkundigen.

Nun von einem anderen Antrage. Mein Bruder, dem ich durch Gefälligkeiten verbunden, habe ich ſtatt einer ihm ſchuldigen Summe folgende Werke überlaſſen, nämlich die große Ouvertüre, welche bei meiner Akademie hier aufgeführt wurde, ſechs Bagatellen oder Kleinigkeiten für Klavier allein, von welchen manche etwas ausgeführter und wohl die beſten in dieſer Art ſind, welche ich geſchrieben habe, — drei Geſänge, wovon zwei mit Chören und die Begleitung von einem vom Klavier allein oder mit bla-

734

senden Instrumenten allein, vom anderen die Begleitung mit dem ganzen Orchester oder mit Klavier allein, der dritte Gesang, ganz ausgeführt, ist bloß mit Klavier allein; — die Ouvertüre hat schon zwei Klavierauszüge, einen zu zwei und einen zu vier Händen, welche Sie beide erhalten. — Mein Bruder verlangt für alles zusammen 130 # in Gold als Honorar; da er Gutsbesitzer und wohlhabend ist, ist es ihm ganz gleichgültig, wie Sie es mit dem Termine der Ausbezahlung halten wollen, er überläßt dieses nach Ihrer Gemächlichkeit zu veranstalten, nur bitte ich Sie recht sehr, mir sogleich hierüber eine Antwort zu geben, denn auch ein anderer möchte diese Werke haben (ohne Großsprecherei, welche nie meine Sache ist). Es ist daher Eile nötig, ich habe geglaubt, daß es Ihnen vielleicht nicht unlieb sei, eine größere Folge meiner Werke zu besitzen und deswegen meinen Bruder um Aufschub in dieser Angelegenheit gebeten. Sowohl wegen dem Quartett als wegen den beiden anderen Werken sorgen Sie sich nicht; bis die ersten Tage des anderen Monats wird alles abgegeben werden. Von meinem offenen Charakter werden Sie sich schon überzeugt haben, denken Sie daher ja an keine List, Hinterhalt usw. Wer weiß, welche große Verbindung noch zwischen uns stattfinden kann!

Wie immer der Ihrige Beethoven.

1254] An Peter Gläser. (1824.)

Mein lieber Herr Gläser! Ich habe Sie gebeten, daß geschrieben werden soll, wie es steht. Wie sind aber die Worte gegen meinen Willen, als wenn es mit Fleiß geschähe, geschrieben! Ich dringe daher noch einmal darauf, daß man sich auf das genaueste dran halte, wie die Worte unter die Noten gesetzt sind. Es ist nicht gleichgültig, daß, wo die Vokalen gedehnt werden, gleich dabei die Konsonanten gesetzt werden, wie ich schon gezeigt und gesagt und durch Schindler habe noch sagen lassen. Bei der Partitur bitte ich mir aus, daß es geschrieben wird, wie es steht. Was die Worte anbelangt, wo Sa — — — nft, müssen die Konsonanten erst nach der Endigung der Dehnung geschrieben werden. Es steht deutlich genug da, und Sie sehen, daß

schon da immer korrigiert worden in der abgeschriebenen
Partitur, damit es so, wie ich es einmal nach Grundsätzen
für gut halte (geschrieben werde); zwei Vokale wie ei usw.
werden auch bei Endigung mit Konsonanten nebenein=
ander gesetzt. Die Konsonanten dürfen aber nicht eher fol=
gen, sowohl bei einem als zwei Konsonanten, als bis die
Dehnung vollendet ist.

Lassen Sie nur gefälligst fortschreiben; die Partitur
habe ich nicht nötig, denn ich habe die meinige, wonach
Schlemmer und andere, die nicht mit Ihnen zu vergleichen
sind, sowohl Partituren als auch Stimmen ausgeschrie=
ben haben. Ich überschicke Ihnen auch das zweite Stück,
damit die Koda ebenfalls beigefügt werde. Sie ist nicht
geändert worden, nur durch Vergessenheit ist sie nicht gleich
beachtet worden. Übrigens halte ich es hierin mit den gro=
ßen Männern Haydn, Mozart, Cherubini, welche sich nie
gescheut haben, etwas auszustreichen, abzukürzen oder zu
verlängern usw. Sapienti pauca. Ich bitte innigst, mir
nicht noch eine dritte, vierte Arbeit zu verursachen. Sie
sehn aus den beigefügten Stimmen, daß ich einmal durch=
aus von dieser meiner Schreibart in Rücksicht der gedehn=
ten Vokale nicht abgehe und abgehen kann, da ich viel zu
sehr von der Richtigkeit derselben überzeugt bin.

Ihr ergebenster Diener Beethoven.

1255] **Skizzenblatt.** (1824.)

Sanfter, menschlicher, mit der Welt ausgesöhnter wird
die Fremde dich machen. Beständig alle Kräfte brauchen,
anspannen; auch nicht so manches verloren, wie in Wien.

1256] **An Tobias Haslinger.** (1824.)

Tobias! pater noster gäßler, Tobias pater noster
gäßlerischer Bierhäuslerischer, musikalischer Philister!

Merkt, was Karl sagt. Betrachtet Euch als eine Feuer=
löschanstalt, nur statt Wasser denkt Euch Geld. Prestis=
simo die Quittung nach Prag. Kommt's nicht bald, so
muß ich als Vorposten agieren. — Lebt wohl! Das Dekret
als Großsiegelbewahrer wird Euch nächstens zugestellt.

Bn.

1257] **An B. Schotts Söhne.**   Wien, 5. Dezember 1824.

Euer Wohlgeboren! Diese Woche werden die Werke
ganz sicher bei Fries & Komp. abgegeben; sein Sie übri=
gens ruhig, indem Sie vielleicht von einem Klavierauszug
gehört haben, zu dem man mich aufgefordert; so was ist
nicht und wird nicht geschehen, es war nur so lange die
Rede davon, als ich von Ihnen noch nicht sicher war, denn
mir ward abgeraten von Ihnen von jemanden hier, wel=
chen Sie schwerlich vermuten (auch Verleger); sobald sich
aber einer meiner Freunde bei Fries & Komp. erkundigte
und man alles aufs richtigste befunden, so hatte es gleich
sein Abkommen mit dieser ganzen Sache, und ich gebe
Ihnen mein Ehrenwort, daß nichts geschehen und ge=
schehen wird. — Auch von Leipzig ward ich aufgefordert,
diese Werke zur Aufführung für Honorar hinzusenden, ich
habe es aber sogleich rund abgeschlagen. Ich habe Ihnen
dieses sagen wollen, da ich merke, daß es Menschen hier
gibt, denen dran gelegen, das Einverständnis mit Ihnen
zu stören, vielleicht von beiden Seiten. —

Für Ihr Journal werde ich Ihnen Beiträge liefern.
Von den Lektionen beim Erzherzog Rudolf Kardinal lassen
Sie ja nichts in Ihrem Journal verlauten, ich habe mich
derweil wieder ziemlich von diesem Joche zu befreien ge=
sucht; freilich möchte man Autoritäten ausüben, an die
man sonst nicht gedacht, die aber diese neuen Zeiten mit sich
bringen wollen zu scheinen. Danken wir Gott für die zu
erwartenden Dampfkanonen und für die schon gegenwär=
tige Dampfschiffahrt. Was für ferne Schwimmer wird's
da geben, die uns Luft und Freiheit verschaffen?! — Die
Briefe, wenn sie nicht in den Wasserfluten untergegangen,
müssen Sie wohl jetzt doch erhalten haben, rechnen Sie nun
ganz sicher auf die richtige Absendung der beiden Werke
noch in dieser Woche. — Der Himmel sei mit Ihnen. —

Ergebenster Beethoven.

1258] **An Johann v. Beethoven.**   10. Dezember 1824.

Lieber Bruder! Ich melde Dir, daß Mainz 130 ♯ in
Gold für Deine Werke geben will. Gibt der Hr. Probst
also nicht soviel, so gibt man sie an Mainz, welcher Dir so=

gleich, sowie mir den Wechsel dafür ausstellt. Es sind wirklich offene, nicht gemeine Kaufleute, komme also bald, damit dieses zu Deinem Vorteile ausfalle.

Dein treuer Bruder Ludwig.

1259] An C. F. Peters.   Wien, 12. Dezember 1824.

Euer Wohlgeboren! Streicher hat Ihnen wegen etwas geschrieben; sowie ich es ihm auch selbst schon hier sagte, daß diese Sache schwer gehen würde, so war es auch wohl in der Wirklichkeit, ich melde Ihnen nur, daß es mit dieser ganzen Angelegenheit der Messe gar nichts sein kann, da ich selbe eben jetzt sicher zugesagt, einem Verleger, und es also natürlich, daß die von Streicher gemachten Vorschläge nun gar nichts in Ausführung können gebracht werden. — Ein Violinquartett hätten Sie schon erhalten, allein ich mußte es dem Verleger, welcher die Messe erhält, da er sich ausdrücklich dieses dabei ausgebeten; Sie erhalten aber bald gewiß ein anderes, oder ich mache Ihnen einen Vorschlag mit einem größeren Werke, wobei alsdann die erhaltene Summe abgezogen würde, nur bitte ich noch etwas Geduld zu haben, da ich Sie sicher befriedigen werde. — Sie haben sich und mir unrecht getan, und letzteres tun Sie noch, soviel ich höre, indem Sie die schlechten Werke, wie ich höre, die ich Ihnen geschickt haben soll, rügen. Haben Sie nicht selbst Lieder, Märsche, Bagatellen verlangt? Hernach fiel es Ihnen ein, daß dies Honorar zuviel gewesen sei und man dafür ein großes Werk haben könnte. Daß Sie als Kunstrichter sich hierin nicht bewiesen haben, bezeugt, daß mehrere von diesen Werken heraus sind und herauskommen werden, und mir überhaupt nie etwas solches begegnet ist. — Sobald als möglich, entledige ich mich meiner Schuld + und verbleibe indessen

Ihr ergebener Beethoven.

+ Meine Lage ist eben auch nicht geeignet, daß es geschwinder hätte geschehen können.

1260] An B. Schotts Söhne.   Wien, 17. Dezember 1824.

Euer Wohlgeboren! Ich melde Ihnen, daß wohl noch acht Tage dazu gehen werden, bis ich die Werke abgeben

738

kann. Der Erzherzog R. ist erst gestern von hier fort, und manche Zeit mußte ich noch bei ihm zubringen. Ich bin geliebt und ausgezeichnet geachtet von ihm, allein — davon lebt man nicht, und das Zurufen von mehreren Seiten: „Wer eine Lampe hat, gießt Öl darauf", findet hier keinen Eingang. Da die Partitur korrekt gestochen werden muß, so muß ich noch mehreremal selbe übersehen, denn es fehlt mir ein geschickter Kopist; den ich hatte, ist schon anderthalb Jahre im Grab, auf ihn konnte ich mich verlassen, aber ein solcher muß immer erst erzogen werden. Denken Sie übrigens nur nichts Böses von mir, nie habe ich etwas Schlechtes begangen. Ich werde Ihnen zum Beweise sogleich mit der Abgabe der Werke die Eigentumsschrift beifügen. — Wäre es nicht leicht möglich, daß derjenige Verleger von hier, welcher mich suchte von Ihnen wegzuziehen, nicht auch auf solche Mittel fiele, mich verdächtig bei Ihnen zu machen; wenigstens hat er schon Versuche gemacht, andere Verbindungen zu verhindern, so daß man so etwas schon glauben könnte. —

Ich empfange eben gestern einen Brief von meinem Bruder, worin er mir zusagt, Ihnen die angezeigten Werke zu überlassen. Ich freue mich, daß gerade diese Werke Ihnen werden. Sobald mein Bruder, welches bald ist, ankommt, werde ich Ihnen das Nähere schreiben; die Werke sind alle geschrieben und werden können sogleich abgeschickt werden. Ich wünsche selbe auch bald gestochen. Das Quartett anbelangend, so ist nur an dem letzten Satze noch etwas zu tun, sonst ist es vollendet und wird nach diesem sogleich können ebenfalls abgegeben werden. — Mein Bruder ist übrigens in der Art, das Honorar zu empfangen, wie Sie es vorgeschlagen, ganz zufrieden.

Wie immer Ihr Freund Beethoven.

1261] An Schuppanzigh.   (Ende 1824.)
Al Signore Milord stimatissimo nominato Scuppanzig granduomo della città da Vienna.

Bester Mylord! Von heute an den 2ten Sonntag könnt Ihr das Quartett aufführen. Eher war es nicht möglich,

47*

da ich zu sehr überhäuft bin mit anderem, welches nur ein Kopist schreiben kann; und überhaupt meine nicht glänzende Lage, welche mich nur das Nötigste ergreifen heischt, ist auch Schuld. — Das Quartett wird unterdessen vor langer Zeit nicht herauskommen, und bleibt ihm also hier in loco allein. Von den Akademien hat er nichts hören lassen und so wird man auch nichts hören. — Lebt wohl. Sobald meine Maschine fertig ist, wodurch Ihr ganz gemächlich herauf in den 4ten Stock zu mir transportiert werden könnt, werde ich Euch's wissen machen.

Der Eurige Beethoven.

1262] An Anton Schindler. (1824.)

Hier das Paket für die russische Gesandtschaft; ich bitte es gleich zu besorgen. Übrigens sagen Sie, daß ich nächstens ihn selbst besuchen werde, indem es mich kränkt, daß man Mißtrauen in mich setzt und ich gottlob! zu beweisen imstande bin, daß ich dies keineswegs verdiene und meine Ehre es auch nicht leidet!

1263] An Tobias Haslinger. (1824.)

Bester Tobias in secula seculorum! Ich bitte den Brief an Bäuerle zu Tendler und Manstein zu schicken, da ich seine Wohnung nicht weiß. Zugleich den an Steiner v. Felsburg mir in die Bank zu besorgen, die Stubenmenschen sind zu nichts d. g. zu brauchen.

Bis heute nachmittag sehen wir uns.

Euer Amicus Beethoven.

Seid so gut zu schreiben, daß Ihr dieses erhalten habt.

1264] An Kopist Rampel. (1824.)

Bester Ramperl! Komm nur morgen früh, geh' aber zum Teufel mit Deinen gnädigen Herrn. Gott allein kann nur gnädig geheißen werden. — Die Magd habe ich schon aufgenommen, flöße ihr nur Ehrlichkeit und Anhänglichkeit an mich wie auch Ordnung und Pünktlichkeit in ihren kleinen Diensten ein. Dein ergebener Beethoven.

1265] **An Karl Holz.**   (1824.)

Ich grüße Sie und melde, daß ich nicht ausgehe heute;
sehr lieb wäre es mir, wenn Sie mich vielleicht abends nach
Ihren Bureaustunden sehen könnten.

Eiligst Ihr Freund Beethoven.

Ich befinde mich nicht wohl.

1266] **An C. W. Henning.**   Wien, 1. Januar 1825.

Mit großem Erstaunen erhalte ich heute eine Nachricht,
daß ein bei H. Trautwein gestochenes Werk: Festouver=
türe von mir aus der ungedruckten Originalpartitur, zu
vier Händen, arrangiert von Ihnen, zirkuliere, da doch
zwischen mir und H. Bethmann abgeschlossen, daß diese
Ouvertüre durchaus kein Eigentum des Königstädterthea=
ters in Berlin sein soll. Denn nur die ganze Partitur der
Ruinen von Athen mit sämtlichen Tanzstücken ist diesem
Theater zum ausschließenden Eigentum überlassen wor=
den, keineswegs aber die Ouvertüre. Es ist einige Zeit, daß
ich gerade diese Ouvertüre einem ehrenvollen Verleger über=
lassen habe. Sie wird binnen 14 Tagen erscheinen, läng=
stens in einem Monat. Sie sehen, daß ich im Begriff bin,
hier meine Ehre einzubüßen; denn nach schriftlicher Über=
einkunft mit H. Bethmann hätte ich so etwas nie denken
können. Da jetzt schon ein Teil des Übels geschehen ist, so
bitte ich Sie alles anzuwenden, daß dieser vierhändige
Klavierauszug nicht verbreitet werde, bis ich Ihnen
schreibe. Ich gebe Ihnen mein Ehrenwort, daß ich dies tun
werde, welches so lang' nicht dauern kann, wann davon
Gebrauch zu machen ist. Ich werde suchen, diesen mir sehr
unangenehmen Vorfall so wenig schädlich als möglich, so=
wohl für Sie als für mich zu machen. Sie wissen, daß ich
bloß von den Erzeugnissen meines Geistes leben muß;
stellen Sie sich vor, welcher Nachteil für mich dadurch ent=
stehen kann. In der Überzeugung, daß Sie mir eher Liebe
als Kränkung bezeigen werden, bin ich mit Achtung Ihr
ergebenster Diener   Ludwig van Beethoven.

1267] **Albumblatt.**   Wien, 12. Januar 1825.

Handle! Sieh, die Wissenschaft machte nie glücklich.
Gott ist eine feste Burg. (Kanon.)   L. v. Beethoven.

1268] **An Charles Neate.**   Vienne, 15 Janvier 1825.

Ce fut avec le plus grand plaisir que je reçus votre
lettre du (20 Dec.) par laquelle vous avez eu la bonté de
m'avertir que la Société Philharmonique distinguée
d'artiste m'invite à venir à Londres. Je suis bien content des conditions que me fait la Société, seulement je
désire de lui proposer de m'envoyer outre les 300 guinées,
qu'elle me promet, encore 100 pour faire les dépenses du
voyage. Car il faudra acheter une voiture, aussi dois je
être accompagné de quelqu'un. Vous voyez bien que cela
est nécessaire; d'ailleurs je vous prie de m'indiquer
l'auberge où je pourrai descendre à Londres. Je prendrai
un nouveau Quatuor avec moi. Quant au bruit dont vous
m'écrivez, qu'il existe un exemplaire de la 9. Symphonie
à Paris, il n'est point fondé. Il est vrai que cette Symphonie sera publiée en Allemagne, mais point avant que
l'an soit écoulé pendant lequel la Société en jouira. —
Sur ce point il faut encore vous avertir de ne faire que de
petites preuves de cette composition, en Quatuor par
exemple, car c'est la seule manière d'étudier bien une
belle œuvre. Les chœurs avant tout doivent être exercées.
Il y a encore quelques erreurs, dont je vous enverrai le
catalogue par la poste prochaine.

Je vous prie de me répondre au plus vite possible, car
on demande de moi une grande composition nouvelle que
je ne commencerai cependant pas sans votre réponse. Il
faut que j'écrive toujours pas pour me faire des richesses
— seulement pour pourvoir à mes besoins. Or je dois
avoir de la certitude sur ce point. Je serai bien charmé
de vous voir et de connaître la noble nation Anglaise. Je
suis, avec la plus haute considération Monsieur votre
sincère ami   Louis van Beethoven.

1269] **An B. Schotts Söhne.**   Wien, 22. Januar 1825.

Euer Wohlgeboren! Am 16. Januar sind beide Werke
bei Fries abgegeben worden. Was hierbei noch zu bemerken, mit nächstem Briefe. Beide sind gebunden und werden
von Fries, wo man sich scheint darum warm anzunehmen,
gewiß gut besorgt werden. Daß sollte die Messe gestochen

742

sein, scheint mir nicht möglich zu sein. Veranlassung zu diesem Gerüchte, wie ich sicher hoffe, könnte ein gewisser Stockhausen, welcher einen Singverein bildet, gegeben haben; er schrieb mir viel Schönes von der Messe und daß man von Hof aus das Vertrauen in ihn setze und ihn habe eine Abschrift für seinen Verein nehmen (lassen), wo aber kein Mißbrauch zu erwarten, wahrscheinlich durch den Herzog von Blacas, welcher diese seine Musiken besuchte, wie er schrieb, parceque sont les plus faibles. Mir ward nicht wohl zumute, ich hoffe aber, daß nichts daran sei. Schlesinger ist auch nicht zu trauen, da er's nimmt, wo immer. Beide, Père et fils, haben mich um die Messe usw. bombardiert, ich würdigte beide keiner Antwort, da ich bei einer Musterung sie längst ausgestoßen. Es wäre mir sehr lieb, wenn Sie selbst mir etwas zu unterschreiben schickten, wo ich Sie des alleinigen Eigentums all dieser allein korrekten Auflagen versicherte, jedoch sei es gleich hier. —

Schlesinger wollte auch meine Quartetten sämtlich herausgeben, und von mir periodisch jedesmal ein neues dazu haben, und zahlen, was ich wollte. Da dies aber meinem Zweck einer Herausgabe von mir meiner sämtlichen Werke schaden könnte, so blieb auch dieses von mir unbeantwortet. Bei dieser Gelegenheit könnten Sie wohl einmal darüber nachdenken, denn besser es geschieht jetzt von mir als nach meinem Tode. Anträge hierüber habe ich schon, erhalte auch Pläne dazu, jedoch scheinen mir diese Handlungen nicht zu einem so großen Unternehmen geeignet. Zu Ihnen hätte ich eher das Zutrauen, ich würde mit einer Summe überhaupt mich am liebsten dafür honorieren lassen, würde die gewöhnlichen kleinen unbedeutenden Änderungen andeuten und zu jeder Gattung von Werken, wie z. B. zu Sonaten, Variationen usw. ein dergleichen neues Werk hinzufügen.

Hier folgen ein paar Kanons für Ihr Journal — noch drei andere folgen — als Beilage einer Romantischen Lebensbeschreibung des Tobias Haslinger allhier in drei Teilen. Erster Teil. Tobias findet sich als Gehilfe des berühmten sattelfesten Kapellmeisters Fux und hält die Leiter zu dessen gradus ad Parnassum. Da er nun zu Schwän-

ken aufgelegt, so bewirkt er durch Rütteln und Schütteln
der Leiter, daß mancher, der schon ziemlich hoch gestiegen,
jählings den Hals bricht u. dgl. — Nun empfiehlt er sich
unserem Erdenklumpen und kommt im zweiten Teil zu den
Zeiten Albrechtsbergers wieder ans Tageslicht. Die schon
vorhandene Fuxische nota cambiata wird nun gemeinschaftlich mit Albrechtsberger behandelt, die Wechselnoten
aufs Äußerste auseinandergesetzt, die Kunst musikalische
Gerippe zu schaffen wird aufs Höchste betrieben usw. —

Tobias spinnt sich dann neuerdings als Raupe ein und
entwickelt sich im dritten Teil, um zum drittenmal auf
dieser Welt zu erscheinen. Die kaum erwachsenen Flügel
eilen dem Paternostergäßchen zu, er wird paternostergäß-
lerischer Kapellmeister, die Schule der Wechselnoten durchgegangen, behält er nichts davon als die Wechsel, und so
schafft er seinen Jugendfreund und wird endlich Mitglied
mehrerer inländischen gelehrter Vereine usw. Wenn Sie
ihn darum bitten, wird er schon erlauben, daß diese Lebensbeschreibung herauskomme. —

Eiligst und schleunigst der Ihrige Beethoven.

1270] An B. Schotts Söhne.   (Wien, 22. Januar 1825.)

Ich Endesunterschriebener bezeuge laut meiner Unterschrift, daß die B. Schott Söhne in Mainz die einzigen und
rechtmäßigen Verleger meiner großen solennen Messe sowohl als meiner großen Symphonie in D-Moll sind. Auch
erkenne ich bloß diese Auflagen als rechtmäßige und korrekte.   Ludwig van Beethoven m. p.

1271] An B. Schotts Söhne.   Wien, 26. Januar (1825).

Euer Wohlgeboren! Nur geschwinde Erinnerungen.
Am besten und deutlichsten wird die Messe gestochen werden, wenn zwischen den blasenden und Blechinstrumenten,
wie auch den Pauken ein Zwischenraum gelassen wird, alsdann folgen die zwei Violinen, Bratsche, die vier Solostimmen, die vier Chorstimmen, Violoncellstimme, Konter-
baßstimme und zuletzt die Orgelstimme. So war die Partitur eingeteilt von meinem verstorbenen Kopisten. Mit
der Orgelstimme könnt es auch noch anders werden, wie es

ſich dort bei Ihnen finden wird. Die alte Partitur war zu beſchmiert, um Ihnen zu ſchicken, die neue iſt aufs ſorgfältigſte durchgeſehn worden, wahrlich keine kleine Mühe bei einem Kopiſten, der kaum verſteht, was er ſchreibt. —

Hätte die Symphonie ſollen ganz abgeſchrieben werden, ſo würde es Ihnen zu lange gedauert haben, und wirklich habe ich noch keinen Kopiſten finden können, der nur einigermaßen verſteht, was er ſchreibt, daher ich für was am ſchlechteſten geſchrieben, neue Blätter einrücken laſſen. — Manchmal werden die Punkte hinter einer Note, ſtatt neben der Note nämlich  ganz anderswo ſich finden, vielleicht uſw. Deuten Sie gefälligſt dem Stecher an, daß er hierauf achte und dgl. Punkte überall neben die Note auf dieſelbige Linie derſelben ſetze. —

Wo dieſe Stelle im erſten Allegro, erſten Teile in den beiden Violinen kommt, nämlich

Vno primo

uſw.

Vno 2do

muß darüber non ligato angedeutet werden, ebenſo im zweiten Teile. — Nachzuſehen iſt noch, ob im dona nobis im allegro assai bei dieſer Stelle in der erſten Violin das o von acht nicht vergeſſen, nämlich

Vno primo

uſw.

Das Tempo vom Benedictus Andante molto cantabile e non troppo mosso iſt vielleicht auch nicht angedeutet. — Bei den Kanons, welche ich Ihnen ſchickte, und ſelbſt abgeſchrieben, wo ich immer fehle, muß es im dritten und vierten Takt ſo heißen

745

Schwreiben Sie ja gleich wegen Paris, ich könnte auch von hier aus gleich eine französische Erklärung Ihnen zuschicken, allein was Sie hierin ergreifen, werde ich auf das Untrüglichste beistimmen. — Mein Bruder hat den Wechsel noch nicht, beeilen Sie diese Sache, denn er ist etwas geldbürstig, um so mehr, als das Geld dafür hier angewiesen war und ich einen schweren Stand mit dem andern Verleger hatte; auch noch eine sehr entfernte Handlung verlangte diese Werke, ohne Großsprecherei. — Das Quartett wird in höchstens acht Tagen abgegeben, da ich sehr gedrängt in einem anderen Werke begriffen bin. — Mit Herzlichkeit und Achtung   Ihr Freund Beethoven.

Im Dona nobis müssen statt der 8tel Vorschläge immer nur 16tel Vorschläge nämlich gesetzt werden und zwar an den hier angezeigten Stellen.

	Vno Imo *Allegro vivace*		
Dona nobis {	— 2do	$\frac{6}{8}$	Takt 5 6 7 8 9 10 11
	Viola		

In denen Stimmen, wo sich in diesen Takten achtel Vorschläge finden, müssen selbe sämtlich in sechzehntel Vorschläge verändert werden nb. bei der Violino secundo beginnen diese achtel Vorschläge erst beim sechsten Takt.

Nach dem All. assai Tempo primo ⁶/₈ Vno 2do Takte 7, 8, 9, 10, 11, 12, 13, 14, 15, 16, 17, 18, 19, 20, 21, 22, und bei der Viola vom 10. bis 22. Takt ebenfalls statt 8tel Vorschläge 16tel ♪ Vorschläge, ebenso nach dem Presto Tempo primo ⁶/₈ Takt Oboe 1ma Takt 9, 10, 11 und

746

Flauto 1mo Takt 10 und 11 statt 8tel ♪ Vorschlägen 16tel ♪ Vorschläge — ebenso Vno Imo und Viola allda Takt 14, 15, 16, 17, 18, 19, 20 statt ♪ 8tel Vorschläge müssen ♪ 16tel Vorschläge sein. — Hieraus können Sie ersehen, welche Kopisten ich jetzt noch habe; der Kerl ist ein Stockböhme, ein Pandur, versteht einem nicht, zuerst schrieb er 4tel! zu den Vorschlägen, dann endlich 8tel, da ich nicht mehr nachgesehn hatte, so ersah ich dieses noch beim flüchtigen Einpacken.

1272] Kopist Wolanek an Beethoven.   (1825.)

Da ich mit dem Einsetzen des Finale in Partitur zu Ostern erst fertig werden kann, und Sie selbes um diese Zeit nicht mehr benötigen können, so übersende ich nebst dem bereits angefangen die sämtlichen Stimmen zu Ihrer gefälligen Disposition. Dankbar bleibe ich für die erwiesene Ehre Ihrer mir zugekommenen Beschäftigung verpflichtet; was ferneres das sonstige mißhelle Betragen gegen mich betrifft, so kann ich belächelnd selbes nur als eine angenommene Gemütsaufwallung ansehen. In der Töne Ideenwelt herrschen so viele Dissonanzen; sollten sie es nicht auch in der wirklichen? Tröstend ist mir nur die feste Überzeugung, daß dem Mozart und Haydn, jenen gefeierten Künstlern, bei Ihnen, in der Eigenschaft als Kopisten, ein mir gleiches Schicksal zugeteilt würde. Ich ersuche nur, mich mit jenen gemeinen Kopiatur-Subjekten nicht zu vermengen, die selbst bei sklavischer Behandlung sich glücklich preisen, ihre Existenz behaupten zu können. Übrigens nehmen Sie die Versicherung, daß, auch nur um eines Körnleins wert, ich nie Ursache habe, meines Betragens willen vor Ihnen erröten zu müssen. Mit Hochachtung ergebener Ferd. Wolanek.

[Quer über dieses Schreiben und auf dessen Rückseite tobt Beethoven:]

Dummer eingebildeter eselhafter Kerl! Mit einem solchen Lumpenkerl, der einem das Geld abstiehlt, wird man noch Komplimente machen. Statt dessen zieht man ihn bei

seinen eselhaften Ohren. — Schreibſudler! Dummer
Kerl! Korrigieren Sie Ihre durch Unwiſſenheit, Übermut,
Eigenbünkel und Dummheit gemachten Fehler, dies ſchickt
ſich beſſer, als mich belehren zu wollen, denn das iſt gerade,
als wenn die S a u die Minerva lehren wollte.

Beethoven.

Mozart und Haydn erzeigen S i e die Ehre, ihrer nicht
zu erwähnen! — Es war ſchon geſtern und noch früher be=
ſchloſſen, Sie nicht mehr für mich ſchreiben zu machen.

1273] **An B. Schotts Söhne.**　　　　Wien, 5. Februar 1825.

Euer Wohlgeboren! Sie werden nun bald alle Werke
haben. — Daß Sie alleiniger Eigentümer der Joſefſtädti=
ſchen Ouvertüre und Klavierauszüge derſelben, wie auch
von meinen ſechs Bagatellen oder Kleinigkeiten und drei
Geſängen, wovon zwei mit blaſenden Inſtrumenten oder
Klavier allein und einer Ariette mit Klavier ſind, und Ihre
Auflagen davon allein die korrekten und rechtmäßigen ſind,
und vom Autor ſelbſt beſorgt, bezeuge ich Ihnen laut mei=
ner Unterſchrift.　　　　Ludwig van Beethoven.

Sie tun wohl, ſogleich die Klavierauszüge der Ouver=
türe herauszugeben, Sie ſind ſchon von dem Unfug des
Herrn Henning, wie ich ſehe, unterrichtet, denn eben wollte
ich Sie damit bekannt machen; die Ouvertüre erhielt das
Königſtädtiſche Theater bloß zur Aufführung, nicht zum
Stich oder herauszugeben, mit Bethmann wurde dieſes
hier ſchriftlich ausgemacht; Sie wiſſen aber wohl, daß man
ſich mit ihm zertragen hat, und nun glaubte man wohl auch
recht zu haben, das nicht zu halten, was mit ihm verhan=
delt worden iſt. Ich erhielt von einem meiner Bekannten
in Berlin gleich Nachricht davon und ſchrieb an Henning
auf der Stelle, er ſchrieb auch gleich zurück, daß dieſes mit
dem vierhändigen Klavierauszug zwar geſchehen und un=
möglich mehr zurückzunehmen, daß aber gewiß nichts wei=
ter mehr geſchehen werde, worauf ich ganz ſicher rechnen
könnte. Ich ſchicke Ihnen den Brief, aber es wird gar nicht
nötig ſein. Geben Sie nur ſogleich die Klavierauszüge

heraus, unter meinem Namen oder unter Karl Czernys Namen, welcher selbe gemacht; auch die Ouvertüre würde ich bald gern im musikalischen Publikum wissen, es bleibt bei diesem Josefstädtischen Titel. Die Dedikation ist an Se. Durchlaucht den Fürsten Nikolaus von Gallitzin, d. h. nur auf der Partitur. — Sie werden nun wohltun, diese Werke überall anzukündigen, wie auch in Paris usw. Sie haben hierüber volle Vollmacht von mir, Ihr Interesse aufs beste und möglichste zu fördern. Ich genehmige alles, was Sie hierin nötig finden. Ich habe Ihnen einige Kanons geschickt zur Cäcilia. Sollten Sie aber lieber etwas anderes wünschen, so schreiben Sie mir. — Wegen Brockhausen in Paris seien Sie ganz ohne Sorgen, ich werde ihm schon schreiben. — Den Spaß machen Sie sich, den Tobias um seine romantische Lebensbeschreibung von mir zu bitten, das ist so die Art, mit diesem Menschen umzugehen, Wiener ohne Herz; er ist eigentlich derjenige, welcher mir von Ihnen abgeraten.

Silentium. Es geht nicht anders, der eigentliche Steiner als Paternostergäßler allhier ist ein Hauptfilzger und gar schuftiger Kerl, der Tobias ist mehr ein schwacher Mensch und wohlgefällig, und ich brauche ihn zu manchem, mögen sie nun reden was sie wollen, im Verkehr mit Ihnen ist das gleichgültig für Sie. — Sobald Sie gesonnen sein sollten, wohl eine gänzliche Herausgabe meiner sämtlichen Werke zu unternehmen, so müßte es bald sein, denn hier und da ist manches deswegen zu erwarten, bei jeder Gattung ein neues Werk, eben nicht groß immer, würde diese Angelegenheit sehr fördern. — Daß die künftigen Auflagen (ich meine der neuen Werke, welche Sie jetzt übernommen haben, NB. die in Paris erschienene Messe ist ein Nachstich einer früheren Messe von mir) alle unter meiner Obsorge veranstaltet werden, können Sie auch sagen in den Ankündigungen. —

Weder das vierte noch fünfte Heft der Cäcilia habe ich empfangen. — Leben Sie nun recht wohl und lassen Sie mich bald freundliche Worte von Ihnen hören.

Mit wahrer Achtung Beethoven.

749

Lieber Ries! Sie dringen so sehr auf Antwort, daß ich
Ihnen in diesem Augenblicke bloß das Nötigste sagen kann.
Schon von Kirchhoffer wußt' ich, daß Sie London verlas=
sen haben. Meine so gedrängte Lage ließ mich kaum dazu
kommen, Ihnen nur das mindeste zu schreiben. K. über=
nahm die Symphonie, welche ganz sicher nicht eher als Ende
Sommers herauskommen kann. Diese jetzigen Veräuße=
rungen sind nur Präliminarien; die Zeit, welche die Lon=
doner Philharmonische Gesellschaft sich ausbedungen hat,
wird aufs genaueste gehalten werden. Bremen hat sie nie
erhalten. Ebensowenig Paris, wie man mir von London
aus schrieb. Was muß man nicht alles ertragen, wenn man
das Unglück hat, berühmt zu werden! — Nun auf Ihre
Wünsche! Mit Vergnügen werde ich Ihnen die Tempi von
Christus am Ölberg durch den Metronom bezeichnen, so
wankend auch noch diese Zeitbestimmung ist. Was die
Symphonie betrifft, so mache ich Ihnen hierbei einen mehr
ins allgemeine gehenden Vorschlag. Meine Lage macht,
daß ich durch meine Noten aus meinen Nöten zu kommen
suchen muß. Wäre es denn nicht möglich, daß Sie die
Sache so einrichteten: ich schicke Ihnen die Symphonie in
meiner oder einer wohl abgeschriebenen Partitur, hierzu
noch die Messe in Partitur und die Ouvertüre, die ich für
die Philharmonische Gesellschaft schrieb. Auch könnte ich
noch mehrere Kleinigkeiten für Orchester geben; und für
Chöre; so würde ein solcher Verein in Stand gesetzt, statt
einer Akademie zwei bis drei zu geben. Vielleicht würden
demselben 40 Karolinen nicht zuviel sein. Ich überlasse
Ihnen die Sache; das Konzept hierzu kommt nicht von
mir, sondern von denen, welche mich durch meine Noten
aus meinen Nöten retten wollen. Ich nehme den innigsten
Anteil an Ihrem Besitztum in Godesberg; kein Mensch
kann eine neidischere Freude darüber haben, dessen höchste
Wünsche ein solcher Besitz erfüllen würde. Es scheint aber,
daß meine Bestimmung gerade nicht so sein soll, wie ich
sie wünsche. Grüßen Sie Ihren alten Vater herzlich von
mir. Ich bin äußerst erfreut über sein Glück; ich umarme

Sie herzlich, und hoffe Ihnen bald Näheres schreiben zu
können.   Wie immer Ihr wahrer Freund Beethoven.
Schreiben Sie ebenfalls bald.

1275] **Nachricht.**   (1825.)

Ich halte es für meine Pflicht, das musikalische Publi=
kum vor einem gänzlich verfehlten, der Originalpartitur
ungetreuen vierhändigen Klavierauszug meiner letzten Ou=
vertüre zu warnen, welche unter dem Titel: „Festouvertüre
von Ludwig v. Beethoven“ bei Trautwein in Berlin her=
ausgekommen ist, um so mehr, da die Klavierauszüge zu
zwei und vier Händen, von Herrn Karl Czerny verfaßt und
der Partitur völlig getreu, nächstens in der einzig recht=
mäßigen Auflage erscheinen werden.

Ludwig van Beethoven.

1276] **An Schuppanzigh, Weiß und Linke.**   (1825.)

Beste! Es wird jedem hiermit das Seinige gegeben und
wird hiermit in Pflicht genommen, und zwar so, daß man
sich anheischig mache, bei Ehre, sich auf das beste zu ver=
halten, auszuzeichnen und gegenseitig zuvorzutun.

Dieses Blatt hat jeder zu unterschreiben, der bei der be=
wußten Sache mitzuwirken hat.

Beethoven. Schindler Sekretarius.

Schuppanzigh m. p. Weiß. Linke m. p. Des großen
Meisters verfluchtes Violoncello. Holz m. p. Der letzte,
doch nur bei dieser Unterschrift.

1277] **An B. Schotts Söhne.**   Wien, 19. März 1825.

Euer Wohlgeboren! Zuvörderst teile ich Ihnen eine An=
zeige mit, welche ich in einige Blätter habe rücken lassen.
Eilen Sie nur mit den Klavierauszügen, denn der vierhän=
dige ist hier, sowie er in der Anzeige beschrieben ist. Das
Violinquartett wird diese Tage abgegeben werden. Man
hat mir hier vorteilhafte Anträge rücksichtlich desselben
gemacht, ich aber halte Ihnen mein Wort, ohne darauf zu
achten. — Ich habe noch einige Kleinigkeiten unter meinen

751

Papieren, wovon ich Ihnen nächstens ein Verzeichnis senden werde. Die Violinquartetten werden fortgesetzt. Das zweite ist der Vollendung nahe. Einen Entwurf über die Herausgabe sämtlicher Werke werde ich Ihnen schicken. Die Kanons folgen nach und nach. Manche sind nur stante pede hingeschrieben und ich (muß) mich selber wieder erinnern, weil die Blätter sich nicht finden. Von der Cäcilia habe ich seit Empfang des dritten Heftes nichts erhalten. — Auch die Opusbezeichnung von den Werken, die Sie von mir haben, sollen Sie baldigst erhalten. — Dies ist alles was ich als Antwort auf Ihr Letztes zu schreiben habe. — Vergessen Sie nicht, daß die Symphonie erst Ende Juli oder anfangs August herauskomme. Seien Sie versichert, daß Ihr herzliches Benehmen mir sehr angenehm und erfreulich ist, ich werde mich bestreben, selbes durch aufrichtige Freundschaft von meiner Seite nach Kräften zu erwidern.   Ihr Freund Beethoven.

P. S. Die beiden von mir erhaltenen Kanons betreffend, müssen die Aufschriften bleiben wie Sie sind, nämlich auf den einen kommt der Titel: Auf einen, welcher Hofmann geheißen; auf den anderen: Auf einen, welcher Schwenke geheißen.

1278] **An Charles Neate.**   Vienne, 19 Mars 1825.

Mon très cher ami! Je ne pourrai guère venir à Londres durant le printemps, mais qui sait quel accident m'y conduit peut-être en automne. J'espère que vous trouvez bien dans votre famille et en bon santé. Quant aux Quatuors dont vous m'écrivez dans vos lettres, j'en ai achevé le premier et je suis à présent à composer le second, qui, comme le troisième sera achevé dans peu de temps. Vous m'offrez 100 guinées pour 3 Quatuors, je trouve cette proposition bien généreuse. Il se demande seulement s'il m'est permis de publier ces Quatuors après un an et demie, ou deux ans. C'est ce qui serait très avantageuse pour mes finances. En ce qui concerne la manière de simplifier l'annoncement des Quatuors et de l'argent de votre part, je vous propose de remettre les œuvres à Messieurs

Fries & Co, qui témoigneront à vous même où à quelque banquier de Londres, d'être possesseurs des Quatuors et qui vous les remettront aussitôt après l'arrivée de l'argent. Voici une affaire par laquelle vous pouvez me prouver votre amitié. Je vous prie seulement de me répondre au plutôt possible. Je me fie toujours à votre amitié pour moi et vous assure que vous pouvez faire de · même à moi. Je suis, avec la plus grande considération, votre ami Beethoven.

1279] **An Ferdinand Ries.**   19. März 1825.

Mein werter Freund! Heut acht Tage schon, gleich nach Empfang Ihres Schreibens, wurde die Symphonie, drei Stücke davon in Partitur und das Finale ganz in Stimmen geschrieben, mit dem ersten abgehenden Postwagen abgeschickt. Ich habe nur meine Partitur, daher ich Ihnen das Finale nur in Stimmen übersenden konnte. Sie erhalten aber mit dem, heut acht Tage abgehenden Postwagen das Finale ebenfalls in Partitur nebst noch andere Werke, die ich Ihnen sende. Mit der Symphonie wurde eine Ouvertüre und ein Opferlied mit Chor, letzteres aber wahrscheinlich fehlervoll, abgeschickt. Ich werde Ihnen jedoch ein Verzeichnis der Fehler von hier aus senden. Zum Finale der Symphonie wird auch noch ein Kontrafagott mitgeschickt. — Dies ist alles, lieber Freund, was ich Ihnen heute sagen kann. Ich bin zu bedrängt. Für Ihre schönen Anträge werde ich Ihnen selbst schriftlich danken, welches ich heute einer verbrannten Hand wegen nicht kann. Alles Schöne an Ihren Vater und Ihre Gattin. — Sie werden auf jeden Fall zufrieden mit mir sein. Wie immer Ihr wahrer Freund   Beethoven.

1280] **An Anton Schindler.**   (1825.)

Bis halb 2 Uhr gewartet; da aber das caput confusum nicht kam und ich von nichts weiß, was werden wird, Karl aber voraus von der Universität in Prater, so mußte ich fort, damit Karl, der früh fort muß, essen kann. Mich findet man beim wilden Mann.

Für H. A. Schindler, Mährischer Schädel.

Werter, lieber Ries! Nur eilig das Nötigste! In der
Ihnen geschickten Partitur der Symphonie ist, soviel ich
mich erinnere, in der ersten Oboe und zwar im 242. Takte,
wo steht

f e d   statt   f e e

Alle Instrumente (außer den Blechinstrumenten, die
nur teilweise) habe ich durchgesehen und glaube, sie wird
so ziemlich richtig sein. Gern hätte ich Ihnen meine Partitur gesendet allein es steht mir noch eine Akademie bevor
(und das Manuskript ist die einzige Partitur, welche ich
habe). Wenn es übrigens meine Gesundheit zuläßt; denn
nun muß ich bald aufs Land, wo ich nur um diese Zeit gedeihen kann. — Das Opferlied werden Sie nun bald zum
zweitenmal abgeschrieben erhalten haben, und bezeichnen
Sie es sogleich als korrigiert von mir, damit es nicht mit
dem, was Sie schon haben, gebraucht werde. Hier haben
Sie ein Beispiel von den elenden Kopisten, welche ich seit
Schlemmers Tode habe. Beinahe auf keine Note kann man
sich verlassen. — Da Sie die Stimmen schon alle ausgeschrieben vom Finale der Symphonie erhalten haben, so
habe ich Ihnen noch die Chorpartiturstimmen geschickt. Sie
können solche leicht, ehe der Chor anhebt, aus den Stimmen
in Partitur setzen lassen, und wo der Gesang anhebt, ist es
ganz leicht, mit einiger Überlegung die Instrumentalstim-
men oben über die Gesangstimmen in Partitur anheften zu
lassen. Es war nicht möglich, alles dieses zugleich zu schreiben, und in der Geschwindigkeit würden Sie nichts als
Fehler bei diesem Kopisten erhalten haben. Ich habe Ihnen
eine Ouvertüre in C $^6/_8$ Takt, noch nicht öffentlich erschienen, geschickt; auch die gestochenen Stimmen erhalten Sie
nächsten Posttag. Kyrie und Gloria, zwei der vorzüglichsten Stücke (aus der Messe solennelle in D-dur) sind
ebenfalls schon nebst einem italienischen Singduette auf
dem Wege für Sie. Sie erhalten nun noch einen großen
Marsch mit Chor, gut geeignet zu großen Musiken. Es

wäre noch eine große außerhalb nicht bekannte Ouvertüre
da; ich glaube aber, Sie werden hiermit genug haben. —
Leben Sie wohl, in den mir ewig lieben Rheingegenden.
Allen schönen Anteil am Leben wünsche ich Ihnen und
Ihrer Gattin. Ihrem Vater alles Gute und Schöne
von Ihrem Freunde Beethoven.

1282] An Dr. **Braunhofer.** Wien, 18. April 1825.

Mein verehrter Freund! Ich befinde mich übel und
hoffe, Sie werden mir Ihre Hilfe nicht versagen, da ich
große Schmerzen leide. Ist es möglich, daß Sie mir noch
heute einen Besuch geben können, so bitte ich innigst darum.
Mit immerwährender Dankbarkeit und Hochachtung
Ihr Beethoven.

1283] An **Anton Schindler.** (1825.)

Wir bitten um die vidimierte Abschriften samt Original, da man sie heute nach Petersburg schickt. Ich bitte Sie
recht sehr, doch bei Smettana zu fragen, was für eine Or-
dinationsstunde jetzt, ob er hier; mein Magen ist noch
nicht gut. Lassen Sie sagen, ob Sie heute zu Tische kommen können. Vale B.

1284] An **Anton Schindler.** (1825.)

Da Sie mein Zettel heute Freitag nicht gefunden, so erwarte ich Sie morgen ganz sicher zum Speisen, da ich eben
mit Ihnen zu sprechen habe. Sie können auch früher kommen und sich in freier Luft, die Ihnen zuträglich, ergehen.
Eiligst Beethoven.

1285] An **Ludwig Rellstab.** 3. Mai 1825.

Im Begriffe, aufs Land zu gehen, mußte ich gestern
selbst einige Anstalten treffen und so mußten Sie gerade
leider umsonst kommen. Verzeihen Sie meiner noch sehr
schwachen Gesundheit; da ich Sie vielleicht nicht mehr sehe,
wünsche ich Ihnen alles erdenkliche Ersprießliche. Gedenken
ken Sie meiner bei Ihren Dichtungen.
Ihr Freund Beethoven.

An Zelter, den wackern Aufrechthalter der wahren Kunst, alles Liebe und Verehrliche.

In meiner Rekonvaleszenz befinde ich mich noch äußerst schwach; nehmen Sie vorlieb mit diesem geringen Erinnerungszeichen an Ihren Freund Beethoven. —

Das Schö = ne zu dem Gu = ten. Das

1286] An Johann v. Beethoven.   Baden, 6. Mai 1825.

Die Glocke samt Glockenzügen usw. usw. ist auf keine Weise in der vorigen Wohnung zu lassen, es ist diesen Leuten kein Antrag gemacht worden, mir irgend etwa etwas abzulösen; meine Kränklichkeit verhinderte mich, da bei meinem da sein der Schlosser nicht gekommen, die Glocke abzunehmen, gleich von hier in die Stadt zu schicken, man hätte selbe nur können abnehmen lassen, da kein Recht solche zu behalten vorhanden ist. — Dem sei nun wie ihm wolle, ich lasse auf keinen Fall die Glocke da, hier habe ich eine nötig, und gebrauche diese dazu, denn hier würde mich selbe zweimal mehr als in Wien kosten, da Glockenzüge das Teuerste bei den Schlossern ist. Im Falle der Not sogleich zur k. k. Polizei. — Das Fenster in meinem Zimmer war gerade so, wie ich eingezogen, jedoch kann dieses bezahlt werden, sowie das in der Küche, für beide 2 fl. 12 kr. Der Schlüssel wird nicht bezahlt, da wir keinen gefunden, sondern die Türe war vernagelt oder vermacht, als wir eingezogen und so ist selbe auch geblieben, bis zu meinem Ausziehen; Schlüssel war nie einer da, da man natürlich weder bei dem, der vor uns da gewohnt, noch bei uns gar keinen gebraucht hat. Vielleicht soll eine Kollekte veranstaltet werden, so greife ich in den Sack.

Ludwig van Beethoven.

1287] An B. Schotts Söhne.   Wien, 7. Mai 1825.

Euer Wohlgeboren! Im Begriff aufs Land zu gehen und eben in der Rekonvaleszenz von einer Gedärmentzün=

756

dung, schreibe ich Ihnen nur einige Worte. Bei der Stelle des Opferliedes, zweite Strophe, wo es heißt

Solostimme.

E — — — — — rde.

wünschte ich, daß man diese Stelle so, wie ich sie hier schreibe, eintragen möchte, nämlich

E — — — — — rde.

NB. Es ist auch nachzusehn, ob beim Chor des Opferliedes auch bei der Violoncellstimme tutti i violoncelli angezeigt ist, wo nicht, muß es geschehen. —

Das Quartett werden Sie nun schon erhalten haben, es ist dasselbe, Ihnen versprochen. Ich konnte hier von mehreren Verlegern ein Honorar von 60 # dafür haben, allein ich habe es vorgezogen, Ihnen mein Wort zu halten.

Es hat jemand zu meiner Messe in C einen vortrefflichen deutschen Text gemacht, ganz anders als der Leipziger. Wollten Sie wohl selbe mit dem neuen Texte neu auflegen?

Von geringeren Werken hätte ich vier gelegentlich geschriebene Märsche für ganze türkische Musik nebst einem Gratulationsmenuett. Das Honorar wäre 25 # in Gold. — Wegen der Herausgabe der sämtlichen Werke habe ich die Papiere vor mir und werde Ihnen nächstens das Nötige hierüber vorlegen können, wenn Ihnen anders noch daran gelegen ist. Wegen Hennings Streiche hoffe ich nicht, daß Sie Mißtrauen in mich haben, falls aber, will ich Ihnen seinen Brief, worin er von allem absteht die Ouvertüre betreffend. Die Sache wurde hier schriftlich mit Bethmann abgeschlossen, der bekanntlich sich mit der Gesellschaft zertragen. —

Dok=tor sperrt das Tor dem Tod, No = te hilft auch

aus der Not. Dok = tor sperrt das Tor dem Tod,

No = te hilft auch aus der Not.

Geschrieben am 11. Mai 1825, in Baden, Helenental an
der zweiten Antonsbrücke nach Siechenfeld zu.

1289] **An Ferdinand Piringer.** Baden, 13. Mai 1825.

Indem ich Ihnen innigst danke, daß Sie sich die Mühe
geben wollen, ein Exemplar meiner Messe zu korrigieren,
bitte ich Sie mir nur gefälligst anzuzeigen, sobald Sie da=
mit zustande gekommen sein werden, wo ich alsdenn je=
manden zu Ihnen darum schicken werde und Sie bitte, nur
diesem die Messe einzuhändigen. Böhm, dem wackern
Fiedler, bitte ich Sie zu sagen, wie leid es mir sei, ihm nicht
noch einmal das Quartett haben geben zu können, indem
ich selbes mit vieler Mühe gerade am Tage meiner Abreise
hierher (d. h. am 7. Mai) von Herrn Mayseder erst zurück=
erhalten habe. Die Folgen meiner gehabten Gedärment=
zündung sind sehr hart für mich, indem ich mich so schwach
befinde, daß ich kaum noch recht gehen und noch viel weni=
ger mich beschäftigen kann. Gott besser es. — Wie immer
Ihr Freund und Diener Beethoven.

1290] **An Karl v. Beethoven.** (1825.)

Die Frau Schlemmer erhält oder hat's erhalten ihr Geld
durch unsere Haushälterin. Morgen müssen einige Briefe

758

geschrieben werden, laß mich wissen, wann Du am besten
Zeit hast? Dein Onkel.

Mein Schnupftuch blieb liegen.

1291] **An Dr. Braunhofer.** 13. Mai 1825.

Verehrter Freund!

Doktor: Wie geht's, Patient!

Patient: Wir stecken in keiner guten Haut, noch immer
sehr schwach, aufstoßen usw. Ich glaube, daß endlich stär=
kere Medizin nötig ist, die jedoch nicht stopft, weißen Wein
mit Wasser sollte ich schon trinken dürfen! denn das me=
phitische Bier kann mir nur zuwider sein. Mein katarrha=
lischer Zustand äußert sich hier folgendermaßen: nämlich
ich speie ziemlich viel Blut aus, wahrscheinlich nur aus
der Luftröhre; aus der Nase strömt es aber öfter, welches
auch der Fall diesen Winter öfter war. Daß aber der Ma=
gen schrecklich geschwächt ist, und überhaupt meine ganze
Natur, dies leidet keinen Zweifel. Bloß durch sich selbst,
soviel ich meine Natur kenne, dürften meine Kräfte schwer=
lich wieder ersetzt werden.

Doktor: Ich werde helfen, bald Brownianer, bald Stol=
lianer sein.

Patient: Es würde mir lieb sein, wieder mit einigen
Kräften an meinem Schreibtisch sitzen zu können. Erwägen
Sie dieses!

Finis. P. S. Sobald ich in die Stadt komme, sehe ich
Sie, — nur Karl sagen, wann ich Sie treffe. Können Sie
aber Karl selbst angeben, was noch geschehen soll (die letzte
Medizin nahm ich nur einmal und habe sie verloren), so
wäre dies ersprießlich. — Mit Hochachtung und Dankbar=
keit Ihr Freund Beethoven.

1292] **An Karl v. Beethoven.** (1825.)

Lieber Sohn! Eben erhalte ich Deinen Brief; sehr
schwach befinde ich mich noch und allein. — Und diesen ab=
scheulichen Brief von diesem lese nur. — Ich schicke Dir
25 fl., wofür die Bücher sogleich einzukaufen, und das
übrige, wenn Du es brauchst, zu verwenden. — Den Zettel
von Hr. v. Reißig bringst Du wieder hierher.

Sonnabend den 14. Mai schicke ich einen Wagen von hier in die Stadt, noch sind sie wohlfeil, um Dich hierher abzuholen; die Alte wird sich morgens erkundigen, wann Du am besten kannst. Du hast Zeit bis abends 6 Uhr abzufahren, um ja nichts zu versäumen; vielleicht komme ich auch, und man könnte Dir Hemden kaufen; in dieser Rücksicht wäre es gut, wenn Du schon um 4 Uhr abkommen könntest; komme ich aber nicht, welches leicht möglich ist, so fahre um 5 oder 6 Uhr abends gerade hierher. Du wirst nicht so abgemattet und kannst Sonntags, oder wenn nichts verloren wird Montags von hier abgehen.

Das Geld für den Korrepetitor kannst Du von hier mitnehmen. —

Weißt Du auch, daß die Geschichte mit dem Korrepetitor und Kost und Wohnung auf 2000 fl. jährlich kommt? —

Für heut' kann ich nicht mehr schreiben, — kaum geht die Feder. —   Dein treuer Vater.
Das Blatt zeigst Du Reißig.

1293] An Karl v. Beethoven.   (1825.)

Alles erdenkliche Schöne und Gute an meinen verehrten Hr. Mitvormund Dr. v. Reißig; zu schwach befinde ich mich, noch selbst an selben selbst zu schreiben; ich hoffe, daß Hr. v. R. nichts dawider einzuwenden habe, wenn Du Sonnabend abends hierher kommst; Mißbrauch, weißt Du wohl, ist auch bei Blöchlinger nie von dgl. von mir gemacht worden. — Von Deiner Verwendung bei solcher Unterstützung bin ich ohnehin sicher.

Dein treuer Vater Beethoven.

1294] An Karl v. Beethoven.   Baden, 17. Mai 1825.

Lieber Sohn! Es ist scheußliches Wetter hier, heute noch kälter als gestern, so daß ich kaum die Finger zum Schreiben bewegen kann; dies scheint mir doch nur hier im Gebirge der Fall zu sein und besonders in Baden. — Die Schokolade habe ich heute vergessen, mir ist leid, Dir damit beschwerlich fallen zu müssen. Es wird schon dieses alles abnehmen, ich schicke Dir 2 fl., die 15 kr. lege dazu; schicke sie, wenn's möglich ist, mit dem nachmittägigen Postwagen, denn übermorgen hätte ich keine, die Hausleute werden Dir hierin wohl helfen.

Gott mit Dir, ich fange an, wieder ziemlich zu schreiben, jedoch ist es beinahe unmöglich bei dieser höchst traurigen kalten Witterung etwas zu leisten. — Wie immer

Dein guter treuer Vater.

1295] **An Karl v. Beethoven.** (18. Mai 1825.)

Lieber Sohn! Ich melde Dir nur, daß die Alte noch nicht hier ist, warum weiß ich nicht, erkundige dich gleich beim Höbel in der Kothgasse, ob der hierher gehörige Höbel von Wien nach Baden abgegangen? Wirklich ist es so schwer für mich, von solchen Menschen abzuhängen, daß mir das Leben, wenn es nicht noch höheren Reiz hätte, ganz unerträglich vorkommen müßte. — Den gestrigen Brief mit den 2 fl. für Schokolade wirst Du erhalten haben; morgen werde ich wohl Kaffee trinken müssen, wer weiß, ob nicht besser als die Schokolade, denn die Verordnungen dieses Braunhofer sind schon mehrmal schief gewesen, und überhaupt scheint er mir sehr beschränkt und dabei doch ein Narr zu sein; von dem Spargel hat er gewiß gewußt. — Nach dem Essen vom Wirtshaus habe ich heute ziemlichen Durchfall, — weißer Wein ist keiner mehr da, also aus dem Wirtshaus und was für Wein schon für 3 fl. — Die Alte schrieb vorgestern mir auf, daß sie doch im Spital zu sterben wünschte; vielleicht will sie nicht mehr kommen, in Gottes Namen, ein böses altes Weib bleibt sie immer; in dem Falle soll sie mit der Person, die sie weiß, Anstalten treffen. Mir schrieb sie ganz anders auf „daß die Leute nicht den Glockenzug hergeben wollten", als sie Dir Sonntags sagte, und man kann nicht wissen, ob sie nicht einiges Interesse dabei gehabt? — Gestern um 6 Uhr ist sie in die Stadt, und ich bat sie sehr zu machen, daß sie heute vormittags wieder eintreffe; kommt sie noch, so werde ich wohl übermorgen in die Stadt kommen müssen; hinterlasse, wann ich Dich immer treffe. (Schriftlich.)

Schreibe mir gleich einige Zeilen; wie leid ist es mir,

daß ich Dich stören muß, aber Du siehst, ich kann nicht dafür. — Dein treuer Vater.
Welcher peinliche Zustand, hier so sein zu müssen!!

1296] **An Karl v. Beethoven.**   18. Mai 1825.

Lieber Sohn! Die Alte ist schon gekommen, habe also keine Sorge, studiere tüchtig und stehe morgens früh, wo Du auch selbst manches, was vorfiele, für mich zu tun vereinigen könntest; — einem nun bald 19jährigen Jüngling kann es nicht anders als wohl anstehen, mit seinen Pflichten für seine Bildung und Fortkommen auch gegen seinen Wohltäter, Ernährer zu verbinden. — Habe ich doch auch dieses bei meinen Eltern vollführt. —
          Eiligst Dein treuer Vater.
Der alte Glockenzug ist allhier angekommen.
Der Brief vom 17. Mai heute ist verschrieben, er ist vom 18. Mai.

1297] **An Karl v. Beethoven.**   (18. Mai 1825.)

Endlich — gib denn wenigstens der Alten die Schokolade — Ramler, wenn er noch nicht genommen, würde vielleicht die Alte besorgen. Ich werde immer magerer und befinde mich eher übel als gut, und keinen Arzt, keinen teilnehmenden Menschen! —
Wenn Du nur immer Sonntags kannst, so komme heraus, jedoch will ich Dich von nichts abhalten, wenn ich nur sicher wäre, daß der Sonntag ohne mich gut zugebracht würde. Ich muß mich ja von allem entwöhnen, wenn mir nur diese Wohltat wird, daß meine so großen Opfer würdige Früchte bringen. — Wo bin ich nicht verwundet, zerschnitten?   Dein treuer Vater.

1298] **An Karl v. Beethoven.**   19. Mai 1825.

Landstraße, Ungargasse, Wohnung Nr. 345 nächst dem Bräuhause von vier Zimmer, Küche — Aussicht in die umliegenden Gärten, zu erfragen beim Hausmeister. Auch in der Hauptstraße sollen mehrere sein; — dem Hausmeister in der Ungargasse gib einen Gulden, daß er zurückhält bis Samstag, wo ich Dich, wenn das Wetter nicht zu schlecht,

762

abhole. — Es wird an morgen liegen — ob von Michaeli
oder jetzt. — Sollte ich Sonntag hereinkommen, so mache
auch, daß ich Dich finde. — Dein treuer Vater.

1299] **An Karl v. Beethoven.** Baden, 22. Mai 1825.

Bisher nur Mutmaßungen, obschon mir von jemand
versichert wird, daß wieder geheimer Umgang zwischen Dir
und Deiner Mutter. — Soll ich noch einmal den abscheu-
lichsten Undank erleben?! Nein, soll das Band gebrochen
werden, so sei es; Du wirst von allen unparteiischen Menschen, die diesen Undank hören, gehaßt werden. — Die
Äußerungen des Hrn. Bruder, und zwar vor Dr. Reißig,
wie er sagt, Deine gestrige Äußerung in Ansehung des Dr.
Schönauer, der mir natürlich gram sein muß, da das Gegenteil bei den Landrechten geschehen von dem, was er verlangt, in diese Gemeinheiten sollt' ich mich noch einmal
mischen, nein, nie mehr. — Drückt Dich das Paktum, in
Gottes Namen — ich überlasse Dich der göttlichen Vorsehung; das meinige habe ich getan und kann deswegen vor
dem allerhöchsten aller Richter erscheinen. Fürchte Dich
nicht, morgen zu mir zu kommen, noch mutmaße ich nur;
Gott gebe, daß nichts wahr sei, denn wahrhaftig, Dein Unglück wär' nicht abzusehen, so leichtsinnig dieses der schur-
kische Bruder und vielleicht Deine Mutter nehmen würden
mit der Alten. Ich erwarte Dich sicher.

1300] **An Schlemmer.** (1825.)

Euer Wohlgeboren! Es ist mir auffallend, daß Karl
beinahe gar nirgend in eine schöne Gesellschaft, wo er sich
in dieser Zeit auf das anständigste belustigen könnte, zu
bringen ist. Es könnte den Verdacht erwecken, daß er vielleicht doch abends oder gar nachts sich erlustigte in gewiß
nicht so guter Gesellschaft. Ich ersuche Sie, hierauf acht zu
haben und unter keinem Vorwande Karl nachts außer dem
Hause zu lassen, wenn Sie von mir nichts Schriftliches
durch Karl hierüber erhalten. Einmal war er mit meinem
Wissen bei Hrn. Hofrat Breuning. — Indem ich Ihnen
diese Sache ans Herz lege, welche weder Ihnen noch mir

gleichgültig sein kann, empfehle ich Ihnen noch einmal hierin große Aufmerksamkeit — Euer Wohlgeboren erge=
benster
Beethoven.

1301] **An Charles Neate.**   Vienne, le 25 May 1825.

Mon ami! Je crois nécessaire de vous écrire encore une fois. Je vois dans la lettre que vous m'avez écrite il y a deux ans, que l'honoraire des Quatuors est £ 100 ster- lings. Je suis content de cette offre, mais il est nécessaire de vous avertir, que le premier Quatuor est si cherché par les plus célèbres artistes de Vienne, que je l'ai accordé à quelques uns d'eux pour leur bénéfice. Je crois tromper votre amitié en ne vous avertissant point de cette circon- stance, parceque vous pouvez aussi en faire usage à Lon- dres. Or si vous me répondez que vous êtes content des propositions que je vous ai faites dans ma lettre dernière, je vous enverrai aussitôt le 1er Quatuor; cependant je vous prie d'accélérer votre résolution, puisque les éditeurs désirent vivement de le posséder. Cependant vous n'avez point de remettre l'honoraire qu'après avoir reçu l'assu- rance de ma part, que les deux autres Quatuors sont achevés. Seulement je vous prie d'ajouter à votre lettre l'assurance de votre contentement en ce qui concerne mes offres. Voilà ce que j'ai cru devoir vous dire. Je crois vous avoir fait une complaisance, et je suis certain que vous ferez le même envers moi. Conservez votre amitié pour moi. Je suis, avec la plus grande estime, votre ami sincère   Louis van Beethoven.

1302] **An Karl v. Beethoven.**   Baden, 31. Mai 1825.

Lieber Sohn! Ich gedenke Sonnabends in die Stadt zu kommen und bis Sonntag abends oder Montags früh wie= der hierher mich zu begeben. — Ich bitte Dich daher, bei Dr. Bach zu fragen, um welche Stunden er jetzt gewöhnlich zu sprechen sei, sowie auch Dir den Schlüssel geben zu las= sen beim Herrn Bruder Bäcker, um zu sehen, ob sich in dem Zimmer, welches der Herr unbrüderliche Bruder besitzt, so= viel Einrichtung befindet, daß ich dort die Nacht über blei= ben kann, ob die Wäsche rein usw. Da Donnerstag Feier=

tag ist und Du schwerlich herkommst, wie ich es auch nicht verlange, so könntest Du diese paar Gänge wohl machen. Sonnabends bei meiner Ankunft kannst Du mir darüber berichten, ich schicke Dir kein Geld, denn im Notfall kannst Du einen Gulden leihen im Hause. Nüchternheit ist für die Jugend nötig, und Du scheinst sie nicht genug beachtet zu haben, da Du Geld hattest, ohne daß ich es wußte und noch nicht weiß, woher? — Schöne Handlungen! Ins Theater zu gehen ist nicht ratsam jetzt, der zu großen Zerstreuung wegen, so glaube ich. — Die angeschafften 5 fl. des Herrn Dr. Reißig werde ich unterdessen pünktlich monatlich abtragen — und hiermit basta. — Verwöhnt, wie Du bist, würde es nicht schaden, der Einfachheit und Wahrheit Dich endlich zu befleißigen, denn mein Herz hat zuviel bei Deinem listigen Betragen gegen mich gelitten, und schwer ist es, zu vergessen. Und wollte ich an allem dem wie ein Jochochse, ohne zu murren, ziehen, so kann Dein Betragen, wenn es so gegen andere gerichtet ist, Dir niemals Menschen zubringen, die Dich lieben werden. Gott ist mein Zeuge, ich träume nur, von Dir und von diesem elenden Bruder und dieser mir zugeschusterten abscheulichen Familie gänzlich entfernt zu sein. Gott erhöre meine Wünsche, denn trauen kann ich Dir nie mehr.

Leider Dein Vater oder besser nicht Dein Vater.

1303] **An Henickstein & Komp.** (1825.)

Ich bitte Sie doch recht sehr, meinem Karl zu sagen, wie es damals mit dem Wechsel des Fürsten Galitzin zugegangen, ob Sie wirklich nur 215 fl. statt 225 dafür geben konnten, denn nicht immer bin ich mit meines Bruders Handlungen zufrieden, und es sollte mir wehe tun, wenn Sie etwas deswegen widrig aufgenommen. — Auch möchte ich wissen, ob Sie keinen Brief vom Fürsten Galitzin vom 29. April an Sie selbst oder überhaupt gar kein Schreiben von ihm erhalten haben, da er mir doch geschrieben, daß er ebenfalls an Sie geschrieben habe. Letzlich bitte ich Sie, ein Paket nach Petersburg gütigst zu besorgen, da es zu groß ist, um durch die Briefpost befördert zu werden. Auch lasse ich mein Quartett für den Fürsten schreiben, je geschwin=

der je lieber ist es S. D. dieses zu erhalten, auf der Brief=
post finde ich es — zu beschwerlich. — Ich erwarte darüber
Ihre gütige Außerungen und bin mit vollkommener Hoch=
achtung   Ihr ergebenster Beethoven.

1304] An Dr. **Braunhofer.**   (4. Juni 1825.)

Ich war hier, ich war hier Dok=tor ich war hier —

Am 4ten Juni abends als ich meinen verehrten Freund
Braunhofer nicht zu Hause fand.   Beethoven.

1305] An **Karl v. Beethoven.**   Baden, 9. Juni 1825.

Ich wünsche wenigstens, daß Du Sonntags hierher
kommst. Vergebens bitte ich um Antwort, — Gott sei mit
Dir und mit mir.   Wie immer Dein treuer Vater.

Herrn v. Reißig habe ich geschrieben, daß er Dich bitte,
Sonntags hierher zu kommen, die Kalesche fährt um 6 Uhr
von seiner Wohnung ab, und zwar von der Kugel auf der
Wieden. Du hast also nur etwas im voraus zu arbeiten
oder zu studieren, so wirst Du nichts verlieren. Ich be=
daure, Dir diesen Schmerz verursachen zu müssen. Nach=
mittags fährst Du um 5 Uhr ab mit derselbigen Kalesche
von hier wieder nach Wien. Es ist schon vorausbezahlt,
Du kannst ja morgens Dich hier barbieren, auch hier Hals=
tuch und Hemd haben, um zur rechten Zeit hier einzu=
treffen. —

Leb' wohl. Wenn ich auch mit Dir schmolle, so ist es
nicht ohne Grund, und nicht so vieles möchte ich aufgewen=
det haben, um der Welt einen gewöhnlichen Menschen ge=
geben zu haben. Ich hoffe Dich gewiß zu sehen. —

Sind übrigens die Intrigen schon gereift, so erkläre
Dich offen (und natürlich), und Du wirst denjenigen, der
sich in der guten Sache allzeit gleichbleibt, finden.

Die Wohnung A. stand Dienstags wieder in der Zei=
tung. Hättest Du nichts machen können, wenigstens durch
einen anderen, auch durch schreiben lassen, wenn Du viel=

leicht unpäßlich? — Lieb wäre es mir, nichts anderes als zu müssen. Wie ich hier lebe, weißt Du, noch dazu bei der kalten Witterung. Das beständige Alleinsein schwächt mich nur noch mehr, denn wirklich grenzt meine Schwäche oft an Ohnmacht. O kränke nicht mehr, der Sensenmann wird ohnehin keine lange Frist mehr geben. — B.

Wäre in der Alleegasse eine gute Wohnung für mich zu finden, so würde ich sie auch nehmen.

1306] **An Karl v. Beethoven.** Baden, 15. Juni (1825).

Mein lieber Sohn! Ich hoffe, Du wirst die 62 fl. 30 kr. W. W. erhalten haben. — Du könntest auch vom selben Tuche noch ein Beinkleid nehmen, tue das. Du wirst hoffentlich das Beste von 21 fl. genommen haben, in solchen Fällen muß man wegen ein paar fl. sich nicht das Beste versagen; von dem grauen Zeug für Beinkleider könntest Du auch zwei nehmen. Was nun hernach Schneider usw., wirst Du anrechnen, und auch darauf von mir erlegt werden. — Was die rechte Hand tut, soll die linke nicht wissen, so wird es von edlen Menschen gehalten. Leider hast Du es selbst verschuldet, wenn man Dich darauf aufmerksam machen muß. — Zu Frieß vergiß nicht hinzugehen. — Aurora sei nicht allein Weckerin, sondern beflügle Deine Tätigkeit.

Von den täglichen Hausumständen. Das Mädl ist zwar gekommen, bleibt aber doch nicht, ich habe unterdes mit der Alten alt gesprochen, soviel sich mit solchen Leuten sprechen läßt.

Fort mit dem Teufelszeug. Herr Bruder Asinaccio hat geschrieben. — Das Alleinsein am Tische fällt mir am härtesten, und wirklich ist es zu verwundern, wenn ich leidlich hier schreibe. — Vielleicht komme ich Sonnabends in die Stadt, Du könntest denn doch alsdann vielleicht um 6 Uhr des Abends mit mir hierher fahren?! Jetzt leb' wohl, mein Herz, verdiene es; was Du brauchst, nimm Dir; was Du sonst brauchst, wird ebenfalls beim Hereinkommen Dir gekauft werden. — Ich umarme Dich, sei mein guter, fleißiger, edler Sohn. Wie immer Dein treuer Vater.

Ich wünsche nur die richtige Ankunft des Geldes zu wissen. — Ist der Korrepetitor gekommen?

Lieber Sohn! Hier die 90 fl., laß Dir darüber eine
Quittung und ein paar Zeilen geben; es fällt hernach nicht
so auf, von der Hausfrau, obschon es bei denjenigen, welche
unter Vormundschaft stehen, überall gebräuchlich ist. —
Meine Oblaten sind alle, — solltest Du nicht ein Kästchen
hierher senden können auf irgendeine Art?! Schreib' gleich
den Empfang. — Gott mit Dir, tu' was nur immer mög=
lich, daß ich befreit werde von diesem alten Teufel. —

In Heimlichkeiten mit dem Herrn Bruder laß Dich nicht
ein, — überhaupt sei nicht heimlich gegen mich, gegen Dei=
nen   treuesten Vater.

Gute Nacht! Leb' wohl, leb' wohl! — Die alte Hexe und
der Satanas und ich?!

Du brauchst nur die Summe in der Quittung und
brauchst sonst auszurichten. H. erhält hiermit seine Instruk=
tion.

1308] **An Karl v. Beethoven.** Baden, 28. Juni (1825.)

Lieber Sohn! Da Du vielleicht bei der Hitze zu baden
liebst, so sende ich Dir noch 2 fl. Übrigens muß alles von
denen, die etwas von Dir erhalten, schriftlich eingegeben
werden; denn daß Unrichtigkeiten eintreffen, beweist das
blaue Tuch, die 3 fl. für den Spiegel. Du gehörst einmal
schon unter die Wiener; obschon ich nicht hoffe, daß Du
ein Wiener Früchtel — werden wirst, so macht es in Deinen
Jahren Dir noch keine Schande, genaue Rechenschaft von
dem Gelde, was Du erhältst, vollkommen Rechenschaft ge=
ben zu müssen, da man mit 24 Jahren erst als mündig ge=
halten wird, und Du, selbst wenn Du eigenes hättest, dem
Vormund in diesen Jahren alles vorrechnen müßtest. —
Laß mich nicht noch weiter zurückgehen, leicht ist dieses, aber
nur schmerzhaft für mich; am Ende heißt es denn auch da:
„Sie sind doch ein recht guter Vormund" usw. Wäre nur
eninige Tiefe in Dir, so müßtest Du überhaupt immer an=
ders gehandelt haben. — Nun von diesem niederträchtigen
Hausgesinde; gestern ist die Küchenmagd schon fort, ist
gleich eingetreten; wie dieses zusammenhängt, ist bei einer

alten Hexe sehr schwer, die jetzt wieder lächelt und durchaus nicht zugeben will, daß sie was bei den Rechnungen eingebüßt habe. Was sagst Du dazu? — [Rest zerrissen]

1309] **An Karl v. Beethoven.**   (14. [?] Juni 1825.)

Lieber Sohn! Das Obere oder Untere von 21 fl. scheint mir das Beste, der Hausherr kann vielleicht besser raten. — Beinkleid 88 —, 4½ —.

Du erhältst hier 62 fl. 30 kr. W. W. Genaue Rechnung darüber, es ist sauer erworben, — übrigens ist es wegen einem fl. per Elle nicht der Mühe wert, nicht das Beste zu nehmen, wähl' und laß wählen unter den zweien von 21 fl. das Beste. —

Mit dem Beinkleid ebenfalls das Beste! — Zieh' übrigens Deine Kleider nicht anders als im Hause an; mag kommen wer will, im Hause muß man nicht angezogen sein; wie Du nach Hause kommst, gleich deine guten ausziehen, und Dir in nur dazu bestimmten Kleidern bequem machen.

Leb' indessen wohl.   **Dein treuer Vater.**

Nachschrift. Das Mensch ist gestern fort und ist nicht wiedergekommen, du wirst schon sehen, wie dies ausfällt; der alten Bestie war daran gelegen, daß sie fort soll, da sie wie ein wildes Tier ohne Zweck und Verstand keine Ruhe hat. Gott erbarme sich meiner; mit der Kocherei hat's gestern schon angefangen.

1310] **An Karl v. Beethoven.**   (1825.)

Mein lieber Sohn! Komm bald! Sei es! Bring den Brief von G....... wieder mit, ich habe ihn selbst kaum gelesen. Vorgestern der Sig. Fratello mit seinem Schwager, was für ein elender Mensch! Die alte Hexe, die sich wieder wie vergessen hat gestern, bringt Dir die Antwort wegen dem Buch von seinem Schwager. Findest Du noch keine Sicherheit dafür in der Antwort, so sende dem Elenden sogleich diesen Brief. Wenn Kato gegen Cäsar ausrufte: dieser und wir, was soll man gegen einen solchen?! Ich lasse den Brief, ist auch übermorgen Zeit genug. Es

wird zu spät. Ich drücke mein liebevolles Siegel auf Deine
Liebe, Treue und Anhänglichkeit gegen mich. Versäumst Du,
so bleibe. — Wie immer Dein liebevoller für Dich sorgen=
der   Vater.

   Komm bald! Komm bald! Komm bald!

1311]   An Karl v. Beethoven.   (1825.)

   Hier kommt Satanas, — heute hat ihre kochende Wut
und ihr Wahnsinn etwas nachgelassen, unterdessen — sollte
sie sich an Dich wenden wollen, so verweist Du sie auf über=
morgen bei mir. — Die ganze Woche mußte ich wie ein
Heiliger leiden und dulden, — fort mit diesem Pöbelge=
schmeiß! Welcher Vorwurf für unsere Kultur, dergleichen
durchaus zu benötigen, was wir verachten, uns so nahe
wissen zu müssen! — Morgen geh' mit ihr wegen dem Sel=
terswasser beim Karolinentor, wie vormals; sollten die
kleinen Krüge ebenso echt als die großen sein, so könnte man
solche nehmen, ich glaube aber, daß es sicherer mit den gro=
ßen sein muß. Ce dépend de votre esprit, votre distinc-
tion etc. — Jetzt lebe wohl, lieber Sohn, mach ja, daß wir
das echte, nicht künstlich gemachte Selterswasser erhalten,
geh' ja mit, sonst könnte ich, wer weiß was, erhalten. —
Nun lebt wohl, bestes Lümperl, wir sind Euch so ziemlich
zugetan; übermorgen um 8 Uhr erwarten wir Euch, das
Frühstück wird nicht fehlen; wenn's nur nicht wie gewöhn=
lich das Spätstück würde. — Ah au diable avec ces
grands coquins de neveux — allez-vous-en — soyez
mon fils — mon fils bien aimé. — Adieu. Je vous
baise, votre père sincère comme toujours.

1312]   An Karl v. Beethoven.   (1825.)

   Lieber Sohn — lieber Junge! Der Punkt von Bonheur
ist zu berühren; in dem an Lichnowsky (verstorben) habe ich
schon erfahren, wie diese sogenannten großen Herrn nicht
gern einen Künstler, der ohnehin ihnen schon gleich ist, auch
wohlhabend sehen. — Voilà le même cas — votre
altesse! im Kontext zuweilen V. A. — Auf dem Briefe à
son Altesse Monseigneur le prince etc. — man kann
nicht wissen, ob diese Schwachheit nicht dabei ist. — Hier

770

folgt ein Bogen, von mir schon unterschrieben. — Dies könntest Du noch beifügen, daß er sich an das Zeitungsgewäsche nicht störe, die, wenn ich wollte, mich nicht wenig ausposaunen würde, das Quartett sei zwar das erstemal, da Schuppanzigh es gespielt, mißlungen, indem er durch seine Dicke mehr Zeit brauche als früher, bis er eine Sache gleich erkenne und viele andere Umstände dazu beigetragen, daß es nicht gelingen konnte, auch ihm dieses von mir vorausgesagt; denn trotzdem, daß Schuppanzigh und zwei andere die Pension von Fürst Rasomowski beziehen, so ist doch das Quartett nicht mehr, was es war, da alle immer zusammen waren. Hingegen ist es sechsmal von anderen Künstlern auf das Beste aufgeführt und mit größtem Beifall aufgenommen worden. Es wurde an einem Abend zweimal hintereinander gegeben, und noch einmal nach dem Souper. Es wird auch ein Violinspieler namens Böhm sein Benefize damit geben — und jetzt muß ich es noch immer an andere hergeben. — In Petersbrief nach Leipzig „Großes Quartett", — eile damit, auch daß er früh Antwort schreibe. — Nötig sind diese Fatalitäten, da wir uns müssen auf die Hinterfüße setzen. — Diesen Brief an den Bruder machst Du zu, und auf die Post. — Beim Schneider, Kärntnerstraße, daß er den Sanclotin für ein Beinkleid für mich abhole, lang herunterzumachen, jedoch ohne Riemen, ein Kaschmir= und Tuchbeinkleid; kann auch noch der Überzieher beim Wolfmajer abgeholt werden. Der Schuster hat sein Gewölb' in der Stadt in der Spiegelgasse gleich vorn, wie man hereinkommt vom Graben, er heißt: Magnus Senn bei der Stadt Paris Nr. 1093. — Zu Henickstein gehe und sei offen, damit man wisse, wie dieser Elende gehandelt habe; es wäre gut, vor dem Briefe an Galitzin berichtet zu sein. — Ich glaube wohl, daß man für den Winter was anderes für Dich sucht, wir sprechen darüber. — Ehe Du Sonnabend hierher kommst, noch in der Naglergasse an Zinbrachen wegen Messern, diese könntest Du früher abgeben, die Alte hat dummes Zeug gemacht. Gestern beim Hierherfahren traf ich die Clement, Holz, Linke, Rzehaczek in Neudorf. Sie waren sämtlich hier bei mir, während ich in die Stadt gewesen. Sie wünschten das

Quartett wiederzuhaben; Holz fuhr sogar von Neudorf wieder zurück hierher und speiste abends bei mir, wo ich ihm dann das Quartett wieder mitgegeben.

Die Anhänglichkeit von tüchtigen Künstlern ist nicht zu verachten, und freut einen doch.

Sobald Du mit Henickstein gesprochen, schreib' mir gleich. Auf die Ouvertüre in C machst Du die Dedikation auf Galitzin, übernehmen die H. die Überschickung, so gebe es ihnen, doch etwas zugemacht. Gott mit Dir, ich erwarte also sicher ein Schreiben von Dir, mein lieber Sohn. Gott mit Dir und mir. — Es wird bald ein Ende haben mit   Deinem treuen Vater.

Lebe wohl Lümperl.

NB. Bei der Ouvertüre ist im Brief an Galitzin zu erinnern, daß schon angekündigt ist, daß sie ihm dediziert im Stiche erscheinen werde.

1313]   **An Karl v. Beethoven.**   (13. Juli 1825.)

Lieber Sohn! Diesen Brief sogleich an den Pseudobruder; schreib' noch einiges dazu. Es ist unmöglich, es länger dauern zu lassen; heute keine Suppe, kein Rindfleisch, kein Ei; ein Rostbraten zuletzt aus dem Wirtshaus.

Neulich, als Holz dablieb, beinahe abends nichts zu essen; ihr keckes, unanständiges Betragen bei alledem, ich habe ihr heute gesagt, daß ich sie höchstens bis Ende dieses Monats dulde.

Für heute nicht mehr; beim Magistrat ist nichts, als daß ich einen Zettel schreibe, daß Du das Geld erheben kannst, übrigens ist es gut, daß Du auch alsdann anfrägst, was zu tun, daß diese Bankobligationen in Rothschildlose umgesetzt werden. — Für heute sage ich nichts mehr, als daß ich Dich immer für meinen mir teuren Sohn, der es verdient, halte. — So wenig ich der untern Nahrung gänzlich bedarf, wie Du weißt, so ist es doch gar zu arg hiermit, und noch jeden Augenblick in Gefahr, täglich vergiftet zu werden!

Lebe wohl, nimm Dich in dieser Hitze Deiner Gesundheit wegen in acht, lieber Sohn, bleibe ja gesund; fliehe

772

alles, was Deine Jugendkraft entnerven, vermindern kann, leb' wohl, ach Gott! Gespräch wäre besser. — Dein immer; Dein treuer Dich an sein Herz drückender Vater.

1314] **An Karl v. Beethoven.** (1825.)

Die alte Gans folgt hierbei, — sie hat Dir die Federn gegeben und Du wieder gelogen — o weh. — Leb' wohl, ich erwarte nur Deinen Bericht über das Buch. — Sie geht heute zur Kathel, sie hat wenig Zeit, dumme Streiche zu machen. — Gott wird mich wohl befreien, libera me domine de illis etc. —

1315] **An Johann v. Beethoven.** Baden, 13. Juli 1825.

Werter Herr Bruder! Da Du das Buch auf eine so gute Art besorgt hast, so ersuche ich Dich, daß es wieder hierher an den Eigentümer zurückgelange. Wieder eine ganz hübsche Geschichte! — Wegen Deinem Wunsche, mich bei Dir zu sehen, habe ich mich ja schon längst erklärt; — ich ersuche Dich, hiervon nichts mehr verlauten zu lassen, denn unerschütterlich wirst Du mich hier wie allzeit finden. Die Details hierüber erlasse mir, da ich nicht gern Unannehmes wiederhole. Du bist glücklich, dies ist ja mein Wunsch; bleibe es, denn jeder ist ja am besten in seiner Sphäre.

Von Deiner Wohnung machte ich nur einmal Gebrauch; allein der Backofen machte mich beinahe krank, daher auch nur einmal. — Da ich jetzt eine Wohnung schon habe, so werde ich wahrscheinlich kaum einmal Gebrauch machen von dem andern Zimmer, was Du mir anträgst. — Wenn Du schreibst, so siegle wenigstens die Briefe und adressiere sie an Karl in Wien, da ein solcher Brief hierher zuviel kostet. Ich ersuche Dich noch einmal dringend um die Zurückerstattung des dem Kunstmaschinisten an dem Graben zugehörigen Buches, da solche Fälle wirklich beinahe unter die unerhörten gehören und ich mich in keiner kleinen Verlegenheit finde. Also das Buch, das Buch! — Schnell und geschwinde an Karl in Wien gesendet!

Leben Sie wohl, mein wertester Herr Bruder. Gott befohlen.
Der Ihrige Ludwig.

1316] An Karl v. Beethoven.   (15. Juli 1825.)

Lieber Sohn! Du siehst aus den Beilagen alles, — schreibe diesen Brief an Schlesinger

an . . . . Schlesinger in Berlin.

abzugeben in der Schlesingerschen Kunst= und Buch=handlung.

Fasse manches besser, ich glaube, daß man auf 80 # wohl rechnen könnte. — Wenn es nötig?! warte mit dem Brief an Galitzin, jedoch den an Schlesinger besorge Sams=tags. — Das Paket wirst Du erhalten haben, ich bitte Dich, mir Balbierseife mitzubringen, und wenigstens ein Bal=biermesser, 6 hat der Schleifer, hier auch 2 fl., wenn etwas zu bezahlen, übrigens Haushalt, denn Du erhältst immer zuviel Geld. —

Vergebens, ein Wiener bleibt ein Wiener; ich war froh, wie ich meinen armen Eltern helfen konnte, welcher Unter=schied gegen Dich, in Ansehung Deiner gegen mich — Leichtsinniger, lebe wohl!   Dein treuer Vater.

Bring' das Zeitungliche wieder mit. Diesmal hast Du viel zu tun, vor Sonntag wirst wohl schreiben. Den Mise=rablitzin schmeichle ja nicht. — Es ist ein schwacher Patron usw.   Ich umarme nicht besser!

1317] An Fürst Nikolaus Galitzin.   (1825.)

Votre Altesse! In Ansehung der contestation Jen=ner a parfaitement raison — la Viola a un ré^b dans

cet passage c'est à dire 𝄞 ♫♫ les mot [?] ff.

se trouvent déjà dans le thême d'écrire ainsi, jedoch noch überdies des Gesanges wegen, welcher allzeit ver=dient, allem übrigen vorgezogen zu werden; übrigens hat

diese Passage den $\frac{6}{4}$ 𝄢 zum Grunde, trotzdem
ges

𝄞 in der ersten Violine, welches nichts als ein

Nachschlag oder Antizipation ist, welche jeder gute Sänger machen wird, wie denn in der Kunst die Natur (etwas

774

Ausgestrichenes) und hinwiederum die Natur in der

Kunst gegründet ist — hätte ich aber  ge=

schrieben, so wäre der Gesang zerrissen worden und war=
um, weil statt den $\frac{6}{4}$ Akkord, welcher sich in dieser Stelle

befindet und den Grundakkord

hat der (?!) sechsten Ak=

kord, welcher den F=Moll=Akkord (zum? Aus=

gestrichenes) Grunde hat, entstanden wäre, (Ausgestriche=
nes) und dem ganzen Gange der Melodie und Harmonie
zuwider und fremd gewesen, kurzum Jenner (?) a par=
faitement raison, und dies freut mich, daß ein so ge=
schickter Künstler mich gleich erraten hat. — Das neue
Quartett in A=Moll ist schon vollendet, ich suche es nur so
geschwind als möglich J. D. (Ihrer Durchlaucht) zu über=
machen. In meinem nächsten Briefe werde ich Ihnen mehr
schreiben, wodurch ich hoffte trübe Wolken, die wie mir
scheint, sich bei J. D. gegen mich bilden wollen, zu zertei=
len. Glauben Sie mir, daß mir das Höchste ist, daß meine
Kunst bei den edelsten und gebildetsten Menschen Eingang
findet, leider wird man von dem Überirdischen der Kunst
nur allzu unsanft in die (das?) irdische Menschliche hin=
abgezogen, allein sind es gerade nicht diejenigen, welche
uns angehören, und ohne eigentlich Schätze anhäufen zu
wollen oder können, müssen wir doch Sorge tragen, daß sie
unser Andenken segnen, da wir nun einmal keine Groß=
türken sind, die bekanntlich das Wohl der Ihrigen der
bloßen Zukunft und Gott anheimstellen. — Zum Schluß
muß ich nur noch sagen, daß ich höre, welche Schwierigkei=
ten mit Rubeln (?) und Dukaten usw., ich bitte daher, daß
sich J. D. nicht die mindeste Anstrengung kosten lassen, ich

bin vollkommen zufrieden, wenn es auch wie bisher hiermit sein Bewenden hat, um so mehr, da Sie mir erlauben, sogleich diese Quartette herauszugeben, in dieser Rücksicht habe ich aber (?) auch Gebrauch von der Erlaubnis J. D. mit dem ersten Quartett gemacht und solches einem Verleger überlassen. — Die Verrechnung der 4 ♯ bitte ich auch nicht übel zu nehmen, da ich sehr gewissenhaft bin, ja ich muß diesem gemäß noch gestehen, daß ich 2 fl. davon noch zu verrechnen habe, wie gesagt, ich bin vollkommen zufrieden mit dem Honorar für die Quartetten, eine so hohe Person hat überall zu geben, so lassen Sie mir das Vergnügen, das andere von Ihrer Großmut zu überlassen. — Ich übergebe dem Henickstein jetzt zwei Ouvertüren, die eine habe ich mir die Freiheit genommen J. D. zu widmen (Ausgestrichenes) und es wird mich innigst freuen, wenn Sie diese Dedikation Ihrer würdig halten. — Der Himmel segne Sie und Ihre Familie, mich (Zeile ausgestrichen) bitte ich unter die dankbarsten Ihrer Bekannten zu zählen und so ersterbe ich J. D. usw. — Das dritte Quartett ist auch beinahe vollendet.

1318] **An Schlesinger, Berlin.**   Baden, 15. Juli (1825).

Euer Wohlgeboren! Mit großem Vergnügen erhielt ich Ihre allgemeine Berl. Musikzeitung, und bitte Sie, mir selbe immer teilhaftig zu machen. Durch Zufall gerieten mir einige Blätter davon in die Hände, worin ich den geistreichen Hr. Redakteur Hr. Marx sogleich erkannte und wünsche, daß er fortfahre, das höhere und wahre Gebiet der Kunst immer mehr aufzudecken, welches Gewinn für dieselbe sein wird und das bloße Silbenzählen etwas in Abnahme bringen dürfte.

Auf Ihr Verlangen zeige ich Ihnen an, daß ich Ihnen zwei große neue Violinquartetten überlassen könnte; das Honorar für eines wäre 80 ♯, welches mir auch schon dafür geboten, jedoch aus anderen Rücksichten. Denn seit einiger Zeit sucht man von allen Seiten sehr meine Werke, und so ist mir auch schon auf die Quartetten dieses geboten, ebenso z. B. auf eine vierhändige Klaviersonate dasselbige. Ich würde Ihnen aber gern den Vorzug geben.

Ich glaube aber, daß, da Sie diese Quartetten nach Paris,
London schicken können — wie ich denn von Ries weiß,
daß Ihr Sohn in Paris auch schon früher meine Kompo=
sitionen dahin gegeben — eher noch mehr geben könnten.
Jedoch bin ich damit zufrieden. Nach London schicke ich
selbst nichts mehr, seit mein Freund und Schüler Ries
nicht mehr da ist, da die Korrespondenz und das Besorgen
zuviel Zeit wegnimmt, und ein Priester des Apoll ohnehin
mit dgl. verschont sein müßte. Leider fordern unterdessen
die Umstände, daß der Blick von oben auch sich (in die Tiefe
verlieren muß, dahin, wo die bösen unterirdischen Mächte
hausen) auf die Erde verlieren muß. Um Ihnen übrigens
einen Beweis zu geben, wie ich auf Sie Rücksicht (nehme),
können Sie mir einen Wechsel auf ein gutes Haus hier auf
drei, auch vier Monate anweisen; auf Erhaltung dieses
erhalten sogleich die Quartetten. Doch erwarte ich jetzt erst
Ihre geneigte Antwort, worauf ich Ihnen dann schreiben
werde, wann Sie den Wechsel schicken sollen, gegen wel=
chen alsdann die Quartetten dort sogleich abgegeben wer=
den. Denn es ist nicht ehrenvoll und zu umständlich, erst
zu warten, bis diese Werke erst in Berlin ankommen. Ich
halte es überall so. Sie können sich darauf verlassen, daß
die Quartetten sogleich, als ich den Wechsel erhalte, gegen
selben abgegeben werden. Gern werde ich Ihnen auch zu=
weilen einen Beitrag, einen Kanon oder dgl. zur Berl.
allg. Zeit. liefern, wenn man es wünschen wird. Eilen
Sie nun mit der Antwort, damit gerade diese Quartetten
(niemanden andern gebe), welche ich wünschte, daß H.
Marx zuerst zu Gesichte bekäme, bei Ihnen zu Berlin (her=
aus) erschienen. — Euer Wohlgeboren mit Achtung erge=
benster   Beethoven.

Schicken Sie Ihren Brief gefälligst gleich durch die
Briefpost, denn lange kann ich nicht warten. Es braucht
gar nichts als: an Ludwig van Beethoven in Wien.

1319] **An Karl v. Beethoven.**   Baden, 15. Juli (1825).

Lieber Sohn! In dem Briefe an Schlesinger ist noch
nachzufragen, ob Fürst Radziwill in Berlin ist. Wegen
den 80 # kannst Du auch schreiben, daß selbe nur in C.=

Gulden, der ⚹ zu 4 fl. 30 kr. brauchen gezahlt zu werden,
jedoch überlasse ich Dir das selbst, denn zuviel ist es nicht
für den, da er England und Frankreich mit hat. Wegen
dem Wechsel von vier Monaten mußt Du Dich auch recht
ausdrücken. Erhält ein Mayseder 50 ⚹ für Violinvaria=
tionen! Übrigens laß immer merken, daß meine Kränk=
lichkeit usw. und Umstände mich zwingen, mehr als sonst
auf meinen Nutzen zu sehen; schwer ist mir das Handeln,
es muß aber sein. Wie mir zumute ist, wenn ich mich wie=
der so allein unter diesen Menschen befinde! Den Brief
an den Bruder besorg' ja, daß das Buch wiederkomme;
welcher Streich! Ich möchte auch gern für mein Gehör
mir soviel als möglich helfen. Hier hätte man Zeit, wel=
che unselige Umstände, einen solchen Bruder! Wehe,
wehe! Leb' wohl, ich umarme Dich von Herzen.

Dein treuer Vater.

Versäume nichts, Du mußt Dir mit morgens früh auf=
stehen helfen. Kann es nicht sein, so komme Sonntags
nicht, nur schreibe alsdann; jetzt ist es ohnehin nicht der
Mühe wert, da, wenn Du Sonntags kommen kannst, man
alles besprechen kann.

1320] An Karl v. Beethoven. (1825.)

Ich freue mich, mein lieber Sohn, daß Du Dir in dieser
Sphäre gefällst, und da dies ist, auch alles nötige dazu
eifrig angreifst. — Deine Schrift habe ich nicht erkannt,
zwar frag' ich nur nach dem Sinn und der Bedeutung, da
Du nun auch das schöne Äußere hierin erreichen mußt. —
Wenn es Dir gar zu schwer wird, hierher zu kommen, so
unterlaß es. — Kannst Du aber nur möglicherweise, nun
ich freue mich, in meiner Einöde ein Menschenherz um
mich zu haben. —

Im Falle Du kommst, so wird die Haushälterin dazu
helfen, daß Du schon um 5 Uhr von Wien kannst, und Dir
auch noch Zeit zum Studieren übrigbleibt. —

Ich umarme Dich herzlich   Dein treuer Vater.

Vergesse nicht das Morgenblatt und den Brief von Ries
mitzunehmen.

778

Lieber Sohn! Du siehst hier aus diesem Briefe, was zu
ersehen; bleibe nur bei Mäßigkeit, das Glück krönt meine
Bemühungen, laß ja nicht Dein Unglück aus falschen An=
sichten von Dir gründen, sei wahrhaftig und ja genau in
Deinen Angaben Deiner Ausgaben, das Theater laß jetzt
noch sein; — folge Deinem Führer und Vater, folge ihm,
dessen Dichten und Trachten allzeit für Dein moralisches
Wohl und auch nicht ganz für das gewöhnliche Dasein ist.
— Dieser Hr. Thal wird zu Dir kommen, er wird mit Hö=
nigstein auch sein, Du kannst ihm nach Ermessen auch die
Ouvertüre geben, er bleibt drei Wochen hier. Du kannst
ihm antragen, einmal hier zu speisen, — freilich den Sonn=
tag, wo ein gewisses Lümperl mit zugegen ist, — freilich
sehr früh mit einem Wagen, welchen ich schicken würde. Laß
ja ein liebenswürdiges Betragen bei diesem Menschen vor=
leuchten, durch Kunst und Wissenschaft sind ja die besten
edelsten Menschen verbunden und Dein künftiger Stand
schließt Dich nicht davon aus. — Wenn Du einen Fiaker
nähmest, zum Rampel zu fahren, wenn es Deine Zeit er=
laubte, wegen dem Abschreiben des Quartetts. Du kannst
ihm sagen, daß ich ganz anders jetzt schreibe, leserlicher, als
während meiner Krankheit, und daß dies Quartett gleich
zweimal geschrieben wird; ich schickte es alsdann herein.
Hier hat sich auch einer angetragen, allein ich weiß nicht,
was er kann. Dem Holz Christi oder dem Span des Holz
Christi möchte ich im ersten Augenblick auch nicht zuviel an=
vertrauen. — Schreibe gleich, die alte Gans kommt viel=
leicht übermorgen nach Wien. — Leb' wohl, folge meinen
Lehren.   Dein treuer Dich herzlich umarmender Vater.

Vielleicht gehst Du mit diesem Hr. Thal zu Hönigstein.
Du mußt aber nicht zu sehr nach dem Geld fragen.

Lieber Sohn! Den Einschlag besorge gleich morgen,
Mittwoch, auf die Post, es ist wegen Korrekturen noch
höchst nötig zu eilen so sehr als möglich! —

Wir müssen endigen mit dieser alten, bösen Natur. —

Kaum zu essen, und dabei die Unbescheidenheit und Keckheit dieser wahren bösen alten Here, — mit dieser Bezahlung, — ich glaube den Pseudobruder kommen müssen zu lassen und wollte wohl wieder diejenige aufnehmen vom Winter aus der Kothgasse, welche doch gut kochte.

Schreib' mir einige Worte — morgen hierher; noch ein Florin, vergiß das Baden nicht. — Halte Dich wohl, schütze Dich vorm Krankwerden, — wende Dein Geld nur gut an. — Sei mein lieber Sohn, welche unerhörte Dissonanz wäre es, wenn Du mir falsch wärest, wie das doch Menschen behaupten wollen. —

Gott mit Dir.   Dein treuer Vater.

NB. Den Brief morgen, Mittwoch, abgeben. Von den Messern weiß ich auch nichts, auch an geschnittenen Federn fängt's an zu gebrechen.

1323] **An B. Schotts Söhne**, Mainz.   Baden, 2. Aug. 1825.

Euer Wohlgeboren! Es ist nachzusehen, ob in der Messe hie und da einiges so steht, wie hier angeschrieben. [folgen 4 Korrekturen]. Erst vor 14 Tagen erhielt ich die Hefte der Leipz. Musikal. Zeitung, wo ich Ihre Subskriptionssatzungen vom April gefunden; warum Sie mir solche verhehlten, weiß ich nicht. Übrigens fände ich besser, doch in die allgemeinen öffentl. Zeitungen einrücken zu lassen, da die musik. Zeitungen zu wenig Publizität haben. — Noch besonders aber hätte ich über die Herausgabe benachrichtigt sollen werden, da ich den Titel Ihnen von der Messe noch nicht geschickt. Dies geschieht nun in einigen Tagen, halten Sie daher noch lieber etwas zurück mit dem Versenden, denn läßt es mir immer meine Zeit zu, so erhalten Sie auch die Tempi derselben metronomisch etc. Die Sinfonie wird einem großen Herrn gewidmet werden. Es ist mit der Messe derselbe Fall, obschon hier schon alles gewiß ist; mit der Sinfonie ist's noch nicht der Fall. — Von mir wird nicht eine Note von dem, was Ihnen angehört, weggegeben werden. Sie wissen alles. Die Ouvertüre war in Gefahr zum zweitenmal gestohlen zu werden, glücklicherweise entdeckte ich's vor 12 Tagen, und dem Himmel sei Dank, es ward glücklich vereitelt. Beruhigen Sie sich daher nur, ich würde es nicht schreiben, dächte ich nicht, daß Sie etwas hören möchten und mich in unrechtem Verdacht hätten; nie habe ich d. g. getan, und nie wird man mich anders als höchst rechtlich kennen. —

Ihren Brief vom 19. Juli erhielt ich vorgestern durch die Frau von Streicher. — Sonst habe ich keinen erhalten, werde auch, was die Hauptpunkte betrifft, Ihnen nie mehr darüber schreiben, indem nur Ihre früheren beständigen Aufforderungen mit daran schuld waren; auf Komplimente versteh' ich mich nicht, übrigens werde ich nächstens meinem H. Bruder in Wien an H. Gottfried Weber Auftrag geben, einen Gerichtstag denen von B. Schott auszuschreiben, wie ich sie hier mit dem Paternoster-Gäßlein etc. zu halten pflege. — Den Titel und die Dedikation zur Ouvertüre habe ich Ihnen angezeigt, sowie auch zum Quartett. Leben Sie recht wohl, ich bin begierig, wer den Brief von Ihnen an mich vom — — — auffangen wird.

Ihr ergebenster Beethoven.

1324] **An S. M. de Boer.** Baden, 3. August 1825.

Kanon in 8va.

Souvenir pour Monsieur S. M. de Boyer par Louis van Beethoven.

1325] **An Johann v. Beethoven.** Baden, 4. August 1825.

Bester Herr Bruder! Ich ersuche Sie, Euch, Ihn, jetzt baldigst sich hierher zu begeben, da es unmöglich, weiter mit dieser alten Hexe, die vor 200 (Jahren) gewiß verbrannt wäre geworden, es auszuhalten. Es wäre zu niedrig von einem Menschen meinesgleichen die Ursachen alle anzuführen warum. — Es hat sich gut reden von Wirtshäusern, dieses dauert nur so lange, als Leute hier sind. Es geht ebensowenig jetzt als früher, hauptsächlich ist die böse Natur dieses weiblichen Scheusals die Hauptursache, wodurch sie öfter sich selbst außer Stande setzt, daß mindeste Gute zum Vorschein zu bringen. Ich ersuche Dich daher, daß Du schon in einigen Tagen erscheinst, sonst müßte ich Hr. Schindler wieder aufnehmen, der auch schon hier war und

mir die Hand geküßt hat; ich möchte aber gerne wieder wie
die Wiener sagen, ich küß die Hand, zum Hr. Scheiserl. —
Du bist zwar auch ein Lumpenkerl an Pseudobruder — un=
terdessen wenn ich schon doch (jemand) um mich haben muß,
so hat mein Bruder immer die nächste Anwartschaft. In
Erwartung, Dich zu sehen, einige Zeilen, wann Du
kommst; in großer Eile — Dein treuester Fratello. Lebe
wohl, — lebt — Leben Sie, — lebe er, adje!!

1326] An Karl Holz.   Baden, 10. August (1825).

Bester Span! Bestes Holz Christi! Wo bleibt Ihr? —
Ich blase den Wind nach Wien, um Euch in einen Meer=
strudl hierher zu schaffen; wenn das Quartett nur wenig=
stens bis Freitag hier ist; wird's aber noch länger, so sor=
gen Sie doch, daß es Karl Sonntags mit sich hierher bringt.
Daß Sie aufs herzlichste willkommen sein werden, wenn
Sie selbst kommen, wissen Sie per se. „Voilà quel homme
de langue la moi!" Mit Staunen höre ich, daß die Main=
zer Gassenbuben wirklich meinen Scherz mißbraucht ha=
ben! Es ist abscheulich; ich kann beteuern, daß dies gar
nicht mein Gedanke war, sondern ungefähr: nach diesem
Witze sollte Castelli ein Gedicht schreiben, jedoch nur über
den Namen des musikalischen Tobias, mit Musik von mir;
da es aber so geschehen ist, so muß man es als Schickung
des Himmels betrachten, es gibt ein Seitenstück zu Goe=
thes: Bahrdt — sans comparaison mit irgendeinem
Schriftsteller. Ich glaube aber, daß Tobias selbst an ihnen
etwas verschuldet usw. — Voilà die Rache! ist doch immer
besser, als in den Rachen eines Ungeheuers zu geraten!
Tränen kann ich nicht darüber vergießen, aber lachen muß
ich wie —. Kommen Sie am Freitag, so essen Sie am
besten in meiner Schlaraffenhaushaltung; — am Ende
bewirte ich Ihnen: heimlichen Paternostergäßler usw. Pi=
ringer wird brummen, schreien kann er nicht, es geht ihm,
glaube ich, wie jemand von Schreyvogel sagte, er kann nicht
schreien, noch vögeln. — Lebt wohl, bestes Holz, schreibt
und kommt jedes zur rechten Zeit; eiligst

Ihr Freund Beethoven.

1327] **An Karl v. Beethoven.**   Baden, 11. August 1825.

Lieber Sohn! Ich bin in Todesangst wegen dem Quar=
tett, nämlich das dritte, vierte, fünfte und sechste Stück, hat
Holz mitgenommen, die ersten Takte vom dritten Stück sind
hier geblieben, nämlich die Anzahl dieser Blätter sind drei=
zehn. Von Holz höre ich nichts, gestern habe ich ihm ge=
schrieben, sonst schreibt er gewöhnlich; welch schrecklicher
Zufall, wenn er es verloren hätte. Er trinkt stark, unter
uns gesagt: So geschwind als möglich beruhige mich. Bei
Haslinger kannst Du Linkes Wohnung erfahren; Haslin=
ger war heute hier, sehr freundschaflich, hat die Hefte und
andere d. g. gebracht, bat sehr um die neuen Quartetten;
laß Dich nie in dgl. in kein Gewäsch ein, es führt zu Ge=
meinheiten. — Um Gottes willen nur Beruhigung wegen
dem Quartett, schrecklicher Verlust. — Auf nichts als klei=
nen Fetzen ist das Konzept geschrieben, und nie mehr werde
ich imstande sein das Ganze so zu schreiben.

Dein treuer Vater.

Ich melde Dir noch, daß der kommende Sonntag und
Montag zwei Feiertage sind, Du also Dich danach einrich=
ten kanst. Bei dieser Gelegenheit könntest Du vielleicht
Sonnabend abends hierher mit mir, wenn ich hereinkomme,
da Du den ganzen Morgen des Sonntag gewinnst.

1328] **An B. Schotts Söhne.**   Wien, 13. August 1825.

Ew. Wohlgeboren! Mit Erstaunen nehme ich im
7. Hefte der Cäcilia S. 205 wahr, daß Sie mit den einge=
rückten Kanons auch einen freundschaftlich mitgeteilten
Scherz, der leicht für beißende Beleidigung genommen
werden kann, zur Publizität brachten, da es doch gar nicht
meine Absicht war und mit meinem Charakter von jeher im
Widerspruche stand, jemanden zu nahe zu treten. Was
mich als Künstler betrifft, so hat man nie erfahren, daß ich,
man habe auch in diesem Punkte was immer über mich ge=
schrieben, mich je geregt habe; was mich aber als Mensch
betrifft, muß ich von einer ganz andern Seite empfinden.
Obschon es Ihnen gleich auf den ersten Anblick hätte in
die Augen springen sollen, daß der ganze Entwurf einer
Lebensbeschreibung meines geachteten Freundes Herrn

Tobias Haslinger nur ein Scherz war und auch nicht anders gemeint sein konnte, da ich, wie mein Brief besagt, zur Steigerung dieses Scherzes noch obendrein durch eine Aufforderung von Ihrer Seite ihn um die Einwilligung zur Herausgabe seiner Biographie anzugehen wünschte, so scheint es doch, daß es meine flüchtige und oft unleserliche Schrift war, welche zu einem Mißverständnisse Veranlassung gab. Meinem Zwecke, Ihnen Beiträge, welche Sie selbst verlangen, zu übersenden, wäre vollkommen entsprochen worden, wenn Sie nur die beiden Kanons eingerückt hätten, deren Überschriften schon hinlänglich beweisen, daß sie mit einer Biographie Haslingers nicht leicht in Berührung kommen können; ich konnte es mir aber kaum träumen lassen, daß Sie eine Privatkorrespondenz mißbrauchen und einen solchen Scherz dem Publikum vorlegen würden, welches sich Ungereimtheiten, die Sie erst noch einzuschalten beliebten (z. B. Zeile 2 „Kanons, die ich als Beilagen usw."), gar nicht erklären kann. Das Wort „geleert", welches mit zum Ganzen des humoristischen Umrisses gehört, könnte in einem Kreise, wo man sich scherzend unterhält, wohl gelten, nie aber fiel es mir ein, es öffentlich statt: gelehrt hinzusetzen. Das hieße den Spaß zu weit treiben! In Zukunft werde ich mich wohl zu hüten wissen, daß meine Schrift nicht zu neuen Mißverständnissen Anlaß gebe. Ich erwarte daher, daß Sie dieses ohne Verzug und ohne Klausel oder Hinweglassung in die Cäcilia aufnehmen wenden, da die Sache einmal so ist, wie ich sie hier erklärt habe und keineswegs anders gedeutet werden darf.

L. van Beethoven.

[Nachsatz] Ich rechne ganz sicher darauf, daß dieser Aufsatz sogleich in die Cäcilia eingerückt werde.

Ihr ergebener Beethoven.

1329] **An Karl v. Beethoven.** (1825.)

Bestes Lümperl! Eben diesen Abend erhalte ich Dein Schreiben, sehe aber, wie muß ich lachen. Es ist nicht in der Ordnung, daß die Mainzer so etwas getan haben; da es aber einmal geschehen ist, so schadet es nicht. Unser Zeitalter bedarf kräftiger Geister, die diese kleinsüchtigen, heimtückischen, elenden Schufte von Menschenseelen geißeln, — so sehr sich auch mein Herz einem Menschen wehe zu tun dagegen sträubt. Auch war es bloß Scherz und gar nicht mein Gedanke, so etwas gedruckt zu wissen.

Beim Magistrat frägst Du gleich um die Form wegen Veränderung der Bankobligationen in Rothschildsche Lose, um darum beim Magistrat (nicht Obervormundhinterschaft) einzukommen. — — Sei brav, sei gut, hier hast Du ein Beispiel, wie sich alles freut, wenn dgl. Menschen irgend gehörig gewürdigt werden. — Sei mein lieber einziger Sohn, ahme meine Tugenden ohne meine Fehler; jedoch nicht, da der Mensch fehlen muß, habe schlimmere Fehler als ich Dein

wahrhafter, Dich umarmender treuer Vater.

Wegen der Unterredung Sonntags schreibe mir auch, es ist vom Hof, höfisches Zeug, wo man in Reserve sein muß. Holz ist heute nicht gekommen. Wenn ihm auch nur zu trauen ist.

1330] **An Karl v. Beethoven.** Baden, 22. August (1825).

Hier lieber Sohn, wenn Du glaubst, könnte man auch dem Peters für ein Quartett 80 und das andere 70 Dukaten (abfordern). Erhältst Du keine Antwort von Holz, — Mittwoch auf die Post damit. Ich glaube nicht, daß Holz was ausrichtet. Ich möchte im September beruhigt sein über diese Angelegenheit. Auch einiges Vergnügen schreibe ich mit Dir zusammen. Beste! Ihr habt die Rechnung gestern wieder mitgenommen, selbe schickt mir wieder hierher. Auch schreibt, auf was für einen Stempelbogen die Quittung der Pension jetzt geschrieben werden muß; fragt, da ich's nicht weiß. volti subito.

Was Du nicht für gut findest, ändere in dem Brief an Peters.

Wie übel und trüb mir gestern war, kannst Du kaum glauben, als Ihr fort wart; sich wieder allein mit diesem boshaften nimmer zu bekehrenden Pöbel zu finden, dies ist arg. Wegen Stein dem Klavierstimmer und Einrichter ist es auch höchst nötig zu trachten und daran zu denken.

Morgen näheres. Der Brief an Peters muß doch in meinem Namen geschrieben sein, daher hier der Bogen dazu, sowie früher auch. Und vielleicht macht eben dieses den unnötigen Aufenthalt; säume nicht und gib den Brief Mittwoch gleich auf die Post.

Sei brav, sei gut und nenne mich geizig, wenn ich Dich mahne, Deine Kleider richtiger zu gebrauchen. Fort alle Heimlichkeit und List.　　　　Eiligst Dein treuer Vater.

1331]　An Karl Holz.　　　　Baden, 24. August 1825.

Ja, ja! Das Paternostergäßl und unser Direktor stecken ganz hübsch darin, es ist eine hübsche Sache ums Kennen, wenn man auch nichts dabei gewinnt.

Bestes Mahagoniholz! Federn sind uns nicht bekannt, — nehmt vorlieb. — Lachen erregte mir Ihr Brief, ja der Tobias bleibt ein Tobias, wir wollen ihn aber doch noch vertobiassen. Castelli muß dran, das Ding wird gedruckt und gestochen, zum Besten aller armen Tobiasse; ich schreibe Karl eben, daß er mit den Briefen an P(eters) und S(chlesinger) warten soll; d. h. ich erwarte also die Antwort des H. A(rtaria) in Mannheim.

Gleichgültig dagegen, welcher Höllenhund mein Gehirn beleckt oder benagt, da es nun schon einmal sein muß, nur daß die Antwort nicht zu lange ausbleibe. Der Höllenhund in Leipzig kann warten und sich derweil mit Mephistopheles, dem Redakteur der Leipziger Musik. Zeitg., in Auerbachs Keller unterhalten, welchen letzteren nächstens Beelzebub, der oberste der Teufel, bei den Ohren nehmen wird!

Bester! — das letzte Quartett enthält auch sechs Stücke, womit ich diesen Monat zu beschließen denke. — Wenn mir nur jemand etwas für meinen schlechten Magen geben wollte.

Mein Herr Bruder war auch wieder im P. N. G. Hi! Ha! Aber Bester wir müssen doch sehen, daß alle diese neugeschaffenen Wörter und Ausdrücke bis ins dritte, vierte Glied unserer Nachkommenschaft sich erhalten. Kommt Freitags oder Sonntags, kommt Freitags, wo Satanas in der Küche noch am erträglichsten ist. Ja, leben Sie recht wohl! Tausend Dank für Ihre Ergebenheit und

Liebe zu mir; ich hoffe, Sie werden dadurch nicht gestraft werden. Mit Liebe und Freundschaft

der Ihrige Beethoven.

Schreibt doch wieder einmal, kommt! noch besser. N'oubliez pas de rendre visite à mon cher Benjamin.

1332] An Karl v. Beethoven.   Baden, 25. August (1825).

Ich hoffte wenigstens, mag nun dieser Tag so wenig von Dir als von mir verdienen beachtet zu werden, ein Schreiben; — doch vergebens. — Du brauchst auch nicht am Sonnabend an Peters zu schreiben... willst Du anders Sonntags, so entweder früh oder gar nicht.

Dein treuer Vater.

1333] An Haslinger.   Baden, am 26. Aug. 1825.

Tobias! sendet Karl die Ouvertür-Stimmen, so erhalte ich's gleich und Ihr auch gleich. — Holz könnt Ihr wieder was mitgeben und er bring dieses zurück. Wegen den Mariabrunner stattet näheren Bericht ab, denn ich darf nicht allein roten Wein trinken, sondern mit Wasser weißen Wein daneben. — Auf jeden Fall laßt den Direktor morgens um 4 Uhr an einem Strick zum Fenster hinaus, bringt ihn wieder her, Vöslauer könnt Ihr genug haben. Es geht alles von auswärtigem Geld, Ihr gebt mir nichts nennenswert.

1334] An Karl Holz.   (1825.)

Beste Violino 2$\overline{\underline{\text{do}}}$!   (Eine längere Mitteilung betr. der Korrektur einer 1. Violinstimme.)

Merkt's Euch von höheren Orts. — Ich habe nicht weniger als heute den ganzen Vormittag und vorgestern den ganzen Nachmittag mit der Korrektur der zwei Stücke zugebracht und bin ganz heiser von Fluchen und Stampfen.

Eiligst der Ihrige Beethoven.

Für heute entschuldigen Sie mich schon, es ist gleich 4 Uhr.

1335] An Karl Holz.   (1825.)

Werter?! Holz! Daß Holz aber ein Neutrum ist, daran zweifelt kein Mensch; wie widersprechend ist also das

50*

Maskulinum und welche Folgen lassen sich noch sonst für das personifizierte Holz abstrahieren? Was nun unsere Angelegenheit, so bitte ich das Quartett weder sehen noch hören zu lassen. Freitags ist der einzige Tag, wo die alte Hexe, welche vor 200 Jahren sicher verbrannt worden wäre, erträglich kocht, da an diesem Tage der Teufel keine Gewalt über sie hat. Daher kommen Sie oder schreiben Sie. Dies ist alles für heute. Ihr Freund Beethoven.

1336] **An M. Schlesinger.**   Baden, 1. September (1825).

Mein werter S.! Mit vielem Vergnügen vernehme ich von meinem Karl die Versicherung Ihrer Hierherkunft mit ihm am künftigen Sonntag. Sie überraschten mich neulich zu sehr, als daß ich wahrhaft gefaßt mich bei Ihnen benehmen konnte, um so mehr, da ich gerade im Schreiben beschäftigt und gleich darauf eine Art von Geschäft. Dies ist, als wenn man vom Ätna an die Eisgletscher der Schweiz verschlagen würde. Sie haben mir noch etwas zu übergeben und ich Sie viel zu fragen; und soll ich Ihnen sagen, wie angenehm es ist, einen sehr Gebildeten um sich zu haben, deren ich sonst immer gewohnt war, — aber unter dem Volk der Phäaken ist das alles selten; um destomehr wird mich Ihre Gegenwart erfreuen.

Ihr ergebenster Beethoven.

1337] **An Friedrich Kuhlau.**   Baden, 3. September 1825.

Kuhl (kühl) nicht lau. (Kanon.)

Ich muß gestehen, daß auch mir der Champagner gar zu sehr zu Kopf gestiegen und ich abermals die Erfahrung machen mußte, daß dergleichen meine Wirkungskräfte eher unterdrücken als befördern; denn so leicht ich sonst doch auf der Stelle zu antworten imstande bin, so weiß ich doch gar nicht mehr, was ich gestern geschrieben habe.

Erinnern Sie sich zuweilen Ihres ergebensten

Beethoven.

1338] **An Karl Holz.**   Baden, 3. September 1825.

Bester! Kaum bin ich zu Hause, so fällt mir ein, was ich gestern für eine Schweinerei mag niedergeschrieben haben;

788

übergebt das dem Kuhlau, alles übrige wißt Ihr. — Schreibt baldigst, oder kommt Donnerstags — Freitags heraus, schreibt aber vorher. Fragt, — ob die Köchin sich auch aufs Wildbret versteht, damit sie in meinem Jagd= revier für mich schalten und walten kann.

Bei Karl wird es noch besser sein, bloß beim attraper zu drohen — mir es zu sagen; eilt Euch prestissimo mit allem; — bloß bei der Freundschaft denkt Euch allezeit mich als cantum firmum. Lebt wohl! Herzlich Ihr Freund
Beethoven.

Der wiedergefundene.

1339] **An Moritz Schlesinger.**   Wien, 4. Sept. 1825.

Je soussigné reconnais avoir vendu à Monsieur Mau= rice Schlesinger qui m'en a remis le montant convenu deux Quatuors pour 2 Violons, Viola et Violoncelle de ma composition formant les œuvres 132 et 134 que je cède en toute propriété pour lui et ses heritiers
approuvé l'écriture ci dessus
Vienne le 4 Sept. 1825.   Louis van Beethoven.

1340] **An Karl v. Beethoven.**   6. September 1825.

Lieber Sohn! Ich sehe wohl ein, wie beschwerlich für alle hierher zu kommen; man kann sie daher alle Freitag vormittags zu Schlesinger bestellen und ich komme in die Stadt; denn fehlt etwas, so muß ich doch dabei sein. So ist's am besten und die Geschichte geendigt. — Gestern war er auch hier und sagte, daß er das Quartett, sobald Du es ihm übergeben wirst, sogleich bezahlen werde. Entre nous il est pourtant juif. —

Es ist genug, wenn sie das neue allein machen; Du wirst schon sehen, wie es am besten geht. Wenn sie Donnerstags wollen, so komme ich auch alsdann; — sorge nur, daß die Geschichte aufs geschwindeste geendigt, damit man dem Pe= ters gleich das Geld in Leipzig anweist, den Du durchaus nicht nennen mußt. — Sonntags glaubt Schlesinger schon nicht mehr in Wien zu sein, es heißt daher Eile. Übrigens die Dukaten in Gold, indem man sich auf andere beruft.

Schreibe mir ja mit der Alten heute gleich, — es braucht

ohnehin nichts als Korrigierprobe. Zaudre nicht und
nimm Dich zusammen, daß die Alte nur zeitlich kommt!
— Das Beste wird wohl sein, daß Du alles Freitags in der
Stadt bestimmst, wo ich dann gewiß hinkomme. Hat der
Schlesinger das Quartett überbracht (das erste), — und
nur wenig Umstände gemacht, man sieht, es geht schwer mit
der Bezahlung.

Eben kommt Dein Brief. Holz kommt also erst Don=
nerstag, und wer weiß ob sicher? — Dein Brief verändert
nun alles, da der Freitag nun also bestimmt ist. Ob hier
oder in Wien, das wird Holz wohl anzeigen. Die Haupt=
sache ist also nur mit Schlesinger, denn länger darf nicht ge=
wartet werden. — Wenn er erst auf die Probe wartet, so
soll er es gar nicht haben. Gestern sprach er, daß er die
Quartetten doch nicht hier herausgeben werde; ich sagte,
daß mir's ganz gleichgültig sei. — Der Herr segne Dich;
sei mit Dir und mit Deinem   treuen Vater.

Ich lasse nur das vorhergehende Geschreibsel wegen
Schlesinger.

1341] An **George Smart**.   6. September 1825.

Ars longa, vita brevis. (Kanon.)

1342] An **Moritz Schlesinger**.   Wien, 10. Sept. 1825.

Achtzig Dukaten für Abtretung des Manuskriptes und
Eigentumsrecht meines Quartetts für 2 Viol. Alt und
Vlle. op. 132 et 134, 12me et 17me Quatuors von Herrn
Maurice Schlesinger erhalten zu haben bescheinige hiermit
                            Ludwig van Beethoven m. p.
Wien, den 10. September 1825.

1343] An **Karl v. Beethoven**.   (14.) September 1825.

Lieber Sohn! Vergesse nicht, dem Tobias die Quittung
nebst dem Gelde zu geben. — Der Herr Instruktor hätte
früher kommen sollen. — Da die Sache sich nun so verhält,
so mußt Du ihm folgen. — Ich wünsche auch nicht, daß Du
den 19. September zu mir kommst. Es ist besser, daß Du
diese Studien endigst. — Gott hat mich nie verlassen, es

wird sich schon noch jemand finden, der mir die Augen zu=
drückt. — Es scheint mir überhaupt ein abgekartetes Wesen
in dem allen, was vorgegangen ist, wo der Herr Bruder
(Pseudo) eine Rolle mitspielt. — Ich weiß, daß später Du
auch nicht Lust hast, bei mir zu sein, natürlich, es geht etwas
zu rein zu bei mir. Du hast auch verflossenen Sonntag
wieder 1 fl. 15 kr. von der Haushälterin, diesem alten ge=
meinen Kuchelmensch, geborgt. — Es war schon verboten.
— Ebenso geht es überall, mit dem Ausgehrock wär' ich
zwei Jahr ausgekommen, freilich habe ich die üble Ge=
wohnheit, im Hause einen abgetragenen Rock anzuziehen,
aber Herr Karl, o pfui der Schande, und weswegen? —
der Geldsack Herrn L. v. B—n ist ja bloß dafür da. — Du
brauchst auch diesen Sonntag nicht zu kommen, denn wahre
Harmonie und Einklang wird bei Deinem Benehmen nie
entstehen können. Wozu die Heuchelei, — Du wirst dann
erst ein besserer Mensch, Du brauchst Dich nicht zu verstellen,
nicht zu lügen, welches für Deinen moralischen Charakter
endlich besser ist. — Siehst Du, so spiegelst Du Dich in mir
ab, denn was hilft das liebevollste Zurechtweisen!! — er=
bost wirst Du noch obendrein. — Übrigens sei nicht bange,
für Dich werde immer, wie jetzt, unausgesetzt sorgen, solche
Szenen bringst Du in mir hervor — als ich die 1 fl. 15 kr.
wieder auf der Rechnung fand.

Schicke keine so dünne Blätter mehr, denn die Haushäl=
terin kann sie beim Lichte lesen. — Eben erhalte ich diesen
Brief von Leipzig. — Ich glaube aber, daß hierauf noch
nicht das Quartett zu senden, Sonntags kann dies bespro=
chen werden. — Früher, vor drei Jahren, verlangte ich nur
40 # für ein Quartett, es muß also jetzt untersucht wer=
den, wie Du eigentlich geschrieben hast. —

Leb' wohl; derjenige, der Dir zwar nicht das Leben ge=
geben, aber gewiß doch erhalten hat, und, was mehr als
alles andere, für die Bildung Deines Geistes gesorgt hat,
väterlich, ja mehr als das, bittet Dich innigst, ja auf dem
einzigen wahren Weg alles Guten und Rechten zu
wandeln.

Leb' wohl.   Dein treuer guter Vater.
Bring den Brief Sonntags wieder mit.

1344] An Tobias Haslinger.   (20. September 1825.)

Ehemaliger Bierwirt, nunmehriger Kunstfabrikant.

Bester Herr nordamerikanischer Notenhändler, wie auch
Kleinhandelnder! Nur auf einen halben Tag hier, frage ich
Sie, was die Clementi'sche Klavierschule kostet ins Deutsche
übersetzt; ich bitte mir gefälligst darüber sogleich Auskunft
zu geben, und ob Sie selbe haben oder wo sie sonst zu
finden?

Bester Herr, Hm, Hm, Hm, Hm, leben Sie recht wohl in
Ihrer frisch lackierten Handelsstube, sorgen Sie, daß nun
das vorige Nest ein Bierhaus werde, da alle Biertrinker
gute Musikanten sind und bei Ihnen auch vorsprechen
müssen.   Ihr ergebenster Beethoven.

1345] An M. Schlesinger.   Wien, 26. September 1825.

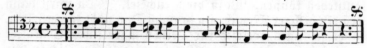

Si non per Portus, per mu-ros, per mu-ros, per mu-ros.

Ich wünsche Ihnen die schönste Braut, mein Werter, und
bei dieser Gelegenheit ersuche ich Sie, mich bei Herrn Marx
in Berlin zu empfehlen, daß er es ja nicht zu genau mit mir
nehme und mich zuweilen zur Hintertür hinausschlüpfen
lasse.   Der Ihrige Beethoven.

1346] An Karl v. Beethoven.   (1825.)

Da Du das Geld vom Erzherzog noch nicht hast, welches
arg ist, so müssen also die 100 fl. C.=M. hier beiliegend zu
Bedürfnissen, Einkauf zugezogen werden, und zu sorgen,
daß alles übrige hierher in meine Hände komme. Leider
mußt Du mit zum Schneider, wegen der Rechnung. —
Brauchst Du was, so nimm Dir 2 fl. davon.   ade.

1347] An Karl v. Beethoven.   Baden, 4. Oktober (1825).

Lieber Sohn! Wie der weise Odysseus weiß ich mir
auch zu helfen; kommst Du Samstag, so brauchst Du nicht
zu fürchten, daß es zu kalt ist; ein Teil der alten Fenster=
läden ist hier, womit man sich ziemlich helfen kann. —

Meinen Schnupfen und Katarrh hoffe ich auch noch hier loszuwerden. Doch ist's überhaupt jetzt gefährlich hier für meinen katarrhalischen Zustand, die Winde, oder vielmehr Orkane, sind noch immerfort herrschend. — Wegen Biedermann frage, ob S. ihm einen Auftrag gegeben; denn noch kann man an Peters gleich schreiben, im Falle, daß Biedermann von Schlesinger keinen Auftrag hat. — Für heute wäre es wohl kaum möglich, mir schon zu schreiben, ich hoffe aber morgen ein Schreiben und Sonnabend Dich gewiß zu sehen. — Ich wünsche, daß Du Dich Deiner Lieblosigkeit wegen gegen mich nie schämen dürfest; ich — leide nur, anders kann ich nichts sagen; ich wünsche und hoffe, daß alles, was Du angeführt hier, um nach Wien zu gehen, sich ebenso verhalte. —

Sei versichert, daß Du nur alles Gute von mir jederzeit erwarten kannst, aber sollt ich auch dieses von Dir wünschen? — Wenn Du mich auch stürmisch siehst, so schreib' es meiner großen Sorge für Dich zu, indem Dir leicht Gefahren drohen. — Ich hoffe wenigstens morgen ein Schreiben von Dir, setze mich nicht in Angst und bedenke meine Leiden. Von Rechts wegen müßte ich deswegen gar keine Besorgnisse haben, allein was habe ich schon erlebt?! —

Wie immer Dein treuer Vater.

Bedenke, daß ich hier sitze und leicht krank werden kann. — N'oubliez pas de demander des quittances et donnez-moi aussi vite que possible des nouvelles.

1348] **An Karl v. Beethoven.**   Baden, 5. (Oktober 1825).

Mein teurer Sohn! Nur nicht weiter — komm nur in meine Arme, kein hartes Wort wirst Du hören, o Gott, gehe nicht in Dein Elend. — Liebend wie immer wirst Du empfangen werden, — was zu überlegen, was zu tun für die Zukunft, dies werden wir liebevoll besprechen; — mein Ehrenwort, keine Vorwürfe, da sie jetzt ohnehin nicht mehr fruchten würden, nur die liebevollste Sorge und Hilfe darfst Du von mir erwarten. — Komm nur, — komm an das treue Herz Deines Vaters. —   Beethoven.

Komme gleich nach Empfang dieses nach Hause.

Si vous ne viendrez pas, vous me tuerez surement. Lisez la lettre et restez à la maison chez vous, venez m'embrasser, votre père vous vraiment adonné, soyez assuré, que tout cela restera entre nous.

Komme nur um Gottes willen heute wieder nach Hause, es könnte Dir, weiß was, für Gefahr bringen. Eile — eile!

1349] An Karl v. Beethoven. 5. Oktober 1825.

Teurer, lieber Sohn! Eben erhalte ich Deinen Brief, schon voll Angst und schon heute entschlossen, nach Wien zu eilen. — Gott sei Dank, es ist nicht nötig; folge mir nur, und Liebe wie Glück der Seele, mit menschlichem Glück gepaart, wird uns zur Seite sein, und Du wirst ein ethisches Dasein mit dem äußeren paaren. Doch besser, daß ersteres über letzteres obenan stehe. — Il fait trop froid — also Samstag sehe ich Dich, schreibe noch, ob Du früh oder abends kommst, wo ich Dir entgegeneile. —

Tausendmal umarme ich Dich und küsse Dich, nicht meinen verlorenen, sondern neugeborenen Sohn. — An Schlemmer schrieb ich; nimm's nicht übel, ich bin noch zu voll. [Ein Stück abgerissen]

Liebe und meine Sorgen für Dich Wiedergefundenen werden Dir nur Deinen liebevollen Vater zeigen.

Ayez la bonté de m'envoyer ein Zündfläschchen mit Zündhölzchen von Rospini, ou portez en avec vous puisque de celle de Kärntner Tor, on ne veut pas faire usage. —

1350] An Karl v. Beethoven. Baden, 12. Oktober (1825).

Lieber Sohn! Ich erhielt Deinen Brief gestern ohne Datum und Tag. Die Hauptsache ist das Klavier, da eben die Witterung so schön und trocken, und das Steinsche später, sobald ich komme, es in Stand zu richten, da ich es ihm gern bezahlen will, weil es sonst ganz zugrunde geht. Der Tischler wird Dich wohl heute gefunden haben, um den Koffer hierher zu schaffen, da er die Läden machen will. Es wird wohl früher als Sonnabend nicht möglich sein, hereinzukommen, um alles in die neue Wohnung von des

794

Bruders seiner bringen zu lassen. Die Alte allein dies tun lassen, geht nicht. Sollte ich aber nicht kommen, so komme Sonntags mit dem Wagen, wo Holz mit hierher gekommen ist.

Ich wünsche, daß Deine Selbstsucht gegen mich endlich nachlasse; ebensowenig tut sie mir wohl als sie Dich auf den rechten und besten Weg bringt. Fahr' nur fort, Du wirst es bereuen! Nicht, daß ich vielleicht früher sterbe, da dies Dein Wunsch wäre, sondern ich werde mich lebend gänzlich von Dir trennen, ohne Dich deswegen zu verlassen und nicht zu unterstützen. Suche den Narren, der sich so geopfert und so belohnt worden und täglich von Dir wird. Das schlimmste sind die Folgen, die für Dich sich durch Dein Betragen entstehen werden. Wer wird Dir glauben, trauen, der hört, was geschehen und wie Du tödlich mich verwundet hast und täglich verwundest. Mach', daß ich Dich zu finden weiß, ich komme, wann immer. Komme ich Sonntag, so kannst Du abends mit mir hierher. (Noch ist es außerhalb Baden besonders schön; ich mache große Spaziergänge, doch war ich gestern in Gefahr.) Allein! während mein Neffe hier sein könnte, hätte er seine Zeit nicht am Billard verspielt.

Werde ja nicht Rameaus Neffe.   Dein treuer Vater.

Alle Morgen bringe ich mit den Musen zu — — und sie beglücken mich im Gehen auch.

Sowohl die Alte als Junge betragen sich fort niederträchtig. Gleich fort mit beiden in Wien.

1351] An Karl v. Beethoven.   Baden, 14. Oktober (1825).

Ich melde Dir eiligst, daß ich auch, wenn's regnet, sicher morgen vormittag komme, laß mich Dich daher sicher finden. — — — Ich freue mich, Dich wiederzusehen, und wenn noch trübe Wolken für Dich erscheinen, so schreib' es nicht vorsätzlicher Bosheit zu, sie werden völlig verscheucht werden durch Dein mir versprochenes besseres Wirken für Dein wahres, reines, auf Tätigkeit gegründetes Glück. Beim letzten Brief schwebte mir etwas vor, welches jedoch, nicht ganz richtig, eine schwarze Stimmung hervorbrachte;

dies ist nach allem Vergangenen wohl leicht möglich, allein, wer wird sich wieder auch nicht freuen, wenn der Irrende wieder in die rechten Fußtapfen tritt, ja dies hoffe ich zu erleben. — Vorzüglich schmerzte mich's, daß Du Sonntags so spät gekommen und so früh wieder forteiltest. Ich komme morgen mit dem Tischler, das Hexenpack soll fort; es ist zu arg. Ehe die andere Haushälterin eintritt, kann ich den Tischler gebrauchen. — Mündlich mehreres, und Du wirst mir recht geben. — Erwarte mich also sicher morgen trotz Regen usw. —

Dein Dich an sich drückender, liebevoller Vater.

1352]   An Karl v. Beethoven.   (1825).

Lieber Sohn! Also heute den Tischler mit der alten — Hexe — in Asinaccios Wohnung, nicht zu vergessen die Schildereien, und das, was im Sommer hineingekommen; seh' wenigstens nur einmal nach. Vielleicht komme ich schon Samstag, wo nicht, so kommst Du Sonntag. — Lieber Sohn, Gott erleuchte Dich.   Dein treuer Vater.

Ich kann nicht viel schreiben. Schreibe einige Worte.

1353]   An Karl Holz.   17. Oktober 1825.

Wie ein Schiffbrüchiger bin ich vorgestern abend hier angekommen. Ich suchte Sie gestern; aber alles war stumm. Wenn Sie, ehe Sie in Ihr Kollegium gehen, zu mir kommen können, dies würde mir sehr erklecklich sein.

Eiligst Ihr Freund Beethoven.

1354]   An ...?   (1825.)

Euer Wohlgeboren! Ihre Mutter ist unlängst durch die Dummheit meiner Haushälterin abgewiesen worden, ohne daß man mir ein Wort von ihrem Dasein gemeldet hat. Ich habe dieses unanständige Betragen, indem sie selbe noch dazu nicht in mein Zimmer geführt, gerügt; die Ungeschlachtheit und Roheit dieser Menschen, die ich so unglücklich bin, um mich zu haben, ist jedem bekannt. Ich bitte daher um Verzeihung.

Ihr ergebenster Diener L. v. Beethoven.

Bester! Ich sagte Ihnen schon gestern, daß ich schon er=
fahren habe, daß sie nicht alles nach gutem Geschmack und
der Gesundheit zuträglich koche. Es war wohl zu bemerken,
daß sie gleich beim Zurechtweisen sich schnippisch betrug.
Allein mit den besten Worten bedeutete ich ihr, daß sie mehr
darauf acht geben sollte. Ich sah nicht mehr nach ihr gestern,
ging abends noch spazieren, und bei meiner Zurückkunft
fand ich sie nicht mehr und sie hinterließ diesen Brief. Da
dies eine Flucht, so wird dies wohl am besten die Polizei
wissen, daß sie zurückkomme. Ich bitte Sie um Ihren Bei=
stand; könnten Sie einen Augenblick kommen, so wäre es
recht schön. Der Ihrige Beethoven.

1356] An B. Schotts Söhne. (1825.)

Euer Wohlgeboren! Hier folgen die Nummern der gro=
ßen Gesänge: Nr. 121; Messe, Nr. 123; Ouvertüre
Nr. 124; Symphonien, Nr. 125; Bagatellen, Nr. 126;
Quartett, Nr. 127. Die Tempos vermittelst des Metro=
noms nächstens, der meinige ist krank, und muß vom Uhr=
macher wieder seinen gleichen steten Puls erhalten — die
Symphonie darf, wie Sie wissen, vor Ende Juli nicht er=
scheinen — das Quartett, welches bereit liegt, würde mir
auch sehr lieb sein, wenn es noch eine Zeitlang nicht öffent=
lich erscheine, man will's gar hoch ansetzen mit dem Quar=
tett. Es soll das größte und schönste sein ut dicunt, was ich
geschrieben, die besten Virtuosen wetteifern hier es zu spie=
len. — Für heute Ende. Soll nichts zu erfinden sein, wenn
man auf stereotypische Art sogleich seine Worte vervielfäl=
tigen könnte, ohne diese Griffel an Kopisten nötig (?) zu
haben. — Nächstens mehr. Ihr mit Liebe und Achtung er=
gebenster Beethoven.

1357] An Stephan v. Breuning. (1825.)

Du bist, mein verehrter Freund, überhäuft, und ich auch.
Dabei befinde ich mich noch immer nicht ganz wohl. — Ich
würde Dich jetzt schon zum Speisen eingeladen haben,
allein bis jetzt brauche ich mehrere Menschen, deren geist=

reichster Autor der Koch und deren geistreiche Werke sich zwar nicht in ihrem Keller befinden, die solchen jedoch in fremden Küchen und Kellern nachgehen, — mit deren Gesellschaft Dir wenig gedient sein würde. Es wird sich jedoch bald ändern.

Czernys Klavierschule nehme einstweilen nicht, ich erhalte dieser Tage nähere Auskunft über eine andere.

Hier das Deiner Gattin versprochene Modejournal und etwas für Deine Kinder. Das Journal kann Euch von mir immer wieder zugestellt werden, sowie Du über alles andere, was Du von mir wünschest, zu gebieten hast. — Mit Liebe und Verehrung   Dein Freund Beethoven.

Ich hoffe, uns bald zusammen zu sehen.

1358] An Karl Holz.   (1825.)

Ganz Erstaunlichster! Erstaunlicher! Ihr habt Euch unterstanden, mir sagen zu lassen, daß Ihr mich nicht wert haltet, mir die Haare zu schneiden, und mir effektive einen persönlichen Haarschneider schickt. —

Ha! Das ist zu arg, dafür 2 ♯ Geldbuße und ein dritter auch noch einen $^1/_2$ ♯, dadurch wird der eine zu 2 ♯ und es wird eine Salade brillant werden. Es ist sehr wohlgetan, wenn Sie morgen gerade zum Frühstück kommen, jedoch nicht zum Spätstück; — betrachtet die Miserabilia des Lebens. Das ist bei weitem noch nicht alles. — Also so früh als möglich; ich warte bis Sie kommen, nicht ohne den $^1/_2$ ♯ Geldbuße zu erlegen. —

Euer amicus fidelis Beethoven.

1359] An Joseph Linke.   (1825.)

Lieber Linke und Rechte! Da ich viel Gutes von Hrn. v. Bocklet gehört, so glaube ich, es wäre das Beste, ihn zu ersuchen, daß er Ihnen die Gefälligkeit erzeigte, das Trio in Ihrer Akademie zu spielen. Ich kenne ihn selbst nicht, sonst würde ich mich für Sie bei Hrn. v. B. verwendet haben. Rechnen Sie allzeit auf mich, wo ich dienen kann.

Ihr Freund Beethoven.

1360] An C. F. Peters, Leipzig. Wien, 25. November 1825.

Euer Wohlgeboren! Als ich Ihnen das Quartett an=
trug, war die Antwort Ihres Associé nicht bestimmt und
deutlich. Ebenso sind Ihre zwei letzten Briefe; sobald Sie
die Summe klar anzeigen werden, nämlich 360 fl. C.=M.,
welche ich von Ihnen habe, und versichern, daß Sie dafür
das Quartett nehmen wollen, so können Sie in kurzem
eines erhalten. Hätten Sie das gleich getan, so hätten Sie
zwei neue Quartetten erhalten können, denn Sie können
nicht verlangen, daß ich Schaden leide. Wollte ich die Sai=
ten noch höher spannen, so dürfte ich eine noch größere
Summe für ein Quartett verlangen.

Sobald Sie mir also schreiben, werde ich Sie baldmög=
lichst in Besitz eines neuen Quartetts setzen; wollen Sie
aber lieber Ihr Geld, so können Sie es unverzüglich zurück=
haben, denn es liegt längst bereit; zum Durchsehen schicke
ich übrigens nichts. — Ich erwarte hierüber eine baldige
Antwort.   Ihr ergebener L. v. Beethoven.

1361] An B. Schotts Söhne.   Wien, 25. November 1825.

Euer Wohlgeboren! Die Tempobezeichnung nach Mael=
zels Metronom wird nächstens folgen; ich sende Ihnen hier
den Titel der Messe. Missa composita et Serenissimo
ac Eminentissimo Domino Rudolpho Joanni Caesa-
reo Principi et Archiduci Austriae, S. R. E. Tit. s.
Petri in monte aureo Cardinali et Archiepiscopo Olo-
muensi profundissima cum veneratione dicata a Lu-
dovico van Beethoven. — Die Pränumerantenliste muß
der Dedikation vorgestochen werden. 1. Der Kaiser von
Rußland. 2. Der König von Preußen. 3. Der König von
Frankreich. 4. Der König von Dänemark. 5. Kurfürst von
Sachsen. 6. Großherzog von Darmstadt. 7. Großherzog
von Toskana. 8. Fürst Galitzin. 9. Fürst Radziwill. 10.
Der Cäcilienverein von Frankfurt.

Die Dedikation der Symphonie bitte ich noch etwas zu
verzögern, da ich hierüber noch unentschlossen bin. Über=
haupt aber ersuche ich Sie die Herausgabe dieser Werke
noch gegen 3 Monate zu verschieben. Sie werden mich da=
durch sehr verbinden. Was fehlt, wird aufs schnellste be=

sorgt werden. Ich ersuche Sie wiederholt, mir doch gütigst ein Exemplar von den verbesserten Fagotten zuzuschicken. Vielleicht haben Sie noch keine Versicherung des Eigentums über das Quartett in Es erhalten; ich füge selbe hiermit bei. Ihr ergebener L. v. Beethoven.

Daß die Herren B. Schott Söhne ein Quartett in Es für 2 Violinen, Viola und Violoncello von mir erhalten und dasselbe ganz allein ihr Eigentum sei, bestätige ich hiermit laut meiner Unterschrift.

Wien am 25. November 1825.

Ludwig van Beethoven.

1362] An Luigi Cherubini. (1825.)

Monsieur! Le porteur de la présente lettre, Monsieur... désire ardemment vous rendre ses hommages. Je suis assez convaincu de l'estime, que vous manquez à des Artistes dignes de ce nom, pour lui faire espérer un accueil favorable de votre part. Acceptez en même l'assurance de la plus haute considération avec laquelle j'ai l'honneur d'être Monsieur, votre très humble serviteur

L. v. B.

1363] An Rudolf Kreutzer. (1825.)

Monsieur! C'est dans l'espérance que Vous vous souvienez encore de votre ancien ami, que j'ose vous recommander le porteur de cette lettre, Monsieur... un des Artistes les plus distingués, en vous priant de ne point lui refuser vos conseils ni votre. — Je profite de cette occasion pour vous témoigner ma considération et mon amitié perpétuelle. Je suis Monsieur votre très humble serviteur

L. v. B.

1364] Kanon für Theo Molt. Wien, 16. Dez. 1825.

Freu' dich des Lebens! (Kanon).

Zum Andenken für Hr. Theo Molt von L. v. Beethoven.

1365] An Karl Holz. (1825.)

Bei der Hitze ist es wohl am besten, wenn Sie in das bewußte Wirtshaus in die Roßau kommen, gerade der Straße gegenüber, wo Rampel wohnt; um halb zwei Uhr.

1366] An Karl Holz.   (1825.)

An Piringer, wie es sich gehört, ist's geschehen. Die
Hexenhöhle, Paternostergässel wird angezündet. Wenn's
möglich, den Schneider heute zu schicken und wenn's Ihr
Weg erlaubt, Zündhölzchen. Vom Ausgehen keine Rede,
vielmehr vom Eingehen zum ewigen Heil.

1367] An Karl Holz.   (1825.)

Bestes Holz! Seid nicht — von — Holz. Die liebe Re=
gierung will mich um 10 Uhr heute sprechen, ich bitte Sie
daher statt meiner hinzugehen, bevor aber noch zu mir zu
kommen, welches Sie sich ganz nach Ihrer Bequemlichkeit
einrichten können; ich habe schon auch einen Brief an die
Hohe geschrieben, welchen Sie mitnehmen können. Es tut
mir leid, Ihnen wieder beschwerlich fallen zu müssen, selbst
kann ich aber nicht gehen und doch muß die Sache ans Ende
kommen.   Der Ihrige Beethoven.

1368] An Mathias Artaria.   (1825.)
               (Auf dem Entwurf von Opus 133.)

1. Pönale bestehend aus zwei Clementi=Klavierschulen
und drei auserlesenen Abdrucken des Porträts von L. van
Beethoven. 2. eine Geldbuße wegen diesem und jenem, wie
auch Sonstigen. 3. wird das M(anuscript) dieses Klavier=
auszuges entweder honoriert oder dem Autor zurückgestellt.

1369] An Karl Holz. (?)   (1825.)

Mein Werter! Verzeihen Sie, daß Sie K(arl) und mich
nicht finden, ich glaubte, es sei heute Freitag, und nun ist
aber Samstag und schon längst sind wir auf diesen Tag bei
Hofrat Breuning eingeladen; denken Sie ja nichts Böses
dabei, wir hoffen, Sie daher morgen Sonntags gewiß zum
Speisen bei uns zu sehen. —   Ihr Freund Beethoven.

Seien Sie versichert, daß diese Irrung dieses hervorge=
bracht hat.

1370] An Karl v. Beethoven.   (1825.)

Es versteht sich, daß Du die Quittung vom Erzherzog
anders machst „von Seiner Kaiserl. Hoheit dem durchlauch=

tigſten Erzherzog Rudolf, Kardinal und Eminenz uſw."
Am 25. kann man dieſe ſchon erheben, tut auch nichts etwas
ſpäter, jedoch wirſt Du mit meinem kleinen Petſchaft ſie=
geln müſſen, ich habe kein Siegellack hier. —

1371] An ... ?   (1825.)

— — — in dieſem Augenblicke bitte ich, Briefe an mich
mit folgender Überſchrift zu begleiten, abzugeben bei Herrn
Johann Wolfmayer beim roten Turm, Adlergaſſe Nr. 764
in Wien.

1372] An Karl Holz.   (1825.)

Noch iſt die neue Haushälterin nicht da, iſt ſie beſtellt
worden? Ich bitte — — in den Händen dieſer Canaille.
                              Eiligſt der Ihrige Beethoven.

1373] An Karl Holz.   (1825.)

Ich bin nach Hauſe, da ſchon 11$^1/_2$ die Korrektur uſw.
— vorbei war.

1374] An Karl Holz. (?)   (1825.)

In Eil bitte ich Sie von dem, was ich Ihnen von Geld=
wechſeln erzählte, wenigſtens, wenn Sie ſo etwas wieder=
holen, keinen Namen zu nennen. — Vieles, vieles muß ich
jetzt ertragen, doch es entſpringt alles aus dem Guten, was
ich zum Teil vollbracht und noch vollbringen will.
                              Stets Ihr Freund Beethoven.

1375] An Karl v. Beethoven.   4. Januar 1826.

Ich bin heute abend bei Dir. —   B.
e je porte avec moi aussi l'argent pour votre maître.

1376] An B. Schotts Söhne.   28. Januar 1826.

Euer Wohlgeboren! Auf Ihr letztes Schreiben melde ich
Ihnen, daß Sie alles bald metronomiſiert erhalten wer=
den. Ich bitte Sie nicht zu vergeſſen, daß das erſte Quar=
tett dem Fürſten Galitzin dediziert iſt. — Von der Ouver=
türe hat, ſoviel ich weiß, Math. Artaria bereits zwei Exem=
plare von Ihnen erhalten. Sollte es geſchehen ſein, daß ich
Ihnen für die vorigen Exemplare noch nicht gedankt habe,

so ift es wirklich aus Vergeßlichkeit geschehen; übrigens sollen Sie überzeugt sein, daß ich weder ein Exemplar verkaufe noch damit handle; es erhalten deren nur einige von mir wertgeschätzte Künstler, wodurch Ihnen kein Abbruch geschieht, da diese sich dieselben Werke doch nicht anschaffen könnten.

Noch muß ich mich erkundigen, ob Fürst Galitzin, als er Ihnen die Titulatur zur Dedikation bekannt machte, zugleich von Ihnen die nötigen Exemplare des Quartetts und der Ouvertüre verlangte, widrigenfalls ich dieselben von hier aus ihm senden müßte.

Übrigens ersuche ich Sie, Ihre Sendungen an mich künftig durch Math. Artaria und nicht mehr durch Steiner zu bestellen, weil ich durch ersteren alles schneller zu erhalten gedenke.

Bei der Messe dürfte die Pränumerantenliste vorangedruckt werden, und dieser erst die Dedikation an den Erzherzog, wie ich Sie Ihnen schon geschickt habe, folgen.

Wegen der Dedikation der Symphonie werde ich Ihnen in kurzer Zeit Bescheid geben; sie war bestimmt dem Kaiser Alexander gewidmet zu werden; die vorgefallenen Ereignisse veranlassen aber diesen Verzug. — Sie verlangen neuerdings Werke von mir?

Beste!! Ihr habt mich gröblich beleidigt! Ihr habt mehrere Falsa begangen: Ihr habt Euch daher erst zu reinigen vor meinem Richterstuhl allhier; sobald das Eis auftauen wird, hat sich Mainz hierher zu begeben, auch der rezensierende Oberappellationsrat hat hier zu erscheinen, um Rechenschaft zu geben, und hier gehabt Euch wohl!

Wir sind Euch gar nicht besonders zugetan! Gegeben ohne was zu geben auf den Höhen von Schwarzspanien.

Beethoven.

1377] An Karl Holz.   3. Februar 1826.

Lesen Sie nur! Hierbei folgt auch die Antwort, wie sie
sich geziemt für diese Unverschämte. Geben Sie den Brief
nur ab, ohne sich mit ihr einzulassen. Ich bitte Sie, morgen
sich losschießen zu lassen und hernach zu Mittage zu kom=
men. Für heute wäre noch das Geschäft, die wahre Adresse
Schlesingers ausfindig zu machen. — Lebt wohl! Ich hoffe
was von Euch zu hören.

B.

1378] An Maximilian Stadler.   6. Februar 1826.

Mein verehrter hochwürdiger Herr! Sie haben wirklich
sehr wohlgetan den Manen Mozarts Gerechtigkeit durch
Ihre wahrhaft musterhafte und die Sache durchdringende
Schrift zu verschaffen und sowohl Laien oder Profane, wie
alles was nur musikalisch ist oder nur dazu gerechnet wer=
den kann, muß Ihnen Dank dafür wissen. — Es gehört ent=
weder nichts oder sehr viel dazu, dgl. aufs Tapet zu brin=
gen, wie H. W(eber). Bedenkt man noch, daß, soviel ich
weiß, ein solcher ein Tonsetzbuch beschrieben, und doch
solche Sätze

Mozart zuschreiben will, nimmt man nun das eigene
Machwerk W. noch dazu wie

A - gnus de - i

pec - ca - ta mundi

Qui tol - lis pec - ca - ta qui tol - lis pec - ca - ta.

Man erinnert sich bei der erstaunlichen Kenntnis der
Harmonie und Melodie des Hr. W. an die verstorbenen

804

alten Reichskomponisten Sterkel, Naumann (?), Kalkbrenner (Vater), André (nicht der gar andere) usw.

Requiescant in pace! — Ich insbesondere danke Ihnen noch, mein verehrter Freund, für die Freude, die Sie mir durch Mitteilung Ihrer Schrift verursacht haben; allzeit habe ich mich zu den größten Verehrern Mozarts gerechnet, und werde es bis zum letzten Lebenshauch bleiben.

Ehrwürdiger Herr, Ihren Segen nächstens. —

Ew. Hochwürden mit wahrer Hochachtung verharrender
Beethoven.

1379]　An Dr. **Braunhofer.**　　　(23. Februar 1826.)

Verehrter Freund! Wie sehr bin ich Ihnen verbunden für Ihre Sorge für mich, soviel mir immer möglich, habe ich mich an Ihre Verordnungen gehalten; Wein, Kaffee, alles nach Ihrer Anordnung. Es ist schwer sogleich zu beurteilen, inwieweit die Wirkung hirvon in diesen paar Tagen zu verspüren; der Schmerz im Rücken zwar nicht stark, zeigt aber, daß das Übel noch da ist; ich glaube also mit Recht von den mir von Ihnen heute geschickten Medikamenten (von denen ich aber nicht weiß, was sie kosten) Gebrauch machen zu können; — vergessen Sie Ihr eigenes Bestes nicht wegen anderen; ich bedauere recht sehr, Ihnen gegenseitig nichts verschreiben zu können, und muß Sie Ihrer eigenen Kraft überlassen. — Sobald als möglich hoffe ich, Sie zu sehen.

Hochachtungsvoll Ihr dankbarer Beethoven.

1380]　An Karl v. **Beethoven.**　　　(24. Februar 1826.)

Lieber Sohn! Diese Quittung muß morgen vormittag am 25. Februar bei Hofe erhoben werden. Du bindest Dich an nichts in dem Formular, als Du ebenfalls setzest: Vom 1. September 1825 bis letzten Februar 1826. Etwas weniger Schlaf und dies geht alles wohl an; morgen mittag händigst Du mir das Geld ein. Es tut mir gerade um meinetwegen leid, Dich bemühen zu müssen; wer weiß, wie das Verhängnis Dich bald hierin durchaus befragt.

Dein treuer Vater.

Im Kontext heißt es: Sr. kaiserlichen Hoheit der Erzherzog Rudolf, Eminenz und Kardinal.

1381] An Dr. Braunhofer.   (1826.)

Euer Wohlgeboren! Ich bitte nur um einen Besuch,
schon eine Weile mit einem rheumatischen oder gichtischen
Zustande behaftet; zwar bin ich noch Ihr Schuldner, aber
ich werde es nicht lange mehr bleiben. — Ich bin immer
zu Hause, das Wetter versperrt einem wohl die Türen.

Ich hoffe Sie gewiß zu sehn, wenn Sie nur immer können wenigstens morgen.

Hochachtungsvoll Ihr Freund Beethoven.

1382] An Unbekannt?   3. April 1826.

Holz versichert mich, daß Sie den Kupferstich, Händels
Denkmal in der Peterskirche in London vorstellend, ebenfalls im vergrößerten Maßstabe stechen lassen wollen und
herausgeben. Dies macht mir unendliche Freude, ohne auch
nur daran zu denken, daß ich die Veranlassung dazu bin.

Genehmigen Sie meinen Dank hierfür schon im voraus.

Ihr ergebenster Diener Beethoven.

1383] An Haslinger.   Wien, 9. April 1826.

Ich melde Ihnen, daß sowohl die Ouvertüre, als der
elegische Gesang keiner weiteren Korrektur bedürfen, auch
die Titel sind richtig. Was aber den Marsch mit Chor und
das Singterzett betrifft, so sind zwar die früher fehlerhaf-
ten Noten jetzt ebenfalls richtig, die Titel aber wieder nicht
so, wie ich Ihnen selbe angegeben habe. Da nun dieses
schon eine Geschichte von 6 Wochen ist, und ich überdies
schon mehrere Beispiele hatte, wo ich Ihren Eigensinn nicht
bezwingen konnte, so habe ich deswegen beide Titel in ihrer
eigentlichen Form der löbl. Censur übergeben, welches
Ihnen hiermit zur Nachricht dient.

Ludwig van Beethoven.

Ich habe Ihnen Obiges aus Güte mitteilen wollen, damit Sie sich danach richten mögen, denn nie werde ich gestatten, daß diese Werke unter den Titeln herauskommen,
welche Sie darauf gesetzt haben.

1384] An Karl Holz.   **26. April 1826.**

Werter Freund! Sie können versichert sein, daß ich an
den neulichen Vorfall gar nicht mehr denke, und daß dies
meine dankbaren Gesinnungen gegen Sie nie ändern wird.
Ich bitte Sie also in Ihrem Benehmen nichts dergleichen zu
äußern. Sie werden mir immer willkommen sein. —
Künftigen Sonntag werden Sie, hoffe ich, meinen Tisch
nicht verschmähen. Ich hab diese Woche zu viel zu tun und
auch keine Ruhe bis alles vollendet ist. Dann ist aber in
solchen Fällen die Stunde des Essens bei mir garnicht zu
bestimmen; wie ich denn überhaupt schon seit meinem
13. Jahr immer gewohnt bin, sehr spät zu Mittag zu essen.
Hierin wurde ich noch bestärkt durch angesehene Geschäfts=
männer hier, und es ist jetzt schwer, diese Gewohnheit
gänzlich aufzugeben. Nehmen Sie dies ja nicht ironisch,
bedenken Sie, daß ich von den Musen abhängig, und Sie
werden mir dann gewiß nicht Unrecht geben. Schon längst
habe ich auf ein Mittel gedacht, Ihnen meine Dankbarkeit
zu bezeugen, welches ich, sobald es möglich, ins Werk setzen
werde.

Haben Sie diese Woche Zeit mich zu besuchen, so wird es
mir ein Vergnügen sein, wenn Sie mich besuchen wollen.
Sie werden mich unverändert finden, wie sonst. Sonntag
warte ich ganz gewiß.

Wie immer Ihr Freund Beethoven.

1385] An die Wiener Zensurbehörde.   **(April 1826.)**

Es droht eine Herausgabe mehrerer Werke von mir, wo=
von man aus Rachsucht gegen mich die von mir angegebe=
nen Fehler nicht korrigieren will. Die Aufschriften sind so
barbarischer Art, daß sie Wien Schande machen würden.
Ich ersuche daher eine löbl. Censur daß sie selbe Werke nicht
zur Ankündigung gelangen läßt, bis ich mit meiner Unter=
schrift versichert habe, daß diese Werke im gehörigen Zu=
stande erscheinen.

1386] An Karl Aug. Frhr. v. Klein. **Wien, 10. Mai 1826.**

Durch Hrn. Hofrat von Mosel empfing ich einen Brief
von Ihnen, welchen ich, da ich sehr überhäuft bin, nicht

gleich beantworten konnte. Sie wünschen mir ein Werk zu
widmen; so wenige Ansprüche ich auf dergleichen mache, so
werde ich doch mit Vergnügen die Dedikation Ihres schönen Werkes annehmen. Sie wollen aber auch, daß ich dabei
als Kritikus erscheine, bedenken aber nicht, daß ich mich
selbst muß kritisieren lassen! Allein ich denke mit Voltaire,
„daß einige Mückenstiche ein mutiges Pferd nicht in seinem Laufe aufhalten können". In diesem Stücke bitte ich
Sie mir nachzufolgen. Damit ich aber nicht versteckt, sondern offen, wie ich immer bin, Ihnen entgegenkomme, sage
ich Ihnen nur, daß Sie in dergleichen künftigen Werken
mehr auf die Vereinzelung der Stimmen achten könnten.

Indem es mir allezeit eine Ehre sein wird, wenn ich
Ihnen irgendwo in etwas dienen kann, empfehle ich mich
Ihren freundlichen Gesinnungen gegen mich und bin mit
vollkommenster Hochachtung

Euer Hochwohlgeboren ergebenster Beethoven.

1387] **An B. Schotts Söhne.** Wien, 20. Mai 1826.

Mit Geschäften überhäuft und stets mit meiner Gesundheit leidend konnte ich Ihnen Ihr Geehrtes vom 6. April
nicht früher beantworten. Auch war damals das Quartett
noch nicht vollendet, welches jetzt beendigt ist. Sie können
wohl denken, daß ich von dem Honorar von 80 #, welches
mir für beide frühere Quartette, die gleich auf das Ihrige
folgten, angeboten und bezahlt wurde, nicht gern abgehe.
Da Sie aber dieses Honorar mir bereits zugestanden haben, so gehe ich mit Vergnügen Ihren Vorschlag ein, dasselbe in 2 Fristen mir verabfolgen zu lassen. Belieben Sie
daher mir 2 Wechsel, den einen von 40 # a vista, den andern mit eben so viel nach 2 Monaten zahlbar zuzusenden.
Da Sie von dem Unglück, welches das Friessche Haus betroffen hat, ohne Zweifel wissen, so wäre es mir am liebsten, wenn Sie die Wechsel an Arnstein und Eskeles anweisen wollten.

Die Metronomisierung erhalten Sie von heut in 8 Tagen mit der Post. Es geht langsam, da meine Gesundheit
Schonung erfordert. Von dem Quartett in Es von Ihnen
habe ich noch nichts erhalten, ebensowenig die Minerva. --

Nochmals muß ich Sie bitten, daß Sie ja nicht denken möchten, ich wolle irgend ein Werk zweimal verkaufen. Wie es mit der Ouvertüre war, wissen Sie selbst. — Unmöglich hätte ich Ihnen über die Beschuldigung, Ihr Quartett Schlesingern nochmals verkauft zu haben, antworten können, denn so etwas wäre wirklich zu schlecht, als daß ich mich darüber verteidigen möchte. So etwas kann auch nicht durch den besten Rheinwein abgewaschen werden. Hierzu müssen noch Liguorianische Büßungen, wie wir sie hier haben, kommen. Ihr ergebenster L. v. Beethoven.

NB. Ich ersuche Sie um schleunige Beantwortung dieses Schreibens.

1388] **An A. M. Schlesinger.** Wien, 31. Mai 1826.

Ew. Wohlgeboren! In Erwiderung Ihres Geehrten vom 15. April melde ich Ihnen, daß Herr Graf Brühl, so günstig er sich übrigens über das Gedicht Melusine von H. Grillparzer geäußert hat, doch aus dem Grunde eine andere Wahl von meiner Seite wünscht, weil obbenannte Oper mit der Undine des Baron de la Motte-Fouqué einige Ähnlichkeit hat. Sobald ich nun sowohl mit dieser Angelegenheit, wie auch mit der Komposition zustande komme, werde ich Ihnen vor allen Verlegern den Vorzug geben. Alles Schöne an Herrn Marx. Ich werde ihm bald etwas einsenden. Schon längst erwartete ich von Ihrem Herrn Sohn hinsichtlich meines letzten Quartetts Nachricht zu erhalten. Sein Unfall mag an der entstandenen Verzögerung Ursache sein. Ich glaube aber, daß Vater und Sohn ohnehin ein und dasselbe ist. Da ich, im Vertrauen auf ihn, schon mehreren anderen Verlegern abgeschrieben, so könnten Sie das Quartett selbst übernehmen. Das Honorar von 80 Dukaten in Gold ist Ihnen bekannt.

Von Kleinigkeiten ist bereit: Serenade, Gratulationsmenuett und ein Entreakt — beide für ganzes Orchester, welche ich Ihnen zusammen für zwanzig Dukaten in Gold überlassen könnte. Nur muß ich bitten, mit der Antwort so schnell als möglich zu machen. Rücksichtlich der Werke belieben Sie, einen Ort hier zu bestimmen, wo ich selbe gegen Empfang der Summe in Fl. abgeben kann. — Es wird

mir übrigens sehr angenehm sein, recht bald Ihre persön=
liche Bekanntschaft zu machen.

Ihr ergebenster Beethoven.

1389] **An A. Probst.** Wien, 3. Juni 1826.

Euer Wohlgeboren! Ich halte mich stets gewissermaßen
für verpflichtet, Ihnen, wenn ich in der Lage sein würde,
Werke von meiner Komposition anzubieten. Ich bin freier
als sonst, da ich gezwungen war, denjenigen, welche grö=
ßere Werke von mir nahmen, auch kleinere zu geben, ohne
die sie die größern sonst nicht nehmen wollten. Sie aber,
soviel ich mich erinnere, wollten sich mit größeren Werken
garnicht befassen. In dieser Rücksicht biete ich Ihnen ein
ganz neues Quartett für 2 Violinen, Viola und Violoncell
an. Es darf Sie aber nicht befremden, wenn ich dafür ein
Honorar von 80 ♯ in Gold verlange. Ich kann Sie auf
meine Ehre versichern, daß mir dieselbe Summe schon für
mehrere Quartette verabfolgt wurde. Ich muß Sie indes
bitten, mir schleunigst über diesen Punkt zu schreiben. Im
Falle Sie meinen Antrag genehmigen, so ersuche ich Sie,
die Summe in einem hiesigen Wechselhause anzuweisen,
wo ich selbe gegen Abgabe des Werkes entnehmen kann.
Im entgegengesetzten Falle erwarte ich aber gleichfalls eine
schnelle Antwort, indem andere Verleger mir bereits An=
träge gemacht haben. Noch sind folgende Kleinigkeiten be=
reit, welche ich geben könnte: Einen Serenade=Gratula=
tions=Menuett und einen Entre=Act, beide für ganzes Or=
chester, zusammen für 20 ♯ in Gold. In Erwartung
einer baldigen Rückschrift verharre ich Euer Wohlgeboren
ergebener Beethoven.

1390] **An Karl v. Beethoven.** (1826.)

Wegen den Briefen ist's nötig, daß Du gefälligst
schreibst, wann Du zu mir kommen willst und kannst. Dein
Aufschub kann wahr sein. — Ich erwarte Deine gefällige
Entschließung. B.

(Auf dem Briefumschlag:) à une heure je vous at=
tends sûrement.

810

1391] An Karl v. Beethoven.   (1826.)

Es wird mir sehr lieb sein, wenn ich weiß, wann Du zu
mir kommen willst oder kannst? Du weißt, daß wir wohin
müssen und alsdann zusammen können essen gehen nach
Deinem Ermessen.   Dein treuer Onkel.

Nicht später als halb ein oder höchstens ein Uhr.

1392] An Karl v. Beethoven.   (1826.)

Schon um dessentwillen, daß Du mir wenigstens gefolgt
bist, ist alles vergeben und vergessen, mündlich darüber mit
Dir. Heute ganz ruhig. — Denke nicht, daß ein anderer
Gedanke in mir als nur Dein Wohl herrsche, und hieraus
beurteile mein Handeln. — Mache ja keinen Schritt, der
Dich unglücklich mache und mir das Leben früher raubte.
Erst gegen 3 Uhr kam ich zum Schlafe, denn die ganze
Nacht hustete ich. — Ich umarme Dich herzlich und bin
überzeugt, daß Du mich bald nicht mehr verkennen wirst,
so beurteile ich auch Dein gestriges Handeln. Ich erwarte
Dich sicher heute um 1 Uhr, mach' nur mir keinen Kummer
und keine Angst mehr, leb' indessen wohl.

                    Dein wahrer und treuer Vater.

Wir sind allein, ich lasse deswegen Holz nicht kommen;
um so mehr, da ich wünsche, daß nichts verlauten möge von
gestern; komme ja — laß mein armes Herz nicht mehr
bluten.

1393] An Maximilian Stadler.   (1826.)

Signor Abbate, io sono ammalato
Santo Padre date mi la benedizione.

Hol' Sie der Teufel, wenn Sie nicht kommen.
Hol' Sie der Teufel. (Dreistimmiger Kanon.)

1394] An B. Schotts Söhne.   Wien, 12. Juli 1826.

In Beziehung auf Ihr geehrtes Letztes, worin Sie mir
anzeigen, daß Sie mir die erste sogleich zu erhebende Hälfte
des Honorars für mein neuestes Quartett bei Herrn Frank
hier bereits angewiesen haben, melde ich Ihnen, daß das
erwähnte Werk vollendet ist und zur Ablieferung bereitliegt. Es erübrigt also nunmehr nichts, als daß Sie so

gütig ſind, mir eine Anweiſung auf die zweite in zwei Monaten zu erhebende Hälfte (vierzig Dukaten) zu über= machen, ſobald ich ſelbe erhalten werde, werde ich nicht ſäumen, das Werk an Herrn Frank zu überliefern.

Ich würde aus dieſem Umſtande, den ich bloß einer klei= nen Vergeßlichkeit von Ihrer Seite zuſchreibe, gar nichts machen, wenn ich nicht meiner Geſundheit wegen geſonnen wäre, in kurzem eine kleine Reiſe anzutreten, wozu ich noch eine Summe Geldes benötige, welche ich gegen eine ſolche Anweiſung leicht erhalten werde.

Ich ſchließe mit der Bitte, mir mit umgehender Poſt dieſe Anweiſung zu überſenden, da mein Aufenthalt hier nur noch von ſehr kurzer Dauer ſein wird; und bin mit Hochachtung   Ihr ergebenſter L. v. Beethoven.

1395] **An B. Schotts Söhne.**   Wien, 26. Juli 1826.

Aus dem Poſtſkript Ihres Geehrten vom 8. dieſes er= fahre ich, daß Sie dem König von Preußen zwei Exemplare der Symphonie zuſenden wollen. Ich bitte dies vorderhand noch aufzuſchieben, da ich dem König von hier aus durch einen Kurier ein geſchriebenes Exemplar dieſes Werkes zu ſchicken geſonnen bin, welches auf dieſem Wege ohne alle Gefahr bewerkſtelligt werden kann. Nur erſuche ich Sie mit der Herausgabe ſo lange zu verziehen, bis ich Ihnen melde, daß der König in Beſitz der Kopie iſt; Sie ſehen ein, daß mit der Publizierung eines Werkes der Wert der Kopie aufhört. Für die dem König beſtimmten Exem= plare bitte ich ausgeſucht ſchönes Papier zu beſorgen.

In meinem letzten vom 12. dieſes, welches Sie ohne Zweifel erhalten haben, ſchrieb ich Ihnen, daß ich meiner wankenden Geſundheit wegen eine kleine Reiſe zu unter= nehmen entſchloſſen bin; ich erwarte hierzu noch Ihre An= weiſung auf die Herrn Frank hier, um nach deren Emp= fang meinen Vorſatz unverzüglich auszuführen.

Ich bitte alſo um gefällige Beſchleunigung Ihrer Rück= ſchrift.   Mit Hochachtung Ihr ergebenſter Beethoven.

Nachſchrift. Der nunmehrige Tobias primus, geweſener secundus, beſchwert ſich, daß viele Nachfragen um das Quartett aus Es geſchehen und er ſchon vor zwei Mona=

ten um einen Nachtrag deswegen geschrieben, aber ohnerachtet dessen nicht erhalten. — Dieses gehört zu den Heften
von Schwarzspanien, welche nun bald erscheinen werden.

1396] **An B. Schotts Söhne.** Wien, 29. Juli 1826.

Ich beeile mich, Sie von dem richtigen Empfang Ihres
Geehrten vom 19. dieses in Kenntnis zu setzen.

Zugleich melde ich Ihnen, daß ich in einigen Tagen das
Quartett, wie auch Ihr Schreiben an Herrn Frank ab-
liefern werde; dies würde schon geschehen sein, wenn nicht
mein Bestreben, Ihnen das Werk ganz korrekt zum Stiche
zu übersenden, mich bestimmte, es noch einmal auf das genaueste durchzusehen.

Für die Übermachung Ihres Wechsels danke ich Ihnen
herzlich und ersuche Sie wiederholt, diese Bitte von meiner
Seite nicht als einen Beweis von Mißtrauen gegen Ihr
geehrtes Haus zu betrachten.

Die Metronomisierung werden Sie in kurzem erhalten.

So sehr ich nun wünsche, über einen für Sie und mich
gleich wichtigen Punkt zu schreiben, so bin ich doch so sehr
von Geschäften überhäuft, daß es mir für heute unmöglich
ist. Ich verschiebe daher die ausdrückliche Erklärung auf
den nächsten Posttag und bin   Ihr ergebenster Beethoven.

1397] **An — ? —** (1826.)

Sie wissen meine Lage! — So finde ich's fürs beste;
auf Diskretion will ich mich nicht einem Menschen ergeben,
der schon einmal so wortbrüchig gegen mich gehandelt hat.
— Das ist das Ultimatum, durchaus keine Modifikationen,
— entweder das eine oder das andere. Zu Mittage bitte ich
Sie zu mir zu kommen. Übrigens keinen Aufschub in dieser
Sache als den des Geldes. — Er kann in sechs Wochen und
noch länger das Honorar bezahlen.

1398] **An Karl v. Beethoven.** (1826.)

Ich bitte Sie sobald als möglich zu kommen, damit wir
alles Nötige veranstalten. Es ist keine kleine Aufgabe, er
wollte sich schon früh wieder entfernen.

Eiligst Ihr Beethoven.

1399] An Karl v. Beethoven. (1826.)

Faites comme vous croyez de cette lettre à S(chlesinger), de donner ou que non, ce dépend tout à fait de votre
intention.

1400] An Karl Holz. (1826.)

Ich bin in größter Geldverlegenheit anders nichts als
diese 100 fl. C.-M., die ich Ihnen sandte; wenn es nur
möglich, daß Sie mir derweil 5 fl. Banknoten senden können, mit den übrigen halten sie es, nach Gemächlichkeit.

Wegen Castelli nicht viel Umstände mit diesem Diplomat
— und Sublimat. Leben Sie geschwind wohl, wollte ich
sagen, in der Geschwindigkeit. — Leben Sie wohl amice
amicus Beethoven.

1401] An Karl Holz. (1826.)

Nachdem Sie kaum fort waren, fand ich noch die Löffel
aber auf'm Kasten, zufällig legte ich selbe auf den Tisch,
da sie noch beschäftigt, fiel es mir doch ein, nach den übrigen
zum Gebrauche noch einmal durchzusehen, und fort war
wieder einer. — Ich sagte daher sogleich, daß ich ihre Löffel
wieder zu mir nehme und behalte, bis sie mir meinen L.
geschafft habe; nun soll uns Gott bewahren, daß wir in
unserem ehrwürdigen Alter noch Löffel sollten (stehlen?).
— Das beste ist, — ihn fort, fällt es ihnen nicht zu beschwerlich, so laßt man bei ihn übermorgen zu tun, und die anderen beiden eintreten. Es ist gerade Sonntag, wo auch
mit Recht einen Sonntagsschmaus entgegensehen. — Sie
sehen, den Löffel betreffend, sind wir gerade so weit, als
vorgestern. — Wäre es Ihnen möglich, morgen vormittag
einen Augenblick mich sehen zu können, dies wäre das beste.
— Frühstück könnten Sie haben. — Das beste ist, die Sache
aufs schnellste zu endigen, es könnte Übleres vorfallen.

Freitags der Ihrige primus et ultimus.

1402] An Wilhelm Ehlers. 1. August 1826.

Mein werter Ehlers! Überhäuft, kommt meine Antwort
auch spät. Ich bin mit allem einverstanden, was Sie in
Rücksicht der Ruinen von Athen bewerkstelligen; nur ver-

814

geſſen Sie nicht die Wahrheit, welche durch die Meißnerſche Bearbeitung ſehr gelitten hat, wieder herzuſtellen, die natürlich mehr im Kotzebue'ſchen urſprünglichen Text nur zu finden iſt. Können Sie etwas machen damit (und werden Sie mit den Berlinern fertig), ſo billige ich alles dies; nur ſehen Sie, daß alles echt iſt. Denn zu den Ruinen von Athen war eine andere Ouvertüre in G=Moll, zu der Meißnerſchen Bearbeitung für die Joſefſtadt wieder eine andere, welche die Schott in Mainz geſtochen haben. Es kommt alſo auf den Sinn an, in welchem die neueſte Bearbeitung geſtaltet iſt; brauchen Sie letztere in C=Dur, ſo würde auf Ihr Schreiben derwegen Sie ſogleich an Schott um dieſe anweiſen, denn der Kapellmeiſter vom Königſtädter Theater hat einen ſchändlichen Klavierauszug von der Ouvertüre in C veranſtaltet. Es läßt ſich vermuten, daß er auch gegen die Partitur ſich verſündigt hat; er glaubte wahrſcheinlich in Königsberg ſich zu befinden und in Königsberg die Kantſche Kritik der reinen Vernunft darin anwenden zu können. Mit Freuden überlaſſe ich Ihnen den Nutzen, den Sie von Ihrer Mühe mit dieſem Werke ziehen können; nichts als ein kleines Geſchenk als Andenken werde ich von Ihnen annehmen. Ich werde Schott ſchreiben, daß man Ihnen auch das Opferlied einhändige, wenn Sie darum ſchreiben, denn das urſprüngliche und wahre Konzept davon fand ſich erſt ſpäter. Wenn Sie mir nur bald Nachricht von dieſer Sache geben wollten, wird es mich freuen. Ich umarme Sie herzlich   Ihr Freund Beethoven.

1403] An Dr. **A. Smettana.**   (1826.)

Verehrteſter H. D. Smettana! Ein großes Unglück iſt geſchehen, welches Karl zufällig ſelbſt an ſich verurſacht hat; Rettung hoffe iſt noch möglich, beſonders von Ihnen, wenn Sie nur bald erſcheinen. Karl hat eine Kugel im Kopfe, wie, werden Sie ſchon erfahren. Nur ſchnell, um Gottes willen ſchnell.

      Ihr Sie verehrender Beethoven.

Die Geſchwindigkeit zu helfen, forderte ihn zu ſeiner Mutter, wo er jetzt iſt; die Adreſſe folgt hierbei.

1404] An B. Schotts Söhne.   19. August 1826.

Euer Wohlgeboren! Ich melde nur, daß das Quartett
bei Frank abgegeben sei vor 7 Tagen; Sie schrieben, daß es
ja ein Originalquartett sein sollte; es war mir empfind=
lich, aus Scherz schrieb ich daher bei der Aufschrift, daß es
zusammen(gestohlen), es ist unterdessen funkelnagelneu.
Die Metronomisierungen (hol' der Teufel allen Mechanis=
mus) folgen — folgen — —. Mich hat ein großer Un=
glücksfall betroffen, aber durch Gottes Hilfe wird es sich
noch vielleicht günstig wenden. Freundschaftlich Ihr er=
gebenster   Beethoven.
    P. S. Derjenige, welcher schon mehrmals die Briefe an
Sie geschrieben, mein lieber angenommener Sohn kam bei=
nahe durch sich selbst ums Leben, noch ist Rettung möglich.

1405] An Johann v. Beethoven.   Wien, 28. August 1826.

Ich komme nicht.   Dein Bruder????!!!! Ludwig.

1406] An Karl Holz.   (Ende August 1826.)

Werter Freund! Sie gehn also gefälligst zu Breuning
fragen, ob er die Vormundschaft übernehme, ob Sie viel=
leicht für ihn zum Magistrat gehen sollen, und wann er ge=
denkt mit mir zu Karl zu gehen. Bitten Sie ihn besonders
des letzteren Punktes wegen um Beschleunigung, auch bie=
ten Sie ihm gefälligst an, daß er immer auf gutes Holz
rechnen könne.
    Ich schicke später in die Kanzlei um eine Antwort von
Ihnen über diese Punkte. Verzeihen Sie meine Lästigkeit,
am Hochzeitstage mache ich alles gut.
                                         Der Ihrige Beethoven.
Nachmittags 3 Uhr sehe ich Sie also.

1407] An Karl Holz.   (1826.)

Ganz erstaunlich ungeschwefelter Bester! Etwas nach
5 Uhr sind wir schon bei Euch zu Hause.   Beethoven.

1408] An Karl Holz.   (1826.)

Holz — schaffe Holz! — Morgen in aller Früh kann die
ungefährlichste aller Personen das Geld dazu bringen.

816

— Der Lumpenkerl von Agent muß es sein? — Es muß sein! — Tut das Eurige, wie wir das Unsrige.

Amicus Beethoven.

1409]   An Karl Holz.   (1826.)

Das Essen wird schon um ein Uhr bereit sein, wo ich Sie sicher erwarte; mir verursacht's Wehe, Ihnen so viele Beschwerlichkeiten zu verursachen. —   Ihr Beethoven.

1410]   An Karl Holz.   (1826.)

Vergessen Sie nicht aufs Geld, ich habe bald nichts mehr. Karl geht es immer besser, diesen Mittag singt die Frau Tischkönigin bei mir.

1411]   An Karl Holz.   (1826.)

Hinterlassen Sie gefälligst den Namen des Referenten von der Polizei, wo wir waren, eine schöne Geschichte! Gestern ist Karl doch mit der Polizei abgeholt und wie. — Sie sind nicht zufrieden, ich laufe herum, um nur jemand zu finden.

1412]   An Karl Holz.   (1826.)

Die Schwester von der Schwester kommt heute zu Ihnen. Sie hat mir gestern ein Zeugnis gegeben, non ho danaro; geben Sie ihr also das Drangeld. Zugleich sagen Sie ihr, daß sie 100 fl. jährlich und wöchentlich 36 kr. Brotgeld habe. Dies alles habe ich gestern vergessen. Bringen Sie doch das übrige vom Quartett mit dem B. mit. Ich könnte diese Nacht, da Ihre Eltern Sie auf die Welt beförderten, und wieviel Schweiß es sie gekostet, ein solches erstaunliches Machwerk ans Tageslicht zu bringen. Ich gratuliere zum Dasein — wie? — warum? usw. Die Rätsel lösen sich von selbst. — Heut' zu Tische sehe ich Sie.

Der Ihrige Beethoven.

1413]   An Karl Holz.   (1826.)

Bester! Begebt Euch morgen nach hinlänglichen Liguorianischen Büßungen zum Mittagessen zu uns. Ihr werdet hoffentlich nicht versagt sein, und man hat Euch geladen, so wird hoffentlich die Kraft nicht ermangeln Euch loszuschießen.   Optime amice der Eurige Beethoven.

Mit Vergnügen gebe ich meinem Freunde, Karl Holz,
die gewünschte Erklärung, daß ich ihn zur dereinstigen Her=
ausgabe meiner Biographie für berufen halte, wenn ich
überhaupt annehmen kann, daß man sie wünschen solle,
und ich schenke ihm das volle Vertrauen, daß er das, was
ich ihm zu diesem Zwecke mitgeteilt habe, nicht entstellt der
Nachwelt überliefern wird.   Ludwig van Beethoven.

1415] An Czapka.   (1826.)

Euer Wohlgeboren! Ich ersuche Sie dringend, anzu=
ordnen, daß, da mein Neffe in wenigen Tagen genesen sein
wird, er mit niemandem als mir und Herrn v. Holz sich
vom Spital entfernen darf. Man kann es unmöglich zuge=
ben, daß er seiner Mutter, dieser höchst verdorbenen Per=
son, sehr nahe sei. Ihr so sehr schlechter und ihr boshafter
tückischer Charakter, ja die Verführung Karls mir Geld ab=
zulocken, die Wahrscheinlichkeit, daß sie mit ihm Summen
geteilt habe, und ebenfalls mit Karls liederlichem Teil=
nehmer vertraut war, das Aufsehen, welches sie mit ihrer
Tochter, wozu man den Vater sucht, erregt, ja gar die Ver=
mutung, daß er bei der Mutter mit nichts weniger als tu=
gendhaften Frauenzimmern Bekanntschaft machen würde,
rechtfertigen meine Besorgnisse und meine Bitte. Die Ge=
wohnheit schon um eine solche Person zu sein, kann einen
jungen Menschen unmöglich zur Tugend führen. Indem
ich Ihnen diese Angelegenheit an das Herz lege, empfehle
ich mich Ihnen bestens und bemerke nur noch, daß es mich
sehr, obschon bei einer sehr schmerzhaften Gelegenheit, er=
freute, die Bekanntschaft eines Mannes von so ausgezeich=
neten Geisteseigenschaften gemacht zu haben. — Euer
Wohlgeboren mit wahrer Hochachtung
                              verharrender Beethoven m. p.

1416] An Czapka.   (1826.)

Euer Wohlgeboren! Herr Hofrat von Breuning und ich
haben genau überlegt, was zu tun sei, und fanden doch im=
mer, daß in diesem Augenblick nichts anderes geschehen
könne, als daß Karl einige Tage (gegen seine Entfernung

von hier zum Militär) bei mir zubringen muß. Seine Re=
den sind noch Aufwallungen von dem Eindruck, welchen
meine Zurechtweisungen auf ihn gemacht, da er schon im
Begriffe stand, seinem Leben ein Ende zu machen. Allein
er zeigte sich, auch nach dieser Periode liebevoll gegen mich.
Seien Sie überzeugt, daß mir die Menschheit auch in
ihrem Falle immer heilig bleibt; eine Ermahnung von
Ihnen würde gute Wirkung hervorbringen; auch dürfte es
nicht schaden, ihn merken zu lassen, daß er ungesehen be=
wacht werde, während er bei mir ist. — Genehmigen Sie
meine sehr hohe Achtung für Sie und betrachten Sie mich
als liebenden Menschenfreund, der nur Gutes will, wo es
möglich ist.   Ihr ergebenster Beethoven m. p.

1417]   An Karl Holz.   (1826.)

Bestes lignum crucis! Wir brechen höchstens in einer
Viertelstunde durch den Boden oben durch und Ihr werdet
mich auffangen, ruht Euch indessen aus.   B.

1418]   An Karl Holz.   (1826.)

Span vom Holz Christi hat noch die Fehler, welche kein
Mensch macht zu korrigieren. Holz ist übrigens anzu=
schüren.

1419]   An Karl Holz.   (1826.)

Eines besonderen Zufalls wegen bitte ich Sie, wenn Sie
ausgehen, zu hinterlassen, wo ich Sie vormittags finde?
Auf jeden Fall sehe ich Sie zu Mittag.
                        Der Ihrige Beethoven.

1420]   An Karl Holz.   (1826 ?)

Ich grüße Sie! — Ich bitte Sie mir Ihre Auslagen zu
schicken und mir zu verzeihen, wenn ich mich in allem als
Ihr Schuldner ansehen muß.   Ihr Freund Beethoven.

1421]   An Karl Holz.   (1826 ?)

Kann man sich heute nicht barberen lassen?   Btvn.

Herr Verliebter! Ich sende Ihnen hier die Symphonie.
Bezeichnen Sie dem Überbringer recht das Gewölb des
Haslinger, damit er ihm die Symphonie zum Einbinden
übergibt, ohne sich zu übergeben.

Könnte ich diesen Nachmittag die Exemplare der Cle=
menti'schen Klavierschule abholen lassen bei Ihnen? erhalte
ich eines gratis, so wird eins bezahlt; ohne gratis wird
nur eins genommen und richtig bezahlt.

Karl bittet Sie um Cigarros. Könnte nun alles dieses
und jenes in Ihren Händen sein diesen Nachmittag, das
wäre folgenreich. Wenn Sie dächten, wie nötig es ist, noch
einmal ins Spital zu gehen mit mir, daß dies wenigstens
übermorgen früh geschieht. Denn wir können noch etwas
erleben. Ich glaube, daß mein Herr Bruder sicher nicht
kommen wird, so würden Sie wenigstens ein Vierteil
Ihres Ichs übermorgen v. Döbling führen, gegen 7 Uhr
zu mir zu schaffen. Nachmittags könnte es wohl nicht sein.
— Herr Verliebter, ich beuge meine Knie vor der Allmacht
der Liebe.   Ihr ergebenster B—n.

† Memento mori. P. S. Es wäre schön, wenn Sie von
T. den Buchbinder erfragten, damit es auch zweckmäßig
gebunden und aller Schmutz hinweggeräumt werde.

                              B(er)l(ieb)t(e)r.

Als Drangeld leistete der Stock (!) gestern seine Schul=
digkeit. — Ich finde es viel besser, wenn Sie jemand aus=
findig machen, welcher die Spur (?) verfolgt: vielleicht
(K?) findet man besseres als man glaubt, auch ist erst dann
noch über Überzeugung (?) zu handeln, was es nur immer
kostet, werde ich gern erstatten, nur muß die Sache schlau
angelegt werden, ich bitte recht sehr, lassen Sie doch Ihre
Schwester, der ich mich empfehle, nach diesem Muster zwei
Ellen Flanell kaufen, welche Sie mitbringen können, wenn
Sie diesen Mittag zu mir kommen. — Es tut mir nur leid,
Ihnen in so vielem beschwerlich fallen zu müssen.

                              Eiligst Ihr Beethoven.

Sehr Werter! Man sieht, was bessere und reinlichere Luft, wie auch die Frauen wirken, denn kaum in drei Tagen ist Ihre Eisrinde schon aufgetaut, dies merke ich an Ihrem gestrigen Brief, denn der vom 7. September ist wie ein gedörrter Fisch —, ich erhielt ihn erst gestern abends, da ich mich gestern der kühleren angenehmeren Luft wegen in Nußdorf befand; ich würde auch nach Baden kommen, vielleicht komme ich auch morgen; in Ansehung der Wohnung möchte ich doch nachsehen, allein ich habe die Korrektur für des Königs Majestät zu beeiligst zu beenden. Karl will durchaus zum Militär, er schrieb, ich sprach ihn auch, es wäre doch besser, daß er erst in einem militärischen Institute wie Neustadt unterkäme; kommen Sie mit Ihrer Gesellschaft dorthin, so hätten Sie nur Oberst Faber allda zu befragen: ob die Jahre hier auch so gerechnet werden? Ich glaube nicht, denn man bezahlt dort, und K. kann gleich als Offizier austreten, denn lange Kadett zu sein, halte ich nicht für gut, und wollen wir, daß er so Offizier werde, so muß man die Offiziersgage ihm erfolgen, und nebstbei noch darauflegen, daß er leben kann; als Züchtling darf er doch auch nicht behandelt werden. — Übrigens bin ich gar nicht für den Militärstand! Sind Sie da, so muß jetzt alles per Extrapost gehen. Ich bin ermüdet und lange wird mich die Freude fliehen, die jetzo und noch künftigen schicklichen Ausgaben müssen mir Sorge machen, alle Hoffnungen verschwinden! Ein Wesen um mich zu haben, welches ich hoffte, wenigstens in meinen besseren Eigenschaften mir zu gleichen! Freuen Sie sich ja recht draußen, leeren Sie die Füllhörner der alles bezaubernden Natur, und Montags hoffe ich, Sie gewiß wiederzusehen und zu umarmen. Wie immer dankbar   der Ihrige Beethoven.

1425] **An Stephan v. Breuning.**   (1826.)

Bei Karl sind, glaube ich, drei Punkte zu beobachten, erstlich, daß er nicht wie ein Sträfling behandelt werde, welches gerade nicht das wünschenswerte, sondern entgegengesetzte hervorbringen würde. — Zweitens um zu höheren Graden befördert zu werden, darf er doch nicht gar zu

gering und unansehnlich leben. — Drittens dürfte eine gar
zu große Einschränkung im Essen und Trinken ihm doch
hart fallen. — Ich greife Dir nicht vor.

1426] **An Karl Holz.**   (1826.)

Dies für den Magistrat. — Krank zu sein unter einer
solchen und einem solchen Gassenmenschen, welch' Schicksal.
— Die Angekündigte ist nicht gekommen, vielleicht auch,
daß man sie mit Fleiß nicht vorgelassen; am besten ist's,
die Gans um die Zeit, wenn Sie bei mir sind, zu mir zu
bescheiden. Es wäre ein wahrhaftes Glück, endlich eine
taugliche zu finden! — Bringen Sie doch einige Bogen
schönes Briefpapier, wie auch Zündhölzl, z. B. bei Rospini am Stephansplatz. Geplagter Odoardo! Die Gans
kann keinen Gerstenschleim machen. Heilig ist das Vieh!
Solche Menschen. Leben Sie wohl bis zu Tische.

1427] **An Karl Holz.**   (1826.)

Sind Sie heute aus dem Reiche der Liebe nach Hause
gekommen, da ich an Sie und Breuning geschrieben habe?
Falls nicht, so könnten Sie noch nach Ihrer Kanzlei mit
dem Brief an Breun. zu ihm gehen — wenn Sie aber —
quel Resultat? — Ich kann nichts mehr sagen, der Kopist
ist da. Ich hoffe, Sie also heut' nachmittag gegen 5 zu
sehen. Nehmen Sie doch einen Fiaker, immer, wo Sie ihn
bedingen können. Wie schmerzt es mich, Ihnen so beschwerlich fallen zu müssen. Der Himmel wird helfen;
Karl hat nur noch fünf Tage zu bleiben. .

Eiligst Ihr Freund Beethoven.

1428] **An Tobias Haslinger.**   9. Sept. 1826.

Gemäß meinem ausschließenden Privilegium hat der
Herr Überbringer dieses Euch erstlich beim rechten Ohr
cresc...., dann beim linken Ohr ff mo zu zupfen und zu
rütteln usw.

Nach dieser ersprießlichen Operation hat derselbe Euch
zu erklären, daß ich alle jene Werke, welche Ihr noch nicht
gestochen und herausgegeben, wünsche für dasselbe Hono-

rar, welches Ihr schandvoll gegeben, zurück für mich für dasselbe Schandhonorar zu nehmen.

Frage? Antwort! Aus dem, dem Euch einige Zeit zugedachten Posten eines Hausmeisters seid Ihr nun wieder zu einem Wechselnotenfabrikanten erhoben worden. Gehabt Euch wohl, ehemaliger Tobias juvenis und secundus — nunmehriger primus caput Tobias primus.

L. v. Beethoven.

1429] **An Stephan v. Breuning.** (1826.)

Lieber Werter! Endlich kann ich mich meiner Windbeutelei entwinden. Hier folgt die Clementische Klavierschule für Gerhard. Wenn er sie so gebraucht, wie ich ihm schon zeigen werde, so wird sie gewiß guten Erfolg leisten. Ich sehe Dich schon ehestens und umarme Dich innigst.

Der Deinige Beethoven.

1430] **An Tobias Haslinger.** (26. September 1826.)

Ich danke; — ich bitte mir anzuzeigen, wie es gehn soll mit der Dedikation. — Können Sie selbige dem Dr. Spieker übermachen? — Ich geh' morgen von hier — und bleib' wohl so lange aus, daß ich ihn nicht mehr treffen werde. — Haben Sie nicht vernommen, ob die Gesandtschaft damit einverstanden ist? — Ihr ergebenster Beethoven.

1431] **An B. Schotts Söhne.** Wien, 29. September 1826.

Im Begriffe mich aufs Land zu begeben, melde ich Ihnen eiligst, daß Sie nächstens die Metronomisierung der Symphonie erhalten werden.

Das Quartett aus Cis-Moll werden Sie hoffentlich schon haben, erschrecken Sie nicht über die vier Kreuze. Das Werk wird hier in kurzem zum Vorteil eines Künstlers gegeben werden.

Schließlich muß ich Sie bitten, das Nötige wegen der Herausgabe meiner sämtlichen Werke zu beschleunigen; ich kann es Ihnen nicht verhehlen, daß, wenn ich nicht so fest auf meine Versprechungen hielte, Sie durch Vorschläge, welche mir über diesen Punkt von anderen Verlegern geschehen sind, leicht in Nachteil kommen könnten.

In der Hoffnung, hierüber recht bald von Ihnen zu hören, Ihr ergebener Beethoven.

P. S. Noch muß ich bemerken, daß im zweiten Stück der Symphonie nach dem letzten Takte

Viol. 1 mo.

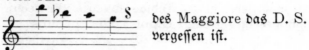 des Maggiore das D. S. vergessen ist.

1432] An Karl Holz. (?) (1826.)

[Anfang abgerissen] wo alsdann von da der Einzug in der Gärtnergasse statthaben wird. — Sollte es unterdessen solche sich ausgießende Wolke wie heute geben, so unterbleibt alles bis auf weitere Befehle. L. van Beethoven.

Gegeben ohne was zu geben und zu haben.

1433] An Fürst Hatzfeld. (1826.)

Euer Durchlaucht! Ich bin im Begriff meine größte Symphonie, die ich bisher geschrieben, herauszugeben. Ich würde es mir zur höchsten Ehre und Gnade rechnen, wenn ich selbe S. M. dem König von Preußen widmen dürfte. Ich nehme mir daher die Freiheit Eu. D. zu bitten, daß dieselbe die Gnade haben möchten, dies S. M. zu eröffnen und die Sache auf eine günstige Art vorzutragen. Eu. D. werden keine Unehre damit einlegen. Auch wünschte ich, daß S. M. wissen möchten, daß ich ebenfalls zu Ihren Untertanen vom Rhein gehöre und als solcher um so mehr wünschte, ihm meine Ehrfurcht zu bezeugen. Indem ich dieses — —, bitte ich nur mich baldigst wissen zu lassen, ob Eu. D. diese Gnade für mich haben wollen.

1434] An S. M. König Friedrich Wilhelm III. v. Preußen. (1826.)

Euer Majestät! Es macht ein großes Glück meines Lebens aus, daß Ew. Majestät mir gnädigst erlaubt haben, allerhöchst Ihnen gegenwärtiges Werk untertänigst zueignen zu dürfen.

Ew. Majestät sind nicht bloß Vater allerhöchst Ihrer Untertanen, sondern auch Beschützer der Künste und Wis-

824

senschaften: um wieviel mehr muß mich also Ihre aller=
gnädigste Erlaubnis erfreuen, da ich selbst so glücklich bin,
mich als Bürger von Bonn, unter Ihre Untertanen zu
zählen.

Ich bitte Ew. M., dieses Werk als ein geringes Zeichen
der hohen Verehrung allergnädigst anzunehmen, die ich
allerhöchst Ihren Tugenden zolle. — Ew. Majestät unter=
tänigst gehorsamster   Ludwig van Beethoven.

1435] An **Karl Holz**.   (1826.)

Die beiden Herren waren da, man will sie aber von bei=
den Seiten ermahnt haben, wegen dem Orden das höchste
Stillschweigen zu beobachten. Haslinger behauptet, daß Sie
in diesem Stücke ein Sohn des verstorbenen Papagenos
sind. Prenez-garde.

Karl sagte ich heute, daß festgesetzt wäre, daß er nur mit
mir oder Ihnen sich aus dem Spitale begeben könne. —
Ich speise morgen zu Hause, es wird mir also angenehm
sein, wenn Sie kommen; da Sie morgen kein Amt halten,
so können Sie auch später kommen, welches wirklich nötig.
Portez vous bien, Monsieur terrible amoureux.

                     Ihr indeklineabeler Freund Beethoven.

Ich erwarte einige Zeilen, daß Sie morgen sicher kom=
men, weil ich sonst nicht zu Hause. Apropos, haben Sie
was von unserem M—t zu berichten?

1436] An Dr. **Franz Wegeler**.   Wien, 7. Oktober 1826.

Mein alter geliebter Freund! Welches Vergnügen mir
Dein und Deiner Lorchen Brief verursachte, vermag ich
nicht auszudrücken. Freilich hätte pfeilschnell eine Ant=
wort darauf erfolgen sollen, ich bin aber im Schreiben
überhaupt etwas nachlässig, weil ich denke, daß die besseren
Menschen mich ohnehin kennen. Im Kopf mache ich öfter
die Antwort, doch wenn ich sie niederschreiben will, werfe
ich die Feder meistens weg, weil ich nicht so zu schreiben
imstande bin, wie ich fühle. Ich erinnere mich aller Liebe,
die Du mir stets bewiesen hast, z. B. wie Du mein Zimmer

weißen ließest und mich so angenehm überraschtest. Ebenso von der Familie Breuning. Kam man voneinander, so lag das im Kreislauf der Dinge; jeder mußte den Zweck seiner Bestimmung verfolgen und zu erreichen suchen; allein die ewig unerschütterlichen festen Grundsätze des Guten hielten uns dennoch immer fest zusammen verbunden. Leider kann ich heute Dir nicht soviel schreiben, als ich wünschte, da ich bettlägerig bin, und beschränke mich darauf, einige Punkte Deines Briefes zu beantworten.

Du schreibst, daß ich irgendwo als natürlicher Sohn des verstorbenen Königs von Preußen angeführt bin; man hat mir davon vor langer Zeit ebenfalls gesprochen. Ich habe mir aber zum Grundsatz gemacht, nie weder etwas über mich selbst zu schreiben, noch irgend etwas zu beantworten, was über mich geschrieben worden. Ich überlasse Dir daher gerne, die Rechtschaffenheit meiner Eltern und meiner Mutter insbesondere der Welt bekanntzumachen. Du schreibst von Deinem Sohne. Es versteht sich wohl von selbst, daß, wenn er hierher kommt, er seinen Freund und Vater in mir finden wird, und wo ich imstande bin, ihm in irgend etwas zu dienen oder zu helfen, werde ich es mit Freude tun.

Von Deiner Lorchen habe ich noch die Silhouette, woraus zu ersehen, wie mir alles Gute und Liebe aus meiner Jugend noch teuer ist.

Von meinen Diplomen schreibe ich nur kürzlich, daß ich Ehrenmitglied der k. Gesellschaft der Wissenschaften in Schweden, ebenso in Amsterdam und auch Ehrenbürger von Wien bin. — Vor kurzem hat ein gewisser Dr. Spieker meine letzte große Symphonie mit Chören nach Berlin mitgenommen; sie ist dem Könige gewidmet, und ich mußte die Dedikation eigenhändig schreiben. Ich hatte schon früher bei der Gesandtschaft um die Erlaubnis, das Werk dem Könige zueignen zu dürfen, angesucht, welche mir auch von ihm gegeben wurde. Auf Dr. Spiekers Veranlassung mußte ich selbst das korrigierte Manuskript mit meinen eigenhändigen Verbesserungen demselben für den König übergeben, da es in die königl. Bibliothek kommen soll. Man hat mich da etwas von dem Roten Adlerorden

826

2. Klasse hören lassen; wie es ausgehen wird, weiß ich nicht. Denn nie habe ich derlei Ehrenbezeigungen gesucht, doch wäre sie mir in diesem Zeitalter wegen manches anderen nicht unlieb.

Es heißt übrigens bei mir immer: Nulla dies sine linea, und lasse ich die Muse schlafen, so geschieht es nur, damit sie desto kräftiger erwache. Ich hoffe, noch einige große Werke zur Welt zu bringen und dann wie ein altes Kind irgendwo unter guten Menschen meine irdische Laufbahn zu beschließen.

Du wirst bald durch die Gebrüder Schott in Mainz einige Musikalien erhalten. Das Porträt, welches Du beiliegend bekommst, ist zwar ein künstlerisches Meisterstück, doch ist es nicht das letzte, welches von mir verfertigt wurde. — Von den Ehrenbezeigungen, die Dir, ich weiß es, Freude machen, melde ich Dir noch, daß mir von dem verstorbenen König von Frankreich eine Medaille zugesandt wurde mit der Inschrift: Donné par le Roi à Monsieur Beethoven, welche von einem sehr verbindlichen Schreiben des premier gentilhomme du Roi, duc de Chârtres begleitet wurde.

Mein geliebter Freund! Nimm für heute vorlieb. Ohnehin ergreift mich die Erinnerung an die Vergangenheit und nicht ohne viele Tränen erhältst Du diesen Brief. Der Anfang ist nun gemacht, und bald erhältst Du wieder ein Schreiben; und je öfter Du mir schreiben wirst, desto mehr Vergnügen wirst Du mir machen. Wegen unserer Freundschaft bedarf es von keiner Seite einer Anfrage, und so lebe wohl. Ich bitte Dich, Dein liebes Lorchen und Deine Kinder in meinem Namen zu umarmen und zu küssen und dabei meiner zu gedenken. Gott mit Euch allen!
— Wie immer Dein treuer, Dich ehrender, wahrer Freund
Beethoven.

1437] An Tobias Haslinger. (1826.)

Be = ster To — — — — — — —

Für die übrigen Konsonantierungen und Vokalisierungen ist heute keine Zeit übrig. Ich bitte Sie nur, den beigeschlossenen Brief sogleich zu übergeben.

Sie verzeihen schon, daß ich Ihnen beschwerlich falle; da Sie aber einmal der Inhaber eines Kunstposthauses sind, so ist's natürlich nicht anders möglich, als davon Gebrauch zu machen.

Sie sehen schon, daß ich hier in Gneixendorf bin. Der Name hat einige Ähnlichkeit mit einer brechenden Axe. Die Luft ist gesund. Über Sonstiges muß man das Memento mori machen.

Ganz Erstaunlichster, erster aller Tobiasse, in der Kunst- und Posthaus Gnade empfehlen wir uns   Beethoven.

1438] An Tobias Haslinger.   Gneixendorf, 13. Okt. 1826.

Erster aller Tobiasse! Wir schreiben Ihnen hier von der Burg des Signore Fratello. Ich muß Ihnen wieder beschwerlich fallen, indem ich Sie höflich ersuche, beigeschlossene zwei Briefe sogleich auf die Post zu geben. Von der Klavierschule an werde ich Ihnen alle Kosten, die ich Ihnen verursacht habe, ersetzen, sobald ich wieder nach Wien komme. — Die so schöne Witterung und der Umstand, daß ich den ganzen Sommer hindurch nicht aufs Land kam, ist schuld, daß ich hier noch länger verweile. Das Quartett für Schlesinger ist bereits vollendet; nur weiß ich noch nicht, auf welchem Wege ich es Ihnen am sichersten senden soll, damit Sie die Güte haben, es bei Tendler und Manstein abzugeben und auch das Geld dafür in Empfang zu nehmen. Schlesinger wird wahrscheinlich keine Anweisung auf Gold geben; wenn Sie erreichen könnten, daß ich es erhalte, würden Sie mich sehr verbinden, da ich von allen Verlegern in Gold honoriert werde. Indessen, bester Tobiasserl, brauchen wir Geld, denn es ist nicht alles eins, ob wir Geld haben oder keins. Wenn Sie Holz zu Gesichte bekommen, so nageln Sie es auf ein anderes Holz. Der Liebesrausch hat es entsetzlich ergriffen; dabei ist es fast entzündet worden, so daß jemand aus Scherz geschrieben hat, daß Holz ein Sohn des verstorbenen Papageno sei.

Ganz erstaunlicher, bewunderungswürdigster, einziger aller Tobiasse, lebt wohl. Wenn es nicht unbehaglich ist, so schreibt doch einige Zeilen hierher. Ist Dr. Spieker noch in Wien? — Mit hochachtlichster Hochachtung und Treue der
Eurige Beethoven.

1439] **An B. Schotts Söhne.** Gneixendorf, 13. Oktober 1826.

Ich benutze den Rest des Sommers, um mich hier auf dem Lande zu erholen, da es mir diesen Sommer unmöglich war, Wien zu verlassen. Ich habe während dieser Zeit die Symphonie ganz metronomisiert und füge hier die Tempi bei. Sie können selbe auch besonders stechen lassen. Vergessen Sie nicht, was ich Ihnen über das zweite Stück angezeigt habe. Auch die Messe werde ich Ihnen nächstens metronomisiert senden. — Das neue Quartett haben Sie hoffentlich schon erhalten. — Die Herausgabe meiner sämtlichen Werke betreffend wünsche ich Ihre Meinung zu erfahren und ersuche Sie mir selbe baldigst mitzuteilen. Hätte ich nicht aus allen Kräften dagegen gestrebt, so hätte man die Herausgabe schon teilweise begonnen, welches für die Verleger nachteilig, wie auch für mich ohne Vorteil wäre. — Die Gegenden, worin ich mich jetzt aufhalte, erinnern mich einigermaßen an die Rheingegenden, die ich so sehnlich wiederzusehen wünsche, da ich sie schon in meiner Jugend verlassen. — Schreiben Sie mir bald etwas Angenehmes. Wie immer mit Hochachtung Ihr ergebenster
Beethoven.

1440] **An Karl v. Beethoven.** (1826.)

Lieber Sohn! Ich melde geschwinde, daß ich, wenn's morgen nicht regnet, ganz gewiß in Wien sein werde und vor dem Essen Dich abholen werde. Sei nicht bang, Du wirst väterlich empfangen werden von Deinem treuen
Vater.

1441] **An Tendler & Manstein.** Gneixendorf, 30. Okt. 1826.

Euer Wohlgeboren! Ich übersende Ihnen durch meinen Bruder mein neuestes für Herrn Schlesinger verfaßtes Violinquartett und ersuche Sie, das bei Ihnen zu diesem

Ende hinterlegte Honorar von achtzig Dukaten dem erste=
ren einzuhändigen; über welchen Betrag ich zugleich hier=
mit quittiere. — Mit Hochachtung Ihr ergebenster

Ludwig van Beethoven.

1442] **An M. Schlesinger.**   (Okt. 1826.)

Sehen Sie, was ich für ein unglücklicher Mensch bin,
nicht nur, daß es was Schweres gewesen, es zu schreiben,
weil ich an etwas viel Größeres dachte und es nur schrieb,
weil ich es Ihnen versprochen und Geld brauchte, und daß
es mir hart ankam, können Sie aus dem „Es muß sein"
entziffern. Aber nun kommt noch dazu, daß ich wünschte,
es Ihnen in Stimmen der Deutlichkeit für den Stich halber
zu schicken, und in ganz Mödling finde ich keinen Kopisten,
und da habe ich es selbst kopieren müssen, das war einmal
ein sauber Stück Arbeit! Uf, es ist geschehen, Amen!

1443] **An Tobias Haslinger.**   Gneixendorf, 11. Nov. 1826.

Werter Freund! Da Sie meinen ersten Brief nicht be=
antworteten, wollte ich Ihnen auch nicht beschwerlich fallen;
ich schickte daher meinen Bruder selbst mit meinem neuesten
Quartett nach Wien. Nun habe ich aber noch eine Bitte
an Sie. An Hr. Mathias Artaria geht ein kleines Paket
unter Ihrer Adresse ab; sobald dies ankommt, lassen Sie
ihm gefälligst sagen, daß sich bei Ihnen das Paket befin=
det, welches Sie ihm aber nur gegen Erlag von 15 ✠ in
Gold einhändigen. Sagen Sie nur, daß Sie von dieser
Summe für mich Zahlungen zu machen haben. Dasselbe
habe ich ihm auch geschrieben, mit dem Zusatz, daß ich
Ihnen ohnehin noch etwas zuzusenden hatte, welches ich
daher gleich mit diesem Paket, um die Sache zu verein=
fachen, an Sie gesendet habe. Diese Herren wollen immer
mit mir selbst reden, um mir abzudingen; daher wende ich
mich an Sie.

Ich hoffe, daß Sie die früher liegen gebliebenen
Werke herausgeben, und, wenn Sie deshalb Verdruß
hatten, so sind Sie wirklich etwas selbst schuld dabei. Holz
sagte mir, daß Sie zu der Kantate noch Einiges hinzuzu=
fügen, und daß Sie dafür einen enormen Preis bezahlen

müßten. Seien Sie deshalb außer Sorge, ich werde mich hierin, so wie in allen Stücken, billig und gefällig zeigen.

Ihr Freund Beethoven.

1444]   An Fürst Hatzfeld.   (1826.)

Euer Wohlgeboren! Indem ich Ihnen für die mir über= schickten Briefe meinen größten Dank abstatte, muß ich Sie um die Gefälligkeit bitten, mir den von S. M. den K. v. P. zugedachten Ring gütigst zu übermachen. Ich bedaure sehr, daß eine Unpäßlichkeit mich hindert, dieses mir zu weite Zeichen von der Liebe S. M. zur Kunst selbst in Empfang zu nehmen. Fremden Händen aber möchte ich nur sehr un= gern anvertrauen. Zugleich bitte ich, mich in einigen Zei= len zu belehren, ob wohl die hochlöbliche Gesandtschaft ein Danksagungsschreiben für S. M. den König anzunehmen und zu besorgen die Güte haben würde.   B.

1445]   An Karl Holz.   (1826.)

Eure beamtliche Majestät! Gleich nach meiner Ankunft, welche seit wenig Tagen stattfand, hatte ich Ihnen geschrie= ben, der Brief ward aber verlegt; darüber bin ich aber un= päßlich geworden, so, daß ich es für besser halte, das Bett zu hüten. — Es wird mich also sehr freuen, wenn Sie mich besuchen. Es wird Ihnen minder beschwerlich werden, da von Döbling alles in der Stadt ist. — Schließlich setze ich nur noch hinzu

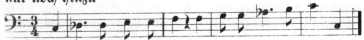

Wir ir=ren al=le samt, nur je=der ir=ret an=ders.

Wie immer Ihr Freund Beethoven.

1446]   An B. Schotts Söhne.   Wien, 9. Dezember 1826.

Ihr letztes Schreiben vom 28. Nov. hat mir sehr viel Vergnügen gemacht. Leider hat mich ein Zufall auf meiner Rückreise vom Lande unpäßlich gemacht und zwingt mich das Bett zu hüten. — Das Quartett habe ich ausschreiben lassen und kann hieraus, jedoch nicht mit völliger Gewiß= heit, schließen, daß sich auch in Ihrer Partitur noch einige

Fehler befinden; ich habe selbe aber sorgfältig durchgegangen; mit seiner eigenen Partitur verfährt man aber selten so aufmerksam. Um hierüber ganz sicher zu gehn, werde ich Ihnen das Nötigste, was mir aufstößt, anzeigen. — Das Wappen des E. Rudolf, sowie auch die Metronomisierung sollen Sie so schnell als möglich erhalten. Was wegen der Symphonie zu besorgen ist, werden Sie mit nächster Post bekommen.

Ihre Nachschrift den Nachdruck des Quartetts betreffend, hat mich in um so größeres Staunen versetzt, da Sie selbst einen Verlag in Paris haben; ich aber habe nicht den mindesten Teil daran. Wenn ich eine Vermutung darüber äußern soll, so muß ich gestehen, daß ich Schlesingern die Schuld beimessen möchte. Sie erinnern sich, daß er das Quartett schon einmal schriftlich verlangte; Sie selbst glaubten mich damals unedel genug, ihm ein solches Werk zu geben. Der alte Schlesinger war diesen Sommer hier, und wollte auch von dem hiesigen Verleger Matthias Artaria ein Quartett von meiner Komposition haben, welches ihm jedoch abgeschlagen wurde. Wenn ich, die Herausgabe meiner Werke betreffend, eine dringende Ermahnung an Sie ergehen ließ, so war es gerade wegen Schlesinger; denn er hat mir eine Sammlung von meinem frühesten bis auf die letzten Quartette überschickt, um sie neuerdings herauszugeben; ich habe ihm das völlig abgeschlagen, weil meine Ehre nicht gestattet, solch ein Unternehmen zu begünstigen, noch weniger aber, ihm gar meinen Namen voranzusetzen. Ich rate Ihnen übrigens, hiervon nichts drucken zu lassen, denn es ist schwer in derlei Fällen vollständige Beweise zu finden. — Leben Sie recht wohl. Besuche ich den Rhein, so besuche ich auch Sie. Ich hoffe, meine Gesundheit wird sich bald bessern.

Ihr ergebener Beethoven.

1447] An B. Schotts Söhne.   (1826.)

Ich beeile mich, Ihnen das Wappen Sr. Kais. Hoheit des Erzherzogs Rudolf zu übersenden. Sie können auch die Pränumerandenliste von den übrigen der Dedikation folgen lassen. Die Metronomisierung folgt nächstens. War-

ten Sie ja darauf. In unserem Jahrhundert ist dergleichen
sicher nötig; auch habe ich Briefe von Berlin, daß die erste
Aufführung der Symphonie mit enthusiastischem Beifall
vor sich gegangen ist, welches ich großenteils der Metrono=
misierung zuschreibe. Wir können beinahe keine tempi
ordinari mehr haben, indem man sich nach den Ideen des
freien Genius richten muß. Eine große Gefälligkeit wür=
den Sie mir erzeigen, wenn Sie die Güte hätten, an einen
meiner wertesten Freunde, den königl. preußischen Regie=
rungsrat Franz von Wegeler in Koblenz folgendes zu sen=
den: das Opferlied, das Bundeslied, das Lied: Bei
Chloen war ich ganz allein, und die Bagatellen für Kla=
vier. Die drei erstern wollen Sie ihm gefälligst in Parti=
tur senden. Den Betrag werde ich mit Freuden vergüten.
Die Dedikation des Quartetts werden Sie in einigen Ta=
gen ebenfalls erhalten. Ich liege nun schon ein paar Wo=
chen, hoffe aber, daß Gott mir wieder aufhelfen wird. Mich
Ihrem Andenken empfehlend bin ich

Ihr ergebenster Ludwig van Beethoven.

1448] An J. A. Stumpff.   Wien, 14. Dezember 1826.

Ich bestätige hiermit den Empfang der mir durch Sie
zugesandten sämtlichen Händelschen Werke, bestehend in
40 Bänden, nebst einem Briefe an mich und Reichardts
Taschenbuch für Reisende.   Ludwig van Beethoven.

1449] An Karl Holz.   (1826.)

— — Ich habe seit gestern einen neuen starken Anfall
meines Unterleibes erlebt. Zu Mittag sehen wir uns.

Eiligst der Ihrige B.

1450] An Dr. Joh. Bapt. Bach.   Wien, 3. Januar 1827.

Verehrter Freund! Ich erkläre vor meinem Tode Karl
van Beethoven, meinen geliebten Neffen, als meinen ein=
zigen Universalerben von meinem Hab und Gut, worun=
ter hauptsächlich sieben Bankaktien und was sich an Barem
vorfinden wird. Sollten die Gesetze hier Modifikationen
vorschreiben, so suchen Sie selbe so sehr als möglich zu sei=
nem Vorteile zu verwenden. Sie ernenne ich zu seinem

Kurator und bitte Sie, mit Hofrat Breuning, seinem Vor=
munde, Vaterstelle bei ihm zu vertreten. — Gott erhalte
Sie. Tausend Dank für Ihre mir bewiesene Liebe und
Freundschaft. Ludwig van Beethoven.

1451] An B. Schotts Söhne. (1827.)

Anzeige einiger Schreib= oder Druckfehler in Beethovens
neuester großer Symphonie aus D=Moll und in dessen
neuestem Quartett aus Es=Dur. (Hier folgen Notenbei=
spiele.)

Euer Wohlgeboren! Schon seit zwei Monaten bin ich
bettlägerig, und leide an der Wassersucht — daher mein
Stillschweigen.

Hier erhalten Sie nun das, was in der Symphonie noch
wesentlich gefehlt ist. Ich kann nicht begreifen, daß man
sich nicht strenge an meine Partitur gehalten hat. Ich bitte
Sie daher, dieses überall bekannt zu machen.

Die übrigen Fehler hat man noch in dem Quartett in
Es sowohl in der Pariser als Mainzer Ausgabe ge=
funden. —

Wenn Sie gehört haben, daß dieses Quartett hier her=
ausgekommen wäre, so erkläre ich dies für bloßes Gewäsch.

Übrigens verharre ich mit aller Hochachtung Euer
Wohlgeboren ergebenster Ludwig van Beethoven.

Es wird mir sehr lieb sein, wenn Sie mir bald wieder
zu meiner Erholung die Cäcilia schicken.

1452] An Joh. Andr. Stumpff. Wien, 8. Februar 1827.

.... Leider liege ich schon seit 3. Dez. an der Wasser=
sucht darnieder. Sie können denken, in welche Lage mich
dieses bringt. Ich lebe gewöhnlich nur von dem Ertrage
meiner Geisteswerke, alles für mich, für meinen Karl da=
von zu schaffen. Leider seit $2^1/_2$ Monaten war ich nicht im=
stande eine Note zu schreiben. Mein Gehalt beträgt so viel,
daß ich davon den Wohnungszins bestreiten kann, dann
bleiben noch einige hundert Gulden übrig. Bedenken Sie,
daß sich das Ende meiner Krankheit noch gar nicht bestim=
men läßt und es endlich nicht möglich sein wird, gleich mit
vollen Segeln auf dem Pegasus durch die Lüfte zu segeln.

834

Arzt, Chirurgus, Apotheker, alles wird bezahlt werden müssen. — Ich erinnere mich recht wohl, daß die philharmonische Gesellschaft vor mehreren Jahren ein Konzert zu meinem Besten geben wollte. Es wäre für mich ein Glück, wenn sie jetzt diesen Vorsatz von neuem fassen wollte, ich würde vielleicht aus aller mir bevorstehenden Verlegenheit doch gerettet werden können. Ich schreibe deswegen an Sir G. Smart, und können Sie, werter Freund, etwas zu diesem Zwecke beitragen, so bitte ich Sie, sich mit ihm zu vereinigen; auch an Moscheles wird deshalb geschrieben, und in Vereinigung aller meiner Freunde glaube ich, daß sich in dieser Sache doch etwas für mich wird tun lassen.

1453] **An Dr. Franz Wegeler.**   Wien, 17. Februar 1827.

Mein alter, würdiger Freund! Ich erhielt wenigstens glücklicherweise Deinen zweiten Brief von Breuning; noch bin ich zu schwach, ihn zu beantworten; Du kannst aber denken, daß mir alles darin willkommen und erwünscht ist. Mit der Genesung, wenn ich es so nennen darf, geht es noch sehr langsam. Es läßt sich vermuten, daß noch eine vierte Operation zu erwarten sei, obwohl die Ärzte noch nichts davon sagen. Ich gedulde mich und denke: alles Üble führt manchmal etwas Gutes herbei. — Nun aber bin ich erstaunt, als ich in Deinem letzten Briefe gelesen, daß Du noch nichts erhalten. Aus dem Briefe, den Du hier empfängst, siehst Du, daß ich Dir schon am 10. Dezember v. J. geschrieben. — Mit dem Porträt ist es der nämliche Fall, wie Du, wenn Du es erhältst, aus dem Datum darauf wahrnehmen wirst. — „Frau Steffen sprach", — kurzum Steffen verlangte, Dir diese Sachen mit einer Gelegenheit zu schicken, allein sie blieben liegen, bis zum heutigen Datum, und wirklich hielt es noch schwer, sie bis heute zurückzuerlangen. Du erhältst nun das Porträt mit der Post durch die Herren Schott, welche Dir auch die Musikalien übermachten. — Wieviel möchte ich Dir heute noch sagen; allein ich bin zu schwach; ich kann daher nichts mehr, als Dich mit Deinem Lorchen im Geiste umarmen. Mit wahrer Freundschaft und Anhänglichkeit an Dich und an die Deinen Dein alter treuer Freund   Beethoven.

53*

1454] **An Nikolaus v. Zmeskall.** (18. Februar 1827.)

Mein sehr werter Freund! Tausend Dank für Ihre Teilnahme; ich verzage nicht, nur ist alle Aufhebung meiner Tätigkeit das Schmerzhafteste. Kein Übel, welches nicht auch sein Gutes hat. Der Himmel verleihe nur Ihnen auch Erleichtung Ihres schmerzhaften Daseins. Vielleicht kommt uns beiden unsere Gesundheit entgegen und wir begegnen und sehen uns wieder freundlich in der Nähe. — Herzlich Ihr alter teilnehmender Freund Beethoven.

1455] **An George Smart.** 22. Februar 1827.

Ich erinnere mich, daß die philharmonische Gesellschaft mir schon vor einigen Jahren den Antrag machte, eine Akademie zu meinem Besten zu geben. In Rücksicht dessen geht denn meine Bitte an Ew. Wohlgeboren, daß, wenn die philharmonische Gesellschaft noch jetzt diesen Entschluß fassen würde, es mir jetzt sehr willkommen wäre. Denn leider liege ich schon seit den ersten [Tagen] des Dezember an der Wassersucht danieder, eine äußerst langwierige Krankheit, deren Ende noch gar nicht bestimmt werden kann. Wie Sie ohnehin schon wissen, so lebe ich nur von dem Ertrage meiner Geistesprodukte, und jetzt ist noch lange nicht an das Schreiben zu denken. Mein Gehalt ist nur so unbedeutend, daß ich kaum den halbjährigen Wohnungszins davon bestreiten kann. Ich bitte Sie daher freundschaftlich, allen Ihren Einfluß zur Beförderung dieses Zweckes anzuwenden, und ich bin von Ihren edlen Gesinnungen gegen mich überzeugt, daß Sie meine Bitte nicht übelnehmen werden. Ich werde auch dieserwegen an Herrn Moscheles schreiben, von dem ich ebenfalls überzeugt bin, daß er sich bereitwillig mit Ihnen zur Beförderung dessen vereinigen werde. Ich bin so schwach, daß ich nicht mehr schreiben kann und dies nur diktando. Erfreuen mich Ew. Wohlgeboren baldigst mit einer Antwort, ob ich Hoffnung zur Realisierung meiner Bitte habe. Indessen genehmigen Sie die Versicherung meiner größten Hochachtung, mit der ich stets verharre usw.

1456] **An Ignaz Moscheles.** Wien, 22. Februar 1827.

Mein lieber Moscheles! Ich bin überzeugt, daß Sie es nicht übelnehmen, daß ich Sie ebenfalls, wie Sir G. Smart, an den hier ein Brief beiliegt, mit einer Bitte belästige. Die Sache ist in Kürze diese: Schon vor einigen Jahren hat mir die philharmonische Gesellschaft in London die schöne Offerte gemacht, zu meinem Besten ein Konzert zu veranstalten. Damals war ich gottlob! nicht in der Lage, von diesem edlen Antrage Gebrauch machen zu müssen. Ganz anders aber ist es jetzt, wo ich schon bald volle drei Monate an einer langwierigen Krankheit daniederliege. Es ist die Wassersucht; Schindler wird Ihnen beiliegend mehr davon sagen. Sie kennen seit lange mein Leben, wissen auch, wie und von was ich lebe. Ans Schreiben ist jetzt lange nicht zu denken, und so könnte ich leider in die Lage versetzt werden, Mangel leiden zu müssen. Sie haben nicht nur ausgebreitete Bekanntschaften in London, sondern auch bedeutenden Einfluß bei der philharmonischen Gesellschaft; ich bitte Sie daher, dieses soviel als Ihnen möglich anzuwenden, damit die Gesellschaft jetzt von neuem diesen Entschluß fassen und bald in Ausführung bringen möge. Des Inhalts ist auch der beiliegende Brief an Sir Smart, sowie ich einen bereits an Herrn Stumpff abschickte. Ich bitte Sie, dem Sir Smart den Brief einzuhändigen und sich zur Beförderung dieses Zweckes mit ihm und allen meinen Freunden in London zu vereinigen.

Ihr Freund Beethoven.

1457] **An B. Schotts Söhne.** Wien, 22. Februar 1827.

Euer Wohlgeboren! Ihren letzten Brief habe ich durch den Kapellmeister Kreutzer erhalten. Ich beantworte Ihnen jetzt nur das Nötige. Zwischen Opus (Quart. in Cis-Moll), was Sie haben, geht das vorher, was Math. Artaria hat. Hiernach können Sie leicht das Nummer bestimmen. Die Dedikation ist: Gewidmet meinem Freunde Johann Nepomuk Wolfmayer.

Nun komme ich aber mit einer sehr bedeutenden Bitte. — Mein Arzt verordnet mir sehr guten alten Rheinwein zu trinken. So etwas hier unverfälscht zu erhalten, ist um das teuerste Geld nicht möglich. Wenn ich also eine kleine Anzahl Bouteillen erhielt, so würde ich Ihnen meine Dankbarkeit für die Cäcilia bezeigen. Auf der Maut würde man, glaube ich, etwas für mich tun, so daß mich der Transport nicht so hoch käme. — Sobald es meine Kräfte nur erlauben, werden Sie auch die Messe metronomisiert erhalten, denn ich bin gerade in der Periode, wo die vierte Operation erfolgen wird. — Je geschwinder ich also diesen Rheinwein oder Moselwein erhalte, desto wohltätiger kann er mir in diesem jetzigen Zustande dienen; und ich bitte Sie recht herzlich um diese Gefälligkeit, wofür Sie mich Ihnen dankbar verpflichten werden. Mit größter Hochachtung geharre ich Euer Wohlgeboren ergebenster

Beethoven.

1458] **An Karl Holz.** Wien, 25. Februar 1827.

Lieber Holz! Ich bitte Sie, nachzusehen, ob unter der Quittung für den Erzherzog meine Namensunterschrift stehe. — Ferner bitte ich Sie, mir Ihren Schneider sobald als möglich zu schicken. Wenn es möglich wäre, daß Sie morgen früh einen Augenblick zu mir kämen, wäre es sehr gut, damit das Geld erhoben würde bei dem Erzherzog, weil ich es brauche. Wie immer Ihr Freund Beethoven.

1459] **An Anton Schindler.** (1827.)

Von Ihrem Unfall, da er schon da ist, sobald wir uns sehen. — Ich kann Ihnen ohne alle Unbequemlichkeit durch jemanden zuschicken, nehmen Sie dieses an; — hier etwas Moscheles, Cramer; ohne daß Sie wohl noch einen Brief gehabt haben, es gibt eine neue Veranlassung Mittwoch zu schreiben, und Ihnen neuerdings mein Anliegen ans Herz zu legen. Sind Sie bis dahin nicht wohl, so kann einer meiner Dienstboten ihn gegen Rezepisse auf die Post besorgen. — Vale et fave. — Es braucht keine Versicherung meines Anteils an Ihrem Unfall. Nehmen Sie doch das Essen von mir, alles von Herzen gegeben. Der Himmel mit Ihnen. Ihr aufrichtiger Freund Beethoven.

838

1460] An Joh. Frhr. v. Pasqualati.   **(1827.)**

Werter Freund! Noch immer hüte ich das Zimmer, sagen Sie mir doch gefälligst oder vielmehr schreiben Sie
mir's, wie der heißt und wo er zu finden, der das Haus
schätzt? — Wenn Sie eine Universal-Medizin besitzen, bitte
ich Sie, mich zu bedenken, Ihren armen österreichischen
Musikanten und hiesigen Bürger des Bürgerdieners

L. v. Bthvn.

1461] An B. Schotts Söhne.   **1. März 1827.**

Euer Wohlgeboren! Ich bin im Begriff, Ihnen neuerdings beschwerlich werden zu müssen, indem ich ein Paket
Ihnen für den königl. Regierungsrat Wegeler in Koblenz
überschicken werde, welches Sie dann die Gefälligkeit haben werden, selbes von Mainz nach Koblenz zu übermachen. Sie wissen ohnehin, daß ich viel zuwenig eigennützig
bin, daß ich dies alles umsonst verlangte.

Weshalb ich Sie schon gebeten habe, wiederhole ich hier
noch einmal, nämlich meine Bitte wegen alten weißen
Rhein- oder Moselweins. Es hält unendlich schwer, hier
dergleichen echt und unverfälscht selbst für das teuerste
Geld zu erhalten. Vor einigen Tagen, den 27. Februar,
hatte ich meine vierte Operation, und doch kann ich noch
nicht meiner gänzlichen Besserung und Heilung entgegen-
sehn. Bedauern Sie Ihren Ihnen mit Hochachtung ergebensten Freund   Beethoven m. p.

1462] An George Smart.   **6. März 1827.**

Ich zweifle nicht, daß Ew. Wohlgeboren mein Schreiben
vom 22. Febr. durch Hrn. Moscheles schon werden erhalten
haben; jedoch da ich zufälligerweise unter meinen Papieren die Adresse an S. gefunden habe, so nehme ich auch
keinen Anstand, direkt an Ew. Wohlgeboren zu schreiben
und Ihnen nochmals meine Bitte recht nachdrücklich ans
Herz zu legen. Leider sehe ich bis zu dem heutigen Tage
dem Ende meiner schrecklichen Krankheit noch nicht entgegen; im Gegenteil haben sich nur meine Leiden und damit
auch meine Sorgen noch vermehrt. Am 27. Februar wurde
ich zum vierten Male operiert, und vielleicht will es das

Schicksal, daß ich dies noch zum fünften Male oder noch öfter zu erwarten habe. Wenn dies nun so fortgeht, so dauert meine Krankheit sicher bis zum halben Sommer, und was soll dann aus mir werden? Von was soll ich dann leben bis ich meine ganz gesunkenen Kräfte zusammenraffe, um mir wieder mit der Feder meinen Unterhalt zu verdienen? — Kurz, ich will Ihnen nicht mit neuen Klagen lästig werden und mich nur hier auf mein Schreiben vom 22. Februar beziehen, und Sie bitten, allen Ihren Einfluß anzuwenden, die philh. Gesellschaft dahin zu vermögen, ihren früheren Entschluß rücksichtlich der Akademie zu meinem Besten jetzt in Vollführung zu bringen.

1463] **An Johann Frhr. v. Pasqualati.** (6. März 1827.)

Verehrtester alter Freund! Meinen herzlichen Dank für Ihr Gesundheitsgeschenk; sobald ich von den Weinen den passendsten für mich gefunden, zeige ich es Ihnen an, doch werde ich Ihre Güte so wenig als möglich mißbrauchen; auf die Kompotte freue ich mich und werde Sie deswegen öfter angehn. — Schon dieses kostet mich Anstrengung — Sapienti pauca. Ihr dankbarer Freund Beethoven.

1464] **An Joh. Frhr. v. Pasqualati.** (1827.)

Verehrter Freund! Wie soll ich Ihnen genug danken für den herrlichen Champagner, wie sehr hat er mich erquickt und wird mich noch erquicken! Für heute brauche ich nichts und danke für alles. — Was Sie sonst noch für ein Resultat in Ansehung der Seine ziehen möchten, bitte ich Sie zu bemerken, ich würde selbst nach meinen Kräften gerne vergüten. — Für heute kann ich nicht mehr schreiben, der Himmel segne Sie überhaupt, und für Ihre liebevolle Teilnahme an dem Sie hochachtenden leidenden

Beethoven.

1465] **An Joh. Frhr. v. Pasqualati.** (1827.)

Verehrter Freund! Ich bitte heute wieder um ein Kirschenkompott, jedoch ohne Zitronen, ganz simpel. Auch eine leichte Mehlspeise, beinahe an Brei erinnernd, würde mich sehr freuen; meine brave Köchin ist bis jetzt zur Krankenspeise noch nicht geschickt. Champagner ist mir er-

840

laubt, nur bitte ich für den ersten Tag mir ein Cham= pagnerglas mitzuschicken. — Nun den Wein betreffend; Malfatti wollte gleich mir Moselwein; allein er behaup= tete, daß kein echter hier zu haben sei, er gab also selbst Gumpoldskirchner mehrere Flaschen und behauptete, daß dieser der beste sei für meine Gesundheit, da nun einmal kein echter Moselwein zu haben sei. — Verzeihen Sie mir mein beschwerlich fallen und schreiben Sie zum Teil mei= ner hilflosen Lage zu.

Hochachtungsvoll Ihr Freund Beethoven.

1466] **An B. Schotts Söhne.**   Wien, 10. März 1827.

Euer Wohlgeboren! Nach meinem Briefe sollte das Quartett jemanden dediziert werden, dessen Namen ich Ihnen schon überschickte. Ein Ereignis findet statt, welches mich hat bestimmen müssen, hierin eine Änderung treffen zu müssen. Es muß dem hiesigen Feldmarschalleutnant Baron von Stutterheim, dem ich große Verbindlichkeiten schuldig bin, gewidmet werden. Sollten Sie vielleicht die erste Dedikation schon gestochen haben, so bitte ich Sie um alles in der Welt, dies abzuändern, und will Ihnen gerne die Kosten dafür ersetzen. Nehmen Sie dies nicht als leere Versprechungen; allein es liegt mir soviel daran, daß ich gerne jede Vergütung zu leisten bereit bin. — Der Titel liegt hier bei.

Was die Sendung an meinen Freund, den königl. preuß. Regierungsrat v. Wegeler in Koblenz betrifft, so bin ich froh, Sie hiervon gänzlich entbinden zu können. Es hat sich Gelegenheit gefunden, mit welcher alles ihm über= macht wird. — Meine Gesundheit, welche sich noch lange nicht einfinden wird, bittet um die erbetenen Weine, welche mir gewiß Erquickung, Stärke und Gesundheit ver= schaffen werden.

Ich verharre mit größter Hochachtung Euer Wohlgebo= ren ergebenster   Ludwig van Beethoven.

1467] **An Joh. Frhr. v. Pasqualati.**   Wien, 14. März 1827.

Verehrter Freund! Vielen Dank für Ihre gestrige Speise, sie ist auch noch hinlänglich für heute. — Wildbret ist mir erlaubt, Krammetsvögel, meinte der Arzt, seien gar sehr heilsam für mich. — Dies nur zur Nachricht. Es braucht unterdessen nicht heute zu sein. — Verzeihen mein gedankenloses Schreiben, ermüdet von Nachtwachen, umarme ich und verehre ich Sie als Ihr mit Hochachtung

ergebenster Freund.

1468] **An Ignaz Moscheles.** Wien, 14. März 1827.

Mein lieber Moscheles! Ich habe dieser Tage durch Herrn Lewisey erfahren, daß Sie sich in einem Briefe vom 10. Februar bei ihm erkundigten, wie es mit meiner Krankheit stehe, von der man so verschiedenartige Gerüchte ausstreue. Obwohl ich keineswegs zweifle, daß Sie meinen Brief vom 22. Februar jetzt schon in Händen haben, der Sie über alles, was Sie zu wissen verlangen, aufklären wird, so kann ich doch nicht umhin, Ihnen hier für Ihre Teilnahme an meinem traurigen Schicksale zu danken und Sie nochmals zu ersuchen, sich meine Bitte, die Sie aus meinem ersten Schreiben schon kennen, recht angelegen sein zu lassen, und ich bin beinahe im voraus überzeugt, daß es Ihnen in Vereinigung mit Sir Smart und anderen meinen Freunden sicher gelingen wird, ein günstiges Resultat bei der philharmonischen Gesellschaft für mich zu erwecken. An Sir Smart habe ich seit diesem auch nochmals geschrieben.

Am 27. Februar bin ich zum vierten Male operiert worden, und jetzt sind schon wieder sichtbare Spuren da, daß ich bald die fünfte zu erwarten habe. Wo soll das hin, und was soll aus mir werden, wenn es noch einige Zeit so fortgeht? — Wahrlich, ein hartes Los hat mich getroffen! Doch ergebe ich mich in den Willen des Schicksals und bitte nur Gott stets, er möge es in seinem göttlichen Willen so fügen, daß ich, solange ich noch hier den Tod im Leben erleiden muß, vor Mangel geschützt werde. Dies wird mir soviel Kraft geben, mein Los, so hart und schrecklich es immer sein möge, mit Ergebenheit in den Willen des Allerhöchsten zu ertragen.

So, mein lieber Moscheles, empfehle ich Ihnen noch-

mals meine Angelegenheit und verharre in größter Ach=
tung stets   Ihr Freund L. v. Beethoven.
Hummel ist hier und hat mich schon einige Male besucht.

1469] An Joh. Frhr. v. Pasqualati.   16. März 1827.

Verehrter Freund! Meinen Dank für Ihre mir gestern
übermachte Speise. Wie ein Kind begehrt ein Kranker nach
so etwas, ich bitte daher heute um das Pfirsichkompott, an=
dere Speisen betreffend muß ich erst den Rat der Ärzte ein=
holen. Den Wein betreffend so finden sie den Grinzinger
vorteilhaft für mich, allen anderen ziehen sie aber alten
Gumpoldskirchner vor. Möge diese Erklärung nur kein
Mißdeuten gegen mich bei Ihnen hervorbringen. — Mit
herzlicher Hochachtung Ihr Freund   Beethoven.

1470] An Anton Schindler.   (17. März 1827.)

Wunder, Wunder, Wunder! Die hochgelahrten Herrn
sind beide geschlagen, nur durch Malfattis Wissenschaft
werde ich gerettet. Es ist nötig, daß Sie einen Augenblick
doch diesen Vormittag zu mir kommen.
                            Der Ihrige Beethoven.

1471] An Ignaz Moscheles.   Wien, 18. März 1827.

Mit welchen Gefühlen ich Ihren Brief vom 1. März
durchgelesen, kann ich gar nicht mit Worten schildern. Die=
ser Edelmut der philharmonischen Gesellschaft, mit wel=
chem man beinahe meiner Bitte zuvorkam, hat mich bis in
das Innerste meiner Seele gerührt. Ich ersuche Sie daher,
lieber Moscheles, das Organ zu sein, durch welches ich mei=
nen innigsten Dank für die besondere Teilnahme und Un=
terstützung an die philharmonische Gesellschaft gelangen
lasse. (Sagen Sie diesen würdigen Männern, daß, wenn
mir Gott meine Gesundheit wieder wird geschenkt haben,
ich mein Dankgefühl auch durch Werke werde zu realisieren
trachten und daher der Gesellschaft die Wahl überlasse, was
ich für Sie schreiben soll. Eine ganze skizzierte Symphonie
liegt in meinem Pulte, ebenso eine neue Ouvertüre oder
auch etwas anderes. Rücksichtlich der Akademie, die die
philharmonische Gesellschaft für mich zu geben beschlossen

hat, bitte ich die Gesellschaft, ja dies Vorhaben nicht aufzugeben. Kurz, alles, was die Gesellschaft nur wünscht, werde ich mich zu erfüllen bestreben, und noch nie bin ich mit solcher Liebe an ein Werk gegangen, als es hier der Fall sein wird. Möge mir der Himmel nur recht bald wieder meine Gesundheit schenken, und ich werde den edelmütigen Engländern zeigen, wie sehr ich ihre Teilnahme an meinem traurigen Schicksale zu würdigen weiß.)

Ich fand mich genötigt, sogleich die ganze Summe von tausend Gulden K.-M. in Empfang zu nehmen, indem ich gerade in der unangenehmen Lage war, Geld aufzunehmen. —

Ihr edles Benehmen wird mir unvergeßlich bleiben, sowie ich noch insbesondere Sir Smart und Herrn Stumpff meinen Dank nächstens nachtragen werde. Die metronomisierte neunte Symphonie bitte ich der philharmonischen Gesellschaft zu übergeben. Hier liegt die Bezeichnung bei.

Ihr Sie hochschätzender Freund Beethoven.

1472] An B. Schotts Söhne.   Wien, 20. März 1827.

Erklärung. Vermöge welcher ich die Verlagshandlung B. Schotts Söhne in Mainz, über mein letztes Quartett in Cis-Moll, Opus 131, das alleinige Eigentum, sowie auch das alleinige Verlagsrecht hiermit übertrage, mit dem Beisatze, dasselbe sowohl in Paris und Mainz, als auch an allen Orten, wo obige Verlagshandlung es für gut findet, als Eigentum im Stich herausgeben zu können.

Ludwig van Beethoven.

Stephan v. Breuning, K. K. Hofrat, als ersuchter Zeuge.

Ant. Schindler, Musikdirektor, als ersuchter Zeuge.

1473] An Stieglitz & Komp.   Wien, 21. März 1827.

Ich hatte die Ehre, Ihnen am 10. Januar d. J. zu schreiben, um Sie zu bitten, mir die Summe von 125 Dukaten zu übermachen, welche nach der von Sr. Durchlaucht dem Fürsten N. G(alitzin) mir gegebenen Zusicherung von demselben für meine Rechnung bei Ihnen erlegt werden sollte. Ich bin aber ohne Ihre Empfangsanzeige dieses

Schreibens geblieben, weshalb ich für den Fall es in Verlust gekommen wäre, dessen Inhalt ausführlich bestätige, und noch überdies einen Auszug des Briefes beifüge, worin Fürst G. mir anzeigte, die erwähnte Summe vor seiner Abreise nach Persien bei Ihnen niederlegen zu wollen. Meine Bitte geht nun dahin, solche wenn sie Ihnen wirklich eingegangen ist, an die Hrn. Arnstein & Eskeles hier für meine Rechnung zu übermachen, um diesen Gegenstand auf diese Weise zu ordnen und mich in den Besitz eines Betrages zu setzen, dessen ich, besonders bei meiner schon so langwierigen Krankheit, sehr benötige.

Indem ich Ihnen im voraus meinen Dank für Ihre Gefälligkeit abstatte, habe ich die Ehre usw.

Ludwig van Beethoven.

1474] **Testament (Kodizill).** Wien, 23. März 1827.

Mein Neffe Karl soll Alleinerbe sein. Das Kapital meines Nachlasses soll jedoch seinen natürlichen oder testamentarischen Erben zufallen. Ludwig van Beethoven.

Verzeichnis der Briefempfänger

Adlersburg, Dr., siehe Schwabel.
Akademie in Stockholm, 1080.
Albumblatt, 1267.
Amenda, Karl (1771 bis 1836), Propst in Talsen, 33, 34, 35, 49, 50, 494.
An? (Adressat unbekannt) 15, 88, 117, 399, 504, 551, 552, 683, 1001, 1008, 1009, 1051, 1163, 1169, 1354, 1371, 1382, 1397.
Anzeige 66, 74, 87, 172, 418, 438, 447.
Arlet, Ehepaar, Eigentümer einer Weinhandlung, 73.
Arnim, siehe Brentano.
Artaria & Komp., Musikalien- u. Kunsthandlung. gegr. 1770; Domenico A. (1775 bis 1842) wurde 1802 Chef der Firma; Teilhaber waren von 1793 bis 1801 Johann Cappi und von 1793 bis 1797 Tranquillo Molo, 12, 111, 455, 915, 967, 984, 988, 992, 1015, 1031, 1368.
Bach, Dr. Johann Baptist (1779 bis 1847), Advokat und Rechtsanwalt (Wien), 839, 878, 920, 921, 931, 1081, 1229, 1450.
Bäuerle, Adolf, Redakteur der Theaterzeitung in Wien (1786 bis 1859), 1195.
Baumann, Friedrich, k. k. Hofschauspieler (1763 bis 1841), 149.
Baumeister, Jos. Ant. Ignaz Edler von, Sekretär des Erzherzogs Rudolf (1750 bis 1819), 261, 274, 282, 314, 333, 376, 674, 680.

Beethoven, Johann Nikolaus van, Bruder Beethovens, Apotheker, Gutsbesitzer in Gneisendorf (2. Okt. 1776), 17, 190, 505, 930, 1023, 1024, 1026, 1027, 1032, 1034, 1035, 1040, 1045, 1055, 1094, 1111, 1158, 1258, 1286, 1315, 1325, 1405.
Beethoven, Johanna van, geb. Reiß (Frau von Kaspar Beethoven, gest. 15. Nov. 1815), 847, 1183.
Beethoven, Karl van (4. Sept. 1806 bis 13. April 1858, Sohn von Kaspar Beethoven, 604, 613, 656, 1021, 1157, 1161, 1233, 1237, 1290, 1292, 1293, 1294, 1295, 1296, 1297, 1298, 1299, 1302, 1305, 1306, 1307, 1308, 1309, 1310, 1311, 1312, 1313, 1314, 1316, 1319, 1320, 1321, 1322, 1327, 1329, 1330, 1332, 1340, 1343, 1346, 1347, 1348, 1349, 1350, 1351, 1352, 1370, 1375, 1380, 1390, 1391, 1392, 1398, 1399, 1440.
Bernard, Josef Karl, Redakteur der k. k. Wiener Zeitung (1775 bis 1850), 684, 876, 885, 896, 901, 902, 904, 905, 911, 916, 934, 936, 937, 938, 939, 940, 941, 942, 943, 944, 945, 946, 955, 957, 974, 1149, 1150, 1185, 1224.
Beyer, Dr., Rechtsanwalt in Prag, 404.
Bigot, Mr., Bibliothekar des Fürsten Rasumoffsky und Bigot, Marie, geb. Kiné (1786 bis 1820), Pianistin,

verheiratet 1804; 148, 155, 159, 160, 218, 219.

Bihler, J. N., Hauslehrer bei Baron Puthon in Wien, 607, 812.

Birchall, Robert, Musik-Verleger in London, 527, 541, 563, 573, 591, 615, 628.

Blöchlinger von Bannholz, Karl, Institut-Inhaber in Wien (1788 bis 1855), 906, 910, 932.

Boer, S. M. de, 1324.

Boldrini, Teilhaber der Firma Artaria & Komp., 909, 968, 989.

Boucher, Alexander Jean, (1770 bis 1841), Violinvirtuose, 1008.

Brauchle, Josef, Sekretär der Gräfin Erdödy, 508, 512, 513, 514, 519, 531, 879.

Braun, Baron Peter von, Direktor des Nationaltheaters in Wien, 121.

Braunhofer, Dr., Arzt, 1282, 1283, 1291, 1304, 1379, 1381.

Breitkopf & Härtel, Musikalien-Verleger in Leipzig. Chef: Christoph Gottlieb Breitkopf (1750 bis 1800) und Gottfried Christ. Härtel, (1763 bis 1827), 47, 60, 61, 65, 67, 71, 75, 83, 85, 90, 101, 107, 109, 110, 122, 123, 125, 156, 157, 158, 167, 168, 169, 175, 183, 189, 192, 200, 201, 204, 205, 206, 208, 209, 211, 224, 226, 249, 250, 255, 256, 257, 258, 259, 260, 263, 270, 272, 278, 287, 289, 291, 304, 321, 331, 337, 340, 352, 488, 499, 539.

Brentano, Antonie von, geb. von Birkenstock, 467, 524, 565, 612.

Brentano, Elisabeth, genannt Bettina (1785 bis 1859), Gattin des Achim von Arnim seit 1811, 253, 262, 342.

Brentano, Franz von, Ratsherr der Stadt Frankfurt, 570, 710, 987, 1002, 1004, 1018, 1036, 1082, 1154.

Brentano, Maximiliane von (1802 bis 1861), Tochter Franz von Brentanos, 322, 1003.

Breuning, Eleonore Brigitte von (1772 bis 1841) vermählt mit Dr. F. G. Wegeler, 1792, Jugendfreundin Bs., 3, 7.

Breuning, Stefan von (1774 bis 1827), Hoffkriegsrat in Wien, Jugendfreund Bs., 4, 21, 104, 1357, 1425, 1429.

Bridgetower, Georg August Polgreen (1779 bis 1840), Violinvirtuose, 81, 82.

Broadwood, Thomas, Chef der Firma Broadwood & Sons, 841.

Browne, Graf, Brigadier S. M. des Kaisers von Rußland, 22.

Brunswick von Korompa, Graf Franz (1777 bis 1852), 134, 264, 279, 284, 335, 414.

Castelli, Ignaz Franz (1781 bis 1862), Hoftheaterdichter, Wien, 492.

Cherubini, Maria Luigi (1760 bis 1842), Komponist, 1086, 1362.

Clementi, Muzio, Komponist und Musikverleger (1752 bis 1832), 129.

Collin, Heinrich Josef (1771 bis 1811), Dichter, 142, 150, 151, 165, 171.

Czapka, Ignaz, Magistratsrat, 1415, 1416.

Czerny, Karl (1791 bis 1857), Klaviervirtuose, 116, 550, 567, 614, 665, 666, 689, 732, 733, 758, 818, 819, 822, 865, 866, 867, 868, 871, 872, 873, 1247.

848

Piuk, Franz Xaver, Magistrats-
rat, 899.
Pleyel, Ignaz Jos. (1757 bis
1831), Pianofortefabrikant,
131.
Pleyel, Camille, Sohn des
Ignaz (1792 bis 1855), 132.
Poser, Baronin, 464.
Probst, A., Musikverleger, Leipzig, jetzt Kistner, 1190, 1226,
1232, 1389.
Protokoll 964.
Quittung 128.
Rampel, Notenkopist, 1264.
Rellstab, Ludwig, Musik- und
Romanschriftsteller (1799 bis
1860), 1285.
Rettich, Vater des k. k. Hofschau-
spielers, 318.
Ries, Ferdinand (1784 bis 1838),
Schüler Beethovens, 45, 53,
54, 64, 76, 77, 78, 79, 94,
95, 96, 99, 100, 102, 220,
542, 556, 566, 569, 576, 581,
586, 748, 844, 848, 884, 886,
887, 888, 891, 925, 1016, 1044,
1067, 1073, 1074, 1097, 1134,
1165, 1274, 1279, 1281.
Röckel, Josef August, Tenor
(1783 bis 1870), 173, 174.
Romberg, Bernhard, Violon-
cellist (1767 bis 1841), 1011.
Rudolf Johann Josef Rainer,
Erzherzog von Österreich,
Kardinal-Priester, Fürst, Erzbischof von Olmütz und Graf
der königl. böhm. Kapelle
(1788 bis 1831), Schüler und
Mäcen Beethovens, 267, 268,
269, 275, 302, 320, 322, 323,
326, 327, 334, 341, 354, 355,
356, 359, 374, 375, 377, 385,
389, 401, 408, 416, 430, 431,
432, 440, 443, 446, 451, 458,
462, 463, 465, 472, 473, 500,
508, 520, 523, 534, 540, 543,
590, 624, 643, 655, 664, 675,
676, 677, 678, 679, 730, 731,

778, 779, 780, 781, 799, 811,
813, 814, 815, 816, 831, 849,
850, 877, 881, 882, 889, 893,
894, 895, 898, 900, 907, 908,
918, 919, 927, 933, 935, 948,
966, 979, 983, 998, 999,
1012, 1013, 1029, 1048, 1095,
1128, 1129, 1133, 1139, 1141,
1142, 1156, 1159, 1162, 1230,
1252.
Rupprecht, Joh. Bapt., Schriftsteller (1776 bis 1846), 468,
469.
Rzehaczek, Ferd., Registratur-
beamter 1202.
Salomon, Joh. Peter (1745 bis
1815), Violinspieler, 501.
Salzmann, Franz, Edler von
Bienenfeld, Beamter der
österr. Nationalbank, 809.
Sartori, Dr., k. k. Bücherzensor,
1203.
Schaden, Josef Wilhelm, Rats-
konsulent in Augsburg, 2.
Schenk, Johann, Lehrer Bs.
(1753 bis 1836), 10.
Schindler, Anton (1796 bis 1864),
972, 1046, 1049, 1054, 1058,
1060, 1061, 1062, 1063, 1064,
1065, 1077, 1078, 1085, 1090,
1093, 1099, 1104, 1105, 1106,
1107, 1108, 1109, 1110, 1112,
1113, 1116, 1117, 1118, 1121,
1122, 1123, 1124, 1125, 1126,
1127, 1130, 1132, 1136, 1137,
1143, 1144, 1145, 1146, 1147,
1151, 1152, 1160, 1164, 1168,
1178, 1188, 1189, 1192, 1194,
1197, 1198, 1199, 1201, 1207,
1212, 1213, 1214, 1215, 1217,
1218, 1219, 1220, 1221, 1222,
1227, 1262, 1280, 1283, 1284,
1459, 1470.
Schleiermacher, Friedrich Da-
niel Ernst (1768 bis 1834),
1089, 1153.
Schlemmer 1300.
Schlesinger 1) Musikalienhand-

lung in Berlin, begründet 1810 von Martin Sch., 2) Moritz Adolf Sch., Musikalienhandlung in Paris seit 1823, 913, 914, 963, 971, 977, 993, 995, 996, 997, 1006, 1017, 1050, 1056, 1066, 1071, 1318, 1336, 1339, 1342, 1345, 1388, 1442.

Schlösser, Louis (1800 bis 1886), Hofkapellmeister, 1101, 1102.

Schmidt, Dr., J. Adam, Stabsfeldarzt, 108.

Schmidt, Heinr., in Brünn, 572.

Schnyder von Wartensee, Franz Xaver (1786 bis 1868), Musiklehrer, 763.

Schoberlechner, Franz, Komponist (1797 bis 1843), 1120.

Schott (B. Schotts Söhne), Musikalienverlagsgeschäft, gegr. 1770 von Bernh. Schott in Mainz, 1191, 1205, 1206, 1225, 1228, 1239, 1253, 1257, 1260, 1269, 1270, 1271, 1273, 1277, 1287, 1323, 1328, 1356, 1361, 1376, 1387, 1394, 1395, 1396, 1404, 1431, 1439, 1446, 1447, 1451, 1457, 1461, 1466, 1472.

Schuppanzigh, Ignaz (Violinist) (1776 bis 1830), 1098, 1200, 1261, 1276.

Schwabel, Karl, Freiherr von Adlersburg, Hof- und Gerichtsadvokat (1774 bis 1855), 444, 449.

Schweiger, Josef Freiherr von, Kammerherr des Erzherzogs Rudolf, 280, 402, 667.

Schwenke, Karl, Klavierspieler und Komponist, 1251.

Sebald, Amalie von (geb. 1787), 288, 343, 344, 345, 346, 347, 348, 349, 350, 362.

Seyfried, Ignaz Xaver, Ritter von (1776 bis 1841), Kapellmeister, 1039.

Simrock, Nikolaus, Musikalienhändler (1752—1834), 9, 11, 92, 103, 130, 199, 711, 953, 958, 959, 960, 969, 976, 978, 980, 981, 986, 994, 1037, 1083.

Smart, Sir George (1778 bis 1867), Dirigent und Gründer der Londoner Philharmonic Society, 489, 630, 1341, 1455, 1462.

Smettana, Arzt, 1403.

Speer, Joh., Hauseigentümer, 970.

Spohr, Louis (1784 bis 1859), Komponist und Violinspieler, 487, 1140.

Stadler, Maximilian, Abbé (1748 bis 1833), Musikschriftsteller und Komponist, 1378, 1393.

Stammbuchblatt für Bocke 6.

Stein, Andreas Matthias, Klavierfabrikant, 383.

Steiner & Komp., Musikalienhandlung in Wien, späterer Eigentümer Tobias Haslinger, 481, 490, 495, 498, 499, 503, 521, 529, 536, 537, 538, 544, 547, 548, 579, 587, 588, 589, 595, 596, 598, 599, 625, 632, 633, 634, 635, 636, 640, 641, 642, 645, 647, 648, 649, 652, 672, 673, 687, 692, 697, 700, 718, 722, 759, 846, 903, 917, 922, 923, 982, 1005, 1010, 1176.

Stieglitz & Komp., Bankhaus in St. Petersburg, 1473.

Stieler, Josef, Porträtmaler, 965.

Streicher, Johann Andreas (1761 bis 1833), Klavierfabrikant in Wien, 1238.

Streicher, Nanette, geb. Stein (1769 bis 1833), 644, 688, 701, 705, 708, 726, 727, 728, 729, 735, 738, 739, 741, 744, 745, 749, 753, 754, 755, 756,

LUDWIG VAN BEETHOVEN:

Missa Solemnis, opus 123, Kyrie. Faksimile nach dem Autograph. Hsg. Wilhelm Virneisel. Einmalige Auflage von 1000 numerierten Exemplaren. Mehr als 50 Seiten Faksimile sowie 4 Seiten Nachwort und 12 S. Textbeilagen. Das Kyrie der Missa Solemnis. Geschichte und Gestalt der Handschrift. Bibliophiler Ganzleinenband in Kassette. DM 240.—

Das hier in 1000 numerierten Exemplaren vorgelegte Faksimile des Kyrie der Missa solemnis ist eine der schönsten Veröffentlichungen dieser Art, die ich kenne. Die wechselnden Farben der zu verschiedenen Zeiten von Beethoven eingetragenen Zeichen und Streichungen, die durch Herausnahme und Überkleben von Blättern besondere Bindung: alles ist naturgetreu wiedergegeben. Der Leineneinband ist geschmackvoll. Und es ist dankenswert, daß der Herausgeber neben einem kurzen Nachwort eine kenntnisreiche Abhandlung „Geschichte und Gestalt der Handschrift" beigefügt hat. *(„Musikhandel")*

. . . eine der schönsten Veröffentlichungen dieser Art . . . Der Betrachter dieser Partitur wird die innerste Anteilnahme des Meisters bei der Niederschrift mitfühlen. Die Ausgabe ist ein einmaliges Geschenk für Freunde der Musik, vor allem der Beethovens. *(„Lied und Altar")*

Diese Faksimile-Ausgabe ist von hervorragender Originalgetreue, nicht nur hinsichtlich des eigentlichen Druckes, sondern auch in der Nachbildung der Form des Originals. Sympathisch wirkt die zurückhaltende, aber in ihrer schlichten Schönheit des faksimilierten Werkes würdige Typographie des Geleittextes und der Titelei, gleichermaßen die Einbandgestaltung, die nur in der faksimilierten Zeile des von Beethoven über den Anfang seiner Komposition geschriebenen Mottos den Inhalt formal anklingen läßt. Dieses Faksimile darf als eines der besten bezeichnet werden, die bisher von Musikautographen Beethovens hergestellt wurden. *(Dt. Bücherei)*

. . . mit dieser Ausgabe ist wieder eines der bedeutsamsten Werke der Kirchenmusik in eindrucksvollster Wiedergabe des Originals leicht zugänglich. *(„musica sacra")*

. . . in jeder Beziehung vorbildlich: in der äußeren Ausstattung, in der Wiedergabe der verschiedenen Farben und Schattierungen des Autographs, die durch Verbesserungen und Streichungen Beethovens bedingt sind; in der Bindung, die genau dem Autograph entspricht, aus dem Beethoven selbst wohl nicht mehr benötigte Seiten herausschnitt oder überklebte; in einer beigegebenen Abhandlung „Geschichte und Gestalt der Handschrift" des Herausgebers, der auch über die wichtigsten Unterschiede des Autographs vom Druck und über Gründe von Beethovens Änderungen, Tabellen und Erläuterungen zusammenstellt. *(„Musica")*

VERLEGT BEI HANS SCHNEIDER · D 8132 TUTZING